C0-BVT-447

Institution und Charisma

INSTITUTION UND CHARISMA

Festschrift für Gert Melville
zum 65. Geburtstag

herausgegeben von
Franz J. Felten
Annette Kehnel
Stefan Weinfurter

2009

BÖHLAU VERLAG KÖLN WEIMAR WIEN

Für großzügige Förderung der Drucklegung danken die Herausgeber dem Böhlau-Verlag, dem Stifterverband für die Deutsche Wissenschaft, dem Bischöflichen Ordinariat Eichstätt, dem Rektorat der TU Dresden und dem Sonderforschungsbereich 804 an der TU Dresden.

Bibliografische Information der Deutschen Nationalbibliothek:
Die Deutsche Nationalbibliothek verzeichnet diese Publikation in der Deutschen Nationalbibliografie; detaillierte bibliografische Daten sind im Internet über http://dnb.ddb.de abrufbar.

Umschlagabbildung:
Altartafel aus der Abtei Grandmont: Stephan von Muret mit Hugo von Lacerta, 12. Jh.,
Musée national du Moyen Age – Thermes de Cluny, Paris.

Ursulaplatz 1, D-50668 Köln, www.boehlau.de

Druck und Bindung: Strauss GmbH, Mörlenbach
Gedruckt auf chlor- und säurefreiem Papier
Printed in Germany

ISBN 978-3-412-20404-4

Tabula gratulatoria

Maria Pia Alberzoni, Milano
Gerhard Amend, Coburg
Hans Ammerich, Speyer
Cristina Andenna, Dresden
Giancarlo Andenna, Mailand
Klaus Anderlik, Coburg
Arnold Angenendt, Münster
Johannes Arndt, Münster
Oliver Auge, Kiel

Sverre Bagge, Bergen
Sebastien Barret, Orleans
Winfried Baumgart, Mainz
Ingrid Baumgärtner, Kassel
Julia Beenken, Köln
Nicole Bériou, Lyon
Jacques Berlioz, Paris
Rainer Berndt SJ, Sankt Georgen
Werner Bomm, Heidelberg
Michael Borgolte, Berlin
Bruce Bransington, Canyon, TX
Mirko Breitenstein, Dresden
Werner Buchholz, Greifswald
Reinhardt Butz, Dresden

Cécile Caby, Nizza
Guido Cariboni, Bresso (MI)
Horst Carl, Gießen
Martin Clauss, Regensburg
Giles Constable, Princeton, NJ
Manfred Curbach, Dresden
Michael F. Cusato,
St. Bonaventure, NY
Florent Cygler, Nantes

Nicolangelo D´Acunto, Brescia
Jacques Dalarun, Paris
Lars-Arne Dannenberg, Dresden
Marek Derwich, Wrocław/Breslau
Stefanie Dick, Kassel
Gerd Dicke, Eichstätt
Albrecht Diem, Syracuse, NY
Gisela Drossbach, München
Heinz Duchhardt, Mainz

Franz-Reiner Erkens, Passau

Helmut Feld, Mössingen
Franz J. Felten, Mainz
Helmut Flachenecker, Würzburg
Cosimo Damiano Fonseca, Bari
Gerhard Fouquet, Kiel
Johannes Fried, Frankfurt a.M.
Franz Fuchs, Würzburg

Horst Gehringer, Coburg
Jean-François Godet-Calogeras,
St. Bonaventure, NY
Hans-Werner Goetz, Hamburg
Elke Goez, Tübingen
Knut Görick, München
Egon Johannes Greipl, München
Fiona Griffiths, New York, NY
Manfred Groten, Bonn
Hans Ulrich Gumbrecht,
Stanford, CA

Stephanie Haarländer, Mainz
Alois Hahn, Trier
Bischof Gregor Maria Hanke,
Eichstätt
Alfred Haverkamp, Trier
Ernst-Dieter Hehl, Mainz
Johannes Helmrath, Berlin
Reingard Hentschel, Dresden
Klaus Herbers, Erlangen
Bernd-Ulrich Hergemöller,
Hamburg
Kai Hering, Dresden
Reinhard Heydenreuter, Penzberg
Torsten Hiltmann, Münster
Hubert Houben, Lecce

Fortunato Iozzelli, Venedig

Uwe Israel, Venedig

Jörg Jarnut, Paderborn
Nikolas Jaspert, Bochum
Georg Jenal, Köln
Stuart Jenks, Erlangen
Ingeborg Johanek, Münster
Peter Johanek, Münster
Klaus-Frédéric Johannes, Ingenheim
Timothy J. Johnson, St. Augustine, FL
Jochen Johrendt, München

Brigitte Kasten, Saarbrücken
Annette Kehnel, Mannheim
Hagen Keller, Münster
Beate Kellner, Zürich
Max Kerner, Aachen
Martin Kintzinger, Münster
Roland Kischkel, Wuppertal
Hermann Kokenge, Dresden
Theo Kölzer, Bonn
Beate Konze-Thomas, Bonn
Ingrid Kuschbert, Coburg

Eva Labouvie, Magdeburg
Guido Lammers, Bonn
Jaques Le Goff, Paris
Ulrich G. Leinsle, Regensburg
Karl Lenz, Dresden
Ludger Lieb, Kiel
Carl August Lückerath, Bonn
Christina Lutter, Wien
Hubertus Lutterbach, Essen

Monsignore Paul Mai, Regensburg
Konstantin Maier, Eichstätt
Jürgen Malitz, Eichstätt
Barbara Marx, Dresden
Michael Matheus, Rom
Brian Patrick McGuire, Roskilde
Achim Mehlhorn, Dresden
Christel Meier-Staubach, Münster
Andreas Meyer, Marburg
Heike Johanna Mierau, Münster
Jürgen Miethke, Heidelberg
Francesco Migliorino, Catania
Elena Mohr, Köln
Stephan Müller, Paderborn
Winfried Müller, Dresden
Thomas Münker, Bonn
Gisela Muschiol, Bonn
Fritz-Heiner Mutschler, Dresden

Franz Neiske, Münster
Cordula Nolte, Bremen

Johannes van Ooyen, Köln
Klaus Oschema, Heidelberg

Francesco Panarelli, Potenza
Anke Paravicini, Kronshagen
Werner Paravicini, Kronshagen
Werner Patzelt, Dresden
Ursula Peters, Köln
Stefan Plaggenborg, Bochum
Gerhard Poppe, Dresden/Koblenz
Rudolf Pörtner, Dresden
Maria Pretzschner, Dresden

Franz Quarthal, Stuttgart

Claudia Rapp, Los Angeles, CA
Peter Rauch, Wien
Karl-Siegbert Rehberg, Dresden
Bischof Joachim Reinelt, Dresden-Meißen
Frank Rexroth, Göttingen
Werner Röcke, Berlin
Hedwig Röckelein, Göttingen
Jörg Rogge, Mainz
Jens Röhrkasten, Birmingham
Werner Rösener, Gießen
Katrin Rothe, Dresden
Karsten Ruppert, Eichstätt
Roberto Rusconi, Rom

Ursula Schaefer, Dresden
Eva Schlotheuber, Münster
Alois Schmid, München

Hans-Joachim Schmidt, Freiburg
Jean-Claude Schmitt, Paris
Bernd Schneidmüller, Heidelberg
Klaus Schreiner, Bielefeld
Winfried Schulze, München
Markus Schürer, Dresden
Christian Schwarke, Dresden
Gerd Schwerhoff, Dresden
Josef Semmler, Düsseldorf
Gabriela Signori, Konstanz
Petr Sommer, Prag
Heinz-Rudi Spiegel, Essen
Karl-Heinz Spieß, Greifswald
Martial Staub, Göttingen
Matthias Stickler, Würzburg
Peter Strohschneider, München
Birgit Studt, Freiburg i.Br.

Klaus Tanner, Heidelberg
Albrecht Tauer, Coburg
Norbert Tessmer, Coburg
Matthias M. Tischler, Frankfurt a.M.

Hans-Heinrich Ulmann, Coburg

Steven Vanderputten, Gent
André Vauchez, Paris
Ludovic Viallet, Clermont-Ferrand
Gregor Vogt-Spira, Loveno di Menaggio (CO)
Thomas Vogtherr, Osnabrück
Peter von Moos, Béon
Ludwig Vones, Köln
Ursula Vones-Liebenstein, Frankfurt a.M.
Hans Vorländer, Dresden

Rudolf Kilian Weigand, Eichstätt
Stefan Weinfurter, Heidelberg
Ellen Widder, Tübingen
Joachim Wollasch, Freiburg i.Br.

Helmut Zedelmaier, München
Thomas Zotz, Freiburg i.Br.
Frank E.W. Zschaler, Eichstätt

Inhaltsverzeichnis

Charisma

Der Adler und seine Jungen – ein Vorwort

Gedankenspiele um Gert Melville, Norbert von Xanten und die Vita communis

Wir befinden uns im Jahre 1121. Damals hatte Norbert von Xanten, so erfahren wir aus der Vita des großen Reformers, in Prémontré etwa 30 Novizen um sich versammelt. „Diese", so lesen wir, „vereinigte er mit den anderen, die er schon vorher hatte, versorgte sie morgens und abends mit dem Wort des Heils (*verbum salutis*) und ermahnte sie mit tröstlichen Reden, von ihrem glücklichen Vorsatz und ihrer freiwilligen Armut, die sie auf sich genommen hatten, nicht abzufallen. Und das, was er lehrte, zeigte er ihnen vor durch sein Beispiel, so wie der Adler seine Jungen zum Fliegen lockt" (*quod docebat, velut aquila provocans ad volandum pullos suos operibus praemonstrabat*). Der Adler, der seine Jungen das Fliegen lehrt! Ein schönes und treffendes Bild, das hier aus Deuteronomium 32,11 auf den Begründer des Prämonstratenserordens übertragen wurde.

Freilich, das Bild lässt sich nicht weniger gut auf Gert Melville übertragen. Als Ordensgründer wird man ihn nun nicht bezeichnen müssen, aber dass er sich in ganz außerordentlicher Weise der Ordensgeschichte gewidmet hat, steht außer Frage. Seit langem gehört er zur internationalen Spitzengruppe der Mönchs- und Ordensforschung. Erste Grundlagen für dieses Thema wurden ihm schon von seinem Lehrer, Johannes Spörl, in München vermittelt. Hier waren es vor allem die benediktinischen Grundsätze monastischer Lebensordnung und die Traditionen des abendländischen Mönchtums, die in den Jahren vor und um 1970 zu den bevorzugten Themen Johannes Spörls zählten. Unweigerlich hat er seinen Schülern diesen oder jenen Gedanken dazu vermittelt.

Zunächst waren Gert Melvilles Forschungen freilich weniger auf Ordensgeschichte als auf das „Ordnen der Geschichte" ausgerichtet. Neben dem benediktinischen Mönchtum und der Bildungsgeschichte war es die „Geschichtsschreibung", die seinerzeit zu den herausragenden Forschungsgebieten am Münchener Mittelalterinstitut unter der Leitung von Johannes Spörl und Laetitia Boehm zählte. Gert Melville ging es in seinen frühen Arbeiten um die Ordnungsprinzipien mittelalterlicher Historiographie in sehr grundsätzlicher Art und um das Ordnen der mittelalterlichen Quellen insgesamt. Dazu gehörten auch die Forschungsfelder „Ordnen durch Abstraktionen" und „Ordnen durch systematisches Erfassen" und Kategorienbildung. Diese Schwerpunkte sind leicht an den Titeln nicht weniger seiner Studien, Aufsätze und Bücher abzulesen („Geschichte in graphischer Gestalt"; „Genealogien als dynastische Legitimation zur Herrschaft"; „System und Diachronie"). Auch seine Forschungen über die Herolde im späteren Mittelalter sollte man hier einordnen – denn für Aufmerksamkeit und Ordnung zu sorgen und einen ordnungsgemäßen Ablauf von Inszenierungen zu gewährleisten, all das gehörte durchaus zu den Aufgaben eines Herolds.

Die eigentliche Hinwendung Gert Melvilles zur Ordensgeschichte ließ nicht lange auf sich warten. Ein Norbert war dabei im Spiel. Allerdings nicht Norbert von Xanten, aber immerhin ein später Nachfolger, Pater Norbert Backmund OPraem. Mit ihm hat ihn eine langjährige Freundschaft in den siebziger Jahren verbunden, und auch die wissenschaftliche Leistung des Prämonstratensers hat ihn wohl beeindruckt. Aber es war noch mehr. Norbert Backmund war für ihn so etwas wie ein gelebtes Beispiel des Menschen in einer hochartifiziellen Ordnung, die uns unmittelbar den Blick in die mittelalterliche Welt öffnet. Der Mensch, der sein Leben einer Regel vollständig unterordnet und nach der Regel ordnet, die rechtlichen Implikationen und die Wirkungsweisen der damit verbundenen Ordnung für den einzelnen wie für den gesamten Konvent, ja für die ganze Gesellschaft, die sich in dieser Ordnung wie in einem Brennspiegel bündelt: Alle diese Perspektiven von Ordensgeschichte, Ordensleben und monastischen Lebensentwürfen haben ganz offenbar faszinierend auf Gert Melville gewirkt. *Secundum regulam vivere*, „gemäß der von der Regel vorgegebenen Ordnung leben", so lautet der treffende Titel für die Festschrift, die er für Pater Norbert Backmund 1978 herausgegeben hat. Sein eigener Beitrag für diese Festschrift trägt den Titel „Zur Abgrenzung zwischen Vita canonica und Vita monastica" – und mit dieser Studie war der entscheidende Schritt getan: Es war der Eintritt Gert Melvilles in die Ordensforschung und – im wissenschaftlichen Sinne – sein Eintritt in die *vita communis* der Ordenswelt.

Nun entfaltete auch der Satz vom „Adler, der seine Jungen das Fliegen lehrt" seine ganze Kraft: Auch bei Gert Melville ging es – und geht es bis heute – um Novizen, allerdings im übertragenen, wissenschaftlichen Sinn. Gert Melville, so wäre das Bild abzurunden, ist der Adler als akademischer Lehrer. Wie in der monastischen Welt gibt es an der Universität die *vita contemplativa* und die *vita activa*. Heute ist der Gelehrte im Elfenbeinturm nicht mehr die Lichtgestalt der Universitätspolitik, aber vor 30 oder 40 Jahren war das noch anders. Einsam und zurückgezogen wurde geforscht. Schon damals aber hat Gert Melville für sich selbst den anderen Typ, den der *vita activa*, bevorzugt, den Typ des Hochschullehrers, der im Team arbeitet, der Forschung und Lehre eng miteinander verknüpft und der vor allem mit einer geradezu unwiderstehlichen Überzeugungskraft seine Schüler in den Bann zieht, mitunter auch einen der alten Herrn, vor allem aber die Jungen, die Novizen und Novizinnen. Seinem Überzeugungstalent konnte man nur schwer entrinnen. Im Mittelalter hätte man vermutlich *doctor mellifluus* dazu gesagt, „honigträufelnder Lehrer".

Liest man weiter in der Vita des Norbert von Xanten, könnten einem noch weitere Parallelen auffallen. Ununterbrochen war dieser darum bemüht, als unerschrockener Künder der Wahrheit zu wirken. Das Predigeramt hat er deshalb heiß ersehnt – durchaus vergleichbar mit der Venia legendi im akademischen Bereich. Zur Beschleunigung der Dinge ließ er sich sogar an einem einzigen Tag zum Diakon und zum Priester weihen. Durch nichts – so lesen wir in seiner Vita – habe er sich in der Folgezeit von der „Macht zu Predigen“ und davon, die rechte Lehre zu verbreiten, abbringen lassen, auch nicht durch die große, dicke Spinne, die sich während der Heiligen Messe, nach der Wandlung, in den Kelch senkte und die Norbert einfach tapfer mitgetrunken hat. Ohne Schonung seiner Gesundheit, ohne sich Ruhe zu gönnen, predigte er frei und ungehindert und verhieß den Menschen und besonders denen, die sich um ihn scharten, den Weg zur Erkenntnis. „Dann schöpften alle Freude aus seiner Gegenwart, und glücklich schätzte sich jeder, der ihn einladen durfte“, so wird berichtet.

Auch viele Anfeindungen und teuflische Nachstellungen musste er erdulden. So kam es, dass er wieder einmal die Nacht durchwachte und bei der Arbeit war und darüber ermattet einschlief. Schon war der alte Feind zur Stelle, der ihm höhnisch zurief: „Ei, Ei, das Viele, das Du Dir vorgenommen hast, wie willst Du denn das alles vollbringen, wenn Du nicht einmal den Vorsatz einer einzigen Nacht durchhalten kannst?“ Das war ein harter Vorwurf, denn die Nachtarbeit, das wissen wir alle, ist die Grundlage des Erfolgs – ganz besonders im akademischen Leben. Um beispielsweise einen Sonderforschungsbereich aufzubauen und gar zu leiten, muss man unzählige Nächte durchhalten. Da half nur der unmittelbare Angriff gegen den Störenfried mit den Worten: „Du bist der Vater der Lüge“, so fuhr ihn Norbert an, und verwirrt machte sich der böse Geist von dannen.

So faszinierte Norbert von Xanten seine Anhängerschar, die seine Art zu leben bestaunte, nämlich: auf Erden zu leben und – vor lauter Arbeit – nichts von der Erde zu wollen. Ihm genügten ein paar Bücher und die Messgewänder. Wasser war sein täglicher Trank, es sei denn, dass er von Geistlichen eingeladen, sich den Gepflogenheiten des Gastgebers anpassen musste. Der Ruhm Norberts führte dazu, dass ihn der Bischof von Laon in Nordfrankreich zum Leiter (*praepositus*) eines reformbedürftigen Stifts machen wollte. Aber, als Norbert sein Programm entwickelte, erkannten die dortigen Stiftsherren, was sie erwarten würde, dass sie nämlich hart arbeiten, die Welt verachten und Armut ertragen müssten. Da sagten sie: „So einen Meister wollen wir nicht über uns haben.“ Und so konnte Norbert seine Wanderpredigt fortsetzen. Schließlich aber baute er mit seinen Anhängern sein eigenes Stift auf, abgelegen, wie es in der Vita heißt, „an einem ganz öden und einsamen Platz“. Es war Prémontré im Bistum Laon. Doch schon nach wenigen Jahren wechselte Norbert in die östlichen Länder, um Erzbischof von Magdeburg zu werden Dort lag für ihn die Zukunft, dort war Aufbauarbeit zu leisten, dort konnte er seine eigentlichen Ideen im großen Maßstab umsetzen, dort sollte der Mittelpunkt eines einzigartigen, kraftvollen, weit über Europa wirkenden Lebensentwurfs erwachsen.

Sieht man genau hin, so wird einem nicht entgehen, in welch verblüffender Weise sich immer wieder Parallelen im akademischen Leben und Wirken Gert Melvilles auftun – vielfältige Innovationen im Westen, gleichsam rastloses akademisches Wirken an zahlreichen Universitäten von München über Tübingen,

Frankfurt, Paris und Passau bis nach Münster, programmatischer Ansatz mit fundamentaler Forschungsplattform in Gestalt eines Sonderforschungsbereichs im Osten. Bei ihm war es allerdings nicht Magdeburg, sondern Dresden. Arbeitskraft und Einsatz, auch die Leistungsanforderungen an andere, scheinen geradezu deckungsgleich zu sein; nur bei der Askese sollte man nicht unbedingt den Vergleich suchen.

Zurück zu Norbert von Xanten. Seine charismatische Kraft war gewaltig, der Zulauf riesig. „Einige seiner Anhänger", so wieder die Vita, „glaubten, es genüge allein schon zum Heil, was sie aus seinem Mund vernähmen, so dass sie weder eine bestimmte Ordnung noch eine Regel nötig hätten." Aber Norbert habe ihnen eingeschärft, dass eine bestimmte Ordnung nötig sei. „Und die Brüder folgten ihm, so wie die Schafe in Einfalt ihrem Hirten folgen". Bischöfe und Äbte drängten ihn, eine Regel anzunehmen; er entschied sich für die Regel der *vita communis* des Augustinus, der er selbst in seiner Jugend gefolgt war – und die beträchtlichen Spielraum der Interpretation bot.

Aber der Ordnungsrahmen einer kurzen Regel reichte nicht aus. In der noch ungefestigten Gemeinschaft kam es zum Streit über die Auslegung im Detail. Und so musste Norbert eingreifen: „Was befremdet Euch denn, was macht Euch denn unsicher? Alle Wege des Herrn sind doch Barmherzigkeit und Wahrheit. [...] Es mögen sich die Gewohnheiten und die Institutionen ändern, aber nicht das Band der gegenseitigen Liebe. [...] Nicht die bloße Institution bewirkt das Reich Gottes, sondern die Wahrheit und die Befolgung seines Gebots." Das sind Sätze die aufhorchen lassen. Sie zielen in den Kern eines uralten Problems, auch eines wissenschaftlichen Problems, das die Forschungen von Gert Melville stets begleitet hat. Es ist die Frage nach dem Verhältnis von Mensch und Institution, zugespitzt in der Welt der monastischen Ordnung und Zielsetzung. *Caritas* und *dilectio*, das sind die Werte der einen Seite, *unitas* und *uniformitas* die Forderungen der anderen Seite. Von dieser Spannung ist die Ordenswelt grundsätzlich bestimmt, und die Modelle zur Lösung und Überwindung dieser Spannung führen in das Zentrum menschlicher Existenz und Überlebensstrategien.

Eben diese Spannung im monastischen Lebensentwurf, der eigentliche Kern des Themas „Ordensgeschichte", ist es, was Gert Melville seit langem gefangen hält. Wie ein roter Faden durchzieht dieser Aspekt seine ordensgeschichtlichen Forschungen bis hin zu dem Band „Das Eigene und das Ganze. Zum Individuellen im mittelalterlichen Religiosentum". Wie verhält sich das menschliche Individuum mit all seinen Eigenschaften, seinem Willen, seinen Sehnsüchten und Hoffnungen zum normierenden, zur Verfestigung, ja Erstarrung neigenden „Überbau"? „Keine andere Lebensform", so hat Gert Melville hierzu formuliert, „strebt so stringent eine totale Institutionalisierung an wie die *vita religiosa* und keine andere erreicht dieses Ziel auch in so hohem Maße." Und weiter: „*Vita religiosa* bedeutet, nicht mehr hinterfragbare Grundwerte radikal in lebenspraktisches Verhalten umzusetzen und sich einer Organisation vollständig zu unterwerfen [...]".

Genauso ist es. Und doch stellt ein Norbert von Xanten fest: Die Institution ist nicht entscheidend. Es mag tausend Bestimmungen, Vorschriften und Gesetze geben, sie treten zurück hinter Barmherzigkeit, Liebe und Wahrheit. Das ist der ewige Traum der Menschheit, so möchte man hinzufügen, der sich in der westlichen Welt in der Botschaft Christi verdichtet hat. Es ist die Utopie des menschlichen Überlebens. Sie muss in jeder Gesellschaft die Menschen von Zeit zu Zeit überkommen, um die Ordnung der Herrschenden zu ertragen oder umzustürzen. Deshalb ist die Frage nach dem Verhältnis zwischen Individuum und Institution nicht so zu beantworten, dass ihr eine gleichbleibende Interdependenz innewohnt. Vielmehr gibt es Zeiten, in denen das Individuum dem Institutionellen stärker unterworfen wird als in anderen Zeiten.

Im ersten Drittel des 12. Jahrhunderts schlug die Stunde des Individuums, des charismatischen Predigers, des persönlichen Vorbilds eines neuen Lebensentwurfs. Warum das so war, wäre zu fragen. Gewiss hing dies zusammen mit der großen europäischen Revolution der gregorianischen Kirchenreform, aber auch mit der immer stärker durchgreifenden funktionalen Ordnung der Gesellschaft, die einen hohen Leistungsdruck auf die Menschen erzeugte. Die Hierarchisierung der Herrschaftsordnung und auch der Kirche begann ihr rechtliches Fundament zu entwickeln. Über alle diese Prozesse und ihre Wirkungen für die Gesellschaft und die Lebensbedingungen der Menschen könnte man ausgiebige Erörterungen anstellen. Man würde darauf stoßen, dass die Wege zur Heilsgewissheit für die Menschen vielfach nur noch schwer erkennbar waren, dass die tradierten Elemente zur Sicherung menschlicher Beziehungen brüchig wurden und dass sich in Folge der herrschaftlichen Hierarchisierung eine neuartige Strenge auszubreiten begann.

Das Streben in der Kirche, zur Optimierung der Sakramentenverwaltung makellose Priester hervorzubringen, zeigt beispielhaft die menschliche Härte, die mit diesen Entwicklungen verbunden war. In den siebziger Jahren des 11. Jahrhunderts hatte das Reformpapsttum damit begonnen, den Zölibat im Klerus durchzusetzen, ein Vorgang, der sich über Jahrzehnte hinzog. Das Verbot der Priesterehe war nicht neu, aber bis in das 11. Jahrhundert war der „beweibte" Priester an einer Pfarrkirche wohl eher der Normalfall. Jetzt sollte das anders werden. Die Priesterfrauen mussten entfernt werden, ein für unsere Begriffe erschreckender Vorgang, der zu menschlichen Tragödien führen musste. Vor allem musste ein Bild der Frau entworfen werden, das dieses Vorgehen rechtfertigte. Einem Traktat von 1102 aus der Feder des Gottschalk von Aachen ist zu entnehmen, dass man damals in Klerikerkreisen intensiv darüber diskutierte, ob eine Frau überhaupt für ihren gesamten Körper die Taufe empfangen könne. Gottschalk lehnte die im Klerus verbreitete Meinung ab, die untere Hälfte der Frau sei so sündhaft, dass sie überhaupt nicht getauft werden könne. Dann, so wandte er ein, würde ja beim Tod einer Frau ihr Körper geteilt, der obere Teil käme zu Gott in den Himmel, der untere dagegen zum Teufel in die Hölle. Das aber müsse erhebliche Probleme bei der Auferstehung mit sich bringen.

Solche Nachrichten wirken für uns gewiss befremdlich. Aber sie machen auch deutlich, dass die Kirche Gefahr lief, in ihrer neuen Funktionsoptimierung die Frau soweit herabzustufen, dass sie nur noch mit Mühe in der Kirche zu halten war. Darüber hinaus sehen wir im Gefolge der Reformkirche die Betonung der Unterschiede zwischen Klerikern und Laien und zunehmende Hierarchisierungen im geistlichen wie im monastischen Bereich. Die Laienbrüder der Zisterzienser gehören dazu, die mehr arbeiten als beten sollten und nur einen eingeschränkten Mönchsstatus erlangen konnten.

Aber zur gleichen Zeit bezogen sich Reformer auf die Ideale der Urkirche, der apostolischen Urgemeinde, in der Frauen eine bedeutende Rolle spielten. Einzelne Prediger, darunter auch Norbert von Xanten, beriefen sich darauf, um die Frauen in die *vita communis* miteinzubeziehen, und hatten einen gewaltigen Zulauf. Auf diese Weise bot sich Frauen die Möglichkeit, sich in der Kirche wieder zu verorten. Für die prämonstratensischen Stifte der Frühzeit war es charakteristisch, einen Frauen- und einen Männerkonvent unter gemeinsamer Leitung zu vereinen. Ein aufmerksamer Beobachter des religiösen Lebens in der Diözese Laon betonte um 1146, Norbert von Xanten habe höheren Ruhm verdient als Bernhard von Clairvaux, denn Norbert habe die Frauen geliebt und ihnen einen Platz in seinem Orden bereitet (Hermann von Laon). In Traktaten der Zeit findet man sogar die Bemerkung, die Frauen seien höher einzuschätzen als die Männer, denn die Jünger hätten sich kleinmütig davongemacht, während die Frauen unter dem Kreuz Christi ausgeharrt hätten (Arno von Reichersberg). Die Idee der *vita communis* war die Idee einer Gemeinschaft in christlicher Liebe zueinander und ohne Unterschied von Mann und Frau. „Alle waren ein Herz und eine Seele", dieses Zitat aus der Apostelgeschichte 4,32 sprengte alle Fesseln und alle restriktiven Ausgrenzungen. Es waren Vorstellungen von der Rücksichtnahme der Menschen aufeinander und vor allem von ihrer Gleichwertigkeit. Keine Institution, so hat Norbert erkannt, kann sich auf Dauer dagegen stellen, wenn diese Ideen, die immer zuerst von einzelnen, von Individuen, vertreten und verbreitet werden, zu wirken beginnen. Auch nicht die „totale Institution" des Klosters.

Barmherzigkeit, Rücksichtnahme und Liebe bildeten das eine Argument Norberts. Das andere lautete: Wahrheit! Auch die Wahrheit, so wird ihm in seiner Vita in den Mund gelegt, stehe über der Institution. In der Tat, die Wahrheit war ein starkes Argument dieser Zeit. Papst Gregor VII. bereits hatte seinen Primatsanspruch mit dem Satz begründet: Christus hat nicht gesagt, „ich bin die Gewohnheit, sondern ich bin die Wahrheit". Das Gewohnheitsrecht, ja sogar der Treueid musste der Wahrheit weichen, entweder der Wahrheit des Rechts und der Wahrheit der Scholastik oder eben der Wahrheit Gottes. Die Wahrheit hatte immer die moralische Überlegenheit auf ihrer Seite und konnte prinzipiell jede institutionelle Norm oder Autorität außer Kraft setzen. Nur derjenige einzelne, dasjenige Individuum, das sich auf die Wahrheit seiner Zeit berufen konnte, konnte es mit der Institution aufnehmen. Und nur wenn Institution und Wahrheit übereinstimmten oder die Wahrheit durch die Institution verstetigt werden sollte, war – in einem gewissen Rahmen – Dauerhaftigkeit möglich.

Zuletzt sei noch ein dritter Gesichtspunkt angeführt, der die ganze Vita Norberts wie ein Grundton durchzieht. Es ist die Idee des Friedens. Norberts Predigen und Handeln stifteten Frieden, davon berichtet Geschichte um Geschichte aus Norberts Leben. Auch wenn schon alle Menschen verzweifelten, durch seine Predigten habe er sie dazu gebracht, mörderische Fehden zu beenden. Wie Christus jedem Sünder Verzeihung gewährte, so sollten es auch die Menschen tun, um den ewigen Frieden zu erlangen. Nicht durch Gerichte oder Gerichtsurteile, so soll Norbert einmal gesagt haben, nicht durch weltliche Rechtsmittel oder Prozesse wolle er Unrecht oder Schaden abwenden, sondern durch ein Leben nach der apostolischen Lehre. Auch die Idee des Friedens durch die Verzeihung nach dem Vorbild Christi, so wird hier zum Ausdruck gebracht, konnte ein kraftvoller Impuls für individuelles Wirken sein und sogar Rechtsinstitutionen wie die Fehde außer Kraft setzen. Die Überlegenheit des Individuums, das durch die Kraft der Wahrheit die Institution zu sprengen vermochte, hatte sein Vorbild also letztlich in Christus selbst. Das dürfte ein nicht unwesentlicher Gesichtspunkt sein in der Diskussion über das Individuelle im Religiosentum.

Angesichts solcher gedanklicher und religiöser Konzepte wird man es für abwegig halten, einen heutigen Menschen mit Norbert von Xanten vergleichen zu wollen. Aber seine Fragen, die Vorstellungen und Ordnungsentwürfe beschäftigen die Menschen zu allen Zeiten. Norbert war einer von denen, die das Korsett der Institution gesprengt haben. Er war einer, der „Normen und Strukturen" in Frage stellte. So ist er heute einer von denen, mit denen an vorderster Stelle das „Gespräch" zu suchen ist, wenn Dauer und Wandel, kulturelle Ordnungsleistung und symbolisches Handeln, Leitideen und Geltungsanspruch untersucht werden – so, wie es unter maßgeblicher Leitung Gert Melvilles seit Jahren in seinem engeren Schülerkreis, aber auch weit darüber hinaus in internationalen Netzwerken der Ordensforschung geschieht. Die führenden Forscherinnen und Forscher in Deutschland, Italien, Frankreich, England und den USA haben längst seine hohe Kompetenz schätzen gelernt und sind zur Stelle, wenn Gert Melville neue Fragestellungen zur Diskussion stellt und – etwa im Rahmen der von ihm aufgebauten „Forschungsstelle für vergleichende Ordensgeschichte" (FOVOG) – internationale Projekte zur Kloster- und Ordensgeschichte entwickelt.

So kommt zwar kein Vergleich, aber immer wieder die Nähe Gert Melvilles zu den Grundfragen zum Ausdruck, die schon einen Norbert umgetrieben haben. Und noch mehr: Im Kreis seiner „Novizen" und „Novizinnen" pflegt Gert Melville in beispielhafter Weise das Modell der *vita communis*. Er „füttert" sie mit seinen Gedanken, lehrt sie durch sein Vorbild, wie „der Adler seine Jungen zum Fliegen lockt“, und vermittelt ihnen vielleicht gar das Ideal, dass es in der akademischen Welt nichts Schöneres und Höheres gebe als den Frieden, die Liebe zum Nächsten und den Drang zur Wahrheit. Folgen sie ihm etwa nicht wie die Schafe dem Hirten und unterscheiden bei der Arbeit nicht den Tag von der Nacht? Ist sein akademisches Lebens- und Handlungsprinzip am Ende doch ein norbertinisches? Dann wäre es nicht weiter verwunderlich, dass es so scheint, als seien die Mitglieder seines Teams „ein Herz und eine Seele“, und dass sie in unermüdlichem Schaffen wie der „Meister“ selbst die Geschichte des Mönchtums und der Orden erforschen.

Hier beenden die Herausgeber ihre Gedankenspiele und wünschen, dass es noch lange so bleiben möge.

Franz Felten
Annette Kehnel
Stefan Weinfurter

KARL-SIEGBERT REHBERG (Dresden)

Universität als Institution*

Auf den ersten Blick dürfte man es kaum merkwürdig finden, die Universität als eine „Institution" bezeichnet zu sehen, denn das scheint sie doch ganz selbstverständlich zu sein – wie das auch für den Staat (aber ebenso für dessen obersten Organe, z. B. Parlamente, Staatsoberhäupter, Verfassungsgerichte etc.), für die Römische Kirche und andere Religionsgemeinschaften, für Museen und Opernhäuser oder Bibliotheken gilt, unbestritten auch für Ehe und Familie. Mancher würde sogar „die Sprache" hinzuzählen, und – wenn man die Dauerhaftigkeit eines einstmals subversiven, nun angestrengt-ernsthaften Humorismus anerkennt – etwa den rheinischen Karneval, während der venezianische heutzutage für jedermann sichtbar nur noch eine von der Stadtverwaltung erfundene Marketingveranstaltung ist. Auch mag man in persönlichen Würdigungen nicht selten Formulierungen finden, die derjenigen nahe stehen, mit der Arnold Gehlen sein zeitdiagnostisches Buch „Die Seele im technischem Zeitalter" beschloss: „Eine Persönlichkeit: das ist eine Institution in *einem* Fall."[1]

Ganz allgemein kann man „Institutionen" diejenigen Einrichtungen nennen, in denen die Menschen miteinander leben, ihren Sozialbeziehungen Dauer verleihen, Überraschungsverminderung durch Erwartbarkeitskonstanz organisieren und sich davon entlasten, das „kleine Einmaleins der Lebensnotdurft täglich neu durchnehmen zu müssen" (wie Gehlen das im Gespräch mit Theodor W. Adorno einmal formulierte[2]). Das wird man gewiss auch von den Universitäten sagen können. Diese erste Annäherung an den Gegenstand ist aber noch zu einfach. Deswegen soll der Gehalt des viel gebrauchten und schon deshalb oft als ‚vage' und ‚unklar' angesehenen Begriffes „Institution" für die Gesellschaftsanalyse genauer bestimmt werden. Wie bei allen heuristischen Konzepten geht

---

* Mein Dank für umsichtige Hilfe gilt Matthes Blank, sondann auch Dorothee Mövitz, die mich bei der Aktualisierung und Fertigstellung der Druckfassung eines Textes unterstützten, der im Kern meiner Abschiedsvorlesung an der RWTH Aachen im Jahr 1992 zugrunde lag. Allerdings mussten diese *institutionenanalytischen* Reflexionen in vielen konkreten hochschulpolitischen Beschreibungen und Prognosen nicht nur erweitert, sondern auch korrigiert werden; vielleicht könnte man sagen: dass es so schlimm kommen werde, war damals (wenigstens für mich) noch nicht absehbar. – Die Fruchtbarkeit der Institutionenanalyse zu erweisen, hat Gert Melville als „Sprecher der Sprecher" (die Formel verweist darauf, dass er als Sprecher des Dresdner SFB 537 die Konferenz der Sprecher aller geisteswissenschaftlichen Sonderforschungsbereiche der DFG gründete, deren Vorsitz er auch als erster innehatte) Erhebliches beigetragen.

1 Vgl. Gehlen, Die Seele im technischen Zeitalter, S. 133.

2 Vgl. ein von Alexander von Cube moderiertes und im WDR-Fernsehen am 3.6.1967 ausgestrahltes Gespräch zwischen Theodor W. Adorno und Arnold Gehlen über „Die Freiheit und die Institution".

es um den Erkenntnisgewinn, den eine theoretische Perspektive und die daraus abgeleitete Untersuchungsmethode verspricht.

Die damit verbundene Komplexitätssteigerung gehört ja selbst zum institutionell verankerten Verpflichtungskanon der Wissenschaft, entsprechend der Devise schon Wilhelm von Humboldts, nach welchem die Universität „die Wissenschaft immer als ein noch nicht ganz aufgelöstes Problem behandeln und daher immer im Forschen bleiben“ muss.[3]

I. Universitätskrisen und Unbehagen

Im Hinblick auf die Universitäten sind Krisengefühle weit verbreitet, mancher spricht geradezu von einer „Universitätskatastrophe“, die dann an die Stelle der alten Bildungskatastrophe getreten wäre. Insbesondere in Deutschland wird heute die Selbstzerstörung eines Universitätsmodells erlebt, welches vor zweihundert Jahren geboren, weltweit vorbildlich war, und vor allem die US-amerikanischen Universitäten nachhaltig geprägt hat. Wenn derartige Verhängnismetaphern sich auch schnell einstellen, erscheint das dramatisierende Bild doch nicht unberechtigt, jedenfalls traut man ihm, wenn man den Hochschul-Alltag kennt, mehr Erkenntnisgehalt zu, als der häufig wiederholten Lagebeurteilung, dass die Universitäten – wie Politiker und Spitzenfunktionäre des Wissenschaftsbetriebes gerne sagen – „im Kern gesund“ seien. Demgegenüber ist die Ansicht, nach welcher die Universität eine „Klippschule“ geworden sei, ein verbreitetes Stereotyp, obwohl man sich darüber wundern darf, dass Romanistikstudenten bei Studienbeginn kaum Französisch können, dass in Deutschland kaum jemand noch „Klassiker“ gelesen hat, von mathematischen und ähnlichen Voraussetzungen vieler Studiengänge ganz zu schweigen. Unsere Universitäten sind Akademien und Undergraduate-Colleges in einem, in vielen Fällen Oberschulersatz oder doch -fortsetzung. Als die Universitäten in der Studentenrevolte der späten 1960er Jahre zum *punching ball* für die ‚kritische Generation‘ wurden (wie damals der Hochschulverband verlautete), erwies sich der Soziologe Niklas Luhmann als guter Prognostiker, indem er früh darauf hinwies, dass am Ende über alle Demokratisierungsemphase doch allein die Verwaltung siegen werde.

Auch sparen ja die Studierenden nicht mit Unmut und einem überall spürbaren Unbehagen. Rührend, wenn man Studienerinnerungen aus früheren Zeiten liest, von den stolzen Gefühlen bei Immatrikulationsfeiern und den Versprechungen des Studentenlebens und des Studierens an der *Alma Mater*. Das wirkt naiv, war durchaus auch getragen von Abgrenzungserlebnissen in gehobener Klassenlage; wenigstens vermutete man Chancen des Aufstiegs, hoffte auf Neuerwerb, zumindest auf Beibehaltung bürgerlicher Bildungsnobilitierung.

3 Vgl. Humboldt, Ueber die innere und äussere Organisation, S. 256.

Häufig genug war das mit dem entsprechenden Hochmut gepaart, wie wir ihn heute nicht mehr ertragen müssen – oder nur noch in verdrängter und gebrochener Form. An die Stelle all dessen sind andere Erfahrungen getreten. Unüberschaubar große Hochschulgebilde in nicht immer einladender Bauweise, Anmeldungsslaloms in vielen Fächern, mancher wird durch Medizinertest und ZVS-Mühlen gedreht. Reglementierung der Studien wird so zur ersten Erfahrung. Diese Universität ist als Reich von *Einsamkeit und Freiheit* kaum mehr erfahrbar. Das sind formelhafte Überlebsel für Fest- und Selbstdarstellungsreden geworden – inzwischen singt man auch wieder *Gaudeamus igitur*. Nicht zu übersehen ist zudem, dass die Formalisierung der Studien nicht unbedingt Hand in Hand geht mit der Klarheit der Auskünfte über die Regeln, die viele derer, die sie mitbeschlossen haben, auch nicht mehr verstehen. Überfüllte Lehrveranstaltungen, Kontakt- und Orientierungsschwierigkeiten können hinzukommen. Der partiellen Entmutigung folgt in den Geistes- und Sozialwissenschaften das Parallelerlebnis einer gewissen Kontrollfreiheit, die aber von vielen nicht als Befreiung, eher als Schwäche jener schon deshalb „weich" genannten Fächer erlebt wird. So beginnen unmerklich die Prozesse der Selbstselektion. Wenn etwa die Maschinenbauer meinen, sich der Wissenschaftlichkeit ihrer Disziplin besonders dadurch versichern zu können, dass gegen fünfzig Prozent der Kandidaten durchs Vordiplom fallen, so ist die „Verlustquote" aufs Ganze gesehen in den Kulturwissenschaften wesentlich höher – aber was soll man daraus schließen? Statt Selbstbestätigung wird daraus (nicht zu Unrecht) Ratlosigkeit gezogen.

Die Misere hat viele Namen, Verfallsdeutungen sind naheliegend. Dass der „ursprüngliche Geist" der Universitäten sich seit einem halben Jahrhundert „im Sinken" befinde, meinte Karl Jaspers schon 1946 und fügte in damaliger Evidenz hinzu, „zuletzt tat er den tiefsten Fall".[4] Die ‚Idee der (deutschen) Universität' wäre also noch nicht einmal einhundertfünfzig Jahre alt geworden, für eine „große Tradition" wahrlich eine kurze Zeit. Und selbst das beruht ja auf einer Ungenauigkeit, denn manche liberale Prämissen der preußischen Universitätsgründung überlebten nicht einmal das Jahrzehnt ihrer Gründung, wurden also schon 1819 durch die preußisch-östereichisch-russische Reaktion abgeräumt. Luhmann konnte konstatierten, er habe die Universität erst betreten, als sie sich bereits im Niedergang befand, dies später unter Vermeidung jeder Prozessontologie dahingehend korrigierend, dass es sich eher um eine „Stagnation auf Nullniveau" handele. Die Hochschulen scheinen in einem Maße zum Gehäuse der Langeweile und des bloßen Vor-sich-hin-Funktionierens geworden zu sein, dass sie nicht einmal mehr einer Verfallsdynamik für wert befunden werden; es handelt sich sozusagen um die „real existierende deutsche Universität", der gegenüber Unterfinanzierung zur Normalität erklärt worden ist.

Die Erfindung von Exzellenzinitiativen in der Zeit der Regierung Gerhard Schröders diente neben der im Jahre 2000 beschlossenen Erfüllung der Lissabon-Forderung der Europäischen Union, wonach dieser Kontinent zur „most

---

4 Jaspers, Die Idee der Universität, S. 5.

competitive area of the world" werden solle, wohl auch der Verdeckung dieses Missstandes. Allerdings ist erstaunlich, in welchem Maße die, im Vergleich mit den vielbestaunten *Ivy League universities* der USA, eher geringen Finanzmittel produktive Aktivierungen ausgelöst haben. Allerdings schließt sich daran auch eine, durch nichts gerechtfertigte symbolische (Marketing-)Überhöhung von „Elite-Universitäten" an. So geht keineswegs alles weiter, als sei nichts geschehen. Aber gegenüber jenen „Reformen", die mit „Bologna" den Namen der ältesten europäischen Universität tragen, gibt es die merkwürdige Gespaltenheit von Krisenbeteuerung und Alltagsabwicklung in einem. Zu fragen ist also, warum „unhaltbare Zustände" sich in so hohem Maße als haltbar erweisen. Auch das ist eine institutionell erzeugte und verstärkte Realität.

II. Leit-Widersprüche

Die Lage wird dadurch kompliziert, dass sich eine einfache Grundfunktion der Universität nicht bestimmen lässt – so hat sie eben auch keine einheitliche „Leitidee", sondern weist einen Komplex verschiedenartiger und konkurrierender *idées directrices*[5] auf. Strukturell vereinigt die Universität schwer Vereinbares, ist sie auf Widersprüche gebaut, eben ein komplexes Gebilde, gekennzeichnet von Differenzierungsprozessen ebenso wie von der Anlagerung immer neuer Aufgaben. Staatsanstalt und teilautonome Körperschaft, Forschungseinrichtung und Lehranstalt, Massenuniversität und disziplinär gegliedertes Hochleistungszentrum, demokratisch verfasst und zugleich ständisch, auf Berufsvorbereitung ebenso verpflichtet wie auf die Tradierung von Bildungswissen, auf Grundlagenforschung nicht weniger als auf Anwendungsorientierung etc. etc.

Diese Widersprüche und Funktionsdifferenzen sind nun nicht neuen Datums, sondern bereits in die Universitätsgründung des noch immer vielbeschworenen Wilhelm von Humboldt eingebaut gewesen. Allerdings haben sich seither die sozialstrukturellen und kulturellen Voraussetzungen dermaßen verändert, dass die Grundkonflikte ihre Gestalt gewechselt haben und es durchaus zweifelhaft erscheinen kann, ob man überhaupt noch von ‚derselben' Institution sprechen kann, ob die Widersprüche sich nicht in einem Maße verschärft und die Eigenorganisation konfligierender Gesichtspunkte nicht einen Grad der Problem- und Lösungsautonomie erreicht haben, dass von einer ‚Einheit', einer *universitas* bei den heutigen akademischen (Aus-)Bildungsanstalten sinnvoll gar nicht mehr gesprochen werden kann.

Es ist eben durchaus etwas Unvergleichliches, wenn Universitäten wie Göttingen oder Königsberg um 1800 jeweils knapp über 300 Studenten zählten und die Universität Halle (welche durch die neue Berliner Landesuniversität ersetzt werden sollte) mit 950 als sehr groß galt, während heute selbst die, sich durch-

5 Vgl. Hauriou, Die Theorie der Institution, bes. S. 36f. und 47ff.

aus als exquisit verstehende Katholische Universität Eichstätt (die zu reformieren selbst dem Mediävisten Gert Melville zu heikel werden konnte) immerhin schon 4.500 Studierende zählt.

Die hohen Einschreibungszahlen der meisten Hochschulen verbreiten allerdings nicht nur Schrecken, sondern sind zugleich legitimationsfördernd und werbewirksam. Die Massenuniversität ist ein Resultat der Massengesellschaft und ihrer Demokratisierung, verbunden mit Aufstiegs- und Nivellierungsprozessen, auch mit Chancenausweitungen, die selbst wieder einen Preis fordern. Fast vierzig Prozent eines Jahrganges studieren heute an wissenschaftlichen Hochschulen. 1934 waren das noch zwei Prozent.[6] Seit Mitte der 60er Jahre wurden (wie es technisch genug und deshalb wohl auch in Industrie und Staatsbürokratie einleuchtend hieß) „Bildungsreserven" mobilisiert. Und doch lag 1975 der Anteil der Studienanfänger an den Gleichaltrigen immer noch bei nur fünfzehn Prozent. Einer der bedeutendsten sozialstrukturellen Effekte war im Frauenstudium begründet, dessen Unabsehbarkeit wohl dem Tübinger Senat vorgeschwebt haben mochte, als er am 21. März 1876 die „Zulassung von Frauen zum Besuch der Vorlesungen principiell" mit der Begründung ablehnte, das werde „voraussichtlich Gesuche oder Anfragen ins ungemessene [!] anwachsen" lassen. Allerdings war das nicht das einzige Bedenken. Schwerer wog die statistisch gestützte – in Zeiten des in der Sache guten, sprachlich hingegen unschönen *Gender mainstreaming* kurios wirkenden – Annahme, dass „unter den Studentinnen bloß 5 Deutsche" seien, die übrigen hingegen „Russinnen und Amerikanerinnen", und: „wir haben keinen Grund, diesen in ihren Extravaganzen Vorschub zu leisten".[7]

Die Zugangsvoraussetzungen haben sich also nachhaltig verändert, ganz ebenso auch die Qualifikationsprofile und Bildungsvoraussetzungen. Auch ist der Anteil der im öffentlichen Dienst beschäftigten Hochschulabsolventen ständig gesunken, wodurch sich der Zusammenhang von Universitätsstudium und vorgezeichneten Akademikerlaufbahnen grundlegend verschoben hat.

Hinzu kommen die veränderten Wissensbedingungen, insbesondere das Zerbrechen eines Bildungs*kanons*, der – oftmals dürftig genug – seine Abgrenzungs- und Zugehörigkeitsfunktionen doch lange erfüllen konnte und einstmals tatsächlich einen lebensweltlichen Wissenshorizont vermittelt hat. Dieser Maßgeblichkeitsverlust eines umschriebenen Wissens – samt des damit verbundenen Habitus – hat die Bildungsanstrengungen gewissermaßen in den ‚heimlichen Lehrplan' der Hochschulen verbannt. Noch immer besteht die Forderung (und Selbstforderung), ‚gebildet' zu sein, und doch kann sie von niemandem mehr wirklich objektiviert werden. Der Ranküne und dem verächtlichen Gelächter, zumindest Schmunzeln ist ausgesetzt, wer grobe Schnitzer macht – aber keiner kann verbindlich sagen, was das von allen zu Wissende eigentlich sei. Bildung – so definierte Luhmann einmal in einem Gespräch – sei doch wohl die Fähigkeit,

6 Vgl. Gukenbiehl, Bildung und Bildungssystem, S. 97.
7 Zitiert in Jens, Eine deutsche Universität, S. 404.

„in Interaktionen Lesefrüchte zum besten zu geben, welche die anderen vermutlich überraschen". Das ist eine ironische Trivialisierung, die heute einleuchten mag; jedenfalls befindet man sich auf unsicherem Gelände. Inzwischen ist der Kanon zumindest als Konsumgut zurückgekehrt, seit die medial verstärkte Kritiker-Autorität Marcel Reich-Ranickis diesen in exemplarischen Zusammenstellungen deutscher Romane, Dramatik und Poesie wieder herzustellen versuchte und Dieter Schwanitz in einem dicken Band Materialien hinterherschob, deren Kenntnis ‚Bildung' ausmachen solle.

Hier noch zeigt sich, was als Kombination von industriegesellschaftlich-konsumistischer Anstrengungslosigkeit der Lebensführung (obwohl Stress durchaus im Kindergarten schon beginnen kann) einerseits und belastungsschwächeren Studienmotivationen andererseits allgegenwärtig ist. Dass diese Entwicklungen zum ‚Subjektverlust' führten, war ein Schreckbild der Konservativen seit jeher. Aber es verkündeten dies auch postmoderne Autoren, allerdings nicht ohne ein schickes Einverständnis. Prominent empfehlen auch die Vertreter einer systemtheoretischen Beschreibung der Gesellschaft, deren komplizierte Kausalvernetzungen unter Absehung der Akteure aufzuzeigen, am nachhaltigsten Niklas Luhmann. Anthropozentrische Beschreibungen und Theoretisierungen scheinen demgegenüber anachronistisch zu werden, denn es wird ein Missverhältnis von individueller Selbstgegebenheit und kollektiver Prozessrealität suggeriert, das durch handlungsbezogene und auf „subjektiv gemeinten Sinn" (Max Weber) gestützte Kategorien nicht mehr erfassbar zu sein scheint. Schon deshalb muss geklärt werden, was es heißt, Universität als System zu verstehen oder als eine der Organisationsformen des funktional ausdifferenzierten, gesellschaftlichen Teilsystems „Wissenschaft".

III. Wissenschaft als System

Niklas Luhmann hat 1992 sein Buch über „Die Wissenschaft der Gesellschaft"[8] vorgelegt, dabei Wissenschaft als dasjenige gesellschaftliche Subsystem beschrieben, das mittels der binären Opposition „wahr/falsch" prozessiere. Für die etwas zu schlichte Binarität wird man durch eine voraussetzungsvolle Theorie des Wissens, des Wahrheitsbegriffes und daraus abgeleiteter erkenntnis- und wissenschaftstheoretischer Erwägungen entschädigt, die hier jedoch nicht auszuführen sind.

Systeme werden durch Relationierungsleistungen beschrieben und konstituieren sich durch Grenzziehungen einer oder mehreren Umwelten gegenüber. Sie bilden Operationen auf der Basis der für sie spezifischen Elemente aus und organisieren sich selbst (immer im Bezug auf Umwelten, aber nicht in kausaler Abhängigkeit von diesen). Systeme entstehen durch die Etablierung von Eigen-

8 Luhmann, Die Wissenschaft der Gesellschaft.

heit, also von Differenz (was nur ein anderer Ausdruck für ihre Relationalität ist). Das symbolisch generalisierte Kommunikationsmedium „Wahrheit“ erscheint dann als Bedingung der, ja als Katalysator für die Ausdifferenzierung von Wissenschaft als System. Ohne einen spezifischen Wahrheitsbegriff und ohne Durchsetzung einer sozialen Eigenorganisation für die auf ihm beruhenden Operationen würde Wissenschaft also nicht existieren – es gibt eben auch Gesellschaften ohne Wissenschaft, d. h. ohne ein mit autonomen Regeln versehenes Wahrheitsproblem. In unserer Gesellschaft hat Wissenschaft sich als wichtiges Teilsystem etabliert, ergänzt sich selbst, verfeinert sich, wirkt auf andere Systeme und wird von diesen beeinflusst. Entscheidend ist hier, dass dieses System besonders „rekursiv“ ist, das heißt, dass mit der Wissenschaft eine Form der Beobachtung entwickelt wurde, die sich in besonderer Weise selbst (und zwar in ihrer Beobachtungstätigkeit) beobachtet, woraus eine Mehrebenigkeit der Perspektive entsteht – eben das, was traditionell ‚Reflexion‘ heißt.

Seit den 1980er Jahren arbeitete Luhmann, angeregt durch die modernen biologischen Evolutionstheorien der konstruktivistischen Neurobiologen Humberto Maturana und Francisco J. Varela, mit dem Begriff der „Autopoiesis“ von Systemen. Gemeint ist die Selbsterzeugung und -verstärkung einer geschlossenen Einheit, hier von Systembezügen, deren Leistungen man nicht durch Kausalitäten von außen erklären kann, die man vielmehr in ihrer Selbstergänzungs- und Selbststeigerungsdynamik beobachten muss. Kunst schafft Kunst, Recht schafft Recht (wenigstens Rechtsförmigkeit) usw. So funktioniert auch die systemtheoretische Wissenschaftsbeschreibung:

> Die Autopoiesis erfordert nichts anderes als die Fortsetzung der Kommunikation über Wahrheit und Unwahrheit, also die Fortsetzung der Kommunikation in diesem symbolisch generalisierten Medium.[9]

Wissenschaft also produziert Wissenschaft, verwissenschaftlicht die aus der Umwelt eindringenden Problemstellungen und Realitätszumutungen. Das soll lakonisch wirken und ist, der technisch-komplizierten Sprache zum Trotz, verblüffend einfach. Aus solcher Selbstverstärkung ihrer Teilsysteme besteht Gesellschaft – mehr ist nicht zu unterstellen. Allerdings setzt das sehr viel voraus, denn die vom System erreichte und behauptete Komplexitätsverdichtung darf der von einer sekundären Warte aus Beobachtende nicht unterschreiten. Deshalb führt die Darstellung dieser Systemrealitäten zu dicken, scharfsinnigen, wenn auch mit Bezug auf die theoretischen Grundentscheidungen hochredundanten Büchern. Luhmann produzierte sie in neidisch machen könnender Autopoiesis-Regelmäßigkeit; die Anschlüsse produzierten sich wie von selbst. Postmodern kokettierte er mit einer Subjektlosigkeit seiner Texte, das System erweitere sich unablässig.

Luhmanns Buch über die Wissenschaft ist voller faszinierender Überlegungen und von ungewöhnlichem Scharfsinn. Von seinen monographischen Teilsystem-Studien erscheint es mir – nächst dem über die Autonomisierung der

9 Ebd., S. 285.

Künste – als die beste, während seine frühen Arbeiten, allen voran die institutionenanalytisch höchst aufschlussreiche Untersuchung formaler Organisationen noch höher zu schätzen ist. Und doch produziert der Ansatz auch Enttäuschungen. Man hat das Lese- und Hörerlebnis, dass die ganz konsequent durchdachte und durchgehaltene Perspektive und Abstraktionsebene merkwürdig arm an Resultaten bleibt, belehrend allerdings durch intelligente, zuweilen geistreiche Verfremdungen. So kann man über die Co-Evolution von Gesellschaft und Wissenschaft[10], über die Umstellung von ontologischem auf konstruktivistisches und von einheitstheoretischem auf differenztheoretisches Wissen[11] viel lernen, unausschöpfbar der in dem Buche steckende Diskussionsstoff.

„Universität" nun kommt – im Sachregister ganz unerwähnt – nur zufällig vor.[12] Sie ist ein Koppelungssystem, das eigens beschrieben werden müsste, dessen Widersprüchlichkeiten aber ausgeblendet blieben, ein Wechselbalg aus Wissens- und Erziehungssystemen. Über Koppelungsmechanismen sagt Luhmann zwar viel, nicht aber über das für die moderne Wissenschaftsentwicklung so zentrale Universitätssystem. Auch das legt den Gedanken nahe, dass man dieses Sozialgebilde mit einer anderen Begriffsstrategie beschreiben, also beispielsweise institutionenanalytisch erforschen müsste. Die Systemtheorie bietet erstaunliche Etikettierungen dessen, „was sowieso geschieht und was gar nicht zu ändern ist" (in diesem Sinne erweist Luhmann sich durchaus als Schüler Helmut Schelskys, der die Aufgabe der Soziologie einmal so umschrieben hat[13]). Die Gemengelagen und gegenseitigen Stützungen von Systemimperativen würde Luhmann als ‚Paradoxien' behandeln können, ein Begriff, der Widersprüche spielerisch auflöst und folgenreich entproblematisiert, gerade weil er intellektuell anspruchsvoll, gewitzt und überraschend ist.

Für ihn blieben nach dem Ende aller Ontologien und Hierarchievorstellungen über die Ordnung der Welt lediglich die unablässig prozessierenden Verkettungen übrig, die man an bürokratischen, rechtlichen, ökonomischen etc. Kommunikationssystemen beobachten kann. Das gilt analog für alle sozialen Daseinsebenen (Gruppe, Organisation, System), somit auch für intime oder kleingruppenbezogene Formen des menschlichen Zusammenhandelns (weil diese eben immer auch ‚gesellschaftlich' bedingt sind). Jede solche Verbindung entwickelt, eingebettet in umfassendere Kommunikationsprozesse, eigene Medien, etwa „Liebe als Passion".[14] Diese unaufhaltsame Ausdifferenzierung von kommunikativen Systembildungen hat für Luhmann, bezogen auf die heutige Gesellschaft, einzig Realitätsgehalt. Allerdings bestand der De-Ontologisierer Luhmann auf der nicht nur perspektivischen Sachhaltigkeit seiner eigenen theoretischen Blickrichtung derart, dass er als Meister eines theoretischen Konstruk-

10 Luhmann, Die Wissenschaft der Gesellschaft, S. 608.
11 Ebd., S. 627.
12 Vgl. z. B. ebd., S. 353, 450, 625, 639, 643 und 678f.
13 Vgl. Schelsky, Ortsbestimmung der deutschen Soziologie, S. 126.
14 Vgl. Luhmann, Liebe als Passion.

tivismus doch nicht darauf verzichtete, in seinem, die ‚autopoietische Wende' einleitenden Systembuch festzustellen, dass er davon ausgehe, „dass es Systeme *gibt*".[15]

Es geht in einer so angelegten Systemtheorie also durchaus nicht nur um eine der möglichen Perspektivierungen der als ‚objektiv' vorgestellten Welt und nicht nur um die Parallelität von Realitäts- und Beobachtungsprozessen, sondern um die adäquate Erfassung historischer Transformationen. Mit Émile Durkheim unterscheidet Luhmann die frühen, „segmentären" von den modernen, ausdifferenzierten Gesellschaften. Anders als der französische Klassiker der Soziologie fügt Luhmann für die herrschaftsüberformten Hochkulturen sodann den Begriff „stratifizierter Gesellschaften" hinzu, dabei einen prinzipiellen Bruch zwischen Moderne und Vormoderne betonend. Deshalb gehören „Institutionen" für ihn wirklich in eine „alteuropäische" Welt, erscheinen sie als ontologisch überfrachtet, sowohl in der sozialen Wirklichkeit als auch in den Theorien über sie. Unsere moderne, hochkomplexe Welt sei mit derart traditionsbeladenen Begrifflichkeiten nicht mehr zu erfassen, zumal in ihnen ältere Illusionen mitgeschleppt würden, etwa die, dass Sozialprozesse von Menschen erzeugt sind, oder genauer: dass eine Sozialtheorie auf Menschen als Träger von Motiven, Absichten, Interessen, Wissensbeständen etc. zurückgreifen müsse. Zwar werden auch von Luhmann Menschen für die Existenz von Sozialsystemen vorausgesetzt – aber nicht mehr als deren Bestandteile, vielmehr als „Umwelten" sozialer Kommunikationseinheiten.

Rudolf Stichweh, der sich seit seiner Habilitationsschrift über den frühmodernen Staat und die europäische Universität unter verschiedenen Gesichtspunkten mit den Hochschulen befasst hat (übrigens als Rektor der Universität von Luzern weitere praktische Erfahrungen in diesem institutionellen Feld machen könnend), hat aus systemtheoretischer Perspektive auch die von Luhmann in seiner Betrachtung des Teilsystems Wissenschaft zurückgestellte Universität in den Blick genommen.[16] Er sieht sie als eine unter vielen Organisationen im Wissenschaftssystem, spricht dann doch auch von einem „System der Universitäten", das von der lokalen bis zur „weltgesellschaftlichen" Ebene sozialräumlich unterschiedlich eingebettet sei. Es stehe mit verschiedenen System-„Umwelten" in Kontakt, nämlich dem Erziehungssystem, der Religion bzw. ihrer kirchlichen Organisationsformen, der Politik und dem Recht, der Wirtschaft und nicht zuletzt: der Wissenschaft. Auch gebe es in den modernen Gesellschaften ganz andere Referenzsysteme wie den Sport, die Massenmedien oder die Kunst. Man sollte auf der Ebene dieser ersten Nennungen die Familie in allen ihren Struktur- und Rechtsformen nicht vergessen; ebenso wenig Verwandtschaftszusammenhänge, deren neuere Komplexionsgrade sprachlich oft noch gar nicht erfasst sind. Wenngleich das die wichtigsten Rahmungen für Sozialisationsprozesse sind, handelt es sich gerade nicht nur um Realnamen für

---

15 Luhmann, Soziale Systeme, S. 30.

16 Vgl. Stichweh, Der frühmoderne Staat; Stichweh, Die Universität in der Wissensgesellschaft.

das „Erziehungssystem", sind Sozialisation und ‚Erziehung' nicht dasselbe. Stichweh spricht sodann den wichtigen Gesichtspunkt der Sozialmilieus an, aus denen sich die „studentische Population" rekrutieren kann, also Stände und soziale Schichten, besonders Bildungsschichten, eingeschlossen das soziale *feedback* durch *alumni*. Wichtige Auswahl- oder Ermöglichungsmerkmale für das Hochschulstudium liegen sodann in ethnischen, religiösen und *gender*-Positionen.

Von da ausgehend beschreibt er, wie die Universitäten unterschiedliche Koppelungen mit ihren Umwelten herstellen können, zuweilen mehr mit der Kirche oder dem Staat, zuweilen mehr mit (zahlungskräftigen oder legitimitätsfördernden) Bildungsschichten oder mit der Wirtschaft kooperierend. Der für deutsche Hochschulverhältnisse in weiter Ferne liegende finanzstarke Sport etwa ist sowohl für die Aufnahme eines bestimmten Anteils Studierender als auch für die Eigenfinanzierung für amerikanische Universitäten von größter Bedeutung. Und so gibt es eine Fülle weiterer Kontingenzen. Auch sind (wenn man von den Technikwissenschaften einmal absieht) die Koppelungsprozesse mit „der Wirtschaft", also disziplinär je unterschiedlich attraktiven Produktionssektoren oder Unternehmen, in vielen europäischen Ländern nicht so bestandsbedeutsam wie in den USA. Und doch gibt es eine enge Kopplung zwischen Universität und Wirtschaft auch hier, herrschen seit einem Jahrzehnt doch ökonomistische Kriterien zur (Selbst-)Bewertung des Hochschulsystems vor. Gerade das ist jedoch eine institutionelle Problematik, denn es ist von Machthierarchisierungen abhängig, während ein systemtheoretischer Ansatz darin lediglich die Vielfalt möglicher Koppelungsvariationen belegt sieht. Blickt man auf Stichwehs Möglichkeitsspielräume verfügbarer Bezugssysteme in einer historischen Perspektive, dann sieht man, wie ganz unterschiedliche Machtkonstellationen und Herrschaftsformen zur Kooperation oder Abgrenzung zwangen, sie jedenfalls in einer Epoche wahrscheinlicher machten als in einer anderen. So werden beispielsweise in einem System, das vor allem staatliche Hochschulen und etatistisch gestützte Förderungsprogramme der Forschung kennt, explizit politische Entscheidungen eher wirksam als in Universitäten, die von kirchlichen Instanzen dominiert sind oder gegen diese ausgebildet wurden. Und auch eine gegebene Wirtschaftsverfassung hat entscheidenden Außeneinfluss darauf, in welchem Maße das Studium, etwa der kapitalistischen Expansion in die Innenräume der Gesellschaft[17] geöffnet wird (Kredite anstelle staatlicher Stipendien) oder auch Lehre und Forschung monetarisiert werden, d. h. wissenschaftliche Konkurrenz in ökonomische überführt wird.

---

17 Vgl. Rehberg, Die unsichtbare Klassengesellschaft, bes. S. 27–32.

IV. Universitäten aus institutionenanalytischer Sicht

1. Traditionsmetapher oder Forschungsbegriff?

„Institution" wird nicht nur von den Systemtheoretikern oft gleichgesetzt mit „Organisation", theoretisch auch mit „sozialem System" oder dessen Subsystemen. Luhmann hielt den Institutionenbegriff schließlich, wie gesagt, für anachronistisch und schaltete ihn im Fortgang der Elaborierung seiner Theorie zunehmend aus. Er hielt ihn für nicht trennscharf genug und am Ende sogar für untheoretisierbar. Übrig blieb er als Kontrastfolie für etwas merkwürdig ‚Geisteswissenschaftliches'. Der Begriff könne – formulierte Luhmann zur Abschreckung – den Eindruck erwecken, „dass etwas Höheres, Sinnreicheres, vielleicht auch Geheimnisvolleres im Spiel sei".[18] Diese Begriffsverdrängung beruht darauf, dass er, wie ihm in vielem zuzugeben ist, annahm, dass wir in einer Welt lebten, in der keine Handlungs- und Verfügungszentren mehr existierten, in der es weder universalen Sinn noch festgefügte Ordnungen gäbe. All das hat dazu geführt, dass der Bielefelder Großtheoretiker seine Erfahrungen mit der Universität am plastischsten darzustellen wusste, wenn er als gelernter Verwaltungsjurist über deren Organisationsstruktur sprach oder wenn er die Universität als „Milieu" betrachtete, d. h. als einen Raum, auf den sich auch seine hochschulpolitischen Positionen und Vorurteile – etwa die skeptische Reserve gegenüber der Gruppenuniversität – beziehen ließen.

Im Kontrast dazu mag es erkenntnisfördernd sein, auch die *institutionellen* Ausformungen des Wissenschaftssystems zu betrachten. Das bedeutet, entgegen Luhmanns kühler Ironisierung, keinen Rückfall in eine Ontologie der Großen Ordnungen. Nicht also handelt es sich um den Versuch, in einer „entzauberten Welt" die Geltungsgründe, die unsere Handlungen leiten, sozusagen rückzuverzaubern. Vielmehr sehe ich den Vorteil der „Theorie und Analyse institutioneller Mechanismen (TAIM)"[19] darin, dass sie wahrnehmbar macht, in welcher Weise sozial eingespielte kollektive Realitäten mit jeweiligen Handlungsentwürfen und -vollzügen vermittelt sind und wie daraus wiederum Normenbestände und symbolische Verweisungen produziert werden, die ihrerseits zurückwirken auf die Akteurskonstellationen und Kommunikationsprozesse.

In einem Beitrag zu Ehren Gert Melvilles, der als Sprecher des auf diesem analytischen Konzept aufbauenden Dresdner Sonderforschungsbereiches 537 erheblich dazu beigetragen hat, dass die institutionentheoretischen Grundannahmen in einem weiten historischen Vergleichsfeld von der Antike bis in unse-

18 Luhmann, Universität als Milieu, S. 92.

19 Vgl. Rehberg, Ansätze zu einer perspektivischen Soziologie der Institutionen; Rehberg, Institutionen als symbolische Ordnungen; sowie Rehberg, Die stabilisierende Fiktionalität. – Das in diesen Arbeiten dargestellte Konzept bestimmte wesentlich die theoretische und methodische Grundlegung des Dresdner SFB 537: vgl. Melville, Institutionalität und Geschichtlichkeit, bes. S. 11–33 (dieses Forschungsprogramm wurde von Peter Strohschneider, Gert Melville und mir formuliert).

re Zeiten auf ihre analytische Aufschlusskraft hin überprüft werden konnten, bedarf es keiner Darlegung dieses Gesamtansatzes. Deshalb seien im Dienste des hier gewählten Themas nur wenige Schlüsselüberlegungen und -kategorien genannt oder in Erinnerung gerufen: Nicht geht es darum, welche Einrichtungen „Institution" genannt werden können (denn es ist dies ein unentscheidbarer Wortstreit), vielmehr um *institutionelle Mechanismen der Stabilisierung sozialer Beziehungen* (von Liebespaaren bis zu transnationalen Vernetzungen). Die theoretisch-methodischen Überlegungen bündelnd, möchte ich hervorheben, dass diese institutionelle Analyse nicht von fixen Ordnungen ausgeht, sondern von Ordnungs*behauptungen*, nicht von unbefragten Geltungen, sondern von Geltungs*ansprüchen*, nicht von institutionellen Normerfüllungen, sondern von Handlungs- und Rollen*stilisierungen.* Gefragt wird nach den Folgen, die sich daraus für soziale Beziehungen ergeben. Von besonderer Bedeutung sind die damit verbundenen Formen einer *Fiktionalisierung* von Ordnungsleistungen. Das meint nichts Unwirkliches, sondern die – oft produktive – ‚Überziehung' und Intensivierung von institutionellen Prinzipien und Handlungsvorschriften. Wichtige Wirkungszusammenhänge der Vergangenheit und Gegenwart lassen sich ohne die realitätsschaffende Macht institutioneller ‚Fiktionen' kaum verstehen.

Idealtypisch sollen als „Institutionen" solche „Sozialregulationen" bezeichnet werden, in denen die Prinzipien und Geltungsansprüche einer Ordnung *symbolisch* zum Ausdruck gebracht werden. Diese Form der Stabilisierung von Orientierungen findet ihren, hoch steigerungsfähigen, Ausdruck in der Ausformulierung einer institutionellen Leitidee. Gerade das Beispiel der Universität zeigt, dass es sich nicht um eine Orientierungsgröße im Singular handelt, vielmehr um Komplexe solcher Ideen, die von Kämpfen durchzogen sind. Das vermag die Behauptung des Eigenwertes und der Eigenwürde eines Ordnungsarrangements zu steigern bis zur Suggestion einer allen Ad-hoc-Nützlichkeiten übergeordneten „Funktionalität", samt deren geschichtlicher Bewährung.

2. Leitideen der Universität

Gerade in Universitäten scheint es *eine* „Leitidee" noch zu geben, die bis heute durch die symbolische Kurzformel „Humboldt" wirkt. Das ist in erster Linie nicht nur der Name eines der preußischen Reformer, sondern die Kurzbezeichnung für ein ganzes Programm, dessen diskursive Aktualität eine Gegebenheit ist. In vielen Auseinandersetzungen wird – oft genug historisch ungenau – auf Wilhelm von Humboldt verwiesen, der 1809 Direktor der Sektion für Kultus und Unterricht im preußischen Innenministerium wurde, das Amt ungern angetreten hatte und im Konflikt mit dem König, der ihn damals noch nicht zum Minister machte, kaum mehr als zwölf Monate nach Amtsantritt seinen Rückzug in die Diplomatie antrat. In diesem Jahr hat er die seit dem Ende des 18. Jahrhunderts, z. B. von dem ersten ‚Hochschulreferenten' in Deutschland, Karl Friedrich von Beyme, vorgedachten Reformansätze entschlossen umgesetzt. Die Denkschriften zur Universitätsreform aus dem Geist des klassischen Idealismus und romantischen Realismus[20], vor allem die Vorlesungen und Planentwürfe Schellings, Fichtes, Schleiermachers, Heinrich Steffens u. a. gingen in seine eigenen Überlegungen ein, aber nicht als fertiges System entwickelt, sondern pragmatisch ausgewertet, d. h. hier: auf die Notwendigkeiten der Entschlüsse und Handlungen bezogen und nicht abstrakt deduziert. Diese Gründungsidee der Berliner Universität strukturiert noch heute Geltungsansprüche und Konfliktaustragungen im Feld der universitären Beziehungen. Das ist durchaus merkwürdig, denn es ist, wie eingangs angedeutet, unübersehbar, wie sehr sich Bedingungen und Formen des akademischen Studiums seither verändert haben.

Die letzte große Darstellung fand diese „Leitidee" 1927, dann noch zweimal nach 1945, durch Karl Jaspers, schon geschärft durch den skeptischen Blick des von ihm so bewunderten Max Weber. Dennoch hielt Jaspers an den Formeln der Selbstermutigung ungebrochen fest, also daran, dass die Universität die Stätte sei, „an der Gesellschaft und Staat das hellste Bewusstsein des Zeitalters sich entfalten lassen"[21] und zwar durch ständische Formung, sokratische Erziehung im Dialog und die Gemeinschaft der Lehrenden und Lernenden. Systemtheoretisch hat Talcott Parsons das in seiner Darstellung der Universität als „Treuhändersystem" der Rationalität sehr ähnlich gedacht.[22] Betrachtet man „die Leitidee(n)" der Universität als institutionellen Mechanismus, dann zeigt sich, dass viele der Spannungen und Widersprüchlichkeiten, durch welche die Hochschulen heute gekennzeichnet sind, bereits in der Gründungsphase mitgedacht oder doch in die gewählten Lösungen eingebaut waren – zum Teil als unaufgelöstes Problem, zum Teil als gewollte Spannungssynthese. Unablässig gab es seither Auseinandersetzungen um die Bestimmung dieser „Idee", um ihren Gehalt, um ihre Geltungsreichweite, und es gehört zur Besonderheit einer institutionellen Ordnungsstabilisierung dazu, dass die Vielschichtigkeit der Optionen und Möglichkeiten, ja sogar noch des in einem Konzept Ausgeschlossenen, präsent bleiben, d. h. in verschiedenen Situationen und aus unterschiedlichen Interessenlagen heraus mobilisierbar werden. Daraus eben besteht die kulturelle Vielschichtigkeit und in Konflikten jeweils neu austragbare Bestimmbarkeit von Institutionen. Weil es sich immer auch um Leit*differenzen* handelt – wofür Luhmann, aber auch Autoren im Umkreis des Poststrukturalismus und Protagonisten des Postmoderne-Denkens den Blick geschärft haben –, ist es nun keineswegs so, wie im Alltag oft unterstellt und wie in jeder Institutionenmetaphysik vorausgesetzt wird, dass nämlich *eine* Idee existiere, die sich – hegelianisch gesprochen – im Handeln der Menschen selbst auslege. Deshalb ist es auch nicht so, dass die Universität als einheitliches, gewissermaßen „organisches" Gebilde je existiert hätte und erst in diesem Jahrhundert, etwa nach 1945 oder in der Studentenrevolte, zerbrochen oder kaputtgemacht worden sei. Tief-

---

20 Vgl. Anrich, Die Idee der deutschen Universität.
21 Jaspers, Die Idee der Universität, S. 9.
22 Vgl. Parsons/Platt, Die amerikanische Universität.

greifende Formänderungen hat es gegeben, aber auf der Basis von Pluralitäten des Ordnungsentwurfes, die bereits im Akt der institutionellen Gründung sichtbar wurden und schon damals nicht dauerhaft stillzustellen waren.

3. Das Berliner Modell

Mit Bezug auf die Neue Universität in Berlin hat Helmut Schelsky in seinem Universitätsbuch[23] gezeigt, welches in der großen Krise des von Napoleon I. niedergeworfenen preußischen Staates die Frontstellungen waren, gegen die Humboldts Universitätsgründung sich polemisch richtete: erstens, die im Zunftgeist erstarrten alten, aus dem Mittelalter überkommenen Universitäten (eine satirische Milieuschilderung kennt man aus der „Schülerszene" in Goethes „Faust"[24], mehr davon ist in „Dichtung und Wahrheit" zu lesen); zweitens, gegen die an einem enzyklopädischen Aufklärungsdenken – der sprachschöpferische Auguste Comte sollte das wenig später „positivistisch" nennen – ausgerichteten Hochschulen und drittens gegen die allein von staatlichen Nutzenkalkülen abhängenden Ausbildungsanstalten, wie sie in den französischen *Grandes Ècoles* ihre deutlichste Institutionalisierung fanden. Den Grundkonflikt hatte Friedrich Schiller in seiner Jenenser Antrittsvorlesung schon im Jahr der Französischen Revolution formuliert, als er dem „Brotgelehrten" den „philosophischen Kopf" gegenüberstellte. Übrigens stand der preußische König Friedrich-Wilhelm III. kurz vor seinem Regierungsantritt auf einem staats-utilitaristischen Standpunkt, wie ihn Humboldt später bekämpfte. Als würde er eine Kabinettsvorlage für die Regierung Berlusconi des Jahres 2009, wenigstens jedoch für die bundesdeutsche Kultusministerkonferenz verfasst haben, schrieb der Kronprinz 1796/97:

> Nützliche Künste und Wissenschaften in Schutz zu nehmen und empor zu bringen, muß noch ein Hauptaugenmerk für einen Regenten sein; ich sage aber nützliche, das heißt solche, die den Flor und die Wohlhabenheit des Staats zum Augenmerk haben, als z. Ex. die Verbesserung der Landwirtschaft, der inneren Landes-Oekonomie, des Handels und Wandels und der Industrie. [...] Solche abstracte Wissenschaften [hingegen], die nur einzig und allein in das gelehrte Fach einschlagen und zur Aufklärung der gelehrten Welt beitragen, sind zur Wohlfahrt des Staats ohnmöglich von wahrem Nutzen; selbige ganz zu hemmen, wäre thöricht, sie aber einzuschränken, heilsam.[25]

Zwar sollte auch die Neue Universität der preußischen Reformer Staatsbeamte ausbilden (gerade Humboldt setzte sich für deren gesonderte Prüfungen ein), aber eben nicht durch unmittelbare Verknüpfung von Hochschulausbildung und staatlicher Karrieresteuerung, sondern durch ein Moment der Distanz, welche in der allgemeinen Qualifikation liegt. Das Studium sollte – darin das mittelalterliche Modell sozusagen umkehrend – zuvörderst „philosophisch" sein, d. h. die Philosophische Fakultät den Kern der Neuen Universität bilden, während die praxisorientierten, nicht wirklich grundlagenwissenschaftlichen

---

23 Vgl. Schelsky, Einsamkeit und Freiheit.
24 Goethe, Faust. Der Tragödie erster Teil, „Studierzimmer", V. 1868–2050.
25 Zitiert in: Kotowski, Wilhelm von Humboldt, S. 1351f.

Fakultäten (also die Medizinische, Juristische etc.), in denen es immer auch um die Vermittlung von „Künsten", von Kunstfertigkeiten geht, deutlich nachgeordnet wurden.

In der Auseinandersetzung um das Nützlichkeitsprinzip und Humboldts Option für die Indirektheit, weil ein Nutzen sich gerade nicht unmittelbar ergebe, sondern erst auf der Basis gründlicher und sicherer Bildung, zeigen sich verschiedene Aspekte des universitären Leitidee-Komplexes, die in aller Schärfe erst später in Widerspruch zueinander traten. Insbesondere die Gründung von großen Forschungsinstituten veränderte die Lage. Es waren wiederum die deutschen Universitäten hierin führend in der Welt. So besuchte 1885 beispielsweise der junge Émile Durkheim im Auftrag der sozialistischen Regierung Frankreichs die erste Einrichtung für Experimentalforschung an einer deutschen Universität, nämlich Wilhelm Wundts Leipziger Psychologisches Institut, um dies als Modell für die Reform der Sorbonne zu studieren; auch aus den USA pilgerte man nach Leipzig. Damit entstand eine Forschungsstruktur, die im Rahmen der Industrialisierung die Humboldtsche Idee der Einheit von Forschung und Lehre neu bestimmen und modifizieren und zugleich in andere Bedingungszusammenhänge überführen sollte. Max Weber hat in seinem Vortrag über „Wissenschaft als Beruf" im Jahre 1917 beschrieben, in welchem Maße die

> großen Institute medizinischer oder naturwissenschaftlicher Art ‚staatskapitalistische' Unternehmungen [sind, in denen der] Arbeiter, der Assistent also, [...] angewiesen [ist] auf die Arbeitsmittel, die ihm vom Staat zur Verfügung gestellt werden; er ist infolgedessen vom Institutsdirektor ebenso abhängig wie ein Angestellter in einer Fabrik: – denn der Institutsdirektor stellt sich ganz gutgläubig vor, dass dies Institut ‚*sein*' Institut sei.

Zwar seien die technischen Vorzüge einer solchen Organisation ganz unzweifelhaft, „wie bei allen kapitalistischen und zugleich bureaukratischen Betrieben", fügte Weber hinzu. „Aber der ‚Geist' [...] ist ein anderer als die althistorische Atmosphäre der deutschen Universitäten".[26] Das ist wahr und gleichwohl war es eben immer noch Forschung *in* der Universität, wodurch diese allerdings verwandelt und neue Auslegungen ihrer Leitidee unumgänglich wurden.

4. Symbolische Kämpfe in der Studentenrevolte

In welchem Maße die Universität nicht nur als Großorganisation oder als System der Wahr-Falsch-Kommunikation zu begreifen ist, wird besonders deutlich, wenn es um verschärfte Konflikte geht, die vor allem ‚symbolisch' ausgefochten werden. Dafür ist die Studentenrevolte der späten 60er und beginnenden 70er Jahre das treffendste Beispiel. Der kurzen Hauptphase zwischen der Intensivierung der Proteste durch die Erschießung Benno Ohnesorgs während des Schah-Besuchs in West-Berlin am 2. Juni 1967 durch den Polizisten Karl-Heinz Kurras, der inzwischen – Ironie der Geschichte – als Stasi-Spitzel entlarvt wurde, und der Selbstauflösung des SDS bereits zwei Jahre später folgte ein langes Nachbeben. Vor allem in dieser Adaption durch die ‚Provinz' wurde die Revolte

26 Weber, Wissenschaft als Beruf, S. 74f.

gesamtgesellschaftlich prägend, gab es nach deren Abschluss mehr „'68er" als während der aktivistischen Hauptphase (anders als bei zusammengebrochenen Diktaturen, wo sich nachträglich kaum jemand mehr daran erinnern mag, mitgemacht zu haben).

„Die Studenten" hatten die universitäre Institution gleichsam zum Mikrokosmos der kapitalistischen Welt gemacht, Kleingesellschaft und zugleich Produktionsstätte einer neuen Form weltbürgerlicher Orientierung. Diese Auseinandersetzungen, ihre Projektionen, ihr Witz, ihre Kategorienverwechslungen und eigenproduzierten Engstirnigkeiten können hier nicht dargestellt oder analysiert werden; ebensowenig das Verhältnis von Protestintensität und Privilegierung oder von Ohnmachtsvermutung und Normverletzung. Pierre Bourdieu vertrat die These, wonach das Erlebnis einer inflationären Entwertung von Bildungszertifikaten durch Massenstudium für die Motivbildung einer radikalisierbaren Kritikbereitschaft entscheidend gewesen sei.[27] Dagegen kann man (zumindest für die Bundesrepublik) die Vermutung setzen, dass die durch ein expandierendes Bildungssystem und die damit verbundenen Beschäftigungs- und Aufstiegschancen vermittelte Scheinsicherheit der eigenen Zukunftssicherung den Hintergrund für die Selbstsicherheit bildete, dass manche Studierende sich sogar für die Universitätsumstürzung (wenn nicht für die Weltrevolution) „freigestellt" fühlen konnten. Deshalb wirkte der während der Kanzlerschaft Willy Brandts verfügte „Radikalenerlaß" so schockhaft, weil extreme politische Positionen und Mitgliedschaften für den öffentlichen Dienst nun plötzlich ‚Berufsverbote' nach sich ziehen konnten.

Da Universitäten in besonders hohem Maße auf einer symbolischen Vermittlung ihrer Ordnung beruhen, sind sie gerade deshalb besonders irritierbar, wenn man sie genau da angreift. Es ist dies wohl der beste Beleg dafür, dass symbolische Ordnungen nichts Unwirkliches, nur Erdachtes, gar Übersinnliches sind. Welcher Empörungs- und Emotionsaufwand, wenn Vorlesungen oder Gremiensitzungen demonstrativ besetzt wurden, um Diskussionen zu erzwingen oder „Öffentlichkeit herzustellen", wenn Rektorate okkupiert, Titel verhöhnt, Veranstaltungen umfunktioniert wurden. Dahinter steckten handfeste strukturelle Probleme nicht nur gesamtgesellschaftlicher Art (wie man damals gerne sagte), sondern auch auf der Ebene der immer ungenügender ausgestatteten Hochschulen und ihrer, den neuen Verhältnissen in keiner Weise mehr gerecht werdenden, Ordinarienverfassung. Aber die Angriffsflächen waren symbolische. So haben die westdeutschen Universitäten den Anpassungsprozess an die neue Situation durch sofortiges Überbordwerfen ritueller Selbstdarstellungsformen begonnen. Die Professorentalare wurden in kürzester Zeit nur in der Bundesrepublik preisgegeben. Die Furcht hatte sich schnell ausgebreitet, dass ein solcher Aufzug gesellschaftlich inakzeptabel geworden sei. Aus der genialvereinfachenden Formel „Unter den Talaren Muff von tausend Jahren" hörte man in erster Linie nicht die lange Geschichte akademischer Institutionen her-

27 Vgl. Bourdieu, Homo Academicus.

aus, dachte weder an die karolingische Hofschule, noch an die etwas kürzer zurückliegenden Universitätsgründungen in Padua, Paris, Prag oder Heidelberg – Hamburg, wo Studenten das medienwirksame Spruchband 1967 entrollt hatten, war ja überhaupt erst seit vierzig Jahren in Betrieb –, sondern jeder dachte an jene anderen, gerade verstrichenen „Tausend Jahre" – und das traf. Selbstverständlich können solche Kritik-„Thematisierungen" und kommunikativen Übertreibungen auch mit Kommunikationsverweigerungen zusammengehen. Zum Leitfaden wurde die „Entlarvung" sowohl leerer Symbolismen als auch die „Aufdeckung" unsichtbarer Machtpositionen und Einflusssphären – in den USA etwa der geheimen Militärforschung an renommierten Universitäten, in der Bundesrepublik vor allem der Karrierekontinuitäten von Hochschullehrern nach 1945. Schließlich konnte in Anspielung auf den Großen Marsch unter der Führung des „großen Vorsitzenden" Mao die Zukunftsformel vom „Marsch durch die Institutionen" erfunden werden (was in reformistischer Weise wirksamer war als die Phantasmen vom Umsturz).

Für die Institutionenanalyse bieten derartige Symbolkämpfe mit all ihren Verstrickungen und Selbsttäuschungen, aber eben auch mit ihrem aufklärerischen und Reflexion erzwingenden Potenzial besonders gute Einblicke in die institutionell erzeugten und an Institutionen adressierten Handlungsebenen und in die darin entwickelbaren Motiv- und Emotionslagen. Solche realitätsnahe Beschreibungen sind dann in theoretische Überlegungen zu überführen.

5. Das Verhältnis von Universität und Staat

Schließlich sei die institutionelle Verbindung und Konfliktkonstellation zwischen Universität und Staat erwähnt. Gerne wird die Humboldtsche Leitidee so ausgelegt, dass Hochschulautonomie die Freiheit von jedweder staatlicher Intervention bedeute. Und tatsächlich schwebte Humboldt als Ideal das ‚institutionelle Wunder' eines Staates vor, der weiß, dass es eigentlich ohne ihn in den Wissenschaften besser ginge und der diesen eben deshalb als Staatsanstalten Bedingungen ihrer Freiheit schafft. Es geht um das Paradox einer staatlich garantierten Staatsfreiheit.

Das hieß nun niemals Kontrollfreiheit. „Humboldt" wird heute oft zur wohlfeilen Abwehrformel, auch gegen berechtigte Staatseingriffe. Ganz klar schrieb er beispielsweise:

> Die Ernennung der Universitätslehrer muss dem Staat ausschliesslich vorbehalten bleiben, und es ist gewiss keine gute Einrichtung, den Facultäten darauf mehr Einfluss zu verstatten, als ein verständiges und billiges Curatorium von selbst thun wird.[28]

Humboldt nannte die Gelehrten

> die unbändigste und am schwersten zu befriedigende Menschenklasse – mit ihren sich ewig durchkreuzenden Interessen, ihrer Eifersucht, ihrem Neid, ihrer Lust zu regieren, [...], wo jeder meint, daß nur sein Fach Unterstützung und Förderung verdiene.[29]

---

28 Humboldt, Ueber die innere und äussere Organisation, S. 264f.
29 Zitiert in: Kotowski, Wilhelm von Humboldt, S. 1351.

Dieses Bild von den Professoren und ihrer Selbstergänzungsfähigkeit glich dem seines Freundes Goethe, der aussprach, dass es denjenigen,

> die sich standesgemäß damit beschäftigen, eigentlich um Besitz und Herrschaft vorzüglich zu tun ist [...]. Sie hassen und verfolgen sich alle einander, wie man merkt, um nichts und wieder nichts, denn keiner will den andern leiden, ob sie gleich alle sehr bequem leben könnten, wenn alle was wären und gälten.[30]

Ähnlich meinte Jacob Grimm, dass die Wahl der Professoren

> der Staat nicht aus seiner Hand zu lassen [habe], da kollegialischen, von der Fakultät vorgenommenen Wahlen die allermeiste Erfahrung widerstreitet. Selbst über reingestimmte, redliche Männer äußert die Scheu vor Nebenbuhlern im Amt eine gewisse Gewalt.[31]

Faktisch und rechtlich hat sich für lange Zeit daraus die Übung entwickelt, dass die Wissenschaftsminister bei Berufungen an die Reihenfolge einer Vorschlagsliste (und zuweilen an die gesamte Liste) nicht gebunden sind. Heute wird demgegenüber die Überwindung der Einzelegoismen den Rektoren überantwortet, die durch die neueste Hochschulgesetzgebung bisher nicht dagewesene Eingriffsrechte in die Berufungsprozeduren der Fakultäten erhielten.

Zum Staat besteht für die Universität nicht nur ein Verhältnis der Erwartung einer genügenden Dotierung – für welche etwa Humboldt der Berliner Universität neben Zuschüssen vor allem Domänengüter (darunter auch Weinberge) übertragen ließ. Auch kann in der neueren Hochschulentwicklung keineswegs der Staat alleine für alle Fehlentwicklungen verantwortlich gemacht werden, wie es eine modische Politikverdrossenheit vorschnell anzunehmen bereit ist, dabei vor allem Rationalisierungen suchend für eigenes Disengagement. So muss eine institutionelle Analyse immer auch zeigen, welche inneren Schwächen, welche faulen Routinen und zuweilen sogar Missbräuche sich in der Universität eingenistet haben, denn sie ist zu Recht kein exterritorialer Raum. Oft ist die Produktivität ihrer Angehörigen phasengebunden, was psychologisch leicht einzusehen ist, und zuweilen lässt sich der Eindruck nicht vermeiden, die Arbeitsmühe stehe in umgekehrter Proportionalität zur positionalen Sicherung. Nach den Qualifikationskämpfen und projektbezogenen Kurzzeit-Engagements vieler Wissenschaftler, ist es – wie Luhmann hübsch formulierte – nicht in jedem Falle auszuschließen, „dass bei gesicherter Mitgliedschaft weitere Aktivität als unnötig erscheint, die Ruder eingezogen werden und man sich nur noch schaukeln lässt".[32]

Jedenfalls gilt, dass Arnold Gehlens konservatives Motto, nach welchem die Menschen „wenigstens von ihren eigenen Schöpfungen verbrannt und konsumiert" würden und – wie er in zynischem Trost hinzufügt – nicht „von der rohen Natur, wie Tiere"[33], doch auch umgedreht werden kann: Dann konsumieren die Menschen die institutionellen Vorteile, privatisieren den Entlastungs-

30 Zitiert in: Jaspers, Die Idee der Universität, S. 68.
31 Zitiert in: ebd., S. 67.
32 Luhmann, Die Wissenschaft der Gesellschaft, S. 677.
33 Gehlen, Die Geburt der Freiheit, S. 378.

effekt; jedenfalls gibt es auch die Ausbeutung einer Institution (jeder wird das lebhaft bestätigen können, wenn er dabei auch am liebsten nur an andere denkt!). Also es bedarf der Kontrolle, etwa auch der Evaluation der Lehre, solange nicht einseitige Kriterien ausschlaggebend werden.

Heute nun erleben wir eine Entwicklungsphase, in welcher der unterfinanzierte Staat nicht mehr dominieren will, sondern den Hochschulen die immer geforderte Autonomie in einem höheren Maße einräumt als je zuvor. Nach der Privatisierung von Post und Bahn soll mit den Einrichtungen der höheren (Aus-)Bildung ein noch wichtigeres Institutionengeflecht in die Unabhängigkeit entlassen werden. Oft erscheinen Stiftungsuniversitäten in dieser Situation als ideale Organisationsform, für die in den Vereinigten Staaten Vorbilder gesucht werden. Dabei wird in der deutschen Debatte zu oft übersehen, dass – anders als jenseits des Ozeans – die bürgergesellschaftliche Einbettung riesiger Kapitalgewinne kaum existiert. Zudem stehen die seit den 1990er Jahren enorm gestiegenen Profite in keinem Verhältnis zu Vermögen, wie sie der Eisenbahnaktionär, kalifornische Gouverneur und US-Senator Leland Stanford im 19. Jahrhundert zu erwirtschaften vermochte. Dasselbe gilt für die Stifter der Harvard University, wenngleich das 1636 gegründete Vorgänger-College sich vor allem der Stiftung einer Bibliothek und nicht riesiger Geldbeträge verdankte. Hinter den europäischen ‚Reformen' stehen ökonomistische Illusionen, die vor allem durch die öffentliche Finanzierungskrise bedingt sind. Die damit verbundene Schwächung des Staates und sein gerade von Wirtschaftswissenschaftlern beförderter Ansehensschwund wurden im Jahre 2009 (kurzfristig?) zurückgenommen, seit die von ihren Managern in den Bankrott getriebene Banken und Wirtschaftsunternehmen den Staat ausbeuten können, um ihre Weiterexistenz zu sichern. Gerade in der Phase der Entlassung deutscher Universitäten in die Freiheit der Eigenorganisation mit Globalhaushalten, wird Humboldt auf erstaunliche Weise neu angerufen: Immer mehr Hochschulmitglieder bemerken neben den Chancen für eine größere Entscheidungsbeschleunigung auch die in den Hintergrund gerückten Vorteile einer staatlichen Garantie (!) wissenschaftlicher Freiheit.

Schließlich ist die Frage aufzuwerfen, was die institutionelle Form, die durch den Namen Humboldts symbolisiert wird, für den „Bologna-Prozess" und dieser wiederum für die deutsche Universität bedeutet. Inzwischen werden die Regierungen und die kleinen Funktionärsgruppierungen, welche – ungebildet genug, die Titelübernahme von *Bachelor* und *Master* für eine Synchronisation mit der Artenvielfalt der anglo-amerikanischen Abschlüsse zu halten –, „Bologna" durchgesetzt haben, von vielen Seiten als Gegner der Wissenschaftsfreiheit angeprangert. Stichworte sind nun: Verschulung und Bürokratisierung. Auch wer die Kritische Theorie nicht kennt oder nicht schätzt, hat heute einen Begriff davon, was Theodor W. Adorno mit dem Ausdruck „verwaltete Welt" gemeint haben dürfte. Weitere düstere Prognosen beziehen sich auf die Flucht der Forschung aus den Hochschulen, die Zerstörung von Interdisziplinarität und –

angesichts der europäischen Vereinheitlichungsziele besonders paradox – der Internationalisierung des Studiums. Die Austauschzahlen im Erasmusprogramm sind bereits deutlich rückläufig, denn wer früher einen Leistungsnachweis aus Granada ohne Schwierigkeiten in Uppsala anerkennen lassen konnte, kann heute wegen der Unvergleichbarkeit von Modulen von Frankfurt am Main kaum mehr nach Gießen wechseln. Auch scheint die Verkürzung der Studienzeiten sich nicht überall einzustellen und der dafür betriebene Aufwand einer abprüfbaren Portionierung des zu erwerbenden Wissens sich nicht gelohnt zu haben. Und im Falle eines Erfolges wäre eine Beobachtung in Betracht zu ziehen, die durch eine Studie Heiner Meulemanns gestützt wird, dass nämlich die länger Studierenden die besseren Arbeitsplätze bekämen.[34]

Der Soziologe Uwe Schimank hat diese Entwicklung noch einmal mit „Humboldt" konfrontiert und die Meinung geäußert, dieser sei heute der „falsche Mann am falschen Ort".[35] Einseitig betonte er, was durchaus auch stimmt, dass nämlich diese Universität von einem bildungsbürgerlichen Elitedenken getragen gewesen sei, während das von der politischen Klasse erfundene „Bologna" der Demokratisierung von Aufstiegschancen diene. Die (falsche) Entgegensetzung von „Bildung" und „Ausbildung" verweise in Wahrheit auf einen Kampf zwischen den zumindest aus gehobenen mittelständischen Lagen kommenden Akademikergruppen auf der einen und den Aufstiegswilligen aus der unteren Mittelschicht auf der anderen Seite. Nicht votierte er für die schreckliche Möglichkeit „Tausche Humboldt gegen Bulmahn", sondern für eine friedensbildende Maßnahme: „Humboldtianer" und „Bologneser" sollten je zur Hälfte die Module inhaltlich bestimmen. Das klingt nach faulem Kompromiss, nach halbem Nachgeben gegenüber dem Scheitern dieser Studien-Veränderung, zumal Schimank die auffälligste Besonderheit des deutschen Universitätssystems ganz unbehandelt ließ, welche im Vergleich mit Frankreichs hierarchischem Zentralismus und der nordamerikanischen Herausgehobenheit weniger, dann allerdings enorm leistungsfähiger Spitzen-Universitäten deutlich hervor tritt: Durch die geschichtliche Entwicklung eines aus der Zersplitterung deutscher Fürstentümer resultierenden Föderalismus entstand (vergleichbar anderen Kulturinstitutionen) ein Geflecht leistungsfähiger Universitäten an vielen Orten und ein politisch nicht vorentschiedenes Feld wissenschaftlicher Konkurrenz, das jetzt mühsam von oben hierarchisiert werden soll. Den Lehrprofessuren könnten nun Lehruniversitäten folgen. Und was die Forschung betrifft, ging der Freistaat Bayern darin voraus, dass er in Zeiten allgegenwärtiger Konkurrenzrhetoriken und „Alleinstellungsmerkmale" etwa für die Soziologie dekretierte, nur noch die Universitäten an zwei Orten des Landes, nämlich in München und in Bamberg, sollten „drittmittelfähig" sein. Hier geht es keineswegs nur um Organisationsstrukturen und Mittelverteilungen, sondern um die

34 Vgl. Meulemann, Über die sozialen und persönlichen Kosten langer Studienzeiten.

35 Uwe Schimank, Humboldt: Falscher Mann am falschen Ort, in: Frankfurter Allgemeine Zeitung vom 15.4.2009.

institutionelle Stellung der Universität, also darum, wie ihre Eigendeutung im Innern noch zu konzipieren und zu leben ist, sowie darum, ob und wie sie außerhalb ihrer selbst noch Anerkennung zu finden vermag.

V. Schlussbemerkung

Das Beispiel der Universitäten seit den frühen Gründungen im 11. bis 13. Jahrhundert zeigt – noch in den heutigen Konflikten um ihre ‚Modernisierung' –, wie sich in institutionenanalytischer Perspektive eine Verbindung von gegenstandsnaher Rekonstruktion und analytischen Vergleichsgesichtspunkten entwickeln lässt, welche eine vergangenheits- *und* gegenwartsbezogene, historische *und* systematische Untersuchung von Ordnungsmustern möglich macht. So lassen sich soziale Strukturierungen mit menschlichen Entwurfs- und Handlungs-, Wissens- und Praxiszusammenhängen verknüpfen. Auch entgeht man durch die Betonung des notwendigen Zusammenhangs von Ordnungsleistungen einerseits und Prozessen der interaktiven und strukturellen Generierung und Wirkung von Macht andererseits der heute modischen Illusion, es gebe in den funktional ausdifferenzierten Gesellschaften keine Machtzentren, keine Privilegierten, keine Trägergruppen von Interessen und Weltbildern mehr.

Gleichzeitig zeigen sich neue Widersprüche, welche in den Universitäten nicht in einer Weise präsent sind, wie etwa schon in vielen Schulen, und gegen die sich die ‚paradiesischen' Campusanlagen anglo-amerikanischer Universitäten noch sichtbar abheben (wie beispielsweise die New Yorker Columbia University gegenüber Harlem). Aber institutionelle Auflösungserscheinungen könnten diese Welten doch verbinden. Der Vervielfältigung von Lebensstilen und dem Flüssig-Werden von Zeichen, samt der Offenheit von Bedeutungen korrespondieren in den sozialen Räumen des Wohlstands neue Formen der Ordnungsbedrohung als eine Art „*neuer Anomie*". Provozierend und beunruhigend wirkt, was als neueste Entwicklungszustände der Moderne in vermehrter Unordnung, kleinen entropischen Diffusionszunahmen und Kontrollverlusten wahrgenommen wird. *Megacities* werden zum Modell der Beängstigung: Gewalt sickert ein, macht die Verkehrsmittel, den öffentlichen Raum unsicher, es gibt „Übergriffe" schon durch die ästhetisch verletzenden Bilder der Armut, aber auch ein Vordringen der Habgier und offenen Aggressivität. All das versucht man durch Wegsehen zu bannen, ohne dass dies noch gelingen wollte. Die Diagnostiker solcher Zustände betonen nun – wie für die Neuformierungen der postsozialistischen Gesellschaften in Mittel- und Osteuropa – die Pazifizierungsnotwendigkeit durch Institutionen. Gegenüber dem durch Banden- und Bürgerkriege erzeugten „Naturzustand im Kleinformat" führte etwa Claus Offe an, es scheine inzwischen, „als ob der bloße Bestand einer organisierten Staatsgewalt [...] heute eher Gewähr als Gefahr für ein Minimum an Zivilität" bedeute.[36]

Zu lernen ist von solcher Dramatik, dass die institutionellen Wandlungen in unserer Zeit, also die Abnahme von Zentralität und Einheitlichkeit, eben auch eine ‚Nachtseite' haben. Dadurch werden Vielgestaltigkeit und das Nebeneinandertreten von Lebenskreisen und Ordnungsformen nicht geleugnet. Es gibt eine Gleichzeitigkeit von Verbindlichkeit und Geltenlassen. Das Hinnehmen aller möglichen Ordnungsarrangements, Weltbilder, Einstellungen, Lebensformen, Sexualpraktiken, ästhetischen Normen oder politischen Ansichten löst die prinzipielle Bejahung ebenso ab wie die prinzipielle Bestreitung. Die Konturen des Institutionellen scheinen sich dadurch teilweise verflüchtigt zu haben, ihre Differenzierungs- und Unterscheidungsleistungen beruhen immer weniger auf substanziellen Oppositionen. Hinzu kommt, dass sich Gesellschaftssynthesen auf höherer Ebene, besonders die „Globalisierung", als „Institutionen-Weichmacher" (Ulrich Beck)[37] erweisen.

Vor diesem Hintergrund scheint plausibel, wenn Michel Foucault die zentralistischen Formen der Disziplinierung zunehmend durch „Normalisierungsstrategien" abgelöst sieht. Jürgen Link hat diesen Gedanken weitergeführt zu der These, dass in unserer Zeit institutionelle Normierungsformen durch die Geltung des – letztlich statistischen – Mittelwerts ersetzt worden seien: Was zulässig oder zu vermeiden ist, wird nicht mehr von der Kanzel, im Beichtstuhl, beim Familientreffen oder in der Parteiversammlung vorgeschrieben. Vielmehr belehren seit der schockierenden Popularität des Kinsey-Reports (1948/1954) auszählbare Verhaltensweisen in allen Lebensbereichen darüber, was „man" tut. Zu den Schulen der Nation sind längst TV-Vorabendserien, Talkshows oder als Höhepunkte banaler Pädagogisierung Liveshows wie ‚Big Brother' geworden. So scheint Normalisierung auf explizite Normativität zunehmend verzichten zu können, das Präskriptive wird durch die beschreibende Beobachtung ersetzt. „Normativität" wird, wie schon Foucault zeigte, von einer Ursache zu einem Effekt.

Jedoch macht die Institutionenanalyse deutlich, in welcher Weise auch die Evidenz des statistischen Durchschnitts einer normativen Vermittlung und institutionellen Verstärkung bedarf, um Geltung zu erlangen. Etwa mögen professionelle Motive und quantitative Erfolgsmaßstäbe auch in den Bildungseinrichtungen den Kurven der Kursentwicklungen und Gewinnkonjunkturen folgen. Aber Diplome und Titel werden zur Sozialpositionierung und Selbsterhöhung unvermindert eingesetzt. Wie institutionelle Mechanismen nicht nur in der Präsenz ihrer Durchgesetztheit sichtbar werden, sondern gerade auch in der Gegenbewegung anti-institutioneller Proteste, so mag das auch für die Parodie von Traditionen gelten. Auch hier spielen übrigens Trivialisierung und Bedeu-

36 Offe, Moderne Barbarei, S. 271; vgl. dazu Rehberg, Ambivalente Filter; sowie Offe, Kann man Institutionen konstruieren?

37 Beck, Was ist Globalisierung?, S. 16.

tungserhöhung, Lächerlichkeit und Prestige auf neue Weise zusammen, wenn in Deutschland etwa irgendwelche Privatcolleges und -hochschulen für die Zeremonien der Diplomverleihung glauben, auf anglo-amerikanisch wirkende Talare und wie aus einem nahe gelegenen Bastelgeschäft stammende Doktorhüte nicht verzichten zu können.

Bibliographie

Anrich, E. (Hg.), *Die Idee der deutschen Universität. Die fünf Grundschriften aus der Zeit ihrer Neubegründung durch klassischen Idealismus und romantischen Realismus*, Darmstadt [2]1964.

Beck, U., *Was ist Globalisierung?*, Frankfurt a.M. 1997.

Bourdieu, P., *Homo Academicus* [frz. zuerst 1984], Frankfurt a.M. 1988.

Gehlen, A., Die Geburt der Freiheit aus der Entfremdung [zuerst 1952], in: ders., *Gesamtausgabe*, Bd. 4: *Philosophische Anthropologie und Handlungslehre*, ed. K.-S. Rehberg, Frankfurt a.M. 1983, S. 366–379.

Gehlen, A., Die Seele im technischen Zeitalter. Sozialpsychologische Probleme in der industriellen Gesellschaft [zuerst 1957], in: ders., *Gesamtausgabe*, Bd. 6: *Die Seele im technischen Zeitalter und andere sozialpsychologische, soziologische und kulturanalytische Schriften*, ed. K.-S. Rehberg, Frankfurt a.M. 2004, S. 1–133.

Gukenbiehl, H.L., Bildung und Bildungssystem, in: B. Schäfers/W. Zapf (Hg.), *Handwörterbuch zur Gesellschaft Deutschlands*, Opladen 1998, S. 85–100.

Hauriou, M., Die Theorie der Institution und der Gründung (Essay über den sozialen Vitalismus) [frz. zuerst 1925], in: ders., *Die Theorie der Institution und zwei andere Aufsätze*, ed. R. Schnur, Berlin 1965, S. 27–66.

Humboldt, W.v., Ueber die innere und äussere Organisation der höheren wissenschaftlichen Anstalten in Berlin [o.J.], in: ders., *Werke in fünf Bänden*, ed. A. Flitner/K. Giel, Darmstadt 1964, S. 255–266.

Jaspers, K., *Die Idee der Universität* [zuerst 1923], Berlin/Heidelberg/New York 1980 [Reprint von 1946].

Jens, W., *Eine deutsche Universität. 500 Jahre Tübinger Gelehrtenrepublik*, München 1977.

Kotowski, G., Wilhelm von Humboldt und die deutsche Universität, in: O. Büsch/W. Neugebauer (Hg.), *Moderne Preußische Geschichte 1648–1947. Eine Anthologie*, Bd. 3, Berlin/New York 1981, S. 1346–1365.

Luhmann, N., *Die Kunst der Gesellschaft*, Frankfurt a.M. 1995.

Luhmann, N., *Liebe als Passion. Zur Codierung von Intimität*, Frankfurt a.M. 1982.

Luhmann, N., *Soziale Systeme. Grundriss einer allgemeinen Theorie*, Frankfurt a.M. 1984.

Luhmann, N., *Universität als Milieu. Kleine Schriften*, ed. A. Kieserling, Bielefeld 1992.

Luhmann, N., *Die Wissenschaft der Gesellschaft*, Frankfurt a.M. 1990.

Melville, G. (Hg.), *Institutionalität und Geschichtlichkeit. Ein neuer Sonderforschungsbereich stellt sich vor*, Dresden 1997.

Meulemann, H., Über die sozialen und persönlichen Kosten langer Studienzeiten. Die Folgen langer Studienzeiten für Berufsstatus und Berufszufriedenheit ehemaliger Gymnasiasten bis zum 30. Lebensjahr, in: M. Kaiser/H. Görlitz (Hg.), *Bildung und Beruf im Umbruch. Zur Diskussion der Übergänge in die Hochschule und Beschäftigung im geeinten Deutschland: Ausgabe „BeitrAB 153.3" der Beiträge zur Arbeitsmarkt- und Berufsforschung*, Nürnberg 1992, S. 128–137.

Offe, C., Moderne „Barbarei". Der Naturzustand im Kleinformat?, in: M. Miller/H.-G. Soeffner (Hg.), *Modernität und Barbarei. Soziologische Zeitdiagnose am Ende des 20. Jahrhunderts*, Frankfurt a.M. 1996, S. 258–289.

Offe, C., Kann man Institutionen konstruieren? Überlegungen zum Institutionenwandel und zum institutional design, in: J. Fischer/H. Joas (Hg.), *Kunst, Macht und Institution. Studien zur Philosophischen Anthropologie, soziologischen Theorie und Kultursoziologie der Moderne. Festschrift für Karl-Siegbert Rehberg*, Frankfurt a.M. 2003, S. 173–184.

Parsons, T./Platt, G.M., *Die amerikanische Universität. Ein Beitrag zur Soziologie der Erkenntnis* [engl. zuerst 1973], Frankfurt a.M. 1990.

Rehberg, K.-S., *Ansätze zu einer perspektivischen Soziologie der Institutionen*, Aachen 1973.

Rehberg, K.-S., Institutionen als symbolische Ordnungen. Leitfragen zur Theorie und Analyse institutioneller Mechanismen (TAIM), in: G. Göhler (Hg.), *Die Eigenart der Institutionen. Zum Profil politischer Institutionentheorie*, Baden-Baden 1994, S. 47–84.

Rehberg, K.-S., Ambivalente „Filter", in: M. Miller/H.-G. Soeffner (Hg.), *Modernität und Barbarei. Soziologische Zeitdiagnose am Ende des 20. Jahrhunderts*, Frankfurt a.M. 1996, S. 290–305.

Rehberg, K.-S., Die stabilisierende „Fiktionalität" von Präsenz und Dauer. Institutionelle Analyse und historische Forschung, in: B. Jussen/R. Blänkner (Hg.), *Ereignis und Institutionen*, Göttingen 1998, S. 381–407.

Rehberg, K.-S., Die unsichtbare Klassengesellschaft, in: ders. (Hg.), *Soziale Ungleichheit, kulturelle Unterschiede. Verhandlungen des 32. Kongresses der Deutschen Gesellschaft für Soziologie in München 2004*, Frankfurt a.M. 2006, S. 19–38.

Schelsky, H., *Einsamkeit und Freiheit. Idee und Gestalt der deutschen Universität und ihrer Reformen*, Reinbek 1963.

Schelsky, H., *Ortsbestimmung der deutschen Soziologie*, Düsseldorf/Köln 1959.

Stichweh, R., *Der frühmoderne Staat und die europäische Universität*, Frankfurt a.M. 1991.

Stichweh, R., Die Universität in der Wissensgesellschaft. Wissensbegriffe und Umweltbeziehungen der modernen Universität, in: *Soziale Systeme* 12 (2006), S. 33–53.

Weber, M., Wissenschaft als Beruf [zuerst 1917/1919], in: ders. *Gesamtausgabe*. Bd. I/17: *Wissenschaft als Beruf. Politik als Beruf*, ed. W. J. Mommsen/W. Schluchter, Tübingen 1992, S. 71–111.

MARTIAL STAUB (Sheffield)

Die Republik der Universitäten im Mittelalter

Die Universität des Mittelalters erscheint als ein Ort des Widerspruchs. Doch sind ihre Widersprüche vielleicht eher ein Spiegelbild der Widersprüche moderner Universitäten als eine adäquate Wiedergabe scholastischer Verhältnisse.

Lassen Sie mich kurz ein paar Merkmale mittelalterlicher Universitäten aneinanderreihen. Wir haben es – erstens – mit den zweifellos einflussreichsten geistigen Institutionen ihrer Zeit zu tun, doch ragen kaum charismatische Persönlichkeiten hervor. Ja, es hat sogar den Anschein, dass Charisma ihnen fremd war. Wenden wir uns nach den Institutionen den Inhalten zu, so präsentieren sich mittelalterliche Universitäten – zweitens – nicht selten als ein Ort des geistigen Konformismus[1]. Dabei bestanden sie ursprünglich und für lange Zeit mehrheitlich aus Fremden[2].

All dies ist – mit den nötigen Nuancen – im Detail richtig. Doch ist es zuvorderst Ausdruck der Ratlosigkeit moderner Forschung in Anbetracht einer sich weitgehend ihren Kategorien entziehenden Wirklichkeit. Im folgenden möchte ich daher eine andere Perspektive auf mittelalterliche Universitäten anregen. Dies geschieht hier unter Hinweis auf das Phänomen der Republik der Universitäten. Damit sind zwei Aussagen verbunden: erstens, dass die mittelalterliche Universitäten Intellektuellenanstalten waren; und zweitens, dass sie lange vor dem von Jürgen Habermas ins 18. Jh. datierten „Strukturwandel der Öffentlichkeit“[3] eine Form von „bürgerlicher“ Öffentlichkeit herstellten, wenn wir dem Begriff des Bürgers die ihm gebührende politische Konnotation zusprechen. Damit wird auch der Beitrag der mittelalterlichen Universitäten zur europäischen Geschichte angesprochen, der, obwohl immer wieder zu Recht hervorgehoben, doch weiterhin der Präzisierung harrt.

Es ist in diesem Zusammenhang wichtig, dass wir uns zunächst von liebgewordenen modernen Clichés verabschieden, die nicht selten ihren Ursprung im Humanismus haben, deren Vertreter um so kämpferischer die Missstände der Scholastik anprangerten, als sie sich bei ihr mitunter auch sehr konkret durch

---

1 Zu diesen Aspekten vgl. Copeland, Pre-modern Intellectual Biography, S. 48ff.

2 Hier muss allerdings zwischen der geographischen Herkunft der Studenten einerseits und ihrem Status andererseits unterschieden werden. Zur ersteren vgl. de Ridder-Symoens, Mobility, S. 285ff. (mit weiteren Hinweisen); zu letzterem vgl. insbesondere Grundmann, Ursprung, S. 30ff. Über den mittelalterlichen Intellektuellen als Fremden vgl. Said, Reflections, S. 185 mit Bezug auf Auerbach, Philologie (dort, auf S. 50, der Hinweis auf Hugo von St. Viktor, Didascalicon, III 19); naheliegend ist in diesem Zusammenhang auch der Bezug auf Simmel, Exkurs. Vgl. Stichweh, Universitätsmitglieder.

3 Habermas, Strukturwandel.

ihre Anstellung an der Universität in der Schuld sahen[4]. Die „République des lettres" wäre sicherlich ein geeigneter Ansatzpunkt für eine kritische Betrachtung humanistischer Scholastikschelte, zumal man dem Beitragstitel durchaus zu Recht eine Bezugnahme auf diesen Begriff entnehmen mag[5]. Doch möchte ich früher einsetzen und mich zunächst auf die ketzerische Tradition konzentrieren, die von Abelard bis Wyclif und Hus läuft, dabei aber auch Petrarcas dogmatisch weniger anstößigen Humanismus prägte. Im weiteren Verlauf wird dann freilich auch jene Entwicklung deutlich werden, die Abelard mit der Hochscholastik des 13. Jh. verbindet.

Zuerst möchte ich also die humanistisch-antikonformistische Tradition verfolgen, die von Abelard ins 14./15. Jh. führte. Ich verdanke dabei wertvolle Anregungen der schönen Studie Rita Copelands zu Intellektuellenbiographien in der Antike und im Mittelalter[6]. Copeland stellt darin zu Recht fest, dass die großen Intellektuellen des 13. Jh. keine Autobiographien hinterlassen haben, die man etwa Abelards *Historia calamitatum* zur Seite stellen könnte[7]. Es verhält sich vielmehr so, als habe die Universität als Institution die Persönlichkeit eines Albertus Magnus, eines Bonaventura oder eines Thomas von Aquin, von denen wir freilich aus hagiographischen Quellen wissen, aufgesogen[8]. Blickt man nun etwas ausführlicher auf die Überlieferung von Abelards Autobiographie bzw. seines Briefwechsels mit seiner Geliebten und Schülerin Heloise, so fallen einem eine Reihe von Merkmalen auf, die auch unter Berücksichtigung von Überlieferungszufällen, von denen auch in diesem Fall auszugehen ist, sehr aufschlussreich für unser Thema sind[9]. So ist zunächst von einer Verdichtung der Überlieferung im Umfeld des französischen Königshofes gegen Ende des 13. Jh. auszugehen. Als ältestes schriftliches Zeugnis überhaupt darf die Übersetzung der Korrespondenz zwischen Abelard und Heloise ins Französische im Auftrag König Philipps des Schönen durch Jean de Meung gelten[10]. Diesem Gelehrten

4 Vgl. Rüegg, Rise, S. 452ff. Im Hinblick auf Deutschland vgl. ferner: Nauert Jr., Agrippa; Oberman, Harvest, und Overfield, Humanism.

5 Vgl. Fumaroli, Vermächtnis.

6 Copeland, Pre-modern Intellectual Biography; vgl. ferner: dies., Pedagogy. Nicht „die Nähe von Schultheologie und Häresie darstellen, sondern ‚nonkonformistische' Strömungen nachgehen" ist freilich auch der Gegenstand von Fichtenau, Ketzer; hier besonders einschlägig, S. 258ff.

7 Copeland, Pre-modern Intellectual Biography, S. 48f.

8 Obwohl es sich bei diesen drei Beispielen um Bettelbrüder handelt, stellt sich die hagiographische Überlieferung aus dem Mittelalter keineswegs einheitlich dar. Zu Bonaventura vgl. Opera omnia 10, S. 39–72; zu Thomas von Aquin, vgl. Fontes vitae S. Thomae Aquinatis, und Thomae Aquinatis vitae fratris fontes praecipui; vgl. zu beiden, Vauchez, Canonisations. Zu Albertus Magnus vgl. zuletzt Schieffer, Albertus Magnus, Anhang, S. 21–25.

9 Zur Überlieferung des Briefwechsels zwischen Abelard und Heloise vgl. zuletzt Dalarun, Nouveaux aperçus, ferner: Mews, Lost Love Letters. Zur Kontroverse über die Echtheit des Briefwechsels, zuletzt von Moos, Post festum, und Marenbon, Authenticity.

10 Diese ist allerdings in einer Handschrift von ca. 1400 erhalten (BNF, Ms. fr. 920). Vgl. zuletzt Hicks, Vie. – Dalarun, Nouveaux aperçus, datiert die lateinische Handschrift Troyes, Bibl. mun. 802 in die erste Hälfte des 13. Jh., womit auf spektakuläre Art und Weise der Intuition von Schmid, Bemerkungen, entsprochen würde, wonach es sich bei der Korrespondenz um

verdanken wir auch die Fortsetzung des *Roman de la rose*, in dem sich der erste Hinweis überhaupt auf Abelards und Heloises Briefwechsel befindet. Interessanterweise handelt es sich beim *Roman de la rose* um ein Werk, das, im Milieu der Pariser Universität entstanden, deutlich aus diesem heraus auf den Hof abzielte und dabei bewusst das scholastische Terrain verließ[11]. Diese Überlieferungstendenz wird im 14. Jh. fortgesetzt, wie das Interesse Francesco Petrarcas an den Handschriften der Korrespondenz zeigt[12]. Zwar handelt es sich bei den Handschriften des 14. Jh. um lateinische Handschriften, womit der Unterschied zum Hofmilieu deutlich wird. Wichtiger ist jedoch die Feststellung, dass sich die Überlieferung sowohl im Fall des Hofes als auch des Protohumanismus auf Milieus konzentrierte, die beide von der klassischen Scholastik entfernt waren.

Wie komme ich nun von Petrarca auf die Häresie zu sprechen? Einmal mehr muss ich mich hier auf Rita Copeland berufen, die bemerkt hat, dass die Intellektuellenbiographien, wie im Fall Wyclifs und Hus', spätmittelalterlichen Ketzern die Möglichkeit bot, ihren Widerspruch zum Konformismus zu artikulieren, genauso wie die Autobiographie zweieinhalb Jahrhunderte zuvor Abelard (und Heloise) die Möglichkeit gegeben hatte, diesen zu umgehen[13]. Dabei griffen sowohl Abelard wie seine Nachfolger des 14. und 15. Jh. auf das Modell des „pädagogischen Virtuosen" zurück – um Copelands an Max Weber angelehnten Begriff zu verwenden –, das letztendlich auf die Sophistentradition des kaiserzeitlichen Roms zurückging[14]. Die Lehre – so dieses Ideal – ist ein charismatischer Vorgang einerlei, ob dem Lehrer das Charisma als Person oder von Amts wegen zugesprochen wird[15]. Daraus ließ sich denn auch bald nach der Gründung der ersten Universitäten im 13. Jh., ja, verfolgt man die Debatten, die der Gründung der Universität Paris vorausgingen, teilweise bereits im Vorfeld ihrer Gründung, eine Kritik an diesen neuartigen geistigen Anstalten ableiten, die nicht so sehr auf den Unterschied zwischen Charisma und Institution hinauslief,

---

ein „Dokument von Stiftung und Memoria" aus dem Umfeld von Kloster Paraklet und dessen Klosterverband handelt. Vgl. auch Waddell, Heloise, und Mews, Liturgy. Allerdings stellt sich die Frage nach der Rezeption im Umfeld des Jean de Meung, wenn man diese Hypothese berücksichtigt, um so eindringlicher, wie schon Schmid, Bemerkungen, S. 127, konzediert.

11 Zu diesem Umfeld, vgl. vor allem Silvestre, Idylle.

12 Vgl. zuletzt Dalarun, Nouveaux aperçus, S. 26; ferner, zum Interesse der Humanisten an der Korrespondenz, Bozzolo, Gontier Col; zum Zusammenhang zwischen der „Querelle de la Rose" und dem französischen Frühhumanismus vgl. Ouy, Paris.

13 Copeland, Pre-modern Intellectual Biography, S. 52ff.

14 Ebd., S. 42ff.

15 Zum Begriff des „Amtscharismas" vgl. Weber, Wirtschaft und Gesellschaft, S. 144. Die Anwendung des Begriffs des „Charismas" auf die Lehre ist allerdings problematisch, wie schon Max Weber an anderer Stelle deutlich machte. So warnte er in seinem berühmten Vortrag zum Thema „Wissenschaft als Beruf": „Denn der Irrtum, den ein Teil unserer Jugend begeht, wenn er auf alles das antworten würde: ‚Ja, aber wir kommen nun einmal in die Vorlesung, um etwas anderes zu erleben als nur Analysen und Tatsachenfeststellungen', – der Irrtum ist der, dass sie in dem Professor etwas anderes suchen, als ihnen dort gegenübersteht, – einen *Führer* und nicht: einen *Lehrer*. Aber nur als *Lehrer* sind wir auf das Katheder gestellt" (Weber, Wissenschaft, S. 605). Zum Potential und den Grenzen des Begriffs im Zusammenhang mit einer Geschichte der Lehre vgl. Clark, Academic Charisma, S. 14ff.

sondern vielmehr auf die Formalisierung der Lehre abzielte[16], wie sie insbesondere im Zuge der Entwicklung und Ausdifferenzierung der verschiedenen Typen der Disputation (*quaestio, quodlibet* und *summa*) an den neugegründeten Universitäten zum Tragen kam[17]. Bekanntlich galten insbesondere letztere seit Erasmus' *Lob der Torheit* von 1509 als der Inbegriff der Selbstverliebtheit und Abgehobenheit der scholastischen Methode, während diese selbst mit der Orthodoxie gleichgestellt wurde[18]. In diesem Sinne sollte auch Serenus Zeitbloms Distanzierung von der Scholastik in Thomas Manns *Doktor Faustus* verstanden werden. Immer wieder kommt der katholische Biograph des Tonsetzers Adrian Leverkühn auf die Scholastik zu sprechen, der er anti-individualistische und autoritäre Züge zuspricht und Ziellosigkeit sowie eben orthodoxe Einengung vorhält[19].

Der Hinweis auf den *Doktor Faustus* ist hier insofern wichtig, als es sich bei Thomas Manns Altersroman um eine Reflexion über die Rolle des Intellektuellen in der Gesellschaft handelt, die sich aus der Erfahrung des Exils speist[20]. Die Bedeutung des Romans geht indes daraus hervor, dass es dem Autor jenseits der persönlichen Bedingungen seiner Emigration gelingt, das Exil an sich in den Mittelpunkt seiner Betrachtung der Rolle des Intellektuellen zu stellen und dabei entgegen dem ersten Eindruck die Brücke zur Scholastik über den klassischen Humanismus zu schlagen. Dies geschieht natürlich alles andere als zufällig, wusste Mann doch, dass die mittelalterlichen Universitäten in ihren Anfängen von Exilanten für Exilanten gegründet worden waren.

Bevor ich auf diesen Punkt zurückkomme, möchte ich jedoch näher auf den Zusammenhang zwischen Exil und Gelehrsamkeit bei Thomas Mann eingehen und dabei hervorheben, worin sich seine Auffassung von jener Theodor Adornos unterscheidet. Denn Manns Perspektive lässt sich kaum erklären, wenn sie nicht in die Nähe von Adornos Versuch gerückt wird, die Heimatlosigkeit als Annahme einer Paria-Stellung außerhalb der Gesellschaft zu verstehen und ihr als individueller Verantwortung gesellschaftskritisches Potential abzugewinnen[21]. „Man ist nirgends mehr zu Hause – so schrieb Adorno an Mann nach ihrer gemeinsamen Zeit im kalifornischen Exil – und darüber sollte freilich wiederum der, dessen Geschäft die Entmythologisierung ist, nicht allzu sehr sich beklagen"[22]. Dieser Austausch fällt in den Kontext der Zusammenarbeit beider Autoren am *Doktor Faustus*, dessen musiktheoretische Aspekte ohne

16 Ferruolo, Origins.
17 Copeland, Pre-modern Intellectual Biography, S. 49ff; ferner: Bazán u. a., Questions disputées, und Asztalos, Faculty of Theology (zu den höheren Fakultäten); Weijers, Disputatio (zur Artisten-Fakultät).
18 Vgl. Augustijn, Erasmus, S. 65ff.
19 Vgl. z. B. Mann, Doktor Faustus, S. 370.
20 Vgl. Mann, Entstehung, S. 23.
21 Vgl. Müller-Doohm, Adorno and Habermas, S. 271ff.
22 Adorno und Mann, Briefwechsel, S. 62.

Adornos Anregungen undenkbar wären[23]. Um so bemerkenswert ist vor diesem Hintergrund der Unterschied zwischen Manns und Adornos Auffassungen von der Rolle des Exils im Zustandekommen des Intellektuellen.

Der wesentliche Unterschied besteht darin, dass Mann auf die aktive Rolle des Intellektuellen in der Konstituierung der Öffentlichkeit hinweist, ohne die er undenkbar wäre, und diesen dadurch auch und gerade als Teil der Bürgerschaft mit der Polis in-eins-setzt. Zwar ist dieser Zusammenhang zwischen dem Intellektuellen und der Polis im Roman negativ dargestellt, indem das Schicksal Deutschlands mit Leverkühns Aufstieg und Niedergang verbunden zu sein scheint. Zeitblom ist aber nicht nur ein außenstehender Beobachter, der vom inneren bayerischen Exil her die Lage kritisch reflektiert, sondern es plagen ihn (sehr protestantische) Schuldgefühle, wenn er in der Nachrede seiner fiktiven Biographie, wohl Manns eigene Auffassung wiedergebend, befürchtet, dass die Jugend Deutschlands ihm zu fremd geworden sei.

> Und mehr – fügt er hinzu –: Deutschland selbst, das unselige, ist mir fremd, wildfremd geworden, eben dadurch, dass ich mich, eines grausigen Endes gewiss, von seinen Sünden zurückhielt, mich davor in Einsamkeit barg. Muss ich mich nicht fragen, ob ich recht daran getan habe? Und wiederum: habe ich's eigentlich getan? Ich habe einem schmerzlich bedeutenden Menschen angehangen bis in den Tod und sein Leben geschildert, das nie aufhörte, mir liebende Angst zu machen. Mir ist, als käme diese Treue wohl auf dafür, dass ich mit Entsetzen die Schuld meines Landes floh[24].

Nonkonformismus, so könnte man sagen, ist in den seltensten Fällen eine intellektuelle Option – es sei denn, man hängt dem Eskapismus von Teilen der monastischen Tradition an, wie es sowohl Abelard in seiner am Genre der Trostliteratur orientierten Autobiographie nach seinem Einzug ins Kloster[25] als auch Petrarca tat, indem er in Zuspitzung bzw. geradezu Umkehrung der asketischen Tradition des Mönchtums das einsame Leben in den Dienst nicht der Welt, sondern der individuellen Erkenntnis setzte. Petrarca – und mit ihm der Humanismus bis Adorno – fasst dabei nicht nur das Exil individuell auf, sondern er setzt es – buchstäblich – an den Anfang seines Lebens, schreibt er doch in seinem autobiographischen Brief an die Nachwelt, dass er im Exil geboren sei. Hier wird das Exil zum Gründungsmythos, um die individuelle Distanz zur Welt und Gegenwart zu rechtfertigen[26].

Mittelalterliche Universitäten waren auf allem anderen als Mythen gegründet. Vor allem aber stellen sie, wie bereits angedeutet, eine eindeutige Absage an jegliche Pädagogik sophistischer Art dar. Die Exilanten, die die große Mehrheit der Lehrer und Studenten der ersten Universitäten ausmachten, waren nur selten bemüht, ihren Zustand in humanistischer Manier zu verklären, auch wenn es vereinzelt solche Versuche gab[27]. Vielmehr waren sie gerade als Exilanten, die

---

23 Adorno und Mann, Briefwechsel, S. 10.
24 Mann, Doktor Faustus, S. 505.
25 Von Moos, Consolatio.
26 Staub, Exil.
27 Vgl. Rüegg, Themes, S. 7.

um des *amor sciendi*, der Liebe zur Wissenschaft willen die Heimatlosigkeit in Kauf genommen hatten, um Schutz bemüht. Nicht anders lässt sich Friedrich Barbarossas Privileg verstehen, das 1158 auf dem Ronkalischen Reichstag erlassen und als Konstitution bzw. *Authentica* unter dem Namen *Habita* in das damals wiederentdeckte römische Recht aufgenommen wurde[28]. Dort gewährte der Kaiser den „aus Liebe zur Wissenschaft Heimatlosen“ (*amore scientie facti exules*), dass sie beim Rechtshandeln die Wahl haben sollten, ob ihre Magister oder der Bischof der Stadt, in der sie studierten, über sie zu Gericht sitzen sollte. Wie Herbert Grundmann in seinem Aufsehen erregenden Leipziger Vortrag zum „Ursprung der Universitäten im Mittelalter“ vor mehr als einem halben Jahrhundert bemerkte, folgte der Kaiser dabei einer Entwicklung, die besonders von den Rechtsgelehrten in Bologna vorangetrieben wurde, mehr als dass die kaiserliche Macht dabei ursächlich gewesen wäre[29]. Freilich spricht das Privileg auch die Sprache des Nutzens der Wissenschaft für die Obrigkeit, da sie den Gehorsam gegenüber Gott und Kaiser fordere (*omnes* [...] *quorum scientia mundus illuminatur, ad obediendum deo et nobis, ministris eius, vita subiectorum informatur*). Doch sollte man aus dieser Formulierung genauso wenig eine kaiserliche Initiative ableiten, wie man aus der Tatsache, dass sich die ersten Universitäten ein halbes Jahrhundert später nach und nach ihre Statuten vom Papst bestätigen ließen, den Schluss ziehen sollte, dass sie päpstliche Anstalten waren. In Bologna und Paris hatten sich vielmehr in der zweiten Hälfte des 12. Jh. Universitäten bzw. *universitates* gebildet[30]. In Bologna, wo es eigentlich zwei *universitates* gab – die eine für Italiener und die andere für Nicht-Italiener –, war dies auf Initiative der Studierenden geschehen; in Paris war die Universität um die Magister der *artes liberales*, der Freien Künste herum entstanden. Es ist indes bezeichnend, dass jene Universitäten, die den Lehrbetrieb nach einigen Jahren wieder einstellen mussten bzw. ihn erst gar nicht richtig aufnahmen, allesamt obrigkeitliche Gründungen waren, wie sie ab der Gründung Neapels durch Friedrich II. und Toulouses durch den Grafen von Toulouse immer wieder und im Spätmittelalter immer häufiger entstanden.

Der Unterschied zwischen Studentenuniversitäten und Magisteruniversitäten bzw. zwischen dem Bologneser und dem Pariser Modell, an dem sich alle späteren Gründungen – auch die obrigkeitlichen Gründungen – mehr oder weniger explizit orientierten, wobei die südeuropäischen Universitäten sich für ersteres und die nordeuropäischen – angefangen mit Oxford – für letzteres entscheiden sollten[31], ist dabei vielleicht weniger ausschlaggebend als oft angenommen. Wie andere *universitates* auch – man denke an die Kommunen, auf die noch zurückzukommen sein wird, aber auch an die Gilden, Bündnisse, Bruder-

---

28 MGH Constitutiones I, Nr. 178, S. 249, und Koeppler, Barbarossa. Vgl. desweiteren: Ullmann, Medieval Interpretation; Grundmann, Ursprung, S. 31f., und Stelzer, Scholarenprivileg; ferner: Kibre, Scholarly Privileges.

29 Grundmann, Ursprung, S. 42.

30 Vgl. zum folgenden Verger, Patterns, S. 47ff.

31 Verger, Patterns, S. 55ff.

schaften usw. –, waren die ersten Universitäten freiwillige Verbände von Mitgliedern, die sich bei allen funktionsbedingten Unterschieden gegenseitig Hilfe bei der Verfolgung gemeinsamer Werte und Ziele versprachen und eigene Funktionsträger zur Umsetzung dieser Werte und Ziele sowohl nach innen wie nach außen aus ihrer Mitte einsetzten[32]. Zu den allgemeinen Werten und Zielen der Universitäten wie Freiheit, Friede und Gemeinschaft gesellte sich allerdings die Absage an die charismatische Pädagogik, die im 12. Jh. und später wieder im Humanismus eine zentrale Rolle einnahm[33]. Dies geschah einerseits in Erfüllung des Gedankens der Selbstbestimmung, da sich damit die Abkehr von jeglichem Autoritarismus verband. Andererseits war damit explizit eine gewisse Vorstellung von Öffentlichkeit verbunden. Hierin liegt, wie mir scheint, sowohl die Originalität der mittelalterlichen Universitäten als auch ihre Bedeutung für die Geschichte Europas und der Welt gegründet[34]. Ich möchte mich daher ein wenig bei diesem Aspekt aufhalten.

Es ist auffallend, dass die zentrale Rolle in der Entstehung der Universitäten von Nicht-Spezialisten eingenommen wurde, sei es, wie in Bologna, von den Studenten unter ausdrücklichem Ausschluss der Rechtsgelehrten oder, wie in Paris, von den Lehrern der Freien Künste an der *Ars*-Fakultät[35]. Damit ging – von der Forschung mit Ausnahme von Stephen Ferruolos Studie über die Ursprünge der Universität Paris kaum gewürdigt[36] – einerseits eine Unterordnung „fachidiotischer" Tendenzen einher, um Karl Marx' freilich dem Kontext moderner Gesellschaften geltenden Ausdruck zu bemühen, wie sie besonders in der Ausbildung der Theologen, Mediziner und Rechtswissenschaftler verbreitet waren[37]. Diese Fächer sollten zwar die „höheren Fakultäten" der Universitäten bilden, jedoch als Fortsetzung einer Allgemeinbildung. Die Sorge um Seele, physischen und politischen Körper wurde mit anderen Worten in einen allgemeinen Kanon eingegliedert. Dieser allgemeine Kanon war andererseits aber kein Selbstzweck, sondern er bildete die Voraussetzung für eine kritische Auseinandersetzung mit dem Wissen einer breiten Basis, die wiederum in ihren unterschiedlichen fachlichen Interessen und ihrer unterschiedlichen Herkunft die Vielfalt einer sich ausdifferenzierenden Gesellschaft zugleich reproduzierte und repräsentierte[38]. So gesehen, stellten die ersten Universitäten eher eine (kriti-

---

32 Vgl. Oexle, Gruppenkultur, und Staub, Genossenschaftliche Organisationsformen.

33 Copeland, Pre-modern Intellectual Biography, S. 49.

34 Zu einem ähnlichen Ergebnis – allerdings für eine spätere Zeit – kommt Hobbins, Schoolman.

35 Zu den Vorgängen vgl. Verger, Patterns, S. 47ff.

36 Ferruolo, Origins; anders: Baldwin, Masters; ferner: Duby, Ordnungen, und Bisson, Crisis, S. 453ff.

37 Vgl. Fuller, Public Intellectual, S. 153. Zum Begriff des „Fachidioten" vgl. Marx, Elend, S. 157.

38 Zur Allgemeinbildung als universitärer Aufgabe vgl. Ferruolo, Origins; zur Ausdifferenzierung der Gesellschaft und des Wissens im Hochmittelalter: Classen, Die hohen Schulen; und Murray, Reason; zu den unterschiedlichen gesellschaftlichen Anforderungen an den mittelal-

sche) Antwort auf die zunehmende Arbeitsteilung insbesondere der städtischen Gesellschaft dar, als dass sie deren Ausdruck gewesen wären, wie der französische Mediävist Jacques Le Goff in seiner berühmten Studie über die Intellektuellen im Mittelalter angenommen hat[39].

Die mittelalterlichen Universitäten stellten folglich Öffentlichkeit her. Ich will jedoch noch einen Schritt weitergehen, indem ich behaupte, dass sie Öffentlichkeit voraussetzten. Mit anderen Worten: Öffentlichkeit herzustellen war der Grund, weswegen sich Intellektuelle im mittelalterlichen Europa zu Universitäten zusammenschlossen. Nur diese gemeinsame Aufgabe mag im übrigen die Bildung eines Intellektuellenstandes[40] und die Standardisierung scholastischer Methoden und Ziele durch alle Institutionen erklären[41]. Wichtiger noch ist in diesem Zusammenhang allerdings – da die eigentliche Bedeutung der Universitäten für die europäische Geschichte damit deutlich gemacht wird – die Feststellung, dass die Universitäten diese Funktion auch in Zusammenhängen beibehielten, in denen die Obrigkeit den Anlass zur Gründung gab oder die Kontrolle übernahm. Hier sind neben den bereits erwähnten Universitäten zu Neapel und Toulouse jene Universitäten zu nennen, deren Gründung in die obrigkeitliche Phase des Spätmittelalters und der Frühen Neuzeit fiel, wie die meisten deutschen Universitäten[42]. Von obrigkeitlicher Seite ist eine Tolerierung der öffentlichen Funktion der Universitäten bereits im erwähnten Privileg Friedrich Barbarossas angelegt, in dem darauf hingewiesen wird, dass die Förderung der Wissenschaft der legitimen Herrschaft zugute komme. Aus Sicht der Gelehrten erlaubt eine solche Kontinuität die Brücke zwischen den Universitäten des Hochmittelalters, die im strengen Sinne *universitates* waren, und den unter anderen institutionellen Bedingungen entstandenen Hochschulen späterer Zeiten zu schlagen. So konnte Wilhelm von Humboldt die Universität unter die Obhut des (aufgeklärten) Staates stellen und dabei doch mit der Hervorhebung der allgemeinen Bildung und seiner oft missverstandenen Zurückhaltung gegenüber einer vorschnellen fachlichen Ausbildung bewusst an die Tradition der alteuropäischen Universität anknüpfen[43]. Humboldts Humanismus ist dabei der Art, die Serenus Zeitblom im *Doktor Faustus* so treffend beschreibt, wenn er die

---

terlichen Universitäten: Moraw, Careers; und in Bezug auf Deutschland: Schwinges, Universitätsbesucher.

39 Le Goff, Die Intellektuellen. Jenseits aller Unterschiede markieren sowohl Le Goffs Werk als auch die in Anm. 38 und 40 erwähnten Titel eine Wende von der Ideen- zur Sozialgeschichte der Universitäten. Hier wird jedoch – darüber hinaus – auf den Begriff der *negative responsibility* als Charakteristik des Intellektuellen abgehoben. *Negative responsibility* setzt ein aktives Verständnis der Rolle des Intellektuellen voraus, da dieser bei seinem Handeln kontrafaktisch das berücksichtigt, was passieren könnte, wenn er einen anderen Weg einschläge; vgl. dazu Fuller, Public Intellectual, S. 148.

40 Vgl. Grundmann, Ursprung, S. 27ff.; dagegen vor allem Schwinges, Universitätsbesucher.

41 Vgl. zu diesem Tatbestand Verger, Patterns, S. 41ff.

42 Vgl. zuletzt Verger, Patterns, S. 55ff.

43 Zum entgegengesetzten Schluss kommt allerdings ohne Berücksichtigung mittelalterlicher Verhältnisse Clark, Academic Charisma.

Reformation nicht nur als eine Brücke, die aus scholastischen Zeiten in die Moderne, sondern auch zurück ins Mittelalter führt, und zwar – fügt Mann hinzu – „vielleicht tiefer zurück als eine von der Kirchenspaltung unberührt gebliebene christlich-katholische Überlieferung heiterer Bildungsliebe“[44]. Die scholastischen Institutionen mögen sich verändert haben, aber die scholastische Vorstellung einer Republik der Universitäten ist erhalten geblieben und gerade in Krisenzeiten wie dem revolutionären Umbruch am Ende des 18. Jh. oder dem Zweiten Weltkrieg immer wiederentdeckt worden.

Was waren – so möchte ich abschließend fragen – die Bedingungen, unter denen Universitäten mit dem Ziel entstanden, eine „bürgerliche“ Öffentlichkeit herzustellen? Ich habe im Zusammenhang mit der Entstehung der Universitäten schon mehrfach auf die Welt der mittelalterlichen Kommunen hingewiesen. Die mittelalterlichen Kommunen gingen den Universitäten teilweise um mehr als ein Jahrhundert voraus und es dürfte außer Frage stehen, dass sie als sich selbst verwaltende Verbände freier Bürger ideell wie praktisch ein förderliches Milieu für die Bildung der Universitäten waren[45]. Allerdings decken sich die frühen Universitätsgründungen nur teilweise mit der Verbreitung der Kommunen. So stellt etwa die königliche Residenzstadt Oxford mit der ersten Universität auf englischem Boden eine wichtige Ausnahme dar[46]. Dass die kommunale Bewegung wiederum nicht überall Anstoß zu Universitätsgründungen gegeben hat, ist vielleicht nirgendwo auffallender als im Rheintal. Es wäre indes viel wichtiger, Näheres über die kommunale Öffentlichkeit zu wissen, um den Zusammenhang zwischen Kommune und Universität, *town and gown*, wie man heute noch in England sagt, adäquat zu beschreiben. Dass öffentliche Debatten eine zentrale Rolle im kommunalen Leben spielten, wird allein schon an der Bedeutung deutlich, die die rhetorische Schulung insbesondere in Nord- und Mittelitalien einnahm. So entwickelten sich die *artes dictaminis*, eine Art Anleitung zur Verfassung (öffentlicher) Briefe, wie man sie bezeichnenderweise in den Schulen benutzte, zu Redesammlungen für kommunale Amtsträger[47]. Darüber hinaus setzen städtische Bündnisse, denen die Forschung zu Recht verstärkt Aufmerksamkeit schenkt, eine funktionierende regionale Öffentlichkeit voraus[48]. Deuten die *artes dictaminis* auf eine gegenseitige Beeinflussung von kommunaler und universitärer Öffentlichkeit hin, so zeigt allerdings ausgerechnet das Beispiel Bolognas, dass sich Universität und Stadt auch in Konkurrenz zueinander befanden. In Bologna schlossen sich nämlich Zugehörigkeit zur Kommune und Universität gegenseitig aus, so dass kein Bologneser formal der Universität der Stadt angehörte[49].

---

44 Mann, Doktor Faustus, S. 12.
45 Vgl. zuletzt Staub, Genossenschaftliche Organisationsformen.
46 Verger, Patterns, S. 52f.
47 Vgl. dazu vor allem Skinner, Foundations, S. 28ff.
48 Staub, Genossenschaftliche Organisationsformen.
49 Vgl. zuletzt Verger, Patterns, S. 48.

Letzteres Beispiel legt es nahe, Universitäten und Kommunen gemeinsam im Zusammenhang mit der Entwicklung demokratisch-republikanischer Strömungen innerhalb der Politik des Hochmittelalters zu sehen, wozu die Universitätsgeschichte einen wichtigen Beitrag leisten könnte. Gerade eine Intellektuellengeschichte, wie sie hier teilweise in Anlehnung an die Scholastik selbst vertreten wird, ist sich bewusst, dass die Suche nach der Wahrheit unweigerlich eine Machtfrage ist. Der späte Michel Foucault hat indes gezeigt, welche konstitutive Rolle diese Annahme für die demokratische Tradition seit den Tagen des klassischen Athens spielt. Polybius etwa definierte die Demokratie – formal-institutionell – durch das Recht aller Bürger, das Wort in der Öffentlichkeit zu ergreifen (*isêgoria*), und – politisch – durch die Möglichkeit, die Wahrheit zu sagen (*parrhêsia*)[50]. Den alten Griechen war allerdings schon bewusst, dass nur wenige von dieser Möglichkeit Gebrauch machen. Dabei wird nicht unbedingt ein aristokratisches Element eingeführt, um etwa der Gefahr des Populismus Einhalt zu gebieten, sondern die Ethik wird in den Mittelpunkt der Politik gestellt. Gerade das 12. Jh. indes, an dessen Ende die Entstehung der ersten Universitäten steht, war von großen Fortschritten in der Frage der Ethik gekennzeichnet[51]. Abelard gebührt in diesem Zusammenhang einmal mehr besondere Aufmerksamkeit, und es ist bemerkenswert, dass sein Erbe auf dem Gebiet der Ethik trotz der zweimaligen Verurteilung seiner Lehre für Ketzerei an den Universitäten aufgenommen wurde[52]. Dabei beschränkte sich die Auseinandersetzung mit der Ethik nicht auf Inhalte, wie die zentrale Bedeutung der Freien Künste, in deren Kontext die Ethik gelehrt wurde, im Curriculum der Universitäten und in ihrer Organisation verdeutlicht[53]. Es ist indes auffallend, wie wenig wir immer noch über den Zusammenhang zwischen Lehre und Politik an den Universitäten wissen.

Abelards Einfluss blieb jedoch nicht auf die Universitäten beschränkt, sondern erstreckte sich teilweise von dort auf die Seelsorge und somit weit über die akademischen Grenzen hinaus. Hier ist vor allem die Bedeutung anzusprechen, die der Ohrenbeichte im Zuge der insbesondere von Abelard vorangetriebenen Aufwertung der individuellen Absichten zuteil wurde[54]. Für Foucault und die zahlreichen Historiker, die ihm inzwischen gefolgt sind, war die Beichte in der Form, in der sie nach dem 4. Laterankonzil von 1215 durchgesetzt wurde, ein Meilenstein in der Selbstdisziplinierung des Menschen, wie sie die Geschichte Europas auch nach der Glaubensspaltung des 16. und der Säkularisierung des

---

50 Vgl. Foucault, Gouvernement, S. 137ff.

51 Vgl. Sciuto, Etica, S. 106ff.

52 Zu Abelards Einfluss auf die Scholastik vgl. Luscombe, School; im Hinblick auf die Rezeption seiner Ethik und insbesondere der Frage nach der Absichtlichkeit Lottin, Moralité intrinsèque.

53 Vgl. Leff, Trivium.

54 Vgl. insbesondere Morris, Discovery, S. 73; zum breiten ideengeschichtlichen Kontext: Luscombe, School, und Clanchy, Abelard, S. 84.

18./19. Jh. prägen sollte und immer noch prägt[55]. Sind beide Einsichten richtig, wonach das 13. Jh. einerseits für die Selbstdisziplinierung des Menschen und andererseits für die Wiederentdeckung der Prämissen demokratisch-republikanischer Politik steht[56], und stimmt es ferner, dass die neugegründeten Universitäten einen entscheidenden Platz in beiden Entwicklungen eingenommen haben, dann stellt sich die Frage, wie die Intellektuellen des 13. Jh. mit dem komplexen, ja, wie Rousseau Jahrhunderte später zeigen sollte[57], prekären Verhältnis zwischen Subjekt bzw. Mensch und Bürger geistig wie praktisch kollektiv umgegangen sind. Diese Frage kann hier nur angerissen werden. Es deutet allerdings vieles darauf hin, dass gerade am Anfang der aristotelischen Rezeption im 12./13. Jh. und an deren Ende im 17./18. Jh. die Besonderheit christlicher Politik bzw. von Politik im christlichen Kontext den Intellektuellen deutlich vor Augen stand. So fragten sich Rousseau explizit und – wie wir Grund anzunehmen haben – die Scholastiker des 12./13. Jh. implizit, wie der Mensch Bürger des Universums werden kann.

Es sollte dabei allerdings nicht vergessen werden, dass die Antwort auf diese Frage sowohl für Rousseau als auch für seine scholastischen Vorgänger aufgrund ihrer Exilsituation von existenzieller Bedeutung war. Es überrascht somit kaum, dass wir ein fernes Echo dieser Auseinandersetzung in der deutschen Emigration des 20. Jh.s vernehmen und in Thomas Mann einen Zeugen haben, der von der Schattenseite unserer Gegenwart mahnend sowohl auf die Gefahr eines Verlusts scholastischer Intellektualität als auch auf die Unverzichtbarkeit intellektuellen Mutes in unserer Welt hinweist – Auftrag genug, wie mir scheint, für Intellektuelle und Universitäten am Anfang des 21. Jh.s.

Bibliographie

Adorno, T.W./Mann, T., *Briefwechsel 1943–1955*, Frankfurt a. M. 2002.

Arnold, J.H., *Inquisition and Power: Catharism and the Confessing Subject in Medieval Languedoc*, Philadelphia 2001.

Asztalos, M., The Faculty of Theology, in: H. de Ridder-Symoens (Hg.), *Universities in the Middle Ages* (A History of the University in Europe 1), Cambridge 1992, S. 409–441.

Auerbach, E., Philologie der Weltliteratur, in: W. Muschg/E. Staiger (Hg.), *Weltliteratur. Festgabe für Fritz Strich*, Bern 1952, S. 39–50.

Augustijn, C., *Erasmus: His Life, Works, and Influence*, Toronto 1991.

Baldwin, J.W., *Masters, Princes, and Merchants: The Social Views of Peter the Chanter and His Circle*, Princeton 1970.

Bazán, B.C. u. a., *Les questions disputées et les questions quodlibétiques dans les facultés de théologie, de droit et de médecine*, Turnhout 1985.

Bisson, T.N., *The Crisis of the Twelfth Century: Power, Lordship, and the Origins of European Government*, Princeton 2009.

55 Vgl. L'aveu; zuletzt: Arnold, Inquisition.

56 Vgl. Staub, Discipline.

57 Vgl. Spaemann, Rousseau, S. 29ff.

S. Bonaventura, *Opera omnia*, 11 Bde., Quaracchi 1882–1903.
Bozzolo, C., L'humaniste Gontier Col et la traduction française des Lettres d'Abélard et d'Héloïse, in: *Romania* 95 (1974), S. 199–215.
Clanchy, M.T., *Abelard: A Medieval Life*, Oxford 1997.
Clark, W., *Academic Charisma and the Origins of the Research University*, Chicago 2006.
Classen, P., Die hohen Schulen und die Gesellschaft im 12. Jh., in: *Archiv für Kulturgeschichte* 48 (1966), S. 155–180.
Copeland, R., *Pedagogy, Intellectuals, and Dissent in the Later Middle Ages: Lollardy and Ideas of Learning*, Cambridge 2001.
Copeland, R., Pre-modern Intellectual Biography, in: H. Small (Hg.), *The Public Intellectual*, Oxford 2002, S. 40–61.
Dalarun, J., Nouveaux aperçus sur Abélard, Héloïse et le Paraclet, in: *Francia* 32/1 (2005), S. 19–66.
Duby, G., *Die drei Ordnungen: Das Weltbild des Feudalismus*, Frankfurt a. M. 1986.
Ferruolo, S.C., *The Origins of the University: The Schools of Paris and their Critics 1100–1215*, Stanford 1985.
Fichtenau, H., *Ketzer und Professoren: Häresie und Vernunftglaube im Hochmittelalter*, München 1992.
Fontes vitae S. Thomae Aquinatis, ed. D. Prümmer und M.-H. Laurent, Saint-Maximin 1911–1943.
Foucault, M., *Le gouvernement de soi et des autres*, Paris 2008.
Fuller, S., The Public Intellectual as Agent of Justice: In Search of a Regime, in: *Philosophy and Rhetoric* 39 (2006), S. 147–156.
Fumaroli, M., Das Vermächtnis der europäischen République des lettres, in: M. Knoche/L. Ritter-Santini (Hg.), *Die europäische République des lettres in der Zeit der Weimarer Klassik*, Göttingen 2007, S. 11–30.
Grundmann, H., *Vom Ursprung der Universität im Mittelalter*, Darmstadt [2]1964.
Habermas, J., *Strukturwandel der Öffentlichkeit: Untersuchungen zu einer Kategorie der bürgerlichen Gesellschaft*, Frankfurt a. M. 1990.
Hobbins, D., The Schoolman as Public Intellectual: Jean Gerson and the Late Medieval Tract, in: *American Historical Review* 108 (2005), S. 1308–1337.
Kibre, P., *Scholarly Privileges in the Middle Ages: The Rights, Privileges, and Immunities of Scholars and Universities at Bologna, Padua, Paris, and Oxford*, London 1961.
Koeppler, H., Frederick Barbarossa and the Schools of Bologna: Some Remarks on the ‚Authentica Habita', in: *English Historical Review* 54 (1939), S. 577–607.
L'aveu: Antiquité et Moyen Age (Collection de l'Ecole Française de Rome 88), Rom 1986.
Le Goff, J., *Die Intellektuellen im Mittelalter*, Stuttgart 1985.
Leff, G., The Trivium and the Three Philosophies, in: H. de Ridder-Symoens (Hg.), *Universities in the Middle Ages* (A History of the University in Europe 1), Cambridge 1992, S. 307–336.
Lottin, O., Le problème de la moralité intrinsèque d'Abélard à saint Thomas d'Aquin, in: ders., *Psychologie et morale aux XIIe et XIIIe siècles* 2, Löwen 1948, S. 421–465.
Luscombe, D.E., *The School of Peter Abelard: The Influence of Abelard's Thought in the Early Scholastic Period*, Cambridge 1970.
Mann, T., *Die Entstehung des Doktor Faustus. Roman eines Romans*, Frankfurt a. M. 1984.
Mann, T., *Doktor Faustus. Das Leben des deutschen Tonsetzers Adrian Leverkühn erzählt von einem Freunde*, Frankfurt a. M. 1971.
Marenbon, J., Authenticity Revisited, in: B. Wheeler (Hg.), *Listening to Heloise: The Voice of a Twelfth-Century Woman*, New York 2000, S. 19–33.
Marx, K., Das Elend der Philosophie, in: K. Marx/F. Engels, *Werke* 4, Berlin 1972, S. 63–182.
Mews, C.J., Liturgy and Identity at the Paraclete: Heloise, Abelard and the Evolution of Cistercian Reform, in: M. Stewart/D. Wulstan (Hg.), *The Poetic and Musical Legacy of Heloise and Abelard*, Ottawa 2003, S. 19–33.
Mews, C.J., *The Lost Love Letters of Heloise and Abelard: Perceptions of Dialogue in Twelfth-Century France*, New York 2001.

MGH Constitutiones I, ed. L. Weiland, Hannover 1893.

von Moos, P., *Consolatio: Studien zur mittellateinischen Trostliteratur über den Tod und zum Problem der christlichen Trauer*, München 1971–1972.

von Moos, P., Post festum. Was kommt nach der Authentizitätsdebatte über die Briefe Abaelards und Heloises?, in: ders., *Abaelard und Heloise*, Münster 2005, S. 163–197.

Moraw, P., Careers of Graduates, in: H. de Ridder-Symoens (Hg.), *Universities in the Middle Ages* (A History of the University in Europe 1), Cambridge 1992, S. 244–279.

Morris, C., *The Discovery of the Individual 1050–1200*, Toronto 1987.

Müller-Doohm, S., Theodor W. Adorno and Jürgen Habermas – Two Ways of Being a Public Intellectual, in: *European Journal of Social Theory* 8 (2005), S. 269–280.

Murray, A., *Reason and Society in the Middle Ages*, Oxford 1978.

Nauert Jr., C.G., *Agrippa and the Crisis of Renaissance Thought*, Urbana (Ill.) 1965.

Oberman, H.A., *The Harvest of Medieval Theology: Gabriel Biel and Late Medieval Nominalism*, Cambridge (Mass.) 1963.

Oexle, O.G., Die Gruppenkultur Europas, in: M. Meinhardt u. a. (Hg.), *Oldenburg Geschichte Lehrbuch: Mittelalter*, München 2007, S. 169–176.

Ouy, G., Paris, l'un des principaux foyers de l'humanisme en Europe au début du XVe siècle, in: *Bulletin de la Société de l'Histoire de Paris et de l'Ile-de-France* (1967–1968), S. 71–98.

Overfield, J.H., *Humanism and Scholasticism in Late Medieval Germany*, Princeton 1985.

Ridder-Symoens, H. de, Mobility, in: ders. (Hg.), *Universities in the Middle Ages* (*A History of the University in Europe* 1), Cambridge 1992, S. 280–304.

Rüegg, W., The Rise of Humanism, in: H. de Ridder-Symoens (Hg.), *Universities in the Middle Ages* (A History of the University in Europe 1), Cambridge 1992, S. 442–468.

Rüegg, W., Themes, in: H. de Ridder-Symoens (Hg.), *Universities in the Middle Ages* (A History of the University in Europe 1), Cambridge 1992, S. 3–34.

Said, E.W., *Reflections on Exile and Other Essays*, Cambridge (Mass.) 2002.

Schieffer, R., *Albertus Magnus: Mendikantentum und Theologie im Widerstreit mit dem Bischofsamt* (Lectio Albertina 3), Münster 1999.

Schmid, K., Bemerkungen zur Personen- und Memorialforschung nach dem Zeugnis von Abaelard und Heloise, in: D. Geuenich/O.G. Oexle (Hg.), *Memoria in der Gesellschaft des Mittelalters* (Veröffentlichungen des Max-Planck-Instituts für Geschichte 111), Göttingen 1994, S. 74–127.

Schwinges, R.C., *Deutsche Universitätsbesucher im 14. und 15. Jh.: Studien zur Sozialgeschichte des alten Reichs* (Veröffentlichungen des Instituts für europäische Geschichte Mainz, Abt. Universalgeschichte 123), Stuttgart 1986.

Sciuto, I., *L'etica nel Medioevo: Protagonisti e percorsi (V–XIV secolo)*, Turin 2007.

Silvestre, H., L'idylle d'Abélard et Héloïse: la part du roman, in: *Académie Royale de Belgique, Bulletin de la classe des lettres et des sciences morales et politiques*, 5e série, 71 (1985), S. 157–200.

Simmel, G., Exkurs über den Fremden, in: ders., *Soziologie. Untersuchungen über die Formen der Vergesellschaftung* (Ders., Gesamtausgabe 11, hg. v. Otthein Rammstedt), Frankfurt a. M. 1992, S. 764–771.

Skinner, Q., *The Foundations of Modern Political Thought*, Bd. 1: *The Renaissance*, Cambridge 1978.

Spaemann, R., *Rousseau – Mensch oder Bürger. Das Dilemma der Moderne*, Stuttgart 2008.

Staub, M., *Discipline, Politics and the Imagination of the Citizen* [Mendola 2007, im Druck]

Staub, M., Genossenschaftliche Organisationsformen, in: G. Melville/M. Staub (Hg.), *Enzyklopädie des Mittelalters* 1, Darmstadt 2008, S. 72–81.

Staub, M., Im Exil der Geschichte, in: *Zeitschrift für Ideengeschichte* 2/1 (2008), S. 5–23.

Stelzer, W., Zum Scholarenprivileg Friedrich Barbarossas (Authentica Habita), in: *Deutsches Archiv für die Erforschung des Mittelalters* 34 (1978), S. 123–165.

Stichweh, R., Universitätsmitglieder als Fremde in spätmittelalterlichen und frühmodernen europäischen Gesellschaften, in: M.T. Fögen (Hg.), *Fremde der Gesellschaft: historische und sozialwissenschaftliche Untersuchungen zur Differenzierung von Normalität und Fremdheit*, Frankfurt a. M. 1991, S. 169–191.

S. Thomae Aquinatis vitae fratris fontes praecipui, ed. A. Ferrua, Alba 1968.

Ullmann, W., The Medieval Interpretation of Frederick I's Authentic ‚Habita', in: *L'Europa e il diritto Romano: Studi in memoria di Paolo Koschaker*, Mailand 1954, S. 102–110.

Vauchez, A., Les canonisations de st Thomas et de st Bonaventure: pourquoi deux siècles d'écart?, in: *1274: année charnière, mutations et continuités*, Paris 1977, S. 753–767.

Verger, J., Patterns, in: H. de Ridder-Symoens (Hg.), *Universities in the Middle Ages* (A History of the University in Europe 1), Cambridge 1992, S. 35–74.

Waddell, C., Heloise and the Abbey of the Paraclete, in: M.F. Williams (Hg.), *The Making of Christian Communities in Late Antiquity and the Middle Ages*, London 2005, S. 103–116.

Weber, M., *Wirtschaft und Gesellschaft. Grundriss der verstehenden Soziologie: Studienausgabe*, ed. J. Winckelmann, Tübingen 1972.

Weber, M., Wissenschaft als Beruf, in: ders., *Gesammelte Aufsätze zur Wissenschaftslehre*, ed. J. Winckelmann, Tübingen [7]1988, S. 582–613.

Weijers, O., *La disputatio dans les facultés des arts au Moyen Age* (Studia Artistarum 10), Turnhout 2002.

HANS VORLÄNDER (Dresden) / GERT MELVILLE (Dresden)

Die Geltung gesatzter Ordnung

Vormoderne und moderne Verfassung im Vergleich

Vorrede: Der nachfolgende Text versteht sich als Dokument und hat zwei Aufführungen erlangt, die eine im Oktober 2005 in Dresden und die andere Ende Juni 2006 in Loveno di Menaggio am Comer See. Beide Autoren waren zugleich Sprecher, die ihre jeweiligen Textpassagen nacheinander und einander abwechselnd vortrugen. Das war und ist in der Arena strenger wissenschaftlicher Disputation gewiss kein üblicher Modus, in dem Überlegungen, auch wenn sie sich wechselseitig und direkt aufeinander beziehen, präsentiert werden. Auch ließ sich im ersten Fall durchaus einräumen, dass die Absicht guter *Performance* bei der Begutachtung des Dresdner Sonderforschungsbereichs leicht zu einer komisch anmutenden Überinszenierung des Grades interdisziplinärer „Vernetzung" hätte führen können. Aber die Gratwanderung gelang, und die Evaluation im Jahre 2005 war – gewiss nicht nur auf Grund des Vortrags von Sprecher und Stellvertreter des SFB 537 – ein voller Erfolg, weshalb auch die Verletzung eherner akademischer Regeln ungestraft blieb. Die Geschichte ließe sich aber auch anders erzählen, nämlich als eine der folgenreichen, wechselseitigen Irritation des Mediävisten und Ordensforschers auf der einen Seite und des Politikwissenschaftlers und Verfassungsforschers auf der anderen. Es begann damit, dass Erster den Letzten auf den Verfassungscharakter der mittelalterlichen Ordensstatuten verwies, was diesen zunächst schroff widersprechen, dann aber zunehmend neugierig auf Dominikaner, Cluniazenser und Zisterzienser und schließlich auch nachdenklich werden ließ. Die moderne Verfassung schien so neu nicht zu sein, wie es das Selbstverständnis des modernen Konstitutionalismus suggerierte. Umgekehrt schienen nun dem Mittelalterforscher, in Folge der auf der Modernität der modernen Verfassung insistierenden Intransigenz des Verfassungspolitologen, die Ordensstatute Ausdruck antizipierter Modernität und alle nachfolgenden Verfassungen des 18. bis 20. Jahrhunderts bloße Fortentwicklungen genuin mittelalterlicher Erfindungen zu sein. Das aber konnte, ja durfte dem Politikwissenschaftler nicht wirklich einleuchten. So entstand und kontinuierte sich ein Dialog über Ähnlichkeiten und Analogien moderner und vormoderner Strukturen und institutioneller Ordnungsarrangements, die mit dem Begriff „Verfassung" zu belegen eine theoretisch-konzeptionelle Vorentscheidung war, die nicht zuletzt der Forschungskontext des Dresdner Sonderforschungsbereichs nahegelegte. Über viele Jahre hat sich nun dieser Dialog erstreckt, er hat seinen Niederschlag in jeweils eigenen Publikationen gefunden, vor allem aber haben in der Zwischenzeit auch Kollegen, Juristen, Historiker und Politikwissenschaftler aus Italien und Deutschland daran teilgenommen. So kam auch 2006 die zweite Aufführung bei einer der gemeinsamen Tagungen in der Villa Vigoni am Comer See zustande. Der nachfolgende Text, für eine mündliche Präsentation geschrieben, spielt mit Positionsnahmen, wendet Argumente und endet mit einem paradoxen Befund, ist also alles andere als Resultat, sondern höchstens – unentschiedener – Zwischenstand einer fortdauernden Diskussion. Auch in diesem Sinne also: ad multos annos!

Hans Vorländer

(Hans Vorländer:)
Die Idee der Verfassung wurde 1776 in Nordamerika revolutionär. Das lag zum einen an ihrem universellen Geltungsanspruch und zum anderen an der von ihr verfassten Ordnung, einer bürgerlichen Selbstregierung. Die Universalität des Geltungsanspruchs bezog sich auf die Gleichheit der Bürger und ihrer Rechte. Zugleich zeigte sich die neue politische Ordnung, zuerst in den Einzelstaaten, dann auch im Bundesstaat, als eine Ordnung, in der die Gewährleistung der Rechte normiert und die politische Ordnung gewaltenteilig festgelegt wurde. Paradigmatisch erklärte dann Artikel 16 der Französischen Menschen- und Bürgerrechtserklärung: „Eine jede Gesellschaft, in der weder die Gewährleistung der Rechte zugesichert noch die Gewaltenteilung festgelegt ist, hat keine Verfassung.“

Von moderner Verfassung sprechen wir gemeinhin, wenn die zivilen und politischen Rechte gewährleistet sind, das Prinzip der Volkssouveränität verankert ist, eine Form der Gewaltentrennung etabliert wird, eine Beschränkung von Herrschaft erfolgt, die Unabhängigkeit der Justiz etabliert ist. Moderne Verfassungen erheben einen universellen Geltungsanspruch, sie begreifen sich als oberstes Gesetz, als Fundamentalnorm.

So weit, so gut. Nur: Der Zauber, der mit der Schaffung einer Verfassung nach Revolutionen, nach Umbrüchen, also mit einer Verfassungsgebung verbunden ist, verflüchtigt sich – zurück bleibt das Rätsel des Anfangs, nämlich wie es möglich ist, dass eine Verfassung ihre Geltung aus dem Gründungsakt mitnimmt und sie auch jenseits ihres genetischen Kontextes zu sichern weiß. Das Rätsel des Anfangs übersetzt sich hier in die Geltungsfrage der Verfassung.

Moderne Verfassungen haben hier vier entscheidende Mechanismen gefunden. Zum einen binden Verfassungen ihren Geltungsanspruch an ihre Textualität, sie speichern die grundlegenden Ordnungsvorstellungen und Leitideen im Medium der Schrift. Neben die Verschriftlichung tritt, zweitens, die Verrechtlichung. Es ist das Medium des Rechts, das einerseits Verstetigung und andererseits die Höherrangigkeit der Grundordnung gegenüber den politischen Zeitläufen gewährleisten soll. Nicht nur die Differenzierung zwischen Recht und Politik ist konstitutiv, sondern auch die Hierarchisierung innerhalb des Rechtssystems, zwischen einfachem und höherrangigem Recht. Drittens beruht der Geltungsanspruch auf der Positivität des Rechts. Verfassungen sind „gesatzte“

Ordnungen. Und schließlich haben sie eine spezifische Technik ausgebildet, den Wandel zu rationalisieren. Sie sehen besondere Institutionen und Prozeduren vor, die die Veränderung der Verfassung erlauben, ohne ihre Beseitigung erforderlich zu machen.

Ein solches Bild der modernen Verfassung kann als die „Orthodoxie" historiografischer und sozialwissenschaftlicher Verfassungsanalyse gekennzeichnet werden. Der moderne Verfassungsbegriff, so wie er hier eingeführt wird, markiert eine klare Zäsur zwischen antiken und mittelalterlichen Verfassungsbegriffen auf der einen Seite und modernen Verfassungsvorstellungen auf der anderen. Die Unterschiede bestehen dann einmal darin, dass weder die Antike noch das Mittelalter eine zentrale Konzeptualisierung der Verfassung als normative Ordnung kennt, Verfassungen eher empirisch-deskriptiv als Formen der Verfasstheit zu verstehen sind, die auf Praxen, Gewohnheiten und Traditionen beruhen, während die Moderne die Verfassung als ein normatives und verschriftlichtes Ordnungsmodell versteht, das zumeist den Charakter eines einheitlichen Dokumentes hat. Der Hinweis auf die ungeschriebene Verfassungstradition Großbritanniens, auch Neuseelands, mag hier verstörend wirken, gleichwohl scheint es das Paradigma nicht erschüttern zu können.

Vielfach fehlt der Hinweis auf gewisse Verfassungsstrukturen in der Antike und im Mittelalter nicht, gleichzeitig aber wird gewöhnlich hervorgehoben, dass es sich zumindest bei den entsprechenden Texten, wie zum Beispiel Stadt-, Universitäts- oder Ordensstatuten, keineswegs schon um Verfassungstexte im modernen Sinne handelt.

Aber stimmt denn das hier gezeichnete Bild überhaupt?

(Gert Melville:)
Wenn „die Idee der Verfassung 1776 revolutionär wurde", wie wir hörten, so lassen Sie uns etwa 650 Jahre zurückgehen. Wir sind dann im 12. Jahrhundert und damit in der Epoche, in der es revolutionär war, eine Verfassung zu schreiben.

Im 12. und, noch tiefergreifend, im 13. Jahrhundert lernte man in Europa, dass *vita communis* gestaltbar sein konnte, dass das Maß sozialer Regeln nicht mehr allein Tradition und Gewohnheit, sondern auch Rationalität von Planung und prospektive Setzung von Geltung sein konnte. Dies betraf Städte, Zünfte, Universitäten – und vor allem religiöse Orden. Es waren die Zisterzienser, die bis zur Mitte des 12. Jahrhunderts als erste überhaupt ein „verschriftlichtes Ordnungsmodell" – um eine jener kennzeichnenden Formulierung zum modernen Verfassungsrecht aufzugreifen – im Konsens entwarfen und mit einem Geltungsanspruch verbanden. Den so entstandenen Text nannten sie *Carta Caritatis*. Die Dominikaner – bereits wissende Erben eines solchen normsetzenden Verfahrens gaben sich wenige Generationen später zwischen 1216 bis 1228 ein als *constitutiones* bezeichnetes Statutenwerk, welches wohl als die bislang ausgefeilteste Regulierung einer *vita communis* angesehen werden kann.

Die Dominikaner hatten – wie in der „Präambel" des späteren Verfassungstextes ausdrücklich hervorgehoben – ein alle Mitglieder repräsentierendes Gremium eingesetzt und mit *plena potestas* ausgestattet, um eine grundlegende normative Ordnung zu schaffen, die alle für das Ordensleben relevante Bereiche umfassen sollte. Diese Ordnung wurde ausdrücklich schriftlich niedergelegt (*scripto fuerint commendata*) und in dieser textlichen Form (*scriptura teste innotescat*) auf einer alle Mitglieder repräsentierenden Versammlung (*capitulum generalissimum*) als verbindlich angenommen. Es handelt sich also um eine gesatzte Ordnung, die ihren Geltungsanspruch auf der Positivität des Rechts gründete.

Der Text baut auf keinerlei Praxen, Gewohnheiten und Traditionen auf, die es am Anfang der Ordensgemeinschaft sowieso noch gar nicht hätte geben können und die auch von der Idee her völlig unerheblich waren: Es ging darum, völlig neu und prospektiv hypothetisch-generelle Rechtssätze zu schaffen, denen alle möglichen künftigen Fälle subsumierbar waren, um den Erhalt des Ordens zu sichern (*ad conservationem ordinis*)

Der Text hat den Charakter eines einheitlichen Dokuments, er ist stringent gegliedert (in die Bereiche [1.] „klösterlicher Alltag" und [2.] „Organisation des Gesamtverbandes, dessen Organe und Instanzen") und er ist mit einer die Leitideen vermittelnden Präambel versehen. Ausdrücklich wurde betont, dass jenseits des obersten gesetzgebenden Gremiums – des *capitulum generale* – niemand etwas an dem Text ändern oder hinzufügen dürfe. Auch durften keine Rechtsbeschlüsse untergeordneter Gremien wie etwa der Provinzialkapitel gegen die Bestimmungen der *constitutiones* verstoßen.

Zudem haben die Dominikaner ein System einwickelt, um kontinuierliche Änderungen und Fortschreibungen der *constitutiones* vorzunehmen. Dieses System ist in den *constitutiones* selbst verfahrenstechnisch genau festgelegt worden. Zunächst wurde hierarchisch unterschieden, dass es Rechtsätze gäbe, die (a) unveränderlich seien, die (b) nur von einer Gesamtvertretung des Ordens (also der Oberen wie zugleich der einfachen Mitbrüder) geändert werden könnten und schließlich solche, die (c) im geregelten Verfahren der gesetzgebenden Versammlung (des *capitulum generale*) geändert werden könnten. Bei dem entsprechenden Änderungsverfahren handelte sich um Novellierungen des *constitutiones*-Textes *verbum ad verbum*, die durch drei Lesungen bei aufeinanderfolgenden *capitula generalia* zustande gekommen sein mussten. Zweimal in Folge waren dies Versammlungen von gewählten Vertretern der einfachen Mitglieder, dann eine Versammlung aller Provinzvorsteher und so fort. Es handelte sich also um ein hoch rationalisiertes Verfahren, das die Veränderung der Verfassung in ihren als flexibel gekennzeichneten Teilen erlaubte. Dem traten dann noch Regulierungen hinzu, die als so genannte *admoniciones* von den Generalkapiteln unter einfacher Lesung verabschiedet und dann gegebenenfalls wieder aufgehoben wurden. Sie betrafen vor allem auf recht flexible Weise organisationspraktische Bereiche, die nur sehr generell in den *constitutiones* selbst angesprochen waren. Durch die gleichzeitige Schaffung dieses Komplexes von *admoniciones* entstand also gleichsam eine „doppelte Rechtsordnung" von Normen der Verfassung und von denen eines untergeordneten Gebrauchsrechts.

Formal gesehen scheinen sich also die *constitutiones* der Dominikaner des 13. Jahrhunderts kaum oder gar nicht von Verfassungstexten der Moderne zu unterscheiden. Nicht nur, dass sich ihr Geltungsanspruch auf der Positivität des Rechts und auf Textualität gründeten, nicht nur, dass sie eine Hierarchisierung des Rechts aufwiesen, nicht nur, dass sie Techniken vorlegten, den Wandel in Form von geregelten Verfahren innerhalb definierter Instanzen zu rationalisieren, sondern vor allem wurde auch schon bei ihrer Abfassung explizit gemacht, dass eben gerade eine „Konzeptionalisierung von Verfassung als normativer Grundordnung" die entscheidende Leitidee war.

Was gegenüber modernem Verfassungsleben allerdings noch fehlte, war eine interpretierende Institution, wie etwa ein oberster Gerichtshof. Es gab zwar schon recht ausgeprägt die Instanzen der Legislative und Exekutive (einschließlich deren Kontrolle!), aber noch nicht eine eigenständige Instanz der Judikative (deren Arbeit tat auch das *capitulum generale*). Und natürlich ist der Geltungsumfang der *constitutiones* anders gelagert als der moderner Verfassungen. Sie galten zwar gewissermaßen „weltweit", aber eben nur für den Orden als Korporation.

(Hans Vorländer:)
Die Antwort scheint also, wie so oft, zweigeteilt zu sein. Das Bild, das von der modernen Verfassung eingangs gezeichnet wurde, gilt auch und gilt nicht für die vormoderne Verfassung. Überraschend bleibt, dass sich auch die *constitutiones* der Dominikaner in das moderne Bild einer juridischen Rationalität der Verfassung als Rechtsordnung einfügen. Schriftlichkeit, Verrechtlichung, Positivität und Rationalisierung des Wandels machen die *constitutiones* zu einer gesatzten Ordnung, die sich in ihren juridischen Mechanismen kaum von einer modernen Verfassung unterscheiden lässt. Gleichwohl sind die Unterschiede benannt: Die *constitutiones* sind eine partikulare Ordnung, keine Ordnung, die mit einem universellen Geltungsanspruch auftritt. Sie sind die Verfassung einer segmentären, homogenen Gemeinschaft. Die Verfassung ist zugleich die Ordnung einer kleinräumigen *vita communis*, keineswegs die eines territorialen Flächenstaates. Es bleibt jedoch die Erkenntnis: Die juridische Rationalität der gesatzten und verschriftlichten Ordnung gilt gleichermaßen für die moderne wie die vormoderne Verfassung.

Die eingangs gestellte Frage ist jedoch wieder aufzunehmen: Was hält eine Verfassung in Geltung? Allein die juridische, aus positiver Setzung sich herleitende Rationalität vermag den Geltungszusammenhang einer Verfassung nicht restlos aufzuklären. Denn Verfassungen stehen in historischen, politisch-gesellschaftlichen und kulturellen Kontexten, aus denen heraus sie erst die Anerkennung und Akzeptanz beziehen, die für ihre juridische Rationalität und ihre instrumentelle Wirkungsmacht notwendig sind. Verfassungen stehen mithin in symbolischen Verweisungszusammenhängen. Und hier liegen die Unterschiede doch auf der Hand: Ordensstatute sind in die *vita religiosa* eingebettet, moderne Verfassungen sind Ausdruck bürgerlicher Selbstregierung. Die *constitutiones* der Dominikaner können zwar für sich eine Autonomie des partikularen Ordensrechts beanspruchen, zugleich ist es aber für das mittelalterliche Ordnungsverständnis selbstverständlich, dass sich diese Rechtsordnung in die große göttliche Ordnung einfügt. Die *constitutiones* sind von der überwölbenden Idee eines religiösen, gottgefälligen Lebens getragen. Moderne Verfassungen hingegen sind Ausdruck eines kollektiven politischen Willens, nämlich der verfassunggebenden Gewalt des Volkes. Zwar rufen sie – in den Präambeln – Gott an, auch erklären sie die Würde des Menschen für unantastbar und die Rechte des Bürgers für unveräußerlich. Aber diese Referenzen des Unverfügbaren werden zu Gestaltungsprinzipien der säkularen politischen Ordnung, die Transzendenz wird immanent und arbeitet sich im Spannungsverhältnis von – für unveräußerlich gehaltenen – Grundrechten und demokratischem Mehrheitswillen, zwischen Verfassungsgerichtsbarkeit auf der einen Seite und Legislative und Exekutive auf der anderen Seite institutionell und prozessual ab. Bei den Dominikanern hingegen, so ist zu vermuten, bleibt der Transzendenzbezug bestehen, ja er gibt den *constitutiones* erst die überjuridische Geltungsgrundlage.

(Gert Melville:)
In der Tat musste sich nach dem allgemeinen Verständnis des Mittelalters – verkürzt gesagt – jede Rechtsordnung einer sozialen Vereinigung in die große göttliche Ordnung einfügen bzw. konnte sich nur als dort eingefügt verstehen. Der Dominikaner Thomas von Aquin zum Beispiel hat dies mittels einer dreifachen hierarchischen Stufung des Rechts deutlich zum Ausdruck gebracht: Es gibt in hierarchischer Folge das *ius divinum*, *das ius naturale*, das *ius positivum*. So stehen im Mittelalter also nicht die sog. Menschenrechte an höchster Stelle, an die sich die Legitimität einer modernen Verfassung zu messen hat und die sie selbst festschreiben, sondern das göttliche Recht. Zuunterst steht das von Menschen geschaffene Recht – also auch das der *constitutiones* der Dominikaner, welches sich zudem noch dem ebenfalls göttlich inspirierten *ius commune* der Universalkirche unterzuordnen hat. Oder noch deutlicher gesagt: Die *constitutiones* der Dominikaner fanden ihre Legitimität letztlich nicht in dem kollektiven Willen der verfassungsgebenden Instanz, sondern nur in ihrer Transzendenz auf die göttliche Grundordnung. Die Folge davon war – so sollte man annehmen –, dass jeder Verstoß gegen die *constitutiones* zugleich ein Verstoß gegen Gott, also Sünde war. Genau dem aber hatten die Dominikaner nun vorgebeugt: Sie haben *expressis verbis* das Recht der *constitutiones* von der Hierarchie des göttlichen Rechtes abgekoppelt. In dem Prolog der *constitutiones* steht folgender lapidarer Satz: „[...] volumus et declaramus ut constitutiones nostre non obligent nos ad culpam, sed ad penam“ (wir wollen und erklären, dass unsere Konstitutionen uns nicht an Schuld, sondern an Strafe binden).

Devianz gegenüber den *constitutiones* galt nicht als Sünde (außer bei willentlicher Missachtung), sondern nur als ein ordensinternes Vergehen, das weltliche Strafe nach sich zog und damit vergolten war. Dieser Satz ging auf den Ordensgründer, auf Dominikus selbst zurück, der – wie überliefert – seinen Mitbrüdern laufend zu erwartende Gewissenbisse im Alltag des praktischen Ordenslebens ersparen wollte. Bemerkenswerterweise haben dieses Prinzip noch im 13. Jahrhundert alle großen Orden (Cluniazenser, Zisterzienser, Augustinereremiten usw.) übernommen. In der Tat zeichnete sich bereits eine Unterscheidung zwischen dem *forum internum* (Beichte) und dem *forum externum* (der geistlichen Gerichtsbarkeit) ab, welche hier Vergehen und Strafe ohne Schuld im Sinne von Sündhaftigkeit kannte. Wenn man es, konsequent gedacht, auf den Punkt bringen will, kann man sagen: Hier hat sich das Verfassungsrecht der Orden gleichsam säkularisiert, um gerade wegen seiner Verankerung im Göttlichen einen Eigenraum zu schaffen, der normatives Handeln auf dieser Welt praktikabel machen sollte.

(Hans Vorländer:)
Moderne Verfassungen sind *ab origine* Ordnungen des Säkularen. Von einer „Verankerung im Göttlichen" kann nun wahrlich nicht gesprochen werden. Oder doch? Greift diese Sichtweise moderner Verfassungen vielleicht doch zu kurz? Schon die hier und da – in Verfassungspräambeln zu findende – *invocatio dei* stellt einen Bezug zur religiösen Transzendenz her, verweist auf etwas außerhalb der Verfassung Liegendes, gleichsam höhere Geltung Beanspruchendes. Auch die, bisweilen verstörende, soziokulturelle Praxis der „Heiligung" von Verfassungen ist in den Blick zu nehmen. Moderne Verfassungen, so zeigt die Beobachtung, sind vielfach mit einer Aura umgeben, sie werden, wie die amerikanische Verfassung, in einem Schrein aufbewahrt und ausgestellt, sie werden, wie Thomas Paine forderte, zu „politischen Bibeln des Gemeinwesens". Verfassungen werden zugleich „aufgeladen", in den Präambeln ist von der „Selbstbestimmung in Einheit und Freiheit", von der Vervollkommnung des Bundes, der Verwirklichung der Gerechtigkeit und der Bewahrung des Glücks der Freiheit die Rede. Moderne Verfassungen sind zwar explizite, säkulare Gegenentwürfe zu göttlichen Ordnungen, zugleich findet aber, in der Französischen Revolution ganz offensichtlich, eine „Vergöttlichung" von Gesetz und Verfassung statt. „Es verwundert nicht", schreibt Michael Stolleis in seiner kleinen Geschichte der Metapher vom „Auge des Gesetzes", „wenn schließlich die Verfassung, das Produkt einer innerweltlichen Vernunftkonstruktion zur Verwirklichung von Frieden und Freiheit, unter die Providenz eines entkonfessionalisierten, für alle akzeptablen Gottes gestellt wird." Verfassungen werden Teil einer konstitutionellen Ziviltheologie: Im deutschen Vormärz fanden bei Verfassungsfesten Umzüge statt, bei denen prachtvoll ausgestattete Verfassungsurkunden, auf samtenen oder bestickten Kissen liegend, durch die Straßen getragen wurden – bei einem Hochamt in der Villinger Pfarrmünsterkirche soll die Verfassungs-

urkunde in der Mitte des Chorbogens, auf einem eigens für sie errichteten Altar, gelegen haben. Johann Christoph von Aretin schuf 1823 einen „Verfassungs-Katechismus für Volk und Jugend in den deutschen konstitutionellen Staaten", Friedrich Naumann forderte für die Zeit nach dem Ersten Weltkrieg einen „Volkskatechismus" der Grundrechte. Und ist es ganz abwegig – die Pointierung sei erlaubt –, die textinterpretatorische Tätigkeit eines Letztverbindlichkeit beanspruchenden Verfassungsgerichts mit einer kirchenökumenischen Analogie zu belegen: der Verfassungstext: *sola scriptura* – das protestantische Element; die Interpretation: *ex cathedra*, Karlsruhe *locuta causa finita* – das katholische Element. Es scheint, als wenn erst der Status der herausgehobenen Fundamentalordnung, der Prozess der immanenten Transzendierung, dem Geltungsanspruch der modernen Verfassung Dauerhaftigkeit verleiht und die „bindende Macht des Gegründeten" (Hannah Arendt) erzeugt. Paradox ist also das Ergebnis: Die Geltung der modernen Verfassung geht nicht in ihrem Charakter als gesatzter Ordnung auf, sondern ist auch auf institutionelle Mechanismen der symbolischen Selbstrepräsentation angewiesen. Die Geltung der vormodernen *constitutiones* der Dominikaner leitet sich nicht allein von ihrer religiös-mönchischen Ordnungsidee her, sondern steckt auch in ihrer juridischen Rationalität.

Hedwig Röckelein (Göttingen)

Die Auswirkung der Kanonikerreform des 12. Jahrhunderts auf Kanonissen, Augustinerchorfrauen und Benediktinerinnen

Kommt die Rede auf Frauen in den Reformbewegungen des 11. und 12. Jahrhunderts, so denkt man zunächst an die Frauenklöster im benediktinischen Verband von Cluny, an die Doppelklöster der Benediktiner im Verband von Hirsau und St. Blasien sowie die Zisterzienserinnen. Dass nicht nur die monastisch-benediktinische Reform, sondern auch die Kanonikerreform des 12. Jahrhunderts einen enormen Einfluss auf die geistlichen Frauen hatte, wird hingegen selten bedacht. Allenfalls verbindet man damit die Frauengemeinschaften um den Kanoniker Norbert von Xanten und die Doppelklöster im Verband von Prémontré,[1] die in Zahl und Bedeutung weit überschätzt werden und in der Geschichte der Regularkanoniker nur eine kurzlebige Episode repräsentieren.[2]

Den Auswirkungen der Kanonikerreform auf die Gründung neuer Augustinerchorfrauenstifte, auf die Errichtung von Augustiner-Doppelkonventen und die Reform der älteren Kanonissenstifte[3] und Benediktinerinnenklöster in Sachsen,[4] Baiern,[5] Alemannien,[6] im Rheinland[7] und in Lothringen[8] gilt es, verstärkte

1 Weder Klueting, Reformanda, noch Schmidt, Westfalen, behandeln die Auswirkungen der Kanonikerreform auf die Kanonissenstifte und Benediktinerinnenklöster im 12. Jahrhundert. Sie gehen nur auf die Zisterzienserinnen und die Prämonstratenserinnen ein. Zum aktuellen Stand der PrämonstratenserInnen-Forschung vgl. Crusius/Flachenecker, Prämonstratenserorden, und De Kegel, Doppelklöster.

2 Nachdem das Generalkapitel vor 1176 beschlossen hatte, keine weiteren Frauenkommunitäten mehr aufzunehmen, weil die Kanoniker nicht länger mit der Cura sanctimonialium belastet sein wollten, lösten sich die weiblichen Zweige der Doppelklöster, die assoziierten Konvente und die Konversengemeinschaften von Frauen bei den Prämonstratenserklöstern nach und nach auf; vgl. Klueting, Reformanda, S. 56–58. Zur Bedeutung der Frauen im Prämonstratenserorden vgl. Krings, Die Prämonstratenser und ihr weiblicher Zweig; Felten, Rheinland, S. 251–257, 287–291, und Ehlers-Kisseler, Prämonstratenser, S. 160–200, S. 239–243, S. 253–281, Ehlers-Kisseler verweist im Kapitel II.5: „Zum Problem der Doppelstifte und zur Stellung der Frauen im Orden" die Meinung von den anfänglich weit verbreiteten Prämonstratenser-Doppelklöstern, die nach 1138, 1140 oder 1141 durch einen Generalkapitelsbeschluss aufgelöst bzw. getrennt worden seien, in das Reich der gelehrten Legende. Vielmehr hätten sich bei zahlreichen Prämonstratenserinnenstiften Gruppen von Klerikern angesiedelt, die als eigene Konvente missverstanden worden seien. Umgekehrt lebten an vielen Prämonstratenserstiften Gruppen weiblicher Konversen, die als Frauenkonvente missdeutet wurden, so ihre These.

3 Wilms, Amatrices, S. 50 bemerkt lapidar, dass die Kanonissenstifte im 12. Jahrhundert in Regularkanonissen oder Augustiner-Chorfrauen mit strengerer Zucht überführt worden seien.

4 Parisse, Nord de l'Allemagne; Parisse, Chanoinesses; Diestelmann, Klosterreform.

5 Röckelein, Baiern.

6 Röckelein, Alemannien; Parisse, Alsace.

Aufmerksamkeit zu schenken. Die Arbeiten von Ulrich Andermann, Franz Josef Felten, Edeltraud Klueting und Michel Parisse sowie die Ausstellung „Krone und Schleier. Kunst und Kultur aus mittelalterlichen Frauenklöstern" im Jahr 2005 geben erste Hinweise,[9] denen an dieser Stelle systematischer nachgegangen werden soll.

Bereits im 11. Jahrhundert waren die Protagonisten von Gorze, Cluny und Fruttuaria sowie deren sekundäre und tertiäre Distributionszentren St. Maximin in Trier, Corvey, Siegburg, Hirsau, Einsiedeln und St. Blasien mit Reformforderungen an die älteren Frauengemeinschaften[10] herangetreten. Der Cluniazenser Hildebrand, der spätere Reformpapst Gregor VII., hatte 1059 auf einer Synode in Rom die „Institutio sanctimonialium" von 816 verworfen, da sie Privatbesitz zulasse und die Tagesrationen an Essen und Trinken zu großzügig bemesse.[11] Die reformorientierte Polemik versuchte die Zahl und Bedeutung der Kanonissenstifte mit der Behauptung klein zu reden, dass es sie ohnehin nur im hintersten Winkel des Reiches gebe. Schließlich forderte Papst Eugen III. 1148 auf der Synode von Reims die Kanonissen auf, die Regel des hl. Benedikt oder des hl. Augustin anzunehmen, auf Kleiderluxus und Privatbesitz zu verzichten und gemeinsam in Klausur zu leben.[12]

Für eine Korrektur der Lebensgewohnheiten der Kanonissen setzten sich nicht nur Kurie und Reformmönchtum ein, sondern auch weltliche Große, allen voran Lothar III., Konrad III. und Friedrich I., Ministeriale und Bischöfe. Vielen von ihnen bot die unkanonische Lebensweise der Frauen einen willkommenen Vorwand, ihre geistlichen und weltlichen Herrschaftsrechte und Besitzungen auf Kosten der unbotmäßigen Frauen auszudehnen.[13] Der Halberstädter

---

7 Felten, Rheinland.

8 Parisse, Lorraine; Parisse, Lothringische Benediktinerinnen.

9 Andermann, Kanonikerreform; Felten, Rheinland; Klueting, Reformanda; Parisse, Lorraine; Parisse, Lothringische Benediktinerinnen; Parisse, Alsace; Parisse, Sachsen. Die Ausstellung „Krone und Schleier" reservierte den Reformen der Kanonissenstifte und der Benediktinerinnenklöster im 12. Jahrhundert den Abschnitt „G: Neuorientierung im Hochmittelalter", vgl. Krone und Schleier, S. 307–328.

10 Ob die Frauen in den älteren Konventen nach der Benediktsregel oder der Kanonissenregel von 816 lebten, ist aufgrund der terminologischen Unschärfe der Quellen meist nicht zu entscheiden. Erst im 12. Jahrhundert wird die juristische Sprache präziser, nicht zuletzt aufgrund der kirchlichen Bemühungen um die Trennung der Ordines von Klerikern bzw. Kanonissen und Mönchen bzw. Nonnen; Das Problem wird bei Felten, Rheinland, bes. S. 192–200, exemplarisch an Dietkirchen, St. Quirin in Neuß, Vilich und Essen diskutiert. Zur Terminologie im 9. Jahrhundert vgl. Felten, Kanonissen.

11 Zur Kritik der Reformer an den Kanonissen vgl. Andermann, Kanonikerreform, S. 15f., und Schäfer, Kanonissenstifter, S. 1–5, jeweils mit Belegstellen.

12 Synode von Reims 1148, can. 4, Mansi, Conciliorum collectio, Bd. XXI (ND 1961) S. 417f.: *statuimus, ut sanctimoniales et mulieres, quae canonicae nominantur, et irregulariter vivunt, juxta beatorum Benedicti et Augustini rationem, vitam suam in melius corrigant et emendent; superfluitatem et inhonestatem vestium recidant, et in claustro sint assidue permanentes; choro, refectorio, et dormitorio sint contentę, et relictis praebendis, et aliis propriis, earum necessitatibus de communi provideant.*

13 Andermann, Kanonissen.

Bischof Reinhard (1107–1123)[14] und – angeregt durch diesen – der Salzburger Bischof Konrad I. (1106–1147)[15] sowie die Hildesheimer Bischöfe Berthold I. (1119–1130),[16] Bernhard I. (1130–1153)[17] und Adelog (1170/71–1190)[18], die besonders auf die Augustinerchorherren setzten,[19] hofften im Zuge der Reform die geistliche und rechtliche Aufsicht über die Frauenkonvente an sich zu ziehen, als Schutzherrn den König abzulösen und die materiellen Ressourcen der Konvente abzuschöpfen. Die Verfügungsgewalt über die Kanonissenstifte nutzten sie zum Aufbau und zur Konsolidierung ihrer Landesherrschaft.[20] Der Halberstädter Bischof Reinhard instrumentalisierte die Kanonikerreform zudem für seine Politik gegen Heinrich V. Mit Hilfe der Augustinerchorherren griff er nicht nur in die Belange der bestehenden Kanonissenstifte und Benediktinerinnenklöster seines eigenen Sprengels ein, sondern auch in die Klosterpolitik der benachbarten Bistümer Minden und Hildesheim. Kanoniker seiner Diözese reformierten als Pröpste vormalige Kanonissenstifte in den Bistümern Halberstadt und Hildesheim, die sich für die Augustinerregel (Bistum Hildesheim: Heiningen und Steterburg)[21] oder die Benediktsregel (Bistum Halberstadt: Stötterlingenburg, Hadmersleben, Drübeck, Gerbstedt;[22] Bistum Hildesheim: Lamspringe[23]) entschieden hatten. Selbst die geistlichen Frauen im kurmainzischen Lippoldsberg an der Weser, die um 1100 in einem politisch aufgeladenen Akt

14 Bogumil, Halberstadt; Andermann, Kanonikerreform, S. 25.

15 Weinfurter, Salzburger Bistumsreform, S. 290–292 zu den Doppelklöstern im Salzburger Reformkreis.

16 Goetting, Hildesheim I, S. 326–339. Bertholds Amtsantritt wird in der neueren Forschung nicht mehr auf 1118, sondern auf 1119 datiert; vgl. Goetting, ebd., S. 327–329.

17 Goetting, Hildesheim I, S. 339–383.

18 Goetting, Hildesheim I, S. 414–443. Wahl- und Konsekrationstermin Adelogs lassen sich nach den urkundlichen Datierungen nicht eindeutig bestimmen; vgl. Goetting, ebd. S. 417f.

19 Bf. Berthold I. von Hildesheim war besonders den Augustinerchorherrenstiften Marienrode (gegr. 1125), Riechenberg bei Goslar (gegr. 1117) und dem Sültekloster in Hildesheim verbunden; Bf. Bernhard I. gründete 1143 des Augustinerchorherrenstift Derneburg, an das 1209 auch das ältere Augustinerchorfrauenstift in Holle verlegt wurde. Bei der Reform der Chorherren in St. Georgenberg bei Goslar sowie Katlenburg (Hochstift Mainz) wurden die Hildesheimer Bischöfe vor allem von Propst Gerhard von Riechenberg unterstützt; vgl. dazu Diestelmann, Klosterreform, S. 14f.

20 Vgl. dazu Röckelein, Baiern, S. 49f.; Andermann, Kanonikerreform, S. 24; Bogumil, Halberstadt, S. 253–255.

21 Vgl. Bogumil, Halberstadt, S. 147. In Steterburg amtierte seit 1126 Propst Gerhard, der im Stift St. Simon und Juda in Goslar ausgebildet worden war, zusammen mit der Priorin Hathwig, der Schwester des reformorientierten Hildesheimer Bischofs Berthold I.; vgl. dazu Bunselmeyer, Steterburg, S. 44f. Zu Heiningen und Steterburg vgl. Diestelmann, Klosterreform, S. 16f.

22 Vgl. Bogumil, Halberstadt, S. 131–140.

23 Vgl. dazu Röckelein, Schreibende Frauen, S. 20–23; Bertelsmeier-Kierst, Handschriften, S. 88 und ebd. Anm. 10f., bezweifelt zu Recht, dass die von dem Hildesheimer Bischof Berthold I. oktroyierte Benediktsregel (UB Hochstift Hildesheim I Nr. 215) in Lamspringe befolgt wurde. In der gut erhaltenen Lamspringer Bibliothek ist nicht einmal eine Kopie der Benediktsregel nachweisbar! Die späteren Bezeichnungen für die Sanktimonialen geben keinen Aufschluss darüber, ob die Frauen sich eher der kanonikalen oder der monastischen Regel verpflichtet fühlten.

die Benediktsregel angenommen und sich auf die Hirsauer Consuetudines nach dem Vorbild von St. Agnes in Schaffhausen verpflichtet hatten, wurden schon früh von dem Hildesheimer Kanoniker Betto unterstützt und von 1138/9 bis 1161 von Propst Gunthar geleitet, einem Hamerslebener, mithin Halberstädter Kanoniker.[24] Die enge Kooperation zwischen Augustinerchorherren und Benediktinerinnen ignorierte die zeitgenössische Tendenz der Kanonisten, die geweihten Kleriker und die nicht-geweihten Mönche streng zu separieren.[25] Wie Gordon Blennemann kürzlich anhand der Nekrologe von St.-Pierre-en-Nonnains in Metz und Remiremont nachweisen konnte, standen auch in Lothringen Benediktinerinnenklöster und Augustinerchorfrauenstifte unter einer gemeinsamen Leitung.[26]

Im Unterschied zu Sachsen wurde die Klosterreform in Alemannien nicht von den Bischöfen, sondern von den Äbten der benediktinischen Reformzentren Hirsau, Einsiedeln und St. Blasien sowie deren Satelliten und Doppelklöstern Schaffhausen Allerheiligen und St. Agnes, St. Georgen und Petershausen bei Konstanz betrieben. Sie waren vor allem bei der Neugründung benediktinischer Doppelkonvente erfolgreich. Von den älteren Kanonissenstiften ließ sich nur Lindau in der 2. Hälfte des 11. Jahrhunderts vorübergehend zur Orientierung an den Hirsauer Consuetudines überreden. Die anderen Konvente, bis dahin vermutlich eher kanonikal als monastisch ausgerichtet, entschieden sich für die Augustinerregel: um 1045 Schänis (MGH D H III 130: *sanctae moniales sub canonica regula servientes*), vor 1125 das bischöfliche Eigenkloster St. Walpurgis in Münsterlingen, im 13. Jahrhundert Buchau, Säckingen, Lindau (1256) und Oberstenfeld (1240).

---

24 Das Reformkonzept dokumentiert im sog. Lippoldsberger Nonneneid von 1099–1101, S. 310–312; zu Lippoldsberg allgemein vgl. Germania Benedictina 7, S. 741–767; zur Beteiligung der Augustinerchorherren von Hamersleben an der Reform vgl. Peters, Hamersleben.

25 Das Decretum Gratiani von 1140 untersagt den Regularkanonikern, zu Mönchen zu konvertieren; Friedberg, Decretum magistri Gratiani, Sp. 840f.

26 Gordon Blennemann, „Zur Stellung älterer religiöser Frauengemeinschaften in der *vita religiosa* des 11. und 12. Jahrhunderts", Vortrag gehalten am 17.01.2008 im Kolloquium „Themen und Tendenzen der Mittelalterforschung" in Göttingen. Die Thesen sind bislang nicht publiziert.

Neugründungen von Augustinerchorfrauenstiften gingen fast überall auf die Initiative der Ministerialen zurück. Sie krönten ihren sozialen Aufstieg mit der Einrichtung von Familiengrablegen in den Frauenkonventen. Die geistlichen Institutionen sicherten die Identität und Kontinuität der aufstrebenden Geschlechter. Zudem bot ihnen die Vogtei über die Frauenkonvente die Chance, ihre Herrschaftsrechte und Einflusszonen auszudehnen.[27] In Sachsen gründete der Ostfale Arnold, ein Gefolgsmann Friedrichs I. und Heinrichs des Löwen, ein solches Stift in Dorstadt.[28] Die Grafen von Schaumburg errichteten um 1167 das Augustinerchorfrauenstift Obernkirchen (Diöz. Minden) als ihre Fa-

27 Zur Rolle der reformierten Klöster und der neuen Orden bei der Entstehung adeliger Landesherrschaften in Sachsen vgl. Schubert, Geschichte Niedersachsens II/1, S. 322–329.

28 Ohainski, Arnold von Dorstadt.

miliengrablege.[29] In Springiersbach (Erzbistum Trier) gründete um 1100 Benigna, Witwe des pfalzgräflichen Ministerialen Ruker, ein Augustiner-Doppelkloster und dotierte es mit ihrem Witwengut.[30] Adelige Stifter brachten die wenigen in Baiern und Österreich neu entstehenden Augustinerchorfrauenstifte auf den Weg: die Gräfin Gisela von Schwabegg 1126 Edelstetten (Diöz. Augsburg), die Brüder Wilhelm und Arnold von Biberach 1146 Weihenberg bei Wertingen (Diöz. Augsburg), der Reformpropst Gerhoch 1138 das Stift Reichersberg[31] und Adalram von Waldeck mit Hilfe des reformorientierten Salzburger Erzbischofs Konrad I. 1140 das Augustiner-Doppelkloster Seckau (Diöz. Salzburg). In Baden-Württemberg, wo die Augustinerregel im Bistum Konstanz nur bei einigen alten Kanonissenstiften Anklang fand, geht die Neugründung des Augustinerchorfrauenstifts Lobenfeld (St. Maria, Gemeinde Lobbach, Diöz. Worms, gegr. um 1145, ab 1270/72 Zisterzienserinnen) auf die Initiative des niederen Adels zurück.

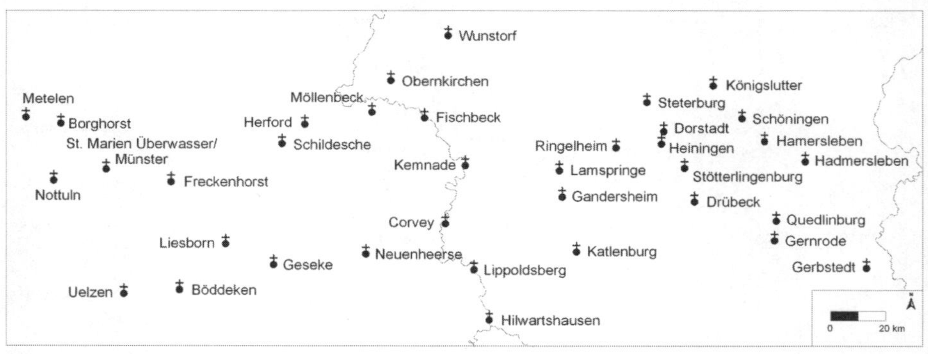

Die älteren Kanonissenstifte bzw. Benediktinerinnenklöster reagierten unterschiedlich auf die Aufforderung, die strengere Regel anzunehmen.[32] Vor allem die Kanonissenstifte in den westfälischen Teilen der Diözesen Köln, Mainz, Münster, Osnabrück, Paderborn und Bremen wehrten sich nachhaltig gegen die Reform. Essen, Vreden, Metelen, Borghorst, St. Marien Überwasser in Münster, Nottuln, Freckenhorst, Geseke, Herford, Möllenbeck, Schildesche, Neuenheerse, Oedingen, Böddeken, Wunstorf und Bassum hielten an der älteren kanonikalen Ordnung fest. Erst im 13. und 14. Jahrhundert ließen sich einige Konvente auf die Benedikts- oder Augustinusregel ein oder mussten einem Männer-

29 Brosius, Obernkirchen.

30 Felten, Rheinland, S. 257–262; Pauly, Springiersbach.

31 Zu den Augustinerchofrauen im Erzbistum Salzburg vgl. Roitner, *Sorores inclusae*; zu Rottenbuch und Gerhoch von Reichersberg ebd., S. 120–128.

32 Zu den unterschiedlichen Reaktionen in Sachsen vgl. Andermann, Kanonikerreform, S. 25–27; zu den nicht reformierten Konventen Parisse, Sachsen, S. 494.

konvent weichen.[33] Auch in Ostsachsen scheiterten die sonst so erfolgreichen Bischöfe von Hildesheim und Halberstadt an den mächtigen ottonischen Frauenstiften Quedlinburg, Gernrode und Gandersheim, die durch päpstliche Exemptionsprivilegien vor Eingriffen der Bischöfe geschützt waren. Eine große Zahl von Kanonissenstiften konnten sie hingegen in Benediktinerinnenklöster oder Augustinerchorfrauenstifte umwandeln. Dazu gehörten Heeslingen (OSB, 1141 nach Zewen verlegt), Hilwartshausen (CSA, 1142), Fischbeck (CSA, 1262), Obernkirchen (CSA, 1167), Walsrode (OSB, 1255), Drübeck (OSB, 1108/10), Gerbstedt (OSB, 1118), Hadmersleben (OSB, 1143), Stötterlingenburg (OSB, 1109), Heiningen (CSA, 1126), Steterburg (CSA, um 1140) und Lamspringe (OSB, 1138). Einige reformresistente Frauen mussten reformierten Männergemeinschaften weichen (OSB: Liesborn 1130, Königslutter 1135, Ringelheim 1150; Uelzen (=Oldenstadt) 1133–37. CSA: Schöningen 1120),[34] umgekehrt wurden die Männerkonvente Katlenburg (CSA, um 1142) und Kemnade (OSB, 1147/94)[35] geistlichen Frauen überlassen.

Welche Änderungen brachte die Reform und Regulierung für die Kanonissen? Im konkreten Einzelfall sind die Auswirkungen der Reform auf das Alltagsleben der geistlichen Frauen schwer einzuschätzen, denn die Nachrichten fließen spärlich und oft genug nur aus der Sicht der Reformatoren. Gelegentlich liefern Chroniken und hagiographische Texte eine Vorstellung von den Problemen, die durch die Reform auftraten und gelöst werden mussten. Diese indirekten Indikatoren zeigen, dass die Reform erstens tiefgreifende Spuren im geistlichen, rechtlichen, ökonomischen und kulturellen Leben der Frauenkommunitäten hinterließ, und dass sie sich zweitens gravierender auswirkte als auf die Männerkonvente.

Es sind nur wenige Adaptationen der Augustinusregel auf Frauengemeinschaften und Abschriften von Consuetudines aus Augustinerchorfrauenkonventen überliefert.[36] Der misogyne Zisterziensermönch Idung von Prüfening berief

---

33 Die Kanonissen von Herzebrock folgten seit 1208 der Benediktinerregel, Freckenhorst und St. Marien in Lippstadt vor 1240 der Augustinerregel. Die Kanonissen von Meschede mussten ihren Konvent verlassen, der 1310 mit Benediktinern besetzt wurde. Von dieser späten Reformwelle waren auch andere Kanonissenstifte in Westfalen betroffen, vgl. dazu Andermann, Kanonikerreform, S. 18, Anm. 16.

34 Andermann, Kanonikerreform, S. 23. In Schöningen profitierten Kanoniker aus Hamersleben von den frei gewordenen Konventsgebäuden, vgl. Diestelmann, Klosterreform, S. 18. Schubert, Geschichte Niedersachsens II/1, S. 322 betont, dass bevorzugt Männerklöster als adelige Grablegen und Zentren der Herrschaftsbildung gewählt wurden und erklärt so die Umwandlung des Kanonissenstifts Uelzen (Oldenstadt) in ein Benediktinerkloster. Diese Erklärung mag auch auf die anderen Fälle zutreffen, erklärt aber den umgekehrten Vorgang nicht.

35 Rabe, Fischbeck und Kemnade.

36 Zu den Frauenregeln der Augustiner allgemein vgl. Verheijen, Règle I, S. 11f. Für Frauen einschlägig sind die „Obiurgatio“ (ebd., S. 105–107), die „Regularis Informatio“ (= Frauenversion des „Praeceptum“) (ebd. S. 49–66), die „Epistula longior“ (= Kombination von „Obiurgatio“ + „Regularis Informatio“), der „Ordo Monasterii feminis datus“ (= Frauenversion des „Ordo Monasterii“) (ebd., S. 140–142), „Epistula longissima“ (= Kombination aus einer Passage der „Obiurgatio“ + „Ordo Monasterii feminis datus“ + Passagen aus der „Regularis

sich um die Mitte des 12. Jahrhunderts auf den hl. Benedikt, als er die Ansicht vertrat, dass man keiner eigenen Frauenregeln bedürfe. Die tägliche Beaufsichtigung der wankelmütigen, schwachen und leicht versuchbaren Frauen durch den Abt sei geeigneter, sie auf den rechten Weg zu bringen als eine eigene Regel.[37] Die Regel, die der philogyne Abaelard für einen Doppelkonvent im Paraklet der Heloise entworfen hatte, kam dort zwar nie zu Einsatz, weil sie nicht den Vorstellungen der Äbtissin entsprach. Immerhin wurde sie im Augustinerdoppelkonvent Marbach-Schwarzenthann im Elsass rezipiert.[38] Anhaltspunkte zum erwünschten Verhalten der regulierten Frauen liefert zudem das „Speculum virginum", ein Tugendspiegel, dessen unbekannter Verfasser von manchen in Kreisen der Reformkanoniker vermutet wird,[39] und den die Andernacher Chorfrauen kannten.[40]

Zunächst und vor allem führte die Reform zu einer Entmachtung der Äbtissinnen, die in den Kanonissenstiften mit umfassenden Rechten ausgestattet gewesen waren. Gleich ob die Konvente sich für die Benedikts- oder die Augustinerregel entschieden, die Verwaltung der äußeren Angelegenheiten wurde in die Hände eines Propstes gelegt, den der Konvent allerdings frei wählen konnte. Die Konventualinnen waren dem Propst zu Gehorsam verpflichtet. Er aber musste beim Amtsantritt beeiden, dass er nicht ohne Wissen und gegen den Willen des Konvents handeln werde. Die Verantwortung für die inneren Angelegenheiten wurde einer ranggeminderten, dem Propst unterstellten Priorin übertragen, die gelegentlich als „magistra" tituliert wird.[41] Die Augustinerchorherren, die in den ostsächsischen Diözesen als Pröpste von Benediktinerinnenklöstern und Augustinerchorfrauenkonventen fungierten, übten die Cura monialium über die geistlichen Frauen aus.[42]

Die Bischöfe räumten den Kanonikern zudem Archidiakonatsrechte in den Territorien der Frauenkonvente ein. Des weiteren besorgten diejenigen Kanoniker, die die höheren Klerikerweihen besaßen, die Cura animarum in den Eigenkirchen und inkorporierten Pfarrkirchen der Frauenkonvente.[43] Den Bischöfen

---

Informatio"), ediert bei Migne PL, Suppl. II coll. 349–356. Zur „Epistula longissima" und zum „Ordo Monasterii feminis datus" vgl. Verheijen, Règle II, S. 209–212 und ebd. S. 20f. zur Forschungsdiskussion, ob Augustin die Regel ursprünglich für Frauen konzipiert hatte. Beispiel für eine Augustiner-Frauenregel aus der Grafschaft Kleve bei Hövelmann/Teigelkötter/Rühl, Besloten susteren.

37 Huygens, Idung, S. 75: *Nullam vero regulam sacris virginibus scripsit nec scribere necesse fuit, quia virginum monasteria illis temporibus tantum sub abbatum regimine custodiebantur.*

38 Griffiths, Marbach; Griffiths, Abelard.

39 Seyfarth, Speculum virginum.

40 Die Kopie des „Speculum virginum" aus der Mitte des 12. Jahrhunderts im Historischen Archiv der Stadt Köln (Best. 7010 (W) 276 A) stammt wahrscheinlich aus dem Konvent der Tenxwind von Andernach.

41 Dazu und zum folgenden Faust, Benediktinische Reformbewegungen, S. 130–132; Andermann, Kanonikerreform, S. 20f.; Bogumil, Halberstadt, S. 140f.

42 Schreiner, Seelsorge, S. 55–58.

43 So beispielsweise im Kloster Lamspringe und im Stift Obernkirchen. Der Konnex von Frauenstiften und Pfarreien wurde in der bisherigen Forschung kaum beachtet. Erste Ansätze zu

eröffnete das die Chance, die Diözesanstrukturen zu verdichten und das Netzwerk der Pfarreien auszubauen. Die Frauenkonvente strebten danach, kirchliche Rechte wie die Spende der Sakramente und das Sepulturrecht in ihren Pfarreien und Besitzungen zu monopolisieren.

Der Vergleich der Kanonissenregel von 816 mit den Consuetudines von Springiersbach[44] und die Forderungen Papst Eugens III. von 1148[45] machen deutlich, wodurch sich das Alltagsleben der Augustinerchorfrauen und reformierten Benediktinerinnen von dem der Kanonissen unterscheiden sollte. Die regulierten Frauen sollten nicht mehr mit ihren Mägden in eigenen Häusern leben, sondern in Gemeinschaft mit den Schwestern dem täglichen Chorgebet nachgehen und sich einen Schlafraum teilen. Sie sollten auf ihre Pfründen und Besitztümer ebenso verzichten wie auf kostbare Kleidung. Sie sollten in Klausur leben und den Konvent nur mit der Erlaubnis des Propstes verlassen.[46] Zu den radikalen Verfechtern der Armut zählte die Augustinerchorfrau und Magistra Tenxwind von Andernach (gest. nach 1152). Sie warf Hildegard von Bingen und deren Rupertsberger Nonnen vor, die Töchter der Ministerialengeschlechter auszuschließen, die Liturgie zu festlich zu begehen und dem Kleiderluxus zu frönen.[47] All das ließen die Consuetudines von Springiersbach, nach denen sich der Konvent der Tenxwind richtete, nicht zu. Hildegard wehrte sich in der zweiten Vision des ersten Buches des „Liber Scivias". Sie kritisierte die strenge Askese als Selbstzweck und setzte sich für moderate Formen ein.[48]

Bedingt durch die geistlichen Verpflichtungen der Kanoniker gegenüber den Frauenkonventen rückten Männer- und Frauengemeinschaften zwangsläufig näher aneinander, sei es in der Form assoziierter Konvente oder Doppelklöster am Ort. Offenbar bereitete es weder den kohabitierenden Kanonikern noch den regulierten Chorfrauen und Benediktinerinnen in Ostsachsen Probleme, ihren Tagesablauf und ihre Wertesysteme aufeinander abzustimmen.[49] Auch

---

seiner Erhellung lieferte die Tagung des Essener Arbeitskreises zur Erforschung der Frauenstifte im November 2008 in Mülheim a. d. Ruhr. Die Vorträge werden 2009 als Band 7 der Reihe „Essener Forschungen zum Frauenstift" erscheinen.

44 Edition: Consuetudines canonicorum regularium Springirsbacenses-Rodenses, ed. Weinfurter. Dem Reformverband von Springiersbach gehörten mit Andernach, Schönstatt und St. Irmina in Oeren drei Frauenkonvente, vgl. Felten, Rheinland, 257–263 und S. 216; Pauly, Springiersbach. Ob und in welcher Weise die von Richard von Springiersbach auf den Männerkonvent gemünzten Consuetudines auf die Frauenkonvente angepasst wurden, entzieht sich unserer Kenntnis, denn die Abschriften der Consuetudines stammen alle aus Männerklöstern, vgl. dazu Weinfurter in: Consuetudines canonicorum regularium Springirsbacenses-Rodenses, S. XVIII–XXIX.

45 Siehe oben Anm. 13.

46 Andermann, Kanonikerreform, S. 24.

47 Von der brieflich geführten Kontroverse ist nur die Antwort der Hildegard überliefert: van Acker, Epistolarium, EP II und LIIr S. 125–130; vgl. dazu Haverkamp, Tenxwind, und Acker, Hildegard, S. 144–146; Felten, Noui esse uolunt, zu Hildegards Vorstellungen einer „milden Askese" S. 57–60; Constable, Hildegard's explanation.

48 Führkötter, Hildegardis Scivias, S. 30f;

49 Vgl. dazu auch Faust, Benediktinische Reformbewegungen, S. 130.

der Petershausener Chronist, der zwischen 1120 und 1156 über die Kohabitation von Mönchen und Nonnen in benediktinischen Konventen des Hirsauer Reformkreises berichtet, störte sich daran nicht, sondern legitimierte die Doppelkonvente mit dem Hinweis auf die frühe Kirche, in der Frauen, insbesondere Maria mit Christus und den Aposteln zusammengelebt und für Gott gekämpft hätten.[50] Dieser Position stand aber das Verbot des gemeinsamen Chorgebets geistlicher Frauen mit Kanonikern und Mönchen entgegen, das die zweite Lateransynode von 1139 ausgesprochen hatte.[51] Bernhard von Clairvaux verfocht ebenfalls die vollständige Trennung der Geschlechter – zum Nachteil der Frauen.[52]

Die Augustinerinnenkonvente waren – wie die Benediktinerinnen und Zisterzienserinnen im 12. Jahrhundert – in weit geringerem Maß in den Ordensverband integriert als die Männerkonvente. Zisterzienserinnen und Cluniazenserinnen durften ihre Priorinnen nicht auf das Generalkapitel entsenden, sondern mussten ihre Interessen dort durch die Pröpste vertreten lassen. Auch die Augustinerchorfrauen mussten die äußeren Angelegenheiten durch ihren Propst abwickeln lassen. Wie den Zisterzienserinnen und Prämonstratenserinnen so war es auch ihnen nicht gestattet, Filialen zu gründen. Nur Fontevrauld, Prémy und der Paraklet der Heloise etablierten eigene Verbände;[53] nur einige benediktinische Doppelklöster wie Schaffhausen Allerheiligen und St. Agnes, St. Georgen und Petershausen bei Konstanz gründeten weitere Doppelkonvente. Trotz dieser Einschränkungen unterhielten viele Augustinerchorfrauenkonvente Kontakte zu größeren Reformgruppen. Der Konvent der Tenxwind von Andernach blieb über seine Dislozierung hinaus Teil des Reformnetzwerkes von Springiersbach, zu dem die Priorate Steinfeld, Bolanden, Stuben (1137), Martental (1139/41), Marienburg und das Stift St. Irminen in Oeren gehörten, sowie das Doppelkloster Lonnig (um 1120), dessen Frauen 1143 nach Schönstatt verlegt wurden, und kurzzeitig auch Merzig.[54] Die Augustinerchorfrauen von Schwarzenthann, die dem Konvent von Marbach unterstanden, waren auf ebendiese Weise in den Reformzirkel der Chorherren von Ittenwiller (seit 1115), Goldbach (seit 1135), Sankt Arbogast in Straßburg (sei 1143), Truttenhausen

50 Casus monasterii Petrishusensis, ed. Feger, S. 24: *Ubi hoc quoque notandum, quod devote mulieres pariter cum sanctis discipulis Deo militabant, et ideo hoc exemplo non est vituperabile, sed magis laudabile, si sanctimoniales femine in servorum Dei monasterii recipiantur, ut uterque sexus, ab invicem tamen sequestratus, uno in loco salvetur*; vgl. dazu Schreiner, Mönchtum, S. 273–277.

51 Synode von 1139, can. 27 Mansi, Conciliorum collectio, Bd. 21 (1776) Sp. 533: *Simili modo prohibemus , ne sanctimoniales simul cum canonicis vel monachis in ecclesia, in uno choro, conveniant ad psallendum.*

52 Bernardus Claraivallensis, ed. Leclercq, Sermons sur le cantique, Bd. 4, S. 330: *Cohabitationem, si nescis, virorum et feminarum in his, qui vovere continentiam, Ecclesia vetat. Si non vis scandalizare Ecclesiam, eice feminam.*

53 Felten, Verbandsbildung.

54 Zu diesem Netzwerk vgl. Engels, Der Erzbischof von Trier; Felten, Rheinland, S. 257–263, zu St. Irminen in Oeren ebd. S. 216; Pauly, Springiersbach. Das Doppelkloster Frankenthal schloss sich Lonnig an. Merzig wurde 1152 (?) in einen Prämonstratenserkonvent umgewandelt.

(seit 1180/81) und der Chorfrauen von Schönensteinbach (seit 1157) integriert.[55] Durch das Gebetsgedenken waren die Schwestern in Andernach und im Paraklet zudem mit dem Viktorinerkonvent in Paris verbunden.[56]

Außer den gemeinsamen Reformzielen und Consuetudines bot die Verwandtschaft von Pröpsten, Priorinnen und Magistrae den Frauenkonventen eine Basis zur Netzwerkbildung. In Springiersbach war der Reformabt Richard zugleich Prior des assoziierten Frauenkonvents, den zunächst dessen Mutter, die Witwe Benigna leitete, nach deren Tod dessen Schwester Tenxwind. Von den Netzwerken der Verwandtschaft, der Freundschaft und der politischen Beziehungen hing es unter Umständen ab, ob die Correctio der Stifte angenommen oder abgelehnt wurde. Durch die Person Reinhards, des späteren Bischofs von Halberstadt, der im mainzisch-trierischen Raum seine klerikale Ausbildung erhalten hatte, bestanden sogar weiträumige Beziehungen zwischen Springiersbach und dem sächsischen Augustinerreformzentrum Hamersleben.[57]

Ein außergewöhnliches Netzwerk zwischen den Benediktinerinnenklöstern Admont, Bergen bei Neuburg a.d. Donau sowie dem Augustinerchorfrauenstift auf der Hohenburg im Elsass wollte Radspieler der Persönlichkeit der Reformatorin Rilinda (Relind/Rilint) zuschreiben.[58] Will hat jedoch inzwischen nachgewiesen, dass die Trägerinnen gleichen Namens nicht personenidentisch sind.[59] Die vormalige Admonter Nonne Rilint, die an der Abfassung der Schriften des Abtes Irimbert von Admont beteiligt war, stand zwar später der Admonter Filiale Bergen als Äbtissin (1156–1169) vor. Die Hohenburger Reformäbtissin Rilint hingegen, vermutlich um 1176 verstorben, Autorin zweier Carmina, die im „Hortus Deliciarum“ überliefert sind, ist nicht mit jener identisch.

Die sog. benediktinischen Doppelklöster und die sächsischen Symbiosen zwischen Regularkanonikern und Benediktinerinnen trugen reiche geistliche und kulturelle Früchte. Die Bibliotheken und Skriptorien von Lamspringe,[60] Lippoldsberg,[61] Admont,[62] Marbach-Schwarzenthann und Hohenburg[63] legen be-

---

55 Parisse, Alsace, S. 36 und 38f. Die Frauen von Schönensteinbach hatten sich zunächst der Zisterzienserregel unterstellt. Nachdem das Generalkapitel unter dem Einfluss Bernhards von Clairvaux die Frauen ausgeschlossen hatte, unterstellten sie sich dem Marbacher Augustinerkonvent. Die Todestage der Schönensteinbacher Nonnen sind im Nekrolog von Marbach-Schwarzenthann in der Handschrift Strasbourg, Bibliothèque du Grand Séminaire, Ms. 37, verzeichnet; vgl. dazu Gilomen-Schenkel, Guta-Sintram-Codex, S. 399f; Weis, Nekrologien.

56 Das ergibt sich aus Commemorationseinträgen im Nekrolog des Konvents St. Viktor in Paris zum 15. Februar (Andernach) und zum 21. April (Paraklet); vgl. dazu Stammberger, Tod, S. 152.

57 Vgl. dazu Peters, Hamersleben (2006) S. 12f.

58 Radspieler, Regilind.

59 C.L. Gottzmann, Rilinda (Relinde, Rilint, Regilind) von Hohenburg, in: LexMA 7 (1995) Sp. 851; J.W. Braun, Rilint (Rilinda, Relinda) OSA, in: VL^2 8 (1992) Sp. 76f.; Will, Relinde.

60 Härtel, Lamspringe; Härtel, Gelehrte Bücher.

61 Hotchin, Monastic Reform.

62 Die kulturelle und geistliche Kollaboration des Männer- und Frauenkonvents von Admont war besonders intensiv unter Abt Irimbert (*1105–1176, seit 1172 Abt in Admont); vgl. dazu

redtes Zeugnis ab von der Partizipation der geistlichen Frauen an aktuellen Reformdebatten und an Innovationen, die aus den Kathedralschulen Nordfrankreichs kamen.[64] In diesen Konventen wurden auffällig schnell und umfassend die Texte aus der Pariser Schule von St. Viktor kopiert, außerdem die „neue" Musik der Mehrstimmigkeit, an deren Entwicklung der Pariser Kathedralkanoniker Abaelard maßgeblich beteiligt war.[65] Vermittelt wurden die Novitäten durch regulierte Kanoniker, wie die Chorherren in Hamersleben, durch reformorientierte Benediktineräbte, wie Irminbert von Admont, und durch reformfreundliche Bischöfe, wie Reinhard von Halberstadt, der sich zu Studienzwecken längere Zeit in Paris und an der Schule der Viktoriner aufgehalten hatte. Kommuniziert wurden diese Kenntnisse den Frauen durch Handschriftenleihgaben, durch Briefe[66] und in persönlichen Kontakten.

Die enge Kooperation und Kollaboration zwischen geistlichen Männern und Frauen in den Augustinerdoppelklöstern dokumentieren Illuminationen in Codices aus Interlaken und Marbach-Schwarzenthann.[67] Der identitätsstiftende Codex von Marbach-Schwarzenthann wurde 1154 gemeinsam von der Chorfrau und Scriptrix Guta mit dem Kanoniker und Illuminator Sintram hergestellt.[68] Schreiberin und Illuminator offerieren den Codex gemeinsam der Gottesmutter als Patronin des Doppelkonvents, sie stellen sich im Codex selbst dar. Ähnlich demonstriert das sog. Hardehäuser Evangeliar[69] die Kollaboration der Benediktinerinnen von Lippoldsberg mit dem Propst Gunthar (1138/9–1161), einem Augustinerchorherrn aus Hamersleben. Im Widmungsbild des heute verschol-

---

die Aufsätze von Stefanie Seeberg, Alison I. Beach und Christina Lutter in: Monastic Culture (2007); sowie Beach, Collaboration.

63 Hier ist vor allem an den „Hortus Deliciarum" zu denken, der von den Äbtissinnen Relinde und Herrad konzipiert wurde und dessen theologischer und paränetischer Tiefgang in der Forschung lange Zeit unterschätzt wurde.

64 Für Admont vgl. die Aufsätze von Mews und Stammberger in: Monastic Culture (2007).

65 Zur Rezeption der Musik und insbesondere der Mehrstimmigkeit aus Paris und Nordfrankreich im Augustinerchorfrauenstift Hohenburg im Elsass, im „Speculum virginum" und im Augustinerchorfrauenstift Andernach vgl. Jeffreys, Epithalamium, und demnächst H. Röckelein: „Der ungelehrte Mund"? Bildung und Wissen geistlicher Frauen im Mittelalter.

66 Beach, Voices.

67 Vgl. dazu Marti, Doppelklöster, S. 205–207 zu Marbach-Schwarzenthann, S. 215–218 zum Augustinerdoppelkloster Interlaken

68 Strasbourg, Bibliothèque du Grand Séminaire, Ms. 37. Faksimile und Kommentar: Weis, Codex Guta-Sintram. Der Codex enthält die päpstlichen Privilegien von 1119, die Konstitutionen des Konvents sowie die Augustinerregel samt Auslegung und liturgische Einträge (Nekrolog, Homiliar). Er symbolisiert in der Zusammensetzung seiner Texte und in den Illuminationen das identitätsstiftende Hauptdokument des Doppelkonvents. 4v geben Guta und Sintram ihre Identität und ihren Anteil an der Produktion der Handschrift preis. In der Widmung an Maria auf 4r werden u. a. auch der Propst von Marbach, die Prioren von Marbach und Schwarzenthann sowie die Magistra und zwei Sanktimonialen von Schwarzenthann namentlich genannt. Zum Codex als Repräsentanten des Doppelklosters ausführlich Gilomen-Schenkel, Guta-Sintram-Codex.

69 Ehemals Kassel, Murhardsche Bibliothek, Ms. theol. fol. 59, seit 1945 verschollen. Das Widmungsbild 73v bei Baumgärtner, Helmarshausen, Abb. 9 S. 95, und ebd. S. 94 und Anm. 68 S. 119 mit Verweis auf weitere Literatur.

lenen Evangeliars aus dem dritten Viertel des 12. Jahrhunderts reichen sich die Äbtissin Margarethe und der Propst Gunthar in geistlicher Tracht gekleidet die Hände und übergeben zugleich das Buch an die über ihnen thronende Figur eines „patronus vester", der durch eine Unzial-Inschrift am oberen Bildrand mit dem hl. Georg (*SCS GEORGIVS M. X.*) identifiziert wird.[70] Drei Nonnen und ein Kanoniker bezeugen den Akt aus Medaillons in den vier Ecken des Rahmens der Miniatur.

Schließlich brachte die Reform den Frauenkonventen wirtschaftliche Veränderungen, die von den Konventualinnen erwünscht waren. So konnte Fiona Griffiths nachweisen, dass die Hohenburger Chorfrauen im „Hortus Deliciarum" Klage über geizige, verschwenderische und simonistische Kleriker führen.[71] Der Simonie-Vorwurf wurde v. a. hinsichtlich der hohen Eintrittsgelder (Mitgiften) der Konventualinnen erhoben.[72] Die Reform beförderte die wirtschaftliche Sanierung der Konvente, die Restitution der entfremdeten Güter, die Errichtung neuer Kirchen- und Konventsgebäude (so geschehen in Lippoldsberg). Die Frauenkonvente konnten durch den Zugriff auf die Temporalien der Pfarreien ihren Haushalt auf Kosten der ländlichen Laienbevölkerung sanieren. Sofern sich der Frauenkonvent und der Konvent des Propstes bzw. Abtes nicht am selben Ort befanden oder beide verschiedenen Ordensgemeinschaften angehörten, wurde der Haushalt der Frauenkonvente separat geführt,[73] wodurch sich den Frauen wirtschaftliche Spielräume eröffneten. Die ökonomische Prosperität wiederum steigerte die Attraktivität des geistlichen Lebens für die Witwen und Töchter aus dem Ministerialenstand, wie man an Andernach und Lamspringe sehen kann.[74]

Zusammenfassend bleibt festzuhalten, dass die Kanonikerreform des 12. Jahrhunderts mit Unterstützung der Herrscher, der Bischöfe und der Ministerialen nachhaltige Spuren in der Frauenklosterlandschaft hinterließ. Ältere Kanonissenstifte und Benediktinerinnenklöster übernahmen die Regel des hl. Augustinus, Benediktinerinnenklöster akzeptierten Augustinerchorherren als Pröpste. Die Kanoniker agierten dabei diözesenübergreifend. Das kanonikale Reformmodell fand aber nicht überall im Reich gleichermaßen Anklang. In Westfalen und Ostsachsen verweigerten sich die in karolingischer und ottonischer Zeit gegründeten und durch päpstliche Exemptionsprivilegien abgesicherten Kanonissenstifte der Regulierung. In Ostsachsen hingegen setzten sich die Bischöfe von Hildesheim und Halberstadt bei den kleineren Kanonissenstiften durch, denen es an solchen Privilegien mangelte. Der Halberstädter Bischof Reinhard fand in dem Salzburger Metropolitan Konrad I. einen willigen Nachahmer, der

70 Die Darstellung des hl. Georg weicht völlig von der zeittypischen Ikonographie des Ritterheiligen ab. Sie repräsentiert vielmehr den Typus der Maria „Sedes sapientiae". Maria war die zweite Hauptpatronin des Klosters Lippoldsberg.

71 Griffiths, Trouble.

72 So Felten, Rheinland, S. 235–238.

73 Gilomen-Schenkel, Guta-Sintram-Codex, S. 395.

74 Zu Lamspringe vgl. Röckelein, Schreibende Frauen, S. 23.

ähnliche Prozesse in Baiern und Österreich anstieß. Den geringsten Anklang fand die kanonikale Reform in Alemannien, wo nicht die Bischöfe, sondern die Benediktineräbte das Reformwerk betrieben. Mit Ausnahme des kanonikalen Reformzentrums Marbach im Elsass und seines Verbandes sowie einiger Kanonissenstifte wurde der Südwesten des Reiches mit benediktinischen Doppelklöstern überzogen. Gegenüber den älteren Kanonissenstiften schränkten beide Formen, die monastische wie die kanonikale, die Freiheiten der geistlichen Frauen ein. Andererseits profitierten sie in kultureller und ökonomischer Hinsicht von der Einbindung in größere Reformzirkel.

Bibliographie

Acker, L. v., Der Briefwechsel der heiligen Hildegard von Bingen. Vorbemerkungen zu einer kritischen Edition, in: *Revue bénédictine* 98/99 (1988/89), S. 141–168.

Andermann, U., Die sächsischen Frauenstifte und die Kanonikerreform in der ersten Hälfte des 12. Jahrhunderts, in: T. Schilp/M. Essener (Hg.), *Reform – Reformation – Säkularisation. Frauenstifte in Krisenzeiten* (Essener Forschungen zum Frauenstift 3), Essen 2004, S. 13–27.

Andermann, U., Die unsittlichen und disziplinlosen Kanonissen. Ein Topos und seine Hintergründe, aufgezeigt an Beispielen sächsischer Frauenstifte (11.–13. Jahrhundert), in: *Westfälische Zeitschrift* 146 (1996), S. 39–63.

Baumgärtner, I. (Hg.), *Helmarshausen. Buchkultur und Goldschmiedekunst im Hochmittelalter*, Kassel 2003.

Beach, A., Claustration and Collaboration Between the Sexes in the Twelfth-Century Scriptorium, in: S. Farmer/B. Rosenwein (Hg.), *Monks and Nuns, Saints and Outcasts: Religion in Medieval Society. Essays in Honor of Lester K. Little*, Ithaca/London 2000, S. 57–75.

Beach, A., *Manuscripts and Monastic Culture. Reform and Renewal in Twelfth-Century Germany*, Turnhout 2007.

Beach, A., Voices from a Distant Land: Fragments of a Twelfth Century Nun's Letter Collection, in: *Speculum* 77 (2002), S. 34–54.

Bertelsmeier-Kierst, C., Handschriften für Frauen und von Frauen. Buchkultur aus norddeutschen Frauenklöstern im 13. Jahrhundert, in: H. Schmidt-Glintzer (Hg.), *Die gelehrten Bräute Christi. Geistesleben und Bücher der Nonnen im Mittelalter. Vorträge* (Wolfenbütteler Hefte 22), Wolfenbüttel 2008, S. 83–122.

Bogumil, K., *Das Bistum Halberstadt im 12. Jahrhundert. Studien zur Reichs- und Reformpolitik des Bischofs Reinhard und zum Wirken der Augustiner-Chorherren* (Mitteldeutsche Forschungen 69), Köln/Wien 1972.

Brosius, K., *Das Stift Obernkirchen, 1167–1565* (Schaumburger Studien 30), Bückeburg 1972.

Bunselmeyer, S., *Das Stift Steterburg im Mittelalter* (Braunschweigisches Jahrbuch. Beihefte 2), Braunschweig 1983.

Casus monasterii Petrishusensis. Die Chronik des Klosters Petershausen, ed. O. Feger (Schwäbische Chroniken der Stauferzeit 3), Lindau/Konstanz 1956.

Constable, G., Hildegard's explanation of the Rule of St. Benedict, in: A. Haverkamp (Hg.), *Hildegard von Bingen in ihrem historischen Umfeld. Internationaler wissenschaftlicher Kongress zum 900–jährigen Jubiläum (13.–19.09.1998) in Bingen*, Mainz 2000, S. 163–187.

Consuetudines canonicorum regularium Springirsbacenses-Rodenses, ed. S. Weinfurter (Corpus christianorum, Continuatio mediaevalis 48), Turnhout 1978.

Crusius, I./Flachenecker, H. (Hg.), *Studien zum Prämonstratenserorden* (Veröffentlichungen des Max-Planck-Instituts für Geschichte 185/Studien zur Germania Sacra 25), Göttingen 2003.

De Kegel, R., Vom „ordnungswidrigen Übelstand"? Zum Phänomen der Doppelklöster bei den Prämonstratensern und Benediktinern, in: *Rottenburger Jahrbuch für Kirchengeschichte* 22 (2003), S. 47–64.

Decretum magistri Gratiani, ed. E. Friedberg (Corpus iuris canonici 1), Leipzig 1879.

Diestelmann, J., Zur Klosterreform des 12. Jahrhunderts in Niedersachsen, in: *Jahrbuch der Gesellschaft für Niedersächsische Kirchengeschichte* 53 (1955), S. 13–23.

Ehlers-Kisseler, I., *Die Anfänge der Prämonstratenser im Erzbistum Köln* (Rheinisches Archiv 137), Köln/Weimar/Wien 1997.

Engels, O., Der Erzbischof von Trier, der rheinische Pfalzgraf und die gescheiterte Verbandsbildung von Springiersbach im 12. Jahrhundert, in: G. Melville (Hg.), *Secundum regulam vivere. Festschrift für P.N. Backmund. O.Praem.*, Windberg 1978, S. 87–103.

Faust, U., Die Frauenklöster in den benediktinischen Reformbewegungen des hohen und späten Mittelalters, in: E. Klueting (Hg.), *Fromme Frauen – Unbequeme Frauen? Weibliches Religiosentum im Mittelalter* (Hildesheimer Forschungen 3), Hildesheim 2006, S. 127–142.

Felten, F., Auf dem Weg zu Kanonissen und Kanonissenstift. Ordnungskonzepte der weiblichen vita religiosa bis ins 9. Jahrhundert, in: R. Averkorn (Hg.), *Europa und die Welt in der Geschichte. FS Dieter Berg*, Bochum 2004, S. 551–573.

Felten, F., Frauenklöster und -stifte im Rheinland im 12. Jahrhundert. Ein Beitrag zur Geschichte der Frauen in der religiösen Bewegung des hohen Mittelalters, in: S. Weinfurter (Hg.), *Reformidee und Reformpolitik im spätsalisch-frühstaufischen Reich* (Quellen und Abhandlungen zur Mittelrheinischen Kirchengeschichte 68), Mainz 1992, S. 189–300.

Felten, F., „Noui esse uolunt ... deserentes bene contritam viam ...". Hildegard von Bingen und Reformbewegungen im religiösen Leben ihrer Zeit, in: R. Berndt (Hg.), *„Im Angesicht Gottes suche der Mensch sich selbst". Hildegard von Bingen (1098–1179)* (Erudiri Sapientia. Studien zum Mittelalter und zu seiner Rezeptionsgeschichte 2), Berlin 2001, S. 27–86.

Felten, F., Verbandsbildung von Frauenklöstern. Le Paraclet, Prémy, Fontevraud mit einem Ausblick auf Cluny, Sempringham und Tart, in: H. Keller/F. Neiske (Hg.), *Vom Kloster zum Klosterverband. Das Werkzeug der Schriftlichkeit, Akten des Internationalen Kolloquiums des Projekts L 2 im SFB 231 (22.–23. Februar 1996)*, München 1997, S. 277–341.

Gilomen-Schenkel, E., Der Guta-Sintram-Codex als Zeugnis eines Doppelklosters, in: Hamburger, J. u.a. (Hg.), *Frauen – Kloster – Kunst. Neue Forschungen zur Kulturgeschichte des Mittelalters. Beiträge zum Internationalen Kolloquium vom 13.–16. Mai 2005 anlässlich der Ausstellung „Krone und Schleier"*, Turnhout 2007, S. 395–401.

Goetting, H., *Die Bistümer der Kirchenprovinz Mainz. Das Bistum Hildesheim 3: Die Hildesheimer Bischöfe von 815 bis 1221 (1227)* (Germania Sacra, N.F. 20), Berlin/New York 1984.

Griffiths, F., „Men's duty to provide for women's needs": Abelard, Heloise and the negotiation of the cura monialium, in: *Journal of Medieval history* 30 (2004), S. 1–24.

Griffiths, F., Brides and Dominae. Abelard's Cura monialium at the Augustinian Monastery of Marbach, in: *Viator* 34 (2003), S. 57–88.

Griffiths, F., The Trouble with Churchmen. Warning against Avarice in the *Garden of Delight,* in: Hamburger, J. u.a. (Hg.), *Frauen – Kloster – Kunst. Neue Forschungen zur Kulturgeschichte des Mittelalters. Beiträge zum Internationalen Kolloquium vom 13.–16. Mai 2005 anlässlich der Ausstellung „Krone und Schleier"*, Turnhout 2007, S. 147–154.

Härtel, H., *Geschrieben und gemalt: Gelehrte Bücher aus Frauenhand. Eine Klosterbibliothek sächsischer Benediktinerinnen des 12. Jahrhunderts*, Wolfenbüttel 2006.

Härtel, H., Lamspringe. Ein mittelalterliches Skriptorium in einem Benediktinerinnenkloster, in: N. Kruppa/J. Wilke (Hg.), *Kloster und Bildung im Mittelalter* (Veröffentlichungen des Max-Planck-Instituts für Geschichte 218), Göttingen 2006, S. 115–153.

Haverkamp, A., Tenxwind von Andernach und Hildegard von Bingen. Zwei „Weltanschauungen" in der Mitte des 12. Jahrhunderts, in: L. Fenske/W. Rösener/T. Zotz (Hg.), *Institutionen, Kultur und Gesellschaft im Mittelalter. FS Josef Fleckenstein*, Sigmaringen 1984, S. 515–548.

Hildegardis Bingensis Epistolarium, ed. L. v. Acker (Corpus christianorum, Continuatio mediaevalis 91/91A), Turnhout 1991/93.

Hildegardis Scivias, ed. A. Führkötter (Corpus christianorum, Continuatio mediaevalis 43), Turnhout 1978.

Hotchin, J., Women's Reading and Monastic Reform in Twelfth-Century Germany. The Library of the Nuns of Lippoldsberg, in: *Monastic Culture*, S. 139–189.

Hövelmann, G./Teigelkötter, W./Rühl, J., Besloten susteren van sinte Augustinus regel. Über das Leben in niederrheinischen Augustinessen-Konventen, in: *Kalender für das Klever Land* (1967), S. 76–81.

Huygens, R.B.C., *Le moine Idung et ses deux ouvrages „Argumentum super quatuor questionibus" et „Dialogus duorum monachorum"* (Biblioteca degli Studi medievali 11), Spoleto 1980.

Jeffreys, C., Listen, Daughters of Light: The *Epithalamium* and Musical Innovation in Twelfth-Century Germany, in: C.H. Mews (Hg.), *Listen, Daughter: The Speculum virginum and the formation of religious Women in the Middle Ages*, New York 2001, S. 137–159.

Jürgensmeier, F./Büll, F./Schwerdtfeger, R. (Hg.), *Die benediktinischen Mönchs- und Nonnenklöster in Hessen*, bearb. von Friedhelm Jürgensmeier (Germania Benedictina 7), St. Ottilien 2004.

Klueting, E., *Monasteria semper reformanda. Kloster- und Ordensreformen im Mittelalter* (Historia profana et ecclesiastica. Geschichte und Kirchengeschichte zwischen Mittelalter und Moderne 12), Münster 2005.

Krings, B., Die Prämonstratenser und ihr weiblicher Zweig, in: *Studien zum Prämonstratenserorden* (2003), S. 75–105.

Krone und Schleier. Kunst aus mittelalterlichen Frauenklöstern, ed. Kunst- und Ausstellungshalle der Bundesrepublik Deutschland, Bonn, und dem Ruhrlandmuseum Essen, München 2005.

Lippoldsberger Nonneneid von 1099–1101, ed. M. Stimmig (Mainzer Urkundenbuch 1), Darmstadt 1932.

Marti, S., Doppelklöster im Bild? – Streiflichter auf den Buchschmuck südwestdeutscher Reformkonvente, in: E. Schlotheuber/H. Flachenecker/I. Gardill (Hg.), *Nonnen, Kanonissen und Mystikerinnen. Religiöse Frauengemeinschaften in Süddeutschland. Beiträge zur interdisziplinären Tagung vom 21. bis 23. September 2005 in Frauenchiemsee* (Veröffentlichungen des Max-Planck-Instituts für Geschichte 235 / Studien zur Germania Sacra 31), Göttingen 2008, S. 203–219.

Ohainski, U., Arnold von Dorstadt. Ostfälischer Adliger im Umkreis Friedrich Barbarossas und Heinrichs des Löwen – Stifter des Augustinerchorfrauenstiftes Dorstadt, in: *Braunschweigisches Jahrbuch für Landesgeschichte* 84 (2003), S. 11–38.

Parisse, M., Der Anteil der lothringischen Benediktinerinnen an der monastischen Bewegung des 10. und 11. Jahrhunderts, in: P. Dinzelbacher/D.R. Bauer (Hg.), *Religiöse Frauenbewegung und mystische Frömmigkeit im Mittelalter* (Archiv für Kulturgeschichte, Beiheft 28), Köln/Wien 1988, S. 83–97.

Parisse, M., Les chanoinesses dans l'Empire germanique (IXe–XIe siècles), in: *Francia* 6 (1978), S. 107–126.

Parisse, M., Les femmes au monastère dans le Nord de l'Allemagne du IXe au XIe siècles. Conditions sociales et religieuses, in: W. Affeldt (Hg.), *Frauen in Spätantike und Frühmittelalter. Lebensbedingungen – Lebensnormen – Lebensformen. Beiträge zu einer internationalen Tagung am Fachbereich Geschichtswissenschaften der Freien Universität Berlin, 18.–21. Febr. 1987*, Sigmaringen 1990, S. 311–324.

Parisse, M., Die Frauenstifte und Frauenklöster in Sachsen vom 10. bis zur Mitte des 12. Jahrhunderts, in: S. Weinfurter (Hg.), *Die Salier und das Reich*, Bd. 2, Sigmaringen 1991, S. 467–501.

Parisse, M., Le „monaschisme" féminin en Alsace. Des origines au 12e siècle, in: B. Weis (Hg.), *Le codex Guta-Sintram, ms. 37 de la bibliothèque du Grand Séminaire de Strasbourg*, Luzern/Straßburg 1983, S. 31–36.

Parisse, M., Les religieuses bénédictines de Lorraine au temps de la réforme des XIe et XIIe siècles, in: *Revue Mabillon* 61 (1987), S. 257–279.

Pauly, F., *Springiersbach. Geschichte des Kanonikerstiftes und seiner Tochtergründungen im Erzbistum Trier von den Anfängen bis zum Ende des 18. Jahrhunderts*, Trier 1962.

Peters, G., Das Augustinerchorherrenstift Hamersleben. Entstehung und soziales Umfeld einer doppelklösterlichen Regularkanoniergemeinschaft im hochmittelalterlichen Ostsachsen, in: *Jahrbuch für die Geschichte Mittel- und Ostdeutschlands. Zeitschrift für vergleichende und preußische Landesgeschichte* 52 (2006), S. 1–53.

Rabe, H., Die Übertragung der Abteien Fischbeck und Kemnade an Corvey (1147–1152), in: *Westfälische Zeitschrift* 142 (1992), S. 211–242.

Radspieler, H., Regilind aus Admont, in: *Neuburger Kollektaneenblatt* 115 (1962), S. 33–48.

Röckelein, H., Bairische, sächsische und mainfränkische Klostergründungen im Vergleich (8. Jahrhundert bis 1100), in: E. Schlotheuber/H. Flachenecker/I. Gardill (Hg.), *Nonnen, Kanonissen und Mystikerinnen. Religiöse Frauengemeinschaften in Süddeutschland. Beiträge zur interdisziplinären Tagung vom 21. bis 23. September 2005 in Frauenchiemsee* (Veröffentlichungen des Max-Planck-Instituts für Geschichte 235/Studien zur Germania Sacra 31), Göttingen 2008, S. 23–55.

Röckelein, H., Religiöse Frauengemeinschaften des früheren Mittelalters im alemannischen Raum, erscheint in: *Rottenburger Jahrbuch* 2008.

Röckelein, H., Schreibende Klosterfrauen – allgemeine Praxis oder Sonderfall?, in: H. Schmidt-Glintzer (Hg.), *Die gelehrten Bräute Christi. Geistesleben und Bücher der Nonnen im Mittelalter. Vorträge* (Wolfenbütteler Hefte 22), Wolfenbüttel 2008, S. 15–37.

Roitner, I., Sorores inclusae. Bistumspolitik und Klosterreform im Geist von Cluny/Hirsau in der Diözese Salzburg, in: *Revue Mabillon* N.S. 18 [79] (2007), S. 73–131.

Schäfer, K.H., *Die Kanonissenstifter im deutschen Mittelalter. Ihre Entwicklung und innere Einrichtung im Zusammenhang mit dem altchristlichen Sanktimonialentum* (Kirchenrechtliche Abhandlungen 43/44), Stuttgart 1907.

Schmidt, H.-J., Klöster und Stifte im Ordnungsgefüge von Orden und Kongregationen, in: K. Hengst (Hg.), *Westfälisches Klosterbuch. Lexikon der vor 1815 errichteten Stifte und Klöster von ihrer Gründung bis zur Aufhebung. Teil 3: Institutionen und Spiritualität* (Veröffentlichungen der Historischen Kommission für Westfalen 44: Quellen und Forschungen zur Kirchen- und Religionsgeschichte 2,2), Münster 2003, S. 61–100.

Schreiner, K., Mönchtum zwischen asketischem Anspruch und gesellschaftlicher Wirklichkeit. Spiritualität, Sozialverhalten und Sozialverfassung schwäbischer Reformmönche im Spiegel ihrer Geschichtsschreibung, in: *Zeitschrift für württembergische Landesgeschichte* 41 (1982), S. 250–307.

Schreiner, P., Seelsorge in Frauenklöstern – Sakramentale Dienste, geistliche Erbauung, ethische Disziplinierung, in: *Krone und Schleier*, S. 52–65.

Schubert, E., *Geschichte Niedersachsens. Bd. II/1: Politik, Verfassung, Wirtschaft vom 9. bis zum ausgehenden 15. Jahrhundert* (Veröffentlichungen der Historischen Kommission für Niedersachsen und Bremen 36), Hannover 1997.

Speculum virginum (Corpus christianorum, Continuatio mediaevalis 5), ed. J. Seyfarth, Turnhout 1990.

Stammberger, R.M.W., Tod und Sterben in der Abtei Sankt Viktor zu Paris. Die Regula Sancti Augustini als Regel für die Gemeinschaft von Lebenden und Toten, in: G. Melville/A. Müller (Hg.), *Regula Sancti Augustini. Normative Grundlage differenter Verbände im Mittelalter*, Paring 2002, S. 127–177.

Verheijen, L., *La règle de Saint Augustin. Tome I: Tradition manuscrite, Tome II: Recherches historiques*, Paris 1967.

Weinfurter, S., *Salzburger Bistumsreform und Bischofspolitik im 12. Jahrhundert. Der Erzbischof Konrad I. von Salzburg (1106–1147) und die Regularkanoniker* (Kölner Historische Abhandlungen 24), Köln u. a. 1975.

Weis, B. (Hg.), *Le codex Guta-Sintram, ms. 37 de la bibliothèque du Grand Séminaire de Strasbourg*, Luzern/Straßburg 1983.

Weis, B., Die Nekrologien von Schwarzenthann und Marbach im Elsaß, in: *Zeitschrift für die Geschichte des Oberrheins* 128 (1980), S. 51–68.

Will, R., Les origines de l'abesse Relinde de Hohenbourg, in: *Archives de l'Eglise d'Alsace* 37 (1974), S. 1–12.

Wilms, B., „*Amatrices ecclesiarum*". *Untersuchungen zur Rolle und Funktion der Frauen in der Kirchenreform des 12. Jahrhunderts* (Bochumer historische Studien, Mittelalterliche Geschichte 5), Bochum 1987.

MATTHIAS M. TISCHLER (Frankfurt am Main)

‚Tabula abbatiarum Cisterciensium Bambergensis'

Eine neue Quelle zur Geschichte des Zisterzienserordens im 12. und frühen 13. Jahrhundert (mit Edition)

1. Das Charisma einer Ordensgemeinschaft

Wie ließ sich das Charisma der Gründungsväter der mächtigsten monastischen Reformbewegung des 12. Jahrhunderts nach seiner institutionellen Verstetigung auch normativ kontrollieren? Dieser Frage möchte der folgende Beitrag nachgehen, indem er anhand einer kaum beachteten Textsorte das Zusammenspiel von Schriftlichkeit und Institutionalität[1] im Zisterzienserorden untersuchen wird. Er wird zeigen, dass der im Spezifikum der genealogischen Institutionalisierung begründete Erfolg des Ordens zu seiner Sicherung und Disziplinierung immer neuer schriftlicher Instrumentarien bedurfte, weil das im Prinzip der Filiation angelegte Spannungsverhältnis zwischen konstitutivem Zentrum und konstituierender Peripherie des Ordens, zwischen der in Cîteaux jährlich zusammenkommenden kollegialen Leitungsinstanz[2] und den diese beschickenden einzelnen Klöstern in der Fläche, zu seinem ständigen Ausgleich aufrief. Aufgrund seines rasanten Wachstums im 12. Jahrhundert sah sich der Orden hinsichtlich der wohl von Anfang an nach dem Senioritätsprinzip geregelten Sitzordnung im Generalkapitel gezwungen, die in die Hunderte gehenden Gründungen in eine verlässliche chronologische Ordnung zu bringen, zumal sich im Laufe der Zeit Unsicherheiten über die genauen Gründungs- oder Neugründungsdaten bestimmter Abteien eingeschlichen hatten. Doch die mehrfach durch Beschlüsse des Generalkapitels initiierten Bemühungen um eine exakte Chronologie waren keineswegs von Erfolg gekrönt, und so stützten sich Generationen von Gelehrten, wie etwa der spanische Zisterzienser und Historiograph Ángel Manrique (1577–1649)[3], auf die fehlerhaften Abteikataloge ihrer mittelalterlichen Vorläufer. Wir schlagen hier einen anderen Weg ein, indem wir zunächst ein neues chronologisches Klosterverzeichnis aus dem frühen 13. Jahrhundert vorstellen und dieses schließlich in die Schriftlichkeits- und Institutio-

1 Vgl. Melville, Funktion; Schreiner, Verschriftlichung.
2 Vgl. Cygler, Generalkapitel, S. 23–118.
3 Vgl. Cocheril, Annales, S. 154–156, 165, 168, 173 und 177f.

nalitätsgeschichte der Zisterzienser einordnen werden[4]. Unser Beitrag sei dem um die Erforschung der mittelalterlichen Ordensgeschichte so verdienten Jubilar mit den besten Wünschen gewidmet.

2. Das Charisma zwischen Materialität und Medialität von Schriftlichkeit

In dem bekannten sog. ‚Pontificale des hl. Otto', Bamberg, Staatsbibliothek, Msc. Lit. 55[5], befinden sich vor und nach dem Buchblock mehrere bislang unberücksichtigte Pergamentbruchstücke, die als Schmutzblätter fungieren[6]. Insgesamt handelt es sich um sechs Fragmente unterschiedlicher Größe, von denen jeweils zwei mit einem Pergamentstreifen zu einem Blatt zusammengefügt sind. Das vordere, maximal 31 x 21 cm große Schmutzblatt (A) besteht aus einem 21 x 14 cm (A 1) und 21 x 15,5–16 cm großen Stück (A 2); die beiden hinteren, maximal 29 x 23 cm und maximal 29–30,5 x 21 cm großen Schmutzblätter (B und C) sind aus zwei 23 x 10–10,5 cm (B 1) bzw. 23 x 12–12,5 cm (B 2) und 21 x 14 cm (C 1) bzw. 21 x 15–16 cm (C 2) großen Stücken zusammengesetzt. Alle Fragmente weisen zwei Textspalten auf, wobei die Breite der unbeschnittenen Textkolumnen etwa 7,5–8 cm beträgt. A ist nur auf der Recto-Seite, B und C aber sind jeweils nur auf der Verso-Seite beschrieben. Wir haben es also mit einem nur auf einer Seite beschriebenen großen Pergamentblatt zu tun.

Im folgenden wird der Text der Fragmente in der originalen chronologischen Abfolge der auf ihnen erkennbaren Jahresangaben ediert. Die Stücke C 1, B 1 und A 1 bilden die linke Hälfte, die Teile C 2, B 2 und A 2 die rechte Hälfte des großen Blattes. Der Text ist an vielen Stellen beschnitten, stark abgerieben oder sonstwie mechanisch beschädigt. Insbesondere werden die weggeschnittenen, kaum lesbaren oder durch den Bücherwurm weggefressenen Buchstaben sowie die abgeriebenen ganzen Textpassagen durch Spitzklammern markiert.

---

4 Der Autor hat diesen neuen Text am 16. März 2001 bei einer Durchsicht der hochmittelalterlichen liturgischen Handschriften der Staatsbibliothek Bamberg entdeckt. Dem früheren und dem gegenwärtigen Direktor, Prof. Dr. Bernhard Schemmel und Prof. Dr. Werner Taegert, sei für die Möglichkeit der mehrfachen Autopsie herzlich gedankt.

5 Vgl. Leitschuh, Katalog, S. 200–202.

6 Sie werden von Leitschuh, Katalog, S. 202, mit folgenden Worten umschrieben: „Pergamentblätter [...] die auf der Rückseite roth linirt und von etwa gleichzeitiger Hand beschrieben waren, wovon aussen noch einige Worte sichtbar sind". Bei Fischer, Katalog, S. 21, heißt es: „Die am Einband festgeklebten Blätter enthalten ein Verzeichnis aus dem 13. Jahrhundert, z. B. Anno M.C.XCVI. ab. de wirisdale. Anno M.C.XCVII. ab. de Monte S. Mar. usw.". Auf die Fragmente gehen nicht oder nicht näher ein Andrieu, Ordines Romani, S. 73–78; Franconia sacra, S. 52 Nr. C 22; Aere perennius, S. 42f. Nr. 108; Suckale-Redlefsen, Handschriften, S. 58–60 Nr. 58, hier S. 59; Wünsche, Kathedralliturgie, S. 31f.

C 1

[1147]
‹...›
‹Eodem anno . abbatia ...›is ‹...›[7]
‹Eodem anno . abbatia ...›neia .[9]
‹Eodem› anno . abbatia vall‹is dei in› anglia .[11]
‹Eodem› anno . abbatia Monasterij in argona .[13]
‹Eodem› anno . abbatia de kirchestal .[15]
‹Eodem› anno . abbatia vallis Richerij .[17]
‹Eodem› anno . abbatia de Bettlesdene .[19]
‹Eodem› die . abbatia de Brueria .[21]
‹Eodem› anno . abbatia de Ru‹pe› .[23]
‹Eodem› anno . abbatia de Saltereia .[25]

[1156]
‹...›
‹Eodem› anno . abbatia de palatio .[8]
Anno .M.C.LVII. abbatia Bellimontis .[10]
Eodem anno . abbatia Bildehilhusen .[12]
Eodem anno abbatia Speciose vallis .[14]
Eodem anno . abbatia de Pariniaco .[16]
Anno .M.CLVIII. abbatia vite scola .[18]
Eodem anno . abbatia de vlacresse .[20]
Eodem anno . abbatia de porta celi .[22]
Anno .M.C.LIX. abbatia de Boschanio ‹.›[24]
Eodem anno . abbatia de Bultune .[26]

---

7 Nicht identifiziert.
8 Palais-Notre-Dame (Diöz. Limoges); vgl. Janauschek, Originum, S. 150 Nr. CCCLXXXI (Filiation Pontigny; Mutterkloster: Dalon). Vgl. auch Anm. 42.
9 Nicht identifiziert.
10 Balamand (Diöz. Tripolis); vgl. Janauschek, Originum, S. 139 Nr. CCCLIV (Filiation Morimond; Mutterkloster: Morimond).
11 Vaudey Abbey (Diöz. Lincoln); vgl. Janauschek, Originum, S. 94 Nr. CCXXXII (Filiation Clairvaux; Mutterkloster: Fountains Abbey).
12 Bildhausen (Diöz. Würzburg); vgl. Janauschek, Originum, S. 140 Nr. CCCLVII (Filiation Morimond; Mutterkloster: Ebrach).
13 Monthiers-en-Argonne (Diöz. Châlons-sur-Marne); vgl. Janauschek, Originum, S. 79 Nr. CXCIV (Filiation Clairvaux; Mutterkloster: Trois-Fontaines).
14 Schöntal (Diöz. Würzburg); vgl. Janauschek, Originum, S. 141 Nr. CCCLVIII (Filiation Morimond; Mutterkloster: Maulbronn). Vgl. auch Anm. 30.
15 Kirkstall Abbey (Diöz. York); vgl. Janauschek, Originum, S. 93f. Nr. CCXXXI (Filiation Clairvaux; Mutterkloster: Fountains Abbey).
16 Pérignac (Diöz. Agen); vgl. Janauschek, Originum, S. 130 Nr. CCCXXX (Filiation Morimond; Mutterkloster: Bonnefont).
17 Le Val-Richer (Diöz. Bayeux); vgl. Janauschek, Originum, S. 94 Nr. CCXXXIII (Filiation Clairvaux; Mutterkloster: Clairvaux).
18 Vitskøl (Diöz. Viborg); vgl. Janauschek, Originum, S. 141f. Nr. CCCLIX (Filiation Clairvaux; Mutterkloster: Esrom).
19 Biddlesden Abbey (Diöz. Lincoln); vgl. Janauschek, Originum, S. 94 Nr. CCXXXIV (Filiation Cîteaux; Mutterkloster: Garendon Abbey).
20 Dieulacres Abbey (Diöz. Coventry); vgl. Janauschek, Originum, S. 142 Nr. CCCLX (Filiation Clairvaux; Mutterkloster: Combermere Abbey). Vgl. auch Anm. 236.
21 Bruern Abbey (Diöz. Lincoln); vgl. Janauschek, Originum, S. 95 Nr. CCXXV (Filiation Cîteaux; Mutterkloster: Waverley Abbey).
22 Tennenbach (Diöz. Konstanz); vgl. Janauschek, Originum, S. 142f. Nr. CCCLXI (Filiation Morimond; Mutterkloster: Frienisberg).
23 Roche Abbey (Diöz. York); vgl. Janauschek, Originum, S. 95 Nr. CCXXVI (Filiation Clairvaux; Mutterkloster: Newminster Abbey).
24 Boschaud (Diöz. Périgueux); vgl. Janauschek, Originum, S. 150 Nr. CCCLXXXIII (Filiation Clairvaux; Mutterkloster: Les Châtelliers).
25 Sawtry Abbey (Diöz. Lincoln); vgl. Janauschek, Originum, S. 95 Nr. CCXXXVII (Filiation Cîteaux; Mutterkloster: Warden Abbey).
26 Verschrieben aus „Buliune“. Beuil (Diöz. Limoges); vgl. Janauschek, Originum, S. 148 Nr. CCCLXXVII (Filiation Pontigny; Mutterkloster: Dalon).

‹Eodem› anno . abbatia de Siluetane .[27]
‹Eodem› anno . abbatia Bonevallis rutenensis .[29]
‹Eodem› die . abbatia de kaherio .[31]
‹Eodem› anno . abbatia de vtristal .[33]
‹Eodem› anno . abbatia de margan .[35]
‹Eodem› anno . abbatia de alna .[37]
‹Eodem› anno . abbatia de salleia .[39]
‹Eodem› anno . abbatia de sequane portu .[41]
‹Eodem› anno . abbatia d‹e› faezia .[43]
‹Eodem› anno . abbatia font‹i›s willelmi .[45]
‹Eodem› anno . abbatia de ‹b›ullione .[47]

Anno .M.CLX. abbatia Sabucine .[28]
Eodem anno . abbatia de Sconendal .[30]
Anno .M.C.LXI. abbatia de Saluation‹e .›[32]
Anno .M.C.LXII. abbatia de Soram .[34]
Eodem anno . abbatia Tute vallis .[36]
Eodem anno . abbatia Riphenstein .[38]
Eodem anno . abbatia de Cassania .[40]
Eodem anno . abbatia de Palacij sancte maRie .[42]
Eodem anno . abbatia de Risu agni .[44]
Eodem anno . abbatia de Armentarijs .[46]
Eodem anno . abbatia de Castellarijs .[48]

---

27 Silvacane (Diöz. Aix-en-Provence); vgl. Janauschek, Originum, S. 107 Nr. CCLXIX (Filiation: Morimond; Mutterkloster: Morimond).

28 Sambucina (Diöz. Bisignano); vgl. Janauschek, Originum, S. 143 Nr. CCCLXIII (Filiation Clairvaux; Mutterkloster: Casamari).

29 Bonneval (Diöz. Rodez); vgl. Janauschek, Originum, S. 144f. Nr. CCCLXVII (Filiation Cîteaux; Mutterkloster: Mazan).

30 Schöntal (Diöz. Würzburg); vgl. Janauschek, Originum, S. 141 Nr. CCCLVIII (Filiation Morimond; Mutterkloster: Maulbronn). Vgl. auch Anm. 14.

31 Chéry (Diöz. Reims); vgl. Janauschek, Originum, S. 107 Nr. CCLXX (Filiation Clairvaux; Mutterkloster: La Chalade).

32 Salvatio; vgl. Janauschek, Originum, S. 144 Nr. CCCLXV (Filiation Morimond; Mutterkloster: Morimond).

33 Eußerthal (Diöz. Speyer); vgl. Janauschek, Originum, S. 114 Nr. CCXC (Filiation Morimond; Mutterkloster: Villers-Bettnach). Vgl. auch Anm. 61.

34 Sorø (Diöz. Roskilde); vgl. Janauschek, Originum, S. 145f. Nr. CCCLXIX (Filiation Clairvaux; Mutterkloster: Esrom).

35 Margam Abbey (Diöz. Llandaff); vgl. Janauschek, Originum, S. 107 Nr. CCLXXI (Filiation Clairvaux; Mutterkloster: Clairvaux).

36 Tvis (Diöz. Ribe); vgl. Janauschek, Originum, S. 146 Nr. CCCLXX (Filiation Cîteaux; Mutterkloster: Herrevad).

37 Aulne (Diöz. Lüttich); vgl. Janauschek, Originum, S. 108 Nr. CCLXXIII (Filiation Clairvaux; Mutterkloster: Clairvaux).

38 Reifenstein (Diöz. Mainz); vgl. Janauschek, Originum, S. 146f. Nr. CCCLXXII (Filiation Morimond; Mutterkloster: Volkenroda).

39 Sawley Abbey (Diöz. York); vgl. Janauschek, Originum, S. 109f. Nr. CCLXXVII (Filiation Clairvaux; Mutterkloster: Newminster Abbey).

40 Chassagne (Diöz. Lyon); vgl. Janauschek, Originum, S. 147 Nr. CCCLXXIV (Filiation Pontigny; Mutterkloster: Saint-Sulpice).

41 Barbeau (Diöz. Sens); vgl. Janauschek, Originum, S. 111 Nr. CCLXXX (Filiation Cîteaux; Mutterkloster: Preuilly).

42 Palais-Notre-Dame (Diöz. Limoges); vgl. Janauschek, Originum, S. 150 Nr. CCCLXXXI (Filiation Pontigny; Mutterkloster: Dalon). Vgl. auch Anm. 8.

43 Faise (Diöz. Bordeaux); vgl. Janauschek, Originum, S. 109 Nr. CCLXXV (Filiation Pontigny; Mutterkloster: Cadouin).

44 Bonlieu (Diöz. Limoges); vgl. Janauschek, Originum, S. 148 Nr. CCLXXVI (Filiation Pontigny; Mutterkloster: Dalon).

45 Fontguillem (Diöz. Bordeaux); vgl. Janauschek, Originum, S. 109 Nr. CCLXXVI (Filiation Pontigny; Mutterkloster: Gondon).

46 Armenteira (Diöz. Santiago de Compostella); vgl. Janauschek, Originum, S. 146 Nr. CCCLXXI (Filiation Clairvaux; Mutterkloster: Clairvaux).

47 Buillon (Diöz. Besançon); vgl. Janauschek, Originum, S. 110f. Nr. CCLXXIX (Filiation Clairvaux; Mutterkloster: Balerne).

‹Eodem› anno . abbatia de clariana .[49]
‹Ann›o M.C.XLVIII. abbatia de waranis .[51]
‹Eodem› anno . abbatia ‹de› Bomgart .[53]
‹Eodem› anno . abbatia d‹e› Rufort .[55]
‹Eodem› anno . abbatia de Ellanth .[57]
‹Eodem› die . abbatia de Cambe‹ru›ne .[59]
‹Eodem› anno . abbatia Ol‹trine v›allis .[61]

Anno .M.C.LXIII. abbatia In luka .[50]
Eodem anno . abbatia In lubes .[52]
Anno .M.C.LXIIII. abbatia de stratflu‹re .›[54]
Eodem anno . abbatia de Cupro .[56]
Eodem anno . abbatia Gurnalie .[58]
Eodem anno . abbatia de domo sancti andre‹e›[60]
Eodem anno . abbatia de villa longa .[62]

B 1

[1149]

‹...›o[63]
‹Eodem anno . abbatia de sibet›una .[64]
‹Eodem anno . abbatia de longo v›ado .[66]

[1167]

‹...›
Eodem anno . abbatia de Marmo solio .[65]
Eodem anno . abbatia de Casale .[67]

---

48 Les Châtelliers (Diöz. Poitiers); vgl. Janauschek, Originum, S. 150 Nr. CCCLXXXII (Filiation Clairvaux; Mutterkloster: Clairvaux).

49 Saint-André-du-Jau (Diöz. Elne); vgl. Janauschek, Originum, S. 147 Nr. CCCLXXIII (Filiation Pontigny; Mutterkloster: L'Ardorel).

50 Loccum (Diöz. Minden); vgl. Janauschek, Originum, S. 151 Nr. CCCLXXXIV (Filiation Morimond; Mutterkloster: Volkenroda).

51 Varennes (Diöz. Bourges); vgl. Janauschek, Originum, S. 111f. Nr. CCLXXXII (Filiation Cîteaux; Mutterkloster: Vauluisant).

52 Lubiąż (Leubus) (Diöz. Breslau); vgl. Janauschek, Originum, S. 171 Nr. CCCCXXXVIII (Filiation Morimond; Mutterkloster: Pforta).

53 Baumgarten (Diöz. Straßburg); vgl. Janauschek, Originum, S. 112 Nr. CCLXXXIII (Filiation Morimond; Mutterkloster: Beaupré).

54 Strata Florida Abbey (Diöz. St. Davids/Wales); vgl. Janauschek, Originum, S. 151 Nr. CCCLXXXV (Filiation Clairvaux; Mutterkloster: Whitland Abbey).

55 Rufford Abbey (Diöz. York); vgl. Janauschek, Originum, S. 112 Nr. CCLXXXV (Filiation Clairvaux; Mutterkloster: Rievaulx Abbey).

56 Coupar Angus Abbey (Diöz. St. Andrews/Schottland); vgl. Janauschek, Originum, S. 151f. Nr. CCCLXXXVI (Filiation Clairvaux; Mutterkloster: Melrose Abbey).

57 Élan (Diöz. Reims); vgl. Janauschek, Originum, S. 113 Nr. CCLXXXVI (Filiation Cîteaux; Mutterkloster: Lorroy).

58 Gudvala bzw. Roma (Diöz. Linköping); vgl. Janauschek, Originum, S. 152 Nr. CCCLXXXVII (Filiation Clairvaux; Mutterkloster: Nydala).

59 Cambron (Diöz. Cambrai); vgl. Janauschek, Originum, S. 113 Nr. CCLXXXVII (Filiation Clairvaux; Mutterkloster: Clairvaux).

60 Palazuelos (Diöz. Palencia); vgl. Janauschek, Originum, S. 158f. Nr. CCCCVI (Filiation Morimond; Mutterkloster: Valbuena).

61 Eußerthal (Diöz. Speyer); vgl. Janauschek, Originum, S. 114 Nr. CCXC (Filiation Morimond; Mutterkloster: Villers-Bettnach). Vgl. auch Anm. 33.

62 Villelongue (Diöz. Carcassonne); vgl. Janauschek, Originum, S. 122 Nr. CCCXI (Filiation Morimond; Mutterkloster: Bonnefont). Vgl. auch Anm. 86, 116 und 120.

63 Nicht identifiziert.

64 Sibton Abbey (Diöz. Norwich); vgl. Janauschek, Originum, S. 118 Nr. CCCI (Filiation Clairvaux; Mutterkloster: Warden Abbey).

65 Marmosoglio (Diöz. Velletri); vgl. Janauschek, Originum, S. 156 Nr. CCCXCVII (Filiation Clairvaux; Mutterkloster: Fossanova).

66 Longuay (Diöz. Langres); vgl. Janauschek, Originum, S. 118 Nr. CCCII (Filiation Clairvaux; Mutterkloster: Clairvaux).

‹Eodem anno . abbatia de boullen›curt .[68]
‹Eodem anno . abbatia de oliva› .[70]
‹Eodem anno . abbatia de valle au›rea .[72]
‹Eodem anno . abbatia› de turribus sardinie .[74]
‹Eodem anno . abbatia de var›nem .[76]
‹Eodem anno . abbatia case nou›e .[78]
‹Eodem anno . abbatia de cumb›a .[80]
‹Eodem anno . abbatia de eu›nas .[82]
‹Eodem anno . abbatia de guard›ia dei .[84]
‹Eodem anno . abbatia de villa long›a .[86]
‹Eodem anno . abbatia de laude beate› MaRie .[88]

Anno .M.C.LXVIII. abbatia Dulcis vallis .[69]
Eodem an‹no .› abbatia sancti leonardi .[71]
Anno .M.C.LXIX. abbatia de Casalignalo‹no .›[73]
Eodem anno . abbatia de Burio .[75]
Eodem anno . abbatia vallis uiridis .[77]
Eodem anno . abbatia de Junkaria .[79]
Eodem anno . abbatia sancti iohannis .[81]
Eodem anno . abbatia de fullant .[83]
Anno .M.C.LXX. abbatia de stratmake‹l .›[85]
Eodem anno . abbatia Saltus noualis .[87]
Eodem anno . abbatia de Doberan .[89]

---

67 Casalvolone (Diöz. Novara); vgl. Janauschek, Originum, S. 157 Nr. CCCCI (Filiation Morimond; Mutterkloster: Morimondo). Vgl. auch Anm. 73.

68 Boulancourt (Diöz. Troyes); vgl. Janauschek, Originum, S. 118 Nr. CCCIII (Filiation Clairvaux; Mutterkloster: Clairvaux).

69 Vaux-la-Douce (Diöz. Langres); vgl. Janauschek, Originum, S. 156 Nr. CCCXCIX (Filiation Morimond; Mutterkloster: Clairefontaine).

70 La Oliva (Diöz. Pamplona); vgl. Janauschek, Originum, S. 119 Nr. CCCV (Filiation Morimond; Mutterkloster: L'Escaladieu).

71 Saint-Léonard-des-Chaumes (Diöz. Saintes); vgl. Janauschek, Originum, S. 156f. Nr. CCCC (Filiation Pontigny; Mutterkloster: Beuil).

72 Jervaulx Abbey (Diöz. York); vgl. Janauschek, Originum, S. 119f. Nr. CCCVI (Filiation Clairvaux; Mutterkloster: Savigny).

73 Casalvolone (Diöz. Novara); vgl. Janauschek, Originum, S. 157 Nr. CCCCI (Filiation Morimond; Mutterkloster: Morimondo). Vgl. auch Anm. 67.

74 Cabuabbas (Diöz. Bosa); vgl. Janauschek, Originum, S. 119 Nr. CCCIV (Filiation Clairvaux; Mutterkloster: Clairvaux).

75 Bouro (Diöz. Braga); vgl. Janauschek, Originum, S. 158 Nr. CCCCIII (Filiation Clairvaux; Mutterkloster: Alcobaça).

76 Varnhem (Diöz. Skara); vgl. Janauschek, Originum, S. 120 Nr. CCCVII (Filiation Clairvaux; Mutterkloster: Alvastra).

77 Valverde (Diöz. Palencia); vgl. Janauschek, Originum, S. 158 Nr. CCCCIV (Filiation Clairvaux; Mutterkloster: Sobrado).

78 Casanova (Diöz. Turin); vgl. Janauschek, Originum, S. 120f. Nr. CCCVIII (Filiation La Ferté; Mutterkloster: Tiglieto).

79 Xunqueira de Espadañedo (Junqueira) (Diöz. Ourense); vgl. Janauschek, Originum, S. 159 Nr. CCCCVII (Filiation Clairvaux; Mutterkloster: Montederramo).

80 Combe Abbey (Diöz. Lichfield); vgl. Janauschek, Originum, S. 121f. Nr. CCCX (Filiation Cîteaux; Mutterkloster: Waverley Abbey).

81 Saint-Jean-des-Bois (Diöz. Famagusta?); vgl. Janauschek, Originum, S. 158 Nr. CCCCV (Filiation Morimond?; Mutterkloster: Balamand?).

82 Eaunes (Diöz. Toulouse); vgl. Janauschek, Originum, S. 122 Nr. CCCXII (Filiation Morimond; Mutterkloster: Berdouës).

83 Les Feuillants (Diöz. Toulouse); vgl. Janauschek, Originum, S. 157f. Nr. CCCCII (Filiation Morimond; Mutterkloster: La Crête).

84 La Garde-Dieu (Diöz. Cahors); vgl. Janauschek, Originum, S. 122 Nr. CCCXIII (Filiation Cîteaux; Mutterkloster: Obazine).

85 Strata Marcella Abbey (Diöz. St. Asaph); vgl. Janauschek, Originum, S. 159f. Nr. CCCCIX (Filiation Clairvaux; Mutterkloster: Whitland Abbey). Vgl. auch Anm. 117.

86 Villelongue (Diöz. Carcassonne); vgl. Janauschek, Originum, S. 122 Nr. CCCXI (Filiation Morimond; Mutterkloster: Bonnefont). Vgl. auch Anm. 62, 116 und 120.

87 Sandoval (Diöz. León); vgl. Janauschek, Originum, S. 161 Nr. CCCCXII (Filiation Clairvaux; Mutterkloster: La Espina).

‹Eodem anno . abbatia de regia v›alle .[90]	Eodem anno . abbatia veneri vilerui .[91]
‹Eodem anno . abbatia de tyro›nelm .[92]	Eodem anno . abbatia de Castro dei .[93]
‹Anno .M.C.L. abbatia de bolbon›e .[94]	Eodem anno . abbatia de victoria .[95]
‹Eodem anno . abbatia Sancti stephani de b›osco .[97]	Eodem anno . abbatia Belli loci .[96]
‹Eodem anno . abbatia Sancti martini de mo›nte viterbij .[99]	Eodem anno . abbatia sancti petri de aquilis .[98]
‹Eodem anno . abbatia porte› glo‹ni›[100]	Eodem anno . abbatia Cenne sancte maRie .[101]
‹…› .[102]	Eodem anno . abbatia de Roth .[103]
‹…›ana .[104]	Eodem anno . abbatia de floratio .[105]
‹…›ne .[106]	Anno .M.C.LXXI. abbatia sancte maRie . de f‹auentia .›[107]
‹Eodem anno . abbatia de stanlegia imperatric›is .[109]	Eodem anno . abbatia de monte olиueti .[108]

---

88 Loos (Diöz. Tournai); vgl. Janauschek, Originum, S. 116 Nr. CCXCVIII (Filiation Clairvaux; Mutterkloster: Clairvaux). Vgl. auch Anm. 138.

89 Doberan (Diöz. Schwerin); vgl. Janauschek, Originum, S. 161 Nr. CCCCXIII (Filiation Morimond; Mutterkloster: Amelungsborn).

90 Valroy (Diöz. Reims); vgl. Janauschek, Originum, S. 117 Nr. CCC (Filiation Clairvaux; Mutterkloster: Igny).

91 Wörschweiler (Diöz. Speyer); vgl. Janauschek, Originum, S. 162 Nr. CCCCXIV (Filiation Morimond; Mutterkloster: Villers-Bettnach).

92 Tirroneau (Diöz. Le Mans); vgl. Janauschek, Originum, S. 116 Nr. CCXCVII (Filiation Clairvaux; Mutterkloster: Saint-André-de-Gouffern).

93 Fermoy Abbey (Diöz. Cloyne); vgl. Janauschek, Originum, S. 160 Nr. CCCCX (Filiation Clairvaux; Mutterkloster: Inislounaght Abbey).

94 Boulbonne (Diöz. Toulouse); vgl. Janauschek, Originum, S. 123 Nr. CCCXV (Filiation Morimond; Mutterkloster: Bonnefont).

95 Vermischung des Namens Viktrings, einer Tochter von Villers-Bettnach, mit dem 1170 von Villers-Bettnach gegründeten Wörschweiler; vgl. Janauschek, Originum, S. 261 Nr. DCLXXIX.

96 Beaulieu-en-Bassigny (Diöz. Langres); vgl. Janauschek, Originum, S. 160f. Nr. CCCCXI (Filiation Clairvaux; Mutterkloster: Cherlieu).

97 Santo Stefano del Bosco (Diöz. Squillace); vgl. Janauschek, Originum, S. 123f. Nr. CCCXVI (Filiation Clairvaux; Mutterkloster: Fossanova).

98 São Pedro das Águias (Diöz. Lamego); vgl. Janauschek, Originum, S. 159 Nr. CCCCVIII (Filiation Clairvaux; Mutterkloster: São João de Tarouca).

99 San Martino al Cimino (Patrimonium S. Petri); vgl. Janauschek, Originum, S. 124 Nr. CCCXVII (Filiation Pontigny; Mutterkloster: Saint-Sulpice).

100 Boüillas (Diöz. Auch); vgl. Janauschek, Originum, S. 121 Nr. CCCIX (Filiation Morimond; Mutterkloster: L'Escaladieu).

101 Zinna (Diöz. Brandenburg); vgl. Janauschek, Originum, S. 163f. Nr. CCCCXVIII (Filiation Morimond; Mutterkloster: Altenberg).

102 Nicht identifiziert.

103 Vermischung mit Xunqueira de Espadañedo (Junqueira) (wie Anm. 79); vgl. Janauschek, Originum, S. 159 Nr. CCCCVII.

104 Nicht identifiziert.

105 Flaran (Diöz. Auch); vgl. Janauschek, Originum, S. 126 Nr. CCCXXI (Filiation Morimond; Mutterkloster: L'Escaladieu). Vgl. auch Anm. 112.

106 Nicht identifiziert.

107 S. Maria degli Angioli (Diöz. Faenza); vgl. Janauschek, Originum, S. LXVIII.

108 Acquafredda (Diöz. Como); vgl. Janauschek, Originum, S. 75 Nr. CLXXXIV (Filiation Morimond; Mutterkloster: Morimondo).

‹Eodem anno . abbatia insul›a barri duci .[110]
‹Eodem anno . abbatia flora›no .[112]

Eodem anno . abbatia Nucarie .[111]
Eodem anno . abbatia sancti sebastiani cathacumb‹e .›[113]

A 1

[1151]

‹...›
‹Eodem› anno . abbatia de Fremeda .[114]
‹Eodem› anno . ‹abbatia de Camp›ania .[116]
‹Eodem anno› . abbatia de Ol‹incu›ltrie .[118]
‹Eo›dem anno . abbatia de villa longa .[120]
‹Eo›dem anno . abbatia de Effrom .[122]
‹An›no .M.C.LII. abbatia de Claro monte .[124]
‹Eodem› anno . abbatia de bello fonte .[126]

[1172]

‹...›
Eodem anno . abbatia de Insula dei .[115]
Eodem anno . abbatia de Pola .[117]
Eodem anno . abbatia de Bene dona .[119]
Eodem anno . abbatia sancti Bartholomei .[121]
Eodem anno . abbatia loci benedicti .[123]
Eodem anno . abbatia de Buxeto .[125]
Anno .M.C.LXXIII. abbatia Sancti spiritus .[127]

---

109 Stanley Abbey (Diöz. Salisbury); vgl. Janauschek, Originum, S. 125f. Nr. CCCXIX (Filiation Clairvaux; Mutterkloster: Quarr Abbey).

110 L'Isle-en-Barrois (Diöz. Toul); vgl. Janauschek, Originum, S. 126 Nr. CCCXX (Filiation Morimond; Mutterkloster: Saint-Benoît-en-Woevre).

111 Novara di Sicilia (Diöz. Messina); vgl. Janauschek, Originum, S. 164 Nr. CCCCXIX (Filiation Clairvaux; Mutterkloster: Sambucina).

112 Flaran (Diöz. Auch); vgl. Janauschek, Originum, S. 126 Nr. CCCXXI (Filiation Morimond; Mutterkloster: L'Escaladieu). Vgl. auch Anm. 105.

113 San Sebastiano alle Catacombe (Diöz. Rom); vgl. Janauschek, Originum, S. 162f. Nr. CCCCXV (Filiation Pontigny; Mutterkloster: Saint-Sulpice).

114 La Frenade (Diöz. Saintes); vgl. Janauschek, Originum, S. 129 Nr. CCCXXVIII (Filiation Cîteaux; Mutterkloster: Obazine).

115 Holme (Diöz. Odense); vgl. Janauschek, Originum, S. 166 Nr. CCCCXXIV (Filiation Cîteaux; Mutterkloster: Herrevad) oder L'Isle-Dieu (Diöz. Luçon); vgl. Janauschek, Originum, S. 166 Nr. CCCCXXV (Filiation Clairvaux; Mutterkloster: Buzay). Vgl. auch Anm. 263.

116 Champagne (Diöz. Le Mans), wohl verwechselt mit Villelongue (wie Anm. 62, 86 und 120); vgl. Janauschek, Originum, S. 188 Nr. CCCCLXXXIV (Filiation Clairvaux; Mutterkloster: Savigny).

117 Strata Marcella Abbey (Diöz. St. Asaph); vgl. Janauschek, Originum, S. 159f. Nr. CCCCIX (Filiation Clairvaux; Mutterkloster: Whitland Abbey). Vgl. auch Anm. 85.

118 Holme Cultram Abbey (Diöz. Carlisle); vgl. Janauschek, Originum, S. 130 Nr. CCCXXXI (Filiation Clairvaux; Mutterkloster: Melrose Abbey).

119 Bindon Abbey (Diöz. Lincoln); vgl. Janauschek, Originum, S. 167 Nr. CCCCXXVI (Filiation Cîteaux; Mutterkloster: Forde Abbey).

120 Villelongue (Diöz. Carcassonne); vgl. Janauschek, Originum, S. 122 Nr. CCCXI (Filiation Morimond; Mutterkloster: Bonnefont). Vgl. auch Anm. 62, 86 und 116.

121 Grangia S. Bartholomaei; vgl. Janauschek, Originum, S. LXI (Filiation Clairvaux; Mutterkloster: Casanova).

122 Esrom (Diöz. Roskilde); vgl. Janauschek, Originum, S. 136 Nr. CCCXLVIII (Filiation Clairvaux; Mutterkloster: Clairvaux). Vgl. auch Anm. 154.

123 Whalley Abbey (Diöz. Coventry); vgl. Janauschek, Originum, S. 167 Nr. CCCCXXVII (Filiation Clairvaux; Mutterkloster: Combermere Abbey).

124 Clairmont (Diöz. Le Mans); vgl. Janauschek, Originum, S. 131 Nr. CCCXXXIV (Filiation Clairvaux; Mutterkloster: Clairvaux).

125 Bujedo de Juarros (Diöz. Burgos); vgl. Janauschek, Originum, S. 167f. Nr. CCCCXXIX (Filiation Morimond; Mutterkloster: L'Escaladieu).

‹Eodem› anno . abbatia Candelij .[128]
‹Eodem› anno . abbatia de Bella branca .[130]
‹Eodem› anno . abbatia de gratia dei .[132]
‹Eodem› anno . abbatia Morolie .[134]
‹Eo›dem anno . abbatia de cambonio .[136]

‹Eo›dem anno . abbatia de laude .[138]
‹E›odem anno . abbatia de sanctis crucibus .[140]
‹Eo›dem anno . abbatia de Ro‹t›a oscariensi .[142]
‹An›no .M.C.LIII. abbatia Montis rami .[144]
‹Eo›dem anno . abbatia de petrosa .[146]

Eodem anno . abbatia de hulmeto .[129]
Eodem anno . abbatia loci dei .[131]
Eodem anno . abbatia vallis honest‹e .›[133]
Eodem anno . abbatia de Coratio .[135]
Anno .M.C.LXXIIII. abbatia vallis
sancti l‹aurentij .›[137]
Eodem anno . abbatia de yrantia .[139]
Eodem anno . abbatia Turris aquilaris .[141]
Eodem anno . abbatia de Colba‹z .›[143]
Eodem anno . abbatia de Saya .[145]
Anno .M.C.LXXV. abbatia Celle sancte ma‹Rie .›[147]

---

126 Valparaíso (Diöz. Zamora); vgl. Janauschek, Originum, S. 131f. Nr. CCCXXXV (Filiation Clairvaux; Mutterkloster: Clairvaux).

127 Santo Spirito di Palermo (Diöz. Palermo); vgl. Janauschek, Originum, S. 165 Nr. CCCCXXII (Filiation Clairvaux; Mutterkloster: Sambucina).

128 Candeil (Diöz. Albi); vgl. Janauschek, Originum, S. 132 Nr. CCCXXXVI (Filiation Clairvaux; Mutterkloster: Grandselve).

129 Eaumet bzw. Sauveréal (Diöz. Arles); vgl. Janauschek, Originum, S. 168 Nr. CCCCXXXI (Filiation Cîteaux; Mutterkloster: Bonnevaux).

130 Bellebranche (Diöz. Le Mans); vgl. Janauschek, Originum, S. 132 Nr. CCCXXXVII (Filiation Cîteaux; Mutterkloster: Le Loroux).

131 Løgumkloster (Diöz. Ribe); vgl. Janauschek, Originum, S. 168f. Nr. CCCCXXXII (Filiation Cîteaux; Mutterkloster: Herrevad).

132 Verwechslung von „Misericordia Dei", also Merci-Dieu (Diöz. Poitiers), vgl. Janauschek, Originum, S. 129 Nr. CCCXXVII (Filiation Pontigny; Mutterkloster: Chaalis), mit La Grâce-Dieu (Diöz. Besançon), vgl. Janauschek, Originum, S. 57 Nr. CXL (Filiation Morimond; Mutterkloster: La Charité).

133 Vallonnette bzw. Féniers (Diöz. Clermont); vgl. Janauschek, Originum, S. 169 Nr. CCCCXXXIII (Filiation Morimond; Mutterkloster: Aiguebelle).

134 Moreilles (Diöz. Poitiers); vgl. Janauschek, Originum, S. 132f. Nr. CCCXXXVIII (Filiation Clairvaux; Mutterkloster: Clairvaux).

135 Corazzo (Diöz. Martorano); vgl. Janauschek, Originum, S. 168 Nr. CCCCXXX (Filiation Clairvaux; Mutterkloster: Fossanova).

136 Les Chambons (Diöz. Viviers); vgl. Janauschek, Originum, S. 133 Nr. CCCXXXIX (Filiation Cîteaux; Mutterkloster: Sénanque).

137 Bislang nicht identifiziert; vgl. Janauschek, Originum, S. LVII.

138 Loos (Diöz. Tournai); vgl. Janauschek, Originum, S. 116 Nr. CCXCVIII (Filiation Clairvaux; Mutterkloster: Clairvaux). Vgl. auch Anm. 88.

139 Iranzu (Diöz. Pamplona); vgl. Janauschek, Originum, S. 176 Nr. CCCCL (Filiation Cîteaux; Mutterkloster: La Cour-Dieu). Vgl. auch Anm. 174.

140 Santes Creus (Diöz. Barcelona); vgl. Janauschek, Originum, S. 133f. Nr. CCCXL (Filiation Clairvaux; Mutterkloster: Grandselve).

141 Santa Maria de Águiar (Diöz. Lamego); vgl. Janauschek, Originum, S. 153 Nr. CCCXCI (Filiation Clairvaux; Mutterkloster: Moreruela).

142 Rueda de Ebro (Diöz. Huesca); vgl. Janauschek, Originum, S. 134 Nr. CCCXLI (Filiation Morimond; Mutterkloster: Gimont).

143 Kołbacz (Kolbatz) (Diöz. Kamin); vgl. Janauschek, Originum, S. 170f. Nr. CCCCXXXVII (Filiation Clairvaux; Mutterkloster: Esrom).

144 Montederramo (Diöz. Ourense); vgl. Janauschek, Originum, S. 134 Nr. CCCXLII (Filiation Clairvaux; Mutterkloster: Clairvaux).

145 Saya (Diöz. Tortosa); vgl. Janauschek, Originum, S. 170 Nr. CCCCXXXVI (Filiation Morimond; Mutterkloster: Veruela).

‹Eo›dem anno . abbatia de Castellione .[148]
‹Eo›dem anno . abbatia de Moris .[150]
‹Eo›dem anno . abbatia de Tyleteia .[152]
‹Eodem› anno . abbatia de Esrom .[154]
‹Eodem› anno . abbatia Populeti .[156]
‹Ann›o .M.C.LIIII. abbatia de kyrieleyson .[158]
‹Eodem› anno . abbatia de stanleia .[160]
‹Eodem› anno . abbatia Boni fontis .[162]
‹Ann›o .M.C.LV. abbatia de Burnebach .[164]
‹Eodem› anno . abbatia ‹loci dei› Rutenensis .[166]

Eodem anno . abbatia de In linda .[149]
Eodem anno . abbatia de capella thosa‹n .›[151]
Eodem anno . abbatia de oliua .[153]
Eodem anno . abbatia de murello .[155]
Anno .M.C.LXXVI. abbatia de ponte ‹roberti .›[157]
Eodem anno . abbatia de Barbereio ‹.›[159]
Eodem anno . abbatia de Comir .[161]
Eodem anno . abbatia longe vallis .[163]
Eodem anno . abbatia de Roccadia .[165]
Anno .M.C.LXXVII. abbatia vallis ecc‹l›esiarum .›[167]

---

146 Peyrouse (Diöz. Périgueux); vgl. Janauschek, Originum, S. 134f. Nr. CCCXLIII (Filiation Clairvaux; Mutterkloster: Clairvaux).

147 Altzella (Diöz. Meißen); vgl. Janauschek, Originum, S. 171f. Nr. CCCCXXXIX (Filiation Morimond; Mutterkloster: Pforta).

148 Châtillon (Diöz. Verdun); vgl. Janauschek, Originum, S. 135 Nr. CCCXLIV (Filiation Clairvaux; Mutterkloster: Trois-Fontaines).

149 Ląd (Lond) (Diöz. Gnesen); vgl. Janauschek, Originum, S. 90 Nr. CCXXIII (Filiation Morimond; Mutterkloster: Altenberg; später Filiation Morimond; Mutterkloster: Łekno).

150 Mores (Diöz. Langres); vgl. Janauschek, Originum, S. 135 Nr. CCCXLV (Filiation Clairvaux; Mutterkloster: Clairvaux).

151 Ter Doest (Diöz. Tournai); vgl. Janauschek, Originum, S. 173 Nr. CCCCXLII (Filiation Clairvaux; Mutterkloster: Ter Duinen).

152 Tilty Abbey (Diöz. London); vgl. Janauschek, Originum, S. 135f. Nr. CCCXLVI (Filiation Clairvaux; Mutterkloster: Warden Abbey).

153 Oliwa (Oliva) (Diöz. Włocławek); vgl. Janauschek, Originum, S. 186 Nr. CCCCLXXVIII (Filiation Clairvaux; Mutterkloster: Kołbacz [Kolbatz]).

154 Esrom (Diöz. Roskilde); vgl. Janauschek, Originum, S. 136 Nr. CCCXLVIII (Filiation Clairvaux; Mutterkloster: Clairvaux). Vgl. auch Anm. 122.

155 Oliva (Diöz. Sigüenza); vgl. Janauschek, Originum, S. 173 Nr. CCCCXLI (Filiation Morimond; Mutterkloster: Boulbonne).

156 Poblet (Diöz. Tarragona); vgl. Janauschek, Originum, S. 127 Nr. CCCXXII (Filiation Clairvaux; Mutterkloster: Fontfroide).

157 Robertsbridge Abbey (Diöz. Chicester); vgl. Janauschek, Originum, S. 173 Nr. CCCCXLIII (Filiation Clairvaux; Mutterkloster: Boxley Abbey).

158 Abbeydorney Abbey (Diöz. Ardfert); vgl. Janauschek, Originum, S. 137 Nr. CCCXLIX (Filiation Clairvaux; Mutterkloster: Monasteranenagh Abbey).

159 Barbery (Diöz. Bayeux); vgl. Janauschek, Originum, S. 174 Nr. CCCCXLIV (Filiation Clairvaux; Mutterkloster: Savigny).

160 Stoneleigh Abbey (Diöz. Worcester); vgl. Janauschek, Originum, S. 137f. Nr. CCCL (Filiation Cîteaux; Mutterkloster: Bordesley Abbey).

161 Cwmhir Abbey (Diöz. St. Davids/Wales); vgl. Janauschek, Originum, S. 74f. Nr. CLXXXIII (Filiation Clairvaux; Mutterkloster: Whitland Abbey). Vgl. auch Anm. 163.

162 Bonnefontaine (Diöz. Reims); vgl. Janauschek, Originum, S. 138 Nr. CCCLI (Filiation Clairvaux; Mutterkloster: Signy).

163 Cwmhir Abbey (Diöz. St. Davids/Wales); vgl. Janauschek, Originum, S. 74f. Nr. CLXXXIII (Filiation Clairvaux; Mutterkloster: Whitland Abbey). Vgl. auch Anm. 161.

164 Bronnbach (Diöz. Würzburg); vgl. Janauschek, Originum, S. 128 Nr. CCCXXVI (Filiation Morimond; Mutterkloster: Maulbronn).

165 Roccadia (Diöz. Syrakus); vgl. Janauschek, Originum, S. 174 Nr. Nr. CCCCXLV (Filiation Clairvaux; Mutterkloster: Sambucina).

166 Loc-Dieu (Diöz. Rodez); vgl. Janauschek, Originum, S. 149 Nr. CCCLXXVIII (Filiation Pontigny; Mutterkloster: Pontigny).

C 2

[1177]

‹...›

Eodem ano . abbatia sancti Mauricij .[168]

Eodem anno . abbatia de Mohac .[170]

‹A›nno .M.C.LXXVIII. abbatia de valle sancte M‹a›Rie .[173]

Eodem anno . abbatia sancti adriani de yranz‹u›[175]

Anno .M.C.LXXIX. abbatia de Egens .[176]

Eodem anno . abbatia de ferraria .[178]

Eodem anno . abbatia de Camina .[180]

Eodem anno . abbatia de syloa .[182]

Anno .M.C.LXXX. abbatia vallis dei .[184]

[1207]

‹...›

Anno .M.CCVIII. abbatia de Topli‹z› .[169]

Eodem anno . abbatia de arbona .[171]

Anno .M.CCIX. ‹. . .›[172]

Anno .M.CCX. abbatia de Bardona .[174]

Eodem anno . abbatia de Dargon .[177]

Anno .M.CC.XI. abbatia sancte MaRie de kar‹i›tate .›[179]

Anno .M.CC.XII. abbatia de Me‹d›deham .›[181]

Eodem anno . abbatia sancte MaRie de a‹r›co .›[183]

Eodem anno . abbatia Ripe al‹b›e .[185]

---

167 Valdeiglesias (Diöz. Toledo); vgl. Janauschek, Originum, S. 174 Nr. CCCCXLVI (Filiation Clairvaux; Mutterkloster: La Espina).

168 Saint-Maurice-de-Carnoët (Diöz. Quimper); vgl. Janauschek, Originum, S. 175f. Nr. CCCXLIX (Filiation Cîteaux; Mutterkloster: Langonnet).

169 Topusko (Toplice) (Diöz. Zagreb); vgl. Janauschek, Originum, S. 215 Nr. DLV (Filiation Clairvaux; Mutterkloster: Clairvaux oder Szentgotthárd).

170 Meaux Abbey (Diöz. York); vgl. Janauschek, Originum, S. 124f. Nr. CCCXVIII (Filiation Clairvaux; Mutterkloster: Fountains Abbey).

171 Arabona (Diöz. Chieti); vgl. Janauschek, Originum, S. 215f. Nr. DLVII (Filiation Clairvaux; Mutterkloster: Tre Fontane).

172 Möglicherweise folgt eine Rasur.

173 „Rie“ über der Zeile. Croxden Abbey (Diöz. Lincoln); vgl. Janauschek, Originum, S. 176f. Nr. CCCCLI (Filiation Clairvaux; Mutterkloster: Aulnay).

174 Barona (Diöz. Pavia); vgl. Janauschek, Originum, S. 216 Nr. DLVIII (Filiation La Ferté; Mutterkloster: La Ferté). Vgl. auch Anm. 230.

175 Iranzu (Diöz. Pamplona); vgl. Janauschek, Originum, S. 176 Nr. CCCCL (Filiation Cîteaux; Mutterkloster: La Cour-Dieu). Vgl. auch Anm. 139.

176 Igriş (Egres) (Diöz. Csanád); vgl. Janauschek, Originum, S. 177 Nr. CCCCLIII (Filiation Pontigny; Mutterkloster: Pontigny).

177 Dargun (Diöz. Schwerin); vgl. Janauschek, Originum, S. 165f. Nr. CCCCXXIII (Filiation Morimond; Mutterkloster: Doberan).

178 Ferraria (Diöz. Teano); vgl. Janauschek, Originum, S. 178 Nr. CCCCLIV (Filiation Clairvaux; Mutterkloster: Fossanova).

179 Santa Maria de Caritate (Diöz. Tarent); vgl. Janauschek, Originum, S. 216 Nr. DLIX (Filiation Clairvaux; Mutterkloster: Tre Fontane).

180 Wąchock (Diöz. Krakau); vgl. Janauschek, Originum, S. 178 Nr. CCCCLV (Filiation Morimond; Mutterkloster: Morimond).

181 Medmenham Abbey (Diöz. Worcester); vgl. Janauschek, Originum, S. 216 Nr. DLX (Filiation Clairvaux; Mutterkloster: Woburn Abbey).

182 Sulejów (Diöz. Gnesen); vgl. Janauschek, Originum, S. 175 Nr. CCCCXLVII (Filiation Morimond; Mutterkloster: Morimond).

183 Santa Maria dell’Arco (Diöz. Syrakus); vgl. Janauschek, Originum, S. 216f. Nr. DLXI (Filiation Clairvaux; Mutterkloster: Ferraria).

184 Val-Dieu (Diöz. Lüttich); vgl. Janauschek, Originum, S. 179f. Nr. CCCCLIX (Filiation Clairvaux; Mutterkloster: Eberbach).

Eodem anno . abbatia de Ripa alta .[186]
Eodem anno . abbatia de choro sancti Benedicti .[189]
Eodem anno . abbatia de Maternon .[190]
Eodem anno . abbatia de Jori ponte .[192]
Eodem anno . abbatia de monte sancti petri .[194]

‹A›nno .M.C.LXXXI. abbatia de sacra cella .[196]

‹An›no .M.C.LXXXII. abbatia sancte MaRie de portu .[199]
Eodem anno . abbatia de Buccam .[200]
‹A›nno .M.C.LXXXIII. abbatia de lenin .[202]
‹A›nno .M.C.LXXXIIII. abbatia de Pelesio .[204]

Anno .M.CC.XIII. abbatia de escarp .[187]
Anno .M.CC.XIIII. abbatia de Greman .[188]

Eodem die . abbatia de Grenart .[191]
Eodem die . abbatia de Granat .[193]
Eodem anno . abbatia sancte MaRie de curciato .[195]
Eodem anno . abbatia sancti Georgii de iubino .[197]
Eodem anno . abbatia de lauro in grecia .[198]

Anno .M.CC.XV. abbatia de loco sancte MaRie .[201]
Eodem anno . abbatia de Bodelo .[203]
Eodem anno . abbatia Sancti spiritus .[205]

---

185 Ripalta di Puglia (Diöz. Civita); vgl. Janauschek, Originum, S. 206 Nr. DXXXII (Filiation Clairvaux; Mutterkloster: Casanova).

186 Rivalta Scrivia (Diöz. Tortona); vgl. Janauschek, Originum, S. 180 Nr. CCCCLXI (Filiation La Ferté; Mutterkloster: Lucedio).

187 Escarp (Diöz. Lleida); vgl. Janauschek, Originum, S. 217 Nr. DLXIII (Filiation Cîteaux; Mutterkloster: Cîteaux).

188 Abbeylara Abbey (Diöz. Ardagh/Irland); vgl. Janauschek, Originum, S. 218 Nr. DLXV (Filiation Clairvaux; Mutterkloster: St. Mary's Abbey/Dublin). Vgl. auch Anm. 191 und 193.

189 Midleton Abbey (Diöz. Clayne/Irland); vgl. Janauschek, Originum, S. 178f. Nr. CCCCLVII (Filiation Clairvaux; Mutterkloster: Monasteranenagh Abbey).

190 Matina (Diöz. San Marco Argentano); vgl. Janauschek, Originum, S. 179 Nr. CCCCLVIII (Filiation Clairvaux; Mutterkloster: Casamari).

191 Abbeylara Abbey (Diöz. Ardagh/Irland); vgl. Janauschek, Originum, S. 218 Nr. DLXV (Filiation Clairvaux; Mutterkloster: St. Mary's Abbey/Dublin). Vgl. auch Anm. 189 und 193.

192 Jerpoint Abbey (Diöz. Ossory/Irland); vgl. Janauschek, Originum, S. 180 Nr. CCCCLX (Filiation Clairvaux; Mutterkloster: Baltinglass Abbey).

193 Abbeylara Abbey (Diöz. Ardagh/Irland); vgl. Janauschek, Originum, S. 218 Nr. DLXV (Filiation Clairvaux; Mutterkloster: St. Mary's Abbey/Dublin). Vgl. auch Anm. 189 und 191.

194 Heisterbach (Diöz. Köln); vgl. Janauschek, Originum, S. 189f. Nr. CCCCLXXXVII (Filiation Clairvaux; Mutterkloster: Himmerod). Vgl. auch Anm. 227.

195 „sancte" korrigiert aus „de". Chortaïton (Diöz. Thessaloniki); vgl. Janauschek, Originum, S. 218f. Nr. DLXVI (Filiation La Ferté; Mutterkloster: Lucedio).

196 Cercanceaux (Diöz. Sens); vgl. Janauschek, Originum, S. 180 Nr. CCCCLXII (Filiation Cîteaux; Mutterkloster: La Cour-Dieu).

197 S. Georgius de Jubino (Diöz. Antiochia); vgl. Janauschek, Originum, S. 217f. Nr. DLXIV (Filiation La Ferté; Mutterkloster: Lucedio).

198 Laurus (Diöz. Konstantinopel); vgl. Janauschek, Originum, S. 219f. Nr. DLXVIII (Filiation Morimond; Mutterkloster: Bellevaux).

199 Dunbrody Abbey (Diöz. Ferns/Irland); vgl. Janauschek, Originum, S. 181 Nr. CCCCLXIII (Filiation Cîteaux; Mutterkloster: St. Mary's Abbey/Dublin).

200 Zirc (Diöz. Veszprém); vgl. Janauschek, Originum, S. 181f. Nr. CCCCLXIV (Filiation Clairvaux; Mutterkloster: Clairvaux).

201 Marienstatt (Diöz. Köln); vgl. Janauschek, Originum, S. 220f. Nr. DLXXI (Filiation Clairvaux; Mutterkloster: Heisterbach).

202 Lehnin (Diöz. Brandenburg); vgl. Janauschek, Originum, S. 182 Nr. CCCCLXV (Filiation Morimond; Mutterkloster: Sittichenbach).

203 Boudelo (Diöz. Tournai); vgl. Janauschek, Originum, S. 227f. Nr. DXC (Filiation Clairvaux; Mutterkloster: Cambron).

‹E›odem anno . abbatia vallis Benedicte .[206]
‹E›odem anno . abbatia de sancto Godehardo .[209]
‹E›odem anno . abbatia de Dulesburch .[210]
‹A›nno .M.C.LXXXV. abbatia de Capella .[212]
‹E›odem anno . abbatia de copriueneiz .[214]
‹E›odem anno . abbatia de campo sancte MaRie .[217]
‹E›odem anno . abbatia sancte trinitatis .[218]
‹E›odem anno . abbatia de oya .[220]
‹Anno› .M.C.LXXXVI. abbatia aberconuoy .[222]
Eodem anno ‹abbatia de Mazanaria .›[224]

Anno .M‹.C›C.XVI. abbatia de sancto seruatio .[207]
Anno .M.CC.XVII.[208]
Anno .M.CC.X‹VIII.› abbatia de Dere .[211]
‹Eodem anno . abbatia ...›[213]
‹Eodem anno . abbatia ...›[215]
‹Anno .M.CC.XVIIII. abbatia deder .›[216]
‹Anno .M.CC.XX.›[219]
‹Anno .M.CC.XXI. abbatia sancti pauli .›[221]
‹Anno .M.CC.XXII.›[223]
‹Anno .M.CC.XXIII.›[225]

---

204 Pilis (Diöz. Veszprém); vgl. Janauschek, Originum, S. 182 Nr. CCCCLXVI (Filiation Clairvaux; Mutterkloster: Acey).

205 Santo Spirito della Valle (Diöz. Tarent); vgl. Janauschek, Originum, S. 221 Nr. DLXXIII (Filiation Clairvaux; Mutterkloster: Ferraria).

206 Valbenoîte (Diöz. Lyon); vgl. Janauschek, Originum, S. 183 Nr. CCCCLXVIII (Filiation Cîteaux; Mutterkloster: Bonnevaux).

207 Culross Abbey (Diöz. Dunblane/Schottland); vgl. Janauschek, Originum, S. 221 Nr. DLXXIII (Filiation Clairvaux; Mutterkloster: Kinloss Abbey).

208 „nno .M.CC.XVII.“ ist ein jüngerer Nachtrag.

209 Szentgotthárd (Diöz. Győr); vgl. Janauschek, Originum, S. 183 Nr. CCCCLXX (Filiation Clairvaux; Mutterkloster: Trois-Fontaines).

210 Haina (Diöz. Mainz); vgl. Janauschek, Originum, S. 188f. Nr. CCCCLXXXV (Filiation Morimond; Mutterkloster: Altenberg).

211 „Anno .M.CC.XVIII. abbatia de Dere“ ist ein jüngerer Nachtrag. Deer (Diöz. Aberdeen); vgl. Janauschek, Originum, S. 223 Nr. DLXXVII (Filiation Clairvaux; Mutterkloster: Kinloss Abbey). Vgl. auch Anm. 217.

212 Kappel (Diöz. Konstanz); vgl. Janauschek, Originum, S. 184 Nr. CCCCLXXII (Filiation Clairvaux; Mutterkloster: Hauterive).

213 Heute radiert. Nicht identifiziert.

214 Koprzywníca (Diöz. Krakau); vgl. Janauschek, Originum, S. 184 Nr. CCCCLXXIII (Filiation Morimond; Mutterkloster: Morimond).

215 Heute radiert. Möglicherweise Hulton Abbey (Diöz. Coventry); vgl. Janauschek, Originum, S. 223 Nr. DLXXVIII (Filiation Clairvaux; Mutterkloster: Combermere Abbey).

216 Heute radiert. Deer (Diöz. Aberdeen); vgl. Janauschek, Originum, S. 223 Nr. DLXXVII (Filiation Clairvaux; Mutterkloster: Kinloss Abbey). Vgl. auch Anm. 211.

217 Marienfeld (Diöz. Münster); vgl. Janauschek, Originum, S. 185 Nr. CCCCLXXV (Filiation Morimond; Mutterkloster: Hardehausen).

218 Santissima Trinità del Legno (Diöz. Rossano); vgl. Janauschek, Originum, S. 185 Nr. CCCCLXXVI (Filiation Clairvaux; Mutterkloster: Santo Stefano del Bosco).

219 Heute radiert. Kein Eintrag eines Klosters.

220 Oia (Diöz. Túy); vgl. Janauschek, Originum, S. 185f. Nr. CCCCLXXVII (Filiation Clairvaux; Mutterkloster: Clairvaux).

221 Heute radiert. São Paulo de Frades bzw. Almaziva (Diöz. Coimbra); vgl. Janauschek, Originum, S. 224 Nr. DLXXXII (Filiation Clairvaux; Mutterkloster: Alcobaça).

222 Aberconwy Abbey (Diöz. Bangor); vgl. Janauschek, Originum, S. 186f. Nr. CCCCLXXIX (Filiation Clairvaux; Mutterkloster: Strata Florida Abbey).

223 Heute radiert. Kein Eintrag eines Klosters.

224 Santa Maria de Maceira Dão (Diöz. Viseu); vgl. Janauschek, Originum, S. 187 Nr. CCCCLXXX (Filiation Clairvaux; Mutterkloster: Alcobaça).

225 Heute radiert. Kein Eintrag eines Klosters.

B 2

[1189]
Eodem anno . abbatia de ‹...›[226]
Eodem anno . abbatia vallis sancti petri .[227]
Eodem anno . abbatia de sala in tuscia .[228]
Eodem anno . abbatia de ribeto .[229]
Eodem anno . abbatia de albarona .[230]
Anno .M.C.XC. abbatia de Reineuelt .[231]
Eodem anno . abbatia de glenelus .[232]
Eodem anno . abbatia de loco dei .[233]
Eodem anno . abbatia Boni portus .[234]
Anno .M.C.XCI. abbatia de sectia .[235]
Eodem anno . abbatia de huluesti .[236]
Eodem anno . abbatia de Slaga .[237]
Eodem anno . abbatia gracia sancte MaRie .[238]
Eodem anno . abbatia de ozzech .[239]
Eodem anno . abbatia de domo sancte MaRie .[240]
Anno .M.C.XCII. abbatia de Rus .[241]
Eodem anno . abbatia sancti Bernhardi .[242]

---

226 Der Abteiname steckt zu weit im Bund, als dass man ihn lesen könnte.
227 Heisterbach (Diöz. Köln); vgl. Janauschek, Originum, S. 189f. Nr. CCCCLXXXVII (Filiation Clairvaux; Mutterkloster: Himmerod). Vgl. auch Anm. 194.
228 Santa Maria di Sala (Diöz. Siena); vgl. Janauschek, Originum, S. 191 Nr. CCCCXC (Filiation La Ferté; Mutterkloster: Staffarda).
229 Rivet (Diöz. Bazas); vgl. Janauschek, Originum, S. 191 Nr. CCCCXCI (Filiation Pontigny; Mutterkloster: Pontaut).
230 Barona (Diöz. Pavia); vgl. Janauschek, Originum, S. 216 Nr. DLVIII (Filiation La Ferté; Mutterkloster: La Ferté). Vgl. auch Anm. 175.
231 Korrigiert aus „Reineuett“. Reinfeld (Diöz. Lübeck); vgl. Janauschek, Originum, S. 192 Nr. CCCCXCIII (Filiation Morimond; Mutterkloster: Loccum).
232 Glenluce Abbey (Diöz. Galloway); vgl. Janauschek, Originum, S. 193 Nr. CCCCXCVI (Filiation Clairvaux; Mutterkloster: Dundrennan Abbey). Vgl. auch Anm. 245.
233 Lieudieu (Diöz. Amiens); vgl. Janauschek, Originum, S. 193 Nr. CCCCXCVII (Filiation Clairvaux; Mutterkloster: Foucarmont).
234 Bonport (Diöz. Évreux); vgl. Janauschek, Originum, S. 193 Nr. CCCCXCVIII (Filiation Cîteaux; Mutterkloster: Le Val).
235 Santa Maria de Seiça (Diöz. Coimbra); vgl. Janauschek, Originum, S. 199 Nr. DXI (Filiation Clairvaux; Mutterkloster: Alcobaça).
236 Dieulacres Abbey (Diöz. Coventry); vgl. Janauschek, Originum, S. 142 Nr. CCCLX (Filiation Clairvaux; Mutterkloster: Combermere Abbey). Vgl. auch Anm. 20.
237 Schlägl (Diöz. Passau); vgl. Janauschek, Originum, S. LXV (Filiation Morimond; Mutterkloster: Langheim).
238 Charron (Diöz. Saintes); vgl. Janauschek, Originum, S. 194 Nr. D (Filiation Clairvaux; Mutterkloster: La Grâce-Dieu).
239 Osek (Osseg) (Diöz. Prag); vgl. Janauschek, Originum, S. 197 Nr. DVII (Filiation Morimond; Mutterkloster: Waldsassen).
240 Scharnebeck (Diöz. Verden); vgl. Janauschek, Originum, S. 244 Nr. DCXXXVI (Filiation Morimond; Mutterkloster: Hardehausen).
241 Rüde (Diöz. Schleswig); vgl. Janauschek, Originum, S. 195 Nr. DII (Filiation Clairvaux; Mutterkloster: Esrom). Vgl. auch Anm. 246.

Eodem anno . abbatia de Bowc .[243]
Eodem die . abbatia vallis sancti egidij .[244]
Eodem anno . abbatia de valle lucis .[245]
Eodem anno . abbatia de gudholin .[246]
Anno .M.C.XCIII. abbatia de Iugo dei .[247]
Anno .M.C.XCIIII. abbatia de asylo .[248]
Eodem anno . abbatia sancti galgani .[249]
Anno .M.C.XCV. abbatia de petra .[250]
Eodem anno . abbatia de casa noua .[251]

A 2

[1196]

‹...›
‹An›no .M.C.XCVII. abbatia de Monte sancte MaRie .[252]
‹Eo›dem anno . abbatia de ponte .[253]
‹Eo›dem anno . abbatia de aqua formosa .[254]
‹Eo›dem anno . abbatia de arnesburch .[255]
‹An›no . M.C.XCVIII. abbatia vallis lucide .[256]
‹Eo›dem anno . abbatia de clina .[257]

---

242 Aduard (Diöz. Münster); vgl. Janauschek, Originum, S. 194 Nr. DI (Filiation Clairvaux; Mutterkloster: Klaarkamp).

243 Buch (Diöz. Meißen); vgl. Janauschek, Originum, S. 195 Nr. DIII (Filiation Morimond; Mutterkloster: Sittichenbach). Vgl. auch Anm. 244.

244 Buch (Diöz. Meißen); vgl. Janauschek, Originum, S. 195 Nr. DIII (Filiation Morimond; Mutterkloster: Sittichenbach). Vgl. auch Anm. 243.

245 Glenluce Abbey (Diöz. Galloway); vgl. Janauschek, Originum, S. 193 Nr. CCCCXCVI (Filiation Clairvaux; Mutterkloster: Dundrennan Abbey). Vgl. auch Anm. 232.

246 Rüde (Diöz. Schleswig); vgl. Janauschek, Originum, S. 195 Nr. DII (Filiation Clairvaux; Mutterkloster: Esrom). Vgl. auch Anm. 241.

247 Grey Abbey (Diöz. Down); vgl. Janauschek, Originum, S. 196 Nr. DV (Filiation Clairvaux; Mutterkloster: Holme Cultram Abbey).

248 Ås (Diöz. Lund); vgl. Janauschek, Originum, S. 197f. Nr. DVIII (Filiation Clairvaux; Mutterkloster: Sorø).

249 San Galgano (Diöz. Volterra); vgl. Janauschek, Originum, S. 205f. Nr. DXXXI (Filiation Clairvaux; Mutterkloster: Clairvaux; später Filiation Clairvaux; Mutterkloster: Casamari).

250 Piedra (Diöz. Teruel); vgl. Janauschek, Originum, S. 198 Nr. DIX (Filiation Clairvaux; Mutterkloster: Poblet).

251 Casanova (Diöz. Penne); vgl. Janauschek, Originum, S. 199f. Nr. DXIII (Filiation Clairvaux; Mutterkloster: Tre Fontane). Vgl. auch Anm. 266.

252 Klostermarienberg (Diöz. Györ); vgl. Janauschek, Originum, S. 200f. Nr. DXVI (Filiation Morimond; Mutterkloster: Heiligenkreuz).

253 Quartazzola (Diöz. Piacenza); vgl. Janauschek, Originum, S. 221f. Nr. DLXXIV (irrtümlich: LDXXIV) (Filiation Clairvaux; Mutterkloster: Chiaravalle della Colomba).

254 Acquaformosa (Diöz. Cassano); vgl. Janauschek, Originum, S. 201 Nr. DXVII (Filiation Clairvaux; Mutterkloster: Sambucina).

255 Arnsburg (Diöz. Mainz); vgl. Janauschek, Originum, S. 169f. Nr. CCCCXXXIV (Filiation Clairvaux; Mutterkloster: Eberbach).

256 Le Bouchet-Vauluisant (Diöz. Clermont); vgl. Janauschek, Originum, S. 201 Nr. DXVIII (Filiation Morimond; Mutterkloster: Vallonnette bzw. Féniers).

257 Cleeve Abbey (Diöz. Bath); vgl. Janauschek, Originum, S. 202 Nr. DXIX (Filiation Clairvaux; Mutterkloster: Revesby Abbey).

‹Eo›dem anno . abbatia vallis dei .[258]
‹Eo›dem anno . abbatia de kemeR .[259]
‹An›no . M.C.XCIX. abbatia de Breidelare .[260]
‹Eo›dem anno . abbatia de kamer .[261]
‹An›no .M.CC. abbatia de voto .[262]
‹Eo›dem anno . abbatia de hero insule .[263]
‹Eo›dem anno . abbatia de valle crucis .[264]
‹An›no . M.CCI. abbatia de Dunkeville .[265]
‹Eo›dem anno . abbatia Case noue .[266]
‹Eo›dem anno . abbatia Brolij gelandi .[267]
‹An›no . M.CCII. abbatia ville noue .[268]
‹Eo›dem anno . abbatia lilenvelt .[269]
‹Eo›dem anno . abbatia kerz .[270]
‹Anno› . M.CCIII. abbatia de aqua longa .[271]
‹Anno› . M.CCIIII. abbatia de Bello loco regis .[272]
‹Eo›dem anno . abbatia de valle sancti saluatoris .[273]
‹Eo›dem anno . abbatia fontis danielis .[274]
‹An›no . M.CCV. abbatia de padulis .[275]

---

258 Valdediós (Diöz. Oviedo); vgl. Janauschek, Originum, S. 202 Nr. DXX (Filiation Clairvaux; Mutterkloster: Sobrado).

259 Cymer Abbey (Diöz. Bangor); vgl. Janauschek, Originum, S. 202 Nr. DXXII (Filiation Clairvaux; Mutterkloster: Cwmhir Abbey). Vgl. auch Anm. 261.

260 Bredelar (Diöz. Paderborn); vgl. Janauschek, Originum, S. 203 Nr. DXXIII (Filiation Morimond; Mutterkloster: Hardehausen).

261 Cymer Abbey (Diöz. Bangor); vgl. Janauschek, Originum, S. 202 Nr. DXXII (Filiation Clairvaux; Mutterkloster: Cwmhir Abbey). Vgl. auch Anm. 259.

262 Tintern Abbey (Diöz. Ferns); vgl. Janauschek, Originum, S. 204 Nr. DXXVII (Filiation Cîteaux; Mutterkloster: L'Aumône).

263 L'Isle-Dieu (Diöz. Luçon); vgl. Janauschek, Originum, S. 166 Nr. CCCCXXV (Filiation Clairvaux; Mutterkloster: Buzay). Vgl. auch ebd., S. LXIII. Vgl. auch Anm. 115.

264 Llanegwast (Diöz. St. Asaph); vgl. Janauschek, Originum, S. 205 Nr. DXXX (Filiation Clairvaux; Mutterkloster: Strata Marcella Abbey).

265 Dunkeswell Abbey (Diöz. Exeter); vgl. Janauschek, Originum, S. 206 Nr. DXXXIII (Filiation Cîteaux; Mutterkloster: Forde Abbey).

266 Casanova (Diöz. Penne); vgl. Janauschek, Originum, S. 199f. Nr. DXIII (Filiation Clairvaux; Mutterkloster: Tre Fontane). Vgl. auch Anm. 251.

267 Bois-Grolland (Diöz. Luçon); vgl. Janauschek, Originum, S. 206f. Nr. DXXXIV (Filiation Clairvaux; Mutterkloster: Moreilles).

268 Villeneuve (Diöz. Nantes); vgl. Janauschek, Originum, S. 207 Nr. DXXXVI (Filiation Clairvaux; Mutterkloster: Buzay).

269 Lilienfeld (Diöz. Passau); vgl. Janauschek, Originum, S. 212 Nr. DXLIX (Filiation Morimond; Mutterkloster: Heiligenkreuz).

270 Cârţa (Kerz) (Diöz. Alba Julia); vgl. Janauschek, Originum, S. 208f. Nr. DXXXIX (Filiation Pontigny; Mutterkloster: Igriş [Egres]).

271 Acqualonga (Diöz. Pavia); vgl. Janauschek, Originum, S. 209f. Nr. DXLII (Filiation La Ferté; Mutterkloster: Rivalta Scrivia).

272 Beaulieu Abbey (Diöz. Winchester); vgl. Janauschek, Originum, S. 210 Nr. DXLIII (Filiation Cîteaux; Mutterkloster: Cîteaux).

273 Duiske Abbey (Diöz. Ossory); vgl. Janauschek, Originum, S. 210 Nr. DXLIV (Filiation Clairvaux; Mutterkloster: Stanley Abbey).

274 Fontaine-Daniel (Diöz. Le Mans); vgl. Janauschek, Originum, S. 210 Nr. DXLV (Filiation Clairvaux; Mutterkloster: Clairmont).

‹Eo›dem anno . abbatia de Wellegrat .[276]
‹Eo›dem anno . abbatia de Wetheu .[277]
‹An›n . M.CCVI. abbatia sancti thome .[278]

3. Das Charisma zwischen Schriftlichkeitsforschung und Ordensgeschichte

Bislang ist nicht zu erkennen, ob es sich um die Arbeit eines Schreibers aus dem Zisterzienserorden oder aus Bamberg selbst handelt. Die bis zum Jahr 1216 bzw. 1221/1223 reichende Grundschicht des Textes ist in einer frühgotischen Minuskel geschrieben, die durchaus nach Franken gehören kann. Die vorausschauende Weiterführung der Jahreszahlen bis 1221 und die dann jüngeren Nachträge von Abteien bis 1223 zeigen den zumindest kurzzeitigen Wunsch nach Aktualisierung der Liste an. Auch die singuläre Überlieferung und die spätere Makulierung erklären sich aus dem Gebrauchscharakter dieser Textsorte.

Einige Falten und Löcher ermöglichen die Rekonstruktion der originalen Verwendung des gesamten Pergamentblattes. Das Bruchstück C 1 besitzt inmitten der linken Kolumne eine leicht beschmutzte senkrechte Falte, die im unteren Drittel zusätzlich durchlöchert ist. Die Fragmente B 1 und B 2 haben im oberen Drittel eine waagrechte Falte und darüber in nahezu gleichmäßigen Abständen jeweils drei große Löcher. Das Stück A 1 weist wie C 1 inmitten der linken Kolumne eine senkrechte Falte auf. Daher ist davon auszugehen, dass auch die weitestgehend weggeschnittene linke Spalte von Fragment B 1 die senkrechte Falte aufwies. Das Pergamentblatt war also mindestens einmal senkrecht und einmal waagrecht gefaltet. Da die Einträge auf C 2 mit dem Jahr 1216 bzw. 1221/1223 enden, die rechte Kolumne auf C 2, B 2 und A 2 also das Ende des Textes anzeigt, und das Blatt in seiner symmetrischen Mitte senkrecht gefaltet gewesen sein dürfte, müssten links von C 1, B 1 und A 1 ursprünglich drei weitere Textspalten gestanden haben. Dieser Umfang ergibt sich auch aus dem großen Platzbedarf für die schon zwischen 1098 und 1147 gegründeten Abteien des Zisterzienserordens. Da sich die Fragmente zu einem etwa 70 x 60 cm großen Blatt zusammensetzen lassen, kann die einseitige, kalligraphische Beschriftung auf seine Verwendung als Tafel hindeuten. Dazu könnte gut passen, dass die Textkolumnen mit roter Tinte liniiert und auf C 1, B 1 und A 1 mit einem

---

275 Santa Maria delle Paludi (Diöz. Sassari); vgl. Janauschek, Originum, S. 211 Nr. DXLVI (Filiation Clairvaux; Mutterkloster: Clairvaux).

276 Velehrad (Diöz. Olmütz); vgl. Janauschek, Originum, S. 211 Nr. DXLVII (Filiation Morimond; Mutterkloster: Plasy [Plass]).

277 Bei „Wetheu" ist das „h" über der Zeile ergänzt. Abington Abbey (Diöz. Limerick); vgl. Janauschek, Originum, S. 211f. Nr. DXLVIII (Filiation Clairvaux; Mutterkloster: Furness Abbey).

278 „Ann" sic. San Tommaso dei Borgognoni (Diöz. Torcello); vgl. Janauschek, Originum, S. 213 Nr. DL (Filiation Morimond; Mutterkloster: Rosières).

dicken roten senkrechten Balken voneinander getrennt sind bzw. auf C 2, (B 2) und A 2 rechts mit einem solchen Balken begrenzt sind. A 1 und A 2 sind unten mit einem vergleichbar dicken roten Balken abgeschlossen. Das Pergamentblatt war also zumindest später eine Falttafel, die zusammengelegt in ein Buch mit Folio-Format passte. Die authentische Form der Überlieferung und Aufbewahrung verdeutlicht, wie der Status quo des Reformordens, der sich in der großen Zahl seiner Klöster am deutlichsten ausdrückte, zu bestimmten Zeiten dokumentiert und konserviert wurde.

Noch nicht beantwortet ist die Frage, welcher Redaktionsstufe der Abteikatalog angehört. Seine Grundschicht endet nicht zufällig mit dem Jahr 1216. In den beiden Folgejahren beschäftigte sich nämlich das Generalkapitel des Ordens eingehend mit den in Unordnung geratenen Gründungsdaten seiner Klöster[279]. Zunächst wurde das Desiderat einer neuen und zuverlässigen Tafel („nova et certa tabula") mit den Namen aller Abteien formuliert. Dabei sollten die Visitatoren die Namen der Äbte und Abteien dem nächsten Generalkapitel melden (1217)[280]. Dann erteilte das Generalkapitel den anwesenden Äbten selbst den Auftrag, auf der Versammlung des Folgejahres die genauen Namen und Gründungsdaten der Abteien (ihrer Generation) dem Kantor von Cîteaux mitzuteilen (1218)[281]. Sieht man die von Leopold Janauschek und Otto Grillnberger erschlossenen Handschriften und Drucke mittelalterlicher Kataloge der Zisterzienserabteien durch[282], so ist bislang keine Parallelüberlieferung mit derselben Redaktionsstufe nachweisbar. Unser Exemplar ist demnach der gegenwärtig älteste sicher datierbare Abteikatalog des Zisterzienserordens und der einzige in seiner originalen Tafelform erhaltene Überlieferungsträger der Redaktion von 1217/1218. Die früher gelegentlich geäußerten Zweifel an der Existenz der Abteikataloge von Cîteaux[283] sind also gegenstandslos.

---

279 Vgl. Goez, Pragmatische Schriftlichkeit, S. 139, die diese Beschlüsse noch nicht mit der damals akuten Reformbedürftigkeit von Generalkapitel und Orden in Zusammenhang bringt. Vgl. hierzu im folgenden.

280 „Quia in tabula in qua notantur nomina abbatiarum, videtur esse discordia de tempore abbatiarum, volumus ut nova et certa tabula fiat. Visitatores autem super hoc diligenter inquirant, et in sequenti Capitulo certitudinem reddant cantori Cisterciensi", *Statuta capitulorum generalium* 1, S. 482f. Nr. 76.

281 „Praecipitur omnibus abbatibus ut abbatiarum suarum tam nomina quam aetates nec non et kalendas in sequenti Capitulo cantori Cistercii studeant declarare. Patres vero abbates qui praesentes sunt studeant hoc filiis suis absentibus in invicem prout melius potuerint indicare", ebd., S. 486 Nr. 8. Dieser Beschluss wurde 1239 und 1270 aktualisiert: „Praecipitur ut abbates, kalendae et nomina abbatiarum vel quae de novo constructae sunt, vel quae in Cistercii tabula non sunt scriptae, ad cantorem Cistercii quam citius fieri poterit apportentur, et in eadem tabula cum aliis annotentur", *Statuta capitulorum generalium* 2, S. 204 Nr. 11; „Nomina et aetates abbatiarum quae non sunt scripta in tabula Cistercii anno sequenti ad Capitulum generale deferantur, et cantori Cistercii praesententur", *Statuta capitulorum generalium* 3, S. 83 Nr. 13.

282 Vgl. Janauschek, Originum, S. XIII–XXVII; Grillnberger, Catalogi, S. 22–30.

283 So etwa Cocheril, Annales, S. 174 und 177; Cocheril, Implantation, S. 232; Oberste, Institutionalisierte Kommunikation, S. 74; Cygler/Melville/Oberste, Aspekte, S. 264; Goez, Pragmatische Schriftlichkeit, S. 139.

Die wenigen Abteikataloge, die sich seit dem Gründungsjahrhundert des Zisterzienserordens nachweisen lassen, sind bislang kaum auf ihren Beitrag zu seiner Institutionalisierung und zu seinem geschichtlichen Selbstverständnis befragt worden[284]. Das dürfte nicht zuletzt daran liegen, dass die Überlieferung dieser spezifischen Kataloge für eine genaue Einordnung in die Geschichte des Ordens weder systematisch aufgearbeitet noch ihre Materialität und Medialität gewürdigt worden sind. Nun haben wir aber in unserem Fall nicht nur einen schlichten Katalog in Heft- oder Buchform, sondern eine echte Klostertafel vorliegen. Aus dem eben genannten Generalkapitelbeschluss von 1217 geht hervor, dass es schon vorher eine solche ordensinterne „tabula" gegeben hat. Tatsächlich belegen zwei Handschriften des 13. Jahrhunderts, dass eine bis 1190 reichende, chronologische Tafel aller Zisterzen existierte[285]. Diese dürfte um 1191 in Cîteaux redigiert worden sein. Spätestens jetzt, wenn nicht schon früher, hatten sich jene Widersprüche eingeschlichen, die 1217 beklagt wurden. Auffallend sind insbesondere Verwechslungen und Mehrfachnennungen von Klöstern zumeist unter verschiedenen Jahren. Die Ursachen hierfür waren recht unterschiedlich. So wurden etwa Klöster in verschiedenen Herrschaftsgebieten bzw. Diözesen wegen ihrer Namensgleichheit verwechselt[286]. Zur mehrmaligen Nennung derselben Abtei unter verschiedenen Jahren konnte es aufgrund von Orts-[287] und Filiationswechseln[288] kommen. Mehr Verwirrung aber stifteten Abteien, die im Orden unter verschiedenen (lateinischen und volkssprachlichen) Namen liefen. Sie wurden entweder unter demselben Jahr[289] oder gar unter demselben Jahr und Tag[290] einsortiert. Am häufigsten aber waren Mehrfachnennungen von Abteien unter verschiedenen Jahren wohl vornehmlich aufgrund ihres gestreckten Gründungsprozesses[291]. Schließlich führte auch der immer wieder zu beobachtende Ortswechsel zu Namensänderungen und somit zur mehrfachen Nennung ein und desselben Klosters[292].

---

284 Vgl. Caby, De l'abbaye, S. 259 mit Anm. 56.

285 Cheltenham, Ms. Philipps 4639, 13. Jahrhundert, bis 1186 reichend, aber am Ende verstümmelt; gegenwärtiger Aufbewahrungsort unbekannt; London, BL, Cotton Faustina, B. VII., 1. Hälfte des 13. Jahrhunderts, bis 1190 reichend.

286 Vgl. Anm. 62, 86 und 120. Es konnte auch zur Vermischung von zwei namensgleichen Abteien unter ein- und demselbem Jahr kommen; vgl. Anm. 115. Ursache hierfür konnte ein Namenswechsel untereinander sein; vgl. Anm. 132.

287 Vgl. Anm. 62, 86, 116 und 120.

288 Vgl. Anm. 8 und 42 (mit verschiedenen Gründungs- und Affiliationsdaten).

289 Vgl. Anm. 161 und 163 sowie 241 und 246.

290 Vgl. Anm. 243 und 244 sowie 189, 191 und 193.

291 Vgl. Anm. 20 und 236, 33 und 61, 67 und 73, 88 und 138, 105 und 112, 122 und 154, 139 und 174, 175 und 230, 211 und 217, 232 und 245, 251 und 266 sowie 259 und 261. Bemerkenswert ist in diesem Zusammenhang der Beschluss des Generalkapitels von 1273, auf der „tabula" den (früheren) Namen von Llantarnam Abbey (Janauschek, Originum, S. LXXIX) zu tilgen: „Item, super nuncupatione abbatiae de Lanterna quae alio nomine Vallium nuncupatur, declarat Capitulum generale quod illud nomen sortiatur perpetuo, quo in tabula Cistercii nominatur" *Statuta capitulorum generalium* 3, S. 115 Nr. 3.

292 Vgl. Anm. 14 und 30, 85 und 117 sowie 194 und 227.

Ein wichtiger Anlass für den in Cîteaux redigierten Klosterkatalog mögen Auseinandersetzungen um die Sitzordnung der Äbte im Generalkapitel[293] aufgrund des im Orden von Anfang an und überall geltenden Senioritätsprinzips[294] gewesen sein. Nur die Klärung der exakten Gründungsdaten der Klöster konnte hier Abhilfe schaffen. Für Konfliktpotenzial im Orden sorgten insbesondere die Affiliation einzelner Klöster, ja ganzer Klosterverbände[295]. So schloss sich 1147 der Abt von Savigny mit seinen Klöstern dem Zisterzienserorden an und nahm den Rang hinter den Äbten der fünf ältesten Klöster des Ordens (Cîteaux, La Ferté, Pontigny, Clairvaux und Morimond) ein[296]. Die Gründungs- und Erhebungsdaten seiner einst außerhalb des Ordens gegründeten Töchter waren hingegen maßgebend für ihre Einordnung in die bereits bestehende Chronologie der als Zisterzienserklöster gegründeten Abteien. Doch 1215 protestierte der Abt von Preuilly, des sechsältesten Klosters des Zisterzienserordens, gegen diese Rangordnung. Er erhielt nun tatsächlich den Vorrang vor dem Abt von Savigny[297], so dass seit dieser Zeit letzterer allein vor den Äbten der Klöster der Filiation von Clairvaux, also zwischen Preuilly und Trois-Fontaines, eingruppiert wurde.

Wie wir unserem Tafelkatalog entnehmen können, wurde der Beschluss von 1218 peinlich genau eingehalten, denn tatsächlich enthält er allein Namen und Gründungsjahre der einzelnen Abteien, aber keinerlei Angaben zu ihren Filiationen (Nennung von Primarabtei oder Mutterkloster), wie dies in jüngeren chronologisch-genealogisch bzw. genealogisch-chronologisch geordneten Listen

---

293 So legte etwa das Generalkapitel von 1216 die Position von Quartazzola (wie Anm. 253) fest: „Abbati de Ponte ut sit in Ordine quinquaginta annorum, conceditur a Capitulo generali", *Statuta capitulorum generalium* 1, S. 453 Nr. 17. Das Generalkapitel von 1225 bezeugte ausdrücklich einen sich in der „tabula" niederschlagenden Rangstreit zwischen Furness Abbey (Janauschek, Originum, S. 97 Nr. CCXLI) und Waverley Abbey (Janauschek, Originum, S. 16f. Nr. XXXVI): „Abbatia de Furneio scribatur in tabula eodem loco a quo nuper abrasa est, donec ad sequens Capitulum de prioratu inter ipsum et abbatem de Vuaverleia determinetur", *Statuta capitulorum generalium* 2, S. 40 Nr. 28. 1228 legte das Generalkapitel die Position von Lafões (Janauschek, Originum, S. 54f. Nr. CXXXIV) auf der „tabula" fest: „Abbati Sancti Cristophori, viginti anni in Ordine concedantur, et in tali aetate cum ceteris in tabula conscribatur", ebd., S. 73 Nr. 38.

294 Vgl. *Carta caritatis prior* c. 10: „Alias autem ubicumque convenerint [sc. „abbates"], secundum tempus abbatiarum ordinem suum tenebunt, ut cuius ęcclesia fuerit antiquior, ille sit prior", *Carta caritatis prior*, S. 281. Diese Regelung wurde wortwörtlich übernommen in die *Summa cartae caritatis* c. 6 bzw. in die *Carta caritatis posterior* § 21: *Summa cartae caritatis*, S. 186 bzw. *Carta caritatis posterior*, S. 383.

295 Ein Beschluss des Generalkapitels von 1200 bezeugte für das ehemalige Benediktinerkloster Carracedo (Janauschek, Originum, S. 209 Nr. DXL) die Festlegung der genauen Position in der Jahresfolge: „Domui Carrazeti conceditur ut sit in ordine annorum 65 cum de assensu Domini Papae fuerit Ordini incorporata", *Statuta capitulorum generalium* 1, S. 256 Nr. 41; *Statuta capitulorum generalium* 2002, S. 468 Nr. 39. An Carracedo hing ein kleiner Klosterverband; vgl. Goutagny, L'abbaye.

296 Vgl. Dimier, Savigny.

297 Vgl. „Contentio Pruliacensis et Savigniacensis de voluntate et beneplacito abbatis Cistercii ita sopitur quod Saviniacus tempore Capituli generalis unum monachum secum adducere poterit in Cistercium, et Pruliacensis remanet prioratus", *Statuta capitulorum generalium* 1, S. 445 Nr. 52.

oder in graphischen Aufbereitungen in Form von Filiationen und Genealogien der Fall ist. Unser Katalog erlaubt also keine Einsicht in die genetische Entwicklung des Ordens. Das wird mit voller Absicht geschehen sein, denn die nüchterne chronologische Ordnung konnte das im Filiationsprinzip angelegte Konfliktpotential zwischen Mutterabtei und den vier Primarabteien sowie zwischen diesen selbst, ferner zwischen den Primarabteien und den Mutterklöstern der in den Orden inkorporierten nicht-zisterziensischen Klosterverbände und schließlich zwischen den besonders fruchtbaren und den weniger gründungsfreudigen Abteien des Ordens entschärfen. Zu diesem Zweck wurden wohl auch die Monats- und Tagesangaben entfernt, mit deren Hilfe in der ältesten bislang bekannten Katalogredaktion von ca. 1191 die Abteien innerhalb eines jeden Jahres geordnet waren[298]. Die zunehmende Tendenz zur Neutralisierung der Katalogeinträge war formaler Ausdruck der im Generalkapitel seit der zweiten Hälfte des 12. Jahrhunderts erkennbaren Ausgleichsbemühungen zwischen der einst patriarchalisch-monarchischen Stellung von Abt und Konvent des Mutterhauses und der nun zunehmend an der Ordensleitung partizipierenden vier Primarabteien und ihrer Gründungen[299]: Die Versammlung der Äbte war nun wirklich das souveräne Organ des Ordens. Doch die Bestimmung von 1218, dass dem Kantor von Cîteaux das Datenmaterial zur Erstellung einer neuen „tabula" zugänglich gemacht werden sollte, hatte nicht nur mit seiner Stellung als Archivar der Ordenszentrale zu tun. Der Beschluss verriet auch viel über das Verhältnis von Zentrum und Peripherie im Orden, versuchte er doch, das Spannungsverhältnis zwischen dem individuellen Gedächtnis der jeweiligen Abtei im Gefüge des Gesamtordens und seinem kollektiven Gedächtnis durch die Zusammenführung und Harmonisierung aller individueller Gedächtnisleistungen in seinem Zentrum auszugleichen. Mit zentripetalen Schriftlichkeitsmaßnahmen des Generalkapitels sollte den im Filiationsprinzip angelegten zentrifugalen Tendenzen entgegengewirkt werden.

Eine die Gesamtheit aller Abteien des Ordens erfassende Tafel spricht für ihren Gebrauch am Ort des Generalkapitels. Nur mit einem solchen Hilfsmittel konnte die Versammlung die sich seit dem späten 12. Jahrhundert häufenden Fälle von (unentschuldigter) Abwesenheit feststellen[300], die letztlich eine Konsequenz der enormen Ausdehnung des Ordens war[301]. Auf die Absenz von

---

298 Wie Anm. 285. Den bislang ältesten Katalog, der nur noch Jahre und Namen nennt, aber bis 1247 reicht, überliefert London, BL, Cotton Vespasian A. VI., ca. Mitte des 13. Jahrhunderts.

299 Vgl. Cygler, Generalkapitel, S. 43: „In diesem Verband relativierten das für die Einzelabteien geltende Autonomiegebot sowie ferner die Filiationsstruktur die Bedeutung von Cîteaux ernsthaft, werteten aber um so mehr seine ersten Töchter, insbesondere Clairvaux und in geringerem Maße Morimond, auf, da diese an der Spitze der mit Abstand größten und dynamischsten Filiationslinien standen." Zu weiteren Tendenzen des Ausgleichs ebd., S. 43–47.

300 Vgl. Oberste, Institutionalisierte Kommunikation, S. 74; Cygler/Melville/Oberste, Aspekte, S. 263f.

301 Die Kontrolle der Anwesenheit am ersten Sitzungstag des Generalkapitels bezeugen schon die *Instituta generalis capituli apud Cistercium* c. 71: „Queratur etiam si quis deest abbatum; et auditis excusationibus eorum qui forte pro infirmitate venire non potuerunt, de cetero nemo ce-

Äbten hatte der Orden schon in der *Carta caritatis posterior* mit der Befreiung jener Vorsteher von der jährlichen Teilnahmepflicht reagiert, die weit entfernt von Cîteaux residierten[302]. Schließlich häuften sich die Regelungen, wonach Äbte der weiteren Peripherie nur alle paar Jahre zum Generalkapitel reisen mussten[303]. Doch die bedenklichen Krisensymptome im Inneren des Ordens und seine nach wie vor positive Wahrnehmung von außen klafften bereits weit auseinander. So war ausgerechnet das Jahr 1215, in dem das IV. Laterankonzil den nicht zu Verbänden zusammengeschlossenen Klöstern und Stiften die Durchführung von alle drei Jahre tagenden Regionalkapiteln ihrer Vorsteher unter dem Vorsitz von vier Zisterzienseräbten sowie die Durchführung von Visitationen vorschrieb[304], für den Zisterzienserorden ein besonderes Krisenjahr, da sich das Generalkapitel in nicht weniger als 13 von 68 Definitionen mit

---

laverit si quem eorum qui eo anno venire debuerant abesse cognoverit, nec sine gravi animaversione id pretereatur", *Instituta generalis capituli apud Cistercium* 1999, S. 359; *Instituta generalis capituli apud Cistercium* 2002, S. 557.

302 Vgl. *Carta caritatis posterior* § 22: „Et illis item exceptis qui in remotioribus partibus habitantes eo termino venerint, qui eis fuerit in capitulo constitutus", *Carta caritatis posterior*, S. 383; vgl. Cygler, Generalkapitel, S. 45.

303 Spätestens um 1179 wurde den Äbten der Zisterzen Schottlands das Recht eingeräumt, nur alle vier Jahre zum Generalkapitel kommen zu müssen: „Abbatibus scotie conceditur ut quarto anno veniant ad capitulum", *Statuta capitulorum generalium* 1, S. 67 Nr. 62; *Statuta capitulorum generalium* 2002, S. 605 Nr. 62. 1190 wurde beschlossen, dass jeder Abt eines irischen Zisterziensklosters turnusgemäß nur alle vier Jahre erscheinen musste: „Abbates de Hibernia tribus annis remaneant et quarto anno veniant; et ita ordinet Abbas Mellifontis ut aliqui eorum veniant singulis annis ad Capitulum Generale", *Statuta capitulorum generalium* 1, S. 122 Nr. 17; *Statuta capitulorum generalium* 2002, S. 193 Nr. 1. Vgl. ferner die Regelungen von 1183 und 1184: „Abbates qui de indulgentia generalis capituli uno anno vel pluribus remanent, si eo anno quo debent venire gravi infirmitate impediuntur ne veniant, licet eis se per litteras excusare; et anno sequenti sine omni excusatione, veniant et veniam inde petant" und „Indulgentia que fuit anno preterito concessa his qui non tenentur singulis annis venire ad capitulum ut per litteras liceat excusare si infirmitate detenti venire non potuerint, in proximis regionibus positis non conceditur, nisi transmarinis, et his qui ultra montem bardonis sunt, et his qui sunt in hungaria, in polonia, in hispania", *Statuta capitulorum generalium* 1, S. 92 Nr. 8 und S. 95 Nr. 1; *Statuta capitulorum generalium* 2002, S. 106 Nr. 8 und S. 112 Nr. 1. Zu umfassenderen Regelungen in den ordensinternen Kodifikationen seit dem 13. Jahrhundert vgl. Cygler, Generalkapitel, S. 53 und 113.

304 Vgl. Constitutio 12: „In singulis regnis sive provinciis fiat de triennio in triennium, salvo iure diocesanorum pontificum, commune capitulum abbatum atque priorum abbates proprios non habentium, qui non consueverunt tale capitulum celebrare, ad quod universi conveniant prepeditionem canonicam non habentes, apud unum de monasteriis ad hoc aptum … Advocent autem caritative in huiusmodi novitatis primordiis duos Cisterciensis ordinis vicinos abbates ad prestandum sibi consilium et auxilium opportunum, cum sint in huiusmodi capitulis celebrandis ex longa consuetudine plenius informati. Qui absque contradictione duos sibi de ipsis associent quos viderint expedire; ac ipsi quatuor presint capitulo universo … Huiusmodi vero capitulum aliquot certis diebus continue iuxta morem Cisterciensium celebretur … Ordinentur etiam in eodem capitulo religiose ac circumspecte persone que singulas abbatias eiusdem regni sive provincie non solum monachorum set etiam monialium, secundum formam sibi prefixam, vice nostra studeant visitare, corrigentes et reformantes que correctionis et reformationis officio viderint indigere … Hoc ipsum regulares canonicos secundum ordinem suum volumus et precipimus observare", *Constitutiones Concilii IV Lateranensis*, S. 60f.

der individuellen und kollektiven Bestrafung ferngebliebener Äbte auseinandersetzen musste[305]. Freilich übernahmen die Konzilsväter mit der Durchbrechung des jährlichen Rhythmus einer Generalversammlung der Vorsteher und mit der Aufgabe der permanent garantierten Überregionalität dieses Organs nur Regelungen, die der Zisterzienserorden selbst schon durch vermehrte Indulgenzen gewährt hatte[306]. Gleichwohl war die 1190 erstmals deutlich erkennbare unentschuldigte Abwesenheit von Äbten nicht nur der Peripherie[307] eine massive Infragestellung des sich im Generalkapitel idealtypisch inszenierenden Selbstverständnisses des Ordens, der auf Liebe („caritas“) und Einheit („una regula … similes mores“) gegründet war[308]. Da das Generalkapitel die jährlich wiederkehrende Selbstvergewisserung dieser den Orden konstituierenden Prinzipien und damit sein authentisches Spiegelbild war, musste die Versammlung selbst immer wieder Maßnahmen gegen das aufkommende Fehlverhalten seiner Einzelglieder ergreifen. Der auf Vollständigkeit und korrekte Chronologie bedachte Texttyp des Abteikatalogs sollte demnach zur Stabilisierung seines Auftraggebers und damit letzlich des Gesamtordens beitragen. Er war eher normreflektierend und praxisbezogen denn normativ, da er rückblickend den Bestand des Ordens für den Gebrauch in der Gegenwart fixierte. Doch als Maßnahme zur Sicherung von Vollständigkeit und Sitzordnung des Generalkapitels waren die mehrfache Anmahnung zur Erstellung und die Seltenheit der Überlieferung im 13. Jahrhundert Ausdruck ihres Scheiterns.

Versucht man schließlich unsere „tabula“ in das allgemeine Reform- und Geschichtsverständnis der Zisterzienser einzuordnen, so muss ihr Auftauchen um 1218 nicht verwundern, setzte doch nur kurz vorher mit dem Jahr 1202 die Ära der großen, systematisch geordneten Kodifikationen des überkommenen Rechtsbestandes des Ordens ein[309]. Wie bei der Abteitafel wurden die den Gesamtorden betreffenden älteren Beschlüsse im Mutterkloster Cîteaux selbst

305 Vgl. *Statuta capitulorum generalium* 1, S. 436–438 Nr. 13f., 16–19 und 21 und S. 441–444 Nr. 34–38 und 42; vgl. Cygler, Generalkapitel, S. 112 Anm. 480. Auf das sich gerade am Generalkapitel ablesbare Spannungsverhältnis zwischen innerem negativen Zustand des Ordens und seiner äußeren positiven Wahrnehmung geht Cariboni, Il papato, S. 629–633, nicht ein.

306 Wie Anm. 303.

307 Dies ergab eine Durchsicht der Beschlüsse des Generalkapitels: *Statuta capitulorum generalium* 1; *Statuta capitulorum generalium* 2002. Zu 1190 als Epochenjahr im Selbstverständnis und Handeln des Generalkapitels vgl. Füser, Mönche, S. 44f.: „Während das Generalkapitel bis 1190 nahezu ausschließlich Bestimmungen ordensübergreifender Gesetzgebung erließ, begann sich zu diesem Zeitpunkt eine verstärkte Betätigung als höchstrichterliche Instanz im Orden abzuzeichnen, die zwar die legislatorische Tätigkeit nicht in den Hintergrund drängte, jedoch zunehmend Entscheidungen zu den Belangen von einzelnen Ordenshäusern traf. Zugleich begann die Beschäftigung mit disziplinarischem Fehlverhalten von Äbten […], wobei jedoch ins Auge fällt, daß sich das Generalkapitel vor allem als ‚capitulum culparum’ der Klostervorsteher verstand, zumal es im Hinblick auf das strikt am Filiationssystem orientierte Visitationsinstitut als Appellationsinstanz fungierte.“ Es steht zu vermuten, dass mit diesem Wandel auch die Redaktion der oben genannten Abteitafel von ca. 1191 zu tun hat.

308 Vgl. *Carta caritatis prior* c. 3 bzw. *Carta caritatis posterior* § 9: „[…] sed una caritate, una regula, similibusque vivamus moribus“, *Carta caritatis prior*, S. 276 bzw. *Carta caritatis posterior*, S. 382.

309 Vgl. *Libellus definitionum* a. 1202; Lucet, L’ère.

gesammelt, harmonisiert und redigiert. Und nur drei Jahre vor dem Auftrag zur Erstellung einer neuen Tafel formulierte das Generalkapitel von 1214 die Notwendigkeit zur Aktualisierung der Kodifikation von 1202, zu der zwischen 1215 und 1218 mit Drängen ermahnt wurde. Das Generalkapitel vergewisserte sich damals also nicht nur des juridischen Status quo des Ordens, sondern entwarf in einem übersichtlichen und chronologischen Abteikatalog zugleich die konziseste Darstellung seiner Erfolgsgeschichte. Mit einem raschen Blick waren nun Konjunkturen, Phasen des Erfolgs, aber auch des Misserfolgs in der Gründungstätigkeit und Ausbreitung des Ordens erkennbar. Die hier vorgestellte Tafel ist somit auch ein Zeugnis für das Selbstverständnis des Ordens zu Beginn des 13. Jahrhunderts, der mit zunehmender Verlangsamung seiner Entwicklung zur Reflexion seiner Geschichte im größeren Ganzen überging[310].

Unser Fallbeispiel verdeutlicht einmal mehr, wie wichtig es ist, überlieferungsgeschichtliche und kulturwissenschaftliche Fragestellungen zu den Orden des Mittelalters miteinander ins Gespräch zu bringen. Nur gemeinsam verschaffen sie uns ein einigermaßen vollständiges Bild von den „vitae religiosae".

Bibliographie

Aere perennius. Jubiläums-Ausstellung der Staatlichen Bibliothek Bamberg zur Feier ihres 150jährigen Bestehens (Ausstellungskatalog), Münsterschwarzach 1953.

Andrieu, M., *Les ‚Ordines Romani' du haut moyen âge.* Bd. 1: *Les manuscrits* (Spicilegium Sacrum Lovaniense 11), Louvain 1931.

Caby, C., De l'abbaye à l'ordre. Écriture des origines et institutionnalisation des expériences monastiques, XIe–XIIe siècle, in: *Mélanges de l'École Française de Rome. Moyen Âge* 115 (2003), S. 235–267.

Cariboni, G., Il papato di fronte alla crisi istituzionale dell' ‚Ordensverfassung' cistercense nei primi decenni del XIII secolo, in: G. Melville/J. Oberste (Hg.), *Die Bettelorden im Aufbau. Beiträge zu Institutionalisierungsprozessen im mittelalterlichen Religiosentum* (Vita regularis. Ordnungen und Deutungen religiosen Lebens im Mittelalter 11), Münster/Hamburg/London 1999, S. 619–653.

Carta caritatis posterior, ed. C. Waddell, in: *Narrative and legislative texts from early Cîteaux.* Latin text in dual edition with English translation and notes (Commentarii cistercienses. Studia et documenta 9), Cîteaux 1999, S. 381–385.

Carta caritatis prior, ed. C. Waddell, in: *Narrative and legislative texts from early Cîteaux.* Latin text in dual edition with English translation and notes (Commentarii cistercienses. Studia et documenta 9), Cîteaux 1999, S. 274–282.

Chazan, M., *L'Empire et l'histoire universelle. De Sigebert de Gembloux à Jean de Saint-Victor (XIIe–XIVe siècle)* (Études d'histoire médiévale 3), Paris 1999.

Cocheril, M., L'implantation des abbayes cisterciennes dans la Péninsule ibérique, in: *Anuario de estudios medievales* 1 (1964), S. 217–287.

310 Kaum zufällig brachte der Orden in dieser Zeit mit Helinand von Froidmont und Alberich von Trois-Fontaines auch seine ersten Weltchronisten hervor; vgl. Paulmier-Foucart, Écrire; Chazan, L'Empire, S. 350–360 (zu Helinand); Schmidt-Chazan, Aubri de Trois-Fontaines; Chazan, L'Empire, S. 360–369 (zu Alberich).

Cocheril, M., Les ,Annales' de frère Ángel Manrique et la chronologie des abbayes cisterciennes, in: *Studia monastica* 6 (1964), S. 145–183.

Constitutiones Concilii IV Lateranensis, ed. A. García y García, in: *Constitutiones Concilii quarti Lateranensis una cum Commentariis glossatorum* (Monumenta Iuris Canonici. Series A. Corpus Glossatorum 2), Città del Vaticano 1981, S. 41–118.

Cygler, F./Melville, G./Oberste, J., Aspekte zur Verbindung von Organisation und Schriftlichkeit im Ordenswesen. Ein Vergleich zwischen den Zisterziensern und Cluniazensern des 12./13. Jahrhunderts, in: C.M. Kasper/K. Schreiner (Hg.), ,*Viva vox' und ,ratio scripta'*. Mündliche und schriftliche Kommunikationsformen im Mönchtum des Mittelalters (Vita regularis. Ordnungen und Deutungen religiosen Lebens im Mittelalter 5), Münster 1997, S. 205–280.

Cygler, F., *Das Generalkapitel im hohen Mittelalter. Cisterzienser, Prämonstratenser, Kartäuser und Cluniazenser* (Vita regularis. Ordnungen und Deutungen religiosen Lebens im Mittelalter 12), Münster/Hamburg/London 2002.

Dimier, M.A., Savigny et son affiliation à l'ordre de Cîteaux, in: *Collectanea Ordinis Cisterciensium Reformatorum* 9 (1947), S. 351–358.

Fischer, H., *Katalog der Handschriften der Königlichen Bibliothek zu Bamberg*. Bd. 1, 3: *Nachträge und Indices*, Bamberg 1908.

Franconia sacra. Meisterwerke kirchlicher Kunst des Mittelalters in Franken. Jubiläums-Ausstellung zur 1200-Jahrfeier des Bistums und der Erhebung der Kiliansreliquien (Ausstellungskatalog), München 1952.

Füser, Th., *Mönche im Konflikt. Zum Spannungsfeld von Norm, Devianz und Sanktion bei den Cisterziensern und Cluniazensern (12. bis frühes 14. Jahrhundert)* (Vita regularis. Ordnungen und Deutungen religiosen Lebens im Mittelalter 9), Münster/Hamburg/London 2000.

Goez, E., *Pragmatische Schriftlichkeit und Archivpflege der Zisterzienser. Ordenszentralismus und regionale Vielfalt, namentlich in Franken und Altbayern (1098–1525)* (Vita regularis. Ordnungen und Deutungen religiosen Lebens im Mittelalter 17), Münster/Hamburg/London 2003.

Goutagny, É., L'abbaye de Carracedo et son affiliation à l'Ordre de Cîteaux, in *Cîteaux. Commentarii Cistercienses* 14 (1963), S. 150–153.

Grillnberger, O., *Die ,Catalogi abbatiarum ordinis Cisterciensis'*. Nachträge zu Dr. L. Janauscheks ,Originum Cisterciensium tomus I'. Bd. 1: Die Gruppe B_1 und P, Wien 1904.

Instituta generalis capituli apud Cistercium, ed. C. Waddell, in: *Narrative and legislative texts from early Cîteaux*. Latin text in dual edition with English translation and notes (Commentarii cistercienses. Studia et documenta 9), Brecht 1999, S. 319–368; ed. C. Waddell, in: *Twelfth-century statutes from the Cistercian general chapter*. Latin text with English notes and commentary (Commentarii cistercienses. Studia et documenta 12), Brecht 2002, S. 532–565.

Janauschek, L., *Originum Cisterciensium tomus I in quo praemissis congregationum domiciliis adjectisque tabulis chronologico-genealogicis veterum abbatiarum a monachis habitatarum fundationes ad fidem antiquissimorum fontium primus descripsit* ..., Wien 1877. Nachdruck: Ridgewood NJ 1964.

Leitschuh, F., *Katalog der Handschriften der Königlichen Bibliothek zu Bamberg*. Bd. 1, 1: *Liturgische Handschriften*, Bamberg 1898.

Libellus definitionum a. 1202, ed. B. Lucet, in: *La codification cistercienne de 1202 et son évolution ultérieure* (Bibliotheca cisterciensis 2), Roma 1964.

Lucet, B., L'ère des grandes codifications cisterciennes (1202–1350), in: *Études d'histoire du droit canonique dédiées à Gabriel Le Bras*, 2 Bde., Paris 1965, Bd. 1, S. 249–262.

Melville, G., Zur Funktion der Schriftlichkeit im institutionellen Gefüge mittelalterlicher Orden, in: *Frühmittelalterliche Studien* 25 (1991), S. 391–417.

Oberste, J., Institutionalisierte Kommunikation. Normen, Überlieferungsbefunde und Grenzbereiche im Verwaltungsalltag religiöser Orden des hohen Mittelalters, in: G. Melville (Hg.), *,De ordine vitae'. Zu Normvorstellungen, Organisationsformen und Schriftgebrauch im mittelalterlichen Ordenswesen* (Vita regularis. Ordnungen und Deutungen religiosen Lebens im Mittelalter 1), Münster 1996, S. 59–99.

Paulmier-Foucart, M., Écrire l'histoire au XIIIe siècle. Vincent de Beauvais et Hélinand de Froidmont, in: *Annales de l'Est* 33 (1981), S. 49–70.

Schmidt-Chazan, M., Aubri de Trois-Fontaines, un historien entre la France et l'Empire, in: *Annales de l'Est* 36 (1984), S. 163–192.

Schreiner, K., Verschriftlichung als Faktor monastischer Reform. Funktionen von Schriftlichkeit im Ordenswesen des hohen und späten Mittelalters, in: H. Keller/K. Grubmüller/N. Staubach (Hg.), *Pragmatische Schriftlichkeit im Mittelalter. Erscheinungsformen und Entwicklungsstufen*. Akten des Internationalen Kolloquiums, 17.–19. Mai 1989 (Münstersche Mittelalter-Schriften 65), München 1992, S. 37–75.

Statuta capitulorum generalium, ed. J. M. Canivez, in: *Statuta Capitulorum Generalium Ordinis Cisterciensis ab anno 1116 ad annum 1786*. Bd. 1: *Ab anno 1116 ad annum 1220* (Bibliothèque de la Revue d'histoire ecclésiastique 9), Louvain 1933, S. 1–530; [...] Bd. 2: *Ab anno 1221 ad annum 1261* (Bibliothèque de la Revue d'histoire ecclésiastique 10), Louvain 1934, S. 1–486; [...] Bd. 3: *Ab anno 1262 ad annum 1400* (Bibliothèque de la Revue d'histoire ecclésiastique 11), Louvain 1935, S. 1–753; ed. C. Waddell, in: *Twelfth-century statutes from the Cistercian general chapter*. Latin text with English notes and commentary (Commentarii cistercienses. Studia et documenta 12), Brecht 2002, S. 56–501 und 572–606.

Suckale-Redlefsen, G., *Die Handschriften des 12. Jahrhunderts der Staatsbibliothek Bamberg* (Katalog der illuminierten Handschriften der Staatsbibliothek Bamberg 2), Wiesbaden 1995.

Summa cartae caritatis, ed. C. Waddell, in: *Narrative and legislative texts from early Cîteaux*. Latin text in dual edition with English translation and notes (Commentarii cistercienses. Studia et documenta 9), Cîteaux 1999, S. 183–186.

Wünsche, P., *Kathedralliturgie zwischen Tradition und Wandel. Zur mittelalterlichen Geschichte der Bamberger Domliturgie im Bereich des ‚Triduum sacrum'* (Liturgiewissenschaftliche Quellen und Forschungen 80), Münster 1998.

Eva Schlotheuber (Münster)

Der Erzbischof Eudes Rigaud, die Nonnen und das Ringen um die Klosterreform im 13. Jahrhundert

Als der Erzbischof Eudes Rigaud (Odo Rigaldus)[1] am 14. Mai 1250 die Nonnen des Benediktinerinnenkonvents Saint-Sauveur d'Évreux (gegr. 1060) visierte, fand er ein lebenslustiges Völkchen vor: Die Damen hielten sich kleine Hunde, die sie beständig fütterten, daneben aber auch Eichhörnchen und Vögel, sie besaßen kostbare Assessoires und hielten es auch nicht für nötig, die Einhaltung der Regel zu beschwören.[2] Der Erzbischof verpflichtete die Äbtissin daraufhin, regelmäßig mit den Amtsschwestern des Konvents abzurechnen und die Zellen der Konventualinnen zu visitieren, um das Privateigentum abzuschaffen. Mehr freilich konnte er im Rahmen der Visitation nicht tun, obwohl gerade Eudes Rigaud seine Amts- und Aufsichtspflichten über die klösterlichen Gemeinschaften seines Sprengels sehr ernst nahm. Besonders die problematischen Konvente hielt er in enger Aufsicht, allein die Benediktinerabtei Saint-Ouen-de-Rouen visitierte der Erzbischof in 21 Jahren fünfzehn Mal. Das ungewöhnliche Engagement ist vermutlich darauf zurückzuführen, dass mit Eudes Rigaud erstmals ein Mitglied der Bettelorden auf die erzbischöfliche Kathedra von Rouen gelangt war. Als Franziskaner der zweiten Generation sah Rigaud nun wohl die Chance gekommen, den viel beklagten Missständen in der Kirche von verantwortungsvoller Position aus entgegenzuwirken. Der Theologe Rigaud hatte bei den berühmten franziskanischen Gelehrten Alexander von Hales und Johannes Rupella in Paris studiert und war 1245 zum *Magister regens* aufgestiegen. Als er 1248 zum Erzbischof von Rouen geweiht wurde, lag somit schon eine erfolgreiche Universitätskarriere hinter ihm.[3] Vor allem hatte er sich aber einen Ruf als moral-theologischer Prediger erworben, was ihn für das Amt des Erzbischofs von Rouen besonders empfahl. Doch nicht nur seine profunden theologischen Kenntnisse auch seine diplomatischen Fähigkeiten wurden sowohl von dem

---

1 Vgl. zu Eudes Rigaud zuletzt Davis, The holy Bureaucrat; Pobst, Visitation of Religious; Schulmann, Eudes Rigaud; Cheney, Early Norman Monastic Visitations; Darlington, The Travels of Odo Rigaud.

2 Regestrum visitationum archiepiscopi Rothomagensis, S. 73: *Visitavimus monasterium monialium Sancti Salvatoris Ebroicensis, ordinis sancti Benedicti. Ibi sunt LXI moniales. Aliquando bibunt moniales extra refectorium et infirmitorium in cameris. Item, ibi sunt canes parvi, escurelli et aves.* [...] *Non profitentur regulam* [...]. *Carnes comedunt sine necessitate.* [...]*Item statuimus ut removeant corrigias ferratas et bursas inhonestas. Item statuimus quod abbatissa sepius visitet moniales et ab ipsis tollat bursas et auricularia que faciunt, nisi ea habebant de sua licentia.* Zu Saint-Sauveur d'Évreux vgl. Besse, Abbayes et prieurés, S. 180f. Zum Kleiderluxus der Nonnen vgl. Schlotheuber, Best Clothes and Everyday Attire.

3 Davis, The holy Bureaucrat, S. 12–30; Davis, The Formation of a Thirteenth-Century Ecclesiastical Reformer.

französischen König Ludwig IX. als auch von den Päpsten hoch geschätzt. Als Rat und Vertrauter König Ludwigs IX. handelte Rigaud mit Heinrich III. von England den Vertrag von Paris 1259 aus[4] und vermählte den Königssohn Philipp mit Isabell von Aragon. Der Franziskaner war zudem im Pariser Parlement vertreten und Mitglied des Exchequer der Normandie. Auch an der Kurie genoss der Franziskaner ein hohes Ansehen, so dass Papst Gregor X. ihn gegen Ende seines Lebens mit dem Vorsitz des 2. Ökumenischen Konzils in Lyon betraute.[5] Der umtriebige Erzbischof ist vor allem durch sein Reisetagebuch, das *Regestrum visitationum* bekannt, in dem er über mehr als 20 Jahre (1248–1269) die Ergebnisse seiner Visitationsreisen festhielt.[6] Sein Versuch, die Männer- und Frauenkonvente seiner Erzdiözese zu einem regelkonformen Leben zurückzuführen, war freilich kein einfaches Unterfangen.[7] Der Erfolg hing im Wesentlichen von den Vorstehern bzw. Vorsteherinnen der Gemeinschaften ab, also letztlich von deren Willen und Vermögen, die geforderten Änderungen oftmals auch gegen den Willen der Konventualen durchzusetzen.[8] Bei den Visitationsberichten der Frauengemeinschaften ist dabei vor allem auffallend, dass der Erzbischof fast ausschließlich mit den Äbtissinnen und Priorinnen verhandelte. Kein Propst, kein Beichtvater erscheint hier als Zwischeninstanz. Offensichtlich spielten die männlichen Betreuer keine Rolle, wenn es um Fragen des inneren Lebens der Frauen ging: bezüglich der Einhaltung der Klausur, der theologischen Unterweisung und der Beschaffung der für die Frauen notwendigen Literatur oder wenn es galt, die Aufnahmepraxis im Blick zu behalten, damit die Zahl der Nonnen nicht die Kapazität der Klostergüter überstieg. Aber auch wenn es um die regelmäßige Beichte oder um die zuverlässige Abhaltung des Stundengebets ging, wandte sich der Erzbischof nur an die Konventsvorsteherinnen. Diese Autonomie der Frauen ist erstaunlich, wenn man bedenkt, welche Rolle den männlichen Betreuern, allen voran den Pröpsten in den Reformklöstern Hirsauer Prägung zugewachsen war.[9] Da der Propst den Konvent nach außen vertrat, ermöglichte er den Frauen erst die Einhaltung der strengen Klau-

4 Schulmann, Eudes Rigaud, S. 137. Vgl. auch Regestrum visitationum archiepiscopi Rothomagensis, S. 349: *Recitavimus et publicavimus compositionem factam inter dictos duos reges, in pomerio domini regis Francie, eisdem cum pluribus Francie et Anglie prelatis et baronibus ibi existentibus, et ibidem fecit homagium dictus rex Anglie domino regi Francie.*

5 Schulmann, Eudes Rigaud, S. 137.

6 Regestrum visitationum archiepiscopi Rothomagensis; allgemein zu Quellengattung vgl. Oberste, Die Dokumente der klösterlichen Visitationen.

7 Zur bischöflichen Reform und seiner Verankerung in der päpstlichen Gesetzgebung vgl. Davis, The holy Bureaucrat, S. 67f. Zu demselben Ergebnis kommt Power, Medieval English Nunneries, S. 490f.; vgl. auch Spear, Leadership, S. 41–59.

8 Pobst, Visitation, S. 223. Die Untersuchung widmet sich den fünf Männergemeinschaften Jumiéges, Saint-Ouen in Rouen, Beaulieux, Longueville und Saint-Lô-de-Rouen.

9 Zur Reformbewegung des 12. Jh. vgl. Constable, The Reformation of the Twelfth Century, für die Frauengemeinschaften insbes. S. 65–74. Zum neuen Ideal weiblichen geistlichen Lebens in den Reformkonventen vgl. Schlotheuber, Die gelehrten Bräute Christi, S. 54–61; Beach, Women as Scribes, S. 68–72; dies., Listening for the Voices of Admont's Twelfth-Century Women.

sur und wurde damit im 12. Jahrhundert zur Schlüsselfigur, gleichsam zum Kennzeichen reformorientierter Konvente.[10] Die Kirchenhierarchie ist dieser Linie treu geblieben, und Papst Bonifaz VIII. hatte 1298 die Einführung der strengen Klausur mit der kanonischen Verfügung ‚Periculoso' für alle weiblichen Ordenszweige verbindlich gemacht.[11] Der Propst fungierte in den reformierten Konventen auch als geistlicher Betreuer, der das von der Klosterreform entworfene neue Ideal weiblichen geistlichen Lebens entscheidend mitformte und überwachte.[12] In Abgrenzung zu den politisch mächtigen und selbstbewusst agierenden Frauen der alten hochadeligen Frauengemeinschaften war das neue Ideal von einem demütig-schlichten Erscheinungsbild und der Betonung von Keuschheit und Gehorsam geprägt, von Disziplin und Regeltreue, so wie es beispielsweise der ehemalige Regensburger Domscholaster und spätere Zisterziensermönch Idung von Prüfening beschrieben hatte.[13] Die starke Stellung des Propstes in den Reformkonventen des Reichs (*pater spiritualis, qui numquam loco deesse debet*) belegen eindrucksvoll die gefälschten Gründungsurkunden der reformtreuen Benediktinerinnen von Lippoldsberg im 12. Jahrhundert.[14] In der Hochzeit monastischer Theologie stellte man den Nonnen nicht selten versierte und engagierte Reformtheologen zur Seite, die ihnen die spirituellen Inhalte und religiösen Neuentwürfe vermittelten, die mit „modernen" Autoren wie Hugo von St. Viktor († 1142), Rupert von Deutz († 1129) und Honorius Augustodunensis († 1140) verbunden waren. In Lippoldsberg verehrten die Damen ihren Propst um 1152 dementsprechend auch als *paedagogos* – als ihren Lehrer.[15] In den folgenden Jahrzehnten wird sich auch in den Reformklöstern so manches verändert und so mancher Unterschied nivelliert haben, dennoch ist es auffallend, dass uns im Register des Erzbischofs Eudes Rigaud keine derartige Autoritätsperson als Zwischeninstanz in den Frauenklöstern entgegentritt. Eine dauerhafte Kontrolle seiner Reformmaßnahmen konnte er vor Ort offenbar niemand anderem als den Vorsteherinnen selbst übertragen. Deshalb blieb der Einfluss des Erzbischofs stets punktuell, obwohl er zahlreiche Klöster wie das

10 Zur Rolle der männlichen Betreuer vgl. Griffiths, The Cross and the Cura monialium; dies., Men's Duty to Provide for Women's Needs; Hotchin, Female Religious Life, S. 71; Küsters, Formen und Modelle religiöser Frauengemeinschaften.

11 Corpus iuris canonici, Liber Sextus, Sp. 1053f.; dazu Makowski, Canon Law and cloistered Women, S. 133–135.

12 Schlotheuber, Die gelehrten Bräute Christi, S. 64–67.

13 *Ornamenta vero quae Christus requirit in sponsa sua et per quae recognoscitur esse sua, sunt signa illa, quae gloriosae mentis sanctam virginitatem ostendunt, propter quae psalmista pulchre et signanter dixit non ‚intus', sed ‚abintus', quia sancta virginitas sic est in mente, ut exeat foras per sua indicia, quae sunt facies pallida macieque confecta, in loquendo verecundia, in audiendo obedientia, in cibo parcitas, in potu sobrietas, in incessu gravitas, in veste vilitas, cutis cilicio squalida, non balneis accurata*; Le moine Idung et ses deux ouvrages: Argumentum super quattuor questionibus, ed. Huygens, c. 357 S. 71f.

14 Mainzer Urkundenbuch I: Die Urkunden bis zum Tode Erzbischof Adalberts I (1137), ed. Stimming, Nr. 403, 404 und 405, S. 285–312; dazu Heinemeyer, Die Urkundenfälschungen des Klosters Lippoldsberg, S. 110f.

15 Chronicon Lippoldesbergense (1051–1151), ed. Arndt, S. 560.

Zisterzienserinnenpriorat Saint-Saëns,[16] das Zisterzienserinnenkloster Bival,[17] Saint-Aubin,[18] Villarceaux[19] und die Benedikterinnen in Saint-Amand (Rouen)[20] oder das Priorat Bondeville[21] fast jährlich besuchte und unermüdlich zur Einhaltung von Ordensregel und Klausur, aber auch zum Verzicht auf Privateigentum ermahnte.[22] Waren die Frauenklöster der Normandie möglicherweise insgesamt der Klosterreform ‚entgangen' und traten deshalb dem bischöflichen Visitator unmittelbar als relativ autonome und selbst verwaltete Nonnenkonvente entgegen?

Während sich in den Frauenkonventen, die von der hochmittelalterlichen Klosterreform erfasst worden waren, die Einschließung der Frauen hatte weitgehend durchsetzen lassen,[23] beklagte der Erzbischof von Rouen in allen Häusern seines Sprengels den Bruch der Klausur. Unangemessene Strenge war ihm hinsichtlich seiner Klausurvorstellungen aber vermutlich nicht vorzuwerfen. In Bondeville ermahnte Eudes Rigaud die Priorin lediglich, sie solle die Nonnen nur in guter und ehrenwerter Gesellschaft nach Rouen gehen lassen![24] Und es kam nicht selten vor, dass der Erzbischof die Äbtissin oder Priorin gar nicht antraf, wenn er die Klöster zur Visitation besuchte.[25] Auch im Zisterzienserinnenkloster Bival (gegr. 1128–1154) gingen Verwandte und Freunde ein und aus, man aß gemeinsam und die Nonnen verließen häufig das Kloster. Eudes Rigaud verbot hier wie anderswo weltlichen Personen ausdrücklich, die Klausur der Nonnen zu betreten. Er sah sich jedoch bezeichnender Weise zu einer Ausnahme für die einflussreichen Freunde und Verwandte der Frauen veranlasst.[26] Gute Kontakte der Frauen zu den mächtigen Familien der Region, die häufig bevorzugt in den Nonnenkonventen ihre Familienbegräbnisstätten pflegten und hier vor allem beim Eintritt der Töchter ausgelassene Feste feierten, waren für den ökonomischen Wohlstand und die Integration eines Klosters innerhalb der

16 Besse, Abbayes et prieurés, S. 67f.; Johnson, Profession, S. 71f.

17 Zu Bival vgl. Malicorne, Documents et courte notice sur l'abbaye de Bival; Besse, Abbayes et prieurés, S. 66.

18 Zu Saint-Aubin vgl. Besse, Abbayes et prieurés, S. 75 Anm. 7.

19 Ebd., S. 80; Johnson, Profession, S. 116–118.

20 Dierkens, Saint Amand; Besse, Abbayes et prieurés, S. 62f.

21 Bondeville war ein Tochterkonvent von Bival; Meer, Atlas de l'Ordre cistercien, S. 273; Johnson, Profession, S. 72f.

22 Zu den Visitationen in den Frauenkonventen vgl. den Exkurs bei Power, Medieval English Nunneries, S. 632–669.

23 Zum Zusammenhang von strenger Klausur und der Ausbildung spezifischer Formen weiblicher Spiritualität vgl. Felskau, Von Brabant bis Böhmen, S. 90–97.

24 Regestrum visitationum archiepiscopi Rothomagensis, S. 455f.: (20. März 1263): *Inhibuimus etiam eidem ne permitteret aliquas ire Rothomagum nisi cum bona societate et honesta, et quod cito redirent.*

25 Ebd., S. 323f.: (Villarceaux, 23. November 1258).

26 Ebd., S. 117: *Inhibuimus ne aliquis secularis introducatur claustrum, nisi forte tales de quibus esset scandalum arcere eos* (28. August 1251). 1255 mahnt Eudes Rigaud die Benediktinerinnen von Alméneches nicht ohne Erlaubnis der Äbtissin das Kloster zu verlassen (ebd., S. 235). In Saint-Léger kamen und gingen die Frauen, wie sie wollen: *Moniales vadunt extra abbaciam quando possunt et reveniunt quando volunt* (ebd., S. 295: 31. Dezember 1257).

Region entscheidend.[27] Ein einzelner Konvent konnte sich dieser Dynamik nur schwer entziehen. Die hochmittelalterlichen Klosterreformer hatten diese Verflechtung mit der Laienwelt jedoch bewusst durch strenge Klausurvorschriften und andere Maßnahmen wie das Verbot der Simonie beim Klostereintritt oder der Übernahme geistlicher Verwandtschaften gelöst. Doch kam den geistlichen Frauen der Erzdiözese Rouen offenbar immer noch ebenso wie einst den adeligen Frauenstiften des Früh- und Hochmittelalters eine soziale Zentralortfunktion zu.[28] Hier können wir deshalb auch die Begleiterscheinungen beobachten, die ein enger Kontakt zur Laienwelt mit sich brachte: die äußerliche Anpassung der Nonnen an adelige Kleidungsstandards, die Auflösung des Gemeinschaftslebens und Eigenbesitz oder auch unerwünschter Nachwuchs. Aeliz' von Rouen, Nonne in Saint-Aubin, bescherten die guten Kontakte zum Klerus einen Knaben.[29] Die Visitation von Saint-Aubin mag der Erzbischof im Laufe der Zeit regelrecht gefürchtet haben. Als er 1261 hier eintraf, musste er nicht nur ein weiteres Kind, insgesamt das Dritte der Aeliz von Rouen, zur Kenntnis nehmen, sondern noch eine weitere Nonne, Beatrix von Beauvais, war in der Zwischenzeit niedergekommen.[30] In Saint-Saëns war es ebenfalls schon mehrfach zu ungewolltem Nachwuchs gekommen.[31] Hier kämpfte die Priorin aber auch mit Autoritätsproblemen. So ritt die vermögende Johanna Martel, wie die Äbtissin bei der Visitation 1259 klagte, zu Pferd im Pelz aus Buntwerk zu den Eltern und hielt über einen eigenen Boten engen Kontakt zu den Verwandten.[32]

Die männlichen Betreuer werden im Register Provisoren (*provisores*) genannt und versahen vor allem die Güterverwaltung (*negotia*) für die Frauen.[33] Sie waren den Konventsvorsteherinnen bei derartigen Disziplinproblemen oder in anderen Fällen, die das innere Leben betrafen, offenbar keine Hilfe. Denn anders als die Pröpste, die in der Regel als ranghöchste Kleriker im Kloster amtierten, waren diese Provisoren keine Geistlichen, sondern weltliche Verwalter. Man konnte deshalb auf sie vorübergehend auch ganz verzichten. Eudes Rigaud

27 Schlotheuber, Familienpolitik und geistliche Aufgaben.

28 Vgl. zu den ottonischen und bayerischen Frauenklöstern vor der Reform Röckelein, Bairische, sächsische und mainfränkische Klostergründungen.

29 1256 nimmt Eudes Rigaud der Aeliz von Rouen und Eustachia de Estrepigniaco den Schleier „auf Zeit" ab (*Velum autulimus ad tempus propter earum fornicationem*), weil sie immer noch Umgang mit Männern pflegten und Eustachia versucht hatte, ihre Schwangerschaft abzubrechen (Regestrum visitationum archiepiscopi Rothomagensis, S. 255). Letztere verließ das Kloster und gebar ein Kind von dem Kaplan Johannes de Fry (ebd., S. 283). Insgesamt wird im Register recht häufig vom Nachwuchs der Nonnen berichtet, doch scheinen der Erzbischof und die Konvente mit diesem Problem recht pragmatisch umgegangen zu sein. Vgl. die Visitation von Bival 1256, wo die Nonne Florence schon mehrfach niedergekommen war (ebd., S. 268).

30 Regestrum visitationum archiepiscopi Rothomagensis, S. 412: (1. Okt. 1261). Weitere Vorwürfe dieser Art häufen sich bei der Visitation 1264 (ebd., S. 591).

31 Ebd., S. 338: (9. Juli 1259).

32 Ebd.: *Johanna Martel erat rebellis et inobediens, et rixabatur cum priorissa et perrexerat equitans cum cappa de burneta ad manicas ad parentes et habebat nuntium proprium, quem ad eosdem pluries destinabat.*

33 Vgl. zur Betreuung der Zisterzienserinnen im 13. Jahrhundert und zur Unterscheidung von *prepositus* und *provisor* Mersch, Das ehemalige Zisterzienserinnenkloster Vallis Dei, S. 82f.

merkt bei der Auflistung der Missstände in Saint-Aubin 1252 erst ganz am Ende seiner *monita* an, dass es hier keinen *provisor* gebe.[34] Die Messe feierte in Saint-Aubin ein Pfarrgeistlicher.[35] Den Nonnen von Saint-Saëns spendete 1254 ein Kleriker namens Lucas die Sakramente, der auch ihr Beichtvater war, aber leider nicht keusch lebte.[36] Nach dessen Ausweisung stand den Damen jahrelang überhaupt kein eigener Beichtvater mehr zur Verfügung, denn 1261 heißt es, dass ihnen bereits seit längerem ein *confessor* fehle.[37] In Bondeville mangelte es überhaupt an Priestern,[38] und im Priorat Villarceaux gab es ebenso wie in Saint-Léger de Préaux[39] offenbar niemanden, der dafür sorgen konnte, dass die Nonnen wenigstens einmal im Monat zur Beichte gingen und die Kommunion feierten.[40] Die geringe Bedeutung, die hier den männlichen Betreuern zukam, bedeutete vermutlich in erster Linie mehr Autonomie für die Frauen und zwar nicht zuletzt in ökonomischer Hinsicht. Die Konvente konnten selbständig wirtschaften, bzw. wo das Gemeinschaftsleben bereits aufgelöst war, übernahmen die einzelnen Nonnen ihre Versorgung selbst. Der Erzbischof ermahnte die Äbtissinnen zwar regelmäßig, mit den Amtsschwestern abzurechnen, ansonsten waren sie jedoch niemand anderem Rechenschaft über die Finanzen schuldig, als dem Erzbischof bei der Visitation. Im Alltag der Nonnen zog die mangelnde Anbindung aber gelegentlich mancherlei Misshelligkeiten nach sich. In Bondeville waren die oberen Chorfenster zerbrochen, durch die nun Tauben herein flogen und die Messfeierlichkeiten empfindlich störten. Niemand fühlte sich offensichtlich für diesen Missstand zuständig, bis schließlich der Erzbischof zur Visitation kam. Eudes Rigaud entschied kurzerhand, dass der größere Teil der Fenster sowieso überflüssig sei und zugemauert werden solle.[41] Bezeichnenderweise sprach nur in dem alten und mächtigen Benediktinerinnenkloster Montivilliers, das sich 1259 aufgrund seiner Exemtionsprivilegien einer Visitation verweigerte, ein Kleriker, der *magister Ricardus*, für den Konvent.[42] Nach hartem

34 Regestrum visitationum archiepiscopi Rothomagensis, S. 146: (17. September 1252).

35 Ebd., S. 319: (4. September 1258).

36 Ebd., S. 187: (18. September 1254). Sie konnten möglicherweise die Ordensregel nicht wirklich zur Kenntnis nehmen, da ihnen die französische Übersetzung der Regel aus dem Kapitelsaal gestohlen worden war.

37 Ebd., S. 419: (3. Januar 1262). Bis zur nächsten Visitation 1263 hatte der Erzbischof für einen Beichtvater gesorgt: *Elemosinarius Sancti Victoris erat confessor earum de consciencia et voluntate nostra* (ebd., S. 451: 22. Januar 1263).

38 Ebd., S. 487: (März 1263).

39 Die Urkunden der zeitgleichen Mönchsgründung, die wie der Frauenkonvent um 1034 von Hunfrid, des Herrn von Pont-Audemer, gegründet wurde, sind jetzt ediert. Sie betreffen auch das Frauenkloster: Le cartulaire de l'abbaye bénédictine.

40 Regestrum visitationum archiepiscopi Rothomagensis, S. 194 und 198.

41 Ebd., S. 512: (12. April 1265): *Conqueste fuerunt super hoc quod columbe volabant per chorum et cancellum et tumultabantur ibidem impedientes divinum offitium, ut dicebant; propter quod precepimus maiorem partem fenestrarum monasterii obstrui sive plastrari; plures etenim erant ibi superflue.*

42 Ebd., S. 353: (Januar 1259), (*vice quarum omnium magister Ricardus, clericus earundem, respondit quod non, dicens quod numquam consentirent quod visitationis officium exerceremus ibidem …*). Vgl. zu Montivilliers zuletzt Hall, An unpublished Privilege; Besse, Abbayes et prieurés, S. 63–65. Zur Visi-

Ringen (*post multas altercationes*) konnte Eudes Rigaud im Januar 1260 die Nonnen von Montivilliers schließlich zwingen, seiner Aufsichtsgewalt auch in schriftlicher Form zuzustimmen – ein interessantes Beispiel für die Durchsetzung bischöflicher Visitationsgewalt gegen alte Exemtionsrechte.[43]

Auch die (Wieder-)Einführung des Gemeinschaftslebens gehörte zu den zentralen Forderungen der Klosterreform. Die Einhaltung der Klausur und die gemeinschaftliche Verpflegung der Konventualinnen hin eng miteinander zusammen, so dass es nicht erstaunlich ist, wenn Eudes Rigaud die Auflösung des Gemeinschaftslebens in einem Atemzug mit dem Bruch der Klausur beklagte. In Saint-Saëns lebten 18 Nonnen zusammen mit drei Laienschwestern,[44] doch sorgte jede für sich selbst, die Äbtissin vernachlässigte den Chordienst, das tägliche Kapitel und auch das Schweigegebot galten in Saint-Saëns wenig. Die Äbtissin, so Eudes Rigaud, wage nicht die Schwestern zu korrigieren, aus Angst selbst angeklagt zu werden.[45] Die Pröpste waren, wie zuvor angemerkt, in den reformierten Frauenkonventen nicht zuletzt für die theologische Unterweisung der Nonnen und damit auch für die Beschaffung der notwendigen Literatur zuständig.[46] An einer solchen Fürsorge mangelte es den Frauengemeinschaften der Erzdiözese Rouen offenbar. In manchen Konventen, wie 1257 in Villarceaux, fehlte es sogar an Chorbüchern[47] und dieser Mangel konnte mindestens vier Jahre lang nicht behoben werden.[48] Mit der Reform war stets auch die Intensivierung der Lateinkenntnisse verbunden.[49] In Almenèche reichten die Lateinkenntnisse der Nonnen nicht mehr aus, die lateinische Regel zu verstehen,

tationspraxis der Zisterzienser Oberste, Die Dokumente der klösterlichen Visitationen, S. 32–36.

43 Regestrum visitationum archiepiscopi Rothomagensis, S. 383f. Die Einverständniserklärung der Nonnen inserierte er in sein Register, wobei das erzbischöfliche ius commune gegen das Exemtionsprivileg stand, das sie von der Jurisdiktionsgewalt des Diözesanbischofs befreite. Dennoch unterwarfen sich die Nonnen seinem Willen, wobei alle anderen Freiheiten des Klosters gewahrt bleiben sollten. Dazu Hall, An unpublished Privilege, S. 666f.

44 Regestrum visitationum archiepiscopi Rothomagensis, S. 170: (26. September 1253).

45 Ebd.: *Priorissa non audet corrigere alias, quia offendit sicut et ipse. Ordo non servatur. Capitulum non tenetur.*

46 In der Enzyklopädie Hortus deliciarum Herrads von Landsberg (od. Hohenburg) (12. Jh.), ein Produkt der Reform zur Belehrung der Frauen, wird der Propst so weit aufgewertet, dass er in der Person des Evangelisten Johannis als Betreuer der Nonnen neben Maria (als Erste der Jungfrauen) sitzt, während die Amtsfrauen des Konvents mit einer zeigenden Geste auf die Entscheidungsgewalt der beiden verweisen; vgl. Griffiths, The Garden of Delights, S. 48 Abb. 7.

47 So in Villarceaux: *Non habent libros sufficientes, deficiebant eis duo antiphonarii*; Regestrum visitationum archiepiscopi Rothomagensis, S. 281: (28. Juli 1257).

48 Ebd., S. 402: (14. Juni 1261): *Pravos et insufficientes habebant libros.*

49 Das hohe Niveau der Sprachkompentenz der Nonnenkonvente, die die hochmittelalterliche Reform angenommen hatten, belegt eindrucksvoll die Studie über die reformierten Benediktinerinnen von Admont: Beach, Women as Scribes, S. 68–72.

weshalb sie ihnen im Kapitel regelmäßig auch auf Französisch erklärt werden sollte.[50]

Die Häuser, die mit inneren Schwierigkeiten zu kämpfen hatten oder deren Gewohnheiten – wie etwa Simonie beim Klostereintritt – gegen das Kirchenrecht verstießen, besuchte Eudes Rigaud fast Jahr für Jahr. In dem kleinen Priorat von Saint-Aubin waren Zahlungen an den Konvent bei der Aufnahme zukünftiger Nonnen üblich.[51] Hier wie in vergleichbaren Fällen versuchte der Erzbischof mit der Anweisung durchzugreifen, dass in Zukunft niemand ohne ausdrückliche Erlaubnis des Erzbischofs aufgenommen werden dürfe – ein Verbot, das freilich nur mühsam durchzusetzen war.[52] Immer wieder fand er bei seinen Visitationen in Saint-Aubin Nonnen vor, deren Aufnahme er nicht zugestimmt hatte. Zu allen Reformzeiten versuchten die Visitatoren auch die Aufnahme von *domicellae*, von weltlichen Mädchen zu unterbinden, die nur zur Erziehung auf Zeit im Kloster lebten.[53] Da in der Regel die Familien auf eine Aufnahme ihrer noch minderjährigen Töchter drängten und der Konvent davon finanziellen Nutzen hatte,[54] verteidigten die Nonnen ihre Aufnahmepolitik vielfach mit der Armut des Klosters. Die Mädchen, die von den Eltern oder Verwandten für das Klosterleben bestimmt und von den Konventen akzeptiert worden waren, konnten nach dem Kirchenrecht bereits vor dem Erreichen der Volljährigkeit durch die ‚Einkleidung' verbindlich aufgenommen werden, da die damit verbundene Weihe sie an das geistliche Leben band.[55] Dieser kirchenrechtlichen Bedingungen waren sich die Zisterzienserinnen von Bival vielleicht

---

50 Regestrum visitationum archiepiscopi Rothomagensis, S. 374: (9. September 1260). Besse, Abbayes et prieurés, S. 222f. Vgl. insgesamt Schlotheuber, Die gelehrten Bräute Christi, S. 39–81.

51 Regestrum visitationum archiepiscopi Rothomagensis, S. 114f.: (7. August 1251).

52 1258 wird das Verbot für Saint-Aubin wiederholt (ebd., S. 319). Bei der Visitation von Saint-Saëns 1258 heißt es: *Item, due ibi erant puellule pro quibus rogati fuimus a priorissa et quibusdam monialibus ut eas recipi faceremus et velari. Quarum preces non exaudientes in hac parte, eas precepimus amoveri infra octo dies subsequentes; iniunximus autem eis ne aliquam recipere presumerent absque nostra licentia speciali* (ebd., S. 310). 1259 hatten die Nonnen wiederum ohne Wissen des Erzbischofs eine Adelstochter aufgenommen und zur Nonne geweiht (ebd., S. 361); 1261 weigert sich der Erzbischof, einer Aufnahme von fünf weiteren Nonnen zuzustimmen (ebd., S. 419), und 1264 konstatierte er wiederum eine Aufnahme gegen seinen Willen (ebd., S. 512).

53 Schlotheuber, Klostereintritt und Bildung, S. 127–134. An zahlreichen Stellen scheint dieses Problem auf: So in Saint-Sauveur d'Évreux (Regestrum visitationum archiepiscopi Rothomagensis, S. 220: 1250), wo alle Kinder, die noch nicht eingekleidet worden waren (*omnes infantes non velatas*), ausgewiesen werden sollen. Bei der Visitation von Villarceaux sollen die zur Erziehung aufgenommenen Kinder sofort ausgewiesen werden (*ut pueros quos in domo sua nutriunt contra nostram inhibitionem diu est eisdem factam, de eadem domo eicere non postponant*), ebd., S. 324: 1258. Ebenso ordnet es Eudes Rigaud im selben Jahr für Saint-Sauveur d'Évreux an, ebd., S. 305; 1260 befiehlt er in Saint-Saëns die *puellas seculares* auszuweisen, ebd., S. 380.

54 Regestrum visitationum archiepiscopi Rothomagensis, S. 410. Für Boneville heißt es im September 1261: *Plures puellule seculares mittebantur ibi cum sumptibus suis.*

55 Schlotheuber, Klostereintritt und Bildung, S. 134–146.

nicht ganz bewusst, da sie gegen das Kirchenrecht auch die minderjährigen Mädchen die Ordensgelübde ablegen ließen.[56]

Ein besonderes Gewicht hatte bei der hochmittelalterlichen Kirchenreform darauf gelegen, dass die Nonnen keine klerikalen Aufgaben mehr übernahmen, die ihnen verboten waren.[57] Dieses Verbot war nicht leicht durchzusetzen gewesen, denn vor allem die Äbtissinnen der alten und mächtigen Klöster waren offenbar gewohnt gewesen, sich selbst zu helfen und Weihen zu spenden, die Beichte abzunehmen, das Evangelium zu lesen oder zu predigen. Eudes Rigaud konstatiert freilich nur in Saint-Saëns, dass eine Nonne einem Priester bei der Messe ministrierte.[58] In Montivilliers, das sich lange einer erzbischöflichen Visitationen durch seine Exemtion hatte entziehen können, war der Erzbischof darüber entsetzt, dass die Nonnen Kinder aus der Taufe hoben, also in eine geistliche Verwandtschaft eintraten. Die Übernahme von Taufpatenschaften war den Mönchen gleichermaßen wie den Nonnen verboten, weil dadurch *familiaritas* mit den Eltern des Täuflings entstünde und Gefahr drohe, dass die geistlichen Paten ihre Taufkinder bevorzugten.[59]

Die Einbindung der geistlichen Frauen in adelige Netzwerke, ihre Autonomie in der Wirtschaftsführung, ihre selbständige Stellung gegenüber dem Konvent und dem Erzbischof, das alles unterschied die Frauengemeinschaften der Normandie – und offensichtlich auch Englands[60] – von den Konventen, die im 12. Jahrhundert einer monastischen Reform unterzogen worden waren. Das im Zuge des Investiturstreits entwickelte neue Ideal weiblichen geistlichen Lebens hatte dabei so tief greifend den Bedürfnissen der Zeit entsprochen, dass beispielsweise in Sachsen bis zur Mitte des 12. Jahrhunderts die Frauengemeinschaften fast ausnahmslos reformiert bzw. reguliert wurden.[61] Doch diese Entwicklung war keineswegs zwangsläufig, sondern blieb gebunden an die Durchsetzungskraft der monastischen Reformbewegung und ihrer religiösen Ideale. Die monastische Reformbewegung hatte ihre Vorstellungen im Ringen des Investiturstreits um die richtige Lebensform entfaltet und ausgebildet. Im Zuge der erbitterten Kämpfe um Durchsetzung des regeltreuen Lebens der Religiosen in den verschiedenen Regionen und in den einzelnen Klöstern war sie auch in politischer Hinsicht zu einem wesentlichen Machtfaktor geworden.[62] Der Inves-

---

56 Regestrum visitationum archiepiscopi Rothomagensis, S. 207: (1254): *Item iniunximus abbatisse quod moniales non facerent vota, quousque devenirent ad XIIII anum.* In Saint-Amand lebten 1257 vier *puelle*, die aber für das Ordensleben bestimmt waren (ebd., S. 285). Die fünf Mädchen, die 1257 in Bondeville erwähnt werden, sollten möglicherweise nur „auf Zeit“ im Kloster bleiben: *Quinque sunt domicelle, que non fuerunt recepte* (ebd., S. 189). Saint-Salvator (ebd., S. 305: 1. Mai 1258): [...] *precepimus omnes puellulas non velatas penitus amoveri.*

57 Schlotheuber, Klostereintritt und Bildung, S. 106–108.

58 Regestrum visitationum archiepiscopi Rothomagensis, S. 187 (18. September 1254).

59 Ebd., S. 517: (15. Mai 1265). Vgl. zum Verbot der Mönche und Nonnen in die geistliche Verwandtschaft einzutreten Angenendt, Kaiserherrschaft und Königstaufe, S. 146f.

60 Power, Medieval English Nunneries; Spear, Leadership, S. 41–50.

61 Götting, Hilwartshausen und Fredelsloh.

62 Ebd., S. 294.

titurstreit hatte in England und in der Normandie einen anderen Verlauf genommen, der nicht die weite Dimension der aufrüttelnden, viele gesellschaftliche Gruppen erfassenden Auseinandersetzung erreichte wie im Einflussbereich der salischen Kaiser. Der Episkopat war hier einer stärkeren Kontrolle durch das Königtum unterworfen und ihm fiel insgesamt eine andere Stellung im gesellschaftlich-politischen Gefüge der Zeit zu. Die Konfliktlinien verliefen hier gleichsam in auch zeitlich enger begrenzten Bahnen, beschränkten sich im Wesentlichen auf den Streit zwischen Heinrich I. und dem Erzbischof Anselm von Canterbury.[63] Die Reformgedanken haben im angevinischen Reich deshalb vermutlich auch weniger tief greifend breite gesellschaftliche Kreise ergriffen. Ohne die Überzeugungskraft einer monastischen Reformbewegung, deren religiös-politische und soziale Forderungen im Verständnis der Zeitgenossen überzeugende Neuentwürfe für zentrale Missstände entworfen hatten, war eine umfassende Änderung der Lebensgewohnheiten der Religiosen aber nicht durchzusetzen. Die Eingliederung der Normandie in das französische Königreich 1203/1204 durch Philipp August II. bedeutete vermutlich auch in dieser Hinsicht einen Neuansatz. Aber keine noch so ernsthaft betriebene bischöfliche Visitationstätigkeit konnte die von der Reformbewegung mit großem Enthusiasmus ins Werk gesetzte Formung eines neuen, letztlich nach innen auf die Beziehung zu Gott hin ausgerichteten weiblichen geistlichen Ideals ersetzten, mit dem die Einführung der strengen Klausur bei den Frauengemeinschaften einherging. Anders als es die Literatur oftmals vermittelt, hat sich die neue Lebensform und damit auch die Klausur regional in sehr unterschiedlichem Maße durchgesetzt bzw. eben nicht Fuß fassen können.[64] Damit wurde auch eine andere Ausgangsbasis geschaffen. Die hochmittelalterliche Klosterreform als Ergebnis der großen Umbrüche in den Zeiten des Investiturstreits war freilich nur ein Faktor, der dazu beitrug, dass sich im Spätmittelalter in neuer Weise Frauenklosterlandschaften ausbildeten, die ein spezifisches religiöses Profil aufwiesen, deren Lebensweise und Selbstverständnis, Bildungsstand nicht zuletzt ihre soziale Funktion prägten. Viele weitere Faktoren wie die Ausbreitung der Bettelorden, der semireligiösen Lebensformen und das Entstehen urbaner Zentren oder konkurrierender Netzwerke niederadeliger Familien traten im 13. Jahrhundert hinzu, dass sich in Konkurrenz zu den alten Benediktinerinnen- und Zisterzienserinnenabteien eine Vielfalt religiöser Lebensformen entfaltete. Dennoch hat die monastische Reform des Hochmittelalters das Fremd- und Selbstverständnis der Nonnen der Alten Orden entscheidend neu geformt, gleichsam auf eine neue Grundlage gestellt. Von dem hier entworfenen Ideal der Innerlichkeit und Abgeschlossenheit von der Welt heben sich die lebenslustigen Damen von Saint-Aubin und andere Nonnenklöster, von denen uns der erfahrene Eudes Rigaud meist recht nüchtern, bisweilen aber auch mit einem humorvollen Augenzwinkern berichtet, jedenfalls deutlich ab.

63 Vgl. zuletzt Vollrath, Der Investiturstreit begann im Jahr 1100.
64 Zuletzt Felskau, Von Brabant bis Böhmen, S. 90f.; Bertelsmeier-Kierst, Bräute Christi, S. 15f.

Bibliografie

Angenendt, A. *Kaiserherrschaft und Königstaufe: Kaiser, Könige und Päpste als geistliche Patrone in der abendländischen Missionsgeschichte* (Arbeiten zur Frühmittelalterforschung 15), Berlin 1984.

Beach, A.I., Listening for the Voices of Admont's Twelfth-Century Women, in: K. Kerby-Fulton/L. Olson (Hg.), *Voices in Dialogue: New Problems in Women's Cultural History*, Notre Dame, IN 2003, S. 187–198.

Beach, A.I., *Women as Scribes. Book Production and Monastic Reform in Twelfth-Century Bavaria*, Cambridge 2003.

Bertelsmeier-Kierst, C., Bräute Christi. Zur religiösen Frauenbewegung im 12. und 13. Jahrhundert, in: dies. (Hg.), *Elisabeth von Thüringen und die neue Frömmigkeit in Europa. Internationales Symposion in Marburg Mai 2007* (Kulturgeschichtliche Beiträge zum Mittelalter und zur frühen Neuzeit 1), Frankfurt a. M. u. a. 2008, S. 1–33.

Besse, J.M., *Abbayes et prieurés de l'ancienne France: recueil historique des archevêchés, évêchés, abbayes et prieurés de France. Province ecclésiastique de Rouen* (Archives de la France monastique 7), Paris 1914.

Le cartulaire de l'abbaye bénédictine de Saint-Pierre-de-Préaux (1034–1227), ed. D. Rouet (Éditions du CTHS), Paris 2005.

Cheney, C.R., Early Norman Monastic Visitations: A Neclected Record, in: *Journal of Ecclesiastical History* 33 (1982), S. 412–423.

Chronicon Lippoldesbergense (1051–1151), ed. W. Arndt (MGH SS 20), Hannover 1868, S. 546–557.

Constable, G., *The Reformation of the Twelfth Century*, Cambridge 1996.

Corpus iuris canonici, ed. E. Friedberg, Bd. 2, Leipzig 1879 (ND 1959).

Darlington, O.G., *The Travels of Odo Rigaud, Archbishop of Rouen* (1248–1275), Philadelphia 1940.

Davis, A.J., The Formation of a Thirteenth-Century Ecclesiastical Reformer at the Franciscan Studium in Paris: The Case of Eudes Rigaud, in: R. Begley/J.W. Koterski, (Hg.), *Medieval education* (Fordham Series in Medieval Studies 4), New York 2005, S. 99–120.

Davis, A.J., *The holy Bureaucrat. Eudes Rigaud and Religious Reform in Thirteenth-Century Normandy*, Ithaca 2006.

Dierkens, A., *Saint Amand et la fondation de l'abbaye de Nivelles*, in: Revue du Nord 68 (1986), S. 325–334.

Felskau, Ch.F., Von Brabant bis Böhmen und darüber hinaus. Zu Einheit und Vielfalt der ‚religiösen Frauenbewegung' des 12. und 13. Jahrhunderts, in: E. Klueting (Hg.), *Fromme Frauen – unbequeme Frauen*, Hildesheim 2006, S. 67–103.

Götting, H., Hilwartshausen und Fredelsloh. Zwei Stützpunkte staufischer Politik an der Oberweser im 12. Jahrhundert, in: *Archiv für Diplomatik* 34 (1988), S. 279–324.

Griffiths, F., *The Garden of Delights: Reform and Renaissance for Women in the Twelfth Century*, Philadelphia 2007.

Griffiths, F.J., Men's Duty to Provide for Women's Needs: Abelard, Heloise, and Their Negotiation of the Cura Monialium, in: *Journal of Medieval History* 30 (2004), S. 1–24.

Griffiths, F.J., The Cross and the Cura monialium: Robert of Arbrissel, John the Evangelist, and the Pastoral Care of Women in the Age of Reform, in: *Speculum* 83 (2008), S. 303–330.

Hall, E., An unpublished Privilege of Innocent III in Favor of Montivilliers: New documentation for a great Norman nunnery, in: *Speculum* 69 (1974), S. 662–679.

Heinemeyer, W., Die Urkundenfälschungen des Klosters Lippoldsberg, in: *Archiv für Diplomatik* 7 (1961), S. 69–203.

Hotchin, J., Female Religious Life and the „Cura monialium" in Hirsau Monasticism, 1080 to 1150, in: C.J. Mews (Hg.), *Listen daughter: the Speculum Virginum and the formation of religious women in the Middle Ages*, New York 2001, S. 59–83.

Johnson, P.D., *Equal in Monastic Profession. Religious Women in Medieval France*, Chicago/London 1984.

Küsters, U., Formen und Modelle religiöser Frauengemeinschaften im Umkreis der Hirsauer Reform des 11. und 12. Jahrhunderts, in: K. Schreiner (Hg.), *Hirsau St. Peter und St. Paul.* Bd. 2: *Geschichte, Lebens- und Verfassungsformen eines Reformklosters* (Forschungen und Berichte der Archäologie des Mittelalters in Baden-Württemberg 10), Stuttgart 1991, S. 195–220.

Mainzer Urkundenbuch 1: *Die Urkunden bis zum Tode Erzbischof Adalberts I (1137)*, ed. M. Stimming, Darmstadt ND 1972.

Makowski, E.M., *Canon Law and cloistered Women. Periculoso and its Commentators 1298–1545* (Studies in Medieval and Early Modern Canon Law 5), Washington D.C. 1997.

Malicorne, J., *Documents et courte notice sur l'abbaye de Bival*, Rouen 1897.

Meer, Fr. v. d., *Atlas de l'Ordre cistercien*, Amsterdam 1965.

Mersch, M., *Das ehemalige Zisterzienserinnenkloster Vallis Dei in Brenkhausen im 13. und 14. Jahrhundert* (Denkmalpflege und Forschung in Westfalen 45), Mainz 2007.

Le moine Idung et ses deux ouvrages: Argumentum super quattuor questionibus et Dialogus duorum monarchorum, ed. R.B.C. Huygens (Studii Medievali. Biblioteca 11), Spoleto 1980.

Oberste, J., *Die Dokumente der klösterlichen Visitationen* (Typologie des sources du Moyen Age occidental 80), Turnhout 1999.

Pobst, P.E., Visitation of Religious and Clergy by Archbishop Eudes Rigaud of Rouen, in: T.E. Burman/M.D. Meyerson/L. Shopkow (Hg.), *Religion, Text, and Society in Medieval Spain and Northern Europe. Essays in honor of J.N. Hillgarth* (Papers in Medieval Studies 16), Toronto 2002, S. 223–249.

Power, E., *Medieval English Nunneries c. 1275 to 1535*, Cambridge 1922, ND 1964.

Regestrum visitationum archiepiscopi Rothomagensis, ed. P.Th. Bonnin, Rouen 1852.

Röckelein, H., Bairische, sächsische und mainfränkische Klostergründungen im Vergleich (8. Jahrhundert bis 1100), in: E. Schlotheuber/H. Flachenecker/I. Gardill (Hg.), *Nonnen, Kanonissen und Mystikerinnen. Religiöse Frauengemeinschaften in Süddeutschland. Beiträge zur interdisziplinären Tagung vom 21. bis 23. September 2005 in Frauenchiemsee* (Veröffentlichungen des Max-Planck-Instituts für Geschichte 235/Studien zur Germania Sacra 31), Göttingen 2008, S. 23–55.

Schlotheuber, E., Best Clothes and Everyday Attire of Late Medieval Nuns, in: R. Schorta/ R.C. Schwinges/K. Oschema (Hg.), *Fashion and Clothing in Late Medieval Europe. Mode und Kleidung im Europa des späten Mittelalters*, Basel 2009 (im Druck).

Schlotheuber, E., Die gelehrten Bräute Christi. Geistesleben und Bücher der Nonnen im Hochmittelalter, in: H. Schmid-Glintzer/H. Härtel (Hg.), *Die gelehrten Bräute Christi. Geistesleben und Bücher der Nonnen im Mittelalter* (Wolfenbütteler Hefte 22), Wiesbaden 2008, S. 39–81.

Schlotheuber, E., Familienpolitik und geistliche Aufgaben, in: K.-H.-Spieß (Hg.), *Die Familie in der Gesellschaft des Mittelalters* (Vorträge und Forschungen, Reichenau-Tagung 2005), (im Druck).

Schlotheuber, E., *Klostereintritt und Bildung. Die Lebenswelt der Nonnen im späten Mittelalter. Mit einer Edition des ‚Konventstagebuchs' einer Zisterzienserin von Heilig-Kreuz bei Braunschweig (1484–1507)* (Spätmittelalter und Reformation. Neue Reihe 24), Tübingen 2004.

Schulmann, J.K., Eudes Rigaud, in: J.K. Schulmann (Hg.), *The Rise of the Medieval World 500–1300. A Biographical Dicitionary*, London 2002, S. 137f.

Spear, V., *Leadership in Medieval English Nunneries* (Studies in the History of Medieval Religion 24), Woodbridge 2005.

Vollrath, H., Der Investiturstreit begann im Jahr 1100: England und die Päpste in der späten Salierzeit, in: B. Schneidmüller/S. Weinfurter (Hg.), *Salisches Kaisertum und neues Europa. Die Zeit Heinrichs IV. und Heinrichs V.*, Darmstadt 2007, S. 217–244.

Cécile Caby (Nice)

Conflits d'identités dans un ordre religieux au XIVe siècle

L'abbé de San Giusto de Volterra et le chapitre général camaldule

Une banale affaire d'absentéisme ?

À trois reprises, en 1315, 1319 et 1321, l'abbé de San Giusto de Volterra a recours au notaire de confiance de sa communauté pour faire excuser son absence au chapitre général de l'ordre camaldule et pour y désigner son procurateur. En réalité, par cette procédure, notre abbé fait acte d'allégeance à son ordre, puisqu'il se conforme somme toute aux injonctions des constitutions camaldules qui faisaient obligation aux prélats d'assister aux chapitres généraux sauf cas d'excuse valable[1]. Reste que les motifs invoqués pour justifier cet absentéisme répété laissent subsister peu de doutes sur les priorités de l'abbé et sur la façon dont il hiérarchise ses appartenances respectives à l'ordre et à son abbaye voire à la *civitas* de Volterra. À l'été 1315, c'est la moisson et les rentrées de céréales qui le mobilisent et lui interdisent de remplir ses devoirs à l'égard de l'ordre camaldule. À la Pentecôte 1319, c'est son rôle dans la célébration des festivités de saint Juste, saint éponyme du monastère et patron de la ville. Au printemps 1321, enfin, c'est sa fonction d'auxiliaire dans les cérémonies d'*adventus* du nouvel évêque de la cité...

Pour mieux comprendre les ressorts et les enjeux de cette petite affaire, dont nous aurions sans doute tout ignoré sans un heureux hasard de la docu-

1 Annales Camaldulenses, ed. Mittarelli/Costadoni (désormais AC avec indication du volume suivi de la page et, le cas échéant de la colonne dans les appendices documentaires), Liber II de Moribus, §1, AC VI, App. col. 24–26: *Constituimus et firmiter paecipimus quod omnes praelati nostri ordinis tam majores quam minores et omnes suffraganei, necnon et hospitalarii, capellani sanctimonialium et capellani ecclesiarum ad domum Camaldulensem specialiter pertinentium ad capitulum generalem in proprio persona venire non postponant et nuntium aliquem non praestolentur.* [...] *nec aliquis eorum se subtrahere audeat quominus veniat ad capitulum supradictum, nisi justa et canonica fuerit causa praepeditus, quam excusationem in capitulo coram priore Camaldulensi et tota congregatione ostendere compellantur per nuntios eorum literas deferentes.* Voir Caby, De l'érémitisme rural, p. 129.

mentation[2], il ne sera sans doute pas inutile de faire un bref détour par les voies tortueuses de la construction institutionnelle de l'ordre camaldule[3].

Centralisation et rébellion dans l'ordre camaldule

La fondation par Romuald de Ravenne († 1027) de l'ermitage de Camaldoli et de l'*hospitium* de Fontebuono, dans les dernières années de sa vie, ne laissait rien prévoir de la naissance d'un ordre monastique. Ce n'est que très progressivement que se forma un groupement monastique autour de Camaldoli et qu'il se structura juridiquement en un ordre religieux, au gré de stratégies variées et sans cesse renouvelées. La cohérence de l'ordre est d'abord assurée, en vertu de sa fondation en référence à un lieu centre (*Camaldulensis heremi sive cenobii religio*), par la soumission de tous les établissements camaldules à la communauté de Camaldoli – modèle à la fois érémitique et monastique d'une vie religieuse réformée – et au *dominium* de son prieur, également prieur général de l'ordre. Progressivement, à partir de la fin du XIIe siècle et de la promulgation du *Liber eremitice regule*, le réseau de Camaldoli se dote d'une structure d'ordre qui substitue progressivement à l'autorité d'une personne et d'un lieu, celle de constitutions garantissant, avec l'appui de la papauté, un modèle centralisé de gouvernement[4].

Conformément à une évolution commune aux ordres religieux à partir du XIIe siècle, le chapitre général devient très naturellement le principal rouage de cette nouvelle structure destinée à préserver une cohérence fréquemment menacée par les tendances centrifuges de certains de ses membres[5]. Apparu dès le milieu du XIIe siècle sous la forme embryonnaire – sanctionnée par sa mention dans le dernier chapitre du *Liber eremitice regule* – d'un *generale congregationis capitulum* concluant la visite annuelle de tous les abbés et prieurs de la congrégation à Camaldoli, on ne sait pratiquement rien de son fonctionnement et de son activité à cette époque. Avant la lente mutation statutaire du milieu du XIIIe siècle, le chapitre camaldule est sans doute avant tout une instance de contrôle et de correction et pas encore un organisme collégial de décision et de législation à part entière. Son rôle n'en est pourtant pas moins décisif, comme le souligne le fait

2 Ces trois documents figurent dans les registres du notaire Bartolomeo di Giovanni di Giunta et de son père Giovanni di Giunta dont la majorité des actes concerne la communauté camaldule: Volterra, Bibl. Guarnacci, ms. 8491, vol. VI: Liber imbreviaturarum, 1314–1330; cf. Giannini, Volterra. Biblioteca Guarnacci.

3 Inutile de souligner ce que cette démarche doit aux travaux de Gert Melville dont on trouvera une utile présentation dans: Melville, Alcune osservazioni; Cygler/Melville, Nouvelles approches historiographiques; Melville, Nuove tendenze.

4 Sur tous ces aspects, qu'il me soit permis de renvoyer à Caby, De l'érémitisme rural; ead., De l'ermitage à l'ordre érémitique?; ead., Règles, coutumes et statuts.

5 Voir Cygler, Organisation, Funktion und institutionelle Diversität; qui n'envisage toutefois pas l'exemple camaldule.

que, entre le milieu du XIIe siècle et les premières décennies du XIIIe siècle, les principales attestations conservées de son activité proviennent d'arbitrages entre Camaldoli et des communautés – tels l'ermitage de Vivo ou l'abbaye d'Agnano – tentant de s'en séparer[6].

À l'époque de l'affaire qui nous occupe, c'est-à-dire dans les premières décennies du XIVe siècle, le chapitre général camaldule est désormais une institution régulière, au déroulement bien huilé et fonctionnant en synergie avec un système de visites régulières assurées par le prieur général ou, plus souvent, par des visiteurs nommés au chapitre précédent. Depuis le milieu du XIIIe siècle, le chapitre élabore conjointement avec le prieur général – mais non sans tensions récurrentes à propos de l'équilibre entre ces deux pouvoirs – une législation spécifique et propre à l'ordre, prenant la forme de dispositions législatives générales, appelées constitutions, et de dispositions ponctuelles – désignées en général comme définitions ou statuts – réglant certains aspects de l'administration ou de la discipline de tel ou tel établissement. L'enjeu principal de cette production normative, indépendamment des rythmes variables de son élaboration et de sa codification, est très naturellement l'instauration d'un ensemble de pratiques et d'organes de pouvoir, destiné à surimposer aux marqueurs identitaires propres des communautés locales un système de références suprarégionales caractérisé par l'appartenance prioritaire à l'ordre de Camaldoli et aux diverses manifestations de son identité collective[7].

L'enjeu était de taille dans un ordre qui avait d'emblée fait le choix d'une expansion sans pratiquement aucune limitation ni numérique, ni géographique, ni surtout typologique. Ermitages ou monastères, abbayes ou simples prieurés, fondations nouvelles ou établissements anciens forts de leurs traditions: tous furent incorporés dans l'ordre camaldule, non sans risques de voir remis en cause les équilibres internes voire la cohérence de l'ensemble. Et, de fait, les crises ne furent pas rares. Si certaines prirent la forme de rebellions violentes et firent, de ce fait, l'objet d'une documentation contentieuse qui en perpétua la mémoire, plus fréquemment – comme dans notre cas – ces 'crises' furent contenues dans les limites quotidiennes d'une forme diffuse de résistance passive, d'ailleurs sans conséquences institutionnelles majeures. Quelle que soit leur nature, elles se développèrent pour la plupart dans deux catégories privilégiées d'établissements: d'une part des abbayes de fondation ancienne et de tradition affirmée, incorporées à un moment ou à un autre de leur histoire à l'ordre camaldule et, de ce fait, assez peu enclines à sacrifier certains de leurs usages spécifiques aux exigences uniformisatrices de l'identité collective de l'ordre; d'autre part, des établissements urbains, ou proches de villes dont – au gré d'un ajuste-

---

6 Sur ces deux communautés, voir respectivement Caby, Attorno all'eremo del Vivo; et Delumeau, Arezzo, Espaces et Société, p. 1360.

7 Sur ce type de processus en général, voir en dernier lieu Melville, Unitas e diversita; qui renvoie à ses travaux antérieurs. Pour l'ordre camaldule, voir les références citées note 4 et Licciardello, Legislazione camaldolese medievale.

ment programmé ou subi – ils finirent par partager à ce point les valeurs et les pratiques que le sentiment d'appartenance à la *communitas* urbaine en vint à entrer en concurrence avec les exigences élémentaires de l'appartenance à l'ordre camaldule.

Tel est bien le cas de l'abbaye de San Giusto e Clemente – ou plus couramment San Giusto – de Volterra[8]. Fondée en 1030 par l'évêque de Volterra pour prendre en charge les lieux de cultes qui s'étaient développés, sans doute dès la fin du VIIe siècle, sur les tombeaux de deux saints personnages, Juste et Clément, l'abbaye bénédictine fut confiée à l'ordre camaldule pour être réformée, à une date inconnue mais antérieure au 4 novembre 1113, date du privilège de confirmation de l'ordre concédé par le pape Pascal II qui cite le monastère parmi les dépendances camaldules du diocèse de Volterra[9]. De cette origine, qui l'associait étroitement aux traditions de la cité de Volterra, l'abbaye conserva – tout au long de son histoire et alors même que sa richesse patrimoniale et l'importance de sa communauté lui conféraient une place de choix dans l'ordre camaldule – des liens étroits avec les évêques de Volterra et un rôle très actif dans l'organisation du culte des saints éponymes du monastère. Or, c'est précisément autour de la défense de ces trois moteurs du rayonnement de l'abbaye à Volterra et dans son territoire – la puissance économique, le culte des saints Juste et Clément et les liens avec l'évêque – que l'abbé construisit, entre 1315 et 1321, la justification de ses absences répétées à trois réunions du principal organe de centralisation de l'ordre dont il était profès.

Le temps des moissons

Si, comme il le déclare devant notaire et en présence de trois témoins sans doute familiers de l'abbaye[10], l'abbé Bartolo ne peut se rendre au chapitre des ermites de Camaldoli et des supérieurs de l'ordre convoqué, selon la procédure habituelle, en juin 1315 pour procéder à l'élection d'un nouveau prieur général, fonction

8 La bibliographie sur cette abbaye est inégale et dominée par l'historiographie locale qui ignore la documentation de l'ordre camaldule. On partira de Consortini, La Badia dei Ss. Giusto; Cinci, La Badia dei Camaldolesi; Giachi, Saggio di ricerche storiche; Caby, De l'érémitisme rural, ad indicem. Les récentes initiatives coordonnées par M.L. Ceccarelli Lemut ont pour principal mérite d'avoir inventorié les sources graphiques et matérielles (inscriptions, fragments sculptés) mais restent très incomplètes pour ce qui est des sources textuelles (notamment la très complexe tradition hagiographique des deux saints éponymes): Abela/Bandini, Il complesso extraurbano; Cicala, Il complesso extraurbano; et Magrini, Il complesso extraurbano.

9 Cf. Caby, De l'érémitisme rural, pp. 81–82 et Vedovato, Camaldoli e la sua congregazione dalle origini al 1184, pp. 72–76.

10 Voir document 1. Le premier témoin, *Gerardinus filius olim Maurini Compari de Cenamis de Luca de populo Sancti Fridiani*, se donne le 29 octobre 1315, comme oblat et commis au monastère de San Giusto: Volterra, Bibl. Guarnacci, ms. 8491, vol. VI, f. 16v.

laissée vacante par la mort d'Accursio, le 30 ou 31 mai précédent[11], c'est parce que, en cette période de moisson, il doit contrôler en personne la bonne livraison des céréales. Un dépouillement rapide des quelques livres comptables conservés pour le XIVe siècle[12] ou des comptes du décime levé par le collecteur pontifical Alcampo dans le dernier tiers du XIIIe siècle[13] justifient l'inquiétude de l'abbé. Les revenus de l'abbaye sont en effet très largement constitués par les rentrées en grains, produits des terres appartenant aux moines ou des dîmes leur revenant. Ces terres, qui se sont progressivement ajoutées au noyau initial constitué grâce aux donations des évêques Gunfredo (1030), Guido (1039–1044), Pietro (1099) et Rogerio (1106), sont concentrées pour la plupart autour de l'abbaye dans les *contrade* de Montebradone, San Giusto, Pratomarzo et San Cipriano et dans une zone s'étendant au nord de Volterra jusqu'à la vallée de l'Era, sur laquelle l'abbaye détient également le droit de sépulture et de décimation. Or, ce patrimoine et ses revenus garantissent à l'abbaye San Giusto une puissance enviable qui lui permettait de peser tant dans son ordre d'appartenance que dans sa ville d'implantation. Dotée de ressources financières importantes, elle est ainsi en mesure de prêter d'importantes sommes d'argent au prieur général[14]. Quant aux capacités de gestion qu'un tel patrimoine exigeait, elles expliquent sans doute en partie le recours des officiers de la douane du sel de Volterra aux moines de l'abbaye, précisément dans les années 1310–1320[15].

Dans les années qui nous occupent, l'abbaye accueille une communauté stable qui sans être très nombreuse – une dizaine de profès environ, sans compter les convers et autres affiliés – l'est suffisamment pour qu'on y distingue différents offices – notamment un prieur claustral et un camérier[16]. Le 12 janvier 1315, dix profès se réunissent en chapitre avec l'évêque pour élire le nouvel abbé, au nombre desquels le futur élu: notre Bartolo[17]. Originaire de Pérouse, et non de Volterra comme beaucoup de ses prédécesseurs et successeurs, son abbatiat coïncide avec un rayonnement notable de l'abbaye. Sanctionnant sa

11 AC, VI, p. 296: le chapitre se réunit à Poppiena (et non à Camaldoli) du 17 au 20 juillet et élit Bonaventura da Fano (1315–1348); Voir les actes, ibid., VI, App. col. 262–264.

12 En particulier, pour la période qui nous intéresse: Volterra, Bibl. Guarnacci, Monasteri soppressi, Ms. +44: Liber affictorum (1261–1317).

13 Archivio di Stato di Firenze (désormais ASFirenze), Appendice Camaldoli, 22, f. 83r: 65% de la valeur des revenus déclarés par San Giusto et 31% de ceux déclarés par son église paroissiale suffragante de San Marco proviennent des grains. Cf. Caby, De l'érémitisme rural, p. 112. À propos du versement des décimes levés par Alcampo de Prato, voit Schneider, Regestum Volterranum, n. 823, pp. 277–278.

14 En 1316, l'abbé prête 25 florins au prieur général (ASFirenze, App. Camaldoli 83 sans pagination); le 27 janvier 1318, il se fait délivrer par le prieur général une reconnaissance de dette de 100 florins empruntés pour faire face à des dépenses à la curie (ASFirenze, App. Camaldoli 23, f. 62r). Voir Caby, De l'érémitisme rural, p. 266.

15 Caby, De l'érémitisme rural, p. 501.

16 ASFirenze, App. Camaldoli 22, f. 40v (visite de 1302; 9 profès); ibid. 24, 61r (visite de 1320; 9 profès); ibid., , f. 217v (visite de 1326; 12 profès). On compte 8 profès en 1322 (Volterra, Bibl. Guarnacci, ms. 8491, vol. VI, f. 73r).

17 ASFirenze, Diplomatico Camaldoli, Normali, 1314 janvier 12; cit. AC, V, 294.

solidité patrimoniale et financière, San Giusto figure en bonne place dans le réseau cohérent d'écoles internes à l'ordre qui se structure à partir du premier tiers du XIVe siècle: dès la rentrée 1321, non seulement l'abbaye envoie des étudiants étudier ailleurs, mais surtout elle accueille une école de grammaire[18].

Rien d'étonnant dans ce contexte à ce que l'abbaye de San Giusto fasse partie des seize établissements considérés comme *maiora monasteria* par le chapitre général de 1351: une classification très importante puisque, comme le rappellent les actes du chapitre de Borgosansepolcro en 1348, l'ordre de préséance au chapitre général dépend de la richesse des établissements (*monasteriorum extimi quantitas*) et non de leur titre (*vocabuli titulum*)[19].

Ce qu'il s'agit donc de préserver ou, tout au moins, de ne pas mettre en péril, le 13 juin 1315, est en définitive la source principale d'un statut d'exception au sein de l'ordre et de la *communitas* urbaine[20].

La fête de saint Juste

C'est à nouveau cette dernière, ou l'un de ses protecteurs, saint Juste, qui est invoquée le 21 mai 1319 par l'abbé Bartolo pour justifier son absence au chapitre de San Zeno de Pise, convoqué pour la Pentecôte suivante[21]. En effet, l'abbé ne peut quitter Volterra à cette date sous prétexte des célébrations qui y ont lieu, le jour de la Pentecôte et le lendemain, en l'honneur de Juste et Clément, saints éponymes de son abbaye dont les reliques sont conservées dans

18 Caby, De l'érémitisme rural, pp. 277–280; Sur la bibliothèque du monastère, on consultera l'inventaire dressé par le notaire Bartolomeo di ser Giovanni Giunta le 28 avril 1317, sans doute dans le cadre des obligations statutaires des abbés envers l'ordre ce qui explique qu'on le conserve dans le recueil du notaire (Volterra, Bibl. Guarnacci, ms. 8491, vol. VI, f. 34r–35r) et dans le fonds de chartes de l'ermitage (ASFirenze, Dipl. Camaldoli, Normali, 1317 avril 28); Parmi les signes d'appartenance camaldule, signalons *unam consuetudinem de moribus et aliam de officiis*, très certainement les constitutions *de Moribus* et l'*ordo* liturgique de Martin III, à propos desquels voir Caby, De l'érémitisme rural, p. 121–124; ead., Règles, coutumes et statuts, pp. 206 et 211–213 et Licciardello, Legislazione camaldolese, pp. 25–26 et 32.

19 Respectivement AC, VI, App. 321 (cf. Caby, De l'érémitisme rural, p. 112 et 114–115) et AC, VI, App. 313: *Item definierunt et statuerunt quod in sessionibus prælatorum in capitulo generali, non vocabuli titulum sed monasteriroum extimi quamtitas attendatur, salvo jure si quid reperiatur, quod prior monasterii sancti Benedicti de Vivo sedere debeat in loco superiori quam ipsum deceat pro sui monasterii extimi quantitate* (cf. Caby, De l'érémitisme rural, p. 115).

20 Sur la commune de Volterra, on partira de Giachi, Saggio di ricerche storiche; Volpe, Vescovi e comune di Volterra; Fiumi, Volterra e San Gimignano nel medioevo.

21 Sur ce chapitre, AC, V, p. 310 qui signale les actes de procurations de deux abbesses de Bologne en date des 12 et 24 mai; ibid. VI, App. col. 269–273 (édition des actes): on s'étonnera que *Bartholus sancti Justi de Vulterris* figure dans la liste des présents qui distingue apparemment sans ambiguïté les capitulants effectivement présents de ceux qui sont représentés; faut–il imaginer un changement de programme de dernière minute ou le signe du peu de fiabilité des listes capitulaires. Entre les chapitres de Poppiena et S. Zeno, un chapitre s'était réuni à la Vangadizza, fin mai 1317 et *Bartholum abbatem sancti Justi Volaterrarum* y est enregistré parmi les *definitores*: AC, VI, App. col. 264–269.

l'église paroissiale de San Giusto. Les deux personnages – deux frères qui vécurent sans doute à la fin du VIe siècle mais dont les identités et le parcours restent très problématiques et connurent de nombreuses réélaborations locales[22] – firent l'objet d'une tradition hagiographique complexe, longtemps délaissée par les chercheurs[23], mais dont on peut dès à présent affirmer qu'elle fut en partie conditionnée par la reprise en main camaldule du culte au gré d'une authentique stratégie d'assimilation des spécificités cultuelles locales[24]. Leurs reliques connurent une destinée tout aussi complexe depuis les premières formes de monumentalisation de leurs tombeaux en lien avec le développement rapide d'un culte, jusqu'à la construction d'un voire deux lieux de culte – dont l'un au moins est bien attesté dès la fin du VIIe siècle par l'inscription d'une table d'autel commémorant la générosité du gastald Alchis en faveur de la construction d'un autel en l'honneur de Juste –, et, pour finir, à la fondation, en 1030–1034, par les évêques de Volterra d'une abbaye dotée des biens des *ecclesias sanctorum Justi et Clementis prope urbem constructas, ubi sancti confessores humati fuisse* et chargée d'en garantir la desserte et la restauration[25]. À l'époque qui nous intéresse, et depuis que, en 1140, le corps de Clément a été transporté dans l'église de San Giusto[26],

22 Il s'agirait de deux frères dont l'origine, les dates de vie voire l'existence ont alimenté un débat animé entre érudits: cf. Lanzoni, Le diocesi d'Italia dalle origini al principio del secolo VII; Consortini, Osservazioni critiche sui santi Giusto; voir plus récemment Licciardello, Lineamenti di agiografia camaldolese medievale, pp. 21–22 qui souligne à juste titre le rôle de l'initiative camaldule dans la diffusion du culte en Toscane.

23 Dans l'immédiat, on partira du dossier rassemblé par les Acta Sanctorum Iunii, I, Anvers 1695, p. 437–451, des références de la BHL 4606–4612, des indications peu précises de Lari, I santi Giusto e Clemente patroni di Volterra; reprises dans la notice de Ferrali, in: Bibliotheca Sanctorum 7, col. 41–47 et de la bibliographie citée à la note précédente. Le surprenant vide historiographique laissé par ces études, extrêmement décevantes au regard de la riche tradition hagiographique des deux saints, a commencé à être comblé par les travaux de P. Licciardello qui a mis en œuvre un travail aussi remarquable que considérable d'étude et d'édition de la totalité du corpus (textes liturgiques compris). Dans l'attente de la conclusion de ce projet de grande envergure, on se reportera à son édition des litanies du bréviaire camaldule de San Giusto de Volterra (Volterra, Bibl. Guarnacci XLVI. III. 9 = 5322, 12e s.) dans Licciardello, I Camaldolesi tra unità e pluralità, pp. 211–213; et Licciardello, La più antica Vita; je remercie très vivement Pierluigi Licciardello pour m'avoir communiqué avec son habituelle générosité non seulement le texte de son article alors en cours de publication mais aussi les principaux résultats de son travail.

24 Leurs noms figurent dans le *Vetus ordo* de Martino III au 5e chapitre du deuxième livre: *Beatorum Justi et Clementis festum* XII *lectionibus veneramur, quod semper celebretur iv feria post Pentecostem, vocabulum tamen habentes secunda feria post Pentecostem celebrent...* (AC, VI, App. col. 160). Sur leur présence dans les calendriers camaldules, voir Licciardello, Lineamenti di agiografia camaldolese, pp. 22, 34, 40, 53, 63. Au vu des recherches en cours de Licciardello, la Vie BHL 4608 est probablement écrite en milieu camaldule voire précisément à San Giusto de Volterra.

25 Sur le problème non résolu du nombre des chapelles et de leur datation, voir dans l'immédiat Consortini, Osservazioni critiche, et le dossier du *Laboratorio universitario volterrano*. Quaderno II (1997–1998), cité note 8.

26 AC, III, p. 270; Consortini, Osservazioni critiche, en part. pp. 80–81.

les reliques des deux frères sont rassemblées en un seul lieu, distinct mais proche de l'église abbatiale et géré par la communauté monastique[27].

Or, saint Juste, qui éclipse son compagnon saint Clément, figure au nombre des patrons et protecteurs de la ville de Volterra aux côtés de la Vierge, de saint Jean-Baptiste, saint Victor et saint Octavien[28]. Il acquiert même progressivement le rôle de patron et protecteur principal de la ville et, à ce titre, il bénéfice d'un culte organisé par la commune qui semble d'ailleurs connaître une période de vitalité particulière au tournant des XIIIe et XIVe siècles[29]. En témoigne la décision prise, le 8 février 1320, de faire sculpter, pour l'escalier du palais du peuple, une statue en marbre de saint Juste, telle qu'on puisse lui placer dans la main le gonfalon de justice: de protecteur, saint Juste devenait garant de la paix et de la justice communale[30]. En témoigne également la représentation du saint sous les traits épiscopaux sur une monnaie communale de la fin du XIIIe siècle[31] et surtout sur un des médaillons sculptés ornant, dans la cathédrale, le tombeau d'Ottaviano réalisé par Tino da Camaino ou un de ses élèves, à la fin des années 1320 ou au début des années 1350[32].

En tant que gardienne des reliques des deux saints, la communauté camaldule est l'un des principaux promoteurs de leur commémoration à l'échelle locale, mais sans doute aussi au sein de l'ordre camaldule comme le souligne la définition du chapitre général de Poppiena (1308) invitant tous les supérieurs à se doter de l'*historiam beatorum Iusti et Clementis cum hymnis et propriis orationibus*[33]. À

---

27 En 1161, le chapitre 125 du Calendrier d'Ugo mentionne parmi les lieux visités par le clergé urbain au moment des rogations *Sanctum Iustum ubi corpora eorum requiescunt*; quelques lignes plus haut, le Calendrier parle de l'*ecclesiam Sancti Iusti de Monte*, qui est donc très clairement distinguée de l'église abbatiale: De sanctis Hugonis actis liturgicis, ed. Bocci, pp. 142–143; cf. AC, III, p. 270; Consortini, Osservazioni critiche, p. 81.

28 Sur la tradition hagiographique d'Octavien (BHL 6257–6258) étroitement liée à celle de Juste et Clément, outre les travaux en cours de Licciardello, voir AASS Septembris I, pp. 391–392 et Un leggendario fiorentino del secolo XIV, ed. Degl'Innocenti, pp. 75–76.

29 C'est la formule employée dans une délibération de 1444 décrétant que la veille de sa fête les collèges et les prieurs doivent se rendre ensemble à l'église qui lui est dédiée (citée par Giachi, Saggio di ricerche storiche, p. 188): *per intercessionem pretiosissimi Confessoris sancti Justi, principalis patroni et protectori civitatis nostre*…; saint Juste est déjà invoqué comme patron, en même temps que Clément et Octavien, dans le prologue des statuts de 1252 (ibid.).

30 Lari, I Santi Giusti e Clemente patroni di Volterr, p. 88 (d'après ASCVolterra, Delib. Consiliari, f. A (nera), n° 5, quaderno 8, f. 23).

31 Villoresi, Classificazione cronologica delle emissioni medievali, pp. 159–160; qui anticipe la datation traditionnelle de cette monnaie (1316) au milieu des années 1290. On soulignera que le choix de saint Juste revient à la commune et non aux évêques qui adoptent soit le type de l'évêque bénissant, soit celui de l'agneau pascal. Sur l'usage, à partir du XIVe siècle, d'honorer Juste comme évêque de Volterra, voir aussi Giachi, Saggio di ricerche storiche, pp. 186–190.

32 Voir Garzelli, Sculture toscane nel Dugento e nel Trecento, pp. 147–149, et Carli, Volterra nel Medioevo e nel Rinasciment, pp. 42–45; enfin, Augenti/Munzi, Scrivere la città, pp. 78–82, qui résume efficacement le débat entre les deux auteurs précédents. Sur l'iconographie de Juste et Clément de Volterra, voir Kaftal, Iconography of the saints in Tuscan painting, n. 73, col. 283–284 et n. 179, col. 605–610.

33 AC, VI, App. col. 206: *Item ordinamus quod quilibet praelatus nostri ordinis infra annum historiam beatorum Iusti et Clementis cum hymnis et propriis orationibus con scribi faciat, ut festum sanctorum ordinate*

Volterra, l'abbaye devient, directement ou indirectement à travers l'église San Giusto, un but de festivité civique. Ainsi, le quatrième dimanche de Carême, on y célèbre la libération de la ville par les deux saints, occasion à laquelle on distribue, la veille, des pains bénis en souvenir de la multiplication des pains réalisée par saint Juste[34]. Mais c'est le jour et le lendemain de la Pentecôte qu'a lieu la fête principale à laquelle, comme pour toutes les fêtes des protecteurs de la commune, les statuts de 1464 invitent les prieurs et leurs collèges ainsi que les recteurs étrangers[35]. Dès l'époque qui nous intéresse, les festivités devaient être particulièrement solennelles, si l'on en croit les statuts du XIVe siècle qui signalent une procession accompagnée de cinq grands cierges transportés sur une structure en bois jusqu'à l'église de San Giusto e San Clemente[36]. Il s'agit donc bien, selon les mots de l'abbé de San Giusto le 21 mai 1319, d'une fête majeure, que les citoyens de Volterra célèbrent en foule[37] et avec une révérence exceptionnelle (… *cives vulterrani in comuni et spetialitate reverentiam et solempnitatem faciunt maximam*…). À plus forte raison la célébrèrent-ils sans doute en 1319, année qui avait été marquée par une certaine agitation politique[38]. En somme, l'abbé ne pouvait manquer cette fête en aucun façon (… *in hiis eius absentia prestaret impedimentum non modicum*…).

---

et uniformiter celebretur. On soulignera que ce chapitre prend par ailleurs toute une série de mesures liturgiques.

34 Cité par Consortini, La Badia, pp. 47–48.

35 Statuti Volterrani, ed. Cinci, § XVII.

36 Édition dans Giachi, Saggio di ricerche storiche, doc. XI, pp. 370–373: *Item quod in festivitate Paschatis Pentecosten et B. S. Justi quolibet anno in dicta festivitate S. Justi balitores infrascriptarum contratarum et villarum teneantur et debeant apportare et offerre ecclesiae predicti B. Justi de Vult. unum cerum de ligno pictum et ornatum cum cera secundum extimationem infrascriptam. In primis contrata S. Stephani de Vulterra unum cerrum extimationis et valute lib. 15 den. Contrata Protomartirii unum cerum extimat. ejusdem. Contrata S. Justi unum cerum extimat. et valute lib. 12 den. Contrata Montis Bradonis unum cerum ejusdem extimationis Villa Valis Guinizinghe cum suis pertinentiis unum cerum extimationis et valute lib. 15 den. Et si qua predicta comunitatum contratarum vel villarum predictarum sibi pertinentia ut dictum est non fecerit vel contrafecerit condamnetur per potestatem Vulterrarum comunis in libr. 25 den. Cera vero sive pretium quod ex ipsa cera percipitur debeat converti in reparatione et aptatione ecclesiarum BB. Justi et Clementis et non alibi*; voir aussi ASCVolterra, Cod. +46, f. 87r–88v (mémoire des contrade de Volterra qui doivent offrir de la cire à l'église San Giusto le jour de la Pentecôte, 2 oct. 1368), 166r–169v (mémoire du culte à célébrer à San Giusto, s.d.); Consortini, La Badia, pp. 47–48; Les dons en cire font l'objet d'un accord entre l'abbé de San Giusto et la commune le 28 mai 1336 (éd. AC, V, App. col. 518–520, spéc. 519).

37 Le 28 mai 1336, un arbitrage est passé entre le successeur de l'abbé Bartolo, un certain Fazio, et la commune de Volterra à propos de l'*opera ecclesie sanctorum Justi et Clementis*: entre autres accords, on y prévoit pour le jour de la fête des deux saints la présence d'hommes en armes *ad custodiendum dictum festum a primis vesperis usque ad secundam de die et nocte ad hoc ut nulla rissa vel inhonesta possint committi per personas venientes ad dictum festum et propter reverentiam et honorem dicte festivitatis* (éd. AC, V, App. col. 518–520, spéc. 519).

38 Sur les tensions politiques à Volterra dans les années 1310–1320, cf. Volpe, Toscana medievale, pp. 302–311.

L'adventus de l'évêque

Monastère épiscopal depuis sa fondation par l'évêque Gunfredo en 1030 et sa confirmation par l'évêque Guido en 1034[39], l'abbaye San Giusto conserve des liens étroits avec l'épiscopat de Volterra en dépit de l'incorporation à l'ordre camaldule. L'évêque partage notamment avec la communauté monastique le droit d'élire l'abbé de San Giusto: une pratique rare dans l'ordre camaldule, surtout à une époque où il s'est doté d'une large exemption, mais qui, en dépit des inévitables tensions entre l'abbaye et l'épiscopat[40], perdure à Volterra apparemment sans contestation aux XIIIe et XIVe siècles[41] et qui fut d'ailleurs mise en œuvre pour l'élection de l'abbé Bartolo en janvier 1315[42].

Il existe, à dire vrai, une véritable symbiose institutionnelle entre l'épiscopat et l'abbaye camaldule qui s'exprime notamment en période de crise de l'un ou l'autre. Ainsi, en 1257, le légat du pape confie à l'abbé de San Giusto une enquête sur les dettes de l'évêque qui révèle la faiblesse financière de l'épiscopat et le rôle de garant économique et moral de l'abbé camaldule[43]. Dans la pratique, l'abbé fait également figure de lieutenant de l'évêque qu'il seconde et assiste lors d'actions importantes et dans ses relations avec la commune[44].

---

39 Cf. Reg. Volt., n. 115 et 121, p. 43; éd. AC, II, App. col. 36 et 52 et Giachi, Saggio di ricerche storiche, doc. X et XVIII, pp. 425–427 et 438–442; cf. Caby, De l'érémitisme rural, p. 215.

40 Voir par exemple, en 1211, le conflit entre l'abbé Tommaso et l'évêque Ildebrando qui *tamquam patronus et dominus et institutor iustius monasterii* l'excommunie, le dépose puis le restaure: Reg. Volt., n. 297 et 299, p. 103–104; ed. Giachi, Saggio di ricerche storiche, doc. XXXI, pp. 465–466; sur l'exemption camaldule voir Caby, De l'érémitisme rural, p. 92–97.

41 Par exemple, Reg. Volt., n. 812, p. 273 (promesse d'obéissance de l'abbé Bartolo à l'évêque de Volterra, 1273); ibid., n. 911, p. 306–307 (élection de l'abbé Accursio en présence de l'évêque et du chapitre, 1284), voir aussi ASFirenze, App. Camaldoli 20, f. 17r (mandat de l'abbé de Camaldoli de Florence pour se rendre à Volterra afin de traiter *de futuri provisione pastoris cum domino episcopo Vulterrarum et cum monasterii monachis* (cf. AC, V, p. 162) et Volterra, Bibl. Guarnacci, 8491, vol. III, f. 7v: acte de l'élection d'Accursio par le chapitre et l'évêque *patronus dicti monasterii Sancti Justi ad quem jus eligendi abbatem pertinet in dicto monasterio una cum capitulo seu conventu dicti monasterii cum dictum monasterium vacare contigerit, ratione juris patronatus quod optinet in eodem* (4 sept. 1284); AC, V, p. 272: élection de l'abbé Antonio confirmée par l'abbé de San Zeno de Pise, le vicaire Accursio et l'évêque de Volterra Rainerio, *tamquam a patrono et ius habente suffragi* (1308); le 26 décembre 1344, le chapitre de San Giusto et ses suffragants d'une part, et l'évêque de Volterra d'autre part sont convoqués pour pourvoir à l'élection d'un nouvel abbé (ASFirenze, App. Camaldoli, 29, f. 152v–154r).

42 L'élection de Bartolo de Pérouse a lieu en présence de l'évêque Rainerio Belforti *cui de consuetudine tamquam uni monacho competabat votum*: cf. ASFirenze, Diplomatico Camaldoli, Normali, 1314 janvier 12; AC, V, p. 294.

43 Reg. Volt. n. 679–80, pp. 223–226; cf. Volpe, Toscana medievale, pp. 258–259; Fiumi, Volterra e San Gimignano, pp. 261–267, à l'issue de l'enquête, en mars 1257, l'évêque de Lucques et légat du pape concède la vente de biens épiscopaux, à concurrence de 3000 livres, à condition que l'argent soit recueilli par l'abbé de San Giusto et reversé par lui aux créanciers de l'évêque.

44 En 1237, l'évêque absout le peuple et la commune de Volterra lors d'une messe dans la cathédrale en présence de l'abbé; en 1253, un pacte entre l'évêque élu et le potestat se conclut devant l'abbé de San Giusto: voir respectivement Reg. Volt., pp. 85, 190, 210–211, 223–226; Le statut spécial de San Giusto vis-à-vis de la commune se lit dans le premier chapitre des

Cette symbiose est régulièrement mise en scène à l'occasion des fêtes religieuses rassemblant la communauté urbaine et au cours de la plupart desquelles l'abbé de San Giusto de Volterra occupe un rang majeur[45]. La principale de ces cérémonies est la célébration du joyeux avènement (*adventus*) de l'évêque dans la ville conformément à un rituel dont on peine à dater l'origine[46], mais qui est déjà bien en place en 1321, lorsque l'abbé de San Giusto l'invoque pour excuser son absence au chapitre général camaldule[47].

Dans l'état actuel des recherches, la lettre de l'abbé de San Giusto au prieur général camaldule est le plus ancien compte-rendu de cette cérémonie. On en doit un deuxième, un peu plus détaillé, à l'humaniste Antonio Ivani, chancelier de la commune qui assista en personne à l'entrée de l'évêque Antonio degli Agli en 1470[48]. Enfin, dans le dernier tiers du XVIe siècle, un moine de San Giusto compose une narration extrêmement détaillée de l'entrée à Volterra de l'évêque Guido Serguidi, le 21 décembre 1574[49]. La trame de base – une succession de cérémonies d'accueil – est commune à tous les témoignages qui se complètent réciproquement quant aux détails. L'évêque se rend d'abord à San Quirico, chapelle suffragante de San Giusto, située à quelques milles au nord de la ville sur la

---

statuts de 1224 qui prévoit que son abbé, tout comme les chanoines cathédraux, soit exempt de l'obligation de prêter serment que peuvent éventuellement exiger les consuls, podestats ou juges des chanoines, économes ou gardiens d'un établissement religieux (cf. Fiumi, Statuti di Volterra, p. 108).

45 C'est le cas de la procession des rogations, de la fête de l'Avvinta, le dimanche précédant l'Ascension, et de la fête de saint Juste à la Pentecôte: cf. De sanctis Hugonis actis liturgicis, pp. 142–143; Consortini, Osservazioni critiche, p. 81; Giachi, Saggio di ricerche storiche, pp. 298–299; Consortini, La Badia, pp. 47–48; Statuti Volterrani, ed. Cinci, pp. 46–81; Caby, De l'érémitisme rural, pp. 505–510.

46 Sur ce type de rituel, assez mal connu pour l'Italie, voir le riche article de Véronique Julerot: Julerot, La première entrée de l'évêque; qui, bien que partant d'exemples pris dans le nord du royaume de France, met en évidence un certains nombre de traits communs au rituel de Volterra (notamment le rôle des moines et la nuit passée au monastère) et propose une réflexion d'ensemble très stimulante sur la genèse du rituel et son développement à la fin du Moyen Âge.

47 Voir infra document 3. Il est difficile de tirer la moindre indication chronologique de l'expression extrêmement topique (*de antiqua et actenu adprobata consuetudine*) employée en 1321 pour décrire le rituel. Dans sa description de l'entrée de A. Agli en 1470, Antonio Ivani parle d'une cérémonie instituée *ex antiqua consuetudine* dont on ignore l'origine et la signification; quant au récit de 1574, il affirme que *antiquissimam consuetudinem fuisse constanti fama et nonnullis monumentis manuscriptis comprobatam, abbatem in huiusmodi coeremoniis penula antistis exuere consuevisse*: pour l'édition de ces deux textes cf. notes suivantes.

48 Dans une lettre à Antonio Parentucelli, évêque de Sarzana, le 22 octobre 1470, Ivani décrit cette cérémonie – insolite et, selon lui, mal comprise des autochtones eux-mêmes – qu'il soumet pour cette raison à son correspondant: *Preterea cum inter ceteras Etruscas cerimonias admiratus hoc anno sim quo ritu quibusve modis novi presules Volterrani primo accessi hanc urbem ingrediuntur, que ipse vidi, enarrare summatim statui litteris paternitati tue, ut cum agatur de tua professione, iudicium ferat, cur et invente huismodi cerimonie ac tamdiu probate sint* [...] *Has quidem ceremonias urbani varie interpretantur, quia parum constat unde vetus hec consuetudo primordia traxerit*; édition dans Ferrari, Antonio Ivani a Volterra, p. 35.

49 Compte rendu édité par Giachi, Saggio di ricerche storiche, doc. LXVIII, pp. 534–547; sur l'évêque, Gams, Series episcoporum ecclesiae catholicae, p. 763.

rive gauche de l'Era, où il est reçu par l'abbé de San Giusto et ses moines[50]. Le cortège se rend ensuite à l'église San Giusto accompagné des membres de familles anciennes – Antonio Ivani et le rapporteur de 1574 parlent de la famille des *Gothi* – qui font descendre l'évêque de cheval, le placent sur un trône préparé à cet effet et le dépouillent de certains vêtements, notamment ses chaussures et son manteau[51]. Le cortège se dirige enfin vers l'abbaye San Giusto où l'évêque passe la nuit. Chaque étape est rythmée d'oraisons, de discours et de bénédictions. Le lendemain, après un banquet, la procession repart vers le prieuré de San Marco de Pratomarzio, également suffragant de San Giusto, où l'évêque s'arrête à nouveau pour accomplir diverses actions liturgiques. Enfin, en compagnie des autorités communales qui se sont jointes au cortège, l'évêque se rend à la cathédrale où il reçoit les salutations des prieurs de la ville et où il célèbre une messe solennelle. Pendant toute la procession et à toutes les stations, l'abbé de San Giusto occupe une place de premier rang – *tamquam collateralem ipsius* proclame fièrement l'abbé en 1321 –, en parfaite cohérence avec l'itinéraire du rituel de l'*adventus*, jalonné des principales dépendances de l'abbaye camaldule dont il circonscrit l'aire d'influence.

Le caractère exceptionnel et emblématique de cette cérémonie performative qui matérialisait dans l'espace la place de l'abbé dans la géographie religieuse de la cité aurait suffit à justifier que l'abbé Bartolo ne puisse envisager un seul instant de s'y soustraire, même quand les affaires de l'ordre, en l'occurrence la réunion du chapitre général camaldule à Sant'Apollinare in Classe, auraient dû l'y contraindre[52]. Qui plus est, les circonstances difficiles de l'accession à l'épiscopat de Ranuccio Allegretti, dont il s'agissait de célébrer la première entrée au printemps 1321, rendaient particulièrement inopportune une éventuelle absence de l'abbé de San Giusto cette année-là[53].

En effet, le nouvel évêque avait été élu immédiatement après la mort de son prédécesseur dans un climat tendu de rivalité entre le *popolo* et l'aristocratie

---

50 La chapelle San Quirico fait partie des biens donnés à l'abbaye par l'évêque Gunfredo en 1030 (*duas cortes quarum una cognominatur Majano cum cappella ibi in honorem S. Quirici*), cf. supra note 39. Voir la brève fiche de Mori, Pievi della Diocesi volterrana antica, p. 82.

51 Selon Antonio Ivani *cives quidam vetuste familie, qui Gothi cognominantur, presulem equo desilientem ulnis excipiunt, et in sede illic ab eis parata ornataque reverenter locant. Nudant pedes eius, calcamentaque et aliquot aureos numos in ocreis a presule antea dimissos retinent. Nudis ergo hic pedibus sancti Iusti ecclesiam ingreditur. Cum abbate cenat, clamidem sibi relinquit. Sequenti luce confert se equestris ad ecclesiam divi Marci, que est intra suburbiorummenia, ubi a Priore ordinis excipitur, eique birretum proprium donat. Illuc Priores et ceteri urbis Magistratus cum processione solemni populo comitante obvii procedunt. Presulem salutatum et obsculatum a Prioribus civitatis non sine honorabili apparatu sub tegmione siriceo quod umbrellam vocant, excipiunt, hic nudis oedibus et infulato capite super alternatis tapetibus urbem et ecclesiam cathedralem ingreditur...*, édition dans Ferrari, Antonio Ivani a Volterra, p. 35.

52 On sait fort peu de choses du chapitre de Classe réuni en mai 1321, comme l'attestent les constitutions de Bonaventure promulguées au chapitre de 1328 (5e livre *de Moribus*) qui rappellent au chapitre 34 une *taxationem mercedis in generali capitulo anno Mcccxxi de mense majo in monasterio Classensi celebrato approbatam*: cf. AC, V, 316 et VI, App. col. 287.

53 Cf. Gams, Series Episcoporum, p. 763; Eubel, Hierarchia catholica medii aevi, 3 vol., I, p. 536. élu le 9.02.1321 et consacré le 22.02.

communale notamment les Belforti, famille à laquelle appartenait l'évêque défunt et dont la famille du nouvel élu était rivale. Élu contre le candidat des Belforti, neveu de l'évêque défunt, Rainuccio Allegretti l'est aussi contre le droit de réserve pontifical que les chanoines tentent précisément de contourner par leur choix rapide. Ces circonstances expliquent que – comme le souligne l'acte notarié destiné à justifier l'abbé de San Giusto – l'élu ait dû se rendre en personne à la curie, qui résidait alors à Avignon où Rainuccio Allegretti se trouve de fait début mars. Ce n'est qu'à son retour (*a Romana curia redeuntis*) que se déroula la traditionnelle cérémonie d'avènement[54]. On ignore quand, exactement, cette cérémonie eut lieu: certainement après le 22 avril, date de l'acte notarié, peut-être le 26, date à laquelle l'évêque fit lire en diverses églises de la ville une admonition au clergé et aux usurpateurs des biens de l'épiscopat, ou encore le 6 mai, date d'une convocation de l'*Universitas cleri*[55].

Six ans plus tard, à l'automne 1327, l'abbé Bartolo renonça à sa charge, pour un motif que l'on ignore et qui est probablement sans rapport avec son indiscipline envers les règlements de l'ordre camaldule[56]. En effet, malgré l'absentéisme de son abbé, l'appartenance de l'abbaye de San Giusto à l'ordre camaldule ne fut jamais remise en question: l'ordre pouvait-il d'ailleurs se passer d'un tel point d'appui dans le diocèse de Volterra? Ses successeurs immédiats continuèrent même à exercer des missions dignes de la puissance de leur établissement[57] et à accueillir leurs pairs à l'occasion des chapitres généraux, comme en 1351[58]. Mais tout comme Bartolo, ils ne remirent pas pour autant en cause les pratiques et les symboles de leur insertion dans la *communitas* urbaine, au point d'en partager les infortunes[59], voire certaines divisions[60], et au risque, parfois, d'en oublier les impératifs de leur appartenance à l'ordre camaldule.

---

54 Sur ces circonstances, cf. Volpe, Toscana medievale, pp. 305–306 et surtout Cavallini, Il vescovo Rainuccio Allegretti, pp. 43–45.

55 Ibid. p. 45.

56 Volterra, Bibl. Guarnacci, ms. 8491, vol. VI, f. 118v: *Admodum infrascripte imbeviature rogate et scripte sunt per me Bartholomeum notarium ser Johannis predictum tempore reverendi viri domini Fatii abbatis dicti monasterii successoris supredicti domini Bartali olim abbatis dicti monasterii per renuptionem ipsius factam in manibus venerabilis patris et domini domini Bonaventure prioris camaldulensis et totius camaldulensis ordinis generalis.* Le 8.11.1327, son successeur Fazio est déjà muni de la lettre de nomination pontificale (ASFirenze, App. Camaldoli 27, f. 35).

57 Son successeur, l'abbé Fazio est envoyé dès le 12.12.1327 comme représentant de l'ordre à la curie où il arrive le 8 janvier suivant (ASFirenze, App. Camaldoli 27, f. 48); il est ensuite définiteur au chapitre général de San Damiano de Bologne au printemps 1328 (AC, V, p. 337).

58 AC, VI, App. col. 312–322; cf. P. Licciardello, pp. 29 et 50.

59 Le 23 novembre 1323, l'abbé Bartolo avait été absout des conséquences de l'interdit et de l'excommunication fulminés au printemps 1322 par l'évêque Rainuccio Allegretti à la suite d'un conflit avec la commune à propos du castrum de Berignone, et levés par l'évêque de Sienne le 15 novembre 1323 (Volterra, Bibl. Guarnacci, ms. 8491, vol. VI, f. 84rv); sur les circonstances de cet acte, Cavallini, Il vescovo Rainuccio Allegretti, pp. 50–54.

60 Il est fort probable que, dans le contexte politique agité de la première moitié du XIVe siècle, les divisions de la communauté de San Giusto qui alarment le prieur général camaldule aient

Doc. 1. Volterra, Bibl. Guarnacci, ms. 8491, vol. VI, f. 15v

Volterra, 13 juin 1315. Notification publique de l'abbé de San Giusto, justifiant de son absence à l'élection du prieur général par sa nécessaire présence pour les moissons et mandat de procuration en faveur du majeur de l'ermitage.

Pateat publice quod cum reverendus vir dominus Barthalus Dei gratia abbas monasterii Sanctorum Justi et Clementis de Vulterris ordinis Camaldulensis, cum sic pluribus negotiis gerendis pro dicto monasterio occupatus maxime presenti tempore messium, eum opporteat interesse ad faciendum fieri recolectam bladarum sine cuius presentia fieri non possit absque gravi dampno dicti monasterii, hiis de causis et aliis impedictus non potest personaliter interesse cum heremitis heremi Camaldulensis et prelatis ordinis predicti ad tractandum et celebrandum electionem prioris Camaldulensis et totius Camaldulensis ordinis generalis. Idec commisit in dominum Angelum heremitam, maiorem dicti heremi Camaldulensis, licet absentem, totaliter voces, vota et vices suas pertinentes ad eum tamquam abbatem dicti monasterii de tractatu, postulatione et electione prioris predicti cum hiis ad quos pertinet electio prelibata. Cui domino Angelo licet absenti et michi notario infrascripto recipienti pro eo, commisit totaliter vices et voces suas pro electione prioris predicti celebranda et eius occasione promictens se habere firmum et ratum totum et quicquid factum fuerit per dictum dominum Angelum de predictis vel eorum occasione et non contra venire aliquo modo vel iure. Actum in appendiciis civitatis Vulterrarum in claustro dicti monasterii Sancti Justi, presentibus Gerarduccio quondam Maurini de Luca, Vannuccio quondam Granati de Prato et Giano quondam Simonis de Florentia testibus. Anno Domini Millo trecentesimo quintodecimo indictione tertiadecima die tertiodecimo junii. Ego Johannes notarius Junte suprascriptus predicta publice scripsi.

Doc. 2. Volterra, Bibl. Guarnacci, ms. 8491, vol. VI, f. 44r–v

Volterra, 21 mai 1319. Notification publique de l'abbé de San Giusto justifiant son absence au prochain chapitre général de San Zeno de Pise par sa nécessaire participation à la fête de saint Juste et mandat de procuration en faveur du prieur général.

Pateat publice quod cum reverendus vir dominus Barthalus Dei gratia abbas monasterii Sanctorum Justi et Clementis de Vulterris ordinis Camaldulensis nequeat personaliter interesse generali capitulo dicti ordinis in monasterio Sancti Zenonis de Pisis in proxime Pascate Pentecostes celebrando, occasione solempnissime festivitatis sancti Justi, sequenti die post dictum Pasca venerande de qua cives Vulterrani in comuni et spetialitate reverentiam et solempnitatem faciunt maximam et in hiis eius absentia prestaret impedimentum non modicum, venerabili patri et domino domino Bonaventure priori Camaldulensis et totius Camaldulensis ordinis generali vices et voces suas ad eum pertinentes et expectantes in dicto capitulo concessit et commisit videlicet pro hiis tantum qua in dicto capitulo in dicto Pascate et loco fuerint celebrata promictens se firmum et ratum habere, tenere et observare totum id quod per eumdem dominum priorem factum fuerit in dicto capitulo ex commissione predicta et non contrafacere vel negare aliquo modo vel jure sub obligatione bonorum et jurium dicti sui monasterii presentium et futurorum.
Actum Anno Domini indictione, die, loco et testibus suprascriptisa.[61] *Ego Barthalomeus notarius suprascriptus predicta publice subscripsi.*

Doc. 3. Volterra, Bibl. Guarnacci, ms. 8491, vol. VI, f. 61r–v

Volterra, 22 avril 1321. Notification publique de l'abbé de San Giusto justifiant son absence au prochain chapitre général de Sant'Apollinare in Classe par sa nécessaire participation à la cérémonie de joyeuse entrée de l'évêque et mandat de procuration en faveur du prieur général.

---

quelque chose à voir avec celles de la ville. Cf. ASFirenze, App. Camaldoli, 27, f. 266 (21.10.1331).

61 Cf. ibid., f. 44v: *Actum in appendiciis de Vulterris apud dictum monasterium Sancti Justi in ecclesia ipsius monasterii coram Nucço condam Gucci, Ceccho condam Vannis, Johanne Ugolini testibus ad hec. Anno Domini Millesimo trecentesimo nonodecimo, indictione secunda, die vigesimoprimo maii.*

Pateat publicum quod cum reverendus vir domnus Barthalus Dei gratia abbas monasterii Sanctorum Justi et Clementis de Vulterris ordinis Camaldulensis nequeat personaliter presenti generali capitulo dicti ordinis in monasterio Sancti Pulinaris de Chiassi celebrando, occasione adventus venerabilis patris domini Ranuccii episcopi Vulterrarum a Romana curia redeuntis, et ipsum dominum episcopum opporteat de antiqua et actenu adprobata consuetudine in ecclesia Sancti Quirici de Era dicto monasterio subsistente requiescere et ibi aliqua consueta facere, deinde ad ecclesiam Sancti Justi redire et postea ire ad episcopalem ecclesiam Vulterrarum, in quibus presentia abbatis dicti monasterii requiritur sotiandum eumdem ad loca predicta tamquam collateralem ipsius, ideo venerabili in Christo patre et domino domino Bonaventure priori Camaldulensis et totius Camaldulensis ordinis generali, vices et voces suas ad eum in dicto capitulo expectantes commisit totaliter et concessit, promictens se firmum et ratum habere et observare id totum et quicquid quod per eumdem dominum priorem et capitulum prelibatum factum fuerit atque celebratum occasione commissionis predicte et non contrafacere vel venire aliquo modo vel iure sub obligatione dicti sui monasterii.
Actum in appendiciis de Vulterris in claustro dicti monasterii coram domino Anselmo abbate monasterii Sancti Petri de Cerreto vallis Else et Ceccho Vannis testibus ad hec. Anno Domini Millesimo trecentesimo vigesimoprimo, indictione quarta, die vigesimosecundo aprilis. Ego Barthalomeus notarius suprascriptus predicta publice subscripsi.

Bibliographie

Abela, E./Bandini, F., Il complesso extraurbano di San Giusto a Volterra. La chiesa di San Giusto vecchio di Volterra. Tentativo di ricostruzione di un monumento scomparso. Spunti per una riflessione, in: *Laboratorio Universitario volterrano*, Quaderno II, 1997–1998, Pise 1999, pp. 93–110.

AC = Annales Camaldulenses ordinis sancti Benedicti, ed. G.B. Mittarelli/A. Costadoni, 9 vol., Venise 1755–1773.

Augenti, A./Munzi, M., *Scrivere la città: Le epigrafi tardoantiche e medievali di Volterra (secoli IV–XIV)* (Ricerche di archeologia altomedievale e medievale 22), Florence 1997.

Caby, C., Attorno all'eremo del Vivo. I Camaldolesi in Toscana, fra eremo e città, in: A. Cortonesi/G. Piccinni (ed.), *L'eremo del Vivo fra dinamiche religiose e territoriali*, Arcidosso (GR) 2004, pp. 35–52.

Caby, C., *De l'érémitisme rural au monachisme urbain. Les Camaldules en Italie à la fin du Moyen Âge* (Bibliothèque des Écoles françaises d'Athènes et de Rome 305), Rome 1999.

Caby, C., De l'ermitage à l'ordre érémitique? Camaldules et chartreux, XIe–XIIe siècle, in: A. Girard/D. Le Blévec/N. Nabert (ed.), *Bruno et sa postérité spirituelle. 9e centenaire de la mort de saint Bruno* (Analecta cartusiana 189), Salzburg 2003, pp. 83–96.

Caby, C., Règles, coutumes et statuts dans l'ordre camaldule (XIe–XIVe siècle), in: C. Andenna/G. Melville (ed.), *Regulae – Consuetudines – Statuta. Studi sulle fonti normative degli ordini religiosi nei secoli centrali del Medioevo* (Vita regularis 25), Münster 2005, pp. 195–221.

Carli, E., *Volterra nel Medioevo e nel Rinascimento*, Pise 1978.

Cavallini, M., Il vescovo Rainuccio Allegretti (1320–1348), in: *Rassegna Volterrana* 20 (1952), pp. 39–72.

Cicala, L., Il complesso extraurbano di San Giusto a Volterra. Ricerche sui Santi Giusto e Clemente: osservazioni preliminari, in: *Laboratorio Universitario volterrano*, Quaderno II, 1997–1998, Pise 1999, pp. 111–115.

Cinci, A., *La Badia dei Camaldolesi*, Volterra 1884.

Consortini, L., *La Badia dei Ss. Giusto e Clemente presso Volterra,* Lucques 1915.

Consortini, L., Osservazioni critiche sui santi Giusto, Clemente e Ottaviano protettori di Volterra, in risposta alla critica di Mons. F. Lanzoni alle loro leggende, in: *Rassegna Volterrana* 2 (1925), pp. 75–91.

Cygler, F., *Organisation, Funktion und institutionelle Diversität des Generalkapitels im hochmittelalterlichen Ordenswesen (12.–frühes 14. Jahrhundert)* (Vita regularis 12), Münster 2002.

Cygler, F./Melville, G., Nouvelles approches historiographiques des ordres religieux en Allemagne. Le groupe de recherche de Dresde sur les structures institutionnelles des ordres religieux au Moyen Âge, in: *Revue Mabillon* 12 (2001), pp. 314–321.

De sanctis Hugonis actis liturgicis, ed. M. Bocci, Florence 1984.

Delumeau, P., *Arezzo, Espaces et Sociétés, 715–1230. Recherches sur Arezzo et son contado du VIII*[e] *au début du XIII*[e] *siècle* (Collection de l'École française de Rome 219), 2 vol., Rome 1996.

Eubel, C., *Hierarchia catholica medii aevi*, Regensburg 1913.

Ferrari, L.M., Antonio Ivani a Volterra, in: *Rassegna Volterrana* 32 (1965), pp. 22–106.

Fiumi, E. (ed.), *Statuti di Volterra : 1210–1224*, Florence 1951.

Fiumi, E., *Volterra e San Gimignano nel medioevo. Raccolta di studi a cura di Giuliano Pinto*, San Gimignano 1983.

Gams, P.B., *Series episcoporum ecclesiae catholicae*, Graz 1957.

Garzelli, A., *Sculture toscane nel Dugento e nel Trecento*, Florence 1969.

Giachi, A.F., *Saggio di ricerche storiche sopra lo stato antico e moderno di Volterra dalla sua origine fino ai tempi nostri*, Florence 1887.

Giannini, G., Volterra. Biblioteca Guarnacci, in: G. Mazzatinti (ed.), *Inventari dei manoscritti delle Biblioteche d'Italia* II, Forlì 1892, pp. 180–243.

Lanzoni, F., *Le diocesi d'Italia dalle origini al principio del secolo VII (an. 604): studio critico*, Faenza 1927.

Lari, O., *I santi Giusto e Clemente patroni di Volterra*, Volterra 1962.

Licciardello, P., I Camaldolesi tra unità e pluralità (XI–XII sec.). Istituzioni, modelli, rappresentazioni, in: N. D'Acunto (ed.), *Dinamiche istituzionali delle reti monastiche e canonicali nell'Italia dei secoli X–XII*, S. Pietro in Cariano (VR) 2007, pp. 175–238

Licciardello, P., Legislazione camaldolese medievale (XI–XV secolo). Un repertorio, in: *Benedictina* 54 (2007), pp. 23–60.

Licciardello, P., Lineamenti di agiografia camaldolese medievale (XI–XIV secolo), in: *Hagiographica* 11 (2004), pp. 1–65.

Licciardello, P., La più antica Vita dei santi Giusto e Clemente di Volterra (BHL 4609–4610), in: *Hagiographica* 15 (2008), pp. 1–29.

Magrini, C., Il complesso extraurbano di S. Giusto a Volterra. Le Balze di Volterra nell'altomedioevo: una ricostruzione topografica, in: *Laboratorio Universitario volterrano*, Quaderno II, 1997–1998, Pise 1999, pp. 116–119.

Melville, G., Alcune osservazioni sui processi di istituzionalizzazione della 'vita religiosa' nei secoli XII e XIII, in: *Benedictina* 48 (2001), pp. 371–394.

Melville, G., Nuove tendenze della storiografia monastica di area tedesca. Le ricerche di Dresda sulle strutture istituzionali degli ordini religiosi medievali, in: G. Andenna (ed.), *Dove va la storiografia monastica in Italia? Temi e metodi di ricerca per lo studio della 'vita monastica' e regolare in età medievale alle soglie del terzo millenio*, Milan 2001, pp. 35–51.

Melville, G., Unitas e diversitas. L'Europa medievale dei chiostri e degli ordini, in: G. Cracco/ J. Le Goff/H. Keller/G. Ortalli, *Europa in costruzione. La forza delle identità, la ricerca di unità (secoli IX–XIII)*, Bologne 2007, pp. 357–384.

Mori, S., Pievi della Diocesi volterrana antica dalle origini alla visita apostolica (1576), in: *Rassegna Volterrana* 68 (1992), pp. 3–107.

Schneider, F., *Regestum Volterranum* (Regesta chartarum Italiae 1), Rome 1907.

Statuti Volterrani 1463–1466, ed. A. Cinci, Florence 1876.

Vedovato, G., *Camaldoli e la sua congregazione dalle origini al 1184. Storia e Documentazione* (Italia Benedettina 13), Césène 1994.

Villoresi, R., Classificazione cronologica delle emissioni medievali dei vari tipi monetali della zecca di Volterra, in: Rassegna Volterrana, 70 (1994), pp. 153–170.

Volpe, G., *Toscana medievale : Massa Marittima, Volterra, Sarzana*, Florence 1964.

Franz Neiske (Münster)

Die Ordnung der Memoria

Formen necrologischer Tradition im mittelalterlichen Klosterverband

Die Ordnung der Memoria ist Teil der Geschichtsschreibung. Ein wesentliches Element der Konstruktion von Erinnerung ist ihre Ordnung[1]. Reihenfolge wie Rangfolge, Überlieferungsart und Präsentationsform bestimmen die spätere Wahrnehmung historischen Geschehens. Sie sind entscheidend für die Lebendigkeit der Erinnerung oder tragen die Gefahr des Vergessens in sich. Als die antike Mnemotechnik in der Renaissance wiederentdeckt wurde, stand neben der üblichen Verknüpfung der Erinnerung mit Bildern die „Ordnung der Dinge" nach dem Vorbild des Gedächtnistheaters von Giulio Camillo im Vordergrund[2].

Die liturgische Totenmemoria des Mittelalters erinnerte nicht an Ereignisse, sondern an Menschen. Aber mehr als die Vergegenwärtigung historischen Geschehens wirkte das Gedenken an die Verstorbenen fortwährend auch auf die Gegenwart, in der dieser Erinnerungsakt stattfand. Denn ein solches Erinnern verlangte konkrete Anstrengungen des Einzelnen und der Gemeinschaft: Gebete und Messfeiern sowie vorgeschriebene sozial-karitative Leistungen. Es erzeugte aber gleichzeitig religiöse Zuversicht und stärkte hoffnungsvolle Jenseitserwartung. Damit verbunden war der allgemein-menschliche Trost, nicht vergessen zu werden[3]. Die Vorstellung einer sogar juristisch verstandenen „Gegenwart der Toten" kennzeichnet die Lebendigkeit dieser Erinnerungsform, die weit über jede theatralische Neuinszenierung zur Erinnerung an historische Ereignisse hinausgeht[4]. Stärker als manch andere Quellenart waren die Gedenkaufzeichnungen deshalb vor allem auf die Zukunft gerichtet[5].

---

1 Berns, Gedächtnislehren, S. 526–530. Fried, Schleier, S. 15, spricht im Zusammenhang mit der sprichwörtlich gewordenen Erinnerungskraft des griechischen Dichter Simonides von Keos von der „Ordnung der Toten". Es ist bezeichnend für die Wertung der Totenmemoria im ‚kulturellen Gedächtnis', wenn die viel zitierte Simonides-Erzählung in Ciceros ‚De oratore' von der Sorge um das Gedenken an die Verstorbenen bestimmt ist; vgl. dazu Goldmann, Totenklage. Bei Ricœur, Gedächtnis, S. 104–110, wird durch die Konzentration auf die ‚Orte der Erinnerung' deren ‚Ordnung' zu wenig beachtet.

2 Yates, Gedächtnis, S. 123–149.

3 Das Psalmengebet, in dem diese Erwartung gestärkt wird (*In te, domine, speravi, non confundar in aeternum*, Ps 30 [31]), war nach den *consuetudines* in cluniacensischen Klöstern täglich vorgesehen: Consuetudines Cluniacenses antiquiores, 36.1, De psalmis addictis, S. 60.

4 Oexle, Gegenwart, S. 31.

5 Auch sie sind damit Teil einer „mémoire organisée" mit gleicher Zielrichtung wie die moderne Archivierung, denn „la préoccupation mémorielle impliquerait alors une attitude tournée non pas vers le passé, mais vers l'avenir", Morsel, Du texte aux archives.

Im Folgenden sollen einige Überlegungen zur formalen Ausgestaltung der liturgischen Memoria mittelalterlicher Klöster und Klosterverbände vorgestellt werden, die helfen können, das oft sehr unterschiedliche Erscheinungsbild der schriftlichen Quellen dieser Erinnerungskultur zu verstehen: es geht also um die Ordnung und formale Präsentation der Namenlisten von Verstorbenen in den Necrologien.

Die kalendarische Aufzeichnung der Namen von Verstorbenen geschah mit der Absicht, jeweils bei der jährlichen Wiederkehr des Todestages an diesen Menschen erinnern zu können und mit Hilfeleistungen in Form von Gebet und Almosen zu dessen Seelenheil beizutragen. Solche Formen einer stellvertretenden Buße für den Verstorbenen, durch die dessen zu Lebzeiten begangenen Sünden gesühnt werden könnten, ist spätestens seit den Bußbüchern des 8. Jahrhunderts eine allgemein anerkannte Praxis[6]. Diese Arten der Sühne entwickelten sich, wie die Vorschriften in den Bußbüchern, bald zu eigenartigen Formen „gezählter Frömmigkeit“[7], die eine präzise Aufzeichnung und Dokumentation von Leistung und Gegenleistung erforderten. Die cluniacensischen Consuetudines etwa verpflichten die Konvente mit sehr konkreten Bestimmungen zu Messen und Gebeten beim Tod eines Mitbruders sowie zu Armenspeisungen[8].

Die Necrologien verzeichnen deshalb für manche Verstorbene entsprechend genau die Anzahl von Messfeiern und bestimmen deren liturgische Gestaltung, oder sie schreiben vor, wie viele Arme am Gedenktag zu speisen sind. In gleicher Weise wird oft auf die materielle Grundlage für solche geistlichen oder karitativen Leistungen verwiesen. Zum Gedenkeintrag hinzugefügt sind deshalb manchmal auch Vermerke über Schenkungen, etwa von Landbesitz, aus dessen Ertrag die betenden Mönche und die zu versorgenden Armen am Gedenktag des Toten verköstigt werden sollten. Dies alles ist durch zahlreiche Untersuchungen der letzten Jahrzehnte ausführlich erforscht und mit anschaulichen Beispielen dokumentiert worden[9].

Die Anordnung der Nameneinträge in den Necrologien, die formale Gruppierung der Tageseinträge, die Niederschrift in Spalten oder Rubriken wurden dagegen zumeist nur am Rande in Einzeluntersuchungen behandelt. Jean-Loup Lemaitre lieferte bereits 1980 in der ausführlichen Einleitung zum Katalog der Necrologien in Frankreich eine Übersicht über die vielfältigen Erscheinungsformen mittelalterlicher Totenbücher und illustrierte diese mit zahlreichen Abbildungen[10]. Jüngere Necrologeditionen in der Reihe *Libri memoriales et necrologia. Nova series* der Monumenta Germaniae historica widmen diesen Fragen ver-

---

6 Angenendt, Theologie, S. 150f.
7 Angenendt u. a., Gezählte Frömmigkeit.
8 Bernardi Ordo Cluniacensis, 1,24 De obitu fratris, et sepultura, S. 199. Udalricus, Antiquiores, 3, 30, S. 702.
9 Wollasch, Gemeinschaftsbewusstsein; Neiske, Funktion, S. 100–102; zur Literatur zuletzt Neiske/Reglero, Carrión, S. 141–143.
10 Lemaitre, Répertoire, Bd. 1, S. 14–26; Tafeln ebd., S. 100–131.

mehrt ihre Aufmerksamkeit. Für die Necrologien des cluniacensischen Klosterverbandes hat Dietrich Poeck Texttradition und -gestaltung untersucht[11]. Die Vielfalt der Erscheinungsformen, die bei diesen Beispielen angesprochen werden, würde eine eigene gattungsgeschichtliche Studie erfordern, die weit über den ersten von Nicolas Huyghebaert vorgelegten Versuch hinausgehen müsste[12].

In diesem knappen Beitrag soll versucht werden, Gestalt und Anordnung der Einträge in Necrologien von Klosterverbänden zu beschreiben und als besonderen Aspekt einer Institutionengeschichte zu bewerten. Zugleich soll damit dem umfassenden Verständnis, das der Jubilar für die Memoria im mittelalterlichen Mönchtum wiederholt geäußert hat[13], eine weitere Sichtweise hinzugefügt werden.

Mittelalterliche Necrologien können ein Spiegelbild der sozialen Wirklichkeit bzw. der idealen Vorstellung der christlichen Gesellschaft sein, sie bilden geradezu die soziale Ordnung in einem „Memorial-Ordo" ab[14]. Karl Schmid hat am Beispiel des Salzburger Verbrüderungsbuches und der dort zahlreich verwendeten *Ordo*-Überschriften auf diese Zusammenhänge hingewiesen[15]. Mönche und Laien, Frauen und Männer, *milites* und *pauperes*, Äbte, Bischöfe und Päpste ebenso wie Grafen, Herzöge und Könige konnten mit unterschiedlichen Gebetsleistungen bedacht werden, deren vielfältige theologische oder materielle Begründungen hier nicht erörtert werden können. Die tägliche Praxis des Totengedenkens verlangt deshalb eine entsprechend reich differenzierte Kennzeichnung der Nameneinträge. Einfach, aber bei großen Namenmengen unübersichtlich, ist eine Unterscheidung durch Amtstitel, durch Bezeichnungen für Herkunft und Zugehörigkeit oder durch simple Ergänzung mit mehr oder weniger enigmatischen Buchstaben oder Zeichen.

Solche Namenreihen bleiben aber in gewisser Weise immer ‚eindimensional'. Die Markierung einzelner Namen durch Zeichen wird schnell unübersichtlich. In einigen Fällen, wie etwa beim Necrolog von Saint-Pons de Thomières

11 Poeck, Formgeschichtliche Beobachtungen.

12 Huyghebaert, Les documents nécrologiques, S. 41f., unterschied zwar schon Necrologien „sans beaucoup d'ordre" von solchen mit so vielen Einträgen, „qu'elles réclameront un classement"; er sah darin aber eher ein einfaches „remaniement du nécrologe primitif" als ein umfassendes Konzept, das aus liturgischen, administrativen oder wirtschaftlichen Notwendigkeiten erwachsen konnte und von der jeweiligen necrologführenden Institution planvoll entwickelt und beachtet wurde.

13 Vgl. den Vortrag von Gert Melville „Memoria als Fundament der vita religiosa" beim Internationalen Symposion „Wider das Vergessen und für das Seelenheil. Memoria und Totengedenken im Mittelalter", in Mainz, 27.–29. März 2008.

14 Freise, Grundformen, S. 458–461, spricht von „*Ordo*-Überschriften", um den Zusammenhang zwischen sozialer Ordnung und „Memorial-Ordo" zu erläutern; vgl. ebd. S. 441, Inhaltsverzeichnis: „Zum Memorial-Ordo der kommemorierten Personen."

15 *Ordo episcoporum vel abbatum defunctorum; Ordo monachorum defunctorum; Ordo communis feminarum defunctorum*, usw. Eine solche „von Gott gegebene Ordnung" wurde jedoch in der Praxis nicht immer eingehalten, Schmid, Verhältnis, S. 243f.

(Languedoc, arr. Béziers) aus der Mitte des 13. Jahrhunderts[16] steigern sich die zur Kennzeichnung und Hervorhebung der Einträge verwendeten Formen zu einer bunten Vielfalt von Rahmen oder schmückenden Initialen und sogar Bildern (Drache, Königskopf, Vogel mit Menschenkopf, Schwert, Löwenkopf von zwei gekrönten Engeln flankiert oder Adler), die wenig System, aber viel gestalterische Phantasie erkennen lassen[17].

Klarer und übersichtlicher ist dagegen eine Anordnung der Namen in speziellen Rubriken oder Spalten, die man als ‚zweidimensional' bezeichnen könnte. Für diese Form haben sich zahlreiche Necrologien aus Klöstern entschieden. Im Vordergrund stand dabei die Trennung zwischen Mönchen und Laien oder zwischen Angehörigen der eigenen Gemeinschaft und Mönchen fremder Klöster, die im einfachsten Fall durch Hinzufügung entsprechender Kürzel am Rand der Seite in den einzelnen Zeilen erfolgen konnte[18]. Die darüber hinaus denkbare Vielfalt eines weiter ausdifferenzierten Systems hat Jean-Loup Lemaitre in einem idealen Schema vorgestellt, bei dem zunächst nach dem Sterbeort und dann nach der Gruppenzugehörigkeit unterschieden wird[19].

Tod im eigenen Kloster	Tod außerhalb
monachi nostrae congregationis	*amici tantum in orationem suscepti*
Eigene Professmönche Mönche abhängiger Klöster Konversen (*monachi ad succurendum*)	Mönche verbrüderter Klöster Verwandte der Mönche familiares

Solche Schemata lassen sich in der Tat in zahlreichen Necrologien nachweisen, wenngleich zumeist nur einzelne dieser Ordnungselemente verwendet werden. Ein einfaches Beispiel solcher Gliederung von Namen bietet das Necrolog des cluniacensischen Frauenklosters Marcigny-sur-Loire, das in einer breiten Hauptkolumne als *monachi nostrae congregationis* alle Verstorbenen zusammenfasst, die nach Ansicht der Redakteurin zu den Mönchen oder Nonnen cluniacensischer Klöster gehörten[20], während in einer schmalen Randkolumne unter der Überschrift *et aliorum familiarium nostrorum* alle anderen Personen aufgeführt sind, derer man gedenken wollte[21]. Eine ebensolche Ordnung mit Hauptkolumne und Randspalte wurde auch für das Necrolog des Cluniacenserpriorats Longpont

---

16 Paris, BNF ms. lat. 5259; Lemaitre, Répertoire, Nr. 3052.

17 Müssigbrod, Saint-Pons de Thomières, S. 86 Anm. 16.

18 Necrolog von Corbie: *monachi nostrae congregationis / et alii.* Lemaitre, Répertoire, Nr. 2008, Abbildung: ebd., Bd. 1, Tafel III, S. 105.

19 Lemaitre, Répertoire, Bd. 1, S. 21.

20 Zum Problem des Eintrags ‚cluniacensischer' Professen in dieser Rubrik zuletzt: Neiske/Reglero, Carrión, S. 176.

21 Wollasch, Totenbuch; Paris, BNF ms. nouv. acq. lat. 348; Lemaitre, Répertoire, Nr. 170. Vgl. die Abbildung in: Wollasch, Licht der Welt, S. 239.

(Diöz. Paris) gewählt[22] sowie für das der zeitweise cluniacensisch beeinflussten Abtei Saint-Gilles (Diöz. Nîmes)[23]. Im Necrolog der Abtei Moissac lassen sich offenbar die Anfänge einer solchen Gliederung erkennen, denn nur die später in das Gedenken aufgenommenen Einträge von Laien verwenden diese differenziertere Ordnung[24]. Die Necrologien anderer cluniacensischer Klöster – aber nicht nur solcher[25] – zeigen eine vergleichbare Ordnung der Memoria in zwei Kolumnen, um die Mönche von den *familiares* zu unterscheiden. Die aus dem Priorat Saint-Martin-des-Champs überlieferten Totenbücher[26] nehmen zwar die gleiche Trennung der beiden Gruppen vor, aber die Anordnung erfolgte hier horizontal[27]. Unter dem umfangreichen Namenblock der Mönche stehen deutlich abgesetzt die wenigen Einträge der *familiares*. Die Entscheidung zu dieser neuen Ordnung könnte bei der Anlage des größten bisher bekannten Necrologs (mehr als 33.000 Namen) durchaus von ökonomischen Überlegungen bestimmt gewesen sein, da so die Pergamentseiten besser ausgenutzt werden konnten.

Das parallele Nebeneinander in der Memorialordnung kann aber noch feierlichere Formen annehmen. In einigen Überlieferungen sind die Kolumnen durch farbig bemalte Säulen voneinander getrennt, die von halbkreisförmigen Bögen überspannt werden. Solche Arkaden umrahmen in mittelalterlichen Gedenkbüchern regelmäßig die Namenreihen der eingeschriebenen Personen, so in St. Gallen, Remiremont, Pfäfers, Salzburg oder Corvey[28]. Offensichtlich spielt hier der Gedanke an den ‚Liber vitae' im Himmel eine Rolle, als dessen Abbild man das irdische Gedenkbuch verstand[29], so dass man in den Arkaden – wie in vergleichbaren Fällen – einen Verweis auf die Architektur des ‚Himmlischen Jerusalem' sehen kann[30]. Die Necrologien schließen damit in der Interpretation und Wahrnehmung der Zeitgenossen an die heilsversprechende Rolle der Gedenk- und Verbrüderungsbücher an.

In einigen Fällen, so etwa im Martyrolog-Necrolog von St. Emmeram in Regensburg, sind solche Arkaden sogar mit Illustrationen von Heiligen oder Engeln verziert[31]. Ein Necrolog des Klosters Sainte-Rictrude et Saint-Pierre in Marchiennes (Diöz. Arras) aus dem 13. Jahrhundert führt die *monachi nostri* und

---

22 Paris, BNF ms. nouv. acq. lat. 1540; Lemaitre, Répertoire, Nr. 1242.

23 London, British Library, Add. 16918; Lemaitre, Répertoire, Nr. 3071. Winzer, S. Gilles, S. 146f.

24 Paris, BNF ms. lat. 5548; Lemaitre, Répertoire, Nr. 2705. Martyrolog-Necrolog von Moissac, S. XXI.

25 Als ein weiteres Beispiel unter vielen ist Saint-Amand-les-Eaux (Diöz. Tournai) zu nennen: Lemaitre, Répertoire, Nr. 1894.

26 Lemaitre, Répertoire, Nr. 1308–1311. Neiske, Funktion, S. 108f. Neiske, Montier-en-Der, S. 354f.

27 Vgl. dazu Poeck, Formgeschichtliche Beobachtungen, S. 730, und die Abbildungsbeipiele in: Poeck, Ein Tag, Tafeln VI–VIII.

28 Schmid/Wollasch, Societas et Fraternitas, S. 14–20. Vgl. die Abbildungen ebd., Tafeln 71, 72, 74.

29 Koep, Das himmlische Buch; Neiske, Funktion, S. 115–117, mit weiterer Literatur.

30 Rathofer, Structura codicis, S. 343.

31 Martyrolog-Necrolog von St. Emmeram, S. 37f.

die *familiares nostri* getrennt in zwei Kolumnen unter Arkaden mit verzierten Säulen auf[32]. Im Necrolog der Abtei Saint-Saveur et Saint-André in Anchin (ebenfalls Diöz. Arras), das im 12. Jahrhundert entstand, unterscheiden zwei Arkaden die *monachi nostri* von den *familiares;* hier sind je zwei Doppelarkaden auf einer Seite angeordnet[33]. Es liegt nahe, bei diesen benachbarten Konventen eine gegenseitige Beeinflussung der formalen Ausgestaltung der Memoria anzunehmen, zumal auch eine Verbrüderung zwischen den beiden Häusern bestand[34]. Ebenfalls im nördlichen Frankreich, in der Abtei Saint-Taurin in Évreux (Diöz. Rouen), ordnete man im 13. Jahrhundert die Verstorbenen in drei Kolumnen an (eigene Mönche / Verbrüderte und Wohltäter / Frauen)[35]. In drei Spalten unter verzierten, bunten Arkaden sind die Einträge im Necrolog des Klosters St. Michael in Bamberg verzeichnet. Der „Memorialordo" trennt hier zunächst die Äbte und Mönche von den Laienbrüdern des eigenen Konvents, fügt in deren (2.) Spalte allerdings die verstorbenen Mönche und Kleriker aus verbrüderten Gemeinschaften hinzu. Die dritte Kolumne enthält nur Männer und Frauen aus dem Laienstand[36]. Eine vergleichbare Ordnung zeigt auch das Necrolog der Abtei Saint-Martin in Tournai. Hier werden in vier Kolumnen die eigenen Mönche von den verbrüderten unterschieden und die Frauen von den großen Stiftern[37]. In spätmittelalterliche Necrologien, besonders bei solchen aus Frauenklöstern, sind die Ordnungsformen häufiger durch Schmuckelemente erweitert. Als Beispiel sei hier nur das Necrolog des Nonnenklosters St. Maria in Andernach aus dem 14. Jahrhundert genannt, das mit schönen Arkaden verziert ist[38].

Die Anordnung in mehreren, von einander getrennten Zeilen kann im Einzelfall ähnlich komplex sein. Das Kloster Saint-Évroul in der Normandie (Diöz. Rouen) zeigt in einem Necrolog aus dem 13. Jahrhundert eine noch präzisere Zuordnung. Es rubriziert in sieben Zeilen untereinander zuerst die Mönche des eigenen Konventes, sodann die aus fünf namentlich genannten Klöstern – benachbarten und weit entfernten verbrüderten Gemeinschaften bis nach England und Kalabrien – und zuletzt die Laien. Diese genaue „Buchführung für den Himmel"[39] scheint in Saint-Évroul angesichts einer umfangreichen, im gleichen Codex überlieferten Liste von verbrüderten Klöstern notwendig gewesen zu sein[40]. Ein im 15. Jahrhundert entstandenes Necrolog von Saint-Vanne in Verdun trennt in jeweils vier Zeilen untereinander das Gedenken an die Mönche aus Saint-Bénigne (Dijon) von den Einträgen der Konventualen aus anderen

32 Douai, Bibliothèque municipale, ms. 889; Lemaitre, Répertoire, Nr. 1812.
33 Douai, Bibliothèque municipale, ms. 888; Lemaitre, Répertoire, Nr. 1800.
34 Douai, Bibliothèque municipale, ms. 890, f. 1r.
35 Paris, BNF ms. nouv. acq. lat. 1899; Lemaitre, Répertoire, Nr. 482.
36 Bamberg, Staatsbibliothek, ms. Lit. 144; Wollasch, Mönchtum, S. 93; Necrolog Michelsberg, S. 65–67; „Memorialordo", S. 67; Abbildungen ebd. im Anhang.
37 Nécrologe Saint-Martin de Tournai, S. 135.
38 Trier, Stadtbibliothek, ms. 2039.
39 Neiske, Funktion, S. 115.
40 Paris, BNF ms. lat. 10062; Lemaitre, Répertoire, Nr. 538. Liste der verbrüderten Klöster bei Laporte, Tableau, S. 169–188.

verbrüderten Klöstern und zuletzt die männlichen Laien von den Nonnen und Frauen aus dem Laienstand. Zusätzlich fanden hier die Mönche von Saint-Vanne selbst ihre Nennung in einer zweiten, deutlich abgesetzten Kolumne[41]. Diese Anlageform verweist in ihrer Komplexität bereits auf die im Folgenden beschriebene Erweiterung der Memorialordnung.

Nach der sog. ‚zweidimensionalen' Ordnung soll zuletzt eine komplexer redigierte Erweiterung vorgestellt werden, die man entsprechend als ‚dreidimensional' bezeichnen kann. In sehr wenigen Necrologien sind die Einträge eines jeden Tages auf zwei gegenüberliegenden Seiten angeordnet. Das Necrolog der Abtei Saint-Martial in Limoges verzeichnet jeweils auf der linken (Verso-)Seite die Namen der *defunctorum fratrum* auf der gegenüberliegenden Recto-Seite, die Namen der *peregrinorum monachorum designantium*[42]. Der einfachen Form einer doppelseitigen Anlage folgte offensichtlich auch ein Necrolog der Abtei Saint-Martin in Autun, das allerdings nur in einer neuzeitlichen Kopie des 17. Jahrhunderts erhalten ist[43] und deshalb keine Auskunft über weitere Differenzierungen ermöglicht. Eine solche Anordnung bietet aber eine noch weiter gehende Differenzierung. Für den Schreiber ergibt sich die Möglichkeit, die vertikale Gliederung in Spalten oder Kolumnen (bzw. gegenüber stehenden Seiten) mit einer horizontalen, in untereinander angeordneten Zeilen für verschiedene Gruppen von Verstorbenen, miteinander zu kombinieren – die Ordnung wird dadurch ‚dreidimensional'. Ein Necrolog der Abtei Saint-Remi in Reims aus dem 12. Jahrhundert zeigt erste Ansätze zu einer solchen zusätzlichen Untergliederung. Die Einträge stehen auf zwei gegenüberliegenden Seiten (eigene Mönche / Verbrüderte und Wohltäter). Auf der rechten Seite werden jedoch die Laien, Männer wie Frauen, deutlich von den Namen der Mönche und Kleriker abgesetzt[44].

Noch differenzierter zeigt das Necrolog von Saint-Bénigne in Dijon diese Anordnung. Auf den Verso-Seiten sind zunächst die Mönche der Abtei selbst eingetragen, außerdem die Mönche aus Prioraten des Klosters, sowie besondere Freunde und Wohltäter. Davon abgesetzt wurden die Nonnen aus abhängigen Frauenklöstern verzeichnet und in einer besonderen Rubrik die nächsten Verwandten etwa des Reformabtes Wilhelm von Dijon[45]. Gegenüber auf den Recto-Seiten stehen die Mönche aus verbrüderten Klöstern sowie, wiederum abgesondert in Zeilen oder besonderen Abteilungen des Eintrages, die laikalen Förderer und *familiares* dieser Institutionen. In Saint-Bénigne lässt sich die Entwicklung dieser komplexen neuen Form gut nachvollziehen, da das Fragment einer

---

41 Verdun, Bibliothèque municipale, ms. 7; Lemaitre, Répertoire, Nr. 1666; Schamper, S. 92f.

42 Paris, BNF ms. lat. 5257; Lemaitre, Répertoire, Nr. 2764, Abbildung: ebd., Bd. 1, Tafel II, S. 103.

43 Paris, BNF ms. lat. 12781; Lemaitre, Répertoire, Nr. 164.

44 Reims, Bibliothèque municipale, ms. 346; Lemaitre, Répertoire, Nr. 1699.

45 Dijon, Bibliothèque municipale, ms. 634; Lemaitre, Répertoire, Nr. 236. Schamper, S. 16, 54f.

schon zweiseitig angelegten Vorgänger-Version dieses Necrologs erhalten ist[46]. Die spätere tägliche Benutzung einer auf diese Weise geordnet festgehaltenen Memoria war dadurch entscheidend erleichtert; die notwendigen täglichen Gebets- und Almosenleistungen konnten von den für solche Aufgaben vorgesehenen Mönchen und Funktionsträgern[47] leichter abgelesen werden.

Das doppelseitig angelegte Necrolog des Klosters Saint-Robert-de-Cornillon (Diöz. Grenoble) entstand wohl um 1300. Es enthält auf der linken Verso-Seite die Namen der eigenen Mönche sowie die der Congregation von Chaise-Dieu. Zu diesem Klosterverband gehörte Saint-Robert seit dem 11. Jahrhundert als bedeutendes Priorat[48], das spätestens im 13. Jahrhundert seinerseits zu einem Unterzentrum mit weiteren Prioraten anwuchs[49]. Auf den Recto-Seiten des Necrologs finden sich die Namen von verbrüderter Klerikern, Nonnen und Konversen[50].

Es liegt nahe, diese komplexe ‚dreidimensionale' Ordnung der Memoria vor allem bei Abteien mit abhängigen Prioraten oder bei Klosterverbänden zu suchen. Dadurch konnten die in den einzelnen Konventen zu erbringenden Leistungen genauer differenziert werden und zugleich der Anspruch des Verbandes auf eine umfassende Pflege der Memoria sichtbar dokumentiert werden. Für die Congregation cluniacensischer Klöster war eine solche Necrologüberlieferung bisher nicht bekannt. Das erwähnte Necrolog von Saint-Martial aus der Mitte des 11. Jahrhunderts könnte allerdings als Vorstufe zu einer solchen Redaktionsform angesehen werden.

Der glückliche Fund eines Necrologfragmentes aus dem cluniacensischen Priorat San Zoilo in Carrión de los Condes (Diöz. Palencia, Kastilien-León) schließt nun diese Lücke[51]. Es verzeichnet die Einträge wie in Saint-Bénigne auf zwei gegenüberliegenden Seiten. Die Verso-Seiten erinnern in einem großen Block an die Mönche aus cluniacensischen Klöstern; davon abgesetzt stehen die Namen von Nonnen aus Prioraten der Congregation. Die Recto-Seiten ordnen die Einträge in drei Rubriken an, die in Zeilen untereinander stehen. In der ersten Zeile sind die Namen von Männern eingetragen – ein *m* am Ende kennzeichnet sie als Mönche; es handelt sich um Mönche aus Klöstern, die nicht zum cluniacensischen Verband gehörten, mit denen Cluny aber durch Verbrüderungen verbunden war. Die zweite Rubrik enthält Namen ebenfalls von Männern, nämlich von Klerikern oder Laien. In der dritten Zeile finden sich

46 Paris, BNF ms. lat. 4339; Lemaitre, Répertoire, Nr. 235. Neiske, S. Savino, S. 88f.; Schamper, S. 8–13.

47 Neiske, Funktion, S. 103–105.

48 Gaussin, Chaise-Dieu, S. 262–266.

49 Gaussin, Rayonnement, S. 480–484.

50 Paris, BNF ms. lat. 5247; Lemaitre, Répertoire, Nr. 2426. Edition: Necrologium prioratus Sancti Roberti Cornilionis.

51 Neiske/Reglero, Carrión.

fast ausschließlich Namen von Frauen verschiedener Gruppen: z. B. Nonnen, Äbtissinnen, Gräfinnen, Kaiserinnen[52].

In dem Fragment ist etwa ein Viertel der Gedenktage des Jahres erhalten. Ursprünglich muss es mehr als 25.000 Einträge umfasst haben und gehört damit zu den größten Necrologien, die wir kennen[53]. Für zahlreiche Namen von Personen auf den Recto-Seiten, die als *amici nostri* gekennzeichnet sind, lassen sich nur in der Abtei Cluny selbst Verbindungen nachweisen, die den dortigen Konvent zu Gebetsleistungen verpflichten konnten. Das gilt etwa für die Einträge der Könige Stephan (István) I. und Geza I. (Geycha) von Ungarn oder für König Robert II. von Frankreich und für den Grafen Lambert von Chalon-sur-Saône, den Gründer des späteren cluniacensischen Priorates Paray-le-Monial, für die Bischof Hugo von Chalon eine Memoria stiftete[54]. Diese und weitere Personen gehörten zum engeren Umfeld der Freunde der Abtei Cluny. Nur dort hatte man sich zu ihrer Memoria verpflichtet[55].

Eine solche Ordnung der Memoria erlaubte es, die abgestuften Verpflichtungen, wie sie sich aus Verbrüderungen mit Klöstern oder der Aufnahme von Einzelpersonen in die *societas et fraternitas* der Abtei Cluny ergaben, in der alltäglichen Praxis leichter abzulesen und zu erfüllen. Die im *Liber tramitis* überlieferten Consuetudines aus der Zeit Abt Odilos von Cluny sahen für den Eintrag der Verstorbenen im Necrolog und für das Verlesen der Namen im morgendlichen Kapitel nämlich genau diese Unterscheidungen vor[56]. In San Zoilo de Carrión de los Condes hat man also ein Necrolog benutzt, das als direktes Abbild des Necrologs der Abtei Cluny angesehen werden kann. Darüber hinaus weist die Handschrift des spanischen Priorats natürlich auch zahlreiche Unterscheidungsmerkmale für die Mönche und *familiares* des eigenen Klosters auf[57].

Die differenzierte ‚dreidimensionale' Ordnung der Memoria auch im Necrolog aus Cluny stützt die These, dass die doppelseitige Anlage mit weiteren Unterscheidungen in einzelnen Zeilen als typisch für Necrologien großer Verbände angesehen werden muss. Sie ermöglichte nicht nur die in der alltäglichen Praxis notwendigen Unterscheidungen für liturgische und karitative Leistungen und konnte damit das Andenken an die Verstorbenen für die Zukunft garantieren. Eine solche Ordnung der Memoria verstand sich zugleich als Abbild der Größe und Struktur einer Congregation. Die Aufbewahrung des Necrologs – zusam-

52 Ebd., S. 147.

53 Ebd., S. 145.

54 Recueil des chartes de l'abbaye de Cluny, 3, S. 564, Nr. 2484: *Facit autem hanc donationem ... pro anima patris sui Lanberti ac matris sue Adeleydis, ac gloriosi Rodberti regis atque Aeynrici ducis ... pro cunctis preteritorum scilicet ac futurorum seu presencium orthodoxis hec donacio fiat.* Diese Formulierung ist dem Text der Gründungsurkunde Clunys entnommen, ebd. 1, S. 125 und 112. Vgl. die Datenbank der Urkunden Clunys im Internet: fruehmittelalter.uni-muenster.de/cce.

55 Neiske/Reglero, Carrión, S. 168–179.

56 *In martyrlogio taliter scribendi sunt monachi uel amici. Obiervnt Adalgarius ... Gerbertvs nostre congregationis monachus et depositio domni Chonradi regis et Einrici ducis amicorum nostrorum.* Liber tramitis, XXXV. De officiis defunctorum, Nr. 208, S. 286.

57 Neiske/Reglero, Carrión, S. 180f.

men mit Martyrolog und Benediktsregel – im Kapitelsbuch, dem zentralen Codex des Konventes, entsprach dieser Bedeutung. Die Ordnung der Memoria bildete die erinnerte Gemeinschaft der Verstorbenen ebenso wie die täglich sich erinnernde Gemeinschaft der Lebenden ab.

Bibliographie

Angenendt, A. u. a., Gezählte Frömmigkeit, in: *Frühmittelalterliche Studien* 29 (1995), S. 1–71.

Angenendt, A., Theologie und Liturgie der mittelalterlichen Toten-Memoria, in: Schmid, K./ Wollasch, J., *Memoria*, S. 79–199.

Bernardi Ordo Cluniacensis, in: *Vetus disciplina monastica*, cura et studio Marquardi Herrgott O.S.B., Opus quam simillime expressum denuo edendum curavit Pius Engelbert, Siegburg 1999, S. 134–364.

Berns, J.J. (Hg.), *Gedächtnislehren und Gedächtniskünste in Antike und Frühmittelalter (5. Jahrhundert v. Chr. bis 9. Jahrhundert n. Chr.)* (Documenta mnemonica 1), Tübingen 2003.

Consuetudines Cluniacensium antiquiores cum redactionibus derivatis, ed. K. Hallinger (Corpus consuetudinum monasticarum 7, 2), Siegburg 1983.

Fried, J., *Der Schleier der Erinnerung. Grundzüge einer historischen Memorik*, München 2004.

Gaussin, P.-R., *L'abbaye de la Chaise-Dieu (1043–1518)*, Paris 1962.

Gaussin, P.-R., *Le rayonnement de La Chaise-Dieu. Une abbaye auvergnate à l'échelle de l'Europe*, Brioude 1981.

Goldmann, St., Statt Totenklage Gedächtnis – zur Erfindung der Mnemotechnik durch Simonides von Keos, in: *Poetica* 21 (1989), S. 43–66.

Huyghebaert, N., *Les documents nécrologiques* (Typologie des sources du Moyen Âge occidental / Univ. catholique de Louvain. Inst. interfacultaire d'études médiévales, Fasc. 4), Turnhout 1972.

Koep, L., *Das himmlische Buch in Antike und Christentum. Eine religionsgeschichtliche Untersuchung zur altchristlichen Bildersprache* (Theophaneia 8), Bonn 1952.

Laporte, J., Tableau des services obituaires assurés par les abbayes de Saint-Évroul et de Jumièges (XIIe et XIVe siècles), in: *Revue Mabillon* 46 (1956), S. 141–155 und S. 169–188.

Lemaitre, J.-L., *Les documents nécrologiques / Mise à jour*, Turnhout 1985.

Lemaitre, J.-L., *Répertoire des documents nécrologiques français* (Recueil des historiens de la France publié par l'Académie des Inscriptions et Belles-Lettres, Obituaires 7), 2 Bde., Paris 1980.

Liber tramitis aevi Odilonis abbatis, ed. P. Dinter (Corpus consuetudinum monasticarum 10), Siegburg 1980.

Das Martyrolog-Necrolog von Moissac/Duravel, ed. A. Müssigbrod/J. Wollasch (Münstersche Mittelalter-Schriften 44), München 1988

Das Martyrolog-Necrolog von St. Emmeram zu Regensburg, ed. E. Freise/D. Geuenich/J. Wollasch (MGH Libri memoriales et necrologia, Nova series 3), Hannover 1986.

Morsel, J., Du texte aux archives. Le problème de la source, in: *Bulletin du Centre d'études médiévales d'Auxerre,* Hors série 2 (2009), E. Magnani (Hg.), „Le Moyen Age vu d'ailleurs" [http://cem.revues.org/document4132.html].

Müssigbrod, A., Das Necrolog von Saint-Pons de Thomières, in: F. Neiske/D. Poeck/ M. Sandmann (Hg.), *Vinculum societatis. Joachim Wollasch zum 60. Geburtstag,* Sigmaringendorf 1991, S. 83–117.

Das Necrolog des Klosters Michelsberg in Bamberg, ed. J. Nospickel, mit Beiträgen von D. Geuenich/ E. Hochholzer/J. Wollasch (MGH Libri memoriales et necrologia, Nova series 6), Hannover 2004.

Nécrologe de l'abbaye de Saint-Martin de Tournai, ed. U. Berlière, in: *Documents inédits pour servir à l'histoire ecclésiastique de la Belgique*, Bd. 1, Maredsous 1894, S. 133–292.

Necrologium prioratus Sancti Roberti Cornilionis, Gratianopolitanae dioecesis, ed. U. Chevalier, Grenoble 1868.

Neiske, F., *Das ältere Necrolog des Klosters S. Savino in Piacenza. Edition und Untersuchung der Anlage* (Münstersche Mittelalter-Schriften 36), München 1979.

Neiske, F., Funktion und Praxis der Schriftlichkeit im klösterlichen Totengedenken, in: C.M. Kaspar/K. Schreiner (Hg.), *Viva vox und ratio scripta. Mündliche und schriftliche Kommunikationsformen im Mönchtum des Mittelalters* (Vita regularis 5), Münster 1997, S. 97–118.

Neiske, F., La mémoire des morts à Montier-en-Der. Les sources et leur fonction dans l'histoire du monastère, in: P. Corbet/J. Lusse/G. Viard (Hg.), *Les moines du Der. 673–1790. Actes du colloque international d'histoire (Joinville – Montier-en-Der, 1er-3 oct. 1998),* Langres 2000, S. 341–358.

Neiske, F./Reglero de la Fuente, C., Das neu entdeckte Necrolog von San Zoilo de Carrión de los Condes. Ein Beitrag zum Totengedenken der Abtei Cluny, in: *Frühmittelalterliche Studien* 41 (2007), S. 141–184.

Oexle, O.G., Die Gegenwart der Toten, in: H. Braet/W. Verbeke (Hg.), *Death in the Middle Ages* (Mediaevalia Lovaniensia Series 1, Studia 9), Löwen 1983, S. 19–77.

Poeck, D., Ein Tag in der Synopse der cluniacensischen Necrologien, in: *Frühmittelalterliche Studien* 16 (1982), S. 193–207.

Poeck, D., Formgeschichtliche Beobachtungen zur Entstehung einer necrologischen Tradition, in: Schmid, K./Wollasch, J., *Memoria,* S. 727–749.

Rathofer, J., Structura codicis – ordo salutis: zum Goldenen Evangelienbuch Heinrichs III., in: A. Zimmermann (Hg.), *Mensura, Maß, Zahl, Zahlensymbolik im Mittelalter* (Miscellanea mediaevalia 16), 2 Bde., Berlin/New York 1983/1984, Bd. 2, S. 333–355.

Recueil des chartes de l'abbaye de Cluny, ed. A. Bernard/A. Bruel (Collection de documents inédits sur l'histoire de France - Première série. Histoire politique) 6 Bde., Paris 1876–1903, ND Frankfurt/Main 1974; jetzt im Internet: fruehmittelalter.uni-muenster.de/cce

Ricœur, P., *Gedächtnis, Geschichte, Vergessen*, München 2004.

Schmid, K., Über das Verhältnis von Person und Gemeinschaft im früheren Mittelalter, in: *Frühmittelalterliche Studien* 1 (1967), S. 225–249, Nachdruck in: Ders. (Hg.), *Gebetsgedenken und adliges Selbstverständnis im Mittelalter. Ausgewählte Beiträge. Festgabe zu seinem 60. Geburtstag,* Sigmaringen 1983, S. 363–387.

Schmid, K./Wollasch, J. (Hg.), *Memoria. Der geschichtliche Zeugniswert des liturgischen Gedenkens im Mittelalter* (Münstersche Mittelalter-Schriften 48), München 1984.

Schmid, K./Wollasch, J., *‚Societas et Fraternitas'. Begründung eines kommentierten Quellenwerkes zur Erforschung der Personen und Personengruppen des Mittelalters,* Berlin/New York 1975, zugleich in: *Frühmittelalterliche Studien* 9 (1975), S. 1–48.

Udalricus, Antiquiores: Antiquiores Consuetudines Cluniacensis Monasterii Collectore S. Udalrico Monacho Benedictino, ed. L. d'Achéry, in: *Spicilegium sive Collectio veterum aliquot Scriptorum qui in Galliae Bibliothecis delituerant,* Bd. 1, Paris 1723, S. 641–703.

Winzer, U., *S. Gilles. Studien zum Rechtsstatus und Beziehungsnetz einer Abtei im Spiegel ihrer Memorialüberlieferung* (Münstersche Mittelalter-Schriften 59), München 1988.

Wollasch, J., *Cluny – ‚Licht der Welt'. Aufstieg und Niedergang der klösterlichen Gemeinschaft,* Zürich/Düsseldorf [4]2007.

Wollasch, J., Ein cluniacensisches Totenbuch aus der Zeit Abt Hugos von Cluny, in: *Frühmittelalterliche Studien* 1 (1967), S. 406–443; englische Fassung: A Cluniac Necrology from the Time of Abbot Hugh, in: N. Hunt (Hg.), *Cluniac Monasticism in the Central Middle Ages,* London 1971, S. 143–190.

Wollasch, J., Gemeinschaftsbewusstsein und soziale Leistung im Mittelalter, in: *Frühmittelalterliche Studien* 9 (1975), S. 268–286.

Wollasch, J., *Mönchtum des Mittelalters zwischen Kirche und Welt* (Münstersche Mittelalter-Schriften 7), München 1973.

Yates, F.A., *Gedächtnis und Erinnern. Mnemonik von Aristoteles bis Shakespeare,* Berlin 1994.

GABRIELA SIGNORI (Konstanz)

Et nec verbo quidem audeat dicere aliquid suum

Eigenbesitz in der Geschichte des abendländischen Mönchtums

„Alles meins!" Wer kennt es nicht, das Buch vom kleinen *Raben Socke*, der alles haben will, was anderen gehört, und je mehr er hat, desto mehr befürchtet, alles wieder zu verlieren. „Alles meins!" Haben-Sätze, die mit dem Possessivpronomen in der ersten Person Singular beginnen, stehen mit Erziehungsidealen im Konflikt, die es sich zum Ziel gesetzt haben, den Kindern, um bessere Menschen aus ihnen zu machen, Einfühlungsvermögen, Gemeinschaftssinn und eben auch die Fähigkeit mit auf den Lebensweg zu geben, das Ihre mit anderen zu teilen. Ein erster Lernschritt in Richtung Besserer-Menschwerdung ist die Kontrolle über die Sprache. „Alles meins!", das darf man nicht sagen, das will man nicht hören.

Wie manch andere moderne Erziehungsmaxime nimmt auch das Verbot, das eigennützige Wörtchen „mein" auf der Zunge zu tragen, im spätantiken Mönchtum seinen Ursprung. Basil der Große († 379) statuiert in seiner *Mönchsregel*: „Überhaupt ist der Gebrauch des Wortes ‚mein' und ‚dein' in der Brüderschaft untersagt."[1] *Et non dicatis aliquid proprium, sed sint vobis omnia communia*, „und sagt nicht, das gehört mir, sondern alles sei euch gemein", verlangt auch der Kirchenvater Augustin († 430) in seinem *Praeceptum*.[2] Beide Autoren stützen sich auf die Apostelgeschichte, in der es heißt (Act. 4, 32): „Die Menge der Gläubigen aber war ein Herz und eine Seele; <u>auch nicht einer sagte</u> <u>von seinen Gütern</u>, dass sie sein wären, sondern es war ihnen alles gemein", *nec quisquam eorum quae possidebant aliquid suum esse <u>dicebat</u>*.[3] Cassian († zwischen 430 und 435) berichtet im vierten Buch seiner *Institutiones*, in einigen thebaischen Klöstern werde es durchaus geduldet, wenn sich die Mönche etwas beiseite legten.[4] Die Regel der Mönche von Tabennis aber wache äußerst streng darüber, dass niemand es wage zu <u>sagen</u>, etwas sei sein.[5] Es sei nämlich ein Verbrechen, wenn dem Mund eines Mönches Worte wie ‚mein Codex', ‚meine Tafel', ‚mein Griffel', ‚meine Tunica',

1 Basil von Caesarea, Die Mönchregeln (Asceticon magnum); Zelzer, Klöster und Regeln.

2 Lawless, Augustine of Hippo and his Monastic Rule, S. 80.

3 Act 4, 32: *multitudinis autem credentium erat cor et anima una nec quisquam eorum quae possidebant aliquid suum esse dicebat sed erant illis omnia communia.*

4 Cassian, De institutis coenobiorum, S. 55: *cum in aliis quoque monasteriis, in quibus aliqua remissius indulgentur.*

5 Bacht, Das Vermächtnis des Ursprungs, S. 225–243. In Pachoms Regel (Kap. 45), Migne, PL 50, Sp. 287A, heißt es: *Nemo in cella sua habeat preater ea quae monasterii lege praecepta sunt, nec paucos nummos nec proprium aliquid ...*

‚meine Sandalen' entwichen. Der, welcher fehle, müsse eine würdige Buße auf sich nehmen.[6]

Zweihundert Jahre später wechselte die *Regula Cassiani* (zwischen 640 und 660 entstanden) dann vom Konjunktiv, dem Modus der indirekten Rede, über in die Befehls- bzw. Verbotsform: „Und keiner soll es wagen", heißt es nun, „etwas sein zu nennen".[7] Es sei ein großes Verbrechen, wenn dem Mund eines Mönchs die Worte entwichen: ‚meine Tunika', ‚meine Tafel', ‚mein Stift' und Ähnliches mehr. Vom Sprechakt schließen die Autoren unmittelbar auf die Gesinnung des Sprechers. Wer „mein" sagt, will, befürchtete man, mehr haben. Zu ergänzen wäre: mehr als seine Mitbrüder. Der, dem solche Worte entglitten, müsse eine würdige, der Sache angemessene Buße (*digna poenitentia*) auf sich nehmen, verlangt die von Cassian zitierte „strenge" Regel der Tabenniten. Die jüngere *Regula Cassiani* verlangt, der Delinquent müsse am Boden ausgestreckt seinen Oberen um Vergebung bitten[8], während Donatus von Besançon († vor 660) das „Zungendelikt" mit sechs Stockschlägen bestraft wissen will.[9]

Die *Regula magistri* (frühes 6. Jahrhundert) droht gar mit dem plötzlichen Tod, den dereinst Hananias und Saphira ereilte, weil sie von dem, was sie Gott darzubringen versprochen hatten, einen Teil für sich zurückbehalten hatten (Act 5,1–11).[10] Deswegen müsse der Abt, fährt der Regelmeister fort, Eigenbesitz mit langanhaltender Exkommunikation bestrafen.[11] In der *Regula magistri* (frühes 6. Jahrhundert) ist offenkundig der Besitz, das Haben zum Problem geworden und nicht mehr der Sprechakt, von dem wir ausgegangen sind. Die Idee ist zur Praxis geronnen, die Praxis aber genauso unerwünscht wie der wegbereitende Gedanke. Wie die *Regula magistri* statuiert auch die etwas jüngere *Regula Benedicti* (6. Jahrhundert): „Keiner habe etwas zu Eigen (*proprium*), überhaupt nichts, kein Buch, keine Schreibtafel, keinen Griffel, gar nichts."[12] „Alles sei allen", fährt die Benediktinerregel fort, auch sie in Anlehnung an die Apostelgeschichte, „damit

6 Cassian, De institutis coenobiorum, S. 55: *hanc regulam uideamus districtissime nunc usque seruari, ut ne uerbo quidem audeat quis dicere aliquid suum magnumque sit crimen ex ore monachi processisse ‚codicem meum', ‚tabulas meas', ‚grafium meum', ‚tunicam meam', ‚gallicas meas'.*

7 Ledoyen, La „Regula Cassiani", S. 184; vgl. Vogüé, De saint Pachôme, S. 456–506.

8 Ledoyen, La „Regula Cassiani", S. 184: *digna pro hoc paenitentia satisfaciens ueniam petat in terra prostratus.*

9 Donatus, Regula ad virgines 25, in: Migne, PL 87, Sp. 283A: *et si dixerit suum proprium aliquid, sex percussionibus emendet.* Vgl. Zelzer, Die Regula Donati.

10 Die Idee geht vermutlich auf Hieronymus' († 419) Kommentar zum Matthäusevangelium zurück. Hieronymus scheint als erster eine Verbindungslinie zwischen Matthäus 19,21 und den Acta 5,1–11 gezogen zu haben: S. Hieronymi Commentariorum, S. 170: *Tamen quicumque perfectus esse uoluerit debet uendere quae habet et non ex parte uendere sicut Ananias fectit et Saphira ...* Den Wortlaut übernehmen später viele Kommentatoren, darunter Rhabanus Maurus, Sedulius Scottus und Christian von Stabulo. Vgl. dazu auch Goodrich, John Cassian.

11 La règle du maître, S. 340f.: *Quod ergo peculiare aliquid cum inuentum in aliquo fuerit, grandi eum abbas et diurna excommunicatione condemnet, ut exemplo illius uindictae nullus hoc audeat imitari.*

12 Benedicti regula, S. 90f.

keiner etwas als sein Eigentum bezeichnen oder beanspruchen" könne: *Omnia omnium sint communia, ut scriptum est, ne quisquam aliquid dicat vel praesumat.*[13]

In seiner *Expositio in regulam sancti Benedicti* versucht Smaragd von St. Mihiel († um 830), die beiden „Traditionen", das Sagen und das Haben, zu verbinden. Nacheinander zitiert er unter anderem aus der *Regula Cassiani* und der *Regula magistri.*[14] Ähnlich geht Benedikt von Aniane (gest. 821) in seiner *Concordia regularum* vor. Er kommentiert die Texte aber nicht, sondern reiht sie wortlos aneinander.[15]

Die ideale Mönchsgemeinschaft wird nach dem Vorbild der ersten Christen, von denen die Apostelgeschichte berichtet, als eine Gütergemeinschaft imaginiert (Act 4,32), wo es heißt, *sed erant illis omnia communia*, „sondern es war ihnen alles gemein." So sahen es sowohl Augustins *Praeceptum* als auch die *Regula Benedicti.* In keiner anderen frühen Mönchsregel werde dem Gedanken der apostolischen „Gütergemeinschaft" so viel Bedeutung beigemessen, resümiert Klaus Schreiner[16], wie in Augustinus' *Praeceptum.*[17] Augustin präzisiert allerdings, haben dürfe der Mönch das, was er brauche – abermals in Anlehnung an die Apostelgeschichte, die berichtet, ein jeder habe gehabt, was er brauchte, *prout cuique opus erat* (Act 4,35).[18] Auf dieses *cuique opus erat* berief sich übrigens Petrus Venerabilis († 1156) in seiner Replik auf die Kritik Bernhards von Clairvaux († 1153) an der Lebensform der Kluniazenser.[19] Die Reformbefürworter hingegen überspringen den Passus meist.

Egal ob sie sich gegen das Wort oder gegen die Tat aussprechen, die frühen Regeltexte sind sich einig: Besitz ist verwerflich. Dennoch gewichtigen sie die Frage recht unterschiedlich. Caesarius von Arles († 542) erklärt Besitzlosigkeit zur conditio sine qua non für den Klostereintritt. Jeder, der in ein Kloster eintreten wolle, müsse zuerst eine Urkunde (*charta venditionis*) vorlegen, aus der ersichtlich sei, dass er das, was er dereinst besessen hatte, auch tatsächlich verkauft habe.[20] Seine ungewöhnliche Forderung begründet Caesarius mit den be-

---

13 Das Verb *praesumere* verwendet auch Aurelius von Arles in seinen beiden Regelwerken, in: Migne, PL 68, Sp. 391, Nr. 25 und. Sp. 402, Nr. 21.

14 Smaragdi abbatis expositio in regulam s. Benedicti, S. 242–244.

15 Benedicti Anianensis, Concordia regularum 42 § 17, S. 347–361.

16 Vgl. Schreiner, Ein Herz und eine Seele, S. 3–7.

17 Und den Regelwerken, die sich an Augustinus' Praeceptum orientierten, vgl. Trois règles de Lérins au Ve siècle, S. 274f. und 217–219; Eugippii regula, S. 5.

18 Lawless, Augustine of Hippo, S. 80: *et distribuatur unicuique uestrum a praeposito uestro uictus et tegumentum, non aequaliter omnibus, quia non aequaliter ualetis omnes, sed potius unicuique sicut cuique opus fuerit. Sic enim legitis in Actibus Apostolorum, quia ‚erant illis omnia communia et distribuebatur unicuique sicut cuique opus erat'.* Vgl. Verheijen, La règle de saint Augustin, S. 175–218.

19 The Letters of Peter the Venerable, S. 59.

20 Césaire d'Arles, Regula monachorum 1,2, S. 204–206: *nisi antea de facultate sua cartas uindicionis* ... Denselben Passus finden wir mit leichten Veränderungen in Caesarius' Regula virginum wieder. Aus der *facultas*, dem Vermögen des Mönchs, wird die *facultaticula*, das kleine Vermögen der Jungfrau: Césaire d'Arles, Regula virginum, S. 182–184: *non excipiantur, nisi antea de omni facultaticula sua, cui uoluerint, cartas aut donationes aut uenditiones faciant.* Vgl. Donatus, Regula ad

kannten Herrenworten (Mt 19,21), *si uis perfectus esse, uade, uende omnia quae habes, da pauperibus, et ueni, sequere me....* Weltliche Reichtümer zu verachten, das sei die erste Stufe mönchischer Vervollkommnung, heißt es in der *Mönchsregel* des heiligen Columban († 615).[21] Spräche, so das zentrale Argument der Regeltexte, nicht Jesus zu dem reichen Jüngling (Mt 19,21): „Willst du vollkommen sein, so gehe hin, verkaufe, was du hast, und gib's den Armen, so wirst du einen Schatz im Himmel haben."[22] Wollen und Müssen sind bekanntermaßen zweierlei. Nicht alle, die das Ihre verkauften und die Ihren verließen, gab Paschasius Radpertus († 856) zu bedenken, erlangten automatisch Vollkommenheit.[23] Es sei einfacher, meinte schon Hieronymus, den Geldsack zu verachten, als den Eigenwillen abzustreifen.[24] Folgerichtig war für die *Regula magistri* Eigenwillen auch viel verwerflicher als Eigenbesitz.[25]

Andere sahen durch den Eigenbesitz den Gemeinschaftsgeist (*cor et anima una*) gefährdet. Breit diskutierte schon Augustinus die für Arm und Reich je eigenen Gründe, wegen Besitzfragen im Kloster hochmütig zu werden: „Die aber nichts besaßen, sollen im Kloster nicht das suchen, was sie sich draußen auch nicht leisten konnten." Der ehedem arme Mensch bzw. Mönch könne unter Umständen im Kloster plötzlich mehr haben wollen. Oder er könne sich etwas darauf einbilden, dass er im Kloster mit reichen Menschen Umgang pflege, und Stolz seine Brust aufblähen. „Wenn sich in den Klöstern", gibt Augustin zu bedenken, „reiche Menschen demütigten, arme hingegen stolz würden, dann wären die Klöster nur für die Reichen von Nutzen, nicht aber für die Armen." Das sei selbstverständlich nicht der Fall. Denn, umgekehrt bestehe für die ehedem reichen Menschen bzw. Mönche die Gefahr, dass sie verächtlich auf ihre Mitbrüder hinunterblickten und Hochmut darüber empfänden, dass die Gemeinschaft von ihrem früheren Reichtum lebe.[26] Wo Vermögensunterschiede (*diversitas facultatum*) herrschten, könne es keinen gemeinsamen Willen (*unitas voluntatum*) geben, meinte der Augustin-Schüler Julianus Pomerius († nach 498).[27] So sah es später auch Stephan von Muret († 1124), der Gründer der

---

virgines 7, in: Migne, PL 87, Sp. 273B: *De his quae relictis maritis ad monasterium veniunt qulaiter recipiuntur.*

21 Saint Colomban, Règles et pénitentiels monastiques, S. 57.

22 Andere Regeltexte gehen sogar so weit ins Detail, dass sie den Mönchen verbieten, in ihren Zellen Früchte zu haben: Trois règles du VIe siècle incorporant des textes lériniens, S. 466; Early Monastic Rules, S. 62.

23 Paschasii Rabberti Expositio in Matheo libri XII (IX–XII), S. 958.

24 S. Hieronymi Commentariorum, S. 170f.: *Nec hoc ad perfectionem sufficit nisi post contemptas diuitias Saluatorem sequatur, id est relictis malis faciat bona. Facilius enim sacculus contemnitur quam uoluntas.* Die Idee greifen unter anderem Rhabanus Maurus (Expositio in Matthaeum), Otfried von Würzburg (Glossae in Matthaeum) und Thomas von Aquin (Catena aurea in Matthaeum) in ihren Matthäuskommentaren auf.

25 Signori, Gehorsam wider Eigensinn.

26 Lawless, Augustine of Hippo, S. 102f.

27 Pomerius, De vita contemplativa II 17, in: Migne, PL 59, Sp. 462C; vgl. Degenhart, Studien zu Julianus Pomerius; Pomerius, The contemplative life, S. 3–12.

Eremitengemeinschaft von Grandmont.[28] Die *Regularum regula* war für ihn das Evangelium.[29]

Stephan von Muret steht für eine neue Generation Mönche, die radikaler denn je dem Vorbild der Apostel (*via apostolica*) nacheiferten.[30] Vorläufigen Höhepunkt erfuhr die Diskussion aber erst im Armutsstreit der Franziskaner.[31] Doch gestritten wurde hier nicht über die Besitzlosigkeit des einzelnen Mönches, in den Blickpunkt der Aufmerksamkeit war der Gemeinschaftsbesitz getreten.[32]

Besitzlosigkeit ließ sich in der spätmittelalterlichen Welt, die wie selten zuvor auf das Haben bedacht war, allerdings schwerer realisieren denn je. Um so schärfer geriet der Tonfall derer, die im 15. Jahrhundert ihre Stimme gegen den Eigenbesitz , die *aigenschaft* im zeitgenössischen Wortgebrauch, im Kloster erhoben.[33] Zahlreiche Traktate nahmen Gestalt an, deren Überlieferung allerdings schwierig zu systematisieren ist, da für ein und dieselbe Schrift selten derselbe Titel gewählt wurde oder unterschiedliche Traktate umgekehrt denselben Titel tragen können.[34] Ungleich zuverlässiger sind die Initien, die aber führen die älteren Handschriftenkataloge gewöhnlich nicht auf, was einem zwingt, Berge von Handschriften zu konsultieren.

Nicht allen Texten war gleich viel Erfolg beschieden. Breit rezipiert wurden im 15. Jahrhundert vor allem die Schriften des Wiener Theologen Heinrich von Hessen bzw. Langenstein († 1397).[35] Langensteins *Exhortatio contra vicium proprietatis* – ein ursprünglich an die Augustinerchorherren von Klosterneuburg adressierter Brieftraktat – stieß im benediktinischen Reformmönchtum auf ein breites Echo.[36] Der Text beginnt mit der uns inzwischen vertrauten Warnung: *Non dicatis aliquid proprium, sed sint vobis omnia communia, et distribuatur unicuique a preposito*

---

28 Scriptores ordinis Grandmontensis, S. 65 und 67; vgl. Hutchison, The hermit monks of Grandmont, S. 27–50.

29 Scriptores ordinis Grandmontensis, S. 66.

30 Constable, The Reformation of the Twelfth Century; ders., Culture and Spirituality.

31 Zu den spätantiken Vorläufern des Armutsstreits vgl. Büchler, Die Armut der Armen, S. 23f., sowie die einschlägige Stelle in der ältesten griechischen Lebensbeschreibung des heiligen Pachomius, wo es heißt: „So kam es, als die Brüder an Zahl zunahmen, dass man, um diese Massen zu ernähren, anfing, Boden zu erwerben und allerlei materielle Güter. Und jedes Kloster begann nach und nach, vom Weg der Regeln abzuweichen in dem Maß, als die anderen Interessen wuchsen"; Festugière, La première vie grecque de saint Pachôme, S. 229 chap. 127.

32 Horst, Evangelische Armut und päpstliches Lehramt.

33 Zu den früheren Stellungnahmen vgl. Melville, In privatis locis.

34 Haage/Stöllinger-Löser, Art. Privatbesitz im Ordensleben, Sp. 845–850, vgl. das Buch von Mixson, Poverty's proprietors, das nach Fertigstellung dieses Beitrags erschienen ist.

35 Hohmann, Deutsche Texte unter dem Namen Heinrich von Langenstein, S. 228ff.; vgl. Haberkern, Die Wiener Schule der Pastoraltheologie, S. 351f.

36 Abschriften liegen vor aus dem Benediktinerkloster Tegernsee (clm 18551, fol. 303^{r}–306^{r}) sowie aus den Augustinerchorherrenstifte Polling (München, BSB, clm 11749, fol. 169^{r}–175^{r}) und St. Zeno bei Bad Reichenhall (clm 16512, fol. 168^{r}–173^{r}). Nicht zuweisen lässt sich clm 24804, fol. 234^{r}–238^{r}. Vgl. Redlich, Tegernsee, S. 8–71.

vestro victus et tegumentum etc.[37] Deutsche Übersetzungen des Traktats befanden sich unter anderem in der Bibliothek der Dominikarinnen von Altenhohenau sowie in den Benediktinerklöstern St. Emmeram und Elchingen.[38]

Noch breiter rezipiert wurde Langensteins *Tractatus de proprietate religiosorum*, der mit den Worten einsetzt[39]: *Pro salute eorum qui vicia fugere cupiunt cum ad ueritatis viam fuerint reformati ad ostendendum eis quod monacho nec proprium licet habere nec peculium.*[40] Dieser Text wurde um die Mitte des 15. Jahrhunderts anscheinend sogar zweimal in die deutsche Sprache übertragen.[41] Eine Abschrift fertigte die berühmte Schwester Regula aus dem Zisterzienserinnenkloster Lichtenthal an.[42] Die Übersetzung beginnt mit den Worten: *In dem namen vnßers herren Ihesu Christi vnd siner wirdigen lieben muter Marien . vnd aller heiligen, auch zu heil denen . die gern laster fliehen wollent, wan sie zu dem wege der warheit . werdent vnderwiset.*[43] Die zweite Fassung stammt aus der Basler Kartause bzw. aus der dortigen Bibliothek der Laienbrüder.[44] Ferner wäre in diesem Zusammenhang noch der *Liber devotus et perutilis contra vicium proprietatis* zu nennen, den 1422 in Wien ein Zisterzienser geschrieben haben soll. Er beginnt mit den Worten: *Si vis perfectus esse vade et vende omnia que habes.*[45]

---

37 Die Schrift trägt verschiedene Titel: Exhortatio contra vicium proprietatis; Exhortacio ad religiosos de vicio proprietatis; Contra proprietatem religiosorum; Exhortatio ad canonicos regulares de vicio proprietatis collecta ex dictis reuerendi magistri Hainrici de Hassia et aliorum plurimorum doctorum.

38 München, BSB, cgm 432, fol. 205r–255r; cgm 3971, fol. 187r–211r, cgm 5134, fol. 1r–52r. Zwei weitere Exemplare befinden sich in Augsburg, Universitätsbibliothek III. 1. 2° 4, fol. 109ra–127vb, und Mainz, StB, cod. II 283, 120r–177r. Laut Verfasserlexikon soll Humbertus Romanis' († 1277) Expositio der Augustinerregel die Vorlage bilden.

39 Kopien liegen vor aus den Benediktinerklöstern Andechs (München, BSB, clm 3038, fol. 132v–138v); St. Emmeram (clm 14820, fol. 145r–167r) und Tegernsee (clm 18551, fol. 106r–114r, clm 18655, fol. 156r–164r und clm 18945, fol. 26r–33r) sowie aus dem Augustinerchorherrenstift St. Zeno bei Bad Reichenhall (clm 16512, fol. 212r–220v) und aus der Würzburger Karmeliterniederlassung (Universitätsbibliothek Würzburg, M. ch. o. 35, fol. 55v–69r).

40 Auch sie tragen verschiedene Titel, die aber – anders als beim Non-dicatis-Traktat – meist Heinrich von Hessen bzw. Langenstein als Verfasser nennen: Jncipit tractatus de proprietatis religiosis editus per magistrem Hainrici de Hassia doctorem sacre theologie eximij jn Wyenna regente in nomine domini amen; Hainricus de Hassia De uitio proprietatis claustralium; Tractatus de vicio proprietatis monachorum et canonicorum regularium; Compendium de proprietate religiosorum; Henricus de Hassia de proprietate monachorum.

41 Hohmann/Kreuzer, Art. Heinrich von Langenstein, Sp. 771f. Bei der von Hohmann und Kreuzer aufgeführten Berliner Handschrift mgq 164, fol. 332r–363r, handelt es sich nicht um Langensteins Schrift, sondern um das Si-vis-perfectus-Traktat aus dem Jahr 1422.

42 Zu Schwester Regulas Tätigkeit als Schreiberin vgl. Schindele, Die ordnung, die das Capitel von Zitel ...

43 Karlsruhe, Badische Landesbibliothek, cod. Licht. 65, fol. 41v–63r, vgl. Schindele, Hie focht an ..., S. 294ff.

44 Universitätsbibliothek Basel, A. X. 137, fol. 136r–182r, vgl. Sexauer, Frühneuhochdeutsche Schriften, S. 156–159 und 164.

45 St. Ulrich und St. Afra, Augsburg (München, BSB, clm 4396, 128r–155v). Kopien liegen vor aus Kloster Andechs (München, BSB, clm 3038, fol. 96r–188v) und Tegernsee (clm 19648, fol. 96r–124r).

Breit rezipiert wurde schließlich auch die in deutscher Sprache verfasste *Spruchsammlung über den Eigenbesitz*, die die Handschriften gewöhnlich dem Augustinerchorherren Johannes von Indersdorf († 1470) zuordnen.[46] Wie es scheint, stammt der älteste Textzeuge aus dem Augustinerchorherrenstift Rebdorf bei Eichstätt.[47] Von dort gelangte eine Kopie zusammen mit vielen anderen Schriften aus Rebdorf in die nahe gelegene Klosterbibliothek der Benediktinerinnen von St. Walburga.[48] Weitere Abschriften sind aus den Benediktinerklöstern Nonnberg und St. Peter bei Salzburg[49], Kremsmünster, Mondsee, Tegernsee und (vielleicht) Schäftlarn[50] sowie aus dem Augustinerchorherrenstift Eberberg[51] erhalten. Drei weitere heute in München und Überlingen befindliche Exemplare zeigen, dass der Text auch in Mendikantenkreisen im Umlauf war.[52]

Die Vielzahl der Texte, die sich gegen das Laster des Eigenbesitzes aussprachen, zeigt, dass dessen Bekämpfung zu einem ordensübergreifenden Kernanliegen der spätmittelalterlichen Klosterreform geworden war.[53] Die Textfülle ist bemerkenswert; im Vergleich zu den vorangegangenen Jahrhunderten sind aber keine neuen Argumente nachzuweisen, wie die bereits erwähnte *Spruchsammlung über den Eigenbesitz* lehrt. Zitiert werden die *Regula Benedicti*, Augustin' *Praecepta*, Hieronymus' *Ad Eustochium*, Bernhard von Clairvaux, Innozenz III. († 1216), die beiden Dominikaner Humbertus Romanis († 1277) und Wilhelm Peraldus († 1271) sowie – gleichsam die jüngste Autorität – der Dekretalenkommentar des italienischen Rechtsgelehrten Johannes Andrea († 1348).[54] Es wird nicht argumentiert, sondern gedroht, bald mit dem plötzlichen Tod, bald mit dem Ausschluss aus der Klostergemeinschaft. Mit denselben Autoritäten bzw. Argumenten hatte schon Nikolaus von Dinkelsbühl († 1433) seine Predigt vom *Übel des Privateigentums im Kloster* gestaltet, die er im Herbst 1414 im Zister-

---

46 Haage, Art. Johannes von Indersdorf, Sp. 650.

47 Berlin, Staatsbibliothek, mgo 565, fol. 240r–242r (1451). Vgl. Bauer, Geistliche Prosa im Kloster Tegernsee, S. 236–239; sowie Schönamsgruber, Die Bibliothek des Augustiner-Chorherrenstifts Rebdorf.

48 Eichstätt, Klosterbibliothek St. Walburga, cod. germ. 2, fol. 247vb–251vb (1459 oder 1461?). Vgl. Lechner, Die spätmittelalterliche Handschriftengeschichte, S. 40f.

49 Salzburg, Stiftsbibliothek Nonnberg, OSB, cod. 23 B 6; Salzburg, Stiftsbibliothek Nonnberg, OSB, cod. 28 D 2 und cod. a III 13; Salzburg, Stiftsbibliothek St. Peter, OSB, cod. a IV 23; cod. a VI 6 (1456); cod. a VI 48; cod. b II 13; cod. b III 15 (1462); cod. b V 19.

50 Kremsmünster, Stiftsbibliothek cod 285, fol. 163v–175r; München, BSB, cgm 385, fol. 133r–135v (1468), vgl. Bauer, Geistliche Prosa im Kloster Tegernsee, S. 67 und 175; cgm 777, fol. 165r–169r (1447?); Wien, Österreichische Nationalbibliothek, cod. 2968, fol. 176r–178v (1462, 1475) gehört zur Salzburger Gruppe. Vgl. Haage, Zur Textgeschichte des Traktats.

51 München, BSB, cgm 357, fol 231v–237r (1463?), entspricht, wie die Handschrift aus St. Walburga, der Rebdorfer Vorlage.

52 München, BSB, cgm 514, fol. 89r–91v (1457); München, BSB, cgm 775, fol. 165r–169v (1454); Überlingen Leopold-Sophien-Bibliothek, Ms. II, 78v (Fragment). Der Besitzer von Dillingen, Kreis- und Studienbibliothek, cod. XV, 92 , fol. 93rb–96ra (1468), scheint demgegenüber ein Weltgeistlicher (Pfarrer) gewesen zu sein.

53 Die Diskussion war früher nicht unbekannt, hatte aber nie die publizistischen Dimensionen angenommen wie im 15. Jahrhundert, vgl. Melville, In privatis locis.

54 Vgl. Rossi, Contributi alla biografia del cannonista Giovanni d'Andrea.

zienserinnenkloster St. Nikolaus vor dem Stubentor in Wien gehalten hatte.[55] Für den Sprechakt – das Sagen und damit für die Gedanken oder die Gesinnung – interessierte sich um die Mitte des 15. Jahrhunderts niemand mehr. Fast alles drehte sich – sowohl bei den Befürwortern, als auch bei den Gegnern der Ordensreform – um das Haben bzw. um den Eigenbesitz. Dementsprechend schnell kehrte die Praxis in den Klosteralltag zurück, selbst in den Klosteralltag regeltreuer Mönchs- und Schwesternkonvente.

Bibliographie

Bacht, H., *Das Vermächtnis des Ursprungs. Studien zum frühen Mönchtum*, Bd. 1 (Studien zur Theologie des geistlichen Lebens 5), Würzburg 1972.

Basil von Caesarea, *Die Mönchregeln (Asceticon magnum)*, ed. K.S. Frank, St. Ottilien 1981.

Bauer, C., *Geistliche Prosa im Kloster Tegernsee. Untersuchungen zu Gebrauch und Überlieferung deutschsprachiger Literatur im 15. Jahrhundert* (Münchener Texte und Untersuchungen zur deutschen Literatur des Mittelalters 107), Tübingen 1996.

Benedicti Anianensis, Concordia regularum, ed. P. Bonnerue (CCCM 168A), Turnhout 1999.

Benedicti regula, ed. R. Hanslik (CSEL 75), Wien 1960.

Büchler, B., *Die Armut der Armen. Über den ursprünglichen Sinn der Mönchischen Armut*, Diss. Universität des Saarlandes 1979.

Cassian, *De institutis coenobiorum et de octo principalium vitiorum remediis* (CSEL 17), Wien 1888.

Césaire d'Arles, Regula monachorum, in: *Œuvres pour les moines*, ed. J. Courreau/A. de Vogüé (Sources monastiques 398), Bd. 2, Paris 1994.

Césaire d'Arles, Regula virginum, in: *Œuvres pour les moniales*, ed. J. Courreau/A. de Vogüé (Sources monastiques 345), Bd. 1, Paris 1988.

Constable, G., *Culture and Spirituality in Medieval Europe* (Collected studies series 541), Aldershot 1996.

Constable, G., *The Reformation of the Twelfth Century* (Trevelyan Lectures given at the University of Cambridge 1985), Cambridge 1996.

Degenhart, F., *Studien zu Julianus Pomerius*, Eichstätt 1905.

Early Monastic Rules: The Rules of the Fathers and the Regula orientalis, ed. C. Vircillo Franklin u. a., Collegeville 1981.

Eugippii regula, ed. F. Villegas/A. de Vogüé (CSEL 87), Wien 1976.

Festugière, A.-J., *La première vie grecque de saint Pachôme. Introduction critique et traduction* (Les moines d'Orient Bd. 4/2), Paris 1965.

Goodrich, R., John Cassian on monastic poverty: the lesson of Ananias and Sapphira, in: *Downside Review* 124/125 (2006/07), S. 297–308.

Haage, B., Zur Textgeschichte des Traktats ‚Von dreierlei Wesen der Menschen': Hs. Salzburg, St. Peter, cod. b III 11, in: *Zeitschrift für deutsches Altertum und deutsche Literatur* 105 (1976), S. 122–125.

Haage, B.D., Art. Johannes von Indersdorf, in: *Verfasserlexikon*, Bd. 4 ([2]1983), Sp. 647–651.

Haage, B.D./Stöllinger-Löser, C., Art. ‚Privatbesitz im Ordensleben', in: *Verfasserlexikon*, Bd. 7 ([2]1989), Sp. 845–850.

Haberkern, E., *Die Wiener Schule der Pastoraltheologie im 14. und 15. Jahrhundert. Entstehung, Konstituenten, literarische Wirkung* (Göppinger Arbeiten zur Germanistik 712), 2 Bde., Göppingen 2003.

55 Menhardt, Nikolaus von Dinkelsbühls deutsche Predigt. Vgl. Madre, Nikolaus von Dinkelsbühl, S. 276f.; Haberkern, Die Wiener Schule der Pastoraltheologie, S. 465f.

Hohmann, T., Deutsche Texte unter dem Namen Heinrich von Langenstein. Eine Übersicht, in: P. Kesting (Hg.), *Würzburger-Prosa-Studien II. Untersuchungen zur Literatur und Sprache des Mittelalters. Kurt Ruh zum 60. Geburtstag* (Medium Aevum 31), München 1975, S. 219–236.

Hohmann, T./Kreuzer, G., Art. Heinrich von Langenstein, in: *Verfasserlexikon*, Bd. 3 (1981), Sp. 763–773.

Horst, U., *Evangelische Armut und päpstliches Lehramt. Minoritentheologen im Konflikt mit Papst Johannes XXII. (1316–34)* (Münchener Kirchenhistorische Studien 8), Stuttgart u. a. 1996.

Hutchison, C., *The hermit monks of Grandmont* (Cistercian studies series 118), Kalamazoo 1989.

Lawless, G., *Augustine of Hippo and his Monastic Rule*, Oxford 1987.

Lechner, J., *Die spätmittelalterliche Handschriftengeschichte der Benediktinerinnenabtei St. Walburg/Eichstätt (By.)* (Eichstätter Studien 2), Münster 1937.

Ledoyen, H., ‚La Regula Cassiani' du clm 28118 et la règle anonyme de l'Escorial A.I.13, in: *Revue Bénédictine* 100 (1984), S. 154–194.

Madre, A., *Nikolaus von Dinkelsbühl, Leben und Schriften. Ein Beitrag zur theologischen Literaturgeschichte* (Beiträge zur Geschichte der Philosophie und Theologie des Mittelalters 40/4), Münster 1964.

Melville, G., „In privatis locis proprio jure vivere". Zu Diskursen des frühen 12. Jahrhunderts um religiöse Eigenbestimmung oder institutionelle Einbindung, in: *Beiträge zur Geschichte des Bistums Regensburg* 39 (2005), S. 25–38.

Menhardt, H., Nikolaus von Dinkelsbühls deutsche Predigt vom Eigentum im Kloster, in: *Zeitschrift für deutsche Philologie* 73 (1954), S. 1–39 und 268–291 und 74 (1955), S. 36–41.

Mixson, J.D., *Poverty's proprietors. Ownership and mortal sin at the origins of the Observant Movement* (Studies in the history of Christian traditions 143), Leiden 2009.

Paschasii Rabberti Expositio in Matheo libri XII (IX–XII), ed. B. Paulus (CCCM 56), Turnhout 1984.

[Petrus Venerabilis] *The Letters of Peter the Venerable*, ed. G. Constable, Nr. 28, Cambridge 1967.

Pomerius, J., *The contemplative life*, ed. M.J. Suelzer (Ancient Christian Writers 4), New York/Ramsay 1947.

Redlich, V., *Tegernsee und die deutsche Geistesgeschichte im 15. Jahrhundert* (Schriftenreihe zur bayerischen Landesgeschichte 9), München 1931.

La règle du maître, ed. A. de Vogüé (Sources chrétiennes 106), Bd. 2, Paris 1964.

Rossi, G., Contributi alla biografia del cannonista Giovanni d'Andrea, in: *Rivista trimestrale de diritto et procedure civile* 11 (1957), S. 1451–1502.

S. Hieronymi Commentariorum in Matthaeum Libri 4 (CCSL 77), Turnhout 1969.

Saint Colomban, *Règles et pénitentiels monastiques*, ed. A. de Vogüé (Aux sources du monachisme colombanien 2. Vie monastique 20: monachisme ancien), Abbaye de Bellefontaine 1989.

Schindele, M.P., ‚Hie focht an die ordenung und reformacion Benedicti des bapstes des XII. ...' (K1 L 46, 69v). Zur schriftlichen Überliefrung und Wirkungsgeschichte der Reformweisungen von 1335 im Kloster Lichtenthal, in: C.M. Kasper/K. Schreiner (Hg.), *Viva vox und ratio scripta. Mündliche und schriftliche Kommunikationsformen im Mönchtum des Mittelalters* (Vita regularis 5), Münster 1997, S. 281–306.

Schindele, M.P., „Die ordnung, die das Capitel von Zitel ... hat gemacht" (HS 3,11). Eine bisher unbekannte Handschrift der Schwester Regula im Archiv der Abtei Lichtenthal, in: *Freiburger Diözesan-Archiv* 116 (1996), S. 79–122.

Schönamsgruber, I., Die Bibliothek des Augustiner-Chorherrenstifts Rebdorf, in: H. Flachenecker/D. Grypa (Hg.), *Schule, Universität und Bildung. Festschrift für Harald Dickerhof zum 65. Geburtstag* (Eichstätter Studien. NF 59), Regensburg 2007, S. 163–197.

Schreiner, K., Ein Herz und eine Seele, Eine urchristliche Lebensform und ihre Institutionalisierung im augustinisch geprägten Mönchtum des hohen und späten Mittelalters, in: G. Melville/A. Müller (Hg.), *Regula Sancti Augustini. Normative Grundlage differenter Verbände im Mittelalter*, Paring 2002, S. 1–47.

Scriptores ordinis Grandmontensis, ed. J. Becquet (CCCM 8), Turnhout 1968.

Sexauer, W.D., *Frühneuhochdeutsche Schriften in Kartäuserbibliotheken. Untersuchungen zur Pflege der volkssprachlichen Literatur in Kartäuserklöstern des oberdeutschen Raums bis zum Einsetzen der Reformation* (Europäische Hochschulschriften 1, 247), Frankfurt a. M. 1978.

Signori, G., Gehorsam wider Eigensinn. Wertekonflikte in Frauenklöstern und -stiften des 15. Jahrhunderts, in: A. Hahn/G. Melville/W. Röcke (Hg.), *Norm und Krise von Kommunikation. Inszenierungen literarischer und sozialer Interaktionen im Mittelalter. Für Peter von Moos*, Münster 2006, S. 291–309.

Smaragdi abbatis expositio in regulam s. Benedicti, ed. A. Spannagel/P. Engelbert (Corpus consuetudinum monasticarum 8), Siegburg 1974.

Trois règles de Lérins au Ve siècle, ed. A. de Vogüé (Sources chrétiennes 297), Paris 1982.

Trois règles du VIe siècle incorporant des textes lériniens, ed. A. de Vogüé (Sources chrétiennes 298), Paris 1982.

Vogüé, A. de, *De saint Pachôme à Jean Cassien. Études littéraires et doctrinales sur le monachisme égyptien à ses débuts* (Studia anselmiana 120), Rom 1996.

Zelzer, K., Klöster und Regeln in den ersten Phasen des abendländischen Mönchtums, in: *Il monachesimo occidentale dalle origini alla Regula magistri*, Rom 1998, S. 23–36.

Zelzer, M., Die Regula Donati, der älteste Textzeuge der Regula Benedicti, in: *Regulae Benedicti studia* 16 (1987), S. 23–36.

JENS RÖHRKASTEN (Birmingham)

Amortisationsgesetze und Wahrnehmung religiöser Orden im Spätmittelalter

In der Vielfalt ihrer Zielsetzungen und Ausdrucksformen waren die mittelalterlichen Klöster und religiösen Orden Produkte der sie umgebenden Gesellschaft.[1] Auch wenn man sie primär als religiöse Institutionen und spirituelle Zentren wahrnahm, in denen Lebensformen entwickelt und gepflegt wurden, deren Leistung das Wohl aller Menschen sicherte, bestand in ihrem Umfeld doch kein Zweifel daran, dass sich ihre gesellschaftliche Funktion nicht auf diese eine Rolle beschränkte. Nur selten erlaubte das Fehlen externer Einflüsse den Vorstehern der Gemeinschaften und ihren Religiosen eine ungestörte Verwirklichung der religiösen Ideale und umgekehrt waren sie es oft selber, die in den Bereichen der Wirtschaft und Grundherrschaft Aktivitäten entfalteten, die zum spirituellen Kern andere Erscheinungsformen des Klosterlebens hinzufügten. Auf diese Weise konnte ein Spannungsfeld entstehen zwischen der Lebensweise, die von der Abkehr von der Welt und der Ablehnung alles Materiellen charakterisiert wurde und der Notwendigkeit der Teilnahme am Leben des weltlichen Umfeldes, zu der die Regularen als Grundherren, Nachbarn, Geschäftspartner oder auch als Gegner in gerichtlichen Auseinandersetzungen gezwungen waren, zumal sich die sowieso nur auf Teile Europas beschränkte Vogtei bekanntlich durchaus nicht immer als zuverlässiges Instrument erwiesen hatte.[2] Zahlreiche Beispiele zeigen, dass die spirituelle Rolle einer religiösen Gemeinschaft zeitweilig in Vergessenheit geraten konnte, wenn es bei der Ausübung klösterlicher Herrschaft zu Konflikten kam.[3]

Obwohl die Übertragung von Liegenschaften und Besitzrechten an Klöster als Voraussetzung für die Wahrung der Memorien der Stifter und ihrer Familien gesehen wurden, gab es doch bereits unter den Karolingern Zweifel an den Auswirkungen einer kontinuierlichen Vermehrung von Grundbesitz in der toten Hand. Hatte sich derjenige wirklich von der Welt abgewandt *qui cotidie possessiones suas augere quolibet modo, qualibet arte non cessat*? Würde es sich nicht destabilisierend auswirken, wenn Familienbesitz durch Schenkungen an die Kirche geschmälert würde, so dass die leer ausgehenden Erben nur noch durch Raub und Diebstahl existieren könnten? Diese 811 noch unter den *Capitula de causis cum episcopis et abbatibus tractandis* summierten Vorbehalte, führten wenige Jahre später, unter Ludwig dem Frommen, zu einem ausdrücklichen Verbot.[4] Während

1 Southern, Western Society, S. 215. Southerns Gedanke wurde für die Kluniazenser und Mendikanten weiterentwickelt von Rosenwein/Little, Social Meaning.

2 Schmidt, Vogt, Vogtei.

3 Lübeck, Die Fuldaer Bürgeraufstände; Röhrkasten, Conflict.

4 Capitularia Regum Francorum, I, S. 163, c.5; S. 277, c.7; Kahl, Amortisationsgesetze, S. 40.

es sich hier noch um eine Einzelmaßnahme gehandelt hatte, wurden Amortisationsgesetze seit dem 13. Jahrhundert zu einem europaweiten Phänomen, das sowohl in den entstehenden Nationalstaaten, neben England auch in Frankreich[5], Flandern, Kastilien, Portugal, Neapel[6] wie auch in einzelnen Städten zu beobachten ist, wobei italienische Städte als erste zu diesen Maßnahmen griffen, viele deutsche Zentren, vielleicht angefangen mit Lübeck, schon bald folgten.[7] Diese Gesetze waren weder chronologisch noch inhaltlich in irgendeiner Weise koordiniert. Sie konnten vollständige Verbote der Veräußerung oder der testamentarischen Überlassung von Grundbesitz beinhalten oder es wurden bei derartigen Transaktionen Vorkaufsrechte eingeräumt bzw. Verkaufsverpflichtungen innerhalb einer bestimmten Frist gesetzt, damit Land und Renten nicht auf Dauer bei einer kirchlichen Institution bleiben würden. Im Zentrum stand oft die Steuerpflichtigkeit des Kirchengutes, die – wie in Frankreich – durch nachträgliche Zahlungen bemessen am Jahreswert oder – in vielen Städten – durch die Übernahme der auf dem Besitz liegenden Lasten beglichen wurde.[8] In manchen Fällen kam es sogar zu Verträgen zwischen dem Rat und einem einzelnen Kloster, in denen der Landerwerb der städtischen Kontrolle unterworfen wurde oder in denen der Verzicht auf weiteren Grunderwerb verbindlich zugesagt wurde.[9]

Es ist immer wieder betont worden, dass es sich bei der ihrem Inhalt nach sehr diversen Amortisationsgesetzgebung nicht um kirchenfeindliche Bestrebungen handelte.[10] Die Regierungen der Städte waren bestrebt, die Steuerlasten und andere Verpflichtungen, die an Grundbesitz gebunden waren, gerecht zu verteilen und ebenso ging es den Königen und anderen Landesherren um fiskalische Rechte. Klöster und andere religiöse Institutionen wurden in den Gesetzen oft gar nicht eigens erwähnt und die Bereitschaft der städtischen Eliten, die ansässigen Konvente auch weiterhin materiell zu unterstützen, beweist, dass die Statuten auch nicht gegen sie gerichtet waren. Außer dem, was über die Frömmigkeitspraxis dieser Gruppe bekannt ist, spricht auch die enge personelle Verbindung zwischen Konventen und städtischer Elite gegen eine solche Annahme. Dennoch stellt sich die Frage, ob die Amortisationsgesetze nicht doch von einer Gewichtsverschiebung der Komponenten im eingangs erwähnten Spannungsfeld zwischen Kontemplation und Teilnahme am Leben des klösterlichen Umfeldes zeugen. Laien, darunter auch solche die nicht dem Kreis der Stifter zuzurechnen waren, forderten Kontrolle über Liegenschaften und Entscheidungs-

---

5 Laurière, Ordonnances, I, S. 303–307; Holder, Die neueren Forschungen, S. 36.

6 Kahl, Amortisationsgesetze, S. 10–13.

7 Ebd., S. 53–57; Mack, Die kirchliche Steuerfreiheit, S. 218; Irsigler, Amortisationsgesetze; Pertile, Storia del Diritto Italiano, IV, 386–395.

8 Isenmann, Die deutsche Stadt, S. 214f.

9 So etwa zwischen der Stadt Göttingen und dem dortigen Dominikanerkloster; Vogelsang, Stadt und Kirche, S. 33. Die Bremer Franziskaner verzichteten 1294 auf weiteren Grunderwerb in einem Teil der Stadt; Bremisches Urkundenbuch, I, 531, Nr.489.

10 Mack, Die kirchliche Steuerfreiheit, S. 218; Vogelsang, Stadt und Kirche, S. 17f.

prozesse und griffen in die wirtschaftliche Verfassung der Klöster ein. Es gab Regionen, in denen die Manipulationen neureicher Spekulanten zum Zusammenbruch des Klosterbesitzes im Spätmittelalter führten, ein Vorgang, bei dem die eigentliche Funktion der religiösen Gemeinschaften ganz in den Hintergrund gedrängt wurde.[11] Diese Unsicherheit in der Bewertung der Amortisationsgesetze hat ihre Ursache vielleicht in der Fragestellung, die die Forschung bisher beschäftigt hat, nämlich auf der Basis der normativen Quellen die Absichten der Gesetzgeber zu untersuchen. In dieser Skizze soll die Durchführung der Gesetzgebung im Zentrum stehen, da sie möglicherweise die Grundlage für eine Analyse der Wahrnehmung von Orden und Klöstern im Spätmittelalter bilden könnte. Examplarisch soll hier die gut dokumentierte Gesetzgebung und ihre Durchführung im englischen Königreich herangezogen werden.

Im November 1279 verkündete Eduard I. von England das Statut *De viris religiosis*, ein Gesetz, in dem die Übertragung von Liegenschaften an die tote Hand untersagt wurde. Die unter Hinzuziehung der geistlichen und weltlichen Mitglieder des Kronrates getroffene Anordnung sah vor

> *quod nullus Religiosus aut alius quicumque, terras aut tenementa aliqua emere vel vendere, aut sub colore donacionis aut termini vel alterius tituli cujuscunque, ab aliquo recipere, aut alio quovismodo arte vel ingenio sibi appropriare presumat*

und stellte als Sanktion die Einziehung des Gutes durch die Krone oder den Lehensherren in Aussicht.[12] Damit wurde ein Rechtsgegenstand angesprochen, der bereits in der ersten Hälfte des 13. Jahrhunderts, in der Magna Carta von 1217, zumindest teilweise thematisiert worden war, als verboten wurde, ein einmal an ein Kloster übertragenes Lehen von der religiösen Institution zurückzunehmen, so dass diese als neuer Lehensherr in eine Rechtsbeziehung mit dem ursprünglichen Besitzer eintrat, eine Bestimmung, die 1225 in die vierte Fassung der Urkunde übernommen wurde.[13] Auf diese Weise konnten auf dem Lehen lastende Verpflichtungen negiert werden, so dass höher in der Lehenshierarchie stehende Personen ihre Ansprüche auf Leistungen des Vasallen verloren. Allerdings ist es fraglich, ob diese Normen in der Praxis auch Anwendung fanden, denn bereits im Februar 1228 wurden die Sheriffs des Königreiches angewiesen in ihren Amtsbezirken zu verkünden, dass kein Kronvasall Lehensgüter an eine religiöse Institution oder an einen Angehörigen des Klerus übertragen solle. Zusätzlich sollte untersucht werden, ob derartige Schenkungen oder Verkäufe stattgefunden hatten.[14] Als die Problematik in der Mitte des 13. Jahrhunderts im Rahmen der Reformforderungen der Barone wieder aufgegriffen wurden, war

11 Cipolla, Comment s'est perdue, S. 317–327.

12 The Statutes of the Realm, I, S. 51; Raban, Mortmain Legislation, S. 1f. und 20; Brand, The Control, S. 35.

13 Holt, Magna Carta, S. 356, c.36.

14 *Precipimus tibi quod statim visis litteris illis per totam ballivam tuam clamari facias quod nullus, qui de nobis tenet in capite in balliva tua in dominicis nostris, sicut corpus et tenementum suum diligit, aliquid de tenemento suo conferat vel vendat vel aliquo alio modo alienet alicui domiui religiose vel aliquibus personis ecclesiasticis since licentia nostra*; Close Rolls, S. 88, dazu: Bean, The Decline, S. 57–59.

von Klöstern nicht mehr die Rede, sondern es wurden nur noch allgemein *religiosi* erwähnt.[15] Auch im Statut von 1279 nannte man die religiösen Institutionen nicht mehr, es betraf den gesamten Klerus, doch wurde der Bezug in der kurzen Präambel hergestellt, in der auf frühere Gesetzgebung verwiesen wurde und die Verbindung trat auch bei der Nennung der Gründe zutage, die das Gesetz *De viris religiosis* veranlasst hatten: die potenziellen Verluste, die die Lehensherren durch derartige Veräußerungen und Schenkungen erlitten, und die daraus resultierende Schwächung der Verteidigungskraft des Königreichs.

Diese Kette von Petitionen, Verordnungen und Normen, deren Absicht darin bestand, Besitzübertragungen an Konvente einer Kontrolle zu unterwerfen, ist im Zusammenhang mit gleichzeitigen Bestrebungen zu sehen, den Einfluss von Gründern und ihren Familien auf religiöse Institutionen zu wahren. Bereits in den der Magna Carta zugrunde liegenden Artikeln der Barone wurde die *custodia* der Gründer über Abteien während der Vakanzen gefordert, ein Anspruch, der in Runnymede auch durchgesetzt wurde und der sich auch in der Fassung der Magna Carta von 1225 noch findet.[16] Bei diesen Forderungen war das Verhältnis der Laien zu den ihnen verbundenen Klöstern eher zweitrangig, sie richteten sich stattdessen gegen Ansprüche der Krone, auch den weltlichen Besitz solcher vakanten Abteien zu verwalten, die nicht von Angehörigen der königlichen Familie gegründet worden waren.[17] Dies wurde 1258 unmissverständlich ausgedrückt: Als die in der Opposition gegen die Politik Heinrichs III. vereinten Barone Reformen forderten, wurde auch bemängelt, dass die Stifter zwar die auf den Landschenkungen liegenden Belastungen trügen, sie aber bei Vakanzen nicht in den Genuss der ihnen zustehenden Rechte kämen.[18]

Obwohl Angehörige des Klerus im Kronrat bei der Ausarbeitung des Statuts von 1279 konsultiert worden waren, stieß das Gesetz schon bald nach seiner Bekanntmachung auf Widerstand. Wohl im Sommer 1280 wandte sich der Franziskanertheologe Hugh de Brisingham an den königlichen Kanzler Robert Burnell mit der Bitte, die räumliche Vergrößerung des Ordenshauses in Salisbury zuzulassen, nachdem er die Problematik bereits im Frühjahr bei einem persönlichen Treffen zur Sprache gebracht hatte.[19] Noch im gleichen Jahr bemühte sich die englische Geistlichkeit, die Aufhebung des Statuts herbeizuführen, doch Eduard I. ließ sich dazu nicht bewegen, trotz seiner Bemühungen, ein gutes

---

15 Documents of the Baronial Movement, S. 80: *petunt remedium quod religiosi non intrent in feodum comitum et baronum*, Petition of the Barons (1258), c.10. *Viris autem religiosis non liceat ingredi feodum alicuius sine licencia capitalis domini*; ebd., S. 144, Provisions of Westminster (1259), c.14.

16 Holt, Magna Carta, S. 311, c.43 und S. 328, c.46. und S. 1225 hieß es: *Omnes patroni abbatiarum qui habent cartas regum Anglie de advocatione, vel antiquam tenuram vel possessionem, habeant earum custodiam cum vacaverint, sicut habere debent*; ebd., S. 356, c.33.

17 McKechnie, Magna Carta, S. 433–435.

18 *Item petunt remedium de abbatiis et prioratibus fundatis de foedis comitum et baronum, unde dominus rex ad vacacionem dictarum domorum inde petit custodias, ita quod non possunt eligere sine uoluntate domini regis: et hoc in preiudicium comitum et baronum, cum seruicia inde debita domino regi sustineant ut medii*, Documents of the Baronial Movement, S. 82, c.11.

19 Little, The Franciscans, S. 673–676; Emden, A Biographical Register, I, S. 269.

Verhältnis mit der englischen Kirche zu bewahren, von der er fiskalische Leistungen erhoffte: *deliberationi sui consilii reservavit.*[20]

Es ist von der Forschung bereits betont worden, dass die Bestimmungen der Magna Carta kein neues Recht setzten, sondern lediglich eine bereits im 12. Jahrhundert bestehende Praxis schriftlich fixierten, nach der die Schenkung eines Lehens an ein Kloster nicht ohne Zustimmung des Lehensherren stattfinden konnte.[21] Demgegenüber schuf Eduard I. durch die Erweiterung der Bestimmungen auf den gesamten Klerus und das kategorische Verbot eine neue Situation, eine Veränderung, die auch sofort vom englischen Klerus bemerkt wurde. Doch noch bevor sich der Widerstand besorgter Bischöfe und Ordensleute formierte, zeigte es sich schon, dass die Sorge der Prälaten unbegründet war, da die Ausführung der Bestimmungen einen großen Spielraum an Handlungsfreiheit beließ.[22] Schenkungen von Laien an religiöse Institutionen und den Klerus waren weiterhin möglich und sind auch bis in das 16. Jahrhundert hinein dokumentiert. Allerdings waren sie an die Erteilung einer königlichen Lizenz gebunden, eine Möglichkeit der Legitimierung, die bereits in dem Befehl an die Sheriffs vom 1. Februar 1228 erwähnt worden war.[23] Die notwendigen Lizenzen konnten in der Kanzlei erwirkt werden, ihre Erteilung war allerdings kostenpflichtig und an ein komplexes Verwaltungsverfahren gebunden, das hier näher betrachtet werden soll, da zu seiner Durchführung neben Amtsträgern des Monarchen auch Laien herangezogen wurden, die als Geschworene eine wichtige Rolle spielten.

Jeder Erteilung einer Lizenz ging eine Untersuchung voraus, in der mögliche negative Folgen, z. B. Schmälerung des Kroneinkommens, festgestellt werden sollten. Mit ihrer Durchführung wurden meist die Sheriffs oder die mit der Einziehung an die Krone zurückfallender Lehen befassten Escheators durch einen Befehl des Königs betraut. Handelte es sich um städtische Liegenschaften, so erging der Befehl ebenfalls an den Sheriff der betreffenden Grafschaft, die Untersuchung oblag dann jedoch der Stadtregierung.[24] Es musste vor Ort, in unmittelbarer Nachbarschaft der zu übertragenden Liegenschaft, durch Geschworene festgestellt werden, ob die Erteilung einer Erlaubnis zum Schaden der Krone oder der Allgemeinheit gereichen würde, wie im königlichen Befehl angeordnet: *utrum esset ad dampnum uel nocumentum nostrum vel aliorum.*[25] Für die königliche Verwaltung sollten diese Untersuchungen *ad quod dampnum* Informationen und Fakten erbringen, auf deren Grundlage eine Entscheidung über die

---

20 Councils and Synods, II, S. 885; Douie, Archbishop Pecham, S. 121.

21 Brand, The Control, S. 30f.

22 Ebd., S. 37; Knowles, The Religious Orders, I, S. 7.

23 Siehe oben, Anm. 14.

24 Ein Beispiel ist TNA C143/24/10 (Dorso des Writ), ein Befehl an den Sheriff von Cambridgeshire, eine Landübertragung in der Vorstadt von Cambridge an die Nonnen von St. Radegund prüfen zu lassen. Der Sheriff seinerseits überlässt die Ausführung den *ballivis libertatis Cantebrigie.*

25 TNA C143/10/1.

Erteilung einer Lizenz und über deren Preis getroffen werden konnte. In dem Verfahren wurde von den als Geschworenen teilnehmenden Laien – es handelte sich in der Regel um zwölf Männer – erwartet, dass sie bereit waren, alle religiösen Aspekte in den Hintergrund zu stellen und die kirchliche Institution lediglich als wirtschaftliche Einheit, als Grundherr oder als topographisches Phänomen zu betrachten. Zu ihren Aufgaben gehörte es, verschiedene Arten von Transaktionen zu begutachten, darunter Käufe, Schenkungen und sonstige Übertragungen, aber auch Petitionen der Konvente selbst, wenn sie ihren Besitz arrondieren oder anderweitig verändern wollten. Dazu hatten die Geschworenen nicht nur vom Verkäufer oder Schenker detaillierte Auskünfte über den Wert der Liegenschaft und die mit ihr verbundenen Belastungen einzuholen, sondern sie hatten auch alle sich aus der Transaktion ergebenden Konsequenzen zu berücksichtigen. Als z. B. die Gilbertiner von St. Andrew in York 1291 eine parallel zur Mauer ihres Areals verlaufende Gasse in ihren Bereich eingliedern wollten, gaben die Geschworenen zwar an, dass dies ohne Schaden für König oder Stadt geschehen könne, erinnerten jedoch daran, dass der Wasserabfluss die Gasse hinunter bis zum Fluss Ouse nicht blockiert werden dürfe.[26]

Kraft ihres Amtes als Geschworene übten Laien eine Kontrolle über interne Belange von Klöstern aus, die ihnen als Privatpersonen niemals zugestanden hätte. Zunächst einmal konnten sie Auskünfte verlangen, die Außenstehenden sonst nicht gewährt worden wären. Im Fall des Zisterzienserabtes von Combermere, der eine Bestätigung der Besitzungen und Privilegien seines Klosters erbat, waren sie in der Lage, die Liegenschaften einzeln aufzuführen und den jeweiligen Jahreswert anzugeben.[27] Ähnlich wurde verfahren, als der Abt des bei Winchester gelegenen Klosters Hyde im Juni 1270 – also neun Jahre vor dem Statut *De viris religiosis* – um die Bestätigung von königlichen Schenkungen aus dem 12. Jahrhundert bat; die Geschworenen sahen zwar keinen Hinderungsgrund, hatten sich aber detailliert über die auf dem Land liegenden Lasten informiert.[28] In beiden Fällen handelte es sich um Kenntnisse, die nur von den Religiosen oder den Verwaltern des Klostergutes stammen konnten. Der Prior der Augustinerchorherren von Marton, der auf stiftseigenem, jedoch unter königlichem Forstrecht stehenden Land eine Rodung vornehmen wollte, musste den Geschworenen genau zeigen, an welchen Stellen der Baumbestand beseitigt werden sollte, so dass dies entsprechend vermerkt werden konnte.[29] Dieses Beispiel verdeutlicht einen zweiten Aspekt der Rolle von Laien, nämlich die Begutachtung konventsinterner Vorhaben. Geschworene wurden selbst dann

26 TNA C143/15/16: *ita videlicet quod predicti prior et conventus permittunt aquam descendentem de vico de Fiskergate versus Usam transire quia cursus aque predicte per dictam venellam descendere debet.*

27 TNA C143/1/6.

28 TNA C143/3/3.

29 TNA C143/15/19. Die Geschworenen befürworteten die Petition *non est ad dampnum domini regis nec nocumentum foreste sue predicte quod dominus rex concedat predicto priori quod assariat quadraginta acras de bosco suo proprio ita tamen quod predictus prior ipsas assertat in diuersis locis sicut idem prior die hujus inquisitionis predictis juratoribus monstravit silicet in parco de Marton' et Northwod et le Fryth.*

hinzugezogen, wenn eine Klostergemeinschaft wirtschaftliche Reformen auf dem eigenen Besitz plante, falls anzunehmen war, dass sie dabei königliche Rechte tangierten. Den Zisterziensern von Coggeshall, die beabsichtigten, Waldgebiete einzuzäunen, wurden ebenfalls genaue Angaben über ihren Besitz abverlangt. Bei einer Begehung des betroffenen Geländes durch die Geschworenen wurde festgestellt, welche Stellen tatsächlich bewaldet waren.[30] Ein entsprechender Plan der Prämonstratenser von Lavendon wurde befürwortet, weil es sich bei der Untersuchung vor Ort herausstellte, dass das Waldgebiet der Kanoniker einen ausreichenden Abstand zum Forst hatte und die Bewegungsmöglichkeiten des königlichen Jadgwildes nicht eingeschränkt wurden: *nec alique fere ibi veniunt.*[31] Die Mönche der Zisterze Stanley in Wiltshire, die auf ihrem Land, *in dominicis terris suis*, Eisenerz fördern und verhütten wollten, baten ebenfalls um eine Genehmigung, für die eine Untersuchung durch Geschworene notwendig war.[32] Als die Augustinerchorherren von Lilleshall im Oktober 1283 um die Erlaubnis baten, auf ihrem Land auf die Jagd gehen zu dürfen (*fugare et ferias in eo positas et ponendas capere et asportare*), mussten sie sich der Prüfung ihres Anliegens durch Laien stellen.[33] In all diesen Fällen ging es um die Nutzung von Liegenschaften, über die die Klöster bereits verfügten.

Diejenigen Laien, die als Geschworene zu den *Inquisitiones ad quod damnum* herangezogen wurden, übten durch die Erhebung von Informationen und deren Prüfung nicht nur Kontrolle aus, sie hatten auch die Möglichkeit der Einflussnahme. Zwar waren sie in erster Linie dem König dafür verantwortlich, dass die unter Eid zu Protokoll gegebenen Fakten der Wahrheit entsprachen, doch daneben vertraten sie auch die Belange der Nachbarschaft. So konnten sie als Vermittler zwischen den Interessen der religiösen Gemeinschaft und den Anliegern fungieren. Wichtig war dies besonders dann, wenn Eingriffe in Gewohnheitsrechte oder in topographische Gegebenheiten vorgenommen werden sollten. Den Mönchen von Coggeshall, die eine *inclusio* von Waldgebieten planten, wurde ihr Vorhaben zwar nicht verwehrt, doch auf die Ansprüche und Interessen der Nachbarn wurde deutlich verwiesen: *Dicunt etiam quod plures vicini clamant habere communam pasturam in boscis et brueris predictis.*[34] Bitten um die Integrierung öffentlicher Wege oder Straßen in angrenzendes Klosterland wurden oft unter der Bedingung positiv beurteilt, dass der Öffentlichkeit ein alternativer Weg zur Verfügung gestellt werden müsse. Die Geschworenen initiierten also in nicht wenigen Fällen einen Tausch, bei dem königliches Land Klosterbesitz zugeschlagen wurde, die Öffentlichkeit im Gegenzug dafür aber eine Entschädigung bekam. Vor Ort war eine derartige Transaktion nicht so einfach, wie sie in der Theorie erscheinen mag. Die Alternativen waren zu prüfen, in vielen Fällen

30 TNA C143/2/1.
31 TNA C143/2/6.
32 TNA C143/21/9.
33 Hier wurde sogar befunden *quod non est ad dampnum foreste domini regis set ad commodum si sit bene inclusum ita quod fere domini regis non intrent.* TNA C143/6/14.
34 TNA C143/2/1.

werden Verhandlungen geführt worden sein, vermutlich von den Geschworenen selbst. Wenn solche Verhandlungen zu einem vorteilhaften Ergebnis für die Allgemeinheit führten, so wurde dies mit Stolz vermerkt. Ein Beispiel ist der Plan der Brüder des *Domus Dei* von Dover, eine nach Romney führende Straße zu verlegen. Hier konnte zu Protokoll gegeben werden, dass der neue Weg sehr viel weniger durch Witterungseinflüsse beeinträchtigt werden würde.[35] Wenn Verhandlungen kein zufrieden stellendes Ergebnis erbrachten, konnten die Geschworenen die von ihnen für notwendig gehaltenen Bedingungen in ihrer Antwort formulieren. Als die Dominikaner dem Areal ihres Konvents in Chichester 1289 zwei weitere Flächen hinzufügen wollten, wurde dies zwar prinzipiell befürwortet, die Geschworenen wiesen jedoch darauf hin, dass in einem Fall die Anwohner auf Dauer zu einem Umweg gezwungen würden:

> *longior prolixior et magis indirecta per quinque particatas erit nisi predicti fratres predicatores quendam alium vicum ducentem ab ecclesia beati Andree directum usque ad murum civitatis predicte versus australem super solium suum proprium faciant et assingnant et sic nulli nocebit.*[36]

Als den Trinitariern von Thelsford im Jahr 1300 zwei Hospitäler in Stafford übertragen werden sollten, gaben die Geschworenen zwar an, dies wäre nicht zum Schaden der Krone, sie wiesen jedoch gleichzeitig auf die charitative Funktion der beiden Einrichtungen in ihrer Stadt hin.[37] Dies scheint das Verfahren verzögert zu haben, denn im folgenden Jahr fand eine erneute *Inquisitio* statt, die nun feststellte, dass die beiden Hospitäler bereits verlassen worden seien.[38] Leicht modifiziert war die Rolle der Geschworenen, wenn ein Kloster um die Nutzung königlicher Ressources bat, so etwa im Fall der Kanoniker von Worksop, die aus dem Forst von Shirwood Heidekraut beziehen wollten. Hierbei ging es nicht nur um den möglichen Schaden, den eine Erlaubnis nach sich ziehen konnte, sondern auch um den Verkehrswert des Materials. Den Augustinern wurden nicht nur zwei Stellen angewiesen, sondern es wurde auch der Wert, 60 Schillinge pro *caretta*, festgesetzt.[39] Dem Abt der Zisterzienser von Quarr, der

---

35 TNA C143/2/39: *non erit ad dampnum regis nec aliorum nec ad nocumentum patrie immo ad commodum et emendationem totius patrie quia … cheminum adeo bassum est et tempore hiemali propter inundationem aquarum ita profundum et periculosum est transeuntibus quod vix ibidem (aliquis*[i]*) transire potest. Et novum cheminum erit altum et securum et utile toti patrie.* Ähnlich reagierten Geschworene in Norfolk, als sie eine Petition der normannischen Benediktiner von Préaux beurteilen sollten, einen Weg in Toft Monks zu verlegen: *quod non est ad dampnum nec nocumentum domini regis vel aliorum si concedatur quod abbas de Pratell' possit obstruere venellam … per sic quod faciat aliam viam super terram suam loco illius vie que teneat eamdem latitudinem quam ista via modo tenet. Et dicunt quod est comodum vicinis quod nova via fiat ubi dictus abbas proponit illam facere habebunt propinquiorem viam eundi in patriam quo voluerunt*", TNA C143/10/9; vgl. Matthew, The Norman, S. 53.

36 TNA C143/12/16; Hinnebusch, The Early English Friars Preachers, S. 78f.

37 TNA C143/33/26: *nisi tantum quod priores hospitalis sancti Johannis de Stafford solebant tenere hospitalitatem de pauperibus et egricubus et etiam custodes hospitalis sancte Sepulcri de Torford solebant tenere hospitalitatem leprosorum.*

38 TNA C143/37/16: *Dicunt etiam quod iidem prior et custos hospitalium predictorum fratres et sorores et infirmi eorundem hospitalium predicta hospitalia ob paupertatem et inopiam ad loca diversa exinde transferentes reliquerunt.*

39 TNA C143/2/36.

Baumaterial aus einem nahe gelegenen Steinbruch benötigte, wurde von den Geschworenen beschieden, dass eintausend Steine einen Wert von 40 Silberpfennigen hätten und die Krone bei diesem Preises keinen Nachteil erleiden würde.[40]

Die an den Erhebungen beteiligten Laien hatten auch die Möglichkeit, eine negative Antwort zu geben, der Kanzlei also zu antworten, dass eine Veränderung der Besitzverhältnisse der Krone zum Schaden gereichen würde. Es bedürfte einer genaueren Analyse des Quellenmaterials um festzustellen, ob hier eine Korrelation zur Entfernung des Klosters von dem Besitz vorliegt. Zu beobachten ist ein solches Verhalten bei einer Londoner Jury, die 1294 aufgefordert wurde, zum Vorhaben des Londoner Bürgers Henry le Waleys Stellung zu nehmen, der den in der Nähe von Coventry beheimateten Zisterziensern von Combe ein Haus in der englischen Metropole überlassen wollte. Mit dem Hinweis auf den Verlust des Heimfallsrechts an die Krone, falls der prominente Kaufmann eine schwere Straftat begehen würde, wurde dieses Vorhaben negativ beurteilt:

> *erit ad dampnum et prejudicium domini regis in hoc quod si tenens dictum tenementum forte commisisset feloniam dominus rex haberet escaetam dicti tenementi si non esset in mortua manu pro eo quod omnes escaete per feloniam in civitate predicta sunt domini regis.*[41]

Als zwei Bürger in Chester im gleichen Jahr Grundbesitz in der Stadt an die dortigen Benediktiner von St. Werburga geben wollten, wurde zwar auf genau das gleiche Problem hingewiesen, die Geschworenen kamen jedoch zum Schluss *non est ad dampnum vel prejudicium domini regis vel alicuius alterius*, wenn eine Lizenz für die Transaktion ausgestellt würde.[42]

Trotz der rigorosen Gesetzgebung Eduards I. ging es in der Praxis nicht darum, den Transfer von Liegenschaften und Renten an die tote Hand zu unterbinden. Vielmehr wollte die Krone ihre fiskalischen Interessen geltend machen. Mit dieser Flexibilität institutionalisierte die neu formulierte englische Amortisationsgesetzgebung von 1279 das Prinzip der Einbeziehung von Laien bei der Beurteilung von wirtschaftlichen Vorhaben religiöser Institutionen. Als Geschworene waren sie verpflichtet, die spirituelle Bedeutung der Gemeinschaften ganz außer Acht zu lassen. Ihre Rolle öffnete ihnen Einblicke in die Interna der Klöster. Der Einfluss dieser Kenntnisse auf die Wahrnehmung der Institutionen in ihrem Umfeld ist schwer einzuschätzen, er sollte deshalb aber nicht vernachlässigt werden. Die zahlreichen erhaltenen Protokolle zeigen, dass die Geschworenen bemüht waren, nicht nur für die Krone zu wirken, sondern auch lokale Interessen zu vertreten. Dabei wurden gelegentlich die negativen Konsequenzen von Vorhaben betont, eine Reaktion, die die Pläne verzögern oder zu Fall bringen konnte. In der Mehrheit der Fälle war jedoch das Verhältnis der

40 TNA C143/18/8: *Et si abbas solvat tantum pro millena petre videlicet .xl. denarios tunc non est ad dampnum regis.*

41 TNA C143/22/15.

42 TNA C143/22/6.

Laien zu den – auf ihre Funktion als Wirtschaftsfaktoren reduzierten – religiösen Gemeinschaften von Harmonie und Pragmatik geprägt.

Bibliographie

Bean, J.M.W., *The Decline of English Feudalism 1215–1540*, Manchester 1968.

Brand, P., The Control of Mortmain Alienation in England, 1200–1300, in: J.H. Baker (Hg.), *Legal Records and the Historian*, London 1978, S. 29–40.

Bremisches Urkundenbuch, ed. D. Ehmck/W.v. Bippen, 5 Bde., Bremen 1873–1902.

Capitularia Regum Francorum, ed. A. Boretius/V. Krause, 2 Bde., Hannover 1883–1897.

Cipolla, C.M., Comment s'est perdue la propriété ecclésiastique dans l'Italie du Nord entre le XIe et le XVIe siècle, in: *Annales ESC* 2 (1947), S. 317–327.

Close Rolls of the Reign of Henry III, 1227–1231, London 1902.

Councils and Synods II, 1205–1313, ed. F.M. Powicke/C.R. Cheney, 2 Bde., Oxford 1964.

Documents of the Baronial Movement of Reform and Rebellion 1258–1267, ed. R.E. Treharne/I.J. Sanders, Oxford 1973.

Douie, D.L., *Archbishop Pecham*, Oxford 1952.

Emden, A.B., *A Biographical Register of the University of Oxford to A.D. 1500*, 3 Bde., Oxford 1957.

Hinnebusch, W., *The Early English Friars Preachers* (Institutum Historicum FF. Praedicatorum Romae ad S. Sabinae. Dissertationes Historicae 14), Rom 1951.

Holder, K., Die neueren Forschungen zur Geschichte der staatlichen Amortisationsgesetzgebung, in: *Archiv für katholisches Kirchenrecht* 84 (1904), S. 22–38.

Holt, J., *Magna Carta*, Cambridge 1965.

Irsigler, F., *Amortisationsgesetze (leges de non amortizando)*, in: Lexikon des Mittelalters, Bd. 1, München 1980, Sp. 542f.

Isenmann, E., *Die deutsche Stadt im Spätmittelalter 1250–1500. Stadtgestalt, Recht, Stadtregiment, Kirche, Gesellschaft, Wirtschaft*, Stuttgart 1988.

Kahl, W., Die deutschen Amortisationsgesetze, Tübingen 1880.

Knowles, D., *The Religious Orders in England*, 3 Bde., Cambridge 1948–59.

Laurière, M. de la, *Ordonnances des Roys de France de la Troisième Race*, 21 Bde., Paris 1723–1849.

Little, A.G., *The Franciscans and the Statute of Mortmain*, in: English Historical Review 49 (1934), S. 673–676.

Lübeck, K., Die Fuldaer Bürgeraufstände 1331/32, in: *Zeitschrift für Rechtsgeschichte. Germanistische Abteilung* 68 (1951), S. 410–433.

Mack, E., *Die kirchliche Steuerfreiheit in Deutschland seit der Dekretalengesetzgebung* (Kirchenrechtliche Abhandlungen 88), Stuttgart 1916.

Matthew, D., *The Norman Monasteries and Their English Possessions*, Oxford 1962.

McKechnie, W., *Magna Carta. A Commentary on the Great Charter of King John*, Glasgow 1914.

Pertile, A., *Storia del Diritto Italiano*, 6 Bde., Turin 1892–1903.

Raban, S., *Mortmain Legislation and the English Church 1279–1500*, Cambridge 1982.

Röhrkasten, J., Conflict in a Monastic Borough: Coventry in the Reign of Edward II, in: *Midland History* 18 (1993), S. 1–18.

Rosenwein, B./Little, L.K., Social Meaning in the Monastic and Mendicant Spiritualities, in: *Past and Present* 63 (1974), S. 4–32.

Schmidt, H.J., *Vogt, Vogtei*, in: Lexikon des Mittelalters, Bd. 8, München 1997, Sp. 1811–1814.

Southern, R.W., *Western Society and the Church in the Middle Ages*, Harmondsworth 1970.

The Statutes of the Realm (1101–1713), ed. A. Luders u. a., 9 Bde., London 1810–1822.

Vogelsang, R., *Stadt und Kirche im mittelalterlichen Göttingen* (Studien zur Geschichte der Stadt Göttingen 8), Göttingen 1968.

HUBERT HOUBEN (Lecce)

Internationale Perspektiven der Erforschung des Deutschen Ordens*

Moderne Historiker verbinden in der Regel mit dem Namen „Deutscher Orden" (oder „Deutscher Ritterorden") den Ordensstaat Preußen.[1] Es kann in der Tat leicht der Eindruck entstehen, als ob es sich bei der Entstehung dieses politischen Gebildes um eine zwangsläufige Entwicklung gehandelt habe: Da die beiden großen Ritterorden, die Templer und Johanniter, bereits die Beute im Heiligen Land unter sich aufgeteilt hätten, sei dort – so die Sichtweise – für einen weiteren Orden wenig Platz gewesen. Daher hätten sich die deutschen Ordensritter bereits in der ersten Hälfte des 13. Jahrhunderts nach Osteuropa gewandt, zuerst in das mittelalterliche Königreich Ungarn und dann ins Baltikum, um dort ihre Herrschaft zu etablieren. Kurt Forstreuter und Udo Arnold haben jedoch nachgewiesen, dass die Option für den Osten zunächst nur eine unter mehreren war und sich erst Anfang des 14. Jahrhunderts durchsetzte, nachdem die Ritterorden das Heilige Land verlassen hatten und die Aussichten, ihre dortigen Positionen zurück gewinnen zu können, zunehmend schlechter geworden waren.[2] Nach dem Fall von Akkon (1291) residierte der Hochmeister des Deutschen Ordens zunächst in Venedig, also sozusagen an der Nahtstelle der Niederlassungen des Ordens südlich und nördlich der Alpen, bis dann im Jahre 1309 die Ordenszentrale nach Marienburg in Westpreußen (das heutige polnische Malbork) verlegt wurde.

Als der Ordenschronist Peter von Dusburg im Jahre 1326 die Gründung des Deutschen Ordens darstellte, war ihm die mediterrane Komponente des Ordens noch präsent. Er schrieb, Papst Cölestin III., der mit seinem Privileg vom 21. Dezember 1196 die Umwandlung der deutschen Hospitalbruderschaft von Akkon in einen Hospitalorden gestattet hatte, habe den Orden auf sieben Säulen gestellt, d. h. auf sieben Landkomture, nämlich von Livland, Preußen, Deutschland, Österreich, Apulien, Griechenland und Armenien: *excidit columpnas septem, id est septem fratres commendatores seu preceptores provinciales, scilicet Lyvonie, Prussie, Theutonie, Austrie, Apulie, Romanie et Armenie.*[3] In der Liste fehlt merkwürdiger

---

* Gekürzter Text eines auf Einladung von Prof. Gert Melville am 16. Juni 2008 an der Forschungsstelle für vergleichende Ordensgeschichte (FOVOG) der Katholischen Universität Eichstätt gehaltenen Vortrags.

1 Knappe, auf dem neuesten Stand der Forschung beruhende Darstellung: Sarnowsky, Der Deutsche Orden.

2 Forstreuter, Der Deutsche Orden, S. 188ff.; Arnold, Akkon – Venedig – Marienburg.

3 Peter von Dusburg, Chronik, S. 36.

Weise die Ballei Sizilien, vielleicht weil *Apulia* als *pars pro toto* für ganz Süditalien einschließlich Siziliens angesehen wurde.

Bekanntlich wurde aus dem Ordensstaat Preußen nach der Reformation ein Herzogtum, aus dem dann das Königreich Preußen hervorging. Daher wundert es nicht, dass der Deutsche Orden bis in die siebziger Jahre des vorigen Jahrhunderts ein fast ausschließlich deutsch-polnisches Forschungsthema war, und zudem ein höchst umstrittenes. Dies wurde deutlich, als der polnische Historiker Karol Górski im Jahre 1971 in Italien ein Buch über den Deutschen Orden und die Entstehung des preußischen Staates publizierte: „L'Ordine Teutonico. Alle origini dello Stato prussiano" (Der Deutsche Orden. Am Ursprung des preußischen Staats), das später auch auf Polnisch erschien. Die Anregung zu diesem Buch hatte Górski 1967 während eines Forschungsaufenthaltes in Paris von dem dort lehrenden italienischen Frühneuzeitler Ruggero Romano erhalten. Zunächst dachte man an eine Veröffentlichung in Frankreich, und so schrieb Górski das Buch auf Französisch. Dann fand sich aber in Frankreich kein Verleger: dort war offensichtlich mit dem Deutschen Orden und Preußen kein Geschäft zu machen. Durch Vermittlung Romanos war schließlich der Verlag Einaudi in Turin bereit, das Werk zu drucken, allerdings nur auf Italienisch, was schließlich 1971 geschah.[4]

In Italien machte das Werk des polnischen Historikers Furore, was vor allem an einer vom Verlag gesteuerten Pressekampagne lag, in der das Buch in Zeitungsartikeln mit teilweise reißerischen Titeln angepriesen wurde. So las man im Mailänder *Corriere della Sera*, der führenden italienischen Tageszeitung, eine Besprechung, in deren Untertitel es heißt: „Der in Preußen von fanatischen Kreuzfahrern geschaffene Ordensstaat war die Voraussetzung für die kriegerische deutsche Nation".[5] Im Artikel selber war die Rede von den Deutschordensrittern als „Urgroßvätern Hitlers", wobei man nur vermuten kann, wer in diesem nebulösen Konzept Hitlers geistiger Vater und Großvater sein sollten; vielleicht Bismarck und Friedrich II. von Preußen. Wie dem auch sei; es stellt sich die Frage, wie es zu einer solchen Formulierung kommen konnte. Mir scheinen zwei Aspekte eine Antwort zu ermöglichen:

Als erstes ist die in der Tradition der polnischen Historiographie stehende grundsätzlich negative Bewertung des Deutschen Ordens zu nennen, die allerdings nicht so undifferenziert war, wie es nach dem zitierten Zeitungsartikel scheinen könnte (es ist nicht auszuschließen, dass dessen wertender Untertitel auf redaktionelle Eingriffe der Zeitung zurückzuführen ist). Zweitens spielte in Italien sicherlich ein weiteres Medium eine Rolle, das im kollektiven Bewusstsein ein negatives und stereotypes Urteil über die Deutschordensritter gefördert

4 Górski, L'Ordine Teutonico. 1946 hatte Górski in Polen ein Buch veröffentlicht, in dem der Deutsche Orden noch sehr viel negativer bewertet wurde: Ders., Panstwo krzyzackie; vgl. Serczyk, Die Wandlungen des Bildes, S. 64 Anm 9.

5 Lanocita in: *Corriere della Sera,* 28. Oktober 1971, zit. nach Arnold, L'Ordine Teutonico, S. 203; vgl. Ders., Der Deutschordensstaat in Preußen.

hatte. Es handelt sich um den 1938 von Sergej Eisenstein gedrehten Film „Aleksandr Nevskij“, auf dessen Realisierung Stalin persönlich Einfluss genommen hatte und der, wie die anderen Filme dieses Regisseurs in Italien große Aufmerksamkeit fand. Hier symbolisierten die Deutschordensritter, deren Drang nach Osten der russische Fürst auf dem zugefrorenen Peipus-See Einhalt gebot, die Bedrohung der Sowjetunion durch den Nationalsozialismus.[6]

Górskis Verurteilung der Gründung des preußischen Ordensstaats auf Kosten Polens war eindeutig. Dies wurde auch deutlich, als der polnische Historiker im Jahre 1977 auf eine kritische Besprechung seines Buches, die Udo Arnold 1974 in Italien veröffentlicht hatte, replizierte. Górski blieb bei seiner Auffassung, dass ein Orden keinen Staat gründen dürfe, wobei er sich ausdrücklich auf Matthäus 4, 8–11 berief, wo von der Versuchung Jesu durch den Teufel die Rede ist, der ihm die Herrschaft über die Reiche der Welt anbot.[7] Dementsprechend gab Górski auch ein negatives Urteil über die im späten Mittelalter von den Johannitern auf Rhodos und im 17. Jahrhundert von den Jesuiten in Paraguay gegründeten Staaten ab.[8]

Während Arnold und Górski 1974–77 kontrovers diskutierten, waren die Positionen der polnischen und deutschen Deutschordensforschung, die durch die preußische nationalistische und nationalsozialistische Vergangenheit verhärtet worden waren, bereits dabei, langsam aufzuweichen. Dies lag auch an der aktuellen Politik dieser Jahre: Nachdem die Bundesrepublik Deutschland im Jahre 1970 im Warschauer Vertrag die Oder-Neiße-Linie als Westgrenze Polens anerkannt hatte, fanden ab 1972 die mittlerweile selbst zur Historie gewordenen deutsch-polnischen Schulbuchgespräche statt, die zu einer entspannten Diskussion über die gemeinsame Vergangenheit beitrugen. Es folgten wissenschaftliche Tagungen in Thorn (1974) und auf der Reichenau (1977/78), auf denen die deutschen und polnischen Historiker miteinander ins Gespräch kamen.[9]

Man war höflich zueinander, die Positionen blieben aber unterschiedlich. Wie heikel das Thema „Deutscher Orden“ zwischen Polen und Deutschen damals noch war, zeigt eine Äußerung des polnischen Historikers Aleksander Gieysztor, der 1979 zum Abschluss deutsch-polnischer Schulbuchgespräche in Allenstein (Olsztyn) meinte, er habe festgestellt, dass es einfacher sei, über manche Ereignisse aus der Nazizeit einen Konsens zu erreichen, als über die Zeit des Deutschen Ordens.[10]

Bald darauf sollte die dramatische aktuelle Tagespolitik die wissenschaftliche historische Diskussion in den Hintergrund drängen: Mit dem Aufstand von Danzig und der Gründung von Solidarność 1980 kamen Dinge in Bewegung, die Weltgeschichte werden sollten. Um einer sowjetischen Invasion Polens zu-

6 Vgl. Houben, Recenti sviluppi storiografici. Zu Aleksandr Nevskij vgl. Schenk, Aleksandr Nevskij.
7 Górski, Polemica ad Udo Arnold, S. 179.
8 Górski, The Monastic States.
9 Vgl. Arnold, Die historische Forschung, S. 42f.
10 Zitiert nach Esch, Aleksander Gieysztor, S. 14.

vorzukommen, übernahm der polnische General Jaruszelski am 13. Dezember 1981 die Macht und stellte das Land unter Kriegsrecht. Wenige Monate vorher, im Juni 1981, hatte in Thorn die erste Tagung über die Ritterorden („Ordines militares") stattgefunden, auf der polnische und deutsche Historiker das Thema des Deutschen Ordens im Zusammenhang der europäischen geistlichen Ritterorden diskutierten, ein Ansatz, der 1977/78 mit Erfolg auf der Reichenau praktiziert worden war. Damals, im Juni 1981, ging auch ein von Udo Arnold und dem Thorner Historiker Marian Biskup, einem Schüler Górskis, herausgegebener Band mit der deutschen Übersetzung polnischer Aufsätze in Druck[11], und man hatte bereits die Einrichtung einer internationalen historischen Kommission zur Erforschung des Deutschen Ordens ins Auge gefasst, die für das folgende Jahr (1982) geplant war. Nach dem Staatsstreich in Polen im Dezember 1981 war dies jedoch vorläufig nicht realisierbar.

Dennoch war der einmal in Gang gekommene deutsch-polnische Dialog in der Forschung über den Deutschen Orden nicht mehr aufzuhalten. Im Jahre 1985 wurde auf dem im Ost-West-Konflikt neutralen Boden Österreichs, in Wien, dem Sitz des Hochmeisters und des Zentralarchivs des Deutschen Ordens, die Internationale Historische Kommission zur Erforschung des Deutschen Ordens eingerichtet, die den an der Universität Bonn lehrenden Udo Arnold zu ihrem Präsidenten wählte. Es war ein Wagnis, denn damals konnte man noch nicht ahnen, dass sich die beiden politischen Blöcke, welche die Nachkriegszeit geprägt hatten, auflösen würden, und vor allem nicht mit welch atemberaubender Schnelligkeit dies geschehen sollte.

Zunächst waren in der Kommission nur vier Länder vertreten: die Bundesrepublik Deutschland, Polen, Österreich und Italien, doch bald sollte sich der Kreis erweitern. Ein kontinuierlicher Dialog wurde dadurch gewährleistet, dass die Kommission seit 1986 alle zwei Jahre tagte, während in den ungeraden Jahren, ebenfalls im Zweijahresrhythmus, in Thorn die „Ordines militares"-Tagungen weitergingen (seit 1981), die von Zenon Hubert Nowak (1934–1999), einem Schüler von Karol Górski organisiert wurden, und die seit dem Tod Nowaks von dessen Schüler Roman Czaja fortgeführt werden.

Wie grundlegend sich in der polnischen Historiographie der achtziger Jahre des 20. Jahrhunderts das Bild des Deutschen Ordens gewandelt hat, wird deutlich, wenn wir Górskis Thesen von 1971 und 1977 mit denen seines Schülers Marian Biskup, dem Nestor der polnischen Deutschordensforschung und Vizepräsidenten der Internationalen Historischen Kommission zur Erforschung des Deutschen Ordens, vergleichen. Biskup sprach 1989 in einem Vortrag in Freiburg i. Br. davon, dass die „Gründung und Festigung des Ordensstaates Preußen zur Aufwärtsentwicklung des wirtschaftlichen und zivilisatorischen Lebens an der Ostsee geführt" habe. Das sei „auch für die polnisch-slawischen Untertanen des Ordens recht günstig gewesen, denn der Orden vermittelte und übertrug damals die schon im Westen entwickelten höheren kulturellen Werte". Und

11 Der Deutschordensstaat Preußen.

dies, so weiter Biskup, sei „in gewissem Grad sogar den nachbarlichen polnischen Nordgebieten“ zugute gekommen.[12] An die Stelle der Verurteilung der Gründung des preußischen Ordensstaates als schädlich für die Entstehung des polnischen Staates, wie sie noch von Górski vertreten worden war, ist demnach eine positivere Bewertung der Deutschordenspräsenz im heutigen Polen getreten.

Die Internationale Historische Kommission zur Erforschung des Deutschen Ordens hatte es sich zur Aufgabe gemacht, „die Geschichte des Deutschen Ordens von den Anfängen bis zur Gegenwart in ihren regionalen, europäischen und universellen Bezügen“ wissenschaftlich zu erforschen. Weiter heißt es in ihrer Satzung: „Dieser Zweck soll in interdisziplinärer Arbeit, im Zusammenhang mit bereits bestehenden Institutionen oder Arbeitsstellen und in kritischer Auseinandersetzung mit den Traditionen nationalgeschichtlicher Forschung in internationaler Kooperation erreicht werden“.

Dass dieses Programm inzwischen Wirklichkeit geworden ist, zeigt ein Blick auf die internationale Dimension, welche die Kommission angenommen hat: Ihr gehören heute achtundzwanzig Wissenschaftler aus zehn Ländern an, in deren Geschichte der Deutsche Orden eine mehr oder weniger große Rolle gespielt hat: Am stärksten vertreten sind natürlich Polen und Deutschland, das erstere Land mit zehn Mitgliedern, das zweite mit sieben, wozu zwei Fördermitglieder hinzukommen. Es folgen Belgien mit drei, Österreich und Italien mit je zwei, die Niederlande, Litauen, Lettland, Estland und Russland mit je einem Mitglied.

Bezeichnend für den erweiterten geographischen Horizont sind auch die Orte, an denen die Kommission getagt hat: zunächst in Deutschland und Polen (1986 Bad Mergentheim, 1988 Thorn, 1990 Nürnberg), doch dann in Belgien (1992 Alden Biesen), in Italien (1994 Bozen, 1996 Rom), in Lettland (1998 Riga und Wenden), in Österreich (2000 Wien), in Litauen (2002 Klaipeda/Memel), in den Niederlanden (2004 Utrecht) und zuletzt wieder in Italien (2006 Bari, Lecce und Brindisi) und Polen (2008 Marienburg/Malbork). An den jeweils genannten Orten wurde die Deutschordensgeschichte in die Landesgeschichte eingebunden, und so sind inzwischen auch lange Zeit vernachlässigte „Randgebiete“ des Deutschen Ordens stärker berücksichtigt worden.

Was die internationale wissenschaftliche Kooperation betrifft, so ist insbesondere die Zusammenarbeit der Kommission mit der Universität Thorn und der dortigen Wissenschaftlichen Gesellschaft, mit dem belgischen „Historisch Studiecentrum Alden Biesen“ und mit dem von mir im Jahre 2001 am Sitz der ehemaligen apulischen Deutschordenskommende Torre Alemanna (bei Cerignola, Provinz Foggia) gegründeten Zentrum zur Erforschung der Geschichte des Deutschen Ordens im Mittelmeerraum (Centro di Studi sulla Storia dell'Ordine Teutonico nel Mediterraneo) zu nennen.

---

12 Biskup, Die Rolle des Deutschen Ordens, S. 71.

Damit hat die Forschung den Blick auf die Geschichte des Deutschen Ordens geographisch und inhaltlich erweitert und der Erforschung des Ordens im Mittelmeerraum einen neuen Stellenwert eingeräumt. Besonders in den letzten Jahren sind in diesem Zusammenhang große Fortschritte gemacht worden, denn die 1967 von Kurt Forstreuter veröffentliche Studie „Der Deutsche Orden am Mittelmeer“[13] stand bis dahin allein auf weiter Flur. Es ist das Verdienst Forstreuters, darauf hingewiesen zu haben, wie viel noch auf diesem Gebiet zu erforschen ist und welche Möglichkeiten das von den nördlich der Alpen lebenden Historikern kaum beachtete italienische Archivmaterial bietet. Forstreuters Anregungen wurden erst in den neunziger Jahren des vorigen Jahrhunderts aufgegriffen, als Jan-Erik Beuttel 1994 in Bozen auf der Tagung der Internationalen Historischen Kommission zur Erforschung des Deutschen Ordens einen Forschungsbericht über die Besitzungen des Deutschen Ordens in Apulien vorlegte, der leider erst im Jahre 2003 gedruckt wurde.[14]

Während ich selbst im Jahre 1996 begann, die Geschichte des Deutschen Ordens in Apulien zu erforschen, wobei mir ein Dokumentenfund im Deutschordenszentralarchiv zu Hilfe kam, dem später andere, besonders in Neapel, folgten,[15] befasste sich ein junger, aus Estland gebürtiger Historiker, Kristjan Toomaspoeg, auf Anregung des französischen Sizilienspezialisten Henri Bresc mit der Geschichte des Deutschen Ordens in Sizilien, zu der im Staatsarchiv Palermo umfangreiches unediertes Quellenmaterial existiert.[16] Daneben hat das bereits erwähnte Forschungszentrum zur Geschichte des Deutschen Ordens im Mittelmeerraum, das 2007 zu einem „Centro interdipartimentale di ricerca“ der Università del Salento in Lecce umgewandelt wurde („Centro interdipartimentale di ricerca sull'Ordine Teutonico nel Mediterraneo“ [CIROTM]),[17] in den Jahren 2003–2006 vier internationale Tagungen durchgeführt: Die erste (2003) widmete sich der Präsenz des Deutschen Ordens im Mittelmeerraum;[18] die zweite (2005) befasste sich mit der Geschichte der ehemaligen Deutschordenskommende San Leonardo di Siponto, ursprünglich eine Dependance der piemontesischen Benediktinerabtei San Michele della Chiusa und dann ab der ersten Hälfte des 12. Jahrhunderts ein Augustinerchorherrenstift, das 1261 von Papst Alexander IV. in den Deutschen Orden inkorporiert wurde; im 14. Jahrhundert wurde es Sitz des Landkomturs von Apulien.[19] Die dritte Tagung im März 2006 in Agrigent behandelte den Deutschen Orden in Sizilien.[20] Es folgte im September 2006 die vierte Tagung des Centro mit dem Thema „Der Deut-

13 Forstreuter, Der Deutsche Orden.
14 Beuttel, Studien.
15 Houben, Zur Geschichte; Ders., Friedrich II., der Deutsche Orden und die Burgen; Ders., Neuentdeckte Papsturkunden; Ders., Der Deutsche Orden in Melfi.
16 Toomaspoeg, Les Teutoniques en Sicile.
17 S. die Internetseiten: http://www.teutonici.unile.it.
18 L'Ordine Teutonico nel Mediterraneo.
19 San Leonardo di Siponto.
20 I Teutonici tra Sicilia e Mediterraneo.

sche Orden zwischen Mittelmeerraum und Baltikum. Begegnungen und Konfrontationen zwischen Religionen, Völkern und Kulturen".[21]

In der Reihe der „Acta Theutonica" erschienen neben den erwähnten Tagungsakten auch Monographien und Quelleneditionen zur Geschichte des Deutschen Ordens im Mittelmeerraum. So hat Kristjan Toomaspoeg die Italien betreffenden Teile der von Marian Biskup und Irena Janosz-Biskupova edierten Visitationsberichte des Deutschen Ordens aus dem 15. Jahrhundert,[22] die auf deutsch abgefasst sind, ins Italienische übersetzt,[23] wodurch die vor allem für die Wirtschaftsgeschichte Süditaliens wichtigen Rechnungsbücher der Ordenskommenden in Apulien und Sizilien auch der italienischen Forschung zugänglich gemacht worden sind. In Druckvorbereitung sind die Edition eines Archivinventars von San Leonardo di Siponto aus dem 18. Jahrhundert, das Aufschlüsse über verlorenes Urkundenmaterial gibt, sowie die Dissertation von Mariella Intini über das soziale Umfeld der apulischen Kommenden des Deutschen Ordens.[24] Kurz vor dem Abschluss steht die von Kristjan Toomaspoeg erarbeitete Prosopographie der Mitglieder des Deutschen Ordens in Italien. In Vorbereitung ist zudem die Edition des in einem Codex in der Vatikanischen Bibliothek (Ottob. lat. 528) aufbewahrten, unedierten Traktats des Ordensbruders Ulrich aus dem 14. Jahrhundert, das für das Selbstverständnis des Deutschen Ordens in dieser Zeit außerordentlich wichtig ist.[25]

Die am CIROTM laufenden Forschungsprojekte sind, ebenso wie die von ihm durchgeführten Tagungen, nicht nur international, sondern auch interdisziplinär ausgerichtet. So führt Giulia Rossi Vairo ein Projekt über die Kunst und die Architektur des Deutschen Ordens in Italien durch,[26] und in intensiver Zusammenarbeit mit Archäologen und Architekten, die seit der Gründung des Centro beteiligt sind, werden die Niederlassungen des Deutschen Ordens in Apulien erforscht. Hinzu kommt neuerdings die Kooperation mit dem israelischen Archäologen Adrian Boas, der die Deutschordensburg Montfort (Starkenberg) (Qal'at Qurein) bei Akkon, welche 1271 von den Mameluken zerstört wurde, untersucht.[27] Unter meiner Leitung arbeitet Francesco Filotico an einer Dissertation über die Ballei „An der Etsch und im Gebirge", die Niederlassungen in Südtirol und im Trentino umfasste und die besonders aufschlussreich ist, da sie an der deutsch-italienischen Sprachgrenze lag.[28] Auf den Tagungen des Centro sind auch die Niederlassungen des Ordens in Frankreich und Spanien

21 L'Ordine Teutonico tra Mediterraneo e Baltico.
22 Visitationen im Deutschen Orden.
23 La contabilità delle Case.
24 Vgl. Intini, I Teutonici e la società pugliese.
25 Vgl. Houben, Eine Quelle zum Selbstverständnis.
26 Rossi Vairo, Le testimonianze storico-artistiche; Dies., Arte e architettura.
27 Boas/ Khamissy, The Teutonic Castle of Montfort/Starkenberg.
28 Zum Forschungsstand: Arnold, Mittelalter. Leider ungedruckt blieb die von Prof. Heinrich Appelt betreute Wiener Diss. von 1972 (Masch.): Karl-Horst Praxmarer, Der Deutsche Orden in Tirol.

berücksichtigt worden, wobei die entsprechenden Spezialisten neue Erkenntnisse aufgrund bisher nicht beachteter Quellen vortragen konnten.[29]

Die mediterrane Perspektive, die zunächst vorwiegend auf Italien beschränkt war, beginnt sich seit kurzem auch auf die Geschichte des Deutschen Ordens im Vorderen Orient auszuweiten. Im Mai vergangenen Jahres (2007) wurde in Istanbul auf einer vom Deutschen Orient Institut veranstalteten Tagung die Präsenz des Ordens im östlichen Mittelmeerraum behandelt, wobei sich zeigte, dass in der türkischen historischen Forschung neuerdings auch das eng an den Deutschen Orden gebundene christliche Königreich Armenien[30] Interesse findet. Auf einer internationalen historischen Tagung über den östlichen Mittelmeerraum im Mittelalter, die 2006 an der University of Cyprus in Nikosia stattfand, wurden ebenfalls die dortigen Niederlassungen des Ordens thematisiert,[31] während zwei Jahre vorher (im Mai 2004) auf einer internationalen Tagung auf der griechischen Zykladeninsel Andros die Präsenz des Deutschen Ordens in Griechenland erörtert worden war[32]. Diese Tagungsaktivitäten entsprechen den Tendenzen zur internationalen Verflechtung in der Kreuzzugs- und Ritterordensforschung, auf die Jürgen Sarnowsky vor einigen Jahren hingewiesen hat.[33]

Zum Abschluss sei noch darauf hingewiesen, dass der Deutsche Orden mittlerweile auch in der französischen Forschung größeres Interesse gefunden hat. So hat Sylvain Gougenheim 2007 eine Monographie von 775 Seiten vorgelegt, in der die Geschichte des Ordens mit besonders starker Berücksichtigung seiner Präsenz in Preußen dargestellt wird.[34] Bemerkenswert ist, dass im selben Jahr (2007) zwei andere französische Autoren, Danielle Buschinger und Mathieu Olivier, ein 555 Seiten starkes Buch mit dem selben Titel („Les Chevaliers teutoniques“) publiziert haben, in dem die Geschichte des Ordens außerhalb Preußens sowie auch kulturelle Aspekte stärker berücksichtigt werden.[35] Einige Jahre vorher (2001) hatte Kristjan Toomaspoeg in einem Taschenbuch einen Überblick über die „Histoire des Chevaliers teutoniques“ veröffentlicht.[36]

Wenn man bedenkt, dass Karol Górski in der zweiten Hälfte der sechziger Jahre des vorigen Jahrhunderts in Frankreich, wie erwähnt, keinen Verleger für sein Buch über den Deutschen Orden finden konnte, so wird deutlich, wie grundsätzlich sich auf europäischer Ebene das Interesse für diesen geistlichen Ritterorden gewandelt hat. Dabei spielten die politischen Veränderungen eine wichtige Rolle, die zu einem Zusammenwachsen der Forschungseinrichtungen

---

29 Krämer, Der Deutsche Orden in Frankreich; Jaspert, L'Ordine Teutonico nella penisola iberica.
30 Chevalier, Les chevaliers teutoniques.
31 Houben, Intercultural Communication.
32 Houben, La quarta crociata; gekürzte deutsche Fassung: Houben, Wie und wann.
33 Sarnowsky, Kreuzzüge und Ritterorden, S. 29.
34 Gougenheim, Les Chevaliers teutoniques.
35 Buschinger/Olivier, Les Chevaliers teutoniques.
36 Toomaspoeg, Histoire.

beigetragen haben. Seit den neunziger Jahren des 20. Jahrhunderts beteiligen sich zunehmend Historiker, Kunsthistoriker und Archäologen aus dem romanischen Sprachbereich und aus Israel aktiv an der Erforschung der Geschichte des Deutschen Ordens. Dass besonders in Polen das Interesse an diesem Thema weiter zunimmt, hat nicht zuletzt die 2007 auf der Marienburg (Malbork) veranstaltete Ausstellung „Imagines potestatis" über Insignien und Machtzeichen im Königreich Polen und im Deutschen Orden eindrucksvoll gezeigt.[37]

Bibliographie:

Arnold, U., L'Ordine Teutonico. Alle origini dello Stato prussiano, in: *Römische Historische Mitteilungen* 16 (1974), S. 191–204.

Arnold, U., Der Deutschordensstaat in Preußen. Zu einem Buch von Karol Górski, in *Zeitschrift für Ostforschung* 24 (1975), S. 155–163, Nachdruck in: Ders., Deutscher Orden und Preußenland, S. 107–116.

Arnold, U., Mittelalter, in: H. Noflatscher (Hg.), *Der Deutsche Orden in Tirol. Die Ballei an der Etsch und im Gebirge* (Quellen und Studien zur Geschichte des Deutschen Ordens 43), Bozen/Marburg 1991, S. 125–170.

Arnold, U., Akkon – Venedig – Marienburg. Der Deutsche Orden vom Mittelmeer- zum Ostseeraum, in: F. Tommasi (Hg.), *Acri 1291. La fine della presenza degli ordini militari in Terra Santa e i nuovi orientamenti nel XIV secolo* (Biblioteca di Militia Sacra 1), Perugia 1996, S. 69–74.

Arnold, U., Die historische Forschung über Ost- und Westpreußen heute, in: *Altpreußische Geschlechterkunde* NF 35, 53 (2005), S. 1–7, Nachdruck in: Ders., Deutscher Orden und Preußenland, S. 41–48.

Arnold, U., *Deutscher Orden und Preußenland. Ausgewählte Aufsätze anläßlich des 65. Geburtstags*, ed. B. Jähnig/G. Michels (Einzelschriften der Historischen Kommission für ost- und westpreußische Landesforschung 26), Marburg 2005.

Beuttel, J.-E., Studien zu den Besitzungen des Deutschen Ordens in Apulien (Forschungsbericht), in: *Sacra Militia. Rivista di storia degli Ordini militari* 3 (2002, ersch. 2003), S. 161–212.

Biskup, M., Die Rolle des Deutschen Ordens in der mittelalterlichen Geschichte Polens, in: H. Brommer (Hg.), *Der Deutsche Orden und die Ballei Elsass-Burgund. Die Freiburger Vorträge zur 800-Jahr-Feier des Deutschen Ordens* (Veröffentlichungen des Alemannischen Instituts 63), Bühl/Baden 1996, S. 57–72.

Boas, A./R. Khamissy, The Teutonic Castle of Montfort/Starkenberg (Qal'at Qurein), in: L'Ordine Teutonico, S. 347–359.

I Cavalieri teutonici tra Sicilia e Mediterraneo. Atti del Convegno internazionale di studio, Agrigento 24–25 marzo 2006, ed. A. Giuffrida/H. Houben/K. Toomaspoeg (Acta Theutonica 4), Galatina 2007.

Chevalier, M.-A., Les chevaliers teutoniques en Cilicie: «les maccabées» du Royaume arménien, in: *Bizantinistica. Rivista di Studi Bizantini e Slavi* 6 (2004), S. 137–154.

La contabilità delle Case dell'Ordine Teutonico in Puglia e in Sicilia nel Quattrocento, ed. K. Toomaspoeg (Acta Theutonica 2), Galatina 2005.

Der Deutschordensstaat Preußen in der polnischen Geschichtsschreibung der Gegenwart, ed. U. Arnold/M. Biskup (Quellen und Studien zur Geschichte des Deutschen Ordens 30), Marburg 1982.

37 Imagines potestatis.

Esch, A., Aleksander Gieysztor e la storiografia tedesca, in: K. Żaboklicki (Hg.), *Aleksander Gieysztor 1916–1999 uomo e studioso. Atti della Giornata di Studio svoltasi all'Accademia Polacca di Roma e all'Istituto Polacco di Roma il 15 maggio 2000* (Accademia Polacca delle Scienze, Biblioteca e Centro di studi a Roma, Conferenze 116), Warschau/Rom 2002, S. 12–14.

Forstreuter, K., *Der Deutsche Orden am Mittelmeer* (Quellen und Studien zur Geschichte des Deutschen Ordens 2), Bonn 1967.

Górski, K., The Monastic States on the Coasts of the Baltic, in: *Baltic and Scandinavian Countries* 3 (1937), S. 43–50.

Górski, K., *Panstwo krzyzackie w Prusach* [Der Staat der Kreuzritter in Preußen], Gdansk 1946.

Górski, K., *L'Ordine Teutonico. Alle origini dello Stato prussiano*, Turin 1971 (polnische Ausgabe: *Zakon Krzyżacki a powstanie państwa pruskiego*, Wroclaw 1977).

Górski, K., Polemica ad Udo Arnold, in: *Römische Historische Mitteilungen* 19 (1977), S. 179–185.

Gougenheim, S., *Les Chevaliers teutoniques*, Paris 2007.

Houben, H., Zur Geschichte der Deutschordensballei Apulien. Abschriften und Regesten verlorener Urkunden aus Neapel in Graz und Wien, in: *Mitteilungen des Instituts für Österreichische Geschichtsforschung* 107 (1999), S. 50–110.

Houben, H., Friedrich II., der Deutsche Orden und die Burgen im Königreich Sizilien. Eine unbekannte Urkunde Honorius' III. von 1223, in: *DA* 56 (2000), S. 585–591.

Houben, H., Neuentdeckte Papsturkunden für den Deutschen Orden (1219–1261) im Staatsarchiv Neapel, in: *Quellen und Forschungen aus italienischen Archiven und Bibliotheken* 83 (2003), S. 41–82.

Houben, H., Die Staufer und die Ausbreitung des Deutschen Ordens in Apulien, in: *HZ* 277 (2003), S. 61–86; auch in: V. Herzner/J. Krüger/F. Staab (Hg.), *Kunst der Stauferzeit im Rheinland und in Italien. Akten der 2. Landauer Staufertagung 25.–27. Juni 1999,* Speyer 2003, S. 167–182.

Houben, H., Wie und wann kam der Deutsche Orden nach Griechenland?, in: *Νέα Ῥώμη. Rivista di ricerche bizantinistiche* 1 (2004) (= 'Αμπελοκήπιον. Studi di amici e colleghi in onore di Vera von Falkenhausen 1), S. 243–253.

Houben, H., Eine Quelle zum Selbstverständnis des Deutschen Ordens im 14. Jahrhundert: der Codex Vat. Ottobon. lat. 528, in: R. Czaja/J. Sarnowsky (Hg.), *Selbstbild und Selbstverständnis der geistlichen Ritterorden*, (Ordines militares. Colloquia Torunensia Historica 13) Toruń 2005, S. 139–153.

Houben, H., Recenti sviluppi storiografici su un tema controverso: l'Ordine Teutonico, in: *Nuova Rivista Storica* 89 (2005), S. 125–142.

Houben, H., Der Deutsche Orden in Melfi. Urkunden (1231–1330) aus dem Nachlass Giustino Fortunato, in: T. Kölzer u. a. (Hg.), *De litteris, manuscriptis, inscriptionibus ... Festschrift zum 65. Geburtstag von Walter Koch*, Wien/Köln/Weimar 2007, S. 113–134.

Houben, H., La quarta crociata e l'Ordine Teutonico in Grecia, in: P. Piatti (Hg.) *The Fourth Crusade Revisited.* Atti della Conferenza Internazionale nell'ottavo centenario della IV Crociata 1204–2004, Andros, 27–30 maggio 2004, Vatikanstadt 2008, S. 202–214.

Houben, H., Intercultural Communication: The Teutonic Knights in Palestine, Armenia, and Cyprus, in: A.D. Beihammer/M.G. Parani/C.D. Schabel (Hg.), *Diplomatics in the Eastern Mediterranean 1000–1500: Aspects of Cross-Cultural Communication* (The Medieval Mediterranean 74), Leiden/Boston 2008, S. 139–157.

Imagines potestatis. Insignien und Herrschaftszeichen im Königreich Polen und im Deutschen Orden. Katalog der Ausstellung im Schlossmuseum in Marienburg, 8. Juni–30. September 2007, Redaktion: J. Trupinda, Malbork 2007.

Intini, M., I Teutonici e la società pugliese. I laici della commenda teutonica di Barletta (1228–1308), in: H. Houben/B. Vetere (Hg.), *Mobilità e immobilità nel Medioevo europeo/Mobilität und Immobilität im europäischen Mittelalter.* Atti del 2° Seminario di studio dei Dottorati di ricerca di ambito medievistico delle Università di Lecce e di Erlangen/Seminar der mediävistischen Graduiertenkollegs der Universitäten Lecce und Erlangen. Roma, Istituto Storico Germanico, 1–2 aprile 2004/Deutsches Historisches Institut in Rom, 1.–2. April 2004 (Università degli Studi di Lecce, Dipartimento dei Beni delle Arti e della Storia, Pubblicazioni del Dottorato in Storia dei Centri, delle Vie e delle Culture dei Pellegrinaggi nel Medioevo Euromediterraneo 3), Galatina 2006, S. 171–194.

Jaspert, N., L'Ordine Teutonico nella penisola iberica: limiti e possibilità di una provincia periferica, in: L'Ordine Teutonico nel Mediterraneo, S. 109–132.

Krämer, T., Der Deutsche Orden in Frankreich – Ein Beitrag zur Ordensgeschichte im Königreich Frankreich und im Midi, in: L'Ordine Teutonico nel Mediterraneo, S. 237–274.

L'Ordine Teutonico nel Mediterraneo. Atti del Convegno internazionale di studio Torre Alemanna (Cerignola) – Mesagne – Lecce, 16–18 ottobre 2003, ed. H. Houben (Acta Theutonica 1), Galatina 2004.

L'Ordine Teutonico tra Mediterraneo e Baltico: incontri e scontri tra religioni, popoli e culture. Der Deutsche Orden zwischen Mittelmeerraum und Baltikum. Begegnungen und Konfrontationen zwischen Religionen, Völkern und Kulturen. Atti del Convegno internazionale, Bari-Lecce-Brindisi, 14–16 settembre 2006, ed. H. Houben/K. Toomaspoeg (Acta Theutonica 5), Galatina 2008.

Peter von Dusburg, *Chronik des Preußenlandes*, ed. V.K. Scholz/D. Wojtecki (Ausgewählte Quellen zur Deutschen Geschichte des Mittelalters. Freiherr vom Stein-Gedächtnisausgabe 25), Darmstadt 1984.

Rossi Vairo, G., Le testimonianze storico-artistiche dell'Ordine Teutonico in Sicilia, in: I Cavalieri teutonici tra Sicilia, S. 203–224.

Rossi Vairo, G., Arte e architettura dei Teutonici in Italia: prospettive di ricerca. Kunst und Architektur des Deutschen Ordens in Italien: Forschungsperspektiven, in: L'Ordine Teutonico tra Mediterraneo e Baltico, S. 219–236.

San Leonardo di Siponto: cella monastica, canonica, domus Theutonicorum. Atti del Convegno internazionale, Manfredonia, 18–19 marzo 2005, ed. H. Houben (Acta Theutonica 3), Galatina 2006.

Sarnowsky, J., Kreuzzüge und Ritterorden in der neueren Forschung, in: H.-W. Goetz (Hg.), *Die Aktualität des Mittelalters*, Bochum 2000, S. 25–55.

Sarnowsky, J., *Der Deutsche Orden*, München 2007.

Schenk, F.B., *Aleksandr Nevskij. Heiliger – Fürst – Nationalheld. Eine Erinnerungsfigur im russischen kulturellen Gedächtnis (1263–2000)* (Beiträge zur Geschichte Osteuropas), Köln 2004.

Serczyk, J., Die Wandlungen des Bildes vom Deutschen Orden als politischer, ideologischer und gesellschaftlicher Faktor im polnischen Identitätsbewusstsein des 19. und 20. Jahrhunderts, in: R. Czaja/J. Sarnowsky (Hg.), *Vergangenheit und Gegenwart der Ritterorden. Die Rezeption der Idee und die Wirklichkeit* (Ordines militares, Colloquia Torunensia Historica 11), Toruń 2001, S. 55–64.

Toomaspoeg, K., *Histoire des chevaliers teutoniques*, Paris 2001.

Toomaspoeg, K., *Les Teutoniques en Sicile (1197–1492)* (Collection de l'École française de Rome 321), Rom 2003.

Visitationen im Deutschen Orden im Mittelalter, ed. M. Biskup/I. Janosz-Biskupowa, Redaktion U. Arnold, Teil I: 1236–1449, Teil 2: 1450–1519 (Quellen und Studien zur Geschichte des Deutschen Ordens im Mittelalter 50/I–II), Marburg 2002–2004.

Alois Schmid (München)

Bayerischer Klosterhumanismus

Das Benediktinerkloster Oberalteich

Die Kultur der Renaissance hat das Herzogtum Bayern nicht besonders intensiv erfasst und gewiss nicht nachhaltig geprägt. Bayern ist eher ein Land der Spätgotik als ein Land der Renaissance geworden. Die Hauptursache für diese Grundtatsache der bayerischen Geschichte ist in den gesellschaftlichen Voraussetzungen zu suchen. Das agrarisch geprägte Herzogtum gab mit seinem geringen Urbanisierungsgrad für die Elitenkultur der Renaissance einen wenig günstigen Nährboden ab. Eine Volksbewegung ist die Renaissancekultur hier gewiss nicht geworden. Sie wurde lediglich in einzelnen Segmenten der Gesellschaft aufgegriffen und hat von hier aus nicht mehr als begrenzte Wirksamkeit entfaltet. Das gilt vor allem für die Höfe der wittelsbachischen Landesherrn, die Landesuniversität zu Ingolstadt oder das Bürgertum in den wenigen größeren Städten. Der wichtigste Träger des Renaissancehumanismus zumindest in seiner Frühzeit aber waren die vielen Klöster im Herzogtum. Der bayerische Frühhumanismus ist weithin ein Klosterhumanismus gewesen. Insofern betrifft die Humanismusforschung auch eines der Hauptarbeitsgebiete von Gert Melville. In diesem Sinne sollen im Folgenden zunächst wesentliche Grundzüge des bayerischen Klosterhumanismus aufgezeigt werden. Das erscheint notwendig, weil selbst in der entscheidenden, vor allem der älteren Fachliteratur das Wissen um diese Sonderform nur wenig ausgeprägt ist[1]; erst in jüngerer Zeit wächst das Verständnis dafür. Darüber hinaus soll eine verstärkte Binnengliederung dieser europäischen Kulturbewegung angeregt werden. In einem zweiten Abschnitt soll mit dem Kloster Oberalteich eines der vielen Landklöster im Herzogtum herausgegriffen werden, um an dieser keineswegs herausragenden, sondern eher den Durchschnitt repräsentierenden Abtei die Breite der Bewegung zu verdeutlichen. Denn es genügt nicht, den Blick auf die Gipfelpunkte einer Kulturbewegung zu fixieren; eher stehen die kleinen Pflegestätten für die Normalität und Breite.

Zur gleichen Zeit wie im umliegenden süddeutschen Raum fand die vor allem durch das Konzil von Basel beförderte humanistische Bewegung auch im Herzogtum Bayern Eingang[2]. Die frühesten Spuren sind kurz vor der Mitte des

1 Riezler, Geschichte Baierns III, S. 845–954; VI, 1903, S. 280–521. Nunmehr grundlegend: Müller, Habit und Habitus.

2 Pörnbacher, Mittelalter und Humanismus, S. 838–930; Lutz/Schmid, Vom Humanismus zur Gegenreformation; Schmid, Bayern und der europäische Humanismus.

15. Jahrhunderts festzustellen. Sie gewannen in der Folge rasch an Breite. Auslöser war weniger die aus den Niederlanden vordringende „Devotio moderna", die den oberdeutschen Raum nur mehr in einem Ausläufer erreichte. Ungleich wirkungsvoller waren die von den Mobilen der damaligen Gesellschaft direkt aus Italien vermittelten und dann vom Basler Konzil verstärkten Impulse. Vor allem die Theologische Fakultät der Universität Wien hatte sich breit den von Italien ausgehenden Kulturströmen geöffnet. Da die Studiosen aus Bayern dort in großer Anzahl vertreten waren, kamen sie über das akademische Studium mit diesem Gedankengut in Verbindung. Das gilt in besonderer Weise für die Angehörigen des Benediktinerordens, die die in Wien empfangenen und im Stift Melk verstärkten Anregungen ins Herzogtum vermittelten. Der Frühhumanismus wurde in Bayern vor allem von den Benediktinern getragen.

An erster Stelle ist das Kloster Tegernsee zu nennen[3]. Es wurde Ausgangs- und Mittelpunkt des für den oberbayerischen Raum besonders wichtigen Tegernseer Reformkreises[4]. Hier traten mehrere Mönche als wirkungsvolle Verfechter humanistischer Gedanken in den Vordergrund, die sie in direktem Kontakt mit dem Humanistenbischof Nikolaus Cusanus weiterentwickelten[5]. Mit Begeisterung stimmten sie in den humanistischen Ruf „Ad fontes!" ein. In diesem Rahmen entdeckte Tegernsee den herausragenden Rang der in seiner Bibliothek überlieferten Handschriftenschätze neu und nahm deren Bearbeitung gezielt in Angriff. Das gilt in erster Linie für die theologischen und historischen Codices. Dadurch wurde der Blick auch auf die Texte der Antike gelenkt. Es kam eine hochrangige Bibliotheksarbeit in Gang. Das Studium der alten Handschriften wurde eine bevorzugte Tätigkeit der gelehrten Humanistenmönche. Freilich stießen diese Aktivitäten im Konvent durchaus auch auf Widerstand:

> O alter Mensch! Sieh, Du bist aus einem Christen ein Virgilianer geworden! Was hast Du mit den Sallustverehrern zu tun? Dein Schicksal muss doch das der heiligen Benediktiner sein. Ich will in Dir den alten frommen Mann, keinen eitlen Dichterling sehen![6]

Hauptziel der unter dem Eindruck der sich anbahnenden Klosterreform deutlich intensivierten Mönchsstudien war die Festigung der monastischen Disziplin. Dazu wurde die angestrengte Wissenschaftspflege als geeignetes Mittel eingesetzt. Sie hatte die Patres zu den Wurzeln der abendländischen Gelehrsamkeit zurückzuführen. Auf diesem Wege sollten zugleich die Ideale des Urchristentums und des alten Mönchtums wiederbelebt werden. Ziel des Klosterhumanismus war ein Beitrag zur Mönchs- und Ordensreform der Benediktiner bereits im Jahrhundert vor der Reformation.

Die entscheidenden Wegbereiter waren die tatkräftigen Klostervorstände Kaspar Ayndorffer (1426–1461) und Kaspar Ayrinschmalz (1461–1492). Unter ihrer wirkungsvollen Anleitung entfalteten mehrere Mönche hochwertige hu-

---

3 Redlich, Tegernsee.
4 Pöhlein, Wolfgang Seidel; Müller, Die Anfänge der Humanismus-Rezeption.
5 Redlich, Tegernsee, S. 91–113.
6 BStB clm 19 697, fol. 96r. Druck: Redlich, Tegernsee, S. 114.

manistische Aktivitäten: an erster Stelle Petrus von Rosenheim, weiterhin Bernhard von Waging, Johannes Keck oder Wolfgang Seidel. Ihre schreibenden und forschenden Hände sind in vielen Tegernseer Codices nachzuweisen. Über ausgedehnte Korrespondenzen stellten sie Verbindungen zu Gleichgesinnten außer Hauses her. Die Ergebnisse ihrer Bemühungen haben sie in mehreren Abhandlungen niedergelegt.

Nach Tegernsee ist das Kloster St. Emmeram zu Regensburg zu nennen[7]. Auch hier waren es sehr aktive Äbte, die die Weichen stellten. Sie standen unter dem Eindruck der vom oberpfälzischen Kastl ausgehenden und noch immer wirksamen Klosterreform. Unter ihnen treten besonders Johannes II. Tegernbeck (1471–1493) und Erasmus Münzer (1493–1517) hervor. Letzterer hat vor allem die Bibliothek großzügig ausbauen und neu ordnen lassen. Das wichtigste Ergebnis dieser Bemühungen ist der Katalog des Dionysius Menger, der den Bestand zum Stichjahr 1500 dokumentiert[8]. Die bestens erschlossenen Bücherschätze wurden Interessierten zugänglich gemacht. So erhielten die Geschichtsforscher Veit Arnpeck, Johannes Aventinus oder Konrad Celtis Zugang zu den Emmeramer Codices, in denen sie mehrere Texte von herausragender Wichtigkeit entdeckten und verschiedentlich in Editionen zur Erstveröffentlichung brachten. Das gilt etwa für die Schriften des römischen Autors Cassiodor, die Gedichte der Roswitha von Gandersheim oder die wichtige Vita Heinrici quarti imperatoris. Auch hier machte sich der Historiograph Christophorus Hoffmann an die Ausarbeitung mehrerer historischer Werke[9]. Im Umfeld des Klosters bildete sich eine kleine gelehrte Gesellschaft, die sich über Fragen des Wissenschaftsbetriebes in unterschiedlichen Disziplinen austauschte und das Vorbild der antiken Akademien nachahmte[10].

Weitere Benediktinerkonvente, die sich damals durch kulturelle Aktivitäten in den Vordergrund schoben, waren das niederbayerische Vornbach am Unterinn, in dem Abt Angelus Rumpler mit dem Vorstand des benachbarten Zisterzienserstiftes Aldersbach einen aussagekräftigen Briefwechsel über viele Fragen des klösterlichen Alltages aufnahm[11]. In Reichenbach am mittleren Regen führte Abt Johannes II. die herkömmliche anspruchsvolle Pflege der Naturwissenschaften fort[12]. Des weiteren traten Wessobrunn mit P. Leo Taych[13] oder Niederaltaich mit P. Georg Hauer[14] durch eine Belebung der historischen Studien hervor.

---

7 Ziegler, Das Benediktinerkloster St. Emmeram, S. 167–196.
8 BStB clm 14 675. Druck: Ineichen-Eder, Mittelalterliche Bibliothekskataloge, S. 185–385, Nr. 36.
9 Ziegler, Das Benediktinerkloster St. Emmeram, S. 178–190.
10 Glauche, Die Regensburger «Sodalitas litteraria».
11 Oswald, Bayerische Humanistenfreundschaft; ders., Zur Geschichte des Humanismus; Mohrmann, Angelus Rumpler.
12 Bauerreiss, Kirchengeschichte Bayerns V, S. 132f.
13 Arnold, Buchproduktion und Bibliothek.
14 Stadtmüller/Pfister, Geschichte der Abtei Niederaltaich, S. 182f., 187, 447f., 461.

Neben dem Benediktinerorden blieben die anderen Orden keineswegs untätig. Das gilt vor allem für die Augustiner-Chorherren, die sich im Rahmen der Raudnitzer Reformbewegung ähnlichen Erneuerungsbestrebungen zuwandten. An erster Stelle ist das Stift Polling zu nennen[15]. Unter dem tatkräftigen Propst Johannes Zinngießer (1499–1523) wurde auch hier mit Einsatz an der Hebung der Klosterdisziplin gearbeitet. Diese Bemühungen fanden ihren sichtbaren Niederschlag in einer regen Bau- und Ausstattungstätigkeit; sie erstreckten sich aber auch auf eine höchst niveauvolle Bibliotheksarbeit. Damals erreichte das Augustiner-Chorherrenstift Polling seine erste Blütezeit. Im niederbayerischen Stift Rohr versuchte Propst Wolfgang Haimstöckl, es dem Stift Polling gleich zu tun[16]. Die Zisterzienser meldeten sich vor allem in Aldersbach zu Wort. Aus diesem Haus sind außer den bemerkenswerten Briefen des Abtes Marius mehrere historiographische Werke überliefert, die von kurzen anonymen Annalen bis zur umfassenden Klostergeschichte reichen[17].

Hinter diesen vielfältigen Aktivitäten der Prälatenklöster blieben die anderen Orden deutlich zurück. Das gilt vor allem für die Bettelorden, die kaum tätig wurden. Lediglich im Regensburger Konvent zu St. Blasien werden dünne Spuren fassbar[18]. Das gilt noch mehr für die Frauenkonvente. Das gilt aber auch für die Kanonikerstifte; hier treten lediglich Ulrich Onsorg und Leonhard Widmann an der Regensburger Alten Kapelle hervor[19].

Kennzeichnend für diese erste Phase des Humanismus in Bayern ist seine ausgeprägte monastische Ausrichtung. Der Frühhumanismus wurde hier nicht im städtischen Bürgertum, sondern weit mehr in den Klöstern gepflegt, die im Rahmen ihrer vorreformatorischen Erneuerungsbemühungen zu ihm geführt wurden. Im Bestreben um eine Wiederbelebung der früheren Disziplin kam es in mehreren Häusern zu einer bemerkenswerten Hinwendung zu den Wissenschaften. Im Mittelpunkt standen selbstverständlich immer die theologischen Disziplinen. Besondere Pflege erfuhren aber auch die Geschichte und die Naturwissenschaften, unter denen besonders der Astronomie Bedeutung zuerkannt wurde. Die weit verbreitete rezeptive Aneignung, die sich in den meisten Häusern in einer Erneuerung der Bibliotheksarbeit äußerte, wurde verschiedentlich zu wirklich aktiver Anteilnahme am Wissenschaftsbetrieb der Zeit gesteigert. Sie fand ihre Krönung in mehreren Klosterdruckereien. Die Konvente zu Wessobrunn, Tegernsee, Ottobeuren, Weihenstephan und Thierhaupten gaben sich Mühe, sich auch in das neue Tätigkeitsgebiet der Buchproduktion einzuschalten[20]. Sie erkannten rasch den Wert dieses zukunftweisenden Mediums des kulturellen Diskurses und wollten es für ihre Ziele nutzen. Insgesamt wurde in den bayerischen Klöstern der Renaissancezeit eine moderate Teilhabe am Kul-

15 Schmid, Klosterhumanismus im Augustiner-Chorherrenstift Polling.
16 Zeschik, Das Augustinerchorherrenstift Rohr, S. 36–40.
17 Hartig, Die Annales ecclesiae Alderspacensis; Lübbers, Historische Notizen.
18 Kraus, Beiträge zur Geschichte des Dominikanerklosters St. Blasius, S. 165f.
19 Schmid, Geistiges Leben im Umfeld der Alten Kapelle, S. 313f., 315f.
20 Schottenloher, Ehemalige Klosterdruckereien, S. 132–140.

turbetrieb der Epoche erreicht. Grundziel war, den Geist der Gegenwart mit den Lehren der Katholischen Kirche in Einklang zu bringen. Es wurde angestrebt, Altes und Neues zusammenzuführen und so eine neue Form der *eruditio christiana* zu entwickeln. Diese Bestrebungen wirkten tief ins 16. Jahrhundert hinein fort. Doch erlitten sie durch die Reformation Martin Luthers einen spürbaren Rückschlag. Die durch sie ausgelöste Erschütterung setzte der bisherigen freien Entfaltung der Geister sehr rasch Grenzen und mündete immer mehr in Repressionen. Wesentliche Merkmale der weiteren Entwicklung des Humanismus in Bayern sollten die Inanspruchnahme durch den Hof sowie die Landesuniversität und schließlich die Engführung des Kulturbetriebes im Rahmen der Ausbildung des Konfessionsstaates werden.

Der Klosterhumanismus fand auch in der niederbayerischen Benediktinerabtei Oberalteich[21] eine bemerkenswerte, bislang unentdeckte[22] Pflegestätte. Seine Umsetzung in diesem Kloster sei im Folgenden in der hier erforderlichen Kürze aufgezeigt[23].

Am Anfang steht sicherlich die beeindruckende Abtgestalt des ungewöhnlich rührigen Johannes Asperger II. (1438–1463). Er hat den Baubestand der Kirche und Konventsgebäude umfassend erneuert. Voraussetzung war eine verbesserte Wirtschaftsführung, die dafür die Grundlagen zu schaffen hatte. Humanismus und Wirtschaft stehen in engem Zusammenhang. Der baulich erneuerte Gebäudekomplex wurde mit niveauvollem Kulturbetrieb gefüllt[24]. Vor allem kehrte der Konvent zur früheren anspruchsvollen Buchkultur des Hauses zurück und begann, sich wieder mit den Codices zu beschäftigen. Klosterreform wurde in erster Linie als Studienreform aufgefasst. In diesem Rahmen kam es zur Wiederaufnahme der früheren Abschreibetätigkeit und Erneuerung des bedeutsamen Skriptoriums. In den erhaltenen Oberalteicher Codices werden die Namen einer langen Reihe von Schreibern fassbar, die eine besonders intensive Hinwendung zur Handschriftenkultur belegen[25].

Die im einzelnen wenig sagenden Namen machen Grundlinien deutlich. Einerseits handelt es sich um Ordensgeistliche, die zumindest zum Teil dem Konvent zuzuweisen sind. Andererseits handelt es sich um Weltgeistliche, die in der näheren Umgebung Niederbayerns und der Oberpfalz auf Pfarrstellen saßen und für den Konvent Schreibdienste übernahmen. Dazu kamen Weltliche, die

---

21 Hemmerle, Die Benediktinerklöster in Bayern, S. 201–206 (Lit.).

22 Vgl. die wenigen Nennungen des Klosters in: Brandmüller, Handbuch der bayerischen Kirchengeschichte.

23 Kurze Übersicht: Schlecht, Wissenschaftliche und künstlerische Betätigung der Benediktiner Oberaltachs; Neueder, Schule, Bildung und Wissenschaft.

24 BStB clm 9503, fol. 359f.; 9508, fol. 149f.; vgl. Hartig, Abt Johann II. Pauernpeck; Ineichen-Eder, Mittelalterliche Bibliothekskataloge, S. 87–89, Nr. 21.

25 Vgl. Schlecht, Wissenschaftliche und künstlerische Betätigung der Benediktiner Oberaltachs, S. 318f.; Neueder, Schule, Bildung und Wissenschaft, S. 105f.; Ineichen-Eder, Mittelalterliche Bibliothekskataloge, S. 71–90.

als Lohnschreiber tätig wurden. Das Kloster Oberalteich pflegte offensichtlich eine sehr aufwendige Schreibkultur, die durchaus bezeichnende Eigenheiten ausbildete[26]. Diese wurde auch für die Verwaltungstätigkeit fruchtbar gemacht. Noch im 15. Jahrhundert gehörte Oberalteich zu den Wegbereitern der klösterlichen Registerführung und damit der Modernisierung der Verwaltungstätigkeit im Herzogtum Bayern[27]. Für das Klosterarchiv wurden hilfreiche Repertorien angefertigt[28].

Die Neubelebung der Schreibkultur ist von Tegernsee her beeinflusst worden. Tegernseer Reformimpulse werden in Oberalteich schon früh fassbar. Sie wurden vor allem unter Abt Christian Tesenbacher (1483–1502) aufgegriffen, unter dem das Skriptorium seine Blütezeit durchlebte. Der Tegernseer Prior, der seine akademische Ausbildung an der Universität Wien mit dem Magistergrad abgeschlossen hatte, wurde – wie schon sein Vorgänger Raffael Neupöck (1482–1483) – nach Oberalteich geholt und führte diesen Konvent noch enger an den Tegernseer Reformkreis heran[29]. Man besuchte, beschenkte und unterstützte sich gegenseitig, ein befruchtender Austausch kam in Gang[30]. Oberalteich wurde eine niveauvolle Pflegestätte humanistischer Redekultur und reger wissenschaftlicher Aktivitäten. Ein besonders enges Verhältnis entwickelte sich zum Tegernseer Bibliothekar P. Ambrosius Schwerzenbeck. Von hier strahlten die Erneuerungsimpulse dann auf umliegende Klöster aus: Metten, Prüfening, Weltenburg. Auf dem Abtstuhl gab Tesenbacher die Handschriftenstudien nicht auf: Mehrere Codices schrieb er eigenhändig[31]; andere gab er in Auftrag oder erwarb sie durch Kauf, wobei der Aktionsradius bis nach Italien ausgedehnt wurde. Die Bücher erhielten zum Teil aufwändige Besitzervermerke und wurden um 1500 katalogisiert.

Es ist sehr zu vermuten, dass der besorgte Förderer des Hausstudiums auch mit der Anschaffung von Druckwerken begann. Der Konvent muss sich rasch auch dem neuen Printmedium zugewandt haben. Das belegen Einträge über Bücherkäufe schon der Jahre 1490/91 in den Abrechnungsunterlagen des Klosters[32]. Das macht aber vor allem ein Bücherkatalog aus dem Jahre 1523 deutlich[33]. Er belegt zusammen mit mehreren Inkunabeln insgesamt 566 Einzeltitel; das ist eine durchaus bemerkenswerte Anzahl, die keineswegs hinter den großen Konventen (wie z.B. St. Emmeram/Regensburg) zurücksteht. Der stark expandierende Buchdruck hat die Handschriftenproduktion gewiss nicht schlagartig,

---

26 Heldwein, Die Klöster Bayerns, S. 134 u.ö.

27 Piendl, Das Oberaltaicher Register; Wild, Beiträge zur Registerführung, S. 70–83.

28 BStB cgm 2780.

29 Redlich, Tegernsee, S. 55–66; ebd., S. 74–76 zu Abt Neupöck.

30 BStB clm 19 631 kam als Tegernseer Geschenk nach Oberalteich; vgl. Redlich, Tegernsee, S. 60–62, 65, 174.

31 BStB clm 9521, 9522, 9523. Ein vierter Band ist nicht original überliefert.

32 Bayerisches Hauptstaatsarchiv München KL Oberalteich 30, fol. 173[r]. Druck: Ineichen-Eder, Mittelalterliche Bibliothekskataloge, S. 89f., Nr. 22.

33 BStB clm 1330.

aber doch im weiteren Verlauf des 16. Jahrhunderts dann allmählich zum Stillstand gebracht[34].

Die humanistischen Interessen beschränkten sich keineswegs nur auf die rezeptive Aneignung zeittypischer Bibliotheksaktivitäten. Der Konvent machte sie durchaus im Sinne einer produktiven Rezeption fruchtbar. Die Oberalteicher Humanistenmönche sind auch mehrfach mit eigenen literarischen Schöpfungen hervorgetreten. Schon Abt Johannes II. Asperger hat einen eigenhändigen Tätigkeitsbericht hinterlassen[35]. Pater Dominicus Klöpfer fertigte eine erste Fassung von Klosterannalen, die bis 1630 reichen, an[36]. P. Johann Bernhard hat ebenfalls historische Ausarbeitungen in freilich fragmentarischer Form hinterlassen; sie wurden von Abt Bernhard Maier (1527–1541) fortgesetzt[37]. Einen weiteren Anlauf zu einer umfassenden Klostergeschichte unternahm P. Johann Pliemel[38]. Er bemühte sich um eine Nachahmung der Arbeitsprinzipien der führenden bayerischen Humanisten Johannes Aventinus und Kaspar Bruschius, die beide mehrfach Gäste des Hauses waren[39]. In den literarischen Bereich führt die unter dem Einfluss des Petrus von Rosenheim angefertigte Vado-mori-Dichtung[40]. Freilich kommt keinem dieser frühen Werke der Klostergelehrten eine wegweisende, überörtliche Bedeutung zu, keines erreichte den Druck. Trotz vielfältiger historischer Aktivitäten wurde keine langfristig gültige Darstellung der Hausgeschichte geschaffen; eine solche blieb bis zum Ende des Klosters ein großes unerfülltes Desiderat.

Die einsatzbereite Pflege der Bücherkultur war keinesfalls Selbstzweck und verfolgte auch nicht nur repräsentative Ziele. Letztlich war sie auf die Beförderung der Mönchsstudien hin ausgerichtet. Gelehrsamkeit und Wissenschaftspflege wurden in den Klöstern immer als Mittel eingesetzt, die letztlich der Vertiefung der Gotteserkenntnis dienten[41]. Bezeichnenderweise wurde ein Glanzstück der Arbeit des Klosterskriptoriums ein Kommentar zur Benediktsregel[42]. Darin wurden sie durch landesherrliche Initiativen bestärkt, die auf dem Weg der Klostervisitation die Erneuerungsimpulse in andere Konvente trugen[43]. Dieser religiöse Endzweck sollte durch das Zwischenglied einer breiten Schulbildung befördert werden. Deswegen gehörte die Schule zu den vornehmlichen Aufgaben, mit der die Konvente in ihr ländlich geprägtes Umfeld hineinwirkten.

---

34 Merkl, Buchmalerei in Bayern.

35 Hartig, Abt Johann II. Pauernpeck.

36 BStB clm 1327: *Epitome historica continens annales plus quam millenariae Quercus Superioris.*

37 Schlecht, Wissenschaftliche und künstlerische Betätigung der Benediktiner Oberaltachs, S. 328.

38 Ebd., S. 329f.; vgl. Sturm, Ein Oberalteicher Original; Kraus, Die benediktinische Geschichtsschreibung, S. 113.

39 Turmair genannt Aventinus, Sämmtliche Werke VI, S. 30 (1517), 70; Bruschius, Centuria secunda monasteriorum Germaniae, S. 75.

40 Rosenfeld, Das Oberaltaicher Vadomori-Gedicht.

41 Müller, Habit und Habitus.

42 BStB clm 5923: *Exposicio super regulam S. Benedicti egregia et utilissima.*

43 Feuerer, Die Klosterpolitik Herzog Albrechts IV. von Bayern-München, S. 414–428 u.ö.

Das gilt auch für das Kloster Oberalteich, das von seinen Anfängen an eine Schule unterhielt. Diese erfuhr im Zeitalter des Renaissancehumanismus eine besondere Fürsorge. Ein wichtiger Wegbereiter der Bemühungen, die *vita passiva* in eine *vita activa* zu überführen, wurde Abt Johannes II. Asperger, der nicht nur die räumlichen Voraussetzungen, sondern auch die organisatorischen Grundlagen für eine förderliche Unterrichtstätigkeit schuf[44]. Er stellte einen seiner Konventualen zur Betreuung der Zöglinge und als Lehrer ab. Genaueren Einblick in die Fortführung dieser Praxis eröffnet ein Protokoll aus der Amtszeit von Abt Sebastian Hofmann (1551–1564). Es belegt sogar einen angestellten weltlichen Schulmeister, der neben seiner religiösen Eignung mit einem Studium an der Landesuniversität Ingolstadt über eine vorzügliche Vorbildung verfügte. Zu den Lehrinhalten wird hier gesagt, dass außer der eingehenden Beschäftigung mit der Bibel und dem Katechismus im Lateinunterricht auch antike Texte intensiv bearbeitet wurden. Als Unterrichtsziel ist ausdrücklich die Nachwuchsrekrutierung angesprochen, die auch erreicht wurde. Der personelle Rückgang, der für andere Konvente des Reformationszeitalters kennzeichnend ist, lässt sich hier nicht in gleicher Schärfe beobachten. Ein Ergebnis des besorgten Schulunterrichts ist in der Matrikel der Universität Ingolstadt nachzulesen. Bis zum Stichjahr 1600 sind dort sechs Konventualen und ein Studiose aus dem Klosterort als Inskribenten nachgewiesen[45].

Der Oberalteicher Konvent bezog die alte benediktinische Ordensregel des „Ora et labora“ immer auf körperliche und geistige Arbeit in gleicher Weise. In dieser Zielsetzung setzte er in das wohlhabende Bauernland des niederbayerischen Gäubodens einen weithin sichtbaren religiösen und kulturellen Mittelpunkt. Innerhalb der Klosteranlage schufen die Klostervorstände die baulichen Voraussetzungen für diese anspruchsvolle Kulturpflege. Abt Asperger errichtete als wichtigste Neuerung 1447 das sogenannte Museum: einen Gebäudetrakt, der ausschließlich den kulturellen Aktivitäten der Konventualen und auch der Schüler vorbehalten war. Desweiteren wies er der Bibliothek einen neuen Raum zu. Diese Baumaßnahmen machen das ungewöhnliche Gewicht deutlich, dass der Konvent der Bildung und Wissenschaft zuerkannte. Ein eigener Bibliotheksbau sollte aber erst um 1620 in der Zeit des ausgehenden Späthumanismus errichtet werden[46]. Die Schwerpunktsetzung war wesentlich das Werk tatkräftiger Klostervorstände. Das zeigt noch heute die einzigartige Reihe von Epitaphien, die sich am Ort erhalten haben[47]. Sie gehören dem 14. bis 16. Jahrhundert an und deuten durchaus auf das allmählich aufziehende Renaissancezeitalter mit seiner Betonung der Repräsentation voraus. Für diesen Zusammenhang ist entscheidend, dass mehrere der dargestellten Klostervorstände das entscheidende Medi-

---

44 Neueder, Schule, Bildung und Wissenschaft, S. 93ff.

45 Die Matrikel der Ludwig-Maximilians-Universität, S. 510 (bei Georg Hauer liegt eine Verwechslung mit Niederaltaich vor).

46 Die Kunstdenkmäler von Bayern XX, S. 227–233, 313; Lehmann, Die Bibliotheksräume der deutschen Klöster, S. 32, 487.

47 Abb. in: Kunstdenkmäler von Bayern XX, S. 278f.

um aller Gelehrsamkeit in ihren Händen halten: ein Buch! Dieses weltliche Attribut ist bezeichnend für das Selbstverständnis der Mönche, die ihr Haus zu einer bemerkenswerten Pflegestätte des bayerischen Klosterhumanismus machten[48]. Es ist bald hinter Tegernsee und St. Emmeram einzustufen[49].

Das 16. Jahrhundert ist eine der großen Krisenzeiten des bayerischen Mönchtums gewesen. Mehrere Klöster gingen damals unter. Andere wurden gänzlich neu ausgerichtet. Wiederum andere durchlebten ausgesprochene Tiefpunkte, von denen sie sich erst langsam durch die Umsetzung der tridentinischen Erneuerungsimpulse wieder erholten. Auch das Benediktinerkloster Oberalteich geriet im unmittelbaren Umfeld derartiger Bestrebungen in den Sog dieser bedrohlichen allgemeinen Entwicklungen. Doch behauptete es sich besser als andere Konvente. Einen Beitrag dazu scheint die gezielte Pflege des Renaissancehumanismus geleistet zu haben. Die mit seiner Hilfe gefestigte Mönchsdisziplin bewirkte hier nicht nur ein Überleben auch in stürmischer Zeit. Es ist aus dieser krisenhaften Phase geradezu gestärkt hervorgegangen. Als der Dreißigjährige Krieg die nächste schwere Erschütterung heraufbeschwor, sollte gerade Oberalteich unter Abt Veit Höser (1614–1634) einen echten Lichtpunkt in die Bavaria sacra setzen[50].

Bibliographie

Arnold, E., Buchproduktion und Bibliothek im Kloster Wessobrunn, in: Gemeinde Wessobrunn (Hg.), *1250 Jahre Wessobrunn*, Lindenberg 2003, S. 237–250.

Bauerreiss, R., *Kirchengeschichte Bayerns* 5, St. Ottilien 1955.

Brandmüller, W. (Hg.), *Handbuch der bayerischen Kirchengeschichte* 1–3, St. Ottilien 1993–1998.

Bruschius, K., *Centuria secunda monasteriorum Germaniae*, Ulm 1756.

Feuerer, Th., *Die Klosterpolitik Herzog Albrechts IV. von Bayern-München. Statistische und prosopographische Studien zum vorreformatorischen landesherrlichen Kirchenregiment im Herzogtum Bayern 1465–1508* (Schriftenreihe zur bayerischen Landesgeschichte 151), München 2008.

Glauche, G., Die Regensburger «Sodalitas litteraria» um Christophorus Hofmann und seine Emmeramer Gebäude-Inschriften, in: S. Krämer/M. Bernhard (Hg.), *Scire Litteras. Forschungen zum mittelalterlichen Geistesleben* (Abhandlungen der Bayerischen Akademie der Wissenschaften. Phil.-Hist. Klasse NF 99), München 1988, S. 187–200.

Hartig, M., Abt Johann II. Pauernpeck von Oberaltaich zählt seine Kunst- und Bautätigkeit auf, in: *Jahrbuch des Vereins für christliche Kunst in München* 2 (1914), S. 61f.

Hartig, M., Die Annales ecclesiae Alderspacensis des Abtes Wolfgang Marius (1514–1544), in: *Verhandlungen des Historischen Vereins für Niederbayern* 42 (1906), S. 1–112; 43 (1907), S. 1–113.

Heldwein, J., *Die Klöster Bayerns am Ausgange des Mittelalters*, München 1913.

Hemmerle, J., *Die Benediktinerklöster in Bayern* (Germania Benedictina 2), Augsburg [2]1970.

48 Zibermair, Johann Schlitpachers Aufzeichnungen; Bauerreiss, Kirchengeschichte V, S. 43f., 60.

49 So auch Schlecht, Wissenschaftliche und künstlerische Betätigung der Benediktiner Oberaltachs, S. 311.

50 Zu Abt Veit Höser (1614–1634): Keim, Abt Vitus Höser von Oberaltaich; Huber, Abt Veit Höser von Oberaltaich.

Huber, A., Abt Veit Höser von Oberaltaich (1614–1634), in: *Beiträge zur Geschichte des Bistums Regensburg* 23/24 (1989/90), S. 268–276.

Ineichen-Eder, C.E., *Mittelalterliche Bibliothekskataloge Deutschlands und der Schweiz* IV/1: *Bistümer Passau und Regensburg*, München 1977.

Johannes Turmair genannt Aventinus, *Sämmtliche Werke* VI, München 1908.

Keim, J., Abt Vitus Höser von Oberaltaich, ein großer Bauherr und gejagter Flüchtling, in: *Jahresbericht des Historischen Vereins für Straubing* 58 (1955), S. 125–143.

Kraus, A., Beiträge zur Geschichte des Dominikanerklosters St. Blasius in Regensburg 1229–1809, in: *Verhandlungen des Historischen Vereins für Oberpfalz und Regensburg* 106 (1966), S. 141–174.

Kraus, A., Die benediktinische Geschichtsschreibung im neuzeitlichen Bayern, in: ders., *Bayerische Geschichtswissenschaft in drei Jahrhunderten. Gesammelte Aufsätze*, München 1979, S. 106–148.

Die Kunstdenkmäler von Bayern XX: *Bezirksamt Bogen*, bearb. von B.H. Röttger, München 1929.

Lehmann, E., *Die Bibliotheksräume der deutschen Klöster in der Zeit des Barock*, Berlin 1996.

Lübbers, B., Historische Notizen des 15. Jahrhunderts aus dem Zisterzienserkloster Aldersbach, in: *Passauer Jahrbuch* 49 (2007), S. 47–59.

Lutz, H./Schmid, A., Vom Humanismus zur Gegenreformation, in: M. Spindler (Hg.), *Handbuch der bayerischen Geschichte* 2, München ^{2}1988, S. 861–875.

Die Matrikel der Ludwig-Maximilians-Universität Ingolstadt-Landshut-München V/2: *Ortsregister*, ed. L. Buzás, München 1984.

Merkl, U., *Buchmalerei in Bayern in der ersten Hälfte des 16. Jahrhunderts: Spätblüte und Endzeit einer Gattung*, Regensburg 1999.

Mohrmann, W.-D., *Angelus Rumpler als Humanist*, in: *Ostbairische Grenzmarken* 14 (1972), S. 155–174.

Müller, H., *Habit und Habitus. Mönch und Humanisten im Dialog* (Spätmittelalter und Reformation NF 32), Tübingen 2006.

Müller, W., Die Anfänge der Humanismus-Rezeption im Kloster Tegernsee, in: *Studien und Mitteilungen zur Geschichte des Benediktinerordens und seiner Zweige* 92 (1981), S. 28–90.

Neueder, H., Schule, Bildung und Wissenschaft im ehemaligen Benediktinerkloster Oberaltaich (um 1080–1803), in: *25 Jahre Veit-Höser-Gymnasium Bogen. Festschrift (1995/96)*, S. 90–129.

Oswald, J., Bayerische Humanistenfreundschaft: Die Äbte Angelus Rumpler von Formbach und Wolfgang Marius von Aldersbach, in: D. Albrecht/A. Kraus/K. Reindel (Hg.), *Festschrift für Max Spindler zum 75. Geburtstag*, München 1969, S. 401–420.

Oswald, J., Zur Geschichte des Humanismus in Passau und Niederbayern, in: *Ostbairische Grenzmarken* 9 (1967), S. 288–299.

Piendl, M., Das Oberaltaicher Register von 1260 bis 1403, in: *Archivalische Zeitschrift* 49 (1954), S. 27–38.

Pöhlein, H., *Wolfgang Seidel (1492–1562), Benediktiner aus Tegernsee*, München 1951.

Pörnbacher, H. (Bearb.), *Mittelalter und Humanismus* (Bayerische Bibliothek 1), München 1978.

Redlich, V., *Tegernsee und die deutsche Geistesgeschichte im 15. Jahrhundert* (Schriftenreihe zur bayerischen Landesgeschichte 9), München 1931.

Riezler S., *Geschichte Baierns* (Geschichte der europäischen Staaten 20), Gotha 1889ff.

Rosenfeld, H., Das Oberaltaicher Vadomori-Gedicht von 1446 und Peter von Rosenheim, in: *Mittellateinisches Jahrbuch* 2 (1965), S. 190–204.

Schlecht, F.X., Wissenschaftliche und künstlerische Betätigung der Benediktiner Oberaltachs bis 1630 (mit quellenkritisch untersuchter Abtliste), in: *Studien und Mitteilungen zur Geschichte des Benediktinerordens* 54 (1936), S. 311–341.

Schmid, A., Bayern und der europäische Humanismus, in: K. Amann (Hg.) u. a., *Bayern und Europa. Festschrift für Peter Claus Hartmann zum 65. Geburtstag*, Frankfurt a. M. 2005, S. 37–55.

Schmid, A., Geistiges Leben im Umfeld der Alten Kapelle vom 15. bis zum 18. Jahrhundert, in: W. Schiedermair (Hg.), *Die Alte Kapelle in Regensburg*, Regensburg 2002, S. 311–321.

Schmid, A., Klosterhumanismus im Augustiner-Chorherrenstift Polling, in: R.A. Müller (Hg.), *Kloster und Bibliothek. Zur Geschichte des Bibliothekswesens der Augustiner-Chorherren in der Frühen Neuzeit*, Paring 2000, S. 79–107.

Schottenloher, K., Ehemalige Klosterdruckereien in Bayern, in: *Das Bayerland* 24 (1912/13), S. 132–140.

Stadtmüller, G./Pfister, B., *Geschichte der Abtei Niederaltaich 731–1986*, Grafenau [2]1986.

Sturm, A., Ein Oberalteicher Original: Der Historiker Johann Pliemel, in: *Der Bayerwald in Vergangenheit und Gegenwart* 23 (Straubing 1925), S. 18–24.

Wild, J., *Beiträge zur Registerführung der bayerischen Klöster und Hochstifte im Mittelalter* (Münchener Historische Studien Abt. Geschichtliche Hilfswissenschaften 12), Kallmünz 1973.

Zeschik, J., *Das Augustinerchorherrenstift Rohr und die Reformen in baierischen Stiften vom 15. bis zum 17. Jahrhundert*, Passau 1969.

Zibermair, I., Johann Schlitpachers Aufzeichnungen als Visitator der Benediktinerklöster der Salzburger Kirchenprovinz, in: *Mitteilungen des Instituts für österreichische Geschichtsforschung* 30 (1909), S. 274.

Ziegler, W., *Das Benediktinerkloster St. Emmeram zu Regensburg in der Reformationszeit* (Thurn und Taxis-Studien 6), Kallmünz 1970.

NICOLANGELO D'ACUNTO (Milano-Brescia)

Institutionalisierung und Zentralisierung

Die Römische Kirche und die Kirche der Lombardei im 11. und 12. Jahrhundert

In dem Zeitraum, der von den Pontifikaten zweier Lombarden eingefasst wird – dem des Patareners Anselm von Baggio, Papst unter dem Namen Alexander II. (1061–1073), und dem des Hubert Crivelli, auf den Stuhl Petri erhoben als Urban III. (1185–1187[1]) –, kann die Dialektik von Zentrum und Peripherie nicht reduziert werden auf den einfachen Gegensatz zwischen einerseits dem Papsttum im Sinne einer universalen Institution, die durch traditionelle Mechanismen der Selbstlegitimation stabilisiert wurde und auf Zentralisierung abzielte, und andererseits den örtlichen autonomen Kräften, die sich diesen Absichten widersetzten.

Die Berufung auf die Tradition verlieh auch den Selbstrepräsentationsstrategien der örtlichen Gemeinschaften Substanz, und die Erfolgsmöglichkeiten der Herrscher, die nominell Inhaber einer Universalgewalt waren, endeten dort, wo jahrhundertealte, stark verwurzelte faktische Autonomierechte begannen. Diese machten jeden Versuch unwirksam, in mehr oder weniger zusammenhängenden Territorien homogene politische Entscheidungen eines wie immer gearteten ‚Zentrums' durchzusetzen.

Das früh- und hochmittelalterliche Italien war von lokalen Gewalten durchsetzt: Deshalb musste jedes hegemoniale, auf die Schaffung großer Einheiten abzielende politische Projekt sich mit einer auf Übereinkunft beruhenden, für vorstaatliche Herrschaft typischen Logik messen (besser wäre es freilich, von ‚nicht staatlicher Herrschaft' zu sprechen, um nicht implizit eine evolutionäre und teleologische Perspektive einzunehmen). Das betraf das Reich ebenso wie das Papsttum: Der Erfolg ihrer Zentralisierungsversuche hing nämlich von ihrer Fähigkeit ab, mit den örtlichen Gemeinschaften in ein Wechselspiel gegenseitiger Legitimierung einzutreten. Das Mittel dazu war die wechselseitige Anerkennung zwischen altehrwürdigen Institutionen universaler Reichweite einerseits und lokalen Machtzentren andererseits, die sich keineswegs damit abfanden, zu peripheren Größen herabgemindert zu werden – nicht auf der religiösen Ebene und erst recht nicht auf jener Ebene, die wir heute die politische nennen würden. All dies gilt auch für die Beziehungen zwischen dem Papsttum und den Kirchen der Lombardei während des hohen Mittelalters.

---

1 Schmid, Alexander II; Grillo, Urbano III.

Die besonderen Beziehungen, die sich in den Kommunen zwischen örtlichen herrschenden Schichten und kirchlichen Institutionen herausbildeten, eröffneten dem Papsttum eigentlich keinen allzu großen Handlungsspielraum und gestatteten ihm nicht, *sic et simpliciter* anstelle des Reiches die Kontrolle der Bischöfe zu übernehmen. Dieser Prozess wurde durch die politische und institutionelle Fragmentierung des kommunalen Italien und insbesondere der Lombardei behindert. Der Versuch, bereits 1059 das *privilegium Romanae Ecclesiae* zu verkünden, rief eine so harte Reaktion der Mailänder hervor, dass es den beiden päpstlichen Legaten, Petrus Damiani und Anselm von Baggio, nur mit Mühe gelang, ihr Leben zu retten. Der durch das Volk ausgeübte Druck belastete die von Petrus Damiani einberufene Versammlung des Klerus schwer. Es ist kein Zufall, dass die Gegner der Pataria, um dem päpstlichen Eingriff seine Legitimation zu entziehen, die Karte des „ambrosianischen Patriotismus" spielten: Sie hetzten das Volk im Namen der Würde der Mailander Kirche auf und proklamierten, diese Kirche dürfe nicht *Romanis legibus subiacere* und es komme dem römischen Papst an diesem Bischofssitz keine Jurisdiktions- oder Befehlsgewalt zu (*nullumque iudicandi vel disponendi ius Romano pontifici in illa sede competere*)[2].

Unter den Gesichtspunkten, die uns hier beschäftigen, lässt die mailändische Legation des Kardinals und Einsiedlers von Fonte Avellana, Petrus Damiani, klar erkennen, wie wenig geradlinig der Weg war, den der Apostolische Stuhl in Richtung auf die Zentralisierung zurücklegte. Auch diese Episode, die eigentlich einen – im Vergleich zum sonst eher langsamen Rhythmus der römischen Zentralisierung – frühen Erfolg des päpstlichen Versuchs illustrieren sollte, sich als oberste jurisdiktionelle Instanz zu etablieren, legt letztlich im Gegenteil die Aporien offen. Die Widerstände seitens der ambrosianischen Kirche waren so enorm, dass der vom Klerus beschworene Stolz der Mailänder auf ihre Eigenständigkeit sich sogar gegen die von den Patarenern vorgetragenen Argumente zu behaupten vermochte. Allerdings sticht, von den erreichten Ergebnissen einmal abgesehen, die Bereitschaft ins Auge, mit der Papst Nikolaus II. sich die Patariabewegung zunutze machte, um sich Spielraum zu verschaffen, in derart wichtige, die Traditionen und jahrhundertealten Bräuche der ambrosianischen Kirche betreffende Angelegenheiten einzugreifen. Weniger wegen ihres Ausgangs ist diese päpstliche Initiative demnach bedeutsam als vielmehr deshalb, weil sie auf ein ganz neues und vollkommen klares ekklesiologisches Bewusstsein innerhalb der sogenannten ‚römischen Reformgruppe' hinweist.

In der weiteren Geschichte der Pataria begnügte sich der Apostolische Stuhl damit, sich von einer Schiedsinstanz in eine Partei zu verwandeln, und machte sich den Standpunkt der Patarener zu Eigen. Das Ergebnis war, dass die ambrosianische Kirche faktisch von Rom getrennt wurde, zumindest bis 1085, dem Jahr, in dem Gregor VII. starb und Anselm III. von Rho zum Erzbischof von Mailand erhoben wurde. Kurz, man ersieht aus dieser ganzen Episode, dass ein

2 Briefe des Petrus Damiani, Nr. 65, S. 228–246.

mehrere Jahrzehnte dauerndes Schisma doch ein ziemlich paradoxes Resultat dieses ersten Zentralisierungsversuchs war.

Der Investiturstreit trug – wenigstens in der Lombardei – zur Zentralisierung nicht so sehr dadurch bei, dass er die Ausbreitung der Primatslehre und ihre Annahme in der Peripherie begünstigte, als vielmehr dadurch, dass er dem Apostolischen Stuhl erlaubte, die verschiedenen Komponenten der wenig homogenen antikaiserlichen Front miteinander zu verbinden. Allerdings reichte der bloße Beitritt einzelner Bischöfe zur Partei der Reformer nicht aus, ein festes Netz von Bündnissen zu schaffen, da die Einsetzung romfreundlicher Bischöfe durch die objektive Unmöglichkeit, von den ihnen anvertrauten Bistümern dauerhaft Besitz zu ergreifen, zunichte gemacht wurde.

Der Bischof Arimannus von Brescia war im ganzen 11. Jahrhundert der einzige päpstliche Legat in Italien, der mit einer gewissen Regelmäßigkeit tätig war. Fabrizio Foggi hat seine Leistungen mit denen anderer Prälaten, etwa des zwischen 1080 und 1086 ebenfalls mit dem Titel eines ständigen Vikars in der Lombardei versehenen Anselm von Lucca, verglichen und Folgendes beobachtet: Im Gegensatz zu dem, was in anderen Teilen Europas geschehen sei, wo die Anliegen der Kirchenreform und die Dekrete der Päpste sich durch die tatkräftige, ja ausschlaggebende Hilfe römischer Vikare und Emissäre verbreitet hätten, habe sich in Italien das Handeln der päpstlichen Legaten – nicht weniger als die direkten Aktionen der Päpste – als nur begrenzt wirksam erwiesen. Es sei auf Widerstand gestoßen, zu keiner frontalen Offensive vorgedrungen und lediglich darauf gerichtet gewesen, Missbräuche und unwürdige Verhaltensweisen eines Klerus zu korrigieren, der gerade mit den aktivsten und einflussreichsten Kräften der Gesellschaft eng verflochten gewesen sei, gegen welche diziplinarische und geistliche Zwangsmittel nichts hätten ausrichten können[3].

Aus all diesen Vorgängen lässt sich keineswegs die Herausbildung eines Primats des Apostolischen Stuhls ableiten, auch nicht im embryonalen Zustand. Augenfällig werden vielmehr die starke Autonomie der Städte, in denen der Bischof nurmehr ein Akteur unter anderen im wechselvollen Spiel des lokalen Kräftegleichgewichts geworden war, sowie der hartnäckige Widerstand Mailands gegen die Abdrängung an die Peripherie eines Systems, dessen Zentrum die Römische Kirche zu besetzen beanspruchte. Dieser Widerstand fand einen symbolischen Ausdruck im jahrhundertelangen Streit mit der Kirche von Ravenna um das Recht, unmittelbar zur Rechten des Papstes zu sitzen, oder auch in der Auseinandersetzung um die Modalitäten der Übergabe des Palliums; traditionell hatte der Erzbischof von Mailand das Privileg, das Pallium an seinem Sitz empfangen zu dürfen, ohne sich nach Rom zu begeben. Es ist kein Zufall, dass sich dieses Problem während des Pontifikats des Anselm della Pusterla (1126–1135) zuspitzte. Diese Phase der mailändischen Geschichte ist durch das Erstarken der kommunalen Institutionen gekennzeichnet, weshalb „die Mailänder Bürgerschaft den Schutz der Ehre und der Vorrechte des erzbischöflichen

3 Foggi, Arimanno, S. 70.

Stuhls als ihr eigenes Interesse ansah und im Zusammenhang damit ihre Kontrollrechte und Kompetenz zur Geltung bringen wollte"[4]. All diese Vorstöße mussten zwangsläufig auf den Anspruch des nachgregorianischen Papsttums treffen, die Verfahren für die Übertragung der Bischofs- und Metropolitenwürde zu vereinheitlichen. Anselm della Pusterla suchte angesichts der Forderung der päpstlichen Kurie, er möge nach Rom kommen, um das Pallium zu erbitten und zu empfangen, wiederholt nach einer Kompromisslösung. Diese reichte aber nicht aus, um den Unmut der Mailänder zu besänftigen. Sie zwangen ihn, die Stadt zu verlassen und *in castellis* zu residieren, zumindest solange er sich nicht gänzlich der politischen (und kirchenpolitischen) Ausrichtung der Kommune anpasste, die nunmehr eine echte politische und vor allem wirtschaftliche Macht geworden war und die gegen den harten Widerstand des Papsttums selbständig Initiativen zur Unterstützung des Staufers Konrad ergriffen hatte.

In der Zeit, in der die Kirche von Mailand dem Gegenpapst Wibert (Clemens III.) anhing, rechtfertigte man die Stellungnahme gegen die Kirchenreform ausdrücklich im Lichte der Notwendigkeit, zusammen mit den Bräuchen und Gewohnheiten eine Form von kirchlichem Selbstbewusstsein zu verteidigen, das sich tiefgreifend von dem römischen unterschied und sich auch nicht auf eine bloße Übernahme reichskirchlicher Modelle reduzieren lässt. In Mailänder Sicht oblagen die Verteidigung und Bewahrung der Traditionen und Normen, von denen die richtige Ausübung des kirchlichen Lebens abhing, der Gemeinschaft der Ortskirchen, wie sie sich in den Synoden der Bischöfe ausdrückte, und nicht dem Papst.

In den folgenden zwei Jahrhunderten verlor die eigentümliche Ekklesiologie der *Ambrosiana Ecclesia* allmählich ihre Vitalität[5]. Die Übertragung des Themas der ambrosianischen Würde von der ekklesiologischen Ebene auf die ‚politische' geschah im Laufe des 12. Jahrhunderts. Nach dem Verlust ihrer ekklesiologischen Sinngehalte reicherte sich die Berufung auf die ambrosianische Tradition jedoch mit einer neuen Bedeutung an, die in der Formel des *honor* der Stadt zusammengefasst wurde. Die Erzbischöfe bekamen zu wiederholten Malen die Auswirkungen von Entscheidungen zu spüren, die von den Autoritäten der Kommune auch in kirchlichen Angelegenheiten getroffen worden waren. Dies führte zu einer Bedeutungsveränderung des Begriffes *libertas*, der nun als Autonomie der *res ecclesiae* gegenüber den Usurpationen und Einmischungen der kommunalen Autoritäten verstanden wurde[6].

Der Gesprächspartner des Papsttums war nicht mehr nur die ambrosianische Kirche, sondern auch, und zwar in immer höherem Maße, die Kommune von Mailand. Eben deshalb folgte der prompte Anschluss an die Partei Papst Anaklets II., der mit der Übersendung des Palliums nach Mailand gemäß dem alten Herkommen belohnt wurde, in nur kurzem Abstand auf die Anerkennung

4 Zerbi, Tra Milano e Cluny, S. 164.
5 Alzati, Ambrosiana ecclesia.
6 Szabó-Bechstein, Libertas; Alberzoni, Città, S. 15.

des Stauferkönigs Konrad, ein Zeichen dass die politische Dimension hier gegenüber jeder innerkirchlichen Motivation überwog. Auch der 1135 erfolgte Wechsel Mailands ins Lager des anderen Papstes ging nicht zufällig einher mit der Einsicht, dass die Stellung Innozenz' II. bei den wichtigsten Protagonisten der Christenheit nunmehr gefestigt war; außerdem hatte man die Warnung zur Kenntnis genommen, die Innozenz mit der Erhebung des nahegelegenen Genua zum Metropolitansitz gegeben hatte, zum Hauptort einer zwar nicht großen, aber für die – auch wirtschaftlichen – Interessen der Mailänder jedenfalls schädlichen Kirchenprovinz[7].

Die Ansicht, dass die Komplexität der Debatten des Investiturstreits in den Jahrzehnten danach einer Vereinfachung der ekklesiologischen Dialektik im Zeichen einer völligen Hinnahme der römischen Direktiven durch den mittel- und norditalienischen Episkopat gewichen sei und dass sich aus dieser Vereinfachung eine vollständige und unumstrittene Kontrolle des Papsttums über die Bischofssitze ergeben habe, hat wenig mit der Realität zu tun. Tatsächlich weist die wichtigste Tendenz, jedenfalls wenn man die Dynamiken bei den Bischofswahlen betrachtet, gerade in die Gegenrichtung: Denn die Wahl des Bischofs wurde mehr und mehr allein von den Zwängen des örtlichen Kräftegleichgewichts bestimmt, und der Bischof musste sich damit zufrieden geben, ein Element – und nicht einmal ein besonders unabhängiges – der städtischen Gesellschaft unter mehreren zu sein.

All dies komplizierte die Beziehungen des Papsttums zu den Bischöfen, die kein eindeutig handelndes Subjekt darstellten, das in der Lage gewesen wäre, als verbindender Faktor zwischen Zentrum und Peripherie der Kirche zu dienen. Das enorme Potenzial dieses dichten Netzes von Funktionsträgern, das engmaschig über das Territorium ausgebreitet war, konnte daher nicht vollständig genutzt werden. Die politische Zersplitterung und, mehr noch, die Natur der Beziehungen zwischen den Prälaten und den städtischen Gesellschaften ließen das nicht zu. Aus den Eliten dieser Städte gingen sie selbst hervor, und mit diesen Eliten mussten sie sich auseinandersetzen, um ihr Amt wirksam auszuüben. Als besonders signifikant erweisen sich in dieser Hinsicht die Beziehungen zwischen den Bischöfen und jenen kirchlichen Institutionen, in denen sich die städtischen Eliten sammelten, den Kathedralkapiteln; diese bildeten im Unterschied zu der auf lange Zeit prekären Rolle des Bischofs einen echten Kontinuitätsfaktor in der Leitung der Bistümer[8].

Somit stellte der Episkopat als solcher in den Augen von Päpsten und Gegenpäpsten einen sehr viel weniger wichtigen Gesprächspartner dar, als man erwarten könnte. Im Inneren der kirchlichen Welt bestand ja eine Reihe von Aporien fort, die große Bewegung und Vielfalt in die ekklesiologische Debatte brachten: So akzeptierte der Episkopat Mittel- und Norditaliens weder widerspruchslos die Beseitigung der traditionellen Kirchenvogtei des Reiches noch –

---

7 Zerbi, Tra Milano e Cluny, S. 16.

8 Canonici delle cattedrali nel medioevo, in: Quaderni di Storia Religiosa 10 (2003).

und erst recht nicht – die keineswegs selbstverständliche Äquivalenz zwischen Römischer Kirche und Papst[9].

Am Vorabend des Alexandrinischen Schismas agierte der lombardische Episkopat keineswegs als monolithischer Block zu Gunsten des einen oder anderen Rivalen, und er war nicht einmal willens, aktives Subjekt einer Politik entgegengesetzter Blöcke zu werden. In eben diesen Jahren brachen heftige Spannungen zwischen dem Papsttum und den Kommunen aus sowie innerhalb der Städte zwischen der kommunalen Führung und den Bischöfen, denen auf päpstlichen Befehl viele Streitsachen übertragen wurden, die zuvor Kardinallegaten anvertraut worden waren[10].

Dennoch müssen einige Indizien des Wandels und Faktoren hervorgehoben werden, die schon Kehr als entscheidend für den Prozess ansah, in dessen Verlauf sich die Beziehungen zwischen der Römischen Kirche und den Kirchen der Poebene im 12. Jahrhundert schließlich intensivierten: Zu diesen Indizien gehören die um ein Vielfaches häufigeren Bitten um apostolische Schutzprivilegien für Klöster und die häufigeren Petruspatrozinien von Kirchen, Klöstern und Kapellen[11]. Die Schismen der hier untersuchten Epoche beeinflussten in massiver Weise die päpstlichen Itinerare, denn sie zwangen die Päpste, ihre Reisetätigkeit zu intensivieren und die Reichweite ihrer Ortswechsel im Vergleich zur Praxis des frühmittelalterlichen Papsttums deutlich zu steigern. Diese physische Gegenwart der Päpste wirkte als kräftiges Zentralisierungselement[12]. Auch die Ernennung von Kardinälen lombardischer Herkunft begünstigte die Kommunikation zwischen dem Papsttum und den Kirchen der Poebene, und zwar schon seit dem Pontifikat Urbans II., jedoch mit größerer Intensität seit den 1140er Jahren. All diese Prälaten erwiesen sich gegenüber dem Apostolischen Stuhl als absolut treu, ein Umstand, der entscheidend zur Überwindung der Autonomieansprüche nicht nur der ambrosianischen Kirche beitragen sollte, sondern auch der anderen, kleineren und in mühsame Auseinandersetzungen mit den kommunalen Institutionen verstrickten Diözesen[13].

In der ersten Hälfte des 12. Jahrhunderts wandten sich viele Kirchen und Klöster mit zunehmender Häufigkeit an das Papsttum als letzte Appellationsinstanz. Dieses antwortete auf derlei Anfragen, indem es sich der schon erwähnten Kardinallegaten bediente oder auf die delegierte Gerichtsbarkeit rekurrierte[14]. Parallel zu diesem doppelten Verfahren griff man in derselben Zeit auch auf das Urteil des Metropoliten und der anderen Bischöfe zurück, die bisweilen von den Päpsten selbst beauftragt worden waren und an die sich die Prozessparteien ebenfalls schon in erster Instanz gewandt hatten; all das beweist die extreme Variabilität der Instrumente, die das Papsttum einsetzte, als es noch

9 Capitani, Alessandro III.
10 Ambrosioni, Le città, S. 399.
11 Kehr, Nachträge; siehe dazu jetzt Johrendt/Müller (Hg.), Römisches Zentrum.
12 Alberzoni, Vercelli.
13 Ambrosioni, Ecclesiastici.
14 Müller, Entscheidung.

nach geeigneten Vorgehensweisen suchte, um die ihm durch die lokalen Konflikte eröffneten Spielräume für ein Eingreifen nutzen zu können. Jedenfalls ist die Verbreitung von Legaten und delegierten Richtern bezeichnend für ein starkes Potenzial des Apostolischen Stuhls, in einem Feld durchzudringen, das ich als ‚normale Physiologie' der Konflikte zwischen Kirchen oder zwischen Geistlichen bezeichnen möchte. Die Kurie entfaltete dabei eine weitaus größere Wirksamkeit als bei ihrem gleichzeitigen Versuch, eine organische Verbindung zu den Bischofssitzen der Poebene herzustellen und damit jene Bindungen zu verdrängen, auf denen das alte System der Reichskirche basiert hatte, oder der Fragmentierung und den neuen Lasten etwas entgegenzusetzen, mit denen die Ortskirchen im Zuge des Erstarkens der Kommunen zu kämpfen hatten.

Die Situation änderte sich in den letzten Jahrzehnten des 12. Jahrhunderts, als die wachsende Zahl der delegierten Richter und der vor Ort residierenden Kardinäle dem Papsttum die Fähigkeit verlieh, sich mit den Bischöfen zu verbinden und seine Macht in den Diözesen auf neuen Grundlagen zu verankern. Besonderes Gewicht hatte am Ende des 12. Jahrhunderts die wiedererlangte Bedeutung des Episkopats in den Beziehungen zwischen dem Zentrum – als welches nun immer mehr der Apostolische Stuhl anerkannt wurde – und der Peripherie der Kirche. Das vom Papsttum mit der lombardischen Liga geschlossene Bündnis gegen Barbarossa – Resultat einer intensiven diplomatischen Tätigkeit, die einen großen Teil der kommunalen Welt Italiens um den Apostolischen Stuhl scharte – verdeutlicht einmal mehr, dass die ekklesiologischen Rahmenbedingungen durch Schismen vereinfacht wurden.

Mitglieder des hohen mailändischen Klerus, die dem Papst nach der Zerstörung Mailands 1162 zusammen mit Erzbischof Obert von Pirovano nach Frankreich gefolgt waren, trugen zum Sieg Alexanders III. bei. Dies zeigt, dass eine Phase der Unsicherheit und Schwierigkeiten für den Apostolischen Stuhl, etwa als Alexander III. ins Exil gehen musste, nach kurzer Zeit zur Schaffung einer kompakten und weltanschaulich kohärenten Gruppe von Papstgetreuen führte; nach der Rückkehr in die Lombardei fungierte diese Gruppe – vielleicht zum ersten Mal – als Bindeglied zwischen den Ortskirchen und dem Apostolischen Stuhl und begünstigte auf diese Weise tatsächlich die Zentralisierung durch Rom[15].

Schwerlich zu unterschätzen ist auch die Rolle der päpstlichen Subdiakone. Sie waren geradezu die Protagonisten des ordnenden Eingriffs, mit dem Galdinus della Scala zwischen 1167 und 1170 in vielen Städten die Anhänger Papst Viktors durch alexandrinische Bischöfe ersetzte[16]. Er tat dies im Rahmen einer Strategie, mit der der Lebensnerv des Netzes der kirchlichen Institutionen in der mailändischen Kirchenprovinz Schritt für Schritt wiedergewonnen werden sollte. Die Subdiakone waren Kleriker, die oft aus der Lombardei stammten, jedoch

15 Ambrosioni, Alessandro III.

16 Zur Chronologie dieser Ereignisse und zu den Subdiakonen der Römischen Kirche siehe ibid., S. 432, 435–442.

in der Römischen Kirche inkardiniert waren, da sie die Weihe zum Subdiakon direkt vom Papst empfangen hatten, der sie für heikle diplomatische Missionen einsetzte.

Im letzten Viertel des 12. Jahrhunderts stellte der Apostolische Stuhl neue Instrumente bereit, um die Kirchen der Lombardei direkt an sich zu binden. Dazu gehört zum Beispiel der Rekurs auf Personen aus der zweiten Reihe, deren Treue aber bewährt war, etwa auf Bischöfe der Suffraganbistümer, Zisterzienseräbte und wichtige Erzpriester. Zugleich wuchs die Bedeutung der päpstlichen Subdiakone, die immer häufiger und flächendeckender eingesetzt wurden.

Die Leiter der Kirchenprovinzen gründeten in den letzten Jahrzehnten des 12. Jahrhunderts ihre Autorität eher auf die Funktion des päpstlichen Delegierten als auf das Amt des Metropoliten. Dies bestätigt abermals, dass das Papsttum in Ausnahmesituationen mit neuen Formen der Interaktion zwischen Zentrum und Peripherie experimentierte, um diese nach dem Ende der Krisen als reguläre Maßnahmen festzuschreiben und weiterhin anzuwenden.

Für die römische Zentralisierungspolitik war das 12. Jahrhundert eine Zeit unablässiger institutioneller Experimente in einer Atmosphäre kontinuierlicher Spannung zwischen Reflexion und Praxis. Der Apostolische Stuhl wusste davon zu profitieren und bereitete den Boden für die deutlich solideren Strukturen der päpstlichen Monarchie der folgenden Jahrhunderte. Dennoch kann man sich des Eindrucks nicht erwehren, die päpstliche Herrschaft sei in dieser Phase keine des bürokratischen Typs, denn dazu fehlte ihr ein stabiles Netz von Beziehungen zwischen Zentrum und Peripherie, zwischen dem nominellen Inhaber der Herrschaft und einer wohldefinierten Gruppe von Funktionsträgern mit *a priori* festgesetzten Obliegenheiten.

Im Falle der Lombardei wurde das päpstliche Eingreifen in die inneren Angelegenheiten der Ortskirchen einerseits zwar aufgrund seiner relativen hohen Wirksamkeit auf der jurisdiktionellen Ebene erbeten, andererseits aber durch die Kommunen, die eigentlichen Machthaber Mittel- und Norditaliens, kräftig behindert, da sie keine übermäßige Einmischungen seitens des Papsttums wünschten. Als Institutionen, die tendenziell auf die Schaffung umfassender politischer Einheiten abzielten, bemühten sich nämlich auch die Kommunen, und zwar mit Erfolg, um die Konstruktion eines Systems institutioneller Beziehungen, das den sozialen Körper zu disziplinieren in der Lage war. Der Zentralisierungspolitik, die zur Überwindung des ekklesiologischen Gleichgewichts der Spätantike und des frühen Mittelalters führte, gelang es zwar, die Ungleichheit zwischen römischer und ambrosianischer Kirche festzuschreiben, doch musste sie dabei stets auch die politische Zersplitterung des mittelalterlichen Italien in Rechnung stellen.

Bibliographie

Alberzoni, M. P., *Città, vescovi e papato nella Lombardia dei comuni*, Novara 2001.

Alberzoni, M. P., Vercelli e il papato, in: *Vercelli nel secolo XII.* Atti del quarto congresso storico vercellese, Vercelli 2005, S. 84–85.

Alzati, C., *Ambrosiana ecclesia. Studi su la chiesa milanese e l'ecumene cristiana fra tarda antichità e medioevo*, Milano 1993.

Ambrosioni, A., Alessandro III e la chiesa ambrosiana, in: Dies., *Milano*, S. 403–443.

Ambrosioni, A., Le città italiane fra papato e impero dalla pace di Venezia alla pace di Costanza, in: Dies., *Milano*, S. 399ff.

Ambrosioni, A., Ecclesiastici milanesi presso la curia romana fino all'età del cardinale Pietro Peregrosso, in: Dies., *Milano*, S. 498–509.

Ambrosioni, A., *Milano, papato e impero in età medievale.* Raccolta di studi, a cura di M. P. Alberzoni/A. Lucioni, Milano 2003.

Capitani, O., Alessandro III, lo Scisma e le Diocesi dell'Italia settentrionale, in: *Popolo e Stato in Italia nell'età di Federico I Barbarossa. Alessandria e la Lega lombarda.* Relazioni e comunicazioni al XXXIII Congresso storico subalpino per la celebrazione dell'VIII centenario della fondazione di Alessandria (Alessandria 6–9 ottobre 1968), Torino 1970, S. 223–238.

Foggi, F., Arimanno da Brescia, legato pontificio in Italia settentrionale alla fine del secolo 11, in: *Atti della Accademia nazionale dei Lincei. Memorie. Classe di scienze morali, storiche e filologiche*, Serie VIII 31/2 (1988), S. 70.

Grillo, P., Urbano III, in: *Enciclopedia dei papi*, Bd. 3, Roma 2000, S. 311–314.

Johrendt, J./Müller, H. (Hg.), *Römisches Zentrum und kirchliche Peripherie. Das universale Papsttum als Bezugspunkt der Kirchen von den Reformpäpsten bis zu Innozenz III.*, Berlin, New York 2008.

Kehr, P. F., Nachträge zu den Papsturkunden Italiens, in: *Nachrichten der K. Gesellschaft der Wissenschaften zu Göttingen.* Philosophisch-historische Klasse 4 (1912), S. 328–334, wieder abgedruckt in: Ders., *Papsturkunden in Italien. Reiseberichte zur Italia Pontificia*, Bd. 5, Nachträge, Città del Vaticano 1977, S. 364–370.

Müller, H., Entscheidung auf Nachfrage. Die delegierten Richter als Verbindungsglieder zwischen Kurie und Region sowie als Gradmesser päpstlicher Autorität, in: J. Johrendt/ H. Müller (Hg.), *Römisches Zentrum*, S. 109–131.

Petrus Damiani, *Die Briefe*, ed. K. Reindel, T. 2 (MGH, Die Briefe der deutschen Kaiserzeit, IV.2), München 1989.

Schmid, T., *Alexander II. (1061–1073) und die römische Reform-Gruppe seiner Zeit*, Stuttgart 1977.

Szabó-Bechstein, B., *Libertas Ecclesie. Ein Schlüsselbegriff des Investiturstreits und seine Vorgeschichte. 4.–11. Jahrhundert* (Studi Gregoriani 12), Roma 1985.

Zerbi, P., *Tra Milano e Cluny. Momenti di vita e cultura ecclesiastica nel secolo XII*, Roma 1978.

STEPHAN MÜLLER (Paderborn)

Sigurds Herkunft

Probleme einer Heldengenealogie in der *Vǫlsunga Saga*

Die Herkunft eines Helden zu erzählen, das stellt ganz grundsätzlich ein Problem dar. Dies besonders im Mittelalter, definiert doch gerade in der Vormoderne die genealogische Einbindung in eine *familia* den Status des Einzelnen als Mitglied einer Gemeinschaft, an deren Geltungsansprüche er sich in der Regel anschließt. Für den Helden kann diese kollektive Dimension jedoch nicht hinreichend sein, ist mit ihm doch der Anspruch auf singuläre Herausgehobenheit verbunden. Heldengenealogien sind deshalb durch eine paradoxale Form der Geltungsproduktion gekennzeichnet: Helden stehen in der kollektiven Kontinuität der Familie – und oft einer bedeutenden –, heben sich gleichzeitig aber auch durch eine singuläre Diskontinuität von derselben ab.[1]

Die Texte, die heroische Herkunftsgeschichten erzählen, reagieren auf eine solche Spannung zwischen kollektiver Geltung und singulärer Herausgehobenheit mit einer Reihe von Erzählmustern. Sie erzählen von Störungen und Modifikationen des genealogischen Systems, von Sonderfällen, die vor dem Hintergrund des Allgemeingültigen das Exzeptionelle ermöglichen. Mit dem Inventar der gängigen Geschichtserzählungen wird damit auch das Unerhörte, das sprachlos Machende in Texten verhandelbar.

Ein solcher Fall, der die ganze Palette der Muster des Erzählens vom Unerzählbaren in sich vereint, soll im Folgenden vorgestellt werden. Es handelt sich dabei um eine altnordische Erzählung von Sigurd, der uns in der kontinentalen Tradition des Nibelungenstoffes als Siegfried begegnet. Das *Nibelungenlied* als die klassische Ausprägung der kontinentalen Sagenform, erzählt nichts Heroisches von Siegfrieds Herkunft; im Lied ist der Xantener ein Königssohn, dessen Elternamen *Sigemunt* und *Sigelint* kaum mehr sind als ein ferner Reflex einer germanischen Namensgenese, die hinter die höfische Eingangsszenerie des *Nibelungenliedes* zurücktritt. Fragt man nach der Herkunft dieses Helden, wird man auch am klassischen Ort der nordischen Nibelungentradition, in den Liedern der *Edda*, nicht fündig werden. Hier klafft die berühmte Lücke, ein Überlieferungsverlust im Codex Regius,[2] in dem die eddischen Lieder auf uns gekommen sind. Das ist eine Lücke, die zu vielen Spekulationen Anlass gab,[3] denn zu gerne würde man genaueres über Sigurds Herkunft wissen. Im Normalfall stehen doch

1 Zu diesem Problemkomplex vgl. Kellner, Ursprung und Kontinuität.
2 Edda, ed. Neckel.
3 Zu den Liedern der Lücke im Verhältnis zur Vǫlsunga Saga siehe Neckel, Zur Vǫlsunga Saga.

hinter den prominenten Helden der germanischen Heldensage historische Personen, was gerade im Vorfeld des Jahres 2009 wieder dazu führte, hinter Siegfried den Varusbezwinger Arminius zu sehen, dessen Sieg sich zum 2000. Mal jährt.

Gänzlich uninformiert über die „Lieder der Lücke“ sind wir allerdings nicht. Besitzen wir doch mit der *Vǫlsunga Saga* eine altnordische Prosafassung des Stoffes aus dem 13. Jahrhundert, die in einer Pergamenthandschrift um 1400 und danach in mehreren Papierhandschriften überliefert ist.[4] So komplex das Verhältnis zwischen *Vǫlsunga Saga* und *Lieder-Edda* auch sein mag, außer Zweifel steht inzwischen, dass die Saga auf die eddischen Lieder zurückgeht, auch wenn offen bleiben muss, in welcher Form diese benutzt wurden. Zwar modifiziert die Saga den Stoff, die großen Linien jedoch bleiben unangetastet, so dass uns auch mit Sigurds Herkunft ein altes Stück Sage vorliegen wird. Mit einer kleinen Einschränkung, denn in der *Vǫlsunga Saga* ist der Textanfang in der Pergamenthandschrift verderbt und in den Papierhandschriften recht frei wiederhergestellt, doch betrifft dies nur eine kurze Passage, die Heldengenealogie als Ganzes ist klar erhalten. Sie steht am Anfang des Textes und eröffnet eine epische Welt, die von den dabei thematisierten genealogischen Regeln und Zwängen anfangs geprägt sein wird. Darin gleicht die Heldengenealogie dem Heldenkatalog, der gerade in den altnordischen Texten immer wieder eingesetzt wird.[5]

Ich will Sigurds Genealogie in zwei Schritten vorstellen: Einem mit erklärenden Notizen angereicherter Stammbaum soll eine ausführliche Kommentierung folgen, die besonders auf die oben angedeuteten Erzählmuster eingeht. Hier also der erläuterte Stammbaum:

4 Ich benutze die Ausgabe: Vǫlsunga Saga, ed. Ebel. Dort auch eine grundsätzliche Einleitung. Als deutsche Übersetzung ist zu empfehlen Sterath-Bolz, Isländische Vorzeitsagas.

5 Vgl. dazu meinen Aufsatz: Müller, Iring im Exil.

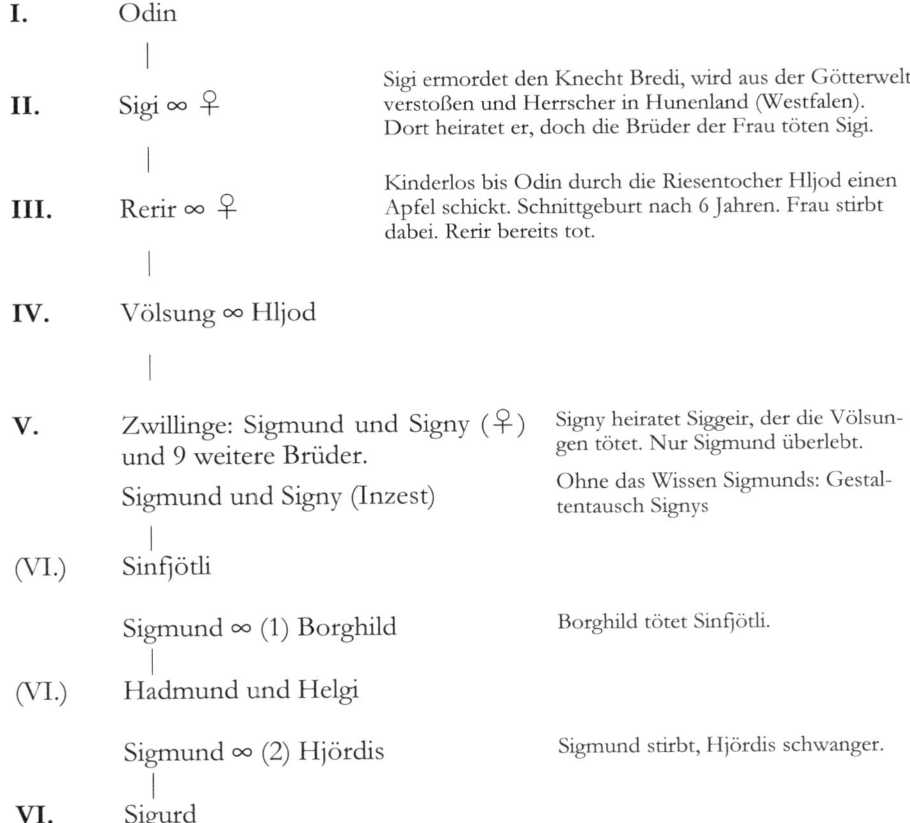

I. Odin
II. Sigi ∞ ♀
Sigi ermordet den Knecht Bredi, wird aus der Götterwelt verstoßen und Herrscher in Hunenland (Westfalen). Dort heiratet er, doch die Brüder der Frau töten Sigi.
III. Rerir ∞ ♀
Kinderlos bis Odin durch die Riesentocher Hljod einen Apfel schickt. Schnittgeburt nach 6 Jahren. Frau stirbt dabei. Rerir bereits tot.
IV. Völsung ∞ Hljod
V. Zwillinge: Sigmund und Signy (♀) und 9 weitere Brüder.
Signy heiratet Siggeir, der die Völsungen tötet. Nur Sigmund überlebt.
Sigmund und Signy (Inzest)
Ohne das Wissen Sigmunds: Gestaltentausch Signys
(VI.) Sinfjötli
Sigmund ∞ (1) Borghild
Borghild tötet Sinfjötli.
(VI.) Hadmund und Helgi
Sigmund ∞ (2) Hjördis
Sigmund stirbt, Hjördis schwanger.
VI. Sigurd

I: Fünf Generationen ist Sigurd also von seinen göttlichen Stammvätern getrennt. Aber selbst diese weite Spanne macht deutlich, dass er in eben jener Kontinuität steht. Göttliche Herkunft, die in die Genealogie von Menschen überführt wird, und die sich mit dieser durchmischt, ist ein zentraler Mechanismus in den Heldenviten von alters her.

II: Die Göttlichkeit aber muss der Sterblichkeit weichen und auch der Weg dorthin ist vorgegeben. Die Tötung des Knechts Bredi, der Sigi bei einer Jagd übertrifft, steht für den Sündenfall, der die Sterblichkeit nach sich zieht. Zahllos sind solche Vertreibungen und Verstoßungen – vom Paradies bis zu Prometheus – und die initialen Vergehen ähneln sich: Stolz, Übermut, Ungehorsam sind es, die auch Sigis Mord motivieren. Das damit entfachte Unheil verfolgt ihn auch in seiner irdischen Existenz. Als Herrscher ist er erfolgreich, nie unterliegt er, aber Zwist liegt in der eigenen Familie. Das Motiv ist ubiquitär: Die

Niederlage eines erfolgreichen Herrschers wird erklärt durch Querelen im Inneren, denen man ungeschützt gegenübersteht. Die Verwandten Sigis sind diejenigen, von denen er einen Angriff am wenigsten erwartet hätte. Das macht ihn angreifbar, hat aber noch eine weitere Konsequenz. Indem er einem Verwandtenmord erliegt, kontinuiert sich der Krieg in der Familie. Der Verwandtenmord nämlich ist ein unsühnbares Verbrechen;[6] die Sippe, an der die Rache verübt werden müsste, ist die eigene. Die Wiederherstellung des Rechts, die die Sippe stärken soll, mündet damit zwangsläufig in deren weiterer Destabilisierung und letztendlichen Auslöschung.

III: Mit dieser Erblast beginnt die nächste Generation, wobei auch bei diesem Wechsel die Vorgängergeneration hinter sich gelassen wird. Helden sind strukturell einsam, meist Waisen, wie es sich auch in der Sigurd-Genealogie zeigen wird. Da die Genealogie stockt, muss die Sphäre des Göttlichen wieder Impulsgeber sein. Rerirs Frau wird nicht schwanger, so dass Odin selbst für die Geburt seines Urenkels sorgt. Die Tochter des Riesen Hrimnir überbringt einen Apfel, dessen Verzehr die Frau schwanger werden lässt. Rerir stirbt während der Schwangerschaft, so dass auch die nächste Generation mit einer Waisen beginnen wird. Die Tatsache übrigens, dass der Urgroßvater Odin eingreift, deutet – vage zwar, aber doch – bereits eine weitere typische Dimension von Heldengenealogien an, den Inzest nämlich, der uns in mehrerlei Gestalt noch begegnen wird.

Das prominenteste Motiv dieser Generation ist jedoch die Schnittgeburt. Sechs Jahre ist Rerirs Frau schwanger, bis sie die Schnittgeburt anweist. So kommt Rerirs Sohn schon fast ausgewachsen zur Welt und kann seine sterbende Mutter noch küssen, denn die Schnittgeburt kann sie nicht überleben. Geburt und Tod sind hier untrennbar aufeinander bezogen. Die *sectio caesarea*, der Kaiserschnitt, ist dabei ein altes Motiv für eine außergewöhnliche Geburt. Sie geht zurück auf die römische Rechtsnorm der *lex caesarea*, die regelt, dass eine verstorbene Schwangere von ihrem Kind zu trennen sei, um dieses eventuell zu retten, oder aber zumindest separiert zu bestatten. In den *Digesten* wird diese *lex* als *lex regia*, also als Gesetz aus der Königszeit bezeichnet und lautet wie folgt:

> *Negat lex regia mulierem, quae praegnas mortua sit, humari, antequam partus ei excidatur. qui contra fecerit, spem animantis cum gravida peremisse videtur.*[7]

Nach der *Naturkunde* Plinius' des Älteren sei Caesar – wie auch Scipio Africanus – durch eine solche Schnittgeburt geboren worden,[8] auf die sein Name zurückgehe, also auf das lateinische *caedo* in der Bedeutung „an-, auf- oder ausschnei-

6 Siehe dazu Hellgardt/Müller, Der Sänger und die Runen, S. 194–197.

7 Corpus iuris civilis, ed. Behrends, Bd. 2, Digest 11.8.2, das dort so übertragen wird: „Ein Gesetz aus der Königszeit besagt, dass es dem Sakralrecht widerspricht, eine schwangere Frau, die während der Geburt gestorben ist, zu bestatten, bevor ihr das Kind durch Kaiserschnitt entnommen worden ist; wer dagegen verstößt, wird so angesehen, als habe er mit der Bestattung der Schwangeren die Hoffnung eines beseelten Wesens auf Leben zerstört."

8 Plinius, Naturalis historia, ed. König, Liber VII, 47, S. 42f.

den".[9] Historisch gesehen kann das nicht stimmen, da Caesar keine Waise war und in der Vormoderne die Schnittgeburt, wie ja auch bei Völsungs Geburt, den Tod der Mutter bedeutete und auch Plinius betont, dass das günstige Vorzeichen dieser Geburtsform darin begründet sei, dass sie der Mutter das Leben koste.[10] Unser heutiger Begriff ‚Kaiserschnitt' schließt sich daran merkwürdig an: Soll bei Plinius Caesar der Geburtsform seinen Namen verdanken, so verdankt die Geburtsform ihren Namen jetzt Caesar, was – so falsch es auch ist – die für uns zentrale Unterstellung untermauert, die Schnittgeburt korrespondiere mit der Herausgehobenheit des so Geborenen. Im 13. Jahrhundert war die *Sectio in mortua* eine gängige Praxis, die auch durch kanonisches Recht geregelt wird, wie etwa durch das Konzil von Canterbury, auf dem gefordert wird, den Mund der toten Schwangeren offen zu halten, um das Überleben des Ungeborenen zu sichern.[11] Schnittgeburten überlebt man nur in der Legende. Die Erzählung eines solchen Wunders von der Wiedererweckung einer Toten nach der Schnittgeburt ist etwa mit der Heiligen Elisabeth verbunden.[12] Das erste Zeugnis einer faktischen Schnittgeburt, die überlebt wird, ist dann erst jene durch den Schweizer Kastrator Jacob Nufer, der 1500 angeblich eine solche an seiner Frau Elisabeth Alespachin vorgenommen haben soll.[13] Tod und Geburt sind also in der Schnittentbindung im Mittelalter untrennbar miteinander vereint und vielleicht begründet dieser Zusammenhang ja die Herausgehobenheit. So sei der große St. Galler Abt Purchard seiner toten Mutter Wendilgart durch einen Schnitt entbunden und – weil das 14 Tage vor dem Termin war – in frisches Schweineschmer eingebettet worden, um Haut anzusetzen. Das gelang, und Purchard wurde von den späteren Mitbrüdern *ingenitum* genannt. Einzige Einschränkung war es, dass er selbst bei dem Stich einer Fliege sofort heftig blutete, was aber immerhin seine Lehrer davon abhielt, ihre Ruten an ihm anzuwenden.[14] Literarisch steht Völsung vielleicht Tristan am nächsten: In der Fassung des Eilhart von Oberg wird Tristrant aus der toten Blanscheflur herausgeschnitten.[15] Herausgehobenheit und tragischer Lebensverlauf, der sich auch im Namen *Tristan* ausdrückt, sind hier so konfundiert, wie das auch bei Völsung der Fall ist. Vor diesem Hintergrund profiliert sich aber die Schnittgeburt, die die lebende Mutter anordnet um einen weiteren Aspekt: Es ist ein Opfertod, den

---

9 Georges, Ausführliches lateinisch-deutsches Handwörterbuch, Bd. 1, Sp. 898.

10 Plinius, Naturalis historia, Liber VII, 47, S. 42f.

11 Siehe dazu Schäfer, Geburt aus dem Tod, S. 33.

12 Ebd., S. 26–28.

13 Dies wird jedoch erst 80 Jahre nach dem Ereignis berichtet, und zwar von Caspar Bauhin, dem es um eine historische Legitimation der Schnittgeburt ging; ebd., S. 54.

14 Ekkehardi IV. Casus Sancti Galli, ed. Haefele, cap. 85, S. 174–177.

15 Eilhart von Oberg, Tristrant und Isalde, ed. Buschinger/Spiewok, V. 99f.; Gottfrieds ‚Tristan' dagegen beschreibt einen zähen und letztlich tödlichen Verlauf der Niederkunft Isoldes. Es mag sein, dass Gottfried eine Schnittgeburt zu archaisch erschien und in seinem Modell der direkte Kontakt zwischen Geburt und Tod drastischer inszeniert werden kann. Völsungs Geburt kombiniert beide Aspekte, da die Schnittgeburt den Tod der Mutter herbeiführt.

die Frau Rerirs für den Namensgeber des Geschlechts stirbt. Und es ist ein anonymer Opfertod; sie ist die letzte Frau der Genealogie, die namenlos bleibt.

IV: So schließlich kommt es zum Namensgeber der Völsungen, zur Geburt von Völsung, der den genealogischen Engpass nicht kennt, der sich erst durch den göttlichen Apfel löste. Elf Kinder wird er zeugen. Der Eingriff des Göttlichen kontinuiert sich dabei, da Völsung Hljod heiratet, die Überbringerin des Apfels. Sieht man die Apfelgabe als Teil der Zeugung an, und in deren Kontext steht sie ja zweifelsohne, dann wird die Dimension des Inzests noch deutlicher. Hjlod heiratet den, bei dessen Zeugung sie beteiligt war und verbindet die Genealogie ein weiteres Mal mit der Sphäre des Göttlichen.

V: Ein weiteres Motiv heroischer Herkunft wird hier eingeführt, die Zwillingsgeburt. Signy und Sigmund werden als zweigeschlechtiges Zwillingspaar gezeugt. Die anderen Kinder bleiben namenlos. Die genealogische Entfaltung bringt es nun mit sich, dass auch die Herrschaft Völsungs genealogisch organisiert wird, der Text deutet so an, wie die herausragende Familie sich verbreiten und vernetzen könnte. Signy muss Siggeir heiraten, tut dies aber mit einem sehr schlechten Gefühl, doch gelingt es ihr nicht, den Vater davon abzubringen und ihn davon zu überzeugen, dass Siggeir Böses vorhat. Als es ihr schließlich gelingt, verhindert ein heroischer Fatalismus Völsungs eine Rettung: Jeder müsse einmal sterben und seine Nachgeborenen sollen nicht erzählen, dass Völsung Angst vor dem Tod gehabt habe.

Wieder gibt es also Kontakt mit einer anderen Sippe, mit der man ein Verwandtschaftsverhältnis eingeht, und wieder kommt es zum Konflikt mit derselben. Die komplette Geschichte führt hier zu weit und mitten in die Nibelungensage hinein. Nur soviel: Auslöser des Konflikts ist ein Schwert, das Odin höchst selbst für den ‚Besten' in einen Baum stößt und das von Sigmund herausgezogen werden kann. Siggeir will es haben, Sigmund verweigert es spottend, so dass die fatale Schattenseite der Bestenprobe zur Geltung kommt. Siggeir will sich an den Verwandten rächen, tötet alle bis auf Sigmund, der sich durch List rettet, und seine Gattin Signy.

Ein weiteres Mal ist ein innerfamiliärer Zwist initiiert, der katastrophal enden muss. Signy versucht ihre Söhne für die Rache ihrer Verwandten zu gewinnen, aber diese sind – wie Sigmund herausfindet – zu schwach und immerhin hätten sie gegen ihren eigenen Vater antreten müssen. Da verfällt sie auf eine Strategie, die nun vollends den Inzest in die Genealogie einführt. Mit vertauschter Gestalt zeugt sie mit ihrem Bruder Sigmund einen Sohn, Sinfjötli. Es ist dies die engste Form des Inzest, die man denken kann: Die Zwillinge, die genealogisch an identischer Position stehen, geben diese Position auf die nächste Generation weiter. Hier verkehrt sich die Logik des Genealogischen. Folgt diese einer Logik der Verbreitung, der Ausdehnung, die durch das Inzesttabu institutionell gesichert ist,[16] lässt der Inzest die Enden zusammenfallen. Der Stammbaum, der sich vom Spitzenahn aus verzweigt, dessen Zweige berühren sich nun wieder: Der inzestuöse Sohn ist Sohn und Bruder und Neffe zugleich. In der vorliegenden Genealogie werden damit sozusagen die Kräfte gebündelt und das steht in einer breiten Tradition, bis hin zur legendären Inzestregel bei der Geburt der ägyptischen Pharaonen. Was die exogamen Kinder Signys nicht vermochten, der inzestuöse Sohn vermag es gemeinsam mit Sigmund, seinem Vater und Mutterbruder. Die genealogische Macht der Völsungen potenziert sich. Sie depotenziert sich aber gleichermaßen, da Sigmund und seinem Sohn die Rache zwar gelingt, Signy dagegen mit ihrem Gatten stirbt; sie kann und will das Dilemma der Unsühnbarkeit, die Rache, die sich gegen die eigene neue Familie wendet, nicht überleben und macht damit den Inzest unwiederholbar. Sie, die alles versuchte, ihren Mann zu töten, geht mit ihm freiwillig in den Tod. Eindrücklicher lässt sich die Aporie zwischen Verwandtentreue und Verwandtenrache kaum ausdrücken.

So sind wieder die männlichen Kontinuitätsträger separiert. Sigmund und Sinfjötli leben weiter, aber können sich nicht mehr von dem Konflikt lösen, in den sie mit dem Verwandtenmord geraten sind. Sigmund heiratet zunächst Borghild. Mit deren Bruder gerät Sinfjötli bei einer Werbung in Konkurrenz und tötet diesen. Wieder ist die tödliche Dynamik des Verwandtenmordes und seiner Folgen aktiviert und Borghild tötet Sinfjötli, obwohl Sigmund Wergeld gezahlt hatte. Das demonstriert nochmals, dass die Befriedungsinstrumente des germanischen Rechts im Falle des Verwandtenmordes nicht greifen. Auch die Söhne Sigmunds und Borghilds, nämlich Hadmund und Helgi verschwinden aus der Genealogie. Zwar ist Helgi als Hundingstöter prominent und die Saga widmet ihm einen Exkurs, doch in der Genealogie der Völsungen wird er dann nicht mehr erwähnt: Er kommt in dieser Geschichte nicht mehr vor: *Ok er hann hér ekki síðan við þessa sǫgu.*[17] Diese beiden marginalisierten und schließlich vergessenen Söhne demonstrieren auch, dass es in der vorliegenden Heldengenealogie nicht um eine in sich schlüssige, lückenlose Verortung Sigurds geht. Ins Kalkül zu ziehen sind auch Möglichkeiten des Vergessens, der Raffung und Bündelung, tote Triebe – wie der inzestuöse Sinfjötli –, die die Konsistenz der Genealogie stören.[18]

Nach der Tötung Sinfjötlis ist die inzestuöse Zeugung, die als Voraussetzung der Kontinuität der Genealogie den inzestuösen Helfer einführte, wieder getilgt. Borghild wird verstoßen und stirbt, aber auch mit seiner nächsten Frau Hjördis geht es Sigmund nicht besser. Sie bringt ihm die Konkurrenz mit Lygni ein, der ebenfalls um Hjördis wirbt. Hjördis darf zwar selbst wählen und ent-

---

16 Vgl. dazu Strauss, Die elementaren Strukturen der Verwandtschaft.

17 Vǫlsunga Saga, ed. Ebel, S. 74.

18 Das kann bis zur Unterbrechung der Blutslinie gehen, wofür die Genealogie in ‚Dietrichs Flucht', in der die Bestenprobe eines Drachenkampfes die sanguine Kontinuität ersetzt; vgl. dazu Kellner, Kontinuität der Herrschaft.

scheidet sich für den alten, aber berühmten Sigmund, jedoch Lygnis Rache ist vorprogrammiert. Sigmund verlässt sein Glück; sein Schwert zerbricht durch Odins Eingriff in die Schlacht, so dass scheinbar der Gott die Genealogie an ein Ende bringt, die mit ihm begonnen hatte.

VI: Aber nur scheinbar, denn Hjördis ist schwanger und bringt Sigurd, den Zielpunkt der Erzählung, nun am Hof des Mörders seines Vaters zur Welt. Der Verwandtenzwist hat also kein Ende und Sigurds Schicksal besteht aus der Pflicht zur Vaterrache, die er erfolgreich vollziehen wird. Aber auch Sigurds Ende ist damit schon vorherbestimmt. Es wird sich allerdings dadurch unterscheiden, dass er nicht der kontinuierlich entwickelten Logik der Verwandtenrache erliegt. Vielmehr bringt er diesen Prozess zum Stillstand, damit hebt er sich aus der Genealogie der Herausgehobenen heraus. Sigurds Ende wird anders motiviert sein; wieder göttlich, durch die Hortverfluchung, aber auch durch sein eigenes Verhalten initiiert. Sicher spielt sich Sigurds Tötung auch im engeren Kreis der Familie ab, aber die Verwandten thematisieren das und vermeiden den Bruch des Treueides, der sie mit Sigurd verbindet. Hier liegt vielleicht das Besondere, eine Form der Herausgehobenheit von der Ahnenreihe, in der diese Form von Singularität vorbereitet ist: Sigurd ist Demiurg seines eigenen Untergangs.

Aber das ist eine andere Geschichte. Wir sind bei unserem Helden, am Ende seiner Herkunftsgeschichte angekommen, und abschließend seien nochmals die Muster resümiert, die uns dabei begegneten: Am Anfang steht die göttliche Herkunft, und der Eingriff des Göttlichen wiederholt sich ständig. Die Separation aus der Sphäre des Göttlichen, die Vertreibung löst dann eine Folge von Rachegeschichten aus, die verhindern, dass die *familia* sich ausbreitet. Die Entfaltung der Sippe mündet im innerfamiliären Kampf, den stets nur ein Sohn überlebt. Entstehen weitere Söhne, werden sie in der Erzählung getötet, marginalisiert oder vergessen. Der kriegerische Erfolg, die Herausgehobenheit der Einzelnen wird zurückgedrängt durch die destruierende Kraft der Verwandtenfehde, die eine Verbreitung der Herrschaft der Völsungen vereitelt. Nur einmal blitzt dieser Anspruch mit den elf Kindern Völsungs auf, um jedoch durch den Eingriff Odins durch die Konsequenzen der Schwertprobe sogleich wieder aus der Welt geschafft zu werden.

Das Fortbestehen der Sippe wird nur durch die herausragenden Taten der einzelnen Überlebenden gesichert. Begründet wird dieser je exzeptionelle Status des Kontinuitätsträgers durch besondere Formen von Zeugung und Geburt: Magisch-göttliche Zeugung (Apfel), Inzest, Zwillingsgeburt, Schnittgeburt, all dies lässt sich in vielen Heldenleben finden und ist in der Konstruktion, die die *Vǫlsunga Saga* überliefert, kombiniert und kumuliert. Wie ein Handbuch für Heldenmacher liest sich die Passage, aus der wir lernen können, wie im Kontext genealogischer Kontinuität Herausgehobenheit initiiert wird, so dass aus dem

Kreis der Gotteskinder Helden entstehen. Das sind Helden, die dem Bruch der Regeln unserer unheroischen Welt entstammen. Regeln, die erst in der Erzählung von deren Bruch formulierbar werden, um im selben Atemzug deren Geltung zu unterstreichen, auch wenn unsere Sehnsucht nur zu oft dem Regelbruch der Helden galt und gilt.

Bibliographie

Corpus iuris civilis. Text und Übersetzung auf der Grundlage der von Theodor Mommsen und Paul Krüger besorgten Textausgaben, ed. O. Behrends, Heidelberg 1999.

Edda. Die Lieder des Codex Regius nebst verwandten Denkmälern, ed. G. Neckel, Bd. 1: *Text*, 5. verbesserte Auflage von H. Kuhn, Heidelberg 1983.

Eilhart von Oberg, Tristrant und Isalde. Mhd./Nhd., ed. D. Buschinger/W. Spiewok (WODAN 27), Greifswald 1993.

Ekkehardi IV. *Casus Sancti Galli* / Ekkehard IV., *St. Galler Klostergeschichten*, übers. von H.H. Haefele (Ausgewählte Quellen zu deutschen Geschichte des Mittelalters 10), Darmstadt 1991.

Georges, K.E., *Ausführliches lateinisch-deutsches Handwörterbuch. Aus den Quellen zusammengetragen und mit besonderer Bezugnahme auf Synonymik und Antiquitäten unter Berücksichtigung der besten Hülfsmittel*, 2 Bde., Hannover u. a. 1869–1882.

Hellgardt, E./Müller, St., Der Sänger und die Runen. Über christliche und heidnische Kommunikationspraktiken und das Weltbild des Beowulf, in: W. Schindler/J. Untermann (Hg.), *Grippe, Kamm und Eulenspiegel. Festschrift für Elmar Seebold zum 65. Geburtstag*, Berlin/New York 1999, S. 177–205.

Kellner, B., Kontinuität der Herrschaft. Zum mittelalterlichen Diskurs der Genealogie am Beispiel des ‚Buches von Bern', in: J.-D. Müller/H. Wenzel (Hg.), *Mittelalter. Neue Wege durch einen alten Kontinent*, Stuttgart u. a. 1999, S. 43–62.

Kellner, B., *Ursprung und Kontinuität. Studien zum genealogischen Wissen im Mittelalter*, München 2004.

Müller, St., Iring im Exil. Über einen Konstellationstyp der Heldensagentradition im „Nibelungenlied", in der „Nibelungenklage" und im „Biterolf und Dietleib", in: E. Hellgardt/St. Müller/P. Strohschneider (Hg.), *Literatur und Macht im mittelalterlichen Thüringen*, Köln/Weimar/Wien 2002, S. 1–30.

Neckel, G., Zur Vǫlsunga Saga und den Edda-Liedern der Lücke, in: *Zeitschrift für deutsche Philologie* 37 (1905), S. 19–29, 39 (1907), S. 293–307, 40 (1908), S. 219f. und 372f.

Plinius: C. Plinii secundi *Naturalis historia* / C. Plinius secundus d. Ä., *Naturkunde. Lateinisch – Deutsch*, ed. R. König, München 1975.

Schäfer, D., *Geburt aus dem Tod. Der Kaiserschnitt an Verstorbenen in der abendländischen Kultur* (Schriften zur Wissenschaftsgeschichte 20), Hürtgenwald 1999.

Sterath-Bolz, U., *Isländische Vorzeitsagas* 1, München 1997.

Strauss, C.L., *Die elementaren Strukturen der Verwandtschaft*, Frankfurt a.M. 1992.

Vǫlsunga Saga, ed. U. Ebel, Frankfurt a.M. 1983.

BEATE KELLNER (Zürich) / WINFRIED MÜLLER (Dresden)

Genealogie und Jubiläum

Konstruktionen von Identität und Autorität

1.

In vormodernen Gesellschaften stellt das Genealogische ein basales Modell der Ordnung von Geschichte und einen zentralen institutionellen Mechanismus der Fundierung von Macht dar.[1] Die Generationenketten von Geschlechtern, Völkern und Reichen zielen auf ‚transpersonale Kontinuität', denn sie setzen den Gedanken der Identität einer Gesamtheit ins Bild, welche trotz der Vergänglichkeit ihrer Glieder bestehen bleibt.[2] Über Genealogien wird Geschichte konstruiert, werden ‚Eigengeschichten' generiert, in denen die Ursprünge einer Gemeinschaft häufig durch Gründungsmythen inszeniert und legitimiert sowie Brüche und Diskontinuitäten der eigenen Geschichte verdeckt werden. Entscheidend ist dabei, dass die ‚Leitideen' bzw. ‚Leitdifferenzen' des Genealogischen als einer institutionellen Ordnung, mithin das hohe Alter, die Vornehmheit, die besondere Qualität des Blutes, die Kontinuität der Vorfahren wie der Vorgänger im Amt, immer wieder neu vergegenwärtigt werden. Formen symbolischer Repräsentation – etwa in der Historiographie, der Literatur, der Architektur oder der Malerei – und instrumentelle Funktionen des Genealogischen gehören dabei untrennbar zusammen. Mittels der Konstruktion von Blutslinien und Amtssukzessionen, welche mit dem Wandel der politischen Verhältnisse umgeschrieben werden konnten, erweisen sich Genealogien dabei unter dem Anschein, Manifestationen des Natürlichen, des Leiblichen, zu sein, als in hohem Maße flexible kulturelle Konstruktionen. Die *crux* jeder genealogischen Ordnung stellt zweifellos die Frage nach ihrem Ursprung dar. Um der Genealogie eines Geschlechts, eines Reiches oder Volkes einen herausgehobenen Anfang zu verleihen, werden Personen als Gründer gesetzt, die sich durch besondere Autorität, durch Charisma und Heil auszeichnen. Der jeweilige ‚Spit-

---

1 Zur Genealogie in Mittelalter und Früher Neuzeit vgl. etwa: Schmid, Geblüt, Herrschaft, Geschlechterbewußtsein; Bloch, Etymologies and Genealogies; Spieß, Familie und Verwandtschaft; Heck/Jahn (Hg.), Genealogie als Denkform; Finucci/Brownlee (Hg.), Generation and Degeneration; Melville/Rehberg (Hg.), Gründungsmythen; Kellner, Ursprung und Kontinuität.

2 Vgl. Melville, Vorfahren und Vorgänger; Ders., Geschichte in graphischer Gestalt.

zenahn'[3] soll einerseits den Beginn einer genealogischen Linie markieren, andererseits aber ist er der genealogischen Systematik gemäß über seine Ahnen zwangsläufig wiederum selbst in eine Generationenkette eingebunden, die sich über den vermeintlichen Ursprung hinaus zurückverfolgen lässt. Daher muss mit dem ‚Spitzenahn' gewissermaßen gegen die Logik genealogischer Sukzession ein Neubeginn inszeniert werden, indem er zu einem Gründer stilisiert wird, der besonderes Legitimationspotenzial mit- und einbringen kann.

Der beschriebene konstruktivistische Charakter ist auch bei unserer Vergleichsgröße evident, dem auf dem Heiligen Jahr der spätmittelalterlichen Kirche aufruhenden historischen Jubiläum – haben wir doch eine Zeitkonstruktion vor uns, bei der es sich um ein auf Vereinbarung beruhendes, gesetztes, von Mondphasen, Jahreszeiten oder Lebensaltern unabhängiges Datennetz handelt.[4] Durch eine Instanz universalen Geltungsanspruchs, das Papsttum, wurde in exakt definierten Intervallen an einem besonderen Ort, in Rom, aus dem Kontinuum des Zeitflusses ein Zeitabschnitt als Gnadenzeit ausgewiesen, in der von den Gläubigen ein besonders weitreichender Ablass von Sündenstrafen erwirkt werden konnte. Diese seit 1475 alle 25 Jahre stattfindenden Heiligen Jahre[5] waren zwar noch keine historischen Erinnerungsfeiern, aber das Modell der Intervallinszenierung war erfunden, und mit ihm die Option, durch die periodische Auszeichnung eines Zeitraums und eines Orts große Teilnehmerkreise zu mobilisieren und im Sinne der veranstaltenden Institution zu normieren. Dies war der Hintergrund dafür, dass an der Wende vom 16. zum 17. Jahrhundert die protestantischen Universitäten[6] und Landeskirchen dazu übergingen, die von der alten Kirche entwickelte Zeitrhythmisierung zu adaptieren und flexibel auf Daten ihrer Eigengeschichte anzuwenden. Das war die Geburtsstunde des historischen Jubiläums. Zunächst in Intervallen von 100 Jahren – erstmals 1617 – wurden Zentralereignisse des Protestantismus wie der Thesenanschlag aktualisiert, um daraus Legitimität für die Gegenwart und programmatische Botschaften für die Zukunft abzuleiten.[7]

Zwischen den beiden hier vergegenwärtigten institutionellen Ordnungsmustern bieten sich systematisch und historisch eine Reihe von Vergleichsmomenten an: Als Zeit- und Memorialkonstruktionen zielen Genealogien wie Jubiläen auf die Sicherung und die Steigerung der Geltung einer Ordnung oder einer personalen Autorität. Deshalb werden jene gerade auch in Zeiten des Umbruches inszeniert, um Stabilität gegen die Prozesse geschichtlichen Wandels zu setzen. In Jubiläen werden dabei – durchaus vergleichbar mit Entwürfen von Genealogien – die Gründungsgeschichten und wichtige Elemente der ‚Eigengeschichte' aufgegriffen, um Kontinuität zu suggerieren. Und wie bei der Genea-

---

3 Zum Terminus ‚Spitzenahn' vgl. Hauck, Haus- und sippengebundene Literatur, S. 173.
4 Vgl. Müller, Das historische Jubiläum; Münch, Jubiläum, Jubiläum; Mitterauer, Anniversarium und Jubiläum.
5 Vgl. Fuhrmann, „Jubel".
6 Vgl. Müller, Erinnern an die Gründung.
7 Vgl. Flügel, Konfession und Jubiläum.

logie werden auch bei Jubiläen die Akte des Gedenkens sowie die Entwürfe der Eigengeschichte stets den je gegenwärtigen Erfordernissen angepasst. Jubiläen wie Genealogien interpretieren und (re)konstruieren die Vergangenheit mit Blick auf die Gegenwart und auch die Zukunft. In den Intervallsetzungen der Jubiläen verschränken sich dabei wie in den genealogischen Ketten die Zeitstufen Vergangenheit, Gegenwart und Zukunft: Genealogisch gedacht wird im Nachfahren der Vorfahre vergegenwärtigt, und doch ist die Zeit im sukzessionellen Verlauf vorangeschritten – das Jubiläum wiederum zelebriert zwar die Wiederkehr des Gleichen, doch ist es auf der Linearität der Zeitachse situiert. Gemeinsam ist beiden Zeitkonstruktionen überdies, dass mit den eigenen Geschichtskonstruktionen andere Entwürfe verdrängt werden sollen. Genealogien und Jubiläen inszenierten sich von Anfang an jeweils in Konkurrenz zu anderen Modellierungen von Zeit und Geschichte. Der identitäts- und stabilitätsstiftenden Absicht gegenüber der eigenen Klientel war die scharfe Abgrenzung vom politischen, konfessionellen oder persönlichen Gegner zugeordnet.

Geradezu modellhaft lässt sich am Genealogischen und am Jubiläum die Prozesshaftigkeit von institutionellen Ordnungen studieren: Jene Ordnungen, welche die *stabilitas* von Gemeinschaften gegen die Wechselfälle der Geschichte sichern sollen, werden immer wieder neu entworfen und unterschiedlich funktionalisiert. Den vielfachen Umschriften der Reihen von Vorfahren und Vorgängern durch die Genealogie korrespondieren die Modellierungen und Aktualisierungen der Gründungsgeschichten in der Jubiläumsinszenierung. Beide Zeitkonstruktionen verraten weniger über die Vergangenheit als vielmehr über Motive und Bewusstseinslagen bei der Annäherung an Vergangenes, und die Beschäftigung mit ihnen legt offen, dass Erinnerung und Zeit – gemeinhin als ‚naturhaft gegeben' verstanden – in Genealogien wie Jubiläen soziale Kategorien sind.

2.

Besondere historische Aufschlüsse verspricht die Gegenüberstellung beider institutioneller Ordnungsmuster vor allem auch deshalb, weil bei unserer Beschäftigung mit Genealogien der Fokus auf dem Mittelalter bzw. dem Übergang vom Mittelalter in die Neuzeit liegt,[8] während bei der Beschäftigung mit Jubiläen die zeitliche Streuung von der Frühen Neuzeit bis ins 20. Jahrhundert reicht.[9] Auf diese Weise ist ein zeitlicher Überschneidungsbereich gegeben und zugleich

---

8 Vgl. die Arbeiten im Teilprojekt X des SFB 537 ‚Institutionalität und Geschichtlichkeit': ‚Genealogie im ausgehenden Mittelalter und in der beginnenden Neuzeit. Institutionelle Mechanismen der Legitimierung und Verstetigung von Macht' (Leitung B. K.).

9 Vgl. hierzu die im Teilprojekt R ‚Das historische Jubiläum. Genese, Ordnungsleistung und Inszenierungsgeschichte eines institutionellen Mechanismus' des Dresdner Sonderforschungsbereichs 537 ‚Institutionalität und Geschichtlichkeit' entstandenen Arbeiten; zusammenfassend Müller, Das historische Jubiläum.

lässt sich eine lange diachrone Linie ausziehen. In epochenübergreifender Perspektive können so kaum wahrgenommene Wandlungsprozesse bei der Konstruktion und Durchsetzung von Zeitkategorien sichtbar gemacht werden. Dabei zeigt sich, dass das Genealogische vor dem Hintergrund fundamentaler Umbrüche gerade im Übergang vom späten Mittelalter zur Frühen Neuzeit in spezifischer Weise sein Potenzial ausspielte, als institutionelles Ordnungsgefüge Stabilität zu suggerieren. Besonders die großen Fürstenhäuser ließen ihre vornehme Herkunft mit gegenüber dem Hochmittelalter deutlich gesteigerten, nicht selten multimedialen Aufwänden inszenieren. Paradigmatisch kann man dies im Umfeld Kaiser Maximilians I. studieren, denn im Kontext seiner Projekte herrscherlicher Repräsentation wurde der Genealogie eine zentrale Rolle eingeräumt, was bis zu ihrer Institutionalisierung als ‚Wissenschaft' bei Hofe führte. Die wissenschaftliche Erschließung der weit verzweigten verwandtschaftlichen Verflechtungen des Hauses Habsburg wurde gelehrten Mitarbeitern anvertraut, welche, als ‚Verwandtschaftsforscher' institutionalisiert, genealogische Spuren in Dokumenten verschiedenster Art sammeln, kritisch vergleichen und auswerten sollten. Dabei kam es im Verlauf von Maximilians Großprojekten zu zahlreichen Veränderungen des genealogischen Programms, die vom Wechsel der Ableitung der Habsburger von vornehmen römischen Familien zur Fundierung des Geschlechtes über den Trojanermythos und zur Rückführung auf Noah reichten. Exemplarisch manifestiert sich in solchen Umstrukturierungen die Prozesshaftigkeit der institutionellen Ordnung Genealogie.

Die im Umfeld Maximilians favorisierte Vorstellung einer Kontinuität zwischen Habsburgern und Trojanern, die über die *origo gentis* Sage der Franken vermittelt war,[10] verdeckte die Frage nach dem eigentlichen Ursprung der Dynastie zwar vordergründig in einer weit gespannten Großkonstruktion, doch sie konnte dieses Problem nicht ganz ausblenden. Offen blieb, wann sich aus den trojanischen Franken das Geschlecht der Habsburger herauskristallisierte, ab wann und mit wem man im eigentlichen Sinne von ‚Habsburgern' sprechen konnte. Pointiert gesagt: Was den Habsburgern im Unterschied zu anderen Dynastien fehlte, war ein ‚Spitzenahn', der mit besonderer Autorität, mit Charisma und Heil ausgestattet gewesen wäre. Ohne einen solchen Gründer blieb es erklärungsbedürftig, warum gerade die Habsburger zu Königen und Kaisern aufsteigen, das vornehmste Geschlecht Europas bilden und den Vorrang beanspruchen konnten. Die Frage nach dem ersten Habsburger ist mithin prekär, und es ist von besonderem Interesse, wie dieser ‚gefunden' respektive ‚erfunden' wurde.

Sowohl in der *Fürstlichen Chronik* wie auch in früheren Entwürfen wurden die Habsburger von Maximilians Chefgenealogen Jakob Mennel über den Gra-

---

10 Vgl. besonders: Jakob Mennel, Fürstliche Chronick genannt Kayser Maximilians Geburtsspiegel, Wien ÖNB cvp 3072*–3077; Ders., Kayser Maximilians besonder buch, genant der Zaiger, Wien, ÖNB, Cod. 7892; vgl. dazu auch den monumentalen Holzschnitt der Ehrenpforte.

fen *Ottpert*, einen angeblichen Sohn des als burgundischer König verstandenen *Theodpert*, unmittelbar an die Merowinger angesippt.[11] Mit dieser genealogischen Fiktion einer Rückführung der Habsburger auf die Merowinger im Mannesstamm gelang es, eine genealogische Ableitung der Dynastie von den Karolingern zu umgehen. Solchermaßen konnte man die Habsburger als ‚älter' darstellen als die wichtigsten Konkurrenten Maximilians, das französische Herrscherhaus, welches sich über die Karolinger ebenfalls genealogisch auf die Trojaner bezog. Die Konstruktion kam den Interessen des Kaisers auch deshalb sehr entgegen, weil *Ottperts* Abstammung aus dem burgundischen Königshaus ‚nachgewiesen' wurde. Die Heirat Maximilians mit Maria von Burgund im Jahre 1477 schuf jener Inszenierung nach dann gerade nicht die erstmalige Verbindung beider Dynastien, sondern erscheint vielmehr als Wiederherstellung einer uralten Beziehung zwischen den Häusern. Auch und gerade darin ist ein wichtiger Fokus der Konstruktion der genealogischen Nahtstelle zwischen den Merowingern und den Habsburgern zu sehen.

Es lässt sich nun beobachten, wie im Verlauf der genealogischen Ausarbeitungen Mennels aus der blassen Figur des genannten Grafen *Ottpert*, über die man eigentlich nichts wusste, in verschiedenen Anläufen und Entwürfen ein Gründer ‚gemacht' wurde, dem schließlich über seine Verwandtschaft mit dem heiligen *Trudpert* und seine Verbindung mit dessen Legende besondere Autorität verliehen wurde.[12] Über das Charisma des Heiligen und dessen genealogische Verknüpfung mit der Gründerfigur *Ottpert* wurde der Ursprung der Habsburger an die Transzendenz gebunden und damit aus den bloß horizontalen genealogischen Bindungen gelöst. Das Fehlen einer charismatischen Gründerfigur der Habsburger wurde auf diese Weise über geschickte genealogische Modellierungen kaschiert und bis zu einem gewissen Grad kompensiert. Es zeigt sich, wie an den genealogischen Nahtstellen gearbeitet wurde und wie Brüche und Diskontinuitäten der Geschichte über genealogische Konstruktionen überspielt wurden. Und dennoch: Trotz der vielfachen genealogischen Umschriften im Verlauf von Maximilians Großprojekten, die sich in der Analyse als gezielte „Kanalisierung des Blutes"[13] zu erkennen geben, wurde die *stabilitas* des Geschlechts immer wieder über die Geltung der vermeintlich naturwüchsigen, sich sozusagen von selbst in der Geschichte entfaltenden Ordnung des Blutes behauptet.

Zugleich trieben allerdings gerade die in enzyklopädische Dimensionen gesteigerten genealogischen Großprojekte Maximilians durch ihre Inszenierung der verwandtschaftlichen Verbindung der Habsburger mit möglichst allen bedeutenden Herrscherhäusern und insbesondere auch ‚allen möglichen Heiligen'

---

11 Mennel, Fürstliche Chronik, ÖNB cvp 3072*, fol. 40^r^. Zu den genauen genealogischen Ableitungen und den Varianten in den verschiedenen Entwürfen Mennels vgl. Kellner/Webers, Genealogische Entwürfe.

12 Mennel, Fürstliche Chronik, ÖNB cvp 3077, fol. 115^r–126^v. Näher dazu Kellner/Webers, Genealogische Entwürfe.

13 Vgl. Melville, Vorfahren und Vorgänger, S. 253.

die genealogische Systematik an ihre Grenzen. Die enzyklopädische Dimension verwässerte die Grenzen der Verwandtschaft und führte die Logik des Genealogischen in die Aporie, indem verwandtschaftliche Verbindungen aller mit allen postuliert wurden. Die dem Genealogischen eigene Spannungsbalance, als institutioneller Mechanismus der Legitimierung eines partikularen Geschlechts zu fungieren und doch zugleich offen und flexibel zu sein für Ansippungen der verschiedensten Art, geriet zunehmend aus dem Lot. Die genealogischen Großentwürfe offenbarten mithin gerade die Problematik genealogischer Modelle.

Dies ließ auch im Umfeld Maximilians jene Zweifel an genealogischen Konstruktionen aufkeimen, die im Übergang zur Neuzeit etwa auch in den zeitgenössischen Adelstraktaten deutlich wurden. Zwischen den Gelehrten am Hof des Kaisers kam es zu umfangreichen kritischen, bisweilen polemischen Debatten über die Stimmigkeit der genealogischen Ableitungen. Angegriffen wurden vor allem die genealogischen Fabeleien des Abtes Trithemius, dem unterstellt wurde, nicht Zusammenhängendes zu einer vermeintlichen Einheit zu verschmelzen.[14] Um kritischen Zweifeln gegenüber den von ihm in Auftrag gegebenen Genealogien vorzubeugen und jene gegen Skepsis zu immunisieren, bestellte Maximilian sogar ein Gutachten bei der Wiener Theologischen Fakultät, das die Rückführung der genealogischen Linien bis Noah und die Übereinstimmung mit den Genealogien des Alten Testaments bestätigen sollte.[15]

Pointiert kann man formulieren: Was ‚früher' einfach ‚geglaubt' wurde, musste nun immer aufwändiger ‚bewiesen' werden, und gerade diese Professionalisierungen und Verwissenschaftlichungen lassen eine neue Dimension der genealogischen Unternehmungen in der Frühen Neuzeit erkennen. Sie legen, so kann man folgern, *ex negativo* den Finger auf den wunden Punkt der sich sogar im Umfeld Maximilians durchaus nicht vereinzelt regenden Skepsis.

3.

Dieses Misstrauen gegenüber der Genealogie, die mit ihren feinen Verästelungen zwar Exaktheit suggerierte, Herkunftsgeschichten aber mythisch überformte, ist nun der Ansatzpunkt, um nach dem qualitativ Neuen zu fragen, das der Jubiläumszyklus für die Ordnung der Geschichte bedeutete. Eingebettet in einen sich im Übergang vom Mittelalter zur Frühen Neuzeit vollziehenden Prozess der Gewöhnung an das „künstliche Zerteilen von Zeit im Lebensvollzug"[16] ordnet das historische Jubiläum die Geschichte nach den Regeln mathematischer Exaktheit. Mit der Präzision eines Uhrwerks wird Geschichte in Zeiträu-

14 Vgl. etwa Johannes Stabius, Scriptum super conclusionibus genealogiae illustrissime domus Austrie, Wien, ÖNB, Cod. Vind. 3327; Ders., Excerpta ex libris chronicis Trithemii abbatis Spanhamensis cum glossa Stabii, Wien ÖNB cvp 9045*.
15 Gutachten der Wiener Theologischen Fakultät von 1518, Wien, ÖNB Cod. Vind. 10298.
16 Peters, ...dahingeflossen ins Meer der Zeiten, S. 184.

me von 100, 50 oder 25 Jahren getaktet. Im Jubiläumszyklus spiegelt sich der moderne Geist der Rechenhaftigkeit wider, der den Ursprungsmythos durch ein exaktes Initium ersetzt. Bei näherem Hinsehen wird freilich eine idealtypische Differenzierung in eine Vormoderne, die über Genealogien am Webstuhl der Zeit die Mythen spinnt, und eine Moderne, die sich an präzise Daten und das Faktische hält, rasch hinfällig.

Nehmen wir als Beispiel den 31. Oktober 1517, den Tag von Luthers Thesenanschlag, der 100 Jahre später zum Urknall der modernen Jubiläumskultur wurde, der ganz gewiss am 31. Oktober 2017 in den 500-Jahr-Feiern der Reformation nachhallen wird.[17] Freilich: der Mitte des 19. Jahrhunderts im Portal der Wittenberger Schlosskirche in Bronze gegossene Thesenanschlag ist seit den 1960er Jahren immer wieder bestritten worden. Zwar habe Luther an diesem Tag die Thesen an seinen kirchlichen Vorgesetzten, Kardinal Albrecht von Brandenburg, geschickt, ein gleichzeitiger öffentlicher Anschlag habe indes nicht stattgefunden. Diese Debatte wurde von der protestantischen Kirchengeschichtsschreibung zwar zwiespältig aufgenommen, mündete aber in rhetorische Rückzugsgefechte ein: Da die Thesen in Wittenberg bekannt gewesen seien, sei durchaus an einen Anschlag am Schwarzen Brett an der Nordtür der Schlosskirche zu denken, wie immerhin Melanchthon 1546 unwidersprochen behauptet habe. Und auch wenn durch einen neuen Quellenfund – eine 2007 entdeckte Notiz von Luthers Sekretär Georg Rörer – tatsächlich ein Authentizitätsbeweis für den Thesenanschlag erbracht worden sein sollte, so dürfte es sich doch eher um einen öffentlichen Aushang gehandelt haben, der mit der späteren Heroisierung des Geschehens wenig gemein hatte. *Cum grano salis* mutierte der Thesenanschlag deshalb in der jüngeren Forschung zur Thesenpublikation.[18]

Die seit 1617 im Mittelpunkt der Reformationsjubiläen stehende Erzählung vom Thesenanschlag zeigt, dass das Jubiläum bei der Aktualisierung der Eigengeschichte zwar chronologische Präzision und historische Faktizität suggeriert, dass es sich aber durchaus auf eine unsichere Überlieferung stützt bzw. mit Fiktionen arbeitet. Diese Tendenz setzte sich umso mehr durch, als die jubiläumszyklische Präsentation der Eigengeschichte ein Problem sichtbar machte, das auf die Konkurrenz als das Lebenselixier der Jubiläumskultur verweist. Wenn Lutheraner und Reformierte 1617 eine Säkularfeier begingen, um der von Luther ausgelösten reformatorischen Bewegung zu gedenken, so wurde ja offen die Geschichtlichkeit des Protestantismus thematisiert. Diese verwies aber zugleich auf eine bedenkliche Asymmetrie des konfessionskulturellen Erinnerungshorizonts: Der langen Tradition der katholischen Kirche konnten gerade einmal 100 Jahre Eigengeschichte gegenübergestellt werden. Diesen Makel galt es zu invisibilisieren, indem sich die neuen protestantischen Landeskirchen in

---

17 Zum Folgenden vgl. Müller, Nach Jahr und Tag.

18 Vgl. Joestel, 1517. Luthers 95 Thesen, S. 62ff.; Wartenberg, Die reformatorische Veränderung, S. 18. Zu der durch die Notiz Georg Rörers ausgelöste Debatte vgl. Ott/Treu, Luthers Thesenanschlag.

ein auf das Alte Testament zurückverweisendes Kontinuum stellten, das von Luther lediglich in die rechte Bahn geleitet worden sei. Der Dresdner Oberhofprediger Matthias Hoe von Hoenegg brachte diese Deutung auf den Punkt: Gott war in Israel bekannt, und durch Luther wurde er in Sachsen bekannt gemacht. Die Sachsen sollten sich sozusagen angewöhnen, ihr Land als das neue Israel zu erkennen.[19] Durch eine Strategie der Verewigung sollte hier also die dem historischen Jubiläum immanente Tendenz zur Verzeitlichung aufgehoben werden. Derlei Kontinuitätskonstruktionen sind im Übrigen keineswegs nur in der Vormoderne zu beobachten. Als beispielsweise die seinerzeitige Bundeshauptstadt Bonn 1989, im Jahr der bald auch die Hauptstadtdebatte zeitigenden Wende, mit hohem finanziellen und ideellen Aufwand ihr Stadtjubiläum plante, war man dort wild entschlossen, sich als Hauptstadt mit römischem Profil und 2000-jähriger Tradition zu etablieren.[20] Althistoriker, die einer angeblichen Ersterwähnung beim römischen Rhetor Florus keinerlei Beweiskraft zusprachen, wurden als „Anti-Bonn-Gelehrte" bezeichnet, und der Oberbürgermeister gab zu Protokoll, „selbst wenn Florus Bonn nicht gemeint haben sollte, bleibt als Faktum: Um diese Zeit waren hier nicht nur grüne Wiesen, sondern eine Stadt." Bonn beging jedenfalls 1989 seine 2000-Jahr-Feier. Wichtiger als diese frappierende Parallelität von frühneuzeitlichen und aktuellen Kontinuitätskonstruktionen ist freilich die an diesen Beispielen erkennbare Verewigungsstrategie, mit der das Jubiläum in eine quellenkritischer Überprüfung nicht standhaltende Vorzeit ausgreift – kurzum, das tut, was auch die Genealogie des hohen und späten Mittelalters getan hat. Diese Adaption der genealogischen Methode erfasste sogar den institutionellen Mechanismus des Jubiläums selbst, stößt man doch immer wieder auf fiktionale Jubiläumsketten,[21] wenn man so will Jubiläumsgenealogien. Angesprochen sind damit zwar behauptete, faktisch indes nicht nachweisbare Jubiläumsaktivitäten. Das für 1540 behauptete Buchdruckerjubiläum, das tatsächlich erstmals 1640 begangen wurde, ist nur ein Beispiel für solche vor allem im jubiläumsgewohnten 19. Jahrhundert vorgenommenen Rückprojektionen.

Gerade indem sich das Jubiläum methodisch an die Genealogie anschließt, zeigt sich das beharrliche Fortleben des Genealogischen. Zugleich ist daran zu erinnern, dass die Genealogie in der Frühen Neuzeit und weit darüber hinaus grundsätzlich als ordnungs- und legitimitätsstiftendes Prinzip in Geltung blieb. Man denke nur an die im deutschen Hochadel üblichen Ahnenproben, die Voraussetzung für die Stiftsfähigkeit, den Zugang in geistliche und weltliche Korporationen, waren. Nachdem zunächst der regierende Hochadel mit den Hofkalendern die einschlägigen Daten präsentiert hatte, war es dann das 19. Jahrhundert, das auf breiter Basis die Offenlegung der genealogischen Verhältnisse betrieb. Seit 1825 bzw. 1848 erschienen regelmäßig die genealogischen Taschen-

19 Vgl. Robinson-Hammerstein, Sächsische Jubelfreude, S. 469.
20 Dieses und andere Beispiele bei Müller, Instrumentalisierung und Selbstreferentialität.
21 Vgl. hierzu auch Schuller, Jubiläum.

bücher der gräflichen und freiherrlichen Häuser, der sogenannte *Gotha*. Für den seinen gesellschaftlichen Funktionalitätsverlust kompensierenden Adel wurde dieser zu einem wichtigen Medium der Selbstgenerierung und Selbstauratisierung. Zugleich entdeckte der Adel als eine sich zunehmend auf historische Erinnerungen und weniger auf seine politische Funktionalität beziehende Gruppe[22] im 19. Jahrhundert das historische Jubiläum für seine Selbstinszenierung. Vor allem die großen Dynastien waren es,[23] die nach den Erschütterungen des revolutionären Zeitalters das „loyale Herz" der Untertanen bzw. Staatsbürger über jubiläumszyklische Inszenierungen von silbernen und goldenen Hochzeiten,[24] Regierungsantritten und Jahrhundertfeiern der Dynastie zu gewinnen suchten.

Genealogie und Jubiläum stellten nun freilich nicht nur institutionelle Mechanismen dar, mittels derer der Adel seine zunehmende gesellschaftliche Abkömmlichkeit zu kompensieren und Autorität zu bewahren versuchte. Zugleich wurden beide Zeitkonstruktionen auch vom wirtschaftenden Bürgertum aufgegriffen – einer Gruppe, die aus ihrer ökonomischen Unabkömmlichkeit die politische und moralische Wertschöpfungskompetenz ableitete, die zugleich aber mit Verve die Konstruktion von Tradition in Angriff nahm, wie man in fiktionaler Form beispielsweise in Thomas Manns Roman *Buddenbrooks* nachlesen kann: Als die Kaufmannsfamilie Buddenbrook 1868 ihr 100-jähriges Firmenjubiläum feiert, wird dem Firmenchef eine Ahnengalerie mit den Porträts der bisherigen Firmeninhaber übergeben.[25] Dass es sich hier um einen der Realität abgeschauten Vorgang handelt, das beweisen die zahlreichen realen Firmenjubiläen und Festschriften im Banken- und Versicherungsbereich[26] ebenso wie in der Schwerindustrie, wie die besonders aufwändigen Inszenierungen der Firma Krupp bzw. – genealogisch ausgedrückt – der Krupp-Dynastie eindrucksvoll belegen.[27] Und zu dieser Beobachtung einer Adaption des jubiläumszyklischen und genealogischen Denkens im Bürgertum passt es, dass seit 1889 das *Deutsche Geschlechterbuch* herausgegeben wurde, das in seinen bis 1943 erschienenen 119 Bänden die Genealogien bürgerlicher Familien präsentierte. Und seit 1907 erschien als neue Abteilung des *Gotha* das Taschenbuch der briefadeligen Häuser, das die seit 1806 nobilitierten und nicht selten aus dem Bürgerstand hervorgegangenen Adelsfamilien registrierte. Dies alles sind deutliche Belege dafür, dass dem Wirtschaftsbürgertum etwas fehlte. Zwar konnte es, anders als der Adel, für sich ökonomische Unabkömmlichkeit reklamieren, aber – um noch einmal auf Thomas Manns *Buddenbrooks* zurückzukommen:

22 Vgl. Matzerath, Adelsprobe an der Moderne.
23 Vgl. Mergen, Monarchiejubiläen im 19. Jahrhundert.
24 Vgl. Müller, Der Seelenbund.
25 Vgl. Mann, Buddenbrooks, 8. Teil, 5. Kapitel.
26 Vgl. Damm, Selbstrepräsentation und Imagebildung.
27 Vgl. Tenfelde, Krupp bleibt doch Krupp.

> *Die Leute sind emporgekommen* [...] *und an Geld und Ansehen den Ersten gleich. Aber es fehlt ihnen etwas, etwas Äußerliches, worauf sie bislang mit Überlegenheit und Vorurteilslosigkeit verzichtet haben* [...]. *Die historische Weihe sozusagen, das Legitime.*[28]

Letztere zu produzieren, war die Genealogie und Jubiläum zugewiesene Aufgabe. Mit beiden Erinnerungskonstruktionen, also auch unter Rückgriff auf das nur vermeintlich vormoderne genealogische Prinzip, sollte jene familiale und personale Identität und Autorität begründet und sichtbar gemacht werden, die die Emporgekommenen und ihre Geltungsansprüche mit dem Firnis der Tradition überzog und ihnen Dignität verlieh.

Bibliographie

Bloch, R.H., *Etymologies and Genealogies. A Literary Anthropology of the French Middle Ages*, Chicago/London 1983.

Damm, V., *Selbstrepräsentation und Imagebildung. Jubiläumsinszenierungen deutscher Banken und Versicherungen im 19. und frühen 20. Jahrhundert* (Schriften zur sächsischen Geschichte und Volkskunde 18), Leipzig 2007.

Finucci, V./Brownlee, K. (Hg.), *Generation and Degeneration. Tropes of Reproduction in Literature and History from Antiquity through Early Modern Europe*, Durham/London 2001.

Flügel, W., *Konfession und Jubiläum. Zur Institutionalisierung der lutherischen Gedenkkultur in Sachsen 1617–1830* (Schriften zur sächsischen Geschichte und Volkskunde 14), Leipzig 2005.

Fuhrmann, H., „Jubel". Eine historische Betrachtung über den Anlaß zu feiern, in: Ders., *Einladung ins Mittelalter*, München ³1988, S. 239–252.

Hauck, K., Haus- und sippengebundene Literatur mittelalterlicher Adelsgeschlechter von Adelssatiren des 11. und 12. Jahrhunderts her erläutert, in: W. Lammers (Hg.), *Geschichtsdenken und Geschichtsbild im Mittelalter. Ausgewählte Aufsätze und Arbeiten aus den Jahren 1933–1959* (Wege der Forschung 21), Darmstadt 1965, S. 165–199.

Heck, K./Jahn, B. (Hg.), *Genealogie als Denkform in Mittelalter und Früher Neuzeit* (Studien und Texte zur Sozialgeschichte der Literatur 80), Tübingen 2000.

Joestel, V., *1517. Luthers 95 Thesen. Der Beginn der Reformation*, Berlin 1995.

Kellner, B., *Ursprung und Kontinuität. Studien zum genealogischen Wissen im Mittelalter*, München 2004.

Kellner, B./Webers, L., Genealogische Entwürfe am Hof Kaiser Maximilians I. (am Beispiel von Jakob Mennels Fürstlicher Chronik), in: *Zeitschrift für Literaturwissenschaft und Linguistik* 37 (2007), S. 122–149.

Mann, T., *Buddenbrooks. Verfall einer Familie*, Berlin 1901.

Matzerath, J., *Adelsprobe an der Moderne. Sächsischer Adel 1763–1866. Entkonkretisierung einer traditionalen Sozialformation* (Vierteljahrschrift für Sozial- und Wirtschaftsgeschichte. Beihefte 183), Stuttgart 2006.

Melville, G., Geschichte in graphischer Gestalt. Beobachtungen zu einer spätmittelalterlichen Darstellungsweise, in: H. Patze (Hg.), *Geschichtsschreibung und Geschichtsbewußtsein im späten Mittelalter* (Vorträge und Forschungen 31), Sigmaringen 1987, S. 57–154.

Melville, G., Vorfahren und Vorgänger. Spätmittelalterliche Genealogien als dynastische Legitimation zur Herrschaft, in: P.-J. Schuler (Hg.), *Die Familie als sozialer und historischer Verband. Untersuchungen zum Spätmittelalter und zur frühen Neuzeit*, Sigmaringen 1987, S. 203–309.

Melville, G./Rehberg, K.-S. (Hg.), *Gründungsmythen – Genealogien – Memorialzeichen. Beiträge zur institutionellen Konstruktion von Kontinuität*, Köln/Weimar/Wien 2004.

---

28 Mann, Buddenbrooks, 9. Teil, 4. Kapitel.

Mergen, S., *Monarchiejubiläen im 19. Jahrhundert. Die Entdeckung des historischen Jubiläums für den monarchischen Kult in Sachsen und Bayern* (Schriften zur sächsischen Geschichte und Volkskunde 13), Leipzig 2005.

Mitterauer, M., Anniversarium und Jubiläum. Zur Entstehung und Entwicklung öffentlicher Gedenktage, in: E. Brix/H. Stekl (Hg.), *Der Kampf um das Gedächtnis. Öffentliche Gedenktage in Mitteleuropa*, Köln 1997, S. 23–89.

Müller, W., „Der Seelenbund, der auf dem Gang durch's Leben/Sich, fest und fester schlingend, treu bewährt". Das Goldene Ehejubiläum (1872) von König Johann und Königin Amalie Auguste von Sachsen, in: Ders./M. Schattkowsky (Hg.), *Zwischen Tradition und Modernität. König Johann von Sachsen 1801–1873* (Schriften zur sächsischen Geschichte und Volkskunde 8), Leipzig 2004, S. 405–423.

Müller, W., Das historische Jubiläum. Zur Geschichtlichkeit einer Zeitkonstruktion, in: Ders. (Hg.), *Das historische Jubiläum. Genese, Ordnungsleistung und Inszenierungsgeschichte eines institutionellen Mechanismus*, Münster 2004, S. 1–75.

Müller, W., Erinnern an die Gründung. Universitätsjubiläen, Universitätsgeschichte und die Entstehung der Jubiläumskultur in der frühen Neuzeit, in: *Berichte zur Wissenschaftsgeschichte* 21 (1998), S. 79–102.

Müller, W., Instrumentalisierung und Selbstreferentialität des historischen Jubiläums. Einige Beobachtungen zu Eigengeschichte und Geltungsanspruch eines institutionellen Mechanismus, in: G. Melville/H. Vorländer (Hg.), *Geltungsgeschichten. Über die Stabilisierung und Legitimierung institutioneller Ordnungen*, Köln 2002, S. 265–284.

Müller, W., Nach Jahr und Tag. Zahl und Zeit in der Geschichte, in: A. Schmid/K. Weigand (Hg.), *Bayern nach Jahr und Tag. 24 Tage aus der bayerischen Geschichte*, München 2007, S. 11–27.

Münch, P. (Hg.), *Jubiläum, Jubiläum ... Zur Geschichte öffentlicher und privater Erinnerung*, Essen 2005.

Ott, J./Treu, M. (Hg.), *Luthers Thesenanschlag – Faktum oder Fiktion* (Schriften der Stiftung Luthergedenkstätten in Sachsen-Anhalt 9), Leipzig 2008.

Peters, J., „...dahingeflossen ins Meer der Zeiten". Über frühmodernes Zeitverständnis der Bauern, in: R. Vierhaus (Hg.), *Frühe Neuzeit – Frühe Moderne? Forschungen zur Vielschichtigkeit von Übergangsprozessen* (Veröffentlichungen des Max-Planck-Instituts für Geschichte 104), Göttingen 1992, S. 180–205.

Robinson-Hammerstein, H., Sächsische Jubelfreude, in: H.-C. Rublack (Hg.), *Die lutherische Konfessionalisierung in Deutschland* (Schriften des Vereins für Reformationsgeschichte 197), Gütersloh 1992, S. 460–494.

Schmid, K., *Geblüt, Herrschaft, Geschlechterbewußtsein. Grundfragen zum Verständnis des Adels im Mittelalter,* aus dem Nachlass ed. D. Mertens (Vorträge und Forschungen. Konstanzer Arbeitskreis für Mittelalterliche Geschichte 44), Sigmaringen 1998 (zuerst 1961).

Schuller, R., Jubiläum, Fiktion oder zentenare Memoria? Zur retrospektiven Wahrnehmung der klösterlichen Jubiläumskultur, in: W. Müller (Hg.), *Das historische Jubiläum. Genese, Ordnungsleistung und Inszenierungsgeschichte eines institutionellen Mechanismus*, Münster 2004, S. 139–156.

Spieß, K.-H., *Familie und Verwandtschaft im deutschen Hochadel des Spätmittelalters. 13. bis Anfang des 16. Jahrhunderts* (Vierteljahrschrift für Sozial- und Wirtschaftsgeschichte. Beihefte 111), Stuttgart 1993.

Tenfelde, K., *„Krupp bleibt doch Krupp". Ein Jahrhundertfest. Das Jubiläum der Firma Fried. Krupp AG in Essen 1912*, Essen 2005.

Wartenberg, G., Die reformatorische Veränderung von Kirche und Gesellschaft. Das Werden der Wittenberger Reformation, in: H. Marx/C. Holberg (Hg.), *Glaube & Macht. Sachsen im Europa der Reformati*onszeit. Katalog, 2. Sächsische Landesausstellung Torgau, Schloss Hartenfels 2004, Dresden 2004, S. 16–26.

GERD SCHWERHOFF (Dresden)

Verortete Macht

Mittelalterliche und frühneuzeitliche Rathäuser als institutionelle Eigenräume städtischer Politik

1. Görlitz 1527 – überwältigt im Raum der Macht

Im Spätsommer des Jahres 1527 war die politische Atmosphäre in der niederschlesischen Stadt Görlitz so angespannt wie selten.[1] Bereits zwei Jahre zuvor hatten die Tuchmacher ihre Gravamina gegen die Gewerbepolitik des Rates vorgebracht. Einige der Beschwerdepunkte verrieten eine fundamentale Unzufriedenheit vieler Bürger mit dem städtischen Regiment. In den Bierhöfen wurde offene Kritik geübt, an den Hauswänden konnte man kritische Anschläge lesen, sogar in den Kirchbänken verstreuten Unzufriedene injuriöse Pasquille. Bei dem großen Stadtbrand, so wurde kolportiert, hatten sich die Handwerker bei den Löscharbeiten an den Häusern der Reichen und Mächtigen verdächtig zurückgehalten.

Am 1. September, einem Sonntag, dem Vortag der Ratswahl, spitzte sich die Situation zu. Während die vier ‚Ältesten Herren' zusammen mit dem Stadtschreiber auf dem Rathaus die Kür vorbereiteten, versammelten sich Gruppen von Tuchmachern und anderen Handwerkern auf dem Untermarkt und zogen dann in die Pfarrkirche St. Peter und Paul. Dort kritisierte der Wortführer der Tuchmacher, Alexander Boltze, wortreich die Stadtspitze: Die vier Herren gebrauchten die Güter der Bürger *als ir eigen gut*; sie legten niemandem Rechenschaft über ihre Einnahmen und Ausgaben ab; um geringe Ursachen würden sie harte Strafen verhängen; und vor allem würden sie in den Rat wählen, wen sie wollten; kurz: *Sie wollen allein burger und hern sein. Sie vorachten die hantwerger, wollen sie in rethen bey inen nicht leiden…* Höhepunkt seiner Invektiven war die Anprangerung des Bürgermeisters Georg Roseler als *tiran.*[2] Boltze riet der Versammlung,

1 Hauptquelle für die Ereignisse von 1527 sind die – freilich außerordentlich parteilichen! – Aufzeichnungen des Stadtschreibers Johannes Hass, die z. T. auf eigenem Erleben, z. T. aber auch auf amtlichen Aktenstücken wie z. B. Verhörprotokollen basieren, vgl. Hass, Rathsannalen, S. 28–94. Bündige Darstellung und Analyse der Ereignisse bei Behrisch, Städtische Obrigkeit, S.94ff.

2 Aus einem anderen Text geht hervor, dass die vier Ältesten als die *vier fursten* bezeichnet wurden, die man nicht mehr haben wolle: *Sie gingen bei nacht jn die kurhr des rathis vnd stiegen ein*

eine Delegation von vier Männern auf das Rathaus zu schicken, um eine Verschiebung der Ratswahl und weitere Verhandlungen mit der Bürgergemeinde zu erreichen. Natürlich würde der Rat nicht gerne einwilligen, die Delegation müsse hart bleiben und dürfen sich nicht schrecken lassen. Dazu, so schloss der Tuchmachermeister, sei es zweckmäßig, während der Verhandlung stehen zu bleiben, *den ein mann der do stunde, were manhafftiger vnd kuhner zureden, den der sosse.*[3]

Die Ratsältesten, durch Diener von den Vorgängen in der Kirche unterrichtet, waren alarmiert. Sie ließen die Versammelten ‚bei ihrem geschworenen Gehorsam' auffordern, sofort auf dem Rathaus zu erscheinen, wo sich zur selben Zeit die anderen Ratsherren zusammenfanden. Tatsächlich kam um elf Uhr abends auf dem Rathausvorplatz eine große Volksmenge zusammen, allerdings weniger als gehorsame Untertanen des Rates denn als potentielle Aufrührer. Dem Vorschlag Boltzes folgend wählten die Versammelten eine – allerdings sechsköpfige – Abordnung aus verschiedenen Zunftvertretern, um dem Rat die Beschwerden vorzubringen. Diese Vertreter nun begaben sich ins Rathaus. Nicht zum ersten Mal verhandelten Vertreter der Handwerker mit den Ältesten in deren Amtsräumen. 1524 bereits hatten diese den oppositionellen Tuchmachern dort ebenso selbstbewusst wie provokativ entgegnet, sie hätten genug von deren Protest; wenn sie so klug wären, sollten sie die Schlüssel (ob der Stadt oder des Rathauses, ist nicht ganz klar) an sich nehmen und die Herrschaft ausüben[4] – ein Vorschlag, der kaum ernst gemeint war, sondern abschrecken sollte und dies wohl auch damals getan hatte.

Vermutlich musste die Abordnung der vor dem Rathaus versammelten Bürger an jenem Sonntagabend ihren Weg durch den großen Saal des Rathauses nehmen, wo auch Gericht gehalten wurde. Durch ein schmales Portal, geschmückt mit einem Christuskopf sowie Heiligen und Engelsgestalten[5], trat sie in die Ratsstube im ersten Stock ein, wo die Ratsherren warteten. In der sich anschließenden Verhandlung erwiesen sich die Bürgermeister als die taktisch eindeutig Überlegenen. Sie nutzten gewissermaßen den Vorteil des ‚Heimspiels' (Behrisch) aus und ergriffen sofort die Initiative, indem sie demonstrativ etwas Unübliches taten: Sie blieben sitzen, und forderten die Delegierten auf, sich ebenfalls zu setzen. Die Handwerker weigerten sich, und auf das wiederholte Gebot des Bürgermeisters schoben sie eine überaus ungeschickte Begründung nach: Ihnen sei befohlen zu stehen und nicht zu sitzen. Umgehend kam die Nachfrage, *wer das befolen, adir weme sie gehorsam zuthun geschworen.*[6] Anstatt in die inhaltliche Diskussion der Gravamina einzusteigen, zwang der Rat den Stehen-

als die diebe vnd lotter, Hass, Rathsannalen, S. 39. Zum Potenzial des Vorwurfs der Tyrannei und Alleinherrschaft in der Stadt Boockmann, Stadt-Tyrannen.

3 Hass, Rathsannalen, S. 49f.

4 *Wie sie gewest weren bei denen eldisten hern uffm rothause, die solden undir andern zu inen gesaget haben, wir hetten euers anlauffens und wesens schier genug, wenne ir den so klug seit, do habt ir die schlussel, sietzet alhir*, Hass, Rathsannalen, S. 45.

5 Vgl. zum Rathaus Bechter, Kunstdenkmäler. Sachsen I, S. 385ff.; Lemper, Görlitz, S. 106f.

6 Hass, Rathsannalen, S. 32.

den damit ein Gespräch über die Legitimität ihrer Mission auf; er ermahnte sie zum Gehorsam gegenüber der einzigen Instanz, der sie Gehorsam schuldeten (nämlich dem Rat) und erzwang schließlich kleinlaute Demutsgesten.

In kurzer Zeit waren so aus potenziellen Verhandlungspartnern unterwürfige Bittsteller geworden. Der Rat ließ sich dazu herab, ihr Anliegen halb gnädig, halb ungeduldig anzuhören, und schickte sie dann vor die Tür, um sich zu beraten. Anschließend eröffnete er den Wartenden, man wolle nichts übers Knie brechen und müsse erst abwarten, ob niemand einen Aufruhr anzettele. Gedemütigt traten die Delegierten um Mitternacht vor die wartende Menge. Alexander Boltze, der Wortführer der Tuchmacher, tadelte sie mit den Worten, er habe gleich gesagt, der Rat werde so schnell nicht nachgeben, die Delegation hätte sich nicht so abspeisen lassen dürfen. Er orakelte, das Ergebnis sei ‚eine böse Sache', die Ältesten würden sich wieder ein Herz fassen.[7] Wie recht er damit hatte, zeigte sich schon am nächsten Tag. Die Ältesten konnten sich so sicher fühlen, dass die Ratskür wie üblich und ohne Störung vonstatten ging. Es folgten einzelne Verhaftungen, die eine Konspiration zum Sturz des Ratsregiments (ausgeheckt wiederum häufig *beym bier*, also in den Bierhöfen[8]) auslösten, die wiederum verraten wurde; ein blutiges Strafgericht über die angeblichen Rädelsführer, sofern sie nicht – wie Boltze – geflohen waren, beendete den Konflikt.

Jenseits dieser dramatischen Ereignisse gibt es gute Gründe dafür zu unterstellen, dass bereits jene Verhandlungen in der Ratsstube die Waagschale entscheidend zu Gunsten des bestehenden oligarchischen Ratsregiments senkten.[9] Offenbar ließen sich die Vertreter der Handwerker von der Autorität des Rates an seinem angestammten Ort so beeindrucken, dass sie unverrichteter Dinge das Feld räumten. Und offenbar hatte keiner der Delegierten das persönliche Format, es mit Vertretern der Macht wirklich aufzunehmen. Vielleicht hätten sich die Dinge anders entwickelt, wenn der redegewandte Alexander Boltze sich dazu entschlossen hätte, Mitglied der Delegation zu sein.[10] Wenn überhaupt, dann hätte er das notwendige Charisma besessen, um vor den Mächtigen nicht einzuknicken und seine Gefährten mitzureißen. Ohne dieses gleichsam kontingente Element standen an jenem Septemberabend zwei unterschiedlich stark institutionalisierte Geltungsansprüche gegeneinander, die sich auch in anderen Städten dingfest machen lassen[11]: jener der Handwerker auf transparente Finanzführung und bürgerliche Partizipation, und jener der führenden Rats-

---

7 Ebd., S. 34.

8 Z. B. Hass, Rathsannalen, S. 43. Vgl. zur Ausprägung des Görlitzer Gastgewerbes und zum dort praktizierten Reihebraurecht Lindenau, Brauen und herrschen.

9 So Behrisch, Städtische Obrigkeit, S. 99.

10 Nach dem Bericht von Hass, Rathsannalen, S. 50, war es dessen *eigenes Fürgeben*, es sei besser, eine andere Zunft führe auf dem Rathaus das Wort, damit es nicht so aussehe, als wären die Tuchmacher isoliert.

11 Zur konsensorientierten Herrschaft die Beiträge in Schreiner/Meier, Stadtregiment und Bürgerfreiheit; vgl. auch Mager, Genossenschaft.

herren auf Untertanentreue und Gehorsam.[12] Im Gegensatz zu vielen anderen Städten orientierten sich die städtische Verfassung und die politische Kultur in Görlitz nicht am Leitbild der „konsensorientierten“ Herrschaft, sondern waren erheblich autokratischer ausgerichtet. Vielleicht atmete das Rathaus, Ort der Manifestation der Ratsmacht, etwas von diesem autokratischen Geist und nahm so den Vertretern der Handwerker ihren Mut und Widerspruchsgeist.

2. Das Rathaus als institutionelle Verdichtung kommunaler Existenz

Die europäische Stadt, so hat Gert Melville jüngst konstatiert,

> schuf sich vom 12./13. Jahrhundert an ein institutionelles, soziales, kulturelles Eigenleben, auf das eine nichtstädtische Macht im Grunde kaum mehr gestalterisch zugreifen, sondern sich allenfalls – wie es vornehmlich die Fürsten taten – seiner bedienen oder sich in ihm integrieren konnte.[13]

Die Stadt habe sich ihre eigenen Maße, ihre eigenen Sozialnormen, ihre eigenen religiösen Strukturen und Symbole, ihre eigenen habituellen Formen der Kommunikation und ihre eigenen Selbstrepräsentationen geschaffen. Ja sie habe sich sogar, wie Melville unter Referenz auf Le Goffs berühmtes Diktum von der ‚Zeit der Händler‘ formuliert, ihre eigene Zeit in Gestalt der mechanischen Uhr kreiert. Geschaffen habe sie endlich auch ihren eigenen Raum, wobei er konkret auf den besonderen, herausgehobenen Rechtsbereich der Kommune abhebt. Das Rathaus, Hauptarena jener dramatischen Ereignisse in Görlitz 1527, darf als eine andere Form räumlicher Ausgestaltung der städtischen Welt des Mittelalters und der Frühen Neuzeit gelten. Mehr noch, es handelte sich um die räumlich-institutionelle Verdichtung kommunaler Existenz schlechthin. Institutionelle Ordnungen bedürfen derartiger Eigen-Räume ebenso wie anderer Mechanismen (Eigen-Zeiten, Eigen-Geschichten), um Stabilität und Dauer zu erlangen.[14] Kaum eine andere soziale und politische Ordnung der europäischen Vormoderne hat aber einen so typischen Eigenraum hervorgebracht wie das Rathaus, das als die markanteste Verortung[15] der kommunalen politischen Welt betrachtet werden kann. Mitten in der Stadt konstituierte die *domus civium* ein Symbol bürgerlicher Eigenregierung. Dabei verkörperte der Bau nicht nur in Architektur und Bildschmuck die kommunalen Werte, sondern er war zugleich lebendige

---

12 In seiner Antwort auf die Vorbringungen der Delegierten erinnert der Rat immer wieder an die Eide, Gelübde und Gehorsamspflichten der Görlitzer Bürger und formuliert ganz klar seine Unabhängigkeit vom bürgerlichen Votum: *Der rathe hette die ratskure, nicht von jnen* [den Bürgern, GS], *sundir von der obrikeit, keisern vnd konige zu Behmenn* ..., Hass, Rathsannalen, S. 34.

13 Melville, Zeichen der Stadt, S. 17f.

14 Vgl. zur Institutionenforschung Melville, Institutionen im Mittelalter; Rehberg, „Fiktionalität“ von Präsenz und Dauer; Melville, Institutionalität und Symbolisierung; Melville/Vorländer, Geltungsgeschichten. – Spezieller zum Zusammenhang von Raum und Öffentlichkeit in der vormodernen Stadt Rau/Schwerhoff, Zwischen Gotteshaus und Taverne; Rau/Hochmuth, Machträume.

15 Zur Unterscheidung von „Ort“ und „Raum“ vgl. Rehberg, Macht-Räume.

Arena für die kommunale Politik. Diese Charakterisierung soll nicht bedeuten, überholte idealisierte Bilder des 19. Jahrhunderts vom mittelalterlichen Stadtbürgertum als Vorläufer des modernen Bürgertums und vom Rathaus als steingewordenem Ausdruck mittelalterlichen Bürgersinns zu perpetuieren. Vielmehr teilt die Geschichte des Rathauses viele Ambivalenzen des vormodernen Stadtbürgertums, die in der folgenden Skizze kurz aufgeschlüsselt werden sollen – eine Skizze, die u. a. aufgrund des teilweise mangelhaften Forschungsstandes notwendig unvollkommen sein muss.[16]

Tatsächlich darf das kommunale Rathaus als das erste politische Funktionsgebäude im nachantiken Europa gelten. Rathäuser in den Städten gab es, lange bevor überregionale Ständeversammlungen sich eigene Tagungsstätten schufen[17]. Anders als Pfalzen und Burgen, Schlösser und Residenzen von adligen Herrschern waren sie funktionale Gebäude, die öffentlichen Zwecken dienten und in denen in der Regel keine Herrschaftsträger wohnten. Aber keine Beobachtung ohne Ausnahme: Im zweiten Stock des spätmittelalterlichen Palazzo del Popolo, dem eigentlichen Machtzentrum von Florenz, wohnten die acht Prioren und der Bannerträger der Gerechtigkeit in streng bewachter Abgeschiedenheit.[18] In der Regel waren es jedoch nicht die Herrschenden, die das Rathaus bewohnten, sondern höchstens subalterne Bedienstete. In Köln nahm der ehemalige Ratsherr Hermann von Weinsberg 1542 die wenig ehrenvolle, aber einträgliche Tätigkeit eines Burggreven (Hausmeisters) unter dem Rathaus an. In dieser Funktion hatte er den Ort und die dort eingehenden Gelder zu bewachen und auswärtigen Gästen aufzuwarten. Weil er nicht vom Weinzapf und von der privaten Beherbergung lassen wollte, geriet er immer einmal wieder in Konflikt mit dem Rat – ein Hinweis auf Spannungen zwischen den öffentlichen und den eher „privaten" Funktionen des Ortes.[19]

Dass Herrschaftsträger in der Regel nicht im Rathaus wohnten, hatte den einfachen Grund, dass ihre Herrschaftsdauer begrenzt war, meist auf ein Jahr. Die Entstehung des Rathauses ist eng verknüpft mit jener für die Vormoderne eher ungewöhnlichen, für die Stadt aber charakteristischen „Herrschaft auf Zeit".[20] Verkörpert wurde sie von jener Institution des Rates, die regelmäßig im Rathaus tagte. Rat und Rathaus entstanden in der Konstituierungsphase kommunaler Autonomie, in Deutschland in der Zeit vor und nach 1200.[21] Nicht von

16 Zum defizitären Forschungsstand Albrecht, Mittelalterliche Rathäuser, S. 9f. Eine erste Skizze zum Nachfolgenden bereits bei Rau/Schwerhoff, Öffentliche Räume, S. 40ff. Dort und bei Albrecht weitere Literatur. Seither wichtig Friedrichs, Rathaus als kommunikativer Raum.

17 Vgl. exemplarisch Denk/Matzerath, Die drei Dresdner Parlamente.

18 Meier, Die Sicht- und Hörbarkeit der Macht, S. 246. Möglich wurde die strenge Klausur der Signoria durch die extrem kurze Amtszeit von zwei Monaten.

19 Schwerhoff, Handlungswissen, S. 79f.

20 Das Prinzip der Herrschaft auf Zeit blieb dabei prinzipiell gewahrt, egal ob der Magistrat sich durch die Wahl der Bürgerschaft oder – wie öfter und so auch in Görlitz – eher durch die Kooptation des Gremiums konstituierte. Vgl. zu den Wahlen in der vormodernen Stadt immer noch Schlotterose, Ratswahl; Schulz, Wahlen; Keller, Wahlformen.

21 Albrecht, Mittelalterliche Rathäuser, S. 11ff.

Beginn an tagte die politische Führung der Bürgerschaft in einem eigens dafür vorgesehenen Gebäude; zunächst konnte es auch ein Privathaus oder ein städtisches Kaufhaus sein wie etwa in Minden, vielleicht auch eine Kapelle oder ein Gotteshaus wie das Westwerk der Stiftskirche St. Patroklus in Soest.[22] Neubauten von Rathäusern im späteren Mittelalter wie während der Frühen Neuzeit mochten meist dem Bedürfnis nach funktionaler Erweiterung und/oder prachtvollerer Repräsentation folgen, konnten aber auch zur Kompensation für den Verlust politischer Macht dienen wie etwa in der französischen Metropole Lyon.[23] Dass schließlich der sächsische Kurfürst August der Starke 1707 nach einigen vergeblichen Anläufen den Dresdner Rat zwang, sein altes Rathaus zugunsten fürstlicher Repräsentationsansprüche aufzugeben, zeugt von der Schwäche der bürgerlichen Selbstregierung in der Residenzstadt.[24] Dass Rathäuser nicht die konkurrenzlosen öffentlichen Räume des Politischen in der vormodernen Stadt gewesen sind, wird unten noch näher darzulegen sein.

Die Tätigkeit des ehemaligen Kölner Ratsherren Hermann von Weinsberg als Hausmeister im Rathaus weist auf ein anderes Grundmerkmal der meisten vormodernen Rathäuser hin, das in einem gewissen Spannungsverhältnis zu ihrer Charakterisierung als politische Funktionsraum steht: ihre – mittlerweile sprichwörtliche – Multifunktionalität.[25] Nach einem zeitgenössischen Bericht barg das Dortmunder Rathaus um 1760 neben der

> *Große(n) und kleine(n) Ratsstube die Cämmerei, die Rentcammer, die Rats-Registratur, das Stadtarchiv, den Rats-Kornboden, die Hauptwache, samt allerhand Gefängnissen, Keller, Kriegs-, Rüstungs- auch Spritzen- und mehrere Feuergerätschafts-Remisen etc.*[26]

Neben dem Bestimmungszweck, als Tagungsort für die Räte und ihre verschiedenen Ausschüsse zu dienen, waren mithin im Rathaus auch die Finanzverwaltung, das Archiv, das Gericht und Gefängnisräume, Stadt- und Feuerwache und das Lager für die kommunalen Kornvorräte angesiedelt. Neben diesen durchaus typischen und verallgemeinerbaren Zweckbestimmungen dürfen die ephemeren, nicht unmittelbar aus der Raumbeschreibung ablesbaren Funktionen nicht vernachlässigt werden. Das betrifft etwa die öffentlich- repräsentativen Aufgaben des Rathauses, wenn hohe Besucher empfangen und bewirtet, üppige Gelage anlässlich von Feiertagen und Amtswechseln gehalten wurden. Gerade in kleineren Städten wurden auf dem Rathaus in Ermangelung anderer passender Gebäude aber auch private Tanz-, Musik- und Theatervorführungen veranstaltet, zu denen die Bürger den Ratssaal mieten konnten, bis hin zur Hochzeitsfeier.

---

22 Ebd., S. 71; Rothert, Westwerk.

23 Hier diente der Neubau des Rathauses an der Stelle des alten protestantischen Tempels zugleich als Apotheose für den Sieg des Katholizismus, vgl. Rau, Räume der Stadt, S. 158ff.

24 Löffler, Das alte Dresden, S. 280ff.

25 Franz-Josef Arlinghaus spricht statt von der Multifunktionalität lieber von einem „integralen Raumkonzept", vgl. Arlinghaus, Raumkonzepte, S. 102f.

26 Spohn, Rathausbauten, S. 126; vgl. zuletzt Albrecht, Mittelalterliche Rathäuser, S. 13ff.

Das Rathaus als institutionellen Eigenraum städtischer Politik zu verstehen, bedeutet mithin keineswegs, ihm einen exklusiv politischen Charakter zuzusprechen. Die historisch gewachsene Multifunktionalität des Rathauses kann allgemein als räumliche Ausdrucksform einer noch nicht funktional ausdifferenzierten, stratifikatorischen Gesellschaft gelesen werden. Die örtliche Funktionsvielfalt entspricht im Übrigen sachlich dem breiten Aufgabenspektrum des Hausherrn, des städtischen Rates. Mit der räumlichen Konzentration ging eine sachliche Zentralisierung des Politik- und Verwaltungshandelns beim Rat einher. Bei der Lektüre der Ratsprotokolle auch und gerade größerer Kommunen sticht dessen Allzuständigkeit ins Auge. Zwei- oder dreimal in der Woche hatten sich Ratsherren durch eine breite Materie hindurchzukämpfen, die jeden heutigen Kommunalvertreter schnell ins Schwitzen bringen würde: Reichspolitik, Streit mit Stadt und Landesherren, Verteidigungsangelegenheiten und Rechtsstreitigkeiten, aber auch die kleinen Dinge des städtischen Alltages wie die Reinigung von Straßen, Brunnen und einzelner Privats, der Abtritte, wurden auf dem Rathaus verhandelt.

3. Das Rathaus im Spannungsfeld von „öffentlich" und „geheim"

Nicht nur das Rathaus ist in der Forschung als ein vielfältig genutzter Ort beschrieben worden. Diese Charakterisierung verbindet es mit anderen öffentlichen Räumen in der Stadt, den Wirts- und Gasthäusern ebenso wie den Kirchen.[27] Während die Wirtshäuser allerdings neben ihrem ursprünglichen Bestimmungszweck, dem Ausschank alkoholischer Getränke, funktional für die verschiedensten Nutzungen offen waren, lässt sich für die Beschreibung von Kirchenräumen trotz aller Multifunktionalität eine dominante Leitdifferenz herausarbeiten, nämlich diejenige von „sakral" und „profan", ein Spannungsverhältnis, dass allerdings keineswegs als die unterschiedlichen Pole einer Dimension verstanden werden sollten.[28] In vergleichbarer Weise lässt sich das Rathaus durch das Spannungsverhältnis von „öffentlich" und „geheim" charakterisieren.[29]

Einerseits kann das Rathaus als der „öffentliche Ort" in der Stadt par excellence angesprochen werden, als Brennpunkt der politischen Kultur und des öffentlichen Lebens. Das gilt insbesondere für die Außenseite und die Umgebung des Rathauses. Der Platz vor dem Rathaus war nicht nur in Görlitz <u>der</u> Ort für politische Versammlungen, Musterungen und Festlichkeiten. Von Lauben, Balkonen und Fenstern aus wurden häufig die städtischen Satzungen und

---

27 Zur näheren Bestimmung öffentlicher Räume als für viele unterschiedliche Akteure zugängliche Kommunikations- und Interaktionsräume vgl. Rau/Schwerhoff, Öffentliche Räume, S. 48ff.

28 Schwerhoff, Sakralitätsmanagement.

29 Ähnlich schon Poeck, Ratswahl in westfälischen Städten, S. 207f.

Morgensprachen verlesen, oder sie wurden an die Rathaustür angeschlagen. Ganz programmatisch stellte die Schauseite reichsstädtischer Rathäuser ein veritables Stück öffentlich wirksamer Herrschaftsarchitektur dar, die für Bürgerversammlungen eine besonders eindrucksvolle Kulisse bildete. Deren Kehrseite war die Vollstreckung von Ehrenstrafen, weswegen Pranger und Halseisen, Lastersteine und Narrenhäuslein noch heute bisweilen die Rathausmauer schmücken. Derartige Strafen lebten von ihrem öffentlichen Vollzug und deswegen war ihre Verortung am Rathaus kein Zufall.

Mit der Öffentlichkeit der Rathausumgebung korrespondierte auf der anderen Seite der Versuch, die Exklusivität zumindest bestimmter Räume und die Heimlichkeit der Ratssitzungen zu garantieren – wir denken an die beeindruckten Görlitzer Tuchweber, die im Arkanbereich der Macht plötzlich weiche Knie bekamen. Überall sollten die Amtseide sicherstellen, dass ein Ratsherr *des Rahts Heimligkeit hehlen und wahren* ... müsse.[30] Streng wurde in Rietberg darauf geachtet, dass die Diskussion im Rat nicht „in die Wirtshäuser getragen" wurde; 1695 sorgte dort der Vorwurf gegen einen Magistratsherren, in Gegenwart eines Wiedenbrücker Bürgers *conclusa magistratus* verraten zu haben, für eine weitläufige Untersuchung. Archive waren selbstverständlich den Bürgern und oft auch den gewöhnlichen Ratsherren unzugänglich, Akteneinsicht gab es wohl nur gegen besondere Erlaubnis.

Exklusivität und Heimlichkeit waren in der Regel auf bestimmte Räume bzw. auf besondere Ereignisse begrenzt: natürlich auf die regelmäßigen Beratungen von Rat und Ausschüssen, aber auch auf besondere Regierungsakte, etwa die Besuche auswärtiger Großer, bei denen das Rathaus eigens abgeschlossen und bewacht wurde. Ansonsten gingen eine Vielzahl von Menschen zur Wahrnehmung ihrer alltäglichen Geschäfte in deutschen Rathäusern ein und aus. Rechtsstreitigkeiten und vor allem die Übergabe von Bittschriften (Suppliken) zu allen Aspekten des täglichen Lebens sorgten für regen Publikumsverkehr.[31] Zu bestimmten Anlässen war das Rathaus nicht nur für einzelne Bürger, sondern auch für die Bürgerschaft insgesamt geöffnet. Der Empfang auswärtiger Gäste oder des Stadtherren sowie Huldigungszeremonien wurden häufig bei geöffneten Fenstern vollzogen, eben um Öffentlichkeit herzustellen. Bei der Ratswahl drängelte sich die Bürgerschaft zudem in manchen Städten – etwa in Münster – im Erdgeschoss des Rathauses, wo die Ratswahlordnung verlesen und die Wahlmänner bestimmt wurden. In Rietberg versammelten sich im Juni 1530 Rat und die gesamte Bürgergemeinde auf Weisung des Stadtherren auf dem Rathaus; der Rat und die Gemeindevertreter verhandelten mit dem Grafen oben im Saal und übermittelte die Beratungsergebnisse dann der Bürgergemeinde im Erdgeschoss. Bereits 100 Jahre zuvor war in Dortmund ein Streit dadurch beendet worden, dass der Bürgermeister, wie der Chronist Johann Kerckhörde schrieb, die Einigungspunkte *op dem Raethuse vor unsen gemeinen borgeren uet gespro-*

30 Rolf, Blomberg, S. 51.
31 Schwerhoff, Kölner Supplikenwesen.

ken hat. Dass die Bürgerschaft darüber hinaus den Rathaus-Raum im Kontext innerstädtischer Aufläufe auch gewaltsam okkupieren konnte, zeigen etwa die Geschehnisse des Jahres 1683 in Köln. Dort hatte sich unter Führung des Kaufmanns Nikolaus Gülich eine machtvolle Opposition gebildet. Anders als die Görlitzer Bürgerabordnung rund 150 Jahre zuvor ließ sich die Kölner Opposition auch auf dem Rathaus nicht einschüchtern. Als Gülich im Februar 1683 dorthin vorgeladen wurde, um sich wegen „Tumultieren" zu rechtfertigen, erschien er in Begleitung seiner Anhänger und bestritt vehement das Recht des Rates, ihn überhaupt verhören zu dürfen. Er stünde mit seiner Sache „unter der Gemeinde". Einige Monate später, Anfang Juni, sollten die Zünfte das Rathaus stürmen und die Ratsherren in der Ratsstube festsetzen.[32]

Das sich im Rathaus manifestierende Spannungsverhältnis von Öffentlichkeit und Geheimnis verweist auf die Eigenart der städtischen politischen Kultur. Das betrifft weniger die Seite des Geheimnisses, denn die Wahrung der arcana imperii gehörte zu den Konstituenten frühneuzeitlicher Politik, ob in der Republik oder im Fürstenstaat.[33] Dass dieser, auch sachliche einleuchtende, politische Imperativ aber immer wieder von dem Bedürfnis bzw. der Forderung nach Herstellung von Öffentlichkeit herausgefordert wurde, hängt mit dem Legitimationszwang jener typisch städtischen Herrschaft auf Zeit zusammen, von der bereits die Rede war. In wesentlich höherem Maß als die feudale Adelsherrschaft war die Ratsherrschaft auf den immer wieder erneuerten Konsens der Bürgergemeinde angewiesen. Selbst patrizisch regierte Städte konnten auf diesen Konsens, auf die – wenn auch nur sehr vermittelt symbolisierte – Partizipation der Bürgergemeinde, nicht völlig verzichten. Dazu gehörte eben auch die partielle und zeitweilige Herstellung von Öffentlichkeit am und auf dem Rathaus. Dass Mächtige wie die Görlitzer Ältesten 1527[34] andererseits immer wieder andere Legitimationsquellen ins Feld führten, etwa die Ableitung ihrer Herrschaft von Gott oder dem König – ändert das Gesamtbild nicht völlig. Die Spannungsbalance zwischen öffentlicher Zugänglichkeit und Exklusivität am Rathaus gehört zu den durchgängigen Eigenarten bürgerlicher Öffentlichkeit bis zum Ende des Ancien Regime.

4. Kommunale Selbstrepräsentationen an und im Rathaus

Bild- und Figurenprogramme an und in deutschen Rathäusern sind einer der besser untersuchten Aspekte ihrer Geschichte.[35] Zwar sieht die Forschung heu-

32 Dreher, Nikolaus Gülich, S. 57 und 61f; zu den westfälischen Beispielen Poeck, Ratswahl in westfälischen Städten, S. 253ff.

33 Stolleis, Arcana imperii.

34 Vgl. oben Anm. 12.

35 Meier, Vom Mythos der Republik; Tipton, Res publica bene ordinata; Haupt, Große Ratsstube im Lüneburger Rathaus.

te den alten Gemeinplatz vom Rathausschmuck als ‚Spiegel' bürgerlicher bzw. republikanischer Programmatik aufgrund weitreichender Gemeinsamkeiten mit anderen Bautypen eher skeptisch. Aber einzelne Themenkreise lassen sich doch als Reflex politischer Problemlagen in der Kommune lesen. Darstellungen städtischer *libertates* und eine weitgespannte Reichssymbolik können als Versuche tatsächlicher oder angeblicher Reichsstädte gedeutet werden, ihre Unabhängigkeit von Territorialherren zu behaupten. Allegorische und historische Darstellungen von Herrschertugenden oder der alttestamentlichen Fundierung rechtmäßiger Obrigkeit sind sicherlich als Versuche lesbar, gegenüber der eigenen Bürgerschaft konsensunabhängige Legitimtätsressourcen sichtbar zu machen. Insofern handelt es sich bei den Bildprogrammen in der Regel um die Selbstdarstellung nicht der Bürgerschaft, sondern ihrer Führungselite. Aber auch an die eigene Adresse, an die Teilöffentlichkeit des Rates, richteten sich die Darstellungen: In Weltgerichtsbildern und Sinnsprüchen wurde zur Gerechtigkeit gemahnt wie etwa im Türschild jener Ratsstube von Görlitz, wo die anfangs beschriebenen Verhandlungen stattfanden: *ut aliis aequus aut iniquus judex fueris, ita quoque judicium dei expectabis* („...wie Du über andere ein gerechter oder ungerechter Richter sein wirst, so musst Du das Gericht Gottes erwarten..."').[36]

Je nach Situation konnten die Rezipienten natürlich wechseln, wie der Bericht des Hamburger Chronisten Sperling über eine innerstädtische Unruhe des Jahres 1684 illustriert. Bürgermeister Hinrich Meurer wurde in der Admiralitätsstube des Rathauses festgesetzt und von einigen aufständischen Bürgern bewacht. Diesen erläuterte der Bürgermeister die Szenen auf den Wandschilden – etwa jene, die den antiken Gelehrten Perillus zeigte, wie er in dem von ihm selbst hergestellten Folterinstrument, einem metallenen und glühend gemachten Ochsen, zu Tode gemartert wurde. Diese allegorische Warnung an schlechte Ratgeber sollte die Aufständischen offenbar bewegen, von ihrem Tun Abstand zu nehmen – was nichts fruchtete. Immerhin war der Bürgermeister offenbar in der Bilderwelt seines Rathauses wohl bewandert. Keine Selbstverständlichkeit, denn diese Bilder stellten in der Tat, wie einmal Mathias Mende mit Blick auf das Nürnberger Rathaus bemerkt hat, einen Code <u>von</u> Eingeweihten <u>für</u> Eingeweihte dar.[37] Wie wenig sogar die Führungsschicht einer Stadt zu diesen Eingeweihten gehören musste, verdeutlicht eine Befragung des kaiserlichen Kommissars Johannes Hardenrath in Herford 1570. Manche der befragten Bürgermeister, Rentmeister, Schöffen und Ratmannen wussten von Monumenten am Rathaus überhaupt nichts zu sagen, einige erinnerten sich immerhin an das eingemauerte Brustbild am Rathausgiebel mit einer Krone auf dem Kopf – *was es aber sei und bedeute kann er in Wahrheit nit sagen* ..., so gab der älteste der Schöffen zu Protokoll.[38] Es handelte sich um ein Bildnis Karls der Großen. Leitideen und Eigengeschichten konnten auch in Vergessenheit geraten ...

---

36 Vgl. oben Anm. 5.
37 Tipton, Res publica bene ordinata, S. 81.
38 Laue, Herforder Roland, S. 26.

5. Das Rathaus im Netz des öffentlichen Stadtraums

So sehr sich das politische Leben der Stadt im und um das – in der Regel im Zentrum der Stadt gelegene – Rathaus verdichtete, so reichhaltig waren die Bezüge, die es mit anderen markanten öffentlichen Orten verknüpften. Bereits das Eingangsbeispiel der Görlitzer Geschehnisse von 1527 hat diese Bezüge gezeigt, indem die Bierhöfe als Stätten informeller Debatten, Kritik und Konspiration oder die Pfarrkirche als Versammlungsort der protestierenden Bürgerschaft deutlich hervortraten. Die interaktiven, performativen und symbolischen Netzwerke, die sich vom Rathaus in den städtischen Raum hinein entfalteten, waren in keiner Stadt völlig gleichartig, sodass jedes einzelne Gemeinwesen ein eigenes spatiales Gefüge ausprägte. Gut zu beobachten sind derartige Netzwerke im Spiegel kommunaler Rituale, etwa von Prozessionen.[39] Vor allem das häufig sehr komplexe Geschehen des Ratswandels erlaubt es, die topographische Dimension der rituellen Choreographie nachzuzeichnen, mit deren Hilfe die städtische Gesellschaft die gefährlichen Momente der Anarchie zu bannen suchte, die aufgrund des Herrschaftswechsels entstanden.[40] Variantenreich konnten neben dem Rathaus verschiedene Stifts- und Pfarrkirchen, aber auch andere Amtsgebäude und wichtige öffentliche Plätze eingebunden sein. In Soest, um nur ein Beispiel herauszugreifen, waren in den Wahlakt weder die benachbarte Pfarr- und Ratskirche St. Petri noch die ebenfalls unmittelbar neben dem Rathaus situierte Stiftskirche St. Patrokli, in deren Westwerk sich der Rat in der Frühzeit versammelt haben mag, direkt eingebunden. Der Stadtpatron St. Patroklus wurde vielmehr in Gestalt einer Statue ins Rathaus hineingeholt, vor der sich alle Wahlmänner und die Ratsherren einzeln zu verneigen hatten, und in deren Angesicht die Bürgermeister gewählt wurden. Dafür spielt der sog. Seel, das Amtshaus der Wollenweber, als Versammlungsort der Wahlmänner und als Schauplatz wichtiger Festmahle neben dem Rathaus eine herausgehobene Rolle.[41]

Abstrahiert man von den konkreten Handlungskontexten in den einzelnen Städten, so ließe sich das Verhältnis des Rathauses zu anderen öffentlichen Orten in der Stadt als ein Spannungsverhältnis von Kontrolle und Konkurrenz verstehen.[42] Da waren erstens die Häuser der Gilden und Zünfte. Der Rat behielt sich in vielen Städten das Recht vor, Versammlungen der Korporationen zu genehmigen. Eine ständige Verschwörungsangst ließen alle Zusammenkünfte von Bürgern verdächtig erscheinen. Auch die Wirtshäuser wurden deshalb zweitens mit einem dichten Netz von Reglementierungen überzogen, was die Überwachung von Fremden, die Einhaltung der Sperrstunden und die Wahrung sittlich anständigen und obrigkeitskonformen Verhaltens der Gäste anging.

39 Vgl. exemplarisch Signori, Ritual und Ereignis; Löther, Prozessionen.
40 Poeck, Rituale der Ratswahl.
41 Ebd., S. 87ff.; vgl. Gleba, Bürgerwelt, S. 26.
42 Vgl. näher Schwerhoff, Öffentliche Räume.

Immer wieder versuchten die Räte, die Wirte für unbotmäßiges Verhalten haftbar zu machen und sie als Agenten sozialer Kontrolle zu instrumentalisieren. Parallel dazu wurden drittens Kirchenräume ebenfalls als öffentliche Orte verstanden und genutzt wie auch im Görlitzer Fall zu sehen. Nicht nur wurden wichtige Edikte an Kirchentüren angeschlagen, auch sollten bestimmte Geoder Verbote – oft, aber nicht immer Religionsdinge betreffend – von den Kanzeln verkündet werden.

Soweit die Kontrollperspektive. Die politisch-soziale Praxis sah anders aus. Die Interaktionsdynamiken der vormodernen Präsenzkultur ließ sich kaum obrigkeitlich kanalisieren und regeln. Ein wenig zugespitzt (und unter kalkulierter Inkaufnahme eines Anachronismus) könnte man davon sprechen, in den öffentlichen Räumen abseits des Rathauses habe sich eine kommunale Gegenöffentlichkeit konstituieren können. Besonders evident ist das in einer multipolaren Metropole wie Köln, einer Stadt, die vergleichsweise stark von einer politischen Kultur der Partizipation geprägt war. Den vielen Weinschenken und Brauhäusern kam bei der politischen und religiösen Meinungsbildung eine zentrale Bedeutung zu. Und selbst in Bezug auf die Kirchen gelang dem Rat erst recht keine völlige Instrumentalisierung des katholischen und deshalb weitgehend autonomen Klerus

Insgesamt konnte das Rathaus keineswegs beanspruchen, als öffentlicher Ort ein Monopol innerhalb der vormodernen Stadt zu beanspruchen. Die kommunale ‚Öffentlichkeit' spannte sich gleichsam im städtischen Raum zwischen den verschiedenen Orten auf, wo öffentliche Interaktion und Kommunikation stattfanden. Anders, als es Jürgen Habermas in seinem klassischen Entwurf über den ‚Strukturwandel der Öffentlichkeit' 1961 postulierte, erschöpfte sich diese Öffentlichkeit keineswegs in einer repräsentativen Dimension, bei der Herrschaft ‚vor' dem Volk zur Schau gestellt wurde. Aber auch den an aufklärerischen Normen orientierten Idealtypus der ‚bürgerlichen Öffentlichkeit', bei der vernünftige Deliberation und abwägendes Raisonnement im Mittelpunkt stehen, wird man bei Geschehnissen wie dem bürgerlichen Protest in Görlitz 1527 nicht ohne weiteres dingfest machen können. Vielmehr handelte es sich um einen Machtkampf zwischen städtischer Elite und bürgerlichen Mittelschichten, der vor dem Hintergrund unterschiedlicher politischer Konzepte mit Argumenten, aber auch mit dem Druck der Straße und auch mit – oppositioneller oder obrigkeitlicher – Gewalt ausgetragen wurde. Die Topographie des Protestes verweist auf vielfältige Schauplätze. Aber nicht zufällig präjudizierten die Verhandlungen im Rathaus den Ausgang der innerstädtischen Unruhe, denn dieses Rathaus war keine austauschbare Bühne kommunaler Interaktion, sondern das topographische Zentrum der Macht, wo sich symbolisch wie materiell die Identität der Stadt verdichtete.

Bibliographie

Albrecht, S., Mittelalterliche Rathäuser in Deutschland, Darmstadt 2004.

Arlinghaus, F.J., Raumkonzepte der spätmittelalterlichen Stadt. Zur Verortung von Gericht, Kanzlei und Archiv im Stadtraum, in: B. Fritzsche u. a. (Hg.), *Städteplanung – Planungsstädte*, Zürich 2006, S. 101–123.

Bechter, B. u. a. (Bearb.), *Georg Dehio. Handbuch der deutschen Kunstdenkmäler. Sachsen I*, München 1996.

Behrisch, L., *Städtische Obrigkeit und soziale Kontrolle. Görlitz 1450–1600*, Epfendorf/Neckar 2005.

Boockmann, H., Spätmittelalterliche deutsche Stadt-Tyrannen, in: *Blätter für deutsche Landesgeschichte* 119 (1983), S. 73–91.

Denk, A./Matzerath, J., *Die drei Dresdner Parlamente. Die sächsischen Landtage und ihre Bauten*, Wolfratshausen 2000.

Dreher, B., *Vor 300 Jahren – Nikolaus Gülich* (Kleine Schriften zur Kölner Stadtgeschichte 4), Köln 1986.

Friedrichs, C., Das städtische Rathaus als kommunikativer Raum in europäischer Perspektive, in: J. Burkhardt/C. Werkstetter (Hg.), *Kommunikation und Medien in der Frühen Neuzeit*, München 2005, S. 159–174.

Gleba, G., Über Bürgerwelt und Gemeindeleben im spätmittelalterlichen Soest, in: H.-D. Heimann (Hg.), *Soest. Geschichte der Stadt*, Bd. 2, Soest 1996, S. 19–56.

Hass, J., *Görlitzer Rathsannalen*, ed. E.E. Struve, 3. Band (Scriptores Rerum Lusaticarum IV), Görlitz 1870.

Haupt, M.G., *Die Große Ratsstube im Lüneburger Rathaus (1564–1584). Selbstdarstellung einer protestantischen Obrigkeit*, Marburg 2000.

Keller, H., Wahlformen und Gemeinschaftsverständnis in den italienischen Stadtkommunen (12./14. Jahrhundert), in: R. Schneider/H. Zimmermann (Hg.), *Wahlen und Wählen im Mittelalter*, Sigmaringen 1990, S. 345–374.

Laue, C., „Am Rathaus am Giebel ein Brustbild eingemauert." Die Erfindung des Herforder Roland und die Herforder Stadtgeschichtsschreibung, in: *Ravensberger Blätter* 2 (1994), S. 13–28.

Lemper, E.-H., *Görlitz. Eine historische Topographie*, Zittau 2001.

Lindenau, K., *Brauen und herrschen. Die Görlitzer Braubürger als städtische Elite in Spätmittelalter und Früher Neuzeit*, Leipzig 2008.

Löffler, F., *Das alte Dresden. Geschichte seiner Bauten*, Leipzig 1981. 15. Aufl., 2002.

Löther, A., *Prozessionen in spätmittelalterlichen Städten. Politische Partizipation, obrigkeitliche Inszenierung, städtische Einheit*, Köln 1999.

Mager, W., Genossenschaft, Republikanismus und konsensgestütztes Ratsregiment. Zur Konzeptualisierung der politischen Ordnung in der mittelalterlichen und frühneuzeitlichen deutschen Stadt, in: L. Schorn-Schütte (Hg.), *Aspekte der politischen Kommunikation im Europa des 16. und 17. Jahrhundert*, München 2004, S. 13–122.

Meier, U., Vom Mythos der Republik. Formen und Funktionen spätmittelalterlicher Rathausikonographie in Deutschland und Italien, in: A. Löther u. a. (Hg.), *Mundus in imagine. Bildersprache und Lebenswelten im Mittelalter. Festschrift für Klaus Schreiner*, München 1996, S. 345–388.

Meier, U., Die Sicht- und Hörbarkeit der Macht. Der Florentiner Palazzo Vecchio im Spätmittelalter, in: Rau/Schwerhoff, *Zwischen Gotteshaus und Taverne*, S. 229–271.

Melville, G., Institutionen im Mittelalter, in: *Bulletin de la Société des Amis de l'Institut Historique Allemand* 4 (1998), S. 11–33.

Melville, G. (Hg.), *Institutionalität und Symbolisierung. Verstetigung kultureller Ordnungsmuster in Vergangenheit und Gegenwart*, Köln u. a. 2001.

Melville, G., Zeichen der Stadt. Zum mittelalterlichen „Imaginaire" des Urbanen, in: K-U. Jäschke/C. Schrenk (Hg.), *Was machte im Mittelalter zur Stadt? Selbstverständnis, Außensicht und Erscheinungsbilder mittelalterlicher Städte*, Heilbronn 2007, S. 9–23.

Melville, G./Vorländer, H. (Hg.), *Geltungsgeschichten. Über die Stabilisierung und Legitimierung institutioneller Ordnungen*, Köln u. a. 2002.

Poeck, D., Rituale der Ratswahl in westfälischen Städten, in: B. Stollberg-Rilinger (Hg.), *Vormoderne politische Verfahren*, Berlin 2001, S. 207–262.

Poeck, D., *Rituale der Ratswahl. Zeichen und Zeremoniell der Ratssetzung in Europa (12.–18. Jahrhundert)*, Köln 2003.

Rau, S./Schwerhoff, G. (Hg.), *Zwischen Gotteshaus und Taverne. Öffentliche Räume in Spätmittelalter und Früher Neuzeit*, Köln 2004.

Rau, S./Schwerhoff, G., Öffentliche Räume in der Frühen Neuzeit. Überlegungen zu Leitbegriffen und Themen eines Forschungsfeldes, in: dies., *Zwischen Gotteshaus und Taverne*, S. 11–52.

Rau, S./Hochmuth. C. (Hg.), *Machträume der frühneuzeitlichen Stadt*, Konstanz 2006.

Rau, S., *Räume der Stadt – Kulturen der Räume. Soziabilität und die Transformation von Räumen einer frühneuzeitlichen Stadt (Lyon, ca. 1300–1800)*, masch. Habilitationsschrift Dresden 2008.

Rehberg, K.-S., Die stabilisierende „Fiktionalität“ von Präsenz und Dauer. Institutionelle Analyse und historische Forschung, in: R. Blänkner/B. Jussen (Hg.), *Institutionen und Ereignis. Über historische Praktiken und Vorstellungen gesellschaftlichen Ordnens*, Göttingen 1998, S. 381–407.

Rehberg, K.-S., Macht-Räume als Objektivationen sozialer Beziehungen – institutionenanalytische Perspektiven, in: Rau/Hochmuth, *Machträume*, S. 41–55.

Rolf, H.-W., *400 Jahre Rathaus in Blomberg 1587–1987*, Blomberg 1987.

Rothert, H., Das Westwerk von St. Patrokli in Soest. Ein Beitrag zur Frühgeschichte des deutschen Rathauses und zugleich eine Gabe zur Tausendjahrfeier des Patroklimünsters, in: *Westfälische Zeitschrift* 103/4 (1954), S. 13–29.

Schlotterose, B., *Die Ratswahl in den deutschen Städten des Mittelalters*, masch. Diss. Phil. Münster 1953.

Schreiner, K./Meier, U. (Hg.), *Stadtregiment und Bürgerfreiheit. Handlungsspielräume in deutschen und italienischen Städten des Späten Mittelalters und der Frühen Neuzeit*, Göttingen 1994.

Schulz, K., Wahlen und Formen der Mitbestimmung in der mittelalterlichen Stadt des 12./13. Jahrhunderts. Voraussetzungen und Wandlungen, in: R. Schneider/H. Zimmermann (Hg.), *Wahlen und Wählen im Mittelalter*, Sigmaringen 1990, S. 323–344.

Schwerhoff, G., Das Kölner Supplikenwesen in der Frühen Neuzeit – Annäherungen an ein Kommunikationsmedium zwischen Untertanen und Obrigkeit, in: G. Mölich/G. Schwerhoff (Hg.), *Köln als Kommunikationszentrum. Studien zur frühneuzeitlichen Stadtgeschichte*, Bonn 2000, S. 473–496.

Schwerhoff, G., Öffentliche Räume und politische Kultur in der frühneuzeitlichen Stadt: Eine Skizze am Beispiel der Reichsstadt Köln, in: R. Schlögl (Hg.), *Interaktion und Herrschaft. Die Politik der frühneuzeitlichen Stadt*, Konstanz 2004, S. 113–136.

Schwerhoff, G., Sakralitätsmanagement. Zur Analyse religiöser Räume im späten Mittelalter und in der frühen Neuzeit, in: S. Rau/G. Schwerhoff (Hg.), *Topographien des Sakralen. Räumliche Dimensionen religiöser Kultur in der Vormoderne*, Hamburg 2008, S. 38–69.

Schwerhoff, G., Handlungswissen und Wissensräume in der Stadt. Das Beispiel des Kölner Ratsherrn Hermann von Weinsberg (1518–1597), in: J. Rogge, *Tradieren – Vermitteln – Anwenden. Zum Umgang mit Wissensbeständen in spätmittelalterlichen und frühneuzeitlichen Städten*, Berlin 2008, S. 61–102.

Signori, G., Ritual und Ereignis: Die Straßburger Bittgänge zur Zeit der Burgunderkriege (1474–1477), in: *Historische Zeitschrift* 264 (1997), S. 28–328.

Spohn, T., Die Rathausbauten im Umkreis Dortmunds von den spätmittelalterlich-frühneuzeitlichen Anfängen bis zu den preußischen-„rathäuslichen Reglements“, in: *Rathäuser im Spätmittelalter und in der Frühen Neuzeit. VI. Symposion des Weserrenaissance-Museums Schloß Brake in Zusammenarbeit mit der Stadt Höxter vom 17. bis zum 20. November 1994 in Höxter*, Marburg 1994, S. 123–143.

Stolleis, M., *Arcana imperii und Ratio status, Bemerkungen zur politischen Theorie des frühen 17. Jahrhunderts*, Göttingen 1980.

Tipton, S., *Res publica bene ordinata. Regentenspiegel und Bilder vom guten Regiment, Rathausdekorationen in der Frühen Neuzeit*, Hildesheim 1996.

Peter Johanek (Münster)

Karl IV. und Heinrich von Herford

Am 15. November 1377 ritt Kaiser Karl IV. in der westfälischen Bischofsstadt Minden ein. Knapp zwei Wochen zuvor, kurz nach dem Allerseelentag, war er aus Tangermünde, seiner Residenz in der Mark Brandenburg aufgebrochen, um sich auf den Weg nach Paris zu machen, zu einem Besuch beim französischen König, bei Karl V.[1] Dabei ging es vermutlich um dynastische Politik, auch wenn die Reise in das Gewand einer Pilgerfahrt nach Saint-Maur-des-Fossés gehüllt war. Die Reise wurde als Wallfahrt mit eifriger Reliquienverehrung inszeniert, und auch der französische König unterstrich diese Verhüllung, indem er seinen Onkel überall wie einen Pilger empfangen ließ (um ihn nicht als Kaiser empfangen zu müssen) und ihm als Abschiedsgeschenk unter anderem zwei goldene, muschelförmige Flaschen überreichte, mit einer Darstellung St. Jakobs, der Karl dem Großen den Weg nach Spanien weist, und zwar mit der Bemerkung, er befinde sich ja auf einer Pilgerfahrt.[2]

Die Darstellung auf diesen Preziosen mit ihrem Hinweis auf Karl den Großen vermag anzudeuten, dass diese der Diplomatie gewidmete Pilgerfahrt auch eine Reise in die Erinnerung, an die Stätten der Jugend des Luxemburgers gewesen ist. Dort in Paris hatte er entscheidende Jahre seiner Jugend verbracht, wichtige Elemente seiner Bildung empfangen, dort ist aller Wahrscheinlichkeit nach sein politisches Denken zumindest teilweise nachhaltig geprägt worden. Vor allem hatte er damals in der Obhut seines Onkels Karls IV. von Frankreich den Namenswechsel von Václav zu Karl vollzogen, und selbstverständlich spiegelt sich in dieser Namenswahl neben den verwandtschaftlichen Beziehungen der Luxemburger zu den Valois-Königen auch die politische Religiosität der Verehrung Karls des Großen als Heiliger.[3] Kaiser Karl IV. ist der erste Herrscher des Reichs, der seit gut 450 Jahren wieder den Namen Karl trug, und seit der Heiligsprechung Karls des Großen unter der Regierung Friedrich Barbarossas hatte kein anderer deutscher Herrscher den Karlskult so intensiv betrieben wie er. Und auch bei dieser letzten Reise des Kaisers, die da im Herbst 1377 begann, war Karl der Große und sein Gedächtnis in mannigfacher Weise präsent.

1 RI VIII, Nr. 5828a; Hermann von Lerbeck, Catalogus, S. 78, vgl. auch S. 207.

2 Zu dieser Reise vgl. Delachenal, Histoire de Charles V, S. 61–122; Kintzinger, Der weiße Reiter, S. 331–339; Šmahel, Cesta Karla IV., bes. S. 144–149 mit Karten zum Reiseweg; zum Zweck der Reise noch Last, Besuch, S. 300, zu den Geschenken Karls V. ebd., S. 333.

3 Zu diesem Namenswechsel vgl. v.a. Schneider, Karolus, qui et Wenceslaus, S. 381f.

Vorerst aber erreichte er Minden am 15. November und blieb dort drei Tage.[4] Er war zuvor durchs östliche Sachsen gereist, hatte zwei Nächte in Lüneburg verweilt, ohne dort politische Akte vorzunehmen, und nun betrat er Westfalen, eine Region, die als eine der politischen Handlungsräume mittlerer Reichweite des Reiches gelten darf.[5] Dieses Eigengewicht Westfalens im politischen Gefüge des Nordwestens des Reiches muss Karl IV. bewusst gewesen sein, es hatte in seiner Landfriedenspolitik eine Rolle gespielt, und auch in die Ordnung der westfälischen Freigerichte hatte er eingegriffen. Es darf bereits jetzt bemerkt werden, dass die letzteren wohl schon damals ihren Ursprung und ihre Legitimierung auf Karl den Großen zurückführten.[6]

Hier in Minden, gleichsam am Tor Westfalens, kam es zu zwei bemerkenswerten Handlungen des Herrschers. Zunächst erneuerte Karl IV. jene Bestimmungen zum Schutze der Kirche und ihrer Freiheiten, die späterhin unter dem Namen „Karolina" bekannt geworden sind und stellte dem Bischof Wedekind von Minden eine Urkunde darüber aus.[7] Dafür gab es aktuellen Anlass in Auseinandersetzungen des Bischofs mit dem Rat der Stadt. Doch nützte Karl ganz offenkundig die Gelegenheit, sich beim Betreten Westfalens als kaiserlicher Schützer der Kirche zu präsentieren, als Garant des *status ecclesiastice libertatis*, so wie er es im Verlauf dieser Reise noch mehrmals, etwa in Privilegien für die Kirchen von Augsburg, Speyer und Cambrai getan hat.[8]

Neben diesen Haupt- und Staatsaktionen begab sich Anderes, nicht minder Interessantes. Der Kaiser hatte Quartier im Dominikanerkloster genommen und ließ dort – so berichten der *Catalogus episcoporum Mindensium* und die jüngere Mindener Bischofschronik – die sterblichen Überreste des Chronisten Heinrich von Herford, der als Angehöriger des Konvents sieben Jahre zuvor *ante ostium chori versus ambitum* beerdigt worden war.[9] in den Chor überführen – *ante altare maius penes candelabrum stanneum* – und ihm ein prächtiges Grabmal errichten.[10] Wollte man einer Quelle zweifelhafter Geltung Glauben schenken, so hätte

---

4 Hermann von Lerbeck, Catalogus, S. 78: *MCCCLXXVII die XV. Novembris imperator Karolus quartus Mindam intravit, ubi in conventu praedicatorum usque in diem tertium moram traxit.*

5 Moraw, Regionen und Reich; zu Westfalen: Johanek, Landesbewußtsein in Westfalen.

6 Zur Landfriedenspolitik vgl. Angermeier, Königtum und Landfriede, S. 225–237; Hölscher, Kirchenschutz als Herrschaftsinstrument, S. 20–23; Naendrup-Reimann, Karl IV.; Folz, Le souvenir. Heinrich von Herford, Liber de rebus memorabilioribus, S. 30, vermerkt zu 780 mit Bezug auf Karl den Großen: *Propter quod etiam legem secreti judicii, quod illius patrie lingua veme dicitur, [...] perpetuis temporibus inviolabiliter inter Renum et Wyseram observari sanxivit.*

7 RI VIII, Nr. 5829, vgl. auch 5833; dazu allgemein Johanek, Die „Karolina de ecclesiastica libertate"; zur Privilegierung der westfälischen Bistümer: Hölscher, Kirchenschutz, S. 101f., 168–170 und 196–199.

8 Hölscher, Kirchenschutz, S. 175–177.

9 Hermann von Lerbeck, Catalogus, S. 77.

10 Ebd., S. 77, Anm. B, Zusatz in jüngerer Überlieferung; die jüngere Bischofschronik des Heinrich Tribbe (†1464) ergänzt die Nachricht der ersten Beerdigung: *Sed per Karolum imperatorem honorifice sepultus in choro cum decenti sepultura*; zu Heinrich von Herford vgl. v. a. Schumann, Heinrich von Herford. Enzyklopädische Gelehrsamkeit; weiter noch Schlemmer, Die Bedeutung Heinrichs von Herford; Baumann, Weltchronistik im ausgehenden Mittelalter.

Kaiser Karl diesen Akt als feierliches Ereignis gestaltet, an dem er selbst und auch die vielen hochgestellten Persönlichkeiten teilnahmen, die bei seinem Besuch in Minden anwesend waren: Die Bischöfe von Minden, Hildesheim, Paderborn und Ermland, Herzog Wenzel von Troppau, Herzog Albert von Sachsen und Lüneburg, die Grafen Burchard von Hardeck, Gerhard von Hoya, Busso und Heinrich von Schraplau, der Mindener Hochstiftsvogt Otto vom Berge und weitere Adelige, darunter Simon von Lippe, Alhard von Busche, der Truchsess der Grafschaft Ravensberg sowie der Mindener Bürgermeister Johannes Bodendorp.[11] In der Tat mag Christian Franz Paullini mit dieser Konstruktion in seiner gefälschten Mindener Chronik eines von ihm erfundenen Busso de Watenstedt das Richtige getroffen haben, denn Karl IV. darf als Meister der Inszenierung politischer Akte bezeichnet werden. August Potthast jedenfalls, der Herausgeber der Weltchronik Heinrichs von Herford, der um die Fälschungen Paullinis wusste, hat dazu bemerkt, aus diesem Ereignis sei leicht abzuleiten, für wie bedeutend Heinrich von Herford bereits damals gehalten wurde.[12]

In der Tat handelte es sich um ein glanzvolles Ereignis, das sich nicht einem spontanen Entschluss Karls während des kurzen Aufenthalts in Minden verdanken kann, sondern längerer Vorbereitung bedurft hatte. Das Ereignis war nicht nur glanzvoll, sondern im Grunde unerhört. Der Kaiser ehrte einen Gelehrten und Geschichtsschreiber in herausragender Weise, doch ganz vereinzelt steht eine solche Ehrung nicht. So hat Karl IV. in die bildliche Memoria der Büsten, die das Triforium des Prager Veitsdoms schmücken, selbstverständlich seine Familie, seine Vorfahren und Vorgänger aufgenommen, dazu kamen auch Angehörige des hohen Prager Domklerus, unter ihnen auch der Domkanoniker und Geschichtsschreiber Beneš Krabice von Weitmühl. Sicher gilt die Ehrung hier dem Domkanoniker und nicht dem Chronisten, aber im Triforium finden sich auch die Büsten des Matthias von Arras und Peter Parlers. Karl bezog mit ihnen auch jene Diener in diese öffentliche Memoria ein, die Konzeption und Ausführung seiner Hofkunst getragen hatten.[13] Man wird also die Büsten der Baumeister in der Prager Kathedrale in eine gewisse Parallele zur Umbettung Heinrichs von Herford in ein herausragendes Grab des Mindener Dominikanerkonvents setzen dürfen.

Nun ist aber Heinrich von Herford kein Diener Karls IV. gewesen, dem er nie begegnet ist. Wem also galt die Ehrung des Herrschers? Die Mindener Quellen charakterisieren den Dominikaner ganz allgemein als Gelehrten, und es ist sicher denkbar, dass Karl IV. in ihm vielleicht vor allem den Verfasser des Riesenwerks der *Catena aurea entium vel problematum series* sah, einer umfassenden

---

11 Busso de Watensted, Chronicon Mindense, S. 36; zu Paullinis Fälschungen vgl. Lövinson, Die Mindensche Chronik; die genannten Personen sind zum größten Teil die Zeugen des oben, Anm. 7, gennannten Schutzprivilegs, das Paullini aus älteren Drucken kennen konnte.

12 Heinrich von Herford, Liber de rebus memorabilioribus, S. VII.

13 Zum Büstenzyklus vgl. etwa Schwarz, Peter Parler im Veitsdom; Kavka, Am Hofe Karls IV., S. 132–134.

Enzyklopädie des Wissens seiner Zeit.[14] Dergleichen konnte dem Gründer der Prager Universität nicht fernliegen. Oder war doch eher der Geschichtsschreiber gemeint, den er auszuzeichnen gedachte?

Wer das Letztere annimmt, sieht sich vor Schwierigkeiten gestellt. Heinrich von Herford hat seine Weltchronik mit der Schilderung der Kaiserkrönung Karls IV. im Jahr 1355 abgeschlossen, obwohl er selbst noch bis 1370 gelebt hat. Ein Lobredner dieses Herrschers ist er in diesem 100. Kapitel der sechsten Aetas nicht gewesen, kein Anhänger des Luxemburgers, eher scheint er bei der Schilderung seiner schwierigen Anfänge zu den Argumenten von dessen Gegnern zu neigen. Die Forschung hat daher seine Haltung zu Karl IV. als kritisch, ja sogar als „feindselig" bezeichnet, wobei dann auch die Frage fällt: „Wie kann ein Chronist, der gegenüber Karl IV. derartig kritisch stand, von diesem so geehrt worden sein".[15] Andererseits besteht kein Anlass, die Nachricht über die Umbettung Heinrichs zu verwerfen, auch wenn sie in der handschriftlichen Überlieferung erst spät bezeugt ist. Diesen Widerspruch gilt es aufzulösen.

In der Tat häufen sich für den Beginn der Regierung Karls IV. in der Schilderung Heinrichs von Herford die negativen Aussagen. Es geht um die Defekte seiner Wahl, um die Bestechungssummen, die gezahlt wurden, um seine Erhebung zu bewerkstelligen und schließlich auch um die Katastrophen von europäischer Dimension, wie die Pest, den Judenmord und die Geißlerzüge sowie die monströsen Begebenheiten, die Heinrich vor allem aus seinem eigenen westfälischen Umfeld zu berichten weiß. All dies scheint den Beginn einer Endzeit zu bezeichnen. Heinrich von Herford hat das, bevor er in die Schilderung der einzelnen Regierungsjahre Karls IV. eintritt, resümierend prägnant zusammengefasst: *Principium autem regni Karoli istius multum videtur memorabile propter monstra et portenta* [...] *que tunc apparuerunt.* Noch schärfer formuliert er einen Einzelaspekt: *Gens sine capite flagelliorum adventum Anticristi prenuntiavit.*[16]

Die Schärfe des Urteils über den Beginn der Regierungszeit Karls IV. wird ein wenig gemildert, wenn man auf Heinrichs Darstellung der Anfänge Ludwigs des Bayern blickt. Die Berichte über Königserhebungen, die vor dieser Zeit liegen, sind wenig aussagekräftig. Erst für die Doppelwahl von 1314 verfügte Heinrich von Herford über gründliche Kenntnisse und detailliertere Nachrichten. Für Heinrich war es eine Wahl in *discordia,* begleitet von Unstimmigkeiten und Trickserreien, die er vor allem von den Gegnern Ludwigs des Bayern angewendet sieht.[17] Heinrich von Herford wägt hier, wie auch bei der Darstellung des Beginns des hundertjährigen Krieges[18] die Argumente sorgfältig ab, gleichsam unparteiisch, ohne jedoch seine Sympathien für Ludwig den Bayern oder König Eduard III. zu verbergen. Die *portenta* und *monstra* fehlen für die Regie-

14 Vgl. zu ihr Schumann, Heinrich von Herford. Enzyklopädische Gelehrsamkeit, S. 53–70.
15 Vgl. statt aller anderen Sprandel, Studien zu Heinrich von Herford, S. 570.
16 Heinrich von Herford, Liber de rebus memorabilioribus, S. 277; dazu Sprandel, Studien zu Heinrich von Herford, S. 565–567.
17 Heinrich von Herford, Liber de rebus memorabilioribus, S. 230–232.
18 Ebd., S. 252–254.

rungszeit Ludwigs des Bayern ebenfalls nicht. Der Dominikanerbruder Robert von Uzès prophezeit bereits 1317 den schwarzen Tod, der drei Jahrzehnte später wüten wird, in den Jahren nach 1337 häufen sich die Ereignisse. In Erfurt fällt Blut vom Himmel, Heinrich selbst sah Tropfen, die man auf einem Leinentuch aufgefangen hatte. In Koblenz wurde ein neunjähriges Mädchen vom Koch ihres Vaters schwanger, und 1341 kam es zu schrecklichen Überschwemmungen in Niederdeutschland, sodass etwa in Lemgo ein Leichnam aus seinem Grab geschwemmt wurde und der Sohn des Verstorbenen die Leiche in der Pferdekrippe seines Stalles auffand.[19] Bereits hier also scheint sich die Endzeit anzukündigen.

Ohne Zweifel hat Heinrich auch den schweren Konflikt Ludwigs des Bayern mit der Kurie als Unglück und Verdunkelung der Zeiten empfunden, doch sah er nicht eigentlich den Kaiser als Schuldigen. Er sah ihn verführt durch *consilia mala* der bösen Franziskaner.[20] Er fand lobende Worte für den Kaiser und für seine guten Eigenschaften, sparte aber dennoch nicht mit Kritik: Ein *homo simplex* sei er gewesen, habe von den theologischen Implikationen seiner Politik nichts verstanden – *nichil sciens de hiis nec judicium proprium habere potens* – und sei so zum *rebellis ecclesie Romane* geworden. Allerdings kommt etwa Papst Benedikt XII. noch schlechter weg, von dem er ein Spottepitaph notiert, das ihn mit Nero vergleicht und eine Viper nennt.[21] Solche harschen Verurteilungen finden sich für Karl IV. nicht. Gleichwohl ändert das nichts daran, dass Heinrich von Herford kein Anhänger Karls IV. war, und die knappe Schilderung seines Romzuges ist mit der isolierten, verkürzten, verzerrten oder gar unzutreffenden Darstellung einiger Begebenheiten dazu bestimmt, das Ansehen des Kaisers deutlich herabzusetzen.[22] Auch bildet keineswegs die Kaiserkrönung den Beschluss von Heinrichs Chronik, bildet nicht sozusagen den Schlussakkord. Vielmehr setzt er ans Ende einen Bericht über die skandalösen Zustände im Bistum Hildesheim,[23] bevor er zu allgemeinen Betrachtungen über den Verlauf der Geschichte, auf das Verhältnis von 6. zum 7. Weltalter, also auf das Ende der Weltgeschichte zu sprechen kommt.

Diese kühle und wenig freundliche Darstellung ist, soviel man weiß, das letzte Wort Heinrichs von Herford zu Karl IV. geblieben. Sie schließt auf einer düsteren Note. Heinrich hat den größten Teil der Regierungszeit Karls IV. noch miterlebt. Doch anders als etwa Otto von Freising, der seiner pessimistisch

19 Ebd., S. 233, 258–260, 265f.

20 Ebd., S. 241 und 271; zu diesem Komplex vgl. auch Schumann, Heinrich von Herford. Enzyklopädische Gelehrsamkeit, S. 127–130.

21 Heinrich von Herford, Liber de rebus memorabilioribus, S. 265: *Hic situs est Nero, laycis mors, vipera clero / Devius a vero, cupa repleta mero.*

22 Ebd., S. 287f.; es handelt sich um die Verhandlungen Karls IV. mit Herzog Ludwig V. von Bayern sowie um die strikte Einhaltung der päpstlichen Restriktionen bei Karls Aufenthalt in Rom, für die der Kaiser auch in anderen Quellen getadelt wird, vgl. dazu Widder, Itinerar und Politik, S. 151f.; 211–216.

23 Heinrich von Herford, Liber de rebus memorabilioribus, S. 288f.

gestimmten Weltchronik die *Gesta Friderici* mit ihrer Aufbruchsstimmung folgen ließ, hat Heinrich kein Folgewerk verfasst.

Es kann kaum ein Zweifel bestehen, dass Karl IV. Heinrichs Chronik kannte, ihm Inhalt und Tendenz bekannt waren. Als Vermittler wird man sich den Dominikaner Konrad von Halberstadt den Jüngeren vorstellen dürfen, der sich im Incipit seines Werks *De trinitate* als Kaplan Kaiser Karls IV. bezeichnet.[24] Konrad hat ein eigenes Geschichtswerk, ebenfalls eine Weltchronik – jedoch völlig anders strukturiert – offenbar im engen Kontakt und im gegenseitigen Austausch mit Heinrich von Herford abgefasst. Auch er hat die Darstellung etwa 1353 abgebrochen, auch er war offenbar zunächst ein Skeptiker gegenüber dem Luxemburger, bis er nach 1354 in nähere Beziehungen zu Ernst von Pardubitz und Karl IV. trat. Aus dieser Zeit stammt eine wohl 1359 abgeschlossene Neufassung mit einer positiven Wertung Karls IV.[25] Die Annahme einer Vermittlung der Kenntnis der Chronik Heinrichs von Herford an den Kaiser durch Konrad von Halberstadt hat demnach einiges für sich. Wie immer aber Karl IV. an die Chronik Heinrichs von Herford geriet, die Wertschätzung ihres Verfassers kann ihren Grund nicht in der Darstellung seiner eigenen Regierungszeit haben. Diese konnte er höchstens großzügig ignorieren, und dazu war er sicherlich fähig. Man braucht nur an sein Verhalten gegenüber Milič von Kremsier zu denken, der ihn in einer seiner Predigten als den Antichrist bezeichnet hatte und den er dennoch bei seiner Gründung der Frauengemeinschaft „Jerusalem" unterstützte.[26] So mag er über die abschätzige Schilderung seiner Anfänge bei Heinrich von Herford hinweggesehen haben, obwohl er selbst der Meinung war, dass mit seiner Regierung *felicia tempora* angebrochen seien.[27] Doch er muss andere Vorzüge des Werkes zum Maßstab seiner Wertung gesetzt haben, Vorzüge, die zu der spektakulären Denkmalsetzung in Minden führten. Es gilt den Spuren zu folgen, die in der Forschung bereits gelegt wurden.[28]

Zwei weitere auffällige Akte oder „Inszenierungen" Karls IV. auf der Weiterreise durch Westfalen weisen den Weg. Am 18. November verließ der Herrscher Minden und erreichte Herford. Von dort brach er am nächsten Tag, dem 19. November, nach Bielefeld auf und besuchte offenbar, einen Umweg nehmend, das Grab Widukinds in Enger.[29] Er fand das Grabmal verfallen, befahl es

24 Vgl. Sprandel, Studien zu Heinrich von Herford, S. 570; Konrad von Halberstadt, Chronographia, S. 12f.

25 Ebd., 92–96.

26 Vgl. dazu zuletzt M. Blahová, Milič von Kroměříž und seine Synodalpredigten, S. 367f.

27 Auftragsbrief für die Chronik des Johannes von Marignola: Kronika Jana Marignoly, S. 492.

28 Folz, Le souvenir, S. 493f.; Last, Besuch Karls IV.; Freise, Die Sachsenmission Karls des Großen, S. 57; v.a. auch Schumann, Heinrich von Herford. Enzyklopädische Gelehrsamkeit, S. 126–132.

29 Vgl. dazu grundlegend Last, Besuch Karls IV. am Grabmal Widukinds, mit ausführlicher Analyse der schwierigen Quellenlage (S. 317–320); zum Itinerar vgl. RI VIII, Nr. 5829–5834; die Annahme eines Besuchs in Enger am 19. 11. auf dem Weg von Herford nach Bielefeld erscheint bei einer Wegstrecke von etwa 24 km am plausibelsten, obwohl sie dem Wortlaut der Quelle widerspricht, die Bielefeld als Ausgangspunkt nennt und schließt: *Inde* (von Enger)

zu renovieren und daran zwei Wappen anzubringen. Zu Häupten des Toten sollte das Wappen Karls des Großen – ein gespaltener Schild mit Reichsadler und Lilien –, zu dessen Füssen das Wappen des Königreichs Böhmen – der zweigeschwänzte Löwe – stehen.[30] Damit liegt die Intention des Besuchs klar zu Tage: Es handelte sich um eine Huldigung Karls IV. an seinen Namensvorgänger Karl den Großen. Das Grabmal Widukinds kommemoriert Überwindung der heidnischen Sachsen, durch die Taufe Widukinds deren Christianisierung, die Ausbreitung des Glaubens und den Schutz der Kirche.[31] Gleichzeitig ehrte Karl IV. durch seinen Besuch und die Erneuerung des Grabes auch den Ahnherrn mehrerer kaiserlicher Vorgänger, der ottonischen Herrscher und Lothars von Supplinburg sowie zahlreicher niederdeutscher Adelsgeschlechter.[32]

Von Bielefeld aus erreichte Karl IV. dann am 22. November Dortmund.[33] Hier blieb er zwei Tage, und wiederum wurde die Memoria Karls des Großen beschworen. Der Kaiser erhielt ein Geschenk. Bereits bei der Einholung in die Stadt waren ihm die Reliquien der Dortmunder Kirchen bis weit vor die Ostenpforte entgegen getragen worden, und Karl war vom Pferd abgesessen und hatte mit *hoechster reverenz und eerwirdicheit dat hilge hovet sanct Reinolts devoetlich sich neigende gekusset.*[34] Dann war er in die St. Reinoldikirche geleitet worden, von wo er nach einem Gebet vor dem Sakrament in sein Quartier gebracht wurde. In der Kirche hatte er, vielleicht bereits damals am Pfeiler links vor dem Chor, die Monumentalstatue des Heiligen Reinoldus (2,70 m) sehen können,[35] dem er vor der Stadt seine Reverenz erwiesen hatte.

Dieser Heilige Reinoldus galt den Dortmundern als ihr Stadtpatron und Schutzherr, der sich schon mehrfach, zuletzt in eben jenem Jahr 1377, als Schlachtenhelfer bewehrt hatte. Der Überlieferung nach hatte der heilige Erzbischof Anno von Köln seine Reliquien nach Dortmund gebracht und ihn als Stadtpatron eingesetzt.[36] Er war jedoch nicht irgendein Heiliger aus Köln. Er war, fasst man alles, was die Überlieferung zu wissen meint, zusammen, bereits zu Kaiser Karls IV. Zeiten für die Dortmunder eines der vier Haimonskinder, als Renaud de Montauban eine Figur der Epik, auch in der Legende ein Verwandter Karls des Großen, zunächst ein Rebell gegen den Kaiser, später zum

---

Caesar Hervordiam regressus. Angesichts der Zeitnot, in der sich Karl befand, ist ein zweiter Aufenthalt in Herford auszuschließen. Last hat keine Entscheidung getroffen (S. 309).

30 Last, Besuch Karls IV. am Grabmal Widukinds, S. 319, 335–337 mit Abb. 2.

31 Ebd., S. 337f.

32 Zu diesem Vorstellungskomplex vgl. Heinrich von Herford, Liber de rebus memorabilioribus, S. 72, 136, 146.

33 Vgl. zuletzt Franke, Kaiser Karl und Kaiserin Elisabeth; Lampen, Karl IV. in Dortmund; Paderborn ist als Aufenthaltsort genannt in: Westhoff, Chronik, S. 230, sowie bei Ertwin Ertmann, vgl. *Die niederdeutsche Bischofschronik*; vgl. auch die Karte bei Šmahel, Cesta; doch ist es aus Zeitgründen aus dem Itinerar zu streichen.

34 Westhoff, Chronik, S. 231.

35 Vgl. dazu Franke, Kaiser Karl IV. und Kaiserin Elisabeth, S. 285; Zepp, Der Chor der Reinoldikirche, S. 216.

36 *Sanctum Reinoldum martyrem … ibidem pro patrono collocavit;* so: Chronik der Pseudorektoren der Benediktskapelle, S. 520.

Gehorsam bekehrt, dann zum Heidenkämpfer gewandelt, zum Mönch in St. Pantaleon zu Köln geworden und schließlich den Märtyrer-Tod erleidend.[37] Auf eine ähnlich kurze Formel brachte es auch der Bericht des Chronisten Dietrich Westhoff, wenn er erzählt, wie man am zweiten Tag des Besuchs Karls IV. den Kaiser *sanct Reinolts ganz leven und histori* vortrug: *wie er sin leven im ruterspil geovet und tolest vermits penitentien und ruw datselvige sijn leven gebettert, und uterlich umb die liefte gots und den hilgen christen gloven mit der cronen der mertelers gekroent worden und dat ewige leven erlangt.*[38]

Karl IV. begegnete hier einem Zeitgenossen und Verwandten Karls des Großen als heiligem Schutzpatron einer Stadt des Reiches, deren Schutzherr er selbst war, der einzigen Reichsstadt zudem in Westfalen. Diese Stadt erwartete von ihm die Bestätigung ihrer Privilegien und Freiheiten, und er hat sie erteilt. Dietrich Westhoff hat das in seiner Chronik festgehalten.[39]

Zuvor aber wurde gleichsam der Abschluss eines Sakralpaktes inszeniert. Am zweiten Tag seines Aufenthalts suchte der Herrscher noch einmal die Reinoldikirche auf, um die Messe zu hören. Zunächst betete er wieder vor dem Sakrament und anschließend wurde von den Bürgermeistern *sanct Reinolts raste* – sein Reliquienschrein – *geopent* und der Kaiser aufgefordert, zwei Knochen seiner Wahl auszusuchen und an sich zu nehmen. Er wählte ein *lank been van den arm* und noch ein weiteres *aver nicht so dick*, und auch dem Bischof von Ermland wurde eine Partikel überreicht.[40] Was sich hier abspielt, ist keine ungewöhnliche Szene. Karl IV. brachte Reliquien an sich, wo immer dies nur möglich war. Er drängte darauf, mit ihnen beschenkt zu werden, und nicht immer waren solche Wünsche willkommen, ja mitunter ist das Missvergnügen der Schenker deutlich aus den Quellenberichten herauszuhören.[41]

Hier in Dortmund jedoch lagen die Dinge offenbar anders, hier stand man ganz augenscheinlich der bekannten Neigung Karls IV. positiv gegenüber. Es ging ja nicht um eine fast pathologische Sammelwut, wie gelegentlich geäußert worden ist, auch nicht eigentlich um persönliche Frömmigkeit des Herrschers.[42] Es ging vielmehr um die Demonstration der Sakralität des Kaisertums vermittels des Instrumentarium des Reliquienkults, vermittels der diesen *pignora sanctorum* und ihrer Präsentation in sublimen Kunstwerken eigenen Medialität. Die Sakralität des Kaisertums fand ihre Ausstrahlung in der Weisung der Reichskleinodien und Reichsreliquien in Prag und Nürnberg, in ihrer kostbaren Um-

37 Vgl. dazu zuletzt Schilp, Reinoldus; Franke, Heiliger Reinoldus; Johanek, Inszenierte Vergangenheit, S. 43–47.

38 Westhoff, Chronik, S. 233.

39 Ebd., S. 235; dazu RI VIII, Nr. 5834.

40 Westhoff, Chronik, S. 232f.

41 Vgl. etwa: Die Chroniken der Stadt Konstanz, S. 188f.: *Kaiser Karl fur gen St. Gallen und hieß sant Gallen und sant Othmarus greber uftun und nam den merern tail ir jetwedes hopt. Daselb tät er och in der Richenow an sant Marcus des evangelisten hopt und ander vil hailgen, und zu Constanz nam er von sant Pelagien ain ganz Schulter.*

42 Vgl. dazu grundlegend Machilek, Privatfrömmigkeit und Staatsfrömmigkeit.

hüllung durch die Kunstwerke der Burg Karlstein. Ebenso aber spiegelte sich in dem Reliquienschatz, den Karl IV. während seiner Regierungszeit aus den vielen Heiltumsstätten der deutschen Lande in Prag zusammengebracht hatte, die Sakraltopographie des Reiches in ihrer ganzen Vielfalt. Die einzelnen Kirchen und Glieder des Reiches gingen in der gemeinsamen Verehrung der Heiligen deren Reliquien der Kaiser als Geschenk erhalten hatte, eine feste Bindung mit dem Herrscher ein.

Es war offenbar dies, was die Dortmunder vor Augen hatten, als sie Karl IV. Anteil an ihrem Stadtpatron gewährten. Sie begnügten sich nicht mit der Überlassung von Gebein sondern stellten diese in den Rahmen des Vollzugs der in Dortmund gebräuchlichen Reinoldus-Liturgie, indem *siner keiserliche majestaet getoent und vuerbracht sanct* [...] *Reinolts ganz leven und historj.* Auch die Handschrift dieses Reinoldus-Offiziums wurde dem Kaiser geschenkt,[43] und das hatte zum Ziel, dass der Kult des Stadtpatrons in Dortmund und in Prag beim Kaiser in gleicher Weise gepflegt werden konnte. Die gemeinsame Heiligenverehrung sollte ein ebenso festes Band um Herrscher und Reichsstadt schlingen wie die Bestätigung ihrer städtischen Privilegien, an die er seine Goldbulle hängte.[44]

Karl IV. hatte in Dortmund Reliquien besonderer Art erworben, Reliquien aus dem Umkreis Karls des Großen, und damit hatte er wiederum – und dieses Mal vor einer breiten Öffentlichkeit – auf seinem Weg durch Westfalen ein Zeichen der Erinnerung an Karl den Großen gesetzt. Die Ehrung Heinrichs von Herford, seine Translation in ein neues Grab im Chor der Mindener Dominikanerkirche lässt sich fugenlos an die Akte von Enger und Dortmund anschließen, ja sie bildet gewissermaßen deren Auftakt.

Geschichtsschreibung und historische Überlieferung in den unterschiedlichsten Medien gehörten zum Instrumentarium der politischen Propaganda Karls IV. Er selbst hat sich mit seiner Autobiographe und mit der Abfassung einer Wenzelslegende als Historiograph betätigt und in seiner Umgebung chronikalische Tätigkeit kräftig gefördert. Johannes von Marignola und Přibík Pulkava von Radenín schrieben in seinem Auftrag, und auch die Domherrn Franz von Prag und Beneš Krabice von Weitmühl, der Abt Neplach von Opatovice und Konrad von Halberstadt verfassten oder ergänzten ihre Werke im Umkreis Karls, selbst wenn sie nicht zu den Hofgeschichtsschreibern zu zählen sind.[45]

Die Geschichtsschreibung des Prager Kreises war im Wesentlichen auf Böhmen konzentriert, und Karl IV. hatte bei der Beauftragung Johanns von Marignola gewünscht, dass dieser die böhmische Geschichte in eine Weltchronik von Adam und Eva an einbetten sollte. Ihm ging es um die Kontinuität der böhmischen Geschichte, besonders um die Verknüpfung der přemyslidischen

43 Westhoff, Chronik, S. 233.

44 RI VIII, Nr. 5834.

45 Vgl. dazu Blahová, Offizielle Geschichtsschreibung, S. 27–39; Blahová, ... ad probos mores; Blahová, Die Hofgeschichtsschreibung; Kersken, Geschichtsschreibung im Zeitalter der „nationes“, S. 587–603.

Herrschaft mit dem Großmährischen Reich, die etwa die Chronik des so genannten Dalimil als eine Art Translation ansah. Karl IV. selbst hatte in seiner Wenzelslegende das Thema angeschlagen. Johannes von Marignola hat seine Aufgabe in dieser Hinsicht nur unvollkommen erfüllt, während Pulkava eine elegante Lösung fand.[46]

Johannes von Marignola hatte es auch unterlassen, Karls Genealogie vom Vater her und deren Verbindung mit den römischen Imperatoren zu entfalten und dafür auf die *Romanorum cronicae* verwiesen.[47] Nun war die Genealogie der Luxemburger in Prag gut dokumentiert. Der Prager Dominikaner Nikolaus von Louny hatte sie anlässlich der Krönung Karls IV. zum böhmischen König der Prager Geistlichkeit erläutert,[48] und in bildlicher Form fand sie sich in einem Saal der Burg Karlstein dargestellt.[49] Der Dreh- und Angelpunkt dieser Genealogie war die Abstammung von Karl dem Großen, die für die Luxemburger über die Herzöge von Limburg konstruiert wurde. Ihr kam für die Legitimierung zur Herrschaft, insbesondere zur Kaiserherrschaft außerordentlich hohe Bedeutung zu.[50]

Was Karl IV. im Umkreis der in Prag gepflegten Historiographie fehlte und worauf die Bemerkung des Johannes von Marignola verwies, war eine Weltchronik, die Karl den Großen angemessen würdigte und vor allem dessen Bedeutung für das Kaisertum und die Kontinuität des Imperiums seit römischer Zeit sichtbar werden ließ. Ob die Arbeiten Konrads von Halberstadt ihn zufriedenstellen konnten, ist nicht zu entscheiden, da einiges davon, wie gerade die Schrift *De regno Romanorum*, verloren ist, oder sie aber, wie das *Trilogium* und die *Chronographia*, bislang nur unzureichend erschlossen sind.[51] Auch die gebräuchlichen Kompendien des Spätmittelalters, wie Martin von Troppau und Vinzenz von Beauvais, konnten in dieser Hinsicht nicht befriedigen.

So mag in der Tat Konrad von Halberstadt auf seinen Arbeitspartner Heinrich von Herford verwiesen haben. Bereits Robert Folz hat Heinrichs Chronik als „une véritable somme sur Charlemagne" bezeichnet,[52] und in der Tat dürfte die karolingische Gründerfigur des mittelalterlichen Reiches in keiner anderen Weltchronik so gründlich behandelt worden sein. Seine Regierungszeit als König der Franken und als Kaiser nimmt in Heinrichs Chronik unter allen vergleichbaren Abschnitten der Zeit vor dem 14. Jahrhundert den größten Raum

46 Vgl. Blahová, Offizielle Geschichtsschreibung, S. 27 und 36 f.

47 Kronika Jana Marignoly, S. 519.

48 Kadlec, Die homiletischen Werke, S. 268; vgl. dazu Blahová, Offizielle Geschichtsschreibung, S. 31.

49 Zu diesem nur aus späteren Kopien bekannten Zyklus vgl. Neuwirth, Der Bildercyclus; zuletzt Fajt, Von der Nachahmung, S. 62–65; ferner zu diesem und anderen Zyklen: Kavka, Am Hofe Karls IV., S. 134–136.

50 Vgl. etwa Guenée, Histoire et culture historique, S. 348.

51 Vgl. Konrad von Halberstadt, Chronographia, S. 2f. und 13.

52 Folz, Le souvenir, S. 494.

ein,[53] und auch sonst wird immer wieder auf Karl den Großen und seine Bedeutung für die Ordnung des Reiches Bezug genommen.

Aus der Chronik Heinrichs von Herford erfuhr Karl IV. beispielsweise, dass das Frankenreich bei der Königserhebung Pippins *translatum est ad Theutonicos in persona Pippini*,[54] so wie das Kaisertum, das *imperium mundi* im Jahr 800 ebenfalls auf die Deutschen überging, nun in der Person Karls des Großen. Heinrich verweist dabei auf die Dekretale *Venerabilem* (X, 1.6.34), ersetzt jedoch das dort verwendete *in Germanos* durch die sicher schärfere Formulierung *ad Theutonicos*.[55] Diese Translation auf die Deutschen hat Heinrich bei jeder Verzeichnung eines Regierungsbeginns eines fränkischen oder deutschen Königs wiederholt: der Zählung der Kaiser seit Caesar, den Jahren der Welt, den Jahren der Stadt Rom, den Jahren des Herrn fügt er stets ein *a translatione imperii in Theutonicos* oder *imperii Theutonicorum* hinzu. Das ist das Grundgerüst, und es steht in Parallele zu den Bemühungen um die Kontinuität der böhmischen Geschichte bei Pulkava und Karls eigener Wenzelslegende.

Selbstverständlich blieb es in der Darstellung Karls des Großen und der Reichsgeschichte bei Heinrich von Herford nicht ausschließlich bei der Translationsthematik, sondern Heinrich erörterte auch immer wieder andere Verfassungsfragen, wie z. B. die Entstehung des Kurfürstenkollegs und die Königswahl, die das Interesse Karls IV. finden mussten, selbst wenn sie gelegentlich nicht seinen eigenen Ansichten entsprechen mochten.[56]

Karl IV. fand bei Heinrich von Herford auch Hinweise, die seine Bemühungen, durch Reliquienbesitz die Dignität des Reiches zu steigern, zu untermauern vermochten. Heinrich bietet z.B. eine Darstellung der Heiligsprechung Karls des Großen, die *ad corroborationem imperii Romani* erfolgt sei,[57] und er berichtet von der (fiktiven) Translation der Gebeine des Heiligen Dionysius aus Saint-Denis nach Regensburg, *quamquam Franci mentiantur adhuc se corpus illud sanctissimum habere*.[58] Karl IV. konnte bei Heinrich auch die Nachricht finden, 834 seien die Gebeine des Heiligen Veit von Paris nach Corvey, ein von Karl dem Großen gegründetes *monasterium Saxonie* überführt worden, und seit dieser Zeit sei – wie selbst die Franzosen zugäben – die *gloria Francorum* auf die Sach-

53 In der Edition: Heinrich von Herford, Liber de rebus memorabilioribus, nimmt sie mit 26 Druckseiten fast ein Elftel des edierten Textes ein, der die Zeit von 687 (Justinian II.) an umfasst.

54 Heinrich von Herford, Liber de rebus memorabilioribus, S. 19.

55 Ebd., S. 19 und 39; vgl. dazu wie überhaupt zu den reichspolitischen Äußerungen Schumann, Heinrich von Herford. Enzyklopädische Gelehrsamkeit, S. 126ff.; zur kurialen Translationstheorie insgesamt vgl. nur Goez, Translatio imperii, S. 157ff., der jedoch die Translationsvorstellungen Heinrichs von Herford nicht einbezieht.

56 Vgl. Heinrich von Herford, Liber de rebus memorabilioribus, S. 91 u. 231, mit besonderer Charakterisierung der böhmischen Kurstimme.

57 Ebd., S. 162f; Grundlage ist MG. D.F.I. 502.

58 Ebd., S. 68–70.

sen übergegangen.[59] Diese ursprünglich von Widukind von Corvey formulierte Ansicht, von Sigibert von Gembloux an die spätmittelalterliche Weltchronistik weitergereicht, musste für den Vorrang des Imperiums gegenüber den Franzosen von großer Wichtigkeit sein, umso mehr als Karl IV. in Prag selbst Vitus-Reliquien besaß und die Prager Kathedrale dem Heiligen Veit geweiht ist.

In Äußerungen wie diesen wird bei Heinrich von Herford die Konkurrenz des Reichs zum französischen Königtum fassbar, wie sie etwa auch in der Reichspublizistik eines Alexander von Roes formuliert ist.[60] Dieser Wettstreit um Rang und Ehre bildete ein ganz wesentliches Element der letzten großen Reise Karls IV. nach Paris. Da musste es willkommen sein, wenn er bei Heinrich von Herford mehrfach lesen konnte, die Kapetinger, und damit die Valois, seien ursprünglich gar keine Nachkommen Karls des Großen gewesen und das *regnum Francie,* d. h. Frankreich, habe erst mit Ludwig VIII. den *reditus ad stirpem Karoli* vollzogen.[61]

Vor allem aber vermochte Heinrich von Herford dem Kaiser das Bild einer symbolischen Landschaft Westfalen zu vermitteln, die ganz auf Karl den Großen und sein sächsisches Bekehrungswerk zu beziehen war. Diesem Bekehrungswerk, in dem Widukind, sein Widerstand, seine Überwindung und seine Bekehrung eine prominente Rolle einnehmen, wird in Heinrichs Chronik ein breiter Raum zugemessen, und es wird im Wesentlichen auf Westfalen bezogen. Wenn Heinrich von Herford von Sachsen zur Zeit Karls des Großen spricht, so will er darunter Westfalen verstanden wissen. Mit anderen Worten: Westfalen ist das ursprüngliche, alte Kernland Sachsens. Zweimal verwendet Heinrich die Wendung von der *antiqua Saxonia, nunc Westphalia dicta*, wobei das zweite Glied beide Male eine Hinzufügung gegenüber seiner jeweiligen Quelle darstellt.[62] Diese Formulierung hat er jedoch in der Beschreibung Deutschlands durch Bartholomäus Anglicus in dessen Schrift *De proprietatibus rerum* gefunden,[63] und durch ihn ist sie dann gegen Ende des Mittelalters in den Titel von Werner Rolevincks Buch zum Lobe Westfalens geraten, in dem der Kölner Kartäuser Heinrich von Herford kräftig benutzt hat.[64] Westfalen ist demnach der historische Schauplatz der Bekehrungstat Karls des Großen an den Sachsen.

Nimmt man all dies zusammen, so erweist sich Heinrich von Herford für Karl IV. als Geschichtsschreiber Karls des Großen, der mittelalterlichen Schlüsselfigur der Ordnung des Reiches und als Kronzeuge für seine eigene Karlsver-

---

59 Ebd.; zu Karls angeblicher Absicht, Corvey zu gründen S. 59, zur Vitus-Translation S. 54; zur Bedeutung der Stelle für die Translation des Imperium Goez, Translatio imperii, S. 91f.

60 Vgl. nur Goez, Translatio imperii, S. 220.

61 Heinrich von Herford, Liber de rebus memorabilioribus, S. 67 und 186.

62 Ebd., S. 20 (Quelle Brief Nr. 73 des Bonifatius in der Wiedergabe des Vinzenz von Beauvais nach Helinand von Froidmont), sowie S. 50 (Quelle: Vita Waltgeri, vgl. dazu Schumann, Heinrich von Herford und das Jahr 789.)

63 Schönbach, Des Bartholomäus Anglicus Beschreibung, S. 79; auch für Bartholomäus war der Bonifatiusbrief Nr. 73 die Quelle.

64 Rolevinck, Ein Buch zum Lobe Westfalens; zu Rolevincks Karlsbild vgl. Johanek, Fränkische Eroberung und westfälische Identität, S. 31f.

ehrung. Diesem Geschichtsschreiber Karls des Großen galt die Mindener Ehrung von 1377.

Die Reise Karls IV. nach Paris vollzog sich, vor allem in Frankreich selbst, als Duell symbolischer Akte des Königs von Frankreich mit Karl IV.[65] Karl IV. wird gewusst haben, dass er das Weihnachtsevangelium mit entblößtem Schwert nur auf Reichsboden, in Cambrai, sozusagen *ante portas*, würde singen können und nicht in Saint-Quentin, wie er sich das wohl gewünscht hatte. Auch dass ihm in Paris das weiße Pferd versagt bleiben würde, mag er geahnt haben. So hob er seinerseits den Beginn seiner Reise durch symbolische Akte der Kommemorierung Karls des Großen kräftig heraus, die er in Westfalen setzte, in einem Land, das dem großen Vorgänger in besonderer Weise verbunden war und nun eine Etappe auf dem Weg zu Karls Grab in Aachen bildete, einer wohl ebenfalls sorgfältig ausgewählten Zwischenstation, die er am 29. November 1377 erreichte und wo er sich über eine Woche aufhielt.[66]

Den Auftakt dieser Akte setzte Karl IV. wohl nicht zufällig in Minden, das als besonderer Erinnerungsort Karls des Großen gelten konnte. Nach dem Verständnis der Mindener verdankte ihr Bistum seine Gründung der Initiative Karls des Großen und einer Schenkung Widukinds, der hier von Papst Leo getauft worden war.[67] Das Karls-Offizium, das aus dem Kreis der Mindener Domvikare überliefert ist, preist Karl den Großen als Ausbreiter des Glaubens und als Schutzherr der Kirche.[68] Hier in Minden präsentierte sich Karl IV. beim Betreten des Karlslandes Westfalen mit der Erneuerung der kirchlichen Schutzprivilegien als der wahre Vogt der römischen Kirche.[69] Karl V. von Frankreich gewann in Paris einen Erfolg in der symbolischen Wahrung der Unabhängigkeit des französischen Monarchie vom Kaisertum. Karl IV. aber unterstrich mit der Reise nach Paris durch Westfalen über Aachen seine höhere *dignitas* als wahrer Nachfolger und Nachkomme Karls des Großen.

Bibliographie

Angermeier, H., *Königtum und Landfriede im deutschen Spätmittelalter*, München 1966.

Baumann, A., *Weltchronistik im ausgehenden Mittelalter. Heinrich von Herford, Gobelinus Person, Dietrich Engelhus*, Frankfurt a.M. 1995.

Blahová, M., „… ad probos mores exemplis delectabilibus provocemus …“ Funkce oficiální historiografie v představách Karla IV, in: T. Borovský/L. Jan/M. Wihoda (Hg.), *Ad vitam et honorem. Profesoru Jaroslavu Mezníkovi přátele a žáci k pětasedmdesátým narozeninám*, Brno 2003, S. 105–118.

65 Vgl. Kintzinger, Der weiße Reiter.
66 RI VIII, Nr. 5841–5854.
67 Hermann von Lerbeck, Catalogus, S. 21.
68 Vgl. Folz, Études sur le culte liturgique de Charlemagne, S. 135–151.
69 Vgl. oben mit Anm 7ff.

Blahová, M., Die Hofgeschichtsschreibung am böhmischen Herrscherhof im Mittelalter, in: R. Schieffer/J. Wenta (Hg.), *Die Hofgeschichtsschreibung im mittelalterlichen Europa*, Toruń 2006, S. 51–73.

Blahová, M., Milič von Kroměříž und seine Synodalpredigten, in: N. Kruppa/L. Zygner (Hg.), *Partikularsynoden im späteren Mittelalter* (Veröffentlichungen des Max-Planck-Instituts für Geschichte 219), Göttingen 2006, S. 363–376.

Blahová, M., Offizielle Geschichtsschreibung in den mittelalterlichen böhmischen Ländern, in: J. Wenta (Hg.), *Die Geschichtsschreibung in Mitteleuropa. Projekte und Forschungsprobleme* (Subsisdia Historiographica 1), Torun 1999, S. 21–40.

Busso de Watensted, Chronicon Mindense, in: Ch.F. Paullini, *Rerum et Antiquitatum Germanicarum Syntagma*, Frankfurt a.M. 1698.

Chronik der Pseudorektoren der Benediktskapelle zu Dortmund, ed. J. Hansen, in: *Neues Archiv der Gesellschaft für ältere deutsche Geschichtskunde* 11 (1886), S. 491–550.

Die Chroniken der Stadt Konstanz, ed. Ph. Ruppert, Konstanz 1891.

Delachenal, R., *Histoire de Charles V*, Bd. 5, Paris 1931.

Fajt, J., Von der Nachahmung zu einem neuen Stil, in: Ders. (Hg.), *Karl IV. Kaiser von Gottes Gnaden. Kunst und Repräsentation des Hauses Luxemburg 1310–1437*, München/Berlin 2006, S. 40–135.

Folz, R., *Études sur le culte liturgique de Charlemagne dans les églises de l'Empire*, Paris 1950.

Folz, R., *Le souvenir et la légende de Charlemagne dans l'Empire germanique médiéval*, Paris 1950.

Franke, B., Heiliger Reinoldus. Die mittelalterliche Stadt Dortmund und ihr heiliger Patron, in: M. Ohm/Th. Schilp/B. Welzel (Hg.), *Ferne Welten – Freie Stadt. Dortmund im Mittelalter* (Dortmunder Mittelalter-Forschungen 7), Bielefeld 2006, S. 53–66.

Franke, B., Kaiser Karl und Kaiserin Elisabeth in Dortmund 1377 und 1378, in: N. Büttner/Th. Schilp/B. Welzel (Hg.), *Städtische Repräsentation. St. Reinoldi und das Rathaus als Schauplätze des Dortmunder Mittelalters* (Dortmunder Mittelalter-Forschungen 5), Bielefeld 2005, S. 275–295.

Freise, E., Die Sachsenmission Karls des Großen und die Anfänge des Bistums Minden, in: H. Nordsiek (Hg.), *An Weser und Wiehen. Beiträge zur Geschichte und Kultur einer Landschaft*, Minden 1983, S. 57–100.

Goez, W., *Translatio imperii. Ein Beitrag zur Geschichte des Geschichtsdenkens und der politischen Theorien im Mittelalter und in der frühen Neuzeit*, Tübingen 1958.

Guenée, B., *Histoire et culture historique dans l'occident médiéval*, Paris 1980.

Heinrich von Herford, *Liber de rebus memorabilioribus sive Chronicon Henrici de Hervordia*, ed. A. Potthast, Göttingen 1859.

Hermann von Lerbeck, Catalogus episcoporum Mindensium, in: *Mindener Geschichtsquellen*, Bd. 1: *Die Bischofschroniken des Mittelalters*, ed. K. Löffler, Münster 1917.

Hölscher, W., *Kirchenschutz als Herrschaftsinstrument. Personelle und funktionale Aspekte der Bistumspolitik Karls IV.* (Studien zu den Luxemburgern und ihrer Zeit 1), Warendorf 1985.

Johanek, P., Die „Karolina de ecclesiastica libertate". Zur Wirkungsgeschichte eines spätmittelalterlichen Gesetzes, in: *Blätter für deutsche Landesgeschichte* 114 (1978), S. 797–831.

Johanek, P., Fränkische Eroberung und westfälische Identität, in: Ders. (Hg.), *Westfalens Geschichte und die Fremden* (Schriften der Historischen Kommission für Westfalen 14), Münster 1994, S. 23–40.

Johanek, P., Inszenierte Vergangenheit. Vom Umgang mit geschichtlicher Überlieferung in den deutschen Städten des Mittelalters, in: M. Ohm/Th. Schilp/B. Welzel (Hg.), *Ferne Welten – Freie Stadt. Dortmund im Mittelalter* (Dortmunder Mittelalter-Forschungen 7), Bielefeld 2006, S. 39–48.

Johanek, P., Landesbewußtsein in Westfalen im Mittelalter, in: M. Werner (Hg.), *Spätmittelalterliches Landesbewußtsein in Deutschland* (Vorträge und Forschungen LXI), Ostfildern 2005, S. 265–292.

Kadlec, J., Die homiletischen Werke des Prager Magisters Nikolaus von Louny, in: *Augustiniana* 23 (1973), S. 249–270.

Kavka, F., *Am Hofe Karls IV.*, Leipzig 1989.

Kersken, N., *Geschichtsschreibung im Zeitalter der „nationes". Nationalgeschichtliche Gesamtdarstellungen im Mittelalter* (Münstersche Historische Forschungen 8), Köln/Weimar/Wien 1995.

Kintzinger, M., Der weiße Reiter. Formen internationaler Politik im Spätmittelalter, in: *Frühmittelalterliche Studien* 37 (2003), S. 313–353.

Konrad von Halberstadt O.P., *Chronographia Interminata 1277–1355/59*, ed. R. Leng (Wissensliteratur im Mittelalter 23), Wiesbaden 1996.

Kronika Jana Marignoly: Iohannis de Marignolis Chronicon Bohemorum, ed. J. Emler, in: *Fontes rerum Bohemicarum*, Bd. 3, Prag 1882, S. 492–604.

Lampen, A., *Karl IV. in Dortmund: Eine Stadt erlebt den Kaiser*, in: M. Ohm/Th. Schilp/B. Welzel (Hg.), *Ferne Welten – Freie Stadt. Dortmund im Mittelalter* (Dortmunder Mittelalter-Forschungen 7), Bielefeld 2006, S. 87–94.

Last, M., Der Besuch Karls IV. am Grabmal Widukinds in Enger, in: *Blätter für deutsche Landesgeschichte* 114 (1978), S. 307–341.

Lövinson, H., *Die Mindensche Chronik des Busso Watensted, eine Fälschung Paullinis*, Paderborn 1890.

Machilek, F., Privatfrömmigkeit und Staatsfrömmigkeit, in: F. Seibt (Hg.), *Kaiser Karl IV. Staatsmann und Mäzen*, München 1978, S. 87–101.

Moraw, P., Regionen und Reich im späten Mittelalter, in: M. Matheus (Hg.), *Regionen und Föderalismus* (Mainzer Vorträge 2), Stuttgart 1997, S. 9–29.

Naendrup-Reimann, J., Karl IV. und die westfälischen Femegerichte, in: *Blätter für deutsche Landesgeschichte* 114 (1978), S. 289–306.

Neuwirth, J., *Der Bildercyclus des Luxemburger Stammbaums aus Karlstein*, Prag 1897.

Die niederdeutsche Bischofschronik bis 1553, ed. F. Runge (Osnabrücker Geschichtsquellen und Forschungen 2), Osnabrück 1894.

RI VIII: Böhmer, J.F., *Regesta Imperii VIII: Die Regesten des Kaiserreichs unter Karl IV. 1346–1378*, ed. A. Huber, Innsbruck 1877, Nachdruck Hildesheim 1968.

Rolevinck, W., *Ein Buch zum Lobe Westfalens des alten Sachsenlandes*, ed. H. Bücker, Münster 1953.

Schilp, Th., Reinoldus. Die mittelalterliche Stadt Dortmund und ihr heiliger Patron, in: M. Ohm/Th. Schilp/B. Welzel (Hg.), *Ferne Welten – Freie Stadt. Dortmund im Mittelalter* (Dortmunder Mittelalter-Forschungen 7), Bielefeld 2006, S. 49–52.

Schlemmer, R., Die Bedeutung Heinrichs von Herford für die westfälische Geschichtsschreibung, in: *63. Jahresbericht des Historischen Vereins für die Grafschaft Ravensberg* (1962/63), S. 125–167.

Schneider, R., „Karolus, qui et Wenceslaus", in: K.-U. Jäschke/R. Wenskus (Hg.), *Festschrift für Helmut Beumann zum 65. Geburtstag*, Sigmaringen 1977, S. 365–387.

Schönbach, A.E., Des Bartholomäus Anglicus Beschreibung Deutschlands gegen 1240, in: *Mitteilungen des Instituts für österreichische Geschichtsforschung* 27 (1906), S. 54–90.

Schumann, K.P., Heinrich von Herford und das Jahr 789, in: *Herforder Jahrbuch* 24 (1988), S. 49–69.

Schumann, K.P., *Heinrich von Herford. Enzyklopädische Gelehrsamkeit und universalhistorische Konzeption im Dienste dominikanischer Studienbedürfnisse* (Veröffentlichungen der Historischen Kommission für Westfalen XLIV; Quellen und Forschungen zur Kirchen und Religionsgeschichte 4), Münster 1996.

Schwarz, M.V., Peter Parler im Veitsdom. Neue Überlegungen zum Prager Büstenzyklus, in: M. Winner (Hg.), *Der Künstler in seinem Werk*. Internationales Symposium der Bibliotheca Hertziana 1989, Weinheim 1992, S. 55–84.

Šmahel, F., *Cesta Karla IV. do Francie 1377–78*, Prag 2006.

Sprandel, R., *Studien zu Heinrich von Herford*, in: G. Althoff u.a. (Hg.), *Person und Gemeinschaft im Mittelalter. Karl Schmid zum fünfundsechzigsten Geburtstag*, Sigmaringen 1988, S. 557–571.

Westhoff: Die Chronik des Dietrich Westhoff, in: *Die Chroniken der deutschen Städte vom 14. bis ins 16. Jahrhundert*, Bd. 20: *Die Chroniken der westfälischen und niederrheinischen Städte: Dortmund, Neuß, Leipzig 1887*, Göttingen 1969, S. 147–477.

Widder, E., *Itinerar und Politik. Studien zur Reiseherrschaft Karls IV. südlich der Alpen* (Forschungen zur Kaiser- und Papstgeschichte des Mittelalters. Beihefte zu J.F. Böhmer, Regesta Imperii 10), Köln/Weimar/Wien 1993.

Zepp, J., Der Chor der Reinoldikirche als Handlungsraum des Heiligen Reinold und der Dortmunder Bürger, in: N. Büttner/Th. Schilp/B. Welzel (Hg.), *Städtische Repräsentation. St. Reinoldi und das Rathaus als Schauplätze des Dortmunder Mittelalters* (Dortmunder Mittelalter-Forschungen 5), Bielefeld 2005, S. 205–225.

JÜRGEN MIETHKE (Heidelberg)

Ein Fürstenspiegel für den Kaiser in der *Tertia pars* des „Dialogus" Wilhelms von Ockham

Was mittelalterliche Theoretiker der Politik, was mittelalterliche Gelehrte zu dem Verhältnis von „Institution und Charisma" zu sagen hatten, lässt sich in einem kleinen Festschriftbeitrag gewiss nicht erschöpfend darstellen. Aber exemplarisch lässt sich ein Blick auf konkrete Konstellationen werfen. So lassen sich etwa einzelne Autoren darüber abhören, wie sie die Spannung zwischen institutionellem Rahmen und individueller Initiative, zwischen Anforderungen der Gesellschaft und Begabung eines Einzelnen erfasst haben. Sprechend dürften dabei die Überlegungen sein, die zu beschreiben versuchten, welchen Anforderungen ein Herrscher genügen musste, wenn er sein Amt zum Nutzen für alle optimal ausfüllen sollte. Solche Aussagen lassen dann jene Vorstellungen durchschimmern, die sich der jeweilige Verfasser von der Bedeutung verschiedener Begabungen innerhalb von Anforderungen des politischen Systems gemacht hat. Hier möchte ich Wilhelm von Ockham befragen, dessen „nominalistische" Sozialphilosophie[1] sich so stark auf das Individuum konzentriert hat, dass die Frage plausibel erscheint, ob er dem institutionellen Rahmen politischen Handelns überhaupt irgendeine Bedeutung zumessen konnte. Es wird sich zeigen, dass auch er der Dialektik von Anforderungen des Amtes und individueller Begabung bei der Untersuchung der Eignung eines Kandidaten für ein bestimmtes Amt nicht ausweichen mochte.

Ockham hat keineswegs immer politische Verhältnisse in theoretische Betrachtung gezogen. Erst seit er in Avignon einer päpstlichen Untersuchung seiner Rechtgläubigkeit unterworfen wurde und sich an der Kurie mit den Aussagen aus dem Streit des Papstes mit dem Franziskanerorden beschäftigte, betrat er mehr und mehr das Feld politiktheoretischer Überlegungen. Zuvor, als er in Oxford (und vielleicht auch in dem Franziskanerstudium Londons) mit philosophischen und theologischen Studien und mit akademischem Unterricht beschäftigt war, hatte er vor allem die Erfahrungen einer angestrengten wissenschaftlichen Tätigkeit machen können bei Lektüre, Nachdenken, Konzipieren, Niederschreiben von Texten unterschiedlicher Art.[2] Er hatte in wenigen Jahren eine auch im Vergleich zu anderen Gelehrten seiner Zeit erstaunlich große Zahl

1 Dazu etwa Miethke, Ockhams Weg; McGrade, The Political. Eine umfangreiche Bibliographie zu verschiedenen Aspekten von Ockhams Gestalt entbindet mich im Folgenden i. a. von Hinweisen auf die ältere Literatur: Beckmann, Ockham Bibliographie.

2 Zur Biographie Ockhams: Miethke, Ockhams Weg; Leppin, Wilhelm von Ockham. Dort jeweils die Nachweise für die einzelnen Lebensstationen.

von Schriften fertiggestellt. Seine „Opera philosophica et theologica" umfassen nicht weniger als 17 Bände in solidem Quartformat.[3]

Bald schon weckten sein geistreicher Zugriff auf die Tradition und seine neuartigen Fragen und Problemstellungen Widerstand. An der Universität regte sich heftige Kritik, auch die englischen Oberen des Franziskanerordens diskutierten mit den Magistern des Ordens anlässlich eines Ordenskapitels in Cambridge einige der Thesen des jungen Dozenten[4] und rieten ihm offenbar zur Zurückhaltung. John Lutterell, der frühere Kanzler der Universität Oxford, ein Theologe aus dem Weltklerus, der sein Amt wegen eines Streits mit den Bettelorden hatte aufgeben müssen, exportierte seinen Konflikt dadurch an die Kurie nach Avignon, dass er gegen Ockham einen „Theologenprozess" wegen des Verdachts ketzerischer Lehren in Gang brachte, wie ihn gerade Papst Johannes XXII. damals besonders häufig und gerne anstrengte. Ockham wurde aus England nach Avignon zu einer genauen Untersuchung beordert. Im Sommer oder Herbst 1324 muss er in der Stadt an der Rhône eingetroffen sein.[5] Bis zu seiner Flucht im Mai 1328 war Ockham dort mit seinem Verfahren beschäftigt. Daneben arbeitete er, wie es scheint, noch an einer Ausgabe seiner in Oxford gehaltenen Quodlibets und an der Redaktion von anderen Texten. Insofern unterschied sich sein Leben an der Kurie nicht allzu stark von seinen englischen Erfahrungen, nur dass er an der Kurie wohl keine Studenten unterrichtete.

Erst in den allerletzten Monaten seines dortigen Aufenthalts, erst seit der Ordensgeneral der Franziskaner, als Michael von Cesena endlich, dem langen Drängen und den energischen Befehlen des Papstes nachgebend, aus Italien am 1. Dezember 1327 in Avignon angelangt war, änderte sich dieses Bild. Ockham selbst berichtet,[6] dass er von Michael den ausdrücklichen Auftrag erhielt, die wichtigsten Erklärungen zu prüfen, die Papst Johannes XXII. im Streit mit dem Franziskanerorden um die Armut Christi und seiner Apostel seit 1322 erlassen hatte.[7] Wenn es auch schwerfällt, ihm anstandslos zu glauben, dass er bis dahin die in Avignon doch sicherlich greifbaren päpstlichen Dekrete nicht wahrgenommen habe, obwohl dieser Streit die Vertreter des Ordens in all diesen Jahren gewiss auch und gerade an der Kurie zutiefst erschütterte,[8] müssen wir zunächst zur Kenntnis nehmen, was er sagt: Wie Schuppen sei es ihm (erst jetzt)

---

3 Guillelmus de Ockham, Opera philosophica et theologica. Dazu Miethke, Der Abschluß der kritischen Ausgabe.

4 Etzkorn, Ockham at a provincial chapter.

5 An dieser Sicht der Dinge halte ich fest gegen die These, Ockham sei aus ganz anderen Gründen, nämlich um am *studium* seines Ordens in Avignon zu unterrichten, dorthin gekommen; das hat ohne hinreichende Begründung vorgebracht Knysh, Biographical rectifications; und wiederum Knysh, Ockham Perspectives; dagegen Miethke, Ockham-Perspektiven.

6 Ockham, Epistola ad fratres minores, ed. H.S. Offler, in: Guillelmus de Ockham, Opera politica, Bd. 3, S. 6–17, hier 6_{14-20}.

7 Dazu nach einer gewaltigen Menge von Literatur etwa Miethke, Papst Johannes XXII.

8 Hier ist nur an den Prokurator des Ordens an der Kurie Bonagratia von Bergamo zu erinnern, der doch auch im Franziskanerkloster Avignons lebte. Zu ihm vor allem: Wittneben, Bonagratia von Bergamo.

von den Augen gefallen: Der Papst war ein Ketzer. Das war nicht mehr nur die Erkenntnis, dass so etwas prinzipiell geschehen könne. Die bloße Möglichkeit eines ketzerischen Papstes hatten die Kirchenjuristen spätestens seit Gratians Dekret[9] immer wieder im Zusammenhang mit der Frage erörtert, wer denn als Richter über den Papst auftreten könne. Jetzt machte Ockham die Erfahrung einer gegenwärtigen, einer, wie er es sah, apokalyptischen Gefahr für die gesamte Christenheit. Er sah sich, so sagt er, vor einer monströsen Ungeheuerlichkeit,[10] der Papst selbst war nach seiner Überzeugung ein Ketzer! Das aber musste bedeuten, er könnte und würde die Christenheit mit sich in den höllischen Abgrund reißen, wenn man dem nicht begegnete.

Offenbar entschied sich Ockham damals (und das vielleicht wirklich unter dem Einfluss des soeben neu angekommenen Ordensgenerals), entgegen seinem bisherigen Lebensentwurf sein Leben radikal zu ändern. Künftig wird er zusammen mit seinen Freunden entschieden den Kampf gegen den Ketzerpapst in Avignon aufnehmen. Er wird diesen Kampf mit den Waffen, die ihm als Theologen und Gelehrten zur Verfügung standen, bis an sein Lebensende fortführen. Unermüdlich wird er zusammen mit gleichgesinnten Ordensbrüdern an gemeinsamen Memoranden, Streitschriften und polemischen Texten arbeiten. Darüber hinaus wird er mit einer Fülle von eigenen Schriften und Traktaten seine Auffassungen zu begründen versuchen, wird warnen und wird Überlegungen anstellen, wie der apokalyptischer Gefahr zu wehren sei. Dafür hielt er es für notwendig, eine Untersuchung der Verfassungsgrundlagen von Kirche und Welt immer weiter voranzutreiben, um zu ergründen, wie das, was er erlebte, möglich geworden war, und was zu tun sei, damit dies Unglück sich nicht wiederholen könne und seine verderblichen Wirkungen eingegrenzt würden. Für alle Zukunft sollte eine Wiederholung der Katastrophe verhindert werden. Nur wenn er Recht und Pflicht des Widerstandes gegen den Ketzerpapst klärte, würde sein Kampf Erfolg haben können, das war ihm offenbar von Beginn an deutlich. Deswegen sah er bereits in seinen frühesten eigenen Schriften vor, die Handlungskompetenzen abzustecken, zu prüfen, wer berechtigt, ja verpflichtet sei, dem Ketzerpapst zu entgegenzutreten.

Die Form einer Kapuzinerpredigt stand ihm dafür nicht zu Gebot. Auch apokalyptisch wird sein Ton bei seinen Darlegungen fast niemals. Er war es gewohnt, seine Gedanken argumentierend vorzutragen, und er tat das auch in Zukunft. Seine Texte sind zwar in Tonhöhe und Entschiedenheit durchaus voneinander verschieden. Ockham konnte auf der einen Seite eindeutige Thesen in genau gezielten Streitschriften entwickeln. Er konnte aber auch in wissenschaftlich-scholastischer Distanz Argumente und Gegenargumente deliberativ

9 Decretum Gratiani, D. 40 c. 6, gedruckt in: Corpus Iuris Canonici, col. 146: *Huius* [d. i. des Papstes] *culpas istic rearguere presumit mortalium nullus, quia cunctos ipse iudicaturus a nemine est iudicandus, nisi deprehendatur a fide devius.*

10 Ockham, Epistola ad fratres minores, ed. H.S. Offler, in: Guillelmus de Ockham, Opera politica, Bd. 3, S. 6–17, letzter Satz des Textes: *Monstra* (!) *autem in bonum convertere Omnipotens dignetur, amen.*

einander gegenüberstellen und dadurch ihre Abwägung befördern, ohne seine eigene Meinung betont hervorzukehren, ja er konnte dieses Gewand der Unentschiedenheit geradezu methodisch dazu einsetzen, seine Leser zum Nachdenken zu bewegen, sie selbst zu einer Überlegung anzuregen und zu einer eigenen Entscheidung, zu einem selbständigen Urteil zu veranlassen. In seinen Hauptschriften, die nach ihrer handschriftlichen Überlieferung von Zeitgenossen und Nachwelt mit Vorzug wahrgenommen worden sind, hat er sich dieser „objektivierenden“ Methode bedient, die auf der von ihm mehrfach zitierten Überzeugung beruht, die Wahrheit werde nur um so strahlender ans Licht treten, wenn sie sich im Streit mit abweichenden Meinungen zeige.[11] Er wollte sein Publikum zu eigener kritischer Entscheidung bringen. Damit machte er aus der gelehrten Öffentlichkeit, die seine Schriften in der scholastischen Wissenschaftssprache des Lateinischen erreichen konnten, ein Urteilergremium, das über den Papst und seine Kurie geradezu zu Gericht sitzen mochte. Diese Transformation seiner Leser aus reinen Rezipienten zu politischen Akteuren ist auch im Mittelalter nicht ganz unbemerkt geblieben.[12]

Noch während des Pontifikats Johannes' XXII., d. h. spätestens vor dessen Tod im Dezember 1334 hat Ockham sich entschlossen, eine große systematische Darstellung der Kontroverse um die Armut Christi zu beginnen, eine *summa*, wie er selber schreibt,[13] in der er den Streit umfassend aufarbeiten wollte. Das Programm, zuerst über Ketzerei und Ketzertum in seiner Zeit, ihre Gestalt und die Methoden ihrer Bekämpfung (auf die es ihm eigentlich ankam) Rechenschaft zu geben, hat Ockham in der *Prima pars* ausgeführt.[14] Wir wissen nicht genau, wie lange er an diesem umfangreichen Text gearbeitet hat. Jedenfalls forderte die dramatische Entwicklung der Zeitumstände vom Autor offenbar sehr bald, von seinem Plan abzuweichen,[15] der dahin gerichtet war, nach der *Prima pars* einen zweiten Teil *De dogmatibus Iohannis XXII.* anzuschließen und dann in einem dritten Teil *De gestis circa fidem altercancium orthodoxam* eine Fülle von Einzelpositionen vorzuführen.

---

11 Dafür führt er immer wieder die Autorität Gratians ins Feld C.35 q.9 c.8, gedruckt in: Corpus Iuris Canonici, col. 1286: *Veritas sepius exagitata magis splendescit in lucem.*

12 Ohne das hier im Einzelnen ausführen zu wollen, verweise ich nur auf Johann von Viktring, Liber certarum historiarum, Bd. 2, S. 230f., wo es heißt: *Pontifex* <Clemens VI.> [...] *contra Ludewicum* [...] *per provincias locorum et ecclesiarum principalium undique statuit procedendum, quod Albertus dux in suis districtibus nullatenus <permisit>, dicitur quoque Ludewicus inniti cuidam dyalogo, quem Wilhelmus Okkam ordinis Minorum, Anglice nacionis de diversis materiis et sentenciis sub forma discipuli querentis et magistri edidit respondentis* [...].

13 William of Ockham, 1 Dialogus 1 Prolog [http://www.britac.ac.uk/pubs/dialogus/1d1.pdf]: *MAGISTER: Nam ut de controversia que super fide catholica et multis incidentibus inter christianos nunc vertitur nescio quam summam* (!) *tibi componam impudenter exposcis* [...] (im Druck Lyon 1498, fol. 1[ra]). Zur Dialogform jetzt Cardelle de Hartmann, Lateinische Dialoge, S. 539–548 (R52).

14 Im Druck des 17. Jh., bei Melchior Goldast, *Monarchia S. Romani Imperii*, Bd. 2, Hanau 1614 [Reprint Graz 1960], umfasst dieser „Erste Teil“ des „Dialogus“ S. 398–739, also etwa 340 engbedruckte Seiten im Folioformat.

15 So im Prolog zur *Prima pars*.

Zunächst blieb der „Dialogus" nach Abschluss des ersten Teils offenbar liegen. Andere Projekte schienen vordringlich. Als Ockham sich endlich nach längerer Unterbrechung, vielleicht noch in den 30er Jahren, vielleicht auch erst in den frühen 40er Jahren des 14. Jahrhunderts, dazu entschied, den Plan wieder hervorzunehmen und fortzusetzen, da verließ er den einst angekündigten Aufriss seines Werkes. Zuerst begann er, ohne die literarische Form des Dialogs oder dessen Einteilung in drei Hauptteile aufzugeben, zwei zusätzliche systematische Traktate, die er ausdrücklich als „Vorläufer und Präambeln" zu Texten seiner ursprünglichen Planung bezeichnet hat.[16] Mitten in dem zweiten dieser Präambeltexte hat Ockham seine Arbeit abbrechen müssen, offenbar hat er bis zu seinem Tod an diesen systematischen Entwürfen gearbeitet. Es ist unklar, ob der erste dieser Präambeltraktate wirklich sein gewolltes Ende erreicht hat. Aber unabhängig von einer Antwort auf diese Frage endet in der uns überkommenen Überlieferung der Text des zweiten Vorbereitungstraktats mitten in einem Gedankengang an zwar leicht unterschiedlicher, aber nicht weit voneinander entfernter Stelle.[17] Dieser Traktat zumindest blieb also unvollendet.

Es ist hier nicht beabsichtigt, die gesamte, zwar letztlich fragmentarische, aber immer noch nach Umfang und systematischer Leistung eindruckvollen[18] *Tertia pars*, wie sie zu uns gelangt ist, zu rekapitulieren.[19] Ockham benutzt die Freiheit, die ihm die dialogisch-lockere Form und die scholastisch-wissenschaftliche Distanz von persuasiver Rede bieten, sich als *Magister* von dem *Discipulus* zu sehr verschiedenen Themen befragen zu lassen und zu recht unterschiedlichen Diskussionshorizonten seiner Zeit wenigstens knappe eigene Positionsbestimmungen zu geben. Dabei nutzt er verschiedene traditionelle Genera politiktheoretischer Reflexion, indem er etwa einen Aristoteleskommentar *in nuce* einschleust.[20] An anderem Ort stellt er Aussagen zu einem kleinen „Kaiserspiegel" zusammen.[21]

---

16 William of Ockham, 3.1 Dialogus 1 Prolog [http://www.britac.ac.uk/pubs/dialogus/t31d1new.html] (hier mit einigen orthographischen Abweichungen zitiert): *Proinde ad tertiam partem nostri dialogi, quam ab inicio „De gestis circa fidem altercancium orthodoxam" volui appellari, nostram intencionem vertamus, quantum nostre occupaciones et studia presentis congruant temporis qualitati* [...], *quam in novem tractatus volo secari, quorum unumquemque in diversos libros censeo dividendum. Primi autem duo erunt preparatorii et preambuli ad sequentes, in quibus de gestis diversorum christianorum scrutabimur, primus quidem disputando* (!) *„De potestate pape et cleri", secundus „De potestate et iuribus Romani imperii", in quo quamplurima de iuribus regum ac principum ac eciam laicorum tractabimus* [...].

17 Eine sorgfältige Übersicht dazu bei Kilcullen, Witnesses to the Text.

18 „Es ist das Verdienst Ockhams, seinen Beitrag dazu geleistet zu haben, die politische Philosophie aus ihrer Vorstufe der ermahnenden Fürstenspiegel herausgeholt und in eine explizite Gestalt überführt zu haben." (Goldstein, Wilhelm von Ockham, S. 403–406).

19 Eine erste Übersicht gab Kölmel, Wilhelm Ockham, S. 87–124; vgl. auch das Summary zu Ockham, 3.2 Dialogus bei Kilcullen, Analysis of the Argument.

20 William of Ockham, 3.1 Dialogus, book 2, c. 3–8 [http://www.britac.ac.uk/pubs/dialogus/31d2Cor.html] (im Druck Lyon 1498, fol. 191va–193vb), abgedruckt auch in: Wilhelm von Ockham, Texte zur politischen Theorie, S. 134–163.

21 William of Ockham, 3.2 Dialogus, book 1, c. 14–17 [http://www.britac.ac.uk/pubs/dialogus/w32d1btx.html] (im Druck Lyon 1498, fol. 236vb–238va), abgedruckt auch in: Wilhelm von Ockham, Texte zur politischen Theorie, S. 198–225; diese Textfassung habe ich

Im Gedankengang des zweiten Traktats der *Tertia pars* ist dieser letztgenannte Fürstenspiegelabschnitt gewissermaßen ein Einschiebsel. Zu Beginn des Traktats hatte der Schüler vom Meister wissen wollen, „ob es gut sei, dass ein einziger Kaiser über den ganzen Erdkreis herrsche".[22] Nach dem Einschub des „Kaiserspiegels" wird er „auf das römische Kaisertum" speziell zu sprechen kommen, wobei er zuerst danach fragt, „wer das Kaiserreich hervorbrachte, Menschen oder Gott selbst".[23] Zwischen diesen beiden offensichtlich miteinander verbundenen Themenblöcken soll aber der Meister, so will es der Schüler, ein anderes Problem behandeln: „Jetzt beabsichtige ich, mit dir in aller Kürze zu untersuchen, mit welchen Vorzügen oder Begabungen, Tugenden und Charaktereigenschaften der Kaiser über die Welt vor anderen glänzen muss".[24] Es soll also um die individuellen Voraussetzungen eines geeigneten Kandidaten für das Amt gehen, „in aller Kürze" freilich, und Ockham unterlässt es nicht, mehrfach auf die *brevitas* hinzuweisen,[25] deren er sich bei diesem Thema befleißigen will. Noch am Ende seiner Überlegungen lässt er den Schüler, dem er für die Abfolge der Themen und die Intensität ihrer Behandlung seit dem allerersten Prolog die Verantwortung übertragen hatte, erklären: „Wenn wir noch über die anderen Tugenden und Charaktereigenschaften, die einem Kaiser gut anstehen, handeln wollten, so würden wir ein recht weitläufiges Werk produzieren, das allzu langatmig wäre."[26] Beide Gesprächspartner und alle Leser des Buches konnten sich also klar machen, dass die wenigen Kapitel, die der „Dialogus" der „Kurzfassung" eines „Kaiserspiegels" widmet, keineswegs ausreichten, das Thema zu erschöpfen.

---

verglichen mit den ins Internet gestellten Kollationen von John Scott, die noch nicht zu einem fortlaufenden Text konstituiert sind: www.britac.ac.uk/pubs/dialogus/ockdial.html (21.09.2008).

22 William of Ockham, 3.2 Dialogus, book 1, c. 1 [http://www.britac.ac.uk/pubs/dialogus/w32d1btx.html] (im Druck Lyon 1498, fol. 230rb): *Quocirca de iuribus imperii romani plurima queritur, et ante omnia, an expediat esse unum imperatorem totius orbis interrogare decrevi* [...]. Vgl. auch die fast gleichlautende Formulierung in der Rückschau: Ebd., c. 14 bzw. c. 18 (fol. 236va bzw. 238vb).

23 Ebd., c. 18 (fol. 238vb).

24 Ebd., c. 14 (fol. 236va): *Nunc autem intendo tecum investigare, quamvis breviter, quibus excellentiis seu gratiis, virtutibus et moribus imperator mundi debeat prefulgere.* Dazu vgl. c. 18 im Rückblick (fol. 238vb): *quibus virtutibus imperator mundi precellere debet.*

25 Eine bewegende Klage über die allzu große Lust seiner Zeitgenossen an der *brevitas* („*quia gaudent brevitate moderni*") findet sich im Prolog der (Fragment gebliebenen) Streitschrift: *An rex Anglie*, in: Guillelmus de Ockham, Opera politica, Bd. 1, S. 228.

26 William of Ockham, 3.2 Dialogus, book 1, c. 17 [http://www.britac.ac.uk/pubs/dialogus/w32d1btx.html] (im Druck Lyon 1498, fol. 238[ra]): *Si de aliis virtutibus et moribus, quibus decet imperatorem ornari, tractemus diffuse, opus nimis prolixum faceremus. Ideo arbitror, quod ista duo, scilicet peritia et discretio, sunt maxime necessaria imperatori ad regendum utiliter sibi subiectos, imo quasi videntur sufficere.* Dazu schon c. 16 (fol. 237vb): *Licet de peritia vel prudentia necessaria imperatori possemus, ut arbitror, magnum volumen efficere, tamen ad presens predicta sufficiant.*

Es lagen damals in der Tat bereits recht umfangreiche Bücher vor, die sich der Aufgabe gewidmet haben, einem *princeps* den Spiegel vorzuhalten.[27] Eines dieser mächtigen Werke hatte Autoritäten zu ethisch richtigem Verhalten gesammelt und diese Kompilationen dem französischen König und seinem Hof vorgehalten in der Hoffnung, er werde sein Verhalten aus freien Stücken daran ausrichten. Der Dominikaner Vinzenz von Beauvais hatte dieses Verfahren gewählt, als er für den französischen Königshof eine Riesenkompilation von Quellenexzerpten zusammenstellen ließ. Das ursprünglich geplante „Opus universale", für das eine ganze Equipe von Dominikanern im Pariser Ordenskonvent Saint Jacques Exzerpte gesammelt hat, ist freilich niemals fertig geworden. Vinzenz selbst und seine Mitarbeiter haben aber einige Stücke des ursprünglich geplanten Gesamtwerkes (gewissermaßen im Voraus oder im Nachhinein als Proben und *specimina* zum Teil von beträchtlichem Umfang) an die Öffentlichkeit gebracht. Das *Speculum morale* gerade, das den Fürstenspiegel enthalten sollte, ist aber unvollendet geblieben: Die Teilkompilationen des „Speculum maius"[28] sowie der Einzeltraktat „De morali principis institutione"[29] (von 1259) geben uns Zeugnis davon, was aus diesen Bemühungen um eine Ständeethik im Königreich eigentlich hätte werden sollen. Das Ergebnis des erstaunlichen Sammelfleißes sollte über den Hof hinaus gewissermaßen eine umfassende Predigt- und Seelsorgehilfe für die dominikanischen Ordensgeistlichen zur Verfügung stellen, die als Beichtväter und Seelenhirten in diesen Büchern für alle in öffentlichen Ämtern stehende Personen exakt die jeweils angemessene Antwort in den dort zusammengestellten Lesefrüchten vorformuliert finden könnten, die sie dann an die einzelnen Herrschaftsträger weitergeben würden. Es geht Vinzenz bei diesem Großvorhaben nicht um systematische Theorie, sondern um eine umfassende Ständedidaxe aus der Tradition, wie man sie noch das ganze Mittelalter hindurch für nötig halten wird. Für jeden Berufsstand, und also auch für die Hofleute und Fürsten, sollten alle moralischen Fragen hier nachschlagbar und autoritativ beantwortet werden.

Schon Thomas von Aquin freilich war mit dieser Art von Fürstenspiegeln nicht zufrieden gewesen. Wir wissen nicht, ob er als junger Dominikanerbruder in Paris schon selbst an den Kollektaneen und Exzerpierungsarbeiten unter der Leitung des Vinzenz von Beauvais mitgearbeitet hat. Jedenfalls hat er, als er am Ende seines Lebens einen eigenen Fürstenspiegel in Angriff nahm („De regno

27 Als allgemeiner Überblick über die gesamte Literatur bisher noch nicht überholt: Berges, Fürstenspiegel.

28 Vincentius Bellovacensis, Speculum maius.

29 Vincentius Bellovacensis, De morali principis institutione. Dazu vgl. die Auszüge aus: De eruditione filiorum regalium, bei Berges, Fürstenspiegel, S. 305; oder auch: von den Brincken, Geschichtsbetrachtung, S. 474: *Audiat iterum me non per modum doctoris vel tractatoris, sed per modum excerptoris ubique procedere nec circa difficultates quarumlibet artium enucleandas propositum meum institisse, sed levia quedam et plana de singulis memorieque utilia sub brevitate quadam ut cetera posuisse.*

ad regem Cypri"),[30] ein anderes Ziel ins Auge gefasst. Sein Versuch eines Fürstenspiegels auf wissenschaftlicher (und das hieß am Ende des 13. Jahrhunderts, auf aristotelischer) Grundlage[31] blieb jedoch Fragment, brach mitten im Gedankengang der Untersuchung ab. Der Augustinereremit Aegidius Romanus, ein Bettelordenstheologe, der in Paris noch bei Thomas von Aquin studiert haben könnte, griff aber die Stafette auf. Weniger als ein Jahrzehnt nach dem unvollendeten Entwurf des Thomas (um 1276/78) legte er einen eigenen Fürstenspiegel vor: „De regimine principum".[32] Das Buch wurde zum Bestseller mittelalterlicher Politiktheorie mit über 300 noch heute erhaltenen Handschriften.[33]

Gleich zu Beginn seines Textes betont Aegidius, dass er seine Überlegungen nicht allein den Fürsten und Königen zugedacht habe, dass er vielmehr für jedermann schreibe, denn alle, die nicht als Fürsten geboren sind, müssten mit all ihrer Kraft danach streben, eines fürstlichen Leitungsamtes würdig zu werden.[34] Ohne weiteres kann der Text des Aegidius daher ausschließlich aus der Perspektive des Königs gestaltet sein. Wie Thomas von Aquin benutzt auch Aegidius die aristotelische Sprache, doziert aristotelische Begriffe, freilich appliziert er sie in eigener Weise auf seine zeitgenössische Wirklichkeit und lässt sie in deutlich veränderter Gewandung, ja mit verändertem Inhalt auftreten.[35] Das wird allein schon darin deutlich, dass für Aegidius das *regnum* der eigentliche Gegenstand seines Fürstenspiegels bleibt, nicht die *civitas* (πόλις) des Aristoteles.[36]

Wenn Ockham in seinem „Dialogus" mehr als ein halbes Jahrhundert später (und nach manchen weiteren Fürstenspiegeltexten)[37] das Amt eines kaiserlichen Herrschers über die Welt in einem Spiegeltext einfangen will, so hat er gewiss die Vorgeschichte der Fürstenspiegelgattung im Auge. Auch er zeigt sich nicht bestrebt, Autoritäten zu kompilieren, sein Text ist von möglichen Autoritäten geradezu klinisch gesäubert. Nur hin und wieder führt er eine Bibelstelle an, allenfalls noch einen Text aus dem Kanonischen Recht. Ockham will offen-

---

30 Kritisch ediert von Dondaine: Thomas Aquinas, De regno ad regem Cypri. Durch diese Ausgabe sind sämtliche früheren Drucke überholt. Eine Liste von 42 älteren Drucken ebd., S. 432a–434b. Die (unkritische) Vulgatfassung noch in: Thomas Aquinas, Opera omnia, Bd. 3, Sp. 595[a]-601[b]. Zu diesem Traktat zusammenfassend demnächst Miethke, Thomas von Aquin.

31 Dazu etwa Miethke, Spätmittelalter, S. 83–93.

32 Drucke: Roma 1556 [Nachdruck: Frankfurt a.M. 1968]; ed. Hieronymus Samaritanius, Roma 1607 [Nachdruck: Aalen 1967]. Eine mittelenglische Übersetzung: Aegidius Romanus: The governance of kings and princes; eine deutsche: Aegidius Romanus, Der mitteldeutsche Traktat, ed. Störmer.

33 Ein bisher nicht weiter geführtes Teilverzeichnis zu den Hss. Italiens und im Vatikan in: Catalogo dei manoscritti; vgl. auch die alte Übersicht (einschließlich vor allem der mittelalterlichen Übersetzungen) bei Berges, Fürstenspiegel, S. 320–328. Über die Verbreitung und Rezeption des Textes insbesondere in England und Frankreich mit weiterführenden Ergebnissen Briggs, Giles of Rome's „De regimine principum".

34 Aegidius, De regimine principum I.1.1, S. 4.

35 Zuletzt dazu etwa Miethke, Spätmittelalter, S. 93–97.

36 Aegidius, De regimine principum III.1.6, S. 413f.

37 Eine (unvollständige) chronologisch geordnete Liste bei Berges, Fürstenspiegel. Vgl. etwa Engelbert von Admont, Speculum virtutum.

bar nicht mit Autoritäten Eindruck machen, er möchte vielmehr aus der Funktionsbeschreibung des Herrscheramtes die Anforderungen ableiten, die an einen Herrscher zu stellen sind. Insofern ist sein Vorgehen analytisch-systematisch, er entwickelt keine spezielle Ständeethik für den Herrscher. Aristotelische Vorgaben kommen zwar durchweg zur Geltung, etwa in der Beschreibung der Tüchtigkeiten und Tugenden (*virtutes*) als *habitus*, also als erworbene Disposition zu bestimmtem Tun im Sinne der aristotelischen Psychologie. Aristotelische Begriffe bestimmen aber nicht selber den Fortgang der Untersuchung. Ockham lässt seinen Schüler den Meister nicht ausschließlich nach dem Kaiser fragen, wenngleich natürlich zunächst und immer wieder von ihm die Frage und die Rede ist. Alsbald aber wird die Wissbegier auf jeden Herrscher und insbesondere auf einen König hin ausgedehnt. Das ermöglicht es Ockham dann, ganz allgemein und ohne Rücksicht auf die komplizierten Probleme der römischen Kaiserwürde vorzugehen (die ja auch erst im Anschluss an den Kaiserspiegel im „Dialogus" thematisiert werden).

Offenbleiben muss, ob Ockham die Erweiterung seiner Überlegungen auf jeden Herrscher und König an Lupold von Bebenburg und dessen Theorie des römisch-deutschen Kaisertums und der Regierungstätigkeit seiner Herrscher im Reich, ob nun römischer König oder Kaiser der Römer, abgeschaut hat. Unmöglich ist das nicht, hat sich Ockham doch seit der ersten Redaktion von Lupolds „Tractatus", und das heißt seit spätestens 1339, mündlich und schriftlich[38] mit Lupold auseinandergesetzt. Hier konnte er die Einebnung der traditionellen Kaiservorstellungen in eine allgemeine kanonistische Herrschaftstheorie sozusagen *in statu nascendi* verfolgen. Mit der Erweiterung des Untersuchungsgegenstandes auf jeden Herrscher folgt Ockham jedenfalls methodisch Lupolds Anregungen, da dieser die Kaiserstellung ganz nach der Figur eines Königs in seinem Reich (*rex in regno suo*)[39] beschrieben und gedanklich konstruiert hatte.

Auf die Frage, ob der Weltkaiser den wahren katholischen Glauben besitzen müsse, antwortet der Meister knapp. Es entspricht Ockhams immer wieder gezeigtem Erkenntnisoptimismus, dass auch hier die unmittelbare Erkenntnis der Wahrheit gegen jeden Irrtum siegreich bleiben muss. Einmal über die Glaubenswahrheiten informiert, sei jedermann verpflichtet, den Glauben dann auch anzunehmen.[40] Ob jemand aber, ohne katholisch zu sein, auch ein wirklicher „wahrer" Kaiser sein oder werden könne, das erwägt der Meister nicht in größerer Breite. Ausdrücklich wird zwar auf unterschiedliche Meinungen dazu ver-

---

38 Octo quaestiones, in: Guillelmus de Ockham, Opera politica, Bd. 1² (1974). Hier vgl. vor allem qq. 4 und 8 (S. 122ff. und 177ff.) passim. Zur wechselseitigen Beziehung vgl. insbesondere Wittneben, Lupold von Bebenburg.

39 Vgl. William of Ockham, 3.2 Dialogus, book 1, c. 15: [...] *Quia enim imperator in imperio mundi et rex in regno suo solutus est legibus nec tenetur de necessitate iudicare secundum leges* [...] Zu Lupolds Theorie vgl. zuletzt im Einzelnen die Einleitung in die Editio maior (Lupold, Politische Schriften), bes. S. 61–148; oder in der Editio minor (Lupold, De iuribus regni et imperii – Über die Rechte von Kaiser und Reich) das Nachwort, S. 280–329.

40 William of Ockham, 3.2 Dialogus, book 1, c. 14.

wiesen. Diese werden jedoch nicht im Einzelnen angeführt. Vielmehr geht das Gespräch sofort zur Frage über, ob ein katholischer Kaiser ein ausgewiesener Kenner der heiligen Schrift und der Theologie[41] sein müsse. Darauf wird zunächst durch eine Gleichsetzung mit den Königen des Alten Testaments geantwortet: Wenn schon diese (mit Verweis auf Psalm 1:2) Tag und Nacht über das Gesetz Gottes nachsinnen und reden müssen, so doch erst recht der Weltkaiser, der noch viel vollkommener sein müsse als die Könige Israels.

Mit der zweiten, der alternativen Antwort auf diese Frage jedoch hat sich Ockham dann noch stärker vom schlüpfrigen Boden der Weltherrschaftstheorie und ihrer Verbindung mit dem Christentum fortbewegt hin zu einem allgemeinen Herrscherbild, das es ihm erlaubt, den katholischen Glauben als eine Charaktereigenschaft des Herrschers unter anderen zu identifizieren, die nicht alle anderen und auch nicht alle seine besonderen Tugenden zur Seite rückt. Ockham kann den christlichen Glauben mit einiger Plausibilität der Kernaufgabe eines Herrschers als sekundär gegenüberstellen, dass er nämlich die zeitlichen, die weltlichen Geschäfte nutzbringend (für alle) und gerecht (gegen alle) zu verwalten habe.[42] Mit diesem Übergleiten auf ein allgemeines Herrscherbild, das terminologisch daran deutlich gemacht wird, dass Ockham jetzt in einem Atemzug den *imperator* mit einem *rex* (nicht nur überbietend und nicht allein des Alten Bundes) zusammenführen kann. Damit hat die Erörterung endlich den freien Raum gewonnen, der es Ockham erlaubt, seine eigenen Forderungen an den Herrscher zu formulieren.

Seine historischen Beispiele sind jetzt nicht mehr nur die Kaiser der Antike und die alttestamentarischen Könige Israels, er greift ohne Zögern zu den *reges iusti, immo sancti* und damit zur Vorbildergalerie der Könige des Früh- und Hochmittelalters, an denen sich die nötige Ausstattung der Herrscher mit *virtutes* offenbar ebenso ablesen lässt wie aus den an den juristischen Fakultäten traktierten Normen des römischen Rechts. Freilich nennt er keine Namen, weder die Könige der Angelsachsen noch gar die Ungarn oder Schweden. Der *imperator in imperio mundi et rex in regno suo*[43] lassen jedoch in gleicher Weise erkennen, dass sie – anders als die *iudices inferiores* – an die Gesetze bei ihrer *iurisdictio* nicht gebunden sind, da sie selber die Gesetze erlassen. Sie sind *legibus soluti*[44] und brauchen daher keine Expertenkenntnis der Rechtstexte, wenn solche Kenntnis ihnen natürlich auch nicht schadet, sondern nützlich sein kann. Durch Beratung

41 Ebd., c. 15: […] *quod imperator mundi, si fuerit catholicus, peritiam legis divine et sacrarum litterarum debet habere* […].

42 Ebd.: *Alia est opinio quod quamvis deceat* (!) *imperatorem catholicum aliqualem litterarum sacrarum habere peritiam, ut saltem legem vel legendo intelligere litteraliter scripturas sacras, non tamen est simpliciter sibi necessarium peritiam talem habere pro eo, quod absque tali peritia potest temporalia utiliter et iuste disponere, quod solummodo* (!) *ad imperatorem dinoscitur pertinere.*

43 Vgl. Anm. 39. Hier zeigt sich m. E. jene Tendenz, die Herrschaft des Weltkaisers zu territorialisieren, die diesen Gedanken systematisch in die Nähe von Lupold von Bebenburg rückt.

44 Materialreich zur legistischen Tradition Wyduckel, Princeps legibus solutus. Subtil Kantorowicz, The King's Two Bodies.

können sie aber ohnehin leicht Lücken schließen, wie dann am Ende der Abhandlung klar wird.

Interessant ist, dass Ockham hier (wie auch sonst) *iurisdictio* keineswegs allein als die (moderne) „Rechtsprechung" versteht. Sie ist Hauptaufgabe und zentrale Amtspflicht eines Herrschers überhaupt. Rechtsherrschaft, die Tätigkeit, Recht zu schaffen, das ist der Inhalt von *iurisdictio* bei Ockham wie bei anderen Autoren des 14. Jahrhunderts.[45] Der Meister spinnt den Gesprächsfaden von dieser Voraussetzung her weiter in die Richtung einer selbständigen Bestimmung der herrscherlichen Aufgabe. Denn aus der Differenz zur Gesetzesbindung der (nach dem Gesetz urteilenden) *iudices inferiores* weist er sogleich auch die Auffassung des Schülers ab, dass wer zum Herrscher gewählt sei und noch keine genaue Kenntnis „der Heiligen Schrift und der bürgerlichen Gesetze"[46] besitze, der müsse das schleunigst in einem intensivem Studium nachholen. Der Meister empfindet solch zeitraubendes Nachholstudium als „Vernachlässigung" der Regentenpflichten und schließt es damit völlig aus vernünftiger Betrachtung aus. Gewiss, je besser die Kenntnis, desto besser auch der Regent, doch ergibt sich auch aus 1. Tim. 5:8, dass solches Verhalten Grund zu schweren Vorwürfen, ja geradezu zu einer Verurteilung gibt, „weil ein solcher Herrscher über seine Untertanen nicht mit der schuldigen Sorge waltet". Definitiv lehnt es Ockham damit ab, die Ausdifferenzierung der gelehrten Berater aus der Entourage der Herrschaftsträger sozusagen umzukehren, oder auch nur, wie seinerzeit Einhard in der Betrachtung der Bemühungen Karls des Großen[47] um die (lateinischen) Gesetze und die Literaturdenkmäler und Monatsnamen der Volkssprache, den Herrscher gleichsam als einen Kryptogelehrten zu sehen und dementsprechend auch zu Studien zu verpflichten. Ockham ist weit entfernt davon, Gelehrtenherrscher wie Alfonso „el Sabio" von Kastilien oder Robert von Neapel als Vorbilder zu nehmen: Kaiser und Fürsten sollen ihre eigenen Aufgaben wahrnehmen, nicht auf fremden Feldern tätig werden.

Wie steht es dann aber, fragt der Schüler, mit einer exzellenten Geschäftskenntnis, also einem praktischen Wissen von der Regierungstätigkeit? Ist Geschäftskenntnis ein wichtiges Erfordernis für einen Herrscherkandidaten? Bei Wahlsukzession, so sagt der Meister, sind natürliche Klugheit und hervorragende Urteilskraft die entscheidenden Qualitäten. Sie sind wichtiger als gelehrte Bildung, Beredsamkeit, Rednergabe, Erfahrung und Gedächtniskraft.[48] Nur bei befristeten (und das meint wohl auch eher untergeordneten) Aufgaben verdie-

---

45 Eingehend dazu Costa, Iurisdictio.

46 William of Ockham, 3.2 Dialogus, book 1, c. 15: *Sed numquid si promotus in imperatorem vel regem non esset profundus in noticia sacrarum scripturarum et legum civilium, deceret eum desistere vel insistere studio pro huiusmodi excellenti noticia acquirenda?*

47 Einhard, Vita Karoli Magni, S. 33f.

48 William of Ockham, 3.2 Dialogus, book 1, c. 15: *Sensus enim naturalis et excellens iudicium rationis intelligit, quod in promovendo litteratura, facundia, eloquentia, experientia et memoria videtur preferri debere, cum in promovendo ad officium temporale eciam brevi tempore duraturum excellenti iudicio rationis interdum tam litteratura quam experientia debeat anteferri.*

nen bisweilen Gelehrsamkeit und Erfahrung vor der Urteilskraft den Vorzug. Auch hier also geht es nicht darum, den Herrscher mit allen Fähigkeiten seines Rates und Hofes auszustatten. Ockham wiederholt damit ein Urteil, das er bereits Jahre zuvor[49] unverblümt ausgesprochen hatte. Was er dort über die Anforderungen gesagt hatte, denen sich die Gegner eines Ketzerpapstes stellen müssten, gilt hier für den Herrscher. Es ist die Forderung nach vernünftigem Verhalten in schwierigen Geschäften. Solche Fähigkeit kann durch Studium unterstützt werden, doch ist Begabung mit Geistesschärfe und Urteilskraft unerlässlich, durch Studierfleiß jedenfalls nicht zu ersetzen.

Ockham beschäftigt sich daher des längeren mit den geforderten Kenntnissen des Herrschers als des höchsten Richters seines Landes. Er fragt danach, wie intensiv die Grundlage des Rechts, das Naturrecht, dem Herrscher bekannt sein müsse. Die Antwort fällt differenziert aus. Je nach der Evidenz naturrechtlicher Normen müsse der Fürst Anstrengung und Mühe einsetzen, um sich kundig zu machen. Ockham deutet hier eine Aufgliederung des Naturrechts an, die noch nicht seiner späteren berühmten Dreiteilung der *modi* naturrechtlicher Geltung im dritten Buch desselben zweiten Traktats der Tertia Pars des Dialogus entspricht.[50] Während dort nach den verschiedenen Weisen der Geltung naturrechtlicher Normen gefragt werden wird, behandelt Ockham hier allein die Erkenntnissicherheit und Zugänglichkeit naturrechtlicher Normen, die er von unmittelbarer Evidenz bei den etwa im Dekalog eingeschärften Regeln über die leicht und unmittelbar daraus sich ergebenden ersten Folgerungen bis zu den schwierigen Ableitungen abgestuft sieht, welche dann selbst gelehrte Experten nur mit Anstrengung und oft nicht ohne widersprüchliche Ergebnisse erkennen können. Der Herrscher hat dann besondere Mühe bei der Erkenntnisarbeit aufzuwenden, um eigene Erkenntnis kommt er nicht herum, wenn ihm die spontane Kenntnis fehlt. Aber dafür ist eben die Urteilskraft vonnöten. Bei den leichter einsichtigen Fällen kann ein Herrscher sich auf seine Berater stützen, die er freilich je nach dem Zweck der Beratschlagung gezielt aussuchen muss: Er kann viele Ratgeber antreten lassen, wenn es nur um demonstrative Überlegungen, gewissermaßen um die öffentliche Aufmerksamkeit für das Problem geht. Wenn jedoch *secreta* verhandelt werden,[51] so rate auch das Zeugnis der Heiligen Schrift dazu, nur wenige, besonders vertrauenswürdige Ratgeber zu

---

49 Ockham, I Dialogus VII, c.73 (fol. 164va) [hier zitiert nach der Edition durch G. Knysh in: [http://www.britac.ac.uk/pubs/dialogus/t1d765.html]: *Multi enim quamvis memoria vigeant ut literas multas retineant, et prompte que voluerint recitent et allegent, carent tamen iudicio et acumine rationis, unde ad verum intellectum, nisi forte aliquando casualiter, per seipsos nesciant pervenire* [...] (Das formuliert Anforderungen an diejenigen, die zum Kampf gegen päpstliche Ketzerei geeignet sind!). Vgl. dazu auch die weiteren Stellen bei Miethke, Ockhams Weg, S. 263 mit Anm. 453.

50 Ockham, 3.2 Dialogus, book 3, c. 6, (wegen einiger sinnstörender Fehler in den alten Drucken) zu benutzen nach der Edition von Offler, The Three Modes [Text S. 212ff.]; oder in der Internet-Edition von 3.2 Dialogus durch Kilcullen und Scott.

51 Die Kategorie der Geheimnisses (der *secreta*), die hier auf politische Entscheidungsfindung bezogen erscheint, sollte (in Gestalt der *arcana imperii*) noch eine bemerkenswerte Karriere in der frühneuzeitlichen Politiktheorie haben. Vgl. nur Stolleis, Arcana imperii.

befragen, und das im Geheimen, um offenbar das Schielen nach Wirkung auszuschließen.

Weil damit die *peritia* (d. h. Expertenschaft) und die aristotelische *prudentia* (hier offensichtlich identisch mit „politischer Klugheit") genug betrachtet seien, stellt der Schüler weiterhin die Frage nach den für einen Herrscher nötigen weiteren Tugenden (in diesem Fall allein für einen Kaiser, doch ließe sich für den König gewiss dieselbe Argumentation anführen). Es geht also um die auch in Ockhams Ethik behandelte Frage, inwieweit eine Summierung der Tugenden erwartet werden dürfe, ja in gewisser Hinsicht auch um die Verbindung der Tugenden untereinander.[52] Ockham lässt den Meister die erforderliche Handhabung der *iusticia*, der für den obersten Gerichtsherrn zweifellos wichtigen Kardinaltugend behandeln. Dabei wendet er sich ohne Umschweife dem von den Juristen viel erörterten Problem des *rigor iuris* zu. Ist der Kaiser – auch diesmal wieder ist vom König nicht die Rede –, ist ein Kaiser unverbrüchlich dazu verpflichtet, die Strenge des Gesetzes in seinen Strafurteilen zu vollziehen? Die Antwort ist, wie zu erwarten war, differenziert: Weder darf der Herrscher allein den *rigor iuris* sprechen lassen noch nach eigener Lust und Laune entscheiden, vielmehr ist er manchmal geradezu verpflichtet, die gesetzliche Strafe zu verhängen, wenn der Schuldige keine Besserung erwarten lässt und seine Prognose trübe lautet. Dann muss zugunsten der möglichen Opfer des unbußfertigen Verbrechers die gesetzliche Strafe verhängt werden. Die angeführten Beispiele für solche Strafen[53] sind vorwiegend aus dem römischen Recht gegriffen: Der höchste Richter muss, so heißt es da, zwischen den Strafen der Stockschläge, der Deportation, der Ächtung und der Exilierung (d. h. der Schonung vor der Todesstrafe) einerseits und der Todesstrafe, der körperlichen Verstümmelung und dauernder Gefängnisstrafe andererseits unterscheiden. Auch gegen Verwandte oder Freunde muss er im Falle einer entsprechenden Schuld die Leibesstrafen verhängen, die im 14. Jahrhundert jedenfalls verständlicher, weil üblich waren, während die Verbannungsstrafen des römischen Rechts wohl nur mit einiger Anstrengung zu verstehen waren. Woher Ockham diese Abstufungen des Strafmaßes übernommen hat, muss offen bleiben. Insbesondere lässt sich

52 Ohne hier in eine Diskussion von Ockhams Ethik abbiegen zu wollen, sei nur darauf hingewiesen, dass Ockhams akademische „Quaestio de connexione virtutum" mit einer deutschen Übersetzung und einer prägnanten Einleitung neuerlich erschienen ist: Ockham, De connexione virtutum.

53 Ockham, 3.2 Dialogus, book 1, c. 16: [...] *Pena enim pecuniaria non debet semper esse* [scil. imperator] *contentus, sed aliam debet infligere. Similiter eciam non semper debet sufficere sibi infligere penam scilicet verberum vel deportationis vel proscriptionis vel exilii, sed tenetur penam mortis vel mutilationis vel incarcerationis vel detentionis perpetue imponere. Et sepe huiusmodi penam nec ratione amicitie nec consanguinitatis nec ratione voluntatis aut aliqua alia occasione licet sibi remittere. Cuius ratio assignatur, quia sicut ubi certa pena non est statuta in iure, iudex inferior debet procedere equitate servata, Extra, de translationibus, c. ultimo, ita imperator, quia est supra positiva iura et non est super equitatem naturalem, scilicet in exercendo iusticiam, non vult ex causa infligere penam statutam in iure, tenetur de necessitate infligere penam equitate servata, secundum quod bonum commune et salutem subditorum viderit postulare et maxime bonorum. Sepe autem absque dispendio communis boni et periculo obedientium bonorum pena et pecuniaria vel deportationis aut proscriptionis vel exilii malefactorem minime castigaret*

nicht sagen, woher ihm die Kenntnis der römischen Strafen gekommen war, die er ganz ohne Unterschied mit mittelalterlichen Strafen mischte.[54]

Ockham verfügt für sich selbst offensichtlich über einen quasi-objektiven Maßstab der Strafe, den er zumindest mit dem Zitat einer ausführlicher vorgestellten Meinung gegen die Auffassung ins Feld führt, Strafmaß und Strafart unterlägen allein dem willkürlichen Urteil des kaiserlichen Richters, dem dann noch gemäß der Tradition Milde ans Herz gelegt wird. Milde will der Meister ausschließlich gegenüber dem besserungswilligen und besserungsfähigen Straftäter geübt sehen.[55] Ein weiterhin reueloser und ruchloser Straftäter aber wäre eine bleibende Bedrohung Unschuldiger, und daher wäre seine Begnadigung oder milde Bestrafung keine vom Richter zu fordernde „*misericordia*." Diese Meinung hat offenbar irgendwie den Anschein des Rechts, so wertet der Schüler diesen Standpunkt und lässt den Meister sogleich zu einer Antwort auf die anderen Auffassungen ausholen, ein recht sicheres Kennzeichen dafür, dass diese Meinung als Ockhams eigene gelten kann.

Im letzten Kapitel des kurzen Spiegels (c. 17) geht Ockham noch einmal auf die ihm wichtigen Punkte ein. Der Schüler lehnt es ab, weitere Tugenden und Charakterzüge zu untersuchen, die einem Kaiser gut anstünden, da das hieße, ein „allzu langatmiges Buch" (*opus nimis prolixum*) anzufertigen.[56] So rekapituliert der Meister nurmehr, was er zuvor schon entwickelt hatte. Erfahrungskenntnis und Urteilsvermögen (*peritia et discretio*), so heißt es diesmal, sind für eine erfolgreiche Regierung die wichtigsten Voraussetzungen, ja können allein schon ausreichen, wenngleich sie sich dann, wenn es nötig wird, von all den anderen Tugenden gar nicht trennen lassen.[57] Deswegen bedarf ein „Regierender"(der jetzt sogar als *rector* tituliert wird, also jegliche Führungsrolle im Sozialsystem und nicht allein den König bezeichnet) im Ernstfall durchaus auch der Wahrhaftigkeit (*veracitas*). Ein Herrscher darf nichts Falsches sagen, auch nicht Unmögli-

54 Ähnliche, wenn auch nicht dieselben Anleihen beim Strafrecht des Corpus Iuris Civilis macht auch Lupold, Tractatus de iuribus regni (Editio maior), S. 386f. Ich halte es für denkbar, dass das Ockham auf diese Fährte gesetzt hat. Vgl. auch die „strafrechtlichen" Darlegungen der Sachsenspiegelglosse des Johann von Buch (die freilich Ockham kaum gekannt haben dürfte). Dazu etwa Kannowski, Umgestaltung des Sachsenspiegelrechts.

55 Ockham, 3.2 Dialogus, book 1, c. 16: *DISCIPULUS: Videtur, quod imperator valeat licite tam gravem penam eciam ei, qui incidisset in crimen lese maiestatis vel aliud quodcunque flagitium commissum, remittere, quia iudex in puniendo debet in humaniorem partem declinare, Extra, de transactionibus, c. ultimo* [X 1.36.11], *et sententia, que misericordiam vetat, fugienda est, di. 50, ‚Pondere'* [c. 14 a. E. – kein exaktes Zitat]. *Potest igitur imperator licite cuicunque flagitioso misericordiam facere ei penam mortis vel quamcunque aliam remittendo. MAGISTER: Hic respondetur, quod si imperator quemcunque criminosum cognoverit perfecte emendatum, ita ut deseruerit omnem voluntatem malefaciendi, nec aliquis prosequitur contra eum iniuriam suam, potest ei imperator omnem penam remittere. Si autem non fuerit emendatus perfecte, sed probabiliter timetur, quod habita facultate intendit iterare vias suas malas et se consuetis itineribus vel aliis implicare, non licet imperatori ei omnem penam corporalem remittere nec ei liceat talem misericordiam facere* [...].

56 Vgl. oben Anm. 26.

57 Ockham, 3.2 Dialogus, book 1, c. 17: *arbitror, quod ista duo, scilicet peritia et discretio, sunt maxime necessaria imperatori ad regendum utiliter sibi subiectos, imo quasi videntur sufficere. Tamen ista ab aliis, quando erunt oportuna, separari non possunt* [...].

ches versprechen, bzw. er soll im Rahmen der ihm aufgetragenen Wahrhaftigkeit seine Versprechen einhalten. Freilich sollte er das, was er nur in schlechter Weise versprochen hat, nicht einhalten müssen, zumal wenn er eine bessere Lösung gefunden hat. Er sollte sich dann besser nicht von anderen korrigieren lassen, sondern lieber selber korrigieren. Der Meister betont aber eigens die Forderung, der Kaiser sollte seine Versprechungen auch nicht leichtfertig widerrufen oder ohne offensichtlichen Grund die Erfüllung aufschieben. Das müsse ihn zu umso größerer Vorsicht veranlassen, nur das zu sagen oder zu versprechen, wovon er sicher ist, dass er es tun sollte.

Sehr viel pauschaler behandelt der Meister sodann die ethisch vielleicht weniger interessante, politisch aber zweifellos gewichtigere Frage, inwieweit Macht, Reichtümer und Spendierfreudigkeit einem „Kaiser" von Nutzen seien. Knapp stellt er fest, dass alles das zu einer guten Regierungstätigkeit unerlässlich sei. Schon Gerichtshoheit komme nicht ohne Zwang (*coertio*)[58] zum Erfolg, bedürfe dafür aber der Macht (*potencia*). Macht aber sei ohne Finanzmittel nicht zu haben, da Macht auf Freunde und Anhänger (*amici*) oder doch zumindest auf Gehorsam angewiesen sei. Freundschaft und Gehorsam aber gewinne man, wie Zitate aus den Weisheitslehren des Alten Testaments belegen, vor allem durch (verschenkten) Reichtum.[59] Ohne verschwenderische Freigiebigkeit ließen sich Freunde nicht halten oder gar neu gewinnen: „Wenn Reichtum nicht durch reichliche Vergabung verbraucht wird, gehen Freunde rasch verloren."

Der Meister führt für diese Überlegungen keinerlei Gegenpositionen an. Sie gelten Ockham offenbar als evident und bedürfen keiner Diskussion. Zum Abschluss des ganzen Abschnitts fragt der Schüler noch nach der Tapferkeit, der (*fortitudo*). Ist sie für einen Kaiser nötig? Der Meister ist auch hier sehr kurz angebunden. Er unterscheidet Tapferkeit als Seelentugend von der „Körpertugend, welche in körperlicher Kraft besteht". Nur die erste ist für den Kaiser notwendig. Wenngleich es sich natürlich „ziemte", dass der Kaiser auch in seiner körperlichen Tüchtigkeit und in Schlachtengeschick hervorragt, ist es doch nicht schlechthin notwendig. Vor allem ist diese Befähigung keineswegs anderen Begabungen vorzuziehen, weder der Weisheit und Gelehrsamkeit, noch der Gerechtigkeit, noch auch den anderen Tugenden.[60]

---

58 Es ist m. E. höchstwahrscheinlich, dass Ockham hier die *potestas coactiva* des Marsilius im Sinn hat, die er freilich nicht direkt zitiert.

59 Ebd.: *Imperialis auctoritas absque coertione nulla est. Coertio autem sine potentia exerceri non potest. Igitur potentia in imperatore requiritur. Potentia autem maxime roborari videtur per divitias, eo quod potentia absque amicis aut saltem obedientibus non videtur posse persistere. Amici autem et obedientes divitiis acquiruntur* [...] *Divitie igitur sunt imperiali excellentie oportune propter amicos et obedientes acquirendos. Sed amici et obedientes nequaquam divitiis acquiruntur et tenentur, nisi liberaliter effundantur nec addunt amicos. Et nisi per prodigalitatem consumantur, amici cito perduntur. Igitur liberalitas pro amicis et obedientibus acquirendis et tenendis maiestati imperiali oportuna videtur.*

60 Ebd.: *Fortitudo, que est virtus anime, debet in imperatore precellere; sed fortitudo corporalis, que est corporis robur, non est ita necessaria in imperatore. Quamvis enim valde deceat imperatorem fortitudine corporali et arte preliandi precellere, non est tamen simpliciter necessaria nec aliis excellentiis preferenda nec sapientie, iusticie et aliis virtutibus preponenda.*

Damit bricht der Text recht unvermittelt ab. Das nächste Kapitel wendet sich anderen Fragen zu. Der Kaiserspiegel, den Ockham in seinen „Dialogus" eingefügt hat, ist wirklich nicht sehr „langatmig". Er ist auch stärker von einer Tugendlehre geprägt, als dass er von den theoretischen Grundannahmen von Ockhams Sozialphilosophie Zeugnis gäbe. Interessant bleibt diese knappe Skizze eines idealen Herrschers, die man als Suchbild bei der Herrscherwahl an jeden Kandidaten anlegen könnte, zeigt sie doch die Verwurzelung der Ockham'schen Politiktheorie in mittelalterlichen Traditionen, die teilweise weit hinter das 13. Jahrhundert zurückreichen.

Bibliographie

Aegidius Romanus: *The governance of kings and princes: John Trevisa's Middle English translation of the De regimine principum of Aegidius Romanus*, ed. D.C. Fowler/C.F. Briggs/P.G. Remley (Garland Medieval texts 19), New York 1997.

Aegidius Romanus: Der mitteldeutsche Traktat „Welch furste sich vnde syne erbin wil in synem furstethum festin" nach Aegidius Romanus, „De regimine principum", auf der Grundlage der Handschrift Chart. B 69 der Forschungsbibliothek Gotha, ed. U. Störmer, in: H. Bokova/V. Bok/U. Störmer, *Zwei ostmitteldeutsche Bearbeitungen lateinischer Prosadenkmäler* (Deutsche Texte des Mittelalters 76), Berlin 1990, S. 189–292.

Aegidius Romanus, *De regimine principum*, ed. H. Samaritanius, Rom 1607, Nachdruck Aalen 1967.

Beckmann, J.P., *Ockham Bibliographie, 1900–1990*, Hamburg 1992.

Berges, W., *Die Fürstenspiegel des hohen und späten Mittelalters* (Schriften des Reichsinstituts für Ältere Deutsche Geschichtskunde [MGH] 2), Leipzig 1938, Neudruck Stuttgart 1952 u. ö.

Briggs, C.F., *Giles of Rome's „De regimine principum", Reading and Writing Politics at Court and University, c. 1275–c. 1525* (Cambridge Studies in Palaeography and Codicology 7), Cambridge 1999 (PhD Thesis University of North Carolina, Chapel Hill 1993).

von den Brincken, A.-D., Geschichtsbetrachtung bei Vinzenz von Beauvais, die *Apologia actoris* zum „Speculum maius", in: *Deutsches Archiv für Erforschung des Mittelalters* 34 (1978), S. 410–499.

Cardelle de Hartmann, C., *Lateinische Dialoge, 1200–1400, Literaturhistorische Studie und Repertorium* (Mittellateinsiche Studien und Texte 37), Leiden/Boston 2007.

Catalogo dei manoscritti (1001–1075): „De regimine principum", ed. F. del Punta/C. Luna (Aegidii Romani Opera Omnia, I.1.11), Città del Vaticano/Firenze 1993.

Corpus Iuris Canonici, ed. E. Friedberg, Bd. 1, Leipzig 1879, Neudruck Graz 1995.

Costa, P., *„Iurisdictio", Semantica del potere politico nelle pubblicistica medievale 1100–1433*, Mailand 1966, Neudruck 2002.

Einhard, *Vita Karoli Magni*, ed. O. Holder-Egger (MGH SSrerGerm 25), Hannover/Leipzig 1911.

Engelbert von Admont, *Speculum virtutum*, ed. K. Ubl (MGH Staatsschriften des späteren Mittelalters I.2), Hannover 2004.

Etzkorn, G.J., Ockham at a provincial chapter 1323, a prelude to Avignon, in: *Archivum Franciscanum Historicum* 83 (1990), S. 557–567.

Goldstein, J., Wilhelm von Ockham – zur Lektüre empfohlen (Literaturbericht), in: *Philosophischer Literaturanzeiger* 52 (1999), S. 399–414.

Johann von Viktring, *Liber certarum historiarum*, ed. F. Schneider (MGH SSrerGerm 36), 2 Bde., Hannover/Leipzig 1910.

Kannowski, B., *Die Umgestaltung des Sachsenspiegelrechts durch die Buch'sche Glosse* (MGH Schriften 56), Hannover 2007.

Kantorowicz, E.H., *The King's Two Bodies, A Study in Political Theology*, Princeton NJ 1956.

Kilcullen, J., *Analysis of the Argument, 3.2 dialogus*, http://www.britac.ac.uk/pubs/dialogus/ Summary32Dial.html.

Kilcullen, J., *Witnesses to the Text: Sigla and Descriptions*, http://www.britac.ac.uk/pubs/dialogus/ sigla.html (22.09.2008).

Knysh, G.D., *Ockham Perspectives*, Winnipeg 1994.

Knysh, G.D., Biographical rectifications concerning Ockham's Avignon period, in: *Franciscan Studies* 46 (1986 [erschienen 1988]), S. 61–91.

Kölmel, W., *Wilhelm Ockham und seine kirchenpolitischen Schriften*, Essen 1962.

Leppin, V., *Wilhelm von Ockham, Gelehrter, Streiter, Bettelmönch*, Darmstadt 2003.

Lupold von Bebenburg, *Politische Schriften [De iuribus regni et imperii, Libellus de zelo veterum principum Germanorum, Ritmaticum]*, ed. J. Miethke/C. Flüeler (MGH Staatsschriften 4), Hannover 2004.

Lupold von Bebenburg, *De iuribus regni et imperii – Über die Rechte von Kaiser und Reich* (lateinisch-deutsch), ed. J. Miethke, übers. von A. Sauter (Bibliothek des deutschen Staatsdenkens 14), München 2005.

McGrade, A.S., *The Political Thought of William of Ockham, Personal and Institutional Principles* (Cambridge Studies in Medieval Life and Thought III/7), Cambridge 1974.

Miethke, J., *Ockhams Weg zur Sozialphilosophie*, Berlin 1969.

Miethke, J., Der Abschluß der kritischen Ausgabe von Ockhams akademischen Schriften, in: *Deutsches Archiv für Erforschung des Mittelalters* 47 (1991), S. 175–185.

Miethke, J., Ockham-Perspektiven oder Engführung in eine falsche Richtung? Eine Polemik gegen eine neuere Publikation zu Ockhams Biographie, in: *Mittellateinisches Jahrbuch* 29/1 (1994 [erschienen 1995]), S. 61–82.

Miethke, J., Papst Johannes XXII. und der Armutstreit, in: *Angelo Clareno Francescano. Atti del XXXIV Convegno internazionale, Assisi, 5–7 ottobre 2006* (Atti dei Convegni della Società internazionale di studi francescani e del Centro interuniversitario di studi francescani, Nuova serie 17), Spoleto 2007, S. 263–313.

Miethke, J., *Spätmittelalter: Thomas von Aquin, Aegidius Romanus, Marsilius von Padua*, in: C. Horn/A. Neschke-Hentschke (Hg.), *Politischer Aristotelismus, die Rezeption der aristotelischen Politik von der Antike bis zum 19. Jahrhundert*, Stuttgart/Weimar 2008, S. 77–111.

Miethke, J., Thomas von Aquin, „De regno ad regem Cypri", in: V. Leppin (Hg.), *Thomas von Aquin-Handbuch*, Tübingen 2009 (im Druck).

Offler, H.S., The three modes of natural law in Ockham: a revision of the text, in: *Franciscan Studies* 37 (1977), S. 207–218, Reprint in: Ders., *Church and Crown in the Fourteenth Century: Studies in European History and Political Thought* (Collected Studies Series 692), Aldershot 2000, nr. VIII.

Stolleis, M., *Arcana imperii und Ratio status. Bemerkungen zur politischen Theorie des frühen 17. Jahrhunderts* (Veröffentlichung der Joachim-Jungius-Gesellschaft der Wissenschaften Hamburg 39), Göttingen 1980, jetzt in: Stolleis, Staat und Staatsräson in der frühen Neuzeit, Studien zur Geschichte des Öfentlichen Rechts (Suhrkamp-Taschenbuch Wissenschaft, 878), Frankfurt/Main 1990, S. 37-72.

Thomas de Aquino, *Opera omnia*, ed. R. Busa, 7 Bde., Stuttgart/Bad Cannstatt 1980.

Thomas de Aquino, De regno ad regem Cypri, ed. H.F. Dondaine, in: ders., *Opera omnia* (Editio Leonina), Bd. 42, Rom 1979, S. 419–471.

Vincentius Bellovacensis, Speculum maius, gedruckt unter dem Titel: *Bibliotheca mundi seu speculum maius Vincentii Burgundi praesulis Bellovacensis*, I–IV, Douai 1624, Nachdruck Graz 1965.

Vincentius Bellovacensis, *De morali principis institutione*, ed. R.J. Schneider (Corpus Christianorum, Continuatio Mediaevalis 137), Turnhout 1995.

Guillelmus de Ockham, *De connexione virtutum. Über die Verknüpfung der Tugenden* (lateinisch und deutsch), übers. und eingel. von V. Leppin (Herders Bibliothek der Philosophie des Mittelalters 16), Freiburg i. Br./Basel 2008.

William of Ockham, *Dialogus,* Latin Text and English Translation ed. J. Kilcullen e. a. under the auspices of the Medieval Texts Editorial Committee of the British Academy [http://www. britac.ac.uk/pubs/dialogus].

Guillelmus de Ockham, *Opera philosophica et theologica ad fidem codicum manuscriptorum edita cura Instituti Franciscani Universitatis S. Bonaventurae*, ed. G. Gál et. al.: *Opera theologica*, Bd. 1–10. *Opera philosophica*, Bd. 1–7, St. Bonaventure N.Y. 1967–1988.

Guillelmus de Ockham, *Opera politica*, ed. H.S. Offler et. al., Bd. 1–3, Manchester 1940–1963; Bd. 4, Oxford 1997.

Wilhelm von Ockham, *Texte zur politischen Theorie: Exzerpte aus dem „Dialogus"*, lateinisch-deutsch, ausgewählt, übersetzt und ed. J. Miethke (Reclams Universalbibliothek 9412), Stuttgart 1995.

Wittneben, E.-L., Lupold von Bebenburg und Wilhelm von Ockham im Dialog über die Rechte am Römischen Reich des Spätmittelalters, in: *Deutsches Archiv für Erforschung des Mittelalters* 53 (1997), S. 567–586.

Wittneben, E.-L., *Bonagratia von Bergamo. Franziskanerjurist und Wortführer seines Ordens im Streit mit Papst Johannes XXII.* (Studies in Medieval and Reformation Thought 90), Leiden/Boston 2003.

Wyduckel, D., *Princeps legibus solutus, Eine Untersuchung zur frühmodernen Rechts- und Staatslehre* (Schriften zur Verfassungsgeschichte 30), Berlin 1979.

Giancarlo Andenna (Mailand)

Italien und der Krieg gegen Mehmet II.

Zu einem Lagebericht an Papst Paul II. aus dem Jahre 1464

Gert Melville hatte sich zu Beginn seiner akademischen Laufbahn mit dem Thema der römischen Pontifikate beschäftigt. Aus diesem Grunde möchte ich in diesem kurzen Aufsatz die Transkription eines Berichtes veröffentlichen, der sofort nach der Wahl Paul II. am Ende des Sommers 1464 abgefasst worden ist. Die Quelle erlaubt den Historikern zu verstehen, wie weit zu diesem Zeitpunkt ein möglicher Krieg gegen die Türken fortgeschritten war, welche im Jahr 1453 Konstantinopel erobert hatten. Der Krieg war noch vom Vorgänger Pius II. geplant worden, allerdings aufgrund vielfältiger Komplikation nicht ausgeführt worden.[1]

Hauptursache für den Abbruch des Krieges war der überraschende Tod Pius II. gewesen. Dieser war am 14. August 1464 in Ancona gestorben, als er im Begriff war, mit Venezianischen Schiffen gegen die Türken in See zu stechen. Während des kurzen Pontifikats Pius II. war das Problem der ottomanischen Präsenz auf dem Balkan und die Eindämmung einer türkischen Expansion nach Westen an die erste Stelle der päpstlichen Bemühungen gesetzt worden. Wobei Pius II. sowohl bereit war hierfür Diplomatie, wie auch die Waffengewalt eines möglichen Kreuzzugs zu Einsatz kommen zu lassen, falls ein Dialog nicht zum Ziel führen sollte. Tatsächlich wurden die Möglichkeiten eines Kreuzzuges, der es erlauben würde, das 1453 in die Hände Mehmet II. gefallene Konstantinopel militärisch zurück zu erobern, sofort von Pius II. ausgelotet, indem er im Jahre 1458 am Tag nach seiner Wahl einen Kongress aller christlichen Fürsten in Mantua einberief. Hier zeigte sich allerdings, dass nur die Herzöge des Burgund an einem solchen Unternehmung interessiert waren, währen die übrigen Fürsten dem Vorschlag des Papst mit Skepsis entgegentraten.[2]

In Reaktion hierauf verfasste Pius II. im Jahre 1461 ein aus heutiger Sicht sehr bemerkenswertes, direkt an Mehmet II. gerichtetes Schreiben. Hierin bat der Papst den Sultan – nachdem er hervorgehoben hatte, dass dieser der mächtigste existierende Herrscher sei – zum christlichen Glauben überzutreten, damit er ihm die Herrschaft über den Orient verleihen könne. Denn der *gran Turco* – wie Pius II den Sultan nennt – würde einen neuen Konstantin verkörpern, der in der Lage wäre, nach der langen Unterbrechung des Mittelalters wieder Orient und Okzident miteinander zu verbinden. Mehmet II. hätte auf diese Weise die

1 Melville, De gestis sive statutis.

2 Zum 1459 begonnenen Kongress von Mantua vgl. Setton, The papacy, S. 196–230.

Möglichkeit, seine gewaltsamen Eroberungen in Byzanz und auf dem Balkan in eine legitime Herrschaft umgewandelt, so der Papst. Dieser Brief wurde zwar nie abgeschickt, gelangte aber nach dem Tod des Papstes an die Öffentlichkeit, weshalb unter Umständen auch der Sultan von ihm Kenntnis bekommen hat. Der Ton des Schreibens fügte sich in die Rhetorik der *epistulae excitatoriae* ein und sollte wahrscheinlich weniger Mehmet II. selbst überzeugen – seine feste religiöse Haltung war dem Papst bekannt – als vielmehr die katholischen Fürsten, welche sich dem Kreuzzugsaufruf des Papstes verschlossen hatten. Die westlichen Herrscher sollten durch diese implizite Drohung angespornt werden, den päpstlichen Vorschlag anzunehmen und das Unternehmen gegen die Türken mit Soldaten und Geld zu unterstützen.[3]

In den vorhergegangenen Jahrhunderten hatte es aber auch viele Beispiele für Versuche gegeben, die Sultane und Sarazenen auf friedlichem Wege zu konvertieren. Es genügt, an die komplexen Überlegungen eines Joachim von Fiore zu erinnern, der fest davon überzeugt war, dass die Christen die Sarazenen im Glauben dann überzeugen könnten, wenn sie nur „predigen würden anstatt Kriege zu führen".[4] Oder an Franziskus von Assisi und sein Treffen mit Malik-al-Kāmil im Jahre 1219 während der Belagerung von Damietta, als der Belagerte sich ins das Heerlager der Türken begab, sei es „auf der Suche des Matyriums", sei es um den Sultan zu sprechen und ihm die Friedensbotschaft Christi zu offenbaren und ihn aufzufordern, zum christlichen Glauben überzutreten.[5] Solche Handlungen blieben immer Zeugnisse eines möglichen Kontakts unterschiedlicher Kulturen, auch wenn sie von ungleichen Absichten getragen waren. Die von Franziskus zielte darauf, den Führer der Sarazenen und seine Männer durch Friedenspredigt und das Beispiel der Armut und der Demut zur Konversion zu bewegen. Die Aufforderung Pius II. zur Konversion sollte dagegen nur als Stachel für die christlichen Fürsten dienen, da der Sultan nach seiner Konversion das Oberhaupt der christlichen Mächte geworden wäre.

Die *solenne Arenga* dieses erstaunlichen Briefes Pius II. zielt darauf, rhetorisch das Seelenheil Mehmet II. mit dem Frieden der ganzen Welt zu verbinden – zwei der grundlegenden Themen in den Jahren unmittelbar nach dem Frieden von Lodi. „Wir möchten Dir jetzt schreiben zu Deinem Heil und Deinem Ruhm und auch für den gemeinsamen Frieden und den Trost vielen Völker". Die folgenden, gewollt provokanten Sätze, sollten offenbar die Fürsten dazu bewegen, den päpstlichen Vorschlag in Bezug auf einen Kreuzzug anzunehmen.

> Wenn Du Dein Reich unter den Christen ausbreiten willst und Deinen Namen mit Ruhm schmücken willst, brauchst Du weder Gold noch Waffen, Heere oder Schiffe. Eine kleine Sache kann Dich viel größer, mächtiger und berühmter unter allen Lebenden machen. [...] Es handelt sich um ein bisschen Wasser, dass Dich tauft und Dir erlaubt,

3 Vgl. Eneas Silvio Piccolomini, ed. L. D'Ascia.

4 Kedar, Crociata e missione, S. 145–148.

5 Zu dieser in den westliche Quellen erzählten Episode vgl. Jeusset, Francesco e il sultano; sowie Tolan, Le saint chez le sultan; und die treffenden Bemerkungen von Kedar, Crociata e missione, S. 150–167.

> an den christlichen Riten teilzunehmen und an das Evangelium zu glauben. Dies getan, wird es auf der Erde keinen Fürsten mehr geben, der Dich an Ruhm übertriff und Dir an Macht gleich kommt. Wir würden Dich zum Kaiser der Griechen und des Orients ernennen und das, was Du jetzt unrechtmäßig und gewaltsam besetzt hältst, wird mit Recht Dein sein.[6]

Wir wissen nicht, ob Mehmet II. je den Brief zu Kenntnis genommen hat, auf jeden Fall ist keine Antwort von seiner Seite bezeugt. Die Idee, die Rechte des byzantinischen Kaisers anzutreten, wurde jedoch von ihm später bei der Landung in Otranto benutzt, als er den König von Neapel wissen ließ, dass das Salento und der Hafen von Taranto ihm zustehen würden, da sie zu den alten Gebieten des südlichen *Grecìa* gehören würden, welche im Besitz des Fürsten von Taranto und dem Grafen von Soleto Raimondo Del Balzo Orsini waren.[7]

Trotz dieser Provokation Pius II. folgte kein italienischer Herrscher dem Willen des Papstes, auch wenn sich gegenüber Dritten der Anschein gegeben wurde, ihm gehorsam zu sein. Ein Beispiel ist hierfür ein von der Mailänder Kanzlei verfasster Brief, welcher im Namen des Mailänder Herzogs Francesco Sforza und der Herzogin Bianca Maria am 28. Dezember 1460 an Konstantin Gretzas Paleologo gerichtet worden war, einem Erben des bei der türkischen Eroberung Konstantinopels umgekommenen Konstantin XI. Gretzas Paleologo befand sich in diesem Moment als Kommandant im Kastell von Salmenikon auf dem Peloponnes. Er war versucht, sich hier gegen die Angriffe Mehmet II. zur Wehr zu setzten, der bereits den gesamten Landstrich besetzt hielt, außer der gebirgigen Zone von Mani in der Morea, welche von den Lakedämonier des Paleologos und von Korkodeilos Kladas verteidigt wurden. Im Oktober hatte er einen Brief an Bianca Maria Visconti gerichtet, in dem er die Herzogin über seine Anstrengungen informierte und über den Eifer, den er in der Verteidigung des christlichen Glaubens gezeigt hatte (*in custodiendo et conservando castro et terra illa Salmenicho*). Darüberhinaus hatte er um militärische Unterstützung zu seiner Verteidigung gebeten (*prestando auxiliis ad tuendum res nostras*).[8] In ihrer Antwort unterstrichen Herzog und Herzögin in seiner Sache überaus bereitwillig zu sein (*paratissimos ea facere que nobis spectat*), jedoch würde jede Entscheidung über eine solche militärische Aktion vom Papst abhängen (*dependet a summo romano pontifice, qui in ea dies ac noctis summo studio incumbit*). Offensichtlich hatten die Mailänder Herzöge keinerlei Absicht, mit Waffen und Soldaten auf dem Peloponnes zu intervenieren und versteckten sich deshalb hinter der Figur Pius II, „unter dessen Autorität und Befehl jeder italienische Machthaber seine Kräfte zu stellen habe".[9]

---

6 Die italienische Übersetzung ist übernommen von Silvio Eneas Piccolomini, ed. Toffanin, S. 10.

7 Andenna, Un tragico punto di svolta, besonders S. 276.

8 Vgl. Trapp, Gretzas Paleologos.

9 ASMi, Sforzesco, Miscellanea, 646, Milano, 28. Dezember 1460, *Magnifico et generoso amico nostro carissimo domino Costantino Paleologo.* Durch die Anmerkungen wissen wir, dass der vom Peloponnes stammende Brief von einem Boten Konstantins überbracht worden war namens

In einer kürzlich erschienenden Studie hat Barbara Baldi anhand der Berichte des Mailänder Abgesandten in Rom, Markgraf Ottone del Carretto, die politischen Initiativen Pius II. untersucht. Anhand der großen Menge der Briefe Ottone del Carrettos ist deutlich geworden, dass der Papst sich sehr bemüht zeigte, um die politischen und militärischen Ressourcen, welche der Mailänder Herzog Francesco Sforza der Römischen Kirche bieten konnte, auch wenn er sich dabei keine falschen Hoffnungen über eine Zustimmung Sforzas zu dem Kreuzzugsunternehmen machte.[10] Tatsächlich war der Mailänder Fürst mehr an der Sondersteuer interessiert, die zugunsten des Kreuzzugs von allen nicht exempten Angehörigen des Klerus eingezogen werden sollte. Eine Klausel in Hinsicht auf die Sammlung sah nämlich vor, dass die Kollektoren die Einkünfte zunächst in die Kasse des Herzogs einzahlen sollten, der diese erst nach einer gewissen Zeit an den Apostolischen Stuhl überweisen sollte.[11] Der an diplomatischer Erfahrung sehr reiche Piccolomini war aber auch eine guter Kenner der europäischen Höfe, vor Allem jener Mittel- und Osteuropas, des Habsburgerreiches, Polens, Ungarns und Bulgarien. Aus diesem Grund gelang es ihm, seinen Bemühungen um eine militärische Unternehmung gegen die Expansion des türkischen Islam einen internationalen Anstrich zu geben, durch welchen die beschränkten regionalen Interessen und die kolonialen Auseinandersetzungen der Seemächte hätten überwunden werden können.

Dem Papst hatte zudem eine sehr klare Vorstellung von der Rolle, die er innerhalb der Kirche spielen wollte und er brachte seine antikonziliaristischen Überzeugungen in dem Dekret *Execrabilis* im Januar des Jahres 1460 in Mantua zum Ausdruck. In diesem Dekret verurteilte er jeden Rekurs an das Konzil von Seiten der Kleriker, die von päpstlichen Sanktionen betroffen waren. Die Rechtfertigung dafür basierte auf verfahrenspraktischen und sozialen Argumenten. Wie konnte ein Rekurs von einer Institution angenommen werden, welche weder päsent noch aktiv war und von der nicht bekannt war, wann sie wieder zusammentreten würde? Auf diese Weise, betont der Papst, würden die Armen von den Mächtigen unterdrückt werden, die Vergehen würden unbestraft bleiben, der Aufstand gegen Rom zunehmen, den Menschen würde die Freiheit gewährt, Verbrechen zu begehen und jede hierarchische Stellung innerhalb der westlichen Kirche würde zersetzt werden (*Pauperes a potentioribus multipliciter opprimuntur, remanent impunita scelera, nutritur adversus primam Sedem rebellio, libertas delinquendi conceditur, et omnis Ecclesiastica disciplina, et hierarchicus ordo confunditur*).[12] Die Bestrafung derjenigen Kleriker, die sich päpstlichen Entscheidungen widersetzt hatten, war überaus drastisch, da sie *ipso facto* den Verlust des Amtes und der Pfründe vorsah sowie ein Esekrationsurteil, während den religiösen Einrich-

---

Giovanni Harnes, dem von der Kanzlei 8 Dukaten ausgezahlt worden waren für einen 18-tägigen Aufenthalt in der Stadt.

10 Baldi, Pio II e le trasformazioni.

11 Andenna, Aspetti politici.

12 Bullarium Romanum, ed. Cherubini, III, S. 97f.

tungen Interdikt und Zensur angedroht wurde, wie sie für Häretiker üblich waren.

Dieses Dokument, welches die päpstlichen Gerichtsrechte hatte wieder herstellen sollen, wurde vom Konsistorium am Ende des Kongresses von Mantua angenommen (*de venerabilium Fratrum nostrorum Sanctae Romanae Ecclesiae Cardinalium*). Auf diesem Kongress, der auf Initiative Pius II. von Juni 1459 bis Januar 1460 stattgefunden hatte, war ein möglicher Türkenkreuzzug und die Rückeroberung von Byzanz oder zumindest der Morea diskutiert worden. Aber besonders die Venezianer hatten sich hier gegen einen Kreuzzug gewandt, da sie die Anwesenheit fremden Mächte in ihren Kolonien verhindern wollten. Aus diesem Grund beschränkten sich die Beschlüsse des Kongresses auf eine Bestätigung der unumschränkten Herrschaft des Papstes innerhalb der Kirche, obwohl dieser ursprünglich angestrebt hatte, die Führungsrolle in einem Kreuzzug zu übernehmen, wie auch aus dem Mailänder Brief vom Dezember 1460 deutlich geworden ist.

Unter den italienischen Fürsten herrschte aber in der Diplomatie eine fast schrankenlose Unvoreingenommenheit gegenüber dem türkischen Machthaber, auch wenn in der Rhetorik – welche den Regierenden von den Humanisten gelehrt worden war – scheinbar bei allen Fürsten der Wunsch dominierte, den „türkischen Dämon" zu bekämpfen, um den christlichen Glauben zu retten. Offiziell dämonisiert, wurde Mehmet II. im Geheimen von den Regierenden der Halbinsel umschmeichelt, da diese gegenüber ihren jeweiligen Feinden eine mögliche Allianz mit ihm als Schreckgespenst und Drohmittel benutzen konnten. In Bezug auf unvoreingenommenes Verhalten heben sich zwei italienische Fürsten in besonderer Weise heraus: Sigismondo Pandolfo Malatesta in Rimini und Ferrante d'Aragona in Neapel. Vor allem Malatesta hatte nicht einmal Bedenken, seine Beziehungen zum Sultan öffentlich zu machen. Im Jahre 1461 hielt er einen sehr engen Briefkontakt mit Mehmet II. und sandte ihm seinen besten Künstler Matteo de' Pasti. Die Arbeit des Historiker Giovanni Soranzo zu der Beziehung zwischen Pius II. und den Malatesta lässt die Verbindungen des Kondottiere aus Rimini zum Sultan sehr deutlich werden. Tatsächlich ließ *il Gran Turco* bei Sigismondo Malatesta im Jahre 1461 durch den venezianischen Botschafter in Ägypten, Girolamo Michiel, nachfragen, ob er Matteo de' Pasti bei sich beherbergen dürfe, damit dieser von ihm in Bildnis anfertige.

Offenbar war auch in Konstantinopel die Portraitmalerei der italienischen Künstler und besonders jene von Matteo, welcher Medaillen mit dem Bild von Sigismondo und Isotta degli Atti hatte prägen lassen, sehr geschätzt.[13] Sigismondo stimmte dieser Bitte zu und Matteo begann seine Reise von Rimini aus mit einer von Roberto Valturio auf Latein abgefassten Empfehlung und mit einer Kopie der Abhandlung *De re militari*, die ebenfalls aus der Feder Valturios stammte. Hierin war ein Lobgesang auf den romagnolischen Fürsten enthalten,

---

13 Soranzo, Pio II e la politica italiana, S. 272; sowie in Bezug auf Matteo de' Pasti: Turchini, Il Tempio Malatestiano.

der „in der Verteidigung der Religion und im ruhmvollen Kampf" den Herrschern und Kondottieren der vergangenen Zeiten nicht unterlegen sei und „nachdem er seiner Aufmerksamkeit von den Waffen auf die öffentlichen Angelegenheiten gerichtet hatte, mit der Beute aus den unterworfenen Städten" der Stadt Rimini den Tempio Malatestiano hinterlassen hatte.[14] Zusammen mit dem Manuskript der Abhandlung über die Militärtechniken, dessen Abbildungen von Matteo stammten, trug dieser mit sich auch eine von ihm selbst angefertigte geographische Karte, die dem Sultan einen Überblick über ganz Italien gewähren sollte (*per informare el Turco del paexe d'Italia per monte e per piani e per terra e per aqua*). Die Mission des Künstlers scheiterte jedoch noch bevor er den Hof Mehmet II. erreichte, da er von den Venezianern in Candia gefangen genommen und nach Venedig gebracht worden war, wo er vor Gericht gestellt und schließlich freigesprochen wurde. Die Nachricht von einer Beziehung zwischen Sigismondo und Mehmet II. – bekannt geworden durch einen Informanten am Mailänder Hof – verbreitete in allen Hauptsstädten Italiens durch die Missive der Kanzler und die Botschafter in Rom, während Pius II. im Begriff war, gegen Malatesta gerichtlich vorzugehen und ihn durch den Brief *Discipula veritatis* vom April 1462 zu verurteilen und zu exkommunizieren.[15]

Die Darstellung von Giovanni Soranzo, dass Malatesta aufgrund dieser Kontakte zum Sultan exkommuniziert worden war, wurde im Jahre 1978 von Franco Gaeta als „Legendbildung" in Bezug auf Malatesta und Pius II. kritisiert. In der vom Papst ausgesprochenen Exkommunikation wird nämlich der Fakt, dass der Verurteilte indirekte Kontakte zu Mehmet II. hatte – was im Übrigen in ganz Italien bekannt war – nicht aus dem Grunde nicht angesprochen, weil die Beweise hierfür fehlten, wie Soranzo vermutet hatte – diese waren ja in den Archiven der Serenissima vorhanden gewesen – sondern weil der Papst selbst in diesen Jahren über einen Vereinbarung mit dem Sultan nachdachte, was durch den berühmten Brief bezeugt ist, in dem er ihn aufforderte, zum christlichen Glauben überzutreten, damit er ihm offiziell zum Kaiser des Ostreiches hätte ernennen können.[16]

Ein anderes Dokument in Bezug auf die diplomatische Unvoreingenommenheit zwischen den italienischen Mächten und dem Sultan ist ein Brief, der von Mehmet II. im August 1470 an den König von Neapel, Ferrante d'Aragona, gerichtet worden war. Er nennt den König hierin *amico et tamquam carissimo* und informiert ihn über die Eroberung der Insel von Negroponte, welche zuvor im Besitz der Venezianer gewesen war. „Es ist unsere Gewohnheit, unsere Freunde an unseren Siegen teilhaben zu lassen", schreibt er, „besonders weil wir wissen, dass Eure Majestät unsere Siege genießt. Wir schicken daher unseren Botschafter Cariandino, um Euch Bericht zu erstatten *de preda insule Negropontis*, auch haben wir ihm eine Botschaft für Euch anvertraut, der Ihr vollstes Vertrauen

14 Valturio, De re militari, ed. del Bianco.
15 Soranzo, Pio II e la politica italiana, S. 290–298, 522.
16 Gaeta, La leggenda di Sigismondo.

schenken möchtet".[17] Auf diesen Brief antwortet Ferrante am 4. September 1470, als er bereits die von Pius II. koordinierten Verhandlungen mit Rom und den Vertretern der andere italienischen Staaten aufgenommen hatte, um die türkische Macht zu bekämpfen.[18] Der Tonfall des Schreibens ist herzlich aber bestimmt: Ferdinando erklärt zunächst, dass er nicht nur König von Sizilien sei, wie ihn Mehmet II. genannt hatte, sondern auch König von Jerusalem und von Ungarn, da Pius II. ihm diesen Titel im Jahre 1459 in der Krönungszeremonie von Barletta verliehen hatte. Er versicherte dem Sultan, dass er sein Schreiben erhalten habe, dass er mit dem Botschafter in freundlicher Art und Weise verhandelt hätte und dass dieser ihm die Neuigkeit des Falls von Negroponte mitgeteilt habe, zu welchem er gratulieren würde. Der König zeige sich auch nicht undankbar in Bezug auf die Mitteilungen des Botschafters, da bis zu diesem Zeitpunkt die Untertanen des Königs vom Sultan gut behandelt worden waren, weshalb es nur richtig sei, auch den türkischen Botschafter in dieser Weise zu behandeln, auch würde er sich erlauben, dem Sultan einen neapolitanischen Botschafter zu senden. Darüber hinaus wäre es gut, in übereinstimmender Weise Freundschaft zu bewahren, wenn auch immer mit Rücksicht auf die Würde und den Glauben des Königs.

Die Freundschaft zwischen Ferrante und dem Sultan sollte jedoch nicht von langer Dauer sein, da dieser gegen die Christen kämpfte und zwar besonders gegen die Venezianer, welche Freunde des Königs waren und mit ihm in größter Gunst verbunden. Im Gegenteil entschied auch Ferrante sich – wie es sich für einen christlichen König gehörte – in den Krieg zur Verteidigung des Glaubens und der Verbünden mit einzutreten. Diese neue Richtung war von Ferrante praktisch schon eingeschlagen worden, als er die neapolitanischen Trireme den Venezianern zur Hilfe gesandt hatte. Mehmet II. hätte daher wissen müssen, dass es für ein Übereinkommen bereits zu spät war. Ferrante hatte sich daher gewundert, als der Sultan ihn aufforderte, sich über die Einnahme von Negroponte zu freuen, da diese in Neapel mit großem Unbehagen erlebt worden war.[19]

---

17 ASMi, Sforzesco, Miscellanea, 646, n. 200; *Mohamet dei gratia Turchieque Gretie imperator. Serenissimo et illustrissimo domino Ferdinando regi Sicilie amico et tamquam carissimo salutem. S(c)ire facere victoriam nostram nostris amicis consuetudo nostra est, ideo quia s(c)imus dominacionem vestram gaudere de victoriis nostris. Mitimus nuncium nostrum Cariandinum ad referendum maiestati vestre de preda insule Negropontis, cui aliqua comisimus ut referat dominacioni vestre, cui fidem dare placet.*

18 Zu den Treffen in Rom zwischen den Botschaftern von Florenz, Mailand, Neapel und Venedig vgl. Soranzo, Lorenzo il Magnifico, sowie Parenti, Lettere, S. 227.

19 ASMi, Sforzesco, Miscellanea, 646, n. 200, Neapel 4. September 1470; *Serenissimo et illustrissimo domino Mahamet imperatori Turchie etcetera Ferdinandus Dei gratia rex Sicilie, Jerusalem, Ungarie salutem. Accepimus litteras Serenitatis vestre quas ad nos misit cum eius legato ac muneribus per eas que nunciavit nobis expugnazionem Negropontis et de ea nobis congratulatur; quod ad legatum et munera atinet non ea nobis ingrata fuerunt. Et cuius quem superioribus anis significatum nobis esset subditos nostros a Serenitate vestra bene tractari nosque per oratorem suum visitaset non indecorum visum fuit ad eamdem pariter legatum nostrum mitere et id amicitie ius cum eadem servare, quod salva nostra dignitate et fide fieri poset. Verum quod vestra Serenitas gerat contra Christianos maxime contra Venetos amicos nostros summaque benivolenzia nobis coniunctos non posumus non solum cum eadem vestra Serenitate amicitiam servare, sed de-*

Dem Venezianer Paul II.[20] war es schließlich gelungen, die offizielle Außenpolitik Ferrantes zu ändern. Dieser war ohnehin von dem Fakt beunruhigt gewesen, dass nach der Eroberung der Morea im Jahre 1460, Bosniens im Jahre 1463 und Eubeas im Jahre 1470 Mehmet II. zum Herrscher über den Balkan und die Ägäis geworden war. Daher versuchte er eine Wiederannährung nicht nur gegenüber Venedig, sondern auch gegenüber dem neugewählten Papst, wenn auch ohne die gewünschten Konsequenzen.[21] Nur Ungarn, welches von Matthias Corvinus regiert wurde, gelang es, nach der großen Schlacht von Belgrad zu widerstehen. Die Christen durchbrachen hier die Belagerung der Türken und schlugen deren Heer in die Flucht, wobei sie Mehmet II. selbst schwer verletzten. Auf dem Meer begann eine Allianz zwischen Venedig und Neapel, welche bis zum Ausbruch des Zypernkonfliktes im Jahre 1473 anhalten sollte.[22] Von diesem Moment an begann Venedig einen langen und schwierigen Seekrieg ohne jede Unterstützung katholischer Kräfte, bis es im Jahre 1479 einen Frieden mit dem *gran Turco* vereinbarte, welcher natürlich von allen europäischen Feinden der Serenissima scharf kritisiert wurde.[23]

Hiermit sind wir über die Periode hinaus gegangen, von der das hier untersuchte Dokument handelt und es ist nun notwendig zu sagen, welches der Inhalt und Aufbewahrungsort des Schriftstückes ist. In den Aktenmappen welche im „Fondo Sforzesco“ des „Archivio di Stato di Milano“ dem türkischen Reich gewidmet sind, befinden sich zahlreiche Kopien von Dokumenten anderer italienischer Staaten. Diese Kopien wurden von den Mailändern Botschaftern an die herzogliche Kanzlei gesandt, wo sie ausgewertet und mit Anmerkungen versehen wurden. In der Mappe 646, die eine Miscellanea von Dokumente des östlichen Mittelmeers enthält, ist die Kopie eines undatierten Berichtes enthalten, welcher wahrscheinlich von dem Lombardischen Botschafter in Rom an Francesco Sforza geschickt worden ist. Der Titel diese Berichtes lautet wie folgt: *Alcuni ordini presi circa la expeditione del Turcho et deli aiuti da essere dati del presente anno; circa la qual cosa se ha ad consultare et requirere le potentie de Italia per parte de la Sanctità de Nostro Signore.*

Es handelt sich hierbei um einen Bericht in Bezug auf die Situation der italienischen Mächte, beginnend mit dem Kirchenstaat selbst. Detailliert wird hierin eingegangen auf die finanziellen Fragen und auf die Möglichkeiten der jeweiligen Staaten mit Geld und Soldaten zu einem möglichen Kreuzzug beizutragen.

---

crevimus, ut regem christianum decet, totis viribus eam ofendere ut equum est pro servanda fide, pro servandis amicis, servandaque christiana sanctissima religione. Cui rei initium dedimus quoniam misimus triremes nostras auxiliatrices Venetis. Neque sibi vestra Serenitas persuadere debet de futuris christiane religioni, cuius sumus observantissimi, aut Venetorum amicitie, quos unice diligimus. Mirari itaque cogimur quod vestra Serenitas nobis congratuletur de expugnatione Negropontis que nobis molestissima fuit. Datum in Castelo nostro Novo die 4 setembris 1470.

20 Weiss, Un umanista veneziano; Corbo, Paolo II Barbo.

21 Zu der komplizierten Beziehung zwischen Neapel und Paul II. vgl. Bentley, Politica e cultura, S. 44f.

22 Pontieri, Per la storia del regno, S. 254–256.

23 Preto, Venezia e i Turchi, S. 33–37.

Verfasst wurde der Bericht in den ersten Wochen der Amtszeit des Venezianers Pietro Barbo als Papst Paul II., gewählt am 30. August 1464 in der ersten Abstimmung. Vor der Versammlung waren sich die Kardinäle über einen bestimmten Punkt einig geworden: *inchoatam expeditionem in Turcos, quantum Romanae Ecclesiae paterentur opes, continuare proventumque aluminis ad eam rem integrum adhibere.*[24] Wie ebenfalls aus dem Bericht hervorgeht, hatte sich Barbo unmittelbar nach seiner Wahl mit dem Problem des Rohstoffes Alaun befasst und sich damit beschäftigt, welche möglichen Verbündete es in der Levante gab, um den gemeinsamen türkischen Feind zu bekämpfen. Die Quelle führt das Thema zunächst in ganz allgemeiner Weise ein: „Er behauptete, dass der Karamann und Uson Cassan und andere Ungläubige gegen den Türken zu den Waffen greifen würden, um ihn in Asien anzugreifen". Am Ende des Berichtes wird die politische Haltung des Autors immer deutlicher. Die Perser und die Karamannen können sehr nützliche Alliierte sein, um Mehmet II. entgegen zu treten, denn auf dieses Weise wäre er gezwungen, gleichzeitig gegen westliche und östliche Mächte zu kämpfen (*Se deve dare grande aiuto a Uson Cassan et al Caramanno perché a molti pare che per la via de Asia se deve confondere el Turco, cioè che molestandolo lì, serà constrecto lassare la Europa*).

Wer aber waren diese beiden potentiellen östlichen Verbündeten der christlichen Mächte? Huzun Hasan war ein turkmenischer Fürst, der ein Gebiet regierte, welches Armenien, Mesopotamien und Persien umschloss und so an das Reich Mehmets II. angrenzte. Er war daher sozusagen ein natürlicher Gegner des türkischen Sultans, gegen den er viele Male allein oder als Verbündeter der Venezianischen Republik kämpfte, bis er endgültig in der Schlacht von Baschkent im August 1473 geschlagen wurde.[25] Seine Beziehungen mit Venedig, welche von dem Botschafter Ambrogio Contarini vermittelt wurden, verstärken sich ab diesem Zeitpunkt und dauern bis ins Jahr 1476. Eine in San Marco aufbewahrte Schüssel aus türkisem Glas aus dem Irak, welche 1465 dem Dogen und der Republik vom einem Botschafter Huzun Hasans anlässlich von antitürkischen Bündnisverhandlungen geschenkt worden war, bezeugt die Beziehungen.[26] Huzun forderte von Venedig hier die Gewährung von Kriegsgaleeren, um seine Kräfte mit denen einer anderer östlichen Macht zu vereinigen. Bei dieser handelte es sich um die Karamania, ein Gebiet welches die Länder der alten Cilicia umfasste, unter denen sich auch die Stadt Tarso befand, welche bis 1464 Ibrahim Beg regiert wurde, den unsere Quelle mit dem Beinamen *Caramanno* oder *gran Caramano* bezeichnet. Dieser hatte im Jahre 1451 politische Beziehungen mit der Serenissima aufgenommen, als der Sultan die Cilicia angegriffenen

24 Setton, The papacy, S. 271.

25 Ebd., S. 316; zu Darstellung der Schlacht: Halevy, Les guerres d'Étienne le Grand; und zur Übersetzung: Kreutel, Ashik Pasha Zade; zu den externen Reaktionen auf die Niederlage: Inalcik, Mehemed the Conqueror.

26 Eine Abbildung der Schale ist enthalten in Pedani, Venezia. Zu der Beziehung zwischen Ambrogio Contarini und Caterino Zeno vgl. Setton, The papacy, S. 311f.; sowie zu Huzun: Babinger, Mehmed the Conqueror, S. 314f.

hatte. Und unmittelbar nach der Eroberung Konstantinopels durch Mehmet II. hatte er mit Venedig ein Verteidigungsbündnis abgeschlossen. Schließlich war er im Oktober 1459 auch von Pius II. mit Sympathie behandelt worden, da er sich hartnäckig gegen die Expansion Mehmet II. in dem Gebiet von Cilicia wehrte. Dennoch hatten dieser islamische Verbündete der Christen keine große Bedeutung in der Politik der folgenden Jahre, da er während eines Aufenthaltes in der Festung Kevele im August 1464 verstarb,[27] was dem Autor zum Zeitpunkt der Anfertigung dieses Berichtes allerdings nicht bekannt gewesen war.

Für den Fall, dass eine Offensive mit den islamischen Verbündeten gegen Mehmet II. keinen dauerhaften Erfolg haben sollte, betont der Autor des Berichtes die Notwenigkeit, durch finanzielle Unterstützung die militärische Stärke des Königs von Ungarn Matthias Corvinus zu erhöhen. Dieser sollte sein Heer mit weiteren 20.000 Söldnern aus den deutschen Ländern, aus Böhmen und Polen aufstocken. Unsere Quelle gibt sogar an, welches die Kosten hierfür sind, nämlich 80.000 Dukaten im Monat oder 480.000 Dukaten für ein halbes Jahr. Tatsächlich wird in dem Dokument die Aussage getroffen, dass Ungarn der beste Ort wäre, um der türkischen Gefahr zu begegnen und sie aufzuhalten. Aus diesem Grund ist hinzugefügt, dass es notwendig wäre, hier die Kräfte des Christentums zu konzentrieren (*Due cose pareno necessarie: che prima se habiano denari sufficienti a far tanto exercito che basta in Ungaria; per modo che de lì se possa assaltare el Turco, et sia constrecto ad combactere insieme, et qui sia el perforzo cristiano*). Darüber hinaus sollte Matthias Corvinus dazu aufgefordert werden, seine Bündnisse mit den Völkern der Walachei zu verstärken, da diese ewige Feinde der türkischen Expansion seien. Die Römische Kurie dagegen betonte gegenüber dem König der Ungarn, dass dieser jede Unvernunft zu vermeiden habe und keine Handlungen unternehme solle, die über seine Kräfte gingen, da er im Falle einer Niederlage dem christlichen Glauben ein großen Schaden zufügen würde (*porria fare ad la fede Christiana gran danno*).[28]

Aber war es wirklich möglich, durch eine vom Papst auferlegte Kollekte die Mittel zu sammeln, die für einen solchen Kreuzzug notwendig waren? Die in dem Bericht enthaltene Hochrechung belief sich auf Kosten von 480.000 Dukaten, aber eine Überprüfung seitens eines Kurienbeamten, korrigierte die Gesamtkosten nach unten, als Steueraufkommen wurde hier die Summe von 383.000 Dukaten angegeben. Das war zwar nicht wenig, aber ohne Zweifel nicht ausreichend, da nicht alle Fürsten den ausgehandelten Anteil gezahlt hatten.

Als letzte Anmerkung in Bezug auf den Inhalt des Dokuments soll erwähnt werden, dass im ersten Teil die Notwendigkeit festgehalten wird, die Einkünfte aus den Alaunsteinminen, welche in den Jahren 1461/ 1462 in den Bergen von Tolfa zwischen Civitavecchia und Santa Severa im Kirchenstaat entdeckt wor-

27 Setton, The papacy, S. 254.

28 Eine aktuelle Bibliographie ist enthalten in: Matthias Corvinus the King; sowie in Tanner, The Raven King.

den waren, dem Kreuzzugsunternehmen zu widmen.[29] Diese sehr willkommene Entdeckung erlaubte der Christenheit in Bezug auf diesen Rohstoff nicht mehr von der Levante abhängig zu sein. Alaun hatte nämlich eine große Bedeutung in vielen Bereiche des Handwerks: Abgesehen von seinem Einsatz als Blutstiller, hatte es die Funktion Farben in Wolltextilien zu fixieren und war so eng verbunden an die Entwicklung des Textilgewerbes. Darüber hinaus war Alaun unverzichtbar für die Miniaturmalerei auf den Pergamenten und somit Grundlage der Buchproduktion. Schließlich war Alaun als Gerbstoff unersetzbar für Kürschnerei und Lederproduktion. Wie in dem Bericht zu lesen ist, hatte Paul II. wenig zuvor in Europa einen päpstlichen Brief in Umlauf gebracht, in dem er allen christlichen Fürsten auferlegte, Alaun ausschließlich im Kirchenstaat zu erwerben, damit die Abhängigkeit von den Genuesischen Importen aus dem Orient beendet werden würde.[30]

ASMi, Fondo Sforzesco, cartella 646,
quinternetto numeriert mit Bleistift von 61 bis 67.

Oben ein falsches Datum mit Bleistift aus dem 19. Jahrhundert: 1476. Jeder Punkt des Berichtes wurde am Rand mit einer anderen Handschrift zusammengefasst, die nicht vom Abfasser des Berichtes stammt. Die Zusammenfassung wird in einer kleineren Schrift, in kursiv zu Beginn des entsprechenden Absatzes wiedergegeben.

(Rom, gleich nach der Wahl Paul II., am 30. August 1464)

Alcuni ordini presi circa la expeditione del Turcho et deli aiuti da essere dati del presente anno; circa la qual cosa se ha ad consultare et requirere le potentie de Italia per parte de la Sanctità de Nostro Signore.

Che lo alume non se possa comprare dali infedeli et che non se dia aiuto ad cavare dicto alume de infedeli

Dappoy che per la voluntà de dio e seguito che el Texoro dela lume de rocha/ in questi tempi e stato retrovato in Italia neli loghi vicini ad Roma/ Il che fin qui e stata cosa incognita: per il che e cosa credibile questo essere/ dato per dono di Dio in conservatione dela Christiana religione contra/ el Turco: adcioche linimico donde ello haveva la soa potentia per/ el pretio deli alumi: per quello havesse doppio danno. Cioè che non/ havendo alcuno fructo del suo, sentesse el Christiano essere piu pos/sente per la inventione del novo alume. Per ogni modo se deve dare/ opera che da esso ne segui el fructo che se desidera. Il che considerando/ sanctamente, Paulo pontefice maximo: che de presente reze la sede de/ sancto Pedro et prudentemente la governa: ha deputato esso alume/ et ogni emolumento et utilita se ne cavi ad luso di christiani contra/ el Turco. Et perche questo seria poco sel non se provedesse che/ questo dono divino non fosse despigato et pervertito per avaricia esso/ papa ha ordinato ad tuti Christiani, sotto pena de excomunicatione et de/ ogni altra pena più grave et confiscatione de beni, inhibere ad caduno/ fidel christiano ad comprare, ne far mercantia deli alumi del Turco,/ ne darli opera, consiglio ne aiuto ad cavarlo, ne farlo, como in

29 Fiumi, L'impresa; Delumeau, L'alun de Rome.

30 Zippel, L'allume di Tolfa; zum Handel mit Alaun vor der Entdeckung von Tolfa vgl. Heers, Les Génois et le commerce.

le littere/ apostoliche pienamente se contene. Et adciochel pretio del alume di chr/istiani non se invilisca, essendo deputato ad cossi salutifera opera,/ fara provedere de esso alume ad caduno Christiano, cossi citramontano/ como oltramontano, secundo che ad loro bastara: volendone comprare/ cioe del alume qual nasce o veramente se cava nel patrimonio de/ sancto Pedro. La qualcosa ad cioche ad zascaduno sia manifesta/ deve essere publicata per li oratori deli principi et signori et per altri/ mezi quali stano in corte romana.

Et perche dicto papa seque li vestigii dela felice memoria de papa Pio, el quale/ novamente questo aligusto andando contra el Turco, mori et fo translato/ in celo, quanto piu po abraza cum ogni sua possanza la salute et amplitudine/ dela Re publica christiana et non po per li debiti de esso Pio predecessore/ et per le spexe necessarie facte in questa sua nova electione dare altro aiuto/ de denari per questo anno se non lintrata de dicti alumi, ha deliberato de/ intendere et domandare el consiglio de ogni Re et principe christiano/ como ad cosa communia dela Re publica de tutti li christiani et similiter implo/rare lo suo aiuto: [mandara ad caduno signore secundo la soa dignita littere et legati.][a] Ma perche iusta el tempo de apparecchiarse alla defen/sione dela fede conciosiacosa che lo inimico continuamente ne infesta/ per la celerità de la cosa et per la iminente necessita, ha deliberato/

[b] *Lui ha deliberato havere el consiglio et aiuto deli potentati Italie*

primamente requirire li piu propinqui, cioe li principati de Italia,/ como quelli ad chi piu la cosa pertene: et voltarasse ad questi como quelli/ li quali havevano promesso ad papa Pio sel fosse vivuto de prestarli/ aiuto, o de gente darme o de nave armate o de victualia: si per/ mare como per terra: et imponera stipendio ad ciascaduno per la parte/ soa, secundo la loro faculta: per dare soldo alli Ungari et altri vicini/ li quali, piu commodamente pono combattere contra li Turchi, como/ quelli li quali sonno piu pratichi delli loro costumi.

Aptitudine di lochi ad combattere contra el Turco quali sonno tre

Tre sonno li loghi quali principalmente pareno apti ad intraprendere la guerra contra el Turco. El primo sie el Reame de Ungaria; nel che/ se deve considerare che dicendo li Ungari che lintrata de quello Reame/ non e sufficiente ad dare soldo ad tanta gentedarme, che bastano ad/ vincere el Turco, e necessario provedergli et supplirgli de tanto/ quanto che basti ad conseguire el fine, per el quale questa guerra se interprende.

Mancando gente in Ungaria se tora de la Magna, Polonia et Boemia

Ancora e possibile che in Ungaria non se trova la gente che basti et sera/ necessario condure gentedarme da La Magna de Polonia et Boemia

Ultra la soa potentia el Re de Ungaria habea XX^{m} soldati

Ancora e da credere chel serenissimo re de Ungaria non tenera campo aperto contra/ el Turco sel non ha XX^{m} homini conducti ad soldo, oltre la sua con/sueta potentia. Cum minore numero forse chel podria defendere le soe/confine et alcuna fiada offendere linimico, ma non se mettaria/ mai in bataglia cum el Turco.

Li Ungari hominidarme soleno tre ducati el mese. Li fanti doi nel reame: de fora capitasse piu vorano

Se deve considerare[c] per condure legentedarme quanti denari bixognano./ Li Ungari hominidarme se soleno condure per tre ducati el mese,/ li fanti per duy: cioe dentro del reame overo dentro dele confine proxime/ ma se deve pensare che dovendo intrare in la Grecia overo in la/ Bolgaria vorano piu soldo.

Alamani, Pollani, Boemi sonno usati havere maiore soldo et voleno essere ase/curati de danni et alcuna fiata quelli che li hanno cum si a soldo, quantunche/ venzano sonno vincti et essendo vinti in tucto sonno desfacti perche/

[d] *Che li Allamani, Pollani et Boemi de maiore soldo*

domandano tanto per le danni, che nelle cose aguadagnate per la victoria nelli/ beni de quelli che venzano sonno sufficienti alla satisfactione etcetera.

E necessario havere ogni mese ducati 80^{m} e al manco soldo per sei mesi in summa ducati 480^{m}.

---

a Marginalnotiz.

b f. 62.

c Es folgt *che* kassiert.

d f. 63.

Per le cose sopradicte zascaduno po intendere quanti denari siano necessari/ ad offendere[e] et resistere a[f] lo inimico: per zascaduno mese per XX$^{m/}$ cavalli, gli bixognano[g] 80^{m} ducati, 30^{m} per li Allamani et per li altri/ per li Ungari al manco LX^{m} et per X^{m} da pede XX^{m} ducati. Per modo/ che seria bixogno ogni mese de ducati LXXX^{m}. Et saria necessario havere el soldo al manco per VI mesi. Per modo che li seria bixogno de ducati 50000 o al manco 40000.

In Albania glie loco per la via de Scanderbech.

Glie unaltro loco apto ad questa guerra in Albania: ma non se intende/ quanto sia possente Scanderbech, ne se gli po condure tanta gente/ che basti per el bixogno: ma se dice che luy voluntera vede li homini darme/ et fanti apede Italiani.

In la Morea se dice glie preveduto ad sufficientia

El Caramanno et Osumcasan et altri Infideli fanno guerra al Turco.

Affirmase che il Caramanno et Osumcasan et altri Infideli pigliano le/ arme contra el Turco per assaltarlo in Asia; quali se contentano/ de certe galee, le quale la Illustrissima Signoria de Vinetia gli manda[h] per aiuto.

Chel se habia denari sufficienti per Lungaro contra el Turco.

Due cose[i] pareno necessarie: che prima se habiano denari sufficienti/ a far tanto exercito che basta[l] in Ungaria; per modo che deli se possa assaltare[m]/ el Turco, et sia constrecto ad combactere insieme, et qui sia el perforzo/ christiano.

De la Magna per nave facilmente se po condure gentedarme fin in Belgrado.

Ad questo sonno molte comodita, perche de Allamagna alta et bassa segli/ po condure gentedarme per nave sino ad Handoralba et a Belgrado[n] et delli presto/ intrano in le terre delo Inimico.

Dalla Magna se va al mare grande et poy ad Constantinopoli facilmente

Se po ancora da Belgrado andare per nave fin in mare mazore et poy fin ad Constantinopoli.

Idem de Boemis[o]

De Boemia ancora facilmente se passa per terra et per aqua. Li Pollani facilmente/ ancora loro gli vano; perche hanno la commodita de condure le cose soe/ in carri.

El Re de Ungaria po sollicitare li Vallachi

Po ancora el Re de Ungaria sollicitare li Vallachi li quali voluntere se levano/ contra el Turco quando vedano el Re de Ungaria havere uno bono exercito.

Avisare el Re de Ungaria

In tutte queste cose prima se deve avisare el Re de Ungaria et intendere da luy quello chel vole fare, quando et in qual modo.

La recuperatione deli denari la Sanctita de Nostro Signore ha pensato doverse fare cossi

Sanctissimus dominus noster promette 100^{m} ducati

Primo. Sua beatitudine promette et offerisse a Dio et alla Re publica Christiana/ el sopradicto alume : ma perche quello per questo anno valera poco, expres/samente offerisse 100^{m} ducati[p]. Et e per supplire ad questo numero/ se ben el dovesse diminuire le spexe del suo vivere ogni di. Et questo/ se li altri potentati almanco de Italia concorrano ad ogni soa possanza/ ad questa materia; ne per alcuno tempo ha oppinione de impazarse de alcuno/ emolumento de dicta lume. Ne vole che pervengla in uso de alcuno di/soi fin ad tanto che questa felice guerra non habbia fine.

El re Ferrando ducati 80^{m}

---

e *combattere* radiert, *offendere* über der Zeile.

f Vorstehend *et n* kassiert.

g Es folgen zwei Wörter, die auch über der Zeile radiert sind.

h Es folgt *no* kassiert.

i Es folgen drei kassierte Buchstaben.

l Es folgt *no* kassiert.

m *as* über der Zeile.

n *a Belgrado* über der Zeile.

o f. 64.

p *de* kassiert.

El Re Ferrando promesse de aiutare papa Pio de gente et victualia./ Pare debia sborsare ducati 80m.

Venetiani oltra la armata 100m de ducati.

Li Venetiani, li quali oltra la comune salute di Christiani defendano la soa/ haverano larmata in puncto a soe spexe. La quale devetara linimico pervenire alle rivere de Christiani. Et perche in la prima vera passata ultra/ larmata, quale havevano spexe fiate, havevano proferte al sopradicto papa/ Pio de dare alli Ungari ducati 60m, se dicti Ungari serano aiutati/ de laltro canto dicti Venetiani deno essere requiriti ad conferire 100m/ ducati[q] adcio che questo anno le cose passeno piu ordinatamente.

El duca de Milano ducati 70m.

El duca de Milano quale haveva promettuto ad papa Pio predicto gran numero/ de gente a pede et cavallo, essendo più utile el denaro che la gente[r]/, pare possa conferire ducati 70m.

Fiorentini[s] ducati 50m.

Le richeze fiorite de Fiorentini porano dare ad questa sancta expeditione ducati 50m.

Duca de Modena ducati 30m.

El duca de Modena havea promesso al papa Pio doe galee in puncto/ alle soe spexe. Potra conferire ducati 30m.

Senesi ducati 15m.

Senesi promesseno doe galee. Porano aiutare questa expeditione de/ ducati 15m.

Marchexe de Mantua ducati Xm.

Marchexe de Mantua promesse una nave et una galea. Lassate quelle potra dare ducati Xm.

Luchesi 8m ducati.

Luchesi havendo una galea armata, revocata quella darano ducati 8m.

Bolognesi ducati 15m.

Bolognesi armate doe gallee per questa expeditione in la estate passata/ darano ducati 15m.

Lo Marchese de Monfera ducati 5m.

Lo Marchese de Monferra, como principe catolico, per questa expeditione dara ducati 5m.

Prega el papa che li denari se racogliano.[t] Ducati 383m.

Et perche iusta el tempo de mettere li denari inseme el dicto pontifice Paulo/ prega le prefate potentie, per le interiore del nostro signor Jesu Christo per la passione/ et croce sua et selli desiderano la christiana religione essere salva, vogliano/ essere contenti de questa terminatione et che rescrivano alli soy oratori che/ sonno in corte de Roma, et chi non gli ha oratori gli manda li soi cum/ faculta circa dicta quantita de denari; et poy daghino opera che dicti denari/ siano apparechiati in tempo infra questo mezo se deliberara in qual modo/ se debiano distribuire cum consentimento de ognuno: et per li messi quali/ exborserano dicti denari.

La intentione de la Sanctita de nostro signore si e, piacendo alli presenti potentati, che tutto/ quello quale se aguadagnara sia diviso per equal parte secundo la summa del/ denaro che zascaduno havera exborsato, excepto il Romano pontifice, el quale/ per soa utilita non vole cosa alcuna et pensa che aluy basta se la rabia di/ Turchi e repremuta et sia salvata la cristiana religione dala oppressione,/ excepto alchuni loghi de la Grecia de principi de quelle parte quali sonno stati/ expulsi dal Turco. Loro potrano giovare ad christiani essendoli presenti/

Cio[u] che se acquistara sia diviso elqualmente, excepto el pontifice.

Ad questi per honesta segli dovera dare qualche cosa, ma non sa sel se debia/ parlare de presente de tal divisione inanti la victoria o vero aspectare prima/ la victoria per la mano et misericordia de Dio et poy parlarne, adcio/ non siamo existimati prosumptuosi quasi confidandose in le nostre possanze/ il che sole offendere Dio. Et questo sia considerato dalli predicti potentati.

---

q Vor *ducati* ist *de* kassiert.

r Nach *gente* ist *ne* kassiert.

s f. 65.

t *480m* kassiert.

u f. 66.

Se adunche questo exercito fosse così forte in Ungaria et la gente de la Sanctita/ molestasseno el Turco per la via de Albania, cum la potentia quale hanno/ li similmente in la Morea per mare et per terra et Usun Casan et el/ Carimano da laltro canto se revoltasseno al Turco, credo che in breve/ tempo questa cosa haveria cum la gratia de Dio fine.

Che el serenissimo re Fernando et lo Illustrissimo duca de Milano vogliano mandare gente o dare denari.

Ma se tanta quantita de denari non se podesse havere o vero colloro li quali/ deno dare aiuto volesseno piu presto mandare gente che dare denari/ presertim el Serenissimo re Ferdinando et lo illustrissimo duca de Milano/ questa cosa se deve remettere al loro arbitrio.

Se deve fortificare el Re de Ungaria et addurlo etcetera.

Se deve fortificare el Re de Ungaria quanto se po et che lui faza in quelle/ confine, come e consueto de fare, admonendolo pero che non facia piu/ oltra como rechiede la possanza soa, perche la soa audatia porria/ fare ad la fede Christiana gran danno, el che Dio non voglia, et/ questa admonitione e necessaria et comandamento del la Sanctita de nostro Signore.

Se reconzonza le gente Christiane cum Schanderbech.

Et quando alcuno volesse piu presto mandare gente che dare danari non ha da/ essere admonito. El serenissimo re Ferrando congionzesse la soa gente cum Scanderbech,/ quale voluntera vede soldati italiani et cum la gente de la Sanctita se faria gran/ danno a inimico.

Videatur secundo lintentione delduca de Milano

Et perche Usun Casan et el Caramanno non se facino beffe dele victorie di/ Christiani, se lo Illustrissimo signor duca de Milano vole dare aiuto de gente et non de/ denari, pora mandare la soa gente cum quelle de la maesta del re per la via de/ Ungaria, o vero mandarle per mare in Asia a dare aiuto al Caramanno/ perche lui ha la commodita de le nave zenoese.

Se deve consigliare col serenissimo re Ferrando et col duca de Milano

In tutte queste cose se deve avisare et considerare el serenissimo Re Ferrando/ et lo Illustrissimo duca de Milano, como quello el quale e principe et capo de la/ disciplina militare.

Ad[v] questi aiuti li intervenera la misericordia de Dio dal quale ogni cosa se deve/ sperare perche vediamo ogni crudelita, ogni libidine, ogni malicia in el / Turco essere consumata. Questo solo signo dede Dio al suo popolo dilecto de/ sperare victoria, quando dixe: „Consummata e la malitia de li Amorei".

La conclusione e che se deve rechiedere quelli li quali voleno dare aiuto/ de denari per condure la gente darme in Ungaria, ut supra dictum est.

Et se quella via non piacesse se deve mandare la gente per Albania et advisare/ el Re de Ungaria et aiutarlo et se queste gente se podessero condure ad/ certo locho ove se podessero conzonzere cum el dicto Re, per ventura quello exercito/ serra tale che cum la gratia de Dio se potera aspectare et andare a trovare lo/ Inimico.

In Albania facilmente pono passare li hominidarme italiani. Et la Morea non si deve abandonare.

Se deve dare grande aiuto a Uson Cassan et al Caramanno perche a molti/ pare che per la via de Asia se deve confondere el Turco, cioe che molestandolo/ li sera constrecto lassare la Europa.

La principale cura che se deve havere deve essere de guastare quello/ castello, quale e in in capo del fageto, perche destructo quello serà constrecto:/ el Turco tenere la piu parte del suo exercito ad la guardia de Constanti/nopoli, et serano molto diminuite diminuite le soe possanze contra Ungari et Albanesi.

Bibliographie

Andenna, G., Aspetti politici della presenza degli Osservanti in Lombardia in età sforzesca, in: G. Chittolini/K. Elm (Hg.), *Ordini religiosi e società politica in Italia e Germania nei secoli XIV–XV* (Annali dell'Istituto storico-germanico in Trento. Quaderni 56), Bologna 2001, S. 331–372.

v f. 67.

Andenna, G., Un tragico punto di svolta: l'occupazione turca di Otranto 1480–1481, in: H. Houben (Hg.), *Otranto nel Medioevo tra Bisanzio e l'Occidente*, Galatina 2007, S. 243–279.
Babinger, F., *Mehmed the Conqueror and his Time*, Princeton 1954.
Baldi, B., *Pio II e le trasformazioni dell'Europa cristiana (1457–1464)*, Milano 2006.
Bentley, J.H., *Politica e cultura nella Napoli rinascimentale*, Napoli 1995.
Bullarium Romanum, ed. A. Cherubini, Romae 1740.
Corbo, A., *Paolo II Barbo: dalla mercatura al papato (1464–1471)*, Roma 2004.
Delumeau, J., *L'alun de Rome (XV–XIX siècle)*, Paris 1962.
Eneas Silvio Piccolomini (Papst Pius II), *Epistola ad Mahumetem*, ed. G. Toffanin, Napoli 1953.
Eneas Silvio Piccolomini (Papst Pius II), *Il Corano e la tiara. L'epistola a Maometto*, ed. L. D'Ascia, Bologna 2001.
Fiumi, E., *L'impresa di Lorenzo de' Medici contro Volterra (1472)*, Firenze 1948.
Gaeta, F., La ‚leggenda' di Sigismondo Malatesta, in: *Studi Malatestiani* 110–111 (1978), S. 159–196.
Halevy, M.A., Les guerres d'Étienne le Grand et de Uzun Hassan contre Mahomet II, d'après ‚La Chronique de la Turquie' du candiote Élie Capsali (1523), in: *Studia et acta orientalia* 1 (1958), S. 189–198.
Heers, M.L., Les Génois et le commerce de l'alun à la fin du moyen âge, in: *Revue d'histoire économique et sociale* 32 (1954), S. 31–53.
Inalcik, H., Mehemed the Conqueror (1432–1481) and his Time, in: *Speculum* 35 (1960), S. 423–425.
Jeusset, G., *Francesco e il sultano*, Milano 2008.
Kedar, B.Z., *Crociata e missione. L'Europa incontro a l'Islam*, Roma 1991 (orig.: Crusade and Mission. European Approaches toward the Muslims, Princeton 1984).
Kreutel, M.F., Ashik Pasha Zade: Türkische Chronik, in: Ders. (Hg.), *Vom Hirtenzelt zur Hohen Pforte,* Graz 1959, S. 250–256.
Matthias Corvinus the King: tradition and renewal in the Hungarian royal court, 1458–1490: exhibition catalogue, Budapest 2008.
Melville, G., „...De gestis sive statutis Romanorum Pontificum...". Rechtssätze in Papstgeschichtswerken, in: *Archivum Historiae Pontificiae* 9 (1971), S. 377–400.
Parenti, M., *Lettere*, ed. M. Marrese (Istituto Nazionale di Studi sul Rinascimento Firenze: Studi e testi 38), Firenze 1996.
Pedani, M.P., Venezia tra Mori, Turchi e Persiani, in: Ders. (Hg.), *Venezia e le culture mediorientali: Bisanzio, Ebrei, Islam*, Vicenza 2005, S. 6–10.
Pontieri, E., *Per la storia del regno di Ferrante I d'Aragona re di Napoli*, Napoli 1946.
Preto, P., *Venezia e i Turchi*, Firenze 1975.
Setton, K.M., *The papacy and the Levant (1204–1571*), II, Philadelphia 1976.
Soranzo, G., Lorenzo il Magnifico alla morte del padre e il suo primo balzo verso la Signoria, in: *Archivio Storico Italiano* 111 (1953), S. 42–77.
Soranzo, G., *Pio II e la politica italiana nella lotta contro i Malatesti (1457–1463)*, Padova 1911.
Tanner, M., *The Raven King. Matthias Corvinus and the fate of his lost library*, New Haven 2008.
Tolan, J., *Le saint chez le sultan. La rencontre de François d'Assisi et de l'Islam; huit siècles d'interprètation*, Paris 2007.
Trapp, E., ‚Gretzas Paleologos', in: H.V. Beyer/S. Kaplaneres/I. Leontiadis (Hg.): *Prosopographisches Lexikon der Palaiologenzeit, IX,* Wien 1989.
Turchini, A., *Il Tempio Malatestiano, Sigismondo Pandolfo Malatesta e Leon Battista Alberti*, Cesena 2000.
Valturio, R., *De re militari. Editio princeps*, ed. P. del Bianco, Milano 2006 (anastatischer Nachdruck, Verona 1472).
Weiss, R., *Un umanista veneziano: papa Paolo II* (Civiltà veneziana. Saggi 4), Venezia 1958.
Zippel, G., L'allume di Tolfa e il suo commercio, in: *Archivio della Regia Società romana di storia patria* 30 (1907), S. 5–68.

Werner Paravicini (Kiel)

Das Schwert in der Krone

Beim Betrachten einer Bilderchronik

Blättert man im Faksimile der schönsten, der Konstanzer Handschrift von Ulrich Richentals Chronik des Konstanzer Konzils[1] und verweilt ein wenig bei den zahlreichen Bildern, mit denen sie ausgestattet ist, dann wird es geschehen, dass das Auge erstaunt bei einer Szene verharrt, die eine Figur zeigt, die mit hocherhobenen Armen ein Schwert hält und es dem thronenden König hinterrücks in die Krone sticht (s. Abb. 1–3). Das sieht dramatisch aus, gefährlich und bedrohlich, löst aber weder beim Monarchen noch beim „Umstand" irgendeine beunruhigte Reaktion aus.

Welchen Sinn hat diese auffällige Geste? Schauen wir zunächst noch einmal genauer hin und klären die Umstände. Wann begegnet diese Szene im Ablauf des Konzils, und in welchem Zusammenhang, wer ist die Person, die derart den König zu bedrohen scheint, ist diese Geste mit anderen verbunden?

Die Originalhandschrift des Konstanzer Bürgers Ulrich (von) Richental, der zwischen 1424 und 1433 sein Werk schrieb und illustrieren ließ, ist verloren. Mehrere Abschriften der zweiten Hälfte des 15. Jahrhunderts haben sich erhalten, unter denen der Konstanzer Prachtkodex im Rosgarten-Museum (der als farbiges Faksimile zur Verfügung steht[2]), die nach ihrem ehemaligen Aufbewahrungsort sogenannte Aulendorfer Handschrift, die heute in der Public Library in New York liegt und die Grundlage der Textausgabe von Michael Richard Buck aus dem Jahre 1882 darstellt, und das St. Georgener Exemplar die wichtigsten sind. Da die Illustrationen auf eine gemeinsame Vorlage zurückgehen, die Richental gewünscht und überwacht hat, ähneln sie einander - in der Grundstruktur, nicht im künstlerischen Detail.[3] Die Darstellung des Schwerts in der Krone

1 Mit ihr wetteifern können die St. Petersburger (siehe die folgende Anm.) und die Wiener Hs. (ÖNB, Cod. 3044, ca. 1470). Der Titel ist nicht zeitgenössisch. Mein Dank für viele Sonderdrucke und Auskünfte und eine kritische Durchsicht meines Manuskripts gilt Thomas Martin Buck (Freiburg i. Br.) und, wie stets, den Kieler Mitarbeitern Jan Hirschbiegel und Jörg Wettlaufer, welch letzter sich besonders um die Abb. verdient gemacht hat. Weitere Schulden werden unten Anm. 8 und 25 benannt.

2 Die ehem. St. Petersburger, nun Prager Hs. Staats- und Universitätsbib. Cod. VII A (ca. 1470) ist im Jahr 1874 ebenfalls als (seltenes) farbiges Faksimile veröffentlicht worden. Der Augsburger Druck des Anton Sorg von 1483 (koloriert) ist im Internet einzusehen: http://lcweb2.loc.gov/cgi-bin/ampage?collId=rbc3&fileName=rbc0001_2008rosen0097 page.db&recNum=98.

3 Eine Konkordanz der Abbildungen in den verschiedenen Hss. bietet Buck, Figuren, Bilder, Illustrationen, S. 438–443, hier Nr. 39–49 und 77, auch Wacker, Ulrich Richentals Chronik, Anh. 1. – Zu Richental (ca. 1365–1437) und den Hss. (**A**[ulendorfer Hs.], New York, Public

findet sich überall. Da mir die Konstanzer Handschrift vor Augen ist, lege ich sie im folgenden zugrunde.[4] Hier eine Liste der darin enthaltenen einschlägigen Abbildungen und Texte, in der Reihenfolge der Handschrift, nicht der Daten:

1 25. Dezember 1414

Abb. 1: König Sigmund beim Weihnachtsgottesdienst (Hs. A, fol. 20v oben; nach dem Faks. ed. Feger 1964; Photo: Jörg Wettlaufer).

Fol. 20v oben: Der König liest, die Krone abgelegt, im Weihnachtsgottesdienst Lukas 2, 1–14, beginnend mit: *Illo tempore exiit edictum a caesare Augusto.* Links schräg hinter ihm steht Kurfürst Rudolf von Sachsen mit hocherhobenem Schwert, dessen Spitze auf des Königs Kopf zielt; zwei weitere Personen, die als Fürsten gekleidet sind (es handelt sich vertretungsweise um ungarische Edle aus der Begleitung des Königs, ihre Namen sind nicht bekannt), stehen der eine

---

Library, Spencer Collection, Nr. 32, um 1460; **K**[onstanzer Hs.], Rosgartenmuseum, um 1465; **G**: Karlsruhe, Landesbibliothek, cod. St. Georgen, Pap. Germ. LXIII, um 1470) siehe Mertens, Richental. – In Erwartung seiner für die 600-Jahrfeier des Konzils geplanten Veröffentlichungen siehe Neues bei Buck (genannt im Literaturverzeichnis, zu Hs. A bes. Buck, Von Konstanz über Aulendorf nach New York); außerdem: Wacker, Ulrich Richentals Chronik (insbesondere zur Illustration, die sie S. 104–111 mit Konrad Witz in Verbindung bringt). – Den Text von K edierte Buck 1882 unter teilweiser Berücksichtigung von A; denjenigen von A faksimilierte, transkribierte, kommentierte Feger 1964.

4 Zusammengestellt hat die einschlägigen Texte (nach K, ed. Feger 1964) zuletzt Spieß, Lehnswesen, S. 135–137.

links neben dem Lektionar ohne erkennbarem Attribut, der andere rechts mit dem Reichsapfel in der linken und dem Szepter in der rechten Hand.

Text K (Feger 1964, S. 170, Kap. 48): *Und die wil er das sang, stůnd der hertzog von Saxen ob im und* ***hat ain bloß schwert in der hand, und hub das hoch uff und stackt den spitz gen des kaisers hopt****; und hůb im das zepter vor ain her von Unger an stat des pfaltzgraven, und die kron och ainer von Unger anstat des marggrafen von Brandenburg, wann die dennocht nit komen waren.*

Text A erwähnt die Geste nicht an Ort und Stelle, sondern versetzt sie mit den Abbildungen ins Teilnehmerverzeichnis (Buck 1882, S. 35f., 190): *Und all die wil er das ewangelium las, do hůb im hertzog Ludwig von Brig* ***ain bloß schwert ob im und stakt im den spitz in sin hopt****.* Die weiteren Angaben fehlen hier. Da in A auch an anderer Stelle Ludwig (von Sachsen) schreibt (unten Anm. 5), dürfte der Schwertträger tatsächlich Herzog Ludwig II. v. Schlesien-Brieg gewesen sein (so schon Heimpel, Königlicher Weihnachtsdienst [1995], S. 115f.).

2 18. April 1417

Abb. 2: König Sigmund belehnt Friedrich von Hohenzollern Burggrafen von Nürnberg mit der Mark Brandenburg (Hs. A, fol. 74v oben; nach dem Faks. ed. Feger 1964; Photo: Jörg Wettlaufer).

Fol. 73v–75r, 18. April 1417: Belehnung des Burggrafen Friedrich von Nürnberg mit der Markgrafschaft Brandenburg. Die verschiedenen Phasen des Vorgangs sind nacheinander dargestellt, in einer Ausführlichkeit, die in der Hs. (und auch sonst) nicht erneut begegnet. Hier ist einschlägig besonders **fol. 74v oben:** Der gekrönte, auf dem Lehenstuhl sitzende König hält in seiner Rechten ein bloßes Schwert, mit der Spitze nach oben gehalten. Hinter ihm drei Fürsten: Sie tragen (von heraldisch rechts nach links) das Szepter in der Linken, ein bloßes

Schwert beidhändig von oben in die Krone gestochen, den Reichsapfel in der Linken.

Text K: Feger 1964, Kap. 219–224, S. 222–225, fol. 72r–77r, hier Kap. 222: *Und stund der cantzler hinder den cardinalen, der hat ain besigelten brief in der hand mit zwain anhangenden insigeln. Und hat der küng ain guldinen kron uff und was angelait als ain ewangelier* [= Diakon]. Kap. 223 (S. 223f.): *Der Pfalzgraf* [hält] *in siner hand den gilgen und das zepter. Rudolf v. Sachsen hat ain bloß schwert in siner hand* [...] *und lait das schwert dem küng in sin schos, bis das er lihen wolt.* ***Do nam do derselbs hertzog von Sachsen das schwert by der hanthabi und hůb es hoch enbor, und stackt den spitz unsers herren des Römschen küngs hopt vornen in die schaitel, und hub es also stil, dieweil man den brief laß und denn dasselbe lehen weret.*** *Do hieß der küng den cantzler den brief lesen, der sait, was er dem Römschen Rich gebunden zů tůnd wär, und was sin ampt wär, und wie er wälen sölt, so das Rich asätz* [= unbesetzt, vakant] *wurd, und was er sweren wurd.* Nach Eidesleistung und Überreichung auch des 2. Banners: ***Darnach nam der hertzog von Sachsen das schwert von des kaisers hopt.***

Text A (Buck 1882, S. 104–106), S. 105: *Zuerst kommt der Pfalzgraf, hatt ain bloß swert in siner hand. Dann folgt hertzog Ludwig* [sic, kurz darauf richtig Rudolf[5]] *von Sachßen, der elter, der kurfürst* [...] *und trůg ain güldin gilgen in siner hand; Hz. Heinrich von Bayern-Landshut trůg ain zepter in siner hand, das was als ain michli* [= große] *kugel und was intel güldin und was daruff ain güldin crütz.* [...] *Darnach hieß man ain groß swigen halten. Der König kommt: und gab im der hertzog von Sachßen den gilgen in ain hand, hertzog Hainrich das zepter in die andern hand. Do lait im hertzog Ludwig das swert in sin schoß.* Die Urkunde wird verlesen.[S. 106:] *Do die brief verlesen wurden, do gab unßer herr der küng den gilgen und das zepter wieder.* ***Do nam hertzog Ludwig das schwert uß siner schoß und hůb es hoch enbor und stackt den spitz in des küngs kron.*** *Do nam der küng die zway paner ieglichs in ain hand. Do schwůr burggrauf Fridrich vor all der welt. Do nam der küng und lech im das churfürstenthůmb, die marggraufschaft und och die burggraufschaft Nürenberg.*[6] *Und prusunoten all prusuner und pfiffotend all pfifer und menglich rait haim.*

Text der Wiener Hs. bzw. Gebhart Dacher(ius)[7] bei v. d. Hardt Bd. 5, Tl. 7, 1699, Sp. 183–188,[8] hier Sp. 186 und 187f., zu Kfst. Rudolfs v. Sachsen (nicht dem Pfalzgrafen, was auch stimmiger ist), *der hatte en bloß schwerdt in seiner hand* [...] *Und nam das blosse schwerdt bey der handhabe, zwischen dem knopff und gehiltz* [= Schwertgriff], *und hub es hoch empor, und steckt die spitze des schwerdts in unsers herrn des Romischen konigs haupt zu allvorderts in die scheitel. Und hub das schwerdt also still, alldieweil man den brieff laß und des lesen wehret.* Nach der Übergabe des Lehns-Banners durch den Kg.: *Da das geschach, da* **nam** *erst hertzog Rudolffs* [!] *von Sahcsen* [!] **das blosse schwerdt aus des konigs haupt** [...] *Da er aber also belehnet wurde, da legte ihm hertzog Rud*[olff] *das schwerdt in den schos, und nam es an stat wieder und* **steckt es**

5 Buck 1882 vermerkt S. 35 die Ankunft des Herzogs *Ludwig* von Sachsen mit dem Kg., dabei dürfte es sich um eine alsbald korrigierte Verwechslung mit Herzog Ludwig von (Schlesien-)Brieg handeln; vgl. hierzu am Ende von Nr. 1 und unten Anm. 14 und 20.

6 Die Burggrafschaft war schon am 26. Febr. 1415 verliehen worden, siehe unten Anm. 17.

7 ÖNB, Cod. 3044, ca. 1470. – Weiß, Herzog Friedrich IV., S. 48 Anm. 57 erwähnt eine „im Winter 1414/15 erstellte Anwesenheitsliste" des Konzils (Wien, ÖNB, Cod. 5070, fol. 219r–240r, vgl. Weiß, Salzburg und das Konstanzer Konzil, S. 161 mit Anm. 259 auf S. 246), die von Hardt, Magnum Oecumenicum Constantiense Concilium, Bd. 5, 1699, Sp. 11–50 abgedruckt wurde, allerdings mit falscher Zuweisung an Gebhart Dacher, Bürger von Konstanz: Dachers Werkstatt war lediglich der Schreiber verschiedener Richental-Codices; siehe Wacker, Ulrich Richentals Chronik, S. 264–267, und neue Aufschlüsse in Die „Konstanzer Chronik" Gebhart Dachers 2008.

8 Kopien verdanke ich der Hilfsbereitschaft von Karl-Heinz Spieß und seiner Mitarbeiterin Lena Schäfer in Greifswald.

wieder in sein haupt. Folgen das Blasen und der Aufbruch. Boerger, Die Belehnungen, S. 85–88 zitiert diesen Text, kommentiert die Geste aber mit keinem Wort, obwohl er S. 98f. und 133 von der „Belehnung mit dem Schwert" handelt; auch Bruckauf, Fahnlehn, tut es nicht.

Der Lehnsbrief desselben Datums (erw. bei Bruckauf, Fahnlehn, S. 71, 75f. mit Anm. 3, nach Monumenta Zollerana, Bd. 6, S. 119 Nr. 125, s. auch RI Bd. 11, Nr. 2201, nicht bei Krieger, Die Lehnshoheit, S. 619), erwähnt lediglich, dass die Lehen *entfangen* [worden seien] *mit solicher schonheit vnd zirheit* [...] *als gewonlich ist.*

Die hier interessierende Seite ist oft abgebildet worden, zuletzt bei Spieß, Kommunikationsformen, nach S. 272, Abb. 2 (Kommentar S. 282f.), und bei Spieß, Das Lehnswesen, S. 40.

3 11. Mai 1417

Fol. 75v–76r: Belehnung des Herzogs Ludwig III. von Bayern Pfalzgraf bei Rhein, hier einschlägig **fol. 76r oben**. Der gekrönte, sitzende König hält in seiner Rechten ein Szepter, hinter ihm drei Fürsten (die Kragen indes nicht mit Hermelin gekennzeichnet), von rechts nach links: stehend blankes Schwert mit der Linken von oben in die Krone gestochen, Szepter in der Rechten, Reichsapfel in der Linken.

Text K, Feger 1964, Kap. 225, S. 224, *Belehnung zů glicher wiß, wie vorstat.* Beschreibung: „über dem Haupt des Königs wird wie üblich das Schwert gehalten." Ebenfalls keine Einzelheiten (*mit großer gezierd*) im Text A (Buck 1882, S. 106f.).

Ein Lehnsbrief dieses Datums ist nicht überliefert, s. die Beschreibung des Eigil von Sassen, RTA ÄR Bd. 7, 1878, Nr. 167 (Krieger, Die Lehnshoheit, S. 623, Nr. 44); die RI, Bd. 11, Nr. 2287a zitieren lediglich Richental (Nr. 2287 ist aber eine für den Pfalzgf. ausgestellte Urkunde vom selben Tag). Die Bestätigung der Kurwürde war bereits in Aachen am 8. Nov. 1414 erteilt worden (Nr. 1283f.).

Abb. von fol. 75v bei Spieß, Kommunikationsformen, nach S. 272, Abb. 3.

4 11. Mai 1417 (23. März 1415?)

Fol. 76v oben: Belehnung des Herzogs Ludwig VII. des Bärtigen von Bayern-Ingolstadt, Graf von Mortain.[9] Der gekrönte, sitzende Kg. hält in seiner Linken ein blankes, nach oben gerichtetes Schwert, hinter ihm stehend ein (Kur)Fürst, beidhändig von oben das Schwert in die Krone steckend. Hinter dem Hz. ein (Kur)fürst mit dem Szepter in der Rechten und dahinter ein Träger des Reichsapfels (kurzes Gewand, kein Kurfürstenkragen).

---

9 Siehe zu ihm in Konstanz Paravicini, Signes et couleurs, S. 164 Nr. 16, Abb. 3–5, S. 170–175, mit weiterer Lit.

Text K, Feger 1964, Kap. 225, S. 224: *zu glicher wiß* [wie der Pfalzgf.] *hertzog Ludwig von Montaig her zu Dingelstat, ouch darnach die herren von München* [unten Nr. 5] *Deßglichen der (ertz)bischoff von Mentz, ain geborner graff von Nassow, aber nit an dem Marckt, sondern zu den Augustinern* [unten Nr. 6].

Gleichfalls summarisch der Text A (Buck 1882, S. 107): *ze glicher wiß empfieng hertzog Ludwig von Payern, von Montaig, herr ze Ingelstatt, pfallentzgrauf by Rin, sin lehen. Och empfieng hertzog Hainrich von Payern, pfallentzgrauf by Rin und herr zů Amberg sine lehen glich also* [unten Nr. 8]. *Und zwen herren von Payer, von München, och also ire lehen glich wie hienach geschrieben statt* (s. unten Nr. 5).

Den Lehnsbrief vom 23. März 1415 s. RI, Bd. 11, Nr. 1512 (s. auch Nr. 2287a, wozu unten Nr. 5; Krieger, Die Lehnshoheit, S. 618, Nr. 11).

5 11. bzw. 13. Mai (4. Juni?) 1417

Fol. 76v unten: [Gesamt-]Belehnung der Herzöge Ernst und Wilhelm III. v. Bayern-München. Der gekrönte, sitzende König im Mantel verhüllt ohne Insignien, hinter ihm stehend ein (Kur)Fürst, beidhändig von oben das Schwert in die Krone steckend. Hinter dem Hz. ein (Kur)Fürst (kein Kurfürstenkragen) mit dem Szepter in der Rechten, hinter der Schranke ein (Kur)Fürst mit dem Reichsapfel in der Rechten.

Die Texte s. o. Nr. 4. Vgl. Merzbacher, Lehnsempfang, S. 394 (Wilhelm III. v. Bayern-München, zum 13. Mai 1417).

Die RI, Bd. 11, Nr. 2287a ziehen die Belehnungen aller pfälzisch-bayerischen Herzöge unter dem Datum des 11. Mai zusammen. Auch Krieger, Die Lehnshoheit, S. 618, Nr. 8f. folgt lediglich dem Text Richentals und datiert danach 11. Mai. Für Hz. Heinrich liegt indes eine Lehnsurkunde vor, RI, Bd. 11, Nr. 1729, vom 4. Juni 1415.

6 23. Februar 1417 (?)

Abb. 3: König Sigmund belehnt Graf Johann von Nassau mit dem Erzstift Mainz (Hs. A, fol. 77r oben; nach dem Faks. ed. Feger 1964; Photo: Jörg Wettlaufer).

Fol. 77r oben: Belehnung des Erzbischofs von Mainz Johann von Nassau, der gekrönte sitzende König ohne Insignien, hinter ihm stehend ein (Kur)Fürst, beidhändig von oben das Schwert in die Krone steckend. Hinter der Schranke ein Fürst (kein Hermelinkragen erkennbar, aber Fürstenhut) mit dem Reichsapfel in der Linken und dem Szepter in der Rechten.

Text K s. o. Nr. 4; nicht in A. Den Text der Wiener Hs. bzw. Gebhard Dacher s. bei v.d. Hardt, Bd. 5, 1699, Tl. 7, Sp. 188 (zit. von Bruckauf, Fahnlehn, S. 76f., zur Hs. bzw. Dacher s. o. Anm.7).

Der Lehnsbrief fehlt in den RI, Bd. 11; Krieger, Die Lehnshoheit, erwähnt ihn S. 592, Nr. 1 nach v.d. Hardt, Bd. 4, Sp. 1102f.: 23. Febr. 1417.

7 21. (28.) April 1417

Fol. 77r unten: Erhebung zum Herzog und Belehnung des Grafen Adolf von Kleve: Der gekrönte, sitzende König ohne Insignien, hinter ihm stehend ein (Kur)Fürst, beidhändig von oben das Schwert in die Krone steckend. Hinter der Schranke ein (Kur)Fürst mit dem Reichsapfel in der Linken, ein weiterer mit dem Szepter in der Linken.

Text K, Feger 1964, Kap. 225, S. 224f. (zum 11. Mai 1417 gestellt): *Darnach mit aller gezierd wie vor und ouch an dem Marckt ward graff Adolph von Clewen zů ainem hertzogen gemacht. Und swůr och den brieff zů halten, so im verlesen ward, Und hub man dem küng das swert, öpfel und das zepter wie vorstat, und ist diß die figur.*

Text A (Buck 1882, S. 107), ausdrücklich zum 21. April 1417: *waren da zůgegen hertzog Růdolff von Sachßen, der hůb im da den gilgen*[10] *und marggrauf Fridrich von Brandenburg, der hůb im das swert und hertzog Hanns von Payern, von München das zepter.* [...] *Und beschach das lihen und all die sachen, als da vor geschriben stat von burggraf Fridrichen von Nürenberg, yetzo marggrauf ze Brandemburg, wann allain, das er nit als ain köstlich maul* [Gastmahl] *hett.*

Den Lehnsbrief vom 28. April 1417 s. RI, Bd. 11, Nr. 2226 (Druck: Lacomblet, Bd. 4, 1858, Nr. 102); Krieger, Die Lehnshoheit, S. 21, Nr. 32.

8 13. (31.) Mai 1417

Fol. 80r oben: Belehnung des Herzogs Johann von Bayern Pfalzgraf von Neumarkt-Amberg (nicht von München!). Der gekrönte König unter einem Baldachin, in der rechten Hand ein blankes Schwert, die Spitze nach oben. Hinter ihm stehend ein (Kur)Fürst, ein blankes Schwert mit beiden Händen in die Krone steckend. Hinter der Schranke zwei (Kur)Fürsten mit dem Reichsapfel in der Rechten und dem Szepter in der Rechten.

Text K, Feger 1964, Kap. 235, S. 228, fol. 80r: *Darnach enpfieng hertzog Hanns von Bayen* [!] *von München, hertzog Mangus* [!] *von Sachsen und hertzog Waßla von Wolgast ouch an dem Obern Marckt zu glicher wiß, wie vor von dem burggraven von Nüremberg geschrieben stat. Ouch empfieng der bischoff von Camin* [Magnus v. Sachsen, Rudolfs Sohn, reg. 1410–1424] *sin lehen, wan er haut under im ain hertzogthům und richt mit dem schwert. Und het harnasch an und darob bischof gewand und ain λnfel uff und ain bloß schwert in siner hand und in der ander hand das paner. Und do er niderknüwet, do nam im sin capplon die λnfel ab dem hopt. Und nam unser herr der küng das schwert in sin hand und bot den spitz uber sich*[11] *und das baner in die ander hand. Also schwür er. Und do er nu geschwůr, do gab im der küng das schwert und das paner uß siner hand in des bischoffs hand und lech im also sine lechen.*

Text A (Buck 1882, S. 108), ausdrücklich zum 13. Mai 1417: *hertzog Johans von Payern, von München* [...] *in aller wiß und maß als davor von burggrauf Fridrichen und von andern fürsten geschriben statt.* S. 108f., zum 26. Mai 1417: *Magnus Herzog zu Sachsen, der Bf. v. Camin, der hett ain herzogthůmb inn und empfieng das lehen glich als ain layg, wann er richt mit dem schwert, Watzla hertzog in Wolgast, alle am Oberen Markt mit sollicher zierd und eren als davor beschriben ist von den fürsten dann das sy kain maul* [Gastmahl] *hattend.*

Ein Lehnsbrief für Hz. Johann ist nicht bekannt, s. RI, Bd. 11, Nr. 2298a nach Richental, dem auch Krieger, Die Lehnshoheit, S. 623, Nr. 46 folgt. Zu Magnus s. unten Nr. 9. Die RI, Bd. 11, verzeichnen urkundlich unter Nr. 2365 und dem Datum des 31. Mai 1417 die Gesamtbelehnung der Hzz. Wartislaw IX., Barnim VII., Barnim VIII., Swantibor II. v. Pommern-Wolgast-Rügen, sowie unter Nr.

---

10 Gemeint ist das Szepter (siehe unten Anm. 13). Es fällt auf, dass dem Erzmarschall hier das Szepter und nicht das Schwert zugesprochen wird, und dieses dem Mgf. v. Brandenburg - sicher ein Irrtum.

11 D. h., er hielt die Spitze nach oben.

2365 urkundlich zum selben Tag Hz. Otto II. und Kasimir II. v. Pommern-Stettin (was bei Richental nicht erwähnt wird); s. auch Krieger, Die Lehnshoheit, S. 623f., Nr. 50 und 53.

Abb. der gesamten Seite (s. Nr. 9) bei Fehr 1923, S. 98 Nr. 158.

9 26. Mai 1417

Fol. 80r unten: Belehnung des Magnus von Sachsen, Fürstbischofs von Camin. Der gekrönte König auf einem Stuhl ohne Baldachin, ohne Insignien. Hinter ihm stehend ein (Kur)Fürst, ein blankes Schert mit beiden Händen über dem Kopf in die Krone steckend. Hinter dem Bf. zwei (Kur)Fürsten mit dem Reichsapfel in der Rechten und dem Szepter in der Rechten.

Texte K und A s. o. Nr. 8.

Die Konstanzer Belehnung zeigt, dass das Hochstift Camin doch nicht „seit Ende des 14. Jahrhunderts endgültig unter die landesherrliche Gewalt der Herzöge von Pommern" geraten war.[12]

Ein urkundlicher Beleg wurde bislang nicht gefunden. Die RI, Bd. 11, Nr. 2338a ziehen die Belehnungen von Bf. Magnus v. Camin, von Hz. Wartislaw IX. v. Pommern-Wolgast (o., Nr. 8) und die ungarischen Belehnungen (unten, Nr. 12) nach Richental zusammen.

10 8. Mai 1418 (keine Abb. in den Hss.)

Fol. 126r. Belehnung Herzog Friedrich IV. von Österreich. Richentals Chronik enthält dazu keine Abbildung, aber eine Beschreibung. Ort war erneut der Obere Markt:

> Text K (Feger 1964, S. Kap. 302, S. 257f.): *Und hûb im marggraf Fridrich von Nüremberg das zepter* [...] ***und hertzog Ludwig von Brig das blos schwert uff sinem hopt.***
>
> Text A (Buck 1882, S. 146): *der König unter der Krone, und hûb im marggrauff Friedrich von Brandemburg das zepter*[13] [...]. ***Und hertzog Ludwig von Brig das bloß schwert uff sinem hopt.***[14]

Den Lehnsbrief vom 8. Mai 1417 s. RI, Bd. 11, Nr. 3152; Krieger, Die Lehnshoheit, S. 622, Nr. 43. Vgl. Weiß, Herzog Friedrich IV., S. 35.

---

12 Krieger, Lehnshoheit, S. 191; nach Naendrup-Reimann, Territorien und Kirche, S. 131–135, die den Konstanzer Vorgang indes gar nicht erwähnt.

13 So bezeichnet Richental den Reichsapfel, das Szepter nennt er die *gilgen*, Lilie, nach dem Schmuck des Stabes. Es wird aber hier nicht genannt.

14 Ludwig II. v. Schlesien Brieg, siehe zu ihm und seinem Gefolge in Konstanz Paravicini, Signes et couleurs, S. 164 Nr. 15 mit Abb. 1f., S.175–177; Paravicini, Von Schlesien nach Frankreich, bei Anm. 174–179 (im Druck), auch o. Anm. 5.

*

Dieser Aufstellung ist schon manches zu entnehmen: Nur bei zwei Gelegenheiten wird die Geste abgebildet bzw. benannt: Beim Weihnachtsdienst (des 25. Dezember 1414) und bei Belehnungen, die, der königliche Aufforderung folgend,[15] fast ausnahmslos[16] im April und Mai 1417 stattfanden. Alle Handschriften stimmen darin überein. Der Vergleich mit der Liste der urkundlich bekannten Belehnungen zeigt indes, dass nicht alle von Richental erwähnt und abgebildet wurden.[17] Offensichtlich verzeichnet er nur, was ihm zu Ohren oder vor Augen gekommen war. Vor allem aber wurden keineswegs alle Belehnungen durch dieses aufwendige Zeremoniell ausgezeichnet: Nur Fürstenbelehnungen wurden davon begleitet, und stets wurde dabei nicht nur das Schwert gehalten, sondern auch Reichsapfel und Szepter. Träger dieser Reichsinsignien waren stets, wenn anwesend, die zuständigen Kurfürsten, der Pfalzgraf bei Rhein (Ludwig III.) hielt den Reichsapfel, der Herzog von Sachsen (Rudolf) das Schwert, der Markgraf von Brandenburg (ab 18. April 1417 Friedrich I. Burggraf von Nürnberg, o. Nr. 1) das Szepter. Fehlten die kurfürstlichen Inhaber dieser Ämter, wurden sie durch andere Fürsten, Grafen oder Edelleute vertreten: ungarische Herren, den Herzog Ludwig II. von Schlesien-Brieg, den (Reichserb-)Marschall von Pappenheim[18]. Ein Schwert, nicht notwendig eines der beiden Reichsschwerter, wurde dem König auf allen seinen öffentlichen Auftritten nach- und zuweilen vorgetragen; auch dies ist in Richentals Chronik recht oft zu sehen.[19] Der Schwertträger war bei feierlichen Anlässen dann ebenfalls ein Kurfürst, mit den entsprechenden Vertretern im Falle der Abwesenheit oder geringerer Gelegenheit. Ausdrücklich erwähnt ist dies wiederum im Falle

15 Am 9. Febr. 1417 hatte der von seiner Westeuropareise nach Konstanz heimgekehrte Kg. zum Reichstag auf den 11. April nach Konstanz eingeladen und forderte bei Strafe des Verlustes die Säumigen zum Lehensempfang bis zum nächsten Pfingstfest (30. Mai) auf, siehe RTA ÄR Bd. 7, 1878, Nr. 211; RI, Bd. 11, Nr. 2053– 2063.

16 Mainz am 17. Febr. 1417 und Österreich (nach schweren Auseinandersetzungen) am 8. Mai 1418, siehe Nr. 1 und 10; siehe auch unten Nr. 13 vom Juni 1417. Evtl. könnte auch Nr. 4 (Bayern-Ingolstadt) bereits dem 23. März 1417 zuzuordnen sein.

17 Die Listen der Verleihungen unter Kg. Sigmund hat Krieger, Lehnshoheit, aufgestellt, S. 592–616 für die Bischöfe, S. 605–616 für die Äbte und S. 617–625 für die weltlichen Fürsten. Es fehlen bei Richental unter den weltlichen z. B. die Belehnungen von Bernhard I. Mgf. v. Baden vom 24. Jan. 1415 (RI, Bd. 11, Nr. 1400; Krieger, Lehnshoheit, S. 617, Nr. 6), der Burggff. Friedrich VI. und Johann III. v. Nürnberg vom 26. Febr. 1415 (Nr. 1466, Nr. 39), des Lgf. Ludwigs I. v. Hessen vom 27. Mai 1417 (Nr. 2343, Nr. 31), Albrechts IV. v. Anhalt-Köthen vom 22. Juli 1417 (Nr. 2482, Nr. 3), und Johanns v. Bayern-Holland-Straubing vom 27. April 1418 (Nr. 3121, Nr. 13).

18 Vgl. zu diesem Kraft, Das Reichsmarschallamt, S. 27f. Allg. zu den Hof-, Erz- und Erbämtern Latzke, Hofamt, Erzamt und Erbamt, hier insbes. S. 67–77, 178–191, 254–268, Anh. 2f. und Abb. S. V zum Marschall und den v. Pappenheim (deren Archiv benutzt wird); Krieger, Lehnshoheit, S. 308–310. Der Gestus wird nicht erwähnt.

19 Siehe in Hs. A fol. 6r, 19v–20r, 33v–34r, 37v–38r (in der Menge), 38v–39r, 41v, 46v–47r (drei Schwertträger bei Hz. Friedrich v. Österreich), 47v, 52v, 66v–67r (Pfalzgraf als Stellv. des abwesenden Königs).

des Herzog Ludwigs II. von Schlesien-Brieg bei der Fronleichnamsprozession, der auch bei der Belehnung des Herzogs von Österreich im Jahre1418 auftrat.[20] Selbst ein Fremder konnte mit dieser Funktion ausgezeichnet werden, etwa Richard de Beauchamp, Earl von Warwick, der englische Konzilsgesandte, dessen Nachfahren die Begebenheit noch in den 1480er Jahren so wichtig war, dass sie sie aufzeichnen und illustrieren ließen.[21]

Dass wirklich nur höchstrangige Belehnungen von diesem Zeremoniell unter freiem Himmel begleitet wurden, lässt sich durch die Gegenprobe erweisen, denn es werden bei Richental auch nicht-reichsfürstliche Belehnungen erwähnt und abgebildet. Es sind ihrer drei:

11 11. Mai oder 20. April 1417 (oder 22. Mai 1415)

Abb. 4: König Sigmund belehnt Graf Eberhard von Nellenburg (Hs. A, fol. 77v; nach dem Faks. ed. Feger 1964; Photo: Jörg Wettlaufer).

---

20 Buck 1882, S. 109 (Fronleichnam): Der Mgf. v. Brandenburg trug das Szepter und Heinrich Hz. v. Bayern-Landshut den Reichsapfel. *So trůg vor im hertzog Ludwig von Brig ain bloß swert*; zur Belehnung siehe o. Nr. 10.

21 The Beauchamp Pageant, S. 31f., 114–121 (Taf. XXXII–XXXV); Paravicini, Signes et couleurs, S. 158 mit Anm. 12. Warwick („gefürsteter Graf") ritt am 7. Dez. 1414 in Konstanz ein, Buck 1882, S. 34; sein Einzug ist dort S. 46 erneut erwähnt, zum 31. Januar 1415, und S. 48f.; er begegnet wieder in der Teilnehmerliste S. 193. Im Teilnehmerverzeichnis bei Justinger, Berner Chronik, figuriert er S. 247 als Gesandter des Kg.s v. England: *graf richarten von warenwil, mit fünf rittern und mit CLX personen*; ders. S. 250 erneut unter den Grafen: *Graff richart von warawick, ein engelsche, mit CXL* [!] *personen.*

Fol. 77v: Belehnung des Grafen Eberhard von Nellenburg, Landgrafen im Hegau: der König unter einem Baldachin sitzend, in der Linken ein Szepter, der Graf mit dem bloßen nach oben gerichteten Schwert aus der Hand des Königs in der Rechten und der Lehnsfahne (in Gold drei blaue Hirschstangen) in der Linken. Keine weitere Insignie ist sichtbar und kein Fürst zugegen.

Text K (Feger 1964, Kap. 226, S. 225) zum 11. Mai 1417 (?): *Do nam der küng ain bloß schwert und gab das graff Eberharten in sin hand, und hieß in das land und die grafschaft beschiermen* [...] *und waren nit vil herren dabλ, wenn ain küng mag lihen ainem grafen und in gräfen, wenn er wil, aber nit ain frλen, dann zů Rom uff der Tλberbrugg, und auch nit all, dann den, so mit im ritt uff sin kost gen Rom, so er kaλser werden wil.*

Text A (Buck 1882, S. 106), zum 20. April 1417: *Und empfieng die* [Lehen] *zů den Augustinern, in der großen stuben, und zoegt den brief, so er dann hat von küng Růprechten. Do nun der verlesen ward, do lech er im.*

Die Belehnung vom 20. April 1417 ist nicht urkundlich nachgewiesen (RI, Bd. 11, Nr. 2205b, folgt Richental), doch urkundete der Kg. am 2. Mai für den Grafen (Nr. 2241f.). Der überlieferte Lehnsbrief datiert indes vom 22. Mai 1415 (Nr. 1697; s. auch Nr. 1719–1721, vom selben Monat?). Den erwähnten Lehnsbrief Kg. Ruprechts vom 16. Aug. bzw. 11. Sept. 1401 (Gesamtbelehnung) s. bei Chmel, Regesta, Nr. 839 bzw. 942; Oberndorf, Regesten, Nr. 1495 bzw. 1620.

12 wohl zum 26. Mai 1417

Fol. 78r oben: Belehnung von Ungarn nicht adligen Standes (so Text A), der gekrönte König auf einem Thron sitzend, keine Insignien; hierzu der Kommentar von Feger:

Verleihung von Lehen an Ungarn und wohl nach ungarischem Recht und Gebrauch, wobei dem König Gaben überreicht werden; vor dem Kg. steht ein Kübel mit Fischen, die beiden stehenden Begleiter des Belehnten halten zwei Pfauen bzw. einen Hasen in der Hand.

Text K (Feger 1964, Kap. 227, S. 225, fol. 77v): *Er lech ouch den Ungern, doch nit lenger dann ir leptag und ouch die wil der küng lebt, und nit füro. Und welher von im empfieng, der mußt im geben, es wären schaff, hünt, pfawen oder ayer oder wachs, oder was soliches was. Denn kainer getorst lär kommen und lehen von im enpfahen. Und stat die figur ouch also hienach gemalet.*

Text A (Buck 1882, S. 109): *Also lech unßer herr der küng den Ungerschen, die nit edel sind, die můßtend im geben, ee das sy für inn kommen mögen, aintweders hüner, ayer, pfawen, wachs, pfeffer oder anders. Er lihet och in Ungern sine lehen nit anders, dann sin und des lehenmans lebtage, und darnach wenn er aber wil.*

Die Teilnehmer an dieser Belehnung sind bislang nicht identifiziert, vgl. jedoch Mályusz, Kaiser Sigismund, S. 168f. Zum ungarischen Gefolge Kg. Sigmunds s. außer den Angaben Richentals auch Paravicini, Signes et couleurs, S. 163, Nr. 9.

13 10. Juni 1417?

Fol. 78r unten: Belehnung einer burgundisch-französischen adligen Erbtochter, einer natürlichen Närrin oder Törin: Der gekrönte König stehend ohne Insignien, hinter ihm ein nicht-fürstlicher Herr (kein Hut, keine Hermelin am Mantel) mit blankem, nach oben gerichtetem Schwert in der Rechten.

Text K (Feger 1964, Kap. 227, S. 225): *Es kamen ouch herren usser Burgoni und von Frankrich und brachtend ain tochter, die was wol erborn und was ain naturlicher narr, an die waren gůtte lehen gefallen von erb. Und batten ir die lehen zü lihen. Und hieß sl der küng niderknüwen und ir zuchtmaister. Und lech ir unser herr der küng.*

Im Text A (Buck 1882, S. 109 mit Anm. 1, auch S. 107 Anm. 3) fehlt eine entsprechende Eintragung, aber auf S. 109 notiert die Hs. anläßlich der Fronleichnamsprozession vom 10. Juni 1417: *Hie bot unßer herr der küng ainer törinen die hand, hieß Alli mit dem ars etc.* „Dem Bilde nach ist es die Französin", merkt Buck an.

Die trotz Behinderung belehnte Dame, *wol erborn*, adlig also, aber nicht dem Fürstenstande angehörig,[22] ist noch nicht identifiziert.[23] Wahrscheinlich handelt es sich um Alix de Baux, Gräfin von Avellino. Dieser Frage soll anderswo nachgegangen werden.

*

In keinem der drei Fälle ist die Geste des Schwerts in der Krone erwähnt oder abgebildet. Könnte im Falle des Grafen von Nellenburg noch ein Zweifel daran bestehen, dass einfach ein anderer Moment der Belehnung abgebildet sei, so schließt Richentals Text diese Möglichkeit doch selbst aus: Diese Belehnung fand nicht unter freiem Himmel statt, und *waren nit vil herren dabλ, wenn ain küng mag lihen ainem grafen und in gräfen, wenn er wil.* Der Unterschied ist grundsätzlicher Natur, wie Richental im Anschluss an seine ausführliche Beschreibung der feierlichen Belehnung Kurfürst Friedrichs von Brandenburg (o. Nr. 2) erläutert: *Diß ordnung und diß gezierd hett unßer herr der küng allwegen so er fürsten lech. Wann er aber graufen oder fryen herren lech oder ander herren ie lehent, das tett er nument an der straß oder in der herberg oder wa er wolt.*[24] In den beiden anderen Fällen ist die Sache ohnehin eindeutig. Die Schwertgeste begegnet allein im Momenten höchster königlicher Zeremonialität, wenn der König der Augustus, der römische König, ja Kaiser ist, und wenn er die höchsten fürstlichen Lehen vergibt. Im Falle der Verleihung der Kurfürstenwürde Brandenburgs ist sogar der Moment beschrieben, wann

22 Vgl. zum Unterschied von *illustris/hochgeboren* und *wolgeboren* Krieger, Fürstliche Standesvorrechte, S. 96f.

23 Auch Jacques Debry (Nancy/Châtel-sur-Moselle) wusste diesmal nicht zu helfen.

24 Hs. A, hg. v. Buck 1882, S. 106. Vgl. den Text der Wiener Hs. bzw. Gebhard Dacher (siehe o. Anm.7) bei Hardt, Magnum Oecumenicum Constantiense Concilium, Bd. 5, 1699, Tl. 7, Sp. 188: *Die andern churfursten und hertzoge und gefurstete grafen empfiengen auch ihr lehn in solcher maaß, nur daß es nicht als kostlich war, und also große herrschafft, und daß derselbe unser herr der konig nicht allweg saß in seiner majestet, als zu den churfursten.*

das Schwert erhoben wurde: während der Verlesung der Urkunde und solange der Belehnungsakt mit Schwert und Fahne dauerte.

Erklärungsversuche bislang

Auffälligerweise hat die eindrückliche Geste in der Forschung wenig Aufmerksamkeit gefunden. Kaum einem ist sie zum Problem geworden. Keiner der vielen befragten heutigen Kollegen hatte eine Erklärung zur Hand.[25] „Hinter dem Kaiser ein Schwertträger, der die Spitze des Schwertes auf die Königskrone setzt, als symbolischer Ausdruck der höchsten Gewalt" – schreibt im Jahre 1923 der Rechtshistoriker Hans Fehr in seinem Kommentar zum Bild Nr. 8 , ohne Nachweis und ohne jede Verwunderung.[26] Immerhin war ihm die Geste aufgefallen.

Die Kunsthistorikerin Lilli Fischel suchte vor gut 50 Jahren eine Antwort auf die Frage nach der Bedeutung des Schwertes in der Krone. In ihren Abhandlungen zur Richental-Illustration spricht sie davon. Im Kommentarband von 1964 heißt es auf S. 39 zum Belehnungsbild Burggraf Friedrichs von Nürnberg:

> Es wird [...] gezeigt, wie zwei Kurfürsten das Szepter und den Reichsapfel trugen, während der König sein Schwert vor sich hielt, und wie dann im Augenblick der eigentlichen Lehensverleihung Herzog Ludwig von Bayern hinter den König trat und, das königliche Schwert hoch emporhebend, mit seiner Spitze den Nacken des Königs berührte, zum Zeichen der jetzt wirksamen göttlichen Herrschaftsachse. [Anm. 12 auf S. 54 verweist als Beleg auf ihre ausführlichere Studie von 1959, hier S. 333, Anm. 28:] Die Deutung dieser Schwert-Zeremonie verdankt die Verf[asserin] der freundlichen Mitteilung von Professor Dr. Herbert Fischer in Graz. Sie ist kurz folgende: Der uralte Symbolgedanke der ‚Herrschaftsachse Gottes' verkörpert sich in einer senkrechten Leitlinie (hier derjenigen des Schwertes), längs deren die göttlichen Impulse den König erfüllen und von ihm aus weiterwirken. Das Schwert berührt weniger die Krone als das Hinterhaupt oder den Nacken, die Stelle, an der sich nach mittelalterlichem Denken die sakrale Legitimation des Herrschers konzentriert. Mit der Befehlsgewalt über Land und Leute soll auch die entsprechende Bindung an den Quell alles [!] Rechtes und aller Macht auf die ranghöchsten Reichsfürsten übergehen.

Das klingt plausibel, auch wenn gerade nicht auf den Nacken, sondern auf den Scheitel gezielt wird, entbehrt jedoch jeder nachgewiesenen Grundlage in den

---

25 Krieger, Fürstliche Standesvorrechte, S. 101, hat bereits auf den Unterschied des Zeremoniells der Erhebung zum Mgf. v. Brandenburg bzw. den Fürstenbelehnungen (nach Buck 1882, S. 106) und der Belehnung des Gf. v. Nellenburg (nach Feger 1964, S. 225, § 226) hingewiesen. – Freundliche Auskunft gaben Thomas Martin Buck (Freiburg i. Br., o. Anm. 1), Enno Bünz (Leipzig), Heinrich Dormeier (Kiel), Joachim Ehlers (Berlin, unten Anm. 33), Hans Hattenhauer (Speyer), Karl-Friedrich Krieger (Mannheim), Jürgen Petersohn (Würzburg, unten Anm. 34), Jean-Claude Schmitt (Paris), Ruth Schmidt-Wiegand (Marburg, unten Anm. 56), Karl-Heinz Spieß (Greifswald, o. Anm. 8) und Barbara Stollberg-Rilinger (Münster).

26 Fehr, Kunst und Recht, S. 124. Nichts Einschlägiges bei Kocher, Zeichen und Symbole des Rechts, hier aus der Wiener Hs. der Konzilschronik lediglich Nr. 147 auf S. 101.

zeitgenössischen Quellen.[27] Der mit Stadt- und Siedlungsgeschichte beschäftigte Rechtshistoriker Heribert Fischer[28] hat auch keine einschlägigen Veröffentlichungen zur Sache vorgelegt. Bis auf weiteres lässt sich hiermit nicht arbeiten.

Gleichwohl begegnet diese Interpretation erneut in der Richentals Chronik gewidmeten Dissertation von Gisela Wacker aus dem Jahre 2001:

> Einer der weltlichen Kurfürsten hält über ihm das Schwert, das mit der Spitze in der Krone steckt, hoch erhoben und stellt damit in symbolischer Form die Rechtsachse zwischen dem göttlichen und dem irdischen Richter-König her; mit dieser Bildformel wird auf die unmittelbare Deszendenz des königlichen Richteramtes von Gott verwiesen. Als heilsgeschichtliche Folie für den zeitgenössischen juridischen Sachverhalt scheint das Simile von David als Sinnbild der Gerechtigkeit durch.

Als Quelle wird allein auf Psalm 103 „u. a." verwiesen.[29] Mit anderen Worten: Diese göttliche Achse ist eine reine Vermutung, wenn auch keine gänzlich unwahrscheinliche.

Hartmut Boockmann, der so viel für unser Verständnis von Bildern als historischen Quellen getan hat, gab dem Athenaion Bilderatlas zur Deutschen Geschichte im Jahre 1967 auch die Darstellung von König Sigmunds Konstanzer Weihnachtsdienst von 1414 bei, schwarz-weiß, nach der Wiener Handschrift, fol. 45v, und kommentiert:

> Zu seinen Seiten zwei ungarische Barone, die statt der damals noch nicht anwesenden Kurfürsten die Herrschaftszeichen, Szepter und Reichsapfel halten. Die Krone liegt auf dem Pult. Hinter dem König steht der Herzog Rudolf von Sachsen und hält das vierte Herrschaftszeichen, das Reichsschwert über Siegmunds Haupt – eine alte zeremoniöse Schutzgebärde, die bei Richental mehrfach abgebildet und erwähnt wird.

Bookmann verweist auf den erwähnten Aufsatz von Lilli Fischel von 1959 und auf das Buch von Heinrich Schmidt über die deutschen Städtechroniken aus dem Jahre 1958 – wo aber zu dieser Gebärde nichts steht.[30] Leider erklärt er nicht, weshalb es sich bei dieser aggressiv scheinenden Geste um „eine alte zeremoniöse Schutzgebärde" handelt, und woher wir wissen, dass sie alt ist.

Nun hat Hermann Heimpel in zwei Aufsätzen von dem und besonders diesem Weihnachtsdienst des deutschen Königs gehandelt.[31] Bei ihm findet sich

---

27 In ihrer Diskussion von Sigmunds Nimbierung des Doppeladlers weist Pferschy-Maleczek, Nimbus, S. 467 mit Anm. 175 zwar darauf hin, „daß die königlich Macht von seiten der politischen Denker als direkt von Gott gegeben verstanden wird, keineswegs als vom Papst verliehen". Aber es gibt keinen Beweis dafür, dass diese Beziehung durch jene Geste sinnfällig gemacht worden wäre.

28 1918–1971, seit 1952 Professor für Deutsche Rechtsgeschichte an der Universität Graz. Nachruf: Zeitschrift für Rechtsgeschichte, Germ. Abt. 90 (1973), S. 497.

29 Wacker, Ulrich Richentals Chronik, S. 177 mit Anm. 953.

30 Athenaion Bilderatlas, Taf. 99b auf S. 285, Kommentar auf S. 626. Weitere Illustrationen aus der Richental-Chronik Taf. 240a (Konstanzer Hs.), 243a und b (Wiener Hs.: ÖNB, Cod. 3044, ca. 1470). Schmidt, Die deutschen Städtechroniken, bringt S. 75f. lediglich reichsstädtische Belege für die in Sigmunds Weihnachtsdienst versinnbildlichte Einheit von Reich und Christenheit.

31 Heimpel, Königlicher Weihnachtsdienst, dazu noch zu Lesungen bei der Krönung. Vgl. Schenk, Sehen und gesehen werden, S. 79–87, der nur vom *spataferarius* spricht, ohne seine Haltung zu diskutieren.

auch der Hinweis auf einen Text – nicht auf ein Bild – außerhalb der Richentalschen Chronik.[32] Er ist in der Chronik des Thietmar von Merseburg enthalten (1018), im IV. Buch und 32. Kapitel: König Otto I. bereitet die Kaiserkrönung vom 2. Februar 962 vor:

> Beim Einzug in Rom machte der Caesar den jungen Mann [Graf Ansfried, den späteren Bischof von Utrecht], dem er größtes Vertrauen schenkte, zu seinem Schwertträger (*spataferium suum*) mit den Worten: ‚Wenn ich heute an der heiligen Schwelle der Apostel beten werde, halte du ständig das Schwert über meinem Haupt (*tu gladium continue super caput meum teneto*)! Denn ich weiß wohl um die unseren Vorgängern oft recht gefährliche römische Treue.'[33]

Hier eine Parallele zu ziehen ist verlockend, und Heimpel und mit ihm Hartmut Boockmann (er muss diese Stelle gekannt haben, sonst hätte er nicht von einer „alten" Gebärde gesprochen) tun dies. Aber kannte man diesen Text im Jahre 1414? Gab es eine mündliche Tradition? Lebte sie noch vierhundert Jahre später?

Jürgen Petersohn schildert in seinem maßgeblichen, in der Historischen Zeitschrift vor zehn Jahren erschienen Artikel „Über monarchische Insignien und ihre Funktion im mittelalterlichen Reich" ausführlich nach dem Aulendorfer Codex der Richentalschen Chronik die immer wieder zitierte Belehnung des Burggrafen Friedrich von Nürnberg mit der Mark Brandenburg am 18. April 1417; er erwähnt danach auch, dass „der Sachsenherzog das Schwert nahm und so hielt, dass es mit seiner Spitze in die Krone des Königs reichte"; er meint jedoch, Richental habe „nicht immer mit richtigem Verständnis für die Art der Insignien" die Vorgänge beschrieben und erwähnt, dass Julius Bruckauf in seinem Buch über Fahnlehen „groteske Mißverständnisse" „in bezug auf die Rolle der Insignien bei diesem Akte" nachgewiesen habe.[34] Das tut Bruckauf nicht und es ist auch nicht zulässig, den Realitätsgehalt der Richentalschen Illustration anzuzweifeln. Zum einen wird das Schwert in der Krone in zwei verschiedenen Situationen und zu häufig dargestellt, als dass es sich um ein Versehen oder eine Missinterpretation handeln könnte; zum anderen begegnet diese Geste nicht nur im Bild, sondern wiederholt und ausdrücklich auch im Text (oben Nr. 1, 2 und 10).

---

32 Heimpel, Königlicher Weihnachtsdienst, S. 114 mit Anm. 45.

33 Thietmar von Merseburg, Chronik, S. 148f. – Den Hinweis auf diese Stelle gab mir zuerst Joachim Ehlers (Berlin).

34 Petersohn, Über monarchische Insignien, S. 79f. mit Anm. 131, mit Verweis auf Bruckauf, Fahnlehn, S. 76 (dort finde ich aber nichts dergleichen). Brieflich hieß es am 23. Aug. 2007 noch deutlicher, „daß man, wenn dieser Gestus nicht aus anderen Quellen zu erhärten ist, vielleicht an ein visuelles Mißverständnis zu denken hätte (etwa: das Schwert wird hinter der Krone abwärts mit der Spitze bis auf deren Höhe gehalten)."

Neuer Versuch

Es bleibt also dabei, dass niemand bislang eine überprüfbare Hypothese vorgelegt hat, die das Schwert in der Krone von Vorbildern stringent ableitete und ihren Sinn erklärte.

Entscheidend ist dabei die Antwort auf Frage, ob diese Geste vorher oder nachher, hier oder anderswo, in Bild oder Text nachweisbar ist. Unbestritten spielt das Schwert bei Krönung, Weihnachtsdienst, Fürstenbelehnung, Einzügen stets eine Rolle,[35] wo es aufrecht gehalten wurde, mit der Spitze nach untern oder nach oben, bekleidet oder bloß, still oder geschüttelt. Nur begegnet anscheinend nie die Geste des in die Krone gesteckten oder auf das Haupt zielenden Schwerts. Oder doch?

Hier eine Szene aus Friedrich Bocks im Jahre 1943 veröffentlichten Beschreibung des Hoftags zu Koblenz vom 5. September 1338, der zugleich ein Treffen Kaiser Ludwigs des Bayern mit König Eduard III. von England (und vorgeblich von Frankreich) war; leider fehlt der Quellenbeleg:

> der Kaiser in vollem Ornat auf hohem Throne, die alte Reichskrone auf dem Kopfe, Szepter und Reichsapfel in den Händen, hinter ihm der Schwertträger, der das Reichsschwert hoch über seinem Haupte mit beiden Händen hält – in Vertretung Johanns von Brabant übte Otto von Cuyk dieses Amt aus.[36]

Noch ausführlicher beschreibt Robert Suckale in seinem 1993 erschienen Werk zur Hofkunst Kaiser Ludwigs des Bayern das Treffen vom 5. September und erwähnt auch die Schwertgeste: „Über das Haupt des Kaisers hielt Otto von Cuyk als Stellvertreter des Herzogs von Brabant ein blankes Schwert, wie bei Gericht üblich."[37] Als Beleg wird auf eine Arbeit von Wolfgang Beeh aus dem Jahre 1976 verwiesen. Diese jedoch spricht lediglich von dem Abbild eines Schwertträgers im Ortenberger Altar, der im ersten Drittel des 15. Jahrhunderts entstanden ist und die Anbetung der Drei Könige darstellt. Der Schwertträger hält die blanke, fremdartig-sarazenische Waffe durchaus nicht in die Krone, sondern schräg hinter dem König aufrecht mit der Spitze nach oben; Otto von Cuyk oder die Konstanzer Handschriften sind mit keinem Wort erwähnt.[38]

Weiter ist Gerald Schwedler in seiner umfassenden Untersuchung der europäischen Königstreffen auf Otto von Cuyk aufmerksam geworden und schreibt,

---

35 Auch in der Richental-Illustration, wo es auf fast allen Versammlungen sichtbar ist.

36 Bock, Reichsidee und Nationalstaaten, S. 436. Zur Konkurrenz von Sachsen und Brabant um dieses Amt, das in der Goldenen Bulle (c. 22) Sachsen zugesprochen wurde, siehe Schubert, König und Reich, S. 76 mit Anm. 77; S. 254 Anm. 2, Ficker-Puntschart Bd. II 1, 1911, S. 267–274; Zeumer, Die Goldene Bulle, Bd. 1, Exkurs 1. – In den neueren Schilderungen von Eduards III. Reise auf den Kontinent ist die Geste nicht erwähnt, siehe Andre, Ein Königshof auf Reisen, S. 210–218; Trautz, Könige von England, S. 271–276. – Otto von Cuyk (im niederländischen Nord-Brabant) begegnet mehrfach in Eduards III. Reiserechnung, siehe The Wardrobe Book of William de Norwell, ad indicem.

37 Suckale, Hofkunst Kaiser Ludwigs, S. 34f., mit Anm. 105 auf S. 177.

38 Beeh, Mittelalterliche Abbilder, hier S. 5, 7 („schwerttragender Page") und 11 („Knappe mit dem hocherhobenen verzierten überdimensionalen Schwert").

dass dieser in Vertretung des Herzogs von Brabant „mit dem blanken Schwert über den Kaiser wachte“.[39] Seine Quelle ist die Chronik des Engländers Adam Murimuth; dort wird folgendes berichtet:

> *Et post locutus est idem rex* [Eduard III.] *cum duce Bavariae, in imperatorem electo* [Ludwig der Bayer], *apud Confluenciam prope Coloniam, et, facta inter eos confoederatione XV die mensis septembris,*[40] *anno supradicto, facta fuit sedes quaedam imperialis in quadam communi placia extra domum, in praedicta villa Confluenciae. Et contra horam diei tertiam venit imperator et sedit in sede praedicta, prout moris est imperatoribus in summis judiciis exercendis, tunicula revestitus, stolam contra collum ejus, fanonem in brachio ejus dextro, diadema et coronam in capite ejus, et sceptrum habens in manu;* **domino de Cuyke gladium nudum retro imperatorem in manu tenente**; *et juxta illum, illa vice, rege Angliae sedente, quem idem imperator* [...] *constituit vicarium suum.*[41]

Karl Zeumer hat im Jahre 1908 noch einen zweiten Text beigebracht, eine flandrische Chronik, wie er sagt, die aber identisch ist mit den hennegauischen „Récits d’un bourgeois de Valenciennes“, die Kervyn de Lettenhove im Jahre 1877 veröffentlicht hat. Dort ist die Szene folgendermaßen beschrieben, diesmal in französischer Sprache:

> *Et deseure l’empereur estoit le sire de Ku*(c)*k ou lieu du duc de Brabant, en son estant* [= aufrecht stehend] *deux pieds plus hault que l’empereur ou environ, et 1B tenoit-il une espée toute nue en sa main.*[42]

Bei genauer Lektüre ist es somit doch nichts mit dem „Reichsschwert hoch über seinem Haupte mit beiden Händen“ oder „über dem Haupte“ gehalten im Sinne von Schwert und Krone. Die Rede ist lediglich von dem hinter (*retro*) dem Kaiser stehenden Schwertträger mit dem bloßen Schwert. Zwar ist er zwei Fuß größer und steht damit „oberhalb“ des Kaisers, aber über die Haltung des Schwerts ist nichts ausgesagt, was sich für unsere Fragstellung verwerten ließe. Die fremden Beobachter, mit den zeremoniellen Gewohnheiten des Reichs nicht vertraut, hatten genau hingeschaut, das blanke Schwert zu Koblenz ist ihnen ebenso aufgefallen wie dem französischen Zeugen des Weihnachtsdienstes Karls IV. zu Cambrai im Jahre 1378, wo ebenfalls ein Träger an der Seite des Kaisers stand und es aufrecht hielt, als jener das Evangelium las. Diese Szene wurde denn auch in den Grandes Chroniques de France eigens illustriert.[43] Aber das „Schwert in der Krone“ ist aus dem englischen Text noch weniger abzuleiten als aus Thietmars Erwähnung, wo immerhin von *super caput meum* die Rede ist. Und 1378 begleitete sie definitiv (noch) nicht den kaiserlichen Weihnachtsdienst.

---

39 Schwedler, Herrschertreffen, S. 362; siehe auch die Notiz zum Treffen auf S. 437 Nr. 97.

40 Am 5., nicht am 15. September.

41 Adae Murimuth Continuatio Chronicarum, hg. v. Thompson, 1889, S. 84f., Anm. 16, Hs.-Variante N = London, British Library, Cotton Ms. Nero D. X. (siehe S. XIXf.: „probably not much later than the middle of the 14th century“).

42 Zeumer, Goldene Bulle Kaiser Karls IV., Bd. 1, S. 240 Anm. 3, nach Böhmer, Fontes, Bd. 1, 1843, S. 191 (vgl. hier zur Quelle S. XXIf.: Paris, Bibl. de l’Arsenal, Hs. 1649). Récits d’un Bourgeois, S.165f.: „Comment l’empereur fut en siége magestal atournés d’aornemens impériaux“.

43 Heiliges Römisches Reich, S. 316, Abb. 4 (Paris, BNF, ms. fr. 2831, fol. 467v). Zu Karls IV. Parisreise zuletzt Schwedler, Herrschertreffen, und Weiß, Onkel und Neffe, S. 146–156.

Die vorhandenen Untersuchungen über Lehnsrituale im Reich haben sich des Schwerts in der Krone nicht angenommen. Robert Boerger zitierte einen expliziten Text der Konzilschronik, sagt aber nichts über die fragliche Geste.[44] Julius Bruckauf interessierte sich bei seiner Durchsicht der bei Richental berichteten Fälle nur für Szepter und Fahnen,[45] Karl-Friedrich Kriegers reiches Buch zum König als Lehnsherrn erwähnt die Geste nicht,[46] Karl-Heinz Spieß, stets auf das Zeremonielle bedacht, erwähnt sie lediglich, ohne sie zu kommentieren.[47] Das mag dadurch zu erklären sein, dass die zunehmend ausführlicher werdenden Zeremonialbeschreibungen aus der Zeit des Konstanzer Konzil (mit Ausnahme Richentals) zwar die Gegenwart des Schwerts erwähnen, nicht aber die Weise, wie es gehalten wurde.[48] Bislang liegt auch kein späterer Bericht in Text oder Bild vor, der das Schwert in der Krone ausdrücklich erwähnte oder zeigte, obschon die Beschreibungen durchaus ins Detail gehen, etwa anlässlich der Fürstenbelehnungen, die Friedrich III. nach seiner Krönung am 18. und 19. Juni 1442 in Aachen vornahm[49] und danach auf seiner Heimreise in Köln, Mainz, Frankfurt, Innsbruck und Salzburg;[50] am 6. November 1473 in Trier,[51]

---

44 Boerger, Die Belehnungen, S. 87: Belehnung Friedrichs v. Brandenburg, siehe o. Nr.1.

45 Bruckauf, Fahnlehn, S. 71–78, S. 75f. zur Belehnung des Burggrafen von Nürnberg; dazu auch Boerger, Die Belehnungen, S. 86ff. unter Verwendung des Berichts aus Dachers Werkstatt (zu diesem o. Anm. 7).

46 Krieger, Lehnshoheit, hier bes. S. 429–432: „Der Belehnungsakt", S. 592–604, 605–616, 617–624 Verzeichnisse der Belehnungen von Fürstbischöfen, Fürstäbten und welt. Reichsfürsten in der Regierungszeit Kg. Sigmunds 1410–1437.

47 Spieß, Kommunikationsformen, wo auf S. 277–285 (daraus Spieß, Lehnswesen, hier bes. S. 39 und S. 171–173) ausführlich von den zeremoniellen Belehnungen von Reichsfürsten die Rede ist, insbesondere vom Kniefall und vom Lehnsgerüst, und S. 280f. von der Belehnung des Burggrafen von Nürnberg mit der Mark Brandenburg am 18. April 1417, mit Abb. 2 nach S. 272, hier S. 281: „Während der nun folgenden Zeremonie hielt der Pfälzer Kurfürst das Reichsschwert so gezückt, daß die Spitze die Königskrone berührte", mit Verweis auf Petersohn, Über monarchische Insignien, S. 79f.

48 Siehe z. B. Eigil von Sassen über Sigmunds Krönung am 8. Nov. 1414 in Aachen (RTA ÄR Bd. 7, 1878, Nr. 167: *herzoge Ludewyg von Beyhern, der hatte den appil ein cruze darof als ein phalzgrafe, mit eime langen roden mantil ein rode kogil ein roden hut alles mit hermeln gefüdert; sodan der herzog von Sassen, auch also gecleidit, der hatte daz bloße swert; sodan burggraffe Frederych von Norenberg von der marg wegen von Brandenburg daz gulden zeptrum*; vgl. Boerger, Die Belehnungen, S. 84); Justinger, Berner Chronik, S. 236, § 409, erw. bei Bruckauf, Fahnlehn, S. 75 mit Anm. 1) über die Erhebung des Gf. v. Savoyen zum Herzog, Chambéry, 19. Febr. 1416 (siehe auch RI Bd. 11, Nr. 1932f.; Krieger, Lehnshoheit der deutschen Könige im Spätmittelalter, S. 625, Nr. 62); Justinger berichtet vom Einsturz des für den Anlass gezimmerten *nüw hus*, wobei sich der Gf. v. Öttingen ein Bein bricht; sonst bietet er keine Details. Die Durchsicht der RTA bis zum Tode Sigmunds 1437 hat keinen Beleg für die gesuchte Geste ergeben, Stichproben zu 1442, 1486, 1495 (unten Anm.53f.) führten zum gleichen Ergebnis.

49 RTA ÄR Bd. 16, 1928, Nr. 109, § 14 –16, Auszug bei Spieß, Lehnswesen, S. 140f.; Seemüller, Friedrichs III. Aachener Krönungsreise, S. 636 § 63, S. 637 § 66, S. 638 § 71.

50 Seemüller, Friedrichs III. Aachener Krönungsreise, S. 640 § 78, S. 643 § 89, S. 644 § 91. – S. 657 § 170, Innsbruck, 23. Jan.1443: *da sas meins herrn gnad in seiner mayestat: der bischolff von Brixen dye kran trueg, hortzog Rudolf* [v. Sagan] *den apphel trueg, der graf vonn Matsch* [einer der drei Ulriche, Vögte von Matsch, Grafen v. Kirchberg] *das zeppter trueg, graf Perrnhart von Schawnburg das swerd trueg, Wolfl Vngnad dy schayd, das waren als konigklainat,* Belehnungen u. a. v. Hz. Albrecht v.

oder am 15. Februar 1486 zu Frankfurt am Main, als ein Herold beobachtete und danach beschrieb, wie er vor der Wahl Maximilians I. zum römischen König Fürsten belehnte.[52] Man achtete auf die Zahl der Banner und die Wimpel, die Trompeter und Pfeifer und auf die Stärke des Gefolges, auf die Kleidung und auf die Reichsinsignien, die die Kurfürsten hielten (oder ihre Vertreter, wie ehemals in Konstanz), der Herzog von Sachsen *mit kaysers Karls swert* (1442), *mit dem blossen swert* (1486). Aber über die Haltung und die weitere Verwendung des Schwerts ist nichts gesagt, vielmehr wurde die Belehnung mit dem Szepter und den Fahnen vollzogen.[53] Letztere spielten auch 1495 zu Worms[54] und 1496 eine hervorgehobene Rolle, als Maximilian I. zu Nördlingen den neuen Fürstbischof von Würzburg belehnte; anwesend war der Erzmarschall Kurfürst Friedrich von Sachsen, „der das von der Scheide entblößte königliche Schwert hatte" – aber es verlautet nichts von jener aufsehenerregenden Weise, es zu halten.[55] Dies tut allein und in der hier interessierenden Weise Richental.

Helfen die Bilderhandschriften des Sachsenspiegels, die aus früherer Zeit, aus der ersten Hälfte des 14. Jahrhunderts stammen? Ruth Schmidt-Wiegand,[56] die sie alle kennt und zum Teil selbst herausgegeben hat, lässt mich am Beispiel der Wolfenbütteler Handschrift wissen, dass wohl mit dem Schwert eine Krone vom Kopf geschlagen wird, wenn gezeigt werden soll, dass eine neue Dynastie die Weltherrschaft antritt (fol. 47r 5, Landrecht III 44 § 3). Auch wird ein aufsässiger Vasall gemaßregelt (fol. 68r 1.2), indem man ihm ein Schwert durch den Hals stößt, dessen Knauf eine Krone trägt (fol. 62v 4 zu Lehnrecht. 13 § 4, oder fol. 66r 3 zu Lehnrecht 23 § 3), oder ein Graf abgesetzt und geächtet (fol. 76v 6 zu Lehnrecht 71 § 5). Das Schwert in der Krone aber begegnet nicht.

Bayern. – S. 658 § 176, Salzburg, 30. Jan.: *meins herrn gnad fur in seiner mayestat, der bischof von Saltzburg trueg dye khran, hortzog Rudolf den kaiserlichn aphel trueg, graf Pernhart von Schawnburg das konigkhliche zepter, der graf von Berthaim das swert vnnd der Vngnad dy schayd.* Belehnung von Hz. Heinrich [v. Bayern] und des Ebfs. v. Salzburg.

51 Augenzeuge der Belehnung Karls des Kühnen von Burgund mit dem Hzt. Geldern war der frz. Geistliche Thomas Basin, damals im Exil. Er beschreibt sie ausführlich, ohne die Geste zu erwähnen, siehe Basin, Histoire de Louis XI., Bd. 2, S. 176–178.

52 RTA MR Bd. 1, Tl. 2, 1989, Nr. 915b. Auszug bei Spieß, Lehnswesen, S. 148–150. Der Autor ist der Bernhard Sittich, Wappenkönig „Romreich", ein wie alle Herolde notwendig genauer Beobachter des Zeremoniells.

53 Im 18. Jh., als die Belehnung der wichtigeren Fürstenlehen *coram throno caesareo* seit 1748 außer Gebrauch kam, ist die Geste ebenfalls nicht nachweisbar (jedoch das Küssen des Reichsschwerts, vgl. Merzbacher, Lehnsempfang, S. 398: so Bayern erstmals 1623), jedenfalls wird es bei Noël, Geschichte der Reichsbelehnungen, S. 112f. nicht erwähnt.

54 RTA MR Bd. 2, Tl. 2, 1981, Nr. 1855 (Autor: Ulrich Burggraf, Persevant des Mgf. v. Brandenburg), 1856 (Hess. Landeschronik des Wigand v. Gerstenberg).

55 Merzbacher, Regalienempfang, S. 450; das Szepter hielt vertretungsweise Wolfgang Herr von Polheim, den Apfel Albrecht von Seldeneck [Erbküchenmeister anstelle des Pfalzgrafen]; S. 453–455 Beschreibung der Belehnung vom 5. März 1521 in Worms, ebenfalls ohne Erwähnung der Geste. Merzbacher, Lehnsempfang, erwähnt auf S. 394 die Konstanzer Belehnung Wilhelms III. von Bayern-München von 1417, beschränkt sich fast ausschließlich auf die Zählung und Identifizierung der verschiedenen Lehnsfahnen.

56 Ich danke ihr sehr für ausführlich erteilte Auskunft mit Brief vom 10. Oktober 2008.

Schafft endlich der Blick über die Grenzen Abhilfe? Percy Ernst Schramms Forschungen über das Krönungszeremoniell in England und Frankreich, wo Schwert und Schwertträger ebenfalls an prominenter Stelle begegnen, bleiben zum Thema stumm.[57] Das um 1365 geschaffene, reich illustrierte Krönungsbuch Karls V. zeigt den Seneschall in dieser Funktion mehrfach, aber stets nur mit der aufrechten, nach oben gerichteten Blankwaffe.[58]

Gibt es schließlich keine Beschreibungen des Schwerts in der Krone, weil die Zeitgenossen wie üblich Selbstverständliches nicht aufzeichneten? In Konstanz wurde sie indes nicht nur abgebildet, sondern auch mit Worten beschrieben. Das Argument des Verschweigens ist und bleibt schwach. Vielmehr ist das Fehlen jeglicher Erwähnung vor und nach dem Konstanzer Konzil geradezu auffällig.

Eine Vermutung

Somit gilt es, eine Hypothese zu wagen, zumal unlängst die Bestätigung der Fermat'schen Vermutung erneut bewusst gemacht hat, dass es ebenso ehrenvoll, ja ehrenreicher sein kann, eine solche aufzustellen, als sie zu beweisen. Somit sei Gert Melville die Paravicini'sche Vermutung dargebracht, für die andere einmal den Nachweis oder Gegenbeweis führen mögen. Sie lautet: König Sigmund (oder der Kreis seiner Räte) hat die Zuspitzung der an sich alten Schutzgeste des Schwertträgers hin zum Schwert in der Krone speziell für das Konzil zu Konstanz erfunden, jenen Ort denkbar größter Öffentlichkeit. Nur dort taucht das auf, was von nun an die „Konstanzer Geste" heißen soll, und nur hier wird sie abgebildet. Mit Abschluss des Konzils verschwindet sie wieder.

Sigmund war in Nachfolge seines ritualbegabten Vaters ein Neuerer auf dem Feld der Zeremonien. Weihnachtsdienst, Bügelkrone und Baldachin hatte Karl IV. eingeführt,[59] die dreimalige Berennung des Lehenstuhls, erstmals zu Konstanz am 18. April 1417 bezeugt,[60] der nimbierte Doppeladler (von

57 Schramm, Geschichte des englischen Königtums, S. 23, 63f., 68f., 73f., 87; Schramm, König von Frankreich, Bd. 1, S. 59, 140f., 164, 167–169, 195, 203, 205, 238; Bd. 2, S. 18 zu S. 169.

58 Spektakel der Macht, S. 174f. (ganzseitige Farbabb.), Nr. II.26 (mit Lit.): Krönungsbuch König Karls V. von Frankreich, Paris um1365. Aus dems. Buch auch O'Meara, Monarchy and Consent, Farbtaf. 10–28, S. 295–297; Hedemann, The Royal Image, Farbtaf. 4–5.

59 *under keinem himel eingefürt* sei er beim Einzug in Frankfurt gewesen, ließ Nürnberg am 31. Dez. 1414 den Erbkämmerer Konrad von Weinsberg wissen, der sonst auf das kostbare Tuch Anspruch gehabt hätte, siehe RTA ÄR Bd. 7, 1878, Nr. 155.

60 Boerger, Die Belehnungen, S. 85. Bruckauf, Fahnlehn, S. 76: „dürfte [...] mit großer Wahrscheinlichkeit als eine weitere Ausgestaltung der im 14. Jahrhundert üblichen Gepflogenheit der Fürsten, bei ihrer Investitur in Begleitung der Bannerherren zu erschienen, aufzufassen sein; die dreimalige Berennung des kaiserlichen Lehnstuhles aber ist wohl auf das dreimalige Bieten der Mannschaft seitens des Lehnsempfängers zurückzuführen, wovon bereits die Rechtsspiegel berichteten." Vgl. Merzbacher, Regalienempfang, S. 450 Anm. 3 (*mos circumequitandi*). Auch Spieß, Kommunikationsformen, S. 282, Anm. 90 kennt kein früheres Datum.

1417?)[61], die Quaternionen als Repräsentation des Reichs[62] aber gehören in Sigmunds Regierungszeit. Das Schwert in der Krone dürfte ebenfalls als Erhöhung des Imperiums und Auszeichnung der königlichen Person anzusehen sein.[63] Da sie nicht nur bei Fürstenbelehnungen auftaucht, sondern auch beim Weihnachtsdienst, bezieht sie sich nicht allein auf den König als Lehnsherrn, sondern auf die Person des Königs an sich, in Momenten höchstrangigen Auftretens.

Trifft die chronologische Zuordnung zu, bleibt immer noch zu klären, weshalb es zu dieser dramatisierten Form kam und es nicht beim aufrechten blanken Schwert blieb. Bei der Weihnachtslesung Karls IV. zu Cambrai im Jahre 1378 ist lediglich dieses abgebildet. Die zeremoniellen Aufwandsnormen wurden aber permanent gesteigert, qualitativ und quantitativ, der Gesten wurden mehr und ausdrucksvollere, obgleich parallel die Schriftlichkeit zunahm.[64] Dahinein passt die spektakuläre Geste. Weshalb man gerade sie gewählt hat, was sie eigentlich darstellt, bleibt aber weiterhin im Dunkeln. Auch bleibt zu erklären, weshalb sie offensichtlich alsbald wieder verschwand. War sie doch zu gefährlich? Als bedrohliche Haltung schließlich unangemessen oder schlicht als körperliche Leistung unzumutbar? Wer kann schon längere Zeit ein großes Schwert mit hocherhobenen Händen nach unten halten, wenn er darauf achten muss, das Haupt des Königs nicht zu verletzen?

Bibliographie

Andre, E., *Ein Königshof auf Reisen. Der Kontinentalaufenthalt Eduards III. von England 1338–1340*, Köln 1996.

Athenaion Bilderatlas zur Deutschen Geschichte, ed. H. Jankuhn/H. Boockmann/W. Treue, Wiesbaden 1967. Aktualisierte Sonderausgabe u. d. T. Deutsche Geschichte in Bildern von der Urzeit bis zur Gegenwart, Wiesbaden 1981.

Basin, T., Histoire de Louis XI, ed. Ch. Samaran/M.-C. Garand, 3 Bde, Paris 1963, 1966, 1972.

The Beauchamp Pageant, ed. A. Sinclair, Donington 2003.

Beeh, W., Mittelalterliche Abbilder als Legitimationsnachweis. Die Tafel mit der Anbetung der Könige in Lenzburg und der Ortenberger Altar, in: *Kritische Berichte. Mitteilungsorgan des Ulmer Vereins Verband für Kunst- und Kulturwissenschaften* 4 (1976), S. 4–18.

Bock, F., *Reichsidee und Nationalstaaten vom Untergang des alten Reiches bis zur Köndigung des deutsch-englischen Bündnisses im Jahre 1341*, München 1943.

Boerger, R., *Die Belehnungen der deutschen geistlichen Fürsten*, Leipzig 1901.

Bruckauf, J., *Fahnlehn und Fahnenbelehnung im alten deutschen Reiche*, Leipzig 1907.

Buck 1882 siehe: Richental, *Chronik des Constanzer Concils.*

61 Gritzner 1902, S. 105, 109; Pferschy-Maleczek, Nimbus; Heilig, Römisch, Deutsch, S. 365–368 (Martin Kintzinger).

62 Heilig, Römisch, Deutsch, S. 368f. mit Anm. 90 (Lit.), auch zur Bügelkrone (Martin Kintzinger); außerdem S. 431–439 mit Anm. 111f. (Lit.); vgl. Schubert, Die Quaternionen.

63 Nichts hierzu bei Engels, Der Reichsgedanke.

64 Spieß, Kommunikationsformen, S. 282f.

Buck, Th.M., Text, Bild, Geschichte. Papst Johannes XXIII. wird auf dem Arlberg umgeworfen, in: *Archivum Historiae Conciliorum* 30 (1998), S. 37–110.

Buck, Th.M., Die Riegelschen Teilnehmerlisten. Ein wissenschaftsgeschichtliches Detail der Konstanzer Konzilsforschung, in: *Freiburger Diözesan-Archiv* 118 (1998), S. 347–356.

Buck, Th.M., Der Codex Salemitanus. Rekonstruktion einer verlorenen Richental-Handschrift, in: *FS Hubert Mordeck*, Frankfurt a. M. 1999, S. 247–278.

Buck, Th.M., Zu den historiographischen Prinzipien Ulrich Richentals, in: *Schriften des Vereins für Geschichte des Bodensees und seiner Umgebung* 117 (1999), S. 11–32.

Buck, Th.M., Zur Geschichte der Richental-Edition, in: *Zeitschrift für Württembergische Landesgeschichte* 59 (2000), S. 433–448.

Buck, Th.M., Die Richental-Handschrift P I 2 des Stadtarchivs Lindau, in: *Montfort. Vierteljahresschrift für Geschichte und Gegenwart Vorarlbergs* 52 (2000), H. 4, S. 325–328.

Buck, Th.M., Die ehemals St. Petersburger Richental-Handschrift (heute: Prag, Cod. VII A 18), in: *Deutsches Archiv für Erforschung des Mittelalters* 56 (2000), S. 593–602.

Buck, Th.M., *Textkritische Untersuchungen zur Konzilschronik Ulrich Richtentals. Auf dem Wege zu einer Neuedition (mit einer vorläufigen Edition der drei hauptsächlichen Chronikfassungen Aulendorf, Konstanz und St. Georgen)*, unveröff. Habilitationsschrift, Freiburg i. Br. 2001.

Buck, Th.M., Die Lindauer Richental-Handschrift P I 2, in: *Zeitschrift für Bayerische Landesgeschichte* 64 (2001), p. 169–174.

Buck, Th.M., Fiktion und Realität. Zu den Textinserten der Richental-Chronik, in: *Zeitschrift für die Geschichte des Oberrheins* 149 (2001), S. 61–96.

Buck, Th.M., Figuren, Bilder, Illustrationen. Zur piktoralen Literalität der Richental-Chronik, in: *FS Hubert Mordek*, Ostfildern 2006, S. 411–444.

Buck, Th.M., Von Konstanz über Aulendorf nach New York. Zur Text- und Rezeptionsgeschichte einer oberschwäbischen Richental-Handschrift, in: *Schriften des Vereins für Geschichte des Bodensees und seiner Umgebung* 125 (2007), S. 3–19.

Buck, Th.M., „Des heiligen Reichs und deutscher Nation Nothdurft und Obliegen". Der Konstanzer Reichstag von 1507 und die europäische Politik, in: *Schriften des Vereins für Geschichte des Bodensees und seiner Umgebung* 126 (2008), S. 35–57.

Chmel, J., *Regesta chronologico-diplomatica Ruperti regis Romanorum*, Frankfurt a. M. 1834.

[Dacher] *Die „Konstanzer Chronik" Gebhart Dachers. „By des byschoffs zyten volgiengen disz nachgeschriben ding vnd sachen ...". Codex Sangallensis 646*: Edition und Kommentar, ed. S. Wolff, Ostfildern 2008.

Deutsche Reichstagsakten [Ältere Reihe], Bd. 7: 1410–1420, ed. D. Kerler, München 1878, Bd. 16: 1441–1442, ed. H. Herre/L. Quidde, Stuttgart/Gotha 1928.

Deutsche Reichstagsakten [Mittlere Reihe], Deutsche Reichstagsakten unter Maximilian I. Bd. 1: Reichstag zu Frankfurt 1486, ed. H. Angermeier, Tl. 2, Göttingen 1989, Bd. 5: Reichstag von Worms 1495, ed. H. Angermeier, Bd. 2. Berichte und Instruktionen, München 1981.

Engels, O., Der Reichsgedanke auf dem Konstanzer Konzil, in: *Historisches Jahrbuch* 86 (1966), S. 80–106.

Feger 1964 siehe Richental, *Das Konzil zu Konstanz*.

Fehr, H., *Kunst und Recht*, Bd. 1: Das Recht im Bilde, Erlebach-Zürich/München/Leipzig 1923.

Ficker, J., *Vom Reichsfürstenstande. Forschungen zur Geschichte der Reichsverfassung zunaechst im XII. und XIII. Jahrhundert*, Bd. 1, Innsbruck 1861; Bd. II/1–3, ed. P. Puntschart, Innsbruck 1911, 1921, 1923.

Fischel, L., Kunstgeschichtliche Bemerkungen zu Ulrich Richentals Chronik des Konstanzer Konzils, in: *Zeitschrift für die Geschichte des Oberrheins* 107 / NF 68 (1959), S. 321–337.

Gritzner, E., *Symbole und Wappen des alten deutschen Reichs*, Leipzig 1902.

Hardt, H. v. d., *Magnum Oecumenicum Constantiense Concilium*, 7 Bde., Frankfurt/Leipzig 1697–1742.

Hedeman, A.D., *The Royal Image: Illustrations of the Grandes Chroniques de France, 1274–1422*, Berkeley 1991.

Heilig, Römisch, Deutsch. Das Reich im mittelalterlichen Europa, ed. B. Schneidmüller/St. Weinfurter, Dresden 2006.

Heiliges Römisches Reich Deutscher Nation, 962–1806. Von Otto dem Großen bis zum Ausgang des Mittelalters, ed. M. Puhle/Cl.-P. Hasse, Bd. 2, Dresden 2006.

Heimpel, H., Königliche Evangeliumslesung bei königlicher Krönung, in: *FS Friedrich Kempf*, Sigmaringen 1983, S. 447–459.

Heimpel, H., Königlicher Weihnachtsdienst auf den Konzilien von Konstanz und Basel, in: *FS Karl Hauck*, Berlin/New York 1982, S. 388–411, erneut in: Ders., *Aspekte. Alte und neue Texte*, ed. S. Krüger, Göttingen 1995, S. 101–131.

Heimpel, H., Königlicher Weihnachtsdienst im späteren Mittelalter, in: *Deutsches Archiv für Erforschung des Mittelalters* 39 (1983), S. 131–206.

Justinger, C., *Die Berner-Chronik*, ed. G. Studer, Bern 1871.

Kocher, G., *Zeichen und Symbole des Rechts. Eine historische Ikonographie*, München 1992.

Kraft, W., Das Reichsmarschallamt in seiner geschichtlichen Entwicklung, in: *Jahrbuch des historischen Vereins für Mittelfranken* 78 (1959), S. 1–36; 79 (1960), S. 38–96.

Krieger, K.-F., *Die Lehnshoheit der deutschen Könige im Spätmittelalter (ca. 1200–1437)*, Aalen 1979.

Krieger, K.-F., Fürstliche Standesvorrechte im Spätmittelalter, in: W. Heinemeyer (Hg.), *Vom Reichsfürstenstande*, Köln/Wien 1987 = Blätter für deutsche Landesgeschichte 122 (1986), S. 91–116.

Lacomblet, Th., *Urkundenbuch für die Geschichte des Niederrheins*, Bd. 4, Düsseldorf 1858.

Latzke, I., *Hofamt, Erzamt und Erbamt im mittelalterlichen deutschen Reich*, Diss. phil., Frankfurt a. M. 1970.

Mályusz, E., *Kaiser Sigismund in Ungarn 1387–1437*, Budapest 1990.

Mertens, D., Art. Richental, Ulrich, in: *Die deutsche Literatur des Mittelalters. Verfasserlexikon*, Bd. 8, Berlin/New York 1992, Sp. 55–60.

Merzbacher, F., Zum Regalienempfang der Würzburger Fürstbischöfe im Spätmittelalter, in: *Zeitschrift für Rechtsgeschichte*, Kan. Abt. 70 (1953), S. 449–456.

Merzbacher, F., Der Lehnsempfang der Baiernherzöge, in: *Zeitschrift für Bayerische Landesgeschichte* 41 (1978), S. 387–399.

Monumenta Zollerana. Urkundenbuch zur Geschichte des Hauses Hohenzollern, Bd. 6, ed. R. v. Stillfried/ T. Märker, Berlin 1860.

[Murimuth] *Adae Murimuth Continuatio Chronicarum [1307–1347]*, ed. E.M. Thompson, London 1889.

Naendrup-Reimann, J., Territorien und Kirche im 14. Jahrhundert, in: H. Patze (Hg.), *Der deutsche Territorialstaat im 14. Jahrhundert*, Bd. 1, Sigmaringen 1970, S. 117–174.

Oberndorf, L. v., *Regesten König Ruprechts*, Innsbruck 1912–1938.

O'Meara, C. F., *Monarchy and Consent. The Coronation Book of Charles V of France [1365]. British Library MS Cotton Tiberius B. VIII.*, London 2001.

Noël, J.-F., Zur Geschichte der Reichsbelehnungen im 18. Jahrhundert, in: *Mitteilungen des Österreichischen Staatsarchivs* 21 (1968), S. 106–122.

Paravicini, W., Signes et couleurs au Concile de Constance: le témoignage d'un héraut d'armes portugais, in: D. Turrell u. a. (Hg.), *Signes et couleurs des identités politiques. Du Moyen Âge à nos jours*, Rennes 2008, S. 155–187 und Farbtaf. XVIII–XXII.

Paravicini, W., Von Schlesien nach Frankreich, England, Spanien und zurück. Über die Ausbreitung adliger Kultur im späten Mittelalter, in: M. Weber/J. Harasimowicz (Hg.), *Adel in Schlesien. Herrschaft – Kultur – Selbstdarstellung*, Paderborn 2009 (im Druck).

Petersohn, J., Über monarchische Insignien und ihre Funktion im mittelalterlichen Reich, in: *Historische Zeitschrift* 266 (1998), S. 47–96.

Pferschy-Maleczek, B., Der Nimbus des Doppeladlers. Mystik und Allegorie im Siegelbild Kaiser Sigmunds, in: *Zeitschrift für historische Forschung* 23 (1996), S. 434–471.

Récits d'un bourgeois de Valenciennes (XIVe siècle), ed. J.B.M.C. Kervyn de Lettenhove, Löwen 1877.

[Regesta Imperii] J.F. Böhmer, Regesta Imperii, Bd. 11: *Die Urkunden Kaiser Sigmunds (1410–1437)*, verz. von W. Altmann, Innsbruck 1896–1900.

[Richental] *Ulrich Richental, Konstancskij sobor 1414–1418*. Concilium Constantiense MCDXIV–MCDXVIII, ed. Kaiserlich russische archäologische Gesellschaft in St. Petersburg, St. Petersburg 1874.

[Richental] *Ulrichs von Richental Chronik des Constanzer Concils 1414–1418*, ed. M.R. Buck, Stuttgart 1882.

[Richental] *Ulrich Richtal, Das Konzil zu Konstanz MCDXIV–MCDXVIII*. Kommentar und Text bearbeitet v. O. Feger, Starnberg/Konstanz 1964.

RI siehe *Regesta Imperii*

RTA siehe *Deutsche Reichstagsakten* (ÄR =Ältere Reihe, MR = Mittlere Reihe)

Schenk, G.J., Friedrich III. in Besançon 1442 und in Metz 1473 oder: Von geglückten und gescheiterten Herrschertreffen mit dem Burgunderherzog, in: S. Dünnebeil/Chr. Otter (Hg.), *Außenpolitisches Handeln im ausgehenden Mittelalter: Akteure und Ziele*, Wien 2007, S. 97–141.

Schenk, G.J., Sehen und gesehen werden. Der Einzug König Sigismunds zum Konstanzer Konzil 1414 im Wandel von Wahrnehmung und Überlieferung. Am Beispiel von Handschriften und frühen Augsburger Drucken der Richental-Chronik, in: F. Mauelshagen/B. Maurer (Hg.), *Medien und Weltbilder im Wandel*, Augsburg 2000, S. 71–106.

Schmidt, H., *Die deutschen Städtechroniken als Spiegel des bürgerlichen Selbstverständnisses im Spätmittelalter*, Göttingen 1958.

Schmidt-Wiegand, R., Die Wolfenbütteler Bilderhandschrift im Kreis der Codices picturati des Sachsenspiegels, in: dies. (Hg.), *Die Wolfenbütteler Bilderhandschrift des Sachsenspiegels. Aufsätze und Untersuchungen. Kommentarband zur Faksimile-Ausgabe*, Berlin 1993, S. 1–24.

Schramm, P.E., *Der König von Frankreich*, 2 Bde., 2. Aufl., Darmstadt 1960.

Schramm, P.E., *Geschichte des englischen Königtums im Lichte der Krönung*, 1. Aufl. Weimar 1937, 2. Aufl. mit neuem Vorwort Köln 1970.

Schubert, E., *König und Reich. Studien zur spätmittelalterlichen Verfassungsgeschichte*, Göttingen 1979.

Schubert, E., Die Quaternionen. Entstehung, Sinngehalt und Folgen einer spätmittelalterlichen Deutung der Reichsverfassung, in: *Zeitschrift für historische Forschung* 20 (1993), S. 1–63.

Schwedler, G., *Herrschertreffen des Spätmittelalters. Formen – Rituale – Wirkungen*, Ostfildern 2008.

Schwedler, G., Deutsch-französische Herrschertreffen im 14. Jahrhundert. Dynastische und staatliche Beziehungen im Wandel, in: S. Weiß (Hg.), *Regnum et Imperium. Die französisch-deutschen Beziehungen im 14. und 15. Jahrhundert*, München 2008, S. 55–99.

Seemüller, J., Friedrichs III. Aachener Krönungsreise [1442–1443], in: *Mitteilungen des Instituts für Österreichische Geschichtsforschung* 17 (1896), S. 585–665.

Spektakel der Macht. Rituale im Alten Europa 800–1800, Katalog, ed. B. Stollberg-Rilinger u. a., Darmstadt 2008.

Spieß, K.-H., Kommunikationsformen im Hochadel und am Königshof im Spätmittelalter, in: G. Althoff (Hg.), *Formen und Funktionen öffentlicher Kommunikation im Mittelalter*, Stuttgart 2001, S. 261–290.

Spieß, K.-H., *Das Lehnswesen in Deutschland im hohen und späten Mittelalter*, Idstein 2002.

Suckale, R., *Die Hofkunst Kaiser Ludwigs des Bayern*, München 1993.

Thietmar von Merseburg, *Chronik*, dt./lat. ed. R. Holtzmann/W. Trillmich, Darmstadt 1962.

Trautz, F., *Die Könige von England und das Reich 1272–1377*, Heidelberg 1961.

Wacker, G., *Ulrich Richentals Chronik des Konstanzer Konzils und ihre Funktionalisierung im 15. und 16. Jahrhundert. Aspekte zur Rekonstruktion der Urschrift und zu den Wirkungsabsichten der überlieferten Handschriften und* Drucke, Diss. phil, Tübingen 2001. http://w210.ub.uni-tuebingen.de/dbt/volltexte/2002/520/index.html

The Wardrobe Book of William de Norwell, 12 July 1338 to 27 May 1340, ed. M. Lyon u. a., Brüssel 1983.

Weiß, S., Herzog Friedrich IV. auf dem Konstanzer Konzil. Neue Dokumente zum Konflikt des Tiroler Landesfürsten mit König Sigismund, in: *Tiroler Heimat* 57 (1993), S. 31–56.

Weiß, S., Onkel und Neffe. Die Beziehungen zwischen Deutschland und Frankreich unter Kaiser Karl IV. und König Karl V. und der Ausbruch des Großen Abendländischen Schismas. Eine Studie über mittelalterliche Außenpolitik. 1. Teil: vom Reichstag zu Metz bis zum Ausbruch des Großen Schismas, in: S. Weiß (Hg.), *Regnum et Imperium. Die französisch-deutschen Beziehungen im 14. und 15. Jahrhundert*, München 2008, S. 101–164.

Weiß, S., Salzburg und das Konstanzer Konzil (1414–1418). Ein epochales Ereignis aus lokaler Perspektive – Die Teilnehmer aus der Erzdözese Salzburg einschließlich der Eigenbistümer Gurk, Chiemsee, Seckau und Lavant, in: *Mitteilungen der Gesellschaft für Sazburger Landeskunde* 132 (1992), S. 143–307.

Eberhart Windeckes *Denkwürdigkeiten zur Geschichte des Zeitalters Kaiser Sigmunds*, ed. W. Altmann, Berlin 1893.

Zeumer, K., *Die Goldene Bulle Kaiser Karls IV.*, 2 Bde., Weimar 1908.

Korrekturnachtrag am Johannistage 2009:

Nachdem das Manuskript schon eingereicht war, diskutierte am 16. Januar 2009 der Kieler Mediävistenkreis das Problem. Dabei wurde u. a. von Ulrich Kuder, Ludger Lieb, Heinz Dormeier vorgeschlagen, den ‚Konstanzer Gestus' als Erniedrigungsritual aufzufassen. Dies widerspricht seiner hohen Zeremonialität und extremen Publizität während des Konzils keineswegs, im Gegenteil: König und (weltliche) Kurfürsten erscheinen als Einheit, als das ‚Reich', die Kurfürsten allein haben die Macht, den König zu bedrohen, tun es aber nur symbolisch und erweisen sich damit als solidarisch. Diese „paradoxe Legitimation" (Lieb) setzt die Zustimmung, ja den Willen des Königs voraus. Die Frage, weshalb dies Verfahren offensichtlich nur auf dem Konstanzer Konzil inszeniert wurde, ist damit noch nicht schlüssig beantwortet, denn das ebenfalls neue und sehr aggressive „Berennen" des Lehenstuhls (Gerhard Fouquet) überdauerte. Sicher könnte man nur sein, wenn ähnliche Erniedrigungsgesten und Demutszeremonien auch anderswo in vergleichbaren Situationen nachgewiesen würden – ein Thema, dem sich Annette Kehnel (Mannheim) widmet. Von ihr sind künftige Veröffentlichungen zu diesem Thema zu erwarten.

Nichts zur Sache bei T. Brugisser-Lanker, Krönungsritus und sakrales Herrschertum: Zeremonie und Symbolik, in: E. Bierende u. a. (Hg.), *Riten, Gesten, Zeremonien. Gesellschaftliche Symbolik in Mittelalter und Früher Neuzeit*, Berlin 2008, S. 289–320. – Vorstufen im 13. und 14. Jh. behandelt J. Peltzer, Die Öffentlichkeit von fürstlichem Rang und Amt, in: M. Kintzinger/B. Schneidmüller (Hg.), *Politische Öffentlichkeit im Spätmittelalter.* Herbsttagung des Konstanzer Arbeitskreises für Mittelalterliche Geschichte e. V., Insel Reichenau, 7. bis 10. Oktober 2008 (Reihe: Vorträge und Forschungen), Ostfildern (im Druck). – Das zweibändige Werk: U. Hohensee u. a. (Hg.), *Die Goldene Bulle. Politik – Wahrnehmung – Rezeption* (Berichte und Abhandlungen. Sonderband 12), Berlin 2009, enthält manches hier Einschlägige: Bd. 1, S. 118f. mit Abb. 4 zur erstmals 1347 bezeugten weihnachtlichen Evangelienlesung mit dem Schwert (M. Lindner); S. 220–225 zum „Streit um das Schwert" zwischen Sachsen und Brabant, wo auch der Herr von Cuyk erwähnt wird (C. Garnier); und S. 264 zu den seit 1348 bekannten Lehnsgerüsten (B. Schneidmüller).

MARTIN KINTZINGER (Münster)

De potentia in actum

Mittelalterliches zur Moderne

Im Dezember 2008 erschien in der International Herald Tribune ein Kommentar zu den Erwartungen der US-Amerikaner an ihren neu gewählten Präsidenten Barack Obama. Ein aktuelles Interview mit einem jungen Wähler aus dem Lager der Demokraten bringt es auf den Punkt: „He's being expected to ride in on a white horse, end hunger, stop war and deforestation, and maybe, cure cancer along the way".[1] Treffend überschreibt der Kommentator seinen Bericht mit der Feststellung: „After Obama euphoria, it's back to the old jokes".

Ob ihm bewusst war, wie alt die „jokes" sind und dass ihre Geschichte weit vor der Entwicklung Amerikas begann? Eine religiöse Komponente, die visionäre Heilserwartung, spielt hierbei zweifellos die tragende Rolle. Man mag sich erinnern an die biblische (Off. 6, 1–8) Allegorie der vier apokalyptischen Reiter, von denen drei für Krieg, Not und Tod stehen – der erste hingegen, gekrönt und auf einem weißen Pferd reitend, für Gerechtigkeit. In Text und Bilddarstellungen ist die Allegorie seit der Spätantike vielfach gedeutet, seit dem 11. Jahrhundert ikonographisch gefasst und bis in die Frühe Neuzeit hinein der erste Reiter christologisch gedeutet worden. Das Bild des Reiters auf dem weißen Pferd drückt zugleich ein politisches Herrschaftsverständnis aus, wie es die Kaiser des Mittelalters in ihrem universalen Geltungsanspruch repräsentierten und wie es dagegen von Königen, vor allem der Krone Frankreichs, durch eine ausgeformte und theologisch wie gewohnheitsrechtlich begründete politische Theorie ihrerseits reklamiert wurde.[2] Nicht zufällig ließ sich der spätere Präsident der Republik Frankreich, Nikolas Sarkozy, im Frühjahr 2007, während seines Wahlkampfes um das Präsidentenamt, auf einem weißen Pferd darstellen, das den Namen Universel trug.

Aufmerksam und nicht ohne Skepsis sind die persönlichen Eigenwilligkeiten und die diplomatischen Erfolge Sarkozys seither vielfach kommentiert worden und wenn man ihm besondere Eigenschaften zuschreiben wollte, so geschah dies mit Formulierungen wie „Charisma und Entscheidungsfreude".[3] Selbstverständlich fand er sofort Eingang in die 2008 veröffentlichte Porträt-

---

1 Johnson, Letter from America, S. 2.
2 Kintzinger, Der weiße Reiter, S. 315–353, Tafeln IX–XII.
3 Sarkozys Sieg: Frankreichs Lethargie ist zu Ende, in: CaféBabel.com, 7. Mai 2007. http://www.cafebabel.com/ger/article/20869/ [Zugriff 31.12.2008].

sammlung „Le charisme en politique".[4] Dabei ging es um Frankreich und Europa. Für Obama war die Zuschreibung von Charisma schon lange vor seiner Wahl in aller Munde, zunächst bezogen auf seine Wirkung in Amerika und nur mit vielen Fragezeichen auch für seine mögliche Rolle in der Welt. „Le charisme d'Obama" wurde schließlich 2008 auch in der französischen Presse beschrieben, erklärtermaßen weil Obama, ganz wie Sarkozy, das Image des Aufsteigers pflegt, der seine Karriere nicht alten Beziehungen verdanke.[5] Sicher auch aus historischen Gründen der eigenen Geschichte kann die Bewertung aus deutscher Sicht nur differenzierter ausfallen: „Wir sehen jetzt in Amerika, wie ein junger Mann, Barack Obama, allein mit Charisma, zu einer nationalen Figur wird", so resümiert der frühere deutsche Bundeskanzler Helmut Schmidt in einem Fernsehinterview Ende 2008 – und er ergänzt einschränkend, man dürfe nicht vergessen, „dass Charisma für sich genommen noch keinen guten Politiker ausmacht".[6]

Charisma scheint in der heutigen Medienwelt zu einem Etikett des gehobenen Entertainments geworden zu sein. Sogar in seriösen Medien wird neuerdings eine auf Umfrageergebnissen basierende Charisma-Champions-League veröffentlicht.[7] Um die Faszination, das nicht näher fassbare Besondere bekannter Persönlichkeiten (oder eben dessen Fehlen) geht es dabei. Grundsätzlich, so die dahinter stehende Botschaft, besäßen nur wenige Menschen eine charismatische Persönlichkeit, doch jeder könne daran arbeiten, eigenes Charisma zu gewinnen. Auf die Wortbedeutung kommt es dabei nicht an, der Begriff des Charismas steht vielmehr gerade für die Tatsache, dass das Gemeinte kaum genau erklärt und bezeichnet, sondern nur wahrgenommen und allenfalls umschrieben werden kann. Die Zuschreibung des Charismatischen erfolgt unmittelbar über Wirkung und Wahrnehmung, nur mittelbar über Eigenschaften. Nicht zufällig sind die als charismatisch Beschriebenen stets Personen, die Stärke und Entscheidungskraft ausstrahlen, Intelligenz, Redegewandtheit und Überzeugungsfähigkeit. Die semantische Vielschichtigkeit und funktionale Kontextualität des Charisma-Begriffs hat jetzt, 2008, auch in der interdisziplinären kulturwissenschaftlichen Forschung zur Veröffentlichung eines neuen, mit einer weiten historischen Perspektive arbeitenden und zugleich interkulturell akzentuierten Sammelband angeregt.[8]

4 Réflexions expréssives, in: Le Monde.fr, Dezember 2008. http://expresso.blog.lemonde.fr/critique-coupez-le-son-le-charisme-en-politique/ [Zugriff 31.12.2008].

5 Haget, Le charisme d'Obama m'impressionne, in: L'express.fr, 29. Mai 2008. http://www.lexpress.fr/actualite/monde/amerique/le-charisme-d-obama-m-impressionne_504751.html [Zugriff 31.12.2008].

6 Interview mit Helmut Schmidt vom 14. September 2008, http://www.heute.de/ZDFheute/inhalt/25/0,3672,7379705,00.html?dr=1 [Zugriff 31.12.2008].

7 So beispielsweise: http://www.sueddeutsche.de/leben/964/433713/text/ [Zugriff 1.1.2009].

8 Rychterová, Charisma.

Institution und Charisma?

Bereits 2006, also vor Sarkozy und Obama, schrieb der Kulturtheoretiker Hartmut Böhme eine „andere Theorie der Moderne".[9] Unter den Elementen politischer Idolatrie berichtet er über die charismatische Herrschaft als „quasi-religiöse Herrschaftsform" nach der bekanntlich von dem Soziologen Max Weber geleisteten, posthum 1922 veröffentlichten Begriffsprägung. Mit Weber spricht er von den vermeintlich magischen Fähigkeiten, den Offenbarungen oder der machtvollen Redekunst der als charismatisch verehrten Herrscherfiguren, der Konstituierung ihres Gefolgschaftsverbandes, der Gleichzeitigkeit von Gegenwart und Zukunft in einer eschatologischen Perspektive und der transitorischen Handhabung des Charismas durch Rituale und Symbolkultur. Anhand der bekannten Diktatoren des 20. Jahrhunderts ergibt sich daraus die Einsicht, dass die Fusion von charismatischer Herrschaft und Staat zum Totalitarismus führe.

Im zeithistorischen Kontext des frühen 3. Jahrtausends drängt sich in der Tat die Herleitung – und zwingende Zurückweisung – charismatischer Herrschaft aus den Erfahrungen des Totalitarismus auf. Nicht zufällig werden Zuschreibungen charismatischer Qualität im aktuellen politischen Diskurs von 2008/2009 durch solche zeithistorischen Verweise schwierig, mitunter unstatthaft. Max Weber hatte noch einen weiteren Blick und es mag das augenscheinlich Visionäre seiner Ausführungen vor der Folie der Ereignisse von und seit 1933 gewesen sein, die der 1920 verstorbene Weber nicht mehr erlebte, weshalb man heute vielfach dazu neigt, die von ihm beschriebene charismatische Herrschaft geradezu zwangsläufig als totalitär zu deuten. Allerdings ist beispielsweise die Veralltäglichung des Charismas, nach Weber grundlegendes Element charismatischer Herrschaft, wie Böhme 2006 skizziert, für ein zum Totalitarismus tendierendes System eine essentielle Gefahr, der durch die Expression ritueller Verstetigung begegnet wird.[10] Mehr noch fällt auf, dass die religiöse Komponente des Charismas in den Erklärungen moderner Totalitarismen zwar vorkommt, aber nicht prägend ist und in ihrer historischen Herleitung marginal bleibt, während sie bei Max Weber zentral ist. Er erklärt das Außeralltägliche des Charismas anhand, wie es bei ihm heißt, von Propheten, Rechts-Weisen, Jagdführern und Kriegshelden, des gekorenen Königs und eines charismatischen Herzogs.[11]

Webers Begriffsbildung überzeugt hier durch definitorische Schlüssigkeit und zugleich historische Begründung. Deshalb geht seine Beschreibung charismatischer Persönlichkeiten schon insofern weit über das heute verbreitete Verständnis (sowohl medialer Charisma-Champions-Leagues als auch der Theorien zum Charisma des Totalitarismus) hinaus, als es erstens nicht auf politische

9 Böhme, Fetischismus und Kultur; dieses und die folgenden Zitate: S. 270–275.
10 Vgl. Georgieva, Außeralltäglichkeit.
11 Vgl. Mühlmann, Art. Charisma II, Sp. 996–999. [Redaktion], Art. Charisma I, Sp. 996.

Machthaber beschränkt ist, zweitens die notwendige Akzeptanz des Charismatikers durch die Adressaten seiner Selbstinszenierung und drittens seine religiös movitiverte Legitimation bewusst hält. In der methodischen Einleitung des von Gert Melville mitherausgegebenen Sammelbandes „Charisma und religiöse Gemeinschaften im Mittelalter" wird entsprechend resümiert: „Der Webersche Charisma-Begriff – zunächst religionssoziologisch eingesetzt, dann zur typologischen Klärung von Herrschaft allgemein verwendet – ist semantisch weiter gefasst, er zielt vor allem auf die W i r k u n g der charismatischen Qualität, löst sich aber im Grunde nie von seinem theologischen Ursprung".[12]

Geradezu als Urtypus des Charismatikers wird demzufolge der Prophet erkannt, erst dann auch der König und beide nur im Zusammenhang der Akzeptanz ihrer Wirkung:

> Über die Geltung des Charismas entscheidet die durch Bewährung – ursprünglich stets: durch Wunder – [...] gesicherte [...] Anerkennung durch die Beherrschten. [...] Bleibt die Bewährung dauernd aus, zeigt sich der charismatisch Begnadete von seinem Gott oder seiner magischen oder Heldenkraft verlassen, bleibt ihm der Erfolg dauernd versagt, [...] so hat seine charismatische Autorität die Chance, zu schwinden. Dies ist der genuine charismatische Sinn des Gottesgnadentums.[13]

Weber verweist an dieser Stelle auf „altgermanische" Traditionen, solche sogenannter „primitiver Völker" oder der alten chinesischen Kultur. Wenige Jahre vor Weber, 1914, verfasste Fritz Kern sein Buch über „Gottesgnadentum und Widerstandsrecht im früheren Mittelalter. Zur Entwicklungsgeschichte der Monarchie". Bis heute wird auf diese Arbeit zurückgegriffen, in einer bei veränderten methodischen Ansätzen (und weitgehendem Verzicht auf den Begriff des Gottesgnadentums in der wissenschaftlichen Terminologie) im Ganzen noch immer aktuellen Diskussion über die Bedeutung religiöser Legitimation für die Begründung und Entwicklung der monarchischen Herrschaftsform im mittelalterlichen Europa.[14]

Der Begriff des Charismas spielt in diesen Zusammenhängen kaum mehr eine leitende Rolle, wohl aber das damit Gemeinte. Von der Vorstellung eines Auserwähltseins wird eher gesprochen oder von „Virtuosen der Macht".[15] Was drückt sich in der Inszenierung von theologisch begründeter Herrschaftslegitimation (Gottesgnadentum) oder auch in der hier schon erwähnten Darstellung des herrscherlichen, universalen Exklusivanspruchs als Reiter auf dem weißen

---

12 Andenna/Breitenstein/Melville, Vorbemerkungen, S. XII; Vgl. Rychterová, Jan Hus; Schmidt, Art. Charisma II., S. 682–685.

13 Weber, Wirtschaft und Gesellschaft, Erster Halbband, Teil 1, Kap. 3, § 10, S. 140–142, hier S. 140.

14 Kerns Buch von 1914 liegt in zahlreichen Nachdrucken vor, so einer 1954 publizierten und zuletzt einer siebten, in Darmstadt 1980 erschienenen Auflage. Vgl. Borgolte, Sozialgeschichte, S. 215; Körntgen, Königsherrschaft, bes. S. 18–20. Für den Zusammenhang der Arbeiten von Weber und Kern sowie die Kritik an Weber durch Otto Brunner oder weiterführende Ansätze zur Erforschung der Herrschersakralität, vor allem von Ernst Kantorowicz oder Percy Ernst Schramm, sei auf die genannten Titel und weitere Forschungsliteratur verwiesen.

15 Vgl. Nippel, Virtuosen der Macht.

Pferd anderes aus?[16] Dass der Begriff selbst keine prägende Verwendung finden kann, ergibt sich schlicht aus der Tatsache, dass er im mittelalterlichen Wortgebrauch nur sehr selten überliefert und seine Bedeutung zumeist in übersetzten Termini tradiert ist;[17] das Reden von Charisma in bezug auf die Lebensrealität des Mittelalters und deren Überlieferungen muss also in dem Bewusstsein geschehen, damit eine wissenschaftliche Terminologie zur Beschreibung einer in der Zeit wahrgenommenen, aber gewöhnlich anders oder fallweise auch gar nicht explizit bezeichneten Sache zu verwenden.

Über die Werke Max Webers ist in der Forschung einschlägig auch unter dem Schlagwort einer Institutionentheorie gearbeitet worden, wie sie in den historischen Wissenschaften maßgeblich unter Leitung von Gert Melville an der Universität Dresden untersucht worden ist.[18] In der heutigen Zeit interessiert daran weniger die Verstetigung, Stabilität und Kontinuität schaffende Qualität von Institutionalisierung und Institutionen. Vielmehr wird ein theoretischer Ansatz zur Erklärung von Wandlungsprozessen und Krisenphänomenen einer institutionellen Ordnung gesucht, also zur Anwendung auf den gesellschaftlichen Befund zur aktuellen Gegenwart. Während Max Weber den Charisma-Begriff wirkmächtig neu definiert hat, verwendete er zwar das Wortfeld der (sozialen) Institution und der institutionellen Ordnung, wirkte hier aber kaum begriffsbildend. Bezogen auf gesellschaftliche Wandlungsprozesse sah er eine historisch beschreibbare Entwicklung in der Durchsetzung eines charismatischen Elements. Charisma wirkte demzufolge nach seiner Beobachtung dort, wo institutionelle Ordnungen sich umfassenden Wandlungsprozessen ausgesetzt sahen.[19] Es konnte diese Ordnungen zu beseitigen und neue zu begründen oder die Krisenphänomene zu überwinden helfen und damit zu einer erneuten Stabilisierung der bestehenden Ordnungen beitragen. Auch charismatische Herrschaft – und charismatisches Handeln in der Gesellschaft allgemein – definiert sich demzufolge als soziales, auf Zustimmung angelegtes Handeln, wie es jüngst nochmals, 2006, von Armin Nassehi als Erkenntnis der modernen Soziologie herausgestellt und insbesondere am Werk Webers erklärt worden ist.[20]

Die vielfach empfundene Krise des politischen Systems in den EU-Staaten der Gegenwart hat damit zu tun, denn sie stellt sich als Akzeptanzdefizit vor, das nicht auf die politische Ordnung bezogen ist, sondern auf die „Glaubwürdigkeit" von deren Vertretern. Unter dem Schlagwort „Politik als Beruf" hat Max Weber denselben Befund bereits vor bald einhundert Jahren, 1919, kritisiert. Was sich systemanalytisch als Professionalisierung und somit als Prozess

16 Vgl. jetzt Whoda, Herrschaftslegitimation.
17 Art. Charisma, in: Mittellateinisches Wörterbuch 2, Sp. 521f.
18 Vgl. Gimmler, Institution und Individuum; Hinweise auf die Ergebnisse des Dresdner Sonderforschungsbereichs 537 Institutionalität und Geschichtlichkeit sind an dieser Stelle nicht beabsichtigt.
19 Vgl. Sprondel, Sozialer Wandel.
20 Nassehi, Diskurs, S. 30f. Hierzu und für die folgenden einschlägigen Bezugnahmen: Weber, Politik als Beruf.

institutioneller Verfestigung darstellen ließe, hat er fast wortgleich mit heutigen Kritikern so beschrieben: Die Politiker leben nicht mehr für die Politik, sondern von der Politik – und: das parlamentarische System ziehe keine charismatischen Personen mehr an.[21] Noch Ende Dezember 2008 nahm ein Pressekommentar solche Bedenken in der Feststellung auf, die Politik sei längst ein gewöhnlicher Beruf geworden: „Das schließt nicht aus, daß sich auch künftig so manche zur Politik berufen fühlen – und es nur einige tatsächlich sind".[22]

Die Kunst der Anspielung öffnet hier neue Horizonte: durch den Verweis auf eine biblische Metapher (Matth. 22, 14), nach der viele berufen sind (modern gesprochen: sich berufen fühlen), aber nur wenige auserwählt (also: tatsächlich berufen sind), das Spiel mit dem Begriff der Berufung und des Berufes. Ursprünglich und in seinem Bedeutungskern steht die Berufung für eine höhere, im religiösen Kontext verstandene, exklusive Begabung und Beauftragung. Wer eine solche Berufung für sich beanspruchen kann und damit von seiner Umwelt dauerhaft akzeptiert ist, wird als Charismatiker gelten dürfen. Deshalb ist der Charismatiker als Typus zuerst der Religiose und deshalb wird bei Max Weber der Prophet als erstes Exemplum des Charismatikers benannt. Seine Taten und Wirkungen werden, idealtypisch gedacht, sein Charisma bestätigen und stärken, deren Ausbleiben oder Scheitern kann es infrage stellen. Zeichen und Wunder sind es, die man von einem religiösen Charismatiker erwartet. Auch das herrscherliche Gottesgnadentum ist auf solche Bewährung angewiesen, will es den Rang seines Trägers als Charismatiker behaupten. Sieghaftes und machtvolles Handeln (modern gewendet: durchsetzungsfähige, weitsichtige, sachgerechte und gestaltende Politik), Gerechtigkeit, Friedensbereitschaft und persönliche Mäßigung wird man dann von einem Herrscher (oder Politiker) erwarten. „Leidenschaft – Verantwortungsgefühl – Augenmaß", so heißt es in Webers „Politik als Beruf".[23] Was beide gemeinsam haben müssen, der religiose und der politische Charismatiker, ist zweifellos die Kraft des gesprochenen Wortes, überzeugende Redegewandtheit und kluge, belesene argumentative Brillanz.

Dass mit der Institution der Predigt oder der politischen Rede und mit derjenigen des kirchlichen oder politischen Amtes keinesfalls zwangsläufig oder notwendig charismatische Ausstrahlung der Amtsinhaber als Personen verbunden ist, versteht sich. Es kann nur umgekehrt sein: Die Person vermag mittels ihres Charismas die Institution zu prägen, zu stablisieren und in ihrer Akzeptanz aufzuwerten. Das Charisma bleibt Merkmal einer Person und unterliegt auch als solches der Anforderung beständiger Bewährung.

---

21 Vgl. die unter der Überschrift „Neuzeitliche Perspektiven: Wissenschaft zwischen Professionalität und Genialität" zusammengeführten Beiträge in: Rychterová, Charisma.

22 Sattar, Politik als Beruf, S. 1.

23 Zit. nach Nassehi, Diskurs, S. 79.

Charisma und Institution!

Max Webers Charisma-Begriff ist, wie jüngst dargestellt wurde, auf der Grundlage paulinischer Theologie von der Idee einer Selbstauthentifizierung geprägt, die über das Zusammenspiel von „guten, rationalen" Motiven und Selbstdisziplin den eigenen Ort in der Differenz zur Umwelt findet und dadurch in der Gesellschaft wirkmächtig handeln kann.[24] Das Diktum der modernen Soziologie, Webers vor allem anhand der „Protestantischen Ethik" entwickelte Vorstellung von Persönlichkeit sei „eben kein asketischer Mönch, sondern jemand, der dadurch besonders zurechnungsfähig wird, dass er in der Welt die Welt Welt sein lässt und tut, wozu er sich verpflichtet fühlt", greift indessen aus mediävistischer Sicht zu kurz. Die Kultur der Monastik im Mittelalter ist mit dem Schlagwort der Askese gerade nicht zureichend erfasst, sondern kann nur durch eine komparative Untersuchung monastischer Gemeinschaften erschlossen werden.

Es war federführend Gert Melville, der in einem 2005 vorgelegten Sammelband zum Thema „Charisma und religiöse Gemeinschaften" dazu neue Akzente gesetzt und dabei die bislang unterschätzte Relevanz der Mittelalterforschung im allgemeinen und der mittelalterlichen Ordensforschung im besonderen herausgestellt hat.[25] Erstmals sind hier die bislang im (parallelen eher als interdisziplinären) Diskurs thematisierten wesentlichen Themenfelder der historischen Charisma-Forschung zusammengeführt und für die Mittelalterforschung fruchtbar gemacht worden: Die religions- und vor allem herrschaftssoziologische Deutung durch Max Weber sowie die bei Weber gerade nicht angelegte, bislang nur von der kirchen- und theologiegeschichtlichen Forschung profilierte und in der aktuellen historischen Ordensforschung aufgenommene Interferenz von Charisma und Institution.[26]

Auch für den Zusammenhang von Königsherrschaft und theologisch begründeter Legitimation im Mittelalter hätte sich bereits auf die Forschungen Gert Melvilles verweisen lassen.[27] Beide Themenzusammenhänge können hier nur angedeutet bleiben. Ein anderes Sujet historisch-mediävistischer Forschung mag an dieser Stelle thematisiert sein: die Geschichte der Wissenschaft und der Universität.

---

24 Nassehi, Diskurs, S. 78f., desgleichen S. 80f. und 111. Das folgende Zitat ebd., S. 79; Schütz, Art. Charisma IV. Neues Testament, S. 693.

25 Andenna/Breitenstein/Melville, Charisma und religiöse Gemeinschaft. Zu verweisen ist insbesondere auf die Beiträge zur Problematik der Veralltäglichung von Karl-Siegbert Rehberg sowie Elke Goez und den Beitrag zur Rezeption und Sichtbarkeit von Mirko Breitenstein.

26 Vgl. zuletzt die Beiträge von Albrecht Diem und Matthias Vollet zum Zusammenhang von Charisma und Mystik, Frömmigkeit und religiöser Praxis, in: Rychterová, Charisma; Klitzsch, I., Abaelardus, bes. S. 222–227.

27 Exemplarisch: Melville, … et en tel estat le roy Charles lui assist la couronne sur le chief.

Bekanntlich hat Max Weber 1919 nicht nur seinen Essay „Politik als Beruf" veröffentlicht, sondern zuvor, ebenfalls auf einem Vortragsmanuskript aufbauend, den Artikel „Wissenschaft als Beruf". Konzeptionell sehr ähnlich aufgebaut, geht es auch darin um das Verhältnis von Beruf und Berufung, von Person und Gesellschaft. Weber formte seine Persönlichkeitsvorstellung aus der vergleichenden Analyse von Wissenschaft und Politik: „Persönlichkeit auf wissenschaftlichem Gebiet hat nur der, der rein der Sache dient. Und nicht nur auf wissenschaftlichem Gebiet ist es so".[28] Nassehi hält 2006 fest, Webers Persönlichkeitsbegriff sei

> kein analytischer [...], sondern ein diagnostischer Begriff. Persönlichkeit ist nicht eine funktionale Bedingung sozialer Ordnung, sie ist vielmehr ein moralischer Begriff: Er bezeichnet einen steigerbaren Sachverhalt, mithin also eine Qualität, die man auch verfehlen kann.

Als moralischen Normen verpflichtete Lebenseinstellung, die zu einer verantwortlichen Selbständigkeit des Handelns führe, könne sie gerade in einer (von Weber so genannten) „prophetenlosen Zeit" Bewährung und Wirkung finden.[29]

Ließen sich die aktuellen, seit 2008 um die Dimension einer globalen finanzwirtschaftlichen Katastrophe erweiterten Krisenszenarien als prophetenlose Zeit beschreiben? Schon in alttestamentarischer Tradition sind Propheten als Wegweiser in richtungsloser Lage verstanden worden. Wenn der Prophet den Urtypus des Charismatikers darstellt, verlangt dann die Krisenzeit nach Charismatikern? Diese Gleichung mag die Konjunktur politischer Persönlichkeiten wie Obama oder Sarkozy erklären helfen. Der Ruf nach einem charismatischen Herrscher darf selbstverständlich daraus in Rechtsstaaten nicht – und nie wieder – folgen. Dennoch mag die Suche nach dem Charisma in Krisenzeiten nicht vergeblich sein, gerade wenn sie nicht nach dem charismatischen Herrscher oder Politiker fragt.

Nach dem Propheten und noch vor dem König kannte die Aufzählung der charismatisch Handelnden bei Max Weber den „Rechts-Weisen". In seinen Ausführungen zur Rechtssoziologie beschreibt Weber aus Überlieferungen des frühmittelalterlichen Europas die charismatischen Rechtsweisen und eine charismatische Rechtsprechung und Rechtssetzung. Nicht der Richter und nicht dessen Exekutivgewalt war damit gemeint, weil dessen Amt nicht den „Verstand" gebe. Die exklusive, charismatische Qualifikation solcher Weisen als „Rechtswissenden" war nach Weber zunächst magisch begründet und an ein Priesteramt gebunden, Rechtssetzung wurde als Offenbarung verstanden. Im Laufe der Generationen war es durch Wahl oder Ernennung im Amt der Schöffen sozusagen institutionalisiert, unter Wahrung des Charismas jener Rechtswissenden.[30]

28 Weber, Wissenschaft als Beruf, S. 49–111; künftig dazu: Pohle, Max Weber und die Krise der Wissenschaft; dazu Nassehi, Diskurs, S. 79.

29 Ebd..

30 Weber, Wirtschaft und Gesellschaft, zweiter Halbband, Kap.7, § 3, S. 451.

Zweierlei lehrt diese Beobachtung: Es gibt, jedenfalls nach der rechtssoziologischen Typologie Max Webers, den Weisen, Gelehrten und Lehrer als Charismatiker und er schafft durch sein Handeln und Wirken die Geltung, Legitimation und Akzeptanz einer Institution (hier zunächst diejenige des Rechts und Gerichts).[31] Einmal mehr wird klar, dass eine ausschließende Verengung auf Begriffe nicht hilft: Was spricht dagegen, das Charismatische des Rechtswissenden in Webers Beschreibung gerade darin zu finden, dass er als eine authentische Persönlichkeit im Sinne seiner Wissenschaftskritik zu verstehen ist?

Damit soll gewiss nicht einer erneuten Beliebigkeit das Wort geredet sein, die das Charisma einer Person für jede denkbare semantische Übertragung im Sinne einer Charisma-Champions-League freigibt. Dennoch sollte es zulässig sein, Begriffe der Gegenwartssprache zumindest versuchsweise darauf anzuwenden – wie etwa jene „Ausstrahlung", die heutige Ratgeber als Kennzeichen entfalteten persönlichen Charismas anzeigen.[32] Dahinter mag dann die Durchsetzungsfähigkeit und Redegewandtheit stehen, die Persönlichkeiten des öffentlichen Lebens in der medialen Wahrnehmung zu Charismatikern werden lassen. Es kann sich aber auch um Sensibilität oder Flexibilität handeln, Aufnahmebereitschaft oder Vermittlungsfähigkeit. In allen Fällen verbindet sich damit die Erwartung, dass Persönlichkeiten Charisma nicht nur besitzen, sondern auch formen, vielleicht gar durch Disziplin und Aneignung erwerben können. Dem ursprünglichen religiösen Sinn des Wortes steht diese weite Deutung entgegen, für den aktuellen gesellschaftlichen Diskurs hingegen ist sie nützlich. Meint schließlich nicht, wer als wünschenswerte Eigenschaft heutiger Hochschullehrer deren persönlichen Enthusiasmus fordert, wiederum dasselbe: authentische Persönlichkeit, Charisma?

„Wachere, wahrnehmungsfähigere, kenntnisreichere Bürger" hat soeben der Wissenschaftsjournalist Jürgen Kaube als „Optimismus der Bildung" entgegen dem beliebigen Reformgeschrei gefordert und (völlig zu Recht) festgestellt: „Das Elend der Bildungsdebatte liegt in der Unfähigkeit, die Schule als Schule und die Universität als Universität wertzuschätzen: ihre Anforderungen, ihren Eigensinn, ihre besten Traditionen".[33]

Zu diesen besten Traditionen gehörte das bewusste Gestalten von Wissensvermittlung an Schulen und Universitäten innerhalb einer personal verstandenen Gemeinschaft der Lehrenden und Lernenden (*communicacio personarum*), so wie es der aus Franken stammende Pariser Universitätsmagister und spätere Domkanoniker Konrad von Megenberg im 14. Jahrhundert beschreibt.[34] Die (modern formuliert) authentische Persönlichkeit des Lehrers war der zentrale Typus der Wissensgeschichte in einer jahrhundertelangen europäischen Tradition, unter den jeweils besonderen Vorzeichen der Zeit. „Wenn ein Mensch

---

31 Vgl. Gotzen, Wissenschaft, S. 289–300.

32 Först, Ausstrahlung.

33 Kaube, Bestanden?, S. 29.

34 Kintzinger, Communicacio personarum.

einem anderen etwas lehrt, muss er ihn von einem der Möglichkeit nach Wissenden zu einem wirklich Wissenden machen; dessen Wissen muss also von der Möglichkeit zur Wirklichkeit übergeführt werden“ (*Si unus homo alium docet, oportet quod eum faciat de potentia scientem actu scientem, ergo oportet quod eius scientia educatur de potentia in actum*).[35] De potentia in actum – so beschreibt der Scholastiker Thomas von Aquin im 13. Jahrhundert den Lehrer (*magister*). Das Wissen ist nach dieser Vorstellung bereits in der Person der Schüler angelegt und wird durch den Lehrer zur Realität bewussten Wissens aufgerufen. Viel ist damit von ihm gefordert: Ein selbstkritisches Bewusstsein der humanen wie gesellschaftlichen Verantwortung seines Tuns, Empathiefähigkeit gegenüber den Persönlichkeiten seiner Schüler, jener begeisternde, mitreißende Enthusiasmus, der nur aus eigener Überzeugtheit resultieren kann und vor allem begründetes, verfügbares und reflektiertes eigenes Wissen.

Über das Verhältnis von Persönlichkeit, Beruf und Berufung hat Max Weber nachgedacht. Neben der ursprünglichen und fortbestehenden religiösen Bedeutung für geistlich lebende Menschen steht „Berufung“ seit Jahrhunderten und wortgleich bis heute für eine anfänglich aus dem kirchlichen Milieu herausgelöste Form der Anstellung von Universitätslehrern, die seit dem Mittelalter üblich war und in der Frühen Neuzeit in ein förmliches Verfahren gefügt wurde.[36] Institutionalisierungen, Verrechtlichungen und Formalisierungen haben die Geschichte der abendländischen Universität vielfach geprägt und tun es bis heute. Niemals überwunden werden konnte und kann aber die Kernforderung an einen gelehrten Lehrer, eine authentische Persönlichkeit zu sein. Wenn in heutigen Evaluationsbögen der Studierenden ein Lehrender für seine Begeisterungsfähigkeit (Enthusiasmus) gelobt wird, ist damit viel gesagt.

Hochschullehrer als Charismatiker? Nur auf den ersten Blick mag diese Formel erstaunen. Nicht nur dass Weber, wie erwähnt, sie selbstverständlich mitgedacht hat, sollte bewusst bleiben. Auch dass die Geschichte der abendländischen Universität durch diese Gleichung von Beginn an geprägt war, wird niemand bestreiten können. Am Anfang standen bekanntlich jene Freien Magister, die aus den kirchlichen Institutionen auszogen, um sich als Lehrer mit ihren Schülern zusammenzufinden und (modern gefasst) selbstständig zu machen. Was sich auf der Ile-de-la-Cité in den ersten Jahren des 12. Jahrhunderts abspielte, recht genau vor tausend Jahren, und was wir mit dem Namen eines Petrus Abaelard (zu dem jetzt, 2008, einschlägig gearbeitet worden ist) und anderer verbinden, wird heute nicht nur als der Durchbruch der Logik und Vernunft im wissenschaftlichen Denken und der Beginn der Scholastik verstanden.[37] Es mag darin auch die Etablierung der Rolle des gelehrten Lehrers als authentische Per-

35 Thomas von Aquin, Über den Lehrer, S. 6, Nr. 10; vgl. Seit, Wissen.

36 Die Untersuchung der Formen und Verfahren der Berufung in der europäischen Universitätsgeschichte ist noch weitgehend Desiderat. Deshalb wird sich die Tagung der Gesellschaft für Universitäts- und Wissenschaftsgeschichte 2009 mit diesem Thema befassen.

37 Vgl. die Beiträge zu Abaelard von Klitzsch, Abaelardus; Seit, Wissen; Marmursztejn, L’autorité des maîtres; Gouguenheim, Aristote au Mont Saint-Michel.

sönlichkeit gesehen werden. Im Gegenzug hatte sich gerade Abaelard mit abfälligem Spott über die eigenen Lehrer geäußert, die ihren Geltungsanspruch nach seiner Darstellung persönlich nicht rechtfertigen konnten.[38]

In der aktuellen wissensgeschichtlichen Forschung geht man nun noch einen Schritt weiter: Weil man die Abwertung der Monastik des 7. bis 10. Jahrhunderts durch den Vorwurf bloßen vernunftfeindlichen Memoriallernens zumindest partiell als Konstrukt der Scholastiker zur eigenen Selbstlegitimation versteht, sucht man die personalen Strukturen in der monastischen Kultur neu zu bestimmen.[39] Nicht zufällig hat dabei der Charisma-Begriff eine neue, diesmal nicht mehr unmittelbar von Weber abgeleitete Bedeutung als wissenschaftliche Beschreibungskategorie erhalten. Ausgehend von den Arbeiten des US-amerikanischen Philologen Stephen Jaeger seit 1985 ist gegenwärtig in der Diskussion, ob eine im Umfeld der Höfe des 10. Jahrhunderts entstandene und an die Stifts- und Kathedralschulen vermittelte Wissensweitergabe als „charismatische Lehre" verstanden worden ist und heute so zu bezeichnen sei.[40] Um das Idealbild einer Menschenformung sei es dieser Wissenskultur gegangen, weshalb Lehrer und Schüler sich in einer vertrauten personalen, aus dem kirchlichen Kontext übernommenen, quasi-familiären oder freundschaftlichen Bindung gesehen hätten. Förmliche Institutionalisierung lässt sich hingegen noch nicht finden. Auch die ältere Institutionengeschichte der monastischen sowie der Stifts- und Kathedralschulen des frühen und hohen Mittelalters hatte diese Aussage treffen müssen. Institutionalisierungen eines „Lehrbetriebes" setzten sich erst an der Universität seit dem frühen 13. Jahrhundert durch.[41]

Der Schritt zur Moderne ist weit, aber direkt. Spätere Vorstellungen von Bildung, seit dem 18. Jahrhundert entwickelt und in der Darstellung durch die Brüder Humboldt im 19. Jahrhundert zum Fundament der modernen Universität geworden, gingen erneut von dem Ideal einer Menschenbildung aus, das durch Wissen Persönlichkeit formt. Der heute aus gutem Grund vielfach zu vernehmende Ruf, die Ideale der Universität humboldt'scher Prägung nicht tagesaktueller politischer Reformbeliebigkeit zu opfern, setzt hier an. Die Ursprünge solcher Idealvorstellungen gehen zweifellos auf die Wissenskultur des europäischen Mittelalters zurück, mit Sicherheit auf die Ursprünge der Universität und vermutlich sogar auf die voruniversitäre monastische Kultur.

Die Suche nach der authentischen Persönlichkeit (nicht nur) des Universitätslehrers ist eines der Erbstücke des Mittelalters im Mobiliar der Moderne und es scheint, als könne gerade das Nachdenken über Charisma und Institution helfen, dessen Wert wieder zu erkennen. Nicht zuletzt wird damit ein Beitrag geleistet zu dem in der heutigen Hochschulpolitik so wichtig genommenen Praxisbezug wissenschaftlicher Ausbildung, der universitären Lehre und professo-

38 Vgl. Kintzinger, Scholastik, S. 408–412.
39 Künftig: Steckel, Lehre und Lehrer; vgl. Kintzinger, Monastik, S. 408.
40 Jaeger, The Origins of Courtliness.
41 Vgl. Kintzinger, Licentia, S. 55–88.

raler Arbeit für die Hochschule. De potentia in actum: Veröffentlichungen hat Gert Melville zu diesem Thema noch nicht vorgelegt.

Bibliographie

Andenna, G./Breitenstein, M./Melville, G., Vorbemerkungen, in: Dies. (Hg.), *Charisma und religiöse Gemeinschaft*, S. XI–XX.

Andenna, G./Breitenstein, M./Melville, G. (Hg.), *Charisma und religiöse Gemeinschaft im Mittelalter* (Vita regularis 26), Münster 2005.

Böhme, H., *Fetischismus und Kultur. Eine andere Theorie der Moderne*, Hamburg 2006.

Borgolte, M., *Sozialgeschichte des Mittelalters* (Historische Zeitschrift, Beiheft 22), München 1996.

Diem, A., Organisierte Keuschheit – organisierte Heiligkeit. Individuum und Institutionalisierung im frühen gallo-fränkischen Klosterwesen, in: Rychterová/Seit/Veit, Charisma, S. 323–346.

Först, R., *Ausstrahlung. Wie ich mein Charisma entfalte*, München 2007.

Georgieva, Ch., *Theoretische und politisch-kulturelle Aspekte der „Außeralltäglichkeit"*, Bonn 2006.

Gimmler, A., *Institution und Individuum. Zur Institutionentheorie von Max Weber und Jürgen Habermas*, Frankfurt/M. 1996.

Gotzen, D., Wissenschaft als Beruf und Berufung. Begabung und Charisma als symbolisches Kapital in der Frühen Neuzeit, in: Rychterová/Seit/Veit, Charisma, S. 289–300.

Gouguenheim, S., *Aristote au Mont Saint-Michel. Les racines grecques de l'Europe chrétienne*, Paris 2008.

Jaeger, C.S., *The Origins of Courtliness. Civilizing Trends and the Formation of Courtly Ideals 939–1210*, Philadelphia 1985 (dt. Ausg. 2001).

Johnson, D., Letter from America: After Obama euphoria, it's back to the old jokes, in: *International Herald Tribune* vom 12. Dezember 2008.

Kaube, J., Bestanden? Aber wir haben doch gar nichts gelernt?, in: *Frankfurter Allgemeine Zeitung* vom 2. Januar 2009, S. 29.

Kintzinger, M., Communicacio personarum in domo. Begriff und Verständnis einer Mitteilung von Wissen, Rat und Handlungsabsichten, in: H.-D. Heimann/I. Hlavácek (Hg.), *Kommunikationspraxis und Korrespondenzwesen im Mittelalter und in der Renaissance*, Paderborn u. a. 1998, S. 139–164.

Kintzinger, M., Der weiße Reiter. Formen internationaler Politik im Spätmittelalter, in: *Frühmittelalterliche Studien* 2003 [2004], S. 315–353.

Kintzinger, M., Licentia. Institutionalität „akademischer Grade" an der mittelalterlichen Universität, in: R.C. Schwinges (Hg.), *Examen, Titel, Promotionen: Akademisches und staatliches Qualifikationswesen vom 13. bis zum 21. Jahrhundert* (Veröffentlichungen der Gesellschaft für Universitäts- und Wissenschaftsgeschichte 7), Basel 2007, S. 55–88.

Kintzinger, M., Monastik, in: G. Melville/M. Staub (Hg.), Enzyklopädie des Mittelalters, Bd. 1, Darmstadt 2008, S. 408.

Kintzinger, M., Scholastik, in: G. Melville/M. Staub (Hg.), Enzyklopädie des Mittelalters, Bd. 1, Darmstadt 2008, S. 408–412.

Klitzsch, I., Petrus Abaelardus: Ein verkannter Charismatiker? Zur Bedeutung des Heiligen Geistes und seiner Charismen im Leben und theologischen Denken des Mönchs und Magisters, in: Rychterová/Seit/Veit, Charisma, S. 203–227.

Körntgen, L., *Königsherrschaft und Gottes Gnade. Zu Kontext und Funktion sakraler Vorstellungen in Historiographie und Bildzeugnissen der ottonisch-salischen Zeit* (Orbis Medieaevalis 2), Berlin 1998.

Marmursztejn, E., *L'autorité des maîtres. Scolastique, normes et société au XIIIe siècle*, Paris 2007.

Melville, G., … et en tel estat le roy Charles lui assist la couronne sur le chief. Zur Krönung des französischen Wappenkönigs im Spätmittelalter, in: M. Steinicke/S. Weinfurter (Hg.), *Investitur- und Krönungsrituale. Herrschaftseinsetzungen im kulturellen Vergleich*, Köln/Weimar/Wien 2005, S. 137–161.

Mühlmann, W.E., Art. Charisma II, in: *Historisches Wörterbuch der Philosophie* 1, Basel/Stuttgart 1971, Sp. 996–999.

Nassehi, A., *Der soziologische Diskurs der Moderne*, Frankfurt/M. 2006.

Nippel, W. (Hg.), *Virtuosen der Macht. Herrschaft und Charisma von Perikles bis Mao*, München 2000.

Pohle, R., *Max Weber und die Krise der Wissenschaft. Eine Debatte in Weimar*, Göttingen 2009.

Redaktion, Art. Charisma, in: *Mittellateinisches Wörterbuch* 2, München 1999, Sp. 521f.

Rychterová, P./Seit, S./Veit R. (Hg.), *Das Charisma. Funktionen und symbolische Repräsentationen* (Beiträge zu den Historischen Kulturwissenschaften 2), Berlin 2008.

Rychterová, P., Jan Hus: der Führer, Märtyrer und Prophet. Das Charisma im Prozess der Kommunikation, in: Rychterová/Seit/Veit, Charisma, S. 423–445.

Sattar, M., Politik als Beruf, in: *Frankfurter Allgemeine Zeitung* v. 30. Dezember 2008, S. 1.

Schmidt, L., Art. Charisma II. Altes Testament, in: *Theologische Realenzyklopädie* 7, Berlin/New York 1981, S. 682–685.

Schütz, J.H., Art. Charisma IV. Neues Testament, in: *Theologische Realenzyklopädie* 7, Berlin/New York 1981, S. 693.

Seit, S., *At vero perpauci sunt quibus huius scientiae secretum ... divina revelare gratia dignetur.* Wissen als Gnadengabe oder Naturanlage bei Peter Abaelard und Gilbert Porreta im Lichte der Kritik Bernhards von Clairvaux, in: Rychterová/Seit/Veit, Charisma, S. 229–254.

Sprondel, W.M., Sozialer Wandel, Ideen und Interessen: Systematisierungen zu Max Webers Protestantischer Ethik, in: C. Seyfarth/W.M. Sprondel (Hg.), *Seminar: Religion und gesellschaftliche Entwicklung. Studien zur Protestantismus-Kapitalismus-These Max Webers*, Frankfurt a.M. 1973, S. 206–224.

Steckel, S., *Lehre und Lehrer. Studien zur Kommunikation unter Gelehrten des Früh- und Hochmittelalters (c. 800–1150)* (Norm und Struktur), Köln/Weimar/Wien [2009].

Thomas von Aquin, *Über den Lehrer. De magistro. Quaestiones disputatae de veritate.* Quaestio XI. Summa theologiae Pars I, quaestio 117, articulus 1, ed. G. Jüssen/G. Krieger/J. H. Schneider, Hamburg 1988.

Vollet, M., Die „dunkle Nacht" des Juan de la Cruz – ein charismatisches Geschehen?, in: Rychterová/Seit/Veit, Charisma, S. 347–364.

Weber, M., Politik als Beruf. 1919, in: H. Baier u. a. (Hg.), *Max Weber Gesamtausgabe* (Abteilung I: Schriften und Reden 17), Tübingen 1992, S. 113–252.

Weber, M., *Wirtschaft und Gesellschaft. Grundriß der verstehenden Soziologie* [1922], Tübingen 1985.

Weber, M., Wissenschaft als Beruf, in: H. Baier u. a. (Hg.), *Max Weber Gesamtausgabe* (Abteilung I: Schriften und Reden 17), Tübingen 1992, S. 49–111.

Whoda, M., Die Herrschaftslegitimation im böhmischen Fürstentum des 11. Jahrhunderts. Kontinuitäten und Wandlungen, in: Rychterová/Seit/Veit, Charisma, S. 385–404.

GILES CONSTABLE (Princeton)

The Crow of St Vincent: on the Continuity of a Hagiographical Motif

The earliest references to the crow of St Vincent are found in works written almost exactly a century after his martyrdom, at the order of the prefect Dacian, in Valencia in 304. Prudentius devoted the entire fifth section of the *Peristephanon*, of which he wrote the hymns praising Spanish martyrs before he went to Rome in 401, to St Vincent and twenty-four lines to the crow which protected his body after it was left unburied to be eaten by birds of prey and wild beasts.

But neither ravening beasts nor bird
In hunger, dared to desecrate
With gnawing teeth and claws unclean
The glorious relics of the saint.

When at a distance some foul hawk
Flew round about with ravenous cries,
A savage bird with fierce onslaught
Drove it away in craven flight.

It was a crow, bird once sent
To bring Elias food and drink,
That did this service to the saint
And stood on guard with tireless zeal.

Prudentius went on to describe how the crow also drove away a huge wolf by attacking its eyes with its wings:

The wolf skulked off with sullen growl,
Browbeaten by the swooping wings,
And left his hoped-for prey behind
At threats from that unwarlike guard.[1]

A few years later, in the second decade of the fifth century, Augustine delivered seven sermons in honor of St Vincent.[2] He made only one oblique reference to the crow, in Sermon 277, where he said, citing 3 Kings 17.6, that "God thus fed

1 Prudentius, Peristephanon, 5.393–420, pp. 161–2 (translating *corvus* as "raven"); BHL 8637; Clavis patrum latinorum, 1443; see Saxer, La passion, pp. 276–9 and 281–2 (repr. Saxer, Saint Vincent, pp. 68–72 and 75–6). St Basil discussed the role of crows as bodyguards and escorts (not in relation to St Vincent) in his Homily 8 on the Hexaemeron in: PG 29, col. 176 BC, and idem, Exegetic Homilies, p. 125.

2 de Gaiffier, Sermons latins, pp. 267–72 (and 272–80 on sermons attributed to Augustine); Saxer, Morts martyrs reliques, p. 201; idem, La passion, pp. 265–6 (repr. Saxer, Saint Vincent, pp. 72–7). The seventh sermon on Vincent was discovered by Dolbeau, Nouveaux sermons, pp. 265–6

saint Elias by a bird."[3] Both Prudentius and Augustine drew the parallel, which became traditional, between the crow that fed Elias in the desert and the crow that protected the body of Vincent, but for Prudentius it served to guard the body from profanation after death whereas for Augustine it stood for God's continuing care for those whom He protected in life. He saw the crow, as Saxer put it, as "an agent of terrestrial providence and not as a protector of the dead". This difference in treatment of the episode of the crow indicates that Augustine did not make use of the *Peristephanon* in composing his sermons on St Vincent.

By the time of Augustine the cult of St Vincent had spread all over the Christian world. "What region today", he said, "or what province to which either the Roman empire or the Christian name extends, does not rejoice to celebrate the birthday of Vincent?", and Paulinus of Nola, writing at about the same time, said that Vincent stood in the same relation to Spain as Ambrose to Latium, Martin to Gaul, and Delphinus to Aquitaine.[4] The crows travelled with the cult and appear in liturgical, hagiographical, literary, and artistic sources, and they were said to have physically accompanied Vincent's body to Algarve and Lisbon.

The text-history of the *passiones* of Vincent is confused, and scholars are not agreed on the dates and relation of the various versions.[5] Prudentius and Augustine seem to have drawn independently on a lost early account, or accounts, of Vincent's martyrdom. The surviving *passiones* date from between the fifth and the tenth century. Most of them refer in one way or another to the episode of the crow. According to the *Passio brevior*, which is among the earliest known versions, "A crow sat next to the dead body, which drove away the birds that came. And it likewise bravely attacked a wolf that came and put it, beaten, to distant flight."[6] According to the longer *Passio*, of which there are several versions and which probably dates from before 550,

---

3 Augustine, Serm. 277.1, in: PL 38, col. 1258. See Saxer, Morts martyrs reliques, p. 201, and idem, La passion, pp. 281–2 and 287–8 (repr. Saxer, Saint Vincent, pp. 75–6 and 82–3), whose comparison of the treatment of the crow by Prudentius and Augustine is followed here.

4 Augustine, Serm. 276, in: PL 38, col. 1257, Paulinus of Nola, Car. XIX, 153–4, p. 123. On the cult of St Vincent, see Lacger, Saint Vincent, pp. 330–51; García Rodriguez, El culto, pp. 257–78; Linage Conde, San Vicente mártir, pp. 3–5; Guillot, Les saints, pp. 217–21; Saxer, Le culte 1989 (repr. Saxer, Saint Vincent, pp. 45–59); idem, Lieux de culte (repr. Saxer, Saint Vincent, pp. 21–44); Irvine, Bones of Contention, pp. 123–32; Guerreiro, Le rayonnement, pp. 151–5, who called Vincent "un saint universel à l'instar de saint Laurent ou saint Étienne" (155); Saxer, Le culte 1995 (repr. Saxer, Saint Vincent, pp. 3–19). See also, on Salona and Spalato, de Waal, Zum Kult.

5 BHL 8627–36; see most recently, among his many articles, Saxer, La version BHL (repr. Saxer, Saint Vincent, pp. 151–82), who dated the (lost) primitive version ca. 400, the *brevior* (BHL 8638) in the fifth century, BHL 8631 before 550, and BHL 8630 ca. 870, and idem, La version commune, p. 785 (repr. Saxer, Saint Vincent, p. 183).

6 *Passio brevior* 4, in: *Analecta Bollandiana* 1 (1882), p. 262, and Saxer, La version brève, p. 711 (repr. Saxer, Saint Vincent, p. 139); BHL 8638. On the probable priority of the *Passio brevior* among the surviving versions of Vincent's *passiones*, see, in addition to Saxer, Salisbury, The

A crow, which lived not far away, a slow and very lazy bird, and which showed the costume of a mourner in its black appearance, repelled by an attack from afar the other birds that were approaching and were afraid of its agile wings, and by a vigorous attack it drove away from the body a huge wolf which suddenly approached. But it held fast with its neck bent back looking at the holy body with wonder, and, we believe, it was amazed at the angelic custody. It brought back to us the ancient story of the similar bird, which once brought food to Elias with a full beak and now ministered the required services to St Vincent the martyr.[7]

The so-called Roman version, which dates from the late ninth or early tenth century, described the crow as "wearing a costume like that of a funeral in the blackness of its native color", and as therefore serving both as a mourner and, with angelic aid, as a guardian of the body.

No beast nor bird could approach where it saw the crow by divine judgment standing guard. Prophetic antiquity was renewed in the martyr, and the bird which carried food to Elias at the order of heaven now ministered the required services to the blessed martyr Vincent.[8]

In another late *passio*, the crow drove away other birds and frightened off a wolf, which then sat, with its neck bent, looking at Vincent's body in amazement. "By an angelic visitation, it is believed, the highest creator of things sent this bird, which ministered to the prophet Elias by its services, obeying the order of God."[9]

From these accounts the story of the crow found its way into the liturgy. In the second quarter of the sixth century Justus of Urgel in his sermon *Gloriosissimi* said that "the ferocious nature of irrational beasts was changed. O that it might be changed in evil men. The wolf turned back fasting with its neck turned; the crow persevered with dry jaws." Here (as in the late *passio* cited above) the phrase *reflexa cervice*, which in other sources was applied to the crow, was used of the wolf, and the crow was less a guardian than simply another wild beast that respected the body.[10] In the sermon *Cunctorum*, which was probably composed in Spain before 700 and has been variously attributed to Augustine, Maximus of Turin, Leo the Great, Leander of Seville, and Braulio of Saragossa[11], the preacher called on his listeners to pay attention to the respective

---

Origin, p. 97 and 105, n. 3, and Vilatela, In Augustana provincia, arguing that this text is closest to the original Acts.

7 *Passio s. Vincentii* 10, in: España sagrada, vol. 8, p. 239; BHL 8627–33 (citing other editions, including Acta Sanctorum, 22 Jan. 3: 10) and Clavis patrum latinorum, 2073a, dating it "Saec. IV?", which seems improbable. See also the editions in Pasionario hispanico, vol. 2, p. 194, where the text differs from that in the older editions, and Saxer, La version commune (repr. Saxer, Saint Vincent, pp. 216–17).

8 *Passio s. Vincentii* 17, in: Analecta Bollandiana 1 (1882), p. 269; BHL 8639. See Saxer, Une version romaine (repr. Saxer, Saint Vincent, pp. 241–56).

9 Saxer, Die Kurzfassung, p. 404 (repr. Saxer, Saint Vincent, p. 239). Saxer dated this *passio* probably to the tenth century.

10 Justus of Urgel, Sermo, vol. 10, pp. 220–1; Clavis patrum latinorum, 1092. See García Rodriguez, El culto, pp. 273–4 and 277, and Saxer, La version BHL, pp. 91–4 (repr. Saxer, Saint Vincent, pp. 160–2).

11 *Sermo 'Cunctorum' in natale s. Vincentii*, in: España sagrada, vol. 8, pp. 249–53, and PL 39, coll. 2095–8; Clavis patrum latinorum, 1185. See de Gaiffier, Sermons latins, pp. 280–6; Gar-

services – he used the term *obsequia*, as in the *passiones* – rendered to Elias, who ate with the help of crows, and to Vincent, who was not eaten by the intervention of a crow, which, he said,

> *showed itself a protector designated by heaven and by its vigorous attack from afar confounded the other birds that came. By beating its feathers and wings it drove away a huge wolf which drew close like someone who with sacrilegious audacity presumes to steal an entrusted treasure, but which by its behavior, in amazement, showed that it came less to inflict an injury than to increase the splendor of the miracle. O shameless rage and vain insanity! The crow complied; the wolf revered; Dacian pursued and, still savage, was not ashamed to wish to destroy him [Vincent] whom the usually savage beasts were at pains to protect.*[12]

In the prayer for the feast of St Vincent in the so-called Mozarabic missal "according to the rule of St Isidore", the crow was described as a bird that is "generally hostile to buried bodies, and follows the base things by which it is sustained". It then used the same word-play as the sermon *Cunctorum*, saying that Vincent's body was preserved after death by the same means that Elias was sustained in life. "A wolf which was not far away smelled the odors of the corpse, but when it was already close the watchful bird made it retreat, striking the face of the attacker with its beak, wings, and claws."[13] A hymn in the Gothic Mozarabic hymnal mentioned "the guardian crow [by which] the hunger of the wolf is banished", and a later sequence in the missal of Toulouse referred to the crow which preserved Vincent's body unharmed.[14] The crow also appears in the accounts of Vincent's death in the martyrologies of Lyon (ca 800), Florus of Lyon (806/37), Ado I (850/60), and Ado II (after 875). After Dacian had Vincent's body exposed to the beasts and birds, according to this source, "Soon a crow, divinely given for its protection, not only kept off other birds but also drove a huge wolf away from the body."[15]

The crows continued to attend Vincent after his burial, and his shrine at Valencia was known as the church of the crow or the crows. According to the so-called *Historia Pseudo-Isidoriana*, which was written in Spain probably in the tenth or eleventh century by an Hispanic-Arabic author, the barbarians who moved into Spain at the time of Constantine occupied, among other regions, that "next to Cartagena, from Cartagena up to the church of the crows of St Vincent".[16] Abbot Garnier of Rebais, to whom there are references in 1127 and 1133 and who wrote a lost *opusculum* on St Vincent, also composed a hymn in his honor,

---

cía Rodriguez, El culto, pp. 274–7; and Saxer, La version BHL, pp. 93–4 (repr. Saxer, Saint Vincent, pp. 162–3).

12 España sagrada, vol. 8, p. 252, and PL 39, col. 2097. The account of the episode of the crow in de Tillemont, Mémoires, vol. 5, pp. 223–4, is based on this sermon and emphasizes the role of the wolf.

13 Missale mixtum, p. 295, with notes on p. 561 (reprinted in PL 85), and España sagrada, vol. 8, p. 247. See Brou, Etudes, on the terms "Mozarabic" and "mixtum", meaning complete.

14 Simonet, Historia, p. 255, n. 1, and Cahier, Caractéristiques, vol. 1, p. 255, n. 2.

15 Saxer, La version BHL, p. 105 (repr. Saxer, Saint Vincent, p. 173). On these martyrologies see Quentin, Les martyrologues, pp. 200–4 on Vincent.

16 Historia Pseudo-Isidoriana, 8, in: *Monumenta Germaniae historica: Auctores antiquissimi* 11 (Chronica minora 2), p. 382. See *Repertorium fontium historiae Medii Aevi* 5, Rome 1984, p. 538.

in which he described the monastery in idealized terms. He repeated the story of the crow which "performed the funeral obsequies" after Vincent's death and guarded his body from other birds and beasts. "The bird kept watch and performed its service. It was sad because it felt pity. It considers it wrong to leave such a forbidden pledge while it ought to be redeemed." "I seem to report wonders," Garnier continued, "and I myself wonder, I openly admit. As a venerable servant, the crow still (*adhuc*) performs its heavenly office at the head of the martyr."[17] By using *adhuc* and the present tense, Garnier implied that the crow was still there in his own time.

The monastery was apparently destroyed and the monks expelled in the 1130s, following the attack on Valencia by Alfonso I of Aragon in 1129. Shortly thereafter Herman of Tournai was in Saragossa and met two of the monks, who told him that the abbey was called St Vincent of the Crow "because there are two crows which guide the pilgrims coming to St Vincent, since without their guidance no one could arrive there". The winds at night obscured the tracks in the sand, they said,

> *But the crows living in the church fly out to meet pilgrims and lead them to the church by gradually flying back in front of them; they are also said to be from the progeny of the crow which preserved the body of the blessed Vincent, unharmed by wild beasts, [when it was] thrown outside Valencia at the order of Dacian.*[18]

At about the same time, or a few years later, the Muslim geographer al-Idrîsî described "the church of the crow" seven miles from the cape of Algarve, later known as the Sacred Cape or Cape of St Vincent, the westernmost point of the Iberian peninsula. The church, he said, "had experienced no changes since the time of Christian rule", that is, some four hundred years earlier, and was a prosperous community and an hospitable center of pilgrimage.

> *On the top of the church are ten crows; no one has ever seen them missing; no one has ever been able to establish their absence; the priests serving the church tell marvellous things about these crows, of which one would doubt the truth of anyone who wanted to repeat them.*[19]

Abū al-Fidā in the fourteenth century called the church of the crows "a place well-known to navigators".[20] Neither al-Idrîsî nor al-Fidā specifically identified

---

17 Garnier of Rebais, Hymnus, in: Catalogus codicum, vol. 1, p. 593; BHL 8648. On Garnier see *Gallia christiana*, Paris 1715f., vol. 8, p. 1683. For other references to the crow of St Vincent in medieval hymns, see Kehrein, Lateinische Sequenzen, pp. 497, no. 735 (Adam of St Victor), and 498, no. 737 (St Gall, 13th century).

18 Herman of Tournai, Epistola de corpore s. Vincentii, in: *Analecta Bollandiana* 2 (1883), p. 245; BHL 8649. See Constable, Herman of Tournai, p. 102.

19 Edrîsî, Description, pp. 218–19, cf. p. 207. See Simonet, Historia, p. 255, on Muslim belief in the legend of the crows; Linage Conde, San Vicente mártir, pp. 8–10; Picard, Sanctuaires, pp. 237–9; and Picard, La mémoire, pp. 261–6 ("Les pèlerinages et manifestations de piété populaire des Mozarabes dans le Gharb al-Andalus"), esp. p. 262 on the legend of the crows.

20 Géographie d'Aboulféda, vol. 2.1, p. 241 and n. 2 (on pp. 241–2), where the translator commented that "La figure de l'église des Corbeaux, figure où l'on n'a pas oublié le corbeau, se trouve dans les recueils musulmans de choses singulières," citing "les manuscrits turcks de la Bibliothèque royale." Abū al-Fidā's reference may derive from one of these or from al-Idrisi. A reference to the church of the crows at Algarve was apparently inserted into the thirteenth-

this church with St Vincent, but the reference to the crows and a later legend, which will be discussed below, associating Vincent's relics with Algarve point strongly in this direction. The church remains something of a mystery, however, since no known monastery existed at this location in the early or high Middle Ages,[21] and the report of al-Idrîsî may be based on hearsay or on a confusion with the monastery of St Vincent at Valencia.

A crow was associated with St Vincent in almost all medieval accounts of his martyrdom. It was even transferred to other saints, like Canion of Atella, whose *Life*, written by Peter of Naples in the mid-tenth century, included the protection of his body by a bird.[22] In the Lives of some medieval saints crows and other black birds were considered bad, but not in the case of Vincent.[23] Aelfric devoted eleven lines of his *Passion of St Vincent* to the black *hrém* or *hráem* (raven) that guarded Vincent's body. The same God, he said, Who sent a crow to feed Elias "now kept the holy man's body by the keeping of the crow".[24] Hildebert of Le Mans in his poem on St Vincent called the crow "the servant of his servants", of which the rage and hunger were turned into good and which the beasts feared in the exercise of its "spiritual guardianship", and Vincent of Beauvais in his *Speculum historiale* described how the crow, "showing the habit of a mourner", drove away other birds and a wolf and watched Vincent's body, wondering at the angelic guard.[25] James of Varazze (Jacobus de Varagine) wrote in the *Golden Legend* that after Vincent's body was exposed,

> *It was immediately protected and preserved intact from beasts by the care of angels and then (*denique*) a crow, given to gluttony, drove off other birds larger than itself by beating its wings, and by pecks and cries it put to flight a wolf that was running by. With its head turned back, transfixed by the appearance of the holy body, it looked steadily as if marveling at the care of the angels there.*[26]

James here continued in a tradition that stressed the participation, and in his case the priority, of the angels in guarding the body. In the earliest *passiones* the crow was on its own, though acting implicitly on divine command. There was no reference to angels in the otherwise similar, somewhat briefer, account of Vincent's life and passion written by the Dominican Rodrigo of Cerrato in the thirteenth century.[27]

---

century vernacular version of the travels of al-Razi: see the notes to Crónica del Moro Rasis, p. xxxviii, n. 81, and Saxer, Le culte 1995, pp. 146–7 (repr. Saxer, Saint Vincent, pp. 13–4).

21 See Linage Conde, Los origines, of which the third volume includes a comprehensive gazeteer of monasteries in Spain and Portugal.

22 Passio s. Canionis 27, pp. 20 and 121–2; BHL 1541d. See Dolbeau, Le dossier.

23 Boglioni, Il santo, p. 965.

24 *Aelfric's Lives of Saints*, vol. 2 (=pt. 4), pp. 440–1, and notes on pp. 455–6.

25 Hildebert of Le Mans, *Versus de s. Vincentio*, in: PL 171, pp. 1306D–7A; Vincent of Beauvais, *Speculum historiale*, Nuremberg 1483, 12.128, n.p. See also Petrus de Natalibus, *Catalogus sanctorum*, Lyon 1514, 2: III, n.p.

26 James of Varazze, *Legenda aurea* 25, p. 119.

27 Rodrigo of Cerrata, *Vita et passio b. Vincentii* 3, in: España sagrada, vol. 8, p. 243; BHL 8640.

The crow also appeared in visual representations of St Vincent, of which the earliest date from the late eleventh or early twelfth century.[28] The references in the written sources to the crow's standing with his head turned back, looking at the body, may indeed reflect lost early representations. In the fresco of the martyrdom of St Vincent in the chapel at Berzé-la-Ville, near Cluny, a crow is perched above each of the two executioners.[29] A crow and a wolf appear together underneath the statue of Vincent on the south portal of the cathedral of Chartres, where a crow is also found in a half-medallion of the so-called Vincent window. In another window Vincent's body is shown watched over by an eagle and an animal which may be a lion. No crow is visible, but the eagle and beast are not attacking the body.[30] There are representations of the body guarded by crows (to mention only examples from the eleventh and twelfth centuries) in the frescoes at Galliano near Como, a capital at Autun, where the crows are replaced (as perhaps at Chartres) by two eagles, sculptures in the cathedral of Basel, and a manuscript of the *Vitae sanctorum* at Amiens.[31] Examples multiply in the late Middle Ages and early modern period, especially in Portugal.

On at least two occasions the crows were said to have physically accompanied Vincent's body when it was moved.[32] The two accounts of this translation are both relatively late and unreliable. The first, according to which Vincent's body was brought first to Algarve in the eighth century, at the time of the Mus-

---

28 The earliest painted representation of St Vincent (without the crow) is in the catacomb of Pontianus in Rome: see Hippolyte Delahaye, *Commentarius perpetuus in martyrologium Hieronymianum* (Acta Sanctorum, Nov. 2:2; Brussels 1931), p. 270, n. 14, and Saxer, Le culte 1989, p. 748 (repr. Saxer, Saint Vincent, pp. 47–8), dating it to the late seventh or early eighth century. A crow may be depicted above the saint's head in a fragmentary Carolingian fresco, probably of St Vincent, in the crypt of the church of St Germain in Auxerre: see Peindre à Auxerre, p. 117. Among secondary works, see (in chronological order) Cahier, Caractéristiques, vol. 1, p. 255; Jameson, Sacred and Legendary Art, vol. 2, pp. 552–3; Réau, Iconographie, vol. 3.3, pp. 1324–9; L. Schütz, in: Lexikon der christlichen Ikonographie, vol. 8, pp. 568–72; Catálogo da exposição iconográfica; de los Dolores Mateu Ibars, Iconografía; and Duchet-Suchaux, Autour de saint Vincent, pp. 149–54, on the crow generally. There are reproductions of several late medieval and early modern representations of St Vincent, some with crows, in Nascimento and Gomes, S. Vicente.

29 Mercier, Les primitifs français, pp. 40–1 and pl. 24, and Lex and Virey, La chapelle, p. 9. Both Mercier and Lex called the scene the martyrdom of St Laurence, and neither mentioned the crows, which are hard to see and are omitted in the sketch in Duchet-Suchaux, Autour de saint Vincent, p. 140. St Vincent is correctly identified, but with no reference to the crows, by Palazzo, L'iconographie, p. 179.

30 Houvet, Cathédrale, pl. 7, and Delaporte and Houvet, Les vitraux, pl. 113 and vol. 1, p. 325, saying that the crow (which is in the lower half of the top left-hand half-medallion) is hard to see owing to the absence of black from the palet of stained-glass makers; and pl. 220 and vol. 1, p. 458, saying that the glass-maker for lack of space combined two episodes.

31 Bucher, The Pamplona Bibles, vol. 1, p. 267, and vol. 2, pl. 476, on Amiens, Bibl. de la Ville, MS 108, fol. 213v. For the others see Réau, Iconographie, vol. 3.3, pp. 1328–9.

32 Among many works on this translation, see Simonet, Historia, pp. 257–8 and 768; de Lacger, Saint Vincent, pp. 345–51 (and 330–45 on the disposition of Vincent's relics generally); and Nascimento and Gomes, S. Vicente, with an edition and translation of the Miracula and dating those by Stephen of Lisbon before 1185 and the other Miracula to 1203–48.

lim invasions, and then from Algarve to Lisbon in the twelfth century, is put together in the *Acta sanctorum* out of a number of later sources, including the *Annales Lusitaniae* of Resende and the *De rebus Hispaniae* of Mariana.[33] The second account probably dates from the thirteenth century or later. It claims that Vincent's body was brought directly to Lisbon from Valencia, where it had remained for eight hundred years, and it may have been written explicitly to refute the first account, since the long and unverifiable stay in Algarve weakened the claims to authenticity of the Lisbon relics.[34]

The crows figured prominently in both accounts, of which the authenticity has been generally accepted in Portugal, if not elsewhere, down to modern times. In the first account they were said to have accompanied Vincent's body first from Valencia to Algarve (as noted by al-Idrîsî), where they lived for several centuries and gave their name, according to Resende, to the promontory, which the Muslims called the mount of the crows. After the capture of Lisbon in 1147 the king of Portugal, who had previously searched in vain for Vincent's relics, found them with the help of the crows and brought them to Lisbon in a boat, accompanied by two crows, "one on the prow, the other on the poop, like clients at the holy assembly (*tanquam familiareis divi alumnos*)". For this reason, Resende said, the king gave Lisbon as an emblem on its coat of arms a boat with a crow at either end. Mariana gave a similar account except that he dated the translation in 1183.[35] The location of the tomb was subsequently lost, but during some repairs to the cathedral in 1614 an inscription was found referring to the boat and the two crows.[36]

According to the *Translatio*, Vincent's relics, "by a new and unheard-of miracle", continued to be guarded by the same crows that had protected his body from wolves and dogs. "At one moment they flew; afterwards they sat above the holy body and cawed in jubilation." If a reader asked whether they were really the same crows, the author said that he did not know but that it was written in the archives of his monastery that they were still living and guided visitors by flying ahead of them and that crows could live for seven thousand

33 Acta Sanctorum, 22 Jan. 3: 19–21; BHL 8653 (II). See also the introduction to the Miracula by Stephen of Lisbon, in Nascimento and Gomes, S. Vicente, pp. 28–32, where the only reference to crows is calling Cape St Vincent "de corvo" and the "ecclesia corvi".

34 Translatio s. Vincentii martyris, in: *Analecta Bollandiana* 1 (1882), pp. 270–8, and Catalogus codicum, vol. 2, pp. 466–71; BHL 8653 (I). See de Lacger, Saint Vincent, pp. 347–8, who considered this work a later forgery. There is no mention of crows in the account of the translation of St Vincent under the year 1184 in the chronicle of Robert of Torigny: Chronicles of the Reigns, vol. 4, pp. 310–11.

35 Acta Sanctorum, 22 Jan. 3: 19–20. For examples of the medieval seal of Lisbon, the cathedral, and the monastery, with the boat and crows, see Catálogo da exposição iconográfica, pp. 153–8, nos. 147–62, and Nascimento and Gomes, S. Vicente, pl. 5–7. The cover to this book has a splendid illustration of 1502, taken from the Livro de Regimento dos Verecadores e Oficiais da Câmara in the Arquivo histórico da Câmara municipal at Lisbon, showing Vincent's body on a boat guarded by three crows.

36 Ibid., p. 20. See de Lacger, Saint Vincent, p. 351, who said that the discovery of this inscription gave rise to three weeks of celebrations.

years. The crows stayed with the body until it reached Lisbon, flew above the procession carrying it into the city, and flew rejoicing over the cathedral where it was interred.[37] Among the miracles appended to the *Translatio* is a section on the two crows, which were frequently seen flying inside the church. "Some scoffers and ingrates of divine piety make fun [of this]," the author said, but he considered it less marvelous than the original miracles by which the naturally gluttonous crow fed Elias in the desert and guarded Vincent's body "from other birds and, what is more wonderful, from wild beasts".[38]

The association of the crows with the shrine of St Vincent in Lisbon survived into modern times and, indeed, down to the present day.[39] William Beckford saw in the cathedral of Lisbon in 1787 a miraculous cross of which the stone was scored by the fingers of St Anthony, but this, he said, was "nothing in comparison with some stories about certain holy crows" which were said to be the very birds that attended St Vincent, though the guide admitted, sotto voce, that they were descendants of those birds.[40] Dora Wordsworth wrote from Lisbon in 1847 that "We were gravely shown by our young guide the room in which the two miraculous crows were formerly kept, and we were told that one of the race still lived, and was now in the cathedral."[41] The 1913 edition of Baedeker's guide to Spain and Portugal recorded in the section on the cathedral at Lisbon that the sailing-ship and two ravens on the armorial bearings of the city "refers to the legend that ravens escorted the vessel on the journey to Lisbon. Ravens are also kept in the courtyard."[42] And the daughter of one of the authors of a guide to Lisbon published in 1971 discovered in a chapel off the cathedral cloister

> *a great scraggy old raven, which our friend the caretaker kept in a box behind chicken wire. The symbol of Lisbon, he explained. He was keeping up a tradition now almost extinct. Not long ago it was the custom among the ordinary folk of Lisbon to keep a tame raven* (corvo), *the bird of the city. The caretaker's bird answered to the name Vicente.*[43]

St Vincent was not the only saint to be associated with a crow, both favorably and unfavorably, but most of these involved special miracles. Vincent had a continuous relationship with crows – and some believed with the same crow – from at least the fifth century until modern times, which represents an excep-

37 *Translatio*, in: Catalogus codicum, vol. 2, p. 470.

38 *Miracula* 4.16, in: Acta Sanctorum, 22 Jan. 3:23, and Nascimento and Gomes, S. Vicente, pp. 46–8, no. 1.8, with a few textual differences (*arcus* for *arcum*, *dei* for *divino*, *mirabiles* for *mirabilis*, and *de multiplicatis miraculis maior incredulitatis culpa confundat* at end).

39 Writing in the middle of the nineteenth century, Reinaud said in the notes to *Géographie d'Aboulféda*, vol. 2.1, p. 241, n. 2 (continued on p. 242), that "Encore à présent, le corbeau est le compagnon inséparable de ce saint. Au cap Saint-Vincent et à Lisbonne, l'église et le monastère consacrés au saint renferment des corbeaux pour lesquels on a le plus grand respect."

40 Beckford, Italy, vol. 2, p. 203 (Letter 30, dated 8 Nov. 1787).

41 Wordsworth, *Journal*, p. 150.

42 Baedeker, Spain and Portugal, p. 497.

43 Wright and Swift, Lisbon, p. 166.

tional, if not unparalleled, continuity in the persistence of a hagiographical motif.

Bibliography

Acta Sanctorum, 3rd ed., Brussels 1863–70.

Aelfric's Lives of Saints, ed. W. Skeat (Early English Text Society 76, 82, 94, and 114), London 1881–1900.

Baedeker, K., *Spain and Portugal*, 4th ed., Leipzig 1913.

St Basil, *Exegetic Homilies*, trans. A.C. Way (The Fathers of the Church 46), Washington DC 1963.

Beckford, W., *Italy with Sketches of Spain and Portugal*, 2nd ed., London 1834.

BHL: *Bibliotheca hagiographica latina*, Brussels 1898–9, and *Novum supplementum* (Subsidia hagiographica 70), Brussels 1986.

Boglioni, P., Il santo e gli animali nell'alto medioevo, in: *L'uomo di fronte al mondo animale nell'alto medioevo, 7–13 aprile 1983* (Settimane di studio del Centro italiano di studi sull'alto medioevo 31), Spoleto 1985, vol. 2, pp. 935–94.

Brou, L., Etudes sur le missel et le bréviaire "mozarabes" imprimés, in: *Hispania sacra* 11 (1958), pp. 349–98.

Bucher, F., *The Pamplona Bibles*. New Haven and London 1970.

Cahier, Ch., *Caractéristiques des saints dans l'art populaire*, Paris 1867.

Catálogo da exposição iconográfica e bibligráfica comemorativa do VIII centenário da chegada das relíquias de São Vicente a Lisboa, Lisbon 1973.

Catalogus codicum hagiographicorum bibliothecae regiae Bruxellensis, Brussels 1886–9.

Chronicles of the Reigns of Stephen, Henry II., and Richard I., ed. R. Howlett (Rolls Series 82), London 1884–9.

Clavis patrum latinorum, 2nd ed. (Sacris Erudiri 3), Steenbrugge 1961, and 3rd ed., Steenbrugge 1995.

Constable, G., Herman of Tournai and the Monastery of St Vincent at Valencia, in: *Praise no less than charity: Studies in Honor of M. Chrysogonus Waddell* (Cistercian Studies 193), Kalamazoo MI 2002.

Crónica del Moro Rasis, ed. D. Catalán and M. Soledad de Andres (Fuentes cronístas de la historia de España 3), Madrid 1974.

Delaporte, Y. and Houvet, E., *Les vitraux de la cathédrale de Chartres*, Chartres 1926.

Dolbeau, F., Le dossier de saint Canion d'Atella, in: *Analecta Bollandiana* 114 (1996), pp. 109–23.

Dolbeau, F., Nouveaux sermons de saint Augustin pour les fêtes de martyrs, in: *Analecta Bollandiana* 110 (1992), pp. 263–310.

de los Dolores Mateu Ibars, M., *Iconografía de San Vicente Mártir*, vol. I: *Pintura* (Cuademos de arte 29), Valencia 1980.

Duchet-Suchaux, G., Autour de saint Vincent, in: *Iconographie médiévale. Image, texte, contexte*, ed. G. Duchet-Suchaux, Paris 1990, pp. 139–54.

Edrisi (al-Edrîsî), *Description de l'Afrique et de l'Espagne*, ed. and transl. R. Dozy and M.J. de Goeje, Leiden 1866.

España sagrada, ed. Enrique Florez a.o., Madrid 1747f.

de Gaiffier, B., Sermons latins en l'honneur de saint Vincent anterieurs au Xe siècle, in: *Analecta Bollandiana* 67 (1949) (Melanges Paul Peeters 1), pp. 267–86.

Garnier of Rebais, Hymnus de s. Vincentio martyre, in: Catalogus codicum, vol. 1, p. 593.

García Rodriguez, C., *El culto de los santos en la España romana y visigoda* (Monografias de história eclesiastica 1), Madrid 1966.

Géographie d'Aboulféda (Abū al-Fidā, d. 1331), transl. J. Reinaud, Paris 1848.

Guerreiro, R., Le rayonnement de l'hagiographie hispanique en Gaule pendant le haut Moyen Age: circulation et diffusion des *Passions* hispaniques, in: *L'Europe héritière de l'Espagne wisigothique.* Colloque international du C.N.R.S. tenu à la Fondation Singer-Polignac (Paris, le 14–16 mai 1990), ed. J. Fontaine and Ch. Pellistrandi, Madrid 1992, pp. 137–57.

Guillot, O., Les saints des peuples et des nations dans l'occident des VIe–Xe s., in: *Santi e demoni nell'alto medioevo occidentale (secoli V–XI) 7–13 aprile 1988* (Settimane di studio del Centro italiano di studi sull'alto medioevo 36), Spoleto 1989, vol. 1, pp. 205–51.

Houvet, E., *Cathédrale de Chartres: Portail sud*, [Chartres] n.d.

Irvine, S., Bones of Contention: the Context of Aelfric's Homily on St Vincent, in: *Anglo-Saxon England* 19 (1990), pp. 117–32.

James of Varazze (Jacobus de Varagine), *Legenda aurea*, ed. Th. Graesse, 3rd ed., Breslau 1890.

Jameson, A., *Sacred and Legendary Art*, new ed., London, New York and Bombay 1898.

Justus of Urgel, Sermo in natale s. Vincentii, in: Jaime Villanueva, *Viage literario à las iglesias de España*, vol. 10, Valencia 1821, pp. 219–21.

Kehrein, J., *Lateinische Sequenzen des Mittelalters*, Mainz 1873.

de Lacger, L., Saint Vincent de Saragosse, in: *Revue d'histoire de l'église de France* 13 (1927), pp. 307–58.

Lex, L. and Virey, J., *La chapelle du château des moines de Cluny à Berzé-la-Ville (Saône-et-Loire) et ses peintures murales*, Mâcon 1961.

Lexikon der christlichen Ikonographie, ed. W. Braunfels, Freiburg et al. 1968–76.

Linage Conde, A., *Los originés del monacato benedictino en la peninsula iberica* (Fuentes y estudios de historia leonesa 9–11), Leon 1973.

Linage Conde, A., San Vicente mártir, lazo peninsular del Mediterráneo al Atlántico, in: *Actas das II Jornadas Luso-Espanholas de História Medieval*, Porto 1989, pp. 1145–57.

Mercier, F., *Les primitifs français. La peinture clunysienne en Bourgogne à l'époque romane*, Paris 1931.

Missale mixtum secundum regulam beati Isidori dictum Mozarabes, ed. A. Lesley, Rome 1755.

Nascimento, A.A. and Gomes, S.A., *S. Vicente de Lisboa e seus milagres medievais*, Lisbon 1988.

Palazzo, E., L'iconographie des fresques de Berzé-la-Ville dans le contexte de la réforme grégorienne et de la liturgie clunisienne, in: *Les cahiers de Saint-Michel de Cuxà* 19 (1988), pp. 160–82.

Pasionario hispánico, ed. Á. Fábrega Grau (Monumenta Hispaniae sacra: Serie litúrgica 6), Madrid and Barcelona 1955.

Passio s. Canionis, ed. A. Vuolo, in: *Tradizione letteraria e sviluppo cultuale: il dossier agiografico di Canione di Atella (secc. X–XV)* (Storie e testi 5), Naples 1995.

Paulinus of Nola, *Carmina*, ed. W. v. Hartel (Corpus scriptorum ecclesiasticorum latinorum 30), Prague, Vienna, and Leipzig 1894).

Peindre à Auxerre au Moyen Âge, ed. Ch. Sapin (Centre d'études médiévales [Auxerre]: Mémoires de la section d'archéologie et d'histoire de l'art 7), Auxerre 1999.

PG: *Patrologia graeca*, ed. J.P. Migne, Paris 1857–86.

Picard, Ch., La mémoire religieuse des lieux des cultes chrétiens aux cultes musulmans sur les rivages d'al-Andalus, in: *Faire mémoire. Souvenir et Commémoration au Moyen Âge*, ed. C. Carozzi and H. Taviani-Carozzi, Aix-en-Provence 1999, pp. 259–75.

Picard, Ch., Sanctuaires et pèlerinages chrétiens en terre musulmane: l'Occident de l'Andalus (X[e]–XIIe siècle), in: *Pèlerinages et croisades*, ed. L. Pressouyre (Actes du 118e congrès national annuel des sociétés historiques et scientifiques, Pau, octobre 1993), Paris 1995, pp. 237–47.

PL: *Patrologia latina*, ed. J.P. Migne, Paris 1841–64.

Prudentius, *Peristephanon* (Corpus Christianorum. Series latina 126), transl. M.C. Eagan (Fathers of the Church 43), Washington 1962.

Quentin, H., *Les martyrologues historiques du moyen âge*, 2nd ed., Paris 1908.

Réau, L., *Iconographie de l'art chrétien*, Paris 1955–9.

Salisbury, J.E., The Origin of the Power of Vincent the Martyr, in: *Proceedings of the Patristic, Mediaeval and Renaissance Conference* 8 (1983), pp. 97–107.

Saxer, V., Le culte de S. Vincent en Italie avant l'an Mil, in: *Quaeritur inventus colitur. Miscellanea in onore di Padre Umberto Maria Fasola* (Studi di antichità cristiana 40), Vatican City 1989, vol. 2, pp. 745–61.

Saxer, V., Le culte de S. Vincent dans la peninsule hispanique avant l'an Mil, in: *IV Reunió d'Arqueologia Cristiana Hispànica.* Lisboa 28–30 setembre/1–2 d'octubre de 1992 (Monografies de la Secció Històrico-Arqueològica 4), Barcelona 1995, pp. 141–50.

Saxer, V., Die Kurzfassung der "Passio sancti Vincentii" (BHL 8632), in: *Tesserae. Festschrift für Josef Engemann* (Jahrbuch für Antike und Christentum, Ergbd. 18), Münster 1991, pp. 395–405.

Saxer, V., Lieux de culte de saint Vincent en France avant l'an Mil, in: *Bulletin de la Société des fouilles archéologiques et des monuments historiques de l'Yonne* 7 (1990), pp. 1–12.

Saxer, V., *Morts martyrs reliques en Afrique chrétienne aux premiers siècles. Les témoignages de Tertullien, Cyprien et Augustin à la lumière de l'archéologie africaine* (Théologie historique 55), Paris 1980.

Saxer, V., La passion de S. Vincent diacre dans la première moitié du Ve siècle, in: *Revue des études Augustiniennes* 35 (1989), pp. 275–97.

Saxer, V., *Saint Vincent diacre et martyr* (Subsidia hagiographica 83), Brussels 2002.

Saxer, V., La version BHL 8628–8631 de la *Passio s. Vincentii diaconi et martyris* dans la tradition manuscrite et littéraire: préliminaires à une édition critique, in: *Annals de l'Institut d'Estudis Gironins* 36 (1996–7), pp. 81–115.

Saxer, V., La version brève BHL 8638 de la Passion de San Vincent, in: *Hispania sacra* 43 (1991), pp. 679–713.

Saxer, V., La version commune de la Passion de S. Vincent BHL 8628–8631. Édition critique, in: *Analecta Sacra Tarraconensia* 71 (1998), pp. 785–831.

Saxer, V., Une version romaine de la passion de S. Vincent? Deux notes sur BHL 8639, in: *Historiam pictura refert. Miscellanea in onore di padre Alejandro Recio Veganzones O.F.M.* (Studi di antichità cristiana 51), Vatican City 1994, pp. 533–51.

Simonet, F.J., *Historia de los Mozárabes de España* (Memorias de la Real Academia de la Historia 13), Madrid 1903.

de Tillemont, S.L., *Mémoires pour servir à l'histoire ecclésiastique des six premiers siècles*, Paris 1693–1712.

Vilatela, L.P., In Augustana provincia (Passio Vincentii, BHL 8638), in: *Gerión* 12 (1994), pp. 255–67.

de Waal, A., Zum Kult des hl. Vinzenz von Saragossa, in: *Römische Quartalschrift für christliche Altertumskunde und für Kirchengeschichte* 21 (1907), pp. 135–8.

Wordsworth, D., *Journal of a Few Months' Residence in Portugal and Glimpses of the South of Spain*, ed. E. Lee, London 1895.

Wright, D. and Swift, P., *Lisbon: A Portrait and a Guide*, London 1971.

ARNOLD ANGENENDT (Münster)

Charisma und Eucharistie – oder: Das System Cluny

Der französische Benediktiner Adalbert de Vogüé aus der burgundischen Abtei Pierre-qui-vire hat in den letzten dreißig Jahren Forschungen vorgelegt, die ganz neue Sichten zur frühen Monastik eröffnen. Sein Werk ›La règle de Saint Benoît‹ und seine Kommentare zu den Regeln des Magisters wie Benedikts sind Durchbruchsarbeiten. De Vogüés erstes Interesse gilt dem Abt: „Der Abt ist ein Laie, der eine dem Bischof ähnliche Funktion ausübt. Wie dieser gehört er zur Kategorie der ‚Lehrer', d. h. zu den Dienern, die Christus in der Endzeit [...] an die Spitze der Kirche gestellt hat". Der Anspruch ist höher kaum zu veranschlagen: „*Abbas* hat [...] keine andere Bedeutung als *doctor*. Die beiden Begriffe sind verschieden begründet, aber sie haben die gleiche Bedeutung. Beide verweisen auf eine Autorität, die von Christus ausgeht". Hätten wir, so möchte man fragen, in diesem Abt einen amts- und hierarchiefernen Charismatiker, der dazu noch Laie war? Tatsächlich versteht die Regula Magistri die Mönchsgemeinde als zwar kleine Laiengemeinde, aber gegenüber der Amts- und Massenkirche doch als wahre und sogar überlegene Kirche. Gleichwohl soll eine Gemeinschaft mit der Großkirche bleiben, nämlich in der Eucharistie. Aber der eucharistischen Liturgie spricht de Vogüé nur eine „Randstellung" zu; ja, er lässt den angesichts der mittelalterlichen Klosterliturgie erstaunlich klingenden Satz folgen: „Auf jeden Fall scheint es ausgeschlossen zu sein, dass jeden Tag eine Konventsmesse stattfand"; eine solche wird „nicht im benediktinischen Zeitplan und auch sonst nirgendwo in den alten monastischen Regeln erwähnt". Immerhin hat dann Benedikt für die Kloster-Eucharistie einen besonderen Schritt getan; denn als „wichtigste" der von ihm vorgenommenen Neuerungen bezeichnet de Vogüé „die Schaffung eines monastischen Klerus, bestehend aus Klerikern, die Mönche geworden sind, und Mönchen, die auf Verlangen des Abtes die Weihen genommen haben". Auf diese Weise wird die nunmehr eucharistisch verselbständigte Klostergemeinde sozusagen zur Pfarrgemeinde, die unter der Hoheit des Bischofs steht und damit in die Großkirche integriert ist.

Was stand dann aber, wenn die Eucharistie nur eine Randstellung einnahm, im Zentrum? Es war das Selbstopfer des Gehorsams, das sich in zwei Weisen vollzog, nämlich „gehorchen wie wenn man Christus gehorcht" und „wie Christus dem Vater gehorchen". Zugrunde liegen zwei Jesusworte. Einmal: „Wer euch hört, hört mich" (Lk 10,16); das ist der mönchische Gehorsam gegenüber Jesus Christus und seinem Stellvertreter, dem Abt. Zum anderen: „Ich bin nicht vom Himmel herabgekommen, um meinen Willen zu tun, sondern den Willen dessen, der mich gesandt hat" (Joh 8,38); das ist der von Jesus Christus vollzogene Gehorsam gegenüber Gottvater. Die Aufgabe des an der Stelle Jesu Christi stehenden Abtes besteht darin, „uns sowohl den Willen Gottes mitzuteilen, als auch, uns daran zu hindern, unseren eigenen Willen zu tun". Eben das ist das Ziel der Klosterspiritualität: „Nicht unseren, sondern den Willen des Vaters nach dem Beispiel Christi zu tun, um nicht verworfen, sondern gekrönt zu werden". Von dieser Sicht her ist es durchaus bezeichnend, dass jene Stelle aus dem 12. Kapitel des Römerbriefs, die zum Beispiel Joseph Ratzinger als Kernstelle der christlichen Liturgie bezeichnet, beim Magister wie bei Benedikt fehlt: „Ich ermahne euch, Brüder, bei dem Erbarmen Gottes, darzubringen eure Leiber als lebendiges heiliges Gott wohlgefälliges Opfer – das ist euer vernünftiger Gottesdienst" (Röm 12,1).

Für die Klosterliturgie tat den wohl folgenreichsten Schritt das irofränkische Mönchtum: Es verwandelte die vormaligen Laienkonvente, die die Klostergemeinschaften zunächst gewesen waren, in Klerikerkonvente um. Als Aufgipfelung der Mönchsspiritualität galt die Priester- oder mindestens Diakons-Weihe, so dass am Ende des 8. Jahrhunderts kaum noch ein Mönch ohne Weihe war. Getragen wurde diese Entwicklung zusätzlich von einer veränderten Eucharistie-Deutung, wie sie Josef A. Jungmann als „von der Eucharistie zur Messe" beschrieben hat, nämlich vom Dank für das Erlösungswerk Jesu Christi hin zur Segensvermittlung an die Menschen, wofür der mit dem Entlassungsruf ‚missa est' erteilte Segen namengebend wurde: *missa.* Als Segen vermittelnder Ritus diente die Messe allen möglichen Anliegen, zumal der Heiligung und Sühnung. Die Klöster, die sich inzwischen zu Priester-Konventen gewandelt hatten, entwickelten für ihre Messfeiern ein Doppel-System. Da nämlich möglichst jeder Mönchspriester täglich seine Messe zelebrieren sollte und auch wollte, geschahen neben dem feierlich gesungenen Konventsamt der ganzen Klostergemeinde noch die nun nicht mehr gesungenen, sondern leise gelesenen Einzelmessen der Mönchspriester. Der Laacher Benediktiner Angelus Häußling hat in einer Untersuchung zu ‚Mönchskonvent und Eucharistiefeier' erstmals dieses System ansichtig gemacht.

Die Vervielfältigung zog vielerlei Konsequenzen nach sich, von denen hier nur die Bußmesse genannt sei. Die irischen wie ebenso die nachfolgenden angelsächsischen Mönche verbreiteten auf dem Kontinent das insulare System der Tarifbuße. Dieses ermöglichte eine im Kloster stellvertretend für Laien abgeleistete Buße, und in diese Ableistung wurden auch Messfeiern einbezogen: Anstelle der normalerweise zur Abbuße verordneten Fastenzeiten konnten ersatzweise Messen angerechnet werden. Die Bußbücher benennen jeweils die genaue Anzahl: Eine Messe ersetzt 7 oder gar 12 Fasttage, 10 Messen 4 Monate, 20 Messen 7 oder 9 Monate, 30 dann ein ganzes Jahr. Somit verschaffte jedes einzelne Messopfer einem einzelnen Sünder, für den es dargebracht wurde, ein bestimmtes Maß an Sühne und minderte dadurch dessen abzuleistende Buße. Infolgedessen wandten sich die Büßer an die Klöster, auf dass dort für sie Messen gefeiert würden, mussten dafür freilich den stellvertretend für sie Zelebrierenden einen Beitrag zum Lebensunterhalt leisten. Das konnte mit Geld geschehen, bei

Armen aber auch mit Dienstleistungen fürs Kloster und bei Besitzenden sogar mit Landschenkungen. Diese Schenkungen ließen die Klöster zu Großgrundbesitzern und die Äbte zu Machtpersonen aufsteigen, die mit zum Reichsregiment gehörten.

Das Austausch-System erhielt einen weiteren Schub dadurch, dass auch die Toten noch Bußwerke zur Linderung ihrer Pein im Fegefeuer nachgereicht erhielten, wiederum gerade Messen. Hier, in diesem Totendienst, erreichte Cluny den Höhepunkt: Es feierte täglich zwei gesungene Konventsämter, dazu die Einzelmessen seiner Priestermönche, überdies ein Stundengebet von täglich 200 gesungenen Psalmen. Schon jeder Mönch der eigenen Kommunität erhielt in den dreißig Tagen nach seinem Versterben 900 Messen zugewendet. Aber auch den Laien draußen gewährte die Abtei an ihrem geistlichen Schatz Anteilhabe, mit im Kapitelsaal vereinbarter Gebetsverbrüderung bei Austausch von weltlicher Gabe für geistliche Gegengabe. Auf diese Weise entstand – wie wir es im Folgenden nennen wollen – das ‚System Cluny': materielle Stiftung für geistliche Lebens- und Sterbehilfe. Cluny galt sprichwörtlich als reich an Gebet wie Besitz.

Nach der Jahrtausendwende, der ‚Wende des Mittelalters', verfiel das System Cluny der denkbar schärfsten Kritik. Denn genau besehen war dieses System ein Gnadenkauf, also simonistisch: Die Mächtigen und Besitzenden vermochten sich vom Fegefeuer und – wie sogar suggeriert wurde – von der Hölle loszukaufen. Hinzu kam die neue Armutsbewegung, die den Landbesitz der Klöster als Verrat an der evangelischen Armut denunzierte: Wie könnten Klosterleute, die doch Besitzlosigkeit gelobt hätten, von Land- und Herrschaftseinkünften leben? Sie dürften doch nur, wie alle Kirchenoberen, von Opfergaben und Spenden leben, nicht aber von Besitz- und Herrschaftseinkünften. Im Hintergrund steht hier die seit dem Investiturstreit schwelende Frage, ob Kirchenleute, zumal die Bischöfe, Einkünfte aus Herrschaftsrechten beziehen dürften oder nicht rein nur von freiwilligen Opfern und Spenden leben sollten.

Die mit der Armutsbewegung und dem Investiturstreit aufgeworfene Problematik ließ denn auch das Zeitalter des beherrschenden Benediktinerordens zu Ende gehen. Statt dessen bildeten sich neue Orden, alle nun mit eindeutiger Absetzung von Cluny. Die Zisterzienser wollten lieber von eigener Arbeit als von Herrschaftseinkünften leben, lehnten deswegen solche Schenkungen ab, für die Gebete und Messen zu feiern waren, reduzierten daraufhin konsequenterweise ihr Stundengebet auf die benediktinische Anzahl von täglich 37 Psalmen. Radikaler noch waren die Kartäuser und Grandmontenser. Ihre Regeln und Konstitutionen formulierten sie wie Peitschenhiebe gegen Cluny: keine Annahme von Landschenkungen, kein Gebetsvertrag, kein Eintrag ins Gedenkbuch – das Kloster also nicht länger als Ort von Gabe und Gegengabe. Es hätte ein gewaltiger Umsturz werden können, wie ihn in einzigartiger Weise Franziskus von Assisi auch vollzogen hat. Nicht nur, dass er Geld und jeden festen Besitz verbot, vielmehr verschloss er von vornherein auch die Möglichkeit des geistlichen Entgelts, indem er täglich nur eine Messe im Konvent zuließ, auch bei Anwesenheit mehrerer Priester. Das war der schärfstmögliche Bruch mit Cluny, dessen System Franziskus durch seine Aufenthalte in Benediktiner-Klöstern sehr wohl gekannt haben muss.

Mit der hochmittelalterlichen Wende erneuerten sich auch wieder die Doppelklöster, in besonders bemerkenswerter Weise durch Robert von Arbrissel. Frauen gehörten für ihn nach dem Vorbild der Jüngerinnen Jesu mit dazu, ja konnten, wie in seiner Gründung Fontevraud verordnet, die Leitung übernehmen, was für die Liturgie eine verquere Situation schuf. Die zweite Äbtissin, Petronilla, schloss ganz nach Art von Cluny Gebetsbünde ab: im Kapitelsaal bei Darreichung des Regelbuches, bei Niederlegung der Schenkungsurkunden auf dem Altar, bei Eintragung auch ins Gedenkbuch; dafür gewährte dann die Äbtissin die geistliche Gegengabe des Klosters in Gestalt von Gebet, Messfeiern und Caritasgaben: „Ich Petronilla habe mit eigener Hand unterschrieben." Aber erfüllen konnte die Äbtissin mit ihren Schwestern solche Verträge nur teilweise, nur mit dem Stundengebet, nicht aber mit Mess-Zelebrationen, die den Priestermönchen vorbehalten blieben.

Kritik möchte man gerade auch von der nach 1100 neu einsetzenden Theologie erwarten. Aber sie blieb angesichts des inzwischen allgemein praktizierten Systems Cluny wie hilflos. „Ein Versuch, die Frage von der Theologie des Messopfers her zu beantworten", so das Urteil von Erwin Iserloh in seiner nach wie vor maßgeblichen Untersuchung, „liegt nicht einmal im Ansatz vor". Es blieb dabei, dass eine Messe, für einen einzelnen gefeiert, ihm größeren Nutzen bringe, als wenn er die Messfrucht mit einem zweiten hätte teilen müssen. Einen Schnitt, wie Franziskus ihn tat, hat die gelehrte Theologie nicht zu vollziehen vermocht.

In der Folgezeit wurde der Reformansatz der neuen Orden von oben her überrollt. Vor allem blieb der Andrang von seiten des Adels nach Seelenmessen sowie nach einer Beerdigung im Kloster. Die Beispiele sind so schlagend wie erschlagend. Cîteaux, das den eigenen Mönchen kein persönliches Totengedenken gewährte, sondern allein nur den Äbten, musste bald ein solches Einzelgedenken auch den Großen und Mächtigen einräumen, deren Gesamtzahl sich zuletzt auf hundert belief, also praktisch jeden dritten Tag des Jahres belegte. Ebenso musste die zunächst gleichfalls abgelehnte Grablegung im Kloster zugelassen werden. Alle gräflichen Familien im Bereich der heutigen Niederlande, Belgiens, Luxemburgs und Nordfrankreichs erhielten zwischen 1200 und 1250 ihr Grab bei den Zisterziensern, natürlich mit besonderer Gedenk-Liturgie. Der englische König Heinrich II. (†1189) ließ in seinem Testament gerade den neuen Orden die größten Legate zukommen, so 3.000 Pfund für die Grandmontenser, 2.000 für Fontevraud, 2.000 für die Kartäuser, 2.000 für die Zistersienser und 1.000 für Cluny. Ungefragt hatten die Bestifteten mit liturgischer Totensorge zu antworten. Der englische König Heinrich V. (†1422) verfügte 1421 testamentarisch Messen einmal ‚für ewig' und sodann für das Jahr direkt nach dem Tode: An seinem in Westminster zu errichtenden Hochgrab mit einem Altar zu

Ehren von Mariä Verkündigung sollen für ewig jeden Tag drei Messen gefeiert werden, sonntags die erste von der Aufnahme Marias in den Himmel, die zweite vom Tage und die dritte von der Auferstehung des Herrn – also jährlich rund 1.000 Messen, wofür 100 Pfund bereitgestellt sind. Obendrein sollen jedes Jahr am Todestag Exequien mit einem Requiem am Morgen und mit Almosen für 24 Arme stattfinden. Soweit die Ewigkeitsstiftung, der dann die Messen für das erste Jahr nach dem Versterben folgen. Hier sollen 3.000 Messen zur Ehre der Dreifaltigkeit, jeden Tag 15 Messen zu Ehren der fünf Wunden Christi, sodann 5.000 Messen zu Ehren der fünf Freuden Mariens, 900 zu Ehren der Chöre der Engel, 300 zu Ehren der drei Patriarchen, 1.200 zu Ehren der zwölf Apostel, 4.125 zu Ehren Aller Heiligen – was alles, wie genau errechnet ist, 20.000 Messen ergibt. Überdies sind nach dem Tod ein Jahr lang 30 Arme zu versorgen, die den Marien-Psalter beten sollen, mit der Schlussbitte in Englisch: ‚Gedenke des Königs Heinrich, der alle Hoffnung auf dich gesetzt hat.'

Ähnlich schildert das ‚Nibelungenlied' ein in der Memoria-Forschung unbeachtet gebliebenes Totengedenken zum Tode Siegfrieds:

> Als man nun hörte, dass man im Münster bereits den Messgesang anstimmte und man ihn in den Sarg gelegt hatte, da entstand ein schreckliches Gedränge; denn jeder wollte für Siegfrieds Seelenheil eine Opfergabe bringe [...]. Die arme Kriemhild sagte zu ihren Kämmerern: ‚Wer dem Toten noch eine Ehre erweisen möchte und mir freundlich gesinnt ist, der soll aus Liebe zu mir die Mühen der Totenwache auf sich nehmen. Für das Seelenheil Siegfrieds möge man sein Gold unter die Leute verteilen' [...]. Bevor er ins Grab gelegt wurde, sang man im Münster an diesem Tage mehr als hundert Messen [...]. Wer Messen singen konnte, so wird uns berichtet, hatte drei anstrengende Tage durchzustehen. Dafür brachte man ihm aber auch reiche Opfergaben. Viele, die früher arm gewesen waren, wurden jetzt auf einmal reich. Wenn Arme kamen, die nichts besaßen, dann ließ man sie mit Gold aus Siegfrieds eigener Schatzkammer zum Opfer schreiten. Da er nun einmal nicht wieder lebendig werden konnte, gab man wenigstens viele tausend Mark für sein Seelenheil dahin. Erträge aus Grundbesitz verteilte Kriemhild ringsherum im Lande, an Klöster und an kranke Leute; viel Silber und Kleidung verschenkte man an die Armen. Durch ihr Handeln zeigte sie, wie sehr sie Siegfried geliebt hatte. Man hat erzählt, dass man in diesen vier Tagen für Siegfrieds Seelenheil gegen dreißigtausend Mark oder sogar noch mehr an die Armen verteilt hat. Doch mit seiner männlichen Schönheit und mit seiner Lebenskraft war es jetzt zu Ende.

Überrollt wurde der Reformansatz aber nicht nur von den weltlichen Herrschaften her, sondern auch kirchlich, wiederum von oben her durch die Päpste. Gerade die neuen Orden, die ja über ein Zentralkapitel oder eine Generalleitung steuerbar waren, erhielten enorme Memorial-Leistungen auferlegt. Gregor IX. (†1241) verpflichtete 1232 alle Franziskaner-Priester zu einer Messe für den verstorbenen Erzbischof Albrecht von Magdeburg (†1232) und Alexander IV. (†1261) den Dominikaner-Orden zu 30.000 Messen für den französischen König Ludwig IX.; Urban IV. erlegte den Zisterziensern, Cluniacensern und Prämonstratensern ähnliche Pensen auf. Jetzt erst wuchs sich das System Cluny zu Dimensionen aus, die es im eigenen Mutterkloster nie gehabt hatte. Jacques Chiffoleau, der die Steigerung der Messen-Zahlen „obsessionell" genannt hat, bezeichnet diese Situation als durchaus merkwürdig, denn nirgends sei bis zur

Mitte des 15. Jahrhunderts ein päpstlicher oder bischöflicher Entscheid auszumachen, der eine solche Vermehrung begründet oder gerechtfertigt hätte, wie aber andererseits auch nicht untersagte. Vielmehr wurden die Mess-Pensen einfach von oben her verordnet.

Der Protest gegen Cluny, wie er nach 1100 so energisch hervortrat, wanderte ab in die Ketzerei, wo Waldenser und Katharer gegen Landschenkungen polemisierten und Seelenmessen als nutzlos bestritten, wofür sie sich sogar von der Inquisition hinrichten ließen. Der Protest lebte aber ebenso weiter bei den Mystikern, bei ihnen in den sogenannten Alberti-Sprüchen: Eine Messe in Andacht wie ebenso eine Sozialtat in Liebe sei Gott lieber und den Menschen nützlicher als deren viele. Die spätmittelalterlichen Devoten wollten die Messe nur fromm gefeiert wissen. Thomas von Kempen (†1471) gibt im 4. Buch der ‚Nachfolge Christi' Anweisungen zur innerlichen Mitfeier, bei deren Befolgung eine Vervielfältigung nicht mehr möglich war.

Dennoch steigerten sich im Spätmittelalter weiter die Messen-Zahlen. In jeder Stadtkirche standen nun Dutzende von Altären, und für die vielen Mess-Pfündner ist das Schlagwort „Klerikerproletariat" üblich geworden: in Augsburg 150 Säkularpriester, weiter 100 Mönche und 65 nur mit Mess-Zelebrationen beschäftigte Vikare; in Nürnberg 400 Kleriker mit bis zu 20 Altarpriestern in nur einer Kirche. In stadtbürgerlichen Testamenten finden sich Hunderte und gelegentlich Tausende von Messen angeordnet. Wiener Testamente enthalten für die Jahre 1396 bis 1430 Einzelstiftungen mit den folgenden Messen-Zahlen: 2mal 100, 5mal 200, 4mal 300, 2mal 400, 5mal 500, 30mal 1.000, 4mal 2.000 und 1mal 4.000. Obendrein geschah eine Fülle von Sach-, Geld- und Kunst-Stiftungen für die Pfarr- und Ordenskirchen, wie zusätzlich auch immer von Almosen für die Armen. Kritik daran blieb wirkungslos. Mochten auch die Alberti-Sprüche mahnen: Ein Pfennig zu Lebzeiten für einen Armen sei besser als eine Seelen-Stiftung von himmelshohem Turm in Gold für den Tod.

Die Positionen drifteten gerade im Spätmittelalter noch weiter auseinander, ja radikalisierten sich. Dafür zwei Beispiele: Jakob von Paradies (†1465), als Zisterzienser zugleich Magister an der Krakauer Universität, dann Kartäuser in Erfurt und als solcher mit über hundert Werken ein auch für die Kirchenreform einflussreicher Schriftsteller, blieb in Fragen der Hilfe für die Armen Seelen cluniazensisch: Messen, Almosen, Gebete und Fasten nützen den Verstorbenen „je schneller, desto besser"; die Reichen haben „Vorzüge im Fegefeuer gegenüber den Armen"; Gebete auf Friedhöfen, wo nur wenige beerdigt sind, „nützten diesen wenigen mehr als wenn es viele Seelen wären". Dem Volk sei zu predigen, dass großer Nutzen aus der Messfeier für Lebende wie Tote erfolge, dass freilich nicht „mit jeder Messe eine Seele aus dem Fegefeuer befreit noch ein Sünder bekehrt werde"; zuletzt wird noch vor der Sünde einer verzögerten Ausführung der Seel-Stiftungen gewarnt. Demgegenüber steht eine extreme Spiritualisierung, wie sie an der Darstellung der Gregorsmesse ersichtlich wird. Deren erst jüngst näher geklärte Bildthematik zeigt Papst Gregor den Großen, wie er visionär den Passions-Jesus sieht, der sich aus dem Grab erhebt und seine Wundmale zeigt, wobei im Vordergrund ein Altar samt Mess-Utensilien erscheint, ohne aber einen bestimmten Moment der Zelebration anzuzeigen. Die Gregorsmesse ist – so Berndt Hamm – „ein Sinn- und Andachtsbild der ‚Passion schlechthin', d. h. sowohl der Marter und des Todes als auch der Erlösung, die Sünde und Tod überwindet". Der Papst wird nie als aktiver Zelebrant dargestellt, sondern als empfangender Visionär, mit dem sich auch Nicht-Priester, Nonnen und Laien identifizieren können. Die letztendliche Konsequenz heißt: „Allen Andächtigen wird das heilvolle Angebot des unmittelbaren Schauens eröffnet". Die Wirkung dieses Schauens aber entspricht vollauf derjenigen der zelebrierten Messe: „Indem die Gregorsmesse die Präsenz des Opferleibes Christi visualisiert, aktualisiert sie auch das sühnende Opfergeschehen des Altars für Lebende und Verstorbene"; es ist „eine dauerhafte visuelle Präsentation des Messopfers" und das Altarbild „eine ewige Messe".

Luther bekämpfte die Opfer-Messe als Gräuel, womit er nicht einfach nur einen Schreckensausdruck gebrauchte, sondern den Gottesfrevel meinte, ein vor Gott straffälliges Tun, und dem war entgegen zu treten, übrigens auch er mit der Formel: Eines ist besser als vieles. Für die Stiftungsmessen schlug er vor, sie alle „auf einen Haufen zu nehmen". Katholischerseits setzten sich die Seelenmessen fort, mit – wie Peter Hersche fürs 18. Jahrhundert geschätzt hat – 100 Millionen pro Jahr, was konfessionelle wie auch aufklärerische Polemiker als Priesterbetrug kritisierten, als Angsteinflößung bei gleichzeitiger Einstreichung profitablen Gewinns. Alle diese Messen beruhten auf Stiftungen, fanden in gestifteten Kirchen und Kapellen wie auch an gestifteten Altären statt, dazu noch mit gestifteter Musik. Für Italien ist die Formel aufgestellt worden, zwei Drittel des Kunstbestandes stamme aus religiöser Motivik und davon wiederum zwei Drittel aus frommen Stiftungen. Diese Stiftungskunst wegzudenken würde in der Liste europäischen Kulturerbes lange Streichungen hinterlassen. Jan Assmanns Ausspruch, der Tod sei der größte Kulturgenerator, bewahrheitet sich nicht nur angesichts der Pyramiden Ägyptens, sondern ebenso in der europäischen Kunstgeschichte.

Was wunder, dass die Fürsprecher der alten Liturgie – gemeint ist die katholische Liturgie vor der Reform des Zweiten Vatikanischen Konzils – laut protestieren: Das Konzil sei ein solches der Buchhalter gewesen und seine Liturgie-Reform ein Stil- und Kulturbruch sondergleichen. Neuerdings beklagt der Frankfurter Schriftsteller Martin Mosebach die „Häresie der Formlosigkeit", übrigens mit viel Guardinischer Liturgie-Phänomenologie, aber auch mit Wiederherstellung des Systems Cluny, wie sein Enthusiasmus für die das Zweite Vatikanum negierende Abtei Fontgombault (bei Bourges) zeigt:

> Am späten Vormittag gibt es natürlich eine lange feierliche Messe und Choralgesang, mit Priester, Diakon und Subdiakon und dem gesamten Konvent, aber da nach alter Regel jeder Priester täglich selbst eine Messe zelebrieren sollte, erfüllen die zahlreichen Priester der Gemeinschaft ihre Pflicht einige Stunden vorher.

Das ist Cluny heute und gewiss auch weiterhin mit frommen Zuwendungen. Denn schon wer derzeit in ein normal-katholisches Bischofsordinariat geht und eine Stiftung machen will, findet in den Kontrakten weiterhin die Zusicherung, dass die Bestifteten so und so viele Messen für die Seelenruhe des Stifters zu lesen hätten oder lesen lassen müssten. Bemerkenswerterweise ist Mosebach vom Deutschen Historischen Institut in Rom die Plattform geboten worden für seine keineswegs wertneutrale Botschaft: „De liturgica recuperanda", nämlich „die überlieferten Riten neu in den Herzen der Christen zu installieren".

Vielleicht wollte aber das DHI auch nur ein Signal setzen, die Mediävisten hätten sich intensiver um liturgische Kenntnisse zu bemühen, denn solche sind in der Tat höchst angebracht. Die Messe war im mittelalterlichen Christentum der schlechthin zentrale Religionsakt und hatte als solcher eine Fülle religiöser wie auch sozialer Auswirkungen. Schon aufgrund der Häufigkeit und mehr noch der Gewichtigkeit bildete die Messe den ersten Kultakt. Regelmäßig wurde sie an Sonn- und Festtagen gefeiert, seit der Spätantike oft schon täglich. Sie gehörte zu allen wichtigen Situationen und Ereignissen des Lebens, so zu Geburt und Hochzeit, Krankheit und Tod, Krieg und Frieden. Pflichtgemäß hatte sich die Pfarrgemeinde zu versammeln und keiner durfte fehlen. Alle innerhalb des Pfarrbezirks, dessen Grenzen genau festgelegt waren, waren zur Teilnahme verpflichtet. Doch nur wer getauft und kommunionfähig war, gehörte voll dazu. Schwere Vergehen schlossen von der Gemeinschaft ‚des Heiligen' und ‚der Heiligen' aus. Das heißt: Wer sich öffentlich vergangen hatte, war von dem Kommunion-Empfang wie auch von der Gemeinde ausgeschlossen; er war gesellschaftlich zu meiden und erhielt, sofern er nicht Buße tat, nicht einmal ein Grab auf dem Kirchen-Friedhof. Weil die Messe den religiösen Zentralakt bildete und zugleich auch eine allgemeine Versammlung erforderte, konnte sich mit ihr vielerlei sonst verbinden: Markt und Handel, Termine und Absprachen, Feste und Feiern. Zu Recht hat John Bossy die mittelalterliche Messe „a social institution" genannt. Gemeint ist hiermit aber nicht eine primär säkulargesellschaftliche Einrichtung von rein sozial-institutionalisierender Wirkung, vielmehr waren sich Volk wie Gelehrte bis zum Ende des Mittelalters darin einig, „dass die Worte und Handlungen der Messe von großer Macht seien; was diese Macht bewirkte, war die Rettung der Menschen" und die dabei jährlich an Ostern empfangene Kommunion „eine überzeugendere Verkörperung der Einheit der Christen als die häufigeren und frömmeren Kommunionen der Gegenreformation".

Josef A. Jungmann hat in ‚Missarum sollemnia' eine genetische Erklärung der Messe geliefert. Nie aber ist die Messe in synchronen Querschnitten mit ihren vielerlei Modifikationen in der jeweiligen Zeit dargestellt worden; allenfalls fallweise und dann nicht selten ohne rechtes Verständnis. Die Rats- und Reichstagsmessen haben keine Aufmerksamkeit erregt. Selbst die Klöster sind für die spätmittelalterliche Messpraxis nicht untersucht. Am wenigsten sind die in der Messe darzubringenden Opfergaben beachtet worden, so die jährlichen fünf Pflichtopfer in jeder Pfarrgemeinde, wo neben Geld auch Kleidung, Lebensmittel und Haustiere geopfert wurden, was dann anschließend zugunsten von Kirche und Klerus auf dem Markt verkauft wurde (wodurch bis heute die Großmärkte die Bezeichnung ‚Messe' haben). Ein besonderes Pflichtopfer erforderte das Requiem. In den Reichsstädten hatten beim Tode von König oder Kaiser alle zu opfern; für die Bedürftigen stand ein Korb mit Münzen im Kircheneingang, auf dass jeder am Altar sein Scherflein darbringen konnte. Im Requiem für Friedrich III. und Maximilian I. wurden die Rüstung sowie die Pferde der Verstorbenen im Wiener Stephanusdom am Altar geopfert, was bis in jüngste Publikationen Spekulationen über Relikte germanischer Pferdeopfer ausgelöst hat. Man sieht: Die Messe hatte, weil ein Fundamentalakt mittelalterlichen Lebens und nicht etwa nur der puren Frömmigkeit, zu viele Aspekte, als dass man darüber hinweggehen könnte.

Dem Autor der vorstehenden Zeilen, der selber für Jahre die ‚alte' Liturgie zelebriert hat, legte der frühere Direktor des DHI, Reinhard Elze, ans Herz, aus der Kenntnis eben dieser alten Liturgie heraus eine Einführung für Mediävisten in die mittelalterliche Liturgie zu schreiben, was selbiger nunmehr mit einem Opusculum über das ‚Messopfer im Mittelalter' einzulösen hofft und wovon hier eine Vorprobe dargereicht sei.

Peter von Moos (Béon)

Predigten mit und ohne Sprachwunder

Auf dem knappen hier zur Verfügung stehenden Raum verbietet sich von selbst jeder „positive" Jäger- und Sammlereifer.[1] Bei der übrig bleibenden Alternative zwischen mikroskopischer Detailanalyse und theoretischem Aperçu einiger Stellen, an denen die Forschung vielleicht weiterarbeiten könnte, ziehe ich Letzteres nur schon deshalb vor, weil man sich dabei getrost an Schelers Prinzip halten darf, dass der Wegweiser den Weg, den er weist, nicht selber zu gehen braucht.

In diesem Sinne möchte ich nach längerer Beschäftigung mit sprachbedingten Verständigungsproblemen im Mittelalter eine einzige zentrale historische Frage stellen und mit einigen Beispielen und Hypothesen weiterer Reflexion empfehlen: Warum hat das christliche Abendland im Gegensatz zum orthodoxen Ostchristentum – von einzelnen hervorragenden, aber kaum wirksamen Ausnahmen abgesehen – seit dem Untergang des Römischen Reiches bis zum Beginn des 16. Jahrhunderts so auffällig wenig Interesse an Fremdsprachen bei der Erfüllung des evangelischen Verkündigungsauftrags gezeigt? Damit fokussiere ich auf das Gebiet des Kerygmas und der Predigt (im weitesten Sinne des Wortes) die bereits an anderer Stelle allgemeiner formulierte Frage nach Gründen für die mittelalterliche Gleichgültigkeit gegenüber Fremdsprachen, ohne auf die dabei bereits erwogenen kulturgeschichtlich-anthropologischen Erklärungen nochmals zurückzukommen.[2] Es ist erstaunlich, dass angesichts der vielen neutestamentlichen Stellen zur Bedeutung sprachlicher Verständlichkeit für die Verbreitung der Frohen Botschaft in den mit Heidenmission und Religionsgesprächen befassten Quellen so wenig Konkretes über Fremdsprachenkenntnisse, Sprachunterricht, Verständigungspraktiken zu lesen ist und man meist nicht einmal erfährt, in welcher Sprache die Bekehrungstätigkeit vor sich ging.

Um allfällige Zweifel an diesem Tatbestand auszuräumen, seien vorweg paradigmatisch zwei berühmte Vorfälle des 9. Jahrhunderts einander gegenübergestellt. Als die Brüder Kyrill und Method ihre Slavenmission in pfingstlichem Geiste und dennoch mit intensiven Sprachstudien vorbereiteten, nicht nur, um

---

1 Beneidenswert finde ich darum das ebenfalls in einer Festschrift erschienene verdienstvolle Repertorium aller Erwähnungen des Dolmetscherwesens von rund 500 bis 1500, das auch viele Stellen zum Sprachwunder im Sinne des Kontrasts (wie unten bei Anm. 23) anführt: Honemann/Roth, Dolmetscher, S. 77–142. (Da die Zeichenzählung für den vorgeschriebenen, unüblich engen Maximalumfang überdies Haupt- und Fußnotentext gleich behandelt, sehe ich mich gezwungen, die Anmerkungen auf ein Minimum zu reduzieren und an Stelle von Zitaten und vollständigen Literaturangaben so weit wie möglich abgekürzt auf Synthesen und Sammelwerke [wie Borst, Turmbau, und von Moos, Zwischen Babel und Pfingsten] zu verweisen. Eine wesentlich ausführlichere Version dieses Beitrags ist in Vorbereitung.)

2 Vgl. von Moos, Zwischen Babel und Pfingsten, S. 687–712.

predigen zu können, sondern auch, um eine neue Liturgiesprache einzuführen, übersetzten sie die heiligen Primärtexte aus dem Griechischen und erfanden angesichts der oralen Kultur der zu Bekehrenden sogar eine eigene, die sog. glagolitische Schrift. Ihr Missionsvorhaben erregte sofort „sprachpolitischen" Argwohn im karolingischen Reich und im päpstlichen Rom. Das Klima zwischen Byzanz und dem Westen war bereits aus anderen Gründen (Bilderstreit, Kaisertitel, Primat Petri) höchst gespannt und erhielt nun als zusätzliche Belastung noch den Zankapfel der richtigen Kirchensprache. Kyrill wollte die Mission in Mähren nicht ohne Zustimmung Roms beginnen und begab sich deshalb (laut seiner Vita) zu einem Treffen mit westlichen Priestern und Mönchen nach Venedig, wo er beredt den ökumenischen Standpunkt auch in linguistischer Hinsicht verteidigte. Er stützte sich vor allem auf den Vergleich in 1. Kor. 14, 5 ff. zwischen der nur im ekstatischen Privatgebet an Gott gerichteten, anderen aber unverständlichen Glossolalie und der kirchlich viel nützlicheren, weil öffentlichen, allen zugänglichen Prophetenrede[3]: „Lieber spreche ich fünf verständliche Worte, um auch andere zu belehren, als zehntausend Worte in der Zungenrede" (14, 19). Gegen die sich missbräuchlich auf Augustin und Isidor von Sevilla berufende Meinung, nur die drei (heiligen) Hauptsprachen Hebräisch, Griechisch und Latein dürften als kirchenfähig gelten, führt Kyrill den mit zahlreichen Bibelstellen abgesicherten Hauptgedanken ins Feld, dass Gott in allen Sprachen gelobt sein wolle (Philipp. 1, 11), und zieht daraus eine polemische Pointe: Die engstirnigen „Trilinguisten" folgen Pilatus, dem Mörder Christi, der für diese Dreisprachigkeit wegen der von ihm angeordneten Kreuzesinschrift allein verantwortlich sei. Abgesehen davon, verhalten sie sich mit der Verwerfung anderer Sprachen wie die Schriftgelehrten und Pharisäer, „die das Himmelreich vor den Menschen verschließen" (Matth. 23, 13) und „den Schlüssel der Erkenntnis weggenommen haben" (Luk. 11, 52). Der Vita zufolge habe der Slavenapostel derart die westlichen Vertreter exklusiver Dreisprachigkeit zutiefst „beschämt" zurückgelassen.

Ein halbes Jahrhundert früher fand im karolingischen Westen ein damit von Ferne vergleichbares, im Entscheidenden doch sehr unterschiedliches Ereignis statt: der bekannte Synodalbeschluss von Tours 813, der zugunsten besserer Verständlichkeit die Predigt in *romana rustica lingua* zuließ. Es wurde vor allem von Linguisten viel über den Grad der Abweichung dieser protoromanisch-vulgärlateinischen Umgangssprache von dem bis dahin in der Kirche gepflegten Latein diskutiert.[4] Für unsere historische Fragestellung ist jedenfalls bemerkenswert, dass den Prälaten offenbar erstmals die Verständlichkeit der bisher (meist in vorgefertigten Homilien der Tradition) vorgetragenen Predigten als seelsorgerliches Problem bewusst wurde und eine entsprechende Anpassung an

---

3 Zur westlichen Tradition dieses Vergleichs vgl. von Moos, Zwischen Babel und Pfingsten, S. 238f., 700f.; Lentner, Volkssprache, S. 16–22; Constable, Language, S. 142–144.

4 Die Literatur hierzu ist uferlos; vgl. von Moos, Zwischen Babel und Pfingsten, S. 3, 22, 35, 151, 271–278, 285, 298f., 324, 327–330, 333, 708.

die Sprachentwicklung erfolgte. Dennoch handelt es sich dabei keineswegs wie bei der Slavenmission um die kirchliche Ermächtigung einer gänzlich fremden Sprache für die Predigt und schon gar nicht um die Einführung einer neuen Liturgiesprache, sondern einzig um ein kleines, nur für die Predigt vor dem Volk gewährtes Zugeständnis an den Usus, an die sich schneller entwickelnde Sprechsprache. Gleichviel ob wir es hier mit einem niedrigeren Stilregister derselben lateinischen Sprache – also einem Phänomen der Diglossie – oder bereits mit dem Beginn einer eigenen, sich zusehends ausdifferenzierenden romanischen Volkssprache zu tun haben, gehörte diese *lingua rustica, vulgaris, vernacula* jedenfalls zur selben Sprachfamilie und war zweifellos dem Lateinischen noch viel verwandter als etwa das Altfranzösische des 12. Jahrhunderts. Das Gewicht der Anordnung von 813 ist darum nicht zu übertreiben; sie regelt ein bestehendes, bloß intrakulturelles Kommunikationsproblem durch eine jedenfalls auf romanischem Boden damals noch leicht zu bewältigende Maßnahme, beschäftigt sich nicht mit komplexen Fragen der *accomodatio* an eine völlig fremde Kultur.[5] Im Vergleich zu dem fulminanten Plädoyer Kyrills für die Kirchensprache eines neuen Gottesvolkes nimmt sie sich eher als ein verständnisvoll herablassendes Zeugnis „vertikaler Kommunikation" aus: „Nicht das Volk definiert von unten, welche Sprache ihm natürlich ist, sondern der Klerus definiert von oben, welche Sprache dem Volk verständlich ist".[6] Dass die Sprache der Liturgie ganz außer Acht bleibt, entspricht der klerikalen Ansicht, dass die Laien sie gar nicht zu verstehen brauchen, sondern sich nur passiv an dieser selbstreferentiellen, im Grunde nichtkommunikativen c*ommemoratio* zu beteiligen haben, die in deren Namen durch priesterliche „Stellvertreter" vor Gott zelebriert wird.[7]

Die beiden Beispiele gehören zur Hauptsache in den Bereich kirchlicher Institutionalität; das zweite ist sogar ein frühes, für das ganze Mittelalter seltenes Zeugnis einer rechtsverbindlichen Sprachregelung in seelsorgerlicher Absicht.[8] Gründe für die Vernachlässigung von Sprachproblemen müssen anderswo, nämlich gerade in charismatischen Vorgaben gesucht werden, deren missionarisches Telos paradoxerweise der wunderbaren Überwindung von Sprachbarrieren gilt. Der seit der christlichen Frühzeit häufig anzutreffende Bericht von Heiligen, die als außergewöhnliche Prediger oder Seelenführer eine zuvor unbekannte, nie gelernte Sprache plötzlich sprechen oder verstehen können, bildet geradezu einen hagiographischen Topos.[9] Zu einem Teil ist er durch bereits

---

5 Ich übergehe hier das Problem gleichzeitiger Synodalbeschlüsse, die mit der *lingua romana* auch die *lingua thiotisca* parallelisieren; dazu vgl. Van Uytfanghe, Quelques observations, S. 327–330, und unten Anm. 13.

6 Coletti, L'éloquence, S. 23; nach Roncaglia, Origini, S. 161.

7 Coletti, L'éloquence, S. 19f. Zum Gegensatz von Liturgie (Gebet, Gotteslob) und Predigt im Sinne von Nichtkommunikation vs. Kommunikation vgl. Tyrell, Kommunikation; Palazzo, Liturgie, S. 85–87; Nagel/Vecchio, Il bambino, S. 744–747.

8 Vgl. Morenzoni, Les prédicateurs, S. 503; an anderer Stelle wären die in der Ketzerbekämpfung zu suchenden Gründe für die spätere kirchliche Zurückhaltung gegenüber Volkssprachen zu erläutern; vgl. Richter, Studies, S. 11–25.

9 Vgl. Goullet, Hagiographie, bes. S. 166.

vorchristliche mythische Perfektionsvorstellungen geprägt, wie sie sich in Halbgöttern, Heroen und Religionsstiftern verkörpern, die alle Sprachen beherrschen, auch die der Tiere, und die unsichtbaren Gemütsbewegungen anderer Menschen lesen können.[10] Das spezifisch Christliche des Motivs lässt sich daran erkennen, dass nicht der Heilige selbst solch übermenschliche Fähigkeiten besitzt, sondern dass er als Gnadengabe in bestimmten heilsrelevanten, für das Seelenheil dringlichen Situationen eine dabei benötigte Fremdsprache meist nur *ad hoc* von Gott erhält, dass er also nicht als ein schlechthin polyglotter oder vielmehr „panglotter" Wundertäter auftritt. Häufig findet sich aber auch der ausdrückliche Bezug auf das hierfür zentrale Pfingstwunder, das sich in der Gestalt des Thaumaturgen von einem kollektiven Ereignis zu einem persönlichen Charisma wandelt.[11] Dabei wird der kerygmatische Charakter dieses „spirituellen" Wunders hervorgehoben und abgesetzt von der ekstatischen Zungenrede und den „materiellen" Wundern der Krankenheilung.[12] Dieses bis in Einzelheiten hinein gleich bleibende Motiv des Sprach- oder Verstehenswunders hat allerdings keine ungebrochene Kontinuität, sondern eine sehr ungleichmäßig verlaufende Geschichte. So findet es sich naturgemäß vornehmlich in Räumen und Zeiten, in denen mehrere Sprachen aufeinandertreffen und die nur unzulänglich durch eine Verkehrssprache oder das Dolmetscherwesen versorgt sind. Dies ist schon in der Frühzeit im Osten des Römischen Reiches der Fall, wo berühmte Mönchsväter und Kirchenlehrer wie Pachomius, Ephräm der Syrer oder Basilius d. Gr. die Wunderkraft erhalten, sich in fremden Sprachen verständigen zu können, während die westlichen Reichsgebiete und die daraus hervorgehende Romania in Spätantike und Frühmittelalter bei aller Verbreitung der Heilungswunder so gut wie keine Sprachwunder kennen.[13] Einen Höhe-

---

10 Vgl. nach dem Register bei Borst, Turmbau, S. 2145ff.: Apollonius von Tyana, Buddha, Mohammed, Pharao, Joseph, Mardochai, Christophorus, Katherina u. a. Eine beschränkte Zahl von Sprachen eignen hingegen eher nichtreligiösen Helden (Herrschern und Adeligen) wie Mithridates, Pompeius, Tristan, Mehmed II. oder Karl IV.

11 Das erste Modell hierfür ist Petrus nach Apg. 10, 43ff. Dieses Charisma geht jedenfalls erst auf die apostolische Zeit zurück, weshalb Thomas von Aquin präzisiert, dass Jesus zwar alle Sprachen sprechen konnte, aber, da er einzig den Juden predigte, tatsächlich nur die hebräische sprach (*Sth* III 7, 7, ad 3).

12 Zu den Begriffen vgl. Van Uytfanghe, Pertinence, S. 91–94; Breitenstein, Wunder.

13 Vgl. Van Uytfanghe, Quelques observations, und Van Uytfanghe, Pertinence, bes. S. 128: „Un Mérovingien pouvait sans doute mieux s'imaginer un saint multipliant du vin ou de l'huile que parlant plusieurs langues." Auf meine Anfrage, warum trotz der vielen von Goullet (wie Anm. 9) erwähnten Sprachwunder in dem von Aigle herausgegebenen Band so gut wie nichts darüber verlautet, schrieb Marc Van Uytfanghe dankeswerterweise folgende substantielle Antwort: „J'ai relu l'article de Monique Goullet: les exemples de miracles linguistiques (que je rangerais parmi les charismes permettant de franchir les limites de la connaissance normale) sont en effet très tardifs. À mon avis, et comme vous le suggérez vous-même, l'absence de la glossolalie dans l'hagiographie mérovingienne tient au manque de pertinence d'un tel miracle dans cette société. Il n'est pas question de plusieurs langues dans la Romania de cette époque, la seule opposition étant celle qui existait entre le latin et le germanique. Or, les Germains (minoritaires) se sont assimilés linguistiquement, sauf dans quelques régions où ils étaient majoritaires ou où la romanisation était faible. Or, on constate par ex. que les hagio-

punkt erreicht der Topos in der Kreuzzugszeit, als die verschiedensten europäischen Sprachen untereinander mehr Verständigungsschwierigkeiten erzeugten als die Kommunikation mit den seit Jahrhunderten mehrsprachigen Orientalen der Levante.[14] Doch je spürbarer im späteren Mittelalter das sprachbedingte Nicht- oder Missverstehen bei diplomatischen Verhandlungen, auf Predigtreisen und Missionsunternehmungen als ein Ärger und Ärgernis empfunden wurde, desto weniger bemühte man das Sprachwunder und empfahl in einem gewissen Gegensatz dazu umso eindringlicher „technische" Vorbereitungen auf die „Arbeit im Weinberg des Herrn" wie Sprachstudien, Rhetorik und Dialektik.[15]

Es lohnt sich, die damit angedeutete Opposition von Charisma und Anstrengung, Eingebung und Bemühung, die den Prediger entweder zu einer bloßen Durchgangsstelle des Gotteswortes oder aber zu einem Meister der Sprachbeherrschung und Eloquenz macht, etwas genauer an einigen hagiographischen Beispieltypen zu betrachten, denn der Gegensatz ist nicht immer kontradiktorisch, lässt vielmehr auch Mischverhältnisse bis hin zur *coincidentia oppositorum* zu. Ein gutes Beispiel für ein reines Sprachwunder findet sich in der Vita Norberts von Xanten: Der Heilige wollte vor Franzosen predigen,

> wusste von deren Sprache, der romanischen, bisher kaum etwas noch verstand er sie, da er sie nie gelernt hatte, doch bezweifelte er nicht; dass, wenn er sich an das Wort Gottes in seiner Muttersprache heranmachte, der Heilige Geist, der einst die Vielfalt von hundertzwanzig Sprachen vermittelte, den Zuhörern die Barbarei der deutschen Sprache oder die Schwierigkeit der lateinischen Beredsamkeit leicht verständlich machen würde

Abgesehen von der Unklarheit über die tatsächlich verwendete (jedenfalls nicht französische) Sprache – Deutsch oder/und Latein –, wird doch auf das Pfingstgeschehen in einer Weise Bezug genommen, die eher an ein eigentliches, gemeinschaftliches sowohl „transitives" wie „reflexives" (den andern und dem Wundertäter selbst zugute kommendes) Wunder erinnert als an ein dem Heiligen persönlich mitgegebenes Charisma. Vitalis von Savigny predigte in England vor einem das Französische nicht beherrschenden Publikum in dieser Sprache und der Heilige Geist bewirkte, dass Französisch – allerdings nur für die Dauer der Predigt – von allen verstanden wurde.[16] Eine Reihe von hagiographischen Berichten zeigen auch eher private Situationen, in denen Heilige wie einst die eremitischen Wüstenväter auf wunderbare Weise in fremden Sprachen erbauliche Gespräche führen können, dies trifft vor allem auf Frauen zu, da sie in der Kirche nicht predigen dürfen, aber auch auf den Ordensgründer Dominikus, der die kolloquiale *aedificatio* liebte und sie als spezifisch dominikanische Bekeh-

---

graphes d'évêques-missionnaires latinophones qui ont prêché en Flandre (saint Amand, saint Eloi) ne nous renseignent pas sur la manière dont cela se passait. Ces saints ont-ils appris le germanique ou faisaient-ils appel à des ‚interprètes'? Cela ne les intéressait pas, semble-t-il, car ils vivaient loin de la région concernée. Ils n'ont donc pas non plus pensé à inventer un miracle à ce propos."

14 Vgl. Jankrift, Rechtsgeschäfte.

15 Vgl. von Moos, Zwischen Babel und Pfingsten, S. 169–173, 409–500, 533–566.

16 Zur Begrifflichkeit siehe Anm. 12; Vita beati Vitalis, ed. Sauvage, II 11, S. 378. Zur zeitlichen Begrenzung vgl. von Moos, Zwischen Babel und Pfingsten, S. 692f. (Augustinus).

rungsmethode etablierte.[17] Ein anderer Typus charismatischer Überwindung einer besonders schwierigen Sprachbarriere zeigt die *Passio* des Franziskaners Livinus, der 1345 in Kairo „tollkühn" in eine Moschee eindrang und dort auf Französisch gegen Mohammed zu predigen begann. Da er aber nicht verstanden wurde, gab ihm Gott die arabische Sprache ein, damit er im Kampf gegen den Islam den Märtyrertod sterben konnte.[18]

Die extreme Gegenposition zu diesem hagiographischen Motiv besteht in der Kritik eines bequemen Vorwandes, notwendige Vorbereitungsarbeit zu meiden: der „vermessenen" Inanspruchnahme der Sprachengabe, als wäre sie keine *gratia gratis data*. Diese Charisma-Kritik konnte sich auf eine bis zur Patristik hinabreichende Auslegungstradition berufen, in der das Pfingstereignis ein einmaliges, nicht wiederholbares Wunder der frühesten Heidenmission gilt.[19] Der Dominikanergeneral Humbert von Romans, der in *De eruditione praedicatorum* der Predigt nicht nur den höchsten Rang aller kirchlichen und theologischen Tätigkeiten zugewiesen, sondern ihr auch die wohl ausführlichste und durchdachteste Anleitung des Mittelalters gewidmet hat, geht davon aus, dass all das, was Gott den wenigen Aposteln an Pfingsten geschenkt habe – Fremdsprachenbeherrschung, Beredsamkeit, Überzeugungskraft –, heute die allzu vielen unkundigen, aus Hochmut trägen Prediger durch Gebet, fleißiges Studium, Übung im Nachahmen hervorragender Prediger von sich aus zu erlangen versuchen müssen.[20]

Am aufschlussreichsten sind nun Kombinationen der charismatischen und organisatorisch-arbeitstechnischen Aspekte. In vielen Berichten über erfolgreiches Predigen bleibt offen, ob das Ergebnis, die mitreißende Performanz, mehr als Gnadengabe oder als Kunstvollendung zu werten sei. Abgesehen vom theoretisch allgemeingültigen Prinzip *gratia non tollit naturam, sed perficit*,[21] lässt sich dabei eine Spannung nicht sosehr zwischen dem hagiographischen Wunderdiskurs und der Virtuositätsbewunderung, als zwischen dem bloß verbalsprachlichen Inhalt der Predigt und der gesamten – visuellen, akustischen und körpersprachlichen – Ausstrahlung des Predigers beobachten, eine Spannung, die bald mehr zu einer sprachskeptischen, anti-intellektualistischen Deutung, bald mehr zu einer Beredsamkeitsapologie führt.[22]

Es dürfte sich lohnen, das bekannteste Beispiel hierfür unter dieser Fragestellung nochmals zu beleuchten: die geradezu „massenmediale" Wirkung, die

17 Beispiele bei Borst, Turmbau, S. 803f. und 860. Zur spezifisch dominikanischen Aufwertung des Privatgesprächs vgl. von Moos, L'anecdote, S. 146f.; Schürer, Exemplum, S. 80f., 85, 87.

18 Passio fratris Livini Gallici, S. 541f.; vgl. Müller, Bettelmönche, S. 189–191.

19 Vgl. Vecchio, in: von Moos, Zwischen Babel und Pfingsten, S. 169–173 sowie S. 763 s. l. Pentecôte und bei Anm. 26.

20 Humbert von Romans, De eruditione praedicatorum, S. 426f. sowie 431. Vgl. Borst, Turmbau, S. 774f.; Roth, Predigttheorie, S. 57–64

21 Thomas von Aquin, *Sth* I q 1, 1. 8, ad 2.

22 Vgl. dazu mehrere Beiträge in Dessì/Lauwers, La parole, S. 235–290, 479–488 (Casagrande, Vecchio, Morenzoni, Bériou).

Bernhard von Clairvaux als Prediger (insbesondere des zweiten Kreuzzugs) nach den verschiedensten zeitgenössischen Zeugnissen ausgelöst hat. Schon in der frühen *Vita prima* seines Weggefährten Gottfried von Auxerre kommt diese Spannung ausdrücklich zu Worte: „Als er vor germanischer Bevölkerung sprach, wurde er mit wunderbarer Anteilnahme (*affectu*) angehört, und die Religiosität (*devotio*) der anderssprachigen Zuhörer wurde durch seine Predigt, die sie nicht verstehen konnten, offenbar mehr erbaut als durch die verständliche Rede eines nach ihm sprechenden durchaus kompetenten Dolmetschers; dass die Kraft (*virtus*) seiner Worte spürbarer war, ist dadurch sicher bewiesen, dass die Zuhörer sich an die Brust schlugen und in Tränen ausbrachen." Der Vergleich des rationalen Sinnverstandes „bloßer Worte" mit der emotionalisierenden Performativität eines oratorischen „Gesamtkunstwerkes" ist in der Folge als eigener hagiographischer Topos noch mehrfach auf Bernhard, aber auch auf andere hervorragende Prediger und ihre Dolmetscher angewandt worden.[23] Er bildet eine auf fremde Sprachen bezogene Variante der traditionellen Abwertung intellektueller *subtilitas* in der Predigt gegenüber den vielfältigen Formen des ausdrucksstarken, anschaulichen, volkstümlichen, schlichten *sermo humilis*.[24] Im Kontext der *Vita prima Bernardi* fällt allerdings auf, dass Gottfried dieses Beispiel für die charismatische Ausstrahlung des Heiligen nicht in einen Gegensatz zur literarischen Bildung und Gelehrsamkeit bringt, aber auch nicht als eigentliches Wunder darstellt. Die Anekdote dient vielmehr als Bestätigung einer überschwänglichen Lobrede auf Bernhards *cura sermonis*, die Arbeit an der Vervollkommnung der von Gott gegebenen Redekunst, die vor allem in der von Gregor d. Gr. gelehrten *discretio* oder Anpassung an das jeweilige Publikum besteht. Bernhard „war gebildet vor den Gelehrten, schlicht vor einfachen Leuten und passte sich allen an, um alle für Christus zu gewinnen."[25] Es ist insofern konsequent, dass er sich nicht – wie etwa Norbert von Xanten und andere Heilige – auf eine Wiederholung des Pfingstwunders verließ, sondern für das deutsche Publikum vorsorglich einen Übersetzer mitnahm. Auch wenn Ausdrücke des Wunderdiskurses (*virtus, probatio*) verwendet werden, läuft die Anekdote gerade nicht auf ein Sprachwunder hinaus, sondern auf ein in der Person des Heiligen selbst liegendes spirituelles Wunder, das den leib-seelischen *affectus* durch alle Verständnisbarrieren hindurch zur Katharsis führt. Bernhard selbst hat das Pfingstwunder bewusst von jeder sprachlichen Aktualisierung weggerückt und spiritualisiert. In einer Pfingstpredigt[26] sagt er, der Heilige Geist zeige sich heute nicht mehr wie damals durch „sichtbare Zeichen". Darüber hätten wir uns nicht zu beklagen. Wir seien im Gegenteil gegenüber den Aposteln bevorzugt, denen die Sprachengabe einzig instrumentell zum Nutzen der Heidenmission verliehen

23 Vgl. Anm. 28 zu Giraldus Cambrensis; Honemann/Roth, Dolmetscher, S. 108, 112f. zu Petrus Thomas und Johannes Kapistran.

24 Vgl. Schürer, Exemplum, S. 87–90.

25 Vita prima, III 3, 6, Sp. 306; vgl. Gastaldelli, Optimus praedicator, S. 345f.

26 Bernhard, In die Pentecostes, bes. S. 161; vgl. Borst, Turmbau, S. 630.

wurde; uns aber gebe der Geist, wie es seinem Wesen entspricht, immer mehr „geistige Zeichen", die uns selbst betreffen, er „mahnt das Gedächtnis, lehrt die Vernunft und bewegt den Willen zum Handeln."

Die Bernhard-Anekdote hat vor allem Petrus Cantor verbreitet, indem er sie in seine viel gelesene Erbauungskompilation *Verbum abbreviatum* aufnahm und dabei den Kontrast zwischen dem Prediger und dem Übersetzer so moralisierte:[27] Der Dolmetscher, ein Benediktiner, gibt Bernhards Predigt mit „wunderbarer Eloquenz" auf Deutsch wieder, wird aber „verlacht und verspottet", da im Unterschied zu Bernhard, „seine Stimme von seinem Lebenswandel abwich". Daraus werden folgende Sentenzen gewonnen: „Wo die Stimme das Leben nicht mit Gewissensbissen plagt, da erklingt süße Symphonie. Umgekehrt: Wer nicht selber brennt, der kann auch andere nicht entflammen." Giraldus Cambrensis hat diese Quelle wörtlich ausgeschrieben, um damit seine eigene Kreuzzugspredigt in Wales zu charakterisieren und sich selbst – allerdings nicht ohne Selbstironie – mit Bernhard von Clairvaux zu vergleichen.[28] Man hat bei solchen Kommentaren den Eindruck einer gewissermaßen dramatischen Veranstaltung, bei der die Menge in erster Linie dem Thaumaturgen leibhaftig begegnen, aber keine langweiligen Vorträge hören will.

Die wichtigste Reflexion über Bernhards mitreißende Predigt hat zweifellos Wibald von Stablo (und Corvey) unter dem Gesichtspunkte der Redekunst angestellt. Der Berater dreier deutscher Kaiser, der 1158 bei der Rückkehr von seiner Gesandtschaftsreise nach Konstantinopel verstarb, stand wegen seiner vollendeten Briefprosa, aber auch wegen seiner großen Sammlung von Cicero-Handschriften mit seltenen rhetorischen Werken im Ruf eines *Ciceronianus christianus.*[29] In einem konversationsartigen Freundesbrief[30] an einen sonst kaum bekannten jungen Paderborner Magister Manegold schreibt der Abt von Corvey 1149 über alle möglichen Themen, deren roter Faden einzig das Interesse an den *artes liberales,* insbesondere an Rhetorik, Dialektik sowie dem Fremdsprachenstudium, bildet. Lebenslanges Lernen dieser Disziplinen empfiehlt er mit einer langen Reihe von antiken Exempla *virorum illustrium*, wie Cato d. Ä., der sich noch mit 86 Jahren vor Gericht selber verteidigte und Griechisch zu lernen

27 Petrus Cantor, Verbum adbreviatum, Z. 105ff.

28 Giraldus Cambrensis, Speculum duorum, S. 280f.; ders., Itinerarium Kambriae VI 1, S. 67; ders., De rebus a se gestis 2.18, S. 76f., mit der Pointe, dass seine nicht auf Walisisch vorgetragene Kreuzzugspredigt eine Menge Waliser dazu brachte, das Kreuz zu nehmen, dass aber, nachdem der Dolmetscher seine Worte in nicht so wirkungsvoller Weise übersetzt hatte, viele ihr Versprechen wieder aufgaben; vgl. Zulliger, Bernhard von Clairvaux, S. 60f.; Richter, Kreuzzugspredigt, S. 401–408. Weitere (u. a. auch kritische) Stellen zu Bernhard als dem Prediger *per antonomasiam* bei Gastaldelli, Optimus praedicator, S. 326–341 und Berlioz, Saint Bernard, S. 211–228; Constable, Language, S. 145f.

29 Vgl. Reynolds, Texts and Transmission, S. 104f. (zum Korpus der Cicero-Hss. Wibalds, insbesondere des seltenen *De oratore*). Wibald wohnte 1148 wie der andere große zeitgenössische Cicero-Spezialist, Johann von Salisbury, auf der Synode von Reims Bernhards Auseinandersetzung mit Gilbert von Poitiers bei.

30 Wibald von Stablo, Epistulae, num. 167, Sp. 1249C–1257B.

begann, Sokrates, der noch im hohen Alter das Flötenspiel erlernte, Mithridates, der die Sprachen der 22 Völker seines Reiches lernte, um seine Untertanen ohne Dolmetscher unmittelbar anreden zu können. Er selbst als alternder Mönch eifere diesen Vorbildern der Lernbegierigkeit nach, aber folge noch mehr, ohne sie erreichen zu können, den überaus beredsamen Kirchenvätern.[31] Allerdings gab es unter diesen zum Schaden der kirchlichen Einheit fast so viele gegensätzliche Lehrmeinungen wie zwischen den heidnischen Philosophenschulen. Bei solcher *diversitas* bleibe uns darum nur die eine Autorität Christi, „der Weg, das Leben und die Wahrheit“[32]. Nach einer Verballhornung dialektischer Sophistik[33] stellt Wibald besorgt den gegenwärtigen Funktionsverlust der antiken *artes* der Sprache in der christlichen Welt fest: Weder in der weltlichen noch in der kirchlichen Gerichtsbarkeit würden Rhetorik und Dialektik gepflegt, weil die Laien dafür zu ungebildet seien und bloß mit Naturtalent reden und die Kanonisten sich an die göttlichen Gebote der Friedfertigkeit und Aufrichtigkeit zu halten haben, während diese Künste auf Eristik und List beruhen· Doch dann holt Wibald unvermittelt zu einem begeisterten Plädoyer für die Redekunst aus:

> Dennoch gibt es in der Kirche ein Betätigungsfeld, auf dem das *artificium dicendi* einwandfrei ausgeübt werden darf: im Amt der Predigt. Hierin nimmt nach meiner Meinung derzeit den höchsten Rang der sehr angesehene (*illustris*) Bernhard, Abt von Clairvaux ein. Ihn möchte ich berechtigterweise einen wahren Redner nennen, wie er von den Rhetoriklehrern definiert wird:[34] ‚ein guter redegewandter Mann‘ (*vir bonus dicendi peritus*). Dieser gute, durch Einsamkeit und Fasten [...] abgehärmte Mann ist derart zu einer Gestalt geistiger Schmächtigkeit geworden, dass der Gesichtssinn früher überzeugt wird als das Gehör. Gott hat ihm die beste Anlage gewährt, höchste Gelehrsamkeit, unvergleichlichen Fleiß, ungeheueres Training (*exercitium*), klare Aussprache, zu allen Ausdrücken passende Körperbewegungen. Darum ist es nicht erstaunlich, dass er mit solch vielseitig wirksamer Kraft begabt (*potenti tantarum rerum virtute*) Schlafende, ja sogar Tote auferweckt und mit Gottes Hilfe und Bestätigung die Menschen umwandelt. [...] Den kann man wahrlich beredsam nennen, der durch sein Tun nicht zerstört, was der Mund predigt, der nicht ‚innen ein Nero, außen ein Cato‘ ist (Hieronymus, *Ep.* 125, 18). [...] Wenn du ihn siehst, wirst du belehrt; wenn du ihn hörst, herangebildet; wenn du ihm folgst, vollendet. Willst du nun in der Redekunst vorankommen, so suche dir jemanden aus, dem du folgen kannst. Alle großen Redner sind einhellig der Meinung, dass man Eleganz und Redefülle eher durch das Nachahmen der Beredsamen als durch das Befolgen von Kunstvorschriften erreicht.[35]

Der Passus ist schon oft besprochen worden, doch das in unserem Zusammenhang Wichtigste fand wenig Beachtung: die paradoxe *coincidentia oppositorum* aller bisher als Problem herausgestellten Gegensätze. Das Sehen des großen Redners

---

31 Ebd. Sp. 1251 D–1252B; vgl. Cicero, Academica priora 5, S. 28; Valerius Maximus VIII 7.1 (Cato); Quintilian, Inst. I 10 (Socrates); ebd. XI 2 (Mithridates).

32 Ebd. Sp. 1252 B–1253C.

33 Ebd, Sp. 1253C–1254B. Zu dieser scherzhaften Passage vgl. Sturlese, Storia, S. 160–163.

34 Quint. Inst. XII 1.1.; Cato, Ad Marcum filium frg, 14.1.

35 Vgl. Augustinus, De doctrina christiana IV 3, 4. An anderer Stelle wäre auf das Ende des Briefes (Sp. 1256B–1257B), einen im Plauderton vorgetragenen „linguistischen“ Exkurs über die romanische oder germanische Schreibweise und Aussprache des ersten Konsonanten seines Namens – *Wibaldus* oder *Guibaldus* – einzugehen.

übersteigt das Verstehen seiner Worte, nicht nur weil er mit seiner gesamten eindrücklichen Performanz alle Sinne anspricht, sondern vor allem, weil er authentisch, von Innen heraus, die ciceronische Verbindung von *sapientia* und *eloquentia* vorlebt und sich derart selbst als das von Gott bewirkte Wunder der Heiligkeit manifestiert. Das göttliche Charisma erübrigt jedoch keineswegs menschliche Arbeit am Worte, sondern die literarische Mühe, das Memorieren, Feilen und Üben, wozu die letzten rhetorischen *partes artis*: *memoria* und *actio* anleiten, all dies gehört mit zur Gnadengabe. Schließlich wird dem Schüler in der Redekunst mit Augustinus die Nachahmung solch großer Prediger ans Herz gelegt als eine die Regelkunst der Schulrhetorik übertreffende Praxis der „parole efficace", in der die anscheinend so unterschiedlichen Methoden der literarischen *imitatio auctorum* und der existentiellen *imitatio vitae* zusammenfallen.

Auf unsere Eingangsfrage nach einer Erklärung der Gleichgültigkeit für Sprachbarrieren im Mittelalter hat schon Giles Constable[36] eine einfache und treffende Antwort gegeben: In einer Kultur der Mündlichkeit und Performativität ist alles rein Verbalsprachliche zweitrangig. In der „dramatic enterprise" des Predigens sind – wie heute noch in der Oper – Klang, Bild und Körperbewegung wichtiger als der Sinn der Worte.

Bibliographie

Berlioz, J., Saint Bernard dans la littérature satirique, de l'Ysengrimus aux balivernes des courtisans, in: P. Poirrier et al. (Hg.), *Vies et légendes de saint Bernard. Création, diffusion, réception, XIIe–XXe siècles* (Cîteaux Commentarii Cisterciense, Textes et documents 5), Cîteaux 1993, S. 211–228.

Bernhard von Clairvaux, In die Pentecostes sermo primus, in: *S. Bernardi Opera*, ed. J. Leclercq et al., Bd. 5, Rom 1968, S. 160–165.

Borst, A., *Der Turmbau von Babel, Geschichte der Meinungen über Ursprung und Vielfalt der Sprachen und Völker*, 6 Bde., Stuttgart 1957–1963, Nachdruck München 1995 (mit fortlaufenden Seitenzahlen von 1–2320 zitiert).

Breitenstein, M., Wunder, in: G. Melville/M. Staub (Hg.), *Enzyklopädie des Mittelalters*, Darmstadt 2008, Bd. 1, S. 344–348.

Cicero, M.T., *Academica priora*, ed. O. Plasberg, Leipzig 1922.

Coletti, V., *L'éloquence de la chaire. Victoires et défaites du latin entre Moyen Age et Renaissance*, Paris 1987 [*Parole dal pulpito*, Casale Monferrato 1983].

Constable, G., The language of preaching in the 12th century, in: *Viator* 25 (1994), S. 131–152.

Counelis, J.S., Cyril's Philosophy of Religious Education, in: *St. Vladimir's Theological Quarterly* 32,2 (1988), S. 139–156.

Dessì, R.M./M. Lauwers (Hg.), *La parole du prédicateur, V^e^–XVe siècle* (Collection du Centre d'Études Médiévales de Nice 1), Nice 1997.

Fredborg, K.M., The scholastic teaching of rhetoric in the Middle Ages, in: *Cahiers de l'Institut du Moyen-Âge Grec et Latin* 10 (1987), S. 85–105.

Gastaldelli, F., *Optimus praedicator*. L'opera oratoria di San Bernardo, in: *Analecta Cisterciensia* 51 (1995), S. 321–418.

36 Constable, Language, S. 151f.

Giraldus Cambrensis, *Speculum duorum*, ed. Y. Lefèvre/R.B.C. Huygens, Cardiff 1974.

Giraldus Cambrensis, Itinerarium Kambriae, in: Ders., *Opera*, ed. J.S. Brewer et al. (Rerum Britannicarum medii aevi scriptores 21), London 1861–1891, Bd. VI.

Giraldus Cambrensis, De rebus a se gestis, in: Ders., *Opera*, ed. J.S. Brewer et al. (Rerum Britannicarum medii aevi scriptores 21), London 1861–1891, Bd. I.

Goullet, M., Hagiographie et questions linguistiques, in: von Moos, Zwischen Babel und Pfingsten, S. 161–182.

Honemann, V./G. Roth, Dolmetscher und Dolmetschen im Mittelalter. Eine Skizze, in: H. Andrášova et al. (Hg.), *Germanistik genießen. Gedenkschrift für Doc. Dr. Hildegard Boková*, Wien 2006, S. 77–142.

Humbert de Romanis, De eruditione praedicatorum, in: *Bibliotheca maxima veterum patrum*, Bd. 25, Lyon 1677, S. 426–567.

Jankrift, K.P., Rechtsgeschäfte, Handelsalltag und die übersetzte Stimme des Herrn. Dolmetscher im Zeitalter der Kreuzzüge, in: von Moos, Zwischen Babel und Pfingsten, S. 477–484.

Leclercq, J., *Recueil d'études sur saint Bernard et ses écrits*, Bd. 3, Rom 1969.

Lentner, L., *Volkssprache und Sakralsprache: Geschichte einer Lebensfrage bis zum Ende des Konzils von Trient* (Wiener Beiträge zur Theologie 5), Wien 1964.

Moos, P. von (Hg.), *Zwischen Babel und Pfingsten. Sprachdifferenzen und Gesprächsverständigung in der Vormoderne (8.–16. Jahrhundert)/Entre Babel et Pentecôte. Différences linguistiques et communication orale avant la modernité (VIIIe–XVIe siècle)* (Gesellschaft und individuelle Kommunikation in der Vormoderne. Société et communication individuelle avant la modernité 1), Münster u. a. 2008.

Moos, P. von, L'anecdote philosophique chez Jean de Salisbury, in: Th. Ricklin (Hg.), „*Exempla docent*". *Les exempla philosophiques de l'Antiquité à la Renaissance*, Paris 2006, S. 136–151.

Moos, P. von, Rhetorik, Dialektik und *civilis scientia* im Hochmittelalter, in: Ders., *Rhetorik, Kommunikation und Medalität* (Ges. Studien zum Mittelalter II), Münster u. a. 2006, S. 239–264.

Morenzoni, F., Les prédicateurs et leurs langues à la fin du Moyen Âge, in: von Moos, Zwischen Babel und Pfingsten, S. 501–518.

Müller, A., *Bettelmönche in islamischer Fremde* (Vita regularis 15), Münster 2002.

Nagel, S./Vecchio, S., Il bambino, la parola, il silenzio, in: *Quaderni storici* 19 (1984), S. 719–763.

Palazzo, E., *Liturgie et société au moyen âge*, Paris 2000.

Passio fratris Livini Gallici, in: *Analecta Franciscana*, Bd. 3, Quaracchi 1897, S. 540–543.

Petrus Cantor, *Verbum adbreviatum*, textus conflatus ed. M. Boutry (Corpus Christianorum. Continuatio Medievalis 196), Turnhout 2004.

Reynolds, R.D. et al., *Texts and Transmission. A Survey of the Latin Classics*, Oxford 1983.

Richter, M., Kreuzzugspredigt mit Giraldus Cambrensis, in: von Moos, Zwischen Babel und Pfingsten, S. 401–408.

Richter, M., *Studies in Medieval Language and Culture*, Dublin 1995.

Roncaglia, A., *Le origini*, in: E. Cecchi/N. Sapegno (Hg.), *Storia della letteratura italiana*, Bd. 1, Milano 1965, S. 3–269.

Roth, D., *Die mittelalterliche Predigttheorie und das Manuale Curatorum des Johann Ulrich Surgant*, Basel/Stuttgart 1956.

Schürer, M., *Das Exemplum oder die erzählte Institution. Studien zum Beispielgebrauch bei den Dominikanern und Franziskanern des 13. Jahrhunderts* (Vita regularis 23), Münster 2005.

Sturlese, L., *Storia della filosofia tedesca nel medioevo*, Firenze 1990.

Tyrell, H., Religiöse Kommunikation. Auge, Ohr und Medienvielfalt, in: K. Schreiner (Hg.), *Frömmigkeit im Mittelalter. Politisch-soziale Kontexte, visuelle Praxis, körperliche Ausdrucksformen*, München 2002, S. 41–93.

Van Uytfanghe, M., Pertinence et statut du miracle dans l'hagiographie mérovingienne (600–750), in: D. Aigle (Hg.), *Miracle et Karāma. Hagiographies médiévales comparées* (Bibliothèque de l'École des Hautes Études, Sciences Religieuses 109), Turnhout 2000, S. 67–144.

Van Uytfganghe, M., Quelques observations sur la communication linguistique dans la Romania du IXe siècle, in: von Moos, Zwischen Babel und Pfingsten, S. 317–338.
Vecchio, S., *Dispertitae linguae*: le récit de la Pentecôte entre exegèse et prédication, in: von Moos, Zwischen Babel und Pfingsten, S. 237–251.
Vita beati Vitalis Saviniacensis, ed. E.P. Sauvage, in: *Analecta Bollandiana* 1 (1882), S. 355–410.
Wibald von Stablo, Epistulae, in: *Patrologia Latina* 189, Sp. 1121–1458.
Zulliger, J., Bernhard von Clairvaux als Redner, in: *Medium Aevum Quotidianum* 27 (1992), S. 56–86.

Marek Derwich (Wrocław)

...nec a risu nec a derisu se continent... der Missionar gegenüber Dialektunterschieden

Aus den Studien zur Christianisierung Europas im Frühmittelalter

Grundlegende Unterschiede zwischen Kulturtraditionen, Glauben und Glaubenssystem der Missionare und der einheimischen Bevölkerung gehören zum Wesen der Missionarstätigkeit. An dieser Stelle gibt es jedoch keinen Anlass, sich in diese äußerst interessante und kaum behandelte Problematik zu vertiefen – eine Übersicht über die Fragen und Primärliteratur zu diesem Thema bietet die Arbeit von Martine de Reu[1].

Für uns ist es nur wichtig zu wissen, dass diese Unterschiede die Kommunikation zwischen dem Missionar und der einheimischen Bevölkerung[2] erschwerten, insbesondere die mündliche[3]. Dies stellte eines der größten Probleme der frühmittelalterlichen Missionare und im Endeffekt ihrer Protektoren und Sponsoren dar, insbesondere, wenn sie in Gebieten tätig waren, in welchen die Einheimischen einen anderen Dialekt oder gar eine andere Sprache als die des Missionars nutzten. Dieses Problem ist jedoch kaum erforscht, was sicherlich daran liegt, dass die Mehrzahl der Studien die Missionarstätigkeit in germanischsprachigen Gebieten in der Karolingerzeit behandelt, also in einer Zeit, als die Sprachprobleme noch nicht in der Intensität auftauchten wie später. Mehr Aufmerksamkeit widmen dieser Problematik einzig Richard E. Sullivan[4], Rosamond McKitterick[5] und Lutz E. von Padberg[6].

Dialektunterschiede

Hat die fortschreitende Herausbildung von Dialekten innerhalb homogener Sprachgruppen die Arbeit der Missionare im Gelände erschwert? Leider wurde diese wichtige Frage zu selten gestellt und bleibt wenig erforscht. Darüber hinaus werden Antworten gegeben, die sich grundlegend unterscheiden. Lutz von

1 De Reu, Missionaries.
2 Grundfragen zu diesem Thema behandeln Richter, Kommunikationsprobleme, und Mostert, New Approaches.
3 Richter, Sprache und Gesellschaft.
4 Sullivan, Carolingian Missionary.
5 McKitterick, Frankish Church, S. 191ff.
6 von Padberg, Mission, S. 140–146.

Padbergs Auffassung nach waren die Sprachunterschiede zwischen den Angelsachsen und den Kontinentalgermanen im 8. Jahrhundert noch so gering, dass man ohne Dolmetscher auskommen konnte[7]. Michel Banniard beweist hingegen, dass die Unterschiede zwischen Altangelsächsisch und Altniederdeutsch im 8. Jahrhundert doch erheblich waren und auch die Dialektunterschiede innerhalb der großen Sprachgruppen immer größer wurden[8]. Er ist auch der Auffassung, dass die Missionare enorme Anstrengungen auf dem Gebiet der, wie er es nennt, „sprachlichen Mikroadaptation" unternahmen[9].

Waren die Unterschiede im 8. und 9. Jahrhundert jedoch so groß, dass die direkte mündliche Kommunikation es kaum möglich bzw. unmöglich machte, den Einheimischen die Grundglaubenssätze und –dogmen des Christentums sehr präzise zu übermitteln? Lutz von Padberg ist der Auffassung, dass dieses Problem nicht existierte und verweist darauf, dass in den Quellen zur Missionarsarbeit Sprachprobleme fast gar nicht behandelt werden[10] und unter den wenigen Überlieferungen keine Sprachschwierigkeiten erwähnt werden.

Leider sind diese Überlieferungen so allgemein, dass man diese auf verschiedene Art und Weise deuten kann. Lutz von Padberg beruft sich auf zwei Nachweise. Der erste stammte aus der Vita des Hl. Wilfrid von York. Darin lesen wir, dass nach dessen Ankunft an einem Herrscherhof in Friesland (im Jahre 678) Wilfrid *verbum Dei gentilibus cotidie praedicavit*, und dass er *doctrinam eius secundum paganos bene adiuvavit; erat enim in adventu eorum eo tempore solito amplius in piscatione et in omnibus frugifer annus*[11]. Auf dieser Grundlage können wir allerdings nur feststellen, dass man seine Worte verstand. Man kann daraus nicht schließen, ob er völlig verstanden wurde, so als ob er des Friesischen und nicht des Angelsächsischen mächtig wäre. Darüber hinaus ist dieses Beispiel auch nicht stichhaltig, da die an der Küste ansässigen Friesen sehr oft die Britischen Inseln besuchten und umgekehrt sah es genauso aus[12]. Dies begünstigte auch das Aufrechterhalten der sprachlichen Nähe und ermöglichte es den Missionaren, den Dialekt der Friesen zu erlernen.

Die zweite Überlieferung betrifft Bonifatius. Lutz von Padberg korrigierte alte Deutungen und bemerkte, dass Bonifatius die ihn umgebenden Personen vor seinem Tod in seiner Muttersprache anrief (*patria admonens voce*)[13]. Dies deutete der Wissenschaftler als Beispiel für die damals geringen Sprachunterschiede im Gebiet Germaniens[14]. Es stellt sich jedoch die Frage, ob die Tatsache, dass seine Zuhörer die von ihm in der Todesstunde gesprochene Sprache als seine

7 von Padberg, Mission, S. 142, hier ein Literaturverzeichnis.
8 Banniard, Credo, S. 182, 185–186.
9 Ibid., S. 186. Siehe auch Lentner, Volksprache, S. 47, über die Probleme mit Idiomen.
10 von Padberg, Mission, S. 142 und Anm. 192.
11 Vita Wilfridi I., c. 26, S. 220.
12 Eine Übersicht zum Thema mit Verweis auf ältere Literatur bietet Schieffer, Winfrid-Bonifatius, S. 96–100 und 295; Gauthier, L'évangélisation.
13 Vita Bonifatii, c. 8, S. 50.
14 von Padberg, Mission, S. 142, Anm. 192.

Muttersprache (und nicht als beispielsweise *vulgari*) erkannten, nicht eher vom Gegenteil zeugt, und zwar, dass man sich bereits zu dieser Zeit der erheblichen Dialektunterschiede bewusst war.

Bleiben wir beim Beispiel Bonifatius. Obwohl er sein heimisches Altenglisch und auch Latein beherrschte[15], was bereits für die Tätigkeit in romanisch- und germanischsprachigen Gebieten ausreichen müsste, hatte auch er Probleme, sich mündlich zu verständigen. Hierbei berufe ich mich auf die kaum bekannte Dissertation von Heinz Vahle zu den Problemen von Bonifatius in dessen Missionarsarbeit. Es ist kein Zufall, dass der Verfasser von einer Analyse der „sprachlichen Mängel"[16] ausging. Er versuchte aufzuzeigen, dass Bonifatius vermutlich dank der Kontakte mit den die Britischen Inseln aufsuchenden Friesen und vielleicht auch mit Hessen sich frei verständigen konnte, jedoch nicht im Stande war, sich mit den Thüringern zu unterhalten. Hier sei bemerkt, dass gerade die Kontakte zwischen den Angelsachsen und den Friesen besonders stark waren, da, wie wir wissen, Wilfrid diese im Jahre 678 bekehrte. Die Friesen waren auch die ersten, die von den iroschottischen und angelsächsischen Missionaren ab den 80er Jahren des 7. Jahrhunderts bekehrt wurden und immer zahlreicher aufs Festland kamen[17].

Die Interpretation von Vahle beruht auf drei Voraussetzungen. Zuerst auf einer Überlieferung von Willibald, dem Verfasser der Vita des Bonifatius, die besagt, dass nach dem Eintreffen von Bonifatius in Thüringen im Jahre 719 dieser in einer Ansprache an die ihn begrüßenden Würdenträger und an das ‚Volk' *verba spiritualia* gebrauchte. Das kann – muss aber nicht – bedeuten, dass er Lateinisch sprach[18]. Zweitens: In einem auf die Jahre 719–722 datierten Brief der Äbtissin Eanguth und ihrer Tochter informierte man Bonifatius über die Entsendung des Mönchbruders (*frater*) Denewald, der, wie Vahle wohl nicht grundlos annimmt, als Dolmetscher fungieren sollte[19]. Drittens erfolgte noch in demselben Jahr 719 unter dem Vorwand des Todes des dortigen Herrschers Radbod eine schnelle Verlegung der Mission nach Friesland und später nach Hessen. In dieser Zeit soll Bonifatius die für ihn unabdinglichen germanischen Dialekte erlernt haben[20].

Ich räume dieser Diskussion so viel Raum ein, da ich der Auffassung bin, dass die Forscher die Schwierigkeiten, die sich für die Missionare aus der fortschreitenden Herausbildung von Dialekten boten, unterschätzen. Wie wir am polnischen Beispiel sehen werden, konnten bereits winzige Unterschiede bei den Zuhörern Hohn und Gelächter bewirken. Banniard vermutet, dass Bonifa-

15 Siehe Banniard, Credo, S. 167, 182ff.

16 Vahle, Widerstände, S. 2–5.

17 Siehe Richter, Hintergrund.

18 Vita Bonifatii, c. 5, S. 23: *Sanctus itaque in Thyringea* [...] *senatores denique plebis totiusque populi principes verbis spiritualibus affatus est eosque ad veram agnitionis viam et intelligentiae lucem provocavit.* Siehe Vahle, Widerstände, S. 3 und Anm. 22.

19 S. Bonifatii et Lulli Epistolae, Nr. 14, S. 26. Siehe Vahle, Widerstände, S. 3f.

20 Ibid., S. 4f.

tius trotz seiner sprachlichen Kompetenzen in der Aussprache einen Inselakzent beibehielt[21]. Diese These stützt auch das oben genannte – wohl unbeherrschte – Verhalten von Bonifatius in seiner Sterbestunde, als er zu den um ihn Versammelten in seiner Muttersprache sprach. Richtig erscheint auch eine Vermutung von Sullivan, nach der mit dem schwindenden Zufluss von mit den Friesen und Kontinentalsachsen frei kommunizierenden Angelsachsen Ende des 8. Jahrhunderts durch als Missionare und ‚Dorfpriester' tätige Franken die Missionseffizienz gefallen ist. Der Grund dafür: „Frankish tongue [...] was not so closely related to the languages of the main pagan groups"[22]. Neue Erkenntnisse bieten Überlieferungen zur Missionarstätigkeit in Polen und Pommern, die im nächsten Kapitel behandelt werden.

Die Missionarstätigkeit in den polnischen Gebieten wurde im 10. Jahrhundert von mehreren Missionen durchgeführt, deren Mitglieder aus verschiedenen Sprach- und Kulturkreisen stammten. Die Mehrzahl stellten germanische Geistliche aus Reichsgebieten, vor allem aus Bayern und Thüringen, aber auch aus Sachsen, dem Rheingebiet und sicherlich Lothringen. Ihnen zur Seite standen Slawen. Wir wissen von Tschechen sowie von Slawen aus dem ungarischen Gebiet und dem Gebiet der Rus. Man kann auch nicht ausschließen, dass darunter auch zurückgekaufte und zu Missionaren ausgebildete polnische Geiseln waren. Es gab auch Vertreter der romanischen Bevölkerung aus Italien und Gallien[23].

Verständigungssprache zwischen den Missionaren aus verschiedenen Sprachgruppen war vor allem Latein. Man darf jedoch bezweifeln, dass unter den nichtslawischen Missionaren keiner die ‚Sprache' der Slawen sprach. Es gab jedoch keine einzige universelle slawische Sprache, sondern nur verschiedene Dialekte. Bayerische Missionare aus Zentren wie Regensburg, Passau oder Augsburg sprachen wahrscheinlich tschechisch, weil sie bisher im tschechischen Raum tätig waren. Missionare aus Thüringen, dem Hassegau, Memleben oder Nienburg kannten wahrscheinlich polabisch bzw. obersorbisch, also slawische Mundarten, die in den an Thüringen angrenzenden Gebieten gesprochen wurden.

Reichten solche Sprachkenntnisse jedoch aus, um eine effektive Missionstätigkeit zu führen, oder musste man auf die Hilfe von Dolmetschern zurückgreifen bzw. erheblichen Aufwand betreiben, um die Mundarten des Missionsgebiets – insbesondere deren Aussprache und Akzent – zu erlernen? Leider ist diese Frage nicht eindeutig zu beantworten, insbesondere, da wir nur wenig über die Sprache(n) und Mundarten der Slawen in dieser Zeit wissen. Zum Glück gewinnen wir anhand dieser Quellen zumindest eine Vorstellung von den möglichen Schwierigkeiten, mit denen es die Missionare zu tun hatten.

---

21 Banniard, Credo, S. 186.
22 Sullivan, Carolingian Missionary, S. 714. Genauso bei McKitterick, Frankish Church, S. 191.
23 Derwich, Klosterkultur, S. 339f.

Drei- bzw. Viersprachigkeit des Hl. Adalbert

Nach Bruno von Querfurt überlegte Adalbert aufgrund der Schwierigkeiten, auf die er bei der Bekehrung der Pruzzen stieß, ob *Ad ferocium quidem Luiticum idola surda predicationis equos flectere placuit, quorum linguam cognouit*[24]. Es stellt sich jedoch die Frage, ob Bruno meinte, dass Adalbert die „Sprache der Lutizen" als eigenständige Fremdsprache beherrschte, oder ob er sich als Slawe mit den Lutizen ohne Schwierigkeiten verständigen konnte.

Auf der Suche nach der Antwort auf diese Frage ist eine andere Überlieferung Brunos hilfreich. In seiner Schilderung der Abenteuer des jungen Adalbert in der Schule von Otrich von Magdeburg erwähnt Bruno u. a. eine Peitschstrafe, die der Held erhalten haben soll. Weiter stoßen wir auf eine eher seltene Darstellung der Ausnahmefähigkeiten von Adalbert, die für uns eine wunderbare Quelle über mittelalterliche Schulen, die dort gesprochene Sprache und das Verhältnis zur Muttersprache bietet:

> *Apponuntur ad unum pedagogus et herus legere, sicut consuetudo erat domi discere, et adest puero diuina gratia, currunt diuite uena ingenium, sensus et ratio. Hoc autem asserunt mirabile in eo, si forte magister amoueret pedem, ut proprium est uagis puerorum animis, aliquando prodeunte ludo totum consumpserat diem. Cumque de lecta lectione nec uerbum saperet et bene iratus magister flagellare inchoaret: Dimitte me, inquit* [Lateinisch – meine Aufmerksamkeit], *legam! et dimissus, ut rem notam optime legit.* Und nun kommen wir zum Kern der Sache: *Dicunt etiam* – führt Bruno fort – *tribus linguis pro una locutum, cum scope tergum uerrunt et ferientia flagella dolentem carnem frangunt. Auditoribus enim usus erat lacialiter fari, nec ausus est quisquam coram magistro lingua barbara loqui. Unde admotis urentibus uirgis primum: Mi domine, garrit. Iam cum increscit dolor qui legem non habet, eodem uerbo nunc Saxo, nunc Sclauus misericordiam clamat.*[25]

Die Zahl der bekannten Sprachen („drei") ist hier jedoch zweitrangig. Adalbert konnte freilich die Sprache der Lutizen in späterer Zeit entweder in Magdeburg oder in Prag erlernt haben, wenn es denn erforderlich gewesen wäre. Viel wichtiger ist die Bezeichnung seiner Muttersprache als Sprache der „Slawen". Dies kann man wohl so deuten, dass es für einen damaligen Germanen (sowohl Bruno als auch sein Informant waren Germanen) alle Slawen gleich „slawisch" sprachen. Dies ist allerdings kein Beweis dafür, dass es tatsächlich so war. Es ist meistens für einen Vertreter einer Sprachgruppe schwer, wenn nicht gar unmöglich, Sprachen innerhalb einer anderen Sprachgruppe zu unterscheiden. Für uns sprechen alle Chinesen, gar alle Menschen mit gelber Hautfarbe dieselbe Sprache, was nicht heißt, dass dies der Fall ist. Ebenso muss es einem Germanen ergangen sein, der keiner slawischen Sprache mächtig war. Für ihn musste ja alles gleich unverständlich und fremd klingen.

Diese Erkenntnis führt uns zur nächsten. Wenn Germanen im 10. Jahrhundert nicht fähig waren, die verschiedenen Sprachen und Mundarten der Slawen auseinanderzuhalten und dachten, alle Slawen sprächen eine Sprache, dann konnten die, die wenigstens eine slawische Sprache beherrschten (z. B. tschechisch),

---

24 S. Adalberti vita, c. 26, S. 33.
25 Ibid., c. 5, S. 6.

ruhig annehmen, dass sie mit jedem Slawen problemlos kommunizieren konnten – auch in den polnischen Gebieten. Wie wir sehen werden, hat diese Fehlüberzeugung manche Probleme nach sich gezogen, insbesondere ließ sie einen das Wort Gottes predigenden Missionar lächerlich erscheinen, was nicht förderlich war.

Spott und Hohn: Adalbert und die Bauern

Der anonyme Verfasser der Adalbertvita *Tempore illo* berichtete innerhalb der Schilderung der Reise des künftigen Heiligen nach Gnesen von einem Abenteuer, welches Adalbert bereits in den polnischen Gebieten unweit von Gnesen erlebte:

> *Adalbertus Christi adletha* [...] *Poloniam ingressus est, cupiensque quam cicius peruenire ad metropolim eiusdem regionis, que uocatur Gnezden. Obiter forte deuenit ad quandam uillam, ubi diligenter perconctatur, quia uia possit iri ad predictam ciuitatem. Indigene autem loci illius uidentes eius loquelam in plerisque sermonibus a Polonica discrepare nec a risu nec a derisu se continent, presertim cum ueste monastica sibi ante incognita eum indutum pro monstro spectarent. Multotociens igitur a famulo dei obsecrati et adiurati nec iter indicant nec sua responsione dignantur.*[26]

Die Vita *Tempore illo* gehört nicht zu den besten Quellen zum Leben des Heiligen Adalbert. Sie besteht aus 20 Kapiteln und gehört zur Gattung der Brevierlegenden. Sie ist einzig in einer Abschrift aus dem 13. Jahrhundert erhalten geblieben. Diese Abschrift wird heute in der Domkapitelbibliothek des Erzbistums Krakau verwahrt und umfasst 68 Heiligenviten für Festanlässe (*Sermones variorum pro festis*). Sie ist bestimmt in Polen, höchstwahrscheinlich in Großpolen und wahrscheinlich am Gneser Dom bzw. im Augustinerchorherrenkloster Trzemeszno entstanden. Sie dürfte zwischen 1230 und 1250 entstanden sein, wovon die Erwähnung des nicht vor 1230 gestifteten Klosters in Trzemeszno, die Einhaltung einer neunwöchigen Fastenzeit (diese Pflicht wurde auf der Synode von Breslau im Jahre 1248 abgeschafft) und die ausführliche Verwendung des Inhalts dieser Abschrift durch einen anonymen Verfasser in Gnesen in der 2. Hälfte des 13. Jahrhunderts (vor dem Jahr 1295) in den *Miracula s. Adalberti*[27] zeugen. Ende dieses Jahrhunderts entstand auch eine Kurzfassung dieser Abschrift, die sog. *In partibus Germanie locus est opibus locuples*, welche zu der besagten Mirakelsammlung hinzugefügt wurde. Meistens wird diese auf Mitte des 12. Jahrhunderts datiert[28].

Letztens hat Gerard Labuda die These vertreten, dass diese Dichtung zwei Fassungen hatte. Die ursprüngliche Fassung wurde um 1180 von Bogumil, dem Erzbischof von Gnesen, verfasst. Der Inhalt war dem Verfasser aus den Szenendarstellungen der Adalbertvita auf dem Gnesener Tor bekannt. Erst viel

26 De sancto Adalberto, c. 10, S. 215f.
27 Diese Dichtung behandelt Labuda, Święty Wojciech, S. 34f.
28 Den Forschungsstand referiert Wójcik, Wątki biblijne, S. 6–10, und Labuda, Święty Wojciech, S. 31–33.

später, nach 1260, wurde die Urfassung erweitert und überarbeitet, wobei der erste Teil (Kapitel 1 bis 12) unverändert blieb[29].

Die angeführte Überlieferung gibt also die Meinung der Kircheneliten in der zweiten Hälfte des 12. Jahrhunderts wieder. Es ist eine Zeit der intensiven Missionarstätigkeit im In- und Ausland (Pruzzenland, Pommern)[30]. Der damalige Klerus hatte also Erfahrung in der Missionsarbeit. Dies macht die zitierte Geschichte umso interessanter. Bei der Vorbereitung einer Geschichte zum Ursprung der Neunwochenfastenzeit in Polen[31] konnte der Autor es sich nicht erlauben, seine Glaubwürdigkeit durch unglaubwürdige Hirngespinste aufs Spiel zu setzen. Zu guter Letzt wusste sein Leser in Polen, dass in der Geschichte die tschechische Sprache gemeint ist und inwieweit sich diese Sprache von der polnischen unterscheidet. Er konnte auch einschätzen, ob die Zuhörer so reagieren würden. Diese Überlieferung hat also eine große Bedeutung für unser Wissen um die Unterschiede zwischen dem Tschechischen und dem Polnischen im 12. Jahrhundert, aber auch um die damals angewandten Predigertechniken. Davon zeugt die nicht erwähnte Mitteilung über den Marktplatz als Predigtplatz von Adalbert in Gnesen[32].

Wie man sieht, kann man der zitierten Überlieferung in der Hinsicht Glauben schenken, welche von uns von Belang ist, d. h. der Reaktion der Einheimischen auf die aus der Unkenntnis der hiesigen Mundart resultierenden Sprachfehler des Missionars (oder besser gesagt des Predigers). Spott und Hohn haben die Missionsarbeit nicht begünstigt. Diese Geschichte erlaubt es uns jedoch nicht eindeutig festzulegen, dass alle Missionare diese Schwierigkeiten hatten, die sich der tschechischen ‚Sprache' in den polnischen Gebieten Ende des 10. Jahrhunderts (also zwei Jahrhunderte vor dem Entstehen dieser Geschichte) bedienten.

Vielleicht hilft uns eine Analyse des Verhaltens Ottos von Bamberg während seiner Missionsreisen in den Jahren 1124 und 1128.

Otto und die Pomoranen

Etwa um das Jahr 1080 kam der zwanzigjährige Otto, späterer Bischof von Bamberg, „als Gastarbeiter"[33] nach Polen. Der meistens gut informierte Mönch

29 Labuda, Święty Wojciech, S. 33f., 276–284. Auf S. 33 und S. 279, Anm. 577, revidiert der Autor seine ursprüngliche Meinung (Ders., Nad legendą, S. 29), dass das für uns interessante Kapitel 10 aus dem im 12. Jahrhundert verfassten Teil stamme.

30 Dieses Thema ist immer noch zu wenig behandelt, siehe Koczy, Misje polskie.

31 Michałowski, Post dziewięciotygodniowy.

32 De sancto Adalberto, c. 10, S. 216.

33 Eine große Lücke in der Geschichtsschreibung bietet das Fehlen einer modernen gründlichen Biographie Ottos und seiner Pommerschen Meister. Beide Wissenschaftsbiographien von Juritsch, Geschichte, und Maskus, Bischof Otto I., sind bereits überholt. Themenübersicht und

aus Prüfening[34] berichtete: *gentis illius non solum mores, sed et linguam ita ad unguem edisceret, ut, si hunc barbarice loquentem audires, virum esse Theutonicum non putares*[35]. Otto kannte also die polnische Sprache und zwar von der Gebrauchsseite. Er nutzte sie über ein paar, vielleicht sogar mehrere Jahre hindurch, so lange dauerte nämlich sein Aufenthalt in Polen. Dort war er zuerst als Lehrer, womöglich am Herzogshof,[36] tätig, danach diente er den Bischöfen und dem Herzog[37], zuletzt war er Erzkapelan (*archicapellanus*) der letzten Gemahlin von Herzog Wladyslaw I. Herman, Königin Judith von Ungarn[38]. Nach Ebo soll er nach dem Tode von Judith[39], d. h. erst am Anfang des 12. Jahrhunderts[40] nach Hause zurückgekehrt sein. Sowohl der Mönch aus Prüfening als auch Herbord sind jedoch der Auffassung, dass er bereits zu Lebzeiten von Judith zurückgekehrt war. Dem erstgenannten nach ist dies auf seinen Wunsch geschehen[41], der zweite meint, dies sei auf den ausdrücklichen Wunsch des Kaisers geschehen[42]. Die zweite Fassung scheint plausibler zu sein. Seine Rückkehr muss wohl im Jahre 1090 erfolgt sein, als Heinrich IV. vom Italienzug zurückkehrte[43].

Man konnte also erwarten, dass im Jahre 1124 (also höchstens 30 Jahre später) Otto, bereits hochgeachteter Bischof von Bamberg, beim Missionszug nach Westpommern keine Kommunikationsprobleme mit den Slawen haben würde. Der Missionarbischof sollte die heidnischen Pommernslawen in deren eigener Sprache bekehren.

Dies war jedoch nicht der Fall. Während seiner Missionstätigkeit, sowohl beim ersten Missionszug, als auch beim zweiten (im Jahr 1128), musste Otto auf Dolmetscher zurückgreifen, vor allem auf Adalbert[44], welchen er während der Vorbereitungen auf die Mission erwählte[45]. Aus indirekten Erwähnungen geht hervor, dass es wohl auch andere namentlich nicht bekannte Dolmetscher gab[46]. Bezeichnend ist, dass Otto Dolmetscher nur bei offiziellen Anlässen nutzte, wie

---

deutsche Primärliteratur siehe Petersohn, Ostseeraum, S. 213–277. Einen Überblick zur polnischen Literatur bietet in einer populären Arbeit Lec, Życie.

34 Hauptquelle hierbei war Adalbert, der Übersetzer/Dolmetscher des Bischofs und erster Bischof von Pommern; vgl. Petersohn, Einleitung, S. 8, der die Entstehung dieser Vita auf die Zeit zwischen Oktober 1140 und Sommer 1146 datiert.

35 Die Prüfeninger Vita, I,2, S. 50. Ähnlich bei Ebo: *in brevi loquelam gentis addiscens* (Ebo, Vita Ottonis, I,1, S. 590) und Herbord: *Linguam quoque terre illius apprehendit* (Herbordi dialogus, III,32, S. 197).

36 Die Prüfeninger Vita, I,2; Herbordi dialogus, III,32.

37 Die Prüfeninger Vita, I,3. Viel bescheidener dazu: Herbordi dialogus, III,32.

38 Ebo, Vita Ottonis, I,4; ibid., I,2; Herbordi dialogus, III,33.

39 Ebo, Vita Ottonis, I,3, S. 11: *Post obitum igitur venerabilis domine Iudite ad Teutonicas reversus.*

40 Jasiński, Rodowód, S. 169f.

41 Die Prüfeninger Vita, I,4, S. 53.

42 Herbordi dialogus, III,33, S. 200.

43 Maskus, Bischof Otto I., S. 5.

44 Die Prüfeninger Vita, III,8,9; Ebo, Vita Ottonis, III,12, 14–16; Herbordi dialogus, II,11; III,7,8,12.

45 Ebo, Vita Ottonis, II,3, S. 56: *Adelbertum quoque, lingue barbarice sciolum, interpretem habere possumus.*

46 Ebo, Vita Ottonis, III,14.

z. B. Gesprächen mit Herzog Wartislaw von Pommern und Würdenträgern und für die Katechese. Bei informellen, inoffiziellen Kontakten nutzte er wenigstens sporadisch seine Kenntnisse des „Slawischen". So z. B. bei seiner Reise durch das menschenleere Land in Begleitung der ihm vom Herzog Wartislaw zur Verfügung gestellten Führer, als er *communicare et confabulationem cum eis ac mensam voluit habere communem*[47]. Genauso, als er nach erprobter Manier anderer Missionare versuchte, Kinder von Machthabern u. a. die Söhne von Domaslaw, die

> *secretarium episcopi Dei nutu frequentare ceperunt et crebro cum ipso conferre sermonem. Quibus episcopus, quantum illa paciebat etas, de fidei illuminatione, de iudicio futuro, de anime immortalitate, de spe resurrectionis, de gloria beatorum breviter commedeque disseruit.*[48]

Nach etwa 20 Jahren konnten Ottos Kenntnisse der *gentis Poloniorum*[49] geschwächt, jedoch nicht völlig verschwunden sein. Bei seinen Missionsreisen war sich der Bamberger Bischof sicherlich bewusst, dass seine Aussprache doch von der Aussprache der Einheimischen abwich und, wie wir am obigen Beispiel gesehen haben, ein Grund für Spott bilden konnte und, was wohl am wichtigsten erscheint, die Sprache der Pommern nicht identisch mit der Sprache der Polen sein musste. Die regionalen Unterschiede innerhalb einer möglichst homogenen slawischen Sprache wurden zu seiner Wirkungszeit immer größer. Die Angst vor der Lächerlichkeit bzw. Missverständnissen[50] bewog ihn, bei öffentlichen Auftritten und Kontakten die Hilfe eines Dolmetschers in Anspruch zu nehmen.

Zusammenfassung

Frühmittelalterliche Missionare mussten, um wirkungsvoll ihrer Tätigkeit nachgehen zu können, die dialektalen Unterschiede zwischen verwandten Sprachen in Betracht ziehen. Besonders wichtig war die korrekte Aussprache, die nicht nur das gegenseitige Verständnis garantierte, sondern auch vor unangenehmen Situationen schützte. Hohn und Spott auf sich zu ziehen war freilich nicht Ziel ihrer Tätigkeit. Deswegen bevorzugten sie auch für offizielle und öffentliche Auftritte Latein, aus welchem ihre vertrauten Dolmetscher für die Zuhörer übersetzten. Wenn ihre Dolmetscher meritorische und sprachliche Fehler begingen, was sicherlich vorkam, blieb das am Dolmetscher und nicht an dem die „frohe Botschaft" predigenden Missionar hängen. Anders verhielt man sich in individuellen und strikt privaten Kontakten. Hier spielte der direkte und schnelle Kontakt die grundlegende Rolle.

---

47 Die Prüfeninger Vita, II,3, S. 84.

48 Ibid., II, 9, S. 92f. An anderer Stelle wandte er sich an Kinder unter Zuhilfenahme eines Dolmetschers, vgl. ibid., III, 9, S. 127.

49 Die Prüfeninger Vita, I,2, S. 50.

50 Übrigens von beiden Seiten, siehe beispielweise Ebo, Vita Ottonis, III,14, S. 119.

Bibliographie

Banniard, M., Credo et langage: Les missions de Saint Boniface, in: A. Dierkens/J.-M. Sansterre (Hg.), *Voyages et voyageurs à Byzance et en Occident du VIe au XIe siècle.* Actes du colloque international organisé par la Section d'Histoire de l'Université Libre de Bruxelles en collaboration avec le département des Sciences Historiques de l'université de Liège (5–7 mai 1994) (Bibliothèque de la Faculté de Philosophie et Lettres de l'Université de Liège 278), Genève 2000, S. 165–187.

De Reu, M., The Missionaries: The First Contact between Paganism and Christianity, in: Milis, L.J.R. (Hg.), *The Pagan Middle Ages*, Woodbridge/Brussels/Rome 1998, S. 13–38.

Derwich, M., Schlesische und polnische Klosterkultur, in: T. Wünsch (Hg.), *Das Reich und Polen* (Vorträge und Forschungen 59), Ostfildern 2003, S. 339–356.

De sancto Adalberto episcopo Pragensi, ed. W. Kętrzyński, in: Monumenta Poloniae Historica, IV, Lwów 1884, S. 206–221.

Ebo, *Vita Ottonis episcopi Bambergensis*, ed. J. Wikajrak/K. Liman (Monumenta Poloniae Historica, series nova VII/2), Varsoviae 1969.

Gauthier, N., *L'évangélisation des pays de la Moselle. La province romaine de Première Belgique entre Antiquité et Moyen-Âge (IIIe–VIIIe siècles)*, Paris 1980.

Herbordi dialogus de vita s. Ottonis episcope babenbergensis, ed. J. Wikajrak/K. Liman (Monumenta Poloniae Historica, series nova VII/3), Varsoviae 1969.

Jasiński, K., *Rodowód pierwszych Piastów* [Die Herkunft der ersten Piasten], Nachwort T. Jurek, Poznań 2004.

Juritsch, G, *Geschichte des Bischofs Otto I. von Bamberg, des Pommern-Apostels (1102–1139). Ein Zeit- und Kulturbild aus der Epoche des Investiturkampfes und des beginnendes Streites der Staufer und Welfen*, Gotha 1889.

Koczy, L., Misje polskie w Prusach i na Pomorzu za czasów Bolesławów [Polnische Missionen im Pruzzenland und Pommern zur Zeit der Boleslawen], in: *Annales Missiologicae* 6 (1934), S. 52–186. Nachdruck in: G. Labuda (Auswahl und Bearbeitung), *Święty Wojciech w polskiej tradycji historiograficznej*, Warszawa 1997, S. 152–176.

Labuda, G., Nad legendą o św. Wojciechu „Tempore illo". Analiza źródłoznawcza [Zur Adalbertlegende „Tempore illo". Eine Quellenanalyse], in: *Ecclesia Posnaniensis. Opuscula Mariano Banaszak septuagenario dedicata*, Poznań 1998, S. 11–31.

Labuda, G., Święty Wojciech. Biskup, męczennik, patron Polski, Czech i Węgier [Der Heilige Adalbert. Bischof, Märtyrer, Schutzpatron von Polen, Tschechien und Ungarn], Wrocław 2000.

Lec, Z., Życie i działalność biskupa-misjonarza, in: G. Wejman (Hg.), *Święty Otton z Bambergu – ewangelizator Pomorza. Jego kult do czasów współczesnych* [Der Hl. Otto von Bamberg – Bekehrer der Pommern, und seine Verehrung bis zur heutigen Zeit], Szczecin 2004, S. 11–32.

Lentner, L, *Volksprache und Sakralsprache. Geschichte einer Lebensfrage bis zum Ende des Konzils von Trient* (Wiener Beiträge zur Theologie 5), Wien 1964.

Maskus, C., *Bischof Otto I. von Bamberg als Bischof, Reichsfürst und Missionar*, Breslau 1889.

McKitterick, R., *The Frankish Church and the Carolingian Reforms 789–895* (Studies in History 2), London 1977.

Michałowski, R., Post dziewięciotygodniowy w Polsce Chrobrego. Studium z dziejów polityki religijnej pierwszych Piastów [Die Neunwochenfastenzeit zur Zeit Boleslaws des Tapferen. Studium zur Religionspolitik der ersten Piasten], in: *Kwartalnik Historyczny* 109 (2002), H. 1, S. 5–40.

Mostert, M., New Approaches to Medieval Communication?, in: Ders., *New Approaches to Medieval Communication*, Turnhout 1999, S. 15–37.

Padberg, L.E. von, *Mission und Christianisierung. Formen und Folgen bei Angelsachsen und Franken im 7. und 8. Jahrhundert*, Stuttgart 1995.

Petersohn, J., Einleitung, in: *Die Prüfeninger Vita*, S. 1–37.

Petersohn, J., *Der südliche Ostseeraum im kirchlich-politischen Kräftespiel des Reichs, Polens und Dänemarks vom 10. bis 13. Jahrhundert. Mission – Kirchenorganisation – Kultpolitik* (Ostmitteleuropa in Vergangenheit und Gegenwart 17), Köln/Wien 1979.

Die Prüfeninger Vita Bischof Ottos I. von Bamberg nach der Fassung des Großen Österreichischen Legendars, ed. J. Petersohn (MGH, SS rer. Germ. 71), Hannover 1999.

Richter, M., Der irische Hintergrund, in: H. Löwe (Hg.), *Die Iren und Europa im frühen Mittelalter* (Veröffentlichungen des Europa Zentrums Tübingen 1), Stuttgart 1982, S. 120–137.

Richter, M., Kommunikationsprobleme im lateinischen Mittelalter, in: *Historische Zeitschrift* 222 (1976), S. 43–80.

Richter, M., *Sprache und Gesellschaft im Mittelalter. Untersuchungen zur mündlichen Kommunikation in England von der Mitte des elften bis zum Beginn des vierzehnten Jahrhunderts* (Monographien zur Geschichte des Mittelalters 18), Stuttgart 1979.

S. Adalberti Pragensis episcopi et martyris vita altera auctore Brunone Querfurtensi, ed. J. Karwasińska (Monumenta Poloniae Historica, series nova IV/1), Varsoviae 1962.

S. Bonifatii et Lulli Epistolae, ed. M. Tangl (MGH, Epp. sel. I), Berlin 1916.

Schieffer, T., *Winfrid-Bonifatius und die christliche Grundlegung Europas*, Freiburg i.Br. 1954 [1980].

Sullivan, R.E., The Carolingian Missionary and the Pagan, in: *Speculum* 28 (1953), S. 705–740.

Vahle, H., *Die Widerstände gegen das Werk des Bonifatius, unter Zugrundelegung seiner Briefe*, Emsdetten 1934.

Vita Bonifatii auctore Willibaldo, in: *Vitae Sancti Bonifatii archiepiscopi Moguntini*, ed. W. Levison (MGH, SS rer. Germ. 57), Hannover/Leipzig 1905.

Vita Wilfridi I. episcopi Eboracensis auctore Stephano, ed. B. Krusch/W. Levison (MGH, SS rer. Merov. VI), Hannover/Leipzig 1913.

Wójcik, D., Wątki biblijne w legendzie „Tempore illo" świętego Wojciecha [Biblische Motive in der Adalbertlegende „Tempore illo"], in: Nasza Przeszłość 94 (2000), S. 5–46.

Rainer Berndt SJ (Frankfurt a.M.)

Das „consilium unicum“ im Mittelalter

Eine begriffsgeschichtliche Skizze

Bis heute schreiben sich alle Ordensleute grundlegend das Leben nach den Evangelischen Räten aufs Panier, sicherlich in einer sowohl geschichtlich als auch jeweils zeitgenössisch erstaunlichen Bandbreite der konkreten Formen. Nach der Weisung des 2. Vatikanischen Konzils teilen dabei durchaus alle Christen miteinander den grundlegenden Impuls der Christusnachfolge, deren Ziel unzweifelhaft die Vollendung der „caritas“ ist (*Lumen gentium*, 39). Unter Führung des Heiligen Geistes greifen jedoch manche Christen die „consilia evangelica“ in der Weise auf, dass sie individuell eine von der Kirche anerkannte allgemeine Lebensform wählen und sich an diese binden (*Lumen gentium*, 44). Die „vita religiosa“ bietet insofern den institutionalisierten Rahmen an, innerhalb dessen die persönliche Berufung des einzelnen zur Verwirklichung der „consilia evangelica“ ihren Ort hat (*Perfectae caritatis*, 2).

Die bekannte Spannung zwischen Charisma und Institution, zwischen dem einzelnen Religiosen und seiner Gemeinschaft stellt nicht erst im 20. Jahrhundert ein Konfliktfeld dar. Vielmehr handelt es sich bei dem Wechselspiel zwischen Geistbegabung und Normierung, zwischen Sektierertum und der „Catholica“ um eine kulturgeschichtlich äußerst interessante und religionsgeschichtlich ertragreiche Fragestellung der Mediävistik, wie nicht zuletzt seit langen Jahren die Arbeiten des Jubilars selbst belegen.[1] Aus dem Blickwinkel eines Kirchen- und Theologiehistorikers sei im folgenden ein kleiner, einschlägiger Fund zur Sprache gebracht und in der gebotenen Kürze erläutert – mit den Worten Hugos von Sankt Viktor ein „munusculum dilectionis meae“.

1. Befund

Bei meinen Arbeiten zu den glossierten Bibelhandschriften aus der Pariser Abtei der Augustinerchorherren von Saint-Victor bin ich anlässlich einer Passage aus dem Buch Genesis (Gn 41,53–42,2) auf eine bemerkenswerte Marginalglosse gestoßen. Sie findet sich in der ältesten heute bekannten Genesis-Glosse der Abtei, der Hs. Paris, Bibliothèque nationale de France, lat. 14398 (datiert ca. 1130).[2] Es handelt sich um einen der wenigen Abschnitte von insgesamt 734

1 Siehe dazu letzthin noch Andenna/Breitenstein/Melville (Hg.), Charisma.
2 Die vollständige Beschreibung dieser Handschrift bietet nun Tischler, Bibel.

Marginalglossen in dieser Handschrift, die keinem Autor zugewiesen werden konnten, stammt mithin also höchstwahrscheinlich vom Glossator, vermutlich Gilbertus Universalis (Bischof von London, 1128–1134), selbst oder aus seinem direkten religiös-intellektuellen Umfeld.[3] Der Text lautet wie folgt:

> *Ite ad ioseph (Gn 41,55). In angustia spiritualis famis consilium unicum est ut recurramus ad horrea ioseph. id est. ad scripturas sanctas spiritu dei conditas. et a sanctis patribus nobis ad consolationem tante inopie reseruatas* (f. 109r).

Der Exeget empfiehlt in der Notlage geistlichen Hungers also dringend („consilium unicum"), „auf die Speicher Josephs des Ägypters zurückzugreifen". Die Glosse identifiziert, anlässlich der Auslegung der Josephsgeschichte, die „Speicher Josephs" mit der Heiligen Schrift, d. h. dem Alten Testament, welche von Gottes Geist begründet und von den heiligen Vätern, d. h. denen des Alten Testamentes, für uns zum Trost bei derartiger Hilflosigkeit, nämlich geistlichen Hungers vorbehalten sind.

Diese Randbemerkung fällt auf, weil sie eine in der christlichen Latinität äußerst selten belegte Formulierung verwendet, um in geistlich-exegetischer Terminologie ein theologisches Prinzip mitzuteilen.[4] In welchem theologiegeschichtlichen Kontext steht die Rede vom „consilium unicum"? Erschließt sich ihr Sinn im größeren Rahmen der Geschichte des Ordenslebens?

1.1.

Über den schon angeführten Beleg hinaus bezeugen weitere Autoren des frühen Mittelalters dieselbe Wendung. Die früheste Stelle findet sich im Kommentar zum Matthäusevangelium des Mönches von Corbie, Paschasius Radbertus († 860), anderweitig bekannt für seine Kontroverse mit Ratramnus, seinem Zeitgenossen aus derselben Abtei. Im Vorwort zum Ersten Buch seines Matthäuskommentars erläutert Paschasius Radbert den Vorrang Christi vor allen Menschen ausgehend von der Verklärung (Mt 17,1–9); weswegen wir auch seiner Weisung folgen, um uns nicht ins Verderben zu verirren. Denn des Menschen „consilium salutare ac unicum" besteht darin, mit Christus zu sterben, um mit ihm auch zu herrschen (vgl. 2 Tm 2,11–12 und Rm 8,17).[5] Eher denn als Entscheidungshilfe formuliert Paschasius Radbertus in dieser Form die theologische Perspektive seines nachfolgenden Matthäuskommentars.

Betrachtet man den weiteren Kontext dieser Passage innerhalb der Prefatio, so wird erkennbar, dass der Autor sich des Prophetenwortes über die Gabe des

---

3 Eine monographische Abhandlung über die drei Genesis-Glossen der Viktoriner (außer der genannten noch die Pariser Hss. in der Bibliothèque nationale de France, lat. 14399, und der Bibliothèque Mazarine 131) bereitet der Autor vor.

4 Die folgenden Überlegungen beruhen auf der Auswertung der elektronisch verfügbaren Quellensammlungen: *Patrologia Latina Database*, London 1996; *Library of Christian Latin Texts* Version 7, Turnhout 2008; *elektronische MGH* Version 3, München 2002.

5 Paschasius, Expositio, 1, 466: *Idcirco mandatis eius obtemperemus si quo modo possimus dicere cum propheta: 'A mandatis tuis intellexi propterea odiui omnem uiam iniquitatis.' Consilium autem nostrum salutare ac unicum est ut Christo commoriamur quia si conpatimur et conregnabimus.*

Heiligen Geistes (Is 11,1–4) bedient, um seine Christologie zu fundieren (ibid., 1,365–484). Das Buch mit den sieben Siegeln (vgl. Apc 5,5) ist in Christus geöffnet und in ihm sind die sieben Gaben des Geistes offenbart worden. Die Gabe des Rates beinhaltet mithin die Erklärung der göttlichen Identität Jesu und seiner Herrlichkeit. Paschasius schließt daraus, dass es absolut darauf ankommt, mit Christus zu sein.[6] Des Paschasius Radbertus „consilium unicum“ bezieht sich somit unmittelbar auf das theologisch angemessene Verständnis des (Matthäus-)Evangeliums, in seiner anthropologischen Dimension aber konfrontiert es den Leser des Werkes mit der unausweichlichen Lebensentscheidung, die ihm das Evangelium abverlangt.

1.2.

In der ersten Hälfte des 12. Jahrhunderts ist das *Speculum virginum* entstanden, ein Werk, das sich dem Streben nach religiöser Erneuerung und einem neuen theologischen Erkenntnisinteresse verdankt. Der anonyme, vielleicht mit dem Regularkanoniker Hugo von Fouilloy zu identifizierende Autor[7] präsentiert in Dialogform das zeitgenössische Ideal einer vollständig an Gott hingegebenen Seele und erläutert die dafür relevanten theologischen Überlegungen. Den biblischen Rahmen des gesamten Textes bietet im 2. Buch eine geschickte Montage aus zwei thematisch verwandten Stellen, nämlich Is 11,2 zusammen mit Sap 7,22–23, welche die Auswirkungen der Gabe des Geistes auf die inspirierte Person benennt.[8] Damit hat der Autor seinen Begriff des „consilium unicum“ geprägt, den er schließlich im 11. Buch, anlässlich der Entfaltung seines Verständnisses von den sieben Gaben des Heiligen Geistes aufgreifen wird.

Im 11. Buch nimmt das *Speculum virginum* den Isaia-Vers wieder auf, um die Frage nach dem wahren Ratgeber der jungfräulichen Seele zu stellen, der nicht so wie die vielen anderen viele Meinungen zum Besten gibt. Dieser „consiliarius unicus“ empfiehlt vielmehr nur das eine Notwendige, und das ist er selbst.[9] Wenn er auch sein Werk und seine Weisung variiert, so ändert er jedoch nicht seinen Ratschluss. Dieser eine und einzige Gottesgeist hat jedes Geschöpf in seiner Verschiedenheit gebildet und in seiner Einheit unterschieden.[10]

Die theologische Grundperspektive des Werkes, so zeigt sich hier in spezifischer Weise, besteht in seiner Pneumatologie. In Anlehnung an das zeitgenössische theologische Schrifttum, vielleicht auch in Auseinandersetzung mit ihm, legt das *Speculum virginum* in seiner eigenen literarischen Form keine – wenigstens

6 Ibid., 1,389–392: *Ceterum consilii nostri summa ex hoc colligitur ut mortui saeculo commoriamur Christo si quo modo ei conuiuere possimus* qui ex mortuis resurrexit.

7 Siehe dazu Jutta Seyfarth in ihrer Einleitung: Speculum, S. 49*–50*.

8 Speculum, 2, 49–54.

9 Speculum, 11, 261–262: *At qui unicus est, unum commendat, unum persuadet adire necessarium, et hoc unum ipse est.*

10 Speculum, 11, 264–268: *Ex hoc etiam unicus, quia sepe dum mutat opus et sententiam, non mutat consilium. Porro diuini spiritus consilium in hoc permaximum et unicum, quod omnem creaturam singulari quadam in ipsa sue nature diuersitate composuit et distinxit unitate.*

nicht primär – christliche Morallehre vor. Vielmehr vertieft, ja ergänzt es die Trinitätslehre seiner Zeit, welche sich weithin über die dritte göttliche Person ausschweigt. Das *Speculum virginum* und seine Terminologie der Geistbegabung („consiliarius", „consilium", „consilium unicum" etc.) lassen uns noch heute erkennen, dass die Blüte der „vita religiosa" im 12. Jahrhundert sehr wohl von einer gründlichen theologischen Erneuerung getragen und begleitet war.

1.3.

Unter den Hugo von Sankt Viktor in Mignes *Patrologia Latina* zugeschriebenen, aber sicher unechten Werken befindet sich auch ein liturgischer Traktat, *De ecclesiasticis officiis* (PL 177, Sp. 381–456). Möglicherweise stammt er von Robert Paululus, einem französischen Theologen des 12. Jahrhunderts. Das drei Bücher umfassende Werk legt in seinem 2. Buch die Ordnung des Stundengebets der Kirche aus. Die drei, schon aus Hugos von Sankt Viktor Werken geläufigen heilsgeschichtlichen Zeiträume – „ante legem", „sub lege", „tempus gratiae" – sieht Pseudo-Hugo in den drei Nokturnen ausgedrückt (ibid., II, 9, Sp. 414D). Es verwundert ihn nicht, dass zu Zeiten der Urgemeinde Juden wie Heiden Opfer darbrachten, denn sie kannten das wahre Lamm noch nicht. Sie suchten verschiedene „consilia", denn sie hatten das „consilium unicum" noch nicht gefunden (ibid., Sp. 415A). Später aber hat dann die Kirche nach dem Geliebten ihrer Seele gesucht: „... invenit unicum consilium, unicam vitae viam, Christum."

Mit der Anspielung an Joh 14,6 im Herzen der Definition vom „consilium unicum" gibt Pseudo-Hugo dem täglichen Officium der Kirche eine eindeutige christozentrische Ausrichtung. Der wahre Gottesdienst, das wahre Gotteslob ist des Menschen Christusliebe. Das, was gefunden wird, ist in Wirklichkeit Gabe. Gottesgeist lässt sich zwar suchen und finden, doch nicht ohne dass er sich gibt (vgl. 1 Cor 12).

1.4.

Unter dem Namen des reformfreudigen Abtes Gottfried, der um die Mitte des 12. Jahrhunderts einer der ältesten Abteien Österreichs, dem Benediktiner-Kloster Admont, vorstand, sind zahlreiche Predigten überliefert. Im Zyklus des Kirchenjahres umfasst die Sammlung Predigten zu allen Sonntagen und Festtagen.

Am 20. Sonntag nach Pfingsten wurde als Evangelium die Perikope von den zum Festmahl Geladenen gelesen (Mt 22,2–14), und der Prediger weist der menschlichen Seele eine entscheidende Rolle bei der Auslegung des Textes zu. Diese Predigt 89 der *Homiliae dominicales aestivales* (Sp. 611–617) ordnet die „quaelibet fidelis anima", welche dem himmlischen Vater durch die Taufe ähnlich geworden ist, dem Gastgeber zur Seite, der seinem Sohn das Hochzeitsmahl bereiten will. Die Predigt unterscheidet drei Einladungsweisen („vocationes"): durch die Natur, durch die Unterweisung, durch die Gnade innerer Eingebung des Geistes („natura", „doctrina", „gratia internae inspirationis"). Während sich die erste und zweite Einladung an die „naturales sensus nostros" sowie an die „doctores et praedicatores" wenden, also an äußere Instanzen, so richtet der Gastgeber seine dritte Einladung an des Menschen Herz. In seinem Eifer setzt der gütige Gastgeber das Herz des Menschen durch das Feuer des Heiligen Geistes in Bewegung und entflammt es durch die „caritas" (Sp. 614BC). Allerdings, so fügt der Prediger hinzu, hat sich jeder selbst aufgrund seiner Nachlässigkeit als unwürdig erwiesen, indem wir die Taufgnade nicht „per bonam spiritalis vitae conversationem" ratifiziert haben. Daraus folgt für den Prediger ein einziger Rat um des Heiles willen an seine Zuhörer: In der Bitterkeit deiner Seele denke zurück an die Nichtigkeit deiner vergeudeten Lebenszeit, gemäß dem Propheten Jesaja: „Ich werde zurückdenken an alle meine Jahre in der Bitterkeit meiner Seele" (Is 38,15).[11]

Diese Passage bietet neben der Genesis-Glosse einen weiteren Beleg für ein gnadentheologisch gewendetes Verständnis des „consilium unicum" im Mittelalter. Die Zielrichtung des Rates ist sicherlich das Heil des Menschen. Wollte man die bisher angeführten Belegstellen als Ausdruck eines sozusagen objektiv von Christus gewirkten Heiles verstehen, das aufgrund institutioneller Vermittlung vom Einzelnen – durchaus geistlich motiviert – rezipiert wird, so lässt die Predigt Gottfrieds eine neue Sichtweise erkennen: Die „regeneratio baptismi" (Sp. 614C) prägt den Menschen ganz, so dass er auf jeden Fall zu den Geladenen gehört. Doch um die Einladung vernehmen zu können, ja um die Botschafter nicht zu verpassen, muss die „bona spiritalis vitae conversatio" der „regeneratio" folgen (ibid.). Anders gesagt, leben alle Christen aus dem Geist, wobei insbesondere aber die Religiosen charismatische Personen sind, da sie sich kontinuierlich der Diskrepanz zwischen der „regeneratio" und dem „tempus in vanitate consumptum" stellen. Das „consilium unicum" bietet Abt Gottfried zufolge den Leitfaden zur Erhaltung des Charismas.

1.5.

Der 1180 als Bischof von Chartres verstorbene bedeutende Gelehrte Johannes von Salisbury verschweigt zum Abschluss seines *Metalogicon*, eines seiner frühen philosophischen Werke, nicht seine Beklemmung angesichts der ihm übertragenen Aufgaben.[12] Die Biographie des Autors bietet in der Tat reichlich Anhaltspunkte dafür zu vermuten, dass es sich wirklich um eine persönliche Notiz handelt. Unterstützt wird diese Deutung durch den nachfolgenden Verweis auf das „consilium unicum", welches für Johannes von Salisbury darin besteht, Christus

11 Godefridus, Homiliae, 89, Sp. 614, 48: *Nunc vero hoc unicum mihi restat salutis consilium, recogitare in amaritudine animae meae tempus vitae meae in vanitate consumptum, juxta illud propheticum: ‚Recogitabo tibi omnes annos meos in amaritudine animae meae' [Is 38,15].*

12 Iohannes, Metalogicon, 4, 42, 42–46: *Negotiis more solito superesse non potest, iniunxitque mihi prouinciam duram, et importabile onus imposuit, omnium ecclesiasticorum sollicitudinem. Anxiatur ergo undique in me spiritus meus, et cruciatus quos patior non sufficio enarrare.*

anzurufen so wie die Jünger ihn anflehten, als sie im Sturm zu kentern drohten (vgl. Mc 4,36–40).[13]

Der Rekurs auf das „consilium unicum" fungiert in diesem Text zunächst als exegetisches Instrument, indem Johannes seine individuelle Situation im Literalsinn mit derjenigen vergleicht, welche das Evangelium schildert. Sodann empfiehlt es auch eine äußerst intensive Weise des Gebetes. Der spirituell-pragmatische Charakter des „consilium unicum" tritt klar hervor.

1.6.
Die aus den 80er Jahren des 12. Jahrhunderts stammende Lebensbeschreibung Hildegards von Bingen, als deren Endredaktor der Mönch Theoderich von Echternach namhaft gemacht worden ist, bietet den chronologisch jüngsten derzeit bekannten Beleg der hier untersuchten Wendung. Der gelehrte Benediktiner berichtet von einer jungen Frau, welche Eltern, Haus und Welt verlassen und sich der „magistra" Hildegard angeschlossen hat, dass ihr in schwerer Krankheit als „consilium unicum" bloß noch verblieb, letztere um Hilfe anzugehen. Die *Vita s. Hildegardis* berichtet folglich auch die wunderbare Heilung, die auf der Grundlage der eschatologischen Verheißung Jesu an seine Jünger erfolgt (Mc 16,18).[14] Der Autor der *Vita* konstruiert das Verhältnis zwischen der jungen Frau und Hildegard als Abbild des Verhältnisses zwischen Jesus und seinen Jüngern. Wie die Jünger, hat auch die junge Frau alles verlassen; die Jünger um Jesu willen, die junge Frau, um sich der Unterweisung Hildegards anzuschließen.

Mit literarischen Mitteln zeigt die *Vita* an dieser Stelle völlig eindeutig die exemplarische Funktion ihrer Protagonistin und die Konzeption von „vita religiosa" im ausgehenden 12. Jahrhundert. Das Motiv der Weltverachtung, bekannt aus den Reformbestrebungen zu Beginn des Jahrhunderts, speist sich primär natürlich aus der Sehnsucht nach wörtlicher Verwirklichung der Christusnachfolge, exegetisch gesprochen also als Literalauslegung des Neuen Testamentes. Da die intendierte Bindung an Christus sich demnach nicht als utopisch begreift, sucht sie zwangsläufig nach geschichtlichen Realisationen. Gemäß der *Vita* bietet das „magisterium" Hildegards von Bingen der jungen Frau den Anknüpfungspunkt für ihre Christusnachfolge. Stellvertretend begibt sie sich unter die Anleitung eines Menschen, um in Wahrheit mit Christus zu leben. Der Mensch ist krank, sagt die *Vita s. Hildegardis*, solange er nach seiner „vita religiosa" sucht; die Heilung besteht darin, seine authentische Christusbeziehung zu finden. Unsere Formel vom „consilium unicum" wirkt somit aus zwei Richtun-

---

13 Ibid., 4, 42, 46–49: *Sed in his omnibus unicum mihi consilium superest, Deum hominem intemeratae Virginis Filium exorare, qui uelut in naui dormiens fidelium precibus excitandus est, ut procellam componat ecclesiae naufragantis.*

14 Theodericus, Uita, 3, 1, 8: *Puella quedam nobilis Hildegardis parentes, domum et seculum reliquerat, sancte Hildegardis pie matris magisterio deuote adheserat. quodam tempore cum tercianis febribus uexaretur nec ullo remedio curaretur, unicum sibi incidit consilium, ut sancte uirginis imploraret auxilium. Que iuxta uerba Domini: ‚Super egros manus imponent et bene habebunt' (Mc16,18), manum sibi imponens cum benedictione et precibus sanauit eam propulsatis febribus.*

gen: Seitens des Menschen ist sie Ausdruck äußerster Not, aus der allein der Heilige in seiner Stellvertretungsfunktion den Ausweg weist durch das geschenkte Wunder. Seitens Christi fungiert sie als erster Schritt der Darstellung religiosen Lebens.

1.7.
Zusammenfassend gilt es festzuhalten, dass das bisher bekannte Bedeutungsspektrum der zuerst im Mittelalter nachweisbaren geistlichen Empfehlung des „consilium unicum" auf einer eindeutigen christozentrischen Grundlage beruht und sich insofern an alle Christen wendet. Darüber hinaus ist seine besondere Eindringlichkeit im Schrifttum von Autoren aus der „vita religiosa" nicht zu verkennen. Vor allem jedoch, da die messianische Verheißung sowohl jüdisch als auch christlich unvermindert gilt, bringt das „consilium unicum" in der mittelalterlichen Gesellschaft und Kirche die sich auf den jeweils gegenwärtigen Moment beziehende Entscheidungsnot auf den Punkt und bietet gleichzeitig eine langfristige, ja eschatologische Lösungsperspektive an.

2. Hintergründe

Welcher weitere Kontext muss auf der Suche nach einem tieferen Verständnis des „donum consilii" und seiner Einzigartigkeit bedacht werden? Lässt sich ein innerer Zusammenhang mit der „vita religiosa" erkennen?

2.1.
Es ist davon auszugehen, dass der oben erwähnte Glossator des Buches Genesis vom Anfang des 12. Jahrhunderts die messianische Verheißung des göttlichen Geistes aus dem Propheten Isaias kannte:

> *Et egredietur virga de radice Iesse et flos de radice eius ascendet. et requiescet super eum spiritus Domini spiritus sapientiae et intellectus spiritus consilii et fortitudinis spiritus scientiae et pietatis et replebit eum spiritus timoris Domini. non secundum visionem oculorum iudicabit neque secundum auditum aurium arguet. sed iudicabit in iustitia pauperes et arguet in aequitate pro mansuetis terrae. et percutiet terram virga oris sui et spiritu labiorum suorum interficiet impium* (Is 11,1–4).

Während die rabbinische Schriftauslegung diesen Text auf die politische und religiöse Wiederherstellung des Reiches Juda in der Gestalt und im Wirken eines Messias hin auslegte, haben die Christen von Anfang an Is 11 vom Menschensohn her verstanden, der für sie in der Person Jesu von Nazareth die Heilsgeschichte rezentriert hat (siehe beispielsweise Hbr 11,8–9). Die christliche Liturgie und das altchristliche Schrifttum – vor allem das Alte Testament, also die jüdische Bibel in ihrer christlichen Rezeption, dann die neutestamentlichen Schriften sowie die Werke der Kirchenväter – bezeugen eine derart wirkmächtige Deutung der Weltgeschichte, dass diese bis ins spätere Mittelalter hinein noch mit der Heilsgeschichte identifiziert werden konnte.[15] Im wesentlichen besteht diese Geschichtsdeutung darin, das menschliche Handeln als eschatologisch ausgerichtet zu betrachten, von der Individualethik bis hinzu zur großen Politik. So konnte schon Gregor der Große in seinen *Moralia in Iob* die genannten sieben Gaben des Geistes als dessen innere Nachkommenschaft im Menschen deklarieren. Durch die Ankunft des Geistes seien sie gleichsam als dauerhafte Nachkommenschaft in jedem Einzelnen präsent, zumal wenn sie die Liebe zur Ewigkeit im Menschen befördern.[16]

Die oft über den Eingangsportalen mittelalterlicher Kathedralen und Abteikirchen angebrachten Darstellungen von Christus dem Weltenherrscher sind dem Gestein mit dem Meißel abgerungen worden. In vielen Handschriften finden sich Illustrationen desselben Motivs. Alle diese Artefakte des lateinischen Abendlandes lassen uns bis heute erkennen, welche Strukturen die mittelalterliche Kultur und ihre Religiosität, die weltlichen Herrschaften und die kirchlichen Institutionen, zutiefst geprägt haben: Der christliche Glaube, beruhend auf den alttestamentlichen messianischen Prophetien, fungierte im Mittelalter als Organisationsprinzip nicht nur des Christentums und der Kirche im engeren Sinne, sondern ebenso ganzer Gesellschaften.[17]

Ausgehend von Is 11,2 hat sich im Laufe des Mittelalters die theologisch-geistliche Lehre von den sieben Gaben des Heiligen Geistes entwickelt. Verwiesen sei dazu beispielsweise nur auf das kurze Werk des Pariser Regularkanonikers Hugo von Sankt Viktor († 1141) *De septem donis spiritus sancti* (PL 175, Sp. 410–414), auf Bonaventuras OFM († 1274) *Collationes de septem donis Spiritus sancti*, sowie auf Thomas von Aquin OP († 1274)[18]; doch ebenso wurde die Gabe des Heiligen Geistes in der Feier des Pfingstfestes, besonders mit den frühmittelalterlichen Sequenzen *Veni Creator Spiritus* und *Veni sancte Spiritus*, und bei der Spendung der Sakramente besungen. Das „donum consilii" zog in diesem Zusammenhang eigens Aufmerksamkeit auf sich, weil damit der gesamte für eine spezifisch christliche Lebensführung relevante Bereich angesprochen wird.[19]

---

15 Die hier angesprochene Rezeptionsproblematik und ihre Hermeneutik sei fundiert wenigstens durch den Verweis auf zwei Sammelwerke aus jüngerer Zeit: Sæbø, Hebrew Bible, und Arnold/Berndt/Stammberger, Väter.

16 Gregorius Magnus, Moralia, 1, 27, 7–9: *Hanc namque internam prolem propheta dinumerat, cum spiritus mentem fecundat, dicens: requiescet super eum spiritus domini, spiritus sapientiae et intellectus, spiritus consilii et fortitudinis, spiritus scientiae et pietatis; et replebit eum spiritus timoris domini. Cum ergo per aduentum spiritus, sapientia, intellectus, consilium, fortitudo, scientia, pietas ac timor domini unicuique nostrum gignitur, quasi mansura posteritas in mente propagatur quae supernae nostrae nobilitatis genus eo ad uitam longius seruat, quo amori aeternitatis sociat.*

17 Siehe dazu Stammberger/Sticher (Hg.), Haus Gottes, darin meinen Beitrag: structura ecclesiae.

18 Dazu neuerdings Horst, Gaben.

19 Die entsprechenden kurzen Artikel des *Dictionnaire de Spiritualité*, „Conseil (don de)" und „Conseils évangéliques", Bd. 2, Paris 1953, Sp. 1583–1592 und 1592–1609, sind noch vollständig in der, in der ersten Hälfte des 20. Jahrhunderts gängigen, neuscholastischen Perspektive geschrieben worden.

Doch die Heilige Schrift kennt zahlreiche weitere Nuancen dessen, was mit dem „spiritus consilii" gemeint ist. Zumal das für die Welt grundlegende Verhältnis zwischen Gott und Mensch versteht die alttestamentliche Weisheit als Beratungsverhältnis: Gott hat den Menschen erschaffen und ihn „in manu consilii sui" belassen (Sir 15,13–16). Ein Mann des Rates wird im übrigen also nicht seinen Verstand verlieren (Sir 32,22: „vir consilii non disperiet intellegentia"). Auch weiß er, dass sein Herz, das um Rat nachsucht, im Leben von unvergleichlichem Wert ist (Sir 37,17: „et cor boni consilii statue non est enim tibi aliud pluris illo"). Der Autor des Hebräerbriefes schließlich greift implizit auf Sir 15 zurück, wenn er angesichts der Person Jesu Christi die Unveränderlichkeit des göttlichen (Heils-)Ratschlusses bekräftigt (Hbr 6,17: „in quo [*sc.* Christo] abundantius volens Deus ostendere pollicitationis heredibus inmobilitatem consilii sui interposuit iusiurandum").

Paulus, der erste christliche Theologe, richtet seinerseits ein von den Kirchenvätern (z. B. Ambrosius, Augustinus) und im Mittelalter (z. B. Liutprand von Cremona, Ps.-Augustinus Belgicus, Bonaventura) weithin beachtetes theologisches Prinzip an die Adresse der Korinther: Gott selbst wird das im Dunkeln Verborgene erleuchten und die Überlegungen des Herzens („consilia cordium") an den Tag bringen.[20]

Schließlich bringt es Augustinus auf den Punkt: Ein Leben gemäß dem Evangelium ist schlechterdings unmöglich, ohne den Geist empfangen zu haben, der ein solches evangelisches Leben prägen soll.[21] Nur ein charismatischer, d. h. ein von Gott mit dem göttlichen Geist begabter Mensch kann überhaupt evangeliumsgemäß leben. Biblisch-patristisch gesehen, steht also die Gabe im Zentrum, nicht der Charismatiker. Der mit dem Geist Begabte dient seinem Charisma; er erfreut sich also insoweit geschichtlicher Aufmerksamkeit, als er nicht den Blick verstellt auf den Urheber seines Charismas.

2.2

Das Wort vom „consilium unicum" lenkt den Blick auf einen weiteren, spezifisch mittelalterlichen Aspekt der Pneumatologie: die Einzigartigkeit und die Einheit des Glaubens. Das *Speculum virginum* bringt es treffend auf den Punkt: „Wer sein Herz nicht auf den Rat zur Einheit ausrichtet, der richtet sich auf nichts hin aus."[22] Christus selbst ist natürlich mit sich und dem Vater eins, da er

---

20 *itaque nolite ante tempus iudicare quoadusque veniat Dominus qui et inluminabit abscondita tenebrarum et manifestabit consilia cordium et tunc laus erit unicuique a Deo* (1 Cor 4,5).

21 Augustinus, Epistulae, 194, 4, S. 189,23: *sicut ergo nemo recte sapit, recte intellegit, recte consilio ac fortitudine praeualet, nemo scienter pius est uel pie sciens, nemo timore casto deum timet, nisi acceperit spiritum sapientiae et intellectus, consilii et fortitudinis, scientiae et pietatis et timoris dei, nec habet quisquam uirtutem ueram, caritatem sinceram, continentiam religiosam nisi per spiritum uirtutis et caritatis et continentiae, ita sine spiritu fidei non est recte quispiam crediturus nec sine spiritu orationis salubriter oraturus.*

22 Speculum, 11, 287: *Inde unitatum omnium complexio rogat ad patrem pro nobis: 'Vt sint, inquit, unum sicut et nos unum sumus' [Ioh 17,11]. Quid longius de eo, quod sit unicus spiritus consilii, procedimus? Qui consilio unitatis corda sua non admittunt, ad nihilum tendunt.*

„unicum pietatis fundamentum" (Anselm von Laon, *In Mattheum*) und „illud unicum sacramentum Verbi" (Petrus Damiani, *Sermones*) ist.

Die Kirchenväter interpretierten das Wort Jesu durchweg als „praeceptum" oder als „mandatum evangelicum", bisweilen findet sich auch die Formulierung vom „exemplum evangelicum". Von der Deutung der Lehre Jesu als Anweisung oder Anordnung ist es nur ein kleiner Schritt dahin, sie für den alltäglichen Gebrauch als Maßstab und Richtschnur zu betrachten. Dementsprechend erwähnen die Väter auch relativ früh die „evangelica disciplina" bzw. die apostolische Überlieferung, die einzuhalten und zu bewahren sind.[23] Das *Decretum Gratiani* wird infolgedessen noch im 12. Jahrhundert zwischen „praecepta" und „consilia" unterscheiden.

Ein anonymer karolingischer Kommentar zum Lukasevangelium drückt die weiteren theologischen Zusammenhänge aus: „Warum wird das ‚consilium dei' Taufe genannt? Weil Abraham den Geist, den Rat hatte. Dieser wird als das Zentrum des Glaubens verstanden, und in der Taufe entsteht in jedem Gläubigen die ‚fides' durch den Geist des Rates."[24] Nach biblisch-patristischer Auffassung ist die Gabe des Geistes bedingt durch die Kirche und ihre Sakramente, allen voran die Taufe. Diejenigen, die durch das Band des Glaubens, der „fides", mit Christus verbunden sind, werden auch seines Geistes teilhaftig. Nach dem karolingisch-frühmittelalterlichen Neubeginn der Kirche und der Theologie wird dieser institutionelle Aspekt charismatischer Begabung nicht mehr übersehen werden.

Während die Kirchenväter bevorzugt vom „sermo evangelicus" oder von der „evangelica perfectio" sprechen, äußern sich mit dem Benediktiner Rupert von Deutz (z. B. *Vita s. Heriberti*) und dem Prämonstratenser Philipp von Harvengt (*De institutione clericorum*) erstmals Autoren des 12. Jahrhunderts in bezug auf das „consilium evangelicum", das zu beherzigen allen Getauften gleichermaßen aufgetragen ist. Auch Guibert von Nogent, Bernhard von Clairvaux und später Margerete Porete und Petrus Johannis Olivi entfalten unter diesem Leitbegriff ihre Theologie des Geistes, die sich an die gesamte Christenheit und an jeden Einzelnen richtet. Wer die Weisung des Evangeliums für sich als autoritativ und maßgeblich rezipiert, gehört einerseits zur Kirche und hat folglich, andererseits, den „spiritus consilii" empfangen.

Nur als komplementäre, vielleicht sogar als sekundäre Entwicklung dürfte die Konzeption der drei „consilia evangelica" zu betrachten sein, welche ab dem 13. Jahrhundert in besonderer Weise die mittelalterlichen Formen der „vita religiosa" theologisch fundiert (z. B. Bonaventura, *Breviloquium*, 5, 9 und Petrus Johannis Olivi, *passim*). Theologische Lehre und religiose Praxis führen im wei-

---

23 Siehe beispielsweise Cyprianus, Epistolae, 4, 1, 2 und 43, 3, 2.

24 Anonymus, Commentarium, 7, 200: *Cur consilium dei baptismum dicitur? quia abraham spiritum, consilium, habuit et caput fidei intellegitur, et in baptismo unicuique credenti fides nascitur per spiritum consilii. Quia consiliator homini uana derelinquere idola et dominum trinum ac unum credere et confiteri ac diligere.*

teren Verlauf des Mittelalters zum Institut der Evangelischen Räte in Gestalt der vielen Formen der „vita religiosa". Kam es darüber zu einer Art „Geistvergessenheit"? Wenn man die Stellungnahmen des hl. Thomas von Aquin zu dieser Problematik betrachtet, könnte sich dieser Eindruck schon aufdrängen. Denn er unterstreicht massiv den Anteil der Wahl an der Entscheidung in bezug auf die willentliche Ausrichtung gemäß den „consilia evangelica". Das Moment der Wahlentscheidung öffnet die Möglichkeit, dem „spiritus consilii" eine mehr oder weniger bedeutende Funktion zuzugestehen.

3. Einzigartiger Ausblick

Damit das mittelalterliche „consilium unicum" halten konnte, was es versprach, musste sein Referenzpunkt einzigartig sein. Die eingehende Interpretation der bekannten Belegstellen dürfte diese Bedingung als gegeben erwiesen haben. Einzigartig ist nämlich nicht allein der Geist selbst, sondern auch der Geistesrat, der nicht das Einzelne sucht: Er will auf die ganze Welt ausgreifen. Das „consilium unicum" wird für denjenigen erreichbar, der die „gratia regenerationis" der Taufe vollständig für sich ausschöpft.

Eine bloß ethisch orientierte Interpretation der antik-mittelalterlichen Vorstellungen von den evangelischen Räten[25] und damit der „vita religiosa", die sich vor allem auf die paulinische Charismenlehre stützt (vgl. beispielsweise Rm 12,6–8; Eph 4,7 und 11; 1 Pt 4,9–11), verfehlt den dynamischen Charakter des „consilium unicum", ja überhaupt des „spiritus consilii", welche sich im übrigen auf den Propheten Isaia zurückbeziehen, und seine geschichtlichen Auswirkungen.

Hugo von Sankt Viktor, einer der bedeutendsten Gelehrten des 12. Jahrhunderts und Regularkanoniker der Pariser Abtei Sankt Viktor, findet in seinem Werk *De arrha animae* den glücklichen Ausdruck für die Bewegung des Geistes und des Herzens, welche jede geistvolle Weisung initiieren möchte:

> Seele, du willst keine einsame Liebe haben, noch eine feilgebotene.
> Du verlangst nach dem Einzigen, verlange ebenso nach dem einzig Erwählten.
> Du weißt, dass die Liebe ein Feuer ist, und dass das Feuer nach Zündstoff verlangt, damit es brennt.
> Doch nimm dich in acht, damit du nichts hineinwirfst, was eher Qualm oder Gestank verursacht.[26]

Die christliche Überzeugung vom allgemeinen göttlichen Heilswillen bedeutet in ihrer geschichtlichen Wirklichkeit, dass sich der Mensch natürlich immer als der Adressat göttlicher Manifestationen versteht, wer auch sonst. Das „consilium unicum" hat seinen Ort in der abendländischen Religionsgeschichte, welche das

---

25 Siehe dazu Kersting, Rat.

26 Hugo, *De arrha*, Sp. 954B: *Non vis habere anima amorem solitarium, noli tamen habere prostitutum. Quaeris unicum, quaere et unice electum. Scis quod amor ignis est, et ignis quidem fomentum quaerit ut ardeat. Sed cave ne id injicias, quod fumum potius aut fetorem ministrat.*

Spektrum authentischer Glaubenszeugnisse untersucht: Es bezeugt die für den religiosen Aufbruch des 12. Jahrhunderts so charakteristische Öffnung und Dynamik.

Bibliographie

Andenna, G./Breitenstein, M./Melville, G. (Hg.), *Charisma und religiöse Gemeinschaften im Mittelalter.* Akten des 3. Internationalen Kongresses des „Italienisch-Deutschen Zentrums für Vergleichende Ordensgeschichte" [...], Dresden, 10.–12. Juni 2004 (Vita regularis. Abhandlungen 26), Münster 2005.

Anonymus, *Commentarium in Lucam*, ed. J.F. Kelly (Corpus Christianorum. Series latina 108C), Turnhout 1974.

Arnold, J./Berndt, R./Stammberger, R.M.W. (Hg.), *Väter der Kirche. Ekklesiales Denken von den Anfängen bis in die Neuzeit*, Paderborn 2004.

Augustinus Hipponensis, *Epistolae*, ed. A. Goldbacher (CSEL 57), Wien 1898.

Berndt, R., Die *structura ecclesiae* im Widerschein der Heiligen Schrift. Streiflicht über das ekklesiale Denken des Mittelalters, in: R.M.W. Stammberger/C. Sticher (Hg.), *„Das Haus Gottes, das seid ihr selbst". Mittelalterliches und barockes Kirchenverständnis im Spiegel der Kirchweihe* (Erudiri Sapientia 6), Berlin 2007, S. 33–70.

Cyprianus Carthaginensis, *Epistularium*, ed. G.F. Diercks (Corpus Christianorum. Series latina 3C), Turnhout 1996.

Godefridus Admontensis, *Homiliae festivales* (PL 174), Paris 1854.

Gregorius Magnus, *Moralia in Iob*, ed. M. Adriaen (Corpus Christianorum. Series latina 143, 143A, 143B), Turnhout 1979–1981.

Horst, U., *Die Gaben des Heiligen Geistes nach Thomas von Aquin*, Berlin 2001.

Hugo de Sancto Victore, *De arrha animae* (PL 176), Paris 1854, Sp. 951–970.

Iohannes Sarisberiensis, *Metalogicon*, ed. J.B. Hall (Corpus Christianorum. Continuatio Mediaeualis 98), Turnhout 1991.

Kersting, W., Rat, in: *Historisches Wörterbuch der Philosophie* 8, Darmstadt 1992, Sp. 29–37.

Paschasius Radbertus, *Expositio in Matheo Libri XII*, ed. B. Paulus (Corpus Christianorum. Continuatio Mediaeualis 56), Turnhout 1984.

Sæbø, M., *Hebrew Bible – Old Testament. The History of Its Interpretation*, Band 1, Göttingen 1996, 2000.

Speculum virginum, ed. J. Seyfarth (Corpus Christianorum. Continuatio Mediaeualis 5), Turnhout 1990.

Theodericus Epternacensis, *Vita sanctae Hildegardis*, ed. M. Klaes (Corpus Christianorum. Continuatio Mediaeualis 126), Turnhout 1993.

Tischler, M.M., *Die Bibel der Abtei Saint-Victor zu Paris.* Habilitationsschrift vorgelegt der Phil. Fakultät der TU Dresden 2008 (Corpus Victorinum. Instrumenta), Münster/Westf. (in Druckvorbereitung).

HANS-JOACHIM SCHMIDT (Freiburg/Schweiz)

Klosterleben ohne Legitimität

Kritik und Verurteilung im Mittelalter

I

Mönche waren während des Mittelalters Spott ausgesetzt: *Vulpe creant fratres tetradem tucium socia tres* (Zusammen mit dem Fuchs bilden drei Mönche eine Viererzahl von Spitzbuben). – *Judio per la mercadura, e frade per la hypocesia* (Der Jude für den Handel und der Mönch für die Heuchelei). – *Qui de moine fait son compere, le cul de sa femme le compeire* (Wer einen Mönch zu seinem Kumpan macht, bezahlt es mit dem Unterleib seiner Frau).[1]

Die Reihe der hier zitierten mittelalterlichen Sprichwörter, die Hohn, Verspottung, Ablehnung bis hin zu ordinärer Schmähung kundtaten, ließe sich leicht fortsetzen. Die Sprichwörter sind Ausdruck eines laikalen Misstrauens gegenüber Priestern und stärker noch gegenüber Mönchen. Sie zogen Invektiven auf sich, weil ihr exklusiver Status, ihre Distanzierung von der „Welt", ihr hoher Anspruch und ihr Streben nach geistlicher Vollkommenheit harsche Kritik provozierten, wenn Ideal und Verwirklichung auseinanderklafften. Mehr noch, die dem geistlichen Anspruch auf *perfectio* innewohnende Ablehnung der Notwendigkeiten und Bedürfnisse der Laien rief Gegenbewegungen hervor, die das eigene Selbstverständnis im Kontrast zu einem als unberechtigten Vorrang herausstellten. Anspruch und Wirklichkeit gegenüberzustellen, entlastete offensichtlich die Laien von einer Kränkung, die sie empfinden mussten, wenn ihnen eine untergeordnete Position eingeräumt war. Die Geistlichen und die Mönche umgaben sich mit der Aura einer Vortrefflichkeit, die – so empfanden es offensichtlich einige – nicht berechtigt war. Die funktionale Dreiteilung der Gesellschaft in Betende, Kämpfende und Arbeitende, seit dem 11. Jahrhundert wirkmächtig geworden, verschaffte den Betenden eine Vorrangstellung, die nicht unwidersprochen hingenommen wurde.[2]

---

1 Walther, Proverbia sententiaeque latinitatis medii aevi, Nr. 34216; Nunez/Leon, Refranes o proverbios en castellan, S. 222; Morawski, Proverbes français antérieurs; TPMA 8, S. 224–230, 9, S. 49.

2 Le Goff, Bemerkungen zur dreigeteilten Gesellschaft; Duby, Les trois ordres; Oexle, Tria genera hominum.

Die Rechtfertigung der *vita religiosa,* die in der Lage sei, einen privilegierten Zugang zum ewigen Heil zu verschaffen, war in vielen Texten niedergelegt, die Mönche verfassten. Sie beruhte auf einer durchaus polemischen Distanzierung vom außerklösterlichen Lebensbereich. Unter dem Motto *Exite de Babylone* stellte Bernhard von Claivaux den schroffen Gegensatz zwischen den in den Fängen irdischer Geschäfte verhafteten Bürgern der Städte und den sich der Anbetung Gottes widmenden Mönchen heraus.[3] Die Beispiele einer genuin mönchischen Weltverachtung ließen sich leicht vermehren, die auch im späten Mittelalter nicht endete und in der Aufforderung gipfelte, die als „Kerker" apostrophierte laikale Existenz, in den Pflichten von Familie, Wirtschaft und Politik eingebunden, zu verlassen und Zuflucht abseits der „wölfischen" Nieder- und Zwietracht im abgelegenen Kloster zu suchen.[4]

Viele Laien antworteten auf die ihnen entgegen gebrachte Verachtung mit harscher Kritik am Mönchtum. Der hehre Anspruch von Mönchen wurde delegitimiert, indem auf Abweichungen vom Ideal und auf Verfehlungen in der Lebensführung hingewiesen wurde. Die Weltgeistlichen, mit dem Vorwurf konfrontiert, außerhalb geschützter Klöster zu leben und den Verstrickungen des bunten Lebens in den Städten anheim zu fallen, scheuten sich ebenfalls nicht, die monastische Exklusivität anzugreifen. Die Kritik an den Mönchen entzündete sich meist an der Diskrepanz von Anspruch und Realität und mündete häufig darin, Reformen zu verlangten, denen sich zu unterwerfen die Mönche nicht zögern sollten, sofern sie ihre herausgehobene Stellung und ihren privilegierten Zugang zum Erwerb des Seelenheils nicht aufs Spiel setzen wollten.

Als der Kardinallegat Nikolaus von Kues im Oktober 1451 gegenüber den vier Bettelordenskonventen in der Stadt Trier einschneidende Reformen verlangte, suchte er auch die Mitwirkung der Stadtgemeinde zu erreichen, die als Kontrollinstanz eingesetzt werden sollte. Die Konvente wehrten sich dagegen. Sie und mit ihnen ihre Ordensleitungen brachten das Argument vor, dass bekanntlich die Laien, die keine Kenntnisse über die Gebote und Anforderungen der Orden hätten, an den kleinsten Verfehlungen der Mönche Anstoß nähmen und ihnen gegenüber feindlich eingestellt seien.[5] Als – so wie in vielen Landesherrschaften Deutschlands – die Landgrafen von Hessen Reformen gegenüber den Orden oktroyierten, war die Kritik am Klosterwesen zwar durch die Forderung nach Wiederherstellung der Regelbefolgung begründet, entbehrte gleichwohl nicht einer grundsätzlich skeptischen Einschätzung, die schließlich dazu führte, dass Landgraf Philipp I. kurz nach 1520 die Klöster gänzlich aufzuheben befahl und ihr Vermögen zugunsten von in seinen Augen nützlicheren Einrichtungen – der Universität, den Pfarreien und den Hospitälern – zur Verfügung stellte. Was als Reform im Herrschaftsbereich – dem *dominium* – begonnen hat-

3 Sancti Bernardi Opera, Bd. 4, S. 113.

4 So die Aussage im Prolog eines Regelkommentars des Paulinerordens aus dem endenden 15. Jahrhundert; Zentralbibliothek Solothurn, S 353, fol. 164v–165r.

5 Koch, Cusanus-Texte, Nr. 37.

te, endete mit der Zerstörung regularen Lebens. Interessant erscheint dabei die in beiden Fällen gleiche Argumentation: Die Mönche hätten ihre Ideale verraten, sie lebten auf Kosten ihrer christlichen Umwelt, sie raubten den den Armen zustehenden Anteil an den Almosen, sie seien ohne jeglichen Nutzen. Die Lösung bestand darin, die Leitung der Angelegenheit dem weltlichen Landesherrn zu übertragen. Eine eigenständige Entscheidung wurde den Mönchen nicht eingeräumt. Ihre Existenz war als grundlegend verderbt angesehen. Nur eine Reform – während der zweiten Hälfte des 15. Jahrhunderts – zunächst des regularen Lebens, dann – zu Beginn des folgenden Jahrhunderts – eine Reform im Sinne einer Aufhebung der Klöster war die rettende Maßnahme. Reform implizierte stets Kritik und Ablehnung, provozierte zugleich Veränderung, hatte aber nicht in jedem Fall Verbesserung und damit Weiterexistenz der bestehenden monastischen Einrichtungen zur Folge. Die Korrektur des Verderbten beanspruchten die laikalen Landesherren.[6]

Die Ablehnung von anscheinend oder scheinbar unhaltbaren Zuständen in den Klöstern war nicht auf die reformatorische Epoche beschränkt, und es waren nicht nur Laien, die sie vortrugen. Mönche selbst kritisierten die mangelnde Disziplin in Klöstern. Die Kritik sollte zur Besserung motivieren. Der Reformdiskurs durchzog die gesamte Epoche des Mönchtums und sie war stets mit der Ablehnung der jeweils aktuellen Lebensformen in den Klöstern verknüpft. Die Polemik entzündete sich an den vorgestellten „Missständen" und „Missbräuchen", die die Reformer abzustellen verlangten. Die Forderung nach *semper reformanda* bedeutete für die Klöster eine beständige Infragestellung. Der Kritik ausgesetzt zu sein, behinderte eine gesicherte Legitimität der Institution, die nicht vor Veränderungen gefeit war, verhinderte eine Gewissheit, das stets Richtige zu tun, und trieb zu Verbesserungen an, welche sich, da sie wiederum als ungenügend hingestellt werden konnten, zu neuen Veränderungen drängten. Gerade der Anspruch nach der *perfectio* in der Christusnachfolge stellte sich einem gesicherten Zustand entgegen.[7] Es waren nicht „Dekadenz", „Niedergang", „Verfehlung", welche den Motor der Reform und der Korrektur in Gang setzten und hielten, sondern das Ungenügen an dem Erreichten, das sich am Perfekten zu messen hatte und deswegen nie als abgeschlossen betrachtet werden konnte. Das Klosterwesen war daher trotz der Bindung an Tradition, trotz der langen Geltung von Normen, trotz des Anknüpfens an die Ursprünge durch häufigen Wechsel gekennzeichnet, der sich zwar als ein Versuch ausgab, die normsetzenden Ideale des Anfang wieder zu beleben und sich daher als *reformatio* bezeichnete, realiter aber Neuerungen den Weg bahnte.[8]

---

6 Schmidt, Die Landgrafen von Hessen und die Bettelorden; siehe auch: Koller, Princeps in ecclesia; Rankl, Das vorreformatorische landeskirchliche Kirchenregiment; Stievermann, Württembergische Klosterreformen; ders., Landesherrschaft und Klosterwesen; Elm, Reformbemühungen und Observanzbestrebungen.

7 Schreiner, Dauer, Niedergang und Erneuerung.

8 Elm, Reformbemühungen und Observanzbestrebungen.

Aber die Existenzberechtigung von Mönchen, Klöstern und Orden wurde durch den Innovations- und Reformdiskurs nicht bestritten. Die Kritik zielte auf Reform und Verbesserung, nicht auf Aufhebung und Vernichtung. Aber gab es auch eine grundsätzliche Ablehnung des Mönchtums im Mittelalter? Besaß die fundamentale Infragestellung der *vita religiosa*, wie sie durch Martin Luther programmatisch vorgestellt und durch die von ihm angestoßene Reformation praktisch verwirklicht wurde[9], Vorbilder? Die Frage soll hier anhand einiger Aussagen hoch- und spätmittelalterlicher Autoren erörtert werden, ohne dass ein umfassender Überblick über Antiklerikalismus und Klosterfeindschaft im Mittelalter geboten werden könnte.

Kritik an Mönchen und Klöstern konnte in mehrfacher Hinsicht geübt werden. Zum ersten ging es um eine Rhetorik der Verbesserung. Kritik war Impuls zur Reform. Diese Kritik war auch Bestandteil einer Rhetorik der Konkurrenz, in der den jeweils anderen Orden Verderbnis vorgeworfen wurde, welche erst durch das Auftreten des eigenen Ordens abgewendet würde. Drittens gab es die Rhetorik einer eliminatorischen Reform, bei der die Verbesserung der Christenheit durch zumindest eine Zurückdrängung oder gar Abschaffung monastischer Lebensformen erreicht werden sollte. Viertens gab es die Rhetorik häretischer Mönchskritik, bei der die Existenzberechtigung der *vita religiosa* grundsätzlich, weil biblisch nicht begründet und für die Christenheit unnütz, gar schädlich ausgegeben wurde. Der fünfte Aspekt, die Rhetorik literarischer Mönchskritik erscheint mir interessant, weil bei ihr aus dem Zentrum der Gesellschaft argumentiert wurde, zugleich aber zentrale Einrichtungen mittelalterlicher Gesellschaft angegriffen wurden, was indes mit dem Mittel fiktionaler Differenz und unter Verzicht eines Wahrheitsanspruch und einer Veränderungsintention vorgetragen werden konnte und sich so außerhalb sowohl einer reformatorischen als auch einer eliminatorischen Intention stellte, gleichwohl Themen und Argumente zur kritischen Wertung von Klöstern vorzustellen geeignet war und durch die angebotenen Motive und durch die inhaltlich offene Rezeption seitens der Leser kritische Einstellung transportieren konnte.

II

Zunächst soll die Klosterkritik skizziert werden, die aus der Reformrethorik erwuchs. Die Polemik, die der Zisterzienser Bernhard von Clairvaux gegen die religiose Praxis von Cluny und seiner Tochterklöster richtete, verlangte die Aufgabe von deren Lebensform, insbesondere den Verzicht auf die Arbeitsleistung abhängiger Bauern und erhob die Forderung, durch eigene Arbeit für seinen Lebensunterhalt zu sorgen.[10] Zunächst zielte die Polemik aber nicht auf eine Änderung der cluniazensischen Klöster insgesamt, vielmehr auf eine individuelle

9 Lohse, Mönchtum und Reformation; Stamm, Luthers Stellung zum Ordensleben.

10 Constable, The letters of Peter the Venerable, S. 86f.

conversio einzelner Mönche, die Bernhard zum Übertritt in zisterziensische Klöster aufforderte, wie umgekehrt er eine Abkehr aus diesen in einen cluniazensischen Konvent verurteilte.[11] Bernhard fasste seine Kritik an den Cluniazensern in seiner Schrift *Apologia* zusammen: Er warf ihnen den großen Luxus vor, den sie in Liturgie, Kirchenbau, Nahrung und Kleidung entfalteten. Er wandte sich dagegen, dass die Äbte auf Pferden ritten und sich der adligen Lebensweise anglichen. „Wie können", so fragte er in streitbarem Ton, „diejenigen die Regel einhalten, die in Pelze gekleidet sind, die, obwohl gesund, sich mit Fleisch und Fisch ernähren, [...] keine Handarbeit verrichten."[12] Die Kritik an den Mönchen, die Bernhard von Clairvaux formulierte, zielte aber nicht nur spezifisch auf einen Orden, suchte vielmehr eine *conversio* aller Mönche zu erreichen, damit sie die Demut zu einer inneren Einstellung machten und sich nicht mit der äußeren Befolgung von Geboten begnügten. Verlangt war Ehrlichkeit. Damit unvereinbar war die ostentative Zurschaustellung von Zerknirschung und Reue. Insbesondere kritisierte Bernhard, dass einige sich nicht scheuten, öffentlich Sünden zu bekennen und ihre Schuld übertrieben darstellten. Seelische Einstellung und rituelle Handlung müssten in authentischer Verbindung stehen. Dies aber würde in vielen Klöstern missachtet. Der Anspruch war hoch und er missbilligte einen rein äußerlichen Vollzug von Regeln und vor allem ein nach Beifall heischendes, theatralisch inszeniertes Schuldbekenntnis.[13]

Das Thema der Wahrheit des Gewissens und damit das der Falschheit vorgespiegelter Vollkommenheit war angestoßen. Das klösterliche Leben geriet seit dem 12. Jahrhundert in Rechtfertigungsnöte, insofern die institutionelle Verankerung und die Befolgung von Gelübden als nicht mehr ausreichend erachtet wurden, um die monastische Existenz zu würdigen, denn nun waren eine seelische Disposition und ein inneres Ringen verlangt, das nicht mehr allein in der Zugehörigkeit zum Kloster seinen Grund hatte, vielmehr als Voraussetzung zu diesem galt. Weil sich aber seelische Regungen der Beobachtung entzogen, bot sich der Behauptung, Mönche würden täuschen, ein weites Feld. Weil die Authentizität dem Individuum abverlangt war, konnte es sicht nicht mehr unter den Schirm einer Vollkommenheit garantierenden Institution stellen. Umgekehrt aber gefährdete individuelles Fehlverhalten die Vortrefflichkeit der Institution.

Ein etwas späterer Zeitgenosse Bernhards von Clairvaux, der Regularkanoniker Gerhoch von Reichersberg, warnte vor den Nachstellungen falscher Mönche, die – unter dem Deckmantel monastischer Lebensweise – nichts anderes als Heuchler seien, schlimmer noch: Adepten des Antichrist. In seiner um das Jahr 1167 verfassten Schrift, *De quarta vigilia noctis*, bestimmte Gerhoch vier

11 Sancti Bernardi Opera, Bd. 7, S. 9; Bredero, Das Verhältnis zwischen Zisterziensern und Cluniazensern.

12 Sancti Bernardi Apologia ad Guillelmum abbatem, in: Bernhard von Clarvaux, Sämtliche Werke, Bd. 2.

13 Bernhard von Clairvaux, Liber de gradibus humilitatis, in: Sancti Bernardi Opera, Bd. 3, S. 13–59.

Epochen der Verfolgungen: angefangen von der im antiken römischen Reich, über die der Gefährdungen durch Häresien während der Spätantike, zu der des Investiturstreites, dem er eine extreme Antinomie im Kampf zwischen Gut und Böse verlieh, zu seiner eigenen Zeit, in der der *antichristus avarus* die Menschen dazu antreibe, Reichtum und Macht zu erlangen und auch vor den Mauern der Klöster nicht haltmache, unter den Mönchen Anhänger gewinne, sie zu Machtstreben, Gier und Wollust anstachele. Gerhoch sah ähnlich wie Bernhard den Abfall vom Armutsgelübde als wichtigstes Kennzeichen der Verderbnis an. Anders aber als dieser unterlegte er der Dekadenz eine eschatologische Perspektive, so dass die vom Ideal abfallenden Mönche als Promotoren geschichtsnotwendiger Prozesse hingestellt wurden, deren Widerpart dann aber reformwillige Mönche seien. Der Niedergang der Klöster zog nach Gerhoch unumgänglich die Gegenbewegung nach sich. Dekadenz war Teil der Geschichte, die auf das Heil sich zubewegte. Gerhoch brachte mehr als nur Aufforderung zur Umkehr hervor, vielmehr vertraute er einem Optimismus, der die Besserung des monastischen Lebens als geschichtlich notwendig, nicht allein als wünschenswert hinstellte.[14]

Das Thema der heimlichen Verfehlung derer, die unter dem Deckmantel monastischer Vollkommenheit, das Wort Gottes verachteten, war im 12. Jahrhundert breit ausgeführt. Hildegard von Bingen warnte in einem ihrer Briefe, an den Klerus von Köln gerichtet, vor den falschen Predigern, die sich als Mönche gebärdeten. Anders aber als die beiden zuvor genannten Autoren, verurteilte sie die rigide Forderung nach klösterlicher Armut, die nur in hinterhältiger Weise dazu diene, neue Formen religiösen Lebens einzurichten und die älteren Gemeinschaften zu diskreditieren.[15]

III

Konflikte zwischen verschiedenen Protagonisten der *vita religiosa* fachten den Reformdiskurs an. Konkurrenz bediente sich der Abwertung des Bestehenden und der Forderung nach Besserung. Die Polemik sollte andere monastische Gruppen treffen, die Vortrefflichkeit der eigenen Lebensform herausstellen und einen Impuls zur Veränderung geben. Die Ausgestaltung der Reform und damit die Ablehnung älterer Formen des Mönchtums nährten die Streitigkeiten zwischen monastischen Gruppen. Sie wurden in besonders heftiger Weise geführt, als durch die Bettelorden ein neuer Typus des regularen Lebens entstand und die älteren Formen in die Defensive gerieten. Der Franziskaner Guibert von Tournai entfaltete am Ende des 13. Jahrhunderts in einer Zusammenstellung der *scandala ecclesiae* ein Panorama der Gebrechen der verschiedenen Orden,

14 Gerhohus Reichersbergensis praepositus, De quarta vigilia nocti.

15 Hildegard von Bingen, Epistolarium, S. 35–47; zur Armutsauffassung Hildegards siehe Haverkamp, Tenxwind von Andernach und Hildegard von Bingen.

indem er den jeweiligen Gemeinschaften spezifische Vergehen zuschrieb. Aber auch sein eigener Orden wie auch die der anderen Mendikanten wurden nicht verschont. Diesen sei Heuchelei eigentümlich; sie behaupteten arm zu sein, vernachlässigten aber eigene Arbeit und verließen sich lieber auf das Einsammeln von Almosen. Beißender ist aber seine Kritik an den anderen Orden. Den Benediktinern wirft er besonders schlimme Verfehlungen vor. Unter den insgesamt zwölf Missständen führt er unter anderem die Tyrannei der Äbte, den Ungehorsam der Mönche, die Unkeuschheit in den Klöstern, das Ansammeln von Reichtümern an. Die Kapuzenträger machten viel Lärm, um sich selbst hervorzutun; ihr Geschrei könne man noch auf den Gipfeln der Alpen vernehmen. Die Zisterzienser würden ungebührliche Neuerungen einführen; sie beuteten ihre Konversen aus; den Nachbarn ihrer Klöster raubten sie das Land. Die Frauenkonvente sah Guibert mit Nonnen bevölkert, die begehrlich ihre Blicke schweifen ließen, die viel lachten, die Reichtümer für ihre Konvente anhäuften. Die Vorwürfe waren konventionell, waren pädagogisch intendiert, zielten auf Verbesserung, bedeuteten keine Ablehnung der jeweiligen Lebensweisen, welche Guibert vielmehr als notwendig in der Kirche erachtete. Ähnlich den *sermones ad status,* die er verfasste, verurteilte er „Missstände", die er durch seine Texte und sein Wirken abzustellen hoffte.[16]

Es waren die Mönche selbst, die mit Vorwürfen an konkurrierende Gemeinschaften auf die Konflikte reagierten, die die Differenzierung der *vita religiosa* hervorrief. Die Vielzahl der Wege zur Vollkommenheit entfachte die Debatte über den rechten Weg. Nicht allein die Konkurrenz der Orden, sondern auch die Moraldidaxe, die die auf soziale Gruppen spezialisierten Verfehlungen brandmarkte, lieferten Stoff für Kritik an Zuständen in den Klöstern. Neben der Kontroverse um die beste Form der *vita religiosa* stand die moralische Deutung sozialer Gruppierungen. Waren im ersten Fall die Orden zur Deutung ihrer Existenzberechtigung herausgefordert, so im zweiten Fall zur Abstellung von Verfehlungen, in beiden Fällen aber zur Markierung ihrer Differenz in einem Spektrum vielfältiger Formen der *vita religiosa.* In keinem Fall aber war das Leben im Kloster selbst in Frage gestellt.

Heftiger urteilend und die Frage nach der Existenzberechtigung stellend war die Ablehnung, die aus Kreisen des Weltklerus und der Magister der Pariser Universität den Mendikanten entgegenschlug. Es kann hier nicht darum gehen, die gut erforschte Debatte nachzuzeichnen, die um die Mitte des 13. Jahrhunderts kulminierte. Sie entzündete sich auch seitens der Kritiker nicht an unterschiedlichen Konzepten der Reform, sondern entsprach deutlich erkennbar einem Wettbewerb, in der Kompetenz und Einkommen der Weltkleriker bedroht waren von Mönchen, die Magisterstellen an der Universität Paris anstrebten und die außerhalb des Klosters und parallel zu den Pfarrern Seelsorge unter

16 Guibert Tornacensis, Collectio de scandalis ecclesiae; Sermones ad status, Bibliothèque Nationale de Paris, ms. Lat. 14943, fol. 162^{r}–187^{r}; Ms. Lat. 1591, fol. 305^{v}–321^{v}; Schmidt, Allegorie und Empirie.

den Laien anboten.[17] Aber die Polemik befeuerte eine Debatte, die unter den Laien und den Weltklerikern geführt wurde und beförderte eine Entwertung der Lebensweise der Mendikanten, die – weil nicht im Arkanum des Klosters verbleibend – zum Objekt von Spott wurde, der sich nicht einmal mehr als reformerisch motiviert ausgeben musste, vielmehr die Mendikanten offen der Ablehnung anbot, insofern sie als überflüssig erschienen. Je höher deren Anspruch auf Vollkommenheit, desto schärfer formuliert war der Vorwurf der Heuchelei. Der Vorwurf richtete sich nicht gegen einzelne Angehörige der Bettelorden, sondern an die Gemeinschaften insgesamt. Die Auffassung des irischen Erzbischofs FitzRalph von Armagh am Ende des 13. Jahrhunderts, dass die Kirche Christi über 1100 Jahre ohne die Mendikanten in einem besseren Zustand bestanden habe[18], war begleitet von einem Strom von Pamphleten, die die Bettelordensbrüder als geldgierige, den Frauen nachstellende, sich in die weltlichen Geschäfte einmischende und überhebliche Mönche präsentierten, welche sich überdies auch nicht scheuten, die Öffentlichkeit zu suchen, Aufmerksamkeit zu erregen und wie Gaukler aufzutreten. Ihnen wurden die Verschlagenheit und die Falschheit von Füchsen nachgesagt, so wie dies in den Fabeln zu *le Renart* ausgeführt wurde.[19]

Rutebeuf hat in seinen Gedichten die Themen aufgegriffen und in satirischer Schärfe die Mendikanten als Verderber der Christen porträtiert. Wiederum als Füchse dargestellt, galten die Mendikanten als Heuchler, die Demut, Armut, Gehorsam vorgaukelten, in Wahrheit aber stets und ausschließlich ihren eigenen Vorteil, d. h. den materiellen Gewinn, im Auge behielten. Zu eng würden sie sich den Frauen anschließen. Sie seien bestrebt, die Kirche zu dominieren. Sie hielten sich nicht an Abmachungen und würden unerbittlich ihre Feinde, fromme Kleriker der Kirche, verfolgen. Guillaume de Saint-Amour, einer der vehementesten Mendikantenkritiker, wurde ausdrücklich als Opfer übler Nachrede der Dominikaner in einem der *dits* von Rutebeuf vorgestellt.[20]

Zielscheibe war die Lebensform der Bettelorden. In den folgenden Jahrzehnten wurde die Kritik angetrieben, wenn heftige politische Gegensätze Parteiungen unter den Ordensleuten bewirkten, so während des Kampfes zwischen Kaiser Ludwig dem Bayern und den Päpsten nach dem Jahre 1322. Petrus de Lutra, Prämonstratenser und ein vehementer Papstgegner, machte auch die Bettelordensbrüder zur Zielscheibe seiner Verurteilungen; er warf ihnen – mittlerweile ein Topos – eine zu enge Verbindung mit den Frauen vor, die sie unter dem Vorwand, ihnen die Beichte abzunehmen, dazu brächten, ihnen ihre

17 Dufeil, Guillaume de Saint-Amour; Zeyen, Die theologische Disputation, S. 150–156; Schleyer, Anfänge des Gallikanismus, S. 34ff., 78f., 125f.; Dawson, William of Saint-Amour; Marrone, The Ecclesiology of the Parisian Secular Masters, S. 63–119, 229; Miethke, Die Rolle der Bettelorden; Szytta, The Antifraternal Tradition in Medieval Literature.

18 Hannerich, The Beginning of the Strife, S. 57–64; vgl. Walsh, A Fourteenth Century Scholar and Primate, S. 352–403.

19 Sickert, Wenn Klosterbrüder zu Jahrmarktsbrüdern werden, S. 345–377.

20 Rutebeuf, Œuvres complètes, S. 137–146, 159, 169.

intimen Geheimnisse anzuvertrauen, deren Kenntnis die Brüder zu sexuellen Nachstellungen nutzen würden. Ruhelos schlichen sie um die Laien, suchten ihre Gunst zu gewinnen. Freilich, Petrus ging es nicht um eine Verwerfung der Mendikanten insgesamt, er verurteilte die *connexio quorundam religiosorum* mit den Frauen. Er unterschied zwischen guten und schlechten Ordensbrüdern. Es ging um die Abwertung derjenigen, denen er ihre Willfährigkeit gegenüber dem Papst zur Last legte.[21]

Auch ein Jahrhundert später stellte Poggio di Bracciolini die rechte Unterscheidung in Aussicht. Nicht allein die Mendikanten, alle Mönche standen nun unter Verdacht, unter dem Deckmantel angestrebter Vollkommenheit Verderben zu bewirken. Die Kritik an den Mönchen hielt an einer grundsätzlichen Billigung ihrer Lebensweise fest. Aber die breite Ausführung über die Verfehlungen und Verbrechen, über die Nutzlosigkeit und die Schädlichkeit erstickte die Möglichkeit einer positiven Würdigung. Sie war umso mehr in Frage gestellt, als, so die Auffassung von Bracciolini, eine Unterscheidung zu treffen schwierig sei und es fast unmöglich sei, gute Mönche anzutreffen. Bracciolini tadelte das Treiben der Mönche an den Herrscherhöfen, ihr Streben nach Einfluss und Macht, nach Reichtum und Geld, ihre Tätigkeiten an geistlichen und weltlichen Gerichtshöfen. Obwohl sie nicht arbeiteten, lebten sie im Überfluss. Meist nur aus äußerlichen Gründen, nicht aus einem religiösen Antrieb würden Männer Mönche. Der Eintritt in ein Kloster erfolge, um frühere Schändlichkeiten zu verdecken.[22]

IV

Die Übergänge von einer Reform der Klöster zu ihrer Abschaffung waren fließend. Zur selben Zeit wie Bracciolini – um das Jahr 1440 – sah auch der anonyme Autor der *Reformatio Sigismundi* die Orden als Brutstätten der Verderbnis. Die Kritik ist hier indes ins Grundsätzliche gewendet, ohne dass freilich explizit die Existenzberechtigung von Klöstern bestritten wird. Dennoch: die Verurteilung geht über eine Aufzählung moralischer Verfehlungen hinaus; es geht um mehr als um individuelle Missachtung der Ordensgelübde, also um mehr als um eine Abweichung von Wirklichkeit und Ideal, mehr auch als um die Herabminderung von einzelnen Institutionen. Die Klöster an sich werden als Gefahr für die gute Verfassung der Kirche hingestellt. Sie seien zu mächtig, sie würden Macht über alle anderen Geistlichen ausüben, ihr Gut sei den Pfarrkirchen entwendet worden, sie strebten nach Gold, sie schädigten die Laien, deren Erbe sie sich aneigneten, indem sie den Verstorbenen Begräbnisse an ihren Klöstern anböten und ihnen auf diese Weise ihr Geld entlockten. Niemand solle, so die Forderung der Schrift, die Position von Papst, Kardinal, Bischof oder sonst ein

21 Petrus de Lutra, Liga fratrum, S. 44–49.
22 Poggio, Opera omnia, S. 41, 67–73.

hohes geistliches Amt ausüben, der zuvor Mönch gewesen sei. Den Pfarrkirchen gebühre der Vorrang, denn sie seien es, die die sieben heiligen Sakramente spendeten. Es seien die Weltkleriker, die die Säulen der Christenheit bildeten, nicht die Klöster. Im Text wird die rhetorische Frage gestellt, wer den Mönchen glauben solle, dass ihnen vornehmlich Gott verheißen worden sei. Aus der radikalen Kritik folgt indes keine radikale Forderung. Als Ergebnis begnügt sich die Reformschrift damit zu empfehlen, dass jeder – auch der Mönch – bei seinem „Stand" bleiben solle, jedoch nicht ohne den polemischen, gegen die Mönche gerichteten Zusatz anzufügen, dass „kein stant den andernn beraubt." Die Abschaffung der Klöster wird nicht vorgeschlagen; aber den Mönchen wird eine exklusive Stellung vorenthalten, ihre Nützlichkeit für die Christenheit negiert, eine ekklesiologische Begründung ihrer Existenz vorenthalten. Was bleibt, ist lediglich eine rechtliche Garantie der Existenz, die mit der Fortführung des nun einmal Bestehenden begründet wird. Nur um Streit zu vermeiden, werden letztlich die Klöster geduldet. Aber ihre Zahl sei zu beschränken, die Aufnahme neuer Mönche einzugrenzen, die Seelsorge durch die Mendikanten abzuschaffen, ihnen keine Berechtigung zur Beichte und zum Begräbnis einzuräumen. Die Forderung nach Reform der Orden zielt nicht auf die Wiederbelebung angeblich verkümmerter Ideale, sondern auf die Einschränkung von deren Tätigkeit. Überdies untergräbt die Ablehnung des priesterlichen Zölibats, von dem anonymen Autor der Schrift als Ursache für sexuelle Perversionen vorgestellt, die Fundamente des klösterlichen Lebens.[23] Die Ablehnung der Klöster wurde übertroffen durch die dezidiert antiklerikale Ausrichtung der um das Jahr 1500 verfassten Schrift des sogenannten Oberrheinischen Revolutionärs, die in Gewaltexzessen die Vernichtung unwürdiger Priester ausbreitet und dem Mönchtum jedweden legitimen Grund entzieht.[24]

Beide Schriften überschreiten den ansonsten in den Reformschriften auch des späten Mittelalters eingehaltenen Rahmen der Verurteilung der Missstände und der Aufforderung zur Besserung. Beide Schriften stehen deswegen aber nicht außerhalb des während des späteren Mittelalters vorstellbaren und debattierbaren Inhaltes von Texten. Die *Gravamina* der deutschen Nation, in der zweiten Hälfte des 15. Jahrhundert verfasst, beklagen den Sonderstatus des klösterlichen Besitzes und die Weigerung der Klöster, den Obrigkeiten Unterstützung zu gewähren. Reformen von Klöstern wurden nur insofern angemahnt, als sie der laikalen Herrschaft verfügbar gemacht werden sollten.[25]

Auch in den Städten wurden *gravamina* gegen die Klöster vorgebracht, deren Besitz sich der städtischen Besteuerung entzog. Die Beschränkung des Eigentums von Klöstern, die die Städte durch die Amortisationsgesetze zu erreichen

23 Reformation Kaiser Sigismunds, S. 99f., 106–108, 116–120, 150–155, 160f., 176–178, 180–198, 202–214; Irsigler, Die „Kleinen" in der sogenannten Reformatio Sigismundi.

24 Oberrheinischer Revolutionär, Das Buch der hundert Kapitel; Struve, Oberrheinischer Revolutionär.

25 Deutsche Reichtstagsakten unter Kaiser Karl V., Bd. 2, Gotha 1896, S. 661–687.

versuchten[26], steigerte sich mitunter zu militanter Vernichtungsaktion, selbst im Kontext unwidersprochener Existenzberechtigung. Die Klöster wurden Opfer von Gewalttaten, von Enteignungen und von Plünderungen. Weil sie Ansammlungen von Ressourcen waren, aber effektiver Sanktionsinstrumente entbehrten, erweckten sie Begehrlichkeiten. Der Überfall auf das Kloster Einsiedeln durch die Leute der Talgemeinde Schwyz am 5. Januar 1314, die Verschleppung von deren Mönchen, die Wegführung des Besitzes und die Erwerbung von Ländereien des Klosters[27] war symptomatisch für die Geschichte des mittelalterlichen Mönchtums, begründeten aber keineswegs eine grundsätzliche Ablehnung mönchischer Existenz. Dennoch war der Boden bereitet, in einen Abschaffungsdiskurs des Mönchtums einzutreten, dem nicht mehr durch eine Reform zu helfen wäre.

V

Eine radikale Infragestellung kirchlicher Hierarchie war bekanntlich während des Mittelalters von häretischen Gruppen vorgetragen worden. Dabei vermischten sich die Reden über Reform und Abschaffung. Indes stand dabei die mönchische Existenz nicht allein zur Disposition. Vielmehr richtete sich die Kritik gegen die Exklusivität des geistlichen Standes als Vermittler des Heilsgeschehens und als Spender der Sakramente, deren Wirksamkeit teils in Gänze, teils für einige unter ihnen bestritten wurde.[28] Interessant in unserem Zusammenhang ist die aus der Negierung oder Abschwächung hierarchischer Heilsvermittlung resultierende Abwertung des Mönchtums, das damit nicht allein als Verfallserscheinung ursprünglich frischer Vorbildlichkeit, vielmehr als einer biblischen Rechtfertigung entbehrend vorgestellt wurde. Die Kritik verwarf die Tradition der Kirche und entzog dem Mönchtum die Legitimität. Allein weil Häresie sich heutigen wissenschaftlichen Kriterien entzieht, vielmehr der Definitionsmacht der mittelalterlichen Amtskirche unterliegt, wäre es müßig, ein kohärentes Bild von Klosterkritik von deutlich unterschiedenen, häretisch bezeichneten Gruppen entwerfen zu wollen.

Als Beispiel sei hier lediglich John Wyclif (gest. 1384) vorgestellt. In seiner Schrift *De ecclesia* geißelt er den Besitz von Klöstern, die diese entgegen der Anweisungen der Bibel ansammelten. Der nackte Jesus vererbe allein geistlichen Besitz, niemals weltlichen. Dieser sei zu verachten. Nun aber glichen die Mönche „perversen Krähen", die nach Futter außerhalb des Schiffes der Kirche suchen würden. Was einer weltlichen Gesellschaft erlaubt sei, nämlich Eigentum zu haben, sei einer Gesellschaft von Klerikern nicht gestattet. Die Schenkungen der Könige zugunsten der Klöster hätten den wahrhaft Bedürftigen Geld entzo-

26 Störmann, Die städtischen Gravamina.
27 Boeck, Einsiedeln.
28 Le Goff (Hg.), Hérésies et sociétés; Franz, Reformer als Ketzer.

gen. Die Schenkungen und Privilegien machten die Begünstigten zu Schuldnern, die Leistungen zu erbringen hätten. Dies aber verweigerten die Klöster. Deswegen sei es besser, zeitlich befristete Vergünstigungen an einzelne Personen zu gewähren und sie erfolgsabhängig zu bemessen. Damit war die Beständigkeit von religiösen Institutionen, von Klöstern gar, hinfällig. Gefährlich sei es, so Wyclif, wenn einzelne Kleriker die Laien zu beherrschen trachteten, gefährlicher noch, wenn dies organisierte Gruppen von ihnen täten und am schlimmsten, wenn dies durch Orden geschehe. Nicht nur, dass die Klöster keine Privilegien besitzen dürften, ihre Existenzberechtigung sei nicht gegeben, denn sie seien schädlich.[29] Wyclif argumentierte, so in seiner Schrift *De civili dominio*, dass es ausreichend sei, die Lehre Christi zu befolgen, so wie dies in der frühen Kirche geschehen sei; alle Gläubigen seien in gleicher Weise zur Vollkommenheit aufgerufen; das Leben in Klöstern sei hingegen nicht durch Gottes Anweisung vorgesehen.[30]

Die Argumente Wyclifs haben die Lollarden in England aufgegriffen. Die in einer Eingabe an das Parlament von 1395 formulierte Forderung, das geistliche Zölibat abzuschaffen, zielte auch auf die monastische Exklusivität.[31] Bereits während des englischen Aufstands von 1381, der sogenannten *Peasant's Revolt*, hat ihr Anführer in London, Wat Tyler, die Enteignung allen kirchlichen Besitzes und die Verteilung unter die Gemeindemitglieder verlangt, dabei ausschließlich die Sicherung des Lebensunterhaltes der Gemeindepriester und eines einzigen Bischofssitzes für ganz England ausgenommen. Für die Klöster hingegen hätte es keine Bestandsgarantie geben sollen.[32] Sowohl institutionelle Permanenz als auch geistliche Exklusivität, beides Kennzeichen der Klöster, wurden verworfen. Die Forderung nach Abschaffung der Klöster tat sich in Taten kund, als die Hussiten in Böhmen Machtpositionen erlangten. Klöster wurden zerstört, Mönche entführt, viele von ihnen zur Aufgabe ihrer Gelübde gedrängt oder dazu ermuntert, der Besitz beschlagnahmt, wohingegen die hierarchische Existenz der Diözesen nicht in Frage gestellt wurde und nicht einmal die apostolische Sukzession der Bischöfe abgebrochen werden sollte.[33]

VI

Es gab auch abseits häretischer Bestrebungen fundamentale Ablehnung der *vita religiosa*. Des Häresieverdachtes entzog sich eine solche Kritik, indem sie weder Anspruch auf Wahrheit noch auf Veränderung erhob. Ich bezeichne dieses

29 Wyclif, Tractatus de ecclesia, S. 148f., 190f., 215–219, 274–278, 378f.
30 Wyclif, De civili dominio, vol. 1, S. 118–125, vol. 3, S. 13–21, 77f.
31 Aston, Lollards and Reformers, S. 10–14; Enghen, Anticlericalism among the Lollards.
32 Anonimalle Chronicle, 1333 to 1381, S. 147; Eiden, „In der Knechtschaft werdet ihr verharren…", S. 258, 423f.
33 Kaminsky, A History of the Hussite Revolution; Smahel, Die Hussitische Revolution; Iwanczak, Katholiken und Hussiten in Böhmen.

Verfahren der Kritik als literarisch. Es ging dabei nicht um die Begründung erneuerter Formen christlicher Frömmigkeit, nicht um die Etablierung neuer Gemeinschaften, deswegen auch nicht um alternative Konzepte von Kirche. Es fehlte deswegen der militante Impetus, das Streben nach Verbesserung, die sich in der Realität der Kirche durchsetzen sollte. Weder Konkurrenz noch Verbesserungsrhetorik, weder spöttische Brandmarkung menschlicher Schwächen noch Abwendung von Gefahren motivierten eine Kritik, die eine grundsätzliche Ablehnung des Mönchtums vortrug, ohne aber zu Handlungen anzuspornen. Einer Etikettierung als häretisch entwichen insofern solche radikalen Ablehnungen, weil sie nicht Forderungen erhoben, keine alternativen Organisationen favorisierten, nicht Veränderungen anmahnten, keine dissidenten Gruppierungen schufen, wohl aber Texte hervorbrachten, denen wegen einer teilweise weiten Verbreitung durchaus Wirkung zugebilligt werden kann. Häretisch waren solche Texte vor allem deswegen nicht, weil sie ein fiktionales Operieren mit Argumenten und Themen vorstellten, für die kein Wahrheitsanspruch erhoben wurde, dafür ihnen aber umso größere Freiheit der Aussagemöglichkeiten offenstand. Sich den autoritativ geltenden Leitbildern zu entziehen, alternative Wertvorstellungen zu konzipieren, konnte in literarischen Genres gelingen, die hinter den Aussagen fiktionaler Figuren die Autorenintention unkenntlich machten, gleichwohl aber Sujets vorführten und Argumentationen durchspielten, die der Leser oder Zuhörer, weil ohne explizite Anleitung, sich selbst anzueignen hatte. Die mitunter komische Überzeichnung ist das Kennzeichen einer Lachkultur, die Autorität herausfordert, ohne sie anzugreifen, gleichwohl aggressiv Sujets präsentiert, die die Verlogenheit der Mönche, ihr Besitzstreben, ihre Herrschsucht, ihre Lüsternheit zur Schau stellen.

Am Ende des 12. Jahrhundert hat Nigel de Longchamps in seinem Werk *Speculum Stultorum*, einer Gesamtschau der Schwächen aller Menschen, die Mönche von seiner beißenden Kritik nicht ausgenommen. Die Angriffe auf deren Lebensweise erscheinen insofern abgemildert, als sie nicht mehr als andere Personengruppen Verurteilungen auf sich ziehen. Die Menschen in verschiedenen sozialen Milieus würden der Laster frönen. Dennoch ist der Anspruch der Mönche, durch ihre Lebensform sich von den Trivialitäten der übrigen Menschen abzuheben, sich als Adepten eines genuin heilsgemäßen Lebens vorzustellen und sich durch die Einschließung in ein exklusives Ambiente vor den Verführungen der Welt bewahren zu können, in nichts aufgelöst. In dem allgemeinen Panorama der Dummheiten, denen Nigel seinen Spiegel vorhält, findet sich auch der Mönch. Er repräsentiert sogar die Summe der Verderbtheiten. Sinnbild des tumben Mönches ist der Esel: Gefräßig und treuherzig, bettelt er um sein Auskommen. Dumm von Natur, kann er nur seinen Begierden frönen und sich von ihnen antreiben lassen. Die Befolgung der klösterlichen Regel vermag daran auch nichts zu ändern. So regiert unwiderstehlich die Natur, die den Menschen zu unsinnigen Handlungen anstiftet und somit auch die Mönche dem unumschränkten Regiment der Dummheit unterwirft, das in den Klöstern aber umso ungehemmter herrscht, als dort die Eitelkeit derer, die sich im Stand der Vollkommenheit wähnen, vor den Verfehlungen anfälliger macht. Jeder Orden habe ihm eigentümliche Verfehlungen. Dies gibt Gelegenheit, die Reihe der Gemeinschaften vorzuführen und ihnen Laster vorzuwerfen, die sie als Ansammlungen von eitlem und dem Spott preisgegebenem Tun bloßstellen. So wird den Clunianzensern vorgehalten, übermäßig viele Liturgien zu feiern, sinnentleerte Gebete und Gesänge anzustimmen und nicht zu arbeiten. Reichtümer sammelten sie gleichwohl an. Den Zisterziensern wird zwar Arbeitsfleiß attestiert, aber ihr Sinnen richte sich auf schöne Kleidung. Sie trügen keine Hosen, um ihre Geschlechtsteile offen zeigen zu können, stets bereit sie auch einzusetzen. Die satirische Wendung setzt schließlich ein, als der Esel Brunello einen neuen Orden erfindet, den der fiktive Erzähler als Quintessenz aller Orden ausgibt. Diesem Orden beizutreten, entbinde der komplizierten Erörterung, welcher der vielen Orden vortrefflicher sei. Aus jedem Orden entnehme man das Beste, was man finden könne: Von den Templern das Reiten auf prächtigen Pferden und den Hochmut. Den Grandmontensern entleihe man die Geschwätzigkeit, den Karthäusern die Erleichterung, nur einmal im Monat die Messe feiern zu müssen. Wie den Regularkanonikern solle es erlaubt sein, Fleisch zu essen, so könne dem neuen Orden der Übermut der Heuchelei erspart werden.[34] Die Apotheose des Mönchtums verwirklicht sich in einer Umkehrung der Werte. Der Realitätsgehalt der Aussagen ist irrelevant; worauf es ankommt, ist die komische Pointe, die die Mönche als lasterhafte, aber letztlich auch wieder gutmütig tumbe Gestalten erscheinen lässt, ohne dass damit eine Veränderungsabsicht durchschimmert, vielmehr das Vergnügen an der Bloßstellung menschlicher Fehler befriedigt wird. Die Umkehrung der Werte erscheint als Parodie, die ein Reformanliegen zur Steigerung der Verderbtheit ausgibt. Die parodistische Überzeichnung ist bar jeden Veränderungsbestrebens. Weil aber die Satire auch vor den Klostermauern nicht haltmacht, ist der exklusive Lebensbereich aufgebrochen, das Selbstverständnis der Orden lächerlich gemacht, das Reformanliegen, das in der Gründung eines fiktiven neuen Ordens liegt, *ad absurdum* geführt. Die Übereinstimmung von Ideal und Wirklichkeit ist gelungen; die Verheimlichung von Begierden ist überflüssig; Vollkommenheit wird erreicht. Von den Intentionen der Orden bleibt indes nichts übrig. Sie sind ins Gegenteil verkehrt und sind eben deswegen vollkommen. Indem Nigel das saturnalische Abdriften als Aufstieg vorführt, vermag er um so mehr die zeitgenössische Realität als verderbt zu entlarven.

Die Mönche waren seit dem 12. Jahrhundert bevorzugtes Objekt von Satiren. Die Fülle der Texte hier ausbreiten zu wollen, ist nicht beabsichtigt. Hingewiesen seien auf die Stereotypen, die auf die Mönche angewandt wurden. Es war vor allem die des Heuchlers. Der hohe Anspruch provozierte offensichtlich die Gegenüberstellung mit einer recht profanen Realität, in der die Mönche als gierig, gefräßig, lüstern, streitsüchtig und verschlagen vorgestellt werden. Es gab

34 Nigello di Longchamps, Speculum stultorum, S. 60–75, 124–151,168–173.

vereinzelt den Umschlag von Reformanliegen, etwa gegen simonistische Mönche bei Odo von Bayeux (gest. 1090), in Invektiven gegen die monastische Lebensweise, in der insgesamt, ohne Ausnahme die Abirrung von den ursprünglichen Idealen behauptet und eine Berechtigung des monastischen Lebens in seiner Gänze negiert wird. Ein anonymer Autor des 13. Jahrhunderts sieht eine Evolution, in der die Mönche ursprünglich Wasser tranken, nun sich aber an Wein berauschten, einst Brei und Hirse aßen, nun aber von edlen Speisen nicht genug bekommen könnten. Bescheidene Gaben – *pitancia* – würden sie erbitten, aber das Dreifache während bacchantischer Trinkgelage vertilgen.[35] Die auch ansonsten aggressiv vorgetragene Erzählung über einen Niedergang des Mönchtums war als notwendige Entwicklung vorgestellt, die dann auch keine differenzierte Abwägung und auch keine reformatorische Didaxe erkennen lässt. Was bleibt, ist eine generalisierende Abrechnung, die, als Satire eingekleidet, sich einem argumentativen Disput entzieht, auch keine Handlungsanweisungen bietet, aber gleichwohl dem Mönchtum seine Daseinsberechtigung entzieht.[36]

Die Satiren von Rutebeuf gegen die Mendikanten richteten sich auch gegen die Mönche anderer Orden. Sie demaskieren nicht allein die Dummheit, sondern die Bösartigkeit. In einigen seiner Gedichte steigert er seine Darstellung zur allgemeinen Verurteilung aller Ordensleute. Ausnahmen werden gar nicht erst in Erwägung gezogen: Die Mönche gäben vor, das Himmelreich den Laien feilbieten zu können; ohne Anstrengungen sei es möglich, das Seelenheil zu erlangen, sofern man nur den Klöstern spende. Die schönste Frau sei in den Augen der Mönche die heiligste.[37] Die satirische Verfremdung entbehrte gleichwohl nicht eines deutlichen Aktualitätsbezugs, den herzustellen indes dem Leser vorbehalten blieb, auch wenn ihm Interpretationshilfen mit an die Hand gegeben waren, die ihn auf die Kritik am Mönchsleben hinführen sollten.

Die Kritik, die Jean de Meung, der Fortsetzer des *Roman de la Rose*, einer der allegorischen Gestalten des Textes in den Mund legt, beschränkt sich keineswegs auf eine Kritik an den Mendikanten und sie geht auch über eine satirische Überspitzung der Verfehlungen von Mönchen hinaus. Es geht nicht darum, Abweichungen vom Ideal vorzuführen und die Diskrepanz zur Realität der Lächerlichkeit preiszugeben – ein übliches Stilmittel der spätmittelalterlichen Satiren – auch nicht darum, das beständige Ringen um monastische Vollkommenheit als eitles Streben abzutun, ganz im Gegenteil: Es ist gerade die Befolgung der monastischen Gelübde, gerade die Übereinstimmung von angestrebtem Ideal und realem Tun was die vehemente Ablehnung hervorruft, weil die monastische Existenz von Grund auf als verfehlt, weil der menschlichen Natur zuwider laufend, vorgestellt wird. Die *Raison d'être* des Mönchtums wird als Irrtum, schlimmer noch als Perversion der humanen Anlagen und damit letztlich als Sünde wider die Natur verurteilt.

35 Meyer, Quondam fuit factus festus.
36 Schüppert, Kirchenkritik in der lateinischen Lyrik, S. 91–138.
37 Rutebeuf, Œuvres complètes, Bd. 1, S. 159, 169.

Die Ausführungen werden indes durch den Text selbst distanzierend vermittelt. Die Gestalt der *Vieille* trägt sie vor. Ausgestattet mit reicher Lebenserfahrung, verkündet sie in einer langen Passage dem fiktiven Ich-Erzähler Regeln des erfolgreichen Werbens um die Gunst der geliebten Frau. Die Verstellung und das Vorspiegeln von Gefühlen sind empfohlen. In diesem Zusammenhang beklagt sie sich über das Leben im Kloster, deren Insassen von dem Spiel der Liebe ausgeschlossen seien. Sie entbehrten der Freiheit. Wenn ein Mensch in ein Kloster eintrete, könne er nicht mehr nach eigener Entscheidung handeln. Er habe seine *franchise* verloren. Daraus folge Traurigkeit und Verzweiflung. Die Aussage hat, obwohl von einer die Heuchelei empfehlenden allegorischen Figur ausgesprochen, dennoch Gewicht, insofern sie die von Guillaume de Lorris, dem Autor des ersten Teils, verfasste Erörterung der Figur der *raison* aufgreift, die gleichfalls vor dem Eintritt in ein Kloster warnt, denn jeder verliere dabei seine Freiheit, mit der die Natur den Menschen ausgestattet habe. Nur jugendlicher Leichtsinn verführe die Menschen zur klösterlichen Lebensweise. Später, wenn man diesen Schritt bereue, sei er nicht mehr rückgängig zu machen. Sei es, man verharre bei seiner ursprünglichen Entscheidung, dann führe man ein Leben in seelischer Depression und breche oft in Tränen aus. Sei es, man fliehe aus dem Kloster und missachte die Gelübde und verfalle der Unehre. Guillaume de Lorris präsentiert aber einen Ausweg: Die göttliche Gnade könne bewirken, dass der Mönch oder die Nonne aufhöre, niedergeschlagen zu sein, und dass man sein Schicksal erdulde *par la vertu de patience*.[38] Die vermittelnde Lösung, die Guillaume vorsieht, verweist auf das Eingreifen Gottes, welcher die natürlich bedingte schlimme Folge einer Fehlentscheidung zu korrigieren vermag. Dies ändert aber nichts daran, dass die monastische Lebensform der Vernunft widerspricht.

Ohne vermittelnde Lösung bleibt die Ablehnung des Mönchslebens in dem von Jean de Meung verfassten Teil. Die Vernunft wird in der Rede der *Vieille* von der Natur abgeleitet, so wie umgekehrt sie ihr entsprechen muss. Vernunft ist abgeleitet und angebunden, entbehrt damit einer autonomen Existenz, die der Natur gegenüber zu treten vermag. Die Natur wirkt zwanghaft. Nutzlos sei es, sich ihr zu entziehen. Nicht einmal durch Gewalt könne dies gelingen, genausowenig wie durch Erziehung. Die *franchise* ist damit angebunden an den Automatismus natürlicher Antriebe, aus denen es kein Entrinnen gebe. Die Antriebe steuern den Menschen und leiten ihn an. Ein starker Impuls, der vorgestellt wird, ist die Sexualität. Wenn der Mensch sich enthalte, sie auszuleben, verfehle er seine Natur. Weil aber auch der Mönch, der Keuschheit gelobt habe, ihren Antrieben unterliege, verfalle er einer widernatürlichen Notlage; er leide an seiner Lebensweise; sein Körper werde gebrechlich; seine Seele werde von widerstrebenden Intentionen zerrissen. Was bleibt, ist die Hypokrisie, die die na-

38 Guillaume de Lorris/Jean de Meung, Le roman de la rose, Zeile 4435–4472, 13970–13982; Gunn, The Mirror of Love; Payen, La rose et l'utopie; Ott, Der Rosenroman; Strubel, Le Roman de la rose; Nykrog, L'amour et la rose.

türlichen Anlagen des Menschen verleugne und im Geheimen nach Erfüllung suche. Schlimmer noch: Sie bewirke düstere Gedanken. Um ihnen zu entfliehen, entwerfe der Mönch falsche Ideale. Aber auch durch sie gelinge es nicht, dass der Mönch, der sein Leben der Demut gewidmet hat, nicht von Versuchungen bedrängt werde. Die Verleugnung der Natur führe zu seelischer Not.[39]

Der *Amour* ist der Sohn der *Nature*, die beide als allegorische Figuren auftreten. *Amour* klagt seiner Mutter sein Leid. Beider Rede gewinnt größeres Gewicht als die der *Vieille,* die lediglich raffiniert ist und Kniffe verrät. Diesmal geht es um eine Beschreibung der anthropologischen Bestimmung. Die Aussagen werden ins Grundsätzliche gekehrt, ohne dass das Operieren mit fiktiven Gestalten, die Aussagen vorstellen, aufgegeben würde. Der ungestörte, durch keinen Wahrheitsanspruch geleitete Diskurs kann zur Geltung kommen. Die Sexualität des Menschen ist die Kraft, die dem Tod entgegengestellt wird. Abstinenz von der Sexualität sei Hochmut und ähnele der Verstellung, dem *Faux semblant*, dem Inbegriff der Heuchelei. Menschen, die in solcher Art lebten, sollte *Amour* aus seiner Gefolgschaft ausschließen. Die wahre Bestimmung des Menschen bestehe vielmehr darin, der Natur zu folgen, die von Gott selbst geschaffen und in ihrem Wirken eingesetzt worden sei. Die schlechten Gedanken solle *Amour* von sich weisen. In parodistischer Umkehr des Beichtsakraments nimmt die *Nature* es auf sich, den abirrenden, seine Natur verleugnenden, sich in Askese übenden Menschen *pardon* zu gewähren, sofern er nur seine Verfehlungen bekenne und Umkehr verspreche, um anschließend ihn ins Paradies zu führen. Die Werkzeuge – *outils* –, die Gott dem Menschen geschaffen habe, in diesem Fall seine Sexualorgane, müssten gebraucht werden. Nicht sexuell aktiv zu sein, hieße, das, was die Natur dem Menschen mitgegeben habe, ohne Verwendung zu lassen. Die fleischliche Vereinigung führe zur Freude, sie führe auch zur Erhaltung des Menschengeschlechts. Durch die Zeugung von Kindern werde dem Tod die Kontinuität der Generationen entgegengestellt. Wer sich diesen Geboten entziehe, solle, wiederum parodistisch die zeitgenössische Realität umdeutend, auf Erden exkommuniziert und in Ewigkeit verdammt werden.[40]

Das Gebot, sich wahrhaft als Mensch zu betätigen, schließt die Pflicht ein, sexuell aktiv zu sein. Dieses Gebot verletzten indes die Mönche und Nonnen. Jean de Meung lässt sowohl die Allegorie *Nature* als auch deren Berater und Sprachrohr, die Figur *Genius*, das Wort ergreifen. In einer wahren Apotheose der Sexualität, sieht er sie als Voraussetzung der Liebe an. Die so verstandene Liebe sei allen Menschen gegeben. Sich ihr zu entziehen, sei ein sündhaftes Tun. Sexualität bestimme das Verhalten auch der Tiere und erweise sich so als umfassende Kraftquelle der gesamten natürlichen Ordnung. Ihr unterstünden alle tätigen Lebewesen, der Mensch nicht ausgenommen. Die Analogie, drastisch in Beispielen vorgeführt, zwischen tierischer und menschlicher Sexualität erweckt

---

39 Guillaume de Lorris/Jean de Meung, Roman de la Rose, Zeile 14031–14042, 15943–15946, 19537ff.

40 Ebd., Zeile 19350–19358.

zwar den Eindruck eines von der Vernunft ungebändigten Antriebs. Aber er ist Teil einer vernünftigen, weil natürlichen Weltordnung. Der sexuelle Trieb wird gerechtfertigt; er treibe die Handlungen an, er führe zu guten Taten, er garantiere das Fortleben der Art. In einer wahrhaft zoologischen Semantik endet der Text in der Aufforderung, nicht müßig zu sein, emsig seiner Sexualität zu frönen, fleißig Nachkommen zu zeugen, das Leben nicht absterben zu lassen, die wimmelnde Vielfalt der Wesen zu vermehren. Jeder solle seinen Eltern nacheifern, die, wären sie enthaltsam geblieben, nicht neues Leben erzeugt hätten. Wer der sexuellen Lust nicht folge, sei von Sinnen. Die mönchische Askese wird als irrealistisch vorgeführt, indem die Rede der *Nature* in einem Gedankenexperiment die Frage stellt, was wäre, wenn die monastische Lebensform allgemein verbreitet wäre. Die Antwort wird gleich mitgegeben: Die Konsequenz wäre, dass die Menschen insgesamt verschwinden würden. Dies könne aber nicht der Wille Gottes sein. Das mönchische Gelübde der Enthaltsamkeit sei deswegen eine Missachtung von Gottes Geboten. Wenn es anders wäre, würden alle Menschen, die nicht im Kloster leben, verworfen sein. Dies sei aber nicht möglich, denn sonst hätte Gott ihnen die natürliche Gaben vorenthalten.[41] Die Legitimität der *vita religiosa* wird negiert, indem in einer hypothetischen Überlegung angenommen wird, dass deren angebliche Überlegenheit, ja Perfektion als Richtschnur aller Menschen gelten würde. Ausnahmen in der Lebensführung zuzulassen, wird nicht in Erwägung gezogen, genauso wenig wie eine Pluralität der Lebensentwürfe zu billigen. Die Uniformität der Anforderungen im Rosenroman entspringt paradoxerweise einem monastischen Anspruch auf Perfektion, die einzufordern auch dieser Text nicht unterlässt, sie aber einzig der Ablehnung der Askese reserviert, also ein Monopol des guten Lebens postuliert. Wenn es eine Perfektion in der Gottesnachfolge gäbe, wie sie die Mönche behaupten, müsste sie allen Menschen prinzipiell offenstehen. Dies wäre aber mit der Existenz der Menschen unvereinbar und widerspreche somit der göttlichen Schöpfung. Ergo könne die Perfektion nicht im Kloster verwirklicht werden, da dann die natürliche Bestimmung und die Kontinuität der Generationen vernichtet wären.

Die Darstellung der Liebe ist in Form eines Romans gestaltet, in dem allegorische Figuren auftreten, welche nacheinander in ihren Reden unterschiedliche Positionen vertreten, die logisch begründet sind und auf Vernunftgründen beruhen, so dass ein abschließendes Urteil im Roman nicht gefällt zu werden scheint, insbesondere da die Protagonisten nicht in direkter Rede und Gegenrede argumentierend auftreten, sondern zeitlich voneinander abgesetzt und linear präsentiert werden. Die am Ende des Textes vorgestellten Ansprachen von *Nature* und ihrem Berater *Genius* bleiben am Ende aber ohne Widerrede, sie sind nicht Ausgang eines Disputs, die Geltung ihrer Ausführungen scheint so zu obsiegen. Der Gegensatz von Liebe und Vernunft ist aufgehoben. Eine rationale Begründung für das monastische Gelübde der Keuschheit entfällt. Liebe ist

41 Ebd., Zeile 19565–19699.

an Sexualität angebunden, beide zu trennen führe zur Sterilität und damit zur Verleugnung von Gottes natürlicher Ordnung. Nicht die Mönche, sondern die Laien befolgten die Anweisungen Gottes. Die Mönche hingegen führten ein perverses Leben außerhalb einer geordneten und vernünftigen Regel. Nicht Tugend, sondern Laster kennzeichne ihr Handeln.

Die den fiktiven Gestalten in den Mund gelegten Reden entziehen sich einer Wahrheitsanalyse. Sie sind aber um nichts weniger bedeutsam, als sie dem Reden über die Berechtigung des mönchischen Lebens eine neue Wendung geben. Nicht die Verleugnung des Anspruchs, sondern die Erfüllung des Anspruchs führt zur Verdammnis der Mönche. Der *Roman de la rose* gehört zu den am meisten rezipierten literarischen Werken des Mittelalters. Viele hundert Handschriften zeugen von seiner Verbreitung.[42] Die Ethik der erotischen Liebe und die De-Legitimierung der mönchischen Enthaltsamkeit waren damit als Thema etabliert. Anders als in den höfischen Romanen wurde das Klosterleben direkt angegriffen. Geoffrey Chaucer hat durch die Übertragung des Rosenromans in die englische Sprache die Vorstellungen weiter verbreitet.[43] Damit war mehr als Schwank und *drôlerie*, mehr als satirische Übertreibung, mehr als die Erzählung über dumme und lüsterne Mönche, wie etwa in der Novellensammlung des Decamarone von Giovanni Boccaccio[44] vorgeführt. Diese Sujets zu behandeln, setzte sich über das gesamte späte Mittelalter fort und gewann durchaus Züge eines militanten Anti-Klerikalismus.[45] Aber die Befreiung des Lustprinzips und damit verbunden die Verurteilung der Askese hatten weiter reichende Folgen. Sie bestanden in dem Versuch, die Werte umzukehren, Erlösung nicht vom Triebverzicht abzuleiten, vielmehr das Heil in der Lust zu suchen. Die Aufforderung war in einen fiktiven Text gekleidet. Unterschiedliche Meinungen und Auffassungen wurden in ihm vorgestellt und begründet. Eine Schlussfolgerung wurde dem Leser nicht geboten, wohl aber Angebote des Verstehens und die Erweiterung des akzeptierten und erörterungswürdigen Sprechens. „Entmutigungsschwellen" – um hier eine Diktion von Niklas Luhmann zu verwenden[46], wurden überwunden.

Die Rhetorik der Erotik unterminierte die Askese. Die Entfesselung der Sexualität, ihre triebhafte Determinierung und ihre Anbindung an die natürliche Disposition der Menschen rissen Schranken des gesellschaftlich akzeptierten Sprechens ein, um sie als Verwirklichung humaner Existenz zu rechtfertigen. Die kultivierte Verfeinerung erotischer Anziehung war damit keineswegs ausgeschlossen, vielmehr verlangt. Ausgeschlossen war auch nicht eine soziale Funktion erotischer Liebe, insofern sie, auf sexuelle Erfüllung strebend, in familiäre und generative Folgen einmündete, die anthropologisch gerechtfertigt und ge-

---

42 Langlois, Les manuscrits du Roman de la Rose.
43 Chaucer, The Romaunt of the Rose.
44 Boccaccio, Decameron.
45 Enghen, Anticlericalism among the Lollards.
46 Luhmann, Liebe als Passion, S. 21.

sellschaftlich verlangt waren. Die Entwertung klösterlicher Ideale geschah außerhalb des theologischen und philosophischen Diskurses, verbarg sich in Fiktionalität und in spielerischen Arrangements. Aber der Text war vorhanden und bot sich dem Verstehen von vielen Lesern und Hörern an.

Der Diskurs war damit um eine Note angereichert, die dem ansonsten dominanten Sprechen über die Vortrefflichkeit monastischer Existenz einen Gegenentwurf präsentierte. Liebe als symbolischer Kommunikationsgegenstand war nicht neu. Er war in der höfischen Literatur seit dem 12. Jahrhundert etabliert.[47] Neu war hingegen die polemische Wendung gegen die Verleugnung von Liebe in den Klöstern. Weil Liebe mit Sexualität konnotiert wurde, war das Leben der Mönche verfehlt. Das Ideal ließ sich auch nicht durch einen Freundschaftdiskurs retten, wie er etwa im Werk des Zisterziensers Aelred von Rievaulx (gest. 1167) entwickelt worden war und dem monastischen Leben einen Hauch intensiver Intimität einflößte und es zugleich als bevorzugten Hort der Freundschaft vorstellte.[48] Genausowenig ließ sich die mit Sexualität aufgeladene Liebe in einen Freundschaftsdiskurs einbinden, der in der *amiticia* die Grundlage menschlicher Vergemeinschaftung annahm, wie dies Albertus Magnus in seinen beiden Ethikkommentaren vorgab.[49] Beiden Konzepten fehlte eine triebhafte Leidensfähigkeit und Leidensbereitschaft, die die Liebe zwischen Mann und Frau umgab und es fehlte ihnen die biologisch-generative Funktion, die zugleich eine soziale war. Es gab zwar ein plausibles Gegenkonzept, das durch Sublimierung rein geistige Intimität herstellen sollte, aber weil Liebe sich im Rosenroman nicht als *dilectio* und als *caritas* entsexualisiert und sterilisiert manifestierte, war jedes Entweichen von der kreatürlichen Triebhaftigkeit des Menschen als verderblich vorgestellt worden. Die Erotisierung der Liebe entzog den Mönchen die Existenzberechtigung. Dass damit auch eine emotionale Bindung der Menschen jenseits konkreter Kontakte und jenseits des familiären Nahbereiches und jenseits der erotischen Anziehung nicht in Erwägung gezogen wurde, ist offensichtlich. Liebe als umgreifendes, die Schranken sozialer Nahexistenzen transzendierendes Konzept wurde abgewertet. Damit entzog sich aber die Liebe, wie in der Predigt von *Genius* und *Nature* vorgestellt, keineswegs einer sozialen Funktion. Nur war diese auf das generative Verhalten bezogen und deswegen nützlich und vernunftgemäß. Das Leben im Kloster fiel aus dieser Rationalität heraus.

Das Charisma, das die Heilsbotschaft in Aussicht stellte, blieb intakt. Nur konnte sich nicht der Mönch im Besitz dieses Charisma wähnen. Im Gegenteil: Durch das Herausfallen aus der sozialen Ordnung stand er auch außerhalb der Ordnung der Natur und damit der Ordnung, die von Gott eingerichtet war.

---

47 Haug, Gottfrieds von Straßburg Tristan; ders., Die Entdeckung der personalen Liebe; ders., Die höfische Liebe.

48 Aelred von Rievaulx, Über die geistliche Freundschaft; McGuire, Friendship and Community, S. 296–338.

49 Albertus Magnus, Super Ethica, S. 327, 332, 632–636; ders., Ethica, S. 539–546, 636–638.

Letztlich entfiel jede privilegierte Mittlerposition zwischen Gott und den Menschen, damit auch jedes Charisma, das auf dieser Position beruhte. Charismatische Vorrangstellung war insoweit überflüssig, als nach den Aussagen allegorischer Figuren im Rosenroman allein die natürlich bedingte Disposition und damit die Normalität des alltäglichen Lebens genügte, um die menschliche Bestimmung zu verwirklichen und es keiner Ausnahmepersönlichkeit und vor allem keiner Ausnahmegruppe und auch keiner Ausnahmeinstitution bedurfte. Dass diese Deutung als Thema vorgestellt wurde, welches keine Billigung verlangte, keine Aufforderung zur Verhaltensänderung enthielt, keinen Wahrheitsanspruch kannte, änderte nichts an einer Wirkung auf ein Publikum, das sich sowohl an einer anti-monastischen Diatribe delektieren konnte als auch sein eigenes Selbstbewusstsein gegenüber einem monastischen Überlegenheitsanspruch stärken wollte. Eine Bresche war geschlagen, der *vita religiosa* die Legitimität zu entziehen.

Bibliographie

Aelred von Rievaulx, *Über die geistliche Freundschaft* (lateinisch-deutsch), ed. R. Haacke, Trier 1978.

Albertus Magnus, Ethica, in: A. Borgnet (Hg.), *Opera omnia* 7, Paris 1891, S. 539–546.

Albertus Magnus, Super Ethica, in: W. Kübel (Hg.), *Opera omnia* 14, Münster i. W. 1968/1987.

Anonimalle Chronicle, 1333 to 1381, ed. V.H. Galbraith, Manchester 1927.

Aston, M., *Lollards and Reformers. Images and Literacy in Late Medieval Religion*, London 1984.

Bernhard von Clairvaux, *Sämtliche Werke*, ed. G.B. Winkler, Innsbruck 1992.

[Bernhard von Clairvaux] Sancti Bernardi *Opera*, ed. J. Leclerq/H.M. Rochais, Rom 1957–1977.

Boccaccio, G., *Decameron*, Turin 1980.

Boeck, H., *Einsiedeln. Das Kloster und seine Geschichte*, Zürich/München 1989.

Bredero, A.H., Das Verhältnis zwischen Zisterziensern und Cluniazensern im 12. Jahrhundert: Mythos und Wirklichkeit, in: K. Elm/P. Joerissen (Hg.), *Die Zisterzienser. Ordensleben zwischen Ideal und Wirklichkeit*, Ergänzungsband, Köln 1982, S. 47–60.

Chaucer, G., *The Romaunt of the Rose* (The complete works of Geoffrey Chaucer 1), London 1899.

Constable, G. (Hg.), *The letters of Peter the Venerable*, 2 Bde., Cambridge (Mass.) 1967.

Dawson, J.D., William of Saint-Amour and the Apostolic Tradition, in: *Medieval Studies* 40 (1978), S. 223–238.

Duby, G., *Les trois ordres ou l'imaginaire du féodalisme*, Paris 1978.

Dufeil, M.M., *Guillaume de Saint-Amour et la polémique universitaire Parisienne 1250–1259*, Paris 1972.

Eiden, H., *„In der Knechtschaft werdet ihr verharren…" Ursachen und Verlauf des englischen Bauernaufstandes von 1381* (Trierer Historische Forschungen 32), Trier 1995.

Elm, K. (Hg.), *Reformbemühungen und Observanzbestrebungen im spätmittelalterlichen Ordenswesen* (Berliner Hist. Studien 14. Ordensstudien 6), Berlin 1989.

Enghen, J. van, Anticlericalism among the Lollards, in: A. Dikema/H.A. Oberman (Hg.), *Anticlericalism in late medieval and early modern Europe*, Leiden 1993, S. 53–64.

Franz, G. u. a. (Hg.), *Reformer als Ketzer. Heterodoxe Bewegungen von Vorreformatoren*, Stuttgart 2004.

Gerhohus Reichersbergensis praepositus, *De quarta vigilia nocti*, ed. E. Sackur (MGH Ldl 3), Hannover 1897.

Guibert Tornacensis, Collectio de scandalis ecclesiae, in: *Archivum Franciscanum Historicum* 24 (1931), S. 33–64.

Guillaume de Lorris/Jean de Meung, Le roman de la rose, ed. F. Lecoy, 3 vols. (Les classiques du français du moyen âge 92, 95, 98), Paris 1965–1985.

Gunn, A.G., *The Mirror of Love. A reinterpretation of the Roman of the Rose*, Lubbock 1952.

Hannerich, L.L., *The Beginning of the Strife between Richard FitzRalph and the Mendicants* (Det kgl. Danske Videnskabernes Selskab. Historisk-filologiske Meddelelsen 26/3), Kopenhagen 1938.

Haug, W., Die Entdeckung der personalen Liebe und der Beginn der fiktionalen Literatur, in: ders., *Brechungen auf dem Weg zur Individualität. Kleine Schriften zur Literatur des Mittelalters*, Tübingen 1995, S. 233–248.

Haug, W., *Die höfische Liebe im Horizont der erotischen Diskurse des Mittelalters und der Frühen Neuzeit* (Wolfgang Stammler-Gastprofessur 10), Berlin/New York 2004.

Haug, W., Gottfrieds von Straßburg Tristan. Sexueller Sündenfall oder erotische Utopie, in: A. Schöne (Hg.), *Kontroversen – alte und neue. Akten des 7. Intern. Germanisten-Kongresses Göttingen 1985*, Bd. 1, Tübingen 1986, S. 41–52.

Haverkamp, A., Tenxwind von Andernach und Hildegard von Bingen: Zwei Weltanschauungen in der Mitte des 12. Jahrhunderts, in: L. Fenske u. a (Hg.), *Institutionen, Kultur und Gesellschaft im Mittelalter. Festschrift für Josef Fleckenstein*, Sigmaringen 1984, S. 515–548.

Hildegard von Bingen, *Epistolarium* (Corpus christianorum. Continuatio mediaevalis 91), Turnhout 1991.

Irsigler, F., Die „Kleinen" in der sogenannten Reformatio Sigismundi, in: *Saeculum* 27 (1976), S. 145–164.

Iwanczak, W., Katholiken und Hussiten in Böhmen: Antagonismus im gemeinsamen Raum, in: G. Drossbach/H.-J. Schmidt (Hg.), *Zentrum und Netzwerk. Kirchliche Kommunikationen und Raumstrukturen im Mittelalter* (Scrinium Friburgense. Veröffentlichungen des Mediävistischen Instituts der Universität Freiburg Schweiz 22), Berlin/New York 2008, S. 359–378.

Kaminsky, H., *A History of the Hussite Revolution*, Berkeley/Los Angeles 1967.

Koch, J., *Cusanus-Texte*, Bd. 4: *Briefwechsel des Nikolaus von Cues. Erste Sammlung* (Sitzungsberichte der Heidelberger Akademie der Wissenschaften, Phil.-hist. Kl. 1942/43), Heidelberg 1955.

Koller, G., *Princeps in ecclesia. Untersuchungen zur Kirchenpolitik Herzog Albrechts V. von Österreich*, Wien 1964.

Langlois, E., *Les manuscrits du Roman de la Rose. Description et classement*, Lille 1910.

Le Goff, J. (Hg.), *Hérésies et sociétés dans l'Europe pré-industriele. Communications et débats du colloque de Royaumont* (Civilisations et sociétés 10), Paris/Den Haag 1968.

Le Goff, J., Bemerkungen zur dreigeteilten Gesellschaft. Monarchische Ideologie und wirtschaftliche Erneuerung in der Christenheit vom 9. bis zum 12. Jahrhundert, in: *Ideologie und Herrschaft im Mttelalter* (Wege der Forschung 550), Darmstadt 1982, S. 408–420.

Lohse, B., *Mönchtum und Reformation*, Göttingen 1963.

Luhmann, N., *Liebe als Passion*, Frankfurt a. M. 1982.

Marrone, J.T., *The Ecclesiology of the Parisian Secular Masters 1250–1320*, Diss. phil. Cornell University, Ithaca 1973.

McGuire, B., *Friendship and Community. The Monastic Experience 350–1250* (Cistercian Studies 95), Kalamazoo MI 1988.

Meyer, W., Quondam fuit factus festus. Ein Gedicht in Spottlatein, in: *Nachrichten von der Königlichen Gesellschaft der Wissenschaften zu Göttingen*, phil.-hist. Kl. 1908, S. 406–429.

Miethke, J., Die Rolle der Bettelorden im Umbruch der politischen Theorie an der Wende zum 14. Jahrhundert, in: K. Elm (Hg.), *Stellung und Wirksamkeit der Bettelorden in der städtischen Gesellschaft* (Berliner Historische Studien 3. Ordensstudien 2), Berlin 1981, S. 134–141.

Morawski, J. (Hg.), *Proverbes français antérieurs au 15e siècle*, Paris 1925.

Nigello di Longchamps, *Speculum stultorum*, ed. F. Albini, Genua 2003.

Nunez, H.,/Leon, L de., *Refranes o proverbios en castellano*, 4 Bde., Madrid 1804.

Nykrog, P., *L'amour et la rose. Le grand dessein de Jean de Meun* (Harvard Studies in Romance Languages 41), Harvard 1986.

[Oberrheinischer Revolutionär:] *Das Buch der hundert Kapitel und der vierzig Statuten des sogenannten Oberrheinischen Revolutionärs*, ed. A. Franke (Leipziger Übersetzungen und Abhandlungen zum Mittelalter A 4), Berlin 1967.

Oexle, O.G., Tria genera hominum. Zur Geschichte eines Deutungsschemas der sozialen Wirklichkeit in Antike und Mittelalter, in: L. Fenske u. a (Hg.), *Institutionen, Kultur und Gesellschaft im Mittelalter. Festschrift für Josef Fleckenstein*, Sigmaringen 1984, S. 483–500.

Ott, K.A., *Der Rosenroman*, Darmstadt 1980.

Payen, J.C., *La rose et l'utopie. Révolution sexuelle et communisme nostalgique chez Jean de Meung*, Paris 1976.

Petrus de Lutra, Liga fratrum, in: *Unbekannte kirchenpolitische Streitschriften aus der Zeit Ludwigs des Bayern (1327–1354), Analysen und Texte*, ed. R. Scholz, Teil 2: *Texte*, Rom 1914, S. 42–63.

Poggius Bracciolini, *Opera omnia*, ed. R. Fubini, Bd. 2, ND Turin 1966.

Rankl, H., *Das vorreformatorische landeskirchliche Kirchenregiment in Bayern (1378–1526)* (Miscellanea Bavarica Monacensia 24), München 1971.

Reformation Kaiser Sigismunds, ed. H. Koller (MGH. Staatsschriften des späteren Mittelalters 6), Stuttgart 1964.

Rutebeuf, *Œuvres complètes*, Bd. 1, Paris 1989.

Schleyer, K., *Anfänge des Gallikanismus im 13. Jahrhundert. Der Widerstand des französischen Klerus gegen die Privilegierung der Bettelorden* (Historische Studien 314), Berlin 1937.

Schmidt, H.-J., Allegorie und Empirie. Interpretation und Normierung sozialer Realität in Predigten des 13. Jahrhunderts, in: V. Mertens/H.-J. Schiewer (Hg.), *Die deutsche Predigt im Mittelalter*, Tübingen 1992, S. 301–332.

Schmidt, H.-J., Die Landgrafen von Hessen und die Bettelorden, in: D. Berg (Hg.), *Könige, Landesherren und Bettelorden. Konflikt und Kooperation in West- und Mitteleuropa bis zur frühen Neuzeit* (Saxonia Franciscana 10), Werl 1998, S. 127–152.

Schreiner, K., Dauer, Niedergang und Erneuerung klösterlicher Observanz im hoch- und spätmittelalterlichen Mönchtum. Krisen-, Reform- und Institutionalisierungsprobleme in der Sicht und Deutung betroffener Zeitgenossen, in: G. Melville (Hg.), *Institutionen und Geschichte. Theoretische Aspekte und mittelalterliche Befunde* (Norm und Struktur 1), Köln/Weimar/Wien 1992, S. 295–341.

Schüppert, H., *Kirchenkritik in der lateinischen Lyrik des 12. und 13. Jahrhunderts* (Medium Aevum. Philologische Studien 23), München 1972.

Sickert, R., *Wenn Klosterbrüder zu Jahrmarktsbrüdern werden. Studien zur Wahrnehmung der Franziskaner und Dominikaner im 13. Jahrhundert* (Vita regularis. Ordnungen und Deutungen religiosen Lebens im Mittelalter 28), Münster 2006.

TPMA: Singer, S. (Hg.), *Thesaurus proverbiorum medii aevi. Lexikon der Sprichwörter des romanisch-germanischen Mittelalters*, Berlin/New York 1999ff.

Smahel, F., *Die Hussitische Revolution* (MGH. Schriften 43), Hannover 2002.

Stamm, H.-M., *Luthers Stellung zum Ordensleben*, Wiesbaden 1980.

Stievermann, D., *Landesherrschaft und Klosterwesen im spätmittelalterlichen Württemberg*, Sigmaringen 1989.

Stievermann, D., Württembergische Klosterreformen des 15. Jahrhunderts. Ein bedeutendes landeskirchliches Strukturelement des Spätmittelalters und ein Kontinuitätsstrang zum ausgebildeten Landeskirchentum der Frühneuzeit., in: *Zeitschrift für württembergische Landesgeschichte* 44 (1984), S. 65–103.

Störmann, A., *Die städtischen Gravamina gegen den Klerus am Ausgang des Mittelalters und in der Reformationszeit*, Münster 1916.

Strubel, A., *Le Roman de la rose*, Paris 1984.

Struve, T., „Oberrheinischer Revolutionär", in: *Die deutsche Literatur des Mitttelalters. Verfasserlexikon*, 2. Aufl., Berlin 1989, Sp. 8–11.

Szytta, P.R., *The Antifraternal Tradition in Medieval Literature*, Princeton 1986.

Walsh, K., *A Fourteenth Century Scholar and Primate. Richard FitzRalph in Oxford, Avignon and Armagh*, Oxford 1981.

Walther, H., *Proverbia sententiaeque latinitatis medii aevi. Lateinische Sprichwörter und Sentenzen des Mittelalters in alphabetischer Anordung*, Göttingen 1963–1986.

Wyclif, Johannis, *De civili dominio*, ed. R.L. Poole/J. Loserth, London 1888–1904.

Wyclif, Johannis, *Tractatus de ecclesia*, ed. J. Loserth, London 1886.

Zeyen, R., *Die theologische Disputation des Johannes de Polliaco zur kirchlichen Verfassung* (Europäische Hochschulschriften 22/64), Frankfurt a. M./Bern/New York 1976.

KLAUS SCHREINER (München)

Das Ordenskleid als Gnadengabe

Charismatische Deutungen einer klösterlichen Institution

Kleider verhüllen und schützen den Körper. Als Mittel sozialer Selbstdarstellung geben sie Auskunft über die Selbsteinschätzung und gesellschaftliche Zugehörigkeit ihrer Träger. Gottfried Keller mag recht behalten: „Kleider machen Leute". Der Erzähler brachte auf eine griffige Formel, was im Sprachgebrauch von heute zu einer geflügelten Redewendung geworden ist. Eine vielzitierte Sentenz des Mittelalters lautete: „Das Kleid macht den Mann" (*Vestis facit virum*). Papst Innozenz III. formulierte an der Wende vom 12. zum 13. Jahrhundert den Rechtssatz: Nicht das Gewand, sondern die von der Regel gebotene Profess (*professio regularis*) machen den Mönch[1]. Für den Papst war die dem Ordensgewand zugeschriebenen Symbolik kein Gegenstand theologischen Nachdenkens. Was ihn interessierte, war nicht die identitätsstiftende Kraft klösterlicher Ordenstrachten, sondern die rechtskonstitutive Bedeutung des klösterlichen Gelübdes. Mönche dachten und fühlten anders. Da sie ihr Leben als engelgleiches Leben (*vita angelica*) begriffen, sollten Farbe und Form ihrer Gewandung zeichenhaft zum Ausdruck bringen, was Mönche mit Engeln gemeinsam haben[2].

Dies war nicht immer so. Auch die Ordensgewändern eingeschriebene Symbolik unterlag geschichtlichem Wandel. Der heilige Benedikt gebot in seiner Regel:

> Man gibt den Brüdern Kleider, die der Lage und dem Klima des Wohnorts entsprechen; denn in kalten Gegenden braucht man mehr, in warmen weniger... Über die Farbe oder den groben Stoff all dieser Sachen sollen sich die Brüder keine Sorgen machen; man nehme das, was in der betreffenden Gegend zu finden oder was billiger zu beschaffen ist (Regula Benedicti c. 55,1–7).

Ein entschiedener Wille zur Unterscheidung zwischen klösterlicher und weltlicher Kleidung ist in der Regel Benedikts nicht auszumachen. Mönche, die in den Anfängen des benediktinisch geprägten Mönchtums ihre gemeinsame Lebensführung so gestalteten, wie es die Regel Benedikts in ihren Denk- und Verhaltensformen vorgab, kleideten sich wie die Angehörigen bäuerlicher Niederschichten.

Der Verfasser der Magisterregel unterschied zwischen „weltlichen" und „heiligen Kleidern". Heiligkeit, so ist anzunehmen, verdankte der Mönchshabit sowohl einer besonderen Weihe als auch seinem Gebrauch in heiligen Handlun-

---

1 Vgl. dazu von Moos, Das mittelalterliche Kleid, S. 123.

2 Vgl. dazu Frank, Angelikos Bios; Schreiner, Mönchtum, S. 256f. und 261–263; Sonntag, Klosterleben im Spiegel des Zeichenhaften, S. 93–95.

gen. Verließ ein Mönch die klösterliche Gemeinschaft, sollten ihm die heiligen Kleider und das geheiligte Gewand wieder ausgezogen werden. In seinen eigenen Kleidern, in denen er gekommen war, sollte er das Kloster verlassen: denn das „Kleid Christi“ sollte nicht geraubt und von „dem Flüchtigen in der Welt nicht beschmutzt werden“ (Regula Magistri c. 90, 83–87). Wie jedoch das Kleid des „heiligen Standes“ aussehen sollte, ist aus der Magisterregel nicht zu erfahren.

Symbolisches Gepräge besaß der Klostereintritt, der als Kleiderwechsel inszeniert wurde. Das Ordensgewand anzulegen symbolisierte Standeswechsel. Dieser sollte zum Ausdruck bringen, dass der ins Kloster eintretende Novize die Welt und ihre Laster hinter sich ließ, um ein neues Leben zu beginnen. Klösterliche Quellen beschrieben den Eintritt ins Kloster als Wechsel der Kleidung (*habitum mutare*), den Klosteraustritt als Akt der Kleiderablage (*habitum deponere*). Der beim Verlassen des Klosters abgelegte Ordenshabit signalisierte Scheitern angesichts der asketischen Herausforderungen, die Mönche durch regelgebundene Lebensführung zu bewältigen hatten. Gab sich eine Mönchsgemeinschaft eine „neue Lebensordnung“ (*novum vivendi ordinem*), bekleidete sich diese mit einem neuen, ungewöhnlichen Gewand. Einen neuen Orden zu gründen, war gleichbedeutend mit dem Anlegen eines neuen Gewandes[3]. Im gleichförmigen Gewand einer geistlichen Gruppe zeigte sich die innere Gesinnung ihrer Träger. Eine von Mönchen getragene gemeinsame Tracht verdeutlichte nicht nur das Bewusstsein der Zusammengehörigkeit, sondern vergegenwärtigte überdies die Einheit zwischen sinnlicher und geistlicher Welt, zwischen äußerem und innerem Menschen, Erde und Himmel.

Als im hohen Mittelalter neue Denkweisen und neue Wahrnehmungsformen aufkamen, die dazu anhielten, sich über den Zeichen- und Symbolcharakter aller geschöpflichen Dinge Gedanken zu machen, nahm das Mönchsgewand den Charakter einer symbolträchtigen Repräsentationsform an. Als solche warf der Mönchshabit Fragen auf, die der Beantwortung bedurften. Im Farbempfinden einer symbolfreudigen Zeit verwies der weiße Ordenshabit auf das weiße Kleid der Engel; der schwarze Mönchshabit veranschaulichte Buße und Weltentsagung. Wer, wie die Mönche der Hirsauer Reform, ein schwarzes Gewand trug, wollte zeigen, dass er der Welt abgestorben sei und in der Nachfolge Christi seine sündhaften Begierden gekreuzigt habe[4].

Der zwischen 1120 und 1156 schreibende Verfasser der Petershauser Chronik fand symbolträchtige Entsprechungen zwischen dem sechsteiligen Gewand der Mönche und den sechs Flügeln der himmlischen Cherubime[5]. Otto von Freising erinnerte in der Mitte des 12. Jahrhunderts an Regularkanoniker, die,

3 Vgl. Schreiner, Mönchtum, S. 263; vgl. auch Lutterbach, Monachus factus est, Register S. 345: „Kleiderwechsel“.

4 Zur kontrovers geführten Debatte über die symbolische Bedeutung der Farbe des Mönchsgewandes vgl. Constable, The Ceremonies and Symbolism, S. 822–831.

5 Vgl. Schreiner, Mönchtum, S. 261.

um die verschiedenartige Leuchtkraft ihrer inneren Tugenden in eine sinnenhafte Form zu bringen, „sich äußerlich verschiedenfarbiger Gewänder" bedienten. Sie tragen, so Otto von Freising, ein fleckenloses linnenes Gewand, um „die Reinheit der Unschuld" anschaulich zu machen. Andere „Ordensangehörige", so fährt er fort, „kleiden sich zur Abtötung des Fleisches rauher in einer wollenen Kutte". Wieder andere, die „durch ihre Kleidung ihr engelgleiches Leben andeuten" wollen, deuten die sechs Teile ihres Mönchsgewandes als Zeichen für die sechs Flügel der himmlischen Cherubime. Andere Mönche hinwiederum tragen zum „Ausdruck ihrer Weltverachtung" nur schwarze Kleider. Es gebe allerdings auch solche Mönche, die der „Farbe und dem gröberen oder feineren Stoff keine Bedeutung beimessen und ein weißes oder graues oder anders gefärbtes, jedoch geringes und rauhes Gewand tragen"[6].

Ihren Zeichencharakter verdankten Ordenskleider der Spiritualität jener, die ihr Ordensgewand als sinnenhafte Ausdrucksform ihrer monastischen Lebensform betrachteten. Charismatische Qualität wuchs Ordenskleidern zu, wenn sie als himmlische Gnadengaben gedeutet und begriffen wurden. Es war, wie gemeinhin geglaubt und gepredigt wurde, die Gottesmutter Maria, die Olivetanern, Serviten, Dominikanern, Karmeliten und Prämonstratensern ihr Ordensgewand als Zeichen besonderer Begnadung ausgehändigt hatte.

Die Olivetaner, eine zu Anfang des 14. Jahrhunderts gegründete Benediktinerkongregation, verdankten ihren Namen dem bei Siena gelegenen Berg Monte Oliveto. Das dortige Kloster bildete die Keimzelle einer benediktinischen Reformbewegung, deren Gründungsväter das benediktinische Mönchtum im Geiste Marias erneuern wollten. Mit ihrer Ordensgründung verband sich ein Programm. Nannten sie sich doch „Orden der seligen Jungfrau Maria von Monte Oliveto". Ihr weißes Ordenskleid betrachteten sie als Geschenk Marias. Prokop von Templin, Wallfahrtsseelsorger und Wallfahrtsprediger von Maria Hilf in Passau, berichtet darüber in seinem 1667 in Salzburg gedruckten ‚Mariale':

> *Den ersten drey Stiftern des H[eiligen] Olivitaner Ordens hat sie [Maria] einen schneeweissen Habit vnd die Regul des H[eiligen] Benedicti gebracht / hats dem Bischoff zu Arezo Guido mit Namen / eingehaendiget / der hat es den gedachten drey ersten Patribus muessen uebergeben / die es biß dato noch gebrauchen: Vnd hat hiermit vnsere Frau denselben Orden vnter ihren Schutz genommen; Die Geschicht ist zu ewiger Gedaechtnus in der Kirchen der allerheiligsten Dreyfaltigkeit / wo sie geschehen / an die Maur gemahlt worden!*[7].

Von einer Gewandübergabe Marias berichtet auch die Gründungslegende der Serviten. Um 1233 bildeten sie in Florenz einen Konvent, der nach der Regel des heiligen Augustinus ein gemeinsames Leben einrichtete. Was der *vita religiosa* der Serviten ein unverwechselbares Gepräge gab, war eine Spiritualität, in welcher der liturgischen und individuellen Verehrung Marias wesentliche Bedeutung zukam. Beeinflusst durch den Dominikaner Petrus Martyr von Verona verfasste der erste Generalprior die für seine Mitbrüder geltenden Ordens-

6 Otto Bischof von Freising, Chronik, S. 565.
7 Procopius, Mariale, S. 291.

satzungen. Dem als Heiligen verehrten Petrus Martyr soll in einer Vision Maria erschienen sein, in der ihm die Gottesmutter Weisungen darüber gab, wie die künftige Ordnung des klösterlichen Gemeinschaftslebens gestaltet werden sollte. Maria ließ ihn wissen, was für einen Habit die Brüder tragen, an welche Regel sie sich halten und dass sie sich „Diener der Jungfrau Maria" (*Servi Virginis Marie*) nennen sollen.[8] Zum identitätstiftenden Selbstverständnis der Serviten gehörte die Überzeugung, dass Maria ihren Gründungsvätern 1239 ein schwarzes Ordensgewand übergeben habe. Als Gewand der Trauer (*luctuosus habitus*) sollte es ihre Passionsfrömmigkeit und ihr Mitleiden mit der Schmerzensmutter unter dem Kreuz zur Anschauung bringen. Ein Gewand zu tragen, mit dem sie Maria ausgezeichnet hatte, entsprach der marianischen Ausrichtung ihres Ordens. Fühlten sie sich doch einem Orden zugehörig, der sich „Orden der Diener Marias" (*Ordo servorum Mariae*) nannte und die Gottesmutter Maria als ihre Gründerin (*fundatrix*) verehrte. Die Gründer des augustinisch ausgerichteten Ordens – sieben Patrizier und Ratsherren aus Florenz – hatten in einer Marienbruderschaft der Laudesi (*Societas laudantium Beatae Virginis)* ihre religiöse Prägung erfahren. Ihre marianische Frömmigkeit hinterließ in der Geschichte der Serviten bleibende Spuren. Zu ihrem Geschichts- und Ordensbild, das sich im Fortgang der Zeit herausbildete, gehörte die Überzeugung, dass Maria jedem der sieben Gründungsväter ein schwarzes Ordensgewand ausgehändigt habe (Abb. 1)[9].

Zu den Orden, die sich rühmen konnten, von Maria mit einem Ordenskleid bedacht worden zu sein, zählten auch die Dominikaner. Jordan von Sachsen berichtet in seinem ‚Libellus de principiis Ordinis Praedicatorum' davon. Im Jahre 1233 hat er den Traktat verfasst. Jacobus von Voragine hat in seiner ‚Legenda aurea' fortgeschrieben, was Jordan von Sachsen zum Ruhme seines Ordens aufgezeichnet hatte. Demzufolge hatte Magister Reginald von Orléans, ein Mitbruder des heiligen Dominikus, eine Vision, bei der ihn Maria von seiner Krankheit heilte und ihm überdies den dominikanischen Ordenshabit zeigte. Dem heiligen Dominikus wird nachgerühmt, während des Gebetes dieselbe Vision gehabt zu haben. Dargestellt werden die beiden visionären Ereignisse gemeinhin in zwei Bildern. Das eine zeigt den heiligen Dominikus im Gebet, das andere den kranken Reginald, an dessen Krankenbett Maria mit zwei Jungfrauen erscheint und den Ordenshabit in ihren Händen trägt[10].

Jakob von Varazze († 1298), Erzbischof von Genua, schilderte in seiner ‚Goldenen Legende', dem am weitesten verbreiteten Buch des Spätmittelalters, die Visionen des heiligen Dominikus und seines Gefährten Reginald folgendermaßen: „In drei Tagen", versprach Maria dem kranken Reginald, „schicke ich dir ein Fläschlein, das wird dir deine Gesundheit gänzlich geben." Sie zeigte ihm

8 Legenda de origine ordinis fratrum servorum virginis Mariae, S. 99.
9 Servitus Mariana auspiciis austriacis, S. 8–10.
10 Eckert/Witzleben, Artikel „Dominikus", S. 211.

Abb. 1: Maria überreicht den sieben Gründungvätern der Serviten das schwarze Skapulier der Sieben Schmerzen Marias. Kupferstich aus: Servitus Mariana auspiciis austriacis, vor S. 9.

auch ein Ordenskleid und sprach: „‚Sieh, das ist das Gewand deines Ordens'. Sanct Dominicus aber sah dieses Gesicht gleichermaßen, da er im Gebet lag. Des andern Morgens kam er zu dem Kranken und fand ihn gesund; er hörte, was ihm im Gesicht erschienen sei, und nahm das Gewand an, als es Maria ihm hatte gezeigt; denn bis zu der Zeit trugen die Brüder ein Chorhemd"[11].

11 Die Legenda aurea des Jacobus de Voragine, S. 546.

Abb. 2. Maria übergibt dem Dominkanermönch Reginald von S. Aegidio (gest. 1220) das Ordensgewand der Dominkaner. Tafelbild des von Holbein d. Ä. gemalten Frankfruter Dominikaneralters, Städel – Museum, Frankfurt a.M.

Als Hans Holbein der Ältere 1501 für den Frankfurter Dominikanerkonvent ein Bild anfertigte, das dem religiösen und geschichtlichen Selbstverständnis der Dominikaner eine bildhafte Gestalt geben sollte, war auch der marianische Ursprung des dominikanischen Ordensgewandes eines seiner Themen (Abb. 2). Bildnerisch gestaltet hat er dies im Rahmen eines Gesamtkonzeptes, das biblische Heilsgeschichte und dominikanische Ordensgeschichte miteinander zu verbinden suchte. Die Wurzel Jesse, aus der alttestamentliche Patriarchen und Propheten sprossen, konfrontierte er mit einem in dem heiligen Dominikus wurzelnden Stammbaum, der als Früchte renommierte Gelehrte des Dominikanerordens hervorbringt. Die Wurzel Jesse gipfelt in Maria und Jesus. Ranken verflechten die am oberen Bildrand mit dem Jesuskind dargestellte Maria mit dem Stammbaum des Dominikus. Maria, die *ordinis singularis patrona,* zeigt dem zu ihren Füßen knieenden Reginald den Ordenshabit. Hält man sich an die auf der Umrahmung angebrachte Umschrift, hat Maria dem von ihr geheilten Reginald den Ordenshabit nicht nur gezeigt; sie hat das Ordensgewand Reginald ausgehändigt[12]. Die Botschaft des Malers und seiner Auftraggeber ist eindeutig: Die dominikanische Ordensgründung ist ein heilsgeschichtlicher Vorgang. In diesen eingebunden blieb der Glaube, dass die Dominikaner die Farbe und Gestalt ihres Ordenshabits Maria verdanken. Hält man sich an diese Sichtweise, die dem Ordenshabit der Dominikaner – wie den Kleidern anderer Orden auch – den Charakter einer besonderen Gnadengabe gab, speisten sich die geschichtlichen Anfänge des Dominikanerordens aus charismatischen Wurzeln. Deren Veralltäglichung brachte in Gestalt von Regeln und Statuten Institutionen hervor: Die ritualisierte Einkleidung und die Profess, in welcher der Novize bekannte, in der Gemeinschaft eines regel- und ortsgebundenen Konvents keusch, arm und gehorsam leben zu wollen.

Prämonstratenser und Karmeliten bedienten sich derselben Deutungsmuster. Die auf Maria zurückgehende Gewandübergabe, deren sich die beiden Orden rühmten, ist eine Hervorbringung spätmittelalterlicher und frühneuzeitlicher Traditionsbildung. Der Abstand zwischen Wirklichkeit und Fiktion ist insbesondere im Fall der Prämonstratenser von zwingender Evidenz. Die hochmittelalterliche Ordenschronistik gibt über über die Wahl des Ordenskleides verlässliche Auskunft. Geschichtenbildende Erinnerung verwandelte im ausgehenden Mittelalter und in der beginnenden Neuzeit den Ordenshabit der Prämonstratenser in ein gnadenhaftes Geschenk Marias.

Als sich der heilige Norbert mit seinen ersten Getreuen über ihre künftige Ordenskleidung Gedanken machte, hob er hervor, weder in der Regel des heiligen Augustinus, nach der sie ihr gemeinsames Leben einzurichten gedachten, noch im Evangelium sei über „die Farbe, die Dicke und Dünne der Kleidung" eine verbindliche Norm zu finden. Auch aus dem Ideal des apostolischen Lebens, der *vita apostolica*, lasse sich seiner Ansicht nach keine Direktiven für die Farbe des Ordensgewandes herleiten. „Eines jedoch steht fest", soll der hl. Norbert in den kontrovers geführten Debatten über die richtige Farbe des Mönchsgewandes gesagt haben, „dass als Zeugen der Auferstehung, wie zu lesen ist, Engel in weißen Gewändern erschienen". Hinreichend bekannt sei auch, „dass das Gewand der Büßenden nach Vorschrift und Brauch der Kirche

---

12 Die Umschrift lautet: *Magister Reginaldus...habitum ordinis ab eadem [Maria] suscepit.* – In einer zwischen einem Dominikaner und einem Karmeliten 1375 in Cambridge geführten Debatte behauptete der Predigermönch, Maria sei die Schutzpatronin ihres Ordens. Das Skapulier habe Maria den Dominikanern als Ordensgewand übergeben. In Dominikanerklöstern sei abgebildet, wie Maria das Skapulier dem Dominikanermönch Reginald als Ordensgewand der Dominikaner übergeben habe. Patronin der Karmeliten sei nicht die Gottesmutter Maria, sondern Maria von Ägypten (Maria Aegyptiaca), eine zum christlichen Glauben bekehrte öffentliche Sünderin. Vgl. Copsey, Simon Stock and the Scapular Vision, S. 665–667.

aus Wolle ist. Als kennzeichnend für die Engel", so Norberts Argument, „haben weiße Gewänder zu gelten, und als Zeichen der Buße sollen wollene Gewänder auf bloßem Leib getragen werden. Im Heiligtum Gottes aber und bei heiligen Handlungen soll man auf linnene Gewänder nicht verzichten". Dies zu tun, gebiete das Vorbild des Alten Testaments. Dieses sah vor, dass Priester, wenn sie den Tempel betraten, sich in weißes Linnen kleideten. Ein wollenes Kleid sollten die Prämonstratenser zum Zeichen der Buße auf dem bloßen Leib tragen. Bei der Arbeit sollten sie kein Linnenkleid, sondern eine Wolltunika anlegen[13].

Adam der Schotte († nach 1180), ein prämonstratensischer Homilet und Schriftsteller, hat die biblisch akzentuierte Kleidersymbolik des hl. Norbert mit neuen symbolischen Varianten bereichert. Er brachte in Erinnerung: Nicht nur bei der Auferstehung Jesu, auch bei seiner Himmelfahrt seien zwei weiß gekleidete Engel in Erscheinung getreten. Im Akt der Verklärung habe sich Christus selber in weißen Kleidern sehen lasen. Im Streit der Orden um die theologisch legitime Farbe des Ordenskleides hatte Norbert das Zeugnis der Bibel auf seiner Seite. Das in Ezechiel 44,18 unmissverständlich ausgedrückte Wollverbot beim Tempeldienst gab dem Leinen einen eindeutigen Vorrang.

Wenn Prediger und Theologen im Zeitalter der Gegenreformation und des Barock auf Marias Gewandübergabe an einen Ordensstifter zu sprechen kamen, waren sie darauf bedacht, die marianische Grundbedeutung des jeweils verliehenen Ordenskleides herauszustellen. So trug denn auch die Kleidersymbolik der Prämonstratenser seit dem 17. Jahrhundert ein ausschließlich marianisches Gepräge. Dies hatte vornehmlich mit dem Glauben zu tun, dass Maria auch dem heiligen Norbert ein weißes Ordenskleid überreicht hatte (Abb. 3). Marias Kleiderspende bildete in der Marienverehrung der Prämonstratenser einen maßgeblichen theologischen und historischen Fluchtpunkt, mit dessen Hilfe es gelang, das ausgeprägte marianische Selbstverständnis des Ordens zu begründen und verständlich zu machen.

In der frühesten, aus dem Jahre1498 stammenden Darstellungen der Gewandübergabe an den heiligen Norbert sind es Engel, die im Auftrag Marias dem Heiligen das prämonstratensische Ordensgewand übergeben[14]. Legendarische Berichte, welche die Übergabe des Ordensgewandes zu einer ausschließlichen Sache Marias machen, begegnen in zunehmendem Maße im Zusammenhang mit Norberts Heiligsprechung im Jahre 1582. Erst seit dieser Zeit nahm der heilige Norbert auf Betreiben spanischer Ordensapologeten den Charakter

13 Lebensbeschreibung des Herrn Norbert, S. 490–493. Zum Folgenden über Adam den Schotten vgl. Schreiner, Mönchtum, S. 272.

14 Vgl. Stahlheber, Die Ikonographie Norberts, S. 226.

Abb. 3: Maria übergibt dem heiligen Norbert das Ordensgewand der Prämonstratenser. Kupferstich von Joseph Sebastian Klauber, Annus Sanctorum, Augsburg 1750, Tom. I, Juni VI.[15]
Foto: Bayerische Staatsbibliothek, München.

15 In der Bildunterschrift beschreibt der Kupferstecher den dargestellten Vorgang so: Maria übergab dem heiligen Norbert, dem Gründer der Prämonstratenser, vom Himmel herab ein weißes Gewand, das alle Weißgekleideten Mariens [alle Prämonstratensermönche] tragen sollen. In der oberen Umschrift zitiert er einen Vers aus den Prophetien des Isaias (Is. 61,10). Auf Maria bezogen, lautete dieser: „Wie einen Bräutigam hat sie mich in den Mantel der Gerechtigkeit gehüllt".

eines glühenden Marienverehrers an.[16] Der weiß gekleidete Orden, so die gängige Argumentation, verweise auf die *virgo candida*, die weiße und reine, von der Erbschuld unbefleckte himmlische Frau Maria. Das verbindende Weiß zwischen Prämonstratenserorden und Maria zeige sich insbesondere in der Auffassung darin, dass der Prämonstratenserorden deshalb gegründet worden sei, um die Christenheit über die unbefleckte Empfängnis der Gottesmutter zu belehren.

Die Bedeutung des weißen, von Maria ausgehändigten Ordensgewandes ist auch daran ablesbar, dass dieses bei den Prämonstratensern einen Gegenstand der liturgischen Feier und des gottesdienstlichen Gedenkens bildete. Am 5. August, dem Fest von Maria Schnee, gedachte die Erzabtei Prémontré der glorreichen Erscheinung der Himmelskönigin Maria (*gloriosa apparitio Reginae* [*Mariae*]), um daran zu erinnern, dass es die im Himmel thronende Gottesmutter war, die Norbert, dem Patriarchen des Ordens, ein weißes Gewand überreicht hatte und dabei gesagt haben soll: „Mein Sohn, empfange das weiße Gewand“[17].

Am achten Dezember, dem Fest der unbefleckten Empfängnis Mariä, feierten die Prämonstratenser nicht nur das Fest der makel- und sündenlosen Maria, die, ohne von den Folgen des Sündenfalls verunreinigt und beschädigt worden zu sein, ihre göttliche Leibesfrucht empfangen hatte. Bei der Feier des liturgisch hochrangigen Festes brachten die Prämonstratenser überdies in Erinnerung, dass sie aus den jungfräulichen Händen Marias ihren weißen Ordenshabit empfangen hatten[18]. Sie vergegenwärtigten sich außerdem, dass Norbert seine Gründung dem Schutz Marias unterstellt und seine Mitbrüder und Nachfahren verpflichtet hatte, bis ans Ende der Welt die unbefleckt empfangene Maria zu verehren und ihren Kult auszubreiten. In einer 1671 in Prag gedruckten Litanei zu Ehren des allerheiligsten Norbert wird Maria angerufen als „Herrin des weißen Ordens“ (*Ordinis Candidi Domina*) sowie als „einzigartige Liebhaberin des heiligen Norbert“ (*Singularis D[ivi] Norberti amatrix*) . Er selbst wird nicht nur als „Verteidiger des rechten Glaubens“ (*Defensor Orthodoxae fidei*) gefeiert, sondern auch als Heiliger, der es verdient hat, von der Gottesgebärerin mit einem weißen Ordensgewand beschenkt zu werden (*Candidum â Deiparâ habitum promerite*)[19].

Prediger, die Lob- und Ehrenreden auf den heiligen Norbert hielten, wurden nicht müde, den Stifter des Prämonstratenserordens als einen Gottesmann zu preisen, der sich um die Vertiefung und Verbreitung der Marienlehre große Verdienste erworben hatte. Der allmächtige Gott, beteuerte ein unbeschuhter Karmeliter namens Lukas von St. Benedikt, der im Jahre 1730 am Fest des heiligen Norbert in der Prämonstratenserkirche von Steingaden die Festpredigt hielt, habe den heiligen Norbert berufen, die „unbefleckte Empfaengnus seiner

16 Huber, Spanien und die Prämonstratenserkultur des Barock, S. 370–373.

17 Lienhardt, Ephemerides hagiologicae ordinis Praemonstratensis, S. 220f.

18 Ebd. S. 345f.

19 Die „Litaniae De Sanctissimo Patre Nostro“ sind einer Kaiser Leopold gewidmeten Schrift beigebunden. Deren Titel lautet: Vita, Mors, et Translatio S. Norberti, Magdeburgensis Archiepiscopi, Germaniae Primatis, Antverpiae Apostoli, Canonicorum Praemonstratensium Patriarchae, Pragae 1671. Die zitierten Anrufungen befinden sich auf den Seiten 163f.

allerliebsten Mutter durch offentliche zartiste Andacht der gantzen Christlichen Welt zu verkuenden“[20]. „Wer aber,“ so fragt der Prediger, ist es gewesen, „welcher in der gantzen Catholischen Kirchen / in allen Laendern deinen Unbefleckten Glantz hat auffgefangen: dich als Unbefleckt verkuendiget?“ Um eine Antwort ist der Prediger nicht verlegen. Es sei niemand anders gewesen „als dein geliebter schneeweisser Sohn Norbertus; welcher zu disem Zihl / und End ein gantz neuen / nemblich seinen heiligen Orden angestellet / und in der gantzen Welt außgebreitet dreyhundert Jahr vor dem ergangenen Befehl Sixti IV. [1482]“, Maria in der ganzen katholischen Kirche als unbefleckt zu verehren[21].

Der Jesuit Matthaeus Pecher predigte 1718 am jährlichen Fest des heiligen Norbert in der Kirche von Steingaden: „Norbertum hat auch Maria mit Muetterlicher Stimm / und Zuneigung als einen Sohn gegruesset“ und ihm „das weisse Ordens-Kleyd als eine Marianische Livery [livrée] ueberreichet“[22]. Durch seine weiße Kleidung habe der heilige Norbert seine innigsten Gefühle und tiefsten Sehnsüchte zum Ausdruck bringen wollen: die

> *Aufrichtigkeitt seines unverfaelschten Gemueths / die Sanfftmuth seiner annemblichen Sitten / das bruenstige Verlangen, die Schaefflein Christi in den Bergen und Einoeden als ein guter Hirt aufzusuchen / denen zu Lieb er sich in weiß gekleidet / wie der edle Weidmann sich der Farb nach mit den gruenen Waeldern vergleichet*[23].

Das „schneeweisse / und unschuldige Ordens-Kleyd“ habe Maria vom hohen Himmel Norbert und den Seinigen überbracht „zu einem Zeichen der innerlichen Unschuld / Reinigkeit / puren und lauteren Meynung / alles Thun und Lassen zu der Ehre Gottes / und der Seelen Heyl / ordentlich und hauptsaechlich zuveranstalten“[24]. Die weiße Farbe sei überdies zu begreifen als Abglanz göttlicher Herrlichkeit, als ein „Nachfolg der Goettlichen Glory; Dann der weisse Glantz ist ein Zierd der Gottheit“[25].

Mit dem weißen Ordenskleid der Prämonstratenser verband sich ein theologisches Programm. In einer am 7. Juni 1712 in Prag gehaltenen Predigt versuchte der Jesuit Christophorus Pinwiczka, die theologische Tiefendimension des prämonstratensischen Ordensgewandes kenntlich zu machen. Er versicherte:

> *Weil dann Norbertus schon als der erste Mensch / Primus homo, von der Natur mit dem Adelichsten Geblueth der hoechste Purpur versehen war / so wolte die Jungfrau auß ihrer Milch das uebrige noch darzu strecken / da sie das Schneeweisse Kleyd Norberto hingreichet / welches mit ihrer Milch gleichsam weiß getraencket gewest.*

> *Es habe nehmlich die Jungfraeuliche Mutter an diesem hoch Canonischen / Schneeweissen / Praemonstratenser Orden einen Schuldner haben wollen / welcher fuer ihre Lilgenweisse Empfaengnuß ohne Mackel ein unbefleckes Heer seyn solte.*

---

20 Sanctus Norbertus illibatae virginis, S. 5.
21 Ebd.
22 Glantz und Glorreiche Verklaerung, S. 6.
23 Ebd., S. 7.
24 Ebd., S. 21.
25 Ebd., S. 22.

In der Bekämpfung der Ketzer hätten sich denn auch die „Schneeweisse[n] Chor-Herrn von Prämonstrant“ überaus bewährt. Als „Geistliche[s] Kriegsheer“ hätten sie den unflätigen Ketzer Tanchelin, der öffentlich Unzucht trieb, mitsamt seinem Anhang ausgerottet[26].

Durch seine Symbolik und seinen Gnadencharakter war das prämonstratensische Ordensgewand ein herausragendes religiöses Zeichen. Es meldeten sich jedoch auch Kritiker zu Wort, die an der Maria zugeschriebenen Gewandübergabe zweifelten und ihre diesbezügliche Skepsis öffentlich kundtaten. Die Tragfähigkeit solcher Einwände kritisch zu bedenken, taten sich die Prämonstratenser schwer. Zu glauben, dass sie ihren Habit einem Gnadenerweis der Gottesmutter Maria verdankten, gehörte zu den identitätsbildenden Traditionen der Prämonstratenser. Das weiße Kleid stand für die historische und theologische Legitimität ihrer marianischen Ordensdeutung. Die von Prämonstratensern gepflegte und genährte Überzeugung, dass ihr Ordenshabit eine Gnadengabe Marias sei, spiegelt sich denn auch in den ikonographischen Programmen ihrer barocken Kirchen. Ein fester Bestandteil dieser Programme bildete Marias Übergabe des weißen Ordensgewandes an den heiligen Norbert (Abb. 4)[27]. Prämonstratenser von damals geizten deshalb nicht mit apologetischem Eifer, um zu verhindern, dass die Geschichte vom marianischen Ursprung des prämonstratensischen Ordenskleides ihre Glaubwürdigkeit einbüßte.

Die historische Kritik, wie sie seit der Mitte des 17. Jahrhunderts von gelehrten Jesuiten entwickelt und zur Anwendung gebracht wurde, um alle Heiligenleben auf ihre geschichtliche Tatsächlichkeit hin zu überprüfen, machte vor der frommen Traditionsbildung der Prämonstratenser nicht halt. Die Bollandisten, wie die jesuitischen Kritiker nach Johannes Bollandus, ihrem geistigen Haupt, genannt wurden, bezeichneten die von den Prämonstratensern beanspruchte marianische Provenienz ihres Ordensgewandes als „fromme Fabel“ (*pia fabula*)[28]. Sie verneinten die Geschichtlichkeit dessen, was für das Selbstverständnis und die Spiritualität der Prämonstratenser wesentlich war: die Übergabe ihres Ordensgewandes an ihren Ordensgründer durch Maria.

Der prämonstratensische Ordenschronist Charles Louis Hugo (Carolus Ludovicus Hugo) (1667–1739), Abt des französischen Prämonstratenserklosters Étival, machte sich die pragmatische Quellenkritik der Bollandisten zu eigen[29]. Gab es doch für den Bericht, von dem prämonstratensische Verfasser von Norbertsviten die marianische Prägung ihres Ordens ableiteten, vor dem späten 15. Jahrhundert keinen einzigen chronikalischen Beleg[30]. Den Glauben, dass

26 Pinwiczka, Unus et Alter, fol. F 1^{r-v}.

27 Eindrucksvolle Beispiele hierfür sind die ehemaligen Prämonstratenserkirchen in Bayern (Osterhofen, Roggenburg, Schäftlarn) und Schwaben (Schussenried).

28 Lienhardt, Ephemerides, S. 221.

29 Vgl. dazu und zum Folgenden Huber, Spanien, S. 370f.; Huber, Capitulum Generale, S. 29f.

30 Die neuere Forschung hat für den marianischen Ursprung des prämonstratensischen Ordenskleides als frühesten Beleg einen Katalog des späten 14. oder des beginnenden 15. Jahr-

Abb. 4: Maria übergibt dem heiligen Norbert den Ordenshabit der Prämonstratenser. Deckenfresko im Chor der ehemaligen Prämonstratenserkirche St. Magnus von Schussenried, im Jahr 1744 gemalt von Gabriel Weiß, Maler und Bürgermeister in Wurzach.

Maria dem heiligen Norbert zum Zeichen ihrer unbefleckten Empfängnis, ihrer *Immaculata Conceptio*, ein weißes Ordensgewand übergeben habe, bezeichnete der prämonstratensische Ordenshistoriker Charles Louis Hugo in seiner 1704 abgefassten Lebensbeschreibung des heiligen Norbert, dem Urteil der Bollandisten folgend, als „fromme Fabel" (*pia fabula*) – eine Feststellung, die viele Ordensmänner als Traditionsbruch empfanden und sich deshalb zutiefst verletzt fühlten. Den Kritiker einer geheiligten Ordenstradition erreichten bittere Briefe. Auf dem Generalkapitel des Ordens im Jahre 1717 wurden ihm schwerwiegende Vorwürfe gemacht. Zu den Ordensapologeten, die Hugos Kritik auf den

hunderts ermittelt, der Heilige des Karmeliterordens auflistet. Vgl. Copsey, Simon Stock, S. 659.

Plan rief, gehörte auch Leopold Mauch, der damalige Abt von Weissenau. Der Generalabt befand: Das Ärgernis müsse ein Ende haben. Carolus Ludovicus Hugo, der ordensinterne Kritiker, wurde vom Generalkapitel zum Schweigen verpflichtet und zum Widerruf aufgefordert. Im Jahre 1723 beugte er sich diesem Ansinnen, bemerkte aber rückblickend: Er habe widerrufen, sei jedoch vom Gegenstand seines Widerrufs nicht überzeugt gewesen. Er könne schwerlich sagen, ob ihn das Gewicht der Argumente oder Rücksicht auf den Glauben seiner Mitbrüder bewogen habe, sich der Aufforderung des Kapitels zu beugen und in seinen historischen Arbeiten das publik zu machen, was die Tradition des Ordens gebietet.

Der spanische Prämonstratenserabt Noriega veröffentlichte 1723 eine gegen Ludovicus Carolus Hugo gerichtete *Dissertatio Apologetica*[31]. In dieser verteidigte Noriega, was man im Orden schon immer geglaubt hatte: die Übergabe des weißen prämonstratensischen Ordensgewandes durch die Gottesgebärerin an den heiligen Norbert. Die Streitschrift tat ihre Wirkung. Carolus Ludovicus Hugo, der kritisierte Ordenschronist, schrieb nach, was der spanische Eiferer vorgeschrieben hatte – ob aus Überzeugung oder Ordensraison bleibt dahingestellt.

Durch historische Kritik, die sich auf bloße Vernunftgründe stützt, wollten sich die Prämonstratenser den Glauben an den marianischen Ursprung ihres Ordensgewandes nicht nehmen lassen. Unbeeindruckt durch kritische Einwände versicherte der Obermarchtaler Prämonstratenser Sebastian Sailer (1714–1777) in seiner Lobrede auf den hl. Norbert:

> *Norbertus war einer der zaertlichsten Liebhaber Mariae der allerseligsten in seinen Zeiten. Er hatte ihr nicht nur sich, sondern die Seinigen nach Gott vollkommen gewiedmet. Er lag ganze Naechte vor ihrem Gnadenthrone, ihre Huld zu erbitten. Er sagte den Seinigen oefters, wer Mariae nicht mit ganzer Seele diene, solle den Namen eines marianischen Dieners nicht an die Stirne schreiben. Bey ihr suchte er Huelfe, wie Jacob bey Rebecca, und bey ihr fand er sie, wie Isaak bei Sara. Sie deckte nicht nur ihren Schutzmantel ueber den ganzen Orden Norberti, sondern reichte ihm auch das schneeweiße Kleid selbsten, mit dem die Seinigen, wie die Lilien in dem Felde, den Acker der Kirche zieren sollten.*

Hinzu komme die „Vertheidigung der unbefleckten Empfaengnis Mariae". Diese

> *war nicht minder etwas, so Norbertus seinem Orden hinterließ; ja man muß aus seinen Worten schließen, das weiße Praemonstratenserkleid sey von Mariae Haenden darum eingeliefert worden, dass es zur Ehre und bestaendigen Verfechtung der Freyerhaltung Mariae von Adams Erbmackel solle getragen werden*[32].

Noch in den sechziger Jahren des 18. Jahrhunderts fühlte sich Georg Lienhardt (1717–1783), seit 1753 Abt der bayerisch-schwäbischen Prämonstratenserabtei Roggenburg, herausgefordert, die vom ganzen Orden einhellig geglaubte und gepflegte Ordenstradition zu verteidigen. Mit neuen, beweiskräftigen Quellen konnte der traditionsbewusste Abt von Roggenburg nicht aufwarten. Als Textzeugen, die seiner Ansicht nach beweisen, dass Maria dem heiligen Norbert das

31 Huber, Capitulum Generale, S. 30f. und Anm. 34.
32 Sailer, Geistliche Reden, S. 84f.

weiße Ordensgewand gegeben habe, verwies er auf alte Handschriften (*vetusti Codices*). Nachdrücklich beschwor er die *pia traditio*, die der Orden seit alters einhellig gepflegt habe, um das Gedächtnis an Marias Gewandübergabe an den heiligen Norbert wachzuhalten. Den ältesten Beleg für Marias Gewandübergabe an den hl. Norbert fand er in einem 1498 gedruckten und heute in der Bibliothek des Prämonstratenserstifts Wilten befindlichen Ordensbrevier[33]. Als die Äbte von Ursberg und Schussenried ihren Koventualen erlaubten, statt der weißen Kopfbedeckung eine schwarze zu tragen, flehte er unter Tränen seine Mitbrüder an, „das weiße Gewand zu bewahren, das doch Maria vom Himmel her dem Orden überreicht habe[34]." Insbesondere setzte er sich mit den Bollandisten auseinander, welche als fromme Fabel verwarfen, was den Prämonstratensern hoch und heilig war: den Empfang ihres Ordensgewandes aus den Händen Marias, die sich dem hl. Norbert in einer wunderbaren Vision gezeigt haben soll.

Nachhaltig konzentrierte er sich auf den Nachweis, dass der in den überlieferten Quellen erwähnte *habitus* nicht, wie die Bollandisten behaupteten, ausschließlich als *habitus mentis* zu verstehen sei. Mit dem Quellenbegriff *habitus* sei sowohl eine geistliche Grundverfassung (*habitus mentis*) als auch ein realer *habitus corporis*, d.h. ein wirkliches, den Körper bedeckendes Gewand gemeint[35]. Als Stütze für die Tatsächlichkeit der wunderbaren Gewandübergabe, mit der Maria den Prämonstratenserorden ausgezeichnet hatte, bemühte Abt Georg insbesondere die Autorität des Papsttums. Papst Benedikt XIV. habe die seitherige Tradition der Prämonstratenser dadurch anerkannt, dass er in seinem 1751 veröffentlichten Martyrologium unter den Heiligen der Regularkanoniker, deren Gedächtnis liturgisch zu feiern sei, ausdrücklich auch den heiligen Norbert erwähnt. Demnach sollte am fünften August daran erinnert werden, dass Maria dem heiligen Norbert erschienen sei und ihm den Ordenshabit gezeigt habe[36].

Traditionsbewusste Prämonstratenser verteidigten mit Inbrunst den marianischen Ursprung und marianischen Symbolwert ihres Ordensgewandes. Sie taten dies nicht zuletzt deshalb, weil auch andere Orden, ohne sich durch historische Bedenken verunsichern zu lassen, ihre Ordenstracht auf einen besonderen Gnadenerweis Marias zurückführten.

---

33 Lienhardt, Ephemerides, S. 221. Das Ordensbrevier, auf das der Roggenburger Abt Bezug nimmt, enthält einen Holzschnitt, der zeigt, wie Engel im Auftrag der im Himmel thronenden Maria den heiligen Norbert mit dem weißen Ordensgewand bekleiden. Der Holzschnitt ist abgebildet in: Norbert von Xanten, S. 224.

34 Tucher, Das Reichsstift Roggenburg, S. 162.

35 Lienhardt, Ephemerides, S. 221f.

36 Ebd. S. 223.

Abb. 5: Maria übergibt dem heiligen Ildefons von Toledo als Zeichen seines Dankes für eine Schrift, in der er gegen einen Juden und zwei Häretiker die immerwährende Jungfrauenschaft Mariens verteidigte, eine Kasel. Gemalt 1660 von Pietro del Po (1610–1692), Cabildo de la Santa Iglesia Catedral Primada, Toledo.

In seinem 1771 veröffentlichten Buch mit dem Titel ‚Spiritus literarius Norbertinus' bemühte sich der Roggenburger Abt Georg von neuem um den Nachweis, dass Maria dem heiligen Norbert den weißen Ordenshabit mit den Worten überreicht habe: „Sohn Norbert, empfange das weiße Kleid" (*Fili Norberte accipe candidam Vestem*)[37] . Die weiße Farbe des Gewandes sei ein Symbol für die unbefleckte jungfräuliche Empfängnis Marias (*Symbolum immaculatae virgineae Conceptionis*)[38]. Der Roggenburger Abt wollte überdies glaubhaft machen, dass der heilige

37 Lienhardt, Spiritus Literarius Norbertinus, S. 413.
38 Ebd. S. 417.

Norbert unter dem Schutz Marias den Prämonstratenserorden zur Ehre und zum Ruhm der ohne Erbsünde empfangenen Gottesgebärerin und Jungfrau Maria gegründet habe[39].

In der Klosterkirche von Zwiefalten zeigt ein Deckenfresko im Altarraum, wie Engel im Auftrag Marias einem Benediktinerabt, vermutlich Abt Ildefons von Toledo (um 606/7–667), dem als „Kaplan Marias“ gefeierten marianischen Hauptheiligen Spaniens, ein weißes Messgewand überreichen[40]. Als glühender Marienverehrer hatte er eine Schrift ‚Über die immerwährende Jungfräulichkeit der heiligen Maria gegen drei Ungläubige‘ (*De perpetua virginitate Beatae Mariae contra tres infideles*) verfasst, für die ihm Maria als Zeichen des Dankes eine Kasel angelegt haben soll. Bischof Cixila von Toledo (744 – 753) weiß in der Mitte des achten Jahrhunderts von einer Überlieferung zu berichten, derzufolge

> *Ildefons an einem Marienfest eine Erscheinung der Jungfrau hatte. Er betrat die Basilika St. Maria mit seinem Buch über die ständige Jungfrauschaft Marias, entsprechend dem Fest, um die Messe zu feiern. Ildefons kniete sich vor dem Altar nieder und sah zu der thronenden Madonna auf. Sie wandte sich zu ihm, nannte ihn ‚Liebster Diener Gottes‘ und reichte ihm ein Meßgewand, damit er es am Marienfest anlege*[41].

In der Person des Benediktinerabtes und späteren Erzbischofs Ildefons von Toledo besaßen auch die Benediktiner einen Heiligen, den Maria mit einem geistlichen Gewand ausgezeichnet hatte (Abb. 5) [42].

Der Kapuziner Prokop von Templin (1608–1680), seit 1642 Prediger und Wallfahrtsseelsorger von Maria Hilf in Passau, schildert in seinem ‚Mariale‘ den Vorgang so:

> *Dem H[eiligen] Ertz-Bischoff Ildefonso hat die seligste Mutter Gottes auch in offentlicher Kirch vor allem Volck ein Meßkleid vom Himmel gebracht / vnnd ihm befohlen / er solte an allen vnser Frauen Festen das Ambt der H[eiligen]. Meß darinnen halten*[43].

Die Zisterzienser konnten sich rühmen, dass Maria dem heiligen Alberich, dem zweiten Abt von Citeaux (1099–1109), eine weiße Kukulle als Gewand für den Zisterzienserorden überreicht habe[44]. Großes Ansehen und weite Verbreitung verschaffte dem Skapulier eine Vision, die, wie Chronisten des Karmelitenordens beteuerten, Simon Stock, dem sechsten General ihres Ordens, am 16. Juli 1251 im Kloster Aylesford in der Grafschaft Kent zuteil geworden war[45]. Aufgewühlt und erschüttert von den Drangsalen des Ordens habe er Maria um ein Zeichen ihres mütterlichen Schutzes gebeten. Maria entsprach seiner Bitte. Sie erschien ihm und übergab ihm ein ärmelloses, als Skapulier bezeichnetes Schulterkleid mit den Worten:

---

39 Ebd. S.432.

40 Kolb, Franz Joseph Spiegler, S. 438f.

41 Ramos-Lissón, Artikel „Ildefons von Toledo“.

42 Zur Ikonographie der Gewandübergabe vgl. García, Iconografía de San Ildefonso, S. 326–333 („Descensión de la Virgen e imposición de la casulla“); ebd. S. 571–582; zahlreiche Abbildungen der „Imposición de la casulla a San Ildefonso“.

43 Procopius, Mariale, Theil II (Mariale Dominicale), S. 292.

44 Lechner, Artikel „Legitimationsbilder“, S. 77.

45 Vgl. dazu und zum Folgenden Schreiner, Maria Victrix, S. 107–115.

Abb. 6: Maria übergibt Simon Stock, dem Ordensgeneral der Karmeliten, das braune Skapulier vom Berge Karmel. Die über Simon Stock schwebenden Engel halten kleinförmige Skapuliere für Laien in ihren Händen. Ulrich Loth (1559–1662), Bayerische Staatsgemäldesammlung München.

> Geliebter Sohn, empfange dieses Skapulier deines Ordens, ein Zeichen meiner Bruderschaft, dir und allen Karmeliten ein Vorrecht. Wer in diesem Gewand stirbt, wird vor dem ewigen Feuer bewahrt werden. Siehe es ist ein Zeichen des Heils, Heil in Gefahren, ein Bund des Friedens und der ewigen Versöhnung (Abb. 6).

Päpste erteilten Ablässe, mit denen die Träger des karmelitischen Gnadenkleides rechnen konnten. Fast in jeder barocken Karmelitenkirche befand sich ein Fresko oder ein Bild, das zeigte, wie Maria dem Ordensgeneral Simon Stock ein Skapulier überreicht. Von diesem Skapulier glaubten Prediger und Schriftsteller des Karmelitenordens sagen zu können, es sei ein Geschenk Marias an ihren

Orden, das seinen Trägern in seelischen und körperlichen Nöten Marias Hilfe vermittelt.

Für die historische Tatsächlichkeit der Simon Stock nachgerühmten Marienerscheinung gibt es keine urkundlichen Belege, die einer quellenkritischen Nachprüfung standhalten[46]. Die frühesten chronikalischen Belege für Stocks Vision stammen aus dem zweiten und dritten Jahrzehnt des 15. Jahrhunderts. Spätmittelalterliche Päpste urteilten zurückhaltend. Erst Papst Clemens VII. gestattete durch 1528 und 1530 erlassene Dekrete, die Vision Simon Stocks und die mit dem Skapulier verknüpften geistlichen Privilegien als „frommen Glauben" gelten zu lassen und darüber zu predigen. Erst damals gestattete der päpstliche Stuhl, Stocks Vision bildlich darzustellen und Drucke mit diesem Motiv zu verbreiten. Erst seit dem 16. Jahrhundert wird den Mitgliedern der mit den Karmeliten verbundenen Marienbruderschaften bewilligt, das kleinformatige Skapulier als Heils- und Gemeinschaftszeichen zu tragen. Dieses bestand zum Unterschied des priesterlichen Skapuliers aus zwei rechteckigen Stoffstücken, die, durch zwei Bänder miteinander verbunden, auf Brust und Rücken getragen wurden. Auf die so miteinander verbundenen Stoffstücke wurden Marienbildchen und Mariensymbole appliziert. Papst Clemens XI. erhob das Skapulierfest im Jahre 1716 in den Rang eines von der Gesamtkirche zu feiernden Festes. Angesichts einer solchen Auszeichnung war es von den Karmeliten kaum zu erwarten, dass sie sich von einer Tradition verabschiedeten, die sie zu geliebten Söhnen Marias gemacht hatte.

Der von den Karmeliten erhobene Anspruch, einen Orden zu bilden, der von Maria in einer besonderen Weise privilegiert wurde, war nicht unbestritten. Gegen Skepsis in die historische Verlässlichkeit der Marienerscheinung und des von Maria herrührenden Ordensgewandes war er nicht gefeit. In der Zeit zwischen 1585 und 1642 verfassten nicht weniger als zweiundreißig Autoren Werke über den Ursprung und die Bedeutung des heiligen Skapuliers. Zu Wort gemeldet haben sich Apologeten, die an der Glaubwürdigkeit der seitherigen Ordenstradition festhielten und nicht bereit waren, Kernstücke ihrer marianischen Frömmigkeitskultur preiszugeben. Eine herausragende Rolle unter den Kritikern spielte der gallikanische Theologe Jean de Launoy (1603–1678). Im Jahre 1642 verfasste er eine ‚Dissertatio duplex, una De origine et confirmatione privilegiati Scapularis Carmelitarum, altera De visione Simonis Stochii prioris ac magistri generalis Carmelitarum'. „Den frühesten Schriftstellern der Karmeliten", argumentierte er, „sei die Person des Simon Stock unbekannt gewesen"[47]. Den Zusammenhang zwischen dessen Vision Marias und der Gewandübergabe bezeichnete er als „unerforschten Glauben" (*fides inexplicata*)[48].

---

46 Vgl. dazu Copsey, Simon Stock, S. 683 : „Perhaps the time has come to accept the vision as a later invention which was subsequently attached to the prior – general, Simon Stock".

47 Ebd., S. 681.

48 Wengel, Zur Frage der historischen Forschung über das Skapulier, S. 2. Wengel hat in seinem Aufsatz über das Skapulier die zwischen Apologeten und Kritikern ausgetragenen Kontroversen eingehend dokumentiert.

Um Skeptiker zu widerlegen, sollten fiktive Quellen die Beweislast übernehmen. In der Person von Peter Swanington fand sich denn auch zu Beginn des 17. Jahrhunderts ein Augenzeuge, der selber gesehen und miterlebt haben wollte, wie Maria Simon Stock erschien und ihm als „sichtbares Zeichen", das gegen Bedrängnisse und Verfolger schützte, das Ordenskleid (*habitum ordinis*) übergab[49].

Mönche und Kleriker, die im 17. und 18. Jahrhundert das Skapulier der Karmeliten zum Gegenstand ihrer Predigt machten, bedienten sich gemeinhin einer Sprache und Begrifflichkeit, die das Skapulier in ein verehrungswürdiges Gnadenkleid verwandelten. Als der Rottenbucher Augustinerchorherr Anselm Manhardt (1680–1752) am Skapulierfest über das Skapulier der Karmeliten predigte, tat er dies am Leitfaden eines Verses aus den Prophetien des Isaias, der da lautet: *Induit me vestimento salutis* (Is. 61,10)[50]. Um Maria als handelndes Subjekt ins Spiel zu bringen, übersetzte Manhardt: „Sie hat mich angethan mit dem Kleid des Heyls". Manhardt bezeichnete das marianische Skapulier der Karmeliten als das „Heyl=wuerkende, Gnaden=reiche, unschaetzbare, aller Heiligiste Ehren=Kleid". Es sei vor den Augen Gottes, Mariens und des ganzen Himmels „ein unschaetzbares Gnaden-Kleid", ausgestattet „mit einer Unzahl Himmlischer Gnaden und Freyheiten", mit Ablässen und geistlichen Privilegien. Dieses „allerheiligiste Gnaden=Kleid", so fährt er fort, „verdammet uns nicht, sondern errettet, und machet selig". Auf die Frage woher denn das marianische Skapulier komme, antwortete er: „Es ist ein heiliges Ordens=kleid / von Maria, der Kayserin Himmels und der Erden, selbst aus dem Himmel auf diese Welt ueberbracht". Als ein „in dem Himmel von ihr [Maria] gewuercktes Ehren-Kleid, als ein Liebvolles Kenn=Zeichen ihrer Schwesterschaft gegen uns" sei es Simon Stock und seinem Orden übergeben worden.

Der Grazer Prediger Johannes Andreas Graff (1675–1716) bezeichnete das „Zeichen des Heyls" (*signum salutis*), das Maria, die „Allerdurchleuchtigste Himmels=Kayserin", Simon Stock überreicht hatte, als „Göttlichen Gnaden= Geschmuck", als das „schön=gezierte Carmeliter=Kleyd / oder das Gnad=Heyl / Schutz=Schatz=Glück=vnd Segenreiche SCAPULIER"[51]. Die legendäre Skapulierübergabe duch Maria schildert der steirische Prediger folgendermaßen:

> *Dann einmals erscheinet ihm Maria mit wunderlichen Glantz vnd Klarheit vmbgeben / mit vilen Engeln beglaitet / bringet ihm vom Himmel ein schön geziertes Scapulier / leget ihm selbiges mit allergnädigster Vberreichung vmb den Halß / vnd mit freundlichen / lieblichen Angesicht spricht sie dise Trostreiche[n] Worte: Nimm hin O allerliebster Sohn deines Ordens=Scapulier : ein Zeichen meiner Bruderschafft / dir und allen Carmelitern ein besonderes Privilegium; Wer in demselben stirbt / der werd das ewige Feuer nit leyden / sihe ein Zeichen deß Heyls / ein Heyl in Gefährlichkeiten / ein Bund deß Fridens und ewigen Vertrags*[52].

49 Ebd., S. 3f.
50 Vgl. dazu und zum Folgenden Manhardt, Marianische Lob- und Ehrenpredigten, S. 116–121.
51 Grabner, Mater Gratiarum, S. 71f.
52 Ebd. S. 72.

Graff charakterisiert, dem Beispiel zeitgenössischer Prediger und Theologen folgend, die Ordenstracht der Karmeliten als Gnadengabe Marias. Als marianische Gnadengabe verbürgte der weiße Ordenshabit die theologische Legitimität der prämonstratensischen Ordenstracht. Die Prämonstratenser konnten sich zudem als Orden fühlen, der einer marianischen Gnadengabe seine Existenz und seine weltweite Wirksamkeit verdankte. War es doch eine Gnadengabe Marias, die den heiligen Norbert und seine Mitbrüder bewegte und befähigte, einen Orden zu gründen, der die Christenheit über Marias Unbefleckte Empfängnis belehren wollte. Als „Zeichen des Heils" vermittelte das Skapulier der Karmeliten Gnaden aus der Gnadenfülle Marias.

Max Weber verstand unter Charisma eine Gnadengabe, die Helden und Heilige zu außergewöhnlichem und außeralltäglichem Handeln befähigt. In seiner „Herrschaftssoziologie" beschreibt er Charisma als „herrschaftsbegründendes und herrschaftslegitimierendes Phänomen", dem in „traditional gebundenen Epochen eine große revolutionäre Macht" zukomme. Wenn Autoren des späten Mittelalters und der frühen Neuzeit das Skapulier der Mönche und Laien als *signum salutis* oder als „Gnadengabe" bezeichnen, schreiben sie einem symbolträchtigen Gewandstück, das an wunderbare Ursprünge erinnert und auf gute Zukunft hoffen lässt, die Vermittlung charismatischer Heilswirkungen zu. Zu glauben, dass Maria Ordensgründer durch Ordensgewänder als Zeichen des Heils begnadet hat, ist eine Ausdrucksform von „Charisma-Sehnsucht" (Karl-Siegbert Rehberg). Im Ordenswesen des Mittelalters geht es deshalb nicht allein um die außeralltägliche Führungs- und Erneuerungskraft charismatisch begabter Äbte und Mönche[53], sondern auch um die charismatische Qualifizierung religiöser Zeichen, die als heilstiftende Medien dazu beitrugen, die *vita religiosa* zu spiritualisieren.

Die Autoren, die von Gewandübergaben Marias an Ordensstifter berichten, vergegenwärtigten fiktionale Vergangenheiten, die sie für reformbedüftige Gegenwart zu nutzen gedachten. Gewandübergaben durch Maria beschrieben und begriffen sie als charismatische Ereignisse. Der institutionellen Verfestigung von Normen, Regeln und Ritualen voraus ging charismatische Inspiration. Indem traditionsbewusste Ordenschronisten die Anfänge ihres Ordens legendarisch verklärten, wollten sie klösterliches Gemeinschaftsleben ihrer eigenen Gegenwart erneuern. Marias Gewandübergaben erinnerte an Zeiten spirituell bewegter Aufbrüche. Solche Erinnerung sollte und wollte versteinerte Deformationen aufbrechen und erstarrte Routine mit neuem Leben erfüllen. Erinnerung, die idealisierte, wurde zu einer Quelle von Reform.

---

53 Vgl. dazu grundlegend Andenna/Breitenstein/Melville, Charisma und religiöse Gemeinschaften.

Bibliographie

Andenna, G./Breitenstein, M./Melville, G. (Hg.), *Charisma und religiöse Gemeinschaften im Mittelalter* (Vita regularis 26), Münster 2005.

Constable, G., The Ceremonies and Symbolism of Entering Religious Life and Taking the Monastic Habit, from the Fourth to the Twelfth Century, in: *Segni e riti nella chiesa altomedievale occidentale* (Settimane di studio del Centro italiano di studi sull' alto medioevo 33), Spoleto 1987, S. 771–834.

Copsey, R., Simon Stock and the Scapular Vision, in: *Journal of Ecclesiastical History* 50,4 (1999), S. 652–683.

Eckert, W./Witzleben, E. v., Artikel „Dominikus", in: R. Bäumer/L. Scheffczyk, *Marienlexikon*, St. Ottilien 1989, Bd. 2.

Frank, S., *Angelikos Bios. Begriffsanalytische und begriffsgeschichtliche Untersuchung zum ‚engelgleichen Leben' im frühen Mönchtum* (Beiträge zur Geschichte des alten Mönchtums und des Benediktinerordens 26), Münster 1964.

García, W.R., Iconografia de San Ildefonso, in: *Hispania Gothorum. San Ildefonso y el reino visigodo de Toledo*, Toledo 2007.

Glantz und Glorreiche Verklaerung / Und Bekehrung Norberti, Deß Grossen Canonischen Orden-Stiffterss von Praemonstrat. An dessen jaehrlichen Fest-Tag / Jn dem hochloeblichen Norbertinischen Stifft und Gotts-Hauß Steingaden / Auf Offentlicher Cantzel vorgetragen von Matthaeus Pecher, der Gesellschafft Jesu Priestern, Augsburg 1718.

Grabner, E., *Mater Gratiarum. Marianische Kultbilder in der Volksfrömmigkeit des Ostalpenraumes*, Wien/Köln/Weimar 2002.

Huber, K.A., Capitulum Generale anni 1738, in: *Analecta Praemonstratensia* 50 (1974), S. 29.

Huber, K.A., Spanien und die Prämonstratenserkultur des Barock, in: *Historisches Jahrbuch* 72 (1953), S. 349–378.

Jacobus de Voragine, Die Legenda aurea, ed. R. Benz, Heidelberg o. J.

Kolb, R., *Franz Joseph Spiegler 1691–1757*, Bergatreute 1991.

Lebensbeschreibung des Herrn Norbert Erzbischofs von Magdeburg, in: *Lebensbeschreibungen einiger Bischöfe des 10.–12. Jahrhunderts*, ed. H. Kallfelz (Ausgewählte Quellen zur deutschen Geschichte des Mittelalters. Freiherr vom Stein-Gedächtnisausgabe 22), Darmstadt 1973, S. 490–493.

Lechner, G.M., Artikel „Legitimationsbilder", in: *Marienlexikon*, ed. R. Bäumer/L. Scheffczyk, St. Ottilien 1992, Bd. 4.

Legenda de origine ordinis fratrum servorum virginis Mariae, auctore incerto 1397, in: *Monumenta Ordinis Servorum sanctae Mariae*, ed. A. Morinus/P. Soulier, Bd. 1, Bruxelles 1897, S. 99.

Lienhardt, G., *Ephemerides hagiologicae ordinis Praemonstratensis*, Augusta Vindelicorum 1764.

Lienhardt, G., *Spiritus Literarius Norbertinus*, Augsburg 1771.

Lutterbach, H., *Monachus factus est. Die Mönchwerdung im frühen Mittelalter. Zugleich ein Beitrag zur Frömmigkeits- und Liturgiegeschichte*, Münster 1995.

Manhardt, A., *Marianische Lob- und Ehrenpredigten. Erste Predig auf das Heilige Scapulier-Fest*, Augsburg 1739, S. 116–121.

Moos, P. von, Das mittelalterliche Kleid als Identitätssymbol und Identifikationsmittel, in: ders. (Hg.), *Unverwechselbarkeit. Persönliche Identität und Identifikation in der vormodernen Gesellschaft*, Wien 2004, S. 123–146.

Otto Bischof von Freising, *Chronik oder die Geschichte der zwei Staaten*, ed. A. Schmidt/W. Lammers (Ausgewählte Quellen zur deutschen Geschichte des Mittelalters. Freiherr vom Stein-Gedächtnisausgabe 16), Darmstadt 1961.

Pinwiczka, P.C., *Unus et Alter. Einer und ein anderer Mensch in einem Menschen Oder Sanctus Norbertus der grosse Patriarch und Ertz-Vater*, Breslau 1712.

Procopius, P.Fr., *Mariale, Abgetheilt in Drey Theil: Jn den ersten / Mariale Festivale, Jm Andern / Mariale Dominicale , Jn dem Dritten / Mariale Processionale et Jndifferentiale. Ander Theil dieses Ersten Tomi: Mariale Dominicale*, Salzburk 1667.

Ramos-Lissón, D., Artikel „Ildefons von Toledo“, in: *Marienlexikon*, ed. R. Bäumer/L. Scheffczyk, St. Ottilien 1991, Bd. 3, S. 294.

Rincón García, W., Iconografía de San Ildefonso, in: *Hispania Gothorum. San Ildefonso y el reino Visigodo de Toledo*, Toledo 2007, S. 313–336.

Sailer, P.S., *Geistliche Reden, bey mancherley Gelegenheiten und ueber zerschiedene Materien gesprochen*, Augsburg 1766.

Sanctus Norbertus illibatae virginis ordinis praemonstratensis institutor: Oder der Heilige Norbertus des vorgezeigten, unbefleckter Jungfrauen, Ordens-Stiffter, München 1730.

Schreiner, K., Maria Victrix. Siegbringende Hilfen marianischer Zeichen in der Schlacht auf dem Weißen Berg (1620), in: J. Altenberend (Hg.), *Kloster – Stadt – Region. Festschrift für Heinrich Rüthing*. Mit einem Geleitwort von Reinhart Koselleck, Bielefeld 2002, S. 86–144.

Schreiner, K., Mönchtum zwischen asketischem Anspruch und gesellschaftlicher Wirklichkeit. Spiritualität, Sozialverhalten und Sozialverfassung schwäbischer Reformmönche im Spiegel ihrer Geschichtsschreibung, in: H.-M. Maurer/F. Quarthal (Hg.), *Speculum Sueviae. Beiträge zu den historischen Hilfswissenschaften und zur geschichtlichen Landeskunde Südwestdeutschlands. Festschrift für Hansmartin Decker-Hauff zum 65. Geburtstag*, Stuttgart 1982, Bd. 2, S. 250–307.

Servitus Mariana auspiciis austriacis, in Germaniae, Hungariae et Boemiae regnis reparata seu Historia ordinis servorum B[eatae] Mariae Virginis, ed. P.F. Augustinus-Maria Romer, Viennae Austriae 1667.

Sonntag, J., *Klosterleben im Spiegel des Zeichenhaften. Symbolisches Denken und Handeln hochmittelalterlicher Mönche zwischen Dauer und Wandel, Regel und Gewohnheit* (Vita reguralis. Abhandlungen 35), Berlin 2008.

Stahlheber, R., Die Ikonographie Norberts von Xanten. Themen und Bildwerke, in: K. Elm (Hg.), *Norbert von Xanten, Adliger, Ordensstifter, Kirchenfürst*, Köln 1984, S. 217–245.

Tucher, F., *Das Reichsstift Roggenburg im 18. Jahrhundert*, Weißenhorn 1976.

Wengel, M., Zur Frage der historischen Forschung über das Skapulier, in: *Münchener Theologische Zeitschrift* 2 (1951), S. 1–24.

BRIAN PATRICK MCGUIRE (Roskilde)

The charism of friendship in the monastic institution

A meditation on Anselm and Bernard

In considering the development of monastic life in Western Europe during the eleventh and twelfth centuries, it is remarkable how the practice of friendship became prominent and acceptable in the monastery. However much it can be said that expressions of friendship have always existed in monastic life, as they also must have occurred outside monasteries, it remains nevertheless clear to anyone acquainted with the Christian tradition that friendship long was considered a possible distraction from the devout life. The desert fathers warned against it, and even though Benedict in his Rule allows that the abbot can make distinctions among the monks according to their merits, friendship itself is not recommended.[1] Even the Church father who might seem to be the most passionate advocate of friendship, Augustine, had his reservations. The most intense friendship of his life he considered to be a distraction from the Lord. In describing his pain and sorrow at the loss of his childhood friend, Augustine tried to distance himself from his feelings and to argue that they were not good for him.[2]

When I began to work with the subject of friendship in the 1980s, the field was very much dominated by the work of John Boswell and his assumption that monastic friendship was a question of suppressed homosexuality.[3] It struck me then that there was little reference to sexuality in the literature of friendship, at least in the Western tradition. My surprise came when I saw that John Cassian's treatment of friendship warned against it not because of a fear that it would turn into a sexual bond but because Cassian saw friends forming cliques that might challenge the authority of the abbot.[4] Cassian excluded friendship from the monastery because he wanted to make sure that the monks formed a community where there were no factions, and he considered friendship a direct path to such separatism.

I think Cassian was a very wise man, for my own experience of Trappist-Cistercian monasticism in the United States based on visits over the past two decades has shown me that cliques do form, and these can undermine the daily

1 For background, see McGuire, Friendship and Community, pp. 82–85. The volume is to be reprinted, with a new introduction.
2 See Confessiones Book IV.6, where Augustine addresses God as cleansing him from the impurity of such affections (*a talium affectionum inmunditia*).
3 Boswell, Christianity.
4 McGuire, Friendship and Community, pp. 77–82.

life of monasteries. As for questions of sexuality, monks who are unable to live without sexual bonds usually end up leaving, and so there is no great problem here. Friendship in medieval monastic communities and in their modern successors continues, however, to be a subject of investigation and even debate, and in what follows here, I will try to provide some reflections about the medieval turning point when friendship became not only acceptable but also desirable. This change is part of what I consider to be the greatest revolution of Western culture, the move away from a pessimistic and even fatalistic view of life towards hope and trust in human abilities to create viable communities and to realize love, whether this meant the love of God or human loves. In this new sense of possibility, friendship became looked upon not just as permissible in monastic life but also as a positive contribution to it.

In writing about Anselm and Bernard I feel a debt of gratitude to Gert Melville and all that he has contributed by himself or through his students and associates to our understanding of the monastic institution, especially in the European Middle Ages. Without him our awareness of monastic culture would be infinitely more limited.

Anselm of Canterbury (1033–1109) and hesitant new bonds of sentiment

If we turn to Anselm's years at the abbey of Bec in Normandy, especially in the 1070s when he was prior and teacher, his letters of friendship come to light and take up themes last touched upon in the Carolingian Age.[5] Then great scholars and churchmen wrote to each other, and even though their language is affectionate, their bonds also were distant. With Anselm this distance evaporates and he seems to be offering a new and unrestrained language of friendship.

To Robert, monk of Mont Saint Michel, Anselm offered praise for his industriousness and said he hardly dared calling him a friend because of his own lack of energy: „I blush either to exact from you a friend's debt or even to be called your friend."[6] Anselm apparently poured his heart out to Robert and told him that he found his prayers to be „of little use". But what seems like a personal, individual statement then turns into a request that Robert share his friend Anastasius, also a monk of Mont Saint Michel: „For I am not worthy, I dare not ask – what I still presume to want – namely, that I may be like another Robert to this Anastasius, and he may enjoy me like another Robert." The letter ends with a farewell to „both my dearest friends". Its purpose seems to have been to use Robert, whom Anselm knew, to get into contact with Anastasius, whom Anselm assumed was Robert's friend.

5 For background, see Southern, Saint Anselm, pp. 67–76.

6 Ep. 3 in Anselm, Opera Omnia, S. 102–103. My English translations of the letters are taken from Fröhlich, The Letters of Saint Anselm, for which I am most grateful.

Anselm in this letter made use of a practice that characterizes several of his letters of his friendship: interchangeability. What he stated for one friend, he then applied to another. What appear to be expressions of affection for one person are for Anselm equally applicable for someone else. The next letter (4), to Gundulf, formerly at Bec, now at Canterbury, closes with the following information: „I sent another letter to Dom Henry, but only exchange your names in everything I have said, and yours may be his and his may be yours." So far as Anselm was concerned, his feelings for Gundulf were interchangeable with his emotions for Henry. One can wonder what Gundulf thought of this arrangement, but for Anselm there seemed to be no problem.

The same letter reveals that Gundulf was dissatisfied with the manner in which Anselm treated him: „[...] why do you complain so sorrowfully, as I hear, that you never see any letters of mine, and why do you beg me so lovingly that you may often receive them when you have my thoughts with you all the time?" Gundulf had gone with Lanfranc to Caen in 1065 and then on to Canterbury in 1070. The letter was probably written the year after, and it is clear that Gundulf believed he had a special bond of affection with Anselm.

In the very next letter (5), addressed to Henry at Canterbury, Anselm expressed how difficult it was for him to be separated from the brothers once with him at Bec but now gone to England. He looked upon this separation as an expression of God's will:

> [...] let us, while enjoying their affection with reasonable pleasure, prepare ourselves to enjoy them with joyful reason and pray fervently that someday, being all present together with both present and absent friends, we may be able to enjoy God himself.

The English translation here almost stumbles over a Latin that is full of reservations. Anselm one moment expresses the warmth of his love and then takes it back, or at least extends it to others: „I again impress upon you that whatever I write to Dom Gundulf about him, I also say to you." Once again there is an interchangeability of persons, for Anselm wanted to avoid giving the impression of having one favored friend.

In another letter to Gundulf (7), Anselm seemed close to distinguishing him from other friends. He exhorted him to live the life of a good monk, so that others might admire his deeds and told him how grateful he was „for whatever you do for us or for anybody else in a praiseworthy fashion". But then comes the sentiment which by now has become a commonplace in Anselm's letters: „When I speak to you, I speak to Dom Henry. Therefore, farewell to you both"! Anselm could hardly have made it more clear that his love for Gundulf was not individual but was shared with other monks formerly at Bec and now at Canterbury.

There is a later letter (28) in which Anselm did not use this device of interchangeability. In sending Gundulf the three versions of his prayer to Mary, Anselm began with a magnificent statement of his affection, ending with the words: „just as the love I have had for you from the beginning has never changed in me by diminishing, so I am anxious that it may always be altered by increasing.“ The sentiment sounds like genuine friendship, until one looks at this paragraph in the context of the full letter, which is mostly concerned with how Anselm had written and structured his prayers. The first sentences are a classic *captatio benevolentiae*, a demonstration of good will that may well be sincere but once again generalize what at first looks like an individual statement.

In another letter to Gundulf (34), from about 1073, Anselm once again used the rhetorical device of *captatio benevolentiae* in expressing his affection, and then made a request (*petitio*), that Gundulf look after Maurice, who suffered from headaches and needed the care of Albert, the physician. Gundulf was invited to consider himself to be another Anselm in sharing Anselm's love of Maurice. Once again there is interchangeability in order to facilitate social bonds among monks and monasteries, and what at first appears to be friendships between individuals turns into a network of monastic contacts.

Probably a few years later Anselm wrote a brief letter to Gundulf (41), probably in response to his continuing requests to rejoin his friend at Bec. It begins with what looks like deep affection: „Both my Gundulf and your Anselm are witnesses that you and I have no need whatever to declare our mutual affection to each other by letter.“ For Anselm their love is preserved through its image in their hearts, but this awareness brings the conclusion that the two friends do not need to be physically in the same place. Instead of giving Gundulf any hope of future reunion, Anselm concludes with the wish that „God do with you what he knows to be pleasing to himself and profitable to you“. I can only interpret this ending as a snub: Anselm reverts to the traditional view in monasticism that those who love each other do not require each other's company, for they are spiritually united. In Anselm's words, „since we are known to each other by the presence of our souls I do not know what to say to you [...]“.

Another monk at Canterbury who wanted to return to Bec was Maurice, and to him Anselm replied that it was best not to say anything about the matter for the time being (Letter 42). Maurice apparently refused to be patient and had complained about a lack of letters, but Anselm insisted that his love for Maurice was undiminished. To demonstrate his affection, Anselm said in a second letter (43) that he was forwarding two letters, „I have arranged them sent together in order to convince your disbelief and to satisfy your suspicion“. Anselm seems to have believed that Lanfranc would give permission for Maurice's return to Bec and asked him to bring a manuscript with him. Maurice, however, seems to have remained at Canterbury. In a later letter (47), Anselm reassured him of his love but complained that the bearer of the letter had to depart, so he only had time to tell his friend, „what I have been for you, this I shall continue to be“.

Understanding Anselm on friendship

As Sir Richard Southern long ago pointed out, Anselm's torrid language of intimate friendship created misunderstandings among the monks who had left Bec for Lanfranc's communities at Caen and Canterbury. They took his words literally and did not understand that Anselm idealized individuals and saw them as parts of communities. In loving one monk, Anselm loved all monks. He was being not false, but true to his Christian platonic view of the universe.

What was Anselm trying to convey when he apparently gave so much of himself and actually gave so little? One explanation could be that Anselm had indeed in one case given his very being to another monk but then lost the young man. This was Osbern, who is mentioned both in Eadmer's *Vita Anselmi* and in the earliest of the letters. I have previously dealt at length with Anselm's relationship with Osbern and will not repeat myself here.[7] But it is remarkable how clearly he signaled in the early letters that he felt devastated by the death of Osbern:

> With as few words as possible and as much fervor as I am capable, I ask you and all my friends to pray for the late Osbern, my sweetest friend. Wherever Osbern is, my soul is his soul. May I therefore receive on his behalf, while living, what I could hope for from my friends when I am dead, so that they will be free of obligation to me when I die. (Letter 4)

Once again we have Anselm's assertion of interchangeability: what his friends might have given him, they instead can give to Osbern. This request means prayers, but perhaps also material help for his family. In any case, Osbern is written about in a way that no other monk friend is mentioned in the letters, which ask that Osbern be remembered as „our deceased brother, dearly-beloved by me" (Letter 5). In the same letter, this request is repeated in the last line, to emphasize its importance to Anselm: „Farewell, and consider the soul of Osbern, my other self, not as his, but as mine."

Here again is interchangeability: Osbern's soul becomes Anselm's. But this relationship, instead of diluting the intensity of love, concentrates it. I think it likely that Anselm came to love the young Osbern as a father does a son, but there may have also been an unexpressed erotic element in the bond. Whatever the nature of the relationship, it was the one time in Anselm's monastic life when he let down what we might call his Neoplatonic defenses and allowed himself an individual, passionate friendship. After Osbern's death, he kept a distance from his friends, and even though he encouraged them through his language of friendship, Anselm maintained a distance that enabled him to function well as teacher, prior, and later abbot at Bec.

Whatever the possible psychological explanation for Anselm's decision never to allow any of his other monastic brethren to take over Osbern's place, his letters can be seen as primarily his means to maintain good monastic disci-

7 McGuire, Love, friendship and sex, pp. 121–127.

pline. As he wrote to Herluin at Canterbury, „always be on your guard against the world and ready to turns its fraud back on it“ (Letter 8). Such advice had been given by monastics ever since the desert fathers, and Anselm came to be considered an expert at it. He told his monks once about how they occupied a place in the world which was like a fortress, from which they were not to look down on the village below, where their families lived. The devil with his armies came and regularly devastated the village, but the monks were not to heed the screams and cries of their family members below. They were to shut themselves up in the castle and pray, and here they would be protected.[8] This image says nothing of the bonds of friendship that might exist in the monastic community, but this silence is the point: friendship had to play a subordinate role in the good community. Monks could use its language, but it had to be kept in check in relation to the necessary discipline of monastery life.

Bernard of Clairvaux (1090–1153): From hesitation to the embrace of friendship

If Anselm represents a traditional monasticism full of tensions but also containing possibilities for change, then Bernard of Clairvaux shows the creation of a new synthesis, not only in terms of the Cistercian constitution, but also in relation to the expression of human emotions. Where Anselm hesitated and expressed reservations, Bernard blithely showed a new confidence in combining monastic discipline with individual bonds. Bernard's contribution to this development has not been universally acknowledged. In my own work on him in the 1980s, I saw him from a distance, through the eyes of his friends, but now, in the hope that in coming years I will have the time and opportunity to write a new biography of him, I would like to assert an aspect of what I consider to be Bernard's originality in terms of the expression and experience of friendship.[9]

Probably at Advent 1135, Bernard began preaching and writing sermons on the Song of Songs to his monks at Clairvaux. Until his death in 1153, he wrote eighty-six sermons, and before his third trip to Italy at the end of 1136, he had completed twenty-four sermons.[10] These are wonderful indications of his concerns during these years, when he had become the spokesperson of the Cistercian Order and the conscience of Europe. In the fourteenth sermon, he allowed himself to recollect how it had been after he had joined the monastery:

---

8 „Similitudo inter deum et quemlibet regem“, in: Anselm, Memorials, pp. 66–67.

9 In 1991 I published The Difficult Saint: Bernard of Clairvaux and his Tradition, Kalamazoo, which mainly limits itself to the reception of Bernard after his death. In 2009 I published a Danish language biography of Bernard, Den første europæer, which hopefully will be a point of departure for a full-scale English language biography.

10 Bernard of Clairvaux, Opera, pp. xv–xvi.

> I am not ashamed to admit that very often I myself, especially in the early days of my conversion, experienced coldness and hardness of heart, while deep in my being I sought for him whom I longed to love. (Sermon 14.6)[11]

What looks like a personal revelation is included in the sermon because Bernard like other monastic writers chose to make use of his own experience in order to encourage his monks. Here we have the self as an exemplum: Bernard could well be describing what actually happened to him, but he told the story because it was meant to encourage others. He described his pursuit of the one he longed to love, but his search was in vain:

> I sought him therefore that in him my numbed and languid spirit might find warmth and repose, for nowhere could I find a friend to help me, whose love would thaw the wintry cold that chilled my inward being and bring back again the feeling of spring-like bliss and spiritual delight. (Sermon 14.6)

The sense of being cut off from any sense of joy and warmth in human life is described with great power and conviction. Then, when least expected, Bernard discovered that „at the word or even the sight of a good and holy man, at the memory of a dead or absent friend“, there came a great thaw that released his tears. But in recalling this transformation, Bernard wondered about what he calls a gift

> that I have not won [...] by my own merits, that despite my urgent request it has not passed directly from his hand to mine. I feel ashamed that the remembrance of human goodness should affect me more powerfully than the thought of God.

Bernard regretted that he could not move directly to the love of God but instead needed the inspiration of the love of a friend. The memory of the dead or absent friend was what released his inner feelings, and not any awareness of the presence of God. And so he would cry out, „When shall I come and behold the face of God?“(Psalm 41,3) Here we are not far from the old monasticism, where the friend is at best a stepping-stone to God but at worst a distraction from him. Bernard claimed he felt let down by his own failure to embrace God except through the presence or memory of a human person: „I was also embarrassed and humiliated.“

After returning from Italy in the summer of 1138 Bernard resumed his sermons on the Song of Songs. In the twenty-sixth sermon he began in his usual way with textual exegesis, but after a few paragraphs he stopped and lamented the recent death of his brother Gerard, who had been the cellarer at Clairvaux and Bernard's right-hand man. Bernard's expression of grief is perhaps the best-known segment of all his sermons, and has been often analyzed in terms of pure literary content. In a study of monastic friendship, however, Bernard's lament can be seen as a breakthrough in the expression of pure love for an individual person, without any reservations, and without any worry that such a bond might distract from the monastic community. In these lines Bernard gave

---

11 I use the translations published in four volumes by Cistercian Publications, Kalamazoo, from 1976–80: Bernard of Clairvaux, *On the Song of Songs.*

friendship a new role in monastic life, in a manner that Anselm never dared allow.

Bernard began by saying that he now had to allow himself to convey the sorrow which he until that time had kept to himself: „All that I endure within must needs issue forth.“ (Sermon 26.3) He then described what Gerard had been to him, „My brother by blood, but bound to me more intimately by religious profession“ (26.4). He remembered how good it was to be together with him: „Our bodily companionship was equally enjoyable to both, because our dispositions were so alike [...]. Both of us were so happy in each other's company, sharing the same experience, talking together about them.“ (26.4) One notices here that there are no reservations, as so often is the case with Anselm's declarations of friendship. Bernard even allowed himself what looks like anger at Gerard for leaving him behind, for now he had to assume the burden of all the business which Gerard had spared him: „Anybody who spoke to Gerard had rarely need to see me.“ (26.6) Bernard could pray and write while Gerard took over the mundane affairs of Clairvaux.

The laments go on and on, sentence after sentence, section after section. Bernard could now allow himself to weep, and he could assert: „Gerard was mine, so utterly mine [...] a brother to me by blood, a son by religious profession, a father by his solicitude, my comrade on the spiritual highway, my bosom friend in love?“ (26.9) Never before in monastic literature had there been such an unbridled expression of human affection, and it is at this point Bernard turned from his own situation and generalized:

> It is but human and necessary that we respond to our friends with feeling: that we be happy in their company, disappointed in their absence. Social intercourse, especially between friends, cannot be purposeless; the reluctance to part and the yearning for each other when separated, indicate how meaningful their mutual love must be when they are together. (26.10)

At first glance it looks as if Bernard might have borrowed the language of Cicero's *De amicitia*, which he must have read in his youth. But if we look more closely at the language, it is not rehashed Cicero, and the term *socialis conversatio* is not to be found in any other medieval Latin source.[12] It is Bernard's own, celebrating monastic *conversatio* or way of life, but now adding the importance of contact with others. Bernard was pointing out the joy of being together with one's friends, something he could have taken from the Psalms, especially the expression: *Ecce quam bonum et quam jucundum, habitare fratres in unum* (132). But Bernard's statement is more than an echo of this happy assertion. He was celebrating the fact of friendship and saw it as natural and necessary to cultivate friendships, both in society at large, and in the monastery.

Bernard's lament and simultaneous declaration of the importance of friendship point to a reorientation of Christian affectivity. In one sense this change

12 I am grateful to my Ph.d. student Tyler Sergent for checking this phrase in the Library of Latin Texts data base.

was inevitable, for Western culture has been built on the Gospels, and sooner or later the lament of Jesus at the tomb of Lazarus had to provide a model for love. But no monastic writer before Bernard had gone so far in defending tears and in celebrating friendship.

It might be said, of course, that Bernard's praise of friendship was limited to a member of his biological family and that he allowed himself to be so extreme in his language because the bond to Gerard went back to before their entrance to monastic life. But in his long lament, Bernard emphasized that what had been a carnal bond had become a spiritual one. He did not deny the first dimension but also saw room for the second. He never sought to escape his own humanity: „I have made public the depth of my affliction, I make no attempt to deny it. Will you then say that this is carnal? That it is human, yes, since I am a man. If this does not satisfy you then I am carnal.“ (26.9)

Bernard and the challenge of friendship

Being a friend is not easy, even for a Bernard of Clairvaux, who had to respond to a now lost letter in which his friend William of Saint Thierry accused him of failing in friendship. Bernard confronted the charge directly, „You may be right when you say that my affection for you is less than yours is for me, but I am certainly certain that you cannot be certain.“[13] Bernard's point was that no person knows himself, and so William could not claim to know Bernard's affections, since Bernard did not even know his own: „What proof have you that my affection for you is less than yours is for me?“

Later in the letter Bernard more or less conceded that William's love was greater than his own. He invited William to take hold of him: „Draw me after you that I may reach you and wish you receive more fully when comes the power to love.“ (Letter 87.4) In these passages we have plays on words that are reminiscent of Anselm, but Bernard's purpose is not to keep his correspondent at a distance but to invite him into a dialogue or exchange which is part of the very *socialis conversatio* which he praised in his lament for Gerard: „Why do you try to reach me and complain that you are not able? You could reach me if you but considered what I am; and you can reach me still whenever you wish, if you are content to find me as I am and not as you wish me to be.“

In another letter to William, Bernard began in reflecting on the form of salutation that his friend had used: „To his friend all that a friend could wish.“ He returned the greeting and speaks of the „common language“ that they share (Letter 88.1). There is reciprocity of emotion here but not interchangeability of human persons. Bernard used the letter to warn William against resigning his

---

13 I use the translation of James, The Letters of St. Bernard of Clairvaux, Kalamazoo. James's numbers are slightly different from those in the standard Latin edition ed. Leclercq and Rochais. This is Letter 87 in James, Ep. 85 in Leclercq.

abbacy and becoming a monk at Clairvaux. His reasons for keeping William at a distance are not completely clear. He may have feared that William would not be able to fit into the Clairvaux community. In any case he felt that he could be direct in telling his friend what he thought: „If I am to say what I think, I must tell you that, unless I am mistaken, it is something I could not advise you to attempt and you could not carry out.“ (88.2)

There are many other expressions of friendship in Bernard's letter collection, but the most remarkable is addressed to Ermengarde, Countess of Brittany, who had become a nun. Here we find all the terms of friendship traditionally used among monks. Ermengarde was by no means the first cloistered woman who found support and consolation in a spiritual bond with a monk or priest, but what is remarkable here is how Bernard's language knows no restraint. He told her that his affection knew no bounds: „Search your heart and you will find mine there too and ascribe to me at least as great an affection for you as you find there for me“ (Letter 119, Ep. 116). He described himself as Ermengarde's spiritual counselor, and so it is from this role that he could allow himself to express his affection for her.

Elsewhere I have written about this amazing transformation of male-male bonds to male-female bonds in the monastic life,[14] but I had not previously been aware of Bernard's contribution. It is as if once he allowed himself to express publicly the intensity of his love for his brother Gerard, he at the same time could liberate the celebration and practice of friendship both among men and between men and women in the religious life.

I want by no means to idealize medieval monastic life and to make it appear to be a dance on roses, but I am convinced that Bernard and his followers were able to describe and practice friendship in a manner that had not previously been allowed or anticipated in Western monasticism. We find here a revolution in the expression of human feeling that made it possible for the devout Christian to spiritualize friendship. Just as Chrétien de Troyes at this time was celebrating romantic love between male and female, Bernard of Clairvaux rejoiced in the spiritual love that can energize the life of the cloister. In the charism of friendship flourished our Western hope that an institution can bring people together and make it possible for them to realize their talents and express their emotions.

Bibliography

Anselm, Opera Omnia: *Sancti Anselmi Cantuariensis* [...] *Opera Omnia*, ed. F.S. Schmitt, vol. 3, Edinburgh 1946.

Anselm, Memorials: *Memorials of Saint Anselm*, ed. R.W. Southern/F.S. Schmitt, Oxford 1991.

14 McGuire, The Cistercians and the Transformation.

Bernard of Clairvaux, *On the Song of Songs I–II* (The Works of Bernard of Clairvaux), trans. K. Walsh, Kalamazoo, Michigan 1976–77.
Bernard of Clairvaux, *The Letters*, trans. B.S. James, Kalamazoo, Michigan 1998.
Bernard of Clairvaux, *Opera*, ed. J. Leclercq/C.H. Talbot/H. Rochais, vol. 1, Rom 1957.
Boswell, J., *Christianity, Social Tolerance, and Homosexuality*, Chicago and London 1981.
Fröhlich, W., *The Letters of Saint Anselm of Canterbury*, vol. 1, Kalamazoo, Michigan 1990.
McGuire, B.P., Love, friendship and sex in the eleventh century: The experience of Anselm, in: *Studia Theologica* 28 (1974), pp. 111–152.
McGuire, B.P., *Friendship and Community: The Monastic Tradition 350–1250*, Kalamazoo MI 1988.
McGuire, B.P., The Cistercians and the Transformation of Monastic Friendships, in: Idem, *Friendship and Faith: Cistercian Men, Women and their Stories, 1100–1250*, Aldershot, Hampshire 2002.
Southern, R.W., *Saint Anselm and his Biographer*, Cambridge 1966.

ELKE GOEZ (Passau)

Bernhard von Clairvaux und Konrad III.

> *Imperator ab Urbe rediens Germaniam ingreditur. Non multo post generalem curiam Babinberg circa mediam quadragesimam celebrans Fridericum et Conradum duces interventu Clarevallensis abbatis Bernhardi in gratiam recepit*[1].

Glaubt man der Nachricht in der Chronik Ottos von Freising, so wäre Bernhard von Clairvaux gleichsam mit einem diplomatischen Paukenschlag in das Leben des glücklosen Gegenkönigs[2] Konrad III. getreten. Hätte doch Kaiser Lothar die staufischen Brüder – Herzog Friedrich II. und Konrad III. – allein dank der Fürsprache Abt Bernhards von Clairvaux wieder zu Gnaden angenommen. Doch der Chronist, der selbst als junger Mann aus spontaner Begeisterung Mönch in der Zisterze Morimond geworden und später zum Bischof von Freising aufgestiegen war[3], hatte sich an dieser Stelle allzu sehr von seiner Verehrung für den charismatischen Prediger, Thaumaturgen und zisterziensischen Ordensbruder mitreißen lassen[4]. Tatsächlich war Bernhard 1135 mit dem erklärten Ziel nach Bamberg gereist, Kaiser Lothar III. zu einem zweiten Romzug zu bewegen, da dieser Papst Innocenz II. im seit 1130 bestehenden Schisma endgültig zur Durchsetzung gegen seinen Kontrahenten Anaklet verhelfen sollte. Solange jedoch die Differenzen des Kaisers mit seinen Gegnern im Innern des Reiches fortbestanden, war an einen neuerlichen Zug über die Alpen nicht zu denken. Die wichtigsten Vorarbeiten für die Versöhnung Lothars III. mit seinen staufischen Widersachern, Friedrich und Konrad, hatte allerdings bereits der deutsche Kardinal Theodwin von S. Rufina geleistet[5], worauf Otto von Freising nicht näher einging. Als Bernhard über Zwischenstationen in Lothringen und Mainz nach Bamberg gelangte[6], wo am 17. und 18. März 1135 ein Hoftag stattfinden sollte[7], war die Unterwerfung Herzog Friedrichs bereits beschlossen und wohl schon in den Details ausgehandelt. Nachdem der Staufer

1 Ottonis episcopi Frisingensis Chronica, VII, 19, S. 335f.

2 Zum Gegenkönigtum Konrads III. vgl. Giese, Gegenkönigtum.

3 Zur Biographie Ottos von Freising vgl. Hofmeister, Studien, S. 99–161, 633–768; Kirchner-Feyerabend, Otto von Freising; Goez, Otto von Freising, S. 282–297; Hageneier, Die frühen Staufer, S. 363–396.

4 Vgl. Dinzelbacher, Bernhard von Clairvaux, S. 162; Otto von Freising war indessen bei aller Bewunderung für den Heiligen nicht frei von Kritik an dessen rigorosem Vorgehen gegen Petrus Abaelard, vgl. Ottonis et Rahewini gesta Friderici I. imperatoris, S. 68; Goez, ...erit communis et nobis, S. 196.

5 Vgl. Robinson, Papacy, S. 449; Dinzelbacher, Bernhard, S. 162.

6 Vgl. Vita prima IV, 3, 14; Gastaldelli, Testimonianze S. 52f.; Gastaldelli, Lettere, S. 269; Dinzelbacher, Bernhard, S. 162; zum Itinerar vgl. auch Vacandard, Vie de Saint Bernard, S. 367; Bernhardi, Jahrbücher, S. 561 mit Anm. 5.

7 Böhmer/Petke, Regesta Imperii IV, Nr. 429, S. 272–274.

sich öffentlich dem Kaiser zu Füßen geworfen hatte[8], wurde er zu Gnaden aufgenommen.

Sein Bruder Konrad unterwarf sich indessen erst ein halbes Jahr später am 29. September in Mühlhausen[9]. Der tatsächliche Einfluss Bernhards von Clairvaux auf die innere Befriedung des Reiches und die Wiedereingliederung der Staufer, speziell Konrads III., scheint aus diesem Blickwinkel also eher gering gewesen sein. Lothar III. erwähnt ihn im Zusammenhang mit dem Bamberger Hoftag in seinem Schreiben an Papst Innocenz II. überhaupt nicht[10]. Auch andere Quellen berichten lediglich von einer Vermittlung durch einige, namentlich nicht genannte Fürsten des Reiches[11]. Andererseits beklagte sich Gerhoch von Reichersberg[12], dass er in Bamberg nicht genügend Gelegenheit hatte, mit Bernhard Gespräche zu führen, da dieser mit Geschäften überhäuft gewesen sei[13]. Ob ihn die Unterredungen mit Lothar III. wegen des neuerlichen Romzuges so beschäftigt hatten oder ob er doch stärker in die Verhandlungen mit dem Stauferherzog Friedrich involviert war, bleibt unklar.

Da Konrad III. aber dem berühmten Abt zeitlebens verbunden blieb[14], darf man wohl trotz des unklaren Quellenbefundes davon ausgehen, dass Konrad die Rekonziliation der Staufer durchaus auch auf den Einfluss des Zisterziensers zurückführte[15]. Ob sich Konrad aber im Umfeld des Bamberger Hoftages mit Bernhard getroffen hat[16], ist unklar, zumal nicht bekannt ist, wo Bernhard in dieser Zeit Quartier genommen hatte. Die Vermutung liegt allerdings nahe, dass er sich in der Zisterze Ebrach aufhielt[17]. Dem Abt des 1127 gegründeten Klos-

---

8 Annalista Saxo, MGH SS 6, S. 769: … *cum valida manu electorum militum et armorum venit, et Fridericus cum suis, licet aliquandiu reniteretur gratiam inperatoris publice provolutus pedibus illius humiliter exquisivit et mox inpetravit.*

9 Böhmer/Petke, Regesta Imperii IV, Nr. 456, S. 291–292.

10 Epistolae Bambergenses, Nr. 29, S. 523–525, S. 523: *Siquidem, tam materiali quam spiritali uterque convictus gladio, Fridericus in Babenberh, Conradus in curia proxime celebrata ad gratiam nostram venit; ambo ad ecclesie servicium sacramento nobis obligati.*

11 Chronica regia Coloniensis, S. 72; S. Petri Erphesf. Cont. Ekkehardi, S. 41; Böhmer/Petke, Regesta Imperii IV, Nr. 429, S. 273; Dinzelbacher, Bernhard, S. 162.

12 Zu Bernhard von Clairvaux und Gerhoch von Reichersberg vgl. Bouton, Chanoines, S. 278–280; Dinzelbacher, Bernhard, S. 162.

13 Gerhohi praepositi Reichersbergensis libelli selecti, ed. Sackur, Libellus III: *Libellus de eo, quod princeps mundi huius iam iudicatus sit*, S. 239–272 und 240–241. Sein Brief an Bernhard hebt an mit der Klage: *In curia Babenbergensi non poteram desiderabili presentia tua frui, prout volui. Nam impediente causarum tumultu de multis pauca venerunt in questionem, super quibus tuam paternam desiderabam responsionem, ut meis interrogationibus tuisque responsionibus invicem collatis atque ad unam finalem causam dilectionis relatis id ipsum sapere atque id ipsum dicere possumus, donec Deus revelaret, si quid aliter saperemus.* Zu Gerhoch vgl. Classen, Gerhoch von Reichersberg.

14 Schwarzmaier, Bernhard von Clairvaux, S. 63, meint sogar, Konrad sei dem Zisterzienserorden „verfallen wie kein anderer König nach ihm."

15 Geldner, Politik, S. 127, ist überzeugt davon, dass Bernhard die Versöhnung des Kaisers mit den staufischen Brüdern erwirkte.

16 Vgl. Bernhardi, Jahrbücher, S. 561; Geldner, Abt Adam, S. 58.

17 Vgl. Geldner, Abt Adam, S. 58.

ters[18], Adam, fühlte sich Bernhard eng verbunden[19] und er dürfte wohl kaum die Gelegenheit ungenutzt gelassen haben, die neue Zisterze persönlich zu besuchen. Vielfach wurde Abt Adam in der Folgezeit zum Sprachrohr des absenten Bernhard von Clairvaux am Ohr des Königs sowie während der Kreuzzugspropaganda im Reich; er wird zu einem der wichtigsten Brückenpfeiler der Kommunikation des burgundischen Zisterziensers mit dem staufischen Herrscher[20].

Ob Konrad III. noch weitergehende Gründe hatte, sich Bernhard von Clairvaux verpflichtet zu fühlen, ist umstritten. Geldner äußerte die Vermutung, Bernhard könnte den Ausgang der Königswahl Konrads entscheidend beeinflusst haben[21]. Zwar war er am Wahltag in Koblenz sicher nicht anwesend, doch verband ihn eine enge Vertrautheit mit dem Trierer Erzbischof Albero von Montreuil[22], mit dem sich wiederrum Konrad auf dem zweiten Italienzug Lothars III. angefreundet hatte[23]. Es liegt daher nahe, dass sich Erzbischof Albero mit Bernhard im Vorfeld der Wahl Konrads über diesen Kandidaten ausgetauscht hatte. Ob und in welcher Weise der Zisterzienser dabei Partei für den Staufer ergriffen hat, ist freilich unbekannt.

Schon im zweiten Jahr seines Königtums urkundete Konrad III. auf Intervention Bernhards von Clairvaux[24]. Am 19. Juli 1139 schenkte und bestätigte der Herrscher in Nürnberg dem Erzbistum Pisa und seinem Erzbischof Balduin bestimmte Besitzungen und Einkünfte[25]. Neben der Gemahlin Konrads, Gertrud, seinem Halbbruder Otto von Freising sowie dem Abt Adam von Ebrach trat auch Bernhard als Fürsprecher auf und wurde durch den Namens-Zusatz *magnę sanctitatis vir* besonders geehrt. Dabei war der Abt gar nicht persönlich in Nürnberg anwesend, sondern hatte sich brieflich für den Pisaner Erzbischof, einen Zisterzienser, eingesetzt, indem er Abt Adam von Ebrach mit der Wahrung seiner Interessen betraute[26].

---

18 *Relacio a quibus et quando domus hec fundata sit*, S. 1. Der Gründungsvorgang zog sich indessen über einen längeren Zeitraum hin und begann möglicherweise schon 1119, vgl. Goez, Zisterzienserkloster Ebrach, S. 1–3.

19 Dies geht aus zwei Mahnschreiben Bernhards von Clairvaux an Adam hervor. Schon vor der Berufung Adams zum Abt von Kloster Ebrach hatte Bernhard mit ihm korrespondiert, um ihn von einer Pilgerfahrt abzuhalten; vgl. Bernhard von Clairvaux, Sämtliche Werke II, Brief 5, S. 296–299; Brief 7, S. 303–333.

20 Ob man Adam aber als „Statthalter Bernhards rechts des Rheins und sein ständiger Bevollmächtigter beim deutschen König“ bezeichnen kann, wie Geldner, Abt Adam, S. 62, dies getan hat, ist fraglich und nicht zu beweisen.

21 Ebd., S. 59.

22 Zu dessen Motiven für seinen Einsatz zugunsten des Staufers vgl. Vones-Liebenstein, Aspekte, S. 331–334; Lubich, Beobachtungen, S. 324–327.

23 Gesta Alberonis, S. 252: *Conradus … domini Alberoni archiepiscopo … sese familiariter magna et servitio adiunxit; et tanta coniuncti sunt amicicia …* Vgl. auch Lubich, Beobachtungen, S. 321.

24 Geldner, Abt Adam, S. 59, sieht in der Formulierung der Urkunde einen Beleg für das „Wissen um eine Dankesschuld“ bei Konrad III.

25 DKo III 32.

26 Die persönliche Abwesenheit Bernhards und seine indirekte Intervention durch einen Brief geht aus seinem Schreiben an Abt Adam von Ebrach hervor; Bernhard von Clairvaux, Sämt-

Angesichts des engen Vertrauensverhältnisses zwischen Abt Adam und Bernhard von Clairvaux, war der burgundische Abt wohl sehr genau über die guten Beziehungen Adams und seines Klosters Ebrach zum ersten Stauferkönig informiert. Auf den ersten Blick hätte es für Bernhard nähergelegen, die Bitte um stellvertretende Fürsprache an den Halbbruder des Herrschers, Bischof Otto von Freising, zu richten, doch bewusst wählte er für diese Aufgabe Adam aus. Spätestens 1139, wahrscheinlich aber schon im Vorfeld des Bamberger Hoftages von 1135 installierte Bernhard Abt Adam als sein Sprachrohr am Ohr des Herrschers. Abt Adam hat in der Folgezeit immer wieder die Nähe Konrads III. gesucht; nicht nur wenn dieser sich in der Umgebung des Klosters Ebrach befand[27]. Man darf davon ausgehen, dass er die Beziehungen zum Herrscher immer auch im Hinblick auf die Förderung nicht nur seiner Abtei und der Ebracher Filiation, sondern des gesamten Zisterzienserordens pflegte.

Wie eng die Bindungen Konrads III. an die erste fränkische Zisterze waren, wurde deutlich, als 1146 Königin Gertrud in Kloster Hersfeld verstarb[28]. Auf Wunsch des Staufers überführte man ihre Leiche nach Ebrach und bestattete sie dort[29]. Glaubt man der lokalen Klostertradition, dann hatte Konrad sich gewünscht, neben seiner Gemahlin zur letzten Ruhe gebettet zu werden[30]; einen Wunsch, den ihm die Bamberger nicht erfüllten.

Aber Bernhard suchte und fand Gehör beim König nicht nur durch seinen Mittelsmann Adam. In einer anderen Angelegenheit beauftragte er den Abt von Eberbach, eine Bitte vorzutragen und gab ihm nur ein ganz kurzes Begleit-

---

liche Werke III, Brief Nr. 542: *Estne nobis apud te ulla gratia? Est utique. Iam ergo volumus ut appareat. Profecto et si multum quaereres, non posses invenire in quo magis benevolentiae tuae placeret obsequium quam in negotio domini Pisani. Multo magis ergo te nostrum facies, si effeceris ut eius affectus mancipetur effectum. Vale.* Vgl. auch Leclercq, in: Analecta s. ordinis Cist. 9, S. 140; Bernhardi, Jahrbücher, S. 109–110 mit Anm. 19.

27 DDKo III 32 (1139 Juli 19, Nürnberg), 98 (1144 März 25, Würzburg), 149 (1146 Mai 14, Nürnberg), 153 (1146 Juli 10, im Bistum Regensburg), 154 (1146 Juli 12, im Bistum Regensburg), 156 (1146 August 2, Fulda), 202 (1149 Mai 23, Salzburg), 260 (1151 (September nach 17), Würzburg), 266 (1151 November 23, Würzburg), 270 (1152 (Februar 2/15), Bamberg).

28 Eine Zusammenstellung der Quellen zum Tod Gertruds bei Bernhardi, Jahrbücher, S. 471, Anm. 11.

29 Zum angeblichen letzten Willen Gertruds vgl. StA Würzburg, Kloster Ebrach, Rep. D7/ Nr. 17: Historiae diplomaticae Ebracensis monasterii saeculi I, S. 104; zur Handschrift vgl. Goez, Codex diplomaticus Ebracensis I, S. XLV, Nr. 35; ein Testament der Königin existiert nicht; Zu Königin Gertrud vgl. Goez, Königin Gertrud, S. 28–42. 1167 starb Konrads zweiter Sohn, Friedrich von Rothenburg, bei der Katastrophe des staufischen Heeres vor Rom. Auf eigenen Wunsch wurde er ebenfalls in Ebrach bestattet; Vgl. Schreibmüller, Herzog Friedrich IV., S. 213–242; Althoff, Friedrich von Rothenburg, S. 307–316. Angeblich wünschte sich auch Philipp von Schwaben ein Begräbnis in Ebrach, doch gibt es hierfür keine Hinweise in Ebracher Urkunden, vgl. Nicolai, „Libido aedificandi“, S. 122–123; Hucker, Stauferzeitliche Zisterziensergründungen, S. 290–291.

30 StA Würzburg, Kloster Ebrach, Rep. D7/ Nr. 8: Sportella Chartarum, fol. 472v: *MCLIII obiit Bamberge, ibidem sepultus in summo iuxta sepulchrum beate imperatricis Kunegundis. … Causa vero, quare Bamberge sepultus est, quia oratorium sue fundacionis in Ebrach, quod in presentiarum est, illo in tempore nondum erat.*

schreiben mit[31], das indessen durch seine geschickte, die Argumentationsstrategie der Königskanzlei aufgreifende Wortwahl Konrad erheblich unter Handlungsdruck setzte. Zunächst wünschte Bernhard dem König, dass ihm Ehre zuteil würde[32] und betont, dass er dem Staufer nur solche Anliegen unterbreite, die dessen Ehre förderlich wären[33]. Da die Wahrung des *honor* als handlungsleitende Maxime des Hofes zu verstehen ist[34], war Konrad III. geradezu gezwungen, auf diesen Brief und sein Anliegen zu reagieren.

Aber Bernhard war auch die kommunikative Schnittstelle sowie der Ansprechpartner Konrads III., wenn dieser einer Entwicklung am Apostolischen Stuhl in Rom kritisch gegenüberstand. So beklagte sich der Staufer wohl Ende 1139 oder 1140[35] bei dem Abt von Clairvaux darüber, dass der Papst kaiserliche Befugnisse an sich gerissen habe. Hauptkritikpunkt war die Anerkennung Rogers als König von Sizilien durch Papst Innocenz II. im Vertrag von Mignano (27. Juli 1139), durch welchen die Ansprüche des Reiches in Süditalien erheblich tangiert und teilweise außer Kraft gesetzt wurden.

Offenbar wollte Konrad III. seinen Unmut nicht direkt gegenüber dem Papst äußern, die Angelegenheit aber auch nicht stillschweigend auf sich beruhen lassen. In diesem diplomatischen Grenzbereich schaltete er Bernhard ein, der in auffallend vorsichtiger Kürze antwortete.

Er erklärte sich mit dem König solidarisch, indem er jede Schwächung des Reiches und jede Herabsetzung des Herrschers ablehnte[36], ermahnte Konrad aber zugleich zu größter Ehrfurcht gegenüber dem Nachfolger Petri[37]. Im gleichen Atemzug lenkte Bernhard von dem brisanten Problem ab und beklagte seinerseits, dass es viele Themen gäbe, die er mit dem Staufer besprechen müsste, die er aber dem Brief nicht anvertrauen wollte, da er annahm, nur mündlich mit seinen Anliegen Erfolg zu haben[38]. Worauf Bernhard in diesem Zusammenhang anspielte, ist unklar. Bezeichnend sind indessen die von ihm geäußerten Zweifel am Medium Brief. Der charismatische Prediger sah im gesprochenen Wort seine schärfste und treffsicherste Waffe, obwohl er – wie der gesamte Zisterzienserorden – allen Formen der Verschriftung sehr positiv gegenüber-

---

31 Bernhard von Clairvaux, Sämtliche Werke III, Brief 499.

32 Ebd.: *Etsi longius a vobis positi sumus, diligimus tamen vos, et honorem vestrum toto desideramus affectu.*

33 Ebd.: *Cuius conscientiae testimonio audemus et fiduciam habemus in his maxime rebus, quas honorem ad vestrum et ad salutem vestram novimus pertinere.*

34 Vgl. Görich, Wahrung, S. 267–298; speziell zu den Briefen Bernhards, S. 274–275.

35 Die Datierung des verlorenen Briefes ist umstritten. Giesebrecht, Kaiserzeit IV, S. 465–466, datiert das Schreiben 1139/1140 und Bernhardi, Jahrbücher, S. 180 mit Anm. 69, schloss sich ihm an. Jaffé, Konrad III., S. 184, indessen glaubt, dass der Brief erst 1150 geschrieben wurde.

36 Bernhard von Clairvaux, Sämtliche Werke III, Brief 183: *Querimoniae Regis nostrae sunt, et maxime illa quam dignanter exprimitis de invasione imperii. Regis dedecus, regni diminutionem numquam volui; volentes odit anima mea.*

37 Ebd.: *Quam tamen sententiam cupio vos et omnimodis moneo custodire, in exhibenda reverentia summae et apostolicae Sedi et beati Petri Vicario, sicut ipsam vobis vultis ab universo servari imperio.*

38 Ebd.: *Sunt quae non putavi scribenda; praesens ea fortassis opportunius intimarem.*

stand[39]. Die Angelegenheiten waren ihm offenbar so wichtig, dass er auch keinen Boten mit mündlichen Nachrichten schicken wollte[40], sondern lieber auf ein persönliches Zusammentreffen mit dem König wartete. Tatsächlich wiedergesehen hat er den Staufer aber erst Jahre später.

Durch Konrads Klage gegen päpstliche Eigenmächtigkeiten hatte Bernhard die Gelegenheit bekommen, den Stil der Kanzlei sorgfältig zu studieren. In einem Jahre später abgesandten Brief bediente sich der Meister des Wortes geschickt der Kanzlei-Rhetorik, um Konrad III. gleichsam mit seinen eigenen Argumenten in die Enge zu treiben und zum Handeln zu zwingen.

Er bedrängte den König, die päpstliche Autorität gegen die aufrührerischen Römer energisch zu verteidigen[41]. Zunächst hielt er dem zögernden Staufer vor, dass Gott die beiden Universalgewalten zum gegenseitigen Nutzen eingesetzt habe[42], woraus sich eine Beistandspflicht des einen für den anderen ergäbe, da der göttliche Wille erfüllt werden müsse[43]. In meisterlicher Rhetorik fragt er den Herrscher, ob es seiner Ehre förderlich wäre, ein verstümmeltes Reich zu beherrschen, da er in Rom offenbar nicht das Haupt des Imperiums erkenne[44]. Sodann warnte er ihn eindringlich, dass Gott seine Kirche auch durch die Hand eines anderen befreien könne, was in den Augen der Öffentlichkeit sicher negativ auf den *honor* des Königs und die *utilitas* des Reiches zurückfalle[45]. Damit argumentierte Bernhard gleichsam mit doppeltem Nachdruck, betonte er doch die göttliche Möglichkeit, den Schutz der Kirche auf einen beliebigen Geeigneten zu übertragen[46], womit er – wenn auch nicht expressis verbis – auf die Translationslehre[47] anspielte, und rief zugleich die öffentliche Meinung der Fürsten als Gradmesser für den Erfolg königlicher Politik an, bezog die fürstliche Verantwortung für das Reich in seine Argumentation ein und hob dadurch die

39 Vgl. Melville, De ordine vitae; Melville, Funktion, S. 391–417; Cygler/Melville/Oberste, Aspekte, S. 205–280; Oberste, Normierung, S. 312–348; Goez, Pragmatische Schriftlichkeit.

40 Dabei sandte Bernhard auch an illustre Kommunikationspartner Boten, die nur mündliche Nachrichten überbrachten, so beispielsweise an Abt Petrus Venerabilis von Cluny, der sich indessen dringend ausbat, künftig schriftliche Nachrichten zu erhalten, vgl. Zulliger, Bernhard von Clairvaux und Kommunikation, S. 27–28.

41 Bernhard von Clairvaux, Sämtliche Werke III, Brief 244. Vgl. auch Thumser, Kommune, S. 117–126; Görich, Wahrung, S. 274–275.

42 Bernhard von Clairvaux, Sämtliche Werke III, Brief 244, S. 308–310: *Non veniat anima mea in consilium eorum qui dicunt, vel imperio pacem et libertatem ecclesiarum, vel ecclesiis prosperitatem et exaltationem imperii nocituram. Non enim utriusque institutor Deus in destructionem ea connexuit, sed in aedificationem.*

43 Ebd., S. 308: *Magis autem quod divina sanxit auctoritas, humana studeat adimplere voluntas.*

44 Ebd., S. 310: *Si hoc scitis, quousque vos communem contumeliam, communem dissimulatis iniuriam? Nonne ut Apostolica Sedes, ita et caput imperii Roma est? Ut ergo de Ecclesia taceam, num honor Regi est truncum in manibus tenere imperium?*

45 Ebd.: *Liberabit et hoc tempore absque dubio sponsam suam, qui suo sanguine redemit eam … Liberabit, sed si in manu alterius, viderint regni principes, idne honor Regis regnive utilitas sit.*

46 Dinzelbacher, Bernhard, S. 274, geht davon aus, dass Bernhard indirekt damit drohte, der König von Sizilien würde zum Schutzherrn des Papstes bestellt werden, doch geht dies aus dem Schreiben nicht hervor.

47 Goez, Translatio imperii.

Notwendigkeit der Konsensualität hervor[48]. Da nur handlungsfähige Personen oder Gruppen *honor* erringen, verteidigen oder verlieren können[49], bezog Bernhard gleich alle möglichen Akteure in sein Drängen sein. Als sei dies noch nicht genug, erinnerte er den Staufer unverhohlen an seine kaiserlichen Pflichten als Schutzherr der Kirche[50]. Das faktische Fehlen der Kaiserkrone überspielend, bedrängt er den König und schmeichelt ihm zugleich. Ganz zum Schluss warnt er den Staufer noch vor schlechten Ratgebern, denen die *regia maiestas* wenig bedeute und die nur ihren eigenen Vorteil suchten[51]. Diese Passage deutet darauf hin, dass Bernhard wusste, dass die römische Kommune ihrerseits schon mehrfach Briefe und Gesandte an den Hof geschickt hatte, um den Staufer zum Eingreifen im Sinne der Stadtrömer zu bewegen[52]. Wer den burgundischen Abt über die Vorgänge am Hof so genau informierte, ist unbekannt, man wird aber wohl an die Zisterzienseräbte im Reich denken dürfen, allen voran Adam von Ebrach, und natürlich an Otto von Freising[53].

Das Schreiben manifestiert die Stärke Bernhards, sich nicht nur auf jeden Hörer oder Adressaten im Stil einstellen[54], sondern sich auch nach Belieben dessen Argumente anzueignen und seiner Sprache bedienen zu können. Das Schreiben wirft auch ein Licht auf die bezwingende Kraft der berühmten Kreuzzugspredigt vor Konrad III. Der Brief des heiligen Abtes gibt einen Begriff davon, wie suggestiv und gleichsam unentrinnbar Bernhard zu predigen

48 Görich, Wahrung, S. 275: „Über die Wahrung des *honor regis* urteilt also nach Bernhards Vorstellung die wahrnehmende Öffentlichkeit in Gestalt der Fürstenversammlung."

49 Vgl. Görich, Wahrung, S. 275. Mit dieser schlüssigen Deutung wendet sich Görich dezidiert gegen Schlick, König, Fürsten und Reich, S. 143f., und Koch, Sacrum Imperium, S. 247–250, die in der Idee des *honor regni* eine Möglichkeit des Königs zur Instrumentalisierung der Fürsten gesehen haben; vgl. auch Görich, Die Ehre Barbarossas, S. 5–7, 17–22; Krieg, Herrscherdarstellung, S. 147f.

50 Bernhard von Clairvaux, Sämtliche Werke III, Brief 244, S. 310: *Quamobrem accingere gladio tuo super femur tuum, potentissime, et restituat sibi Caesar quae Caesaris sunt, et quae sunt Dei Deo. Utrumque interesse Caesaris constat, et propriam tueri coronam, et Ecclesiam defensare. Alterum Regi, alterum convenit advocato. Victoria, sicut in Domino confidimus, prae manibus est.*

51 Ebd., S. 312: *Si quis aliud quam locutus sum vobis, quod non credimus, suadere conabitur, is profecto aut non diligit Regem, aut parum intelligit quid regiam deceat maiestatem, aut certe quae sua sunt quaerit, et non valde quae vel Dei, vel Regis sunt, curare convincitur.*

52 Otto von Freising, Gesta I, 30, S. 45–47, inseriert den Wortlaut eines Schreibens, in welchem erwähnt wird, dass es bereits etliche Briefe in gleicher Sache gegeben hatte. Ebd., S. 45: *Regali excellentie per plurima iam scripta nostra facta et negotia diligenter exposuimus, quomodo in vestra fidelitate permaneamus ac pro vestra imperiali corona exaltanda et omni modo augenda cottidie decertamus.* Vgl. hierzu auch Dinzelbacher, Bernhard, S. 274.

53 Dass der Chronist in den Angelegenheiten der römischen Kommune ganz auf der Seite Abt Bernhards stand, geht aus einem Nachsatz hervor, der dem inserierten Brief der stadtrömischen Gesandtschaft angeschlossen ist. Otto von Freising, Gesta I, 30, S. 47: *At christianissimus princeps huiusmodi verbis sive neniis prebere aures abnuit.*

54 Vgl. Vita prima, lib. 3, cap. 3, Sp. 306–307; Diers, Elitäre Frömmigkeit, S. 239–240; Goez, ... erit communis et nobis, S. 177.

und argumentieren vermochte, um sein Gegenüber zu mobilisieren und nötigenfalls zu instrumentalisieren, wie dies bei dem Staufer sein Ziel war[55].

Seit Bernhard am Ostertag 1146 in Vezelay vor Ludwig VII. von Frankreich den Kreuzzug gepredigt hatte[56], lag die gesamte Propaganda – in Franken delegiert an den vielfach bewährten Abt Adam von Ebrach[57] – für das Unternehmen in seinen Händen[58], ohne dass er sich danach gedrängt hätte[59]. Es lag ihm aber nicht nur daran, Konrad III. für das kriegerische Unternehmen zu gewinnen, sondern auch die nicht authorisierten Predigten Radulfs zu unterbinden, die zu schweren Ausschreitungen gegen die Juden geführt hatten[60]. Ende November/Anfang Dezember 1146 traf er Konrad III. auf einem Hoftag in Frankfurt und versuchte sofort, den König zur Kreuzzugsteilnahme zu bewegen. Als dieser jedoch dezidiert verneinte, bedrängte er ihn zunächst nicht weiter[61].

Die Gründe für Konrads Zögern waren vielfältig und schwerwiegend. Der Kreuzzug würde das Verhältnis zu Byzanz tangieren, das sich unter anderem auch durch die Eheschliessung der Schwester Konrads, Gertrud, mit Kaiser Manuel sehr positiv entwickelt hatte. Erhebliche Probleme gab es in Italien: In Ober- und Mittelitalien hatte Konrad noch keinerlei Akzente setzen können und im Süden waren durch die Anerkennung Rogers II. von Sizilien durch Papst Innocenz II. 1139 im Vertrag von Mignano Fakten geschaffen worden, die den Interessen des Reiches zuwiderliefen. Angeblich stachelte Roger sogar die Gegner Konrads III. diesseits der Alpen zum fortwährenden Kampf gegen die Staufer an[62], um eine machtvolle Italienpolitik des Königs zu verhindern[63]. Das Papsttum dagegen drängte den Herrscher, endlich nach Rom zu kommen, um dem Nachfolger Petri in der Ewigen Stadt beizustehen, vor allem nachdem Eugen III. seine Residenz nach Viterbo verlagern musste[64], da seine Stellung am Tiber unhaltbar geworden war. Zudem hatte Konrad III. auch diesseits der

---

55 Durch nachhaltiges Drängen war es ihm bereits 1133 gelungen, Lothar III. zu einer eindeutigen Stellungnahme zu Gunsten Innocenz II. zu bewegen, vgl. Bredero, Bernhard von Clairvaux, S. 129; Bredero, Beitrag, S. 171.

56 Vgl. Schwarzmaier, Bernhard von Clairvaux, S. 63.

57 Zur Beauftragung vgl. Otto von Freising, Gesta, S. 210; Bernhardi, Jahrbücher, S. 541; Geldner, Abt Adam, S. 17; Schmugge, Zisterzienser, S. 59.

58 Zur Beauftragung durch Eugen III. vgl. Caspar, Kreuzzugsbullen; Bredero, Studien, S. 331.

59 Vielmehr hatte er mit der Übernahme der Kreuzzugspredigt gezögert, da er in seinem Kloster bleiben wollte. Vita prima, I, 5, S. 306: *Desideraverat tamen ab initio omni modo subtrahere se negotiis, et nusquam egredi, sed in monasterio residere.* Zudem fürchtete er, dass der Orden mit den vielen Reisen nicht einverstanden sein könnte, vgl. Bredero, Studien, S. 331; Constable, The Second Crusade, S. 224, 276f.

60 Vgl. Otto von Freising, Gesta, S. 206–208.

61 Vita prima VI, 1, 4 § 15: *Apud Frankenvort regem secreto convenerat vir beatus, admoneus ut ipse saluti propriae provideret in tempore misericordiae uberis. Cui cum respondisset, nullum sibi huius militiae inesse propositum, tacuit vir mansuetissimus, dicens non esse parvitatis suae importunius instare regiae maiestati.* Vgl. auch Bernhardi, Jahrbücher, S. 526; Schwarzmaier, Bernhard, S. 63.

62 Historia Welforum, cap. 26, S. 53.

63 Vgl. Althoff, Konrad III., S. 223.

64 Vgl. Bernhardi, Jahrbücher, S. 742.

Alpen mit erheblichen Schwierigkeiten zu kämpfen, da sowohl Welf VI. als auch Heinrich der Löwe welfische Positionen nachdrücklich einforderten.

Unmittelbar nach dem Frankfurter Hoftag besuchte Konrad III. seinen erkrankten Bruder in Alzey[65], wobei sie wahrscheinlich auch über die Kreuzzugsfrage gesprochen haben dürften. Da sich Herzog Friedrich später empört über die Kreuznahme des Königs zeigte[66], muss angenommen werden, dass er ihm bei diesem Treffen dringend von einer Teilnahme am Kreuzzug abgeraten hatte[67].

Am Weihnachtstag 1146 trafen Bernhard und Konrad III. in Speyer erneut aufeinander[68]. Bernhard hätte weder den Ort noch den Zeitpunkt besser wählen können, um Konrad III. doch noch für die Kreuzzugsidee und seine persönliche Teilnahme zu begeistern. Der seit der Salierzeit herausragende königliche Memorialort Speyer[69] und die heilige Zeit um das Weihnachtsfest schufen eine religiös-euphorische Stimmung, der sich der König kaum zu entziehen vermochte. Zudem schlug dem zahlreiche Wunder wirkenden Bernhard eine ungeahnte Welle der Begeisterung entgegen; angeblich musste der Staufer den schmächtigen Abt sogar aus dem Gedränge tragen, damit dieser nicht von den Gläubigen erdrückt werden würde, die seine Hände und seine Gewänder berühren wollten, um auf diese Weise Heilung zu erlangen[70]. Glaubt man der Vita Bernhards dann habe der Heilige in seiner Predigt am Johannestag (27. Dezember) nicht den König angesprochen, sondern den Menschen Konrad, dem er wortgewaltig[71] den Tag des Gerichts vor Augen führte und ihm eindringlich ausmalte, wie Christus ihn ansprechen würde. Viele Quellen berichten von der einschmeichelnden Stimme Bernhards[72], seiner plastischen Rhetorik[73], die er

---

65 Bernhardi, Jahrbücher, S. 506; Schwarzmaier, Bernhard von Clairvaux, S. 64.

66 Otto von Freising, Gesta, S. 208–210; Schwarzmaier, Bernhard von Clairvaux, S. 64.

67 Vor allem wollte der sterbende Herzog nicht seinen projektierten Nachfolger bei dem gefährlichen Unternehmen wissen; Vgl. Schmidt, Königswahl, S. 109ff.; Schwarzmaier, Bernhard von Clairvaux, S. 64–65. Auch Bernhard von Clairvaux besuchte den todkranken Herzog, möglicherweise auch um im Streit um die Kreuzzugsteilnahme zwischen den Brüdern zu vermitteln; vgl. Bernhardi, Jahrbücher, S. 535. Der Besuch dürfte in den Januar 1147 gefallen sein; Herzog Friedrich II. starb am 6. April 1147; vgl. Bernhardi, Jahrbücher, S. 536.

68 Bernhard hatte sich zwischenzeitlich in der Diözese Konstanz aufgehalten und Bischof Hermann besucht; danach reiste er zu Schiff zurück nach Speyer, vgl. Schwarzmaier, Bernhard von Clairvaux, S. 65–66; Kästle, Bernhard von Clairvaux, S. 273–315; Blattmann, Weg, S. 235–236; Regesten der Bischöfe von Konstanz, Nrr. 823–851.

69 Vgl. Weinfurter, Herrschaftslegitimation, S. 55–96.

70 Vgl. Vita prima lib. 4, cap. 5, Sp. 338; Goez, … erit communis et nobis, S. 176.

71 Schon die Zeitgenossen nannten Bernhard den *doctor mellifluus*. Am 24. Mai 1953 ehrte Papst Pius XII. Bernhard anlässlich dessen 800. Todestages durch die Enzyklika *Doctor mellifluus*.

72 Vita prima, lib. 3, cap. 4, Sp. 307: *Siquidem diffusa erat gratia in labiis ejus, et ignitum eloquium ejus vehementer, ut non posset ne ipsius quidem stylus, licet eximius, totam illam dulcedinem, totum retinere fervorem. Mel et lac sub lingua ejus; nihilominus in ore ejus ignea lex, juxta illud Cantici canticorum. Sicut vitta coccinea labia tua, et eloquium tuum dulce.* Vgl. auch Goez, … erit communis et nobis, S. 177; Wie andere Charismatiker auch vertraute Bernhard fest auf seine Rednergabe; vgl. Zulliger, Redner, S. 56; Bredero, Bernhard von Clairvaux, S. 167; Breuer, Herrschaftssoziologie, S. 37.

gerne noch mit reichen Gesten[74] und sprechenden Symbolen[75] unterlegte sowie seiner Fähigkeit, mit traumwandlerischer Sicherheit die jeweils richtige Stilebene für seine Zuhörer zu treffen[76]. Der Druck, den Bernhards Worte auf den Staufer ausübten, war enorm. Glaubt man der Vita des Heiligen, so brach Konrad III. während der Predigt förmlich zusammen und rief unter Tränen, er sei – von Gott selbst ermahnt – nunmehr bereit, ihm zu dienen[77]. Unter dem einhelligen Jubel der Gläubigen habe der König daraufhin das Kreuz genommen und Bernhard habe ihm vom Hochaltar des Speyerer Domes eine Fahne gereicht[78].

Gerade die Überreichung der Fahne macht deutlich, dass die Kreuznahme nicht ganz so spontan erfolgte, wie die Vita prima sowie selbst noch die neuere Literatur glauben machen möchte[79]. Die Weihnachtspredigt war einschließlich der Deponierung der Fahne auf dem Hochaltar sorgfältig geplant und perfekt inszeniert gewesen. Bernhard hatte nichts dem Zufall überlassen.

Aber nicht erst in Speyer traf Bernhard umsichtige Vorbereitungen. Gleich nach dem fruchtlosen ersten Zusammentreffen mit Konrad III. in Frankfurt wandte sich Bernhard nach Süden. Die anstrengende Reise zu Bischof Hermann von Konstanz diente dazu, einen Geistlichen für die königliche Kreuznahme zu begeistern, der dem Staufer nahestand. Am 19. März 1142 hatte Konrad III. in Konstanz im Beisein Bischof Hermanns die Gründung der Zisterze Salem bestätigt und den Konvent in seinen Schutz genommen[80]. Die Vorliebe für den burgundischen Reformorden verband den Staufer mit dem Konstanzer Bischof[81]. Bernhard hätte daher kaum einen besseren Fürsprecher für die Kreuznahme des Königs finden können.

---

73 Otto von Freising, Gesta I, 41, S. 208, spricht von der *vomer predicationis*, die in Frankreich und Deutschland die Menschen im Vorfeld des Kreuzzuges umgepflügt hätte.

74 Über die Körpersprache Bernhards ist relativ wenig bekannt, vgl. Zulliger, Redner, S. 82–84.

75 So hielt er 1135 in Mailand einigen Besessenen ein Kreuz entgegen, um auf diese Weise die Dämonen aus ihnen zu vertreiben, vgl. Vita prima, lib. 2, cap. 2, Sp. 275.

76 Vita prima, lib. 3, cap. 3, Sp. 306–307: *Sermo ei, quoties opportuna inveniebatur occasio, ad quascumque personas de aedificatione animarum, prout tamen singulorum intelligentiam, mores et studia noverat, quibusque congruens auditoribus erat. Sic rusticanis plebibus loquebatur, ac si semper in rure nutritus: sic caeteris quibusque generibus hominum, velut si omnem investigandis eorum operibus operam impendisset. Litteratus apud eruditos, apud simplices simplex, apud spirituales viros perfectionis et sapientiae affluens documentis; omnibus se coaptabat, omnes cupiens lucrifacere Christos.* [...] *Quam vero placabilem et persuasibilem, quamque eruditam linguam dederit ei Deus, ut sciret quem et quando deberet proferre sermonem, quibus videlicet consolatio vel obsecratio, quibus exhortatio congrueret vel increpatio, nosse poterunt aliquatenus qui ipsius legerint scripta, etsi longe minus ab eis qui verba ejus saepius audierunt.* Vgl. auch Diers, Elitäre Frömmigkeit, S. 239–240; Goez, ... erit communis et nobis, S. 177.

77 Vita prima, lib. 6, cap. 4, Sp. 382: ... *his et hujusmodi verbis commovit hominem, ut in medio sermone non sine lacrymis exclamaret: „Agnosco prorsus divina munera gratiae; nec deinceps, ipso praestante, ingratus inveniar: paratus sum servire ei, quandoquidem ex parte ejus submoneor.“*

78 Vita prima, lib. 6, cap. 4, Sp. 382: *Dixit, et ecce populus rapiens verbum de ore loquentis, exclamat in laudem Dei, et resonabat terra in voces eorum. Continuo signatus est Rex, et vexillum ab altari per manum Patris suscepit, quod ipse in exercitu Domini manu propria deportaret.*

79 Vgl. Dinzelbacher, Bernhard, S. 295.

80 DKo III 72.

81 Vgl. Schwarzmaier, Die monastische Welt der Staufer, S. 249f.

Es ist zudem wahrscheinlich, dass Bernhard während seiner Konstanz-Reise intensiv mit Konrad III. über die Möglichkeit der Kreuzzugsteilnahme verhandelte[82] und man darf von regen Briefkontakten ausgehen[83]. Wahrscheinlich hatte Konrad schon auf dem Hoftag von Frankfurt bekräftigt, nicht ins heilige Land zu ziehen, während seine Gegner im Reich blieben. Möglicherweise bat er noch in Frankfurt oder während der sich anschliessenden Verhandlungen Bernhard darum, sich diplomatisch in den Dissenz mit den Welfen einzuschalten und als Vermittler tätig zu werden. Anders wäre es kaum zu erklären, dass sich der Zisterzienser so stark mit dem Konflikt auseinandersetzte und vor allem mit Welf VI. verhandelte. Geht man davon aus, dass Bernhard gleichsam in inoffiziellem Auftrag handelte, dann verwundert es nicht, dass Welf VI. im bayerischen Peiting am Weihnachtstag feierlich seine Kreuzzugsteilnahme erklärte und damit Konrads Entscheidung zwei Tage später gleichsam vorwegnahm[84]. Die ungelösten Probleme innerhalb des Reiches wurden damit gleichsam vertagt. Bernhard hatte seinen Teil des vermutlichen Paktes durch die Verhandlungen mit Welf VI. eingehalten[85]; nun konnte der Staufer nicht mehr zurück.

Für die Öffentlichkeit wurde freilich eine andere Begründung für die Teilnahme des Königs am Kreuzzug gewählt; minutiöse Verhandlungen und detaillierte Absprachen mit politischen Gegnern wären angesichts der Tragweite des Unternehmens allzu prosaisch erschienen. Daher erwähnt Konrad III. in seinem Brief an Papst Eugen III. die Interventionen Bernhards mit keinem Wort. Vielmehr betont er, dass allein die Inspiration des heiligen Geistes ihn dazu bewogen habe, das Kreuz zu nehmen[86]. Nur göttlicher Einfluss und nicht menschliche Verhandlungskunst durften in der öffentlichen Darstellung die königliche Entscheidung herbeigeführt haben.

Der katastrophale Ausgang des zweiten Kreuzzuges beeinträchtigte den Ruf Bernhards, der „wie jeder charismatische Prediger … darauf angewiesen war,

82 Vgl. Schwarzmaier, Bernhard von Clairvaux, S. 67; Althoff, Konrad III., S. 223–224.

83 Vgl. Bredero, Studien, S. 332 mit Anm. 9.

84 Vgl. Otto von Freising, Gesta, S. 210: *Guelfo quoque Heinrici prioris ducis frater, de nobilissimis regni optimatibus, in ipsa nativitatis dominice nocte in propria villa Bitengou eandem militiam cum multis professus fuerat.* Vgl. Cosack, Konrads III. Entschluß zum Kreuzzug, S. 288; Feldmann, Herzog Welf VI., S. 22 und Regest Nr. 17; Althoff, Spielregeln der Politik, S. 249ff.; Schwarzmaier, Bernhard von Clairvaux, S. 70; Althoff, Konrad III., S. 223–224.

85 Welf VI. geht in einem Brief an König Ludwig VII. von Frankreich auf die Einflussnahme Bernhards ganz konkret ein. Offenbar wollte Welf nach Chalons-sur-Marne kommen, um gemeinsam mit dem französischen König am 2. Februar 1147 das Kreuz zu nehmen, was Bernhard indessen verhinderte. Zu dem Brief vgl. Leclercq, Un document, S. 1–4; Schwarzmaier, Bernhard, S. 70–72; dort auch zu den Beweggründen Bernhards, Welf VI. die Teilnahme an dem Hoftag in Chalon-sur-Marne zu verbieten.

86 DKo III 184: *Sane quod dulcedinem vestram movit, nos rem tantam, scilicet de signo vivificę crucis et de tantę tamquam longę expeditionis proposito, absque vestra conscientia assumpsisse, de magno verę dilectionis affectu processit. Sed spiritus sanctus, qui ubi vult spirat, qui repente venire consuevit, nullas in captando vestro vel alicuius consilio moras non habere permisit; sed mox ut cor nostrum mirabili digito tetigit, ad sequendum se sine ullo more intervenientis spacio totam animi nostri intentionem impulit.*

dass man an seine Auserwähltheit rückhaltlos glaubte“[87]; seine Selbststilisierung als Werkzeug Gottes[88] hatte in der öffentlichen Meinung durch die Niederlage der Kreuzritter Schaden genommen[89]. Der sich machtvoll ausbreitende Zisterzienserorden war indessen von der Negativstimmung gegenüber seinem wichtigsten Exponenten nicht betroffen. Im Gegenteil! Es zahlte sich aus, dass der Orden zugunsten des Generalkapitels bewusst auf die Führung durch einen einzigen charismatischen Abt verzichtet hatte[90]. Im Empfinden der Zeitgenossen waren die weißen Mönche offenbar bereits aus dem übermächtigen Schatten Bernhards herausgetreten und zu einer von ihm relativ unabhängigen Größe geworden. Die Sorge des Ordens, eine kultische Verehrung des Bernhard-Grabes in Clairvaux könnte zu einer dauerhaften Verschiebung des Spendenflusses allein zugunsten Clairvauxs und damit zu Lasten des Gesamtordens führen[91], dürfte also wohl unbegründet gewesen sein.

Im Reich lässt sich kein Nachlassen der Begeisterung für die Zisterzienser feststellen und auch Konrad III. hat den weißen Mönchen seine Gunst niemals ganz entzogen. Offensichtlich differenzierte man im Reich sehr genau zwischen dem charismatischen Prediger Bernhard und dem in vieler Hinsicht nutzbringenden Orden; die Institution profitierte von der Popularität des Thaumaturgen, hatte sich jedoch bereits von diesem emanzipieren und ein ganz eigenes Gewicht erlangen können.

1138 wurde das in Eckenweiher gegründete Maulbronn an seinen heutigen Platz verlegt, wobei ausdrücklich die Kreuzzugsvorbereitungen erwähnt werden[92]. Herrenalb verdankt seine Gründung wohl der glücklichen Rückkehr aus dem heiligen Land oder der Einlösung eines Gelübdes[93]. Sicher erfüllte Wolf-

87 Goez, … erit comunis et nobis, S. 179.

88 Die Vita prima, lib. 4, cap. 1, Sp. 325, stellt Bernhard im Kontext einer Teufelsaustreibung sogar als Partner Gottes dar. Die Instrumentschaft Bernhards manifestierte sich am stärksten in seinen Wundern; vgl. hierzu Goez, … erit comunis et nobis, S. 179–183, mit weiterer Literatur.

89 Bernhard musste sich gegen Kritik zur Wehr setzen und begründete auch im Augenblick der Krise die Rechtmäßigkeit seines Handelns und seiner Mission mit seiner göttlichen Auserwähltheit, die in seinen Wundern für jedermann sichtbar werden konnte. So in De consideratione ad Eugenium papam, in: Bernhard von Clairvaux, Werke I, S. 627–841, S. 664–666: *Unde scimus quod a Domino sermo egressus sit? Quae signa tu facis, ut credamus tibi? Non est quod ad ista ipse respondeam: parcendum verecundiae meae. Responde tu pro me et pro te ipso, secundum ea quae audisti et vidisti, aut certe secundum quod tibi inspiraverit Deus.* Vgl. auch Diers, Elitäre Frömmigkeit, S. 188–190; Goez, … erit communis es nobis, S. 180.

90 Vgl. Melville, Funktion, S. 396. Stattdessen wurde das Generalkapitel zum entscheidenden legislativen und judikativen Organ. Vgl. Melville, Geltungsgeschichten, S. 83; Cygler, Generalkapitel; Goez, … erit communis et nobis, S. 202–204.

91 Vgl. Goez, … erit communis et nobis, S. 201–204.

92 WUB II, Nr. 324, S. 40. Bischof Günther kauft eine Kirche von dem Adligen Beringer, *qui spiritu sancto commonitus pro celesti gloria tandem adipiscenda in eadem expeditionem proficiscendus se preparabat*; Vgl. auch Schwarzmaier, Bernhard, S. 75–76. Zur Verlegung Maulbronns und anderer Zisterzen vgl. Eberl, Gründung, S. 79–100; Schich, Klosteranlage, S. 25–42.

93 Vgl. Schwarzmaier, Bernhard, S. 76 mit Anm. 56; zu Herrenalb vgl. den Sammelband 850 Jahre Kloster Herrenalb.

ram von Bebenburg 1157 mit der Gründung Schöntals an der Jagst ein Gelübde nach seiner Rückkehr vom Kreuzzug[94]. Als um 1148 Eußerthal ins Leben gerufen wurde, soll angeblich Konrad III. selbst den Grundstein gelegt haben[95], was indessen unmöglich ist, da der Staufer wohl nicht vor Februar 1150 den Westen des Reiches wieder betreten hat[96]. Dezidiert mit dem Aufenthalt Bernhards im Reich wird die Gründung der Zisterze Bronnbach (um 1150) zusammengebracht[97].

Für die Etablierung des Ordens im Reich war aber vor allem die Vorbildfunktion königlicher Förderung und Akzeptanz von entscheidender Bedeutung und Konrad III. hat den weißen Mönchen auch nach der Rückkehr aus dem Heiligen Land seine Unterstützung nicht versagt. Die Masse seiner Urkunden für die Zisterzienser datiert vor seinem Aufbruch zum Kreuzzug, doch lässt sich dies damit begründen, dass ihm nach seiner Rückkehr nur noch drei Lebensjahre verblieben. Ohne das relative Ungleichgewicht der Dokumente zu missachten, kann doch keine grundsätzliche Distanzierung des Staufers von den weißen Mönchen konstatiert werden.

Die urkundliche Förderung der Zisterzienser durch Konrad III. begann mit der Bestätigung des Verzichts des Bischofs von Speyer auf das Dorf Hofteich zugunsten von Waldsassen 1138[98]. Etwa ein Jahr später konfirmierte der Staufer die Gründung und den Besitz der Abtei Lützel[99]. Darüberhinaus empfingen in den ersten beiden Jahren seiner Herrschaft in rascher Folge Lieu-Croissant[100], Vaucelles[101], Volkenroda[102], Zwettl[103], Pforta[104] und Walkenried[105] königliche Urkunden. In der Zeit bis zum Aufbruch zum Kreuzzug liegen die teilweise berühmten Dokumente für Salem[106], Rein[107], Pforta[108] und Georgenthal[109]. Einen besonderen Stellenwert haben die Urkunden Konrads III. für zisterziensische Empfänger im Umfeld des Todes seiner Gemahlin Gertrud. Wohl auf Bitten des Abtes Adam von Ebrach, in dessen Kloster Gertrud bestattet wur-

---

94 Vgl. Schwarzmaier, Bernhard, S. 77.
95 Vgl. Schwarzmaier, Bernhard, S. 76f.; zu Eußerthal vgl. Feldhaus, Eußerthal.
96 DDKo III 220–224; alle in Speyer ausgefertigt.
97 Vgl. Schwarzmaier, Bernhard, S. 77; Rückert, Anfänge, S. 101–126.
98 DKo III 9.
99 DKo III 23, 1139 Mai 28.
100 DKo III *24, 1139 Mai 28.
101 DKo III 29, 1139 (Mitte Juni).
102 DKo III 33, 1139 (Juli/August).
103 DKo III 36, 1139 (Oktober). Konrad III. nahm Zwettl in seinen Schutz und befreite es von der Vogtei.
104 DKo III 42, 1140 (Februar 2/13).
105 DKo III 53, 1140 (November/Dezember).
106 DKo III 72, 1142 März 19. Vgl. Rösener, Reichsabtei Salem.
107 DKo III 99, 1144 (März/April).
108 DKo III 100, 1144 (Mai).
109 DKo III 102, 1144 (Mai).

de[110], stiftete der Staufer nicht an Ebrach selbst, sondern an dessen Tochterkonvente Heilsbronn[111] und Rein[112]. 1147 – mitten in den Vorbereitungen für den Kreuzzug – urkundete Konrad III. noch für Zwettl[113], Waldsassen[114], Ichtershausen[115] und Pforta[116]. Noch das letzte Dokument, das er bei seiner Abreise auf Reichsgebiet ausfertigen ließ, richtete sich an eine Zisterze: Viktring[117]. Bemerkenswerterweise ist in all diesen Urkunden nicht von Bernhard von Clairvaux die Rede; ebensowenig wird das Kreuzzugsunternehmen erwähnt. Für den König stand nicht der lebende Heilige, sondern die einzelnen Klosterstifter und ihre Familie sowie die Konvente und deren Netzwerke im Vordergrund.

Deshalb änderte sich auch nach seiner Rückkehr vom Kreuzzug seine Politik gegenüber den weißen Mönchen nicht grundlegend. Bereits auf seinem Weg zurück ins Reich urkundete er für Raitenhaslach[118] und benutzte die Gelegenheit durch eine besonders feierliche und anspruchsvolle Titulatur von dem katastrophalen militärischen Misserfolg abzulenken[119]. Nur wenige Monate später bestätigt er Ebrach einen Gütertausch mit dem Domkapitel von Würzburg[120].

Bis zu seinem Tod ließ er nur noch zwei weitere Dokumente für die ihm besonders verbundenen fränkischen Zisterzen Ebrach[121] und Langheim ausfertigen, die ihm vor allem wegen seiner zeitlebens engen Beziehung zu Abt Adam von Ebrach am Herzen lagen. Auf dem Sterbebett – und dies dürfte sein ungebrochen gutes Verhältnis zu den Zisterziensern hervorheben – bestätigte er beiden Konventen den Besitz einer wertvollen Salzquelle[122]. Glaubt man der Ebracher Tradition, so wollte Konrad III. sogar neben seiner Gemahlin in Ebrach begraben werden, was indessen Bischof Eberhard von Bamberg zu verhindern gewusst habe. Da 1152 an der Klosterkirche gebaut wurde, konnte

---

110 Zum angeblichen Wunsch Gertruds vgl. StA Würzburg, Kloster Ebrach, Rep. D7/ Nr. 17, S. 104. Ein Testament der Königin existiert freilich nicht. Erst 1269 wurden die Gebeine Gertruds in den Chor der Klosterkirche überführt; vgl. Goez, Königin Gertrud, S. 35–36; Gertruds Name findet sich im Nekrolog von Ebrach; vgl. Gropp, Monumenta sepulchralia Ebracensia, S. 96: *Gertrudis reginae fundatricis ecclesiae Ebracensis, et in ea sepulturae, quae obiit uno anno ante expeditionem Jerosolymitanam.*

111 DKo III 152, 1146 (Mai). Der Staufer stiftet *pro remedio animarum nostrarum et noviter defuncte Gerdrudis reginę coniugis nostrę.*

112 DKo III 153, 1146 Juli 10. In der Arenga greift er die Geschichten von Maria und Martha auf, die im Zisterzienserorden eine wichtige Rolle spielen. Abt Adam fungiert in dieser Urkunde als Zeuge.

113 DKo III 174, 1147 (Ende Februar).

114 DKo III 175, 1147 März 2.

115 DKo III 188, 1147 April 24.

116 DKo III 189, 1147 Mai 16.

117 DKo III 193, 1147 Juni 16.

118 DKo III 202, 1149 Mai 23. Die Urkunde wurde in Salzburg ausgefertigt.

119 DKo III, 202: *Chuonradus divina favente clementia sue regalis prosapię Romanorum rex secundus augustus.*

120 DKo III 208, 1149 (Ende Juli).

121 DDKo III 260 (1151 (September nach 17), 270, 1152 (Februar 2/15).

122 DKo III 270, 1152 (Februar 2/15). Zur Übertragung vgl. Goez, Zisterzienserkloster Ebrach, S. 5 mit Anm. 19.

der Bamberger Oberhirte den Kampf um den königlichen Leichnam für sich entscheiden und so ruht Konrad bis heute im Dom zu Bamberg[123].

Betrachtet man das Verhältnis Konrads III. zu Bernhard von Clairvaux und den Zisterziensern so wird deutlich, dass die weißen Mönche schon in der frühen Stauferzeit den Institutionalisierungsprozess so weit vorangetrieben hatten, dass sie von einzelnen Exponenten des Ordens und sei es auch Bernhard von Clairvaux selbst, unabhängig geworden waren. Persönliche Freundschaften und Wertschätzungen blieben natürlich von großer Wichtigkeit, aber es hatte sich für die Zisterzienser ausgezahlt, von vornherein die Zuspitzung der Ordensorganisation auf einen einzigen Abt zu vermeiden. So fiel die Missstimmung nach dem katastrophalen Scheitern des zweiten Kreuzzuges nur auf dessen wichtigsten Propagator, Bernhard von Clairvaux, und eben nicht auf den gesamten Orden zurück. Obwohl die Zisterzienser außerordentlich bemüht waren, die charismatische Persönlichkeit Bernhards für ihre Ordensentwicklung zu instrumentalisieren und zu perpetuieren, hatten sie sich doch bereits so stark von ihm emanzipiert, dass eine Gleichsetzung des thaumaturgischen Abtes mit der Gesamtheit der weißen Mönche undenkbar geworden war. Die fast schon distanzierte Vorsicht des Ordens im Umgang mit dem Mythos Bernhard, den die Zisterzienser im Konkurrenzkampf gegen andere Orden mit einer charismatischen Gründerpersönlichkeit so dringend benötigten, scheint aus späterer Sicht übertrieben. Offensichtlich hatten die Ordensbrüder den tatsächlich bereits vollzogenen Institutionalisierungsprozess unterschätzt und zu wenig realisiert, dass die Zeitgenossen sehr wohl zwischen dem Individuum und der hinter diesem stehenden Gesamtorganisation unterschieden. Bei aller Bewunderung für den Prediger, Asketen und Thaumaturgen Bernhard waren die Gründer von Zisterzen und die Förderer der weißen Mönche im Reich von deren Lebensmaximen und ihrer vielfältigen Einsetzbarkeit in der Strukturierung der eigenen Herrschaftsgebiete fasziniert. Für die weltlichen Zeitgenossen Bernhards scheint die Vereinbarkeit von Charisma und Institution kein Problem dargestellt zu haben.

123 StA Würzburg, Kloster Ebrach, Rep. D7/ Nr. 8: Sportella Cartarum, fol. 472v: *MCLIII obiit Bamberge, ibidem sepultus in summo iuxta sepulchrum beate imperatricis Kunegundis. … Causa vero, quare Bamberge sepultus est, quia oratorium sue fundacionis in Ebrach, quod in presentiarum est, illo in tempore nondum erat.*

Bibliographie

850 Jahre Kloster Herrenalb, ed. P. Rückert/H. Schwarzmaier (Oberrheinische Studien 19), Stuttgart 2001.

Althoff, G., Friedrich von Rothenburg. Überlegungen zu einem übergangenen Königssohn, in: K. Schnith/R. Pauler (Hg.), *Festschrift Eduard Hlawitschka*, Kallmünz 1993, S. 307–316.

Althoff, G., Konrad III. (1138–1152), in: B. Schneidmüller/S. Weinfurter (Hg.), *Die deutschen Herrscher des Mittelalters. Historische Portraits von Heinrich I. bis Maximilian I. (919–1519)*, München 2003, S. 217–231.

Althoff, G., *Spielregeln der Politik im Mittelalter. Kommunikation in Frieden und Fehde*, Darmstadt 1997.

Annalista Saxo, ed. G. Waitz (MGH SS 6), Hannover 1844, S. 542–777.

Bernhard von Clairvaux, Sämtliche Werke II u. III, hg. und übersetzt von G.B. Winkler, Innsbruck 1992.

Bernhardi, W., *Jahrbücher der Deutschen Geschichte: Lothar von Supplinburg*, Berlin 1879 (ND Berlin 1975).

Blattmann, M., Der Weg des heiligen Bernhard von Clairvaux durch die Diözese Konstanz, in: H. Schadek/K. Schmid (Hg.), *Die Zähringer. Anstoß und Wirkung*, Sigmaringen 1986, S. 235–236.

Böhmer, J.F., *Regesta Imperii IV, Erste Abteilung*, Die Regesten des Kaiserreiches unter Lothar III. und Konrad III., erster Teil: Lothar III. 1125 (1075) – 1137, neubearbeitet von W. Petke, Köln/Weimar/Wien 1994.

Bouton, J., Bernard et les Chanoines réguliers, in: Ders. (Hg.), *Bernard de Clairvaux* (Commission d'Histoire de l'Ordre de Cîteaux 3), Paris 1953, S. 263–288.

Bredero, A.H., *Bernhard von Clairvaux. Zwischen Kult und Historie*, Stuttgart 1996.

Bredero, A.H., Der Beitrag Wilhelms von Saint-Thierry zur Heiligsprechung Bernhards von Clairvaux und der biographische Wert seines kultbezogenen Textes aus historischer Sicht, in: F.J. Felten/N. Jaspert (Hg.), *Vita Religiosa im Mittelalter. FS für Kaspar Elm zum 70. Geburtstag*, Berlin 1999, S. 169–182.

Bredero, A.H., Studien zu den Kreuzzugsbriefen Bernhards von Clairvaux und seiner Reise nach Deutschland im Jahr 1146, in: *MIÖG* 66 (1958), S. 331–343.

Breuer, S., *Max Webers Herrschaftssoziologie*, Frankfurt a. M./New York 1991.

Caspar, E., Die Kreuzzugsbullen Eugens III., in: *Neues Archiv* 45 (1924), S. 285–305.

Chronica regia Coloniensis, Rez. I, rec. G. Waitz, (MGH Scr. Rer. Germ. 18), Hannover 1880.

Classen, P., *Gerhoch von Reichersberg. Eine Biographie*, Wiesbaden 1960.

Constable, G., The Second Crusade as Seen by Contemporaries, in: *Traditio* 9 (1953).

Cosack, H., Konrads III. Entschluß zum Kreuzzug, in: *MIÖG* 35 (1914), S. 278–296.

Cygler F./Melville, G./Oberste, J., Aspekte der Verbindung von Organisation und Schriftlichkeit im Ordenswesen. Ein Vergleich zwischen Zisterziensern und Cluniazensern des 12./13. Jahrhunderts, in: C.K. Kaspar/K. Schreiner (Hg.), *Viva vox et ratio scripta. Mündliche und schriftliche Kommunikationsformen im Mönchtum des Mittelalters* (Vita regularis 5), Münster 1997, S. 205–280.

Cygler, F., *Das Generalkapitel im hohen Mittelalter. Cisterzienser, Prämonstratenser, Kartäuser und Cluniazenser* (Vita regularis 12), Münster/Hamburg/London 2002.

Diers, M., *Bernhard von Clairvaux. Elitäre Frömmigkeit und begnadetes Wirken* (Beiträge zur Geschichte der Philosophie und Theologie des Mittelalters. Texte und Untersuchungen 34), Münster 1991.

Dinzelbacher, P., *Bernhard von Clairvaux. Leben und Werk des berühmten Zisterziensers*, Darmstadt 1998.

Eberl, I., Gründung und frühe Geschichte des Klosters Maulbronn, in: P. Rückert/D. Planck (Hg.), *Anfänge der Zisterzienser in Südwestdeutschland. Politik, Kunst und Liturgie im Umfeld des Klosters Maulbronn* (Oberrheinische Studien 16), Stuttgart 1999, S. 79–100.

Epistolae Bambergenses, in: *Monumenta Bambergensia* (Bibliotheca rerum Germanicarum V) ed. P. Jaffé, Berlin 1869.

Feldhaus, H., *Das ehemalige Zisterzienserkloster Eußerthal*, Petersberg 2008.

Feldmann, K., *Herzog Welf VI. und sein Sohn*, Diss. Tübingen 1971.

Gastaldelli, F., Le più antiche testimonianze biografiche su san Bernardo, in: *Analecta Cisterciensia* 45 (1989), S. 3–80.

Gastaldelli, F., Le tre ultime lettere dell'epistolario di san Bernardo, in: *Analecta Cisterciensia* 50 (1994), S. 251–292.

Geldner, F., Abt Adam von Ebrach, das staufische Königshaus und der heilige Bernhard von Clairvaux, in: *Jahrbuch für fränkische Landesforschung* 11/12 (1953), S. 53–65.

Geldner, F., Die Politik König Konrads III. in ihren Beziehungen zum Hl. Bernhard von Clairvaux und zu den deutschen Cisterziensern, in: *Mélanges Saint Bernard*, Dijon 1954, S. 126–133.

Gerhohi praepositi Reichersbergensis libelli selecti (MGH Ldl III), ed. E. Sackur, Hannover 1897, S. 131–525.

Gesta Alberonis archiepiscopi auctore Balderico (MGH SS VIII), ed. G. Waitz, Hannover 1848, S. 243–260.

Giese, W., Das Gegenkönigtum des Staufers Konrad, in: *Savigny-Zeitschrift für Rechtsgeschichte, Germanistische Abteilung* 95 (1978), S. 203–220.

Giesebrecht, W. v., *Geschichte der deutschen Kaiserzeit IV: Staufer und Welfen*, Leipzig 1877.

Goez, E., ... erit communis et nobis. Zur Perpetuierung des Charismas Bernhards von Clairvaux im Zisterzienserorden, in: G. Andenna/M. Breitenstein/G. Melville (Hg.), *Charisma und religiöse Gemeinschaften im Mittelalter* (Vita regularis 26), Münster 2005, S. 173–216.

Goez, E., *Codex diplomaticus Ebracensis I. Die Urkunden der Zisterze Ebrach 1127–1306* (Veröffentlichungen der Gesellschaft für fränkische Geschichte, Reihe III, Band 7), Neustadt/Aisch 2001.

Goez, E., Königin Gertrud – Die Gemahlin Konrads III., in: Gesellschaft für staufische Geschichte (Hg.), *Frauen der Staufer* (Schriften zur staufischen Geschichte und Kunst 25), Göppingen 2006, S. 28–42.

Goez, E., *Pragmatische Schriftlichkeit und Archivpflege der Zisterzienser. Ordenszentralismus und regionale Vielfalt, namentlich in Franken und Altbayern (1098–1525)* (Vita regularis 17), Münster 2003.

Goez, E., Das Zisterzienserkloster Ebrach in seiner fränkischen Umwelt, in: *Jahrbuch des historischen Vereins für Mittelfranken* 98 (1996–1999), S. 1–28.

Goez, W., Otto von Freising, Geschichtsschreiber († 1158), in: Ders., *Lebensbilder aus dem Mittelalter. Die Zeit der Ottonen, Salier und Staufer*, 2. überarb. u. erw. Aufl., Darmstadt 1998, S. 282–297.

Goez, W., *Translatio imperii. Ein Beitrag zur Geschichte des Geschichtsdenkens und der politischen Theorien im Mittelalter und in der frühen Neuzeit*, Tübingen 1958.

Görich, K., *Die Ehre Barbarossas. Kommunikation, Konflikt und politisches Handeln im 12. Jahrhundert*, Darmstadt 2001.

Görich, K., Wahrung des honor. Ein Grundsatz im politischen Handeln König Konrads III., in: H. Seibert/J. Dendorfer (Hg.), *Grafen, Herzöge, Könige. Der Aufstieg der frühen Staufer und das Reich (1079–1152)* (Mittelalter-Forschungen 18), Ostfildern 2005, S. 267–298.

Gropp, I., *Monumenta sepulchralia Ebracensia*, Würzburg 1730.

Hageneier, L., Die frühen Staufer bei Otto von Freising oder Wie sind die Gesta Friderici entstanden?, in: H. Seibert/J. Dendorfer (Hg.), *Grafen, Herzöge, Könige. Der Aufstieg der frühen Staufer und das Reich (1079–1152)* (Mittelalter-Forschungen 18), Ostfildern 2005, S. 363–396.

Historia Welforum, ed. E. König (Schwäbische Chroniker der Stauferzeit 1), Sigmaringen 1978.

Hofmeister, A., Studien über Otto von Freising I: Der Bildungsgang, in: *NA* 37 (1911/12), S. 99–161 und 633–768.

Hucker, B.U., Stauferzeitliche Zisterziensergründungen und Stiftergräber, in: U. Knefelkamp (Hg.), *Zisterzienser. Norm, Kultur, Reform – 900 Jahre Zisterzienser*, Berlin u. a. 2001, S. 287–309.

Jaffé, P., *Geschichte des deutschen Reiches unter Conrad dem Dritten*, Hannover 1845.

Kästle, L., Des heiligen Bernhard von Clairvaux Reise und Aufenthalt in der Diözese Konstanz, in: *Freiburger Diözesan-Archiv* 3 (1868), S. 273–315.

Kirchner-Feyerabend, C., *Otto von Freising als Diözesan- und Reichsbischof* (Europäische Hochschulschriften 413), Frankfurt a. M. u. a. 1990.

Koch, G., *Auf dem Weg zum Sacrum Imperium. Studien zur ideologischen Herrschaftsbegründung der deutschen Zentralgewalt im 11. und 12. Jahrhundert* (Forschungen zur Mittelalterlichen Geschichte 20), Wien/Köln/Graz 1972.

Krieg, H., *Herrscherdarstellung in der Stauferzeit. Friedrich Barbarossa im Spiegel seiner Urkunden und der staufischen Geschichtsschreibung* (VuF Sdbd. 50), Ostfildern 2003.

Leclercq, J., Un document sur saint Bernard et la II croisade, in: *Revue Mabillon* 43 (1953), S. 1–4.

Lubich, G., Beobachtungen zur Wahl Konrads III. und ihrem Umfeld, in: *HJb* 117 (1997), S. 311–339.

Melville, G. (Hg.), *De ordine vitae. Zu Normvorstellungen, Organisationsformen und Schriftgebrauch im mittelalterlichen Ordenswesen* (Vita regularis 1), Münster 1996.

Melville, G., Geltungsgeschichten am Tor zur Ewigkeit. Zu Konstruktion von Vergangenheit und Zukunft im mittelalterlichen Religiosentum, in: G. Melville/H. Vorländer (Hg.), *Geltungsgeschichten. Über Stabilisierung und Legitimierung institutioneller Ordnungen*, Köln/Weimar/Wien 2002, S. 75–107.

Melville, G., Zur Funktion der Schriftlichkeit im institutionellen Gefüge mittelalterlicher Orden, in: *Frühmittelalterliche Studien* 25 (1991), S. 391–417.

Nicolai, B., *„Libido aedificandi". Walkenried und die monumentale Kirchenbaukunst der Zisterzienser um 1200* (Quellen und Forschungen zur Braunschweigischen Geschichte 28), Braunschweig 1990.

Oberste, J., Normierung und Pragmatik des Schriftgebrauchs im cisterziensischen Visitationsverfahren bis zum beginnenden 14. Jahrhundert, in: *HJb* 114 (1994), S. 312–348.

Ottonis episcopi Frisingensis Chronica sive Historia de duabus civitatibus (MGH Scr. rer. Germ. 45), ed. A. Hofmeister, Hannover 1912.

Ottonis et Rahewini gesta Friderici I. imperatoris (MGH Scr. rer. Germ. in usum schol.) ed. G. Waitz/B. v. Simson, Hannover/Leipzig 1912.

Regesten der Bischöfe von Konstanz, ed. P. Ladewig/T. Müller, Innsbruck 1985.

Relacio a quibus et quando domus hec fundata sit (Monumenta Ebracensia) ed. F.X. Wegele, Nördlingen 1863, S. 1–5.

Robinson, I.S., *The Papacy 1073–1198*, Cambridge 1990.

Rösener, W., *Reichsabtei Salem. Verfassungs- und Wirtschaftsgeschichte des Zisterzienserklosters von der Gründung bis zur Mitte des 14. Jahrhunderts* (VuF Sdbd. 13), Sigmaringen 1974.

Rückert, M.M., Die Anfänge der Klöster Schöntal und Bronnbach und ihr Verhältnis zur Mutterabtei Maulbronn, in: P. Rückert/D. Planck (Hg.), *Anfänge der Zisterzienser in Südwestdeutschland. Politik, Kunst und Liturgie im Umfeld des Klosters Maulbronn* (Oberrheinische Studien 16), Stuttgart 1999, S. 101–126.

S. Petri Erphesfurtensis Continuatio chronici Ekkehardi, in: *Monumenta Erphesfurtensia* (MGH Scr. Rer. Germ. 42), ed. O. Holder-Egger, Hannover/Leipzig 1899.

Schich, W., Klosteranlage und Wasserversorgung bei den Zisterziensern, in: P. Rückert/D. Planck (Hg.), *Anfänge der Zisterzienser in Südwestdeutschland. Politik, Kunst und Liturgie im Umfeld des Klosters Maulbronn* (Oberrheinische Studien 16), Stuttgart 1999, S. 25–42.

Schlick, J., *König, Fürsten und Reich. Herrschaftsverständnis im Wandel (1056–1159)* (Mittelalter-Forschungen 7), Stuttgart 2001.

Schmidt, U., *Königswahl und Thronfolge im 12. Jahrhundert*, Köln/Wien 1987.

Schmugge, L., Zisterzienser, Kreuzzug und Heidenkrieg, in: K. Elm/P. Joerissen/H.J. Roth (Hg.), *Die Zisterzienser. Ordensleben zwischen Ideal und Wirklichkeit*, 2 Bde., Köln 1980–82, S. 57–86.

Schreibmüller, H., Herzog Friedrich IV. von Schwaben und Rothenburg (1145–1167), in: *Zeitschrift für bayerische Landesgeschichte* 18 (1955), S. 213–242.

Schwarzmaier, H., Bernhard von Clairvaux am Oberrhein. Begegnungen und Zeugnisse aus den Jahren 1146/47, in: *Zeitschrift für die Geschichte des Oberrheins* 147 (1999), S. 61–78.

Schwarzmaier, H., Die monastische Welt der Staufer und Welfen im 12. Jahrhundert, in: S. Lorenz/U. Schmidt (Hg.), *Von Schwaben bis Jerusalem. Facetten staufischer Geschichte*, Sigmaringen 1995, S. 241–259.

Thumser, M., Die frühe römische Kommune und die staufischen Herrscher in der Briefsammlung Wibalds von Stablo, in: *Deutsches Archiv für Erforschung des Mittelalters* 57 (2001), S. 111–147.

Vacandard, E., *Vie de Saint Bernard abbé de Clairvaux*, Paris1895.

Vita prima sancti Bernardi, in: Migne, Patrologia Latina 185 (1855), Sp. 225–466.

Vones-Liebenstein, U., Neue Aspekte zur Wahl Konrads III., in: H. Vollrath/S. Weinfurter (Hg.), *Köln – Stadt und Kirche in Bistum und Reich des Mittelalters, FS Odilo Engels*, Köln 1993, S. 323–348.

Weinfurter, S., Herrschaftslegitimation und Königsautorität im Wandel: Die Salier und ihr Dom zu Speyer, in: Ders. (Hg.), *Die Salier und das Reich, Bd. 1: Salier, Adel und Reichsverfassung*, Sigmaringen 1991, S. 55–96.

Zulliger, J., Bernhard von Clairvaux als Redner, in: *Medium aevum quotidianum* 27 (1992), S. 56–86.

Zulliger, J., Bernhard von Clairvaux und Kommunikation: Zur Bedeutung von Briefen, Sekretären und Boten, in: *Cîteaux* 44 (1993), S. 7–35.

RUDOLF KILIAN WEIGAND (Eichstätt)

Chronistik und Charisma

Die Darstellung Bernhards von Clairvaux im *Speculum historiale* und in dessen Rezeption

Bernhard von Clairvaux gehört unzweifelhaft zu den großen charismatischen Gestalten der mittelalterlichen Kirchengeschichte, sein Wirken und sein daraus resultierender Einfluss waren Gegenstand vielfältiger Untersuchungen.[1] Bernhards Autorität in bestimmten theologischen Fragen war schon im Mittelalter unbestritten,[2] doch die Formen seiner charismatischen Wirkung wurden unterschiedlich eingeschätzt und dargestellt.[3] Die Tatsache, dass auch in der Forschung bei allem Bemühen um wissenschaftliche Gründlichkeit lange Zeit immer wieder die hagiographischen Tendenzen im Vordergrund standen,[4] lässt der Vermutung Raum, das mittelalterliche Bild von Bernhard sei in hohem Maße durch hagiographische Muster dominiert worden. Dies habe den Durchbruch zu einer objektiveren Darstellung erheblich behindert. Solche Überlegungen sind wohl nur zum Teil richtig. Denn weit vor Brederos kritischen Quellenstudien[5] gab es schon im Mittelalter Bemühungen und Schriften, die ein relativ nüchternes Bild des Charismatikers Bernhard vermitteln. Obwohl breit rezipiert, stehen sie allerdings meist am Rande der hauptsächlich verwerteten Quellengruppen und erfuhren so wenig Beachtung. Das vielleicht prominenteste Opfer eine verfehlten Einschätzung ist darunter das *Speculum historiale* des Vinzenz von Beauvais.

1. Konzeption und Stofforganisation im *Speculum historiale*

Eine intensive Beschäftigung mit dem Geschichtsspiegel des Vinzenz von Beauvais dürfte mehr Mühe als Ertrag versprechen. Zumindest legt dies die knappe Charakterisierung des Werks durch Herbert Grundmann nahe:

---

1 Vgl. etwa den perspektivenreichen Sammelband von Elm, Bernhard von Clairvaux.

2 So Steer, Bernhard von Clairvaux als theologische Autorität.

3 Sehr positiv über Bernhards Wirken in Bezug auf die Kreuzzugsbewegung Thorau, Kreuzzüge, S. 88.

4 Vgl. P. Herde im Geleitwort zu Dinzelbacher, Bernhard von Clairvaux, S. IX; Herde verweist vor allem auf die „hagiographischen Tendenzen" bei E. Vacandard, La vie de saint Bernard abbé de Clairvaux, Paris 1895. Er betont ferner die Tatsache, dass auch J. Leclerq nur „eine mehr populär-erbauliche Biographie des Heiligen" vorgelegt habe.

5 Vgl. vor allem Bredero, Bernhard von Clairvaux. Zwischen Kult und Historie.

> Gleichzeitig mit den großen theologischen Summen der Hochscholastik häufte ein französischer Dominikaner Vincenz von Beauvais († 1264), Prinzenerzieher am Hofe Ludwigs IX. des Heiligen, alles historische Wissen enzyklopädisch zusammen in einem *Speculum historiale*, dem ein *Speculum naturale* und *doctrinale* zur Seite ging.[6]

Auch wenn mit dieser Aussage – fälschlicherweise – die nur schwer ausrottbare Fehlinformation über Vinzenz als Erzieher aufrecht erhalten wird,[7] ändert das letztlich wenig an dem vernichtenden Urteil über dessen historiographische Produktion. Sie kann geradezu als Prototyp der Form der Geschichtsbetrachtung bei den Bettelorden gelten, wenn man das obige Zitat und die folgende Gattungsbeschreibung von Grundmann zusammennimmt:

> Populär lehrhaft, aber weder wissenschaftlich noch politisch oder wahrhaft historisch interessiert, haben diese schematischen Bettelmönchs-Kompendien in fast epidemischer Verbreitung, bald auch in die Volkssprachen übersetzt, jahrhundertelang den geschichtlichen Sinn eher erstickt als gefördert.[8]

Ein flüchtiger Blick in das voluminöse Werk des Dominikaners Vinzenz scheint die Einschätzung vollauf zu bestätigen: Das *Speculum historiale* ist schematisch in 30 bzw. 31 oder 32 Bücher mit je ca. 100 Kapitel eingeteilt.[9] Wenn man darin eine bestimmte Information oder ein bestimmtes Ereignis sucht, ist dieser starre Rahmen aber eher hinderlich. Ganz offensichtlich folgt die Einteilung zwar dem Ablauf der historischen Geschehnisse, aber sie ist dennoch nicht eigentlich periodisierender Natur: Der Inhalt der Bücher umgreift, anders als bei dem etwa gleichzeitig entstandenen Opus Martins von Troppau, keineswegs immer einen gleich langen Zeitraum.[10] Historische Wertungen des Autors sucht man vergebens. Nicht einmal in die chronologischen Daten vermag Vinzenz hinreichende Ordnung zu bringen: Konkurrierende Datierungssysteme stehen einfach regellos nebeneinander, ohne den Versuch, schnell erkennbare Widersprüche aufzulösen.[11] So fehlt ganz offensichtlich selbst der Sinn für die unabdingbare historische Genauigkeit.

---

6 Grundmann, Geschichtsschreibung, hier S. 22.

7 Vinzenz hatte keine offizielle Funktion am Hofe Ludwigs IX., der Erzieher der Kinder trug den Namen Simon; er war allerdings auch nicht, wie vielfach spekuliert wurde, identisch mit dem Dominikaner Simon von St. Quentin; vgl. umfassend Voorbij, Het ‚Speculum Historiale', hier S. 11–13.

8 Grundmann, Geschichtsschreibung, S. 23.

9 Da es noch immer keine kritische Ausgabe dieses Mammutwerkes gibt, wird es im folgenden nach dem vierbändigen Druck der Benediktiner von St. Vedastus in Douai zitiert, der 1965 von der Akademischen Druck- und Verlagsanstalt in Graz neu aufgelegt wurde: Vincentius Bellovacensis *Speculum Quadruplex sive Speculum maius (Naturale/Doctrinale/Morale/Historiale)*, Douai 1624. In dieser Ausgabe zählt das *Spec. Hist.* als vierter Band 31 Bücher, da das erste Buch mit der allgemeinen Einleitung und den Tabulae weggelassen ist; die Zitierung erfolgt nach Büchern (lib.) und Kapiteln (c.).

10 Zur schematischen Anlage dieses Chroniktyps vgl. Brincken, Martinschroniken.

11 Gemeint sind hier nicht einfache Verschreibungen (wie eine z. B. in lib.XI,1 auftritt, wo Septimius Severus in das Weltjahr 5048 anstatt 4148 gesetzt wird), sondern jene Fälle, wo unvereinbare Datierungen einfach parallel nebeneinander stehen, wie in lib. XII,1 das Jahr A.D. 195 neben dem Weltjahr 5048. Zum Verfahren von Vinzenz, keine eigenen korrigierenden Berechnungen anzustellen, vgl. sein Vorwort *Apologia Actoris*, c. 5; dazu Brincken, Ge-

Angesichts dessen überrascht es dann doch, wenn Vinzenz neben den obligatorischen Weltalterbestimmungen und Datierungen seit Christi Geburt auch die Amtsjahre weltlicher Herrscher für Zeitangaben heranzieht. Der parallele Gebrauch dieses säkularen Ordnungsmusters scheint in Widerspruch zu seiner heilsgeschichtlichen Gesamtkonzeption zu stehen: Vinzenz begnügt sich in seiner Darlegung nicht mit der Sichtweise seiner naturgegebenen menschlichen Erkenntnismöglichkeiten, beendet das *Speculum* nicht mit der Betrachtung der eigenen Zeit, sondern er schließt einen Ausblick auf das Ende der Geschichte an: Sein *Epilogus, continens tractatus de ultimis temporibus* in *lib. XXXI*, *c.* 106–129 des *Speculum historiale* zeigt deutlich, dass er die Geschichte einzig im Hinblick auf ihr Ende legitimiert sieht.[12] Vor diesem Hintergrund benutzt er mit einer überraschenden Begründung die Daten weltlicher Herrscher als Ordnungsraster:[13] Nur durch deren Mitteilung seien Ereignisse zweifelsfrei zeitlich zu fixieren; bezüglich weiterer Datierungssysteme beschränke er sich darauf, das anzugeben, was er in seinen Quellen vorgefunden habe, denn er wolle in die ohnehin schon große Verwirrung bei der Datenberechnung nicht noch zusätzliche Unsicherheit durch weitere, eigene Versuche bringen.

Nicht historisches Desinteresse, sondern relative, aber eindeutige Positionierung der Ereignisse ist demzufolge das Ziel von Vinzenz. Die so unverrückbar fixierten Materialien soll der Prediger, für den das *Speculum historiale* als Hilfsmittel konzipiert ist,[14] dann für seine öffentliche Lehre als Instrumentarium nutzen. Dazu liefert Vinzenz nicht nur die bloßen Ereignisse, sondern weit umfänglichere Materialien: In Verbindung mit den Daten gibt er auch breite Informationen über die schriftliche Hinterlassenschaft von *Auctores*. Dazu hat er vielfältige Auszüge der Schriften antiker und spätantiker Autoren als Zeugnisse der literarischen Produktion der jeweiligen Zeit in sein *Historiale* eingebaut.[15] In dieser Art von Literaturgeschichtsanthologie ist seine chronikalisch geordnete Sammlung für das Mittelalter einmalig. Aufgrund der geschickten Strukturierung des Textes konnten vom Benutzer die verknappten Vorstellungen etwa eines Augustinus,[16] Hugo von St. Viktor[17] oder Bernhard von Clairvaux[18] ohne müh-

---

schichtsbetrachtung, hier S. 452 bzw. S. 471, und Weigand, Vinzenz von Beauvais, hier S. 64–66.

12 Der Schlussteil des *Historiale* wird gründlich untersucht und mit anderen Chroniken verglichen von Haeusler, Ende der Geschichte, v. a. S. 73–96.

13 Vgl. Brincken, Geschichtsbetrachtung Ap. Act. c. 5, S. 471.

14 Zur Intention von *Speculum maius* und *Speculum historiale* vgl. Brincken, Geschichtsbetrachtung, S. 418ff., und Weigand, Vinzenz, S. 69–76.

15 Die Funktion des *Speculum historiale* als Sammelbecken von wörtlichen Auszügen zahlreicher Originalschriften ist bislang nicht umfassend untersucht. Es gibt nur Einzelstudien zu klassischen Autoren, etwa zu Aristoteles von J. Hamesse, Le dossier Aristote dans l'œuvre de Vincent da Beauvais, À propos de l'Èthique. Den Stellenwert etlicher Klassiker-Zitate im *Speculum historiale* analysiert auch S. Schuler, Excerptoris morem gerere. Zur Kompilation und Rezeption klassisch-lateinischer Dichter im ‚Speculum historiale' des Vinzenz von Beauvais.

16 Lib. XVI, c. 46–52, und XVIII, c. 53–99.

17 Lib. XXVI, c. 47–118, und XXVII, c. 18–57.

18 Für Bernhard ist der ganze lib. XXVIII reserviert, s. u.

sames Studium der Originalschriften in pointierter Form gewonnen werden.[19] Im Laufe der Zeit wurde das *Historiale* durch diese bequem zu erreichenden Inhalte zu einer eifrig benutzten, dabei allerdings auch gern verschwiegenen und zuletzt gar geschmähten Quelle für historische Informationen und für Vorstellungen vom Lauf der Geschichte.

So gesehen haben wir mit dem historiographischen Werk des Dominikaners Vinzenz zweifellos einen wichtigen Einschnitt in der mittelalterlichen Geschichtsschreibung zu verzeichnen. Er lieferte mit seiner schematisch und neutral ordnenden Zusammenstellung einen Steinbruch historischer Fakten und geschichtlicher Erscheinungen, aus dem noch Jahrhunderte lang das Material für andere Darstellungen geschlagen wurde, ohne dass diesen Blöcken die Herkunft aus dem Fundus des *Historiale* anzusehen war. Manche Chronik, wie die des Helinand, und andere Schriften wären ohne die Sammelleistung von Vinzenz gänzlich verloren.[20] Für eigene Stellungnahmen zu Aufgabe und Funktion von Geschichte blieb – über das in der Vorrede Mitgeteilte hinaus – kein Platz mehr in diesem Zettelkasten. Solche Selbstbeschränkung führte zur gelegentlichen Fehleinschätzung seiner Leistung.[21] Vinzenz strebt nämlich in gewissen Grenzen durchaus historische Genauigkeit an. Er will das gleichmäßig strukturierte Datengerüst durch umfangreichere, seiner Predigerintention geschuldete Sachinformationen aufwerten. Hierzu nimmt er die Unübersichtlichkeit der Materialsammlung in Kauf. Nachteile sucht er durch adäquate Erschließungsmittel auszugleichen, wie Kapitelüberschriften und Register.[22] In herkömmlichen historiographischen Werken erfolgt die historische Wertung durch erläuternde Bemerkungen der Verfasser. Zur Charakterisierung herausragender Leistungen ist das sprachliche Instrumentarium hierfür sehr begrenzt und auch wenig differenzierend. Ein *vir illustris* kann Politiker, Heerführer, Kirchenlehrer oder alles zusammen sein. Vinzenz wertet nicht mit eigenen Worten, sondern indem er Taten oder Schriften mit Originalwortlaut der Autoren oder anderer Historiographen in breitester Zitation einbringt. Der Umfang der jeweiligen Darstellung ist dabei gleichzusetzen mit der Wertschätzung der Person.

Wie sich das Verfahren auswirkt, wollen wir am Beispiel Bernhards von Clairvaux studieren. Da er ein nachweislich erfolgreicher Prediger und Kirchenpolitiker war, ist von vorneherein zu erwarten, dass ihm Vinzenz in besonderer Weise Beachtung schenkt.

---

19 Zu konkreten Auswirkungen dieser Art der Verwertung, am Beispiel der wörtlichen Übernahme und Weiterverbreitung der Translationsformel des Gervasius von Tilbury durch Vinzenz vgl. etwa Goez, Translatio imperii, S. 201 Anm. 7.

20 Zu Vinzenz und Helinand vgl. Paulmier-Foucart; anderweitig nicht bezeugte Nachrichten aus dem *Speculum historiale* ediert z. B. Holder-Egger in MG SS XXIV, Hannover 1879, S. 164–167.

21 Darauf hat vor längerer Zeit schon Melville hingewiesen, vgl. Melville, Spätmittelalterliche Geschichtskompendien.

22 Vgl. Brincken, Tabula alphabetica, S. 900–923.

2. Zur Darstellung Bernhards von Clairvaux im *Speculum historiale*

Tatsächlich erhält Bernhard im *Speculum historiale* einen herausragenden Stellenwert, ihm ist ein ganzes Buch, der *lib. XXVIII* mit 128 Kapiteln gewidmet, 42 Seiten im Großfoliodruck.[23] Keiner anderen historischen Persönlichkeit wird im *Historiale* mehr Platz eingeräumt. Seinem Ordensgründer Dominikus schenkt Vinzenz gerade einmal fünf Seiten mit 12 Kapiteln.[24] Bei dieser Fülle der Angaben zu Bernhard ist zunächst in Rechnung zu stellen, dass Vinzenz für die Ausarbeitung seiner Sammlung die bibliothekarischen Ressourcen der großen Zisterzienserabtei von Royaumont zur Verfügung standen, wo er als Lektor tätig war.[25] Vor diesem Hintergrund ist dann besonders beachtenswert, dass Vinzenz im Falle Bernhards dennoch auf die Mitteilung von Mirakeln und sonstigen, den Status eines Heiligen bezeugenden Geschichten weitgehend verzichtet. Er beschränkt sich auf einen allgemeinen Verweis: *Huius sancti vita, et miracula quinque libris digesta sunt a Domino Guillelmo sermone luculento, de quibus nonnulla superius posui.*[26] Er kannte also die Vita Wilhelms.[27] Doch die vorangehende knappe Zusammenfassung von gerade 26 einspaltigen Druckzeilen *Ex gestis eius* beinhaltet nur wenige Episoden aus Bernhards Jugendzeit. Sonst finden wir im *Historiale* nichts über die charismatischen und heiligmäßigen Züge Bernhards. Die auf die Einführung folgenden 126 Kapitel des *lib. XXVIII* sind ausschließlich mit Auszügen aus den vielfältigen Schriften Bernhards gefüllt.

Zunächst listet Vinzenz in *cap. 2* von *lib. XXVIII* elf Werke auf,[28] die nach seiner Darstellung je ein Buch umfassen, und nennt ein weiteres mit fünf Büchern (*Ad Eugenium Papam de consideratione libri V*). In der Aufzählung folgen sodann 18 Predigten (*homelia*) über den Psalm *Qui habitat*, 83 über die *Cantica Canticorum* und 4 über die Stelle *missus est Gabriel*, in Summe also schon 105 Predigten, dann ein *tractatum super Magnificat.* Auf 265 beziffert Vinzenz die Zahl der *Epistolas breves ad diversas* des Bernhard, und zuletzt spricht er von *Sermones autem pene innumerabiles, de quibus videlicet, ea quae subiecta sunt excerpsi.*

Aus dieser umfänglichen Schriftenliste werden in den folgenden Kapiteln des *lib. XXVIII* Auszüge von mindestens zwölf der Bernhardischen Werke präsentiert: 16 Kapitel bieten Abschnitte aus *De contemptu mundi ad clericos* (c. 3–18), es folgen Exzerpte aus den *Meditationes* (c. 19–25), aus *Exhortatorium de passi-*

---

23 Die genannten Umfänge beziehen sich auf den Druck von 1624.

24 Die Informationen zu Dominikus stehen im *Speculum historiale* S. 1256b bis 1260 a (lib. XXVIIII, c. 65–77), weitere 10 Kapitel über heiligmäßige Wunder nach seinem Tod lib. XXVIIII, c. 110–120 (1270b–1273b). Das Weglassen der Wunderbezeugungen bei Bernhard ist somit keineswegs der Regelfall für Vinzenz' Umgang mit Viten und daher umso bemerkenswerter.

25 Vgl. Voorbij, S. 8–17 bzw. Weigand, Vinzenz, S. 9 und S. 11f..

26 *Speculum historiale* fol. 1143b, lib. XXVIII c. 1, Ende.

27 Guillelmus ist Wilhelm von St.-Thierry mit seiner *vita prima*, vgl. Goez, Verstetigung, S. 189 Anm. 89.

28 Die Benennung der Titel s.u. zu Beginn des nächsten Abschnitts.

one et ressurectione Domini (c. 26–34), *De diligendo Deum* (c. 35–41), *De gradu humilitatis et superbiae* (c. 42–50), *Ad Abbatem Columbensem de praecepto et dispensatione* (c. 51–61), *Ad Eugenium Papam de consideratione* (c. 62–81), *Ad Innocentium Papam contra haereses Petri Abaelardi* (c. 82), *Ad Episcopum Senonensem* (c. 83–86), *Ad Cistercienses et Cluniacenses monachos apologeticum* (c. 87–98), *Exhortatio Carthusiensium at patientiam et humilitatem* (c. 99–125) und schließlich liefert Vinzenz noch drei Kapitel aus *De laude novae militiae ad milites templi* (c. 126–128). Dann beginnt das Buch XXIX, in dem über Ereignisse aus der Zeit Friedrichs I. sowie über die Schriften des Petrus Lombardus und des Petrus Comestor berichtet wird. Keine Auszüge liefert Vinzenz also für Bernhards Schriften über *De gratia et libero arbitrio lib. 1* und *Ad Hugonem de Sancto Victore lib. 1*, obwohl er sie in der Auflistung in *cap. 2* mit benennt. Obwohl er doch ein Predigerhandbuch verfasst, nimmt Vinzenz keine einzige der im Werkverzeichnis so umfangreich vorgestellten Predigten Bernhards in seine Exzerpte auf. Insgesamt bietet *lib. XXVIII* des *Speculum historiale* einen in der Auswahl nicht repräsentativen, in der Quantität gleichwohl beachtlichen Auszug aus den vielfältigen Werken Bernhards. Im Druck des *Historiale* von 1624 sind es ungefähr 6384 zweispaltige Druckzeilen mit je ca. 50 Zeichen, also Textmasse von ca. 320000 Zeichen ohne Zwischenräume; in einer modernen Auswahlausgabe entspräche das etwa 150 Druckseiten.

Diese Darstellung im *Historiale* weicht in vielfacher Hinsicht erheblich von dem Bild ab, das Bernhard zu seinen Lebzeiten und nach seinem Tod der Orden für den Prozess der Heiligsprechung zu gestalten suchte.[29] Bernhard selbst hatte für eine möglichst weite Verbreitung seiner Schriften Sorge getragen, vor allem suchte er, unautorisierte Abschriften zu unterbinden.[30] Daneben mühte er sich aber ebenso intensiv, jene Zeugnisse zusammenstellen und aufzeichnen zu lassen, die ihn als göttliches Werkzeug, besonders als Wundertäter bekannt machten. Durch solche Beweise sah er sich nämlich legitimiert, Gegner seiner Interessenspolitik als Widersacher eines göttlichen Heilsplanes zu diffamieren.[31] Somit diente die Legendarisierung Bernhards von Anfang an einem speziellen aktuell politischen Interesse. Diese Intention hat sich zu Zeiten von Vinzenz‘ Sammeltätigkeit längst erledigt, und so ist davon in den Materialien, die das *Historiale* über Bernhard bietet, nichts mehr zu finden.

Das Bernhard-Bild, welches uns im *Speculum historiale* geboten wird, weicht damit aber deutlich von jenem ab, welches in den verschiedenen Viten nachzulesen ist.[32] Nach der knappen Einleitung mit minimalen legendarischen Zügen – einzig die Geschichte der Frau, die in Bernhards Jugendzeit seine Kopfschmerzen mit Zaubersprüchen heilen wollte –, wird im *Historiale* ausschließlich das verbürgte Wort längerer Schriften des Abtes weitertradiert. Damit hatte der

29 Zum Folgenden vgl. vor allem Goez, Verstetigung.
30 Ebd., S. 185f.
31 Vgl. Goez, Verstetigung, S. 182.
32 Zum Bernhard-Bild in den Viten vgl. neben Bredero v. a. Goez, Verstetigung, S. 187–202.

gelehrte Geistliche ein knappes Handbuch der wesentlichen Äußerungen Bernhards zur Verfügung, aus dem er jederzeit zuverlässige Informationen zu den Schriften des Heiligen gewinnen konnte. Für volkstümliche Predigtmärlein, wie sie Grundmann für die Bettelordenschronistik unterstellt, bot das *Historiale* mit seinen Inhalten keine Basis.[33]

Hierfür muss man andere Schriften der Bettelorden heranziehen. Parallel zur Entwicklung des schriftwerksdominierten Bernhard-Bildes im *Speculum historiale* wurde in der 1260 abgeschlossenen *Legenda aurea* des Jacobus de Voragine eine völlig andere Bernhard-Sichtweise präsentiert. Hier reiht sich eine legendarische Erzählung an die andere, originale schriftliche Äußerungen des Abtes fehlen hingegen gänzlich.[34]

3. Volkssprachige Rezeption des *Historiale* in Nürnberg

Schon früh bemühte man sich, das *Historiale* auch in der Volkssprache verfügbar zu machen. Ein groß angelegtes Übersetzungsunternehmen des Deutschen Ordens zeugt davon. Wir können nicht mehr bestimmen, ob es zum Abschluss kam und wie weit es verbreitet wurde; uns sind nur Fragmente erhalten.[35]

Während dieser institutionsgestützte Rezeptionsansatz offensichtlich früh in Vergessenheit geriet, hinterließ ein anderer Weg des *Speculum historiale* deutlichere Spuren in deutscher Überlieferung. Bereits zu Ende des 13. Jahrhunderts startete Jakob van Maerlant eine gereimte Übertragung des *Speculum historiale* ins Niederländische, die er allerdings nicht mehr selbst abschließen konnte.[36] Er schuf nur die Teile I und III, die etwa *lib. I–VIII* und *XVII–XXIV* des *Historiale* entsprechen. Lodewijk van Velthem und Philip Utenbroeke brachten das Werk weitgehend zum Abschluss. Allerdings sind von der niederländischen Originalübertragung der vierten und der fünften Partie nur Fragmente überliefert.[37] Glücklicherweise bewahrt eine oberdeutsche Prosaauflösung den Text. Zwei ursprünglich in Nürnberg geschaffene Handschriften des 15. Jahrhun-

33 Dies ist in der Bewertung bei Grundmann, Geschichtsschreibung, hier S. 69, so nicht zu erkennen.

34 Vgl. noch immer die Ausgabe von Graesse.

35 Es sind nur drei Fragmente des 14. Jh.s erhalten (Berlin, Geh. Staatsarchiv Preußischer Kulturbesitz XX. HA Hs. 33 Bd. 13 und Hs. 34 Bd. 13; München, UB, 2° cod. ms. 750). Zum Übersetzungsunternehmen vgl. Weigand, Vinzenz, S. 119–147, und zuletzt Schmidtke, Prosadenkmäler des 14. und beginnenden 15. Jahrhunderts aus dem Deutschordensgebiet, bes. S. 62 und 68–71.

36 Zu Jacob van Maerlants *Spiegel Historiael* vgl. am ausführlichsten Biemans, Onsen Speghele Ystoriale in Vlaemsche.

37 Die Details der Aufarbeitung zusammenfassend dargelegt bei Wuttke, Der Spiegel historiael auf deutschen Umwegen. Ich danke Frau Wuttke für die Einsicht in das unpublizierte Manuskript. Eine Arbeitsgruppe an der Universität Leiden unter der Leitung von J. Biemans und R. Sleiderink wird in Kürze einen Sammelband zu den Werken Lodewijk van Velthems vorlegen. Vgl. auch www.hum.leidenuniv.nl/pallas-icd/onderzoek/nadere-informatie.jsp

derts, die heute in der SBPK in Berlin und der ÖNB in Wien liegen, sind die erhaltenen Überreste dieser *Historiale*-Übersetzung und damit auch der Bernhard-Rezeption in mittelhochdeutscher Sprache.[38]

Patrizier und Bürgertum in Nürnberg bemühten sich im 15. und 16. Jahrhundert intensiv um die Aufarbeitung der eigenen Geschichte. J. Schneider unterteilt diese vielfältigen historiographischen Unternehmungen in eine offiziöse, auf Anregung des Rates entstandene Chronistik und eine zweite Gruppe mit autonom entstandenen Texten.[39] Die beiden Handschriften mit der Verdeutschung des *Spiegel historiael* stehen vom universalchronistischen Ansatz her der zwar offiziösen Weltchronik von Platterberger und Truchsess nahe,[40] gehen aber auf rein private Aufträge der Patrizierfamilien Schürstab und Volkamer zurück. In der Darstellung der Nürnberger Chronistik des 15. Jahrhunderts fanden sie bislang verständlicherweise keine Beachtung, da sie in Nürnberg selbst keine Spuren hinterließen und kaum eigentliche Nürnberger Nachrichten enthalten. Lediglich die deutsche Übertragung des Notariatsinstruments über Kapistrans Predigtwunder 1452 ist im Berliner Kodex berücksichtigt.[41]

In der Berliner Handschrift mgq 2018 beginnt das Buch V der *vierten Partie* des *Spiegel historiael*, das grundsätzlich dem *lib. XXVIII* des *Historiale* entsprechen sollte, auf fol. 205rb. Anders als im lateinischen *Historiale* setzt der Bernhard-Teil aber nicht gleich zu Beginn des Buches, sondern erst einige Abschnitte später, mit *c.* 7 ein. Auf fol. 208rb lesen wir dazu die Überschrift: *Von dem babste anastasio vnd sant Bernhards tot das vjj Capitel.* Lodewijk van Velthem beendet die Bernhard-Auszüge dann mit dem 34. Kapitel, im mhd. Text heißt es auf fol. 222rb:

> *mit dyen ich zu eim ende komen von dem tihten vnd von der lere die sant Bernhart von cleruas bey ime leben auz gab. Hernach ich tihten schone wort von vnser frawen. Von vnser frawen … daz xxxv capitel.*

Insgesamt 15 Blätter sind also in der Foliohandschrift des *Spiegel historiael* mit Texten aus dem Werk Bernhards gefüllt. Gegenüber den 42 Großfolio-Druckseiten im lateinischen *Speculum* stellt dies vordergründig betrachtet zwar

38 Berlin, SBPK, mgq 2018, 375 Bll., im Hauptteil von Conrad Czelmaier 1431 für Erhart Schürstab d.Ä. in Nürnberg geschrieben, und Wien, ÖNB, CPV 2902, 343 Bll., geschrieben Nürnberg 1438 von Heinrich Wislaw für die Patrizierfamilie Volkamer. Zu den Beschreibungen der Hss. vgl. Weigand, Vinzenz von Beauvais, S. 187–197.

39 Schneider, Heinrich Deichsler, hier S. 7. Eine Zusammenstellung der wichtigsten chronikalischen Werke ebd., S. 10.

40 Dieses äußerst interessante Chronikunternehmen ist bislang noch nicht zusammenhängend gewürdigt. Der Forschungsstand wird von L. Kurras referiert in Verfasserlexikon, 2. Aufl., Bd. 7 (1989), Sp. 726–728. Zum Zusammenhang mit dem *Speculum historiale* vgl. Weigand, Vinzenz, S. 249–276.

41 Es handelt sich um eine umgearbeitete, gegen Ende gekürzte Übersetzung eines lateinischen Notariatsinstruments über die Wunderheilungen durch Kapistran anlässlich seiner Predigten in Nürnberg 1452. Der lat. Text abgedruckt von J. Bader, Erhard Schürstabs Beschreibung des ersten markgräflichen Krieges, in: Quellen und Erörterungen zur Bayerischen und deutschen Geschichte, Alte Folge 8, München 1860 (Nachdruck Aalen 1969), S. 134–141, vgl. auch Weigand, Vinzenz, S. 193. Zur zeitgenössischen Resonanz auf Kapistrans Nürnberger Aufenthalt vgl. auch Schneider, Heinrich Deichsler, S. 262.

eine erhebliche Verkürzung dar. Verglichen mit dem, was ansonsten an zusammenhängenden Texten Bernhards in deutscher Sprache zur Verfügung stand, ist hier der Umfang an originalem, dem volkssprachigen Publikum auf seiner Verständnisebene bereitgestelltem Wortlaut aus den Schriften Bernhards dennoch beträchtlich.[42] Freilich fällt es aufgrund der gleichförmigen Kapitelbezeichnungen nicht ganz leicht, die Abschnitte bestimmten Werken des Heiligen zuzuordnen. Schon im *Speculum historiale* verfuhr Vinzenz sparsam bei der Benennung der Kapitel mit Bernhards Werktiteln. Die Kapitelserien mit Aussagen aus dem gleichen Werk erhalten zwar meist eine Überschrift, die den Inhalt knapp charakterisiert, so *lib. XXVIII c.* 4: *Quod avaritia et caetera mala procedunt ex voluntate.* Auf die Angabe des genaueren Ortes in der Schrift *De contemptu mundi ad clericos* verzichtet Vinzenz allerdings, nachdem er bereits für *c.* 3 die Herkunft der Textabschnitte aus dieser Schrift markiert hatte. Im *Spiegel historiael* werden dann die Kapitelüberschriften und damit auch die Zuordnungen noch unspezifischer. Nun fehlt auch die Charakterisierung des Inhalts, es wird nur noch schematisch mit *Noch me von seiner lere* (217va c. 10) oder *Noch me von dem selben* (218rb c. 11) weitergeleitet.

Lodewijk kürzt nicht nur das Material insgesamt, er verschiebt auch Zuordnungen. Im *Speculum historiale* berichtet *c.* 1 im *lib. XXVIII* zunächst über die Zeitumstände von Bernhards Tod (11 halbe Druckzeilen neben der Initiale), dann folgt eine knappe Charakteristik des großen Abtes (12 Zeilen) und schließlich ein 26 Druckzeilen umfassender Abschnitt *Ex gestis eius* mit Berichten aus Bernhards Jugend. Lodewijk formt aus den ersten beiden Abschnitten das *c.* 7 seines fünften Buches (216va), in *c.* 8 erzählt er die Geschichten aus Bernhards Jugendzeit (Spalte 216vb). Dann leitet er unverzüglich zu einer Aufzählung von Bernhards Schriften über:

> *Darnach, do er elter wart vnd apt wart / czu Cleruaz do maht er manig buch die ich niht alle genennen mag. Doch will ich ir ein teile nennen / Er maht von der versmechung der werlt ein buch, vnd von dem leiden vnd auferstentnisse vnsers herren. Er maht auch sechtzehen bücher die nutz vnd gut waren eim iechlichen der sich darnach halten wolt. Er macht auch hundert und sechs omelien die man in mangem kloster hat / Er maht auch zwei vnd viertzig episteln vnd zwey hundert. seiner predig sint auch so uil daz sie nieman vol zelen mag. Von allen disen sol ich euch ein wenig laszen verstan, wann er enlebt nicht der alles daz gesagen moht* [217rb] *das er getihtet hat / er lebt niht der euch das alles kund berihten. Darumb muszen wir das lang niderlegen vnd das kurtz sagen.*

Von den zwölf namentlich genannten Büchern bei Vinzenz bleiben also nur zwei übrig (*De contemptu mundi* und *Exhortatorium*), die restlichen werden mit der Zahlenangabe *sechtzehen bücher* zusammengefasst. Da wir bei Vinzenz insgesamt nur zwölf Titel genannt haben, *De consideratione* dort aber mit fünf Büchern angegeben ist, entspricht diese Zahl 16 der Gesamtzahl der bei Vinzenz aufgelisteten Bücher aus den 12 Werken.[43] Anstelle von 105 Homelien bei Vinzenz beziffert Lodewijk deren Zahl mit 106, die 265 *epistolas breves ad diversos* werden *viertzig*

42 Zu den sonstigen Verdeutschungen Bernhardscher Texte vgl. noch immer Höver in Verfasserlexikon, 2. Auflage, Bd. 1 (1978), Sp. 755–757.

43 Vgl. oben Abschnitt 2., nach Anm. 28.

episteln vnd zwey hundert, die *Sermones autem pene innumerabiles* mutieren zu *seiner predig sint auch so uil daz sie nieman vol zelen mag.*

Nach diesen Aufzählungen beginnen mit *Von dem selben vnd von seiner lere das viiij Capitel* die wörtlichen Auszüge, entsprechend dem lateinischen Text mit einer Übersetzung von Mt. 19 aus *De contemptu mundi*:

> *Sihe wir haben alle ding gelaszen vnd sin dir nach geuolget in rehter lieb, wann die werlt ist vergenklich vnd alles das in der tzeit ist das hat ein ende. Darvmb ist ez wol mein rat, das wir dem alle volgen, der mynnere uergencklich ist. ...*[44]

Neben breiter Darlegung von Schriften Bernhards in deutscher Sprache bieten die Kodizes also auch rudimentär Bibelverdeutschung.

4. Typen des Bernhard-Bildes in der Nürnberger Chronistik im 15. Jahrhundert

Die beiden Handschriften der *Spiegel historiael*-Übertragung sind nicht der einzige Reflex von Bernhards Wirken in der Nürnberger Chronistik. Auch in der Weltchronik Hartmann Schedels, verdeutscht von Georg Alt, finden wir Nachrichten zu Bernhard.[45] Der Heilige ist eingeordnet auf fol. 198r: *Bernhardus abbt zu claraualle ein Burgundier was auß Castellione dem edeln gschlos oder statt von edeln eltern pürtig.* Nach Mitteilungen über seine Eltern folgt die geläufige Erzählung vom Traum der Mutter Bernhards, der während der Schwangerschaft als Vorahnung auf die künftige Rolle ihres Kindes ein bellendes weißes Hündchen erschien. Zu den Schriften Bernhards weiß Schedel: *Vnd neben seinem heiligen vnd löblichen leben sunst auß seiner synnreichen geschicklichkeit vil heiliger inniger. andechtiger süesser. hönigfließender schrift. bücher vnd lere gemacht vnd hinder ime gelassen.* Er nennt also keine konkreten Titel, gibt keine Aufzählungen und liefert schon gar keine Textauszüge. Die Darstellung von Bernhards Taten füllt knapp die Hälfte dieser einen Seite, der Rest ist Petrus Alfonsi (mit nur mehr neun Halbzeilen) und Nachrichten zum Jahr 1128 vorbehalten. Die letzte Mitteilung lautet: *IOhannes von der zeitt was des groszen Karls Wappen maister gewesen vnnd lebet ccclxi iar vnd starb.* Verglichen mit dem reichen Material bei Vinzenz und in der *Spiegel historiael*-Übersetzung bedeutet diese Darstellung nicht nur vom Umfang her, sondern auch in der Qualität des Inhalts einen gewaltigen Rückschritt.

Literarisch interessierte Nürnberger waren nach alledem in der zweiten Hälfte des 15. Jahrhunderts bestens versorgt mit fein differenzierten Informationsquellen zu Bernhard von Clairvaux. In der Pfarrkirche von St. Sebald, im Ägidienkloster und in der Ratsbibliothek besaß man Handschriften oder Drucke des lateinischen *Historiale*, auch Hartmann Schedel nannte ein Exemplar sein

---

44 Vgl. Speculum historiale XXVIII, c. 3: *Bernhardus in libro de contemptu mundi: Ecce, inquit nos reliquimus omnia, et secuti sumus. Bene Petre, et optime, et non ad insipientiam tibi. Nam et mundus transit, et concupiscentia eius, et relinquere magis expedit, qua relinqui.*

45 Vgl. Schedel, Buch der Croniken vnd geschichten.

eigen.[46] Die Patrizierfamilien Schürstab und Volkamer verfügten über je eine Handschrift mit Lodewijk van Velthems Bernhard-Auszügen im *Spiegel historiael*. Ab 1493 konnte man auch die knappen Einträge in Schedels Chronikwerk benutzen. Das Bild von Bernhard fiel dann aber je nach Quelle unterschiedlich aus: Legendarisch überformt bei Schedel, mit sorgfältig ausgewählten, vielfältigen Originaltexten bei Vinzenz, und mit geschlossenen, flüssig zu lesenden, aber schwer zuzuordnenden deutschen Texten in den Handschriften der Familien Schürstab (mgq 2018) und Volkamer (CPV 2902). Das vorherrschende Bernhard-Bild war somit keine Frage der Informationsmöglichkeiten, sondern, wie gerade das Beispiel der Weltchronik Schedels zeigt, eine Folge der Informationsverwertung und der Sichtweise. Daran hat sich, wie der Feststellung von P. Herde zu entnehmen ist,[47] bis in die jüngste Vergangenheit wenig geändert.

Bibliographie

Biemans, J.A.A.M., *„Onsen Speghele Ystoriaele in Vlaemsche": codicologisch onderzoek naar de overlevering van de „Spiegel historiael" van Jacob vam Maerlant, Philip Utenbroeke en Lodewijk van Velthem, met een beschrijving van de handschriften en fragmenten* (Schrift en schriftdragers in de Nederlanden in de middeleeuwen 2), 2 Teile, Leuven 1997.

Bredero, A., *Bernhard von Clairvaux. Zwischen Kult und Historie. Über seine Vita und ihre historische Auswertung*, Stuttgart 1996.

Brincken, A.-D. v. d., Geschichtsbetrachtung bei Vinzenz von Beauvais. Die Apologia Actoris zum Speculum Maius, in: *DA* 34 (1978), S. 410–499 (mit einer Edition der Apologia actoris S. 465–499).

Brincken, A.-D. v. d., Tabula alphabetica, Von den Anfängen alphabetischer Registerarbeiten zu Geschichtswerken, in: *FS für Hermann Heimpel zum 70. Geburtstag*, Göttingen 1972, Bd. 2, S. 900–923.

Brincken, A.-D. v. d., Zur Herkunft und Gestalt der Martinschroniken, in: *DA* 37 (1981), S. 694–735.

Dinzelbacher, P., *Bernhard von Clairvaux, Leben und Werk des berühmten Zisterziensers* (Gestalten des Mittelalters und der Renaissance), Darmstadt 1998.

Elm, K. (Hg.), *Bernhard von Clairvaux. Rezeption und Wirkung im Mittelalter und in der Neuzeit*, Wiesbaden 1994.

Goez, E., ...erit communis et nobis – Verstetigung des Vergänglichen, Zur Perpetuierung des Charismas Bernhards von Clairvaux im Zisterzienserorden, in: G. Andenna/M. Breitenstein/ G. Melville (Hg.), *Charisma und religiöse Gemeinschaften im Mittelalter*, Münster 2005, S. 173–215.

Goez, W., *Translatio imperii. Ein Beitrag zur Geschichte des Geschichtsdenkens und der politischen Theorien im Mittelalter und in der frühen Neuzeit*, Tübingen 1958.

Grundmann, H., *Geschichtsschreibung im Mittelalter. Gattungen – Epochen – Eigenart* (KVR 209/10), Göttingen 1978.

Haeusler, M., *Das Ende der Geschichte in der mittelalterlichen Weltchronistik*, Köln/Wien 1980.

46 Vgl. Weigand, Vinzenz von Beauvais, S. 98–103; die Einträge in den MBK zu St. Sebald in III,3 S. 688 und 699, zum Ägidienkloster III,3 S. 425, zur Ratsbibliothek III,3 S. 786, zu Schedel III,3 S. 800 und 829.

47 Vgl. nochmals Herde im Geleitwort zu Dinzelbacher, wie oben Anm. 2.

Hamesse, J., Le dossier Aristote dans l'œuvre de Vincent da Beauvais. À propos de l'Èthique, in: M. Paulmier-Foucart/S. Lusignan/A. Nadeau (Hg.), *Vincent de Bauvais: intentions et réceptions d'une œuvre encyclopédique au Moyen Âge*, Montreal/Paris 1990, S. 197–217.

Jacob van Maerlant, Spiegel historiael, met de fragmenten der later toegevoegde gedeelten, bewerkt door Philip Utenbroeke en Lodewijc van Velthem, ed. M. Vries/E. Verwijs, 3 Tle., Leiden 1861–1879.

Jacobus de Voragine, Legenda aurea, ed. Th. Graesse, Leipzig 1890, Neudruck Osnabrück 1969.

Leclerq, J., *Bernhard von Clairvaux*, München 1990.

Melville, G., Spätmittelalterliche Geschichtskompendien – eine Aufgabenstellung, in: *Römische Historische Mitteilungen* 22 (1980), S. 51–104.

Paulmier, M., Etude sur l'etat de conaissance au milieu du XIIIe siècle: nouvelles recherches sur la genèse du "Speculum maius" de Vincent de Beauvais, in: *SPICAE* 1 (1978), S. 91–121.

Ruh, K. (Hg.) u. a., *Die deutsche Literatur des Mittelalters, Verfasserlexikon*, zweite, völlig neu bearbeitete Ausgabe, Berlin 1978.

Schedel, Hartmann, *Buch der Croniken vnd geschichten ... von anbeginn der welt bis auf dise vnnsere zeit.* Deutsch von Georg Alt. Nürnberg: Anton Koberger, 23.12.1493.

Schlusemann, R./Wackers, P. (Hg.), *Die spätmittelalterliche Rezeption niederländischer Literatur im deutschen Sprachgebiet* (Themanummer Amsterdamer Beiträge zur Älteren Germanistik 47), Amsterdam 1997.

Schmale, F.-J., *Funktion und Formen mittelalterlicher Geschichtsschreibung. Eine Einführung*, Mit einem Beitrag von H.-W. Goetz, Darmstadt 1985.

Schmidtke, D., Prosadenkmäler des 14. und beginnenden 15. Jahrhunderts aus dem Deutschordensgebiet, in: C.L. Gottzmann (Hg.), *Unerkannt und (un)bekannt. Deutsche Literatur in Mittel- u. Osteuropa*, Tübingen 1991, S. 59–73.

Schneider, J., *Heinrich Deichsler und die Nürnberger Chronistik des 15. Jahrhunderts* (Wissensliteratur im Mittelalter. 5), Wiesbaden 1991.

Schuler, S., Excerptoris morem gerere. Zur Kompilation und Rezeption klassisch-lateinischer Dichter im ‚Speculum historiale' des Vinzenz von Beauvais, in: *Frühmittelalterliche Studien* 29 (1995), S. 312–348.

Steer, G., Bernhard von Clairvaux als theologische Autorität für Meister Eckhart, Johannes Tauler und Heinrich Seuse, in K. Elm (Hg.), *Bernhard von Clairvaux*, Wiesbaden 1994, S. 233–259.

Thorau, P., *Die Kreuzzüge*, München 2004.

Vincent de Beauvais: intentions et réceptions d'une œuvre encyclopédique au Moyen Âge, ed. M. Paulmier-Foucart/S. Lusignan/A. Nadeau, Montreal/Paris 1990.

Vincentius Bellovacensis Speculum Quadruplex sive Speculum maius (Naturale/Doctrinale/Morale/Historiale), Douai 1624.

Voorbij, J.B., *Het ‚Speculum Historiale' van Vincent van Beauvais. Een studie van zijn ontstaansgeschiedenis*, Proefschrift, Groningen 1991.

Weigand, R., *Vinzenz von Beauvais. Scholastische Universalchronistik als Quelle volkssprachiger Geschichtsschreibung* (Germanistische Texte und Studien. 36), Hildesheim/Zürich/New York 1991.

Wuttke, U., *Der Spiegel historiael auf deutschen Umwegen. Ungehobene Schätze der mittelniederländischen Literatur in der Staatsbibliothek zu Berlin und der Forschungsbibliothek zu Gotha*, Ms. unpubl., Leiden 2008.

Cosimo Damiano Fonseca (Bari)

Gli „Excerpta Hieronymi" nelle sillogi canonicali dei secoli XI e XII

> *Nostris vero temporibus in Italia apud Mediolanum, ex precepto Alexandri pape ceperunt clerici secundum precepta beati Hyeronimi ad Nepotianum de vita clericorum et secundum regulam sancti Augustini episcopi nichil possidentes in commune vivere, que postea a sancto Anselmi Lucensi episcopo brevi libello digesta, tradita est ecclesiis observanda*[1].

Nell'incisivo e sintetico profilo tracciato da Bonizone di Sutri a proposito della canonica di Santa Maria di Milano fondata nel 1057 da Arialdo[2], i punti di riferimento nel delineare il modello comunitario di vita dei chierici sono costituiti dai „praecepta beati Hieronymi" e dalla „regula sancti Augustini". Essi rientrano sin dalle origini tra le *auctoritates* che vengono invocate come regolatrici della condotta dei chierici nella redazione delle sillogi normative e delle raccolte consuetudinarie. È pur vero che, nel nostro caso, mentre per i „praecepta beati Hieronymi" si indica chiaramente la lettera a Nepoziano, per Sant'Agostino il richiamo è del tutto imprecisato non avendo sicuri elementi per affermare se Bonizone intenda alludere a una generica ispirazione agostiniana quale si constata, ad esempio, nei sermoni *De vita et moribus clericorum* – ipotesi, questa, più che convincente tenuto conto delle precisazioni che, relativamente a un testo specifico, interverranno soltanto nei decenni successivi[3] – oppure a una ben individuata e determinata „regola" di Sant'Agostino o a lui attribuita quali il *Praeceptum*, l'*Ordo Monasterii*, il *Praeceptum longius*, la *Regula recepta*[4].

Ma a proposito del testo di Bonizone un altro aspetto va messo in doveroso risalto ed è l'allusione al *Breve libellum* dove Anselmo da Lucca avrebbe fatto confluire gli *excerpta* di Girolamo e il *Sermo* di Agostino da trasmettere per la regolare osservanza a tutte le Chiese[5].

È ben nota l'ipotesi affacciata dal Dereine sul *libellum* ormai perduto e che, secondo lo storico belga, sembra trovare l'equivalente nel settimo libro della collezione canonica a lui attribuita che per ha per titolo *De communi vita clericorum et qui se continere non possunt*[6], ma non può sottacersi altresì la circostanza che questo collegamento introduce una puntuale accentuazione sul rapporto tra vita comune e continenza, premessa la prima all'osservanza della seconda e, quindi, conferma dell'essere stata la vita comune assunta come vigoroso contravveleno al nicolaismo. La *regularitas* con l'impegno di povertà in senso stretto avrebbe

1 Bonizo, Liber de vita christiana, p. 204.
2 Fonseca, Riforma del clero e ordinamento canonicale.
3 Dereine, Vie commune; id., Enquête sur la Règle de Saint-Augustin.
4 Fonseca, Regulae – Consuetudines – Statuta.
5 Bonizo, Liber de vita christiana, p. 204.
6 Dereine, Le problème de la vie commune.

costituito lo stadio successivo delle riforma del clero quale sarebbe stata propugnata, qualche anno più tardi, dal Concilio romano del 1059[7].

Ma, ben al di là degli sviluppi successivi, ciò che conta è la coscienza ampiamente condivisa di essere San Girolamo, insieme con Sant'Agostino e successivamente con San Gregorio Magno, tra le *auctoritates* di maggior peso per suffragare l'osservanza regolare del clero e, conseguentemente, per inserire brani delle loro opere nelle sillogi normative dei secoli XI e XII quando le istanze di riforma si faranno sempre più impellenti[8].

Espressioni come *institutiones beati Augustini, Gregorii, Hieronymi* (1076), *constitutiones beati Hieronymi et Augustini* (1077), *Patrum decreta, id est Augustini, Hieronymi et coeterorum* (1068–1085) compaiono a proposito dei collegi dei chierici della Cattedrale di Tolosa e della Chiesa di Saint-Sernin della stessa città[9].

Più esplicita in proposito è la bolla inviata nel 1092 ai canonici di Rottenbuch:

> *Hanc (sc. vitam canonicam) martyr et pontifex Urbanus instituit, hanc Augustinus suis regulis ordinavit. Hanc Hieronymus suis epistolis informavit, hanc Gregorius Augustino Anglorum archiepiscopo instituendam ordinavit*[10].

1.

Ad accreditare questi richiami alla tradizione patristica di cui San Girolamo può considerarsi uno tra i più autorevoli esponenti era stata la *Institutio canonicorum* promulgata nel Concilio di Aquisgrana dell'816[11].

Le citazioni tratte dalla produzione geronimiana sono otto rispettivamente quella relativa al commento alla lettera indirizzata da San Paolo a Tito (cap. 10)[12], e le lettere inviata dallo stesso Girolamo ad Oceano (capp. 11 e 98)[13], a Nepoziano (cap. 94)[14], a Paolino (cap. 95)[15], a Rustico (cap. 96)[16], a Eliodoro (cap. 97)[17], a Eustochio (cap. 124)[18].

---

7 Fonseca, La memoria „gregoriana" di Anselmo da Lucca.

8 Circa il rapporto tra l'originalità legislativa e la capacità compilativa nella redazione di queste sillogi normative si rinvia a Fonseca, Gli „Excerpta Ambrosii"; si veda altresì Picasso, Gli „Excerpta Ambrosii"; per le sillogi canonicali, si rinvia a Fonseca, Gli „Excerpta Benediciti"; id., Gli „Excerpta Gregorii"; Id., Gli „Excerpta Prosperi".

9 De Vic/Vaisette, Histoire générale du Languedoc, col. 290; Gallia Christiana (nova), Instr., col. 7; Annales Sancti Benedicti, ed. Mabillon, p. 539.

10 Pflugk Harttung, Acta Pontificum Romanorum, p. 146; sulla canonica di Rottenbuch si veda Mois, Das Stift Rottenbuch.

11 Institutio canonicorum Aquisgranensis, pp. 308–421.

12 Ibid., pp. 326–328.

13 Ibid., pp. 328–330.

14 Ibid., pp. 370–373.

15 Ibid., p. 374.

16 Ibid.

17 Ibid., p. 375.

18 Ibid., p. 404.

Numericamente inferiori a quelle di Isidoro di Siviglia (27), dello pseudo Prospero (10) e di Gregorio (10), gli *excerpta Hieronymi* sono superiori a quelli di Agostino (3), ma non va trascurato che come varietà di testi, quelli geronimiani superano di gran lunga tutti gli altri. Infatti gli *excerpta Augustini* sono tratti da due opere del vescovo di Ippona: il *Sermo 46 de pastoribus* e il *Sermo I De vita et moribus clericorum*; quelli di Gregorio da tre opere: la *Regula pastoralis* (7), la *Homilia in Johannem* (1) e la *Homilia in Matthaeum* (2); quelli dello pseudo Prospero dal *De vita contemplativa* (10); quelli infine di Isidoro di Siviglia dal *De ecclesiasticis officiis* (123), dalle *Etymologiae* (1) e dal *Liber sententiarum* (13). Tutto ciò autorizza a ritenere che proprio dalle lettere di Girolamo si riteneva scaturissero principi di grande efficacia dottrinale al fine di orientare l'impegno religioso e la pratica ascetica dei chierici. Non a caso Bonizone cita proprio la *Epistola ad Nepotianum* quale testo fondamentale dello *status vitae* dei chierici milanesi raccolti per iniziativa dal capo della Pataria, Arialdo, nella canonica di Santa Maria: testo peraltro che gli stessi riformatori dell'XI secolo, come ad esempio Pier Damiani, assumeranno per dare alla vita comune una più marcata impronta di carattere pauperistico[19]. Girolamo nella lettera a Nepoziano fa riferimento all'altra da lui scritta ad Eliodoro, un brano della quale la *Institutio Aquisgrananensis* pone (cap. 97) sotto la rubrica *Quid distet inter monachum et clericum*[20] con la finalità di meglio definire la specificità della vocazione del chierico che, se pur differente da quella del monaco, ciononostante ne mutua alcuni segni distintivi, quale la tortale donazione a Dio di se stesso. Non a caso lo stesso Girolamo precisa a chiare lettere l'unitarietà e la differenza dei due trattatelli: *suscipe et libellum hunc* (cioè quello a Nepoziano) *libello illius* (quello a Eliodoro) *copulato, ut cum illum te monachum erudierit, hic clericum doceat esse perfectum*[21].

Girolamo avvia il discorso con il suo interlocutore partendo dall'etimologia del termine *χλήρος*, in latino *sors*, per definire l'appartenenza del chierico solo a Dio *quia de sorte sunt Domini vel quia Dominus ipse sors, id est pars clericorum est*[22]. Il chierico, quindi, è di Dio, gli appartiene, ha Dio per sorte; a sua volta Dio lo ha scelto per sua parte. Di qui fa derivare una conseguenza che poi in senso dichiaratamente pauperistico sarà accentuato da Pier Damiani nella sua lettera ai canonici di Fano. Se infatti il chierico privilegia o ritiene di poter convivere con il danaro, le proprietà, i beni terreni, allora *cum istis partibus Dominus pars eius fieri non dignatur*. La sua vocazione non è accumulare ricchezze ma vivere dalle decime e dalle offerte all'altare accontentandosi del vitto e del vestito ponendosi alla sequela della croce del Signore (*nudam crucem nudus sequar*)[23].

19 Pier Damiani, Lettere (22–40), ed. Gargano/D'Acunto, Lettera 29, pp. 191–307; cf. Miccoli, Chiesa gregoriana, p. 82 (Nuova edizione a cura di A. Tilatti [Italia Sacra 40], Roma 1999, p. 201).

20 Institutio canonicorum Aquisgranensis, p. 375.

21 Ibid., p. 370.

22 Ibid.

23 Ibid.

Da questi presupposti Girolamo fa discendere una serie di norme comportamentali: l'assoluta estraneità delle donne dalla vita del chierico dove si colgono anche gli echi della disciplina canonica varata dal concilio di Nicea del 325 il cui canono III compare nel XXXIX capitolo dell'*Institutio Aquisgranensis*[24], l'assiduità nella lettura delle Sacre Scritture (*numquam de manibus tuis sacra lectio deponatur*); la piena rispondenza delle opere rispetto a ciò che viene insegnato (*Sacerdotis Christi os cum mente concordet*); la convinta sottomissione al proprio vescovo (*esto subiectus pontifici tuo*); il rifiuto degli inviti ai banchetti (*convivia tibi detestanda sunt saecularium, maxime horum, qui honoribus tument*)[25]; l'astinenza dal vino (*quicquid inebriat et statum mentis evertit fuge similiter ut vinum*)[26]; la pratica del digiuno (*fortissimum iciunium est aqua et panis*)[27]; la modestia nel vestito e l'assoluta esclusione dall'abbigliamento di monili e di pietre preziose (*nolo te dilatare fimbrias et ostentui habere filacteria*)[28]; il controllo della lingua e degli occhi (*officii ergo tui sit … non solum oculos castos servare, sed et linguam*)[29]; il disinteresse nel distribuire ciò che è proprio agli altri (*ipse est optimus dispensator qui nihil sibi reservat*)[30]. Girolamo infine dichiara che il suo discorso non ha l'intento di colpire qualcuno in particolare – e per questo non fa nomi – quanto parlare in generale dei vizi dai quali dovevano tenersi lontano coloro che erano entrati a far parte della milizia chiericale (*generalis de vitiis disputatio est*)[31].

Le seconda lettera di Girolamo riportata integralmente nel *dossier* aquisgranense e sotto la medesima rubrica *De vita clericorum* è quella indirizzata allo pseudo Oceano. A differenza di quella inviata a Nepoziano, che si presenta come un trattato organico pur nella varietà delle argomentazioni e nella pluralità delle sequenze tematiche, questa ad Oceano ha invece un carattere monotematico tutta incentrata come essa è intorno alla castità dei chierici, alla considerazione del ruolo e delle peculiarità della donna e tesa ad esorcizzare la *femina* in quanto tale come occasione di peccato. Il ritratto che Girolamo dipinge della donna ha forti connotati di misoginia anche se egli stesso in altre lettere dimostra un'attenzione particolare e delicata specialmente nei confronti delle donne che *sacro indutae velamine*, consacrano la loro verginità a Dio. *Feminarum cum clericis, egli scrive, nulla pacto coniuncta praecipitur conversatio* e aggiunge perentoriamente che la donna è *Ianua diaboli, via iniquitatis, scorpionis percussus nocivumque genus femina*[32].

Altrettanto sintonizzato su un unico registro è il commento di Girolamo alla lettera di San Paolo a Tito che compare quale capitolo decimo della prima parte

24 Ibid., p. 360; Conciliorum Oecumenicorum Decreta, ed. Alberigo et. al., p. 7; La rubrica è la seguente: *Quae mulieres cum sacerdotibus commorantur.*
25 Institutio canonicorum Aquisgranensis, p. 372.
26 Ibid.
27 Ibid.
28 Ibid.
29 Ibid., p. 373.
30 Ibid.
31 Ibid.
32 Ibid., p. 375.

della *Institutio Aquisgranensis*[33]. In realtà il brano paolino prende in considerazione il ruolo del vescovo, le sue qualità morali e i tratti salienti del suo impegno pastorale. Girolamo, pur non tradendo la pregnanza del testo e il suo destinatario, estende, laddove è possibile, i suoi insegnamenti anche ai sacerdoti, costituiti come essi sono dai vescovi all'interno delle città e, quindi, partecipi delle qualità morali dei vescovi stessi. *Idem ergo est presbiter qui episcopus*, afferma perentoriamente. E non tralascia occasione per ribadire che non è possibile che in una città ci siano più vescovi, nondimeno, tenuto conto che gli stessi vescovi erano stati presbiteri in quella città, san Paolo *indifferenter de episcopis quasi de presbiteris est locutus*[34].

In questo parallelismo di funzioni, ancorchè sostenuti da un diverso carisma, Girolamo indugia sulle virtù personali dei candidati all'episcopato e al sacerdozio, sulle loro capacità pastorali, sulla loro integrità morale, sulle fonti del loro sostentamento, sull'esercizio della ospitalità.

L'*Instituto clericorum* in quanto tale è, invece, l'oggetto degli *excerpta* delle lettere inviate da Girolamo a Paolino e a Rustico che compaiono come capitoli 95 e 96 della raccolta aquisgranense[35].

La prima insiste sul regime alimentare ispirato a grande sobrietà, sull'assiduità nella lettura della *sacra lectio*, sulla distribuzione materiale del cibo ai poveri e ai fratelli, sull'umiltà dei comportamenti, sulla semplicità dell'animo e conclude: *Templum Christi anima credentis est: illam exorna, illam vesti, illi offer donaria, in illa Christum suscipe*[36].

La lettera a Rustico rinvia alla lettera a Nepoziano sul modo di vivere dei chierici, ma non si esime dal fornire una serie di suggerimenti pratici per esaltare il significato della scelta del sacerdozio: vincere l'ira con la pazienza, amare la conoscenza delle Scritture, controllare le pulsioni della mente, contrastare le insidie diaboliche, non rifuggire dal lavoro manuale, vivere e operare all'interno del monastero, conoscere le donne per nome e non attraverso il volto, ecc.[37]

Nel brano della lettera ad Eliodoro che costituisce il 97° capitolo della *Institutio*, Girolamo affronta uno dei nodi dottrinali alla cui soluzione saranno impegnati i riformatori del XII secolo e cioè quello della identità del monaco e del canonico. Qui la rubrica apposta dal compilatore è incentrata sulla differenza dei due *status vitae: quid distet inter monachum et clericum*[38].

Girolamo parte dal ruolo sacramentale del sacerdote nella celebrazione dell'Eucarestia, nella riconciliazione dei peccati, nel conservare *sobria castitate*, l'integrità del mistero della Chiesa; conseguentemente egli ne esalta il primato rispetto al monaco che si trova, sotto tali aspetti, a dipendere spiritualmente dal

33 Ibid., pp. 326–328.
34 Ibid., p. 326.
35 Ibid., p. 374.
36 Ibid.
37 Ibid.
38 Ibid., p. 375.

sacerdote. Le esemplificazioni addotte sono chiaramente rivelatrici della diversità dei ruoli a prescindere dalla qualità morale della loro testimonianza[39].

L'ultimo degli *excerpta Hieronymi* è inserito nel capitolo 124 della *Institutio*: un capitolo composito che tra le numerose *auctoritates* annovera un brano della lettera di San Girolamo a Eustochio. L'argomento, come recita la rubrica, è la *discretio* nel modo di vestire. Il testo geronimiano è di particolare efficacia descrittiva non disgiunto da uno scoperto senso dell'ironia nelle osservazioni rispetto all'uso dei profumi, alla morbidezza dei calzari, alla tintura dei capelli, allo splendore degli anelli e via elencando per concludere che *tales…cum videris, sponsus magis aestimato quam clericos*[40].

2.

L'insieme di questi *excerpta Hieronymi* che la silloge carolingio-aquisgranense trasmette ai riformatori dei secoli centrali del medioevo anche se inizialmente, come si evince dalla testimonianza di Bonizone, limitatamente alla lettera a Nepoziano confluita, successivamente, insieme con altri testi, nel *libellus* di Anselmo da Lucca.

È ben noto come il Dereine abbia avanzato l'ipotesi che il *libellus* di Anselmo, pur essendo andato perduto, trovi più o meno l'equivalente nel settimo libro della sua collezione canonica che ha per titolo *De communi vita clericorum et qui se continere non possunt*[41]: rubrica, questa, che rinvia ancora una volta all'iniziale carattere antinicolaita dell'istituto della vita comune del clero. Ipotesi che, almeno sinora, sembra reggere, nonostante che dom Leclercq sia stato tentato di proporre, anche se con molta cautela, l'identità del *libellus* di Anselmo con i testi della silloge normativa contenuti nell'Ott. Lat. 175[42]: proposta che, peraltro, la successiva ricognizione delle sillogi normative canonicali, specialmente per quanto riguarda la paternità gregoriana dell'Ordo *qualiter*, sembra aver reso sempre più evanescente, se non del tutto inverosimile[43].

Orbene nel settimo libro della collezione canonica anselmiana si trovano gli stessi testi menzionati da Bonizone e, cioè, un canone del IV Concilio di Toledo, un passo della lettera di San Girolamo a Nepoziano, un estratto della lettera di San Gregorio Magno a Sant'Agostino, arcivescovo di Canterbury, una falsa decretale di papa Urbano I, e, infine, testi tratti dai sermoni di Sant'Agostino sulla vita dei chierici[44].

39 Ibid.

40 Ibid., p. 404.

41 Dereine, Le problème de la vie commune; Anselmus ep. luc., Collectio canonum, ed. Thaner, pp. 37, 51, 69; cf. Fransen, Les collections canoniques; id., Anselme de Lucques canoniste?, pp. 143–155.

42 Leclercq, Un témoignage sur l'influence de Grégoire VII.

43 Fonseca, Medioevo canonicale, pp. 100–109.

44 Anselmus ep. luc., Collectio canonum, ed. Thaner, pp. 362–364.

Anselmo, oltre a invocare l'autorità di San Girolamo e di Sant'Agostino utilizzando gli stessi testi contenuti nella prima parte della *Institutio Aquisgranensis*, introduce la lettera di Gregorio Magno e le false decretali, specialmente quelle dei primi papi così cari ai riformatori con lo scopo preciso di dimostrare che la vita comune in senso stretto, mediante l'accettazione dell'ideale di povertà, ben oltre la stessa proposta aquisgranense, si fondava non soltanto sul modello della vita apostolica, ma altresì sull'autorità dei grandi Dottori della Chiesa latina e della Cristianità occidentale.

Costituiscono significativa riprova i primi tentativi di codificazione di usi e consuetudini intrapresi in ambiente canonicale verosimilmente romano, negli ultimi decenni dell'XI secolo ispirati dalle sinodi riformatrici del 1059 e del 1063, come quella contenuta nel ms. Ottob. lat. 38, dove viene riproposta, insieme con altri testi, la *Institutio aquisgranensis* purgata peraltro dai capitoli 115 e 122 relativi alla proprietà privata[45]. Gli *excerpta Hieronymi* entrano, quindi, a pieno titolo, nella nuova temperie religiosa attraverso il Capitolare di Aquisgrana, ma non va sottaciuto che nell'Ottob. lat. 38 viene inserita un'altra lettera di Girolamo indirizzata a papa Damaso relativa al canto dei Salmi[46].

Anche nelle sillogi della fine dell'XI secolo riportate dai mss Vat. lat. 4885 e 1351[47], la prima appartenuta alla comunità canonicale di San Lorenzo in Damaso, le *auctoritates hieronymianae* vengono veicolate attraverso il *corpus* normativo aquisgranense.

Con il XII secolo la situazione non cambia per quanto attiene il tramite della *Institutio Aquisgranensis* anche per quelle sillogi che includono i capitoli 115 e 122. Testimoni in proposito sono il ms. H 5 inf della Biblioteca Ambrosiana appartenuto alla canonica di Gerolanuova (frazione di Pompiano)[48]; il ms. n. 36 della Biblioteca capitolare di Viterbo[49]; il ms. B 28 del Museo Civico di Pavia in uso presso la canonica di Mortara[50]; il ms. 2538 della Cattedrale di Bologna del fondo della canonica del SS. mo Salvatore[51]; il cod. 115 della Biblioteca Capitolare di Pistoia[52].

45 Fonseca, Medioevo canonicale, pp. 78–81.
46 Ibid., p. 80.
47 Ibid., pp. 81–91 e pp. 91–100.
48 Ibid., pp. 104–108.
49 Ibid., pp. 108–109.
50 Ibid., pp. 144–146; Si vedano ora su questo codice le pertinenti ricerche di Andenna, Mortariensis Ecclesia, pp. 429–460, e l'Addenda III: Complemento dell'Excursus, pp. 557–567.
51 Fonseca, Medioevo canonicale, pp. 179–180.
52 Ibid., pp. 171–175; Il riferimento alla Institutio Aquisgranensis non subisce alcuna interruzione nel XIII secolo come dimostrano il ms. Chig. C 28 e il Reg. lat. 1575 della Biblioteca Apostolica Vaticana; Fonseca, La ripresa integrale dell'"Institutio canonicorum Aquisgranensis".

3.

Su tre manoscritti che riportano sillogi normative utilizzate da comunità canonicali conviene volgere particolare attenzione anche perché, fuori dal contesto aquisgranense ma non ad esso estraneo, continuano ad assegnare un posto di rilievo gli *execerpta* desunti dalle opere di San Girolamo. È pur vero che, numericamente, delle 230 rubriche del ms 2535 della Biblioteca Universitaria di Bologna sotto le quali sono raccolti i testi patristici e quelli degli scrittori ecclesiastici[53], solo 28 si riferiscono a testi attribuiti a Girolamo – a fronte di quelli attribuiti a Gregorio Magno e ad Ambrogio – ma si tratta pur sempre di una cospicua presenza tenuto conto che anche gli *excerpta Augustini* contano il medesimo numero di citazioni.

Il manoscritto 2535 era appartenuto alla canonica di Sant'Andrea di Mosciano nella diocesi di Firenze; il suo compilatore aveva non a caso dato alla *pars secunda* delle silloge il titolo di *Capitula execerpta ex libris sanctorum de edificatione et correctione clericorum*[54].

È pur vero peraltro che si tratta in larga misura di testi geronimiani già utilizzati dal compilatore della *Institutio Aquisgranensis*, specialmente le lettere a Nepoziano e Oceano e quelle a Paolino, Rustico ed Eustachio, ma non mancano nuovi apporti e per di più sono le rubriche sotto le quali vengono collocati i singoli testi che diventano rivelatrici degli orientamenti ascetici e degli indirizzi formativi delle istituzioni canonicali che le adottano.

Basti scorrere in proposito le rubriche relative all'utilizzazione dei brani delle lettere: *Quid sit clericus et quod nichil proprii habere debet* (f. 25v)[55]; *Quo illi placere hominibus student, non vero in deum credunt* (f. 32v)[56]; *Cum quibus clerici prandeant vel cenant* (f. 37v)[57]; *Ut mulieres etiam sui generis omnino separentur ab universo gradu clericorum* (f. 42r)[58]; *Ut clerici ex conversatione sua bonum testimonium habeant* (f. 43v)[59]; *Ut clerici nulli detrahant* (f. 44v)[60]; *Ut clerici non soli visitent mulieres* (f 47v)[61]; *Ut clericus tumultus hominum et potentum societatem non diligat nec decipiat nec decipi permittat* (f. 50r)[62]; *De prohibenda mulierum et clericorum cohabitatione* (f. 51r)[63]; *Ut clerici magis accipiant rogati quam petentis et hoc raro* (f. 53v)[64]; *Ut ieunia clericorum sint moderata et non supersticiosa* (f. 55r)[65]; *Ut clerici non sint procuratores alienarum rerum qua nec propria habere debent aut*

53 Id., Medioevo canonicale, pp. 112–143.
54 Ibid., p. 114.
55 Ibid., p. 114.
56 Ibid., p. 116.
57 Ibid., p. 117.
58 Ibid., p. 119.
59 Ibid., p. 120.
60 Ibid.
61 Ibid., p. 121.
62 Ibid.
63 Ibid., p. 122.
64 Ibid.
65 Ibid., p. 123.

non fraudent (f. 58r)[66]; *Ut mulieres domos clericorum non frequentent nec eis infirmi ministrent et ut diligantur* (f. 58v)[67]; *De vespertino cibo clericorum* (f. 61r)[68]; *Ut clerici soli sine provido non visitent mulieres* (f. 66r)[69]; *Ut clerici contra temptacionem mentis opponant spiritualia arma et interdum manum opera* (f. 67v)[70]; *Ut sacerdotes recte loquantur et vivant* (f. 74r)[71]; *De modo visitandi ancillas Dei* (f. 84r)[72]; *Ut clerici non affectent cultus vestium vel calcamentorum* (f. 89v)[73]; *Quod vitium vitio aliquando utiliter superatur a sapientibus* (f. 92v)[74]; *Ut nullus clericus absque preposito vivat* (f. 95v)[75]; *Ut clerici habeant mutacionem morum cum mutacione vestium* (f. 104v)[76]; *Ut omnis vita clericorum de auctoritate sanctorum patrum pendeat* (f. 105v)[77]; *De vestibus clericorum* (f. 107r)[78].

Rispetto poi agli *excerpta* contenuti nell'*Institutio Aquisgranensis* la silloge del ms. 2535 inserisce altri tre testi geronimiani, uno tratto dalla *Epistola ad Furiam* posto sotto la rubrica *Qui cibus et potus conveniant iuvenibus et senibus* (f. 76v)[79], l'altro ripreso dall'Epistola *Ad Lutinium Bacticum* relativa al *De Eucharestia* (f. 104v)[80] e il terzo ricavato dal trattato polemico *Contra Vigilantium* privo di rubrica il cui *incipit* è *Monacus non doctoris habet* (f. 141v)[81]. Gli ultimi due sono inseriti nella terza parte della silloge e hanno un evidente carattere liturgico-sacramentale.

Come è facile osservare il compilatore della silloge ha ben presente il modello di *regularitas* da far adottare alla comunità canonicale cui essa è destinata: il richiamo all'obbligo della povertà, l'adozione di strumenti ascetici, la moderazione nel cibo, la modestia nell'abbigliamento, il riferimento all'*auctoritas patrum* quale guida sicura nella scelta di vita, il rapporto con le donne, il lavoro manuale, costituiscono i tratti qualificanti della identità del chierico votato a un itinerario di perfezione[82].

Sul secondo manoscritto – il B2 del Seminario Maggiore di Aosta[83] – il discorso diviene meno complesso in quanto il *corpus* normativo risulta essere tipico di una 'comunità coanonicale riformata' cioè di una comunità che aveva assunto obblighi superiori a quelli previsti dalla *Institutio Aquisgranensis* specialmente per

66 Ibid.
67 Ibid., p. 124.
68 Ibid.
69 Ibid., p. 125.
70 Ibid. p. 126.
71 Ibid., p. 127.
72 Ibid., p. 129.
73 Ibid., p. 130.
74 Ibid., p. 131.
75 Ibid., p. 132.
76 Ibid., p. 133.
77 Ibid.
78 Ibid.
79 Ibid., p. 128.
80 Ibid., p. 141.
81 Ibid., p. 142.
82 Fonseca/Violante.
83 Fonseca, Medioevo canonicale, pp. 162–170.

quanto riguarda l'obbligo della povertà[84], esso si ispira nelle grandi linee alla legislazione di San Rufo di Avignone, in particolare all'*Ordo* di Lietberto che ne aveva accentuato il carattere rigorista sopprimendo dal primitivo *Ordo* del secolo XI i passi nei quali era previsto l'uso delle carni in determinati periodi dell'anno liturgico[85].

L'inserimento nella silloge di cinque *excerpta* geronimiani presenti peraltro nella *Institutio Aquisgranensis* rispettivamente a Nepoziano, Oceano, Paolino, Rustico ed Eliodoro con le stesse rubriche suffraga la caratterizzazione dello *status vitae* della canonica di Oulx cui il manoscritto era appartenuto[86].

Quanto poi alla silloge normativa contenuta nel ms. P. B. 243, n. 40 della Biblioteca Labronica di Livorno dove compare un solo *excerptum* geronimiano – altrettanto si dica per Gregorio Magno e Isidoro di Siviglia – la sua appartenenza alla canonica bresciana di San Pietro e Paolo in Oliveto, conferma il suo essere funzionale alla scelta di povertà che la comunità aveva assunto sin dalla fine del secolo XI[87].

Se una conclusione sembra legittima alla luce dell'analisi dianzi effettuata essa attiene a tre punti specifici: il primo riguarda la utilità degli *excerpta patrum* nel definire il modello di vita delle singole comunità canonicali specialmente quando mancano testi di regole organiche o raccolte di consuetudini particolari; il secondo concerne il metodo che gli autori di queste sillogi normative mettono in atto componendo il mosaico delle *auctoritates* e orientando i testi al fine di accentuare le opzioni dottrinali e le scelte ascetiche di vita: consiste in questo uno dei tratti dell'originalità del loro impiego percepibile peraltro dal tenore delle rubriche sotto le quali viene effettuata la stessa raccolta dei testi; il terzo si riferisce al peso che assume San Girolamo nella riforma canonicale sia di tradizione carolingio-ottoniana che di impronta romano-occidentale. Gli *excerpta* dei suoi libelli e delle sue lettere toccano direttamente l'*institutio clericorum* e la proiettano in direzione paurperistica e rigorista sì da farne, ben oltre il modello aquisgranense, una delle fonti del rinnovato impegno religioso dei riformatori ecclesiastici dell'XI secolo.

Bibliography

Andenna, C., *Mortariensis Ecclesia. Una Congregazione di canonici regolari in Italia settentrionale* (Vita regularis 32), Berlin 2007.

Annales Sancti Benedicti (Chiesa di Saint-Sernin di Tolosa), ed. J. Mabillon, Paris 1709, IV, p. 539.

Anselmus ep. luc., Collectio canonum, ed. F. Thaner, Innsbruck 1906–1915.

Bonizo, *Liber de vita christiana*, ed. E. Perels (Texte zur Geschichte des römischen und kanonischen Rechts im Mittelalter I), Berlin 1930.

---

84 Fonseca, La povertà nelle sillogi canonicali.
85 Fonseca, Medioevo canonicale, pp. 168–169.
86 Ibid., pp. 164–165.
87 Ibid., pp. 176–179.

Conciliorum Oecumenicorum Decreta, ed. J. Alberigo/I. Dosetti/P. Joannone/C. Leonardi/P. Prodi, Bologna 1973.

De Vic, C./Vaisette, J., *Histoire générale du Languedoc* (Chiesa di Saint-Sernin di Tolosa), Paris 1742.

Dereine, C., Enquête sur la Règle de Saint-Augustin, in: *Scriptorium* 2 (1948), pp. 27–36.

Dereine, C., Le problème de la vie commune chez les canonistes d'Anselme de Lucques à Gratien, in: *Studi gregoriani* 3 (Roma 1948), pp. 287–298.

Dereine, C., Vie commune, règle de Saint Augustin et chanoines réguliers au Xie siècle, in: *Revue d'Histoire ecclésiastique* 41 (1946), pp. 365–406.

Fonseca, C.D., Gli ‚Excerpta Gregorii' nelle sillogi canonicali dei secoli XI e XII, in: H. Keller/W. Paravicini/W. Schieder (ed.), *Italia et Germania. Liber Amicorum Arnold Esch*, Tübingen 2001, pp. 153–162.

Fonseca, C.D., Gli „Excerpta Ambrosii" nelle sillogi canonicali dei secoli XI e XII, in: G. Lazzati (ed.), *Ambrosius Episcopus. Atti del Convegno internazionale di studi ambrosiani nel XVI centenario della elevazione di sant'Ambrogio alla cattedra episcopale* (Milano, 2–7 settembre 1974), Milano 1976, II, pp. 48–68.

Fonseca, C.D., Gli „Excerpta Benediciti" nelle sillogi normative canonicali medioevali, in: *Studi in onore di D. Adamesteanu*, Galatina 1983, pp. 219–228.

Fonseca, C.D., Gli „Excerpta Prosperi" nelle sillogi canonicali (secc. VIII–XIII), in: M. Rossi/G.M. Varanini (ed.), *Chiesa, vita religiosa, società nel Medioevo italiano. Studi offerti a Giuseppina De Sandre Gasparini* (Italia Sacra, 80), Roma 2005, pp. 341–347.

Fonseca, C.D., *Medioevo canonicale* (Pubblicazioni dell'Università Cattolica del Sacro Cuore. Contributi – Serie terza, Scienze Storiche 12), Milano 1970.

Fonseca, C.D., La memoria „gregoriana" di Anselmo da Lucca. Discorso di apertura, in: P. Golinelli (ed.) *Sant'Anselmo, Mantova e la lotta per le investiture. Atti del Convegno internazionale di studio* (Mantova, 23–26 maggio 1985), Bologna 1987, pp. 15–25.

Fonseca, C.D., La povertà nelle sillogi canonicali del XII secolo: fatti istituzionali e implicazioni ideologiche, in: *La povertà del secolo XII e Francesco d'Assisi. Atti del secondo Convegno internazionale* (Assisi 17–19.11.1974) (Società internazionale di studi francescani 2), Assisi 1975, pp. 70–79.

Fonseca, C.D., Regulae – Consuetudines – Statuta. Studi sulle fonti normative degli ordini religiosi nei secoli centrali del Medioevo, in: C. Andenna/G. Melville (ed.), *Atti del I e II Seminario internazionale di studio del Centro italo-tedesco di storia comparata degli ordini religiosi* (Bari/Noci/Lecce 26–27.10.2002/Castiglione delle Stiviere 23–34.05.2003) (Vita regularis 25), Münster 2005, pp. 39–52.

Fonseca, C.D., Riforma del clero e ordinamento canonicale tra paradigmi ideologici e realtà istituzionali: il caso di Milano, in: *Atti del II Convegno internazionale di studi sull'Alto Medioevo, Milano, 26–30 ottobre 1987* (Centro Italiano di studio sull'Alto Medioevo), Spoleto 1989, I, pp. 327–339.

Fonseca, C.D., La ripresa integrale dell' Institutio canonicorum Aquisgranensis nel secolo XIII, in: C. Alzati (ed.), *Cristianità ed Europa. Miscellanea di studi in onore di L. Prosdocimi*, Roma/Freiburg/Wien 2000, II, pp. 69–72.

Fonseca, C.D./Violante, C., in: *La vita comune del clero nei secoli XI e XII. Introduzione allo studio della vita canonicale nel Medioevo. Questionario*, Milano 1962, I, pp. 495–536.

Fransen, G., Anselme de Lucques canoniste?, in Sant'Anselmo vescovo di Lucca (1073–1086) nel quadro delle trasformazioni sociali e della riforma ecclesiastica (Istituto Storico Italiano per il Medio Evo, Nuovi Studi Storici 13), ed. C. Violante, Roma 1992.

Fransen, G., *Les collections canoniques* (Typologie des sources du Moyen Âge occidental 40), Turnhout 1973.

G. Miccoli, *Chiesa gregoriana. Ricerche sulla riforma del secolo XI*, Firenze 1966. (Nuova edizione a cura di A. Tilatti [Italia Sacra 40], Roma 1999).

Gallia Christiana (nova) (Cattedrale di Saint-Etienne di Tolosa), Paris 1860, XIII, Instr., col. 7.

Institutio canonicorum Aquisgranensis, in: *Concilia Aevi Karolini, t. I, pars I,* (MGH, Leges, sectio III, t. II, pars I), ed. A. Werminghoff, Hannoverae et Lipsiae 1906, pp. 308–421.

Leclercq, J., Un témoignage sur l'influence de Grégoire VII dans la réform canoniale, in: *Studi Gregoriani 6* (Roma 1959), pp. 173–227.

Mois, J., *Das Stift Rottenbuch in der Kirchenreform des XI.–XII. Jahrhunderts. Ein Beitrag zur Ordensgeschichte der Augustinerchorherren* (Beiträge zur altbayerischen Kirchengeschichte 19), München-Freising 1953.

Pflugk Harttung, J. v., *Acta Pontificum Romanorum*, Tübingen 1881–1886 (ristampa anastatica Graz 1958).

Picasso, G.G., Gli „Excerpta Ambrosii" nelle collezioni canoniche dei secoli XI e XII, in: G. Lazzati (ed.), *Ambrosius Episcopus. Atti del Convegno internazionale di studi ambrosiani nel XVI centenario della elevazione di sant'Ambrogio alla cattedra episcopale* (Milano, 2–7 settembre 1974), Milano 1976, II, pp. 69–81.

Pier Damiani, Lettere (22–40) (Opere di Pier Damiani 1/2), ed. G.I. Gargano/N. D'Acunto, Roma 2001.

Roberto Rusconi (Roma)

Il papa santo negli ultimi secoli del medioevo: tra Gregorio VII e Urbano V[1]

1. Dalla memoria dei papi nei libri liturgici del secolo XI alla santità di funzione del primato romano

I successori di san Pietro, che si succedettero sino all'epoca di Gelasio I (492–496), furono ritenuti tutti santi. Per quanti tra loro fossero vissuti nell'arco dei primi tre secoli dell'era cristiana, si dava in sostanza per scontato che avessero patito il martirio a opera delle autorità romane, anche se con ragionevole attendibilità si può parlare di un vero e proprio martirio in un numero davvero assai limitato di casi.

Il veicolo principale della memoria dei pontefici romani, anche al di fuori delle celebrazioni nella città di Roma, furono senza dubbio le menzioni nei libri liturgici, in occasione delle ricorrenze legate al loro nome. Il particolare ruolo assegnato alla memoria dei pontefici venerati come martiri e come santi non a caso si accrebbe nel corso del secolo VIII, nel momento in cui, all'interno di una diversa dislocazione dei poteri nell'Europa occidentale, si accresceva l'autonomia dei vescovi di Roma rispetto all'autorità dell'imperatore romano di Bisanzio.

Era una lista di nomi destinata ad accrescersi nel corso del secolo XI, in particolare a Roma e negli ambienti vicini al vertice della Chiesa. Si trattava infatti non più soltanto di martiri della fede, ma anche di pontefici che si erano resi illustri nella propria funzione di governo, disciplinare e dottrinale: per tale motivo l'asserzione liturgica della loro santità riverberava immediatamente sulla fisionomia della Chiesa di Roma, in lotta per l'affermazione della propria autonomia dagli altri poteri e della sua superiorità sull'impero germanico. Mentre nel loro complesso le menzioni riguardavano personaggi vissuti entro l'VIII secolo, e di essi solo cinque risalivano a un'epoca successiva al pontificato di Gregorio I Magno († 604), di particolare significato vi appariva l'inserzione del nome di papa Leone IX, da poco defunto († 1054): a rifletterne una fama di santità immediata che trovò ampio riscontro in innumerevoli fonti dell'epoca.

In una lettera a Ermanno di Metz del 15 marzo 1081 papa Gregorio VII coglieva l'opportunità per sottolineare in qual modo la santità inerente alla fun-

1 Si anticipa in questa sede quanto più ampiamente argomentato in un volume di prossima pubblicazione presso la casa editrice Viella di Roma: a esso si rimanda anche per indicazioni bibliografiche, che non siano la semplice indicazione delle fonti utilizzate.

zione papale avesse un proprio solido retroterra nei pontefici che lo avevano proceduto nel corso del tempo, iniziando dai lontani tempi dell'età apostolica:

> *Unde profecto valde est timendum atque ad reges memoriam eorum crebro revocandum, quod, a mundi principio paucissimos per diversa terrarum regna sancti ex innumerabili eorum multitudine reperiuntur, cum in una tantum pontificum seriatim succedentium sede, videlicet Romana, a tempore beati Petri apostoli ferme centum inter sanctissimos computentur*[2].

In tal modo il pontefice contrapponeva nettamente la santità papale alla sacralità regia, radicata nella tradizione, e che a suo dire annoverava al proprio interno un numero assai limitato di santi. Il senso complessivo della frase si poteva comprendere nella maniera più piena qualora la si collocasse appunto all'interno della dimensione rituale della memoria liturgica dei pontefici che lo avevano preceduto. La lotta per l'affermazione della *libertas ecclesiae* da parte dei riformatori romani aveva senza dubbio bisogno dei propri martiri e dei suoi santi protettori. Non deve dunque stupire che proprio Gregorio VII abbia contribuito a estendere il culto per i papi santi, del quale non era stato certo l'iniziatore. In un decreto approvato nel corso della sinodo autunnale del 1078 una disposizione trattava infatti *De festivitatibus pontificum Romanorum celebrandis*.[3]

La sottolineatura della santità dei pontefici era destinata ad avere un crescente peso nella configurazione del profilo ecclesiologico del papato romano. Durante il pontificato di Gregorio VII fu predisposta l'ossatura di una raccolta di canoni, di cui è rimasta soltanto l'elencazione delle singole partizioni, nella forma di un elenco di ventisette proposizioni, alle quali è stata attribuita la denominazione di *Dictatus Papae*, nella registrazione che ne fu fatta tra il 3 e il 4 marzo 1075. Non essendo peraltro conosciuta tale compilazione, se mai essa sia stata portata a termine, non è affatto semplice ricostruire l'intenzione di Gregorio VII nel predisporre un testo, di una portata senza precedenti, come la proposizione XXIII:

> *Quod Romanus Pontifex, si canonice fuerit ordinatus, meritis beati Petri indubitanter efficitur sanctus, tenente santo Ennodio Papiensi episcopo et ei multis sanctis patribus faventibus, sicut in decretis beati Symmachi pape continetur*[4].

Con tutto questo ormai si andava ben al di là dell'uso epistolare e diplomatico di rivolgersi al vescovo di Roma con un'intitolazione specifica, come tale attestata sin dai primi decenni del secolo V. Alla fine di un percorso secolare, dunque, lo status di *sanctus* attribuito al papa stava a indicare in maniera pregnante la personificazione individuale e istituzionale dei poteri a suo tempo affidati a Pietro e il termine di conseguenza indicava l'assoluta unicità di tale status.

Se tali erano le radici e gli orientamenti della proposizione, almeno nelle intenzioni che si potevano ragionevolmente attribuire a Ildebrando di Soana e al suo entourage, in seguito i canonisti ebbero certo ampiamente modo di discutere al proposito, dopo che la proposizione stessa fu recepita dal monaco camal-

---

2 Reg. VIII, 21, p. 559–560.
3 Reg. VI, 5b, p. 401, n. XX.
4 Dictatus papae, XXIII [= Reg. II, 55], p. 207.

dolese Graziano all'interno della sua *Concordantia discordantium canonum*, vale a dire nel *Decretum* che egli, senza dubbio alcuno schierato con gli ambienti favorevoli alla riforma della Chiesa, ebbe modo di compilare intorno al 1140. A lungo i canonisti discussero di una presunta *hereditas innocentiae* del papa, allineandosi nella sostanza agli indirizzi di un altro principio enunciato nel *Decretum*: *Non enim loca, sed uita et mores sanctum faciunt sacerdotem. Unde ex officio suscepto non licentiam peccandi, sed necessitatem bene uivendi se nouerint assecutos*[5]: almeno come fu interpretato dai commentatori a partire da Rufino (1157–1159), sottolineando di conseguenza essere innanzitutto la condotta personale del papa a renderlo pienamente santo, e certo non soltanto l'ufficio ecclesiastico da lui ricoperto.

Non si era dunque voluto, almeno all'origine, attribuire ai predecessori, e di conseguenza neppure ai successori di Ildebrando di Soana, una sorta di *santità ereditaria*. Si trattava peraltro di una santità legata all'esercizio di una funzione istituzionale, per effetto della carica ecclesiastica ricoperta al momento, e che quindi prescindeva dai tradizionali attributi spirituali e dai poteri soprannaturali insiti all'epoca nel riconoscimento della santità di un personaggio. In nuce, comunque, prendeva forma una tipologia della santità attribuita in maniera specifica al papa: sviluppo anch'esso conseguente di un secolare processo, al termine del quale, almeno per la Chiesa d'Occidente alla metà del secolo XI (e per la Chiesa di Roma a partire dagli inizi del secolo XVI), si affermava il primato gerarchico del vescovo di Roma.

2. Miracoli e culto di Leone IX, papa santo, e di Clemente III, ovvero Wiberto di Ravenna, (anti)papa santo

Sino all'età della lotta per la riforma della Chiesa, in effetti, le *vitae* dei pontefici apparivano piuttosto vicine al tradizionale genere letterario dei *Gesta episcoporum*, che non a vere e proprie *legendae* agiografiche. Non appariva per nulla casuale, da tale punto di vista, il fatto che il *Liber pontificalis* per tutto l'alto medioevo menzionasse miracoli operati da papi soltanto in un paio di occasioni, vale a dire a proposito di papa Silverio (536–537), presso il cui sepolcro i malati accorrevano ed erano guariti: *ibique occurrit multitudo male habentes et salvantur*[6]; e di papa Martino I (649–653), del quale, dopo la sua morte in esilio a Cherson da confessore della fede, si diceva peraltro soltanto: *multa mirabilia operatur usque in hodiernum diem*[7].

Si entrava in un clima notevolmente diverso con la morte di papa Leone IX, Brunone dei conti d'Eguisheim, eletto papa il 2 febbraio 1049 e scomparso dopo cinque anni: non a caso, al momento di ascendere al soglio pontificio aveva scelto il nome di un santo pontefice, Leone I detto Magno, per la sua fama di

5 Dictatum a Distinctio XL, c. 1, in: *Decretum Gratiani*, p. 146.
6 Le Liber pontificalis, p. 293.
7 Ibid., p. 338.

strenuo difensore della Chiesa. Lo attestava in primo luogo la menzione fatta da Bosone, inserita proprio nel *Liber pontificalis*. In essa si parlava anche di guarigioni operate presso il suo sepolcro nella basilica di S. Pietro: *Eo autem in eadem ecclesia digno cum honore sepulto, infirmi concurrentes ad ipsius tumbam et variis languoribus detenti per divine operationis clementiam sanati et salvati sunt*[8]. Di tono non dissimile appariva la successiva menzione nel *Liber pontificalis*, ad opera del medesimo Bosone, concernente papa Gregorio VII, dopo la sua morte avvenuta in esilio a Salerno nel 1085, dove fu sepolto nella cattedrale: *Ad cuius utique corpus in beati Mathei basilica honorifice tumulatum mirabilis Deus multa miracula dignatus est operari*[9].

Nel caso di papa Leone IX la fama di santità del defunto pontefice si era ampiamente irradiata anche al di fuori dei più ristretti circoli romani, se un monaco alsaziano, sia pure favorevole al nuovo orientamento ecclesiastico, Manegold von di Lautenbach, nel *Liber ad Gebehardum* del 1085 ne faceva a sua volta un'ampia menzione:

> *Quam videlicet eius sanctitatem plura que ad sacratissimum eius sepulcrum acta sunt, plura que cotide geruntur omnibus, quibus presencia eius subtracta est, adhuc locuntur miracula; quibus eo manifestior et indubitantior redditur, quo nulli suspicioni locus relinquitur, nullus vel infidelis secus quicquam oppinari signis clarentibus permititur*[10].

A facilitare la diffusione al di là delle Alpi di una siffatta fama di santità aveva certo contribuito il ricordo dei suoi lunghi viaggi da pontefice, effettuati in Italia e in Germania[11].

La rivendicazione della santità di un papa e del papato si prestava senza dubbio a diverse declinazioni, nel momento in cui un culto fu prestato anche a un vigoroso avversario di ben quattro pontefici esponenti della linea *gregoriana*: vale a dire a Wiberto, cancelliere del *Regnum Italiae* negli anni burrascosi dello scisma di Cadalo (1057–1063), arcivescovo dell'importante sede di Ravenna dal 1073, eletto (anti)papa per volere dell'imperatore Enrico IV nel 1080. Si trattava di un prelato con una precisa concezione della Chiesa gerarchica, il quale aveva un proprio programma di azione e per tale motivo portava avanti obiettivi di riforma ecclesiastica diversi da quelli perseguiti dal *partito* gregoriano.

Insediatosi sul soglio pontificio a Roma nel 1084 con il nome di Clemente III e rimasto in carica sino al 1098, la sua morte ebbe luogo l'8 settembre dell'anno 1100 a Civita Castellana, tra Roma e Viterbo. Presso la sua sepoltura iniziarono a essere attestati prodigi *ad sepulcrum sancti*, *ad tumulum sancti*, *ad sanctum corpus*, e almeno nella diocesi di Civita Castellana a essere celebrato il suo anniversario[12]. E fu proprio a partire da una relazione del vescovo Giovanni, composta verosimilmente a breve distanza dalla morte, che furono messe in circola-

---

8 Ibid., II, p. 356.
9 Ibid., II, p. 368.
10 Manegoldi ad Gebehardum liber, p. 326.
11 Cf. Die Touler Vita Leos IX..
12 Le citazioni sono tratte dalla lettera scritta dal vescovo di Padova, Pietro, all'imperatore Enrico IV, databile tra l'8 settembre 1101 e il 7 agosto 1106; Monumenta Bambergensia, pp. 194–196

zione le prime notizie concernenti i miracoli del santo (anti)papa e il culto a lui prestato, come scriveva Pietro, vescovo di Padova, in una lettera da collocarsi all'incirca fra 1101 e 1106, mettendone più ampiamente in circolazione il contenuto, indirizzandosi all'imperatore Enrico IV e ai vescovi che ne appoggiavano la linea di politica ecclesiastica anti-romana:

> *Ea, quae libenter, vos credimus audire et plurimum gaudere, quae etiam ubique sunt praedicanda, vobis mittimus. Quae videlicet ex plurimis miraculis, quae divina clementia per merita felicis memoriae domini nostri Clementis papae ad eius sepulcrum est operata, a Iohanne Castellanae-civitatis episcopo transmissa, ad nos usque sunt perlata*[13].

L'iniziativa del presule rientrava dunque nella prassi dell'epoca per cui, in vista della convocazione di una sinodo ecclesiastica che proclamasse la santità di papa Clemente III, si cercava di promuoverne il riconoscimento da parte dei vescovi italiani e tedeschi, i quali ne avevano accettato l'autorità come pontefice.

La recisa azione contro il riconoscimento della santità di un (anti)papa, Clemente III, e contro la diffusione del suo culto non lasciò spazio alcuno alla formulazione di un'apposita *legenda* agiografica. A tal punto era la memoria della sua figura legata alle vicende che opponevano l'imperatore tedesco al titolare romano del soglio pontificio, che contro di essa si dispiegarono le iniziative di Pasquale II, il quale aveva tra l'altro disposto, fra 1101 e 1110, di far rimuovere a forza da tutti gli edifici ecclesiastici i corpi dei vescovi scismatici: *excommunicatorum cadavera de sanctorum basilicis proicienda censemus*[14]. In effetti, alla metà del secolo XII l'autore degli annali del monastero di Disibodenberg, in diocesi di Mainz, annotava che, in occasione di taluni prodigi che i fautori dell'(anti)papa sostenevano si verificassero sulla tomba di Clemente III, papa Pasquale II diede allora disposizione che il suo cadavere fosse dissepolto e gettato nel fiume:

> *Quidem autem de fautoribus eius rumorem sparserunt in populum, ad sepulcrum eius se vidisse divina micuisse luminaria. Quapropter dominus apostolicus Paschalis zelo Dei inflammatus iussit, ut effoderetur et in Tybrim iactaretur. Quod factum est*[15].

3. L'ascesa del pontificato romano e il crescente ruolo della figura papale

Tra gli esiti maggiormente significativi della vittoriosa lotta del *partito romano* nella lotta per l'affermazione della *libertas ecclesiae* tra XI e XII secolo fu senza dubbio la crescente rilevanza assegnata al ruolo della figura del romano pontefice all'interno della Chiesa romana. Il suo potere al vertice delle istituzioni ecclesiastiche induceva a tratteggiarne piuttosto una biografia, che non una vera e propria agiografia: d'altro canto, il modello del papa santo, che sino ad allora si era uniformato piuttosto alla figura del santo vescovo, non riusciva ad assumere una configurazione propria. A ciò si aggiunga che, a prescindere dai singoli per-

13 Ibid., p. 194.
14 Liber pontificalis, II, p. 369.
15 Annales S. Disibodi, p. 17.

sonaggi che si susseguirono sulla cattedra di san Pietro, la promozione dell'effettivo primato dottrinale e giurisdizionale del papato avveniva con modalità e secondo percorsi per i quali la proposizione della santità di un pontefice ovvero il culto nei confronti della sua persona non pareva assurgere a un ruolo particolarmente rilevante. Nelle biografie redatte per i papi del secolo XIII, che non presentavano comunque una valenza di carattere propriamente agiografico, si ripeteva a più riprese soltanto una stereotipa affermazione relativa al potere taumaturgico dei romani pontefici, legato al luogo della loro sepoltura (o meglio al relativo monumento).

Significativo appare allora che, dopo l'introduzione nelle norme canonistiche sulla riserva papale nella proclamazione ufficiale della santità, con le *Decretales* emanate da Gregorio IX nel 1234, in seguito alle quali l'accertamento della santità stessa era assoggettato a una procedura giuridica altamente formalizzata, per i pontefici la strada della canonizzazione fu percorsa in casi molto limitati e, se si eccettua Celestino V – peraltro canonizzato come l'eremita Pietro del Morrone, e non come papa –, nella maggior parte dei casi non si andò al di là di un culto assai ristretto nei confronti di un *beato* papa: per lo più di portata strettamente locale, come Gregorio X († 1276), ovvero limitata all'Ordine regolare di cui aveva fatto parte prima di ascendere al soglio pontificio, come avvenne per Innocenzo V († 1276) e soprattutto per Benedetto XI († 1304), entrambi frati Predicatori.

In taluni ambienti ecclesiastici, alquanto critici nei confronti del trionfante papato romano, nel corso del secolo XIII si accentuarono invece le attese di un rinnovamento religioso e istituzionale, a volte di carattere escatologico, con le quali si mischiavano sovente aspettative di carattere profetico, e che furono espresse da personaggi come il frate Minore inglese Roger Bacon († 1294) o come il frate Predicatore provenzale Robert d'Uzès († 1296). Nell'attesa dell'avvento di un pontefice riformatore, peraltro, trovava a suo modo conferma l'innegabile rilevanza cui era ormai assurto il papato all'interno della Chiesa

Con la crescita del ruolo del romano pontefice, attese di tal genere – ovvero la loro promozione da parte di alcuni personaggi influenti e la loro circolazione in determinati ambienti, in particolare del vertice ecclesiastico – si concentrarono intorno alla fase della successione papale, vale a dire nella circostanza in cui si provvedeva all'elezione di un nuovo pontefice: esse si accentuarono ulteriormente nei momenti in cui si verificò un periodo più o meno lungo di sede vacante, nel caso del prolungato interregno provocato da un mancato accordo all'interno del collegio dei cardinali.

4. Le istanze di rinnovamento del papato e il mito del «pastor angelicus»

In effetti è proprio durante il pontificato di Bonifacio VIII e la lunga vacanza papale successiva alla morte di Benedetto XI, tra la sua scomparsa il 7 luglio

1304 e l'elezione di un successore il 5 giugno 1305, che si accentuò una lettura in chiave escatologica e profetica del ruolo dei papi. Almeno tale era l'attestazione di una serie di testi, messi in circolazione negli ambienti peraltro ristretti dei vertici ecclesiastici, caratterizzati dall'anonimato ovvero dall'assegnazione a sconosciuti personaggio oppure dall'attribuzione pseudonima a personaggi di grande reputazione in materia di profezia, come l'abate Gioacchino da Fiore († 1202).

Nell'elaborazione della letteratura profetica e apocalittica in vari ambienti, da parte di personaggio come il medico catalano Arnau de Vilanova († 1313) o il frate Minore occitano Johannes de Rupescissa († 1365), si affermava evidentemente la preoccupazione di fornire una chiave di interpretazione degli avvenimenti in corso, e più in particolare delle vicende della Chiesa. In ciò si assisteva anche a una peculiare concentrazione dell'interesse sui pontefici, anche per un effetto collaterale della concentrazione del potere al vertice della gerarchia istituzionale: con una conseguente oscillazione, fra quanti vedevano anche nel papato insinuarsi il terribile potere dell'Anticristo e quanti, al contrario, riponevano proprio nel papato la speranza di una riforma religiosa direttamente ispirata dal cielo.

Destinata a una singolare fortuna fu un'attribuzione pseudonima assegnata alla paternità dell'abate Gioacchino da Fiore, vale a dire la raccolta di profezie papali figurate, poi nota anche con il nome di *Vaticinia de summis pontificibus*[16]. Oggetto di continue manipolazioni e aggiornamenti, in rapporto all'evolversi degli avvenimenti e alle vicende del vertice dell'istituzione ecclesiastica, alla stregua degli altri prodotti della letteratura profetica tardo-medievale anche le profezie papali figurate formulavano le proprie predizioni facendo ricorso, da un lato, ad allusioni post eventum, per le vicende di cui erano stati protagonisti i pontefici prima della loro redazione, e invece, dall'altro, a continui adattamenti e aggiornamenti, nella misura in cui la realizzazione degli eventi preconizzati si spostava in là nel tempo.

Gli avvenimenti connessi alla rottura dell'unità ecclesiastica in Occidente a partire dal 1378, prima in due obbedienze, romana e avignonese, cui successivamente si aggiungeva un'obbedienza pisana, prima con due e poi tre pontefici, i quali rivendicavano ciascuno la propria legittimità nell'ascendere alla suprema carica ecclesiastica, conferirono nuova attualità alla letteratura profetica elaborata nei secoli immediatamente precedenti e focalizzarono l'interesse dei contemporanei sull'istituzione papale, con i relativi giudizi e le conseguenti attese. A partire da tale epoca, e sino agli inizi del secolo XVI, e forse oltre, ogni esemplare di profezie papali figurate in realtà costituiva una testimonianza a sé stante, dal momento che ogni committente, esecutore, possessore, lettore ne poteva adattare il testo stesso, ma soprattutto le chiavi di lettura, sulla base dei propri orientamenti.

16 Cfr. Fleming, The late medieval pope prophecies; H. Millet, Les successeurs du pape aux ours.

5. La canonizzazione di papa Celestino V ovvero l'immagine agiografica dell'eremita Pietro del Morrone

In maniera del tutto inattesa il collegio cardinalizio usciva dallo stallo che lo aveva bloccato a lungo al momento dell'elezione del successore di papa Niccolò IV, il frate Minore Girolamo Masci, morto il 4 aprile 1292, designando il 5 luglio 1294 a succedergli l'anziano monaco Pietro del Morrone (nato nel 1215): fondatore di una congregazione monastica di orientamento eremitico, sorta tra Abruzzo e Molise e diffusa soprattutto nei territori del Regno di Napoli. Al termine del suo breve pontificato, nel corso del quale egli non si recò mai a Roma, e durato dal 29 agosto al 13 dicembre 1294, egli si dimise dalla carica e si ritirò nella rocca di Fumone, presso Ferentino, dove morì il 19 maggio 1296. Gli succedette, a soli undici giorni dalla rinuncia, il cardinale Benedetto Caetani, che prese il nome di Bonifacio VIII.

Un processo informativo fu aperto il 13 maggio 1306, per volontà del suo successore, papa Clemente V[17]. Almeno secondo quanto si leggeva alla fine del secondo libro della terza parte dell'*Opus metricum* del cardinale Jacopo Stefaneschi, dopo la sua incoronazione, avvenuta a Lione, il re di Francia gli avrebbe chiesto personalmente di aprire le indagini sulla vita e sui miracoli di Celestino V[18]. Malgrado le probabili pressioni del sovrano francese, il quale avrebbe voluto appunto che la canonizzazione di Celestino V comportasse in maniera più o meno esplicita la condanna di papa Bonifacio VIII, nella bolla di canonizzazione si misero piuttosto in luce la provenienza di Pietro del Morrone dalla Terra di Lavoro – vale a dire dal regno napoletano degli Anjou – e il carattere squisitamente eremitico della sua scelta di vita religiosa; si menzionarono l'elezione al papato e la rinuncia; si sottolinearono i miracoli operati al momento della morte, prima dell'ascesa al soglio pontificio e durante il pontificato, in vita e dopo la morte[19]. In sostanza, furono rimarcati in modo particolare i risvolti taumaturgici della sua santità personale, ma soprattutto egli fu proposto al culto da parte dei fedeli dell'intera Chiesa in quanto santo eremita: al punto che fu canonizzato come Pietro del Morrone, e non come papa Celestino V (da qui derivò, in seguito, la denominazione impropria di san Pietro Celestino).

Tale scelta non sfuggì affatto ai contemporanei. In realtà papa Clemente V era sostanzialmente riuscito a sottrarsi al ricatto del sovrano francese, il quale minacciava di aprire un processo postumo nei confronti di Bonifacio VIII, dal quale sarebbe uscita inevitabilmente diminuita l'autorità e, di conseguenza, l'autonomia del vertice della Chiesa romana e, nello stesso tempo, ad affermare la legittimità sia della rinuncia al pontificato di Celestino V sia dell'elezione del suo successore. La chiave di volta della risoluzione adottata consisteva nella procla-

17 Seppelt, Monumenta Coelestiniana, p. 209–331.
18 Ibid., p. 124–125.
19 In Acta Sanctorum Maii, IV, p. 433–435, n. 46–51.

mazione della santità di un monaco-eremita, al punto che nel documento papale viene appunto omesso del tutto il suo nome da pontefice e il titolo relativo.

6. Un papa santo per Avignone e i «santi novellini»[20]

Il lungo periodo di soggiorno della curia pontificia presso le rive del Rodano ebbe inizio nel 1309, con il trasferimento della sede papale ad Avignone, nella Francia meridionale, per decisione di papa Clemente V, il prelato francese Bertrand de Got, eletto nel 1305 dopo una lunga vacanza della sede papale che costituì il periodo di incubazione per la redazione della prima serie delle profezie papali figurate, i *Vaticinia de summis pontificibus*. Nei primi decenni del secolo XIV non sembra che una fama di santità abbia accompagnato i diversi pontefici avignonesi né in vita né dopo la loro morte. Dopo la metà del secolo, invece, ebbe modo di diffondersi con una rilevante ampiezza la fama di santità di uno dei prelati che si succedettero nell'ufficio papale, prima del rientro dei pontefici a Roma e del conseguente scoppio del grande scisma d'Occidente.

Guillaume Grimoard, canonista e abate prima di Saint-Germain d'Auxerre e in seguito di S. Vittore di Marsiglia, fu eletto il 28 settembre 1362 con il nome di Urbano V e morì il 19 dicembre 1370, colto da febbri, forse contratte durante il suo viaggio in Italia, dove si era recato nell'aprile del 1367, malgrado le resistenze manifestate da gran parte dei cardinali, oltre che dalla monarchia francese: ambienti nei quali, evidentemente, si paventavano le conseguenze politiche, istituzionali e finanziarie di un rientro della curia papale sulle rive del Tevere.

La devozione popolare nei suoi confronti assunse forme non documentate, almeno in tale misura, per nessun altro pontefice dei secoli XIII–XIV. Le fonti contemporanee attestavano che, nei tre giorni successivi alla morte, la fama dei miracoli operati per la sua intercessione attirò una folla di fedeli e i miracolati iniziarono a portare alla tomba ceri e immagini votive di cera. In effetti per il periodo compreso tra 1376 e 1378 si moltiplicarono soprattutto i miracoli intorno alla tomba marsigliese del pontefice, anche se numerosi altri si erano prodotti in diversi paesi della cristianità tardomedievale: delle trecentoottanta testimonianze raccolte, alcune provenivano da Lisbona, da Utrecht, da Buda, dalla Calabria, e così via. La loro accurata registrazione a opera di notai rivelava l'innegabile intenzione di certificarli in vista dell'apertura di un processo di canonizzazione[21]. La procedura fu iniziata a seguito di una bolla di Clemente VII, *Exultare debet*, del 17 aprile 1381.

A dire il vero non tutte le reazioni alla promozione del culto per Urbano V furono favorevoli in maniera indiscriminata. Nell'ultimo decennio del secolo XIV, a Giacomo di Conte da Perugia scriveva una lettera molto animata Franco Sacchetti, podestà di S. Miniato dal 1395 al 1400, letterato e scrittore. Con una

20 L'espressione è di Sacchetti (vedi nota 22).

21 Cf. Albanès, Abrégé de la vie et des miracles du bienheureux Urbain V.

certa indignazione si espresse nei seguenti termini: *Il primo papa Urbano V che io vidi mai dipinto fu in una tavola del nostro San Giovanni di Firenze, la qual anco al presente si vede, il quale aveva dinanzi acceso un torchio di due libbre; e'l Crocifisso, che non gli era molto di lungi, avea una vil candeluzza d'un danaio*[22]. Appariva abbastanza chiaro sembrargli assai discutibile che davanti all'immagine di quel pontefice nel battistero di Firenze bruciasse una candela ben più grande di quella che ardeva dinnanzi al crocefisso stesso,

La causa per la canonizzazione di Urbano V, però, non procedette oltre. Negli anni del grande scisma d'Occidente, protrattosi formalmente sino al concilio di Costanza del 1417, con ulteriori strascichi nei decenni successivi, l'unica canonizzazione, peraltro alquanto controversa, fu quella della principessa svedese Birgitta di Vadstena († 1373). In effetti di dieci processi di canonizzazione, formalmente iniziati fra 1379 e 1431, soltanto una metà fu portata a conclusione, e per di più dopo quest'ultima data, vale a dire quando si era ormai affermata la restaurazione del potere del pontefice a Roma e negli stati papali dell'Italia centrale.

La fama di santità non si addiceva ai pontefici che si succedettero nel corso del secolo XV sino agli inizi del secolo XVI: dopo la radicale critica di Martin Lutero, il quale giunse a individuare nell'istituzione stessa del papato l'incarnazione storica dell'Anticristo, si dovette attendere l'età della Controriforma, con papa Pio V (Michele Ghislieri, 1566–1572), per incontrare un pontefice beatificato nel 1672 e canonizzato soltanto nel 1712.

Bibliographie

Albanès, J.-H., *Abrégé de la vie et des miracles du bienheureux Urbain V, dont le culte a été approuvé par N.S. le Pape Pie IX, le 10 mars 1870, et dont les reliques reposent à Marseille, dans l'Eglise de Saint-Victor*, Paris 1872.

Annales S. Disibodi, ed. G. Waitz (MGH. Scriptores XVI) I, Hannover 1861.

Decretum Gratiani, ed. E. Friedberg (Corpus iuris canonici), Leipzig 1879.

Fleming, M.H., *The late medieval pope prophecies: the «Genus nequam group»*, Tempe (Arizona) 1999.

Le «Liber pontificalis», ed. L. Duchesne, Paris 1955.

Manegoldi ad Gebehardum liber, ed. K. Francke (MGH, Libelli de lite imperatorum et pontificum saeculis XI. et XII. conscripti I), Hannover 1891.

Millet, H., *Les successeurs du pape aux ours. Histoire d'un livre prophétique médiéval illustré («Vaticinia de summis pontificibus»)*, Turnhout 2004.

Monumenta Bambergensia, ed. P. Jaffé (Monumenta rerum Germanicarum 5), Berlin 1869.

Reg. = *Das Register Gregors VII.*, ed. E. Caspar (MGH, Epistolae selectae 2), München 1955.

Sacchetti, F., *Opere*, ed. A. Borlenghi, Milano 1957.

Seppelt, F.X., *Monumenta Coelestiniana. Quellen zur Geschichte des Papstes Coelestinus V.* (Quellen und Forschungen aus dem Gebiet der Geschichte 19), Paderborn 1921.

Die Touler Vita Leos IX., ed. H.-G. Krause (MGH, Scriptores rerum Germanicarum in usum scholarum separatim editi 70), Hannover 2007.

22 Sacchetti, Opere, p. 1113–1119.

MICHAEL F. CUSATO (St. Bonaventure, NY)

Gubernator, Protector et Corrector istius Fraternitatis

The Role of Cardinal Hugolino, Lord of Ostia, as Protector of the Order of Friars Minor, 1217–1226

The office of Cardinal-Protector for the Order of Friars Minor in the Middle Ages has not been particularly well served by scholarly research during the last century, with the signal exception of the masterly article of Williell R. Thomson.[1] This is somewhat surprising since, as is known, no other religious community in history had received such a liaison between itself and the Roman Curia prior to the 1220s; and not until 1243 did another group – the Augustinian Hermits – benefit from a similar innovation. Indeed, the Order of Friars Preacher – the mendicant twin of the Order of the Friars Minor – will not be given a Cardinal-Protector until the year 1376! This brief contribution does not aim to fill in this strange lacuna. Rather, it is merely an attempt to address one aspect of the special relationship between the Order and papacy prior to the death in 1226 of the founder, Francis of Assisi: namely, the function of *protector* of the Franciscan Order.

The thirteenth and final chapter of the *Regula bullata* of the Order of Friars, approved on 29 November 1223 in the bull *Solet annuere*, states the following:

> [...] *In addition to these points, I command the ministers through obedience to petition from the Lord Pope for one of the Cardinals of the Holy Roman Church, who would be governor, protector and corrector of this fraternity, so that, being always submissive and subject at the feet of the same Holy Church and steadfast in the Catholic faith, we may observe the poverty, humility and Holy Gospel of our Lord Jesus Christ as we have firmly promised.*[2]

There are thus three specific functions assigned to the papal liaison to the Franciscan Order: to guide, protect and correct.

The function of correction is explicitly mentioned near the end of the *Testament* of Francis, dictated in 1226. In the context of correcting a friar who has not been reciting the Office according to the Rule or others whose actions have been judged to be in some way „not Catholic," the brothers are told to bring the

1 Thomson, The Earliest Cardinal-Protectors; the article is richly and competently documented throughout. On the office of Cardinal-Protector in general, see: Misserez, Cardinal-Protecteur; also Walsh, Kardinalprotektor.

2 Regula Bullata, 12, 3: *Ad haec per obedientiam iniungo ministris, ut petant a domino papa unum de sanctae Romanae Ecclesiae cardinalibus, qui sit gubernator, protector et corrector istius fraternitatis, ut semper subditi et subiecti pedibus eiusdem sanctae Ecclesiae stabiles in fide catholica paupertatem et humilitatem et sanctum evangelium Domini nostri Jesu Christi, quod firmiter promisimus, observemus* (Bullarium Franciscanum I, 14, n. 19; Esser, Die Opuscula, p. 371).

offender(s) to their custos (guardian) who is then to hand him over to his minister (provincial). But the process is not yet finished:

> *And let the minister be bound through obedience to send him with such brothers who would guard him like a man in chains until they deliver him to the Lord of Ostia, who is the lord, protector and corrector of this fraternity.*[3]

One will notice that Francis repeats the triple mandate of the cardinal-liaison almost verbatim, except that here the word *gubernator* has been replaced by *dominus*.[4]

Earlier in the same *Testament*, however, the function of protection had been called into question:

> *I strictly command all the brothers through obedience, wherever they may be, not to dare to ask any letter from the Roman Curia, either personally or through an intermediary, whether for a church or another place under the pretext of preaching or the persecution of their bodies. But, wherever they have not been received, let them* flee into another *area [cf. Mt 10, 23] to do penance with the blessing of God.*[5]

This leaves us with a dilemma: three functions asserted in the canonical rule, one of which – protection – comes to be curtailed or restricted in some way three years later by the founder as one of his last wishes – commands! – to his friars.

There is indeed a context to Francis' opposition to the intervening of the papacy (at the request of the friars and most probably through the person of the Cardinal-Protector) to protect the places, ministry and persons of the friars. A glance at the *Bullarium Franciscanum* during the last years of Francis' life reveals the issuance of at least four bulls between 1225 and 1226 in which the papacy ordered the protection of the friars, their places and their ministerial efforts: *In eo quod audivimus* (4 October 1225), *Vinea domini custodes* (7 October 1225), *Urgenti officii nostri* (20 February 1226) and *Ex parte vestra* (17 March 1226).[6] All four promised the friars protection and threatened sanctions on those who would persecute the friars or impede their ministry in any way.

This unease on the part of Francis over – if not outright opposition to - the protection of the Holy See in matters of life and ministry had already been witnessed a few years earlier when, in 1220, while still in the Levant, Francis learned through the breathless account given to him by Stephen of Narni about

---

3 Test, 33: *Et minister firmiter teneatur per obedientiam mittendi ipsum per tales fratres, quod die noctuque custodiant ipsumsicuti hominem in vinculis, donec repraesentent ipsum coram domino Ostiensi, qui est dominus, protector et corrector totius fraternitatis* (Esser, Die Opuscula, p. 443).

4 Whether this substitution of terms was due to Francis himself at the time of dictation or to a later copyist is an interesting point of conjecture.

5 Test, 25–26: *Praecipio firmiter per obedientiam fratribus universis, quod ubicumque sunt, non audeant petere aliquam litteram in curia Romana per se neque per interpositam personam, neque pro ecclesia neque pro alio loco neque sub specie praedicationis neque pro persecutione suorum corporum; sed ubicumque non fuerint recepti, fugiant in aliam terram ad faciendam poenitentiam cum benedictione Dei. The scriptural text partially cited refers to the disciples' poor reception in certain areas where they entered to preach during their missionary expeditions* (Esser, Die Opuscula, p. 441).

6 Bullarium Franciscanum I, 23, n. 22; I, 24, n. 23; I, 24, n. 24; I, 26, n. 25.

the activities of Philip the Tall on behalf of the Poor Ladies. The information is reported to us in the chronicle of Jordan of Giano:

> *For Brother Philip, who was over-zealous for the Poor Ladies, contrary to the will of Francis who wanted to conquer all things through humility rather than by the force of legal rulings, sought letters from the Holy See. By these letters, he wished to defend the Ladies and excommunicate their disturbers.*[7]

Unfortunately, we do not know much more about the events to which these words refer or whether they had any connection at all to the actions taken by Hugolino in late July 1219 (after the departure of Francis for the East) to impose his own *forma vitae* (in contrast to that given by Francis to Clare and her sisters at San Damiano) upon three of four monasteries which he was bringing into the Clarian ambit.[8] What we do know is that Philip was attempting to protect all or some of the Poor Ladies from outside interference by obtaining papal letters of protection with sanctions of excommunication attached – and that Francis was opposed to such actions. Indeed, his dismay at such measures of protection in 1219 or 1220 is mirrored by the same unequivocal warning to the friars in his *Testament* that they not seek out these kinds of letters of protection.

So, the question is this: how could Francis have been favorable to the description of the three roles of the cardinal liaison – *gubernator, protector et corrector* – in the canonical formulation of the Rule of 1223 (which he then repeated, more or less textually, in his own *Testament*) and yet be clearly opposed to the protections sought by various friars and accorded to the Order by the Roman Curia? Were not the friars just using the Lord of Ostia in accord with the Rule? Was not the Cardinal simply doing what his functions allowed him to do on behalf of the movement and its ministries?

An answer to this seeming contradiction is found in the fact that Francis had a different notion of what the function of protection meant for his friars and sisters. For, as is evident in the bulls of protection noted above, Cardinal Hugolino (and the friars who had probably requested them) understood his function of *protector* to be one of institutional protection: that is, the safeguarding of the movement, both in its male and female components, from harm to its life and ministries by means of legal, authoritative, documentary action. By contrast, Francis seems to have understood the role of *protector* strictly in reference to keeping the friars faithful to their profession of life. In other words, for Francis, the function of the cardinal-liaison – indeed all three functions – was understood in a moral (and not an institutional or legal) sense: that is, as guidance for (*gubernator*) and protection of (*protector*) the spiritual integrity of their vocation as Friars and Sisters Minor as well as authoritative correction (*corrector*)

---

7 Jordan, Chronica, c. 13. This friar also informed him about the actions of John Capella with respect to a group of male and female lepers (from Assisi?) and the monastic fasting regulations passed at a Chapter held in May 1220 by the two vicars left in charge of the fraternity in his absence.

8 Cf. *Litterae tuae nobis* (August 1218) and the four bulls issued between 27–28 July 1219. On the exemption of the monastery at Monticelli, see: Cusato, From the perfectio, pp. 139–40.

if and when necessary. Hence: the tension between the two different understandings of the same function as evidenced in the content of the *Testament.*

This critical distinction is borne out by a close examination of the context in which the role of Cardinal-Protector was established for the Friars Minor. Interestingly, the accounts which deal with the matter lack both chronological precision and lexical inexactitude. Furthermore, it should be noted that, in his writings, Francis never once refers to the papal liaison as a „Cardinal-Protector“: a fact that should alert us to an important datum about how he conceived of the role of such a person for his friars.[9]

Contrary to the approach taken by Williell Thomson who attempted to discover antecedents to the role ascribed to Hugolino in the actions on behalf of the minorite movement by Cardinal John of St. Paul (d. summer 1215) and Nicholas of Romans (d. 1219), all accounts of the creation of such an office seem to place it after Francis' return from the Holy Land, that is to say, after mid-to-late 1220. The common assumption is that this occurred in Viterbo, when he went to see Pope Honorius III on matters prompted by criticism of the friars. We know that the deliberations here resulted in the bull *Cum secundum consilium* of 22 September 1220 which not only established a year of probation for all recruits (the novitiate) but also authorized the levying of ecclesiastical censures on friars who wandered outside of obedience. The request by Francis for a cardinal of the Roman Curia to serve as guide, protector and corrector is, thus, usually placed within the context of these events at Viterbo.

But there is reason to believe that such a request might have occurred at a somewhat later date. Indeed, the relevant texts which mention the relationship of Francis and his brothers to the Lord of Ostia point in this very direction.

There are four sets of texts which we need to examine: 1 Cel 73–75 and 99–101; the *Anonymous of Perugia* 42–45; the *Legend of the Three Companions* 63–67; and 2 Cel 23–25. I will examine these sources chronologically, highlighting the details that are relevant to our reconstruction of events. But it is also important to remember two things as we read these texts: all have been written after the death and canonization of Francis; and all authors were conscious of the critical role that had been played (and, in some cases, still being played) in the development of the Order by Cardinal Hugolino as Pope Gregory IX. These facts will orient their presentation of the matter.

We begin with 1 Cel 73–75.[10] This first series of texts makes no pretense to chronological exactitude. Rather, they have been introduced by Celano into the flow of his *vita* after mentioning a moment of inspired preaching by Francis. 1 Cel 73 then reports a similarly inspired sermon when „at one time he had come

9 Hence, I am deliberately using the vaguer term of cardinal-liaison rather than the more historical title of Cardinal-Protector because the latter term is not used in the canonical rule and Francis himself never uses the term in his writings. Indeed, it is important to point out that, for him, protection is only one of three roles of this figure – and not necessarily the singular or distinguishing role.

10 1 Cel 73–75, pp. 54–56.

to Rome to speak to Pope Honorius and the other cardinals because the interests of his Order demanded it.“[11] Other indications will later lead us to date this event to 1222 or 1223. When Cardinal Hugolino caught wind of this venture, he feared that the simplicity of the saint would end up embarrassing him in front of his colleagues. But he was proved wrong as Francis impressed the Curia with his simple words and fervency. The next pericope (1 Cel 74) continues with the theme of Hugolino. It relates how the Cardinal, faced with opposition to the young Order, „held the place and did the work of a Shepherd (*pastor*) for the Order,“ while leaving the title of Shepherd to Francis. In this capacity, the venerable „father and lord“ (*pater et dominus*) defeated its opponents whose efforts thus came to naught. Finally, 1 Cel 75 swerves back to the year 1217 in which the care of the Cardinal for the good of the Order had first been illustrated during the famous (and initial) encounter of Francis with Hugolino in Florence. Here, the Cardinal warned (*monuit*) him against proceeding with his plans to go on mission to France, leaving his movement without a shepherd. Francis dutifully complied. Hence, far from giving any substantial information about the establishment of the office of cardinal-liaison, 1 Cel 73–75 is more intent on describing the relationship between the fraternity and the cardinal as one of real concern and guidance, using predominantly pastoral images (*pastor, pater*) to convey that relationship.

Later in the work, in 1 Cel 99–100, Thomas recounts Francis' choice of Hugolino to serve as the Order's liaison with the papacy, using the exact same phrase – *pater et dominus* – to describe the cardinal:

> *Blessed Francis, with the consent and approval of the Lord Pope Honorius, chose this man as* father and lord *over the whole religion and Order of his brothers because blessed poverty greatly pleased him and holy simplicity received his greatest reverence.*[12]

1 Cel 100 likewise reiterates that the choice was indeed at the initiative of Francis himself.

The second set of texts from the *Anonymous of Perugia* 42–45 explores somewhat different territory.[13] This series of passages begins by treating the relationship of Cardinal John of St. Paul who offered „counsel and protection“ (*consilium et protectionem*) to Francis and who also praised the merits of the fledgling fraternity in front of the cardinals in the Curia (between 1209 and 1215).[14] After John's death, we are told, God inspired another of the cardinals, Hugolino by name, to offer himself, as a father (*pater*), to assist the friars: „I offer myself to you for counsel, assistance and protection (*consilium, auxilium atque protectionem*), as you wish.“[15] Francis responded to the Cardinal's offer, saying: „I

11 1 Cel 73, p. 54: *Sed et cum tempore quodam, causa religionis poscente, ad urbem Romam venisset [...].*

12 1 Cel 99, p. 76.

13 The critical edition of the *Anonymous* is found in Beguin: L'Anonyme de Pérouse, pp. 25–104.

14 L'Anonyme de Pérouse, 42a–b, p. 94. So impressed were the cardinals with the friars, the author claims, that many of them asked to have a few of them present at their own courts – a request which, the author says, Francis agreed to.

15 L'Anonyme de Pérouse, 43a, p.94.

gladly want to have you as the father and lord (*pater et dominus*) of me and of all my brothers." And then: „he invited him to come to the chapters of the brothers at Pentecost. He agreed and came each year."[16] A few lines later, the author notes that, when Hugolino came to chapter, he would preach and celebrate Mass during which blessed Francis would chant the gospel.[17]

It is difficult to date or contextualize the first lines of chapter 43. However, it is quite possible that the author is giving us his generalized version of the 1217 encounter of the two men in Florence, albeit retrojecting back onto that encounter the later canonical hallmarks of the relationship of counsel, help and especially protection.[18] Moreover, the remark about his attendance at chapters at which Francis would sing the Gospel would seem to place this part of the passage in a post-1220 environment.[19]

The succeeding two chapters, 44 and 45, are more important for our purposes. The first pericope relates the many struggles which the Order encountered during its first missions „over the mountains" after the General Chapter of 1217. However, from other sources, we know that the events to which the author refers occurred over a number of years and in several different places.[20] These difficulties, we are told, prompted the friars to address themselves to the Cardinal of Ostia who, then, called Francis to himself. The Cardinal, in turn, took Francis to see Pope Honorius III. On his advice, Hugolino, we are told, „had another Rule written for him, and had it confirmed and strengthened with the force of the papal seal."[21]

In the following paragraph (*Anonymous of Perugia*, 45), the author then tells us:

> *Blessed Francis petitioned the Lord Pope for one of the cardinals who would be the governor, protector and corrector of this religion, as stated in the Rule. And he granted him the Lord of Ostia.*[22]

This passage is exactly correct for it repeats the language of the Rule of 1223. It reports that, as stated in the Rule of 1223, Francis would have asked for „one of the cardinals" (but not necessarily Hugolino by name); and that it was Honorius who chose Cardinal Hugolino of Ostia from within the Curia for the Friars

16 L'Anonyme de Pérouse, 43b, p. 96. This is obviously an exaggeration for Hugolino would have been unable to be present at the chapters of all religious Orders in north and central Italy since they would all have been held simultaneously at Pentecost. The exaggeration is meant to underscore the Cardinal's unstinting care for the friars.

17 L'Anonyme de Pérouse, 43c, p. 96.

18 Note that the delicate task of correction is conveniently not mentioned – something which might cast the Order in a bad light.

19 On the matter of Francis' deaconate, see most recently: Cusato, Francis of Assisi, in which I deduce that Francis probably received the deaconate during his deliberations at the papal court in Viterbo in September 1220. Subsequently, it would have been lawful and appropriate for him to sing the gospel and preach at Eucharist.

20 Cf. for example, Jordan, cc. 4–7. However, the dating of all of these events to 1219 is quite dubious.

21 Hence, the events alluded to in chapter 44 of the *Anonymous of Perugia* occurred between 1217 and 1223.

22 L'Anonyme de Pérouse, 45a, p. 98.

Minor. This then established the precedent of naming the Lord of Ostia as the official liaison to the Order. Moreover, if we take the flow of events seriously – and the chronology asserted in the text – then the establishment of the office of cardinal-liaison would have occurred around the time of the approval of the *Regula bullata* – hence, 1223.

Finally, we are told, „the Lord Bishop of Ostia, raising his hand to protect (*ad protegendum*) the brothers," sent a letter to many bishops and dioceses where they experienced hardships and that many other cardinals did likewise. The bulled Rule and these letters thus smoothed the way for the life and ministry of the friars.[23]

The third set of texts comes from the so-called *Legend of the Three Companions* (redacted between 1244 and 1246) which, on the question of the Cardinal-Protector, is in large measure dependent upon (sometimes borrows verbatim from) the *Anonymous of Perugia*.[24] Chapters 61–67 are the relevant chapters for our purposes.

Chapter 61 repeats the account of Cardinal John of St. Paul's early interventions in Rome on behalf of Francis and his friars and how that torch came to be passed (unofficially at this time) to Cardinal Hugolino. Here, *Three Companions* is even more expansive and effusive than the account in the *Anonymous of Perugia*. Chapter 62 similarly recounts the problems encountered over the mountains as a result of the lack of a bulled rule. But then a few significant changes – additions – appear in the text of *Three Companions*.

First, with respect to the establishment of the office of cardinal-liaison, we read:

> *Blessed Francis proposed to ask the Lord Pope Honorius, therefore, that one of the cardinals of the Roman Church be a kind of pope* (quasi papam) *of his Order, that is, the Lord of Ostia, to whom the brothers could have recourse in their dealings.*[25]

This follows closely the account of the *Anonymous*, adding the phrase *quasi papam* and making it appear (as in 1 Cel) that the intention of Francis all along had been to have „the Lord of Ostia" as his curial contact.[26] But now another reason is adduced for the initiative taken by Francis. It is now attributed by the author to a dream which Francis had had some time previously which „led him to ask for the cardinal and to entrust the Order to the Roman Church."[27] In this dream, Francis saw a hen that was small and black who had so many chicks that she was unable to gather them all under her wings so that they wandered around

---

23 L'Anonyme de Pérouse, 45b, p. 98.

24 There is no need to enter here into the debate about the nature, author and redaction of the text which has come to be known under the title of the *Legend of the Three Companions*. Besides its use of the *Anonymous of Perugia*, we should note that it will be used by Celano in composing his *Memoriale in desiderio animae* (2 Cel). The critical edition of the text was published by Desbonnets: Legenda trium Sociorum.

25 Legenda trium Sociorum, 3, 61–62, pp. 135–37

26 In the L'Anonyme de Pérouse Hugolino had been chosen by Honorius III, not Francis.

27 Legenda trium Sociorum, 3, 63, p. 138.

her in circles. Awaking, Francis realized that *he* was that hen. Distraught, he then declared:

> *The Lord in his mercy has given, and will give me, many sons whom I will be unable to protect* (protegere) *with my own strength. I must, therefore, commend them to the holy Church who will protect and guide them* (protegat et gubernet) *under the shadow of her wings.*[28]

Now, whether Francis actually had such a dream or not, the image of the hen in fact echoes the passage from the Gospel of Matthew (23, 37) in which Jesus is lamenting over Jerusalem, not having been able to gather in all the Jews of his time. Given the problems facing the Order, especially the threats to mission coming from outside the community, he laments that he does not have the strength to „protect" his sons.

Then the narrative goes on recounting how, a few years after this vision, Francis had come to Rome to visit the Lord of Ostia who then obliged him to go with him to the Curia. This is where we rejoin 1 Cel 73 and the story of Francis' preaching before the pope and cardinals. Shortly thereafter, he asked Honorius:

> *I humbly and resolutely beg your Holiness to give us the Lord of Ostia as pope, so that, at a time of need, the brothers may have recourse to him* [...].[29]

Honorius III granted Francis his request and named the Cardinal of Ostia as a most fitting protector (*dignissimum protectorem*) of his Order. The author then concludes, echoing the account of the *Anonymous*:

> *With the mandate of the Lord Pope, as a good protector* (bonus protector), *he extended his hand to protect the brothers* (ad defendendum fratres), *writing to many prelates who were persecuting the brothers. He did this so that they would no longer oppose them, but would rather give them advice and assistance in preaching and living in their provinces, as good and holy religious approved by the authority of the Apostolic See. Many other cardinals likewise sent their own letters for the same reason.*[30]

Then, after the next chapter:

> [...] *After blessed Francis gave the ministers permission to receive brothers in the Order, he sent them to those provinces, carrying the letters of the cardinals as well as the Rule confirmed by the apostolic seal.*[31]

Thus, the context for the dream and subsequent request for the protection of his brothers through the creation of this office of papal liaison are the problems encountered by the Order from prelates and laity as it expanded its mission over the mountains. Moreover, in terms of dating these events, the chapter mentioned in the passage must have been the Chapter of 1224, since the Rule was only bulled in November 1223, that is, well after the customary time for General Chapters (May). Hence, if we follow the chronological clues, Francis' visit to Rome and the request for a cardinal-liaison would have probably been sometime in 1223, possibly even quite late during that year.[32]

---

28 Legenda trium Sociorum, 3, 63, p. 138.

29 Legenda trium Sociorum, 3, 65, p. 140.

30 Legenda trium Sociorum, 3, 66, p. 140.

31 Legenda trium Sociorum, 3, 66, p. 140.

32 This chronological reconstruction also seems to comport well with the fact that, if the office of cardinal-liaison was requested and/or created in Viterbo in September 1220, it is quite odd

For the *Anonymous of Perugia* and the *Legend of the Three Companions*, the role of cardinal-liaison is primarily one of protecting the mission and ministry of the Order. Hence, in this sense, they understand the role as did Hugolino/Gregory IX: namely, as the institutional protector of the friars in the face of threats from the outside. What is interesting is that when these passages come to be taken over by Thomas of Celano in his *Vita secunda*, chapters 23–25 – the fourth set of texts –, several things will be subtly changed.

The first thing to notice is that the contemporary context which frames the way Celano will use the materials handed on to him is different. For, although Francis is once again depicted as concerned about the future of his fraternity, now the threats to the Order are coming not only from without but also from within: „He could foresee that even his sons might do things opposed to holy peace and unity. He feared that some might turn into rebels… ready for battle and prone to scandals.“[33] It is within this context that Thomas places the dream of the black hen. But, he notes: „the strength of Francis is not enough to defend them from *human plotting* and *contradicting tongues*.“ In other words, the exhaustion of the founder is due to adversity coming from within the Order itself.[34] Indeed, the very image of the hen unable to corral and protect her own, drawn once again from Jesus' lament over Jerusalem, is pointedly reflective of his inability to keep his own – the friars – on the right path.

And so, Celano tells us, Francis decided to entrust his friars to the Roman Church:

> *The evildoers (among them) will be struck down by the rod of her power* […]. *With her protection* (ipsa protegente) *nothing evil will happen to the Order; no son of Belial* (filius Belial) *will trample down the vineyard of the Lord* [cf. Is 5:1–7] *unpunished* […]. *She will preserve intact among us the bonds of her charity and peace, striking dissidents with harsh punishments. In her sight, the sacred observance of the purity of the Gospel will constantly flourish and she will not allow the sweet fragrance of their life to vanish even for an hour.*[35]

This is the critical passage. The disunity, in other words, is within the Order itself; and it has been caused, according to Celano, by evildoers and dissidents among them. The attentive reader will notice the reference to the phrase „son(s) of Belial“ which is probably an intentional recall of an important designation in the *Sacrum commercium beati Francisci cum domina Paupertate* for those friars within the Order „who are not of us“: those who have been attempting to draw the

---

that there is no reference to such a role in the *Regula non bullata* whose evolution was brought to an end (probably by Hugolino himself) some time after the General Chapter of May 1221. Moreover, its awkward attachment to the last chapter of the Rule of 1223 likewise seems to signal an insertion in late 1223.

33 2 Cel 23, p. 144.

34 The biblical citations are from Psalm 30, 21 (Vulgate) describing the Lord's rescue of a city under siege.

35 2 Cel 24, p. 145. Some of the scriptural references are not directly consequential for the argument presented here.

Order away from the foundations of the *forma vitae fratrum minorum* towards a different vision.[36]

But this situation, Thomas insists, is untenable. In his own time, Francis entrusted the Order to the Roman Church. Specifically, as his account attests, when Francis came to Rome (probably in 1223), he was received by Honorius III and all the cardinals with great respect. When he had finished preaching (cf. 1 Cel 73), he made the request as reported in both the *Anonymous* and more fully in the *Three Companions*:

> *For this reason, my lord, give us the lord* (dominum) *Ugolino of Ostia as pope* (pro papa). *That way* [...] *the brothers can turn to him in their hour of need, to benefit from his protection and direction* (tam defensionis quam gubernationis beneficia).[37]

Celano is playing here on the terminology and intentions of *Regula bullata* 14. For, although the historical context had changed considerably since the time of his first work in 1229, helping to explain the more pointed focus on tensions *within* the Order itself, Celano has now actually brought the role of the cardinal-liaison back to the purpose originally intended by Francis himself. Indeed, by emphasizing the function of the Cardinal of Ostia to help guide, protect and even correct the friars with respect to the observance of the life which they had promised, Celano has underlined for his readers that Francis saw this role of protection directly related to the integrity of their spiritual lives rather than to the institutional integrity of the movement. By insisting that with God's help and through the intervention of an authoritative figure outside the Order, the „sacred observance of the purity of the Gospel" and „the sweet fragrance of their *vita*" will be maintained, Celano has firmly reminded the community that the papal liaison's protective function has always been intended to be focused on the observance of the charism.

This is underscored by the fact that Francis had asked to have included in the definitive Rule – albeit somewhat awkwardly – the following wording with respect to this office:

> [...] *In addition to these things, I command the ministers, through obedience, to petition from the Lord the Pope for one of the Cardinals of the Holy Roman Church, who would be governor, protector and corrector of this fraternity,* **so that** [...] ***we may observe the poverty, humility and Holy Gospel of our Lord Jesus Christ as we have firmly promised.***[38]

The purpose of this office, according to Francis, was specifically oriented to helping the friars – through the triple mandate of *gubernator, protector et corrector* – in their faithful observance of the way of life which they had promised upon becoming Friars Minor. This *forma vitae* is what the Early Rule had called „the humility and poverty of our Lord Jesus Christ" and which, by the 1220s if not sooner, had come to be seen as equivalent to the values of Jesus narrated in the

36 Sacrum commercium, 38, p. 154.

37 2 Cel 25, p. 146. Celano then concludes his contribution on the issue of the Cardinal-Protector: „That most holy cardinal [...] became its diligent tutor (*nutritius*) and, to the day of his passing, he remained both its shepherd (pastor) and its pupil (*alumnus*)."

38 Regula Bullata, 12.

Gospels. This life was to be as *minores* among the *minores*, poor among the poor. But with certain friars clamoring for a more classical form of religious life and the Order slipping out of his hands already in late 1220, it must have become apparent to him, during his famous confrontation with the clerics at the Emergency Chapter of September of that year,[39] that Francis needed to turn to someone outside the community, with sufficient moral and canonical authority, to assist in guiding, protecting and, where necessary, correcting the brothers who were straying from the path of their minorite life. By late 1223, the Lord of Ostia had undoubtedly become that figure to whom he believed he could turn to for help in guiding the friars in this manner.[40]

It is indeed significant that Francis of Assisi never once referred to his papal liaison as a Cardinal-Protector. It is only due to the historical evolution of the Order of Friars Minor, under the watchful eye of the Lord of Ostia, Hugolino dei Conti di Segni, that this office and role came to be centered on that very function: the institutional protection of the Order of Friars Minor. But this was a function which Francis had explicitly admonished his friars against (under obedience!) in his last words to them in the *Testament* and which, according to some, would ultimately take them away from living „the humility and poverty of our Lord Jesus Christ." Cardinal Hugolino was intent on institutionally protecting the Franciscan Order so as to safeguard its continued existence and fruitful participation in the apostolic work of the Church – and he was certainly successful in that. But to set the Order on this path, he would have to, in his bull *Quo elongati* (28 September 1230) and upon the request of certain friars, nullify the binding force of the *Testament* which had forbidden the friars from resorting to these very same forms of institutional protection which tended to mitigate that the faithful witness of their penitential lives be the reason for their welcome. Thus, with a stroke of the pen, Gregory had returned the protecting role of the moral integrity of the *forma vitae fratrum minorum* back to the friars themselves – probably where such responsibility always belonged.

---

39 Cf. AC 18 (= LP 114).

40 It is a curious anomaly that, whereas the *Regula bullata* has been deliberately arranged in twelve chapters (evoking its evangelical grounding if not equivalency), the lines concerning the Cardinal-Protector look as if they have been awkwardly appended to the final chapter which treats the mission among the Saracens and other unbelievers. In other words, it does not seem to fit here easily. This is an indication that the chapter on the Cardinal-Protector might have been added almost as an afterthought or at a second time: at a moment when the structure of the Rule had already been thought through and completed. But the insertion was apparently deemed essential enough to attach it to the self-contained twelfth chapter, so important was it considered to Francis and to the life of the friars for the integrity of their minorite lives.

Bibliographie

L'Anonyme de Pérouse. Textes Franciscains, ed. P. Beguin, Paris 1979.
Bullarium Franciscanum, I. Rome 1769 (rpt. Santa Maria degli Angeli 1983).
Cel *see* Thomas of Celano.
Cusato, M.F., Francis of Assisi, Deacon? An Exploration of the Claims of the Earliest Franciscan Sources, 1229–1235, in: *Defenders and Critics of Franciscan Life. Essays in Honor of John V. Fleming* (Medieval Franciscans 5), Leiden 2009, pp. 9–46.
Cusato, M.F., From the *perfectio sancti evangelii* to the *sanctissima vita et paupertas*: An Hypothesis on the Origin of the privilegium paupertatis to Clare and Her Sisters at San Damiano, in: *Franciscan Studies* 66 (2006) (=*Vita evangelica. Essays in Honor of Margaret Carney, O.S.F.*), pp. 123–44.
Esser, K., *Die Opuscula des hl. Franziskus von Assisi. Neue textkritische Edition* (Spicilegium Bonaventurianum XIII), Grottaferrata 1976.
Jordan of Giano: *Chronica fratris Jordani*, ed. H. Boehmer (Collection d'études et de documents sur l'histoire religieuse et littéraire du Moyen Age VI), Paris 1908.
Legenda trium Sociorum. Édition critique, ed. Th. Desbonnets, in: *Archivum Franciscanum Historicum* 67 (1974), pp. 38–144.
Misserez, L.-R., Cardinal-Protecteur, in: *Dictionnaire de droit canonique* II (1937), col. 1340.
Sacrum commercium sancti Francisci cum domina Paupertate, ed. S. Brufani (Medioevo Francescano. Testi 1), S. Maria degli Angeli (Assisi) 1990.
Thomas of Celano, Vita prima S. Francisci, in: *Analecta Franciscana sive Chronica aliaque varia Documenta ad historiam Fratrum Minorum spectantia*, X, Quaracchi 1926–41, pp. 1–117.
Thomas of Celano, Vita secunda S. Francisci (= Memoriale in desiderio animae), in: *Analecta Franciscana sive Chronica aliaque varia Documenta ad historiam Fratrum Minorum spectantia*, X, Quaracchi 1926–41, pp. 127–268.
Thomson, W.R., The Earliest Cardinal-Protectors of the Franciscan Order: A Study in Administrative History, 1210–1261, in: *Studies in Medieval and Renaissance History* 9 (1972), pp. 17–80.
Walsh, K., Kardinalprotektor, in: *Lexikon des Mittelalters* V (1991), cols. 952–3.

JACQUES DALARUN (Paris)

D'un testament à l'autre

Le charisme franciscain en peu de mots

Étienne de Muret, François d'Assise, tous deux ont voulu donner à ceux qui s'étaient assemblés autour d'eux et avaient résolu de les suivre une même règle de vie. *Non est alia regula nisi Evangelium Christi*, scandait Étienne en tête du *Liber de doctrina*. Et il précisait: *Attamen, totum sumitur de communi regula, id est de Evangelio, nec etiam nisi unus homo salvabitur, id est Christus Iesus cum membris suis*. François, pour sa part, ouvrait ainsi la *Regula bullata*: *Regula et vita minorum fratrum hec est, scilicet Domini Nostri Iesu Christi sanctum Evangelium observare vivendo in obedientia, sine proprio et in castitate*. Il résumait le projet de Claire et de ses sœurs par ces mots: *Vivere secundum perfectionem sancti Evangelii*. Enfin, *vivere secundum formam sancti Evangelii*: telle était la teneur de la révélation divine qui, selon son Testament, lui avait indiqué le chemin à suivre avec ses frères.

Ce n'est pas un hasard si ces deux personnages, Étienne et François, ont particulièrement retenu l'attention de Gert Melville. Dans un Occident médiéval qui se définissait comme globalement chrétien, à un siècle de distance, les deux hommes n'ont pas prétendu conformer la communauté de leurs compagnons d'aventure à une déclinaison spécifique de la vie religieuse collective, mais à l'Évangile, exclusivement, absolument. Sans doute la Règle de Benoît, à la suite de la Règle du Maître, ne disait-elle rien d'autre dans son prologue: *Succinctis ergo fide vel observantia bonorum actuum lumbis nostris, per ducatum Evangelii pergamus itinera eius, ut mereamur eum qui nos vocavit in regnum suum videre*. Et encore: *Unde et Dominus in Evangelio ait: Qui audit verba mea hec et facit ea, similabo eum viro sapienti qui edificavit domum suam super petram*... Sans doute François plus nettement qu'Étienne, après avoir professé que seul l'Évangile est forme de vie, ne se privait-il pas de détailler les dispositions normatives qui allaient guider la vie des Frères mineurs. Rien de nouveau sous le soleil...

Et pourtant en forçant le trait – car il faut parfois le forcer pour discerner le cours de l'histoire, voire pour que l'histoire ait un cours –, on pourrait dire que ce qui est prélude chez le Maître et Benoît est prémisse chez Étienne et François. Au chapitre I de sa Règle, avec les quatre espèces de moines, Benoît repartait d'un état des lieux de la vie religieuse dans lequel il inscrivait son propre projet. Pour Étienne et François, tout découle de l'Évangile et tout effort normatif s'y abolit. Ainsi, pour le plus grand bonheur de l'historien, ces deux derniers ont-ils expérimentalement joué sur les limites de la construction idéologique du corps social. Problème d'inclusion: pouvait-on définir la spécificité d'un mode de vie communautaire par la référence qui était censée valoir pour l'ensemble de la *christianitas*? Questions sur le fond, d'abord pour une communauté donnée: l'Évangile était-il bien une règle de vie? Ensuite pour l'ensemble de la *societas christiana*: le message évangélique offrait-il une idéologie apte à structurer la vie en société? Ici plus qu'ailleurs, la *vita regularis* apparaît bien comme le laboratoire de l'histoire sociale.

„Une tentative poussée à l'extrême pour se conformer littéralement à l'Évangile et en faire une norme absolue de comportement à la fois pour lui-même et pour la fraternité qui s'était constituée autour de lui." Ainsi André Vauchez résume-t-il parfaitement le défi de François d'Assise, qui seul retiendra désormais notre attention. Mais cet Évangile dont l'Assisiate se réclame, qu'est-ce à dire exactement? Est-ce toute la Bible, du moment où le Nouveau Testament aspire l'Ancien dans le mouvement typologique? Est-ce le seul Nouveau Testament? Sont-ce les seuls Évangiles canoniques? Est-ce un des quatre en particulier? Ce n'est pas le moindre paradoxe de ce terme essentiel et si faussement évident qu'il ne renvoie à rien de précis. Un rapide survol des références scripturaires dans les écrits de François d'Assise permettra peut-être de dire ce que fut son Évangile et, par là, de mieux comprendre le ressort de son projet.

Premier constat: peu d'auteurs médiévaux ont fait la part si mince à l'Ancien Testament. Si l'on met de côté la présence des Psaumes, qui constituent la matière même du centon connu sous le titre d'*Office de la passion du Seigneur*, les livres de l'Ancien Testament fournissent à François moins d'une cinquantaine de références quand les seules épîtres pauliniennes en offrent un soixantaine. Deuxième constat: parmi les références néo-testamentaires, avec leurs quelque deux cent soixante-dix occurrences les quatre Évangiles l'emportent nettement sur les autres textes, qui ne sont employés qu'environ cent dix fois. Enfin, parmi les quatre évangélistes, Matthieu domine largement, comme à l'accoutumée, suivi par Luc et Jean presque à égalité, tandis que Marc est bon dernier.

En deçà de la partition des quatre Évangiles, y a-t-il des lieux évangéliques qui reviennent plus fréquemment que d'autres sous la plume ou la dictée de François? Retenons le critère simple d'un chapitre dont les versets sont utilisés plus de dix fois: ainsi se détachent les chapitres V et VI de Matthieu, respectivement avec vingt et un et onze emplois, mais surclassés par le chapitre XVII de Jean, vingt-sept fois mis à contribution. Le succès des chapitres V–VI de Matthieu n'est pas pour surprendre: ils constituent le discours évangélique par excellence, au moment où Jésus inaugure sa prédication. Vivre les béatitudes, être la lumière qui brille au yeux des hommes, ne pas insulter son frère, tendre l'autre joue, aimer ses ennemis, faire l'aumône en secret, prier Notre Père, pardonner à autrui, ne pas afficher son jeûne, amasser des trésors dans le ciel, chercher le Royaume et sa justice: voilà autant de promesses, de prescriptions, d'exhortations qui vinrent abondamment nourrir les *Admonitions*, les deux Règles conservées et la *Lettre aux fidèles* dans ses deux versions. Plus surprenante est l'importance accordée au chapitre XVII de Jean, qui se situe à l'autre extrémité de la vie publique du Christ. D'autant que, si du chapitre V de Matthieu

François utilise douze versets sur quarante-huit, du chapitre johannique, ce sont, selon les rameaux de la tradition manuscrite, quinze à dix-huit versets sur vingt-six dont il est fait mention: un quart dans un cas contre quelque trois cinquièmes dans l'autre. Là, François a cueilli des préceptes de vie; ici, il a forcément médité l'ensemble du passage.

Que le chapitre XVII de Jean palpite au cœur de l',évangélisme' de l'Assisiate, mais qu'il en condense le plus intime, les légendes franciscaines en donnent une sorte de preuve *a contrario*. Sur l'ensemble des Vies dues à Thomas de Celano (*Vita beati Francisci*, *Legenda ad usum chori*, *Légende ombrienne*, *Memoriale in desiderio anime*), des références au chapitre V de Matthieu se rencontrent à vingt-cinq reprises, tandis que le chapitre johannique affleure seulement en sept occurrences, dont quatre ne font que fournir la cheville de ce qui est „du monde".

La cène, Jean XIII–XVII. Les apôtres se sont réunis pour un dernier repas. Le Christ leur a lavé les pieds. Il a annoncé la trahison de Judas, qui est sorti dans la nuit. Puis Jésus lance ce qui va être le thème de son ultime enseignement: *Nunc clarificatus est Filius hominis, et Deus clarificatus est in eo. Si Deus clarificatus est in eo, et Deus clarificabit eum in semetipso et continuo clarificabit eum.* Pour partie en dialogue avec les apôtres, Jésus tient un long discours dont l'essentiel est une sorte de triangulation entre le Père, le Fils et ses disciples, qui culmine dans le chapitre XVII:

> *6 Manifestavi nomen tuum hominibus, quos dedisti michi de mundo. Tui erant et michi eos dedisti. 8 Quia verba que dedisti michi, dedi eis; et ipsi acceperunt et cognoverunt vere quia a te exivi, et crediderunt quia tu me misisti. 9 Ego pro eis rogo: non pro mundo rogo, sed pro his quos dedisti michi, quia tui sunt; 10 et mea omnia tua sunt. 11 Pater sancte, serva eos in nomine tuo, quos dedisti michi, ut sint unum sicut et nos. 13 Hec loquor in mundo, ut habeant gaudium in semetipsis. 14 Ego dedi eis sermonem tuum, et mundus odio eos habuit, quia non sunt de mundo, sicut et ego non sum de mundo. 15 Non rogo ut tollas eos de mundo, sed ut serves eos ex malo. 17 Sanctifica eos in veritate. Sermo tuus veritas est. 18 Sicut me misisti in mundum, et ego misi eos in mundum. 19 Et pro eis ego sanctifico me ipsum, ut sint et ipsi sanctificati in veritate. 20 Non pro his autem rogo tantum, sed et pro eis qui credituri sunt per verbum eorum in me, 23 ut sint consummati in unum, et cognoscat mundus quia tu me misisti, et dilexisti eos, sicut me dilexisti. 24 Pater, quos dedisti michi volo ut, ubi ego sum, et illi sint mecum, ut videant claritatem meam. 26 Et notum feci eis nomen tuum et notum faciam, ut dilectio, qua dilexisti me, in ipsis sit, et ego in ipsis.*

Cette citation – on l'aura remarqué au jeu des versets – n'est pas exactement le chapitre XVII de Jean: c'est ce que François d'Assise en a retenu. Laissons de côté la cheville *Pater sancte* qui surgit au chapitre XXIII de la *Regula non bullata*, dans les *Laudes Dei altissimi* et l'*Officium passionis Domini*. Le discours johannique ne se développe réellement que dans deux écrits franciscains, mais avec ampleur: au chapitre XXII de la *Regula non bullata* et dans les deux versions de l'*Epistola ad fideles*.

On discute pour démêler la chronologie absolue et relative des deux recensions de l'*Epistola ad fideles*. Dans la plus longue – la seule d'ailleurs à avoir réellement une forme épistolaire –, François s'adresse *universis christianis, religiosis, clericis et laicis, masculis et feminis, omnibus qui habitant in universo mundo*. Serviteur de tous, il est tenu d'adresser à tous les paroles odoriférantes du Seigneur. Il rappelle l'incarnation du Verbe et la passion du Fils. Puis il énonce des préceptes de vie qui sont comme une dilatation à l'humanité entière de ce qu'il avait fixé comme règle aux seuls Frères mineurs. Ceux qui se conduisent ainsi seront les fils du Père, les époux, frères et mères de Jésus. Se réjouissant d'avoir un tel Père, un tel époux, frère et fils, François rappelle enfin la prière que le Fils a adressée pour nous à son Père:

> *Pater sancte, serva eos in nomine tuo, quos dedisti michi* (Jn **17** 11b–c). Pater, omnes*, quos dedisti michi* in *mundo, tui erant et michi eos dedisti* (Jn **17** 6b). Et *verba que dedisti michi, dedi eis; et ipsi acceperunt et cognoverunt vere quia a te exivi, et crediderunt quia tu me misisti* (Jn **17** 8). *Rogo pro eis* et *non pro mundo* (Jn **17** 9a); benedic et *sanctifica eos* (Jn **17** 17a). *Et pro eis sanctifico me ipsum* (Jn **17** 19a)*, ut sint sanctificati in* (Jn **17** 19b) *unum* (Jn **17** 23b) *sicuti et nos* (Jn **17** 11d) *sumus. Et volo, Pater, ut ubi* ego sum *et illi mecum, ut videant claritatem meam* (Jn **17** 24b) in regno tuo.

La version brève de l'*Epistola ad fideles*, contenue dans le seul manuscrit de Volterra, en arrive très vite aux liens de parenté spirituelle qui unissent les hommes aux Personnes divines, puis à la prière du Fils:

> *Pater sancte, serva eos in nomine tuo* (Jn **17** 11b)*, quos dedisti michi* in *mundo; tui erant et michi dedisti eos* (Jn **17** 6b). Et *verba que michi dedisti, dedi eis; et ipsi acceperunt et* crediderunt *vere quia a te exivi, et* cognoverunt *quia tu me misisti* (Jn **17** 8). *Rogo pro eis* et *non pro mundo* (Jn **17** 9a). Benedic et *sanctifica eos* (Jn **17** 17a). *Et pro eis sanctifico me ipsum* (Jn **17** 19a). *Non pro* eis *rogo tantum, sed pro eis qui credituri sunt per verbum* illorum *in me* (Jn **17** 20)*, ut sint sanctificati in* (Jn **17** 19b) *unum* (Jn **17** 23b) *sicut et nos* (Jn **17** 11d). Et volo, *Pater, ut ubi ego sum et illi sint mecum, ut videant claritatem meam* (Jn **17** 24b) in regno tuo. Amen.

On voit que la version brève comporte à la fois un passage en moins (*Pater, omnes, quos dedisti michi in mundo*) et un passage en plus (*Non pro eis rogo tantum, sed pro eis qui credituri sunt per verbum illorum in me*) par rapport à la version longue; qu'elle inverse les verbes *cognoverunt* et *crediderunt* contre la version longue et contre le texte le plus diffusé de la Vulgate. Ce qui ne contribue guère à éclaircir le lien de dépendance entre les deux recensions.

Les chapitres XXI–XXIII de la *Regula non bullata* s'affranchissent totalement du genre normatif – et c'est la raison pour laquelle il n'en reste pas trace dans la *Regula bullata*. À une louange de Dieu succède une longue admonition aux frères, qui se conclut ainsi:

> Teneamus ergo verba, vitam et doctrinam et sanctum eius Evangelium, qui dignatus est pro nobis rogare Patrem suum et nobis eius nomen manifestare dicens[1]: Pater, *manifestavi nomen tuum hominibus, quos dedisti mihi* (Jn **17** 6a). *Quia verba, que dedisti michi, dedi eis, et ipsi acceperunt et cognoverunt vere quia a te exivi, et crediderunt quia tu me misisti. Ego pro eis rogo: non pro mundo, sed pro his quos dedisti michi, quia tui sunt et omnia mea tua sunt* (Jn **17** 8–10a). *Pater sancte, serva eos in nomine tuo, quos dedisti michi, ut sint unum sicut et nos* (Jn **17** 11b–d). *Hec loquor in mundo, ut habeant gaudium in semetipsis. Ego dedi eis sermonem tuum, et mundus eos odio habuit, quia non sunt de mundo, sicut et ego non sum de mundo. Non rogo ut tollas eos de mundo, sed ut serves eos a malo* (Jn **17** 13b–15). Mirifica *eos in veritate. Sermo tuus veritas est. Sicut* tu *me misisti in mundum, et ego misi eos in mundum. Et pro eis sanctifico meipsum, ut sint ipsi sanctificati in*

1 Un rameau de la tradition manuscrite ajoute: *Pater, clarifica nomen tuum et clarifica Filium tuum, ut Filius tuus clarificet te* (Jn **12** 28a; **17** 1b).

veritate. Non pro eis *rogo tantum, sed pro eis qui credituri sunt propter verbum eorum in me*[2] (Jn **17** 17–20), *ut sint consummati in unum, et cognoscat mundus quia tu me misisti, et dilexisti eos, sicut me dilexisti* (Jn **17** 23b). *Et notum faciam eis nomen tuum, ut dilectio, qua dilexisti me, in ipsis sit, et ego in ipsis* (Jn **17** 26). *Pater, quos dedisti michi volo ut ubi ego sum et illi sint mecum, ut videant claritatem* tuam (Jn **17** 24) in regno tuo.[3]

Ces blocs évangéliques, inscrits à trois reprises dans les écrits franciscains, font impression. Sur les quinze versets cités, neuf sont communs à l'une ou l'autre version de l'*Epistola ad fideles* et à la *Regula non bullata.* Mais la citation la plus longue, celle de la Règle, n'est pas pour autant la carrière exclusive de la citation de la Lettre, qui est seule à employer la fin du verset 6, à citer correctement le début du verset 17 ou à récupérer le *meam* du verset 24[4]. Sous ces trois textes, il y a bien l'hypotexte du chapitre complet de Jean. François y avait aisément accès par la liturgie. Dans l'*Evangelistare sancti Francisci Assisiensis* qui vient clore le *Breviarium sancti Francisci*, la péricope Jean XVII, 11–26, figure au mercredi suivant le troisième dimanche après l'octave de Pâques, tandis que Jean XVII, 1–11, comme dans toute la tradition liturgique, fournit la lecture évangélique de la vigile de l'Ascension. L'Assisiate disposait bien ainsi, par addition, de la totalité de Jean XVII, 1–26; or nous avons vu qu'il remployait au total les versets 6, 8–11, 13–15, 17–20, 23–24 et 26.

Le chapitre XVII de Jean a été connu de François dans une seule et même leçon, comme en témoigne le remploi du verset 20 où la recension brève de la Lettre et la Règle (*Non pro* eis *rogo tantum, sed pro eis qui…*) concordent contre la leçon la plus répandue de la Vulgate (*Non pro* his autem *rogo tantum, sed* et *pro eis qui…*), mais en harmonie significative avec l'*Evangelistare sancti Francisci Assisiensis* au mercredi suivant le troisième dimanche après l'octave de Pâques (*Non pro* eis *rogo tantum, sed pro eis qui…*). Le même *Evangelistare*, pour la vigile de l'Ascension, cite le verset 8 du chapitre johannique en accord avec la version longue de l'*Epistola ad fideles* (*et ipsi acceperunt et cognoverunt vere quia a te exivi, et crediderunt quia tu me misisti*) contre le manuscrit de Volterra (*acceperunt … crediderunt … cognoverunt…*). D'un travail spécifique de François sur le texte johannique témoigne la clausule *in regno tuo*, inspirée du verset 21 du chapitre XX de Matthieu, que les deux versions de la Lettre et la Règle emploient de concert, en un alliage qui ne semble pas avoir d'autre attestation dans la littérature latine médiévale.

Le chapitre évangélique de prédilection franciscaine, le chapitre XVII de Jean, surprend par sa teneur: il n'énonce en rien une règle de vie, alors même qu'il apparaît dans des écrits franciscains à valeur globalement directive. Ai-

---

2 Le même rameau ajoute: *ut omnes unum sunt* [sic] *sicut tu Pater in me, et ego in te, ut et ipsi in nobis unum sint et credat mundus quia tu me misisti* (Jn **17** 21). *Et ego claritatem, quam dedisti michi, dedi eis, ut sint unum, sicut* et *nos sumus* (Jn **17** 22). *Ego in eis et tu in me* (Jn **17** 23a).

3 Ce passage figure dans la rédaction fragmentaire de la *Regula non bullata* contenue dans le manuscrit de Worcester: Teneamus ergo verba, doctrinam, vitam et sanctum Evangelium Domini nostri Iesu Christi, qui dignatus est pro nobis rogare Patrem et nobis suum nomen manifestare dicens: Pater, *manifestavi nomen tuum hominibus* et cetera usque ibi: *Pater, quos dedisti michi volo ut ubi sum et illi sint mecum, ut videant claritatem meam* in regno tuo.

4 En accord avec le manuscrit de Worcester sur ce dernier point.

mantant la méditation de François, nourrissant sa louange, il est ultime réflexion du Christ sur sa propre incarnation, sa fonction d'intercesseur entre son Père et les hommes, sa mission – manifester le nom du Père – qui modèle la leur, sa responsabilité à leur égard, puisque le Père les lui a donnés avant qu'il ne les lui remette, leur étrangeté au monde qui procède de la sienne; il exprime aussi la prière que lui et eux soient reconnus, clarifiés, sanctifiés, chéris du Père. La dimension tropologique du chapitre, au premier degré, vaut pour le Fils – autour de la notion de responsabilité – tandis que, pour les hommes, le passage ouvre des perspectives eschatologiques que le commentaire d'Augustin *In Iohannis Evangelium tractatus CXXIV*, dont trente-huit passages sont présents dans l'ordinaire de l'office dû à Innocent III, avait amplement contribué à explorer et à diffuser.

Les écrits dits de François sont en partie le fruit d'une élaboration collective. Pour la *Regula non bullata* en particulier, le témoignage de Jourdain de Giano est sans ambages: *Et videns beatus Franciscus fratrem Cesarium sacris litteris eruditum ipsi commisit, ut Regulam, quam ipse simplicibus verbis conceperat, verbis Evangelii adornaret. Quod et fecit.* Ne sommes-nous pas en train d'attribuer à la spiritualité franciscaine ce qui relève d'une sorte de polissage littéraire? Je ne le crois pas, à cause du Testament. On rechercherait en vain une citation, voire une vague réminiscence du chapitre XVII de Jean dans cet ultime écrit de François. Mais il lui offre sa structure et, peut-être bien, son sens.

Le chapitre johannique est en effet construit sur une circulation du don entre deux sujets, le Père et le Fils (*Pater* et *ego*), un verbe (*dare*) et deux pronoms au datif (*michi* et *eis*):

> *Pater… dedisti ei… dedisti ei det eis… Ego… dedisti michi… Pater… dedisti michi… michi eos dedisti… dedisti michi… dedisti michi, dedi eis… Ego… dedisti michi… ego… Pater… dedisti michi… dedisti michi… Ego dedi eis… ego… ego… ego… ego… Pater… ego… ego… dedisti michi dedi eis… ego… Pater… dedisti michi… ego… dedisti michi… Pater… ego… ego…*

Or le même jeu entre deux sujets, le Seigneur et François (*Dominus* et *ego*), une série de verbes (*dare*, *conducere*, *revelare*), un pronom et une collectivité au datif (*michi* et *vobis fratribus*) se retrouve dans le Testament:

> *Dominus ita dedit michi fratri Francisco incipere faciendi penitentiam… Et ipse Dominus conduxit me inter illos… Et Dominus dedit michi talem fidem in ecclesiis… Domine... Postea Dominus dedit michi et dat tantam fidem in sacerdotibus… Dominus dedit michi de fratribus… sed ipse Altissimus revelavit michi… Et ego… Et ego… Salutationem michi Dominus revelavit… Dominus… fratribus universis… ego frater Franciscus… vobis fratribus meis benedictis… omnibus fratribus… Sed sicut dedit michi Dominus simpliciter et pure dicere et scribere regulam… Et ego frater Franciscus… vobis…*

Mon hypothèse est qu'au soir de vie, François d'Assise exprime ce qu'il est convenu d'appeler en terme sociologique son charisme, en terme psychologique son tourment, en démarquant le chapitre XVII de Jean, qu'on présente parfois comme le testament du Fils au soir de sa propre vie terrestre. Walter Viviani, qui a jadis eu semblable intuition, renverse la perspective en affirmant que le chapitre XXII de la *Regula non bullata* et l'*Epistola ad fideles* ont précisément valeur testamentaire. Entendons-nous bien sur la portée de tels parallèles. Au bout de la chaîne hagiographique, les *Actus beati Francisci et sociorum eius* écrasent la perspective lorsqu'ils proclament d'entrée:

> *Primo ergo sciendum est quod beatus pater noster Franciscus in omnibus suis actibus fuit Cristo conformis. Nam sicut Cristus benedictus in principio sue predicationis assumpsit sibi duodecim apostolos omnia relinquentes, ita beatus Franciscus habuit duodecim electos socios paupertatem altissimam eligentes...*

Ce n'est pas de cela qu'il s'agit dans le Testament de François. Il sait qu'il ne lui échoit de rejouer qu'en mineur la partition fixée au chapitre XVII de Jean, que sa mission est de se mettre à la suite du Christ, non de chercher à l'égaler. Mais qu'on prenne le temps de relire dans cette perspective la citation johannique passée au crible franciscain: comment l'Assisiate n'aurait-il pas pu croire que chacun de ces mots avait été écrit pour lui, pour lui aussi?

> *Manifestavi nomen tuum hominibus, quos dedisti michi de mundo. Tui erant et michi eos dedisti. Quia verba que dedisti michi, dedi eis; et ipsi acceperunt et cognoverunt vere quia a te exivi, et crediderunt quia tu me misisti. Ego pro eis rogo: non pro mundo rogo, sed pro his quos dedisti michi, quia tui sunt; et mea omnia tua sunt. Pater sancte, serva eos in nomine tuo, quos dedisti michi, ut sint unum sicut et nos. Hec loquor in mundo, ut habeant gaudium in semetipsis. Ego dedi eis sermonem tuum, et mundus odio eos habuit, quia non sunt de mundo, sicut et ego non sum de mundo. Non rogo ut tollas eos de mundo, sed ut serves eos ex malo. Sanctifica eos in veritate. Sermo tuus veritas est. Sicut me misisti in mundum, et ego misi eos in mundum. Et pro eis ego sanctifico me ipsum, ut sint et ipsi sanctificati in veritate. Non pro his autem rogo tantum, sed et pro eis qui credituri sunt per verbum eorum in me, ut sint consummati in unum, et cognoscat mundus quia tu me misisti, et dilexisti eos, sicut me dilexisti. Pater, quos dedisti michi volo ut, ubi ego sum, et illi sint mecum, ut videant claritatem meam. Et notum feci eis nomen tuum et notum faciam, ut dilectio, qua dilexisti me, in ipsis sit, et ego in ipsis.*

D'autant que la responsabilité qui liait le Christ à ses disciples en stimulait une autre dans l'esprit du fils de Bernardone, pétri depuis sa jeunesse folle d'idéologie chevaleresque et de culture courtoise: celle que créait la dédition d'homme à homme – l'hommage – qui structurait au plus profond la société médiévale. Or les compagnons de François s'étaient donnés à lui, ou plutôt, s'étaient remis à Dieu en ses mains. Ainsi le *De inceptione vel fundamento Ordinis* contait-il la conversion de frère Gilles:

> *Venit ad eos alius vir nomine Aegidius, de civitate eadem, homo devotissimus et fidelissimus, cui Dominus gratiam multam dedit. Et cum devotione magna et reverentia, flexis genibus, beatum Franciscum rogavit ut eum in societatem suam recipere dignaretur.*

Ce sont les termes et les gestes à la fois d'un hommage et d'une entrée en chevalerie, *militia Christi* s'entend. Certes François ne voulait à aucun prix être le seigneur de ses compagnons. Mais ils étaient bel et bien ses hommes, ce qui l'engageait tout autant qu'eux, plus peut-être. Dans sa lettre antérieure au 9 juin 1021 adressée au duc Guillaume d'Aquitaine, amplement relayée en Italie par les *Libri feudorum* à partir des dernières décennies du XIIe siècle, Fulbert de Chartres avait défini l'engagement de la *fidelitas* – fournir *consilium et auxilium* – et en avait parfaitement marqué le caractère réflexif:

> *Restat ergo ut in eisdem sex supradictis consilium et auxilium domino suo fideliter* [fidelis] *prestet, si beneficio dignus videri vult, et salvus esse de fidelitate quam iuravit. Dominus quoque fideli suo in his omnibus vicem reddere debet.*

On le savait si bien parmi les frères que, quand François et ses compagnons vinrent trouver le cardinal Hugolin d'Ostie, à en croire le report de la *Legenda trium sociorum*, c'est lui, non pas eux, qui s'engagea d'emblée à fournir *auxilium et consilium*:

> *Offero meipsum vobis auxilium et consilium, atque protectionem paratus impendere secundum vestrum beneplacitum, et volo quod propter Deum me recommendatum in vestris orationibus habeatis.*

Un lien d'homme à homme, mais ici sous le regard de Dieu. De même que le Père avait remis au Fils ses disciples (*hominibus, quos dedisti mihi… Tui erant et michi eos dedisti*), pour François et ses hagiographes, il était évident que Dieu lui avait donnés ses frères: *Dominus dedit mihi de fratribus*, dit le Testament avec un bel italianisme (*de' frati*); *Primus frater quem dedit michi Dominus fuit frater Bernardus*, conte la *Compilatio Assisiensis* par la voix du saint mourant. Ces hommes s'étaient mis à la suite de François parce qu'ils avaient eu la certitude qu'il leur avait été envoyé. Ils avaient reçu de lui le nom et les paroles de Dieu; à leur tour, ils avaient été envoyés vers le monde et par le monde pour les répandre. Le monde les avait pris en haine, mais ils n'avaient pas pour autant cherché à le fuir, bien au contraire.

Il est temps de conclure. Je le fais dans les termes qui ont plus d'une fois guidé, avec le profit que l'on sait, la réflexion historique de Gert Melville. François d'Assise, au moins aux dernières années de sa vie, avait claire conscience de son charisme, comme d'une évidence. Il ne le concevait pas sur le mode de l'élection, mais sur le mode du don. Ce don de Dieu ne lui conférait aucun droit sur les autres, mais un devoir à leur égard; une charge, dont le poids sans doute lui parut toujours plus écrasant à mesure que croissait la communauté. Ce devoir ne se limitait pas aux frères assemblés autour de lui, mais s'étendait à ceux qui suivraient son enseignement à l'avenir: *Non pro his autem rogo tantum, sed et pro eis qui credituri sunt per verbum eorum in me*, avait annoncé le Christ au chapitre XVII de Jean. D'où cette tentative de François, désespérée, de figer le cours de temps, de bloquer par le Testament toute interprétation de la Règle:

> *Et omnibus fratribus meis clericis et laicis precipio firmiter per obedientiam ut non mittant glossas in Regula neque in istis verbis dicendo: „Ita volunt intelligi." Sed sicut dedit michi Dominus simpliciter et pure dicere et scribere Regulam et ista verba, ita simpliciter et sine glossa intelligatis et cum sancta operatione observetis usque in finem.*

Si l'on confronte le cas franciscain à la définition désormais canonique du charisme donnée par Max Weber –

> ‚Charisma' soll eine als außeralltäglich (ursprünglich, sowohl bei Propheten wie bei therapeutischen wie bei Rechts-Weisen wie bei Jagdführern wie bei Kriegshelden: als magisch bedingt) geltende Qualität einer Persönlichkeit heißen, um derentwillen sie als mit übernatürlichen oder übermenschlichen oder mindestens spezifisch außeralltäglichen, nicht jedem andern zugänglichen Kräften oder Eigenschaften oder als gottgesandt oder als vorbildlich und deshalb als ‚Führer' gewertet wird –,

il est certain que François ne l'aurait pas acceptée dans son ensemble. Il ne niait pas l'origine divine de sa mission, car ç'aurait été repousser le don de Dieu, ce qui n'était pas même concevable: la grâce crée l'espace de la grâce; la grâce est de se laisser envahir par la grâce (*amor Dei amorem animae parit*, affirme Bernard de Clairvaux dans le sermon LXIX sur le Cantique des cantiques). François n'hésitait pas à se donner en exemple à ses frères (*Et ego manibus meis laborabam, et volo laborare; et omnes alii fratres firmiter volo, quod laborent de laboritio, quod pertinet ad honestatem*). À ses yeux toutefois, le don de Dieu résultait non de sa supériorité sur les autres, mais de son indignité et, de toutes ses forces, sur un mode quasi obsessionnel, il refusait d'être considéré „als ‚Führer'": *frater Franciscus, homo vilis et caducus, vester parvulus servulus*, se présentait-il en tête de la Lettre à tout l'Ordre. Sur le charisme de Max Weber, il faut ici enter les contre-conduites de Michel Foucault: en fait, rien d'autre que l'Évangile, inépuisable carrière de contre-conduites.

Comme Kurt-Viktor Selge et Piero Zerbi avaient eu le mérite de le déclarer dès 1968 en contrepoint de la vulgate sabatérienne, François n'a pas été récupéré ou manipulé par la papauté. Du moment où il avait été recouvert du manteau de l'évêque d'Assise, il n'avait jamais conçu son expérience pénitentielle qu'au sein de l'Église et il alla lui-même quérir la protection romaine. Le propos qui lui est attribué dans le *Speculum perfectionis*, qu'on connaît sous l'appellation de *Testamentum factum in Senis* et que Giovanni Miccoli tient, à juste titre, pour un authentique *logion* franciscain, est encore plus explicite à cet égard:

> *Scribe qualiter benedico omnibus fratribus meis qui sunt in religione et qui venturi sunt usque ad finem seculi. Et quoniam propter debilitatem et dolorem infirmitatis loqui non valeo, in hiis tribus verbis patefacio breviter voluntatem et intentionem meam cunctis fratribus presentibus et futuris, videlicet: ut in signum memorie mee benedictionis et testamenti semper diligant se ad invicem, sicut dilexi et diligo eos, semper diligant et observent dominam nostram Paupertatem, et semper prelatis et clericis sancte matris Ecclesie fideles et subiecti existant.*

Pas plus qu'il n'avait repoussé la médiation sacerdotale et ecclésiale, François n'a refusé l'institutionnalisation, quoi qu'il ait pu lui en coûter; il l'a assumée comme la conséquence inévitable d'un charisme qu'il n'avait pas à accepter ou à repousser. Mais il avait conscience étonnamment claire de ce que Max Weber appelait „Routinisation", telle qu'elle était d'ailleurs merveilleusement décrite dans le *Sacrum commercium sancti Francisci cum domina Paupertate.* Et c'est elle qu'il tenta d'enrayer par la référence absolue à l'Évangile, parce que ce texte ne laisse pas en repos, qu'il est constante remise en cause de toute forme de certitude, l'antidote de la routine ou du ritualisme, le ferment constant de l'espérance et de l'inquiétude, indissolublement mêlées. Tout cela tient *paucis verbis*, auxquels on ne cesse de revenir:

> *Et postquam Dominus dedit mihi de fratribus, nemo ostendebat mihi quid deberem facere, sed ipse Altissimus revelavit mihi quod deberem vivere secundum formam sancti Evangelii. Et ego paucis verbis et simpliciter feci scribi et dominus papa confirmavit michi.*

Maria Pia Alberzoni (Mailand)

Giordano di Sassonia e il monastero di S. Agnese di Bologna

1.

L'impulso dato dall'opera di Herbert Grundmann alle ricerche sulla vita religiosa femminile nel XIII secolo ha permesso una rivisitazione di numerosi punti di tale complessa vicenda, ma a tutt'oggi permangono aspetti poco chiari: talora sembra di trovarsi di fronte a uno strano gioco delle parti, i cui attori – le religiose, i frati e la curia papale – si muovono secondo criteri difficilmente decifrabili e addirittura contradditori.[1]

Herbert Grundmann, in particolare, aveva condotto uno studio congiunto sugli sviluppi del monachesimo femminile legato ai Minori e ai Predicatori senza però accordare sufficiente attenzione al ruolo svolto dalla curia papale nei confronti di entrambi gli Ordini:[2] egli considerò l'azione del papato solo come una riposta alle sollecitazioni delle suore o dei frati, senza cogliere quanto le decisioni via via prese rispondessero a un complessivo disegno papale di risistemazione della vita regolare. [3]

Se gli orientamenti della sede apostolica emergono con chiarezza nel progetto di costituire un nuovo monachesimo femminile, esente e direttamente soggetto all'autorità del pontefice – le *pauperes dominae inclusae*, in seguito denominate Ordine di S. Damiano e solo nel 1227 legate istituzionalmente all'Ordine dei frati Minori –, analoghe linee d'azione sono individuabili anche a proposito degli sviluppi della vita regolare femminile legata all'Ordine dei frati Predicatori.[4] Finora tale aspetto è stato poco considerato e si è preferito fermare l'attenzione sulle iniziative dei "fondatori", con il rischio di decontestualizzarne l'opera.[5]

In questo contributo cercherò di tratteggiare le fasi della progressiva regolarizzazione delle suore "domenicane" basandomi perlopiù su alcuni spunti

---

1 Grundmann, Movimenti religiosi, pp. 193–293.

2 Si vedano le osservazioni di Selge, Franz von Assisi, pp. 167–168, e di Wehrli-Johns, Das mittelalterliche Beginentum.

3 E' quanto emerge dai miei studi: Alberzoni, Papato; Alberzoni, Curia, pp. 501–537; si vedano ora Cariboni, Domenico, pp. 327–360; Cariboni, Osservazioni; Rainini, La fondazione.

4 Alberzoni, Chiara e il papato; Alberzoni, Chiara di Assisi; Alberzoni, Sorores Minores; Alberzoni, Chiara e San Damiano; Alberzoni, Clare of Assisi.

5 A prescindere dalle meritorie e datate indagini del Vicaire va però notato che anche le recenti e meticolose ricostruzioni di Tugwell, Notes 1995, pp. 99–133; Tugwell, Notes 1996, pp. 137–149 e Tugwell, The Evolution II, pp. 90–99, tendono ad enfatizzare l'opera di Domenico in tale campo.

finora poco considerati dell'epistolario di Giordano di Sassonia, un maestro parigino entrato nell'Ordine solo nel 1220, che nel 1221 fu eletto priore provinciale di Lombardia, dall'anno successivo e fino alla morte (1237) maestro generale dell'Ordine, e che tanta parte ebbe nella fondazione del monastero di S. Agnese di Bologna.[6]

2.

La complessità dell'epistolario, sia per la sua composizione in base a progressivi ritrovamenti sia per la quasi totale assenza di indicazioni cronologiche nelle missive, ne rende in taluni punti problematica l'interpretazione,[7] ma non per questo viene meno il grande interesse per la ricostruzione di alcuni momenti significativi della storia costituzionale dell'Ordine dei frati Predicatori, un tema al quale tanto hanno contribuito gli studi di Gert Melville, come pure quelli del SFB da lui diretto.[8]

L'epistolario di Giordano di Sassonia conta trentasette lettere indirizzate a Diana d'Andalò – colei che fece professione di vita religiosa nelle mani di Domenico e che svolse un ruolo di primo piano nel dar vita al convento di S. Agnese di Bologna pur non divenendone mai priora –,[9] cinque a Diana unitamente al suo convento, e altre otto dirette alla comunità nel suo insieme.[10]

Sebbene l'aspetto più studiato dell'epistolario, a partire dall'edizione e dai meritori contributi di Angelo Walz,[11] sia stata la religiosità femminile, con particolare riguardo ai temi spirituali elaborati da Giordano – basti qui rinviare alle osservazioni di Raoul Manselli e di Andrea Tilatti[12] –, queste missive debbono la loro conservazione alla necessità, ben avvertita dalle suore fin dagli anni trenta del XIII secolo, di provare all'Ordine e alla curia romana il loro originario e costante legame con i Predicatori, onde scongiurare il pericolo di essere private della *cura* dei frati.[13]

---

6 Oltre ad Walz, Intorno, pp. 143–151; basti qui rinviare a Duval, Jourdain de Saxe.

7 Walz, Intorno, pp. 152–164; i precedenti studi di Altaner, Briefe; e di Scheeben, Beiträge, sono ripresi e in diversi punti corretti dal Walz.

8 Melville, Diversa sunt monasteria; Melville (ed.), De ordine vitae; Melville, Duo novae conversationis ordines; Melville, Die Rechtsordnung der Dominikaner; Melville, Zum Recht der Religiosen; Cygler/Melville, Augustinerregel; Melville, Gehorsam und Ungehorsam.

9 Walz, Intorno, pp. 147–148; Alessandrini, Andalò Diana.

10 La raccolta pubblicata dal Walz contiene anche altre lettere di Giordano (fino a un totale di 56): quattro indirizzate al monastero di Oeren nei pressi di Treviri – due delle quali a una religiosa di quel monastero –, una al priore di Lombardia e una al priore domenicano di Parigi: Walz, Intorno, pp. 150–151.

11 Walz, Intorno, pp. 218–232.

12 Manselli, Intervento; Tilatti, La Direzione spirituale, pp. 134–150.

13 Tugwell, Notes 1996, pp. 137–150; Tugwell, The Evolution II, pp. 90–99.

A partire da questa raccolta, in questa sede intendo considerare gli sviluppi istituzionali del cenobio bolognese, nonché del monachesimo femminile legato all'Ordine dei Predicatori.

3.

La *Vita beatae Dianae* – un testo composto poco dopo la metà del Duecento che, a dispetto del titolo, si concentra soprattutto sulla storia del monastero di S. Agnese tra 1218 e 1253 – suggerisce alcuni indizi circa i contatti tra Domenico e Diana: ella, che pure aveva conosciuto i frati grazie alla predicazione di fra Reginaldo, forse nel mese di settembre del 1219 aveva fatto la professione religiosa nelle mani di Domenico.[14] Aveva poi cercato di entrare nel monastero di Ronzano, ma era stata ricondotta dai parenti con la forza nella casa paterna; i contatti con Domenico, però, non si interruppero.[15] Quanto egli nel 1220 ritornò a Bologna da Roma – dove era stato impegnato dalle vicende relative alla fondazione di S. Sisto – decise di avviare la costruzione di un monastero femminile e per questo istituì una commissione di quattro frati – Rodolfo da Faenza, Guala da Bergamo, Ventura da Verona e Paolo Ungaro – che presto identificarono un luogo idoneo per la fondazione, ma l'opposizione del vescovo ostacolò il progetto. Dopo la morte di Domenico la tenace Diana, potendo contare sull'appoggio di Giordano di Sassonia, tra il maggio del 1221 e il maggio del 1222 priore provinciale di Lombardia, fuggì nottetempo da casa e ritornò nel monastero di Ronzano.[16]

Ci troviamo di fronte a una vicenda assai simile nelle sue linee generali a quella di Chiara di Assisi: l'incontro con una personalità carismatica eccezionale, il desiderio di abbracciare la vita religiosa secondo il suo esempio, l'opposizione della famiglia al suo ingresso in religione, la fuga notturna dalla casa paterna, la promessa alla presenza di Francesco e dei frati (per Chiara) o nelle mani di Domenico (per Diana), la collocazione temporanea presso una casa religiosa di stampo penitenziale (Ronzano era una fondazione dei Canonici regolari di S.

---

14 Roncelli, Domenico, propone di datare la composizione della *Vita* tra il luglio 1256 e il marzo del 1257, allorché si profilarono rinnovate difficoltà nei rapporti tra S. Agnese e i vertici dell'Ordine domenicano; Vita beatae Dianae, p. 227: *Propterea, cum beatus Dominicus advenisset Bononiam, ipsum tota animi affectione diligere cepit ac cum ipso de anime sue salute tractare. Tandem, non multo post, in manibus ipsius se misit ac professionem fecit.*

15 Vita beatae Dianae, p. 227: *Erat tunc temporis Bononie beatissimus pater Dominicus, qui, audito ingressu eius* (nel monastero di Ronzano), *gavisus est nimium; sed postea quam audivit iniurias quas perpessa est, condoluit valde dirigebatque ad eam litteras occulte, tempore quo iacebat infirma in domo patris sui. Nam parentes illius non sinebant eam loqui cum aliqua persona, nisi presens esset aliquis ex consanguineis suis.*

16 Ho seguito la ricostruzione dei fatti proposta da Tugwell, Notes 1996, pp. 143–149; si veda, inoltre, Cariboni, Domenico, pp. 347–348.

Marco di Mantova) in attesa che il progetto si potesse attuare e, infine, l'appoggio dei frati all'attuazione dello stesso.[17]

4.

Domenico aveva peraltro partecipato alla fondazione di Prouille (1206), che si configurava sicuramente come una casa doppia, come ancora attesta l'*inscriptio* di una lettera papale del 1215.[18] Giordano proseguì sulla via indicata da Domenico. Sempre secondo la *Vita beatae Dianae*, mentre ella si trovava a Ronzano egli, allora priore provinciale, con i quattro frati designati da Domenico si adoperò per trovare una sistemazione definitiva per Diana: con la licenza del vescovo, fu costruita una *domuncula*, nella quale nell'ottava dell'Ascensione del 1223 (tra il 2 e l'8 giugno) si insediarono Diana e altre quattro donne bolognesi, quindi nella festa dei santi Pietro e Paolo (29 giugno) esse ricevettero l'abito dell'Ordine.[19] Si trattava dunque di un esiguo gruppo di suore, tanto da far pensare che il soggiorno di Diana a Ronzano fosse dettato dalla necessità di trovare alcune *sociae* per assicurare la vita comune della nuova fondazione.[20]

Il racconto della *Vita*, peraltro, è assai ricco di elementi di alta valenza simbolica: la volontà di Domenico realizzata dai frati ai quali egli aveva affidato l'incarico di trovare una sistemazione per Diana; l'intervento con loro di Giordano di Sassonia, suo successore nella carica di maestro generale; la scelta della festa dei patroni di Roma per dare avvio alla fondazione, l'assunzione dell'abito dell'Ordine: tutto sembra predisposto per attestare il vitale legame sia con i frati Predicatori sia con la sede apostolica. Notiamo però che la volontà di indicare fin dalle origini l'esistenza di un legame strutturale con la sede apostolica divenne importante in un periodo successivo al quarto decennio del XIII secolo, dopo che la comunità bolognese ebbe assunto la regola di S. Sisto.[21]

---

17 Barbero, Un santo in famiglia, pp. 262–274 e 285.

18 Tugwell, For whom was Prouille founded?; Cariboni, Domenico, pp. 327–333; Monumenta diplomatica Sancti Dominici, Nr. 65, p. 59 (1215 ottobre 8): *Innocentius episcopus, servus servorum Dei, dilectis filiis . . priori, fratribus et monialibus domus Sanctae Mariae de Pruliano.*

19 Vita beatae Dianae, p. 228: *In cuius medio felicis recordationis magister Iordanis, qui tunc temporis erat provincialis Lombardie, una cum fratribus supramemoratis, quibus hoc negocium beatus Dominicus commiserat, fideliter adiuvabant eam (Dianam), dantes operam ut opus diu optatum posset perficere.* [...] *Habita itaque licentia episcopali, fecerunt edificare ibidem domunculam parvam. Edificata domuncula, iverunt pro illa prememoratus pater magister Iordanis cum aliis fratribus eiusdem Ordinis, fratre Guala videlicet, fratre Ventura Veronensi, fratre Rodulfo Faventino, fratre Bernardo Teotonico et aliis fratribus, introduxerunt illam in domunculam cum aliis dominabus quatuor de Bononia, anno Domini MCCXXIII infra octavam dominice Ascensionis. In festo autem apostolorum Petri et Pauli susceperunt a predicto patre magistro Iordane habitum Ordinis.*

20 Tugwell, The Evolution II, p. 94.

21 Sull'importanza della valenza simbolica assegnata all'assunzione delle costituzioni di S. Sisto si veda Cariboni, Domenico, pp. 355–360.

5.

Fu dunque per fedeltà alla memoria di Domenico che Giordano assunse la *cura* della comunità di S. Agnese;[22] si tratta di un motivo di cui egli era ben consapevole, come si evince dal protocollo dalla prima lettera della raccolta, sulla base del contenuto datata al periodo in cui Diana era ancora a Ronzano, nella quale egli si rivolge a lei definendola *in partecipatione religionis socia.*[23]

Anche nella lettera databile poco dopo il 29 giugno del 1223, data della vestizione delle suore di S. Agnese, fin dall'*inscriptio* Giordano ricorda la comune figliolanza dal padre spirituale, Domenico, che pure non era ancora stato canonizzato.[24] Questa lettera è composta come un piccolo trattato di vita spirituale, nel quale Giordano, nel dettato proprio di un maestro parigino, raffinato e intessuto di citazioni bibliche, espone a Diana i punti cardine della vita religiosa che ella ha intrapreso: *Commendavi tibi paupertatem, caritatem, humilitatem, ut per haec tria ad veras divitias, delicias et honores pervenias ipso adiuvante, qui est adiutor fortis, Dominus noster Iesus Christus.*[25] Si tratta di temi caratteristici della spiritualità monastica, con una decisa sottolineatura della povertà, qui collocata al primo posto e presentata come la vera ricchezza, perché consente di aderire con maggior forza a Cristo, che ne è la fonte.[26]

Nel chiudere la lettera Giordano annunciava a Diana l'imminente arrivo di alcune suore *dilectae et idoneae* di Prouille, come gli aveva comunicato il priore di Montpellier, e la esortava ad accoglierle e a comunicare a loro e alle altre suore le esortazioni spirituali che le inviava.[27]

Ma il disegno di 'informare' S. Agnese con l'aiuto di suore provenienti da Prouille, come era avvenuto nel 1221 per S. Sisto a Roma,[28] non si realizzò. Probabilmente nell'estate del 1224, infatti, dopo il capitolo generale di Parigi, Giordano indirizzò una lettera a Diana e a tutte le consorelle, nella quale, oltre ad annunciare una sua imminente visita, raccomandava loro la preghiera continua per sostenerlo nel suo difficile compito, le esortava a essere pazienti nelle tentazioni e a non eccedere nelle mortificazioni, e concludeva quello che egli

---

22 Walz, Intorno, p. 220.

23 Iordani Epistulae, LI, pp. 59–60: *In reverentia Patris filiae, in adoptione Filii sorori, in amore Spiritus Sancti dilectae, in partecipatione religionis sociae, dominae Dianae frater Iordanis ordinis Praedicatorum, servus inutilis, salutem et de praesenti cito liberari tristitia et futura perfrui laetitia.*

24 Iordani Epistulae, XVII, p. 20: *Dilectae in Christo sorori suae ex eodem patre spirituali et carissimae filiae suae Dianae, quam sibi reliquit idem pater, salutem et Spiritus Paracliti consolationem.*

25 Iordani Epistulae, XVII, p. 21.

26 Iordani Epistulae, XVII, p. 20: *Sed quid dico? Numquid paupertatem assumpsisti? Immo abiecisti, et divitias elegisti. Christi enim paupertas voluntaria est.* [...] *Qui ergo habet paupertatem Christi, omnes divitias mundi non reputat.* [...] *Non es paupercula, sed regina, cum regnum habeas.*

27 Iordani Epistulae, XVII, p. 22: *Cito venient sorores dilectae et idoneae de Pruliano. Hoc enim scripsit mihi fideliter prior Montispessulani. Illas <et> alias sorores omnes intime saluta et litteras tuas cum ipsis communica ac si sint singulis, scriptae.*

28 Koudelka, Monasterium Tempuli, pp. 57–58.

stesso definiva un *brevis sermo* con l'esortazione alla carità reciproca.[29] Dopo aver scritto i saluti, però, aggiungeva che non era sembrato opportuno inviare a S. Agnese le suore di Prouille, riservandosi di comunicare a voce i motivi di tale decisione.[30]

Questi vanno probabilmente ravvisati nei nuovi orientamenti della curia romana. Domenico nel 1219–1221 aveva collaborato alla fondazione di S. Sisto e aveva stabilito presso il monastero una comunità di frati, che vi garantivano l'esercizio della *cura*, e aveva fatto giungere alcune suore da Prouille per istruire le religiose romane nella vita regolare. La regola, o meglio, le costituzioni del nuovo monastero papale, però, non erano state elaborate da Domenico, ma da una commissione cardinalizia, nella quale Ugolino d'Ostia ebbe un ruolo eminente.[31] Ugolino, inoltre, attorno al 1219 aveva composto una *forma vitae* per le comunità femminili, da lui fondate durante le legazioni del 1218–1219 e del 1221, che ora cercava di estendere al fine di regolamentare il gran numero di comunità prive di una normativa canonica, le quali, in ottemperanza ai dettami del IV concilio lateranense, avrebbero dovuto strutturarsi secondo una delle regole approvate.[32] Egli era inoltre il cardinale più impegnato nella riforma della vita regolare e fu certamente lui a dettare le linee dell'azione di Onorio III in tale campo. Ugolino, peraltro, non manifestò alcuna simpatia per le nuove forme di vita femminile che potremmo definire penitenziali, a differenza del suo amico e consigliere Giacomo da Vitry, grande ammiratore delle *religiosae mulieres*, in particolare di Maria di Oignies, della quale, oltre a conservare alcune preziose reliquie, scrisse la *Vita* per offrire un esempio alle donne che intendevano intraprendere la vita religiosa.[33]

Giacché Domenico si era impegnato a garantire la *cura* da parte dei frati al monastero di S. Sisto, direttamente sottoposto alla Chiesa romana, la curia preferì modellare il monachesimo femminile su questa fondazione, non su Prouille, che pure avrebbe potuto vantare una maggiore vicinanza alla figura e all'opera di Domenico, ma che era considerata una comunità priva di una nor-

---

29 Iordani Epistulae, XXVII, p. 32: *Et ut brevi sermone concludam, cum in omnibus modus sit habendus, ut efficiamini modestae. Solus amor divinus modum nescit nec mensuram. Ille autem amor non in afflictione carnis, sed in sanctis desideriis et piis meditationibus fovetur et per fomentum sororiae dilectionis, qua unaquaeque vestrum proximam suam diligit sicut semetipsam. Valete.*

30 Iordani *Epistulae*, XXVII, p. 32: *De sororibus Pruliensibus non videtur ad praesens expedire, ut aliquae vobis mittantur, sicut viva vove vobis explicabo. Salutat vos frater Bernardus prior provincialis*; nella ricostruzione complessiva degli avvenimenti mi discosto da Tugwell, The Evolution II, pp. 94–99.

31 Koudelka, Notes pour servir; Koudelka, Monasterium Tempuli, p. 53; Scheeben, Der heilige Dominikus, pp. 328–329, non coglie la portata di questa iniziativa della curia e ritiene che „Eine Kommission von drei Kardinälen, unter ihnen der bedeutenste Kardinal des Kollegiums, Hugo von Ostia, wäre für die Reform eines Frauenklosters auch etwas viel gewesen".

32 Boccali, La „Cum omnis vera religio".

33 Alberzoni, Chiara d'Assisi 2005, pp. 326–333; Alberzoni, Servus, pp. 166–174; Alberzoni, Chiara d'Assisi 2008; la *Vita* di Maria di Oignies è in *AASS Iunii V*, Parisiis et Romae 1867, pp. 547–572.

mativa canonica, una comunità spontanea. Pertanto il monachesimo femminile legato all'Ordine dei frati Predicatori non avrebbe dovuto rifarsi a Prouille, ma a S. Sisto e alle sue costituzioni, nelle quali si attuava una reale sinergia tra le iniziative della curia e la *cura monialium* garantita dai frati.[34]

6.

Tra 1223 e 1224, dunque, allorché Giordano di Sassonia progettò di far venire alcune monache da Prouille a Bologna, dovettero emergere divergenze di vedute tra i frati Predicatori e la sede apostolica: si profilava con sempre maggior chiarezza che il monachesimo femminile legato all'Ordine richiedeva l'adozione delle *constitutiones* di S. Sisto.[35]

Nel dicembre del 1226, infatti, Onorio III indirizzò a Giordano la *Ad audientiam nostram*, nella quale lo rimproverava per aver trascurato le suore di S. Agnese – che pure avevano fatto la loro professione *secundum Ordinem Fratrum Predicatorum in manus bone memorie fratris Dominici predecessoris tui* – e lo esortava a prendersene nuovamente cura, come se si trattasse di un convento dell'Ordine.[36] Il documento consente di stabilire che dopo il 1224 si era aperto un dibattito interno all'Ordine in merito all'obbligo di garantire la *cura monialium* alle comunità di suore sorte ad opera dei frati e che costituivano la componente femminile dell'Ordine e ai monasteri legati all'Ordine in modo giuridico – vale a dire S. Sisto e a tutti quelli che in futuro avessero ottenuto la normativa papale. Né il monastero di Bologna né quello di Prouille erano strutturati secondo le direttive papali, un motivo che potrebbe spiegare sia i dubbi avanzati da alcuni frati circa la necessità di proseguire nella *cura* sia i timori delle monache di vedersene private.[37]

Anche Diana manifestò analoghi timori, come risulta da una lettera di Giordano, scritta probabilmente nell'estate del 1227: ella gli esprimeva il fermo desiderio di veder incorporato S. Agnese all'Ordine domenicano,[38] un motivo che Giordano riprese e sviluppò entro un più ampio discorso esortativo rivolto al convento di S. Agnese e finalizzato a esaltare la scelta di vita di Diana e delle sorelle. In quest'ultima lettera, anch'essa forse collocabile nell'estate del 1227, Giordano applica alle suore la parabola dei talenti (Mt 25,14–30) per giungere a

---

34 Cariboni, Domenico, pp. 345–346: „In sintesi le circostanze della nascita di San Sisto ne fanno senza ombra di dubbio un monastero papale, costruito da e su proprietà e con denaro della sede apostolica, appartenente al patrimonium Sancti Petri e nella cui fondazione vennero coinvolte personalità ecclesiastiche romane di primissimo piano".

35 Un motivo notato anche da Grundmann, Movimenti religiosi, p. 212.

36 L'edizione in Tugwell, The Evolution II, p. 91.

37 Circa l'organizzazione delle prime comunità femminili legate ai Predicatori si veda Creytens, Les constitutions primitives, pp. 50–56.

38 Iordani Epistulae, XXIII, p. 27: *Scripsisti mihi, quod adhuc non placuit tibi mori et venire ad domum Patris tui, ubi mansiones multae, eo quod domus Sanctae Agnetis non fuit sub ordine stabilita et confirmata.*

paragonare l'invito rivolto al servo fedele ad entrare nel gaudio del suo Signore con l'ingresso nell'Ordine dei Predicatori, un motivo che avrebbe mutato la loro tristezza nella gioia che nessuno avrebbe potuto togliere loro.[39]

7.

La promessa del maestro generale non dovette però avere rapida attuazione. Anzi, nel corso del capitolo generalissimo svoltosi a Parigi nel 1228 – il primo dopo l'elezione di Gregorio IX – fu approvata una costituzione, secondo la quale, sotto pena di scomunica, si proibiva ai frati di procurarsi nuovi incarichi di *cura* delle monache o di qualunque altro genere di donne religiose, come pure si vietava severamente di conferire ad alcuna la tonsura o l'abito religioso.[40] La disposizione dovette suscitare apprensione tra le suore di S. Agnese e Diana scrisse a Giordano per avere una spiegazione, che puntualmente le fu data in una lettera scritta da Genova nell'estate del 1229. In essa il maestro generale la rassicurava circa l'infondatezza dei suoi timori, giacché quella costituzione non doveva essere riferita alle *sorores Ordinis*, alle *sorores nostrae*, ma piuttosto alle donne *extraneae, quas fratres nostris in diversis provinciis, dum converti vellent, tondere, induere, vel ad professionem continentiae recipere facile consueverunt.*[41]

Ancora più esplicito è lo scritto che, sempre da Genova e nel medesimo torno di tempo, Giordano indirizzò al priore provinciale di Lombardia, per chiarire che la costituzione approvata dal capitolo non intendeva certo colpire le suore di S. Agnese, da Giordano sempre designate come *sorores Ordinis*, quanto piuttosto frenare l'indiscriminata accoglienza di donne desiderose di fare penitenza sotto la direzione dei frati, soprattutto nella provincia di *Teutonia*.[42] Il maestro generale faceva inoltre presente che non c'era alcuna intenzione di separare le *sorores Ordinis* dai frati, anche perché ciò sarebbe andato contro un esplicito ordine papale ed esortava il priore a rassicurare le suore di S. Agnese.[43]

---

39 Iordani Epistulae, XXIV, p. 29: *Tunc enim servo sui fideli dicet: Intra in gaudium Domini, Domini tui videlicet, Praedicatorum ordinis, et sic omnis tristitia vestra verteretur in gaudium et gaudium vestrum nemo tollet a vobis.*

40 Tugwell, The Evolution III, pp. 173–174; sul capitolo del 1228 si vedano le osservazioni di Rainini, La fondazione, § 4.

41 Iordani Epistulae, XLVIII, p. 54: *Quod pro constitutione illa conturbatam te in tuis litteris intellexi, magis mihi indiscretio et timor superfluus videbatur. Nam in eadem constitutione sorores ordinis nec ego nec definitores numquam intelleximus comprehendi nec verbum umquam de hoc vel intentio nostra fuit.* [...] *Propterea de isto articulo nec etiam alicui unquam moveas mentionem, sed secure te habeas, quia in hac parte nihil vobis poterit deperire. Indiscrete autem fecit quicumque hoc dubium tibi movit, volens tibi timorem inducere, ubi non fuit timor.*

42 Iordani Epistulae, XLIX, p. 55: *nisi propter eos dumtaxat fratres, qui in aliquibus provinciis velut in Teutonia et etiam alias, dum in praedicatione exirent, meretrices aut iuvenculas virgines sive converti volens ad paenitentiam, sive ad votum se continentiae offerentes, facile tondere, induere vel ad professionem recipere consueverunt*; Frank, Dominikanerinnen, pp. 105–113.

43 Iordani Epistulae, XLIX, pp. 55–56: *Ego enim, cum facta et institutiones et intentiones instituentium omnium capitulorum plene cognoverim, scio, quod, cum praedicta institutio facta fuit, nec verbum nec intentio*

Le voci tendenziose circa la sorte del convento di S. Agnese e, quindi, i timori delle suore erano forse dovuti al fatto che non tutti i frati ritenevano le suore bolognesi *sorores Ordinis*, ma le consideravano semplicemente *religiosae mulieres*, giacché, con l'ascesa al soglio papale di Gregorio IX (19 marzo 1227) si era consolidata la tendenza che potremmo definire giuridica nel modo di intendere il legame con l'Ordine domenicano: l'appartenenza all'Ordine era sempre più intesa non in termini di legami personali – tanto più forti quanto più risalenti al periodo delle origini, addirittura a Domenico stesso –, ma assumeva vieppiù i tratti di una sistemazione fondata sul diritto canonico.[44] E l'unica casa che poteva vantare una simile posizione era il monastero di S. Sisto, legato all'Ordine dalla sede apostolica stessa.

In altre parole: ora era la curia romana a stabilire la qualità delle relazioni tra i conventi dei Predicatori e le case femminili, definendo da una parte l'impegno dei frati in senso prevalentemente liturgico-spirituale e, dall'altra, la regolamentazione interna delle case religiose femminili secondo la normativa papale.

In una data che non è possibile stabilire Giordano ottenne dal papa una lettera per Diana che egli, per offrire a lei e alle consorelle una grande consolazione, le inviò, raccomandandole di custodirla con cura.[45] La datazione di questa missiva è incerta: se fosse del 1229/1230, come propone lo Scheeben, potrebbe collocarsi nel difficile momento seguito al capitolo generalissimo del 1228; ritengo però difficile che si tratti di una *bulla incorporationis monasterii*, come riteneva l'Altaner, perché Giordano non fa qui cenno esplicito al motivo che pure stava tanto a cuore alla comunità bolognese, vale a dire le sue relazioni con l'Ordine domenicano.[46] Ritengo più probabile che qui l'allusione sia alla *Ad audientiam nostram* del 1226, con la quale il papa ordinava a Giordano di assicurare la *cura* alle suore.[47]

---

de sororibus ordinis ulla fuit. Id enim esset eas a nobis quasi penitus sequestrare. Esto tamen, quod tale quid instituere volebamus. Numquid potuimus? Nam in papae praeiudicium fecissemus, cuius praecepto eis sumus tamquam et aliis fratribus ordinis obligati. [...] *Sorores etiam Sanctae Agnetis ad omnimodam de suo metu securitatem reducite. Sed in pace in nomine Domini perseverent, nam in hoc articulo nihil eis poterit deperire.*

44 Cariboni, Domenico, pp. 352–354; Cariboni, Osservazioni, § 1–2; Rainini, La fondazione, § 7–8.

45 Iordani Epistulae, VIII, p. 10: *Et ego audiens novos rumores de consolatione, qua tu consolata es, et in sorores super beneficio, quod noviter traditum est tibi, gratulor omnibus sororibus quarum gaudium meum est. Tu ergo, dilecta filia, etsi non ignoras quomodo olim fuerim tecum, desiderans tibi et quaerens bona omnibus sororibus, ubicumque fuerim, tamen de cetero, concedente Deo, sollicitus ero amplius. Litteras autem, quas mihi summus pontifex destinavit pro te, tuae custodiae committo sisque ipsarum fideli servatrix.*

46 Le indicazioni cronologiche e le ipotesi dell'Altaner sono in Iordani Epistulae, VIII, p. 10 nota 21.

47 Vedi sopra, nota 36 e testo corrispondente.

8.

L'opposizione dei frati non poté arrestare l'azione intrapresa dal papato e il conseguente circolo vizioso che ne scaturì: i monasteri femminili che volevano ricevere la *cura monialium* dei frati facevano di tutto per assumere le costituzioni di S. Sisto; una volta ottenutele, la sede apostolica si sforzava di garantire alle suore la *cura* dei frati, i quali non potevano sottrarsi agli ordini papali.

Anche la comunità di S. Agnese si trovò dunque nella necessità di adeguarsi alla nuova temperie. In una lettera, scritta da Padova nella primavera del 1231 o nell'estate del 1233,[48] Giordano comunicava a Diana di aver ricevuto dal priore della provincia romana buone notizie circa lo stato delle monache di S. Sisto, probabilmente in vista dell'invio di alcune di loro a Bologna.[49] Giordano aveva dunque deciso di introdurre anche nel monastero bolognese le costituzioni di S. Sisto: era infatti questo l'unico modo per assicurare alle religiose la *cura* dei frati Predicatori, mentre il riferimento al comune padre, pur ben presente anche nella lettera con cui Giordano rispose a Diana che gli aveva annunciato la canonizzazione di Domenico, non era più sufficiente a garantire l'appartenenza all'Ordine.[50]

Se collochiamo nel 1233 – come ritengo più probabile – la lettera con la quale Giordano annunciava la risposta positiva del provinciale della provincia romana circa l'invio delle suore di S. Sisto a Bologna, è possibile spiegare più facilmente la lettera scritta da Trento nel luglio del 1234: Giordano, che era diretto al capitolo generale di Parigi, era stato bloccato da una grave malattia a Trento, tanto che solo a distanza di qualche mese poteva annunciare a Diana di aver recuperato, almeno in parte, le forze.[51] A motivo della malattia non aveva potuto proseguire il viaggio e partecipare al capitolo, durante il quale i definitori, all'oscuro della reale situazione di S. Agnese, avevano preso decisioni sfavorevoli al monastero bolognese; quando Giordano ne era venuto a conoscenza aveva subito provveduto a farle abrogare e, con questa missiva, egli esortava Diana a non angustiarsi per tali vicissitudini.[52] Il maestro generale non entrava

48 Iordani Epistulae, p. X: le datazioni sono proposte rispettivamente dallo Scheeben e dall'Altaner.

49 Iordani Epistulae, XXI, p. 25: *Prior Romanae provinciae scripsit mihi de facto sororum Sancti Sixti, quod bene se habent et sunt in bono statu.*

50 Iordani Epistulae, XLIII, p. 48: *Intellexi per tuas litteras, carissima, verbum bonum et suave, verbum omni acceptione dignum de canonizatione beatissimi patris nostri et tuum super hoc in Domino gaudium et gaudeo et gratias ago Deo*; la lettera fu scritta da Strasburgo nell'agosto del 1234.

51 Iordani Epistulae, XLVII, p. 53: *Postquam a Lombardia recessi et iam usque Tridentum ad capitulum iturus processeram, ibidem coepi gravius infirmari, et sic impeditus sum usque ad capitulum generale.* [...] *Ceterum de praesenti statu meo hoc noveris, quod multum sum iterum emendatus in corpore, et celebro et praedico tam clero quam populo, licet pristinam fortitudinem adhuc recuperare non possim.*

52 Iordani Epistulae, XLVII, p. 53: *Unde etiam, quoniam ibidem praesens non aderam, definitores, qui de statu domus Sanctae Agnetis parum cognoverant, quiddam ordinaverunt vobis non utile. Quod, dum ego postmodum intellexi, videns, quod non bene factum esset, penitus retractavi. Sed tu, dilecta, noli de talibus perturbari. Iam enim saepe talia pertulisti et ex ipsa consuetudine debes esse ad patientiam informata.*

nel merito delle decisioni prese a sua insaputa dai definitori, ma assai probabilmente si trattava della volontà di privare S. Agnese della *cura* dei frati Predicatori. Era la risposta dei capitolari che, non potendo opporre resistenza ai comandi papali, cercavano di sottrarsi a tutti i futuri incarichi di *cura monialium*, mentre ancora una volta Giordano faceva valere la sua decisione di mantenere la *cura* delle *sorores Ordinis*.

9.

A questo proposito può essere utile il confronto tra i dati emersi dall'epistolario e la *Vita beatae Dianae*: la *Vita* tace circa il progetto di far giungere a Bologna le monache di Prouille e colloca direttamente al 1223 l'iniziativa di Giordano, che avrebbe inviato frate Guala e frate Rodolfo – due dei quattro frati a suo tempo incaricati da Domenico di seguire Diana e le consorelle – da Onorio III, per ottenere che alcune suore di S. Sisto fossero inviate a Bologna. Il papa, però, avrebbe manifestato una certa resistenza ad acconsentire alla richiesta, fino a quando l'intervento del cardinale Ugolino avrebbe ottenuto una risposta positiva.[53] Quindi Onorio III si sarebbe recato a S. Sisto, dove, alla presenza del cardinale Ugolino e di frate Claro, il priore provinciale della Tuscia, avrebbe rivolto a quest'ultimo e al priore di S. Sisto la richiesta di inviare alcune suore a Bologna. Anche costoro avrebbero opposto una certa resistenza, ma infine, *attendens valde incongruum et indecens talium personarum preces ad exauditionis gratiam non admittere*, avrebbero acconsentito. Furono allora scelte quattro religiose, che avevano fatto la professione nelle mani di Domenico e da lui avevano ricevuto l'abito religioso, e furono inviate a Bologna.

Se la *Vita* colloca la richiesta dell'invio di suore da S. Sisto a Bologna addirittura durante il pontificato di Onorio III (1216–1227), le decisioni dei capitoli generali del 1228 e del 1234 consentono di ritenere che in quelle date S. Agnese non avesse ancora definito i suoi rapporti con S. Sisto. Inoltre è significativo che la *Vita* non menzioni il primitivo progetto di chiamare le suore da Prouille, un motivo ben comprensibile, se si accetta che lo scopo di tale scritto non fu tanto quello di celebrare la fondatrice, quanto piuttosto di provare l'appartenenza di S. Agnese all'Ordine dei Predicatori, nonché i legami istituzionali del monastero bolognese con S. Sisto fin dal pontificato di Onorio III. Colpisce peraltro la centralità di Ugolino e l'importanza dei suoi interventi presso il papa: si tratterebbe di una significativa conferma del ruolo da lui svolto sia perché le monache domenicane si uniformassero al monachesimo papale, del quale egli era pur sempre il principale artefice, sia perché la *cura monialium* dei

---

53 Vita beatae Dianae, pp. 228–229: *Hi ergo duo* (Guala e Rodolfo), *Summum Pontificem adeuntes et causam itineris exponentes, eum nullis precibus inflectere ad exauditionis gratiam valuerunt. Tandem vero, ad preces domini Ugolini Ostiensis episcopi, inclinatus assensit.*

Predicatori si indirizzasse sempre più in modo univoco alle comunità che presentavano una fisionomia istituzionale adeguata.

I fatti potrebbero allora essere così ricostruiti: fin dal 1223 Giordano pensava di far giungere a Bologna le suore di Prouille, ma la curia romana, probabilmente nella persona del cardinale Ugolino ostacolò il progetto. Dovette esserci qualche perplessità da parte di Giordano e di Diana – ciò spiegherebbe il lasso di tempo trascorso tra la decisione di non rivolgersi più a Prouille (1224 ca.) e la richiesta rivolta a S. Sisto (1233 ca.) –, ma con il pontificato di Gregorio IX fu sempre più difficile pensare a una soluzione alternativa: così le *sorores Ordinis*, nate per iniziativa, diretta o indiretta, di Domenico, si trovarono nella paradossale situazione di essere escluse dalla *cura* dell'Ordine. Il caso più noto è quello di Prouille che, per poter mantenere la *cura* dei frati Predicatori contro una disposizione del capitolo generale, nel 1236 si rivolse alla sede apostolica: nella loro petizione le monache rivendicavano sia la paternità di Domenico sia l'assunzione della regola di S. Sisto:[54] quello che potrebbe essere interpretato come un grossolano anacronismo era invece una scelta obbligata per poter mantenere, sebbene solo con modalità giuridiche, il legame con l'Ordine.

Guido Cariboni ha giustamente sottolineato il "valore simbolico" della regola di S. Sisto: la sua diffusione, come la coeva diffusione della *forma vitae* composta da Ugolino per le monache dell'*Ordo Sancti Damiani*, significava l'estensione della responsabilità e del controllo papale sul monachesimo femminile. La regola di S. Sisto come pure la *forma vitae* dell' *Ordo Sancti Damiani* offrivano l'interpretazione corretta delle decisioni del IV concilio lateranense e istituivano un preciso legame non con le decisioni della sede apostolica, ma con il carisma di due santi: Domenico e Francesco.[55]

Questi motivi contribuirono decisamente all'affermazione del monachesimo papale, fino a farne l'indiscusso e duraturo modello della vita monastica femminile.

Bibliographie

Alberzoni, M.P., Chiara d'Assisi e il Vangelo come forma di vita, in: *Franciscana* 10 (2008) (in corso di stampa).

Alberzoni, M.P., Chiara d'Assisi. Il carisma controverso, in: G. Andenna/M. Breitenstein/G. Melville (ed.), *Charisma und religiöse Gemeinschaften im Mittelalter* (Vita regularis. Abhandlungen 26), Münster 2005, pp. 319–342.

Alberzoni, M.P., Chiara di Assisi e il francescanesimo femminile, in: *Francesco d'Assisi e il primo secolo di storia francescana* (Biblioteca Einaudi 1), Torino 1997, pp. 203–235.

Alberzoni, M.P., *Chiara e il papato* (Aleph 3), Milano 1995.

---

54 La lettera papale, indirizzata a Giordano di Sassonia il 22 marzo 1236 (l'edizione è in Tugwell, Notes 1995, pp. 165–166): *Sane lecta coram nobis earum petitio continebat quod, cum ipse que beati Dominici magistri iamdictis ordinis inducte sacris monitis et exemplis, relicta pompa seculi, elegerunt domino famulari sub regula monialium sancti Sixti de Urbe in prefato loco* (Prouille) *fuerint collocate*.

55 Cariboni, Domenico, pp. 359–360.

Alberzoni, M.P., Chiara e San Damiano tra Ordine minoritico e curia papale, in: *Clara claris praeclara. L'esperienza cristiana e la memoria di Chiara d'Assisi in occasione del 750° anniversario della morte.* Atti del convegno internazionale (Assisi, 20–22 novembre 2003), Assisi 2004 [= *Convivum Assisiense* 6/1 (2004)], pp. 27–70.

Alberzoni, M.P., *Clare of Assisi and the Poor Sisters*, St Bonaventure (NY) 2004.

Alberzoni, M.P., Curia romana e regolamentazione delle damianite e delle domenicane, in: C. Andenna/G. Melville (ed.), *Regulae – Consuetudines – Statuta. Studi sulle fonti normative degli ordini religiosi nei secoli centrali del Medioevo* (Vita regularis. Abhandlungen 25), Münster 2005, pp. 501–537.

Alberzoni, M.P., Papato e nuovi Ordini religiosi femminili, in: *Il papato duecentesco e gli Ordini mendicanti* (Atti dei Convegni della Società internazionale di studi francescani e del Centro interuniversitario di studi francescani 25), Spoleto 1998, pp. 205–261.

Alberzoni, M.P., Servus vestrum et ancillarum Christi omnium. Gregorio IX e la vita religiosa femminile, in: M.F. Cusato/J.F. Godet-Calogeras (ed.), *Vita Evangelica. Essay in Honor of Margaret Carney* (Franciscan Studies 64), St. Bonaventure NY 2006, pp. 145–178.

Alberzoni, M.P., Sorores Minores e autorità ecclesiastica fino al pontificato di Urbano IV, in: G. Andenna/B. Vetere (ed.), *Chiara e la diffusione delle Clarisse nel secolo XIII*, Galatina 1998, pp. 165–194.

Alessandrini, A., Andalò Diana, in: *Dizionario biografico degli Italiani*, Bd. 3, Roma 1961, pp. 48–50.

Altaner, B., *Die Briefe Jordans von Sachsen* (Quellen und Forschungen zur Geschichte des Dominikanerordens in Deutschland 20), Leipzig/Vechta 1925.

Barbero, A., *Un santo in famiglia. Vocazione religiosa e resistenze sociali nell'agiografia latina medievale* (Sacro/santo 6), Torino 1991.

Boccali, G., La „Cum omnis vera religio" del cardinale Ugolino. Forma vitae primitiva per San Damiano ed altri monasteri (Bruxelles, Bibliothèque Royale, Ms. IV.63), in: *Frate Francesco* 74 (2008), pp. 435–478.

Cariboni, G., Domenico e la vita religiosa femminile. Tra realtà e finzione istituzionale, in: *Domenico di Caleruega e la nascita dell'Ordine dei Frati Predicatori* (Atti dei Convegni del Centro italiano di Studi sul basso medioevo, Accademia tudertina e del Centro di studi sulla spiritualità medievale 18), Spoleto 2005, pp. 327–360.

Cariboni, G., Osservazioni sui percorsi normativi per le comunità religiose femminili nell'ambito dei Predicatori fino a Umberto di Romans, in: G. Festa (ed.), *Il movimento domenicano al femminile: storia, figure, istituzioni. Convegno nell'ottavo centenario della fondazione del monestero di Prouille, 1206/1207–2007* (Bologna, 11–13 ottobre 2007), Bologna, in corso di stampa.

Creytens, R., Les constitutions primitives des soeurs dominicaines de Montargis (1250), in: *Archivum Fratrum Praedicatorum* 17 (1947), pp. 41–84.

Cygler, F./Melville, G., Augustinerregel und dominikanische Konstitutionen aus der Sicht Humberts de Romanis, in: G. Melville/A. Müller (ed.), *Regula Sancti Augustini. Normative Grundlage differenter Varbände im Mittelalter* (Publikationen der Akademie der Augustiner-Chorherren von Windesheim 3), Paring 2002, pp. 419–454.

Duval, A., Jourdain de Saxe, in: *Dictionnaire de spiritualité*, Bd. 8, Paris 1974, coll. 1420–1423.

Frank, I.W., Die Dominikanerinnen als Zweiter Orden der Dominikaner, in: E. Klueting (ed.), *Fromme Frauen – unbequeme Frauen? Weibliches Religiosentum im Mittelalter* (Hildesheimer Forschungen 3), Hildesheim/Zürich/New York 2006, pp. 105–125.

Grundmann, H., *Religiöse Bewegungen im Mittelalter. Untersuchungen über die geschichtlichen Zusammenhänge zwischen der Ketzerei, den Bettelorden und der religiösen Frauenbewegung im 12. und 13. Jahrhundert und über die geschichtlichen Grundlagen der deutschen Mystik*, Darmstadt ²1961, trad. italiana: *Movimenti religiosi nel Medioevo. Ricerche sui nessi storici tra l'eresia, gli Ordini mendicanti e il movimento religioso femminile nel XII e XIII secolo e sui presupposti storici della mistica tedesca*, Bologna ²1980.

Beati Iordani de Saxonia *Epistulae*, ed. A. Walz O.P. (Monumenta Ordinis fratrum Praedicatorum Historica 23), Romae 1951.

Koudelka, V.J., Le „Monasterium Tempuli“ et la fondation dominicaine de S. Sisto, in: *Archivum Fratrum Praedicatorum* 31 (1961), pp. 5–81.

Koudelka, V.J., Notes pour servir à l'histoire de S. Dominique, in: *Archivum Fratrum Praedicatorum* 35 (1965), pp. 5–20.

Manselli, R., Intervento, in: *Movimento religioso femminile e francescanesimo nel secolo XIII* (Atti dei Convegni della Società internazionale di studi francescani 7), Assisi 1980, pp. 345–349.

Melville, G. (ed.), *De ordine vitae. Zu Normvorstellungen, Organisationsformen und Schriftgebrauch im mittelalterlichen Ordenswesen* (Vita regularis 1), Münster 1996.

Melville, G., Die Rechtsordnung der Dominikaner in der Spanne von constituciones und admoniciones. Ein Beitrag zum Vergleich mittelalterlicher Ordensverfassungen, in: R.H. Helmholz/R. Henry (ed.), *Grundlagen des Rechts. Festschrift für Peter Landau zum 65. Geburtstag* (Rechts- und Staatswissenschaftliche Veröffentlichungen der Görres-Gesellschaft. Neue Folge 91), Paderborn 2000, pp. 579–604.

Melville, G., *Diversa sunt monasteria et diversa habent institutiones.* Aspetti delle molteplici forme organizzative dei religiosi nel Medioevo, in: G. Zito (ed.), *Chiesa e società in Sicilia. I secoli XII–XVI*, Torino 1995, pp. 323–345.

Melville, G., *Duo novae conversationis ordines.* Zur Wahrnehmung der frühen Mendikanten vor dem Problem institutioneller Neuartigkeit im mittelalterlichen Religiosentum, in: G. Melville/J. Oberste (ed.), *Die Bettelorden im Aufbau: Beiträge zu Institutionalisierungsprozessen im mittelalterlichen Religiosentum* (Vita regularis 11), Münster 1999, pp. 1–23.

Melville, G., Gehorsam und Ungehorsam als Verhaltensformen. Zu pragmatischen Beobachtungen und Deutungen Humberts de Romanis O.P., in: S. Barret/G. Melville (ed.), *Oboedientia. Zu Formen und Grenzen von Macht und Unterordnung im mittelalterlichen Religiosentum* (Vita regularis. Abhandlungen 27), Münster 2006, pp. 181–204.

Melville, G., Zum Recht der Religiosen im „Liber extra“, in: *Zeitschrift der Savigny-Stiftung für Rechtsgeschichte. Kanonistische Abteilung* 87 (2001), pp. 165–190.

Monumenta diplomatica Sancti Dominici, ed. V.J. Koudelka, auxil. R.J. Loenertz (Monumenta Ordinis fratrum Praedicatorum Historica 25), Romae 1966.

Rainini, M., La fondazione e i primi anni del monastero di San Sisto: Ugolino di Ostia e Domenico di Caleruega, in: G. Festa (ed.), *Il movimento domenicano al femminile: storia, figure, istituzioni. Convegno nell'ottavo centenario della fondazione del monestero di Prouille, 1206/1207–2007* (Bologna, 11–13 ottobre 2007), Bologna, in corso di stampa.

Roncelli, A., Domenico, Diana, Giordano. La nascita del monastero di S. Agnese in Bologna, in: G. Festa (ed.), *Il movimento domenicano al femminile: storia, figure, istituzioni. Convegno nell'ottavo centenario della fondazione del monestero di Prouille, 1206/1207–2007* (Bologna, 11–13 ottobre 2007), Bologna, in corso di stampa.

Scheeben, H.C., *Beiträge zur Geschichte Jordans von Sachsen* (Quellen und Forschungen des Dominikanerordens in Deutschland 35), Leipzig/Vechta 1938.

Scheeben, H.C., *Der heilige Dominikus*, Freiburg i.B. 1927.

Selge, K.-V., Franz von Assisi und Hugolino von Ostia, in: *San Francesco nella ricerca storica degli ultimi ottanta anni* (Convegni del Centro di studi sulla spiritualità medievale 9), Todi 1971, pp. 159–222.

Tilatti, A., La Direzione spirituale. Un percorso di ricerca attraverso il secolo XIII nell'ordine dei Predicatori, in: *Dalla penitenza all'ascolto delle confessioni: il ruolo dei frati Mendicanti* (Atti dei Convegni della Società internazionale di studi francescani e del Centro interuniversitario di studi francescani 23), Spoleto 1996, pp. 127–173.

Tugwell, S., For whom was Prouille founded?, in: *Archivum Fratrum Praedicatorum* 74 (2004), pp. 5–66.

Tugwell, S., Notes on the Life of St. Dominic, in: *Archivum Fratrum Praedicatorum* 65 (1995), pp. 5–169.

Tugwell, S., Notes on the Life of St. Dominic, in: *Archivum Fratrum Praedicatorum* 66 (1996), pp. 5–200.

Tugwell, S., Notes on the Life of St. Dominic, in: *Archivum Fratrum Praedicatorum* 73 (2003), pp. 5–141.

Tugwell, S., The Evolution of Dominican Structures of Government. II: The First Dominican Provinces, in: *Archivum Fratrum Praedicatorum* 70 (2000), pp. 5–109.

Tugwell, S., The Evolution of Dominican Structures of Government. III: The Early Development of the Second Distinction of the Constitutions, in: *Archivum Fratrum Praedicatorum* 71 (2001), pp. 5–183.

Vita beatae Dianae, in: M.G. Cambria, *Il monastero domenicano di S. Agnese in Bologna. Storia e documenti*, Bologna 1973, pp. 226–231.

Walz, A., Intorno alle lettere del beato Giordano di Sassonia, in: *Angelicum* 26 (1949), pp. 143–164 e 218–232.

Wehrli-Johns, M., Das mittelalterliche Beginentum. Religiöse Frauenbewegung oder Sozialidee der Scholastik? Ein Beitrag zur Revision des Begriffes „religiösen Bewegungen", in: *Zahlreich wie die Sterne des Himmels. Beginen am Niederrhein zwischen Mythos und Wirklichkeit* (Bensberger Protokolle 70), Bergisch-Gladbach 1992, pp. 9–39.

André Vauchez (Paris)

Influences franciscaines dans la vie et la spiritualité de Ste Elisabeth de Thuringe

L'hagiographie et plus encore l'iconographie des derniers siècles du Moyen Age ont répandu l'idée – qui ensuite s'est transformée en certitude – selon laquelle Elisabeth de Thuringe, ou de Hongrie (1207-1231) aurait appartenu de son vivant au Tiers ordre franciscain, ce qui lui valut d'en devenir ensuite la sainte patronne.[1] Mais, si l'on s'en tient aux sources antérieures à sa canonisation qui eut lieu le Ier juin 1235, la relation de la princesse hongroise avec le mouvement franciscain, dont la naissance et le premier essor coïncidèrent sur le plan chronologique avec sa propre existence, est loin d'être aussi évidente: Dans les *Ecrits* de François, on ne trouve aucune mention d'Elisabeth et, s'il n'est pas impossible qu'il lui ait adressé une lettre, il faut toutefois souligner que nous n'en avons gardé aucune trace. Quant au manteau du Pauvre d'Assise que Grégoire IX lui aurait fait parvenir après le décès de ce dernier, pour la remercier du soutien qu'elle avait apporté aux Frères Mineurs lorsqu'ils s'installèrent en Thuringe, force est de reconnaître qu'il s'agit d'une pieuse tradition que ne corrobore aucun document écrit. Surtout, on ne peut manquer d'être surpris de constater que le franciscain Jourdain de Giano, qui fut custode de Thuringe de 1225 à 1230 et dut bien connaître Elisabeth, ne la mentionne que brièvement dans sa chronique, tandis que la *Summa Vitae*, sorte de biographie sommaire rédigée en 1232 par son directeur de conscience, Conrad de Marburg, en vue d'obtenir l'ouverture du procès de canonisation de sa pénitente, reste très discrète sur ce sujet. En fait, il n'y a guère que les *Dicta quattuor ancillarum* („Dits des quatre servantes"), c'est-à-dire les témoignages recueillis entre 1232 et 1235 auprès des compagnes les plus proches d'Elisabeth, et le *Libellus* qui en fut tiré qui contiennent quelques indications précises – d'autant plus précieuses qu'elles sont isolées – nous permettant d'entrevoir ce qu'ont pu être les relations entre la sainte princesse avec les Frères Mineurs et l'influence que l'idéal franciscain a pu exercer sur elle au cours des dernières années de son existence.[2]

---

1 L'appartenance de sainte Elisabeth au Tiers Ordre franciscain est revendiquée en ces termes, dès la fin des années 1360, par la Chronica XXIV generalium ordinis Minorum d'Arnaut de Sarrant (éd. in Analecta Franciscana, III, p. 222): *Post mortem autem viri, religionem intrans penitentium sub tertia regula beati Francisci, portans chordulam et mantellum faciebat poenitentiae dignos fructus.* Sur le rôle de l'iconographie dans la promotion de sainte Elisabeth comme patronne du Tiers Ordre, cf. Gieben, I patroni dell'Ordine della Penitenza, pp. 229–245. On trouvera un état récent de la question dans l'article de Werner, L'influenza dei Francescani, pp. 59–70.

2 Les Dicta IV ancillarum beatae Elisabethae ont été édités par Huyskens dans ses Quellenstudien zur Geschichte, pp. 112–140. Voir aussi id., Der sogenannte Libellus. Nous citerons ces textes dans la traduction française qu'en a donnée Gréal, Sainte Elisabeth de Hongrie, p. 377.

Pour essayer de comprendre la nature de ces relations, il convient de se placer dans le contexte religieux de la Thuringe dans les années 1220/30. Ce dernier était fortement marqué par la croisade, que l'empereur Frédéric II s'était engagé à entreprendre dès 1215 et où il partit effectivement en 1227, accompagné du landgrave Louis IV, le mari d'Elisabeth. Ce dernier devait y laisser la vie, puisqu'il mourut de maladie, près de Brindisi, le 9 septembre avant d'avoir pu s'embarquer pour l'Orient. Cette époque se caractérise également par une grande effervescence évangélique, dans laquelle les Frères mineurs jouent un rôle important, mais à laquelle participèrent également d'autres éléments au sein du clergé et du peuple chrétien. Ainsi, il faut souligner le rôle important joué dans cette région par Conrad de Spire: ce dernier avait fait des études à Paris, dans le cercle de Pierre le Chantre, en même temps que le cardinal Hugolin, qui devait devenir pape en 1227 sous le nom de Grégoire IX, et que Jacques de Vitry, biographe de la sainte béguine Marie d'Oignies († 1213), évêque de Saint-Jean d'Acre (1216-1225) et cardinal, qui rencontra saint François à Assise en 1216 et en Egypte en 1219. Après avoir prêché la croisade contre les Albigeois en Allemagne de 1204 à 1207, puis celle de Terre Sainte dont Frédéric II avait promis de prendre la tête en 1215, Conrad devint chapelain et pénitencier pontifical, puis évêque de Hildesheim en 1221. C'est lui qui accueillit dans sa ville et son diocèse les premiers Frères mineurs qui venaient d'arriver en Allemagne et qui les autorisa aussitôt à prêcher et à confesser. Ce prélat avait eu comme élève Césaire de Speier (Spire en français), qui, lorsqu'il était encore un simple clerc séculier, avait prêché la conversion aux femmes de Spire avec tant de conviction qu'elles avaient renoncé à leurs atours et à leurs parures pour adopter un style de vie ascétique et charitable. Ce zèle indiscret irrita leurs maris qui accusèrent le prédicateur d'hérésie auprès de l'évêque et celui-ci l'envoya alors à Paris pour y compléter ses études ...[3] Après quoi il partit pour la Terre Sainte où il rencontra le frère Elie, entra chez les Frères mineurs et devint le collaborateur le plus proche de saint François lorsque ce dernier rédigea la *Regula non bullata* de 1221, qu'il enrichit de nombreuses références scripturaires. Tenant d'un évangélisme radical, auteur probable du *Sacrum Commercium* qu'il aurait écrit autour de 1235/36, Césaire, que nombre de ses confrères considéraient comme un saint, entra en conflit avec le Frère Elie, alors Ministre général, fut incarcéré et semble avoir été tué par ses gardiens en 1238/39. C'est à lui en tout cas que François avait confié la direction du groupe de Frères – douze prêtres et quinze laïcs – qu'il envoya en mission en Allemagne, où ils créèrent la province de Teutonie dont il fut le Ministre de septembre 1221 à son retour en Italie, pendant l'été de 1223, et où il implanta de nombreux couvents.[4] Parmi les Frères qui l'accompagnèrent au Nord des Alpes se trouvait Jourdain de Giano, un clerc ombrien qui devait rester en Allemagne jusqu'à sa mort en 1262 et mit par écrit

3 Chronica fratris Jordani, § 9. Nous citerons ce texte d'après la traduction qu'en a donné Laureilhe, Sur les routes d'Europe au XIIIe siècle, p. 30.

4 Chronica fratris Jordani, § 19-31, pp. 37–44.

ses souvenirs dans sa *Chronique* autour de 1260.[5] Bien accueillis – nous l'avons vu – à Hildesheim à la fin de 1223 par l'évêque Conrad, les Mineurs s'établirent en 1224 à Halberstadt et dans d'autres villes de Saxe; un groupe de huit Frères, dont faisait partie Jourdain, furent envoyés de Mayence en Thuringe, et s'installèrent d'abord à Erfurt, puis, au début de 1225, à Gotha et Eisenach.[6] Dans cette dernière ville, proche du château de la Wartburg où ils résidaient, Louis IV et son épouse Elisabeth donnèrent une chapelle à la petite communauté que dirigeait alors le frère Hermann et ils fréquentaient souvent ses offices. Selon Jourdain de Giano, Elisabeth serait alors passée sous la direction spirituelle du frère Rudiger, futur gardien du couvent de Halberstadt, qui lui aurait appris „à observer la chasteté, à être courageuse et à se rendre active dans les œuvres de miséricorde".[7] Il s'agit là d'un programme de vie pénitentielle tel qu'on le trouve formulé dans la *Lettre aux fidèles* de François d'Assise et dans la règle des pénitents italiens de 1221, approuvée par la papauté en 1228 et connue sous le nom de *Memoriale propositi*.[8] On peut donc supposer que c'est pendant la période qui s'étend de l'arrivée des Frères Mineurs en Thuringe en 1225 jusqu'à la mort de son mari à la fin de 1227 qu'Elisabeth s'imprégna du message franciscain primitif, dont elle avait sans doute entendu parler précédemment.

En fait, l'itinéraire spirituel de Ste Elisabeth, si original qu'il puisse paraître, s'insère dans un mouvement spirituel d'ensemble: celui de la „question féminine" *(Frauenfrage)*, pour reprendre l'expression popularisée par Herbert Grundmann, qui se traduisit par diverses tentatives de la part des femmes de la fin du XIIe et le début du XIIIe siècle pour parvenir à une vie religieuse authentique en fuyant le monde – mais non les hommes – sans entrer pour autant dans la vie monastique et en se mettant au service des pauvres et des malades considérés comme des figures du Christ souffrant.[9] Car, dans l'esprit du temps, il existait un lien très fort et étroit entre la pénitence, c'est-à-dire le fait de se reconnaître pécheur devant Dieu, et la miséricorde envers les diverses catégories de *Pauperes Christi,* dont les fidèles soucieux de parvenir à la perfection évangélique devaient s'efforcer de soulager les misères par la pratique des œuvres de bienfaisance. Ce mouvement pénitentiel revêtit des formes diverses: pénitentes

5 Jourdain de Giano a lui-même raconté dans sa Chronique (§ 18, p. 36–37) les circonstances tragi-comiques dans lesquelles il fut choisi pour participer à la mission que François envoya en Allemagne en 1221, où il partit persuadé qu'il allait subir le martyre.

6 Chronica fratris Jordani, § 41–42, p. 47.

7 Chronica fratris Jordani, § 25, p. 41.

8 Lettre aux Fidèles, I et II, in: François d'Assise, Ecrits, pp. 220–245 („Sources chrétiennes", 285); Memoriale propositi fratrum et sororum de poenitentia in domibus propriis existentium, éd. Meersseman, Dossier de l'ordre de la pénitence, pp. 91–112. Sur la signification et la diffusion de l'idéal pénitentiel auprès des laïcs à partir de la fin du XIIe siècle, cf. Vauchez, Les laïcs au Moyen Age, pp. 105–112; et d'Alatri, Aetas poenitentialis.

9 Grundmann, Religiöse Bewegungen im Mittelalter, parle à ce propos de „Weltfluchtbewegung der Frauenwelt"; cet ouvrage classique a été complété par les contributions de Elm, Die Stellung der Frau im Ordenswesen; et de Wehrli-Johns, Das mittelalterliche Beginentum.

et recluses en Italie, béguines et Filles-Dieu en France et dans les Pays-Bas, „anchoresses“ en Angleterre.[10] Il est antérieur à l'apparition des Frères mineurs – qui furent à l'origine une simple confrérie de pénitents d'Assise – mais ceux-ci donnèrent à cette forme de vie une impulsion considérable car, partout où ils prêchaient, ils laissaient derrière eux des laïcs désireux de mener désormais une vie moins mondaine tout en continuant à vivre dans le monde et en particulier dans les liens du mariage et de la vie familiale pour les époux. Telle était la situation d'Elisabeth, avant même l'arrivée des Frères mineurs en Thuringe puisque c'est en 1224 que Louis IV fit le vœu de partir à la croisade et qu'Elisabeth commença à mener une vie plus austère tout en pratiquant, même dans le quotidien de la vie de cour, une ascèse alimentaire de plus en plus rigoureuse. D'après le témoignage de ses suivantes, elle consacrait une part croissante de son temps et de son argent à aider les déshérités sous les formes les plus variées, tant en leur faisant donner du drap pour qu'ils se fassent des habits qu'en procédant à des distributions de nourriture, ce qui finit par susciter une vive animosité contre elle au sein de la famille du landgrave et de la cour, excédées par ses prodigalités inconsidérées, surtout après le départ de son mari pour l'Italie.[11] Dès cette époque, d'après le témoignage de ses plus proches compagnes, Elisabeth aurait manifesté son désir de pratiquer elle-même la mendicité: s'étant couvert la tête d'un linge grossier et le corps d'un mauvais manteau, elle leur aurait déclaré: "C'est ainsi que j'irai quand je serai mendiante et que je supporterai la misère pour l'amour de Dieu!“.[12] Cette recherche d'un nouveau style de vie beaucoup plus rigoureux doit sans doute être mise en relation avec l'influence qu'exerça sur elle le frère Rudiger et, à travers lui, le message spirituel de saint François.

On ferait cependant fausse route si on en déduisait, comme on l'a fait très souvent depuis le milieu du XIIIe siècle jusqu'à nos jours, que la jeune princesse serait alors entrée dans le Tiers Ordre franciscain.[13] Ce dernier en effet n'existait pas encore et, si certains hagiographes comme Thomas de Celano ont employé dès cette époque l'expression de „triple armée“ pour désigner les diverses formes de vie religieuse issues de la prédication du Pauvre d'Assise, – les Frères mineurs, les Pauvres Dames recluses de Saint-Damien et les Pénitents laïcs –, il ne s'agit là que d'une métaphore et non d'une réalité institutionnelle, puisque le Tiers Ordre ne sera reconnu par la papauté qu'en 1289 par la bulle *Supra montem.* Du reste, les meilleurs auteurs franciscains ne s'y sont pas trompés, en particu-

---

10 Sur ce foisonnement d'initiatives féminines dans le domaine religieux, cf. Vauchez, Sainte Claire et les mouvements religieux de son temps.

11 Dicta IV ancillarum, § 22-28, pp. 29–34. Sur l'action caritative d'Elisabeth pendant cette période, cf. Vauchez, Charité et pauvreté chez sainte Elisabeth de Thuringe d'après les actes du procès de canonisation.

12 Dicta IV ancillarum, § 26, p. 32, et Conrad de Marburg, Summa Vitae, 12-13, pp. 80–81.

13 Déjà l'auteur anonyme de la Vita de sainte Elisabeth dite de Zwettl, du nom de l'abbaye cistercienne où elle fut composés vers 1240, écrit à son propos: *ad mandatum fratris Cunradi prefati fratrum minorum habitum griseum induens...*

lier le chroniqueur Fra Elemosina qui vivait en Ombrie au début du XIVe siècle et écrivit avec justesse au sujet de Ste Elisabeth:

> Elle revêtit l'habit des pénitents de couleur grise, se ceignit la taille d'une corde par respect pour saint François et, bien qu'elle n'ait pas suivi la règle des continents, elle garda cependant toujours la continence dans son âme et dans son corps.[14]

Il est encore plus absurde d'imaginer qu'Elisabeth se soit fait „clarisse", comme on l'a parfois prétendu sur la base de représentations tardives:[15] étant mariée, elle ne pouvait pas, à supposer même qu'elle en ait eu le désir, entrer dans une communauté de „Pauvres Dames recluses", comme celle que dirigeait Claire d'Assise à Saint-Damien, car elle n'avait pas la libre disposition de son corps, et, lorsqu'elle fut devenue veuve en 1227, elle ne semble pas avoir cherché à se rattacher à l'ordre franciscain de façon institutionnelle: l'eût-elle voulu que cela n'aurait pu se faire, car les règles de 1221 et 1223 avaient formellement interdit formellement aux Frères de recevoir des femmes *ad obedientiam.* Pourtant, dès le XIIIe et surtout au XIVe siècle, Elisabeth fut associée à François dans de nombreux textes et dans certaines représentations iconographiques. Ainsi, l'auteur franciscain d'une Vie de sainte Elisabeth, composée dans la France du Nord vers 1250, n'hésite pas à écrire: „Celui-ci (François) est le père des Frères mineurs, celle-ci (Elisabeth) en est la mère";[16] par ailleurs, nous savons que le frère Léon, qui avait été l'un des plus proches compagnons de François de son vivant, ajouta de sa main le nom et la fête d'Elisabeth sur le bréviaire de ce dernier qu'il donna à la fin de sa vie à Benedetta, première abbesse du monastère de Santa Chiara, à Assise.[17] Cette contradiction entre la non-appartenance institutionnelle d'Elizabeth au mouvement religieux inauguré par François d'Assise et sa proximité évidente par rapport à la spiritualité de ce dernier pose un problème qu'il n'est pas facile de résoudre, mais qu'on ne peut éluder sans risquer de passer à côté d'une question essentielle.

Le premier élément déconcertant de cette relation réside dans le fait qu'en 1226, Elisabeth, avec l'accord de son mari, choisit comme directeur spirituel Conrad de Marburg, qui était sans doute un prêtre séculier, à cause de sa pau-

---

14 Cf. Gieben, Bruder Elemosinas Doppelbericht; qui n'hésite pas à contredire, sur la base de ce témoignage et de quelques autres, les conclusions de Bihl, Die heilige Elisabeth von Thüringen.

15 Ainsi la Vie dite de Louvain (perdue, mais dont des extraits furent publiés au XVIIe siècle), rédigée vers 1280–92, présente Elisabeth *velut altera sororum abbatissa Clara* et prétend qu'elle finit sa brève existence dans un habitaculum situé près d'un couvent de Frères Mineurs, „soumise à leur discipline et à leur doctrine"; cf. Gieben, I patroni, p. 240.

16 Il s'agit d'une Vita conservée dans le ms. 506 de la Bibliothèque municipale de Valenciennes: Elisabeth y est qualifiée de *mater Minorum* dont François était le père. Cf. Gieben, art. cité supra, p. 238. Dans un certain nombre de sources hagiographiques médiévales, Conrad de Marburg est présenté comme un franciscain, ce qu'il n'était certainement pas.

17 A la date du 19 novembre, frère Léon ajouta de sa main sur le bréviaire: *Eodem die (festum) sanctae Elisabeth. Primo facimus festum sanctae Elisabeth et sequenti festum sancti Pontiani.* Cf. Bartoli Langeli, Gli autografi di Frate Francesco e di Frate Leone, p. 88.

vreté.[18] Nous ignorons tout des raisons qui ont pu contribuer à éloigner d'elle le frère Rudiger, son confesseur franciscain dont on n'entend plus parler ensuite. Mais il y a plus étonnant encore: comme nous l'avons déjà signalé, Jourdain de Giano, qui fut custode franciscain de Thuringe dans les années 1225-1230, ne fait aucune mention de Ste Elisabeth dans sa Chronique, en dehors du bref passage cité plus haut où il indique qu'elle avait été dirigée à l'origine par le frère Rudiger, et il n'évoque même pas sa canonisation par Grégoire IX. De son côté, ce dernier, dans la bulle de canonisation *Gloriosus in majestate* du Ier juin 1235, ne fait aucune référence ou allusion aux rapports qu'elle avait entretenus avec les Frères Mineurs ou à la fascination qu'avait exercée sur elle l'idéal spirituel de saint François.[19] Le seul à l'avoir fait dans un texte officiel est l'empereur Frédéric II qui, après la translation des reliques d'Elisabeth à laquelle il avait assisté à Marburg, le Ier mai 1236, adressa au frère Elie, alors ministre général des Frères mineurs, une lettre où il exalta la figure de cette princesse à laquelle il était apparenté et souligna les liens qui l'unissaient au courant franciscain.[20]

Dans un important article, Maria Pia Alberzoni a récemment cherché à rendre compte de cette contradiction et il me semble qu'elle a ouvert sur ce point des perspectives nouvelles: selon cette historienne en effet, les années 1223-1230 ont marqué un tournant décisif dans l'histoire du mouvement franciscain qui, de fraternité, devient un ordre religieux reconnu mais aussi, dans une certaine mesure, banalisé.[21] Ce processus de normalisation, qui va de la promulgation de la règle des Frères Mineurs par Honorius III en 1223 jusqu'à la bulle *Quo elongati* de Grégoire IX, et s'est accompagné d'une augmentation rapide du nombre des clercs et des intellectuels au sein de l'ordre franciscain, a provoqué des remous en son sein. Ainsi, en 1223, le retour en Italie de Césaire de Spire, d'esprit très évangélique, et son remplacement à la tête de la province par Albert de Pise qui était prêtre et fit appel à des Frères clercs venus de Lombardie et de Vénétie, semble avoir provoqué une crise dans la province de Teutonie: Jourdain de Giano mentionne, sans fournir d'explications à ce sujet, l'éclatement de la communauté franciscaine de Hildesheim, où plusieurs religieux abandonnèrent l'ordre, ce qui provoqua un grand scandale et une crise de confiance à son égard de la part des habitants de la cité.[22] Sans doute est-ce dans ces années là que s'est opérée, en Allemagne comme ailleurs, une rupture avec le franciscanisme primitif, mouvement majoritairement laïc et orienté prioritairement vers les marginaux. De toute évidence, Elisabeth avait une profonde affinité avec ce courant spirituel qui était également très fort dans les communautés religieuses

---

18 Selon sa compagne Ermengarde (Dicta, § 66, p. 62), Elisabeth aurait déclaré: „J'aurais pu faire vœu d'obéissance à un évêque ou à un abbé qui ait des propriétés, mais j'ai pensé qu'il valait mieux obéir à Maître Conrad qui ne possède rien et vit dans la mendicité absolue".

19 Grégoire IX, Gloriosus in majestate, pp. 102–108.

20 Ed. in Winckelmann, Acta imperii inedita, pp. 299–300. Sur cette lettre, cf. Beumann, Friedrich II. und die heilige Elisabeth; et Kantorowicz, Kaiser Friedrich der Zweite, p. 385.

21 Alberzoni, Elisabetta di Turingia.

22 Chronica fratris Jordani, § 35, p. 45.

féminins, comme ces *sorores minores* de Vérone et d'ailleurs que le cardinal Hugolin cherchait à détourner de leurs activités caritatives au milieu des pauvres et des lépreux pour les orienter vers une vie cloîtrée et purement contemplative dans le cadre de l'*Ordo sancti Damiani*, ce qui provoqua un schisme au sein de leur communauté.[23] D'où la réaction très vive de Claire d'Assise qui, en 1228, refusa obstinément d'accepter que la communauté de Saint-Damien soit dotée de propriétés et de revenus et finit par arracher à Grégoire IX la confirmation du *privilegium paupertatis,* c'est-à-dire le droit de ne pas être contrainte à posséder des biens.[24]

Dans quelle mesure ces évolutions rapides et ces tensions au sein de l'ordre franciscain ont-elles pu influencer Elisabeth? Nous l'ignorons; mais, même si elle avait désormais Conrad de Marburg comme directeur spirituel, celui-ci, qui devait recevoir de Grégoire IX, en 1231, la mission de dénoncer l'hérésie et de poursuivre les hérétiques dans le monde germanique, semble avoir collaboré étroitement avec les Dominicains et les Franciscains, comme l'atteste le fait qu'un de ces derniers l'accompagnait dans ses campagnes de prédication et fut tué en même temps que lui en 1232. Aussi continua-t-elle à avoir des rapports avec les Frères: Quand elle fut chassée – ou s'enfuit – du château de la Wartburg après la mort de son mari à la fin de 1227 ou au début de 1228, elle passa la nuit dans une grange et, au matin, elle se rendit au *locus* des Mineurs, à Eisenach et leur demanda de chanter un *Te Deum* pour célébrer sa rupture avec le monde, ainsi que de prier pour qu'elle obtienne de Dieu la grâce de vivre dans la pauvreté volontaire.[25] Nous savons d'autre part que, sous l'effet de ses prières, un jeune homme nommé Berthold se fit franciscain, ainsi qu'un certain Henri, un noble qui vivait en ermite.[26] Mais elle se montra également très critique envers certains Frères, leur reprochant le luxe inutile de leurs églises, en particulier les statues dorées qu'ils étaient fiers de lui faire admirer.[27] Tant que les Mineurs avaient été de vrais pauvres, elle les avait aimés et honorés en tant que tels et avait tissé pour eux des habits, comme pour les autres indigents, afin qu'ils puissent se vêtir.[28] Maintenant qu'ils délaissaient les léproseries où ils s'étaient d'abord installés et tendaient à s'installer dans la société citadine comme tant d'autres religieux, elle se sentait sans doute moins proche d'eux.

De fait, le projet qui tenait le plus à cœur à Elisabeth était de pouvoir mendier et de vivre au milieu des pauvres, et elle n'était pas la seule femme, dans ces

---

23 Sur les sorores minores de Vérone, qui s'occupaient des lépreux et furent contraintes d'adopter une forme de vie contemplative, en 1224, par le franciscain Léon da Perego, futur archevêque de Milan, cf. Rossi Saccomani, Le carte dei lebbrosi di Verona; et Van Asseldonck, Sorores minores e Chiara d'Assisi a San Damiano.

24 Comme l'a bien montré Alberzoni, Chiara e San Damiano. Selon Angelo Clareno, Claire aurait été excommuniée par Grégoire IX pour avoir refusé de lui obéir, mais, si vif qu'ait pu être le conflit, l'affirmation est sans doute excessive.

25 Dicta, § 31, p. 35.

26 Dicta, § 56-58, pp. 55–56.

27 Dicta, § 78, pp. 67–68.

28 Dicta, § 18, pp. 27.

années là, à aspirer à ce genre de vie. Divers chroniqueurs contemporains nous parlent de ces *mulieres religiosae*, particulièrement nombreuses en Allemagne, qui „adoptèrent un style de vie religieux mais pas trop exigeant, s'engageant à vivre dans la continence et la simplicité, sans toutefois être contraints par la règle d'aucun saint ni s'imposer la vie claustrale".[29] Mais Conrad de Marburg, à qui Grégoire IX avait confié le soin de protéger la veuve de Louis IV après son expulsion de la Wartburg et auquel celle-ci avait prêté un vœu d'obéissance, ne l'entendait pas de cette oreille et un conflit violent opposa alors le directeur à sa dirigée: quand elle lui eut fait part de son désir et qu'il s'y fut fermement opposé, elle lui aurait déclaré: „Je ferai ce que vous ne pourrez pas m'interdire". Conrad l'aurait alors frappée et battue, s'il faut en croire le témoignage des servantes, jusqu'à ce qu'elle accepte de lui obéir.[30] Finalement, une solution de compromis finit par être trouvée et un accord fut conclu le 24 mars 1228, jour du Vendredi-Saint, chez les Franciscains d'Eisenach: Elisabeth renonça publiquement au monde, la main posée sur l'autel, mais Conrad lui interdit absolument d'abandonner ses biens et de mendier:[31] elle ne serait donc jamais une *soror minor,* errant sur les chemins et partageant les conditions de vie des plus déshérités, comme elle avait sans doute rêvé de l'être. En revanche, elle fut autorisée à vivre comme une sœur laïque (*devota*, *conversa*) dans le cadre d'une communauté hospitalière: celle de l'hôpital qu'elle fonda à Marburg, avec l'argent de sa dot que son beau-frère Henri Raspe lui avait rendu, qu'elle dédia à saint François qui venait à peine d'être canonisé par Grégoire IX.[32] Ces femmes, issues généralement de milieux modestes, portaient un habit gris et ne jouissaient d'aucune considération sociale, ce qui rendait attractif leur genre de vie aux yeux de la sainte qui déclara à ce propos: „La vie des sœurs est objet de grand mépris chez les gens du monde et, s'il existait une vie plus méprisée, je la choisirais".[33] Avec ses deux compagnes les plus proches qui l'avaient suivie, Guda et Ysentrude, elle formait une petite communauté de pénitentes, mais celle-ci fut bientôt brisée par Conrad, au prétexte que la présence à ses côtés de ces deux femmes risquait de raviver chez Elisabeth le souvenir de sa gloire passée. En fait, on pense qu'il s'agissait plutôt d'isoler complètement la sainte de son entourage le plus proche, qui la soutenait dans ses aspirations que Conrad jugeait chimériques et dangereuses. Après quoi, il lui donna deux autres compagnes chargées de la surveiller, qui la traitèrent rudement.[34]

29 Matthieu Paris, Chronica maiora, IV, éd. Luard, p. 278: *Eisdem temporibus quidam in Alemannia praecipue se asserentes religiosos, in utroque sexu sed maxime in muliebri, habitum religionis sed levem susceperunt et vitae simplicitatem, sub nullius sancti regula coarctatae nec adhuc ullo claustro contenti.*

30 Dicta, § 21 et 69, p. 29 et 63.

31 Selon Conrad, Summa vitae, § 15, p. 81; l'objet principal du conflit qui les opposait était qu'Elisabeth lui réclamait „la permission d'aller mendier de porte en porte".

32 Dicta, § 44, p. 48–49, et Summa vitae, § 17, p. 82.

33 Dicta, § 66, p. 62.

34 Summa vitae, § 19, p. 82.

En dernière analyse, même s'il faut bien reconnaître que de nombreux éléments du puzzle nous font défaut et que les raisons qui ont pu pousser Elisabeth à se placer sous la direction de Conrad de Marburg restent obscures, on peut affirmer sans ambages que la jeune épouse du Landgrave de Thuringe a été séduite par le message franciscain primitif qui répondait pleinement à ses aspirations les plus profondes. Comme François, elle se proposait en effet de „suivre nu le Christ nu" de la façon la plus concrète, en pratiquant la chasteté et la pauvreté, et elle aimait les déshérités et les marginaux au point de désirer partager leur existence précaire et leurs conditions de vie. Il semble qu'elle ait considéré avec méfiance l'orientation de plus en plus marquée des Frères Mineurs dans un sens clérical et pastoral, ce qui l'amena à prendre quelque distance vis-à-vis d'eux dans les toutes dernières années de son existence. La lettre que lui adressa Grégoire IX après la mort de son mari illustre bien ce déphasage: le pape „l'exhorta à persévérer dans la charité et la patience, en lui proposant les exemples de divers saints et en lui promettant fermement la gloire éternelle", tout en l'invitant à mener une vie retirée du monde, sous la direction de Conrad.[35] Ce n'était pas de cela qu'elle rêvait mais de vivre pauvre parmi les pauvres, dans le refus de la sécurité et d'une existence protégée. En fait, on retrouve dans les relations entre Grégoire IX et Elisabeth les mêmes malentendus et la même incompréhension que dans le cas de Claire d'Assise et d'Agnès de Bohême, qui était d'ailleurs la cousine germaine d'Elisabeth.[36] Lorsque cette princesse fonda en 1233 un couvent de „Pauvres Dames" à Prague, elle tenta d'arracher au pape, avec le soutien de Claire et du frère Elie, l'autorisation de vivre avec sa communauté selon le privilège de la pauvreté, ce que Grégoire IX lui refusa brutalement en l'obligeant à suivre la *forma vitae* qu'il avait lui-même élaborée pour les Damianites.[37] Et c'est le même pape qui, à partir de 1241, prendra des mesures de coercition contre les femmes d'obédience franciscaine qui s'obstinaient à vouloir vivre dans le monde au service des pauvres et en leur compagnie.[38] Dans ce contexte, le silence de Grégoire IX, dans la bulle de canonisation de sainte Elisabeth, sur ses rapports avec les Frères Mineurs et la discrétion de Jourdain de

35 Le Libellus, § 45–46, p. 44, ajoute à ce sujet: *Dans ses tribulations, elle eut comme consolateur auprès de Dieu le seigneur pape Grégoire IX qui la réconfortait avec une bonté paternelle par des écrits et des lettres où il l'exhortait à persévérer dans la chasteté et la patience en lui proposant divers exemples de la vie des saints et en lui donnant l'assurance de la vie éternelle.* L'existence de cette correspondance entre Elisabeth et le pape est confirmée par la Vita Gregorii papae IX, éd. in RIS, III, Milan 1723, IX, p. 580: *Sanctissimus papa Gregorius adhuc tenerem et divini lactis inexpertem suscepit in filiam et instruxit devotam et coaulit verbi coelestis irriguo iam provectam.*

36 Comme l'a bien montré Alberzoni, dans son article „Elisabetta di Turingia" pp. 405–407.

37 Cf. Marini, Agnese di Boemia; et Felskau, *Vita religiosa* und *Paupertas.*

38 Cf. Bullarium Franciscanum, I, p. 290. Le pape y condamne les sorores minores, minoretae, cordularie et autres discalceatae qui se réclamaient de l'idéal franciscain sans observer la stricte clôture qui caractérisait l'ordo Sancti Damiani, dont il avait lui-même écrit la forma vitae. Cette condamnation fut renouvelée ensuite par Innocent IV (Bullarium Franciscanum, I, p. 556), ce qui témoigne des difficultés rencontrées par l'Eglise romaine et la hiérarchie ecclésiastique pour venir à bout de ce problème. Cf. Alberzoni, Chiara d'Assisi e il Francescanesimo femminile; et De Sandré Gasparini/Rossi, Monachesimo femminile inquieto.

Giano au sujet de cette princesse qu'il avait bien connue témoignent sans doute du même désir de laisser dans l'ombre certains aspects de son existence qui, en quelques années, étaient devenus anachroniques et même gênants dans la perspective de la normalisation de l'idéal franciscain et de la vie religieuse féminine qui était alors en cours.

Bibliographie

Alberzoni, M.P., Chiara d'Assisi e il Francescanesimo femminile, in: M.P. Alberzoni, *Francesco d'Assisi e il primo secolo di storia francescana*, Torino 1997, pp. 222–225.

Alberzoni, M.P., Chiara e San Damiano tra ordine minoritico e Curia papale, in: Convegno Internazionale Clara claris praeclara (éd.), *Atti del Convegno Internazionale Clara Claris Praeclara*, Assise 2004, pp. 27–70.

Alberzoni, M.P., Elisabetta di Turingia, Chiara d'Assisi, Agnese di Boemia e la diffusione dell'ordine dei Frati Minori in Germania, in: *Frate Francesco* 73 (2007), pp. 383–417.

Bartoli Langeli, A., *Gli autografi di Frate Francesco e di Frate Leone*, Turnhout 2000.

Beumann, H., Friedrich II. und die heilige Elisabeth. Zum Besuch des Kaisers in Marburg am 1. Mai 1236, in: Université de Marburg (éd.), *Sankt Elisabeth. Fürstin – Dienerin – Heilige*, Sigmaringen 1981, pp. 151–166.

Bihl, M., Die heilige Elisabeth von Thüringen als Terziarin, in: *Franzikanische Studien* 18 (1931), pp. 259–293.

Chronica fratris Jordani, éd. H. Boehmer, Paris 1908.

Chronica XXIV generalium ordinis Minorum d'Arnaut de Sarrant, in: *Analecta Franciscana*, III, Quaracchi 1897.

Conrad de Marburg, Summa Vitae, trad. in J. Gréal, *Sainte Elisabeth de Hongrie. Documents du XIIIe siècle*, Paris 2007.

D'Alatri, M., *Aetas poenitentialis. L'antico ordine francescano della penitenza*, Rome 1993.

De Sandré Gasparini, G./Rossi, M., Monachesimo femminile inquieto. Esempi veronesi duecenteschi, in: M.G. Del Fuoco (éd.), *Ubi neque aerugo neque tinea demolitur. Studi in onore di L. Pellegrini*, Naples 2006, pp. 191–211.

Dicta IV ancillarum beatae Elisabethae, in: *Quellenstudien zur Geschichte der heilige Elisabeth, Landgräfin von Thüringen*, éd. A. Huyskens, Marburg 1908, pp. 112–140 (trad. dans J. Gréal, *Sainte Elisabeth de Hongrie. Documents du XIIIe siècle*, Paris 2007).

Elm, K., Die Stellung der Frau im Ordenswesen, Semireligiosentum und Häresie zur Zeit der heiligen Elisabeth, in: Université de Marburg (éd.), *Sankt Elisabeth. Fürstin – Dienerin – Heilige*, Sigmaringen 1981, pp. 7–28.

Felskau, Ch.-F., Vita religiosa und Paupertas der Premyslidin Agnes von Prag. Zu Bezügen und Besonderheiten in Leben und Legenden einer späten Heiligen, in: *Collectanea Franciscana* 70 (2000), pp. 413–484.

Gieben, S., Bruder Elemosinas Doppelbericht zum Leben der hl. Elisabeth von Thüringen, in: *Collectanea Franciscana* 35 (1965), pp. 161–176.

Gieben, S., I patroni dell'Ordine della Penitenza, in: Oktavian Schmucki (éd.), *L'ordine della Penitenza di San Francesco nel secolo XIII*, Rome 1973, pp. 229–245.

Gréal, J., *Sainte Elisabeth de Hongrie. Documents du XIIIe siècle*, Paris 2007.

Grégoire IX, Gloriosus in majestate, in: *Annales Minorum* II, éd. L. Wadding, Rome 1732, pp. 387–388 (trad. in J. Gréal, *Sainte Elisabeth de Hongrie. Documents du XIIIe siècle*, Paris 2007, pp. 102–108).

Grundmann, H., *Religiöse Bewegungen im Mittelalter*, 2e éd, Darmstadt 1961.

Huyskens, A., *Der sogenannte Libellus de dictis IV ancillarum S. Elisabeth confectus*, Kempten/Munich 1911.

Kantorowicz, E., *Kaiser Friedrich der Zweite*, Berlin 1927.

Laureilhe, M.-Th., *Sur les routes d'Europe au XIIIe siècle. Chroniques traduites et commentées*, Paris 1959.

Lettre aux Fidèles, I et II, in: François d'Assise, *Ecrits* (Sources chrétiennes 285), Paris 1981, pp. 220–245.

Marini, A., *Agnese di Boemia*, Rome 1991.

Matthaeus Paris, *Chronica maiora*, éd. H.R. Luard (Rolls Series 57), 7 vol., London 1880, vol. IV.

Memoriale propositi fratrum et sororum de poenitentia in domibus propriis existentium, in: G.G. Meersseman, *Dossier de l'ordre de la pénitence au XIIIe siècle*, Fribourg 1982, pp. 91–112.

Rossi Saccomani, A. (éd.), *Le carte dei lebbrosi di Verona tra XII e XIII secolo*, Padoue 1989.

Van Asseldonck, O., Sorores minores e Chiara d'Assisi a San Damiano: una scelta tra clausura e lebbrosi?, in: *Collectanea Franciscana* 63 (1993), pp. 393–420.

Vauchez, A., Charité et pauvreté chez sainte Elisabeth de Thuringe d'après les actes du procès de canonisation, in: A. Vauchez (éd.), *Religion et société dans l'Occident médiéval*, Turin 1980, pp. 27–37.

Vauchez, A., *Les laïcs au Moyen Age. Pratiques et expériences religieuses*, Paris 1987, pp. 105–112.

Vauchez, A., Sainte Claire et les mouvements religieux de son temps, in: G. Brunel-Lobichon (éd.), *Sainte Claire et sa postérité. Actes du colloque international organisé à l'occasion du VIIIe centenaire de la naissance de sainte Claire, UNESCO*, Paris 1995, pp. 13–28.

Wehrli-Johns, E., Das mittelalterliche Beginentum. Religiöse Frauenbewegung oder Sozialidee der Scholastik? Ein Beitrag zur Revision des Begriffes „religiöse Bewegungen", in: Thomas-Morus-Akademie Bensberg (éd.), *Zahlreich wie Sterne des Himmels. Beginen am Niederrhein zwischen Mythos und Wirklichkeit*, Bergisch Gladbach 1992, pp. 9–39.

Werner, M., L'influenza dei Francescani su S. Elisabetta di Ungheria-Turingia, in: *Analecta TOR* 178 (2007), pp. 59–70.

Winckelmann, E., *Acta imperii inedita*, Innsbruck 1880.

TIMOTHY J. JOHNSON (St. Augustine FL)

Roger Bacon's critique of Franciscan preaching

Scholars through the years have offered widely divergent, and often conflicting, interpretations of the historical significance and enduring heritage of the English Minorite, Roger Bacon.[1] One area of discussion has been the relationship between Bacon and his confrere and minister general, Bonaventure of Bagnoregio, and in particular, the differing views of these Parisian professors on the position of the sciences in theological study.[2] While they may disagree on the fine points of the debate, scholars the likes of Camille Bérubé and Dieter Hattrup are in accord in recognizing Bacon's "messianic view of the sciences"[3] as a serious challenge to the institutional program of theological study championed by Bonaventure and others in the Minorite Order in the 1260s–1270s. Both scholars focus their arguments primarily on Bonaventure's last major theological work, the *Collations on the Six Days of Creation* from 1273, with varying degrees of interest in Bacon's opus.

This brief study examines Bacon's previously unexplored views on preaching, and contends that his biting critique of theological studies is particularly contentious, not simply because of a different understanding of the sciences vis-à-vis theology, but because it clashes with the core pastoral identity of the Franciscan Order meticulously cultivated since the 1230s by prelates and brothers alike. Simply put, the Order of Minors, like the Order of Preachers, justified their academic program as the necessary precondition for fulfilling their ecclesial mandate to preach. Bacon contends that the theological studies meant to undergird this pastoral responsibility are demonstrably corrupt since many mendicants, who are highly educated theologians, are inadequate preachers to say the least. The English Minorite is not merely questioning the specific content of educational program of his Order, but contesting the primary justification for the entire system. Preaching, he maintains, should precede theology, and studies would enhance this relationship if properly ordered around what this essay characterizes as Bacon's *preambula lectionis* of Sacred Scripture.[4] This short essay will examine Bacon's critique by developing his thoughts on preaching and

---

1 Crowley, Roger Bacon; Easton, Roger Bacon; Hackett (ed.), Roger Bacon; Ühl (ed.), Roger Bacon I and II; Power, A mirror.

2 Bérubé, Le 'dialogue'; Hackett, Philosophy; Hattrup, Ekstatik, pp. 126–171; Hattrup, Bonaventura; Finkenberg, Ancilla theologiae? – This essay is dedicated, with heartfelt gratitude, to Prof. Dr. Gert Melville, whose decades-long commitment to the study of medieval religious life has enriched students and scholars alike on both sides of the Atlantic.

3 Bérubé, Le 'dialogue', p. 90.

4 On Bacon and Sacred Scripture, see Schmidt, Bacons Verteidigung, and Mendoza, Roger Bacon.

theological education, and by situating his perspective within the context of early Franciscan preaching.

Bacon on preaching and theological education

With the exception of the Sacred Scriptures and selected patristic fathers, there were probably few theological texts that Bacon had in common with Bonaventure and other Parisian masters of theology. While the English Minorite certainly upheld the importance of the theological enterprise, he harshly critiqued the prevailing education paradigm of the mendicants, which insisted on an intense scholastic preparation before the brothers could undertake the praxis of preaching. Bacon espoused his position in a series of writings coalescing around 1267–1268 entitled the *Opus majus*, the *Opus minus*, and the *Opus tertium*, and the later *Compendium studii philosophiae* in 1272. The first three texts were sent to Pope Clement IV at his request although the pontiff commanded that Bacon keep these literary efforts secret and send them on to him regardless of contravening Minorite legislation. This seemingly unexpected injunction is most likely due to the explicit commands of the *Constitutions of Narbonne* forbidding the brothers from unauthorized contact with the papacy[5] and, in the wake of the wrenching conflict provoked by the publication of the *Eternal Gospel*, the distribution of works not previously approved by the minister general or the minister provincial and chapter definitors.[6] Clement IV, who as papal legate had earlier contacts with Bacon, clearly wanted to know what he was writing despite any possible conflicts with Bonaventure, who, like Bacon resided in Paris.

Scholars are divided as to why Bacon came from Oxford, where he had been teaching philosophy, to Paris in 1257.[7] His residence on the Seine impeded his intellectual work according to his laments regarding a lack of resources and time for study.[8] Whether Bonaventure directly or indirectly deterred Bacon's intellectual endeavours in this period is hard to assess, although rubrics from Minister General's sermons demonstrate that he was in Paris, as was his custom, in the winter of 1267 and 1268[9] and in the Lenten season of both years for the *Collations on the Ten Commandments* and *Collations on the Gifts of the Holy Spirit.*[10] If Bacon was indeed suspect and brought to Paris because of questionable posi-

5 Bihl (ed.), Statuta generalia, 5, n. 13, p. 64.
6 Ibid., 6, n. 21, p. 73.
7 Appealing to various scholars, T. Maloney mentions three possible reasons why Bacon may have come to Paris: concerns about his teachings on mathematics and the sciences; his alleged Joachmite leanings; or his personal health. See Bacon, *Compendium*, p. 5. When considering how Joachmite thought may have influenced Bacon's intellectual project, it is important to recognize the uniqueness of his views. See Bérubé, Le 'dialogue', p. 88.
8 Opus tertium, III, 16.
9 Bonaventure, Sermones, p. 437.
10 On the dating of these Collations, see also Glorieux, La date.

tions on the sciences or for supposed Joachmite tendencies, it is entirely feasible, given the nature and structure of conventual life, that Bonaventure was at least aware of Bacon's literary efforts in Paris.[11]

In the *Opus majus*, Bacon briefly touches on preaching when speaking of morals and rhetoric, and more pointedly when promoting language studies. How one speaks of morality is not to be separated from the effects the orator wishes to have on his audience. Like the poet, the orator should seek to render those who are listening docile by teaching, seize hold of their attention by delighting them, and move them by insisting on action. Praxis is paramount. The nature and purpose of rhetoric does not lie in fostering contemplation, but to make humans good.[12] Logic is indispensable to one who desires to preach with skill to those in need of evangelization.[13] In contrast to Bonaventure, whose account of the Poverello before the Sultan downplays the power of reason in evangelization,[14] Bacon holds that logic is crucial to this process; indeed, logic empowers rhetoric by affording the convincing argumentation necessary to proving the faith to unbelievers. With logic at the service of rhetoric, preachers can promote the conversion of those outside the Church to the proper Christian faith and indeed help them to love the teachings of the Church.

In addition to rhetoric honed by reason, Bacon contends that knowledge of languages other than Latin is crucial to the Church for the conversion of unbelievers. Jews are lost because nobody can preach to them in their own language or interpret their Scriptures. Schismatics grow hardened in their errors because no one preaches to them in their own tongue and the same thing happens to Saracens, Tartars, and other pagans.[15] Instead of devoting themselves to language acquisition for such missionary endeavours, Bacons laments that Christians repeatedly turn to violence. A painful reminder of the futility of this misguided approach, he notes, is the failed crusade of Louis of France.[16] Teutonic Knights are a particular impediment to preaching because they will not preserve peace in the lands they have conquered. Instead of fostering a culture of peace open to preaching and the reception of faith, they are forever stirring up violence in their attempt to subjugate others. The short-sighted nature of this recourse to violence is evident when one recognizes that a military operation launched against unbelievers may lead to their temporary defeat, but they simply return to their land and raise more children.[17] The faith should not be promoted by the sword, but be preached to others by men well versed in languages or accompanied by excellent, trustworthy translators. For the English Minorite, the

11 Bérubé, Le 'dialogue', pp. 66–67.
12 Opus majus 3, III, c. 2, pp. 86–87.
13 Ibid., pp. 87–88.
14 Bonaventure, Hexaëmeron, col. 19, ns. 6–16, vol. 5, pp. 421a–423a.
15 Opus majus 3, III, c. 13, pp. 120–121.
16 Ibid., p. 121.
17 Ibid., pp. 121–122.

neglect of language is the neglect of preaching, and even poor attempts to preach in other languages have brought about multiple conversions.[18]

Bacon takes up the question of preaching again upon his return to Oxford where he wrote the *Compendium studii philosophiae* in 1272. Noting the serious shortcomings of the mendicant study programs, he derides their presumed accomplishments in the preaching arena since knowledge of the blessings of virtue and punishment of vices proper to human salvation is already available to clerics and laity alike.[19] Peasants, older people, even Saracens and other non-believers are capable of persuading others to virtue since everyone carries within the book of vices committed from an early age, which according to Aristotle, offers them knowledge of the opposite virtues. Anyone can distinguish the healthy from the sick, the true from the false, and the good from the bad. Since the many matters that are central to human salvation such as the discernment of virtues and vices, together with an understanding of celestial glory, purgatory and hell are recognizable without theological studies, why do religious orders like the Minors exalt their achievements? Indeed, Bacon derides the notion that the elaborate interpretive techniques of the theologians are of any use. Peter Cantor had defined the activities of a master of theology as reading (*legere*) or commenting on scriptural and theological texts, arguing (*disputare*) theological questions, and preaching (*predicare*).[20] If reading is crucial to the proclamation of salvation, the truths of Sacred Scripture are already clearly evident to anyone who is literate, and simply studies the writings of the saints. If disputation is required, and arguments are constructed on the basis of credible texts, it is evident that even idiots can call on the necessary authorities to repudiate vices and punishment, and promote the virtues, glory and the other things necessary for faith.[21] The obvious ability of a brother without theological training to preach better than illustrious masters stands as irrefutable evidence of a corrupt educational system, which despite claims to the contrary, impedes meaningful pastoral preaching:

> *We know for certain and we see everywhere that one simple brother, who never heard a hundred theology lectures, or if he heard them he nevertheless did not pay any attention to them, preaches without preparation better than the greatest masters of theology. And therefore it is clear that preaching does not depend on the study of theology, but on the doctrine of the church as is noted by anyone, and on the knowledge of vices and virtues, of punishment and glory, and on other matters pertaining to salvation, whose knowledge is written in hearts by the use of ecclesiastical rites. And on account of this preaching precedes the study of theology; although certainly it should not be denied that a good theologian ought to preach much*

---

18 Ibid., p. 122.

19 Bacon, Compendium, p. 427.

20 Peter Cantor, Verbum Abbreviatum (ed. Boutry), c. 1, n. 1, 9. If one is to believe the Migne version of the *Verbum Abbreviatum*, the most important of these three activities was preaching because reading and disputing are subordinate to it, *Praedicatio vero, cui subserviunt priora, quasi tectum est tegens fideles fideles ab aestu et a turbine vitiorum*, ed. Migne, p. 25.

21 Compendium, p. 427.

better, yet nevertheless, as I said, we see the contrary everywhere. And this is a powerful argument that theological studies are corrupt: that those who have more authority preach less effectively ...[22]

When it comes to preaching and the question of faith and morals, theology has nothing to offer that the Church has not already received from the teachings of the apostles. Prelates of the Church, not theologians, carry the responsibility of proposing to the faithful the substance of ecclesial belief and the pattern of moral conduct. The office of preaching pertains to prelates, and theologians are to take on this ministerial duty only at the behest of prelates, who are free to choose whomsoever they wish. The authority of preaching is grounded then in the Church, which safeguards doctrine and discerns suitable candidates to proclaim the apostolic teachings.[23] The efforts of theologians are suspect because they make use of false authorities in their reading and preaching, and they are ignorant of what they are offering, and consequently, they offer nothing worthy of understanding or teaching.

In the *Opus minus*, Bacon laments that prelates have forsaken their pastoral office and, echoing his appeal to poetry and rhetoric in the *Opus majus*, identifies preaching with persuading the faithful in matters of faith and morals, virtues and vices, punishment and glory.[24] This sermon style is generally ignored by theologians, and so future prelates who study with them are not well versed in proper preaching. Instead of following the dictates of philosophy and the teaching of Augustine in *De doctrina cristiana*, prelates prefer to take their sermons from the childish mendicants, who excite the intellectual curiosity of their audiences by inventing all kinds of divisions in the text. Instead of lifting the affections toward the good with a sublime sermons marked by profound wisdom, mendicant preaching is typically suffused with infantile stupidity and is worthless to the Church.[25] One sterling exception to this rule, according to Bacon, is the German Minorite, Berthold of Regensburg, whose sermons were more beneficial than those of all the other preachers in both mendicant orders.[26]

22 *Scimus etiam pro certo et videmus ubique, quod unus simplex frater, qui nunquam audivit centum lectiones theologiae, quas si audivit non tamen curavit, qui melius sine comparatione predicat quam maximi magistri theologiae. Et ideo manifestum est quod praedicatio non dependet a studio theologiae, sed doctrina ecclesiae quae cuilibet nota est, et a notitia vitiorum et virtutum, poenae et gloriae, et hujusmodi salutiferorum, quorum notitia scripta est in cordibus ex usu ecclesiastici ritus. Et propter hoc praedicatio praecedit studium theologiae; licet certe non sit negandum quin bonus theologus multo melius debeat praedicare, cum tamen, ut dixi, videmus contrarium ubique. Et hoc est magnum argumentum quod studium theologorum corruptum est, cum illi, qui plus auctoritatis habent, minus bene praedicant* [...]. Compendium, pp. 427–428.

23 Ibid., p. 427.

24 Opus minus, p. 309.

25 Ibid., pp. 309–310.

26 Ibid., p. 310. On Roger Bacon and Berthold of Regensburg, see also Ertl, Religion, pp. 113–116.

Bacon's proposal and early Franciscan preaching

Roger Bacon's enthusiastic endorsement of Berthold of Regensburg underscores his commitment to an earlier form of Franciscan preaching marginalized by the popular *sermo modernis* style employed by Bonaventure[27] and other theologians at the University of Paris. From the beginning of his conversion experience unto his death, Francis of Assisi considered preaching intrinsic to the evangelical life he embraced at the Portiuncula. Jacque of Vitry, an early observer of the Franciscan movement, referred to the brothers as an order of preachers while Pope Honorius III commended them to all bishops in 1219 as men who exemplified the apostolic life through preaching.[28] Both the earlier and later versions of the Minorite Rule underscore preaching. In the *Earlier Rule* of 1221, Chapter 17 exhorts the brothers to receive permission from their ministers before preaching, to relinquish the office when commanded, and not contravene either the rites or practices of the Roman Church in their sermons. Pride is to be avoided and praise is to be offered to God from whom all good comes.[29] The *Later Rule* of 1223 continues the prior emphasis on ecclesial approval but speaks in terms of the respective roles of the minister general and local bishop in conferring the office of preaching and authorizing individuals to speak in particular dioceses. Noteworthy as well in Chapter 9 is the insistence on how the brothers should preach when they are among the people. Choosing their brief words well, they are to edify their listeners by reminding them of virtues and vices, punishment and glory.[30] The concern of both these Rules in regard to the authority and content of preaching reflect Roger Bacon's own position and suggest that his critique of fellow mendicant preachers, and the educational system they espoused, deserves examination within the wider discussion of shifting Minorite identity in the mid-thirteenth century.

There is little doubt that the *sermo modernis* model championed by Bonaventure and others is far removed from the evangelical exhortations of Francis and his first companions. In his introduction to the *Seasonal Sermons* by Bonaventure, Jacques Bougerol readily notes that there is nothing in common between the style of the Poverello and that of the Seraphic Doctor.[31] Such an admission does not mean that Francis refused to acknowledge a link between study and preaching since he willingly appointed the learned Anthony of Padua as professor of theology.[32] It is important to point out, however, that Francis chose a man distinguished as a preacher thus confirming Bacon's axiom, "preaching precedes theology," at least in regard to professors of theology.

27 On Bonaventure and the *sermo modernis*, see Bonaventure, *The Sunday Sermons*, pp. 15–18.
28 Campagnola, Contenuti, pp. 406–407.
29 Regula non bullata, c. 17, in: Francis of Assisi, Opuscula, pp. 391–393.
30 Ibid., c. 9, p. 370.
31 Bonaventure, Sermones de tempore, p. 25.
32 Epistola ad s. Antonium, in: Francis of Assisi, Opuscula, p. 153.

Roger Bacon is not calling for a return to an anachronistic vision of preaching. What he is doing by his critique of Minorite preaching is to propose a return to the earlier model, exemplified by Francis, as the starting point for a new conceptualization of theological studies that included an engagement with various branches of human knowledge and recognition of experience as the touchstone of wisdom. According to Bacon, something must have gone awry when a highly praised program of theology produces men who stand at odds with the greatest preachers of the Christian tradition – including their own founder as in the case of Francis and the Minorites. While Berthold and others cultivated a mode of preaching Bacon praised, he nevertheless advocated an innovative educational approach that incorporated a wide range of intellectual activities at the service of Sacred Scripture together with a serious commitment to experiential learning. The experience of poor mendicant preaching, according to Bacon, proves that the scholastic system undergirding the *sermo modernis* is corrupt. What the Doctor Mirabilis proposed to Clement IV instead was a system of theological education – a *preambula lectionis* – that took the preaching experience seriously, and building on a proven ability to proclaim the Christian message in an efficacious fashion, sought to further form preachers in a wondrous knowledge that would inform their understanding and interpretation of Sacred Scripture and God's creation. This would empower them to announce salvation in a manner that would engage each person within the world, be one simple or learned, believer or infidel, thereby promoting the redemption of all of humanity. The brief pontificate of Clement IV, together with the institutional commitment of the Minorites and other orders to the prevailing scholastic system, ensured that Bacon's critique of preaching fell on deaf ears within his religious community. The question he raised in regard to the relationship between poor preaching and theological education, however, remains open – at least to those who still keep their ears open when at church.

Bibliography

Bacon, R., *Opus majus*, 2 vols., ed. J. Bridges, London 1897, republished by Elibron Classics 2005.

Bacon, R., *Opus majus*, vol. 3, supplementary volume, ed. J. Bridges, London 1900, republished by Elibron Classics 2005.

Bacon, R., *Opus minus*, in: *Opera quaedam hacentus inedita*, vol. 1, ed. J. Brewer, London 1859.

Bacon, R., *Opus tertium*, in: *Opera quaedam hacentus inedita*, vol. 1, ed. J. Brewer, London 1859.

Bacon, R., *Compendium studii philosophiae*, in: *Opera quaedam hacentus inedita*, vol. 1, ed. J. Brewer, London 1859.

Bacon, R., *Compendium of the Study of Theology*, ed. T. Maloney, Leiden 1988.

Bérubé, C., Le 'dialogue' de s. Bonaventure et de Roger Bacon, in: *Collectanea Francescana* 39 (1969), pp. 59–103.

Bihl, M. (ed.), Statuta generalia ordinis edita in capitulis generalibus celebratis Narbonae 1260, Assisii an. 1279, atque Parisiis an 1292, in: *Archivum Franciscanum Historicum* 34 (1941), pp. 13–94 and pp. 284–358.

Bonaventure, Hexaëmeron, in: *Doctoris Seraphici S. Bonaventurae Opera Omnia*, 10 vols., Quaracchi 1882–1902, vol. 5, pp. 329–449.

Bonaventure, *Sancti Bonaventurae Sermones de tempore*, ed. J. Bougerol, Paris 1990.

Bonaventure, *The Sunday Sermons of Saint Bonaventure*, ed. T. Johnson, Saint Bonaventure 2008.

Campagnola, S., Contenuti e valori francescani della predicazione, in: *Francesco e francescanesimo nella società dei secoli XIII–XIX*, Assisi 1999, pp. 403–425.

Cantor, P., *Verbum Abbreviatum*, ed. J. Migne (Patrologia Latina 205), Paris 1855.

Cantor, P., *Verbum Abbreviatum*, ed. M. Boutry (Corpus Christianorum: Continuatio medievalis 196), Turnhout 2004.

Crowley, T., *Roger Bacon: The Problem of the Soul in His Philosophical Commentaries*, Louvain and Dublin 1950.

Easton, S., *Roger Bacon and His Search for a Universal Science. A Reconsideration of the Life and Work of Roger Bacon in the Light of His Own Stated Purposes*, Oxford 1952.

Ertl, T., *Religion und Disziplin. Selbstdeutung und Weltordnung im frühen deutschen Franziskanertum*, Berlin 2006.

Francis of Assisi, *Die Opuscula des hl. Franziskus von Assisi*, ed. K. Esser, 2nd edition by E. Grau, Grottaferrata 1989.

Finkenberg, F., *Ancilla theologiae? Theologie und Wissenschaft bei Roger Bacon*, Mönchengladbach 2007.

Glorieux, P., La date des collations de Saint Bonaventure, in: *Archivum Franciscanum Historicum* 22 (1929), pp. 257–272.

Hackett, J. (ed.), *Roger Bacon and the Sciences: Commemorative Essays*, Leiden 1997.

Hackett, J., Philosophy and theology in Roger Bacon's *Opus maius*, in: R. Long (ed.), *Philosophy and the God of Abraham: Essays in Memory of James A. Weisheipl OP*, Toronto 1991, pp. 55–69.

Hattrup, D., *Ekstatik der Geschichte. Die Entwicklung der christologischen Erkenntnistheorie Bonaventuras*, Paderborn 1993.

Hattrup, D., Bonaventura zwischen Mystik und Mystifikation: Wer ist der Autor von De reductione?, in: *Theologie und Glaube* 87 (1997), pp. 541–562.

Mendoza, C., Roger Bacon: sus ideas exgéticas, in: *Naturleza e Gracia* 36/2 (1989), pp. 195–372.

Power, A., A mirror for every age: the reputation of Roger Bacon, in: *English Historical Review* 121 (2006), pp. 657–692.

Schmidt, M., Roger Bacons Verteidigung der 'biblischen' gegen die 'systematische' Lehrweise in der Theologie, in: *Theologische Zeitschrift* 28 (1972), pp. 32–42.

Ühl, F. (ed.), *Roger Bacon in der Diskussion I*, Frankfurt a.M. 2001.

Ühl, F. (ed.), *Roger Bacon in der Diskussion II*, Frankfurt a.M. 2002.

Jacques Berlioz (Paris)

Storytelling management et récits exemplaires

Le Prologue du *De dono timoris* du dominicain Humbert de Romans (mort en 1277)

Au XIIIe siècle, en Occident, s'affirma l'idée que raconter des histoires était utile dans l'enseignement et dans la prédication. Le fait n'était certes pas nouveau, mais l'ampleur du phénomène frappe. Les recueils de récits exemplaires se multiplièrent; les sermons et les traités moraux s'emparèrent des anecdotes. Le récit n'accompagnait pas seulement la matière théologique, il l'incarnait en quelque sorte. Il s'en faisait l'icône, prompt à gagner la mémoire de l'auditeur ou du lecteur, et à ressurgir lorsqu'un impératif (tentation, approche de la mort) l'exigeait. Ces récits devaient être plaisants, ou tout au moins intriguer et passionner. Ils devaient atteindre – comme le soulignait le dominicain Etienne de Bourbon, un ténor du récit exemplaire – les sens pour gagner l'imagination puis la mémoire[1]. Le prédicateur, sachant l'appétence de ses auditeurs pour les récits, se mettait à leur écoute pour répondre à leurs désirs et, ce faisant, pour mieux les convertir et mieux les persuader. Voilà peu, le philosophe François Flahaut notait à propos des récits bibliques que les pasteurs délivrent à leurs ouailles, afin d'inciter chacun à s'engager dans „l'économie du Salut": „Une telle gestion narrative des désirs correspond assez bien à ce que les Américains – dirigeants d'entreprises, publicitaires, hommes politiques – appellent le *storytelling management*."[2] Cette technique passe par la gestion et la mobilisation des hommes au moyen de récits qui leur attribuent une place et un rôle. Il s'agit, par une succession d'engrenages narratifs, de conduire des individus à s'identifier à des modèles et à se conformer à des protocoles précis[3]. Les grandes marques, telles que Levi Strauss, Nike ou Coca Cola, plutôt que des slogans publicitaires, utilisent des histoires édifiantes, des récits de vie, crédibles, présentés comme vrais, pour induire des actes d'achat. Le récit se fait instrument de gestion et de contrôle. Il crée un mythe collectif contraignant dans lequel se fond l'individu. Le discours politique, particulièrement aux Etats-Unis, se nourrit aussi des anecdotes biographiques qui fondent une stature, profilent un parcours, captent l'attention des électeurs. Un contrôle social s'exerce à travers les pratiques narratives, dans un processus volontaire de séduction.

---

1 Etienne de Bourbon, Tractatus, I, Prol. 37–40, p. 4.
2 Flahaut, Adam et Eve, pp. 77–78.
3 Salmon, Storytelling, p. 17.

> Le storytelling, écrit Christian Salmon, ne désigne pas seulement des techniques de formatage des discours, mais aussi l'espace même dans lequel ces discours s'émettent et se transmettent, c'est-à-dire un 'dispositif' dans lesquels s'opposent ou collaborent des forces sociales et des institutions, des narrateurs et des contre-narrateurs, des techniques d'encodage et de formatage, sans oublier la parole fragmentée qui palpite et se réverbère sans cesse dans la médiasphère[4].

Un art de raconter des histoires mis au profit du contrôle social, voilà qui n'étonne pas les médiévistes. Sans tomber dans l'anachronisme, il est clair que cette confiance dans le récit, dans des histoires où chacun peut se retrouver et par là être guidé dans une voie souhaitée par l'institution se lit au Moyen Age comme à notre époque. Une „persuasion qui prend la forme du récit", pour reprendre les mots de Jean-Yves Tilliette[5], à propos des récits exemplaires, s'impose de nos jours. La relecture du prologue du *De dono timoris* du dominicain Humbert de Romans nous est apparu comme un moyen de constater combien au XIIIe siècle les théoriciens et les praticiens de la prédication ont cru en la force du récit pour susciter l'intérêt et l'adhésion du public, et ont misé sur la puissance de sa séduction. Ce prologue est une présentation concise, précise, ciselée, de la justification de l'anecdote exemplaire et de son emploi dans la prédication et l'enseignement moral[6]. Nul mieux que ce prologue en précise les enjeux pastoraux, en dessine les exacts contours, en livre les secrets d'utilisation. Comment donc ne pas retenir la leçon d'un grand prédicateur, d'un homme qui présida durant près de dix ans, de 1254 à 1263, aux destinées de l'ordre dominicain ? Nous en proposerons donc ici une nouvelle traduction, suivie d'un bref commentaire.

Traduction française

Ici commence la somme des exemples.

Les exemples, selon saint Grégoire, émeuvent mieux que les discours[7]. Ils se font mieux saisir par l'intellect (*intellectus*) et s'enracinent profondément dans la mémoire[8] ; bien des gens aiment volon-

---

4 Salmon, Apportez au monde vos récits naïfs. La présence dans ce quotidien libéral du soir d'une rubrique régulière consacrée au storytelling prouve l'importance de ce thème dans le monde politique et économique.

5 Tilliette, L'exemplum rhétorique.

6 Berlioz/Polo de Beaulieu, Les prologues (1995); id., Les prologues (2000).

7 Grégoire le Grand, Dialogues, I, Prol., 9 (SC 260, p. 16, l. 73–74); citation certainement empruntée à Etienne de Bourbon, Tractatus, I, Prol. 24–26, p. 4; Grégoire souligne également dans ses Homélies sur l'Evangile (38, 15; 39, 10) que les exemples (à suivre) des pères ou d'autres chrétiens produisent plus d'effet que l'énoncé des préceptes.

8 Etienne de Bourbon, pour qui la mémoire est le lieu d'aboutissement des récits exemplaires, ne fait pas intervenir cette notion d'intellectus, ou sous un ton moins scolastique.
Or, puisqu'il s'agit de suggérer tout cela et de le porter et le graver dans le cœur des hommes, ce sont les exemples qui ont la force la plus grande. Ils sont de première force pour gagner l'esprit fruste des hommes simples, pour se glisser aisément et pour longtemps dans la mémoire, et s'y imprimer. Ce sont plus, comme le prouve saint Grégoire dans le livre des Dialogues, les faits que les paroles qui enseignent, et ce sont plus les exemples que les raisonnements qui émeuvent. C'est pourquoi la plus grande sagesse de Dieu, le Christ Jésus, enseigna

tiers en entendre et, attirés par le plaisir qu'ils en retirent, viennent assister aux sermons. Aussi convient-il que ceux qui se consacrent à la prédication soient riches d'exemples de cette sorte pour en faire usage tantôt dans les sermons publics (*sermones communes*), tantôt dans leurs entretiens (*collationes*) avec des personnes qui ont la crainte de Dieu, tantôt lors de rencontres amicales (*collocutiones*), à l'adresse de toutes catégories de gens, pour procurer édification et salut.

Vraiment ce procédé d'enseignement et de prédication n'est pas à dédaigner, car il présente de solides garanties. Le Très-Haut a donné de la sagesse à toutes les créatures animées, au point que, d'après Salomon, les fourmis sont pour nous un exemple de sagesse[9]. Presque toute la Loi a été donnée à Moïse sous forme de figures qui sont des représentations (*exemplaria*) de ce qui est vrai. Les prophètes, que le Saint-Esprit inspirait, nous ont livré presque tout leur message spirituel de manière exemplaire, sous des formes accessibles aux sens. Toute la sagesse de Salomon ne nous est-elle pas parvenue en paraboles et en proverbes comme sous forme d'exemples? Le Sauveur lui-même ne parlait-il pas presque toujours en similitudes et en exemples ? Enfin que sont tous les sacrements et les innombrables rites de l'Eglise sinon une forme visible et exemplaire qui représente une réalité spirituelle ?

Pour ces raisons, entre bien d'autres, ce procédé d'enseignement, on le constate, ne manque pas de poids. Aussi trouve-t-on quantité de sages et de saints qui ont usé de ce procédé. Ainsi faisait saint Grégoire, qui dans tout sermon insérait des exemples, comme on le voit dans ses homélies[10]. Ainsi faisait le fondateur et instigateur de l'ordre des frères prêcheurs, saint Dominique, dont on lit qu'il débordait d'exemples de cette sorte sur la route avec ses compagnons ou bien dans les réunions amicales[11]. Ne nous étonnons pas de leur attachement à cette façon d'enseigner, car elle se révèle très efficace. Bède le Vénérable dans son Histoire d'Angleterre rapporte qu'un évêque fin et cultivé fut envoyé depuis l'Ecosse par les autres évêques pour convertir les Anglais, mais la subtilité de langage qu'il utilisait dans ses sermons n'aboutirent à rien. On envoya un autre prédicateur, moins instruit mais plus avisé, qui usait en prêchant d'exemples et de paraboles: il convertit presque toute l'Angleterre[12]. Maître Jacques de Vitry, saint homme et de grande culture, qui fut d'abord chanoine régulier, puis évêque d'Acre et finalement cardinal-évêque de Tusculum, prêchait à travers le royaume de France en se servant d'exemples dans ses sermons. Il remua à tel point toute la France qu'il n'est pas souvenance que personne l'ait ainsi remuée avant lui ni depuis[13]. Jean Damascène

---

d'abord par les faits plutôt que par les paroles et rendit accessible la subtilité de la prédication et de la doctrine comme dotée d'un corps et visible, en les munissant et en les revêtant de diverses comparaisons, paraboles, miracles et exemples, pour que sa doctrine soit comprise plus vite, plus aisément, pour qu'elle soit retenue plus fortement dans la mémoire et pour que sa mise en œuvre soit d'une plus grande efficacité (Tractatus, Prol., 20–32, pp. 3–4, trad. J.B.).

9 Prov. 6, 6–7; 30, 25. Le dominicain Jean Nider a par ailleurs composé entre 1436 et 1438 un recueil de miracles, dont le but est d'édifier les fidèles, fondé sur les propriétés des fourmis (chacun des soixante chapitres est introduit par un trait „zoologique“ de cet insecte). Nider précise dans son prologue qu'il s'est inspiré de la riche tradition héritée de l'Ancien Testament et du Bonum universale de apibus du dominicain Thomas de Cantimpré (mort en 1270), recueil bâti sur les propriétés des abeilles. Cf. Chène, Des fourmis et des hommes.

10 Ce trait ne se trouve pas dans le Prologue du Tractatus d'Etienne de Bourbon.

11 Etienne de Bourbon, Tractatus, Prol., 235–248, pp. 10–11; Constantin d'Orvieto, Legenda, pp. 328–329; Jourdain de Saxe, Libellus, 103, pp. 74–75.

12 Etienne de Bourbon, Tractatus, Prol., 260–305, pp. 11–13; Bède le Vénérable, Historia ecclesiastica 3/5–6, pp. 226–231; repris d'Etienne de Bourbon, Tractatus, Prol., 260–305, pp. 11–13.

13 Allusion à la prédication pour la Cinquième croisade en Terre Sainte (sujet auquel Humbert était sensible), lancée par le pape Innocent III en 1213 et dont Jacques de Vitry (mort en 1240) fut un ardent soutien et acteur. Un moine de l'abbaye de Saint-Jacques de Liège, Rénier, rapporte dans ses Annales la réussite de sa prédication dans cette région (Jacques de Vitry, Histoire occidentale, pp. 12–14); Sur l'emploi des exempla par Jacques de Vitry dans sa prédication de la croisade: Lecoy de la Marche, La prédication; Maier, Crusade Propaganda; Horowitz, Les exempla. – Même si Etienne de Bourbon utilise dans son traité les récits de Jacques de Vitry (qu'il a rencontré), il ne met pas en évidence dans son prologue l'excellence

raconte dans son livre appelé Barlaam que Barlaam, un saint ermite, fut envoyé par Dieu pour convertir Josaphat, fils d'un roi païen, qu'on tenait enfermé pour que la prédication chrétienne ne puisse parvenir jusqu'à lui. Dans ses longs travaux d'approche pour l'instruire de la foi, Barlaam s'exprimait toujours sous forme de paraboles et de très beaux exemples. C'est ainsi que Josaphat se convertit et qu'il atteignit même un tel degré de perfection que lorsqu'il succéda à son père sur le trône, il convertit tout son royaume à la foi chrétienne; il finit par devenir, abandonnant son royaume, un ermite des plus parfaits et mourut dans cette situation[14]. Saint Augustin fut davantage poussé à la conversion par l'exemple de Victorinus raconté par Simplicianus et par les exemples de la belle conversion de saint Antoine ermite, exemples qu'il conservait au plus profond de son cœur, que par les sermons de saint Ambroise, par les prières et les larmes de sa mère, ou par le fouet de la maladie, comme cela apparaît dans sa Légende[15]. On voit donc, d'après les deux premiers personnages cités, que des personnes illustres ont utilisé les exemples pour le salut des âmes; d'après les deux suivants quelle efficacité possède ce mode d'enseignement dans les sermons publics ; et d'après les deux derniers quels fruits peuvent produire ces exemples dans les entretiens amicaux.

Notons toutefois que ce mode d'enseignement appelle plusieurs réserves:

Premièrement, quant à l'enseignant. Il y en a beaucoup qui ont le don de parler en citant les bons auteurs, en employant des arguments et en citant des commentaires, bref, en s'y prenant autrement qu'avec des exemples, genre pour lequel ils n'ont pas le talent de raconter agréablement. Il n'est pas souhaitable que ceux-là abandonnent le procédé dans lequel ils sont doués pour cet autre où ils ne le sont pas.

Deuxièmement, quant à l'auditoire. Ce n'est pas aux personnes de haut savoir qu'on peut se permettre de proposer ces exemples (excepté ceux qui seraient très recommandables et tout à fait dignes sur le plan religieux), mais à un auditoire dont la faculté de compréhension est moindre et à qui ils conviendront mieux, comme le lait aux nourrissons[16].

Troisièmement, quant à l'usage modéré qu'on en doit faire. On ne doit pas construire tout un sermon avec des exemples, mais en user modérément, à la façon de saint Grégoire qui en plaçait un ou deux par sermon, comme dans les nobles banquets on sert des entremets pour le plus grand agrément des convives.

Quatrièmement, quant aux éléments liés à l'exemple. Il faut s'efforcer de toujours ajouter une citation d'autorité ou un argument efficace à l'appui de l'exemple pour le renforcer davantage.

Cinquièmement, quant au choix. Parmi les nombreux exemples, on choisira les plus efficaces, ceux dont l'utilité est évidente, et les plus courts. Si le récit est trop long, on en retranchera tout ce qui est inutile ou accessoire et on ne racontera que ce qui a trait à la démonstration.

Sixièmement, quant à la vérité. Il ne faut jamais raconter d'histoires incroyables ou dont la vérité n'est point plausible. Si jamais on introduit une fable très édifiante pour sa signification (ce qu'il ne faut jamais ou très rarement se permettre), il convient de toujours préciser que ce n'est pas une histoire vraie et qu'on l'introduit en raison de son sens.

Septièmement, quant à l'autorité. Il ne faut rien citer qui ne soit garanti par une autorité. On peut qualifier d'autorité suffisante lorsqu'on raconte ce qu'on dit des hommes célèbres et importants, comme un maître en théologie, un évêque, un cardinal, ou autres. Mieux, ce qu'on trouve dans un livre traditionnellement en usage dans l'Eglise, même sans garantie d'authenticité, comme les Vies

---

de ce prédicateur, et ne le cite qu'en tant qu'auteur de l'Historia transmarina (Historia orientalis), ouvrage dont il se sert d'abondance.

14 La Vita sanctorum Barlaam eremitae et Josaphat Indiae regis offre de nombreux apologues, parmi lesquels: les trompes de la mort, 6 (PL 73, 462C–463B); les coffres, 6 (463B–464B); l'archer et le rossignol, 10 (479B–480A); la licorne, 12 (493A–494A); les trois amis, 13 (494A–495B); le roi pour un an, 14 (496B–497A); le jeune homme riche et la jeune fille pauvre, 16 (505D–507B); repris quasiment mot pour mot d'Etienne de Bourbon, Tractatus, Prol., 249–260, p. 11.

15 Etienne de Bourbon, Tractatus, Prol., 308–356, pp. 13–14; cf. Augustin, Confessions, 8, 1–2, 5–8 ; 9, 6; 12, 19–20.

16 Cf. I Cor., 3,1–2. Cette image a fait florès, d'Ambroise de Milan à Bernard de Clairvaux. Cf. Berlioz/Polo de Beaulieu, Les prologues (1995), pp. 284–285.

des Pères ou les Légendes des saints, ou autres. Mieux encore, ce qu'on trouve dans les ouvrages chez les docteurs authentiques de l'Eglise, comme Grégoire, Isidore, Jérôme et autres. Mieux encore ce qu'on trouve dans le corps de la Bible. Est également d'autorité suffisante ce qu'on trouve dans les livres des philosophes nommés et dans le livre de la nature. Telles sont les sources de presque tous les exemples insérés dans ce traité. En ce domaine toutefois il faut veiller à ne pas donner pour certain ce qui ne l'est pas, afin de ne pas mélanger l'erreur avec la vérité.

Etant donné que toute matière de sermon peut être ramenée aux sept dons du Saint-Esprit ou à leurs éléments annexes, le présent traité se divise en sept parties selon les sept dons de l'Esprit-Saint septiforme qu'il nous faut invoquer pour mener ce travail à fin utile[17]. La première partie, le don de crainte, contient dix chapitres: 1) les sept sortes de crainte ; 2) les neuf effets de la crainte de Dieu ; 3) les onze raisons de craindre Dieu ; 4) la crainte de l'enfer ; 5) la crainte du purgatoire ; 6) la crainte du Jugement à venir ; 7) la crainte de la mort ; 8) la crainte du péché ; 9) la crainte du péril présent ; 10) la crainte du diable[18].

Eléments d'approche

1. Un auteur qui se dérobe

Humbert de Romans, élu maître général de l'ordre dominicain en mai 1254, demande et obtient son congé en mai 1263, après des années d'incessantes activités. Il s'établit alors au couvent de Lyon. C'est vraisemblablement là, durant sa retraite, qu'il rédigea le *De dono timoris*, entre 1263 et 1277, année de sa mort. Cette œuvre s'inscrit dans un ensemble de traités sur la prédication, le plus important en ce domaine étant le *De eruditione praedicatorum*, composé à la fin de sa vie. Pour le *De dono timoris* Humbert doit beaucoup au *Tractatus de diversis materiis predicabilibus* de son confrère dominicain lyonnais Etienne de Bourbon (mort vers 1261). Il s'inspire profondément de la première partie du *Tractatus*, sans toutefois la copier servilement[19]. Un quart des récits du *De dono timoris* n'en sont pas tirés ! Et Humbert est l'auteur d'environ un dixième de son recueil… „Loin d'être un vulgaire abrégé de l'ouvrage d'Etienne de Bourbon, note Christine Boyer, [il] a été très travaillé par son auteur, qui y a mis en œuvre son talent de conteur et de prédicateur, en un style vif et percutant[20].“ Le *De dono timoris* est un bel instrument de travail qui, sous une forme ramassée, fournit au prédicateur des raisonnements d'ordre théologique (mais peu développés, sous forme d'armature), des citations bibliques et patristiques (en nombre raisonnable) et près de 300 récits, prêts à être utilisés. Cette œuvre, vive et de maniement aisé, eut un grand succès au Moyen Age. Elle a ainsi accompagné le mouvement d'installation des Mendiants à l'Est, ce qui fut le destin d'autres manuels destinés

---

17 Cette annonce pourrait faire penser que Humbert de Romans aurait eu l'intention de poursuivre son œuvre au-delà du don de crainte, à l'instar d'Etienne de Bourbon.

18 Humbertus de Romanis, ed. Boyer, pp. 3–7. Autres traductions françaises: G. Blangez, in: Berlioz/Polo de Beaulieu, Les prologues (1995), pp. 295–299; Humbert de Romans, trad. C. Boyer/postf. J. Berlioz, pp. 26–30.

19 Ibid., pp. 7–18.

20 Ibid., p. 18.

aux prédicateurs, tels que la *Légende dorée* de Jacques de Voragine ou le *Répertoire des exemples* de Martin le Polonais.

> Le prologue du *De dono timoris*, écrit encore C. Boyer, est remarquable de clarté et de méthode. Une fois encore, Humbert de Romans reprend le propos de son confrère dominicain, en abrégeant, simplifiant et clarifiant le texte: à partir d'un prologue très long, mêlant *exempla*, *uersus* et explications théoriques, Humbert aboutit à un texte bref, dense et bien ordonné[21].

Etienne de Bourbon compose en effet son prologue selon le plan suivant:

Le but de l'ouvrage. La valeur particulière des *exempla* et leur justification	Pr. lignes 1/40
Les sources utilisées par l'auteur	Pr. 41/113
Justification de la division du traité selon les dons du Saint-Esprit	Pr. 114/149
Son organisation interne	Pr. 150/163
Son plan et son contenu	Pr. 164/209
L'efficacité des *exempla*	Pr. 210/356
Versus sur l'ouvrage et sur la première partie	Pr. 357/383

Le prologue du *De dono timoris*, qui représente en nombre de lignes environ 30 % du prologue d'Etienne de Bourbon, s'articule ainsi:

Nécessité des *exempla*. Les trois occasions de les utiliser	Pr. lignes 1/10
La justification des *exempla* (Bible, sacrements)	Pr. 11/23
L'efficacité des *exempla*	Pr. 24/63
Le mode d'emploi des récits exemplaires en forme de mises en garde	Pr. 63/106
Présentation sommaire du plan du traité	Pr. 107/116

Ce qui frappe, c'est l'absence de toute personnalisation dans le *De dono timoris*, alors que dans son prologue et au fil de son traité Etienne de Bourbon, sous mine d'humilité, se mettait en avant et jouait ingénument de son statut d'humble frère dominicain privé de tout charisme pour asseoir son recueil et conforter le prestige de son ordre[22]. „Face à son texte, écrit C. Boyer, dans le prologue comme dans le traité, Humbert de Romans s'efface entièrement: il ne laisse aucune trace de lui-même ni de son travail, et privilégie toujours les formules impersonnelles“[23]. Il n'en reste pas moins que Humbert a conscience que les récits qu'il met en œuvre ont une valeur fonctionnelle au sein même de l'assemblage social que constitue l'ordre dominicain. C'est l'immense mérite des savants de l'université de Dresde – le professeur Gert Melville, bien entendu, et tous les chercheurs et chercheuses qu'il a formés –, d'avoir montré la place capitale de ces récits comme éléments fondateurs d'une mémoire d'ordre[24]. Car si

21 Humbertus de Romanis, ed. Boyer, p. XXIV.

22 Sur la question de l'*auctor* dans les recueils d'*exempla*: Berlioz/Polo de Beaulieu, Les prologues (2000), pp. 310–318.

23 Humbertus de Romanis, ed. Boyer, p. XXV.

24 Sans exhaustivité, quelques importants travaux: Melville, L'institutionnalité médiévale; Schürer, Das Beispiel im Begriff; id., Das Exemplum oder die erzählte Institution; Kehnel,

les *exempla* sont des appels à l'*imitatio*, à la pratique de modèles de comportements donnés de façon exemplaire, ils s'insèrent dans le processus d'institutionnalisation de l'ordre. Les récits qui mettent en scène des membres de l'ordre sont des éléments de transmission, des catalyseurs dynamiques entre les existences individuelles des membres (avec les expériences quotidiennes qui lui sont contingentes), les normes juridiques et collectives de l'ordre, et les valeurs propres à la vie religieuse considérée. Dans son prologue, Humbert convoque – s'inspirant d'Etienne de Bourbon – sitôt après Grégoire le Grand qui „dans tout sermon insérait des exemples", saint Dominique „fondateur et instigateur de l'ordre des frères prêcheurs, dont on lit qu'il débordait d'exemples de cette sorte sur la route avec ses compagnons ou bien dans les réunions amicales". La citation est courte, donnée sans ostension, en toute discrétion, mais elle est déterminante, puisque le traité se voit placé sous la figure tutélaire du fondateur (*instructor*) de l'ordre[25]. Dans le recueil même, deux récits seulement font intervenir des frères dominicains, mais toujours dans un sens positif pour l'ordre[26].

Le retrait apparent de Humbert de son traité ne signifie pas une quelconque distance vis-à-vis de son sujet.

> Chez Humbert de Romans, note Markus Schürer, la rhétorique qui avait une orientation pastorale très marquée jouit d'une faveur religieuse que l'on n'avait pas connue auparavant: le cinquième maître général des dominicains plaça l'art oratoire et avec lui l'*exemplum* au service de la prédication nouvelle, telle qu'elle avait été construite par les ordres mendiants et qui elle même émanait directement de Dieu comme un *officium* et par conséquent était revêtue de la plus grande dignité[27].

2. Un public diversifié, maître du jeu

Humbert, pour justifier l'emploi des récits exemplaires, en appelle à l'autorité de Grégoire pour qui les „exemples [...] émeuvent mieux que les discours". Plus loin, il fournit toutes les garanties scripturaires attendues, depuis les Proverbes et ses fourmis, exemples de sagesse, jusqu'au Christ lui-même qui parlait par „similitudes et exemples", en passant par les prophètes et Salomon. Il va même jusqu'à invoquer, s'inspirant de s. Augustin, les sacrements et autres rites de l'Eglise qui représentent une réalité spirituelle sous une forme visible et exemplaire. Ces garanties le cèdent manifestement à la démonstration de l'efficacité des *exempla*. Au fondement de l'utilisation des récits exemplaires, il y a l'auditoire, le public, celles et ceux à qui ils sont destinés. Le plaisir que les assistants aux sermons retirent des *exempla* justifie leur emploi. L'*utilitas* trouve sa

---

The narrative tradition; Füser, Vom exemplum Christi; Cygler, Zur institutionellen Symbolizität.

25 Humbert de Romans est par ailleurs l'auteur de deux Legendae sancti Dominici (Legenda prima, Legenda maior), dont S. Tugwell vient de procurer l'édition critique (Rome 2008).

26 109, 147 (Humbertus de Romanis, ed. Boyer, IV, 938–961, pp. 79–80 ; V, 403/411, p. 101).

27 Schürer, Das Beispiel im Begriff, p. 222.

force dans l'appétence du public pour les récits[28]. Le prédicateur doit se mettre à la portée du plus grand nombre d'auditeurs et le contenter. Jacques de Vitry évoquait une *recreatio* concomitante à l'*edificatio*. Humbert fait de la *delectatio* l'élément moteur de la narration exemplaire, annonçant Thomas de Cantimpré pour qui les sentences et les récits „joyeux et bienvenus" conviennent pour le plus grand nombre[29].

Ce public, précise Humbert de Romans, ne s'atteint pas par les seuls sermons publics. Il n'est pas seulement laïc. A l'instar de Jacques de Vitry et d'Etienne de Bourbon, mais précisant leur propos, Humbert souligne l'utilité des récits exemplaires et leur opportunité dans n'importe quel cercle de récepteurs[30]. Il y a là clairement une diversification de l'offre exemplaire, selon trois occasions qui voient les auditeurs („toutes catégories de gens") écouter, en nombre ou en particulier, des *exempla* de la bouche du prédicateur: les sermons, les entretiens familiers, les rencontres amicales. Les *exempla* sont donc utiles dans la pratique du sermon et dans l'enseignement, au sein de l'économie générale du salut (*ad edificationem omnium et salutem*). Quand Humbert prend des exemples de sages et de saints qui ont usé „de ce procédé", leur liste ne doit rien au hasard puisqu'en fin d'énumération il les regroupe deux par deux. Grégoire le Grand et Dominique, tout deux qualifiés de „personnes illustres" ont démontré, de façon générale, la puissance des exemples „pour le salut des âmes". Un missionnaire anglais convertit l'Angleterre au christianisme, Jacques de Vitry persuada la France de partir en croisade: voilà les effets (*fructus*) des récits (exemples et paraboles) utilisés dans les sermons publics. Quant à Josaphat et saint Augustin, ils ont été convertis au christianisme grâce à des entretiens amicaux où fleurissaient exemples et paraboles.

Ce public divers, atteint par différentes voies, se retrouve encore au centre des conseils que donne Humbert en fin de son prologue quant à la pratique exemplaire.

3. Une utilisation pragmatique des *exempla*

Plus qu'un mode d'emploi des *exempla*, Humbert livre à travers des réserves quant à leur utilisation une véritable définition dynamique de ces récits. Et là encore c'est le public, le récepteur qui est l'aune de leur efficacité. Cet auditoire (nombreux ou restreint) est formé de gens simples, à la faculté de compréhension moins forte que les lettrés, mais qui prennent plaisir à entendre des récits que certains prédicateurs savent rapporter[31]. Cette *gratiosa narratio*, cet art plaisant de raconter – *narrare* intervient quatre fois dans le Prologue, *narratio* deux fois – n'est pas donnée à tous ceux qui enseignent. Il s'agit là d'un véritable

---

28 Nadeau, Faire œuvre utile. La forme *utilis* et ses dérivés (*utilitas*, *utiliter*, *inutilis*) reviennent à quatre reprises dans le Prologue.

29 Berlioz/Polo de Beaulieu, Les prologues (1995), pp. 286–287.

30 Comme l'a bien noté Schürer, Das Beispiel im Begriff, pp. 223–224.

31 Sur les dénominations des destinataires des *exempla* fournies dans les prologues, Berlioz/Polo de Beaulieu, Les prologues (1995), pp. 283–285.

charisme (pris dans son sens originel de „don") que Humbert reconnaît comme tel. Une véritable „compétence communicative" – pour reprendre les termes chers à l'ethnographie de la communication – est exigée du locutaire exemplaire. Ou plutôt, la *gratia loquendi*, l'art de discourir en théologie, n'est pas surestimée par Humbert. En d'autres termes, à chacun son don.

Quant au strict récit exemplaire, la codification de sa mise en œuvre est livrée dans une admirable précision. Les récits (*narrationes*) doivent être brefs et employés modérément. Ils doivent être véridiques, comme si un contrat était passé entre le prédicateur et son auditeur[32] et reposer sur une autorité. Michel Zink dans son bel ouvrage *La Subjectivité littéraire* l'a bien noté: „… la démonstration de la vérité d'ordre moral, qui est la leçon de l'*exemplum*, passe par l'affirmation de la vérité référentielle de l'anecdote qui l'illustre[33]". Alors que Humbert ne cite pas dans son prologue les sources auxquelles il se réfère (craint-il d'avouer sa dette envers son confrère Etienne de Bourbon?), il propose une échelle de valeur en matière d'autorité des récits: personnages illustres, livres canoniques, pères et docteurs de l'Eglise, Bible; et même les ouvrages des philosophes[34] ou de „sciences naturelles".

L'on constate ainsi chez Humbert de Romans une confiance immense dans la narration au service du salut personnel. Si l'*exemplum* est bien la répétition de l'acte salvateur et le condensé de la vie d'un chrétien, le prédicateur en est le médiateur, et finalement, au-delà des sources qu'il peut citer, la référence ultime, dans son charisme même. Une confiance dans le récit mis au service d'une foi ou d'une croyance, un rôle premier donné au passeur, l'assurance dans l'efficacité des médiations et dans leurs différentes formes, voilà autant de traits que les tenants actuels du *storytelling management* pourraient, *mutatis mutandis*, reprendre à leur compte.

Bibliographie

Bède le Vénérable, Historia ecclesiastica gentis Anglorum, in: B. Colgrave/R.A.B. Mynors (ed.), *Bede's Ecclesiastical History of the English People*, Oxford 2001 [1969].

Berlioz, J.,/M.A. Polo de Beaulieu, Les prologues des recueils d'*exempla* (XIIIe–XIVe siècles). Une grille d'analyse, in: *La Predicazione dei Frati dalla metà del '200 alla fine del '300*, Spoleto 1995, pp. 268–299.

Berlioz, J.,/M.A. Polo de Beaulieu, Les prologues des recueils d'*exempla*, in: J. Hamesse (ed.), *Les Prologues médiévaux*, Turnhout 2000, pp. 275–321.

Boureau, A., *L'événement sans fin. Récit et christianisme au Moyen Age*, Paris 1993.

Chène, C., Des fourmis et des hommes. Le Formicarius (1436–1438) de Jean Nider O.P., in: *Micrologus* 8/1 (2000), pp. 297–350.

Constantin d'Orvieto, *Legenda sancti Dominici*, ed. H.C. Scheeben (MOPH 16).

32 Boureau, L'événement sans fin, pp. 27–37, 55–80.

33 Zink, La Subjectivité littéraire, p. 105.

34 *Exempla docent*, ed. Ricklin.

Cygler, F., Zur institutionellen Symbolizität der dominikanischen Verfassung. Versuch einer Deutung, in: G. Melville (ed.), *Institutionalität und Symbolisierung. Verstetigungen kultureller Ordnungsmuster in Vergangenheit und Gegenwart*, Köln 2000, pp. 409–423.

Etienne de Bourbon, *Tractatus de diversis materiis predicabilibus* (CCCM 124).

Exempla docent. Les exemples des philosophes de l'Antiquité à la Renaissance, ed. T. Ricklin (Actes du colloque international 23–25.10.2003 Université de Neuchâtel), Paris 2006.

Flahaut, F., *Adam et Eve. La condition humaine*, Paris 2007.

Füser, T., Vom exemplum Christi über das exemplum sanctorum zum „Jedermannsbeispiel". Überlegungen zur Normativität exemplarischer Verhaltensmuster im institutionellen Gefüge der Bettelorden des 13. Jahrhunderts, in: G. Melville/J. Oberste (ed.), *Die Bettelorden im Aufbau. Beiträge zu Institutionalisierungsprozessen im mittelalterlichen Religiosentum* (Vita regularis 11), Münster 1999, pp. 27–105.

Horowitz, J., Les exempla au service de la prédication de la croisade au 13e siècle, in: *Revue d'histoire ecclésiastique* 92 (1997), pp. 367–394.

Humbertus de Romanis, *De dono timoris*, ed. C. Boyer (CCCM 218), Turnhout 2008.

Humbert de Romans, *Le Don de crainte ou L'Abondance des exemples*, trad. C. Boyer/postf. J. Berlioz (Collection d'histoire et d'archéologie médiévales 11), Lyon 2003.

Jacques de Vitry, *Histoire occidentale*, ed. G. Duchet-Suchaux, intr. J. Longère, Paris 1997.

Jourdain de Saxe, *Libellus de principiis ordinis praedicatorum*, ed. H.C. Scheeben (MOPH 16).

Kehnel, A., The narrative tradition of the medieval Franciscan friars on the British Isles. Introduction to the sources, in: *Franciscan Studies* 63 (2005), pp. 461–530.

Lecoy de la Marche, A., La prédication de la croisade au treizième siècle, in: *Revue des questions historiques* (1890), pp. 5–28.

Maier, C.T., *Crusade Propaganda and Ideology. Models sermons for the Preaching of the Cross*, Cambridge (UK) 2000.

Melville, G., L'institutionnalité médiévale dans sa pluridimensionalité, in: J.-C. Schmitt/O.G. Oexle (ed.), *Les tendances actuelles de l'histoire du Moyen Age en France et en Allemagne* (Histoire ancienne et médiévale 66), Paris 2002, pp. 243–264.

Nadeau, A., Faire œuvre utile. Notes sur le vocabulaire de quelques prologues dominicains du XIIIe siècle, in: S. Lusignan/M. Paulmier-Foucart (ed.), *Lector et compilator. Vincent de Beauvais, frère prêcheur. Un intellectuel et son milieu au XIIIe siècle*, Grâne 1997, pp. 77–96.

Salmon, C., Apportez au monde vos récits naïfs, in: *Le Monde* (30.08.2008), p. 28.

Salmon, C., *Storytelling. La machine à fabriquer des histoires et à formater les esprits*, Paris 2007.

Schürer, M., Das Beispiel im Begriff. Aspekte einer begriffsgeschichtlichen Erschliessung exemplarischen Erzählens im Mittelalter, in: *Mittellateinisches Jahrbuch* 38 (2003), pp. 199–237.

Schürer, M., *Das Exemplum oder die erzählte Institution. Studien zum Beispielgebrauch bei den Dominikanern und Franziskanern des 13. Jahrhunderts* (Vita regularis 23), Berlin 2005.

Tilliette, J.-Y., L'exemplum rhétorique: questions de définition, in: J. Berlioz/M.A. Polo de Beaulieu (ed.), *Les exempla médiévaux. Nouvelles perspectives* (Nouvelle Bibliothèque du Moyen Age 47), Paris 1998, p. 65.

Zink, M., *La Subjectivité littéraire*, Paris 1985.

LUDGER LIEB (Kiel)

Erzähltes Charisma – Charisma des Erzählers

Zum ‚Tristan' Gottfrieds von Straßburg*

Charismatische Erneuerung[1] und charismatische Destabilisierung waren im Mittelalter konstitutive Phänomene sozialer Ordnung,[2] und dies nicht nur im kirchlich-religiösen Bereich. Schon Max Weber hatte angedeutet, dass sich das Charisma auch im mittelalterlichen Helden manifestiere, und Wolfgang Lipp hat den Helden gar zu einem charismatischen „Archetypus sozialdramatischen Handelns" erhoben.[3] Umso mehr überrascht es, dass die Germanistische Mediävistik dieses in der Kultursoziologie recht prominente Modell, das durchaus schon etwas in die Jahre gekommen ist, nicht ihrerseits wieder aufgenommen hat, um das erzählte Charisma ihrer Helden zu untersuchen und seine je textuellen Manifestationen zu differenzieren. Wie eine solche Interpretation aussehen könnte, mögen die folgenden Ausführungen für den ‚Tristan' Gottfrieds von Straßburg zeigen.

Entstanden um 1210 gehört der ‚Tristan'[4] zu den am häufigsten überlieferten höfischen Romanen des deutschen Mittelalters (27 Handschriften und Fragmente). Er war also schon im Mittelalter ein ‚Klassiker', obwohl er Fragment geblieben ist – er bricht nach knapp 20.000 Versen ab – und obwohl er auf den ersten Blick vom Gegenteil höfischer Werte und Ideale erzählt, denn er verherrlicht die Liebe zweier Ehebrecher als eine übernatürliche Macht, die zugleich quält und beglückt, die sozial destruktiv wirkt und eine neue Gemeinschaft der Liebenden stiftet.

Die drei Teile dieses Aufsatzes widmen sich je einem wichtigen und in der Forschung viel beachteten Aspekt des ‚Tristan': 1. der Figur Tristans, 2. der

---

* Ich danke den Diskutanten in Heidelberg und Kiel für vielfältige Kritik und Anregungen. Der gebotenen Kürze wegen verzichte ich weitgehend auf Fußnoten. Die Aufsätze von Quast, Ein saelic spiel, und Ridder, Stigma und Charisma, erschienen erst nach Fertigstellung dieses Beitrags.

1 Wie nachhaltig der Dresdner SFB 537 und das Charisma seines Sprechers auf frühere Mitarbeiter wirken, möge dieser Aufsatz zeigen. Ich hoffe, es kommt darin der Dank zum Ausdruck, den ich aufrichtig empfinde. Für mich jedenfalls waren die sechs Jahre als Grundausstattung des SFB mit seinem charismatischen Sprecher eine sehr fruchtbare Zeit der Erneuerung.

2 Vgl. Melville, Der geteilte Franziskus; von Moos, Krise und Kritik.

3 Lipp, Stigma und Charisma, S. 224–256.

4 Ich benutze im Folgenden die Ausgabe von Marold/Schröder. Alle mittelhochdeutschen Zitate stammen aus dieser Ausgabe. Die Übersetzungen sind von mir selbst angefertigt.

Minne zwischen Tristan und Isolde und 3. der Figur des Erzählers. Diese drei Aspekte und ihre Problematik seien vorweg kurz umrissen:

1. Tristan ist eine hybride Figur: Er erscheint als mythischer Heilsbringer *und* als vollkommener höfischer Ritter, als *puer senex und* Minnetor, als Held *und* als Spielmann, als Brautwerbungshelfer *und* als listiger Ehebrecher.

2. Der Status der Minne zwischen Tristan und Isolde: Was ist das eigentlich für eine Minne? Ist es die Minne des Hohen Minnesangs, der ja auch die höfischen Tugenden propagiert und gleichzeitig einer ehefernen Beziehung huldigt? Oder ist diese Minne einfach ein Missgeschick, an dem der Erzähler moralisch etwas exemplifizieren will? Ist sie ein mythisches Relikt oder eine Vorform dessen, was wir passionierte Liebe nennen?

3. Die Rolle des Erzählers: Der Erzähler ist einerseits ein klassischer Wiedererzähler – der Verlauf der Handlung entspricht weitgehend der altfranzösischen Vorlage, dem Tristanroman des Thomas von Britanje (soweit dieser schlecht überlieferte Text zu rekonstruieren ist) – und andererseits zugleich ein Neuerfinder des Stoffes, der unglaublich frei und souverän über den Stoff verfügt. Dabei verunklärt sich immer wieder, wie der Erzähler eigentlich zu seinem Text und zu seinen Figuren steht.

Im Folgenden geht es darum, ein Konzept vorzustellen, dass es ermöglicht, diese drei wichtigen Aspekte des Tristanromans unter einer einheitlichen Perspektive zu betrachten. Dabei ist es nicht mein Ziel, die durchaus auf unterschiedlichen Ebenen angesiedelten Aspekte (eine Figur der Diegese: Tristan; ein inhaltliches Element: die Minne; eine extradiegetische Instanz: der Erzähler) gleichzumachen, sondern die Verbindungen zwischen ihnen zu erkennen, die das Charisma-Konzept allererst sichtbar macht. Die Pointe wird sein, dass sich diese Verbindungen als Transformationen beschreiben lassen: Das Charisma Tristans (1.) transformiert sich zum Charisma der Minne (2.), und dieses wiederum wird zum Charisma des Erzählers (3.) transformiert.

Vor der Textanalyse seien noch vier Punkte des Charisma-Konzepts in Erinnerung gerufen, die im Anschluss an Max Weber vor allem die neuere Kultursoziologie entworfen hat und die in jedem meiner drei Teile wieder angesprochen werden:

a. Stigmata (Randständigkeit): Dass „charismatische Merkmale [...] mit stigmativen: mit Eigenschaften, die ihre Träger als primär ‚elend', nämlich sozialmoralisch defizitär ausweisen, in [...] enger Nachbarschaft" stehen, ist eine wichtige Beobachtung der neueren Charisma-Forschung.[5] Entscheidend ist allerdings, dass das Stigma eines Charismatikers, also seine sichtbar werdende und defizitär gewertete Abweichung von der Normalität, „in Zentralität umschlägt".[6] Häufig ist die Stigmatisierung der erste Schritt in der Entwicklung einer Person zum Charismatiker – deswegen steht dieses Merkmal hier an erster Stelle. Der Charismatiker kommt vom Rand der Gesellschaft.

5 Lipp, Stigma und Charisma, S. 11.
6 Ebd., S. 71.

b. Gnadengaben (Außeralltäglichkeit): Die Begabung einer Persönlichkeit mit einer „als außeralltäglich [...] geltende[n] Qualität" ist – nach Max Weber – die notwendige Bedingung jedes Charismas.[7] Nicht jede als außeralltäglich geltende Qualität macht allerdings eine Person schon zum Charismatiker. Typische Qualitäten eines Charismatikers sind Begabungen, die mit Kommunikation und Interaktion zu tun haben, insbesondere Sprechen, Zuhören, Sehen, Blicken, Zeigen, Berühren, Vorführen usw. Denn der Charismatiker hat eine zentralisierende Wirkung.

c. Führerschaft (Gefolgschaft): Wegen ihrer außeralltäglichen Begabungen wird die Persönlichkeit – um Max Webers berühmte Definition zu zitieren – „als gottgesandt oder als vorbildlich und deshalb als ‚Führer' gewertet".[8] Jeder Charismatiker zieht – wie auf magische Weise – Menschen an sich.

d. Gesellschaftsentwurf (Alternativen): Zum Charisma gehört schließlich der alternative Entwurf sozialer Beziehungen, die Vision einer anderen gesellschaftlichen Ordnung, die durchaus als revolutionär empfunden werden kann. Charismatisches ‚Handeln' hat „mit Gesellschaft als aktueller vereinnahmender Geschäftigkeit ursprünglich schon immer gebrochen; es gehört nicht mehr ihr, sondern einer noch unbekannten, künftigen Daseinsordnung an".[9]

Die genannten Punkte a bis d sollen nun auf jeden der drei Aspekte des ‚Tristan' angewendet werden.

1. Tristan als Charismatiker

Die Konstitution Tristans vollzieht sich im ersten Teil des Romans, der knapp 6000 Verse, also etwa ein Drittel der gesamten Textmenge, umfasst und der von der Elternvorgeschichte und der Jugend Tristans bis etwa zu seinem 18. Lebensjahr erzählt. Ich erläutere die wichtigsten Stationen: Riwalin, Herrscher von Parmenien (in Nordfrankreich zu denken), unternimmt eine Fahrt übers Meer nach Cornwall zu König Marke. Riwalin und Blanscheflur, die Schwester König Markes, verlieben sich ineinander. Doch schon bald wird Riwalin in einem Kampf tödlich verwundet, Blanscheflur verschafft sich Zutritt zu seinem Sterbebett und die beiden schlafen erstmals miteinander – und zeugen ein Kind. Auf wundersame Weise wird Riwalin geheilt und flieht wenig später mit der schändlicherweise schwangeren Blanscheflur zurück übers Meer nach Parmenien. Die beiden heiraten, doch bald fällt Riwalin endgültig im Kampf und Blanscheflur stirbt ihm aus Kummer nach. Sie bringt im Sterben einen Sohn zur Welt. Rual und Floraete geben sich, um das Kind zu schützen, als Eltern aus und taufen das Kind auf den Namen Tristan. Als Tristan 14 Jahre alt ist, wird er von norwegischen Kaufleuten mit dem Schiff entführt und ausgerechnet an der

7 Weber, Wirtschaft und Gesellschaft, S. 140.
8 Ebd.
9 Lipp, Stigma und Charisma, S. 224.

Küste Cornwalls ausgesetzt: Tristan trifft zufällig auf eine Jagdgesellschaft, die von Markes Burg kommt und sofort Tristans Besonderheit erkennt. Mit dieser Jagdgesellschaft zieht Tristan in Markes Burg ein und wird sofort zum Liebling des Hofes, später zum engsten Vertrauten Markes und schließlich auch zu seinem Erben.

1.a. Stigmata: Es sind gleich drei Stigmata, die Tristan erfährt. Erstens wird er auf dem Sterbebett seines Vaters Riwalins gezeugt, zweitens auf dem Sterbebett seiner Mutter geboren und drittens mit einem Namen getauft, der nicht seine genealogische Herkunft markiert, sondern sein trauriges Schicksal, und der ihn damit Zeit seines Lebens als randständig zeichnet. Auf die Frage, welchen Namen das Kind tragen soll, antwortet der Ziehvater Rual seiner Frau Floraete (v. 1989–1996):

[...] *„frouwe, als ich vernam*	„Gnädige Dame, angesichts dessen, was
von sînem vater, wie ez dem kam	ich von seinem Vater hörte, wie es dem
umbe sîne Blanscheflûre,	mit seiner Blanscheflur erging,
mit wie vil maneger triure	mit wieviel Trauer ihre
ir gernder wille an ime ergie,	Sehnsucht nach ihm zur Erfüllung kam,
wie sî diz kint mit triure enpfie,	wie sie dieses Kind mit Trauer empfing
mit welher triure sîz gewan,	und mit welcher Trauer sie es gebar,
sô nenne wir in Tristan.“	nennen wir ihn Tristan.“

Auf Zeugung (v. 1994) und Geburt (v. 1995) wird hier eigens rekurriert, um den sprechenden und somit stigmatisierenden Namen zu legitimieren.

1.b. Gnadengaben: Kindheit und Jugend Tristans sind durch die Entwicklung außergewöhnlicher Fähigkeiten geprägt: Fremdsprachen, Fachkenntnisse, Spielen, Erzählen, Singen – das ist gewissermaßen Tristans charismatisches Potenzial. Besonders schön sieht man das, als Tristan mit 14 Jahren von norwegischen Kaufleuten entführt wird, denn diese erkennen Tristans Gnadengaben (v. 2280–2282. 2285–2288. 2291–2293):

si nam des wunder, daz ein kint	Sie wunderten sich, dass ein Jugend-
sô manege sprâche kunde:	licher so viele Sprachen konnte.
die fluzzen ime ze munde [...].	Sie flogen seinem Munde nur so zu.
der höfsche hovebære	Der höfische Edle
lie sîniu hovemære	ließ immer wieder seine Hofgeschichten
und fremediu zabelwortelîn	und spezielle Schachbegriffe
underwîlen fliegen în: [...]	einfließen.
ouch sang er wol ze prîse	Auch sang er, dass man es rühmte,
schanzûne und spæhe wîse,	Kanzonen und ausgesuchte Melodien
refloit und stampenîe.	Refrainlieder und Tanzstücke.

Die vielen Fremdsprachen fließen Tristan ‚aus dem Mund‘ (v. 2282), d. h. sie sind ihm anstrengungslos gegeben, er scheint von einer höheren Instanz begabt. Die Kaufleute werden quasi Zeugen eines Pfingstwunders. Dasselbe gilt für die Fähigkeiten zu erzählen, zu singen und die Fachterminologien professionell zu beherrschen.

1.c. Führerschaft: Als Tristan auf die Jagdgesellschaft Markes trifft, beginnen die Jäger gerade einen Hirsch ‚wie ein Schwein‘ zu zerteilen – doch Tristan stoppt sie und führt ihnen vor, wie man einen Hirschen weidgerecht zerlegt. Nach diesem so genannten Bast erweist sich Tristan als charismatischer *Anführer.* Er ordnet die Gruppe der Jäger, so dass sie ihm folgend in Markes Burg einziehen (v. 3205–3220):

Sus riten si gerotieret în	So ritten sie in Gruppen zu zwei
zwêne unde zwêne: als soltez sîn.	und zwei hinein, wie es sein sollte.
und als diu rotte gâr în kam,	und als die Gruppe ganz hinein gekom-
Tristan sîn hornelîn dô nam	men war, nahm Tristan sein kleines Horn
und hürnete alsô rîche	und blies das Horn so sicher
und alsô wunneclîche,	und herrlich,
jene alle, die dâ mit im riten,	dass es alle, die dort mit ihm ritten,
daz die vor fröuden kûme erbiten,	vor Freude kaum erwarten konnten,
daz sîm ze helfe kâmen	es ihm nachzutun,
und alle ir horn nâmen	bis sie alle ihre Hörner nahmen
und hürneten vil schône	und sehr schön mit ihm
mit ime in sîme dône.	in sein Lied einstimmten.
er fuor in vor ze prîse,	Er spielte ihnen lobenswert voraus,
si nâch in sîner wîse	und sie folgten ihm in seiner Melodie,
bescheidenlîchen unde wol:	gekonnt und gut.
diu burc diu wart gedœnes vol.	Die Burg wurde mit Tönen erfüllt.

Tristan, das Kind, das aus der Fremde kam, findet hier zum ersten Mal und ganz ohne Anstrengung eine Anhängerschaft: er *führt* etwas vor und alle *folgen* ihm. Tristan ‚gibt den Ton an'. Aufgrund seiner Gnadengaben wird er als „vorbildlich" und damit „als Führer gewertet". Im symbolischen Einzug der Jäger erscheint Tristan als Schöpfer einer neuen kulturellen Ordnung, als Führer einer neuen charismatischen Herrschaft. Dass dies später zum Problem werden wird, weil es schon einen Herrscher, König Marke, gibt, liegt auf der Hand. Die charismatische Sprengkraft – ausgedrückt im Hörnerschall, der die ganze Burg erfüllt – weist auf den späteren Konflikt hin.

1.d. Gesellschaftsentwurf: Im weiteren Handlungsverlauf zeigt sich zunächst eine geradezu revolutionäre Erneuerung der Gesellschaft in Cornwall. Diese gibt ihre bisherigen sozialen Ordnungen und Praktiken auf zugunsten einer sozialen Ordnung, die allein auf dem Charisma Tristans gründet. Am deutlichsten wird dies darin, dass Marke den Fortbestand seiner Dynastie nicht durch Fortpflanzung gewährleisten will, sondern bewusst auf eine Ehe verzichtet und seinen charismatischen Neffen als Erben einsetzt (v. 5157–5165):

„wan ich wil durch den willen dîn	„Denn ich will um deinetwillen
êlîches wîbes âne sîn,	ohne Ehefrau bleiben,
die wîle ich iemer leben sol.	solange ich leben werde.
neve, dû hâst vernomen wol	Neffe, du hast meine Bitte
mîne bete und mînen sin.	und meine Absicht gehört.
bistû mir holt, als ich dir bin,	Hast du mich so lieb wie ich dich,
treist dû mir herze, als ich dir trage,	trägst du mich im Herzen wie ich dich,
weiz got, so sul wir unser tage	so sollen wir, weiß Gott, unser Leben
frôlîche mit ein ander leben."	fröhlich miteinander leben."

Tristan nimmt diese Bitte an und verzichtet seinerseits auf die von Riwalin ererbte Herrschaft in Parmenien; macht sich also freiwillig zum – wie der Erzähler sagt – *lantlôsen* Ritter (v. 5872). Tristan und Marke zerstören bewusst die traditionalen Verfahren der Legitimierung und Weitergabe von Herrschaft. Ihre Beziehung allerdings ist weniger auf homoerotische Anziehungskraft gegründet als auf die charismatische Zentralisierung: Marke ist so begeistert von Tristan wie alle anderen am Hof – und damit weist diese Beziehung einerseits zurück auf das *amicitia*-Ideal der Hofkleriker des 10. bis 12. Jahrhunderts, vor allem aber voraus auf die Beziehung zwischen Tristan und Isolde.

2. Minne als Charisma

Auch beim zweiten Aspekt, dem Status der Minne zwischen Tristan und Isolde, finden sich die vier Merkmale des Charismas wieder. Jetzt aber zielen sie auf eine ganz neue Dimension: Das Charisma transformiert sich zu einer charismatisch inspirierten Minne. Dies geschieht in zwei Schritten: I. *vor* dem Minnetrank, d. h. bevor die Minne zwischen Tristan und Isolde ‚ausbricht' – das sind im Wesentlichen die Ereignisse auf der ersten Irlandfahrt –, und II. nach dem Minnetrank – das sind die sogenannten Ehebruchsepisoden in Cornwall.

I. Nachdem Tristan sich für Marke entschieden hat und auf Dauer bei ihm bleiben will, tritt neben Cornwall und Parmenien ein neuer Handlungsraum: Irland. Hier regiert König Gurmun und seine Frau Isolde. Die beiden haben eine Tochter, die ebenfalls Isolde heißt. Der Bruder der Mutter Isolde, also Onkel der jungen Isolde, heißt Morolt. Dieser fährt übers Meer nach Cornwall, um dort wie jedes Jahr die Zinsen einzutreiben. Denn Cornwall – wie man jetzt erst erfährt – steht in einer bedrückenden Abhängigkeit von Irland. Tristan tötet Morolt, befreit Cornwall von der Abhängigkeit und erscheint mithin als der (heimliche) Führer Cornwalls. Im Kampf wird Tristan jedoch von dem vergifteten Schwert Morolts schwer verwundet.

2.a. Stigmata: Die vergiftete Wunde ist das neue Stigma Tristans. Tristan fängt fürchterlich an zu stinken und sieht entsetzlich aus, so dass keiner sich mehr in seiner Nähe aufhalten will. Er verliert seine bisherigen Jünger und Anhänger am Hof Markes und wird zu seiner neuen Anhängerin hingezogen, denn nur in Irland (bei der Mutter Isolde) kann Tristan geheilt werden. Er fährt also alleine übers Meer zum Erzfeind nach Irland und gibt sich dort – um nicht erkannt zu werden – als ‚Tantris' aus.

Die Punkte b., c. und d. beziehen sich nun alle ausschließlich auf die Beziehung zwischen Tristan und der jungen Isolde:

2.b. Gnadengaben: Mit den Gnadengaben des Singens, Harfespielens und Geschichtenerzählens kommt der durch die Wunde stigmatisierte Tristan sehr schnell in die Nähe Isoldes. Als Dank für die Heilung durch die Mutter unterrichtet er die Tochter.

2.c. Führerschaft: Es erweist sich, dass die Anhängerschaft Tristans nur noch aus einer einzigen Person besteht, aus Isolde, seiner ausgezeichneten

Schülerin, die er zur vollkommenen höfischen Dame und Künstlerin macht. Tristan findet in Isolde jene Charismatikerin, die allein seinem Charisma gewachsen ist. Man kann also von einer charismatischen Reziprozität reden. Das Charisma Tristans beginnt sich zu transformieren – hin zu einer charismatischen Zweierbeziehung.

2.d. Gesellschaftsentwurf: Tantris und Isolde gründen ihre Beziehung auf den Gnadengaben des Musizierens und Singens und einer vollkommenen Sittlichkeit (*moraliteit* genannt). Sie können so Feindschaft und Rache, die den sofortigen Tod Tristans nach sich ziehen würde, überwinden. Für Tristan ist diese Beziehung ein *ander leben*, er ist wie neu geboren (v. 8316f.). Allerdings muss Tristan Irland wieder verlassen, weil er Angst hat entdeckt zu werden, und so kehrt er nach Cornwall zurück.

II. Tristan fährt zum zweiten Mal nach Irland. Warum? Weil seine ehemaligen Anhänger in Cornwall nun zu seinen Feinden geworden sind. Tristan hat sein Charisma für sie verloren; sein Charisma ist in die Krise geraten. Und er hat seine Erbfolge verspielt, denn man zwingt ihn nun, eine Braut für König Marke zu erwerben, damit es in Cornwall doch noch qua Fortpflanzung zu einer rechtmäßigen Erbfolge kommen kann. Die Braut soll Isolde sein. So wird Isolde von Tristan, der ja in Irland als Tantris schon charismatischen Erfolg hatte, für Marke erworben. Bei der Rückfahrt von Irland nach Cornwall trinken Tristan und Isolde aus Versehen den magischen Minnetrank und sind ab sofort bis an ihr Ende in Liebe einander zugetan. Die charismatische Zurichtung der Protagonisten aufeinander wiederholt sich nun in gesteigertem Maße, das Charisma implodiert:

2.a. Stigmata: Der Minnetrank ist das Stigma für Tristan und Isolde, das nie mehr aufzuheben ist: Durch ihre Liebe und ihren daraus resultierenden Ehebruch sind Tristan und Isolde notwendigerweise und dauerhaft an den Rand der Gesellschaft gedrängt.[10]

2.b. Gnadengaben: Auch die bereits bekannten Gnadengaben spielen jetzt wieder eine Rolle. Musik, Gesang und Geschichtenerzählen zeichnen die Liebe aus. Sie begründen eine Beziehung, die weniger als eine frühe Form passionierter Liebe zu beschreiben ist, sondern als charismatisch inspirierte Minne. Die Minne, die hier gefeiert wird, ist kein Gefühl, sondern die ästhetisch-ethische

10 Der kulturgeschichtliche Übergang von einem ‚magischen' zu einem ‚prophetischen' Charisma, wie Max Weber ihn beschreibt und wie er sich am deutlichsten in der jüdischen Prophetie und im christlichen Pfingstwunder manifestiert, lässt sich in der Stoffgeschichte des ‚Tristan' beobachten. Während in früheren Fassungen die magische Komponente noch dominierte, versucht Gottfried magische Elemente (vergiftetes Schwert und Minnetrank) nur noch auf der Ebene der Stigmatisierung zuzulassen und ansonsten die prophetischen Qualitäten in den Vordergrund zu rücken: Magische Elemente werden entwertet, die Traditionsverbundenheit der Massen wird gelöst und es wird vom Propheten eine rationalere Ethik des innerweltlichen Handelns verkündet.

Qualität des höfischen Menschen, die sich in einer exklusiven Zweierbeziehung wechselseitig perfektioniert.

2.c. Führerschaft: In erster Linie sind die zwei Liebenden Anhänger des jeweils anderen. Sie bilden selbst ihre Führerschaft und ihre Gefolgschaft. Und so entfaltet sich die besondere Qualität der charismatisch inspirierten Minne nur in der Präsenz der Liebenden. Gert Melville hat im Bezug auf Franziskus und den Franziskanerorden, der etwa zur selben Zeit entstand wie Gottfrieds ‚Tristan', die Präsenz hervorgehoben, an die die Kommunikation des charismatischen Franziskus gebunden war.[11] Für die Minne zwischen Tristan und Isolde gilt, dass es für die wechselseitige Präsenz der Liebenden keinen Ersatz, keine Kompensation gibt – wie sie etwa der Hohe Minnesang in der Idealisierung und Verinnerlichung der Dame vorführt. Auch deswegen ist der Minne im ‚Tristan' das Leid und der Tod stets zugegen: Präsenz nämlich, in der allein das Charisma wirken kann, ist stets durch die Kontingenz der Welt sowie durch die Bosheit der Menschen bedroht.

2.d. Gesellschaftsentwurf: Dieser besteht in der neuen Beziehung zwischen Frau und Mann: einer Beziehung, die nicht dem Allianzdispositiv, nicht den traditionellen Ansprüchen der Hofgesellschaft, der Etikette einer oberflächlichen Erfüllungsinstitution unterworfen ist, sondern in der reziproken Charismatisierung die höfischen Werte fundamental erneuert.

3. Der Erzähler als Charismatiker

Meine Relektüre des ‚Tristan', die vom Konzept des Charismas inspiriert war, findet ihre Pointe im dritten Aspekt, der „Rolle des Erzählers". Es ist auffallend, dass der Erzähler genau ab der Stelle, als Tristan und Isolde durch den Minnetrank in eine ewige Liebe verfallen, mit seinen großen Exkursen und Anreden an sein Publikum beginnt. In dem Maße, in dem das Charisma Tristans und Isoldes sich zunehmend aufeinander richtet und keine Gefolgschaft mehr bildet – und als solchermaßen implodiertes nach außen hin gar kein Charisma mehr ist –, in dem Maße übernimmt der Erzähler die Rolle des Charismatikers.[12] Diese Rolle ist im berühmten Prolog des ‚Tristans' bereits antizipiert, weshalb ich mich im Folgenden auf diesen Prolog beschränke. Da jetzt die narratologische Ebene gewechselt werden muss, ist das Charisma nicht länger eines, das erzählt wird, also in der erzählten Welt vorkommt, vielmehr ist es eines

11 Melville, Der geteilte Franziskus, S. 352; vgl. auch den Beitrag von Peter Strohschneider in diesem Band.

12 Es wäre zu überlegen, ob hier nicht ein Fall von Transformation vorliegt, der analog ist zum Versuch Gregor IX., Franziskus als Charismatiker „pur zu erhalten", indem er Franziskus die Funktion des „irdischen Leiters der Gemeinschaft" ‚wegnahm'; vgl. Melville, Der geteilte Franziskus, S. 355. Hier wie dort wäre der Effekt, dass der Charismatiker und sein Tun nicht mehr von Alltäglichkeit anfechtbar war.

des (extradiegetischen) Erzählers selbst.[13] Dieses äußert sich in der Regel in der charismatischen Wirkung seines Erzählens und wird daher im Text nicht reflektiert – außer eben in Fällen der Selbstreflexion, die für mittelalterliche Prologe typisch sind. Da es sich aber um Selbstaussagen handelt, ist ihr analytischer Wert gemindert. Die Punkte a bis d sind deswegen teilweise nur indirekt zu fassen und überschneiden sich hier auch vielfältig.

3.a. Stigmata: Gleich zu Beginn des Prologs findet sich eine Selbststigmatisierung des Erzählers. Er macht sich zum Außenseiter. Er lebe nicht für die normale Welt von „ihnen allen“, sondern sei ausschließlich für die *ander welt* der *edelen herzen* geboren (v. 50–57):

ine meine ir aller werlde niht	Ich meine nicht die Welt von ihnen allen,
als die, von der ich hœre sagen,	nämlich die, von der ich sagen höre,
diu keine swære müge getragen	dass sie kein Leid ertragen könne
und niwan in fröuden welle sweben:	und nur in Freuden dahingleiten wolle:
die lâze ouch got mit fröuden leben!	die lasse Gott mit Freuden leben!
der werlde und diseme lebene	Für diese Welt und dieses Leben
enkumt mîn rede niht ebene:	ist meine Erzählung ungeeignet,
ir leben und mînez zweigent sich.	ihr Leben und meines trennen sich.

‚Ich bin anders!‘ – was heute trivial und alltäglich klingt, ist in einer Kultur, die auf Wiederholung traditionalen Wissens und Bestätigung kollektiver schichtenspezifischer Selbstverständnisse gründet, eine spektakuläre Aussage: Dieser Erzähler ist nicht mehr der Dichter für das Kollektiv, wie der Heldensänger, der als Sprachrohr der immerselben Tradition das alte identifizierende Heldensagenwissen weitergibt, und wie noch der Dichter des Artusromans ein Sprecher für die ganze Hofgesellschaft sein will, der die Ideale des Hofes hochhält und dem Kollektiv eine letztlich heile und im Guten aufgehobene Welt präsentiert. Nein, dieser Erzähler entwirft eine neue Welt. Und deshalb muss er sich der Normalwelt entziehen, muss sich stigmatisieren als der andere. Hier bricht gleich am Anfang die Welt auseinander und eine charismatische Erneuerung wird offenbart.

3.b. Gnadengaben: Aufgrund der gebotenen Bescheidenheit macht auch der Erzähler des ‚Tristan‘ seine Begabung nicht oft zum Thema. Im Prolog findet sich immerhin eine Stelle, in der der Erzähler sich den charismatischen Gestus: „Es steht geschrieben, ich aber sage Euch!“ zu eigen macht; an der Stelle nämlich, an der er auf seine Vorlage zu sprechen kommt und darauf pocht, dass er die Geschichte *rechtens* erzählen kann (v. 131–134. 149–151. 155–162):

Ich weiz wol, ir ist vil gewesen,	Ich weiß genau, dass es viele gab,
die von Tristande hânt gelesen;	die von Tristan erzählt haben;
und ist ir doch niht vil gewesen,	doch gab es nicht viele,
die von im rehte haben gelesen. [...]	die richtig von ihm erzählt haben.
sine sprâchen in der rihte niht,	Sie richteten sich nicht nach dem,
als Thômas von Britanje giht,	was Thomas von Britanje gesprochen hat,
der âventiure meister was [...].	der der beste Kenner der Geschichte war.

13 Vgl. Jaeger, Charismatic Body – Charismatic Text, S. 121.

Als der von Tristande seit,	Die Richtschnur und die Wahrheit,
die rihte und die wârheit	die er von Tristan erzählte,
begunde ich sêre suochen	suchte ich intensiv
in beider hande buochen	in französischen
walschen und latînen,	und lateinischen Büchern
und begunde mich des pînen,	und nahm die Qual auf mich,
daz ich in sîner rihte	dass ich diese Dichtung
rihte dise tihte. [...]	nach seiner Richtschnur ausrichte.

Diese Erzählung, die die richtige und wahre ist, haben wir nur, weil Gottfried es dank seiner Begabung geschafft hat, die wahre Erzählung zu finden! ‚Ich bin es, der Euch die wahre Geschichte erzählen kann!'

3.c. Führerschaft: Mit diesem Gestus ist nun aber auch schon der Anspruch des Erzählers auf eine charismatische Führerschaft angesprochen. Der Erzähler erzählt nicht für irgendein Publikum, sondern für das Publikum, das Geschichten von Liebe und Leid liebt, weil es selbst auf veredelnde Weise sich der Liebe und dem Leid aussetzt:

der edele senedære	Der auf veredelte Weise sein Liebesleid
der minnet senediu mære.	trägt, liebt Geschichten von Liebesleid.
von diu swer seneder mære ger,	Darum fahre jeder, der solche Geschichten
der envar niht verrer danne her;	begehrt, nicht weiter herum als bis hierher:
ich wil in wol bemæren	Ich werde ihn gut mit Geschichten von
von edelen senedæren,	edlen Liebesleidenden versorgen,
die reine sene wol tâten schîn:	die reines Liebesleid zeigten:
ein senedære und ein senedærîn,	ein Liebender und eine Liebende,
ein man ein wîp, ein wîp ein man,	ein Mann eine Frau, eine Frau ein Mann,
Tristan Isolt, Isolt Tristan. [...]	Tristan und Isolde, Isolde und Tristan.

Und das, was der Erzähler seinen *edelen herzen*, wie er sie mehrfach nennt, erzählt, hat einen hohen Anspruch. Denn der Effekt dieses Erzählens ist, dass genau jene Werte, jene Tugenden qua Erzählung erzeugt werden, die die höfische Kultur fundieren (v. 174–180):

ez liebet liebe und edelet muot,	Es macht die Liebe liebenswert, den Geist edel,
ez stætet triuwe und tugendet leben,	die Hingabe beständig, das Leben tugendhaft.
ez kan wol lebene tugende geben;	Es kann wirklich dem Leben Tugend geben,
wan swâ man hœret oder list,	denn wo immer man etwas
daz von sô reinen triuwen ist,	von so reiner Hingabe hört oder liest,
dâ liebent dem getriuwen man	werden davon dem guten Menschen
triuwe und ander tugende van. [...]	Treue und andere Tugenden liebenswert.

3.d. Gesellschaftsentwurf: Der alternative Gesellschaftsentwurf ist schließlich das, was das Charisma des Erzählers überhaupt trägt. Er gehört „einer noch unbekannten, künftigen Daseinsordnung an" (v. 58–66):

ein ander werlt die meine ich,	Eine andere Welt meine ich,
diu sament in eime herzen treit	die gemeinsam in einem Herzen ihre
ir süeze sûr, ir liebez leit,	süße Bitterkeit trägt, ihr geliebtes Leid,
ir herzeliep, ir senede nôt,	ihre herzliche Liebe, ihr brennendes Leid
ir liebez leben, ir leiden tôt,	ihr liebes Leben, ihren schmerzlichen Tod,
ir lieben tôt, ir leidez leben.	ihren lieben Tod, ihr schmerzliches Leben.
dem lebene sî mîn leben ergeben,	Dem Leben sei mein Leben hingegeben,

der werlt wil ich gewerldet wesen,	für diese Welt will ich geboren sein,
mit ir verderben oder genesen. [...]	mit ihr untergehen oder gerettet werden.

Diese andere Welt ist eine, die das Leiden bejaht: eine weltliche höfische Gesellschaft, die den Schmerz und den Verlust, das Leid, die Negation *nicht* überwinden will, sondern die Negation gerade sucht, sich ihr aussetzt, weil sie daran wächst. – Ob zuletzt auch das Verstummen des charismatischen Erzählers im vorzeitigen Abbruch der Erzählung ein Effekt und Konsequenz der Transformation des Charismas ist (der charismatische Erzähler ginge gewissermaßen zugrunde wie seine Protagonisten), wäre zumindest bedenkenswert.

Ich fasse zusammen: Der erste Teil des ‚Tristan' erzählt Kindheit und Jugend eines Charismatikers. Kurz nach dem Entschluss des nun erwachsenen Tristans, in Cornwall bei König Marke zu bleiben, transformiert sich das Charisma: Es überträgt und fokussiert sich allmählich auf eine einzige Jüngerin, die blonde Isolde aus Irland, die ihrerseits eine Charismatikerin ist. So ist der Ausbruch der Minne im versehentlichen Trinken des Minnetranks nur eine logische Konsequenz, ein Umkippen der charismatisch fundierten Beziehung in eine unauflösliche, weil stets reziprok sich charismatisierende Liebesbeziehung. Daraus folgt aber auch, dass Tristan und Isolde keine Anhänger haben und ihre alternative Gesellschaftsordnung nicht weiter wirken kann. Hier nun lässt sich eine zweite Transformation beobachten: Es ist der Erzähler, der – selbst ein Charismatiker – die charismatische Potenz der Liebenden und die Botschaft einer Refundierung höfischer Werte aufnimmt und an seine Zuhörer, die er zu seiner Gefolgschaft macht, weitergibt, damit sie diese neue Welt dauerhaft leben.

So erfüllt sich in der intendierten Rezeption von Gottfrieds ‚Tristan', was Max Weber als typische Verlaufsform charismatischer Bewegungen beschrieben hat:

> Normalerweise der Wunsch des Herrn selbst [hier: des Erzählers!], stets der seiner Jünger [hier: die Zuhörer!] und am meisten die Sehnsucht der charismatisch beherrschten Anhänger [hier: alle *edelen herzen*] geht überall dahin: das Charisma und die charismatische Beglückung der Beherrschten aus einer einmaligen, äußerlich vergänglichen freien Gnadengabe [hier: die Minne] außerordentlicher Zeiten und Personen [hier: Tristan und Isolde] in ein Dauerbesitztum des Alltags zu verwandeln.[14]

Bibliographie

Gebhardt, W., *Charisma als Lebensform. Zur Soziologie des alternativen Lebens* (Schriften zur Kultursoziologie 14), Berlin 1994.

Gottfried von Straßburg, *Tristan*, Bd. 1: Text, ed. K. Marold, unveränderter fünfter Abdruck nach dem dritten, mit einem auf Grund von Friedrich Rankes Kollationen verbesserten kritischen Apparat besorgt und mit einem erweiterten Nachwort versehen von Werner Schröder, Berlin/New York 2004.

---

14 Weber, Wirtschaft und Gesellschaft, S. 661.

Jaeger, C.S., Charismatic Body – Charismatic Text. In: *Exemplaria. A Journal of Theoriy in Medieval and Renaissance Studies* 9 (1997), H. 1, S. 117–137.

Lipp, W., *Stigma und Charisma. Über soziales Grenzverhalten* (Schriften zur Kultursoziologie 1), Berlin 1985.

Melville, G., Der geteilte Franziskus. Beobachtungen zum institutionellen Umgang mit Charisma, in: J. Fischer/H. Joas (Hg.), *Kunst, Macht und Institution. Studien zur Philosophischen Anthropologie, soziologischen Theorie und Kultursoziologie der Moderne* (FS K.-S. Rehberg), Frankfurt a.M./New York 2003, S. 347–363.

Moos, P. von, Krise und Kritik der Institutionalität. Die mittelalterliche Kirche als „Anstalt" und „Himmelreich auf Erden", in: G. Melville (Hg.), *Institutionalität und Symbolisierung. Verstetigungen kultureller Ordnungsmuster in Vergangenheit und Gegenwart*, Köln/Weimar/Wien 2001, S. 293–340.

Quast, B., „Ein saelic spil". Virtuosentum im arthurischen Roman, in: *Zeitschrift für Germanistik* 19 (2009), S. 510–521.

Ridder, K., Stigma und Charisma: Lancelot als Leitfigur im mittelhochdeutschen Prosaroman, in: *Zeitschrift für Germanistik* 19 (2009), S. 522–539.

Weber, M., *Wirtschaft und Gesellschaft. Grundriss der verstehenden Soziologie.* 5., rev. Aufl. besorgt von J. Winckelmann, Studienausgabe, Tübingen 1972.

Peter Strohschneider (München)

Religiöses Charisma und institutionelle Ordnungen in der Ursula-Legende

1.

‚Es steht geschrieben – ich aber sage euch‘: Wiederholt hat Max Weber diese Formel aus der Bergpredigt Jesu benützt[1], um die disruptive Kraft des Charismatischen, seine ‚Außeralltäglichkeit‘ zu kennzeichnen, um es als „spezifisch irrational im Sinn der Regelfremdheit“ und zugleich im Sinne eines Umsturzes der Vergangenheit als „spezifisch revolutionär“[2] zu fassen. Weber hebt also nicht nur charismatische Herrschaft in seiner berühmten Klassifikation legitimer Herrschaftsformen typologisch von Herrschaft rationalen wie traditionalen Charakters ab. Er bestimmt vielmehr das Charismatische selbst aus einer adversativen Stellung zu sei es traditional, sei es rational geregelter und legitimierter Ordnung. Was geschrieben steht: Es wäre dies das von lang her geltende und zugleich vernünftige Gesetz samt den dazugehörigen Instanzen und Institutionen der Schriftpflege, Textauslegung und Gesetzesdurchsetzung. Geschrieben stehe die Verfassung der verfassten Ordnung. Alledem setze sich das Charismatische mit der Ereignishaftigkeit lebendiger Rede entgegen.

Aus diesem Negationsverhältnis von etablierter Ordnung und charismatischem Durchbruch bezieht auch der Titel dieser Festschrift für Gert Melville seine Pointe. ‚Institution und Charisma‘ bezeichnet eine Spannungskonstellation. Und man muss, wie es der folgenden Skizze übrigens unmöglich wäre, keineswegs auf die beachtlichen Differenzierungen von Weber-Exegese und Religionswissenschaft überhaupt eingehen[3], um Grundzüge dieser Spannung zu entfalten. Man kann sich einstweilen auch an den allgemeinen wissenschaftlichen Sprachgebrauch halten. Ihm zufolge können Charismatisches und Institutionelles, wenn auch in unterschiedlicher Weise, gleichermaßen Geltung haben; Charisma wäre geradezu als eine Produktionsweise außerinstitutioneller Geltung zu konzipieren. Die Besonderheit der Spannung von Charismatischem und Institutionellem ergibt sich also daraus, dass das eine vom andern gerade nicht vermittels eines einfachen Parameters ‚Geltung‘ unterschieden werden könnte.

---

1 Freilich in medientheoretisch bemerkenswerter – man könnte sagen: platonischer (Platon, 7. Brief 341c–344d) oder paulinischer (2 Kor. 3,6: *littera enim occidit Spiritus autem vivificat*) – Umdeutung des biblischen Textes Matth. 5,21–22 usw.: *Ἠκούσατε* [...]. *’εγω δε λέγω ’υμïν* [...] (Novum Testamentum Graece [ed. Nestle-Aland]); *audistis quia dictum est* [...] *ego autem dico vobis* [...] (Vulgata); *Jr habt gehört / das zu den Alten gesagt ist* [...]. *Jch aber sage euch* [...] (Luther 1545).

2 Weber, Wirtschaft, S. 141; vgl. auch ders., Wirtschaftsethik, S. 121.

3 Knappe Überblicke etwa bei Gebhardt, Grundlinien; Riesebrodt, Charisma.

Diese Spannung liegt auf anderen Ebenen: Mit dem Institutionellen verknüpfen sich die Kontingenzreduktionen, Kohärenzen und Persistenzen kollektiver Ordnungen[4], mit dem Charismatischen hingegen die einzigartige, ereignishafte, also außeralltägliche Neuordnung durch einen Einzelnen (und dessen Gefolgschaft selbstverständlich), in welcher Kontingenz sich vielmehr exponiert. Zum Institutionellen gehören Typisierungen, transpersonale Rollen und Ämter[5], Charisma hingegen ist an Präsenz und Identität personaler Träger gebunden. Und darin besitzt es übrigens eine sehr viel intensivere Erfahrungsqualität für das kollektive Gegenüber der Gefolgschaft, als institutionelle Ordnungen sie ansonsten in der symbolischen Vergegenwärtigung ihrer Prinzipien und Geltungsansprüche typischerweise zu entfalten im Stande sind.[6]

Solche Unterschiede des Charismatischen gegenüber dem Institutionellen lassen leicht verstehen, dass Verstetigung des Charismas über die Momente seiner ephemeren, ereignishaften Präsenz hinaus (und angesichts der Sterblichkeit auch des Charismatikers sowie zuvor der Möglichkeit seiner Abwesenheit) *das* Grundproblem charismatisch initiierter und begründeter sozialer Prozesse darstellt. Dieses Grundproblem kann zugleich von Charismatikern und ihren Gefolgsleuten allein um den Preis sozialen Scheiterns ignoriert werden: Das Charismatische, seiner Geltung stets gewiss, muss seinerseits auf institutionelle Verstetigung hinauswollen. ‚Genuines' oder, wie man auch gesagt hat, ‚reines' Charisma muss, soll es sich nicht verflüchtigen, in ‚institutionalisiertes' Charisma transformiert, mindestens institutionell eingebettet werden.[7] Dieses Grundproblem zu behandeln heißt allerdings: Einzigartiges wiederholen, das intensiv erfahrbare Ereignis versachlichen und veralltäglichen (M. Weber), sein Überraschungsmoment erwartbar machen, seine Zeitstruktur verewigen, seine konstitutive Personenbindung lockern. Es heißt mithin, Spannungen auszuhalten, die von außen beobachtet leicht als paradox sich darstellen, die indes zugleich institutionell stabilisiert werden können.[8] Die römische Kirche mit ihren Untereinheiten, Ämtern und kultischen Vollzugsformen ist in der europäischen Geschichte vermutlich das bedeutsamste Beispiel für solche Spannungsinstitutionalisierungen.[9] An den hochmittelalterlichen Herausbildungsprozessen religiöser Orden haben Gert Melville und sein Kreis die soziokulturellen Logiken

4 Hier setzte auch die Begriffsarbeit des Dresdner Sonderforschungsbereichs 537 „Institutionalität und Geschichtlichkeit" an; vgl. Institutionalität, S. 11–33; Melville, Institutionen; Rehberg, Institutionen; Rehberg, Fiktionalität; Melville (Hg.), Institutionalität; Strohschneider, Institutionalität.

5 Amtscharisma versteht sich in diesem Sinne als ein Sonderfall der Versachlichung und Veralltäglichung von Charisma; vgl. Weber, Wirtschaft, S. 144, sowie unten Anm. 7.

6 Vgl. dazu insbesondere die Beiträge in Melville (Hg.), Institutionalität.

7 Vgl. Schluchter, Umbildungen; Gebhardt, Charisma.

8 Vgl. Gehlen, Urmensch, S. 78ff.; Rehberg, Weltrepräsentanz, S. 13ff.

9 Vgl. von Moos, Krise.

und geschichtlichen Verläufe solcher Institutionalisierungen des Charismatischen detailliert nachgezeichnet.[10]

Jede gelingende institutionelle Transformation oder Einbettung des Charismatischen beruht freilich darauf, dass dieses nicht vom Institutionellen allmählich gewissermaßen aufgezehrt und dass dem Verblassen institutionalisierten Charismas entgegengearbeitet wird. Dem dienen jene Repräsentationen und Präsentsetzungen, welche die charismatischen Ordnungsnegationen im Innern der Sinn- wie der Sinnlichkeitsordnungen der Institution aktualisieren. Der am religiösen Wunder sich erweisende gnadenhafte Durchgriff göttlicher Transzendenz in die Immanenz ist eine wichtige Form dessen. Andere, nicht weniger wichtige Formen kommen in der Frömmigkeitsgeschichte des Christentums hinzu. Zu ihnen gehören die Verfahren der Heiligung von Räumen (Kirche), Zeiten (Festtag) und Handlungen (Liturgie), von Zeichen (Kreuz) und Dingen (Reliquien), von Texten (Heilige Schrift) und Lehrinhalten (Dogmen); hierher gehören die allmähliche Etablierung charismatisch herausgehobener Funktionsrollen (Priester), Lebensformen (Mönchtum) und ‚anti-institutioneller Sonderinstitutionen'[11] (Klöster und Orden); hierher gehören die kultisch-liturgischen wie überhaupt die rituellen, festlichen, spielerisch-theatralischen Aktualisierungen des religiösen Charismas.

Schließlich auch das nicht-biblische und nicht-liturgische Erzählen der Vita eines Heiligen, sei er Märtyrer oder Bekenner, ist eine Form, die disruptive Kraft des Charismatischem unter den Gegebenheiten seiner institutionellen Einhegung zu repräsentieren. Dieses Erzählen kann, um den Preis semiotischer Vermitteltheit freilich, die konflikthaften Spannungen von Institutionellem und Charismatischem sogar in besonderer, dramatischer Zuspitzung zeigen. Dies will ich im folgenden an einem Beispiel aus der deutschsprachigen Literatur des Mittelalters, einer Ursula-Legende, skizzieren.[12]

2.

Eine außergewöhnlich radikale, besonders drastische Form des Konfligierens von Charismatischem und Institutionellem stellt das christliche Martyrium dar; insofern ist es zugleich die stärkste ‚Bewährung' charismatischen Ausgezeich-

---

10 Ich verweise lediglich auf Melville, Mönch als Rebell; Melville, Osservazioni; Melville, Der geteilte Franziskus; Melville/Oberste (Hg.), Bettelorden; Melville/Schürer (Hg.), Das Eigene.

11 Vgl. Lourau, Contre-institutions; Prein, Gegeninstitution.

12 Dabei beschränke ich mich ganz auf den Erzählinhalt dieses Beispiels. Beiseite bleibt also für jetzt der Sachverhalt, dass nicht wenige Texte, der hier vorzustellende eingeschlossen, einer anderweit entworfenen These zur Begründung dienen können, wonach in mittelalterlichen Textkulturen der legendarische Erzählakt selbst als eine Form nicht allein der Repräsentation, sondern vielmehr der – sozusagen magisch-charismatischen – unmittelbaren Gegenwärtigsetzung des Erzählinhalts verstehbar gewesen ist; zu dieser These Strohschneider, Textheiligung; ders., Unlesbarkeit; ders., Reden; ders., Abschied.

netseins. Etablierte Ordnung versucht sich gegen den (charismatischen) Durchbruch zu stabilisieren, indem sie an der körperlichen Präsenz und Integrität des personalen Trägers von Charisma ansetzt und diese zu zerstören sucht. Und für den Moment mag sie meinen, darin erfolgreich zu sein. Der Märtyrer und seine Gefolgschaft hingegen – auch jene, die im Medium der Märtyrerlegende kommuniziert – , sie wissen, dass das Martyrium ein Umschlagsphänomen[13] ist, dass Gewalt und Macht hier in inversem Verhältnis zueinander stehen. Das Martyrium offenbart die in der tötenden Gewalt beanspruchte souveräne Verfügung der institutionellen Ordnung über das Leben als bloße Fassade, hinter welcher sich tatsächliche Ohnmacht verbirgt. Zugleich manifestiert sich im Martyrium die transzendente Unverfügbarkeit des Getöteten, der in der *passio* dem gefolterten und gekreuzigten Christus ähnlich und dessen Tod als ein „Sterben in die Auferstehung hinein“[14] gewusst wird.

Im Martyrium konstituiert sich also eine Höchstform auratischer Körperlichkeit, in welcher der getötete und gerade deswegen aber unsterbliche Charismatiker seine Wahrheit und die Wahrheit seines Charismas ‚bezeugt‘ (*μαρτυρεῖν*). Gerade die Zerstörung des Körpers ist der absolute Beweis der absoluten Geltung von Wahrheit und Charisma. Das setzt auf Seiten des Vertreters der institutionellen Gewalt wie auf Seiten der Gefolgschaft des Opfers eine durchaus unselbstverständliche Verknüpfung von Geltungsansprüchen mit auratischer Körperlichkeit voraus: Jener muss unterstellen, ein ihm bedrohlicher charismatischer Wahrheits- und Machtanspruch sei mit seinem Träger gewaltförmig aus der Welt zu schaffen, diese sieht dessen Wirkmächtigkeit gerade im Akt körperlicher Vernichtung bewährt. Auf beiden Seiten ist die Gewalt des Martyriums also nicht ein physisches Geschehen allein, sondern auch ein kommunikativer Akt.[15] Ausgeübte wie erlittene Gewalt sind zugleich ‚Zeugnis‘ (*μαρτύριον* ist zunächst ein Wort der Rechtssprache) und sie richten sich über die Dyade von Täter und Opfer hinaus an Dritte, denen sie je Spezifisches mitteilen: Zu den Mitgliedern der Institution spricht die ausgeübte Gewalt von deren Souveränität und von der Wirkungslosigkeit des Charismatischen, der Gefolgschaft des Charismatikers aber bezeugt die erlittene Gewalt im Gegenteil die Ohnmacht des Institutionellen sowie die Transzendenz, Unverfügbarkeit und Wirkungskraft eines im zugleich (immanent) ab- und (transzendent) anwesenden Märtyrer manifesten Charismas.

Im Martyrium treffen Institutionelles und Charismatisches blutig aufeinander, wobei dieses zugleich ins Unüberbietbare gesteigert wird. Indem ich so formuliere, ist mir bewusst, dass höchst voraussetzungsreiche und theoretisch außergewöhnlich komplexe Zusammenhänge noch vor aller historischen Differenzierung hier nur mit groben Strichen umrissen sind. Immerhin: Einen analytischen Rahmen für die christlichen Martyrien, von denen die mittelalterliche

13 Dazu v. a. Lipp, Stigma.
14 Gerlitz u. a., Martyrium, S. 214.
15 Dazu jetzt grundsätzlicher Reemtsma, Vertrauen, bes. S. 453ff.

Legende von Ursula und den Elftausend Jungfrauen[16] erzählt, wird diese Skizze für jetzt abstecken können. Diese Legende bringe ich hier am Beispiel des ältesten vollständigen Textes in deutscher Sprache ins Spiel. Es handelt sich um die Version eines aus den letzten Jahrzehnten des 13. Jahrhunderts stammenden, außerordentlich umfangreichen und (zumal im Deutschen Orden) breit überlieferten Verslegendars, das die Germanistische Mediävistik unter dem Titel *Passional* führt und das in seinem etwa 66.000 Reimpaarverse umfassenden III. Buch 74 Heiligenlegenden in der Ordnung des Kirchenjahres versammelt.[17] Ihrem Erzählinhalt nach unterscheidet sich diese Version nur geringfügig von derjenigen ihrer vermutlichen Vorlage in der *Legenda aurea* des Jacobus de Voragine[18], so dass sie mit jener als eine Darstellung sehr weit verbreiteten hagiographischen Wissens gelten darf.

3.

Die britannische (bretonische) Königstochter Ursula wird wegen der Größe und Glaubensfestigkeit ihres riesigen Gefolges von zwei heidnischen Fürsten, Maximus und Africanus, gehasst. Diese gewinnen den König der Hunnen dafür, sie in einem Hinterhalt zu töten. In den gerät Ursula bei der Rückkehr von einer Romreise in Köln, wo sich, raubend und brandschatzend, die Hunnen festgesetzt haben, um nun Ursula und ihr Gefolge bei der Landung zu töten.

Diese Handlungsfolge scheint sich gänzlich in den Bahnen mittelalterlicher Märtyrerlegenden zu halten. Gleichwohl modifiziert sie, was man deren erzählstrukturellen ‚Basisnexus' nennen kann.[19] Zu diesem gehört nämlich mindestens die gerichtete Episodenfolge von ‚Verhör', ‚Gefangenschaft' und ‚Tötung' mit der offensichtlichen Funktion, das Martyrium des Heiligen schon durch narrative Strukturhomologie als *imitatio* der Passion Christi (Prozess vor Pilatus, Haft und Folter durch die Hohenpriester, Kreuzigung) zu erweisen. Demgegenüber morden die Christenfeinde im vorliegenden Text ganz ohne Präliminarien. Allein Ursula wird vor ihrer Tötung einer Befragung unterzogen, welche dem Verhör im Basisnexus des Martyriums immerhin funktionsäquivalent ist. Der Hunnenkönig bietet der *sancta* nämlich die Ehe an (572,13ff.), so dass diese sich entscheiden muss: Will sie den Prozess ihrer Gottverähnlichung fortsetzen bis in den leiblichen Tod oder will sie vielmehr den Weg aus der Immanenz abbrechen, um stattdessen in deren Mitte, an die Seite eines Heidenkönigs, zurückzu-

---

16 Vgl. Levison, Ursula-Legende.

17 Textzitate nach: Passional (ed. Köpke). Diese Ausgabe ist methodisch obsolet, doch unersetzt. Zum Forschungsstand und zur Überlieferungsgeschichte vgl. Gärtner, Überlieferungsgeschichte; Richert, Passional; Schubert, Passional. – Grundzüge meiner Interpretation konnte ich erstmalig vor Jahren in einem Vortrag an der Universität zu Köln zur Diskussion stellen. Dafür bedanke ich mich bei Ursula Peters auch an dieser Stelle nochmals herzlich.

18 Vgl. auch Rautenberg, Ursula, Sp. 135; Schubert, Passional, S. 139.

19 Vgl. Feistner, Heiligenlegende, S. 26ff.

kehren. Die Frage des Hunnen stellt Ursula also vor eine Wahl, und wie sie diese trifft, das profiliert die Freiwilligkeit ihres Todes. Das Charisma der Heiligen, so ließe sich in Abwandlung einer Formulierung Hans Ulrich Gumbrechts sagen, ist auch ein Produkt ihrer institutionellen Infragestellung.[20] Ursulas willentlicher Ausschluss einer unblutigen Alternative erst macht aus dem Gewaltopfer (*victima*) zugleich ein sakralisiertes Geschehen (*sacrificium*).[21] Mord und transzendenzbezogene Selbstaufopferung fallen ineinander, und eben dies bezeichnet der Leitbegriff: Märtyrer sein heißt, den Tod von fremder Hand *wählen*.

Wahl und Tod sind freilich zwei höchst verschiedene Sachverhalte, und in ihrer Koppelung zeigen sie Ursulas religiöses Charisma als Einheit ihrer Differenz. Zu dieser Einheit gehört einerseits die Wahl, in welcher Charisma als ethische Höchstqualifikation wirksam wird, als ‚Tugend': Ursula verteidigt ihre Virginität. Im Gegensatz hierzu ist andererseits der leibliche Tod der Märtyrerin selbst kein diskursiver Sachverhalt. In ihm wird Charisma vielmehr als ein Jenseits des Diskursiven wirksam und erfahrbar. Es tritt im Märtyrertod in Erscheinung als das, was – unmittelbar und ereignishaft – sich zeigt: als Phänomenales.

An der Ursula-Legende lässt sich mithin verfolgen, dass die Martyriumserzählung, ich meine: *jede* mittelalterliche Martyriumserzählung es nicht allein mit der Verschränkung von Charismatischem und Institutionellem zu tun hat, sondern zugleich auch mit einem differenziellen Bedingungsgefüge von Diskursivem und Nicht-Diskursivem. Ethische Bewährung in der diskursiven Verteidigung bedrohter Virginität (*Wahl* des Todes) und phänomenales Sich-Zeigen von *sanctitas* im *Erleiden* des Todes sind hier gleichermaßen konstitutiv.[22] Man könnte auch sagen: Keineswegs sind ein an leibliche Präsenz gebundenes persönliches Charisma einerseits und andererseits ein ‚Ideencharisma'[23] – das sich überdies seinerseits wiederum auf körperliche Intaktheit bezieht (Virginität) – hier (bereits) auseinandergetreten.

Die Darstellung dieser spannungsvollen Einheit als solche freilich scheint sich die Ursula-Legende zum narrativen Problem gemacht zu haben. Denn zwar ist in ihr das Martyrium das organisierende Telos des narrativen Prozesses; es folgen ihm lediglich noch eine Sprosserzählung von der heiligen Cordula, zwei Mirakel und ein Schlussgebet des Erzählers. Gleichwohl beansprucht dieses Martyrium in der Version des *Passionals* vergleichsweise wenig erzählerische Aufmerksamkeit. Das Schwergewicht liegt vielmehr auf dem zweiteiligen ‚Vor-

---

20 Gumbrecht, Identität.

21 Zur Orientierung in den rezenten opfertheoretischen Diskussionen verweise ich lediglich auf Dieckmann (Hg.), Opfer; Janowski/Welker (Hg.), Opfer.

22 Diese Struktur ist selbstverständlich jener Konfiguration von ‚ethisch vorbildlicher Virtuosität' und ‚magischem Helfertum' analog, welche im Anschluss an Max Weber (Heilsmethodik, S. 318f.) und Rudolf Otto (Das Heilige) überhaupt als Funktionsambivalenz von Heiligkeit wie Hagiographie beschrieben werden kann; vgl. Gumbrecht, Faszinationstyp, S. 54ff., neuerlich Strohschneider, Textheiligung, S. 111ff., und Köbele, Grenzfälle, S. 147ff.

23 Vgl. Gebhardt, Charisma, S. 57ff.

feld' des blutigen Konflikts von Charismatischem und Institutionellem im Martyrium. In diesem ‚Vorfeld', so ist im Folgenden zu zeigen, werden gewissermaßen die beiden Elemente, als deren Einheit das Charisma im Martyrium hervortritt, werden ethische Bewährung und phänomenales Sich-Zeigen je für sich narrativ konstituiert.

4.

Zunächst wird folgendes erzählt: Ursula, die schöne Tochter des britannischen Königs Maurus, führt das Leben einer frommen Jungfrau. Die Fama von ihrer Außerordentlichkeit erreicht auch den heidnischen König von England, der daraufhin für seinen Sohn Ethereus um sie werben lässt. Diese Werbung stürzt Maurus in ein schweres Dilemma, da er weder seine Tochter einem Ungläubigen verheiraten will noch die Werbung des kriegerischen Königs abzulehnen wagt. Eine Lösung dieses Dilemmas kommt von Ursula, und nach den Maßstäben der „typische[n] Vorgeschichte bei Märtyrerinnen"[24] wirkt diese Lösung allerdings überraschend. Erwartbar ist nämlich, dass die fromme Jungfrau heidnische Ehebewerber ablehnt, woraufhin sie durch den Abgewiesenen oder den eigenen Vater als Christin denunziert wird. Ursula hingegen teilt den Werbungsboten mit, sie wolle im Gegenzug für die Erfüllung von dreierlei Bedingungen auf die englische Werbung durchaus eingehen: Sie verlange für sich und zehn weitere, nach den Gesetzen der Virginität lebenden Prinzessinnen ein Gefolge von jeweils 1.000 Jungfrauen (567,21ff.) und sodann für diese ganze Schar eine reich ausgestattete Flotte (567,31ff.); schließlich solle der englische Thronerbe sich taufen lassen. Freilich gibt Ursula dieses Versprechen nicht ohne Hintergedanken. Sie hat nämlich *vollen wislich vorbedacht*, dass

> [...] *der heiden wurde bracht*
> *antweder an widerwillen,*
> *daz er nicht mochte stillen*
> *ir bete an disen sachen,*

oder, sollte sie sich in dieser Hinsicht verkalkuliert haben,

> [...] *daz si gemachen*
> *gote ein lob mochte anderswie* (567,47–53).

Würde sie wegen erfüllter Bedingungen den englischen Königssohn doch heiraten müssen, dann wäre Gott für den Verlust von Ursulas Virginität immerhin mit der Christianisierung Englands und überdies mit dem Gewinn eines ganzen Heeres von Jungfrauen entschädigt – eine Tauschlogik, die freilich mit hyperbolischen, nicht mit rechnerischen Größen operiert.

Und eine Überraschung ruft die nächste hervor. Ursulas Bedingungen werden sämtlich erfüllt: In England lässt Ethereus sich taufen, in Britannien stellen

---

24 Feistner, Heiligenlegende, S. 29.

sich Jungfrauen in der erforderten Heeresstärke ein, auch an Schiffen und ritterlichem Gefolge mangelt es nicht.

Im anschließenden zweiten Handlungsteil bricht Ursula an der Spitze einer riesigen *iuncvrowen rote* (570,39 u.ö.) zu einer Romfahrt auf, welche sie auf Geheiß eines Engels unternimmt und als deren Ende ihr das Martyrium in Köln verheißen ist. Im Lateran schließen sich der Papst Cyriacus und zahllose andere Würdenträger Ursula in frommer Erwartung einer Blutzeugenschaft an. Während der Rückreise sodann stellen sich selbst bis aus Griechenland und Konstantinopel weitere Martyriumswillige ein. Direkt aus England reist Ethereus herbei, der längst seinem Vater auf dem englischen Thron nachgefolgt ist (570,81ff.). Gewissermaßen sämtliche Teile des *mundus christianus* und alle seine Lebensordnungen (571,69ff.) sind demnach in jener unabsehbaren Menschenmenge vertreten, die schließlich in Köln, wie vorhergesagt, kollektiv die Wahrheit des christlichen Glaubens im Martyrium erweisen wird.

Werbungshandlung und Romfahrt also gehen dem Martyrium in der Ursula-Legende voraus. Wie sie ihrerseits sakrales Charisma ins Verhältnis zu den institutionellen Ordnungen von Dynastie, Herrschaft und Heilsverwaltung setzen, das ist in den beiden folgenden Abschnitten zu verfolgen.

5.

Die *narratio* der Ursula-Legende eröffnet mit einer Handlungsfolge, die an die verbreitete epische Strukturformel der ‚Brautwerbung' erinnert.[25] Auf sie verweisen die unterschiedenen Ordnungen von (christlichem) Britannien und (heidnischem) England; sodann der König, welcher zur Sicherung von Dynastie und Herrschaft eine Frau braucht, die er nach den Regeln der Exogamie allein jenseits des Meeres finden kann; schließlich auch die Reise von Werbungsboten. Allerdings ist die Brautwerbung in der Ursula-Legende von der prospektiven Braut her erzählt, also invers zu den Vorgaben der Strukturformel und daher auch mit axiologischen Umbesetzungen der Handlungsträger.[26] Überdies wird die Strukturformel nicht bis zum Ende durchgespielt. Es kommt weder zum kriegerischen Konflikt noch auch zur Hochzeit, also zur institutionellen Verstetigung der beiden Königsherrschaften. Braut und Werber gehen zuvor gemeinsam – in der spirituellen Vermählung der Märtyrer mit Christus – in die ewige Seligkeit ein.

Konfliktpotenziale und Erzähldynamik, welche die Legende der Erzählformel der ‚Brautwerbung' zu entborgen scheint, werden also nach kurzem stillgestellt. Gleichwohl ist diese Formel hier weder strukturell noch semantisch dysfunktional. Sie etabliert nämlich – wie Erzählschemata überhaupt – narrative

25 Dazu nach wie vor grundlegend Schmid-Cadalbert, Ortnit.

26 Der Werber ist der Heide. Gefährlich ist die Brautwerbung für den Brautvater, der im Falle einer Weigerung die Feindschaft des überlegenen, kriegerischen Werbers fürchten muss.

Regelzusammenhänge, in denen die (epische) Welt immer schon gedeutet ist.[27] Sie ordnet diese Welt und macht ihre Kontingenzen verstehbar, indem sie sie in erwartungssichernde Nexus einstellt. Das Brautwerbungsschema bezieht dieserart solche Handlungselemente, welche von den anderen Erzählfunktionen speziell der Märtyrerlegende her durchaus prekär scheinen können, strukturell auf die (auch literarisch vermittelten) kulturellen Selbstverständlichkeiten dynastischen Handelns. Dies gilt speziell für den Konsens der umworbenen Braut sowie die Auflagen, an welche er gebunden bleibt. Mit ihrer Zustimmung zu einer Fürstenheirat riskiert die Heilige ja eine Verflüchtigung ihres in Virginität und Martyrium sich manifestierenden Charismas im Institutionengefüge dynastischer Herrschaft. Die von Ursula kalkulierten Heiratsbedingungen wirken überdies geradezu bizarr in einem Prozess der Gottverähnlichung, in welchem es gerade nicht auf Konditionierungen, sondern auf charismatische Absolutheit ankommt.

Dennoch sind diese Bedingungen in anderer Hinsicht unverzichtbar. Sie erst vermögen nämlich jenes eigentliche Skandalon der Legende von Ursula und den elftausend Jungfrauen zu plausibilisieren, welches schon der Prolog des Textes in einem ironisch kommentierten Hörereinwurf rhetorisch exponiert:

sumelicher nu vragen mac,
deme zu vragene vil gezeme,
‚ey, herre, wie mac wesen deme,
daz got so wunderlichen trit
an maniger iuncvrowen lit
zusamnebant in sulcher kraft
und also die geselleschaft
mit einander nam zu sich'? (565,10–17)

Erklärungsbedürftig ist ein *wunder wunderlich genuc* (571,69) – wie die tautologische Unüberbietbarkeitsformel lautet –, welches mit dem Risiko einhergeht, dass hier religiöses Spitzencharisma, indem es als Massenphänomen begegnet, sich selbst dementiert. Die Entpersonalisierung und Anonymisierung des einzelnen Heiligen in der ungezählten Masse[28] gefährdet ja seine ‚Appellationsfähigkeit'[29], ohne welche religiöse Praxis freilich nicht an seine ethische Vorbild- oder magische Helferfunktion anschließen kann.

Diese ebenso überraschende wie strukturell prekäre Massierung von elftausend Heiligen wird nun gerade durch jene Heiratsbedingungen Ursulas begründbar, welche ihrerseits wiederum Plausibilität gewinnen im Horizont des Brautwerbungsschemas. In ihm erscheinen nämlich drei extreme Auflagen der Braut (meist Rätsel oder Wettkampfaufgaben) als wohlbegründete ‚Freier-

---

27 Vgl. Müller, Kompromisse.

28 Dabei muss man sich klarmachen: Der Sachverhalt des Massenmartyriums ist für die Legende nicht allein stoffgeschichtlich als legendarische Erzählvorgabe unhintergehbar, sondern zugleich auch als ein außertextueller Sachverhalt, seit nämlich seit 1105 auf dem als *ager Ursulanus* identifizierten Gräberfeld im Norden Kölns immer neue Gebeine gefunden werden; vgl. zuletzt Lange, Körper, S. 40 (mit Literatur).

29 Blumenberg, Mythos, S. 22.

probe'[30]: Deren Schwierigkeitsgrad bringt den Rang der Braut als ihre Unverfügbarkeit zur Anschauung und ermöglicht es zugleich dem Werber, im Bestehen der Prüfung als Heros, als Überschreiter unüberschreitbarer Grenzen sich zu profilieren – als jener Beste, der einzig zur einzigartigen Braut passt.

Nicht nur strukturell ist allerdings die inverse und partielle Aktualisierung des Brautwerbungsschemas am Beginn der Ursula-Legende bedeutsam, sondern vielmehr auch semantisch. Das Schema stellt nämlich zugleich einen Code der Virginität bereit, der das Erzählprogramm der Märtyrerlegende stützt: Ursulas Heiligkeit, wie die jeder anderen Heiligen auch, wird zunächst repräsentiert in ihrer spirituellen Negierung des Körpers. Sie bewahrt diesen als einen ,reinen', das heißt von der Immanenz der Welt sich ablösenden, mithin charismatischen Körper für Gott auf (566,45). Virginität negiert körperliche Reproduktionsfunktionen – und das heißt auch: Sie negiert die Reproduktion von Immanenz überhaupt und ist schon insofern eine Form asketischer Weltdistanzierung.[31]

,Brautwerbung', demgegenüber, ist eine genealogische Handlungs- und Wissensform auf der Basis körperlicher Reproduktionsfunktionen, welche im Gegenteil auf institutionelle Verdauerung und Geltungssicherung von Dynastie und monarchischer Herrschaft zielt. Sie ist jene Bedrohung (566,34. 572,16ff. usw.) von Virginität, welcher diese als Voraussetzung ihrer Selbstbehauptung bedarf – einer Selbstbehauptung, die allererst Virginität als ,Tugend' qualifiziert, als Manifestation von *sanctitas*. Es ist wie bei der Verschränkung von Diskursivem und Nicht-diskursivem im Martyrium: Im abgewiesenen Verfügungsanspruch des Institutionellen erst ist die Virginität der Frau ein nicht bloß biologisches, sondern wird sie zu einem ethischen Faktum[32], zu charismatischer Unverfügbarkeit. Brautwerbung, insofern sie scheitert, lässt Virginität zu ethischer Leistung werden und darin Charisma im Modus des Diskursiven hervortreten.

Zugleich manifestiert sich in dieser als Tabuisierung wirkenden Bewährungsethik eine Figur der Distanz: Virginität codiert die Unberührbarkeit der Heiligen, ihre Unverfügbarkeit. Heilige Gottverähnlichung ist zugleich Weltabwendung, ist Dramatisierung der Differenz gegenüber dem Differenzierten. Als eine solche Figur der Distanz, ja, könnte man sagen, der Abwesenheit ist ethische Virtuosität indes etwas, das nicht gegenwärtig sich zeigt, sondern auf das in Verweisungsverhältnissen gezeigt werden muss: semiotisch, repräsentationell. Die Unberührbarkeit der Virginität gibt es allein in dem Maße, in dem sie diskursiviert, kommuniziert wird.[33]

Dies aber heißt, sie kann keine fromme *imitatio* in Gang setzen. Sie kann nicht in jenem strikten Sinne Nachfolge stiften, dass *imitabile* und Imitat unun-

---

30 Vgl. Frenzel, Freier.

31 Vgl. Kasten, Gender; Müller, Kompromisse, S. 107ff.

32 Und als solches ist sie dann von einer körperlichen Basis ablösbar, weswegen sich auch Mütter und Witwen etwa im Status der Virginität befinden (568,14ff.; 571,24ff.) können.

33 Im vorliegenden Text geschieht das unter anderem in Form von Ursulas prinzipieller Ehezusage, in der Formulierung unüberwindlicher Auflagen, in der Zurückweisung des Hunnenkönigs.

terscheidbar werden. In der Nachfolge als einem Näheverhältnis, einer Relation der Teilhabe[34] würde jener Abstand gerade kollabieren, welchen das Berührungstabu, welchen Heiligkeit als Distanzkategorie zwischen den Körpern etabliert. Statt ihr in diesem Sinne ‚nachzufolgen', kann man die Heilige als ethische Virtuosin vielmehr ‚nachahmen', sich also in einer Weise sozusagen mimetisch verhalten, welche die strukturellen Distanzen zwischen Nachgeahmtem und Nachahmendem wahrt, ja akzentuiert. Die Figur solcher strukturell distanzierten Nachahmung in der Ursula-Legende ist der englische Königssohn Ethereus: Er lässt sich taufen, weil B o t e n, also Medien der Distanzkommunikation, ihm von Ursulas Auflagen berichten; er zieht nach Köln, weil er von Ferne g e - h ö r t hat, dass Ursula dort das Martyrium erleiden werde.

6.

Tritt im Rahmen der Brautwerbung Ursulas Charisma im Modus des Nachahmungshandlungen auslösenden Diskursiven hervor, so lässt die Wallfahrt nach Rom darauf eine andere Manifestationsform dieses heiligen Charisma folgen. Es tritt hier nun phänomenal darin in Erscheinung, dass es gewissermaßen auf der ganzen Welt eine schlechthin unüberbietbare Nachfolgebereitschaft auslöst. Ursulas von vorneherein riesige Gefolgschaft vervielfacht sich während der Reise zu einem riesigen Gefolge; dessen Größe ist demnach eine hyperbolische, *eilftusent* ist keine Zahl, sondern eine Metonymie von außeralltäglicher Unüberbietbarkeit und Unverfügbarkeit.

Die hier angesprochene Phänomenalität von Ursulas Charisma ergibt sich insbesondere auch daraus, dass in jener Wallfahrt, welche narrativ Zeit und Raum von der Verheißung des Martyriums bis zu seiner Erfüllung in Köln aufspannt, ein paradoxes und ein dysfunktionales Moment stecken. In gewissem Sinne paradox ist es, dass die Depersonalisierung von Heiligkeit in der Masse sich gerade aus dem unüberbietbar wirkmächtigen personalen Charisma der heiligen Ursula ergibt. Jedenfalls für ein Denken in innerweltlichen Kausalitäten dysfunktional ist die Wallfahrt, insofern weder die Größe von Ursulas Gefolge noch das Martyrium ihrer als einer *causa* bedürfen. Die Wallfahrt begründet also nichts, sondern in ihr zeigt sich etwas. Wurde in der Menge der elftausend Jungfrauen, insofern mit ihr die auf Unlösbarkeit hin angelegte ‚Freierprobe' doch bestanden ist, insbesondere die Wirkmächtigkeit der Könige sichtbar, deren Wünsche, Befehlsgewalt und Geschenke (567,77ff.) die große Schar allererst zusammenbrachten, so hat demgegenüber während der Hin- und Rückreise nach Rom der Zustrom immer neuer heiligmäßiger Gefolgsleute keinen anderen ‚Grund' mehr als Ursulas charismatische Kraft allein. Er hat in dieser also seinen absoluten Grund. Und dieses Charisma manifestiert sich hier nicht mehr,

34 Vgl. Strohschneider, Abschied.

wie bei der Brautwerbung, als ethische Virtuosität, als ‚Tugend'. Es manifestiert sich auch noch nicht als leibliches Martyrium, sondern als – sozusagen ‚reine' – Präsenz. Die Grenzenlosigkeit des Nachfolge-Geschehens wird von nichts als dem phänomenalen Charisma, dem Sich-Zeigen von Transzendenz in Ursula ausgelöst. Und von den Gewichtungen der Erzählung her müsste man sagen, dass geradezu mehr noch in dieser charismatisch bewirkten Nachfolgebereitschaft als im Martyrium die Epiphanie von Ursulas Heiligkeit sich ereigne. Sie manifestiert sich vor allem also in der *imitatio*.[35]

Dies aber: Charisma, das fromme Nachfolge stiftet, und Nachfolge, in welcher jenes Charisma sich bewährt und zur Erscheinung kommt, dies ist ein reziprokes und unmittelbares Bedingungs- und Teilhabeverhältnis.[36] In der frommen *imitatio* werden das Imitierte und das Imitierende ununterscheidbar. Dieses Unmittelbarkeitsverhältnis von Charisma und *imitatio*, die ungezählten Vorgänge entdifferenzierender Bindung zeigt die Romfahrt im Durchgang durch die Welt als in entgrenzender Weise wirksam und bewährt: Sie zeigt die Ubiquität von Ursulas ‚reinem' Charisma zwischen Köln, Basel und Rom, von Konstantinopel bis nach Antiochia, bei geistlichen und weltlichen Fürsten, bei Mächtigen und Machtlosen, bei Frauen und Männern gleichermaßen. Alle zieht dieses phänomenale Charisma in die unmittelbare Nachfolge der heiligen Ursula, in eine Konfiguration der Nähe, des faszinierten Teilhabens, ja des Einswerdens mit dem *imitabile*. Es geht für Ursulas Nachfolger nicht um ethische Orientierungsleistungen, Bekenntnisse oder Entscheidungsprozesse. Was sich an ihnen ereignet, ist vielmehr ein charismatisch bewirkter ‚Sprung' in eine andere Ordnung: Ursula nachzufolgen heißt, in sozusagen unmittelbarer Reflexhaftigkeit (d. h.: vor oder jenseits aller Reflexivität) auf das eigene Martyrium zuzuhalten.

Das Ethos und die nachahmende Orientierung an ihm stehen in einer Distanzrelation. Charisma und *imitatio* hingegen, so wie ich die Ausdrücke hier verwende, bilden einen kompakten Unmittelbarkeits- und Bedingungszusammenhang. In ihm ereignet sich eine Epiphanie von Heiligkeit nicht von der Seite ethischer Virtuosität, sondern von derjenigen numinoser, magischer Präsenz her.

So versteht sich nun, warum die handlungslogisch dysfunktionale ‚Vorgeschichte' zum Martyrium in sich zweigliederig ist: Im Brautwerbungsteil exponiert sie die Heiligkeit der Protagonistin als ihre ethische Virtuosität, von ihrer diskursiven, semiotischen, normativen Seite her. Auf der Romfahrt kommt hingegen *sanctitas* als eine numinose Gegenwart von Transzendenz in der Immanenz zur Geltung, deren charismatische Kraft sich an der von ihr ausgelösten *imitatio* erweist.

35 Vgl. Strohschneider, Abschied; vgl. in theologischer Perspektive Hengel, Nachfolge.

36 Dabei ist übrigens nicht zu sagen, ob die Nachfolger jenen nachfolgen, die der heiligen Ursula nachfolgen, oder dieser selbst oder jenem Christus, dem Ursula ihrerseits nachfolgt.

7.

Bei der Brautwerbung geht es zuvörderst um Kontinuitätsfragen weltlicher Herrschaft. Die Spannung, in welcher die ethische Virtuosität der Heiligen zu diesem institutionellen Zusammenhang steht, wird dabei in einem Kompromiss gewissermaßen temporalisiert: Bestünde der Werber die Freierprobe und käme es also im Interesse der Verstetigung von Königsherrschaft zu einer Fürstenhochzeit, so würde der damit eintretende Verlust von Ursulas jungfräulichem Charisma durch die Virginität der neu gewonnenen elftausend Jungfrauen wett gemacht; Heilsgüter sind insofern ganz konkret gedachte Größen, die man gegeneinander eintauschen kann.

Auch in dieser Hinsicht verhält sich die Erzählung von der Romfahrt gewissermaßen systematisch komplementär zum Brautwerbungsteil. Hier stehen jetzt nämlich institutionelle Dauer und Geltung nicht weltlicher, sondern höchstrangiger geistlicher Herrschaft auf dem Spiel, und einen ‚Kompromiss' von Charismatischem und Institutionellem, wie er dort gefunden ist, gibt es nicht. Erzählt wird, auch und besonders beim Papst Cyriakus[37] in Rom habe Ursulas phänomenale Heiligkeit faszinierte Nachfolgebereitschaft ausgelöst, wodurch allerdings zugleich die Institution des Papsttums sich herausgefordert gesehen habe. Nachdem Cyriakus der heiligen Ursula und ihrer Gefolgschaft die sakramentale Kraft des päpstlichen Amtscharismas (Prozessionen, Predigt, Taufen: 569,48ff.) hat zuteil werden lassen, will er, durch eine nächtliche Audition bestärkt, gleichfalls ein Märtyrer werden. Er ruft daher die Mitglieder der Kurie zusammen und bittet sie, für ihn einen Nachfolger zu wählen. Jedoch die Kardinäle sind keineswegs willens, solcherart das Einbrechen des Charismatischen institutionell gewissermaßen zu sanktionieren und dieses selbst in die etablierte Ordnung zu integrieren:

> *waz wil die ordenunge hie*
> *daz du* [Cyriakus] *nach kranken wibesnamen*
> *dich nicht grobelich wilt schamen*
> *zu wanderne, als du willen hast.*
> *wir* [Kardinäle] *raten, daz du wesen last*
> *den wankelmut uf disen stic.* (569,80–85)

Dem institutionellen Blick der Kurienkardinäle ist charismatische Kraft nichts als weibliche Schwäche und die disruptive Plötzlichkeit der Nachfolge bloßer Wankelmut. Cyriakus lässt sich indes nicht umstimmen.[38] Er bestimmt der römischen Kirche selbst einen Vorsteher und verlässt, um in Ursulas Gefolgschaft einzutreten, sein Amt. Die Kirche aber reagiert denkbar entschieden – einerseits mit einer *damnatio memoriae*: *do tilgeten si sinen* [des Cyriakus] *namen von der gemeinen*

---

37 Wie Ursula ist er *hurtec von Britanienlant* (569,41; auch 569,45.51): Religiöses und genealogisches Charisma, kurz gesagt, überlagern einander.

38 Von heiligmäßiger Nachfolge wird man nämlich sozusagen ergriffen, sie ist (anders als die Nachahmung ethischer Virtuosität) keineswegs das Ergebnis einer willentlichen Entscheidung, welche etwa verhandelbar wäre. Vgl. hierzu Strohschneider, Abschied.

pabeste schrift (569,94f.). Andererseits entzieht der Heilige Stuhl dem ganzen Heer der prospektiven Märtyrerinnen und Märtyrer seinen Schutz und Schirm; dieser Umstand plausibilisiert übrigens, warum die Heiligen in Köln den Hunnen hilflos ausgeliefert sind. Es ist also ganz unübersehbar, dass im Martyrium von Ursula und ihrem Gefolge eine Heiligkeit manifest wird, die kirchenamtlich gerade bestritten worden ist.

Nicht leicht, so ist zu sehen, könnte in einer mittelalterlichen Legende die generell gegebene Spannung von heiliger Institution und heiligmäßigem Charisma (vgl. oben Punkt 1.) noch radikaler entfaltet werden, als in der Ursula-Legende des *Passionals*. Die immanente Präsenz der Heiligen und der ihr Nachfolgenden wird geradezu als Ursprung einer Krise institutioneller Heilsverwaltung in Szene gesetzt: Diese entzieht jener ihr legitimes Oberhaupt[39], jene entzieht dieser Schutz und Schirm. Es handelt sich de facto um ein Verhältnis reziproker Negation und gegenseitigen Ausschlusses. Die Kirche ist nicht im Stande, das Heilige sich zu integrieren, es also zu institutionalisieren oder wenigstens institutionell einzubetten. Allenfalls könnte man sagen, im Gegenteil inkludiere das Heilige sich seinerseits das Oberhaupt der Kirche; aber dieses Oberhaupt ist dann eben schon längst aus der Papstreihe getilgt. Die revolutionäre Kraft (der Ausdruck ist hier keineswegs unpassend) des reinen Charismas zeigt sich ganz konkret als seine Anti-Institutionalität – und dies nicht erst im Martyrium als Negation der Institutionen weltlicher, ja heidnischer Herrschaft, sondern zuvor schon während der Romfahrt als Negation auch der institutionellen Heilsgarantierungen. Ja man kann sagen, eben aus solcher Anti-Institutionalität entwickele die charismatische Kraft ihre Höchstgeltung: Selbst der Papst lässt sich von Ursula faszinieren und tritt in ihre Nachfolge ein, indem er auf der Schwelle von Immanenz und Transzendenz das institutionalisierte päpstliche Amtscharisma fürs reine Personalcharisma des Märtyrers drangibt.

Ich will die Entfaltung der Paradoxien religiösen Erzählens nicht über diesen Punkt hinaus weitertreiben, an welchem sichtbar wird, dass es in der Ursula-Legende eine Hierarchie der Formen des religiösen Charismas gibt, die es freilich im Prinzip gar nicht geben kann: Jene immanenten Manifestationen von Transzendenz, die hier religiöses Charisma genannt werden, liegen selbstverständlich zugleich jenseits aller Unterscheidungen von Mehr und Weniger, Besser und Schlechter, Wirkungsvoller und Wirkungsärmer. Gleichwohl: Im Verhältnis auf die Märtyrer, aus denen als seinen Steinen (einer ehrwürdigen Metapher zufolge) das Himmlische Jerusalem erbaut wird (572,51ff.), welches als ewige und transzendente Ordnung aller institutionellen Verstetigungsanstrengungen und Geltungsproduktionen enthoben ist, im Verhältnis darauf werden

39 Die Erzählung lässt offen, ob der von Cyriakus eingesetzte Papst, Vincencius mit Namen, von der Kurie anerkannt wird, ob diese also die Sukzessionsregelung eines für illegitim erklärten Papstes paradoxer Weise für legitim erklärt. Die Erzählung verfolgt sodann aber auch die Konsequenzen einer erneuten Sedisvakanz nicht weiter, welche sich daraus ergibt, dass Vincencius seinerseits in die Nachfolge Ursulas eintritt (570,46ff.).

die Kirche dieser Welt und ihr Haupt in Rom im vorliegenden Text geradezu devalorisiert. Sie verfügen – um eine oben (Punkt 1.) eingeführte Unterscheidung wieder aufzunehmen – lediglich über institutionalisiertes, über verblassendes Amtscharisma. Ihm wird in Ursula und ihrer Gefolgschaft die unüberbietbare Kraft ‚reinen' Charismas entgegengestellt: die Unmittelbarkeit des Durchbruchs von Transzendenz in die Immanenz, die ereignishafte ‚Regelfremdheit' (M. Weber) einer radikal anderen Legitimität.

8.

Es ist nun vermutlich nicht mehr überraschend, in welcher Schlusswendung die Interpretation an dieser Stelle nochmals für einen Augenblick von der Ebene der Erzählinhalte auf diejenige des Erzählaktes zurückkehren kann: Was für das reine Charisma Ursulas und der elftausend Jungfrauen gilt, gilt keineswegs auch für das hagiographische Erzählen von ihm. Die Narration der Legende ist gerade nicht von umwälzender Anti-Institutionalität, sondern im Gegenteil eine Form der Stabilisierung institutioneller Ordnung. Sie ist, solange es jedenfalls um mittelalterliche Legenden geht, nicht anders denkbar denn als Element der Produktion und Reproduktion einer sei es liturgischen sei es außerliturgischen Frömmigkeitskultur, welche stets amtskirchlich garantiert, reguliert und auch gezähmt wird. Dieses Element stabilisiert die Balance zweier so komplementärer wie spannungsvoll gegenläufiger Funktionen.

Zum Einen ist das legendarische Erzählen selbst nicht nur nicht antiinstitutionell, sondern im Gegenteil seinerseits eine Form der Einhegung und Einordnung des Charismatischen. Es etabliert dieses als sein Sujet in Formen sprachlicher Bindung (Metrum, Reim und Lexikon der höfischen Literatursprache), die ein höheres Unwahrscheinlichkeits-, und das heißt: Ordnungsniveau aufweisen, als alltägliche Kommunikationen. Muster, Schemata und Gattung dieses Erzählens unterwerfen das Sujet erwartungssichernden narrativen Regelzusammenhängen, in denen es immer schon geordnet und gedeutet ist. Schrift und Codex stabilisieren und steigern diese Versachlichung und Wiederholbarkeit, drosseln also umgekehrt die Ereignishaftigkeit der Legendenerzählung. Ihre Kotexte im Legendar integrieren sie in die vollständig bedeutungsträchtige Zeitordnung des Kirchenjahres und dieserart in das Gesamt kirchlicher Institutionalität überhaupt. Gleiches leisten schließlich die institutionalisierten Handlungsrahmungen von Schreibpraxis und Textrezeption.

Die Legende als solche präsentiert nicht, sondern repräsentiert phänomenales Charisma also in institutionalisierter Form.[40] Sie ist selbst ein Modus der

40 Dies widerspricht keineswegs der in Anm. 12 angeführten These, legendarische Texte seien an ihrem historischen Ort selbst als Formen der Gegenwärtigsetzung von Charisma verstehbar gewesen. Diese These bezieht sich auf historisch fremde Konzepte des Legendarischen. Was ihnen als Wunder die Wirksamkeit auch narrativ vergegenwärtigten Charismas bezeugt,

Stabilisierung institutioneller Ordnung durch Institutionalisierung von Charisma. Unter ihren sprachlichen, medialen und soziokulturellen Bedingungen wird der kontingente, ereignishafte Durchbruch von Transzendenz ins Diesseits tradierungsfähig und institutionenkompatibel; gerade nicht ein Ereignis, sondern etwas stetig sich Wiederholendes und durchaus Erwartbares. Indem das legendarische Erzählen – historisch wie systematisch sekundär gegenüber dem von ihm Erzählten – in sprachlicher Vermittlung also verfügbar macht, was sich gerade auf Unmittelbarkeit und Unverfügbarkeit gründet, funktioniert es indes zugleich als eine Weise der, um es so zu sagen, Charismatisierung des Institutionellen. Im narrativen Vollzug der Legende als einer Form der Institutionalisierung von Charisma wird nämlich eben auch erfahrbar, dass immer wieder neu die Institution zu dem Zugang hat und aus dem sich speist, was sie zugleich negieren muss: Charisma. Die legendarische Repräsentation der charismatischen Ordnungsnegation im Innern der institutionellen Ordnung ist eine Form der Inklusion des Ausgeschlossenen als Ausgeschlossenes. So arbeitet sie zugleich gegen das an, was sie befördert: das Verblassen des Charismas, seine institutionelle Aufzehrung. Legenden sind Spannungsinstitutionalisierungen: Sie wiederholen Einzigartiges, machen Überraschendes erwartbar, ordnen Regelfremdes, rationalisieren das spezifisch Irrationale. Sie erzählen von der disruptiven Kraft des ‚ich aber sage euch' und gehören doch ganz zur Ordnung dessen, was ‚geschrieben steht'.

Bibliographie

Blumenberg, H., *Arbeit am Mythos*, Frankfurt a.M. [5]1990.

Dieckmann, B. (Hg.), *Das Opfer – aktuelle Kontroversen. Religions-politischer Diskurs im Kontext der mimetischen Theorie* (Beiträge zur mimetischen Theorie 12), Münster 2001.

Feistner, E., *Historische Typologie der deutschen Heiligenlegende des Mittelalters von der Mitte des 12. Jahrhunderts bis zur Reformation* (Wissensliteratur im Mittelalter 20), Wiesbaden 1995.

Frenzel, E., Freier, Freierproben, in: *Enzyklopädie des Märchens* 5 (1987), Sp. 227–236.

Gärtner, K., Zur Überlieferungsgeschichte des „Passionals", in: *Zeitschrift für deutsche Philologie* 104 (1985), S. 35–69.

Gebhardt, W., Einleitung: Grundlinien der Entwicklung des Charismakonzeptes in den Sozialwissenschaften, in: Gebhardt/Zingerle/Ebertz (Hg.), Charisma, S. 1–12.

Gebhardt, W., Charisma und Ordnung. Formen des institutionalisierten Charisma – Überlegungen im Anschluß an Max Weber, in: Gebhardt/Zingerle/Ebertz (Hg.), Charisma, S. 47–68.

Gebhardt, W./Zingerle, A./Ebertz, M.N. (Hg.), *Charisma. Theorie – Religion – Politik* (Materiale Soziologie 3), Berlin/New York 1993.

Gehlen, A., *Urmensch und Spätkultur. Philosophische Ergebnisse und Aussagen*, Wiesbaden [5]1986.

Gerlitz, P. [u. a.], Martyrium, in: *Theologische Realenzyklopädie* 22 (1992), S. 196–220.

Gumbrecht, H.U., ‚Faszinationstyp Hagiographie' – ein historisches Experiment zur Gattungstheorie, in: C. Cormeau (Hg.), *Deutsche Literatur im Mittelalter. Kontakte und Perspektiven* [Gedenkschrift H. Kuhn], Stuttgart 1979, S. 37–84.

---

rechnet die historische Rekonstruktion solcher Konzepte zu den Formen der Sprach- und Schriftmagie.

Gumbrecht, H.U., Die Identität des Heiligen als Produkt ihrer Infragestellung, in: O. Marquard/K. Stierle (Hg.), *Identität* (Poetik und Hermeneutik VIII), München 1979, S. 704–708.

Hengel, M., *Nachfolge und Charisma. Eine exegetisch-religionsgeschichtliche Studie zu Mt 8,21f. und Jesu Ruf in die Nachfolge* (Beiheft zur Zeitschrift für die neutestamentliche Wissenschaft 34), Berlin 1968.

Institutionalität und Geschichtlichkeit. Ein neuer Sonderforschungsbereich stellt sich vor, Dresden 1997.

Janowski, B./Welker, M. (Hg.), *Opfer. Theologische und kulturelle Kontexte*, Frankfurt a.M. 2000.

Kasten, I., Gender und Legende. Zur Konstruktion des heiligen Körpers, in: I. Bennewitz/ I. Kasten (Hg.), *Genderdiskurse und Körperbilder im Mittelalter. Eine Bilanzierung nach Butler und Laqueur* (Bamberger Studien zum Mittelalter 1), Münster/Hamburg/London 2002, S. 199–219.

Köbele, S., *heilicheit durchbrechen*. Grenzfälle von Heiligkeit in der mittelalterlichen Mystik, in: B. Hamm/K. Herbers/H. Stein-Kecks (Hg.), *Sakralität zwischen Antike und Neuzeit* (Beiträge zur Hagiographie 6), Stuttgart 2007, S. 147–169.

Lange, B., Körper und Verkörperung. Kölns mystischer Körper in der Malerei um 1500, in: *Das Mittelalter* 8 (2003) H. 1, S. 33–56.

Levison, W., Das Werden der Ursula-Legende, in: *Bonner Jahrbücher. Jahrbücher des Vereins von Altertumsfreunden im Rheinlande* 132 (1927), S. 1–164.

Lipp, W., *Stigma und Charisma. Über soziales Grenzverhalten* (Schriften zur Kultursoziologie 1), Berlin 1985.

Lourau, R., Pour une sociologie des contre-institutions, in: *L'homme et la societé* 17 (1970), S. 281–295.

Melville, G., Institutionen als geschichtswissenschaftliches Thema, in: Ders. (Hg.), *Institutionen und Geschichte. Theoretische Aspekte und mittelalterliche Befunde* (Norm und Struktur 1), Köln/Weimar/Wien 1992, S. 1–24.

Melville, G., Der Mönch als Rebell gegen gesatzte Ordnung und religiöse Tugend. Beobachtungen zu Quellen des 12. und 13. Jahrhunderts, in: Ders. (Hg.), *De ordine vitae. Zu Normvorstellungen, Organisationsformen und Schriftgebrauch im mittelalterlichen Ordenswesen* (Vita regularis 1), Münster 1996, S. 153–186.

Melville, G. (Hg.), *Institutionalität und Symbolisierung. Verstetigungen kultureller Ordnungsmuster in Vergangenheit und Gegenwart*, Köln/Weimar/Wien 2001.

Melville, G., Alcune osservazioni sui processi di istituzionalizzazione della vita religiosa nei secoli XII e XIII, in: *Benedictina* 48 (2001), S. 371–394.

Melville, G., Der geteilte Franziskus. Beobachtungen zum institutionellen Umgang mit Charisma, in: J. Fischer/H. Joas (Hg.), *Kunst, Macht und Institution. Studien zur Philosophischen Anthropologie, soziologischen Theorie und Kultursoziologie der Moderne* (FS K.-S. Rehberg), Frankfurt a.M./New York 2003, S. 347–363.

Melville, G./Oberste, J. (Hg.), *Die Bettelorden im Aufbau. Beiträge zu Institutionalisierungsprozessen im mittelalterlichen Religiosentum* (Vita regularis 11), Münster 1999.

Melville, G./Schürer, M. (Hg.), *Das Eigene und das Ganze. Zum Individuellen im mittelalterlichen Religiosentum* (Vita regularis 16), Münster 2002.

von Moos, P., Krise und Kritik der Institutionalität. Die mittelalterliche Kirche als ‚Anstalt' und ‚Himmelreich auf Erden', in: Melville (Hg.), *Institutionalität*, S. 293–340.

Müller, J.-D., *Höfische Kompromisse. Acht Kapitel zur höfischen Epik*, Tübingen 2007.

Otto, R., *Das Heilige. Über das Irrationale in der Idee des Göttlichen und sein Verhältnis zum Rationalen* [Nachdruck der ungekürzten Sonderausgabe 1979], München 1997.

Das Passional. Eine Legenden-Sammlung des dreizehnten Jahrhunderts, ed. Fr. K. Köpke (Bibliothek der gesammten deutschen National-Literatur 32), Quedlinburg/Leipzig 1852, Nachdruck Amsterdam 1966.

Prein, G., Elemente einer Theorie der Gegeninstitution, in: G. Weigand/R. Hess/G. Prein (Hg.), *Institutionelle Analyse. Theorie und Praxis*, Frankfurt a.M. 1988, S. 61–69.

Rautenberg, U., Ursula und die elftausend Jungfrauen, in: *Die deutsche Literatur des Mittelalters. Verfasserlexikon* 10 (1999), Sp. 131–140.

Reemtsma, J.P., *Vertrauen und Gewalt. Versuch über eine besondere Konstellation der Moderne*, Hamburg 2008.

Rehberg, K.-S., Institutionen als symbolische Ordnungen. Leitfragen zur Theorie und Analyse institutioneller Mechanismen (TAIM), in: G. Göhler (Hg.), *Die Eigenart der Institutionen. Zum Profil politischer Institutionentheorie*, Baden-Baden 1994, S. 47–84.

Rehberg, K.-S., Die stabilisierende ‚Fiktionalität' von Präsenz und Dauer. Institutionelle Analyse und historische Forschung, in: R. Blänkner/B. Jussen (Hg.), *Institutionen und Ereignis. Über historische Praktiken und Vorstellungen gesellschaftlichen Ordnens* (Veröffentlichungen des Max-Planck-Instituts für Geschichte 138), Göttingen 1998, S. 381–407.

Rehberg, K.-S., Weltrepräsentanz und Verkörperung. Institutionelle Analyse und Symboltheorien – Eine Einführung in systematischer Absicht, in: Melville (Hg.), *Institutionalität*, S. 3–49.

Richert, H.-G., Passional, in: *Die deutsche Literatur des Mittelalters. Verfasserlexikon* 7 (1989), Sp. 332–340.

Riesebrodt, M., Charisma, in: H. G. Kippenberg/M Riesebrodt (Hg.), *Max Webers ‚Religionssystematik'*, Tübingen 2001, S. 151–166.

Schluchter, W., Umbildung des Charismas. Überlegungen zur Herrschaftssoziologie, in: Ders., *Religion und Lebensführung*, Bd. 2.: *Studien zu Max Webers Religions- und Herrschaftssoziologie*, Frankfurt a.M. 1988, S. 535–554.

Schmid-Cadalbert, C., *Der ‚Ortnit AW' als Brautwerbungsdichtung. Ein Beitrag zum Verständnis mittelhochdeutscher Schemaliteratur* (Bibliotheca Germanica 28), Bern 1985.

Schubert, M.J., Das ‚Passional' und der Deutsche Orden. Verbreitungs- und Tradierungsanalyse anlässlich der DTM-Neuedition, in: R.G. Päsler/D. Schmidtke (Hg.), *Deutschsprachige Literatur des Mittelalters im östlichen Europa. Forschungsstand und Forschungsperspektiven*, Heidelberg 2006, S. 139–155.

Strohschneider, P., Institutionalität. Zum Verhältnis von literarischer Kommunikation und sozialer Interaktion in mittelalterlicher Literatur. Eine Einleitung, in: B. Kellner/L. Lieb/P. Strohschneider (Hg.), *Literarische Kommunikation und soziale Interaktion. Studien zur Institutionalität mittelalterlicher Literatur* (Mikrokosmos 64), Frankfurt a.M. 2001, S. 1–26.

Strohschneider, P., Textheiligung. Geltungsstrategien legendarischen Erzählens im Mittelalter am Beispiel von Konrads von Würzburg „Alexius", in: G. Melville/H. Vorländer (Hg.), *Geltungsgeschichten. Über die Stabilisierung und Legitimierung institutioneller Ordnungen*, Köln/Weimar/Wien 2002, S. 109–147.

Strohschneider, P., Unlesbarkeit von Schrift. Literaturhistorische Anmerkungen zu Schriftpraxen in der religiösen Literatur des 12. und 13. Jahrhunderts, in: F. Jannidis u. a. (Hg.), *Regeln der Bedeutung. Zur Theorie der Bedeutung literarischer Texte* (Revisionen. Grundbegriffe der Literaturtheorie 1), Berlin/New York 2003, S. 591–627.

Strohschneider, P., Reden und Schreiben. Interpretationen zu Konrad von Heimesfurt im Problemfeld vormoderner Textualität, in: *Zeitschrift für deutsche Philologie* 124 (2005), Sonderheft: J. Bumke/U. Peters (Hg.), *Retextualisierung in der mittelalterlichen Literatur*, S. 309–344.

Strohschneider, P., Abschied und Nachfolge. Über Funktionszusammenhänge von Heiligkeit und Hagiographie, in: J. Greenfield (Hg.), *Inszenierungen des Abschieds in der deutschen Literatur des Mittelalters* [in Vorbereitung].

Weber, M., *Wirtschaft und Gesellschaft. Grundriss der verstehenden Soziologie*. 5., rev. Aufl. besorgt von J. Winckelmann, Tübingen 1972.

Weber, M., Religiöse Heilsmethodik und Systematisierung der Lebensführung, in: Ders., *Die protestantische Ethik I. Eine Aufsatzsammlung*, ed. J. Winckelmann, Gütersloh [5]1979, S. 318–357.

Weber, M., *Die Wirtschaftsethik der Weltreligionen. Konfuzianismus und Taoismus. Schriften 1915–1920*, ed. H. Schmidt-Glintzer in Zusammenarbeit mit P. Kolonko (Max Weber Gesamtausgabe I/19), Tübingen 1989.

HUBERTUS LUTTERBACH (Essen)

Charismatische Herrschaft im Täufertum von Münster (1534/1535)

Vorgeschichte und Ausprägung

Am Anfang des Christentums sieht die Apostelgeschichte das biblische Ideal der Urgemeinde: Da Gott alle Menschen mit dem Lebensnotwendigen beschenkt hatte, lebten diese Charismatiker so, dass allen alles gemeinsam gehörte und sie sich im gemeinsamen Gebet und im Mahlhalten gegenseitig ihre Freude des Herzens zeigten (Apg 2,44–47). Zwar sollen sich bereits innerhalb dieser ‚kommunistischen Anfangsidealität' deutliche Risse gezeigt haben, wie das überlieferte Handeln von Ananias und Saphira veranschaulicht (Apg 5,1–11); doch vollends in die Brüche ging diese geistbegabte Radikalität erst, als das Christentum am Beginn des 4. Jahrhunderts zur Massenbewegung wurde: Die Zeit des Goldenen Anfangs, in der sich alle Jesus-Anhänger in der Hörsamkeit gegenüber Gott und in der Unterstützung untereinander zu übertreffen suchten, war einer ‚Abkühlung' in der Verwirklichung der individuellen Taufberufung gewichen. An der Stelle der religiösen Enthusiasten suchten fortan vor allem die Inhaber von mittlerweile geschaffenen Ämtern die Sache des Christentums zu organisieren und zukunftsfähig zu machen.

Lassen wir hier die Frage beiseite, inwieweit der knappe Rückblick auf die Zeit zwischen dem Goldenen Anfang und der späteren Patinierung christlicher Ausstrahlungskräfte eher als idealisierter Anfangsmythos oder als historisch-kritisch akzeptable Entwicklungsgeschichte zu verstehen ist. Wichtiger ist, dass sich dieses produktive Ringen zwischen Christen, die sich von den urgemeindlichen Charismatikern angetrieben sahen, und der späteren institutionellen Eingliederung dieser Enthusiasten, während der Geschichte des abendländischen Christentums wiederholte. Bekanntermaßen findet sich dieser Antagonismus vor allem innerhalb der christlichen Ordensgeschichte vielfältig belegt.

Kaum bekannt ist dagegen, dass sich urgemeindlich inspirierte Charismatiker bisweilen auch um die Angleichung des mittelalterlichen Stadtlebens an die als ideal eingeschätzten Lebensverhältnisse der frühesten Christen bemühten. Für die westfälische Stadt Münster lässt sich mit Blick auf die Monate zwischen 1534 und 1535, also unter der Herrschaft des Täufertums, eine Orientierung an den Lebensverhältnissen der Urgemeinde festhalten, die christentumsgeschichtlich sogar einzigartige Folgen hatte. Freilich wurde das unter den Täufern wirkmächtige prophetische Charisma nach wenigen Monaten nicht institutionell eingebunden, sondern mit der bischöflichen Rückeroberung der Stadt Münster vollständig abgeschafft. – Wie es zu dem radikalen Versuch der täuferischen Annäherung Münsters an die Urgemeinde unter Ausprägung charismatischer Herrschaft kam und wie sich diese alltagskonkret auswirkte, soll Gegenstand des folgenden Beitrags sein.[1]

Der knappen Rekonstruktion der Entwicklungsgeschichte, die in Münster zwischen 1534 und 1535 zur charismatischen Herrschaft der täuferischen Propheten führte, sollen methodisch-orientierend einige Erläuterungen zu dem von Max Weber in die historische Forschung eingebrachten und hier zugrundegelegten Begriff der „charismatischen Herrschaft" vorangestellt werden.

Max Weber versteht unter „charismatischer Herrschaft" die Unterstellung unter die Person des Herrn und ihres Charismas, näherhin ihrer „magischen Fähigkeiten", ihrer „Offenbarungen" oder ihrer „Macht des Geistes und der Rede"[2]: „Das ewig Neue, Außerwerktägliche, Niedagewesene und die emotionale Hingenommenheit dadurch sind hier Quellen persönlicher Hingebung."[3] Zu den reinsten Typen charismatischer Herrschaft zählt Max Weber den Propheten; seiner Führerschaft unterstehe der Jünger bzw. die Jüngerin. Während andere Formen der Herrschaft auf Fachqualifikation oder Stand, auf Hausabhängigkeit oder anderen Weisen der Dependenz beruhten, sei der Verwaltungsstab innerhalb einer charismatischen Herrschaft allein ausgelesen nach Charisma und persönlicher Hingabe; während andere Formen der Herrschaft auf Kompetenz und Privileg beruhten, legitimiere sich die charismatische Herrschaft allein durch die persönliche charismatische Qualifikation. In dieser Fundierung der charismatischen Herrschaft liegen nicht allein Stärken, sondern auch Anfälligkeiten begründet: „Wenn der Prophet von seinem Gotte ‚verlassen' oder seiner Heldenkraft oder des Glaubens der Massen an seine Führerqualität beraubt ist, fällt seine Herrschaft dahin."[4] Die Verwiesenheit des Propheten auf den exklusiv-anhaltenden Kontakt zur göttlichen Welt führt dazu, dass seine Herrschaft als eine außeralltägliche herauszuheben ist:

> Der Verwaltung – soweit dieser Name adäquat ist – fehlt jede Orientierung an Regeln, sei es gesatzten, sei es traditionalen. Aktuelle Offenbarung oder aktuelle Schöpfung, Tat und Beispiel, Entscheidung von Fall zu Fall, jedenfalls also – am Maßstab gesetzter Ordnungen gemessen – *irrational*, charakterisiert sie.[5]

Die charismatische Herrschaft veranschaulicht einen Bruch mit bestehenden Ordnungen und Gesetzen:

> An Traditionen ist die charismatische Herrschaft nicht gebunden. ‚Es steht geschrieben, ich aber sage Euch', gilt für den Propheten. [...] Die genuine Form charismatischer Rechtsweisung und Streitschlichtung ist die Verkündigung des Spruches durch den Weisen und seine Anerkennung durch die Glaubensgemeinde, welche pflichtmäßig ist, falls

---

1 Siehe dazu auch Lutterbach, Täuferreich; Lutterbach, Weg in das Täuferreich.

2 Weber, Typen der legitimen Herrschaft, S. 481; vgl. auch: Weber, Wirtschaft und Gesellschaft, S. 268f.: „Prophet".

3 Weber, Typen der legitimen Herrschaft, S. 481.

4 Ebd., S. 482.

5 Ebd.

ihr nicht eine konkurrierende Weisung eines Andern mit dem Anspruch auf charismatische Geltung entgegengestellt wird.[6]

Vor dem Hintergrund dieser theoretischen Vergewisserung verwundert es nicht, dass der Typus der charismatischen Herrschaft durch den Kirchenrechtler Rudolph Sohm ehedem forschungsgeschichtlich erstmals für die Urgemeinde verwendet wurde. Umso mehr bietet er sich im Folgenden auch für das tiefere Verständnis der prophetisch legitimierten Phase der Täuferherrschaft von Münster an. Dieser zeitlich kurze Abschnitt der Stadtgeschichte folgte, nachdem das altgläubige und das in der Folge favorisierte lutherische Christentum in Münster bereits an ihr Ende gelangt waren.

1. Die Stadt Münster – ein Kloster?

„Was anderes ist die Stadt", schrieb Erasmus von Rotterdam 1518, „als ein großes Kloster?"[7] Für Münster galt diese im Mittelalter als ideal erachtete Vorstellung sogar in besonderem Maße: Zu Beginn des 16. Jahrhunderts hatte die Stadt etwa 9.000 Einwohner, davon ca. 900 Geistliche und Klosterbewohner, zudem eine von heiligen Orten und heiligen Zeiten geprägte Infrastruktur.[8] Wichtiger noch war im Sinne einer Angleichung an das mittelalterliche Klosterideal, dass sich die blühende wirtschaftliche Lage der Stadt auch im Einsatz für die Armen zu erkennen gab: Einem Zeitgenossen zufolge soll Münster, wo es um 1500 etwa 1.800 Häuser gab, damals mehr Armenhäuser und Stiftungen innerhalb der Stadtmauer beherbergt haben als jede andere deutsche Stadt,[9] ohne dass es freilich eine alle Einwohner verbindende klosterähnliche innerstädtische Gütergemeinschaft gegeben hätte.

Ebenso wie die Mönche verfügten auch alle in der Stadt diensttuenden Geistlichen und Klosterbewohner – insgesamt zehn Prozent der Gesamtbevölkerung – über das Privileg, keine Steuern zahlen zu müssen. Die Kleriker sollten nämlich als Gegenleistung für die Opfergaben der übrigen Stadtbewohner, die sie in Gütergemeinschaft untereinander aufteilten, einzig dem zwischen den Menschen und Gott vermittelnden Gebet sowie der Feier der Heiligen Messe obliegen, um so die Stadt nach Kräften vor dem Zorn Gottes zu bewahren. – Als die Bürger von Münster freilich erstmals 1525 bemerkten, dass die Kleriker keineswegs so klerikale und interzessorisch-ideal im Sinne von ‚städtischen Vor-Betern' lebten, wie man das bis dahin geglaubt hatte, sondern stattdessen in die handwerkliche Produktion von materiellen Gütern eingestiegen waren, welche sie (im Unterschied zu allen anderen Handwerksbetrieben) ohne eigene Steuer-

6 Ebd.

7 *Desiderius von Rotterdam an Paul Volz, Basel (14. August 1518)*, in: Erasmus, Opus epistolarum, Bd. 3, S. 376, Nr. 858, Z. 561.

8 Isenmann, Die deutsche Stadt im Spätmittelalter, S. 31 Anm. 12.

9 Scholz, Das Spätmittelalter, S. 454; Details bei Klötzer, Orte der Fürsorge.

belastung verkauften, um damit ihre Gütergemeinschaft materiell zu bereichern, kam es zu Spannungen unter den Stadtbewohnern. Erstmals war damit das stadttragende Miteinander der materiell gebenden Laien und der dafür als Gegenleistung stellvertretend betenden und messfeiernden Geistlichen in Frage gestellt. Während sich der Stadtrat von Münster auf die Seite der Laien in der Stadt stellte, die von den Klerikern höchsten geistlichen Einsatz als Antwort auf die materiellen Gaben der Stadtbewohner forderten, nahm der Bischof die vom geistlichen Lebensideal abgewichenen Kleriker und Klosterbewohner in Schutz.[10] Damit war unter den Stadtbewohnern die Orientierung hin auf eine Neuorganisation des innerstädtisch-christlichen Glaubenslebens angestoßen, das kraftvoll genug sein sollte, um die Stadt Münster mit mehr Sicherheit als bis dahin vor dem Zorn Gottes zu bewahren. Zugleich geriet so die im Mittelalter plausible Leitvorstellung der Stadt als Kloster zu einem Auslaufmodell, allzumal im Spätmittelalter selbst neu entstandene geistliche Gemeinschaften wie die Devotio Moderna keine durchgreifenden Impulse zur Revitalisierung dieses städtischen Ideals beizutragen vermochten.

2. Jeder Getaufte – ein gottunmittelbarer Christ?

In dem Maße, wie sich der Bischof vor die von den Laien in der Stadt als unglaubwürdig eingestuften Kleriker stellte, ja diese nicht einmal auf die Aufforderung des Stadtrates reagierten, den ihnen traditionell zugeschriebenen Ruf der besonderen Heiligkeit theologisch zu verteidigen, kam es in Münster zu einer neutestamentlich verwurzelten Neuausrichtung des gesamten Glaubenslebens: Unter dem hintergründig prägenden Einfluss der andernorts bereits alltagswirksamen Theologie von Martin Luther (†1546) vollzog sich in Münster der Aufstieg des Klerikers Bernhard Rothmann von St. Mauritz, den die Bewohner der Stadt fortan sogar als religiösen Virtuosen anzuerkennen bereit waren, wie sein großer Rückhalt unter den Stadtbewohnern eindrucksvoll belegt.[11] Innerhalb kurzer Zeit und nach einer Reise in die Schlüsselstädte der Reformation (u. a. Wittenberg und Straßburg) optierte er öffentlichkeitswirksam dafür, dass als *christiani perfecti* zukünftig unterschiedslos alle Getauften (und nicht länger allein die Kleriker) gelten sollten.[12] Heilsvermittler wurden somit überflüssig, da man glaubte, dass sich Gott jedem Christen in gleicher Unmittelbarkeit zuwendet. Institutionellen Gegenwind erfuhr diese Initiative sowohl vom Bischof als auch vom Stadtrat, welcher die angestrebte Egalität unter den Christen durch die Installation von ‚hauptberuflichen Predigern' zu unterlaufen und zu kontrollieren suchte. So führte das von Martin Luther propagierte Allgemeine Priestertum

---

10 Lutterbach, Weg in das Täuferreich, S. 53–65.

11 Siehe dazu im biographischen Kontext Bakker, Civic Reformer in Anabaptist Münster.

12 Luther, An den christlichen Adel, S. 408, Z. 11f.: *Dan was ausz der tauff krochen ist, das mag sich rumen, das es schon priester, Bischoff und Bapst geweyhet sey.*

in Münster 1533 eben nicht zu einer jedem Getauften zugestandenen öffentlichen Auslegung der Heiligen Schrift; denn selbst wenn man mit Martin Luther die Taufe als „Priesterweihe und priesterliche Geburt" versteht,[13] war damit weder in Münster noch anderswo eine automatische Erlaubnis zur öffentlichen Predigt dessen gegeben, was ein getaufter Christ aufgrund des ihm zugestandenen unmittelbaren Zugangs zur Heiligen Schrift erkannt hatte. Mehr noch: Nachdem die ‚städtischen Prediger' innerhalb der lutherisch dominierten Stadt Münster „fast mit der gleichen Macht wie die altgläubigen Kleriker ausgerüstet" waren,[14] stellte sich für viele in der Taufe vereinte Christen umso nachdrücklicher die Frage, wer eigentlich als autorisierter Verkündiger der Heiligen Schrift gelten könne. Tatsächlich blieb die Suche nach einer gemeinsamen religiösen Basis für ein charismatisch-radikales Christentum in Münster auch über 1533 hinaus virulent, ja nahm sogar an Schwung noch zu.

3. Die Erwachsenentaufe – exklusives Zeichen für wahre Christen?

Ohne hier den Weg zur allein verbindlichen Erwachsenentaufe in Münster detailliert zu rekonstruieren, sei dennoch herausgestellt, dass sich die lutherische Bewegung in Münster ab 1533 aufteilte in einen gemäßigten – weiterhin lutherkonformen – Flügel einerseits und in einen radikal-täuferischen Flügel andererseits. Die Befürworter der radikalisierten Interpretation und Umsetzung der lutherischen Anstöße sahen die tragende Basis für ein überzeugendes Christentum nicht länger in der allen Christen gemeinsamen (Kinder-)Taufe, sondern zunehmend exklusiv in der fortan für alle Stadtbewohner verbindlich vorgeschriebenen Erwachsenentaufe. Um des einzig wahren Christentums als Ausdruck einer tatsächlich in der Taufe erfolgten Geistbegabung willen hielten diese Christen die Erwachsenentaufe für unabdingbar notwendig; ohne eine persönliche Entscheidung ist entsprechend neutestamentlich-urgemeindlichen Vorgaben kein christliches Leben möglich, so könnte man die Leitüberzeugung dieser täuferisch Gesonnenen an der Jahreswende 1533/1534 charakterisieren. Diese sahen sich in ihren Auffassungen bestärkt durch jene täuferischen Anhänger der Erwachsenentaufe, die sich sowohl von Straßburg als auch von den Niederlanden aus nach Münster aufmachten.[15]

Durch die ‚Einwanderer' aus dem Südwesten gelangte nach Münster zudem biblisches Gedankengut, das das Erwählungsbewusstsein dieser Befürworter der Erwachsenentaufe weiter zu schärfen vermochte: Zur christlichen Elite gehörte gemäß dem Straßburger Täufer Melchior Hoffmann (†1543) – übrigens in Konformität mit den urgemeindlichen Idealen – auch in Münster fortan allein, wer sich persönlich für den Glauben entschieden und die Erwachsenentaufe emp-

13 Goertz, Allgemeines Priestertum, S. 104.
14 Scribner, Antiklerikalismus in Deutschland, S. 379.
15 Lutterbach, Der Weg in das Täuferreich, S. 109–121.

fangen hatte, so dass er sich mit Hilfe einer christlichen Lebensgestaltung auf die unmittelbar bevorstehend geglaubte Wiederkehr Christi vorbereiten konnte.[16] Immerhin meinte man in Straßburg wie in Münster die Wiederkunft Christi präzise auf das Jahr 1534 festlegen zu können, also auf das Folgejahr dieser ‚Rechnung': 70-jährige Gefangenschaft Israels in Babylon, multipliziert mit dem Faktor 20 (1 Kön 17–18; Jer 25), ergibt 1400. Diese Anzahl der Jahre wurde ergänzt um die ersten einhundert Jahre des Christentums als der idealen Anfangszeit, ergibt 1500, plus die 33 Lebensjahre – im Ergebnis: 1534 als prognostiziertes Jahr der Wiederkunft Christi.[17] Mehr noch: Unmittelbar bevor Christus wiederkomme – so nahm man unter den münsterischen Täufern an –, würden die noch im Mittelalter als Idealchristen angesehenen Kleriker ebenso wie die übrigen Altgläubigen zugrundegehen. Nicht besser würde es den Lutheranern ergehen, bevor schließlich die Täufer von Münster als die gemäß eigenem Selbstverständnis in unmittelbarer Gottesnähe lebenden Enthusiasten exklusiv gerettet würden.

Bekanntermaßen vermochte sich auch die Egalität unter den exklusiv in der Erwachsenentaufe verbundenen Münsteraner Täufern nicht lange durchzuhalten; denn unter den im Erwachsenenalter getauften Christen glaubten sich alsbald einige Christen aufgrund einer zusätzlich empfangenen Prophetie als Charismatiker besonders ausgezeichnet.

4. Propheten – die exklusiven Charismatiker unter den Täufern?

Zwar mussten die Täufer in Münster Ostern 1534 die Hoffnung auf eine prophetisch vorhergesagte, unmittelbar bevorstehende Wiederkunft Christi aufgeben; doch trafen sie gerade deshalb infrastrukturelle Maßnahmen, um sich im eschatologischen Wartestand einzurichten: Dazu zählten unter anderem die Eröffnung von Schulen für Mädchen und Jungen um der Unterweisung im Lesen und Schreiben willen, die Einführung der Gütergemeinschaft und – zentral – die Installation einer göttlich geoffenbarten Verfassung, welche die von Menschenhand gemachte jahrhundertealte dreigliedrige Stadtverfassung ablöste.[18] Besonders mit der Verfassungsänderung taten sich für die täuferische Stadt Münster neue Perspektiven auf: Die ins Auge gefassten und den gesamten städtischen Alltag betreffenden Maßnahmen orientierten sich nicht an jenen bis dahin unter den erwachsen Getauften verbreiteten Überzeugungen, sondern vielmehr an den Anweisungen, welche einige Täufer als direkt von Gott empfangene Prophetien öffentlich machten (Einführung der Polygamie etc.). Damit war die Egalität unter den Getauften durch das Wirken von Propheten mit einer

16 Deppermann, Melchior Hoffmann und Thomas Müntzer, S. 45.

17 Ausführliche Darstellung der Rechenoperation in: Lutterbach, Der Weg in das Täuferreich, S. 209.

18 Hermann von Kerssenbrock, Anabaptistici furoris [...] narratio, S. 574–577.

als göttlich angesehenen Berufung neuerlich relativiert worden, so dass fortan die prophetischen Interzessoren als die wahren und unhinterfragbaren Charismatiker auf sich aufmerksam machten, indem sie die Lebensverhältnisse in der Stadt nach und nach umzugestalten begannen.

Der damals in Münster führende Täufertheologe – der ehedem als katholischer Kleriker in Erscheinung getretene Bernhard Rothmann – hegte im Zuge seiner Hinkehr zum Täufertum die Auffassung, dass Gott eine besondere Vorliebe für die theologisch-universitär Ungebildeten hätte und diesen seine heiligen Pläne mit der Täuferherrschaft von Münster in Träumen und Visionen zugänglich machte. Angesichts der damals unter den münsterischen Täufern fälligen Entscheidung, wer innerhalb des Täufertums die Autorität der Schriftauslegung beanspruchen durfte, war diese Option zugunsten der theologisch Ungebildeten von traditionssprengender Prägekraft. So zeigte sich Bernhard Rothmann immer wieder beeindruckt von der Drastik, mit der die biblischen Propheten[19] und die Apostel den Tod und das Leben Jesu Christi verkündigten; sowohl die Propheten als auch die Apostel sprächen gleichermaßen von der *vergeldinge der godtlozen vnd herlicheit des Rikes christi auer de ganthe erde*, worin Bernhard Rothmann die zentrale biblische Botschaft widerhallen hört.[20] Unter allen Schriftzeugnissen billigt er den Propheten die wohl höchste Stellung zu: *Wy vermoden vns, ydet zy idermennichlick bewust, wat de prinipael vngetwiuelde schrifft zy, dar na alle schrifft moethen gerichtet werden, noemptlick Moses vnd de Propheten, de sulue sint de gruendige hillige schrifft.*[21]

Welcher Begabungen bedurfte es in Münster, um als Prophet gelten zu können? Soweit sich erkennen lässt, hatten die meisten der in Münster als Propheten anerkannten Christen zuvor einen handwerklichen Beruf ausgeübt. Weiter beriefen sich die Propheten gegenüber der Gemeinde darauf, dass Gott ihnen seinen Willen mit Hilfe besonderer Zeichen geoffenbart hätte.[22] Ja, Gott musste einen Menschen auserwählt und ihn durch die Mitteilung göttlicher Wegweisungen aus der Gruppe der anderen Christen herausgehoben haben (*Got hedde denselven tho einen propheten gemacket*),[23] bevor er als Prophet anerkannt wurde (*sie* [die Täufer] *mackeden innen fur einen propheten*).[24] Freilich bleibt an dieser Stelle unklar, ob die gesamte Täufergemeinde daran beteiligt war, wenn ein Prophet ‚proklamiert' wurde. Im Blick auf den Ostern 1534 zu Tode gekommenen Propheten Jan Mathijs gibt der Täufer Heinrich Krechting in seinem Verhör durch die letztendlich siegreichen bischöflichen Eroberer der Stadt Münster am 20. Januar

19 Zur Tradition des Alten Testaments als „Prophetie auf Christus" siehe Reventlow, Epochen der Bibelauslegung, Bd. 1, S. 73–80.

20 Bernhard Rothmann, Restitution 17, in: Rothmann, Schriften, S. 275; auch Rothmann, Bericht von der Wrake, ebd., S. 290f.

21 Bernhard Rothmann, Von der Verborgenheit der Schrift, in: Rothmann, Schriften, S. 302.

22 Z. B. Heinrich Gresbeck, Bericht, in: Berichte der Augenzeugen, S. 94f. (Offenbarungserlebnis des Prophet Henricus).

23 Ebd. S. 96 (bezogen auf Johannes Dusentschuer).

24 Ebd. S. 95 (bezogen auf Johannes Dusentschuer).

1536 jedenfalls zu Protokoll, dass er nicht wisse, wer ihn [also Jan Mathys in Holland] zum Propheten gemacht habe.[25] Seine Stellung beruhte wohl auf seiner im Dezember 1533 in der Amsterdamer Melchioritengruppe gewonnenen kollektiven Anerkennung.[26]

Gewiss war das in einen Menschen gesetzte Vertrauen auf prophetische Heilsvermittlung für die Täufergemeinde direkt gegen Martin Luther gewendet, der sich allein an die Heilige Schrift, niemals aber an prophetische oder visionäre Träume halten wollte.[27] Zudem war die Orientierung der münsterischen Täufer an ihren Propheten, die gewiss „einem tiefverwurzelten Bedürfnis nach sicherer Führung durch göttliche Autorität" entsprach,[28] nicht ohne Risiko; denn beweisen bzw. nachprüfen ließ sich eine derartige göttliche Auszeichnung weder von dem damit Beschenkten noch von der ihn umgebenden Gemeinde. Erinnert sei hier daran, dass in Münster bisweilen zur gleichen Zeit die Auffassungen mehrerer Propheten miteinander konkurrierten oder sie einander in kurzer Folge ablösten. Man denke allein an das Ringen darum, ob die ganze Gemeinde im Oktober 1534 um der Verbreitung täuferischen Gedankengutes willen die Stadt Münster verlassen sollte oder nicht.[29] Als Täufergegner stellte der Chronist Heinrich Gresbeck sogar das gesamte täuferische Prophetentum in Frage: *Von die propheten und predicanten, so siw wat in der schrift funden, dan innen mede was, so plagen sie zu sagen, Got het innen dat geoppenbaret.*[30]

Nicht zuletzt eröffnete das in Münster seit 1534 etablierte Prophetentum den Weg für weitere Ausprägungen von stadt- und weltumgreifender Herrschaft; denn zu den in Münster ergangenen Prophetien zählte auch die Botschaft, dass einer der amtierenden Propheten – nämlich Jan van Leiden – als König über die Stadt Münster und die ganze Welt amtieren sollte. Damit wurde nicht nur die ursprüngliche Egalität unter den im Erwachsenenalter christlich initiierten Täufern weiter unterlaufen; vielmehr war auch die Egalität unter den Propheten dadurch in Frage gestellt, dass einer aus ihren Reihen zum König berufen sein sollte. So durfte der König in der Täufergemeinde von Münster fortan als höchster Ausdruck christlicher Herrschaft gelten, ohne dass man rückblickend die Herrschaft zwischen Propheten und König trennscharf voneinander abgrenzen könnte.

25 Bernhard Krechting, Bekenntnis (20.1.1536), in: Berichte der Augenzeugen, S. 405.
26 Klötzer, Täuferherrschaft von Münster, S. 59.
27 Luther, Vorlesungen über 1. Mose, Kap. 37,9, S. 249; dazu umfassend Goertz, Träume, Offenbarungen und Visionen, S. 173–175.
28 Ebd. S. 185, S. 188 und S. 190.
29 Heinrich Gresbeck, Bericht, S. 108f.
30 Ebd., S. 55.

5. Vom obersten Charismatiker zum König – Virtuosität in Vollendung?

Dem aus Warendorf nach Münster gelangten Propheten Johann Dusentschuer – so ließ dieser die erstaunte Münsteraner Öffentlichkeit im September 1534 wissen – war die Einrichtung des Königtums in einer persönlichen Offenbarung mitgeteilt worden.[31] Und nachdem Dusentschuer der Täufergemeinde den Kandidaten – nämlich den in Münster als Prophet agierenden Jan van Leiden – für das Königtum präsentiert und ihn in das Amt eingeführt hatte, ließ Jan van Leiden seinerseits verlauten, dass auch er bereits zuvor aufgrund einer göttlichen Eingebung von seiner Erhebung gewusst hätte.[32] Eine andere Version vertritt Heinrich Gresbeck, wenn er eine Mitwirkung Dusentschuers unerwähnt lässt; vielmehr habe Jan van Leiden eine göttliche Offenbarung erhalten und sich hernach selbst zum König proklamiert.[33]

Unabhängig davon, auf wessen Offenbarung die Einrichtung des Königtums zurückgeht, bedeutete die Königsherrschaft des Jan van Leiden, dass die täuferischerseits ehedem installierte prophetisch-charismatische Verfassung außer Kraft gesetzt wurde. Stattdessen richtete Jan van Leiden als ‚Regierungsorgan' einen königlichen Hofstaat ein, in dem freilich einige Mitglieder mitwirken sollten, die auch zuvor schon an der Machtausübung im Rahmen der Täuferherrschaft von Münster beteiligt waren.[34] Näherhin setzte sich der Hofstaat aus all jenen Menschen zusammen, denen in der unmittelbaren Gefolgschaft des Königs besondere Aufgaben innerhalb der Stadt übertragen waren. Zu den engsten Vertrauten des Königs zählten vier Räte. Darüber hinaus übernahmen altgediente Stadtbewohner wichtige Aufgaben in Diensten des Königs: Bernd Knipperdollinck erhielt die Position des „Statthalters", Bernhard Rothmann wurde „Worthalter", der bereits genannte Heinrich Krechting avancierte zum Kanzler, Heinrich Tilbeck wirkte im Amt des Hofmeisters.[35] Der „Hofordnung" zufolge zählten 148 Personen zum Hofstaat, sowohl Einheimische als auch Zugewanderte, freilich mit dem Unterschied, dass die Schlüsselpositionen in der Mehrzahl an angestammte Münsteraner gingen: „Gerade in den führenden Positionen saßen wieder mehrere wohlhabende Männer. Jan van Leiden hat also seine Herrschaft keineswegs vornehmlich auf die ‚Holländer und Friesen' gestützt."[36]

Mit einer für Münster beispiellosen Pracht stattete Jan van Leiden seine Herrschaft aus. Er selbst nahm sein Domizil in einem der schönsten Domherrenhöfe am Domplatz, welcher fortan „Berg Zion" hieß.[37] Sowohl die Königin

31 Bernhard Krechting, Aussage (20.1.1536), in: Berichte der Augenzeugen, S. 406; dazu Jelsma, De Koning en de vrouwen, S. 90f.
32 Bernhard Krechting, Aussage (20.1.1536), in: Berichte der Augenzeugen, S. 406.
33 Heinrich Gresbeck, Bericht, S. 82f.
34 Ebd., S. 84.
35 Ebd., S. 83–85.
36 Laubach, Reformation und Täuferherrschaft, S. 197.
37 Siehe dazu umfassend Lutterbach, Der Zion von Münster.

als auch des Königs später bis zu 15 weitere Frauen erhielten Wohnung in einem Nachbarhaus.[38] Von besonderer Kostbarkeit waren seine königlichen Insignien und der erhöhte Sessel, auf dem der König Platz nahm, während der Gottesdienste auf dem Prinzipalmarkt oder wenn er zu Gerichte saß. Der Eindruck königlichen Reichtums wurde weiterhin dadurch verstärkt, dass sich der Herrscher bei wichtigen Anlässen von seinem Hofstaat umgeben zeigte,[39] überdies von zwei Knaben, die mit einem Schwert und einer Bibel seinen Thron umstanden und von seinem königlichen Selbstverständnis kündeten.[40]

Der vom König zum „Worthalter" des Täuferreiches ernannte Bernhard Rothmann erläuterte das Selbstverständnis des königlichen Herrschers in theologischer Hinsicht. So heißt es in seiner „Restitution" vom Oktober 1534, dass Gott in dem Maße, wie er nach des Menschen Irrungen die Verhältnisse im biblisch-ursprünglichen Sinne wiederhergestellt habe,[41] in Münster auch die originären Herrschaftsverhältnisse neuerlich einrichten würde. Aus diesem Grunde sei das Königreich des Jan van Leiden dasjenige des neuen David, des „Prämessias" oder „Vorläuferherrschers",[42] welchem Salomo – mit Christus identisch – als der wahre Friedensfürst nachfolgen werde.[43]

Wie abhängig allerdings die königliche Herrschaftsform von prophetischen Einflüssen blieb – derlei ist bislang nicht gesehen worden –, lässt sich daran ermessen, dass der König im Herbst 1534 einer Prophetie zustimmte, alle Bewohner sollten die Stadt verlassen, um das Täufertum weltweit zu etablieren,[44] wohingegen der militärische Oberbefehlshaber aufgrund ergangener göttlicher Einsichten den Auszug nicht zuließ.[45] In der Konsequenz verblieben die Täufer in Münster. Jan van Leiden trat sogar kurzzeitig vom Königtum zurück, bis der Prophet Johannes Dusentschuer dessen ihm zuteil gewordene Prophetie öffentlich machte, dass Jan van Leiden wieder in das Königtum zurückkehren sollte.[46] – Nur knapp sei hier angefügt, dass das prophetische Charismatikertum von Münster mit seiner Wegbereitung des Königtums nur eine kurze Dauer beschieden war.[47]

---

38 Kauder-Steiniger, Täuferinnen, S. 35–37.
39 Heinrich Gresbeck, Bericht, S. 90f.
40 Ebd., S. 91f.
41 Bernhard Rothmann, Restitution, in: Rothmann, Schriften, S. 208–284; zu den biblischen Wurzeln der „Restitution" siehe Meihuizen, The Concept of Restitution, S. 151.
42 List, Chiliastische Utopie, S. 213.
43 Bernhard Rothmann, Restitution 17, in: Rothmann, Schriften, S. 270–276; dazu auch Meihuizen, The Concept of Restitution, S. 154f.; unter Ausdeutung von Joh 20,1–10 auch List, Chiliastische Utopie, S. 9.
44 Heinrich Gresbeck, Bericht, S. 103f.; dazu List, Chiliastische Utopie, S. 195 („Doppelgedanke der Sammlung und Expansion als leitendes Prinzip").
45 Heinrich Gresbeck, Bericht, S. 108f. Dazu Klötzer, Hoffnungen auf eine andere Wirklichkeit, S. 165 Anm. 34.
46 Heinrich Gresbeck, Bericht, S. 112.
47 Siehe dazu umfassend Lutterbach, Der Weg in das Täuferreich, S. 140–151.

6. Die heilige Restitution paradiesischer Lebensverhältnisse

Wie bereits angedeutet, wurzelte das Vertrauen in das Propheten- und Königtum innerhalb der täuferischen Gemeinde von Münster in der hintergründigen theologischen Überzeugung, dass Gott auf den menschlichen Abfall von der himmlischen Ordnung seit Paradieseszeiten immer wieder mit einer göttlichen Wiederherstellung (Restitution) reagiert hätte. – Ohne hier Bernhard Rothmanns „Restitution" mit weiteren gleichlautenden Werken anderer Reformatoren theologisch zu vergleichen,[48] soll an dieser Stelle gleichwohl der Versuch unternommen werden, seine religionsgeschichtlich bislang noch kaum gewürdigte Argumentation[49] in den größeren Kontext einer asketischen, um Sakralisierung von Personen und Welt bemühten Theologie einzuordnen.

In heilsgeschichtlicher Reihenfolge hätte Gott als erstes dem Adam die Heiligkeit des Paradieses anvertraut, bevor dieser sich der Schlange und der *flessches lust* zugekehrt habe und in profanierender Weise aus der paradiesischen Ordnung ausgebrochen sei, wie Bernhard Rothmann unterstreicht.[50] Doch habe Gott angesichts dieses Jammers dem Menschen neuerlich sein Erbarmen gezeigt und ihm mittels Buße die Möglichkeit der Heiligkeit neuerlich eröffnet. Er habe den Menschen wieder aufgerichtet und „restituiert", indem er den menschlichen Willen genesen ließ und ihn auf den heiligen Dienst gegenüber Gott hin ausrichtete: *Vnde de, welcke dat gedaen hebben, sint Gades kinder genomet woerdenn.*[51] Den daraufhin allerdings neuerlich eingetretenen Abfall habe Gott mit dem Elend der Sintflut beantwortet. Doch sei den Menschen von Gott in Noah und den Seinen eine weitere Möglichkeit der „Restitution" angeboten worden.[52] Diese Bewegung von menschlichem Abfall und göttlicher „Restitution", von irdisch-gesinntem Rückfall in die Profanität und himmlischer Wiedereröffnung des Heils, habe sich in der Geschichte des Alten Bundes noch mehrfach wiederholt, wie Bernhard Rothmann im Blick auf das auserwählte Volk Israel summarisch hervorhebt.[53]

Nachdem Gott den Menschen durch die Sendung seines Sohnes Jesus Christus und der ihm nachfolgenden ‚Handwerker-Apostel' (Zeltmacher, Fischer etc.) eine weitere Chance eröffnet, ja die Erwählung sogar auf alle Menschen hin entgrenzt und urgemeindlich fundiert hätte, jedoch *geleerde* diese universale Chance neuerlich vertan hätten,[54] sei mit Martin Luther der letzte Beginn einer Hinkehr zur Heiligkeit vor dem Weltenende erfolgt. Dieser Neubeginn, der in Jesu Christi Spur die gesamte Welt zur Vollendung führen solle, werde – man erinnere sich der Mitarbeiter Jesu – durch die *vngeleerdesten na der werlt*, näm-

---

48 Dazu Meihuizen, The Concept of Restitution, S. 141–158.
49 So auch Klötzer, Täuferherrschaft von Münster, S. 157.
50 Bernhard Rothmann, Restitution 1, in: Rothmann, Schriften, S. 213.
51 Ebd.
52 Ebd.
53 Ebd., S. 213f.
54 Ebd., S. 216f.

lich durch die als Führer der münsterischen Täufer aufgetretenen ehemaligen Handwerker, ihrem Höhepunkt entgegengeführt. In Münster wolle Gott – so Bernhard Rothmanns Überzeugung – sein Reich letztmalig restituieren und aufrichten; allein auf dieses heilige Ziel hin hätten die Münsteraner die Welt mit Hilfe eines urgemeindlich-charismatischen Gemeindelebens vorzubereiten.[55]

Vergleicht man das Restitutionsmodell ‚Gottgeschenkte Idealität – Menschlicher Abfall – Gottgeschenkte Idealität' mit dem durch das christliche Mönchtum seit altkirchlicher Zeit vertretene Restitutionsmodell, in dessen Rahmen der Mönch das Paradies durch individuell geübte Askese bis hin zum ‚engelgleichen Leben' wiederherzustellen sucht,[56] liegen gewisse Parallelen auf der Hand: In beiden Fällen suchte man das göttliche Angebot eines Lebens in Fülle aufzugreifen, um das profane Alltagsleben auf diese Weise zu sakralisieren. Sowohl den Mönchen als auch den Täufern ging es um eine größtmögliche Gottunmittelbarkeit, allzumal beide Gruppierungen im Bewusstsein der nahen Endzeit lebten und unter dieser Perspektive jeweils ein Umerziehungsprogramm zur Verwirklichung der göttlichen Weisungen vertraten. Konsequent verstanden sich sowohl die Mönche als auch die münsterischen Täufer als nach außen hin abgeschlossene, zum großen Teil auf identischen Bibelworten gründende ‚Kontrastgesellschaften'. Die Mitglieder beider Bewegungen sahen sich einerseits im Vergleich zu den übrigen Christen jeweils als die eigentlichen, eben die urgemeindlich wahren Christen; andererseits hegten sie das Begehren, auch die lauen Christen für ihren jeweiligen Entwurf vertiefter Christlichkeit zu gewinnen, den sie um der Erlangung des Himmelreiches willen verfolgten. Freilich sind die Unterschiede zwischen beiden Restitutionsmodellen unübersehbar: Die Hauptdifferenz liegt darin, dass die Täufer von Münster eine Restitution des Kosmos erwarteten, wie sie sich auf Mt 5,45 oder auf den Apostel Paulus (1 Kor 15,22–28; Röm 5,18; 11,32) berufen kann, wohingegen den Mönchen entsprechend Apg 3,21 eine Restitution der Seelen vor Augen stand.[57]

7. Charismatische Propheten und charismatische Rituale

Im Rückblick auf die konfessionsvergleichend vorgenommene Rekonstruktion des in Münster angesiedelten Täufertums stellt sich die Frage, ob dessen exemplarisch herausgearbeiteten Eigenarten eher als allgemeine Grundüberzeugungen aller zeitgenössischen täuferischen Bewegungen zu bewerten sind oder ob sie die ortskonkrete Entwicklung hin zur täuferischen Theokratie von Münster im Letzten tatsächlich plausibel machen. Anders gefragt: Welche Erklärungsansätze für die täuferische Entwicklung in Münster ließen sich über die zeitgenössischen Berichte und die Kronzeugenschaft des Täufer-Theologen Bernhard

55 Ebd., S. 219f.
56 Frank, Angelikos Bios.
57 Zu dieser Differenzierung siehe Lenz, Art. Apokatastasis, Sp. 821f.

Rothmann hinaus noch anführen, um den Weg von der Täuferherrschaft zur Täuferreichs-Theokratie wirklich nachvollziehbar zu machen?

Die Theaterwissenschaft bietet einen weniger text- als handlungsorientierten Erklärungsansatz an, der danach fragt, wie menschliches Handeln Bedeutung hervorbringt und vermittelt. Im Hintergrund steht die Überzeugung, „dass eine Äußerung, eine Aufführung, ein Ritual oder eine Verhaltensweise nicht etwas Vorgegebenes abbilden; vielmehr wird Bedeutung erst im Augenblick des Äußerns, Aufführens oder sich Verhaltens hervorgebracht".[58] Damit kommt jeder Interaktion oder jedem auf Interaktion gründenden Ritual eine bedeutungsstiftende und identitätsbildende Kraft zu, wobei bis dahin gültige Überzeugungen bzw. Symbole und sozio-kulturelle Figurationen durch die Feier des Rituals nachhaltig verändert werden können: „Ein Ritual zielt auf Legitimierung ab, und das bedeutet, dass eine Grenze, die durch das Ritual selbst erst gesetzt wird, als natürlich und somit dem Ritual vorgängig anerkannt wird."[59] Demnach erwecken Rituale den Anschein, bestätigend (konstativ) zu sein, sind aber aufgrund ihrer interaktiven Darstellung tatsächlich in der Lage, neue Bedeutungen hervorzubringen (performativ). Freilich – so ist herauszustellen – bleibt die Performativität des rituellen Akts den Akteuren selbst im Moment des Geschehens mitunter verborgen: So scheint (!) der stets auf Interaktion basierende Ritus den Beteiligten bislang Selbstverständliches zu bestätigen, obwohl er tatsächlich normverändernd wirken mag.

Blickt man in die Geschichte Münsters, dominiert die bestätigende Kraft der gefeierten Rituale während der altgläubig geprägten Jahrhunderte. Derlei äußerte sich in der Achtung gegenüber den heiligen Orten und den heiligen Zeiten, gegenüber dem Bischof sowie gegenüber den anderen Amtsträgern, gegenüber den klösterlichen Gemeinschaften und den Bruderschaften, gegenüber den altehrwürdigen Feiern und den Liturgien. In Abweichung von diesen Traditionen entfaltete das Wirken der lutherischen Prediger durchaus die bedeutungsverändernde Kraft der Rituale: Andere Orte für die gottesdienstlichen Zusammenkünfte, Veränderungen bei den geprägten heiligen Zeiten, die Relativierung, ja Ablösung der bisherigen Amtsträger bis hin zu einer bis dahin nicht üblichen Dominanz der Predigt in den gottesdienstlichen Zusammenkünften – all das bewirkte hintergründig eine Veränderung der maßgeblichen religiösen Überzeugungen.

Wie niemals zuvor in Münster bedienten sich die täuferisch-charismatischen Propheten der verändernden Kraft von Interaktionen und Ritualen, deren himmlische Rückbindung man herausstellte. So veränderte man aufgrund der prophetischen und stets sogleich öffentlich gemachten Schauungen viele bis dahin übliche Regeln im Alltag: Einem Propheten aus Warendorf wurde geoffenbart, wie viele Kleidungsstücke jeder Täufer fortan besitzen durfte.[60] In der

58 Martschukat/Patzold, Geschichtswissenschaft und „Performative Turn", S. 10.
59 Ebd., S. 8.
60 Heinrich Gresbeck, Bericht, S. 96.

Hungersnot setzte eine Prophetie des Jan van Leiden die Gepflogenheit außer Kraft, Pferdefleisch zu essen.[61] Pfeifen und Trommeln, ursprünglich von den Täufern in Münster abgeschafft, wurden aufgrund einer Prophetie neuerlich eingeführt.[62] Die Polygamie gab man in den gottesdienstlichen Predigten als Gottes unbedingten Willen aus (*dat et Godes wille wer*).[63] Ein Prophet stellte sich auf einen Altar der ehedem für altgläubige Gottesdienste genutzten Lambertikirche, um eine Prophetie an die Gläubigen weiterzugeben, dass sie das auserwählte Neue Israel seien und die Erlösung nahe bevorstünde.[64] Weiter: Um die Standhaftigkeit der Mitglieder der täuferischen Gemeinde trennscharf zu prüfen, mussten sich Menschen im Sinne eines Bußrituals mit dem Gesicht nach unten auf den Boden werfen, mit bloßen Händen eine Kuhle in die Erde wühlen sowie mit Händen und Füßen um Gnade bitten.[65] Im gleichen Sinne ist zu fragen, welche inneren Veränderungen jene Mitglieder der Täufergemeinde durchmachten, die von den Propheten aufgefordert wurden, sich auf den Boden der Lambertikirche zu legen, um vom göttlichen Vater die Vertiefung im täuferischen Glauben zu erbitten und sich ihm dafür dankbar zu erzeigen?[66]

Trotz aller Unterschiedlichkeit im Detail stimmen die hier nur knapp skizzierten Rituale darin überein, dass sie allesamt dazu angetan sind, die der innergemeindlichen Egalität zuwiderlaufende Herrschaft der als charismatisch (-irrational) wertgeschätzten Propheten nachhaltig zu festigen: *Die Propheten meinden, Got gienge mit inen up erden*,[67] wie täuferkritischen Überlieferungen zu entnehmen ist. Der gottesdienstliche Rahmen, innerhalb dessen die göttlicherseits ergangenen Prophetien von den Propheten an die täuferische Gemeinde weitergegeben wurde, lässt sich unter anderem daran erkennen, dass die Menschen nach der stets öffentlich vollzogenen Verkündigung der himmlischen Weisung zumeist ein Danklied oder einen Lobpsalm anstimmten (*hebben gesungen einen deutschen salmen*).[68] Unübertroffen zeigte sich dieser mit traditionellen christlich-liturgischen Elementen ausgestaltete (und dennoch bedeutungsverändernd wirkende!) gottesdienstliche Rahmen, als die Täufer von Münster dem im Fenster seines Palastes stehenden König Jan van Leiden huldigten; denn nach dessen Predigt über ein Kapitel aus dem Buch der Könige, demzufolge Engel aus dem Himmel kamen, um dem König David im Streite gegen die Feinde zu helfen, folgten gleich mehrere deutsche Psalmen im Wechselgesang als Antwort.[69]

Kurzum: Bedeutungsverändernde Rituale und bis dahin unübliche Weisen der prophetischen Interaktion tragen zur Rekonstruktion des Weges von der

61 Ebd., S. 26.
62 Ebd., S. 54f.
63 Ebd., S. 60.
64 Ebd., S. 25.
65 Ebd., S. 24.
66 Ebd.
67 Ebd., S. 49.
68 Ebd., S. 83, S. 95 oder S. 128.
69 Ebd., S. 131–140.

Münsteraner Täuferherrschaft zum theokratischen Täuferreich ebenso bei, wie sie die durchschlagende Wirkung der als Charismatiker agierenden Propheten plausibel machen. Erst durch diese Einwirkungen konnte sich in Münster eine über die anderen zeitgenössischen Täufergemeinden hinausgehende täuferische Sonderentwicklung vollziehen. In diesem Zusammenhang lassen die offensichtliche Wirksamkeit vor allem der prophetischen Verkündigungen und die somit himmlisch legitimierten Veränderungen fragen, inwieweit Menschen in einer belagerten Stadt für derlei göttliche ‚Rückendeckung' womöglich besonders empfänglich sind. Ohne dass diese Erwägung von der Mediävistik bislang gründlich aufgegriffen worden ist, wird man sie für Münster hoch veranschlagen müssen; dies umso mehr, da die täuferischen Gemeindemitglieder zwischen Herbst 1534 und Sommer 1535 durchaus freiwillig handelten und sich nicht einfachhin durch die täuferische ‚Obrigkeit' zur Unterordnung gezwungen sahen. Wie sonst ist es zu erklären, dass ein im Anschluss an die täuferische Polygamie-Vorschrift gestarteter Putschversuch scheiterte, weil sich ihm kaum weitere Mitglieder der täuferischen Gemeinde anschlossen, obgleich man die führenden Propheten bereits gefangen genommen hatte?![70] Aus einer anderen Perspektive formuliert: Zwar kann eine charismatische Herrschaft ein Gemeinwesen stärken, ja bis dahin ungeahnte religiöse und soziale Kräfte freisetzen; doch weist die täuferische Epoche in Münster zugleich alltagskonkret auf die Gefahr hin, dass sich eine solche Herrschaft in eine bar jeder irdischen Kontrolle agierende Willkürherrschaft verwandelt. Wenn die täuferische Gemeinde von Münster dieser prophetisch-königlichen Herrschaft vertraute, bis das täuferische Charismatikertum durch die bischöfliche Rückeroberung der Stadt zunichte gemacht wurde, dann tat sie derlei gewiss in der Überzeugung, dass eine Auflehnung gegen die als gottgegeben eingeschätzten Prophetien womöglich den Zorn Gottes über die Stadt heraufbeschwörte; denn in dieser Sorge um die bestmögliche Angleichung an den göttlichen Willen um einer Milderung des göttlichen Zornes willen lagen in Münster zwischen 1530 und 1535 alle religiös und sozial relevanten Veränderungen altgläubiger, lutherischer und täuferischer Provenienz begründet.

Bibliographie

de Bakker, W.J., *Civic Reformer in Anabaptist Münster. Bernhard Rothmann (1495–1535)*, Diss. masch., Chicago 1987.

Berichte der Augenzeugen über das Münsterische Wiedertäuferreich, ed. C.A. Cornelius (Die Geschichtsquellen des Bistums Münster 2), Münster 1853, Nachdruck 1965 und 1983 mit einem Nachwort von R. Stupperich.

Breuning, W., Art. Apokatastasis, in: *Lexikon für Theologie und Kirche* 1 (1993), Sp. 821–824.

70 Ebd., S. 73–75.

Deppermann, K., Melchior Hoffmann und Thomas Müntzer, in: T. Baumann u. a. (Hg.), *Protestantische Profile von Luther bis Francke. Sozialgeschichtliche Aspekte* (Kleine Vandenhoeck-Reihe 1561), Göttingen 1992, S. 41–47.

Erasmus, Opus epistolarum: *Opus epistolarum Des. Erasmi Reterodami*, ed. P.S. Allen/A.S. Allen, 12 Bde., Oxford 1906–1946.

Frank, S., *Angelikos Bios. Begriffsanalytische und begriffsgeschichtliche Untersuchung zum ‚engelgleichen Leben' im frühen Mönchtum* (Beiträge zur Geschichte des alten Mönchtums und des Benediktinerordens 26), Münster 1964.

Goertz, H., *Allgemeines Priestertum und ordiniertes Amt bei Luther* (Marburger theologische Studien 46), Marburg 1997.

Goertz, H.J., Träume, Offenbarungen und Visionen in der Reformation, in: R. Postel/F. Kopitzsch (Hg.), *Reformation und Revolution. Beiträge zum politischen Wandel und den sozialen Kräften am Beginn der Neuzeit. FS Rainer Wohlfeil*, Stuttgart 1989, S. 171–192.

Hermann von Kerssenbrock, *Anabaptistici furoris* [...] *narratio*, ed. H. Detmer (Die Geschichtsquellen des Bistums Münster 5–6), Münster 1889–1900.

Isenmann, E., *Die deutsche Stadt im Spätmittelalter. 1250–1500. Stadtgestalt, Recht, Stadtregiment, Kirche, Gesellschaft, Wirtschaft*, Stuttgart 1988.

Jelsma, A.J., De Koning en de vrouwen. Münster 1534–1535, in: *Gereformeerd theologisch tijdschrift* 75 (1975), S. 82–107.

Kauder-Steiniger, R., Täuferinnen – Opfer oder Heldinnen? Spurensuche nach den Frauen in Münster während der Reformation und der Täuferherrschaft, in: B. Rommé (Hg.), *Das Königreich der Täufer in Münster – Neue Perspektiven* (Edition Kulturregion Münsterland 4), Münster 2003, S. 13–40.

Klötzer, R., *Die Täuferherrschaft von Münster. Stadtreformation und Welterneuerung* (Reformationsgeschichtliche Studien und Texte 131), Münster 1992.

Klötzer, R., Hoffnungen auf eine andere Wirklichkeit. Die Erwartungshorizonte in der Täuferstadt Münster 1534/35, in: N. Fischer/M. Kobelt-Groch (Hg.), *Außenseiter zwischen Mittelalter und Neuzeit. FS Hans-Jürgen Goertz* (Studies in Medieval and Reformation Thought 61), Leiden/New York/Köln 1997, S. 153–169.

Klötzer, R., Orte der Fürsorge. Topographie der sozialen Stiftungen in Münster, in: F.J. Jakobi/R. Klötzer/H. Lambacher (Hg.), *Strukturwandel der Armenfürsorge und der Stiftungswirklichkeiten in Münster im Laufe der Jahrhunderte* (Quellen und Forschungen zur Geschichte der Stadt Münster 17,4), Münster 2002, S. 413–426.

Laubach, E., Reformation und Täuferherrschaft, in: F.J. Jakobi (Hg.), *Geschichte der Stadt Münster 1*, 3. Aufl., Münster 1994, S. 145–216.

Lenz, C., Art. Apokatastasis, in: *Reallexikon für Antike und Christentum* 1 (1950), Sp. 510–516.

List, G., *Chiliastische Utopie und radikale Reformation. Die Erneuerung der Idee vom 1000-jährigen Reich im 16. Jahrhundert*, München 1973.

Luther, M., *An den christlichen Adel (a. 1520)*, in: Ders., Weimarer Ausgabe, Schriften 6, Weimar 1888.

Luther, M., *Vorlesungen über 1. Mose von 1535–1545*, in: Ders., Weimarer Ausgabe, Schriften 44, Weimar 1915.

Lutterbach, H., *Das Täuferreich von Münster. Wurzeln und Merkmale eines religiösen Aufbruchs*, Münster 2008.

Lutterbach, H., *Der Weg in das Täuferreich von Münster. Ein Ringen um die heilige Stadt* (Geschichte des Bistums Münster 3), Münster 2006.

Lutterbach, H., Der Zion von Münster. Auf- und Abstieg eines heiligen Berges, in: N.C. Schnabel (Hg.), *Laetare Jerusalem. Festschrift zum 100jährigen Ankommen der Benediktinermönche auf dem Jerusalemer Zionsberg* (Jerusalemer theologisches Forum 10), Münster 2006, S. 402–424.

Martschukat, J./Patzold, S., Geschichtswissenschaft und „Performative Turn". Eine Einführung in Fragestellungen, Konzepte und Literatur, in: Dies. (Hg.), *Geschichtswissenschaft und „Performative Turn". Ritual, Inszenierung und Performanz vom Mittelalter bis zur Neuzeit*, Köln/Weimar/Wien 2003, S. 1–31.

Meihuizen, H.W., The Concept of Restitution in the Anabaptism of Northwestern Europe, in: *The Mennonite Quarterly Review* 44 (1970), S. 141–158.

Reventlow, H., *Epochen der Bibelauslegung*, 4 Bde., München 1990–2001.

Rothmann, Schriften: *Die Schriften Bernhard Rothmanns*, ed. R. Stupperich (Die Schriften der münsterischen Täufer und ihrer Gegner 1 = Veröffentlichungen der Historischen Kommission Westfalens 32), Münster 1970.

Scholz, K., Das Spätmittelalter, in: W. Kohl (Hg.), *Westfälische Geschichte* 1: *Von den Anfängen bis zum Ende des Alten Reiches* (Veröffentlichungen der historischen Kommission für Westfalen im Provinzialinstitut für westfälische Landes- und Volksforschung des Landschaftsverbandes Westfalen-Lippe 53), Düsseldorf 1983, S. 403–468.

Scribner, B., Antiklerikalismus in Deutschland um 1500, in: F. Seibt/W. Eberhard (Hg.), *Europa 1500. Integrationsprozesse im Widerstreit. Staaten, Regionen, Personenverbände, Christenheit*, Stuttgart 1987, S. 368–382.

Weber, M., Die drei reinen Typen der legitimen Herrschaft, in: Ders., *Gesammelte Aufsätze zur Wirtschaftslehre*, ed. J. Winckelmann, 4. Aufl., Tübingen 1973, S. 475–488.

Weber, M., *Wirtschaft und Gesellschaft. Grundriss der verstehenden Soziologie*, 1. Halbband, 5. Aufl., Tübingen 1976.

WERNER J. PATZELT (Dresden)

Charisma und die Evolution von Institutionen

Institutionen sind zentrale Bauteile sozialer Wirklichkeit. Mit ihrer Entstehung bildete sich einst eine neue Ebene im Schichtenbau der Wirklichkeit – oberhalb des Anorganischen, des Biologischen sowie der Ebenen generationenübergreifender Wissensbestände und informeller Kleingruppen. Auf Dauer gestellt, kanalisieren Institutionen die weitere Entwicklung, mitunter gar – wie der Staat – ganzer Gesellschaften. Dabei zeigen Geschichte und Gegenwart, dass herausragende, charismatische Einzelne durchaus nicht hinter Institutionen zurücktreten müssen, sondern gerade als deren Führer Wirkung entfalten, ja sogar selbst Institutionen schaffen oder neu prägen können. Wie hängt das alles zusammen?

1. Institutionengeschichte und Evolutionstheorie

Institutionen sind auf der Wirklichkeitsschicht des Sozialen Seitenstücke der *Arten* von Lebewesen, nicht von Individuen. Dort wie hier zeigt sich das gleiche Verhältnis zwischen „geprägter Form, die lebend sich entwickelt" (Goethe) und ihren Trägern, ebenso dasselbe Entwicklungsmuster: Entstehung im Wechselspiel von Kontingenz und Pfadabhängigkeit, Fortbestand über Generationenwechsel durch Weitergabe des – dabei oft ein wenig veränderten – Bauplans („Variation"), Wandel und Vergehen abhängig von inneren (d. h. im Bauplan liegenden) sowie äußeren (nämlich aus der Umwelt wirkenden) Selektionsfaktoren. Bleibechancen und Durchsetzungskraft („Retention") erlangt Verändertes vor allem dann, wenn es selbst Weitergabevorteile besitzt oder seinem Träger Nachwirkungsvorteile erschließt – etwa weil es leichter handzuhaben oder nachzubilden ist, oder weil es besser in die aktuelle Situation passt und darum mehr Ressourcen aus ihr erschließt. Solche über attraktive Neuerungen und deren Verbreitung ablaufende Entwicklungsprozesse sind Gesellschafts-, Institutionen-, Technik-, Musik-, Literatur- und Kunsthistorikern wohlbekannt und vielfach gut verstanden.

Lange vermutete niemand, dass bei so unterschiedlichen Entwicklungsprozessen *dieselben* Mechanismen des Werdens und Wandels wirken könnten – und vielleicht gar jene, die aus der Evolution biologischer Strukturen bereits bekannt sind. Doch man muss nur hinterfragen, wie sinnvoll es ist, kulturellen oder sozialen Wandel ganz anders erfassen zu wollen als sonstige Formen gut erklärten Wandels. Öffnet man sich hier transdisziplinären Konzepten, so entdeckt man schnell Erhellendes über kulturell (und nicht nur chemisch) codierte

Baupläne von Strukturen unterschiedlichster Art, über die Rolle von Memen[1] (d. h. von standardisierten kulturellen Mustern) bei kultureller oder sozialer Strukturbildung sowie über memetische (und nicht nur genetische) Replikationsprozesse. Rasch zeigt sich dann auch, dass auf der Ebene sozialer Evolution gerade auch *Charisma* eine wichtige Rolle spielt: nämlich die – meist ohne eigenes Zutun erlangte, doch bewusst kultivierbare – Fähigkeit, Aufmerksamkeit und Bewunderung auf sich zu ziehen, vielleicht auch Gegnerschaft, so dass jedenfalls Gefolgschaft entsteht, die dann mit Charme, Beredsamkeit, Selbstvertrauen und Tatkraft als gleichsam Erweiterung des eigenen Ich geführt werden kann. Solches Charisma mag mit Kreativität einhergehen, kann aber auch die Durchsetzung von bereits Geschaffenem bewirken.

Offenbar geht es bei kultur- und sozialwissenschaftlicher Evolutionsforschung nicht um eine deterministische oder teleologische Theorie „der" Geschichte. In einer solchen fände „Charisma" auch gar keinen Platz, da es sich bei ihm um Zufälliges, unvorhersehbar Individuelles handelt. Auch geht es um keine biologisch-reduktionistische Theorie – etwa darüber, ob und wie folgenreich Charisma die Kinderzahl beeinflusse. Ziel ist die *grundsätzliche* Erhellung jener Muster, die sich in der Entwicklung kultureller und institutioneller Strukturen finden, desgleichen die Rolle von Charisma bei alledem. Eine solche, in ihren Anwendungsmöglichkeiten und Konsequenzen überaus weitreichende kultur- und sozialwissenschaftliche Evolutionstheorie wurde im von Gert Melville zwölf Jahre lang erfolgreich geleiteten Dresdner Sonderforschungsbereich „Institutionalität und Geschichtlichkeit" entwickelt.[2]

2. Allgemeine Evolutionstheorie und Evolutorischer Institutionalismus

Evolutorischer Institutionalismus ist die sozialwissenschaftliche Rekonkretisierung der Allgemeinen Evolutionstheorie. Letztere entsteht, indem man an der „Systemtheorie der Evolution" von allem Biologischen abstrahiert. Der so gewonnene abstrakte Theoriekern wird sodann – entlang mikrosoziologischer Theorien zur Konstruktion sozialer Wirklichkeit – für die Erfassung kulturellen, sozialen und institutionellen Wandels operationalisiert. Es zeigt sich, dass fortan auch solche Prozesse institutionellen Wandels allgemein erklärbar werden, die zuvor bloß idiographischen Narrativen zugänglich schienen.

---

1 Meme sind kulturelle Muster, etwa die Leitideen oder Leitdifferenzen einer Institution bzw. deren Verhaltensregeln. Solche Muster können kommunikativ weitergegeben werden, woraufhin sie – mehr oder minder fehlerträchtig und wie eine sich ausbreitende Mode – bei immer weiteren Personen gleichgerichtete Sinndeutungen und Handlungen auszulösen vermögen. Merkwürdigerweise wird die Existenz von Memen immer wieder bezweifelt, obwohl man sie doch unmittelbar hören kann wie Melodien, unmittelbar sehen kann wie Architekturformen und unmittelbar untersuchen kann wie Ideen oder Begriffe, die sich ausbreiten.

2 Siehe die Beiträge in Patzelt, Evolutorischer Institutionalismus.

Dabei erweist sich Evolution – erstens – als allgemeiner Prozess des Aufbaus und der Weiterentwicklung von Strukturen aller Art, bei dem Informationen über die Baupläne der zu schaffenden Strukturen (etwa Meme wie die Leitideen bzw. Organigramme einer Institution) aus verschiedenen Informationsträgern (nämlich aus „Vehikeln" wie den Statuten einer Organisation oder ihren etablierten Gebräuchen) ausgelesen und sodann in mannigfaltige „Baumaßnahmen" umgesetzt werden (z. B. in Verhalten, das den Statuten entspricht, oder in institutionelle Formen, die bei Befolgung etablierter Bräuche entstehen). Diese (institutionellen) Baupläne lassen sich später weitergegeben, etwa durch Sozialisation neuer Mitglieder einer Institution.

Zweitens kommt es beim Auslesen der Informationen (hier: der Meme) von ihren Trägern (z. B. aus einem Verfassungstext, der institutionelle Regeln enthält) sowie bei der Umsetzung jener Informationen in Baumaßnahmen (etwa beim Aufbau fester sozialer Strukturen anhand verlässlich befolgter Regeln) immer wieder zu Varianten, Lücken, Umstellungen oder vom Original abweichenden Vervielfältigungen (etwa zu zusätzlichen Normierungen im Wege juristischer Analogiebildung), und zwar sowohl im Informationsfluss (etwa beim Lehren und Lernen von Novizen) als auch beim anschließenden Bauvorgang (z. B. beim Handeln gemäß gelehrter und „eben so, doch nicht anders" verstandener Regeln). Beim Auftreten solcher „Kopierfehler" spielt zwar auch – neben auf sozialer Ebene stets möglicher Absicht – der Zufall seine Rolle. Doch es wird, je nach Lage der Dinge, nicht jede absichtliche oder zufällige Veränderung die gleiche Wahrscheinlichkeit auf folgenreiche Auswirkungen haben. Grundsätzliche Missverständnisse institutioneller Regeln werden oft durch praktische Erfahrungen korrigiert; und selbst anhaltende geringfügige Missverständnisse ändern selten Grundlegendes an der institutionellen Praxis. Also wirken Intentionen *und* reine Zufälle stets mit unterschiedlicher Wahrscheinlichkeit der Beibehaltung ihrer Folgen. Genau das bringt sogar in nichtintentionale, rein zufallsgesteuerte Prozesse jene Ordnung, die sich mit den Mitteln der Stochastik gut erfassen lässt und beim Blick auf die Geschichte konkreter Institutionen ohnehin evident ist. Dank solcher Ordnung entsteht in jedem Fall (und *nicht nur* bei intentional-sozialer Evolution) Pfadabhängigkeit und mündet sogar Kontingenz in Strukturen, die anschließend selbst dem weiterhin Kontingenten einen es begrenzenden und damit ordnenden Entfaltungsrahmen setzen.

Drittens hängt von genau zwei Faktoren ab, welche der tatsächlich aufgetretenen Veränderungen Chancen auf Weiterbestand und Weitergabe besitzen. Einesteils wirkt als Ensemble „*innerer* Selektionsfaktoren", wie gut eine aus veränderten Informationen oder Bauvorgängen aufgebaute Struktur zur bislang schon entstandenen und weiterzubauenden Struktur passt. Falls eine Veränderung gut oder überhaupt passt (wie die Entstehung parlamentarischer „Fraktionen" in Vertretungskörperschaften), kann dort sehr wohl bleibend Neues entstehen und die bereits errichteten Strukturteile (etwa schon bestehende Grundformen eines Parlaments) überschichten. Wo aber Veränderungen nicht zur bislang geschaffenen Form passen (wie 1983 die öffentlichen Fraktionssitzungen der Grünen), dort wird weiterer Strukturaufbau bald abgebrochen. Das bis dahin Entstandene bleibt unvollendet oder vergeht aufgrund mangelnder „Lebensfähigkeit" (wie jeder Versuch zur parlamentarischen „Verlebendigung" von grundsätzlichen Plenardebatten). Andernteils setzen an dem, was nach dem Wirken innerer Selektionsfaktoren an Veränderungen bleibt, die „*äußeren* Selektionsfaktoren" an. Hier handelt es sich um jene funktionellen Anforderungen aus der Umwelt, bei deren Erfüllung die Struktur weiterhin jene Ressourcen erhält, die sie für ihren Bestand braucht. Wenn (a) eine veränderte Struktur weiterhin in ihre veränderte Umwelt passt (wie die umgebaute NATO in die globalisierte Welt) oder falls (b) ihr das wegen ihrer Veränderung nun gar besser gelingt (wie der zur Linkspartei gewandelten SED im deutschen Parteiensystem) oder wenn (c) für die weitere Passung der Struktur in ihre veränderte Umwelt überhaupt erst der Zufall einer bestimmten Konfiguration des Zusammentreffens von – auch willkürlich herbeigeführten – Veränderungen sorgt (wie im Dezember 1989 die Wahl des für eine Mediendemokratie gut geeigneten Gregor Gysi an die Spitze der SED), *dann* wird sie weiterhin ihre funktionellen Anforderungen erfüllen sowie – im Gegenzug – bestandssichernde Ressourcen erlösen können (im Fall der SED-PDS: Wählerstimmen und Wahlkampfkostenerstattung). Falls sich das aber *nicht* so verhält, eine veränderte Struktur nun also schlechter in die für ihren Bestand wichtige Umwelt passt (wie die SPD nach der Agenda 2010 ins linke Spektrum), dann hat sie dort auch reduzierte Möglichkeiten, sich – in Konkurrenz mit anderen – im bisherigen Umfang zu reproduzieren (wie die SPD nun im Vergleich mit der Linkspartei).

Viertens erhalten Evolutionsprozesse durch das kombinierte Wirken von inneren und äußeren Selektionsfaktoren ihre „Richtung": Wandel (sei es der SPD, sei es des parlamentarischen Regierungssystems) vollzieht sich – bis auf weiteres – gemäß den zu einem bestimmten Zeitpunkt entstandenen inneren Voraussetzungen (etwa „SPD als Partei der Agenda 2010") sowie entlang weiterwirkender Außenbedingungen (z. B. der Erwartung ans neu gewählte Parlament, alsbald eine Regierung ins Amt zu bringen). Trotzdem ist ein solcher Evolutionsprozess keineswegs „determiniert". Bei der Weitergabe von Bauplänen (etwa der Prinzipien freiheitlicher demokratischer Grundordnung) und bei den von solchen Bauplänen angeleiteten Prozessen der Strukturbildung (z. B. der Aufrechterhaltung freiheitlicher Ordnung durch eine neue Generation von Staatsbürgern) waltet nämlich – neben Absicht – stets auch der Zufall (etwa: Wie überzeugend sind die Repräsentanten unseres Systems sowie die unser Staatswesen erklärenden Lehrer für junge Leute in ihrer politischen Prägungsphase?). Gleiches gilt für die Weiterentwicklung der Umwelt einer sich entwickelnden Struktur, die ja ebenfalls aus intentions- *und* zufallsgetrieben evolvierenden Strukturen besteht (etwa: Wieviel mehr Unterstützer hätte die Weimarer Republik ohne die – nicht „historisch unvermeidliche" – Weltwirtschaftskrise gefunden?). Also lässt sich in Gestalt des beschriebenen Variations-, Selektions-

und Retentionsmechanismus ein allenthalben wiederkehrendes Prozessmuster des Geschichtlichen angeben, das obendrein die so evidente *Gerichtetheit* vieler Prozesse der Strukturbildung erklärt. Doch solche „Teleonomie" hat nichts zu tun mit der Zuschreibung eines vorgegebenen Ziels, auf das sich Evolution absichtsvoll oder „gesetzmäßig" hinbewege.

Fünftens ist zu unterscheiden zwischen der weitergegebenen *Information*, aus der eine Struktur aufgebaut werden kann (im kulturellen und sozialen Bereich: den Memen oder einem „Memplex" als deren Konfiguration, z. B. den „Einsetzungsworten" Jesu beim letzten Abendmahl als „kulturellem Skript" jeder Eucharistiefeier), den *Trägermedien* („Vehikeln") dieser Information (etwa Büchern oder Ritualen) sowie jenen *Strukturen*, die anhand der weitergegebenen Meme aufgebaut werden (etwa der Struktur des aus Matthäus 16, 18 f. abgeleiteten Petrusamtes). Das Ensemble der an ein Individuum weitergegebenen und beim anschließenden Strukturaufbau verwendeten Informationen heißt bei biologischen Systemen „Genotyp", bei anhand von Memen aufgebauten Systemen entsprechend „Memotyp". Was aus den individuellen Memotypen gut sozialisierter Institutionsmitglieder an fester Sozialstruktur entsteht, heißt „institutionelle Form". Und dass diese Form in variierenden Umweltbedingungen und kontingenten, pfadabhängigen Prozessen immer wieder etwas anders ausfällt (nämlich so, wie sich der Phänotyp eines Individuums von dessen Genotyp unterscheidet), erfasst der Begriff der „praktizierten Form" (z. B. die des 14. – und gerade nicht des 9. – Deutschen Bundestags).

Alle externen Selektionsprozesse, die den Generationenwechsel überdauernde Veränderungen (d. h. „Mutationen") am Genotyp oder an der institutionellen Form zulassen, setzen offenbar am Phänotyp bzw. an der praktizierten Form (einer Institution) an. Weitere folgenreiche Variations- und Selektionsprozesse wirken zudem auf jene Trägermedien („Vehikel"), mit denen die zur Strukturbildung benötigten Informationen transportiert werden (etwa auf parlamentarische Rituale, die ihrerseits die Ordnungsprinzipien und Geltungsansprüche eines Parlaments symbolisch zum Ausdruck bringen und dergestalt stabilisieren). Das zu beachten ist wichtig, weil die für die Evolution von *Vehikeln* maßgeblichen inneren Selektionsfaktoren (etwa die – womöglich bald verschwindende – Differenzierungsmöglichkeit zwischen „frischgebacken" und „frisch gebacken"), desgleichen deren äußere Selektionsfaktoren (etwa der „Sinn" einer Generation für parlamentarische Rituale), doch recht andere sein können als diejenigen, die unmittelbar auf die aufgebauten *Strukturen* wirken (etwa auf tatsächlich genutztes Deutsch oder auf die Handlungsfähigkeit eines Parlaments). Also fallen Evolutionsprozesse in der Praxis noch komplexer und kontingenter aus, als das die – im Grund recht einfache – Allgemeine Evolutionstheorie auf den ersten Blick erwarten lässt.

Sechstens darf nicht übersehen werden, dass es bei der Weitergabe komplexer Baupläne auch ein Steuerungssystem für deren Replikation sowie für die hieran anschließende Strukturbildung gibt. Bei biologischer Strukturbildung heißt es das „epigenetische System“, im Bereich kultureller oder sozialer Strukturbildung das „epimemetische System“. Die hier einschlägigen „Steuerungs- und Regulatormeme“ sind im Minimalfall kulturelle Selbstverständlichkeiten, die institutionell nicht weiter unterfangen sind (etwa „Regeln des Anstands“ bei einer Privateinladung). Im Maximalfall ist das Steuerungssystem für den Aufbau und die Replikation von Institutionen ebenfalls eine Institution, die ihrerseits jene „wirklichkeitskonstruierende Politik“ betreibt, welche ethnomethodologisch als „politics of reality“ untersucht wird[3] (z. B. wirkte als epimemetisches System eines realsozialistischen Staates stets dessen kommunistische Partei). Offenkundig ist es so, dass *Veränderungen am Steuerungssystem* institutioneller Strukturbildung (etwa die Wandlung von der realsozialistisch starren Sowjetunion unter Breschnew hin zur sich erratisch reformierenden Sowjetunion unter Gorbatschow) besonders *folgenreich* sein werden, da von Wandlungen der Regulatormeme weiterer Strukturbildung (hier: „Breschnew-Doktrin“ vs. „Nichtintervention“) ganze Baugruppen der aufzubauenden Strukturen betroffen sein werden (etwa die Machtstellung kommunistischer Parteien in sowjetischen Satellitenstaaten mit oder ohne Unterstützung der dort stationierten Roten Armee). Weil nun aber auch an diesen Steuerungssystemen der evolutionskonstituierende Dreifachprozess von Variation, Selektion und Retention ansetzt, und zwar sowohl bei den „Bauanleitungen“ selbst (z. B. beim Führungsanspruch kommunistischer Parteien) als auch bei deren Vehikeln (etwa im Propaganda- und Repressionsapparat), gibt es keine Gewähr dafür, dass die absichts- oder zufallsgesteuerten Entwicklungsprozesse epimemetischer Systeme (etwa der SED im Spätherbst 1989) mit den absichts- oder zufallsgeprägten Entwicklungsprozessen der von ihnen gesteuerten Institutionen (etwa des Staatsapparats der DDR im gleichen Zeitraum) passfähig zusammenwirken. Hieraus entsteht vor allem der Effekt, dass es bei Veränderungen an den Steuerungs- und Regulatormemen rasch zu auch sehr großen Evolutionsschritten in den durch sie aufgebauten (institutionellen) Strukturen kommen kann. Mutationen *im Steuerungs- und Regulierungssystem* sind darum jene großen, auch ganz neue Entwicklungsmöglichkeiten erschließenden Beschleuniger, ohne welche die mitunter erstaunliche Geschwindigkeit von Evolutionsprozessen (etwa des Zerfalls der realsozialistischen Staaten und ihres anschließenden, ganz andersartigen Neuaufbaus) weder zustande käme noch erklärt werden könnte.

3. Institutionenevolution und Charisma

Vom Charisma war schon die Rede: beim Zufall, dass ausgerechnet der Charismatiker Gysi die kollabierende SED übernahm und es schaffte, sie für die bundesrepublikanische politische Kultur fit zu machen, sowie beim Auftreten des

3 Vgl. Patzelt, Wirklichkeitskonstruktion im Totalitarismus.

Charismatikers Gorbatschow, der das eingespielte Steuerungssystem von Aufbau und Reproduktion realsozialistischer Strukturen durcheinanderbrachte. In solchen Fällen wirkt Charisma als kontingentes Element evolutionärer Prozesse, und zwar so, dass eingespielte Figurationen von Memen sowie eingeübte Abläufe sozialen Strukturaufbaus in den Bannkreis eines herausragenden Menschen geraten, dass sich um dessen (kommunikatives) Handeln herum deren bisherige Ordnung aufweicht oder gar verflüssigt, und dass sodann neue Memplexe sowie strukturbildende Prozesse sich gemäß manchen individuellen Merkmalen oder entlang der Wünsche des Charismatikers aufs Neue verfestigen. Derlei ist als „(epi-)memetische Umprägung" zu bezeichnen und scheint ein wirklich erst auf der *sozialen* Ebene von Wirklichkeit auftretendes Phänomen der Generierung bzw. Durchsetzung von Neuem zu sein.[4]

Weitere evolutionär kontingente Wirkungsweisen von Charisma lassen sich bei näherer Betrachtung der Institutionenevolution erkennen. Letztere beginnt damit, dass Menschen – auf der Grundlage angeborener Sozialität – ihre Handlungen sinnhaft aufeinander zu beziehen und dabei immer wieder recht stabile Rollenstrukturen aufzubauen vermögen. Obendrein können Menschen ihren Handlungen eine gemeinsame Leitidee oder Leitdifferenz zugrunde legen, ebenso auch ganze Bündel von – mehr oder minder gut zusammenpassenden – Leitideen oder Leitdifferenzen. Dann entstehen von einem solchen Memplex geordnete Sozialstrukturen, die – nicht selten in hierarchischer Schichtung – für Handlungssicherheit bzw. wechselseitig erwartbare Handlungsmuster sorgen. Außerdem lassen sich die Ordnungsvorstellungen und Geltungsansprüche solcher Memplexe von den Trägern bzw. Adressaten einer Institution auch noch für sich selbst sowie für andere symbolisch dicht zum Ausdruck bringen, obendrein wirkungsvoll ästhetisieren und dergestalt in Tiefenschichten emotionaler Bindung eintragen. Genau dann ist eine Institution entstanden mit oft klarer, alle individuellen Besonderheiten ihrer Träger durchdringender „institutioneller Form". Und offenbar sind beim Tätigwerden charismatischer Persönlichkeiten (wie Franz v. Assisi und Ignatius v. Loyola als Ordensgründern oder Napoleon Bonaparte und Lenin als Regimegründern) die Chancen besonders groß, dass es wirklich zu derartigen Prozessen der Institutionsentstehung kommt sowie zu institutionenverfestigenden Geltungsgeschichten, die sich um charismatische Gründerfiguren ranken.

Einmal bestehend, werden im Wirkungsbereich einer Institution lebende bzw. (durch Geburt, Werdegang oder persönliche Aufnahme) in ihn oder in die Institution gelangte Personen durch jene kulturellen Muster – also Mem(plex)e – geprägt, die in und von der Institution in Geltung gehalten werden. Das geschieht besonders intensiv unter dem Einfluss charismatischer Persönlichkeiten, die *für* eine Institution stehen (wie John F. Kennedy für die USA) oder *gegen* sie (wie Johannes Paul II. gegen die kommunistischen Parteien). Derartige – oft

4 Bei biologischen Evolutionsprozessen wird man als funktionelles Äquivalent allenfalls Veränderungen der DNS unter dem Einfluss abnormer Radioaktivität erwägen.

durch Charismatiker mitverursachte – „Subjektformierung" führt dazu, dass so geprägte Personen entweder besonders entschieden gegen eine Institution angehen oder – umgekehrt – die jeweilige Institution besonders gern aufrechterhalten, ja es als eine wichtige persönliche Aufgabe erachten, der Institution – etwa ihrer Partei oder Kirche – neue Mitglieder zuzuführen und ihnen deren Muster aufzuprägen. Dabei wird es, gerade unter dem Einfluss charismatischer Persönlichkeiten, immer wieder zu denjenigen Prozessen *memetischer Umprägung* kommen, von denen oben die Rede war. Bisherige Meme werden von Novizen kreativ neuverstanden bzw. in andere sinnstiftende Kontexte gerückt; einstweilige institutionelle Selbstverständlichkeiten werden neu kombiniert oder abgelehnt und anschließend – wenn auch negierend – modifiziert eben doch wieder prägend; oder es mangelt an zielstrebigen bzw. gekonnten Bemühungen einer solchen Sozialisation von Neumitgliedern, welche diese auf die Institution prägte – und nicht nur auf einen Charismatiker, der (einstweilen) für die Institution steht.

Manche im Zug (charismatischer) memetischer Neuprägung entstandenen und sodann verfestigten Memvarianten können so gut zu den bisherigen handlungsleitenden Selbstverständlichkeiten der Institution bzw. zu den institutionell zu erfüllenden Funktionen passen, dass ihre Träger in Konkurrenz mit anders sozialisierten Institutionsmitgliedern größere Durchsetzungs- und Karrierechancen haben. Das wird zumal dann so sein, wenn eine für solche memetische Umprägung ursächliche charismatische Persönlichkeit eine lang anhaltende, die jeweilige Institution auch weit übergreifende Ausstrahlung und Attraktivität besitzt. In solcher Lage werden nämlich die unter deren Einfluss entstandenen Memvarianten, aufgrund entsprechender Vorbild- und Hebelwirkung, besonders große Chancen der Weiterverbreitung besitzen. „Institutionelle Memdrift" ist die Folge und verändert die Wahrscheinlichkeiten künftiger Entwicklungspfade.

Im Übrigen gibt es sieben unabhängig voneinander auftretende, doch komplex zusammenwirkende Ursachen institutionellen Wandels. Sie lassen sich in drei größere Gruppen zusammenfassen und werden in je besonderer Weise vom kontingenten Auftreten charismatischer Persönlichkeiten geprägt. Besonders weitreichender, sich stark verdichtender oder rascher Institutionenwandel entsteht dabei dann, wenn es zu Veränderungen an den Trägerschichten institutioneller Strukturen bzw. an den Ausgangspunkten von Funktionsketten kommt.

Zunächst einmal entsteht Institutionenwandel durch Wechselwirkungen zwischen einesteils dem in der Geschichte einer Institution wiederholt vorkommenden Kohorten- bzw. Generationenwechsel ihrer Träger und andernteils jenen Veränderungen an der (praktizierten) institutionellen Form, die – in welchem Ausmaß auch immer – von neuen Institutionenmitgliedern ausgelöst werden. Erstens führen veränderte biographische Prägungen von Novizenkohorten zu überzufälligen, systematischen Variationen bei denjenigen persönlichen oder habituellen Voraussetzungen der Trägergruppen einer Institution, an denen ihrerseits institutionelle Sozialisation ansetzt. Hier wirkt ein lang schon bekannter „charismatischer Generationeneffekt": Etwa wurden unter dem Einfluss Willy Brandts viele junge Leute in die SPD gezogen und veränderten sie sowohl durch ihre Masse als auch durch ihre kohortenspezifische Prägung als (oft auch akademisch geprägte) „68er". Zweitens kommt es deshalb – und mit großer Wahrscheinlichkeit – obendrein zu spezifischen, überzufälligen Variationen beim Prozess memetischer Replikation der Institution: Was und wer etwa in der SPD nach dem Godesberger Parteitag mehrheitsfähig war, war das nicht länger in der SPD während der Kanzlerschaft Helmut Schmidts.

Ferner entsteht Institutionenwandel im Vollzug jener Alltagspraxen, in bzw. aus denen soziale Strukturen erzeugt werden, desgleichen im Vollzug jener Sinndeutungen, die deren weiterer Hervorbringung und Akzeptanz zugrunde liegen. Hier dürften die Prozesse (epi-)memetischer Umprägung im Bannkreis charismatischer Persönlichkeiten besonders folgenreich sein. Einesteils kann sich derlei – so die dritte Ursache von Institutionenwandel – auf der Ebene bloßer Verhaltensmuster vollziehen, also allein in der *praktizierten* Form der Institution. Dann verändert sich etwa die in einem Parlament oder Orden getragene Kleidung sowie manches Detail im Alltagsleben, nichts aber am grundsätzlichen Regelwerk und am übergreifenden Sinn der Verhaltensdetails. Andernteils kann solcher Wandel auch die handlungsleitenden Meme selbst umfassen und so zur vierten Ursache von Institutionenwandel werden. Charismatiker initiieren das oft durch folgende rhetorische Figur: „Früher sagte man …; *ich* aber sage Euch: …!". Regeln, und zumal die regelauslegenden Sinndeutungen, ändern sich in solchen Fällen nachhaltig – und das wandelt die institutionelle Form sogar dann, wenn auf der Ebene des rein Äußerlichen das meiste gleich bleiben sollte.

Fünftens kann derartiger Wandel auch dasjenige Machtsystem treffen, das seinerseits die Reproduktion und Stabilisierung der institutionellen Form anleitet, d. h. das epimemetische System der Institution. Gelangt dort ein Charismatiker mit neuen Ideen in die Lage, die wirklichkeitskonstruierende Politik („politics of reality") zu beeinflussen, so werden ganze Teile der bisherigen institutionellen Form nicht mehr wie bislang reproduziert. Schon die Vorfeldmethoden institutioneller Strukturbildung werden sich ändern: vom Verzicht auf bisherige Deutungen von Denkfiguren und Symbolen über die Einführung neuer, ihre Alternativen verdrängender Sprechweisen bis hin zu noch ungewohnten Gruppen von Ausflüchten, wenn die Überzeugungskraft neuen institutionellen Denkens in Zweifel gerät. Erst recht ändern sich unter charismatischer Führerschaft die Methoden, wie mit „Missverständnissen" oder Abweichlern umzugehen ist: vom erhöhten Konversionsdruck („Sag mir, wo du stehst!") über die Degradierung „Ewiggestriger" bis hin zu realer Ausgrenzung und Rechtlosigkeit derer, die „man als Feinde erkannt hat".

Außerdem – und vielleicht am häufigsten – wird Institutionenwandel von Veränderungen in der Umwelt einer Institution hervorgerufen. Es kann dort nämlich – als sechste Ursache institutionellen Wandels – rasante chaotische Umwälzungsprozesse geben. Solche Turbulenzen beeinträchtigen die – oft nur langsam nachzuregelnde – Passung der Institution an ihre Nische. Hierzu mag wesentlich auch das Auftreten charismatischer Persönlichkeiten *außerhalb* der Institution beitragen, wenn sie nämlich neue, konkurrierende institutionelle Macht generieren. Das widerfuhr etwa der Weimarer Republik mit Hitler, der SED mit Gorbatschow. Auf derlei kann eine Institution zwar mit Versuchen institutioneller Reformen reagieren; in Konfrontation mit Charismatikern fehlt dazu aber oft die Kraft.

Als siebte Ursache institutionellen Wandels kann es auch innerhalb einer ziemlich stabilen, sich nur langsam ändernden Umwelt zu veränderten funktionellen Anforderungen an eine in sie eingebettete Institution kommen. Auch solche Evolutionsprozesse in der Umwelt einer Institution können von charismatischen Personen mitgeprägt werden: Dem kirchlich getragenen Wissenschaftsverständnis stellten etwa Menschen wie Kopernikus und Galilei, wie Darwin und Haeckel gewaltige Aufgaben der Neuorientierung, die anschließend die Kirche und deren wissenschaftliche Ansprüche erheblich umprägten. Auf – aus welchen Gründen auch immer – veränderte funktionelle Anforderungen wird nun eine Institution oft mit Versuchen institutionellen Lernens reagieren. Diese können, wie jedes Reformvorhaben, aber auch scheitern – etwa deshalb, weil durch veränderte Nischenanforderungen an die Institution *bislang* eher unwichtige strukturelle oder motivationale Schwächen dieser Institution *fortan* ziemlich ins Gewicht fallen und dann deren Funktionieren, gar erst ihre Neuadaptierung, stark behindern.

Stellen sich Charismatiker an die Spitze von Reformbewegungen, so lassen sich viele Durchsetzungsschwierigkeiten von Neuem zwar leichter überwinden. Doch das verbürgt nicht schon den Erfolg von Reformen oder die Fitness der reformierten Institution: Schon mancher Charismatiker hat seine Gefolgschaft oder die ihm anvertraute Institutionen in eine evolutionäre Sackgasse samt anschließender regulativer Katastrophe geführt. Andere Charismatiker – wie etwa Fidel Castro in Kuba – legen auch Evolutionsprozesse lange Zeit lahm. Das wird aber ebenfalls in evolutionäre Sackgassen locken oder zu regulativen Katastrophen hinleiten. Dem allenthalben auf Variation, Selektion und Retention beruhenden Evolutionsprozess fügt die Kontingenz von Charisma und Charismatikern also zwar Neues hinzu; das freilich verändert dessen Prozessmuster und Ablauflogik keineswegs.

Bibliographie

Patzelt, W.J. (Hg.), *Evolutorischer Institutionalismus*, Würzburg 2007.

Patzelt, W.J., Wirklichkeitskonstruktion im Totalitarismus, in: A. Siegel (Hg.), *Totalitarismustheorien nach dem Ende des Kommunismus*, Köln/Weimar 1998, S. 235–271.

ALOIS HAHN (Trier)

Zur Soziologie der Freundschaft

Freundschaft ist keine anthropologische Konstante. Es gibt Gesellschaften, in denen sie nicht vorkommt oder für die Struktur der jeweiligen Gesellschaft marginal ist. Es gibt andere, für die sie zentral ist. Auch innerhalb derselben Gesellschaft kann sie für die verschiedenen Geschlechter, Stände, Klassen oder Berufe höchst unterschiedliche Formen annehmen, und die Bedeutung, die sie für die Einzelnen hat, kann stark variieren. Es handelt sich zwar immer um eine persönliche Beziehung, die zumeist zwei, manchmal auch mehr Personen miteinander verbindet, und zwar in der Regel auf der Basis der Freiwilligkeit. Es herrscht also das Prinzip der Wahlverwandtschaft. Wen man zum Freund wählt, ist dem Einzelnen dann zur Disposition gestellt, vorausgesetzt er stößt auf ebenso freiwillige Gegenliebe. Dass er überhaupt einen Freund hat, kann aber normativ erwartet werden und unter Umständen sogar überlebenswichtig sein, weil bestimmte lebenswichtige Aufgaben z. B. im Krieg, vor Gericht oder bei der Arbeit nur dann erfüllt werden können. Immer gibt die Gesellschaft einen Rahmen vor, in dem sich diese Zweisamkeit entfalten kann. Schon bevor man eine Freundschaft schließt, weiß man, was man von ihr zu erwarten hat. Auch die Beziehungen zwischen Freunden sind Rollenbeziehungen besonderer Art. Immer wird ein hohes Maß von Partikularität erwartet, immer sind affektiv aufgeladene Sympathien im Spiel, ohne die Freundschaft keinen Sinn machen würde. Von der diesbezüglich ähnlichen geschlechtlichen Liebe unterscheidet sie sich allerdings durch den Ausschluss von Sexualität, wenn diese Exemption auch nicht immer problemlos ist, zumal dann nicht, wenn Freundschaften zwischen Angehörigen verschiedener Geschlechter erlaubt sind oder doch für möglich gehalten werden. Nicht immer sind die Einschätzungen so entschieden wie bei La Bruyère: *L'amour et l'amitié s'excluent l'un l'autre.*[1] Nicht einmal in seiner eigenen Umwelt galt das als ausnahmslose Regel. Immer auch verbindet sich mit Freundschaft die wechselseitige Unterstellung von Selbstlosigkeit, Vertrauen und Uneigennützigkeit, Offenheit und Hilfsbereitschaft. Wie weit diese Aufopferungsbereitschaft gehen kann, ist freilich nicht nur empirisch, sondern auch normativ variabel. Vor allem waltet hier ein Paradox. Einerseits muss der Freund dem Freunde alles zu geben bereit sein. Umgekehrt gebietet es aber die Freundesliebe, nicht jedes Opfer anzunehmen. Grundsätzlich umfasst die Freundschaft auch die ganze Person. Sie ist in diesem Sinne nicht funktional spezifisch, sondern diffus ausgelegt. Freunde sollen alles teilen, heißt es schon seit der Antike. Bei Aristoteles ist der Freund ja gerade als das andere Selbst

---

1 La Bruyère, Œuvres, S. 133.

angesprochen, nicht im Sinne der Kopie, sondern als kritische Bestätigung und Ergänzung beim gemeinsamen Streben nach Tugend.

Die klassische Antike war jedenfalls eine Epoche, in der Freundschaft als Voraussetzung für die humane Selbstverwirklichung und für das gute Leben in der Polis oder im Staat angesehen wurde. Eine andere Hochzeit der Freundschaft dürfte, um nur von Europa zu sprechen, die höfisch-adlige Welt des 17. und 18. Jahrhunderts in Frankreich gewesen sein, eine dritte die bürgerliche zwischen 1750 und 1850 in Deutschland. Wir kommen darauf zurück.

Doch wie steht es mit uns? Man könnte für die Gegenwart die Vermutung hegen, dass Freundschaft in dem Sinne wie sie der Antike, der höfischen Gesellschaft oder der deutschen Romantik als Ideal galt, weder möglich, noch notwendig sei. Sprechen wir zunächst von der Möglichkeit. Schon Simmel schreibt um 1900 dazu:

> Soweit das Freundschaftsideal von der Antike her aufgenommen und eigentümlicherweise gerade im romantischen Sinne fortgebildet worden ist, geht es auf eine absolute seelische Vertrautheit, das Seitenstück dazu, daß den Freunden auch der materielle Besitz gemeinsam sein soll. [...] Die Freundschaft, der diese Heftigkeit, aber auch diese häufige Ungleichmäßigkeit der Hingabe (sc. wie in der erotischen Liebe A.H.) fehlt, mag eher den ganzen Menschen mit dem ganzen Menschen verbinden, mag eher die Verschlossenheiten der Seele, zwar nicht so stürmisch, aber in breiterem Umfang und längerem Nacheinander lösen. Solche völlige Vertrautheit dürfte indes mit der wachsenden Differenzierung der Menschen immer schwieriger werden. Vielleicht hat der moderne Mensch zuviel zu verbergen, um eine Freundschaft im antiken Sinne zu haben, vielleicht sind die Persönlichkeiten auch, außer in sehr jungen Jahren, zu eigenartig individualisiert, um die volle Gegenseitigkeit des Verständnisses, des bloßen Aufnehmens, zu dem ja immer so viel ganz auf den andern eingestellte Divination und produktive Phantasie gehört, zu ermöglichen. Es scheint, daß deshalb die moderne Gefühlsweise sich mehr zu differenzierten Freundschaften neigte, d. h. zu solchen, die ihr Gebiet nur an je einer Seite der Persönlichkeiten haben und in die die übrigen nicht hineinspielen. Damit kommt ein ganz besonderer Typus der Freundschaft auf, der für [...] das Maß des Eindringens oder der Reserve innerhalb des Freundschaftsverhältnisses – von größter Bedeutung ist. Diese differenzierten Freundschaften, die uns mit einem Menschen von der Seite des Gemütes, mit einem andern von der der geistigen Gemeinsamkeit her, mit einem Dritten um religiöser Impulse willen, mit einem vierten durch gemeinsame Erlebnisse verbinden – diese stellen in Hinsicht der Diskretionsfrage, des Sich-Offenbarens und Sich-Verschweigens eine völlig eigenartige Synthese dar; sie fordern, dass die Freunde gegenseitig nicht in die Interessen- und Gefühlsgebiete hineinsehen, die nun einmal nicht in die Beziehung eingeschlossen sind und deren Berührung die Grenze des gegenseitigen Sich-Verstehens schmerzlich fühlbar machen würde. Aber die so begrenzte und mit Diskretionen umgebene Beziehung kann dennoch aus dem Zentrum der ganzen Persönlichkeit kommen, von ihren letzten Wurzelsäften getränkt sein, so sehr sie sich nur in einen Abschnitt ihrer Peripherie ergießt; sie führt, ihrer Idee nach, in dieselbe Gemütstiefe und zu derselben Opferwilligkeit, wie undifferenziertere Epochen und Personen sie nur mit einer Gemeinsamkeit der gesamten Lebensperipherie verbinden, für die Reserven und Diskretion kein Problem sind.[2]

An die Stelle der antiken und der romantischen Auffassung von Freundschaft, die ihrer Natur nach notwendigerweise eine Zweierbeziehung sein muss, also als

---

2 Simmel, Soziologie, S. 268f.

Monophilie bezeichnet werden müsste, tritt eine Art von Polyphilie. Der Grund liegt eben darin, dass die individuellen Schicksale so verschieden sind, dass der Einzelne mit einem anderen berühmten Konzept Simmels zum „Kreuzungspunkt sozialer Kreise“ wird. Die Kombination dieser Kreise ist aber für niemanden gleich. Damit werden zwangsläufig aus jeder aktuellen Beziehung zu einem anderen die meisten anderen Facetten meiner Persönlichkeit ausgeklammert. Es wäre der reine Zufall, wenn mein Kollege, mit dem ich freundschaftlich verkehre, nicht nur im Fachlichen mit mir harmoniert, sondern auch meine Ansichten über Religion und Liebe, über Kunst und Literatur, über Weine und das Essen, die Tiere und überhaupt über Gott und die Welt teilt. Macht man sich also die antike Vorstellung zu eigen, Freundschaft bedeute, dasselbe zu wollen und dasselbe nicht zu wollen (*idem velle et idem nolle*), so ist die Freundschaft zwischen zwei Menschen heutzutage schon aufgrund der sehr unterschiedlichen Rollen, die wir spielen müssen, nur als Schwundform dessen denkbar, was in poetischen Lobsprüchen über die Freundschaft immer noch nicht aufgehört hat besungen zu werden. Dabei ist es keinesfalls so, als beschränkte sich unsere Zuneigung zu Personen, mit denen wir auf der Basis bestimmter Rollen zu tun haben, auf diese unmittelbaren Bezüge. Ich kann auch einen Skatfreund, einen Kollegen, selbst einen Parteifreund durchaus über den Bereich hinaus sympathisch finden, in dem unsere eigentlichen Beziehungen sich abspielen.

> Wir wissen von dem Beamten, daß er nicht nur Beamter, von dem Kaufmann, daß er nicht nur Kaufmann, von dem Offizier, daß er nicht nur Offizier ist, und dieses außersoziale Sein, sein Temperament und der Niederschlag seiner Schicksale, seine Interessiertheiten und der Wert seiner Persönlichkeit, so wenig es die Hauptsache der beamtenhaften, kaufmännischen, militärischen Betätigungen abändern mag, gibt ihm doch für jeden ihm Gegenüberstehenden jedesmal eine bestimmte Nuance und durchflicht sein soziales Bild mit außersozialen Imponderabilien. Der ganze Verkehr der Menschen innerhalb der gesellschaftlichen Kategorien wäre ein andrer, wenn ein jeder dem andern nur als das gegenüberträte, was er in seiner jeweiligen Kategorie, als Träger der ihm grade jetzt zufallenden sozialen Rolle ist.“[3]

Wir wissen, dass sich hinter dem Kollegen auch noch ein Liebhaber klassischer Musik versteckt und können darüber auch reden. Wir können gemeinsam ins Konzert gehen, uns zum Essen einladen usw. Und wir werden sagen, wir seien miteinander befreundet. Wir können durchaus mehr oder weniger größere Zonen unseres Privatlebens füreinander öffnen. Aber die stillschweigende Bedingung für solche Erweiterungen ist doch das Bewusstsein, der andere respektiere unsere Privatsphäre und leite keine allzu großen Ansprüche an uns ab. Das Ausmaß der Flexibilität und der Vertraulichkeit kann dabei größer oder geringer sein. Im Einzelfall mag sogar ein Gespräch über Lebensprobleme durchaus angemessen sein. Man kann um Rat fragen und wenn um Rat gebeten, auch Rat geben. Selbstredend gibt es auch Freunde, die wir in psychischen Notlagen oder

---

3 Ebd., S. 25.

bei Eheproblemen oder Schwierigkeiten mit der Kindererziehung oder in Geldfragen ansprechen können.

Das dominante Prinzip ist jedoch kontrollierte Distanz bei aller Nähe. Dass uns unsere Freunde (im Plural!) bei aller Nähe doch fremd bleiben müssen, um uns nah sein zu können, drückt sich auch in den räumlichen Verhältnissen aus. Allzu große physische Nähe ist entschieden kontraproduktiv. Auch hier hat Simmel mit feinem Gespür auf die Probleme hingewiesen:

> Es ist gut, seine Nachbarn zu Freunden zu haben, aber es ist gefährlich, seine Freunde zu Nachbarn zu haben. Es gibt wahrscheinlich nur sehr wenig Freundschaftsverhältnisse, die nicht in ihre Nähe irgendeine Distanzierung verflechten; die räumliche Entferntheit ersetzt die oft peinlichen und verstimmenden Maßregeln, mit denen es nötig ist, bei ununterbrochener Berührung diese innere Distanz aufrecht zu erhalten.[4]

Man könnte das auch etwas salopp so formulieren: Freunde sind solange willkommen, wie sie einem nicht allzu nah auf die Pelle rücken.

Die bei aller Nähe gegebene Distanz lässt sich nicht nur aus der ‚sachlichen' Verschiedenheit unserer Interessen, Kompetenzen und Vorlieben ableiten. Ein weiterer Grund liegt auch darin, dass es in unserer Gesellschaft immer seltener Möglichkeiten gibt, Freundschaften lebenslang zu pflegen. Die hohe räumliche und soziale Mobilität führt dazu, dass man nur wenige Menschen, mit denen man in jungen Jahren sehr eng befreundet war, im Alter von 30 oder gar 60 Jahren noch häufiger trifft. Die Kontakte zu Klassenkameraden z. B. beschränken sich dann auf alle fünf Jahre stattfindende Klassenreffen. Selbst diejenigen, mit denen man aufs engste befreundet war, entschwinden aus dem eigenen Blickfeld. Man hat andere Sorgen, andere Präferenzen. Kaum dass man sich noch gelegentlich schreibt oder anruft. Nimmt einer einmal einen Anlauf, verläuft sich die Initiative meist doch bald im Sande. Und mit der Unregelmäßigkeit der wechselseitigen Kommunikation verwandelt sich der andere in einen Schatten. Seine Wirklichkeit ist uns nicht mehr gegenwärtig. Treffen wir ihn zufällig wieder, kommt er uns schon äußerlich fremd vor. Wir sind eben nicht gemeinsam gealtert, sondern jeder für sich. Entsprechend groß ist das gegenseitige Erschrecken. Aber während unserer Jugendzeit war u. U. unsere Freundschaft von ekstatischer Glut. Wir waren aus der Behütetheit der Familie herausgetreten und noch nicht eingespannt in ein Netz spezialisierter organisatorischer Verantwortung des Berufs und in eigene Familiensorgen, also noch nicht zu Philistern geworden. Die Kombination von neuer Offenheit und gleichzeitiger Ähnlichkeit der bisherigen Prägung und gemeinsam gewählter Präferenzen schloss uns für einander auf. Diese mussten nicht identisch sein. Sie ergänzten sich aber und waren in dem Sinne reziprok, dass sie wechselseitig verstehbar waren und zu gegenseitiger Bewunderung und Begeisterung, aber auch zu kritischen Anregungen, Anfragen und unendlichen Gesprächen Anlass gaben. Selbst der Streit bezog sich auf etwas, an dessen Relevanz keiner zweifelte. Wir lernten am anderen erfahren, wer wir waren. Wir erfuhren eine neue Welt, die auf uns gegründet

4 Ebd., S. 483.

war. Und die Bestätigung dieser Welt, dass es sie wirklich gab und kein bloßes Hirngespinst war und dass sie uns aufgegeben war als ein gemeinsames Projekt politischen, moralischen oder ästhetischen Engagements, das hing von der lebendigen Kommunikation mit dem Freund ab. Man orientierte sich am anderen als einzigartiges Individuum. Gerade die Exklusion von sexuellen Komponenten spielte für den Enthusiasmus der Beziehung eine wichtige Rolle. Man könnte auch systemtheoretisch formulieren und von der „Ausdifferenzierung einer gemeinsamen Privatwelt" sprechen.[5]

Selbst von ehelichen Verbindungen kann man ja immer häufiger sagen, sie verwandelten sich in Lebensabschnittspartnerschaften. Dabei sind die sozialen und rechtlichen Klammern, die hier verhindern, dass die Beziehungen allzu ephemer werden, erheblich robuster als im Fall von Freundschaften. Die diachrone Polygamie und die diachrone Polyphilie entspringen den gleichen sozialen Wurzeln. Wenn man sich nicht regelmäßig sieht, werden selbst ursprünglich große Freundschaften zu Sympathieresten, die sich von Gleichgültigkeit nur durch ihre eventuell immer noch nachklingende positive Gestimmtheit unterscheiden. Dabei ist der Freundschaft in klassischen Texten der höfischen Gesellschaft eine zumindest prinzipiell längere Lebensfähigkeit als der Liebe unterstellt worden: *Le temps, qui fortifie les amitiés , affaiblit l'amour.*[6] Andererseits weist schon La Bruyère darauf hin, dass die Liebe, solange sie dauert, eine Art Selbstläufer ist (*il subsiste de soi-même*[7]), während die Freundschaft ständiger Pflege bedarf (*L'amitié au contraire a besoin de secours: elle périt faute de soins, de confiance et de complaisance*[8]). Dabei muss man sich allerdings vergegenwärtigen, dass „Liebe" hier nicht eheliche Liebe heißt. Es geht um die erotische (auch Sexualität einschließende) außereheliche Verbindung von verheirateten Adligen: also um Beziehungen, die, wiewohl üblich, gleichwohl etwas Verbotenes und Prekäres einschließen. Für Ehen galt erotische Liebe gerade nicht als idealer Stiftungsgrund. Zu wichtig waren die mit Ehen verbundenen Allianzen von Verwandtschaftsgruppen und strategische Erwägungen der Statusmehrung und Statuswahrung in einer kontingenter werdenden höfischen Welt. Auch zu den Zeiten, wo die Galanterie am Hof in hoher Blüte stand, war Liebe als Motiv der Eheschließung nicht akzeptabel. Im Übrigen aber trifft wohl die Beobachtung Luhmanns zu: „Die Liebe altert mit dem König. Um 1660 frisch, ungezwungen, phantasiereich, gewagt bis frivol gerät sie gegen 1690 wieder unter moralische Kontrolle."[9] Unter diesem Aspekt ist es dann verständlich, dass für Ehen im Adel in dieser Zeit gerade nicht Liebe, wohl aber Freundschaft als Ideal diskutierbar werden. Schließlich müssen sie ‚ewig' halten, und das ist mit Freundschaft besser als mit Leidenschaft kompatibel, weil Passionen eben mit Flüch-

---

5 Luhmann, Liebe, S. 18.
6 La Bruyère, Œuvres, S. 132.
7 Ebd.
8 La Bruyère, Œuvres, S. 133.
9 Luhmann, Liebe, S. 100.

tigkeit konnotiert sind. Freundschaft ist gewissermaßen ‚vernünftiger' als der schon begrifflich an Raserei gemahnende „amour fou"[10]. Die virtuelle Kurzlebigkeit moderner Ehen wird vor diesem Hintergrund mehr als verständlich. Sie sind eben nicht primär auf Moral oder Vernunft, also auch nicht auf paarübergreifende Interessen gegründet, sondern als Liebesstiftungen. Die ohnehin prekäre Ausdifferenzierung einer Privatwelt, durch die sie sich gründen – das haben sie mit Freundschaft gemeinsam – wird zusätzlich labilisiert durch ihre Bindung an romantische Liebeskonzepte. Die Entwicklung des Eherechts, das Scheidungen erleichtert, korrespondiert dieser Tendenz.

Freundschaften werden also synchron und diachron zu Polyphylien. Wenn es sie denn überhaupt gibt. Denn Freundschaften werden in dem Maße, in dem sie seltener und schwieriger werden, auch überflüssiger. Vielleicht kann man das auch umgekehrt formulieren: Weil wir Freundschaften nicht mehr brauchen, nicht mehr existentiell auf sie angewiesen sind, investieren wir nicht mehr allzu viel in sie. Freunde sind weithin zu einem Luxusvergnügen geworden. Sie tragen dazu bei, die Freizeit vergnüglicher zu gestalten, wenn wir das ‚Bowling alone' nicht ohnehin vorziehen. Auch schon früher galt, dass Freunde in der Not rar waren. Und heroische Freundschaften, wie sie Schiller in der *Bürgschaft* beschreibt, waren eben wegen ihrer empirischen Unwahrscheinlichkeit als poetische Gegenstände attraktiv. Sie erinnern sich:

Zu Dionys dem Tyrannen, schlich
Damon, den Dolch im Gewande;
Ihn schlugen die Häscher in Bande.
‚Was wolltest Du mit dem Dolche, sprich!'
Entgegnet ihm finster der Wüterich.
‚Die Stadt vom Tyrannen befreien!'
‚Das sollst du am Kreuze bereuen.'

Indessen ist der Tyrann bereit, dem Opfer drei Tage Aufschub zu gewähren, wenn sein Freund während dieser Zeit als Bürge für ihn einsteht. Kehrt Damon nicht zurück, werde der Freund unweigerlich hingerichtet, Damon aber sei von der Strafe befreit. Selbstredend bürgt der Freund, selbstredend kehrt Damon zurück. Und das ‚happy ending' besiegelt die *laus amicitiae*: *Ich sei*, sagt der Tyrann, *gewährt mir die Bitte,* | *In eurem Bunde der Dritte.*

Doch jenseits solcher Extremsituationen war man in vormodernen Zeiten auf Freunde in ganz alltäglichem Sinne angewiesen, wie man in anderer Hinsicht auch ohne die Solidarität von Nachbarn nicht auskommen konnte. Wer ohne Freunde war, war den Wechselfällen des Lebens hilflos ausgeliefert, gegen die wir eine Versicherung abschließen oder auf staatliche Hilfe rechnen können. Wir sind in gewisser Weise in materiellen Dingen nie allein. Wer aber nicht versichert ist, wird selten finden, dass sich Freunde zuständig fühlen. Dass beim

10 Vgl. hierzu die von Luhmann ausgegrabene bezeichnende Textstelle über die „union intime" der Ehe bei Le Maitre de Claville, Traité, Bd. 2, S. 127: „je veux donc que l'amour soit plûtot la suite que le motif du mariage; je veux un amour produit par la raison", zitiert nach Luhmann, Liebe, S. 103.

Geld die Freundschaft aufhört, ratifiziert die Tatsache, dass man dafür selbst sorgen muss. Der Freund wird damit eine Gemütsangelegenheit, der Trost und Unterhaltung sichert. Damit entmaterialisiert sich das Verhältnis. An die Stelle affektiver Bindungen, wie sie Freundschaft charakterisieren, treten affektiv neutrale institutionelle Garantien, statt engster persönlicher Verpflichtungen gelten universelle Ansprüche, die gerade von der partikularistischen Dimension aller Freundschaft abstrahieren und abstrahieren müssen.

Was bleibt, ist, dass es ohne Freunde langweilig wird. Deshalb sollte man darauf achten, dass die Freunde nicht selbst Langweiler sind. Für uns gilt, dass man ohne Freunde einsam sein kann. Aber man kann sich auch der Lektüre widmen oder sich von Profis die Langeweile vertreiben lassen. Für manche Themen empfiehlt es sich, auf Freunde zurückgreifen zu können, weil man sich bei ihnen verstanden fühlt. Aber eben: Mit dem einen Freund redet man über Fußball, mit dem andern über Platon. Interdisziplinarität ist dann selbst eine Spezialität. Ansonsten hat man kompetente Kollegen. Manchmal hat man auch das Gefühl, man müsse aufgerichtet und ermuntert werden. Aber auch dafür hält sich bezahlbarer Ersatz bereit. Selbst für Trost und Zuspruch mag man eventuell eher auf professionelle Hilfe durch Psychologen oder Therapeuten bauen. Sie sind am Ende effizienter und werden bezahlt, was von Dankbarkeitspflichten entlastet.

Das war in vormodernen Zeiten anders. In ländlich-bäuerlichen Gesellschaften freilich waren Freundschaften ebenfalls kein tragendes Moment der Sozialstruktur. Hier wirkten Nachbarschaft und Verwandtschaft als überfamiliale Stütze in Notzeiten. Immerhin zeigt sich selbst unter strukturell wenig differenzierten Gegebenheiten wie sie für die sogenannten Naturvölker charakteristisch sind, dass verwandtschaftliche und nachbarschaftliche Institutionen nicht in allen Fällen für hinlängliche Absicherung der Stammesintegration sorgen. Man findet dort sehr häufig „ritualisierte Freundschaften", die solche strukturellen Vakua bis zu einem gewissen Grad kompensieren. So hat z. B. Eisenstadt darauf hingewiesen, dass in einfachen Gesellschaften die rituellen Freundschaften Menschen aus verschiedenen Clanen verbinden. Auf diese Weise werden Solidaritäten geschaffen, welche die Isolation der Clane überwinden und Brücken zwischen ihnen schlagen.[11]

Der strukturelle „Bedarf" an Freundschaft steigert sich massiv in den überlokal organisierten Hochkulturen, zumal in höfischen Gesellschaften, und zwar vor allem für die Oberschichten. Auch hier waren gewiss Familie und Verwandtschaft die primäre Solidaritätsbasis. Im Selbstbehauptungskampf an den Höfen spielt aber zusätzlich Freundschaft eine zentrale Rolle. Sie wird ein strategisches Mittel zum Statusgewinn und zur Statussicherung. Ihre paradoxe und prekäre Funktion liegt freilich darin, dass Freunde zwar notwendig sind, aber in dem Maße, in dem sie Adressaten von Vertrauen werden, auch durch möglichen Verrat zu gefährlichen Bundesgenossen. Alles kommt also darauf an, bei der

11 Vgl. Eisenstadt, Personal Relations, S. 90–95.

Wahl der Freunde äußerste Sorgfalt walten zu lassen. In gewisser Weise wird damit die Freundschaft zum funktionalen Äquivalent für Liebe. Auch sie schmiedet Allianzen und stiftet Karrieren, ist aber gerade wegen der ihr inhärenten Dramatik der Empfindungen und der Unsicherheit aller Gefühle eine noch riskantere Form der Investition. Aber kann man von Investition überhaupt sprechen? Gerade die Unkontrollierbarkeit der eigenen erotischen Empfindung spricht dagegen. Man weiß auch nicht, ob man erhört wird und – falls doch –, wie lange die Liebe währt. Vor allem die Plötzlichkeit des Sich-Verliebens steht im Gegensatz zum allmählichen Wachsen von Freundschaften. Verlieben kann man sich gleichsam gegen den eigenen Willen. Liebe ist immer auch eine ‚folie'. Und es wird erwartet, dass sie es ist: „L'on n'est plus maître de toujours aimer qu'on l'a été de ne pas aimer."[12] Freundschaft hingegen wächst über längere Zeit. Sie ist gerade nicht ein blitzartiges Ereignis, das alle Vernunft überrumpelt. Lesen wir noch einmal La Bruyère:

> *L'amour naît brusquement, sans autre réflexion, par tempérament ou par faiblese: un trait de beauté nous fixe, nous détermine. L'amitié au contraire se forme peu à peu, avec le temps, par la pratique, par un long commerce. Combien d'esprit, de bonté de coeur, d'attachement, de services et de complaisance dans les amis, pour faire en plusieurs années bien moins que ne fait quelquefois en un moment un beau visage ou une belle mains!*[13]

Liebe und Freundschaft werden deshalb – wie bereits oben erwähnt – als miteinander unvereinbar angesehen: *L'amour et l'amitié s'excluent l'un à l'autre.*"[14] Einer der Gründe dafür ist eben die Verschiedenheit ihres zeitlichen Ablaufs: Liebe entsteht zwar plötzlich. Aber je vehementer sie einen überfällt, desto länger dauert es, sich von ihr zu befreien. Sie ist, solange sie dauert, nicht einmal durch Fehler des anderen zu erschüttern. Man verzeiht der Geliebten leichter als dem Freund: *Quelque délicat que l'on soit en amour, on pardonne plus de fautes que dans l'amitié.*[15] Die richtigen Freundschaften zu kultivieren ist deshalb ebenso wichtig wie schwierig. Vor allem muss man bedenken, dass Freundschaft ohne Vertrauen nicht möglich ist. Damit aber liefert man sich immer auch dem Freund aus. Dadurch ergeben sich paradoxe Regeln der Lebensklugheit: Einmal gilt, dass man nur solche Menschen zu Freunden wählen darf, die auch dann noch auf einen Vertrauensmissbrauch verzichten, wenn unsere Freundschaft aufhört, von denen man also auch nach Ende der Freundschaft nicht fürchten muss, dass sie unsere Feinde werden: *On doit faire choix d'amis si sûrs et d'une si exacte probité, que venant à cesser de l'être, ils ne veuillent pas abuser de notre confiance, ni se faire craindre comme nos ennemis.*[16] Aber andererseits schließt das Vertrauensverhältnis, ohne das Freundschaft keine Freundschaft wäre, auch aus, dass man mit seinen Freunden lebt, als würden sie irgendwann einmal unsere Feinde:

---

12 La Bruyère, Œuvres, S. 137.
13 Ebd., S. 133.
14 Ebd.
15 Ebd., S. 134.
16 Ebd., S. 141.

> *Vivre avec ses ennemis comme s'ils devaient devenir un jour être nos amis, et vivre avec nos amis comme s'ils pouvaient devenir nos ennemis, n'est ni selon la nature de la haine, ni selon les règles de l'amitié; ce n'est point une maxime morale, mais politique.*[17]

Es geht also um den Aufbau von Vertrauen. Und der ist nicht ohne Risiko zu bewerkstelligen, weil, wie Luhmann formuliert, sich dieser Vorgang nur vollziehen kann, „wenn der, dem vertraut werden soll, Gelegenheit zum Vertrauensbruch bekommt – und nicht nutzt. Dieses Risiko ist [...] nicht wegzudenken. Es kann aber auf kleine Schritte verteilt und dadurch minimiert werden."[18] Mit anderen Worten: Man braucht Zeit. Das Entscheidende in diesem Zusammenhang ist nun, dass in der höfischen Gesellschaft (und in einigen anderen Situationen, auf die wir noch zu sprechen kommen, ebenfalls) der risikoreiche Aufbau von Vertrauen nur über persönliche Beziehungen geleistet werden kann. Freundschaften sind hier ganz zentral. Auch in unserer Gesellschaft brauchen wir persönliches Vertrauen. Aber weitestgehend stellt unsere Gesellschaft von persönlichem auf Systemvertrauen um. In Gelddingen vertrauen wir den Banken, im Gesundheitswesen den entsprechenden Einrichtungen, für die Altersversicherung bauen wir auf die Rentenkasse, und selbst für unsere persönliche Sicherheit hoffen wir auf die Polizei und ihre Effizienz. Verschicken wir vertrauliche Botschaften, brauchen wir keine befreundeten Boten oder durch lange familiäre Verbundenheit bewährte Diener. Wir gehen vom Briefgeheimnis aus und davon, dass die zuständigen Beamten pflichtgemäß handeln, obwohl wir sie nicht kennen. Der Ausdruck „Systemvertrauen" für diese Zusammenhänge wird in der Soziologie normalerweise mit Luhmann verbunden.[19] Aber auch hier hat Simmel das Wichtigste schon vorweggenommen. Von einer Welt, in der persönliche Kenntnisse und Verbindungen hinlängliche Orientierung vermitteln konnten, unterscheidet er komplexere Gesellschaften, für die anderes typisch ist.

> Bei reicherem und weiterem Kulturleben dagegen steht das Leben auf tausend Voraussetzungen, die der Einzelne überhaupt nicht bis zu ihrem Grunde verfolgen und verifizieren kann, sondern die er auf Treu und Glauben hinnehmen muß. In viel weiterem Umfange, als man sich klar zu machen pflegt, ruht unsre moderne Existenz von der Wirtschaft, die immer mehr Kreditwirtschaft wird, bis zum Wissenschaftsbetrieb, in dem die Mehrheit der Forscher unzählige, ihnen gar nicht nachprüfbare Resultate anderer verwenden muß auf dem Glauben an die Ehrlichkeit des andern. Wir bauen unsere wichtigsten Entschlüsse auf ein kompliziertes System von Vorstellungen, deren Mehrzahl das Vertrauen, daß wir nicht betrogen sind, voraussetzt.[20]

Wir brauchen Freundschaft also vielfach deshalb nicht mehr, weil wir für sie über funktionale Äquivalente im Sinne Mertons verfügen.

In diesem Sinne hat Friedrich Tenbruck die Renaissance der Bedeutung von Freundschaft für die bürgerliche Gesellschaft zu erklären versucht. Freund-

17 Ebd.
18 Luhmann, Vertrauen, S. 49.
19 Ebd., S. 50–66.
20 Simmel, Soziologie, S. 260.

schaft erscheint ihm generell als ein Mittel, strukturellen Defiziten abzuhelfen. Für ihn

> sind persönliche Beziehungen zu verstehen als die Ergänzung einer inkompletten sozialen Struktur. Wo insbesondere die soziale Struktur den Differenzierungsgrad erreicht, der zur Individualisierung der Person führt, reichen weder die institutionalisierten, also sozial überwachten Freundschaftsformen, noch die [...] zahlreichen Formen einer auf Nutzen und Ergänzung abgestellten, aber noch nicht individualisierten Freundschaft aus. Personalisierte Beziehungen treten an ihre Stelle."[21]

Tenbruck verweist darauf, dass vor allem im Deutschland des 18. Jahrhunderts für die gebildete Jugend und die geistig freien Berufe eine solche Situation der Offenheit entstanden sei, die Orientierungszwänge und Unsicherheiten produziert habe, die noch nicht durch Organisation aufgefangen worden sei. Die neue Welt der Freundschaft und des Freundschaftskultes habe ebenso wie die gleichzeitige Pathetisierung der romantischen Liebe auf einen Schub der sozialen Differenzierung geantwortet. Die Einzelnen seien aus den bestehenden Ordnungen entlassen worden und einer Vielzahl heterogener Lebensbereiche ausgeliefert worden, in denen sie als ganze sich nicht einbringen konnten. Die Thematisierung von Einsamkeit korrespondiert dieser Lage. Die Ausdifferenzierung subjektiver Sonderwelten, die in Freundschaft und Liebe kultiviert werden, ist die Sozialform, die hier gleichzeitig möglich und funktional wird. Erst die Radikalisierung der funktionalen Ausdifferenzierung und die damit sich verschärfende Ausbildung der „extrasozietalen Individualität" (Luhmann) erschwert die Herausbildung von Freundschaftsformen, wie sie für die genannten Gruppen bis ins 19. Jahrhundert bedeutsam waren. Zugleich aber reduziert sie ihre Notwendigkeit.

Nun könnte man sich in der Tat fragen, ob die These von der Obsoletheit der Freunde, die ich oben erhoben habe, zwar für Freunde im Sinne der Freundschaftsidee zutrifft, wie sie in Schillers *Bürgschaft* artikuliert wird, ob aber für die ‚bereichsspezifischen' Freundschaften z. B. in der Sphäre der Politik nicht das Gegenteil gilt. Für das Reüssieren in der Politik und in vielen anderen organisatorischen Kontexten gibt es ja auch keine Versicherungen. Hier ist Netzwerkpflege erforderlich, und hier stehen die Beteiligten unter ähnlichen Imperativen wie die Höflinge am Hof Ludwigs XIV. Es scheint allerdings so, als wäre der strategische Charakter von Freundschaften in diesem Bereich so massiv bewusst, dass die Paradoxie weitgehend entschärft ist. Der zynischen Steigerung von „Gegner, Feind, Parteifreund" ist das dann so sehr Moment des Kalküls, dass Floskeln, in denen von Freundschaft die Rede ist, ohnehin als Rhetorik fungieren. Immerhin wird man nicht leugnen wollen, dass die strukturellen Defizite, von denen Tenbruck gesprochen hat, immer wieder neu entstehen. Damit bietet sich für bestimmte Lagen und Gruppen vielleicht auch immer wieder die Möglichkeit einer Kompensation durch neue Formen persönlicher Beziehungen. Auch für Freundschaft stellt die Gesellschaft Nischen zur Verfü-

21 Tenbruck, Freundschaft, S. 247.

gung, die zwar nicht strukturnotwendig sein mögen, aber vielen einzelnen das Leben lebenswerter machen. Und wer weiß, ob solche Nischen nicht im Sinne eines „preadaptive advance" eine Ressource für zukünftige Entwicklungen sein können?

Bibliographie

La Bruyère, *Œuvres complètes,* Paris 1951.
Eisenstadt, S. N., Ritualized Personal Relations, in: *Man* 96 (1956), S. 90–95.
Luhmann, N., *Liebe als Passion. Zur Codierung von Intimität*, Frankfurt a.M. 1982.
Luhmann, N., *Vertrauen. Ein Mechanismus der Reduktion sozialer Komplexität*, 2. Aufl., Stuttgart 1973.
Le Maitre de Claville, *Traité du vrai mérite de l'homme*, 6. Aufl., Bd. 2, Amsterdam 1738.
Simmel, G., *Soziologie. Untersuchung über die Formen der Vergesellschaftung*, 4. Aufl., Berlin 1958.
Tenbruck, F.H., Freundschaft. Ein Beitrag zur Soziologie der persönlichen Beziehungen, in: Ders., *Die kulturellen Grundlagen der Gesellschaft. Der Fall der Moderne*, Opladen 1989, S. 227–250.